D1689701

Deutscher Bundestag (Hrsg.)

Kultur in Deutschland

Schlussbericht der Enquete-Kommission
des Deutschen Bundestages

Mit einem Vorwort des Präsidenten des Deutschen Bundestages
Dr. Norbert Lammert

Mit allen Gutachten der Enquete-Kommission sowie der
Bundestagsdebatte vom 13. Dezember 2007 auf DVD

ConBrio Verlagsgesellschaft

Deutscher Bundestag (Hrsg.):
Schlussbericht der Enquete-Kommission „Kultur in Deutschland"
(15. und 16. Wahlperiode des Deutschen Bundestages)

Mit allen Gutachten sowie der Bundestagsdebatte vom 13.12.2007 auf DVD

© ConBrio Verlagsgesellschaft Regensburg
Alle Rechte vorbehalten. Nachdruck, auch auszugsweise, bedarf der Genehmigung des Verlags.
Printed in Germany

Erste Auflage 2008

Satz: Heenemann Verlagsgesellschaft mbH Berlin
Druck: Druckhaus Köthen

CB 1193
ISBN 978-3-932581-93-9

Inhaltsübersicht

Seite

Vorwort des Präsidenten des Deutschen Bundestages, Dr. Norbert Lammert ... 6

Vorwort der Vorsitzenden der Enquete-Kommission „Kultur in Deutschland", MdB Gitta Connemann 8

Inhaltsverzeichnis 16

Schlagwortartige Zusammenstellung der Handlungsempfehlungen in der Reihenfolge der Kapitel 25

Die Enquete-Kommission 41

Präambel 51

1. Bedeutung von Kunst und Kultur für Individuum und Gesellschaft 57

2. Kultur als öffentliche und gesellschaftliche Aufgabe 63

3. Die öffentliche und private Förderung und Finanzierung von Kunst und Kultur – Strukturwandel 125

4. Die wirtschaftliche und soziale Lage der Künstler 337

5. Kultur- und Kreativwirtschaft 499

6. Kulturelle Bildung 565

7. Kultur in Europa – Kultur im Kontext der Globalisierung 617

8. Kulturstatistik in der Bundesrepublik Deutschland und in der Europäischen Union 651

9. Sondervoten 657

10. Anhang 677

Vorwort des Präsidenten des Deutschen Bundestages Dr. Norbert Lammert

Die Enquete-Kommission „Kultur in Deutschland" macht keine Ausnahme von der Regel: Bei ihrer Einsetzung waren die Erwartungen an dieses parlamentarische Gremium mindestens ebenso ausgeprägt wie die Bedenken. Die Vorlage ihres Abschlussberichts hat beide Seiten überrascht – sowohl wegen des Umfangs der Bestandsaufnahme als auch wegen der großen Zahl an Handlungsempfehlungen. Dies stellt die Politik wie die Kultur vor die Herausforderung, auf dieser Grundlage für nachhaltige Verbesserungen zu sorgen.

Enquete-Kommissionen haben in der Vergangenheit immer das öffentliche Bewusstsein für ein Thema geschärft und waren ihrer Zeit dabei oft voraus. Es lässt sich schon jetzt, mit noch geringem zeitlichen Abstand sagen: Eines der wesentlichen Verdienste dieser Enquete-Kommission ist es, das Gewicht von Kunst und Kultur verdeutlicht zu haben, das ihnen wegen ihrer fundamentalen Bedeutung für das Individuum, die Gesellschaft und auch unsere demokratische Ordnung zukommt. Tatsächlich sind die kulturellen Bedingungen für die Lebensverhältnisse unserer Gesellschaft nicht weniger wichtig als die wirtschaftlichen und sozialen Strukturen. Deshalb ist Kultur*politik* auch nicht der seltsame „Kentaur" oder eine „Chimäre", wie von intellektueller Seite gelegentlich eingewendet wird. Die Bandbreite der in diesem Bericht behandelten Themen und die nähere Betrachtung der Handlungsempfehlungen machen vielmehr deutlich, dass Kulturpolitik eine bedeutende politische Querschnittsaufgabe ist. Zu ihr zählen das Urheber- wie das Wettbewerbsrecht, sozial- und steuerrechtliche Fragestellungen genauso wie das Stiftungs- und Vereinsrecht, die Europapolitik oder Themen der GATS-Welthandelsrunden.

Die Ergebnisse der Enquete-Kommission waren noch nicht der Öffentlichkeit vorgestellt, da wurde im Feuilleton schon vermutet, der Bericht würde wohl kaum mit beifälligen Da-capo-Rufen rechnen dürfen. Das aber wird, gerade angesichts der berechtigten wie teilweise überzogenen Erwartungshaltung im Kulturbereich, auch kein Mitglied der Kommission ernsthaft erwartet noch wirklich gewünscht haben. Denn genau das wird es für die kulturpolitische *Debatte* in Deutschland mit diesem Bericht nicht mehr geben können: ein echtes Da capo, also ein einfaches „Zurück zum Anfang". Für die eigentliche parlamentarisch-gesetzgeberische Arbeit bedeuten das Ende der Beratungen der Enquete-Kommission und die Übergabe ihres Berichts an den Deutschen Bundestag tatsächlich erst den Anfang. Die jeweils zuständigen Ausschüsse des Deutschen Bundestages, federführend der Ausschuss für Kultur und Medien, und die kulturpolitischen Akteuren der Länder und Kommunen sind jetzt in der Verantwortung, diese an Umfang und politischem Gewicht starke Vorlage zu nutzen. Der Bericht allein verändert die Welt nicht, auch nicht die Welt der Kultur. Dies erfordert den intensiven Einsatz aller Beteiligten – und mit Sicherheit auch einen langen Atem.

Entscheidend für den Erfolg einer Enquete-Kommission ist es, ob und inwieweit ihre Empfehlungen vom Gesetzgeber wie von den anderen Adressaten mit Leben erfüllt werden. Dabei wird man sich nicht nur an den allgemein beachteten „großen" Forderungen der Kommission orientieren können, ihr Erfolg wird mindestens ebenso daran gemessen werden, ob es gelingt, auch die vermeintlich kleineren Ziele zu erreichen. Die Voraussetzungen dafür sind gut. Denn immerhin ist die Einsetzung dieser Enquete-Kommission über alle Partei- und Fraktionsgrenzen hinweg einstimmig beschlossen worden – in zwei aufeinanderfolgenden Legislaturperioden. Die bemerkenswerte Geschlossenheit, die in der Bundestagsdebatte anlässlich der Übergabe des Berichts an das Parlament noch einmal fraktionsübergreifend unterstrichen wurde, prägte offensichtlich auch die Arbeit innerhalb der Enquete. Die politische Auseinandersetzung wurde bei manchem Streit im Detail in großem Einvernehmen über die Bedeutung der Sache geführt. Damit tritt dieser Bericht im Übrigen auch den Gegenbeweis zur landläufigen Auffassung über eine vermeintliche Beratungsresistenz der Politik an. In der Enquete-Kommission haben fachlich ausgewiesene Abgeordnete fernab vom tagespolitischen Geschäft vier Jahre lang mit Sachverständigen aus unterschiedlichen Feldern der Kunst und Kultur gemeinsam beraten und überwiegend einstimmig die Handlungsempfehlungen beschlossen.

Vorwort der Vorsitzenden der Enquete-Kommission „Kultur in Deutschland"
Gitta Connemann Mdb

*Kultur ist kein Ornament. Sie ist das Fundament,
auf dem unsere Gesellschaft steht und auf das sie baut.
Es ist Aufgabe der Politik, dieses zu sichern und zu stärken.*

Es ist vollbracht. Das Werk ist getan. Die Enquete-Kommission „Kultur in Deutschland" hat ihre Arbeit abgeschlossen. In Ihren Händen halten Sie das Ergebnis einer vierjährigen Arbeit. Und ich sage mit Stolz: Sie war erfolgreich.

Dies war nicht von Beginn an zu vermuten. Es gab viele Cassandrarufer. Auch bei uns gab es Zweifel. Kann es wirklich gelingen, die Situation von Kunst und Kultur in Deutschland zu beschreiben? Angesichts dieser einzigartigen Dichte und Vielfalt?

Es ist gelungen. Der Bericht wurde umfangreicher als zunächst gedacht. Aber die letzte Untersuchung des Deutschen Bundestages liegt immerhin mehr als 30 Jahre zurück. Und es gab weiße Flecken auszufüllen. Dabei hatten wir nicht den vermessenen Anspruch, abschließend zu sein. Das gilt auch für die annähernd 500 Handlungsempfehlungen, die bis auf wenige Ausnahmen stets einstimmig beschlossen wurden.

Manche parteipolitische Grenze wurde gemeinsam überschritten. Es galt, das Unmögliche zu versuchen, um das Mögliche für Kunst und Kultur in Deutschland zu erreichen. Der Konsens half, manche Klippe zu meistern – wie die Situation im Jahr 2005.

Die damaligen vorgezogenen Neuwahlen führten zur Auflösung der Kommission. Die Ergebnisse der bis dahin schon länger als zwei Jahre dauernden Arbeit drohten verloren zu gehen. Um dieser Gefahr zu begegnen, wurde ein Tätigkeitsbericht verfasst, verbunden mit dem Appell zur Wiedereinsetzung der Kommission.

Der Appell wurde gehört, die Kommission im Februar 2006 neu berufen. Der Zeitverlust hielt sich in Grenzen, der Verlust an persönlichem Wissen war schmerzhafter. Denn mehr als die Hälfte der bisherigen Abgeordneten gehörte dem neu konstituierten Bundestag nicht mehr an. Aber jedem Anfang wohnt bekanntlich ein Zauber inne.

In diesem Fall bestand der Zauber in einem anderen Blickwinkel der hinzugewonnenen neuen Kollegen und in der Chance, zwei weitere Arbeitsschwerpunkte aufzunehmen, die sich im Verlauf der 15. Wahlperiode als bedeutsam herausgestellt hatten: Kulturwirtschaft sowie Kultur in Europa und im Kontext der Globalisierung. Damals wie heute einte die Mitglieder der Kommission ein Ziel: Wir müssen die einmalige Kulturlandschaft in Deutschland, ihre beispiellose kulturelle Vielfalt schützen und fördern. Diese Zielsetzung ist nicht selbstverständlich.

Mehr als einmal wurde die Frage gestellt, warum sich eine Kommission des Deutschen Bundestages mit dem Thema Kultur befasst. Dahinter stand zum einen der Vorwurf, sich Länderhoheiten aneignen zu wollen. Dieser ließ sich leicht entkräften, denn der Bund ist als Gesetzgeber für viele Rechtsgebiete zuständig, die unmittelbar Kunst und Kulturschaffende betreffen – vom Urheberrecht bis zum Sozialversicherungsrecht.

Zum anderen wurde Unverständnis geäußert, ob es für die Politik nicht wichtigere Aufgaben als die Kultur gäbe. Was rechtfertigt also die Einsetzung einer Enquete „Kultur"? Es ist die Bedeutung, die eine vielfältige und lebendige Kultur für unsere Gesellschaft hat.

Die Enquete-Kommission hat in ihrer Arbeit nicht nur über Parteigrenzen hinweg agiert und ressortübergreifend gedacht, sondern sich auch kühn über Bedenken einer falsch verstandenen Kulturhoheit der Länder hinweggesetzt. Aus dem Verständnis einer gesamtstaatlichen kulturpolitischen Verantwortung heraus richtet sie ihre Empfehlungen außer an den Bund auch an die Länder und Kommunen – und nicht zuletzt an die Kulturschaffenden selbst. Diese breite Ansprache der Adressaten leuchtet gerade deshalb ein, weil es zum Selbstverständnis der Bundesrepublik Deutschland als Kulturstaat gehört, dass wir alle Verantwortung für die Kultur tragen: Die Bürgerinnen und Bürger, die Vereine und Verbände, die Kirchen und die Medien, die Parteien und der Staat. Der Staat nicht zuerst und ganz gewiss nicht zuletzt. Er hat eine unverzichtbare, auch nicht kompensierbare, aber ganz sicher keine exklusive Verantwortung für die Kultur unseres Landes und der Gesellschaft. Das macht dieser Bericht an Zahlen deutlich: Noch immer wenden die öffentlichen Haushalte in Bund, Ländern und Kommunen jährlich rund neun Milliarden Euro für die Kultur in Deutschland sowie die Förderung deutscher Sprache und Kultur im Ausland auf. Zugleich aber ist der größte Kulturförderer der Bürger selbst, nicht allein als Steuerzahler, sondern vor allem als kultureller Akteur, der mit großem bürgerschaftlichen Engagement Kunst und Kultur in dieser weltweit einzigartigen Breite und Dichte erst ermöglicht: sei es durch die finanzielle Spende für die Fördervereine der Theater, Museen und Opern oder durch seine ehrenamtliche Zeitspende in den unzähligen Laienspielgruppen, den 48 500 Chören oder 29 500 Ensembles der instrumentalen Laienmusik.

Der Staat ist nach unserem Staats- und unserem Kulturverständnis nicht für Kunst und Kultur zuständig, sondern für die Bedingungen, unter denen sie stattfinden. Er hat keine materielle Zuständigkeit für die Inhalte und die Formen, in denen sich Kunst und Kultur in einer Gesellschaft entfalten. Aber der Staat hat eine kulturpolitische Verantwortung für die Rahmenbedingungen, die eine solche Entfaltung überhaupt ermöglichen. Die Einsetzung der Enquete-Kommission war ein deutlicher Beweis dafür, dass sich der Souverän seiner Verantwortung bewusst ist. Die Umsetzung der Vorschläge wird nun zeigen, ob er ihr auch gerecht wird.

Ich spreche im Namen des Deutschen Bundestages den Mitgliedern der Kommission unter dem Vorsitz der Abgeordneten Gitta Connemann Dank und hohe Anerkennung für ihre engagierte und verdienstvolle Arbeit aus. In diesen Dank beziehe ich auch die vielen angehörten Experten aus der Wissenschaft, den Fachverbänden und der Kulturszene mit ein, ohne deren Unterstützung, Sachverstand und Rat dieses Kompendium zur Kultur in Deutschland so überzeugend nicht hätte gelingen können. Ich verbinde diesen Dank zugleich mit der festen Überzeugung, dass der Bericht zu einer breiten gesellschaftlichen Debatte anregen wird und mit dem Wunsch, dass er zu ganz konkreten politisch-gesetzgeberischen Maßnahmen führen möge. Die Voraussetzungen dafür sind jetzt gegeben. Mit dem Bericht der Enquete-Kommission liegt die längst überfällige, die aktuellste und die umfassendste Erhebung zur Lage von Kunst und Kultur in Deutschland vor. Es bedarf deshalb eigentlich nicht der Erinnerung daran, wie lange sich die kulturpolitische Debatte auf den Maßstäbe setzenden Künstlerreport von 1975 bezogen hat, um zu prophezeien: Dieser Abschlussbericht der Enquete-Kommission „Kultur in Deutschland" wird für lange Zeit *die* Referenz deutscher Kulturpolitik sein. Nicht nur als rhetorische Floskel, wie ich hoffe, sondern als nachhaltiger Impuls.

Berlin, den 11. Dezember 2007

Dr. Norbert Lammert

Präsident des Deutschen Bundestages

Kindern versuche ich diese Bedeutung von Kultur anhand eines Bildes zu erklären. „Stellt Euch vor, Ihr würdet in hundert Jahren leben. Was würde Euch an heute erinnern?" Sie nennen Beispiele wie die Gebäude unserer Zeit, Bücher und Musikaufnahmen. Oder sie sprechen von Gemälden und Filmen, Architektur, Literatur, Musik, bildende und darstellende Kunst. Das, was von einer Gesellschaft bleibt, ist ihre Kultur. Sie ist nicht nur Ornament, sondern das Fundament, auf dem unsere Gesellschaft steht und auf das sie baut.

Die Pfeiler dieses Fundaments bedürfen jedoch starker Verankerung. Denn sie werden nicht nur durch kleinere Beben erschüttert wie die regelmäßig aufflackernde Debatte um den ermäßigten Umsatzsteuersatz für Kulturgüter. Sie werden auch durch Unterspülungen bedroht, die von der Not der öffentlichen Haushalte in den letzten Jahren ausgelöst wurden.

Zwar verfügt Deutschland immer noch über eine beispielhafte staatliche Kulturförderung. Staatlich? Der größte Kulturfinanzier in Deutschland ist der Bürger. Zunächst als Marktteilnehmer, dann als Spender und in dritter Linie als Steuerzahler. Und diese Steuermittel fließen wieder stärker. Aber in den vergangenen Jahren sind viele Theater, Orchester, Bibliotheken und Musikschulen den Sparzwängen geopfert worden – zu viele.

Der Grund dafür lässt sich in ein Wort fassen: Freiwilligkeit. Die Ausgaben für kommunale Kultureinrichtungen zählen zu den sogenannten freiwilligen Leistungen. Nur der Freistaat Sachsen bildet hier die rühmliche Ausnahme. In allen anderen Ländern sind diese Ausgaben – auch zum Leidwesen der Kommunalpolitiker – keine Pflichtaufgaben.

Das Dilemma dieser Unterscheidung zeigt sich, sobald eine Kommune ihren Haushalt nicht ausgleichen kann. In dieser Notsituation ist eine Kommune gezwungen, eine Gemeindestraße weiter zu teeren, aber die Gemeindebibliothek zu schließen. Das ist die falsche Priorität. Zu einer funktionsfähigen Infrastruktur gehören eben nicht nur Verkehrswege, sondern zwingend Kultur- und Bildungseinrichtungen. Erst die Investition in kulturelle Infrastruktur eröffnet die Chance auf gleiche Teilhabe.

Es wäre allerdings ein Fehler, Kulturpolitik auf finanzielle Aspekte zu reduzieren. Denn das hieße, die Möglichkeiten zu verkennen, die der Gesetzgeber zum Schutz und zur Förderung von Kunst und Kultur hat – von Änderungen im Gemeinnützigkeitsrecht bis zur Fortschreibung des Stiftungsrechts. Jeder Gesetzgeber ist dabei gut beraten, die Weichenstellungen auf europäischer und internationaler Ebene nicht nur wachsam zu beobachten sondern auf Rechtsakte wie etwa die GATS-Verhandlungen oder das Europäische Vergaberecht frühzeitig Einfluss zu nehmen. Denn nur dort können, müssen Angriffe auf eine autonome nationale Kulturpolitik abgewendet werden.

Enquete-Kommissionen werden nur ausnahmsweise eingesetzt. Sie sind der Debatte umfangreicher Themen von gesellschaftlicher Tragweite vorbehalten. Für den Bundestag bieten sie die Möglichkeit, externen Sachverstand zu nutzen: Denn als Mitglied einer Enquete-Kommission kann auch ein Sachverständiger berufen werden, der nicht dem Parlament angehört. Mit Mitteln wie z. B. Anhörungen verbindet sie parlamentarische, wissenschaftliche und praktische Erfahrungen. Auf der Grundlage einer Bestandsaufnahme entwickelt sie Empfehlungen für den Gesetzgeber.

Eine Enquete-Kommission ragt aus der Tagespolitik heraus, denn sie soll ihren Gegenstand auf langfristige Sicht behandeln, den Blick bewusst über die Tagespolitik hinaus richten. Dies birgt Chance und Risiko zugleich – nämlich wissenschaftlich arbeiten zu können, ohne den pragmatischen Ansatz aus dem Auge zu verlieren.

Wir widerstanden beispielsweise der Versuchung, die Literatur um eine weitere Definition des Kulturbegriffs zu ‚bereichern'. Denn Aufgabe der Enquete-Kommission war es nun einmal nicht, sich in rein theoretischen Disputen zu üben, sondern in Kärrnerarbeit praxistaugliche Vorschläge für gesetzgeberisches Handeln zu entwickeln. Die Schließung eines Theaters oder einer Bibliothek ist ein

Verlust – unabhängig davon, welche Definition von Kultur zugrunde gelegt wird. Die Feststellung, dass das Durchschnittseinkommen von Künstlern beschämend gering ist, er-schreckt – so oder so.

Chance und Risiko birgt die Arbeit einer Enquete-Kommission auch hinsichtlich Umfang und Reichweite ihrer Empfehlungen. Einerseits haben die Beteiligten die Möglichkeit, visionär tätig zu sein. Andererseits dürfen sie die Gegebenheiten nicht ignorieren. Auch die Mitglieder der Enquete-Kommission „Kultur in Deutschland" standen vor dieser Herausforderung. So hätte beispielsweise die Forderung nach einer Vervielfachung sämtlicher Kulturetats auf Bundes-, Länder- und kommunaler Ebene nicht die gewünschte ernsthafte Diskussion, sondern allenfalls Belustigung hervorgerufen.

Demgegenüber war es notwendig, auch derzeit unrealistisch erscheinende Maßnahmen einzufordern wie zum Beispiel die finanziell anspruchsvolle Einrichtung einer Stiftung Transition zur Unterstützung von Tänzerinnen und Tänzer, die ihren Beruf naturgemäß nur bis zu einem bestimmten Alter ausüben können. Andere Länder machen es uns vor.

Jeder Handlungsempfehlung gingen intensive Recherchen und sorgfältige Prüfungen voraus. Ein beträchtliches Arbeitspensum war zu bewältigen. Die Kommission tagte – rechnet man die Sitzungen aus der 15. Legislaturperiode hinzu – 87-mal im Plenum, führte 22 Anhörungen und 21 Expertengespräche durch. Sie unternahm sechs Delegationsreisen, drei davon innerhalb Deutschlands. Die weiteren Reisen führten nach Großbritannien, in die Niederlande, die USA sowie nach Österreich und in die Schweiz. Die Kommission gab zwölf Gutachten in Auftrag.

Sie hat also die ihr zur Verfügung stehende Zeit sorgfältig genutzt, die ihr durch die Einsetzungsaufträge gestellten Aufgaben zu erfüllen und Aussagen zu folgenden Schwerpunktthemen zu treffen:

- Infrastruktur, Kompetenzen, rechtliche Rahmenbedingungen für Kunst und Kultur in Staat und Zivilgesellschaft
- öffentliche und private Förderung und Finanzierung von Kunst und Kultur – Strukturwandel
- wirtschaftliche und soziale Lage der Künstlerinnen und Künstler
- Kulturwirtschaft – Kulturlandschaft und Kulturstandort
- Kulturelle Bildung, Kultur in der Informations- und Mediengesellschaft – Vermittlung und Vermarktung
- Kultur in Europa, Kultur im Kontext der Globalisierung
- Kulturstatistik in der Bundesrepublik Deutschland und in der Europäischen Union.

Dieser Schlussbericht ist das Ergebnis von vier Jahren engagierter Arbeit. Der hohe Anspruch, den die Kommission sich selbst gestellt hatte, schlägt sich in seiner thematischen Breite und in seinem Umfang nieder.

Jedes der mehr als 50 behandelten Themen verdient eine öffentliche Debatte. Da die Enquete-Kommission nicht mit Tagespolitik befasst war, konnte sie für ihre Arbeit nur eingeschränkt Aufmerksamkeit in der Öffentlichkeit herstellen.

Ein aktuelles Thema wie die Sanierung der Staatsoper Unter den Linden ist greifbarer und erscheint damit interessanter als die Frage nach der Zukunft kollektiver Rechtewahrnehmung durch Verwertungsgesellschaften. Die Antwort auf diese Frage ist jedoch für Künstler aller Sparten von existentieller Bedeutung.

Mit der Empfehlung, Kultur als Staatsziel im Grundgesetz zu verankern, erregten wir allerdings Aufmerksamkeit. Die Kommission ist der Ansicht, dass es eines solchen Bekenntnisses zur Verantwortung des Staates für Schutz und Förderung von Kunst und Kultur in Deutschland bedarf. Diese Forderung war Gegenstand eines Zwischenberichtes und löste Diskussionen aus, die anhalten. Der Bundestag ist damit aktuell im Rechtsausschuss befasst. Es ist nun Sache der Abgeordneten, ob und wie sie diese Empfehlung umsetzen werden. Die Frage, ob ein Staatsziel Kultur mit einem Staatsziel Sport gekoppelt werden darf, ist damit noch nicht beantwortet.

Sicherlich ist die Forderung nach der Einführung einer kulturellen Staatszielbestimmung eine wichtige Empfehlung – aber nicht die einzige. Darüber dürfen die anderen nicht übersehen werden.

Dies betrifft auch den Bereich der Kultur- und Kreativwirtschaft, wo wir bereits vor Abschluss unserer Arbeit einen Stein ins Rollen gebracht haben. Denn es war die Enquete-Kommission, die dieses bis dato eher stiefmütterlich behandelte Thema auf Bundesebene in den Mittelpunkt rückte.

Aus dem Aschenbrödel ist eine ansehnliche Braut geworden. Der Beauftragte für Kultur und Medien sowie das Bundesministerium für Wirtschaft und Technologie haben eine gemeinsame „Initiative Kultur- und Kreativwirtschaft" gestartet. Über spezielle Förderinstrumente für die Kultur- und Kreativwirtschaft wird nachgedacht. Und das ist gut so.

Denn Kulturgüter sind auch Wirtschaftsgüter. Allerdings ist die Kultur kein Wirtschaftszweig wie andere. Kulturelle Güter sind immer beides: Sie sind Träger von Ideen, von Wertvorstellungen und wirtschaftliche Güter, die auf Märkten gehandelt werden.

Zu lange galten Kultur und Wirtschaft gerade in Deutschland als unvereinbarer Gegensatz. Doch diese Berührungsängste lösen sich auf – glücklicherweise. Kultur nicht als Wirtschaftszweig zu begreifen wäre nicht nur naiv. Die Kulturpolitik würde sich damit in Haushaltsdebatten um ein wichtiges Argument bringen, denn die Kulturwirtschaft hat sich zu einer Zukunftsbranche mit Wachstums- und Beschäftigungspotenzial entwickelt. Hier entstehen Arbeitplätze und Wertschöpfung – vor allem in Klein- und Kleinstunternehmen. Sie sind das Kraftzentrum der Kulturwirtschaft und der Beginn der Wertschöpfungskette.

Die Kultur als Wirtschaftszweig mit großen Chancen zu behandeln bedeutet weder eine Entwertung der Kultur noch eine Bedrohung ihrer gesellschaftlichen Bedeutung. Vielmehr trägt der Wirtschaftsbereich Kultur zur Sicherung eines vielfältigen kulturellen Lebens in Deutschland bei.

Kunst braucht ihre Freiräume, in denen Künstler sich auf ihr Schaffen konzentrieren können, ohne sich Gedanken über die kommerzielle Verwertbarkeit zu machen. Viele bedeutende Werke haben wir gerade dieser kompromisslosen Haltung zu verdanken. Andererseits würde die Kulturbranche sich selbst einschränken, wenn allein die Unabhängigkeit von wirtschaftlichen Überlegungen zum Maßstab für künstlerisches Schaffen erhoben würde.

Neben der Politik sind insbesondere die Künstler selbst gefordert, sich nicht nur diesem Thema zu widmen. Denn nur so können sie auf die Ausgestaltung der politischen Rahmenbedingungen Einfluss nehmen. Und das ist auch zur dringenden Verbesserung ihrer eigenen sozialen und wirtschaftlichen Lage erforderlich.

Wenn jemand eine kreative Leistung erbringt, muss er die Chance haben, für diese Leistung auch angemessen entlohnt zu werden. Doch die Einkommen vieler Künstler und Kulturschaffenden in Deutschland sind beschämend niedrig. Im Durchschnitt verdienen sie gerade 11 000 Euro pro Jahr, viele haben mit großen Schwankungen zu kämpfen. An die Bildung von Rücklagen für die Alterssicherung ist bei einem solchen Einkommen nicht zu denken.

Trotz der geringen Verdienstaussichten nimmt die Zahl der selbstständigen Künstlerinnen und Künstler seit Jahren zu. Als Reaktion auf einen schwierigen Arbeitsmarkt bleibt häufig nur der Weg in eine ungewisse Selbständigkeit. Denn gleichzeitig ist es auf der Nachfrageseite zu keiner Steigerung gekommen. Zwar haben sich die Umsätze und Gewinne in der Branche positiv entwickelt. Doch nur wenige Künstlerinnen und Künstler haben daran auch teil. Aus ihrer Situation folgt eine Verantwortung des Staates, der besonderen Aufgabe und Lage von Künstlern und Kulturschaffenden gerecht zu werden.

So hat die vor Jahren beschlossene Verkürzung der Rahmenfrist dazu geführt, dass gerade Schauspieler mit häufig wechselnden und kurzen Engagements kaum mehr die erforderliche Anwartschaftszeit für den Bezug von Arbeitslosengeld I erfüllen. Hier besteht aus unserer Sicht Handlungsbedarf. Dieser setzt sich über die Beratung durch die Arbeitsagenturen fort bis zu Fragen der Sicherung im Alter.

Zwar besteht mit der Künstlersozialkasse ein weltweit einmaliges Instrument für die soziale Absicherung von Künstlern und Publizisten im Falle von Krankheit und Alter. Aber mit der Zahl der Kulturschaffenden steigt die Zahl der in der Künstlersozialkasse versicherten Selbständigen. Der Finanzbedarf der Künstlersozialkasse hat sich dadurch in den letzten Jahren massiv erhöht.

Eine Gesetzesänderung in diesem Jahr hat die Finanzierung der Künstlersozialkasse zwar auf ein stabileres Fundament gestellt. Das ist auch nötig, denn die Künstlersozialversicherung ist unverzichtbar. Aber es braucht mehr. So regt die Kommission außerdem an, dass der Gesetzgeber mögliche ergänzende Modelle etwa der privaten Altersvorsorge für Künstler ins Auge fasst.

Diese Empfehlungen waren das Ergebnis vieler Gespräche mit Künstlern und Kulturschaffenden. Dieser Dialog darf mit dem Ende der Kommission nicht abbrechen. Die Politik muss weiterhin das Gespräch mit Künstlern und dem Kulturbetrieb suchen. Die guten Erfahrungen aus der Arbeit der Kommission ermutigen dazu, den Dialog in Zukunft noch zu intensivieren.

Er ist auch erforderlich, die Grundlagen der Aneignung von Kultur zu stärken. Kulturelle Bildung ist eine der besten Investitionen in die Zukunft unseres Landes.

Der Wert dieser kulturellen Bildung scheint inzwischen in der Öffentlichkeit weitgehend erkannt zu sein. Auch wenn Schiller bereits im 18. Jahrhundert in seinen Briefen „Über die ästhetische Erziehung des Menschen" die Notwendigkeit kultureller Bildung für die Persönlichkeitsentwicklung beschrieb und die Neurobiologie diesen Wert für den naturwissenschaftlich durchleuchteten Menschen des 21. Jahrhunderts eindrücklich unterstreicht, brauchte die Erkenntnis Zeit. Nicht zuletzt infolge der Pisa-Studie, die die Wahrnehmung durch eine ausschließliche Fokussierung auf kognitive Kernfächer verengte. Diese Phase scheint jedoch nun überstanden zu sein – glücklicherweise.

Denn unser Land darf sich nicht nur der Kreativität als seines einzigen Rohstoffes und damit seiner Zukunftsfähigkeit begeben. Vielmehr darf Bildung nicht auf ein trostloses Lernen reduziert werden.

In einer Welt, die immer schneller wird, mit einem Überfluss an Angeboten ist es für Kinder und Heranwachsende nicht leicht, eine Orientierung zu finden. Kunst und Kultur können eine solche geben. Bei der kulturellen Bildung geht es um den ganzen Menschen, um die Bildung seiner Persönlichkeit, um Emotionen und Kreativität. Ohne kulturelle Bildung fehlt ein Schlüssel zu wahrer Teilhabe.

Deshalb ist auf keinem Feld die Verantwortung des Staates, aber auch der Zivilgesellschaft und der Kultureinrichtungen größer. Kulturelle Bildung macht nicht nur stark, sondern auch klug. Denn sie hat gleichermaßen Auswirkungen auf Persönlichkeitsentwicklung und Lernfähigkeit.

Ein besonderes Augenmerk auf die Belange kultureller Bildung zu legen war deshalb für viele von uns Herzensangelegenheit.

Dabei darf der Blick nicht nur auf Kinder und Jugendliche gelegt werden. Auch im Hinblick auf das Angebot für Erwachsene und Senioren besteht Handlungsbedarf – wenn man es mit dem so häufig propagierten Konzept des lebenslangen Lernens ernst meint.

Von einer Stärkung des Bewusstseins für kulturelle Bildung erhofft sich die Kommission letztlich auch eine Stärkung der Kultur insgesamt. Kunst und Kultur dürfen kein Luxusgut einiger weniger Privilegierter sein. Die Teilhabe aller an der Kultur muss gewährleistet sein, denn sie bedeutet auch Teilhabe an der Gesellschaft. Eine starke Breitenkultur, an der sich jeder aktiv beteiligen kann, ist insofern eine Voraussetzung für ein flächendeckendes Angebot von Kultur für alle und von allen.

Die Vielfalt der Träger zeichnet die Kulturlandschaft Deutschlands aus. Kulturpolitik und öffentliche Kulturförderung finden im Wechselspiel von Staat, Wirtschaft und Zivilgesellschaft statt. Sie gemeinsam stellen die kulturelle Infrastruktur zur Verfügung – von Vereinen und Kulturunternehmen über Kirchen und Glaubensgemeinschaften bis hin zu Rundfunkanstalten, Stiftungen, Sponsoren und den Künstlern selbst. Dieser Dreiklang aus Politik, Zivilgesellschaft und Wirtschaft ermöglicht ein kulturelles Leben, dass weder öffentliche noch private Träger allein gewährleisten könnten.

Die Vernetzung dieser Akteure und Strukturen ist eine kulturpolitische Aufgabe, denn die Politik gestaltet auch die Rahmenbedingungen der privaten Kulturförderung. Ein kooperationsfreundliches Klima ermutigt private und gemeinnützige Akteure, mehr Verantwortung zu übernehmen.

Allerdings darf diese Verantwortung nicht dazu führen, dass die öffentlichen Haushalte sich aus der Finanzierung der Projekte freier Träger zurückziehen und einseitig auf den Unterhalt staatlicher Einrichtungen beschränken. Es ist vielmehr wichtig, Anreize zu setzen. Einem Kulturträger, der vermehrt Mittel einwirbt, dürfen deshalb nicht gleichzeitig diese Mittel an öffentlichen Förderungen gestrichen werden.

Hier wird auch die Frage des Verständnisses nicht nur von Kultureinrichtungen sondern auch der vielen im Kulturbereich bürgerschaftlich Engagierten berührt. Ihre Bedeutung geht über den finanziellen Aspekt weit hinaus. Sie übernehmen Verantwortung, die gerade in ländlichen Regionen unverzichtbar sind.

Fast 70 Prozent der Bevölkerung Deutschlands lebt außerhalb von Großstädten. Kulturarbeit im ländlichen Raum lebt von einer engen Zusammenarbeit zwischen professionellen Kulturanbietern und Laien, zwischen klassischen Kulturinstitutionen und Institutionen kultureller Bildung. Ein großer Teil der kulturellen Aktivitäten findet in Vereinen und Initiativen statt, getragen von bürgerschaftlichem Engagement.

Die Zahlen der ehrenamtlichen Arbeit im gesamten Kulturbereich – in ländlichen wie städtischen Regionen – sind beeindruckend. Allerdings dürfen wir uns darauf nicht ausruhen, denn bei genauerem Hinsehen ist bei der Bereitschaft, ehrenamtlich tätig zu werden, eine abnehmende Tendenz zu beobachten.

In den Anhörungen und Expertengesprächen hat die Enquete-Kommission festgestellt, dass dies häufig ganz praktische Gründe hat. So müssen etwa Vereinsvorsitzende ohne entsprechende fachliche Ausbildung profunde Detailkenntnisse besitzen, sei es in Fragen des Sozialversicherungs-, des Gemeinnützigkeits- oder des Urheberrechts. Bei Verstößen haften sie mir ihrem privaten Vermögen. Die Anmeldung zur GEMA kostet ebenso Zeit und Kraft wie die Steuererklärung des Vereins.

Eine verantwortungsvolle Kulturpolitik würde es sich zu einfach machen, wenn sie sich darauf beschränkte, mehr bürgerschaftliches Engagement zu fordern. Sie muss die entscheidenden Fragen angehen und bürokratische Hürden abbauen, indem sie etwa das Zuwendungsrecht ändert. Die Enquete-Kommission regt beispielsweise an, bürgerschaftliches Engagement als Eigenleistung anzuerkennen. Außerdem ist zu überlegen, ob der Haftungstatbestand im Einkommensteuergesetz eingeschränkt werden sollte. Und die Kommission empfiehlt, die Nachweise über die sachgerechte Verwendung von Mitteln zu vereinfachen.

Die Mitglieder der Enquete-Kommission sind sich einig, dass bürgerschaftliches Engagement nicht als Ersatz für staatliche Förderung angesehen werden darf. Es geht uns vielmehr darum, dass der Staat die Bürgerinnen und Bürger, die Verantwortung für das kulturelle Leben vor Ort übernehmen, unterstützen muss. Eine lebendige Bürgerkultur ist eine Ergänzung zur institutionalisierten Kultur.

Die großen einzelnen Vorzeigeprojekte der Kulturlandschaft machen bei aller Bedeutung, die ihnen zukommt, nur einen Teil dessen aus, was Kultur in unserem Land zu bieten hat. Um ein anderes Bild zu bemühen: Sie stellen die Spitze eines Eisbergs dar. Und diese Spitze ist überhaupt nur deshalb sichtbar, weil sie von einer breiten, massiven Basis getragen wird. Spitzenkultur braucht den Auftrieb einer starken Breitenkultur. Schmilzt diese Basis weg, wird auch von der Spitze immer weniger zu sehen sein.

Eine wichtige Erkenntnis aus der Arbeit der Enquete-Kommission ist, die Gräben zwischen E- und U-Musik, zwischen Breitenkultur und Spitzenkultur, zwischen professionell Tätigen und sogenannten Laien auszugleichen. Ein solches Denken führt nur dazu, dass sich die Kultur als Ganze selbst schwächt.

Diese Kultur in Deutschland ist inzwischen ohne die Einbettung in eine europäische Kultur nicht mehr vorstellbar. Zum einen versteht sich die Bundesrepublik Deutschland als Teil einer Gemeinschaft europäischer Kulturstaaten. Zum anderen hat die Mitgliedschaft in der Europäischen Union unmittelbare Auswirkungen auf das Leben ihrer Bürgerinnen und Bürger – auch auf das kulturelle Leben. Es ist wichtig, dass die Kulturpolitik in Deutschland diese Zusammenhänge frühzeitig erfasst. Sie muss die Möglichkeiten der eigenen Einflussnahme erkennen und wahrnehmen.

In den letzten Jahren haben wir bereits Kontroversen erlebt. So wurde etwa im Kulturbereich die Dienstleistungsrichtlinie debattiert, die grenzüberschreitende Dienstleistungen erleichtern sollte. Beschäftigte von Theatern und Orchestern befürchteten, dass Schauspieler und Musiker aus anderen EU-Ländern zu günstigeren Löhnen in deutschen Häusern eingestellt werden könnten. Ein anderes Beispiel betrifft die Verwertungsgesellschaften. Die EU-Kommission hat sie in ihren Mitteilungen unter rein wirtschaftlichen Gesichtspunkten beschrieben. Die im deutschen Gesetz zur Urheberrechtswahrnehmung festgelegten sozialen und kulturellen Aufgaben hingegen finden keine Erwähnung.

Das Bekenntnis zu Europa darf nicht um den Preis der Aufgabe nationaler Kulturförderung durch ihre Mitgliedsstaaten erfolgen. Bund und Länder sind deshalb gefordert, den Konsens in der Europäischen Union darüber zu erhalten, dass die Nationalstaaten in ihrer Entscheidung, was sie in der Kultur fördern, autonom bleiben.

Die Bedeutung internationaler Abhängigkeiten ist ins Bewusstsein zu rufen: Internationale Vereinbarungen bestimmen etwa die deutsche Kultur- und Bildungsförderung in einem Maße, das bislang kaum wahrgenommen wird. Nur wenn die deutsche Kulturpolitik sich dieses Themas rechtzeitig annimmt, kann sie vorausschauend handeln.

Das heißt insbesondere, dass die Bundesrepublik Deutschland ihren Einfluss geltend macht und die Chance ergreift, aktiv an der Gestaltung solcher internationaler Vereinbarungen und Regelungen mitzuwirken. Dies ist umso wichtiger als in den nächsten Jahren Grundsatzentscheidungen bevorstehen, die später kaum noch zu korrigieren sein werden. Debatten zur europäischen Kulturpolitik dürfen in Deutschland nicht mehr mit Verspätung einsetzen.

Die deutsche Kulturpolitik darf sich nicht mit der Zuschauerrolle begnügen. Sie muss ihren Einfluss innerhalb der EU geltend machen, um ihren Standpunkt in den GATS-Verhandlungen vertreten zu können. Damit stärkt sie gleichzeitig einen europäischen Standpunkt.

Eine Liberalisierung der Kultur- und Mediendienstleistungen bedroht die bestehende kulturelle Vielfalt in Deutschland und in Europa. Die Kulturwirtschaft, die von den vielen kleinen Unternehmen lebt, wäre in einem vollständig liberalisierten Markt durch global agierende Kulturwirtschaftsunternehmen gefährdet. Sie zu schützen bedeutet, eine über Generationen gewachsene Vielfalt zu schützen.

An dieser Stelle wird die Aufgabe der Kulturpolitik besonders deutlich. Ihre Aufgabe ist es nicht, selbst Kultur zu schaffen, sondern für die erforderlichen politischen Rahmenbedingungen zu sorgen. Die Gestaltung von Kunst und Kultur überlässt sie besser den Künstlern selbst.

Was bleibt?

Die Arbeit ist nun erfolgreich abgeschlossen. Die Arbeit aller Fraktionen und Sachverständigen hat zu einer sorgfältigen Bestandsaufnahme der deutschen Kulturlandschaft geführt und eine Vielzahl von Handlungsempfehlungen hervorgebracht.

Die zurückliegende Arbeit war von einem Miteinander aller Beteiligten geprägt. Es einte sie das Ziel, die einzigartige Kulturlandschaft und eine beispiellose kulturelle Vielfalt zu schützen und zu fördern – und das mit großem Gewinn für die Sache.

Als Vorsitzende der Enquete-Kommission „Kultur in Deutschland" danke ich allen Mitgliedern dieser Kommission – den Abgeordneten des Deutschen Bundestages wie den Sachverständigen – für ihre Kompetenz, ihre Begeisterungsfähigkeit und ihre Kreativität. Den neu berufenen Mitgliedern danke ich für den Einsatz, mit dem sie sich innerhalb kurzer Zeit mit der umfangreichen Arbeit der Kommission der vergangenen Legislaturperiode vertraut gemacht haben.

Ich danke den Gutachtern und denjenigen, die an unseren Anhörungen teilgenommen haben, sowie den Gesprächspartnern bei unseren Informationsbesuchen, Exkursionen und Delegationsreisen für ihre Bereitschaft, der Kommission ihre Forschungsergebnisse zur Verfügung zu stellen und sie an ihren praktischen Erfahrungen teilhaben zu lassen.

Eine besonders erfreuliche Erfahrung war das Interesse, mit dem viele Bürgerinnen und Bürger unsere Arbeit begleitet haben. Ich lade alle herzlich ein zur Lektüre dieses Berichtes und würde mich freuen, wenn diesem nicht weniger öffentliche Aufmerksamkeit zuteil würde als es bereits beim Zwischenbericht der Fall war.

Nicht zuletzt gilt mein Dank den Fraktionsreferentinnen und -referenten sowie den Mitarbeiterinnen und Mitarbeitern des Sekretariats. Ohne ihr Engagement hätte die Kommission ihr Arbeitspensum nicht bewältigen können.

Die Bestandsaufnahme ist erfolgt, die Handlungsempfehlungen liegen vor. Und nun? Jedem Ende wohnt auch ein Anfang inne.

Mit der Vorlage unseres Berichtes beginnt eine neue Etappe. Jetzt sind die Kulturpolitiker in den Fraktionen und die Kulturschaffenden auf allen Ebenen gefragt, unsere Vorlage zum Wohl der Kultur zu nutzen.

Es ist vollbracht. Das Werk ist getan. Nun beginnt die Arbeit.

Berlin, den 11. Dezember 2007

Gitta Connemann MdB

Vorsitzende der Enquete-Kommission
„Kultur in Deutschland"

Inhaltsverzeichnis

		Seite
	Vorwort zum Bericht der Enquete-Kommission „Kultur in Deutschland"	6
	Vorwort	8
	Schlagwortartige Zusammenfassung der Handlungsempfehlungen in der Reihenfolge der Kapitel	25
	Die Enquete-Kommission	41
	Entstehung und Auftrag, Zusammensetzung, Arbeitsweise, Sekretariat, Fraktionsreferenten	41
	Allgemeine Hinweise zum Schlussbericht	49
	Präambel	51
	1. Kultur in Deutschland – Verpflichtung für das demokratische Gemeinwesen	51
	2. Kultur heute – Neue Herausforderungen	51
	3. Kulturelle Vielfalt und Identität	52
	4. Kulturförderung in ihrer Vielfalt sichern	54
1	Bedeutung von Kunst und Kultur für Individuum und Gesellschaft	57
2	Kultur als öffentliche und gesellschaftliche Aufgabe	63
2.1	Kulturpolitik als gesellschaftliche Aufgabe	63
2.1.1	Kultur als Wirkungs- und Handlungsfeld	63
2.1.2	Vermittlungsaufgaben der Kulturpolitik	64
2.1.3	Kulturpolitischer Diskurs mit gesellschaftlichen Akteuren	64
2.2	Kompetenzverteilung Europa, Bund, Länder, Kommunen	65
2.2.1	Europäische Ebene	65
2.2.1.1	Europäische Kulturpolitik nach Artikel 151 EG-Vertrag	65
2.2.1.2	Kulturgüter als internationale Handelswaren	66
2.2.2	Nationale Ebene	67
2.2.3	Kommunen	71

		Seite
2.3	**Rechtliche Rahmenbedingungen**	71
2.3.1	Internationale Rahmenbedingungen (WTO/GATS)	71
2.3.2	Europäische Rahmenbedingungen	72
2.3.3	Grundgesetzlicher und bundesrechtlicher Rahmen	75
2.3.4	Landesrecht	84
2.3.4.1	Landesverfassungsrecht	84
2.3.4.2	Kommunalverfassungsrecht	85
2.3.4.3	Besondere Landesgesetze in Hessen und Sachsen	86
2.3.4.4	Spezielle spartenbezogene Kulturfachgesetze in den Ländern	86
2.3.5	Kommunale Rechtssetzung	89
2.4	**Staatsziel Kultur**	89
	Zwischenbericht Staatsziel Kultur (Bundestagsdrucksache 15/5560)	90
2.5	**Sicherung der kulturellen Infrastruktur**	114
2.5.1	Begriffsgeschichte kulturelle Grundversorgung – kulturelle Infrastruktur	114
2.5.2	Begriffsverständnis der Enquete-Kommission	115
2.5.3	Der öffentliche Auftrag zur Gewährleistung der kulturellen Infrastruktur	115
2.5.4	Differenzierung des Gewährleistungsauftrages je nach Handlungsfeld	115
2.5.5	Standards für die kulturelle Infrastruktur	116
2.5.6	Verantwortungsgemeinschaft der öffentlichen Hand	117
2.5.7	Verantwortungspartnerschaft mit Dritten	117
2.5.8	Kulturpolitische Begründung zur Sicherung der kulturellen Infrastruktur	117
2.6	**Verhältnis von freiwilligen Leistungen und Pflichtaufgaben**	118
3	**Die öffentliche und private Förderung und Finanzierung von Kunst und Kultur – Strukturwandel**	125
3.1	**Lage und Strukturwandel der öffentlichen Kulturförderung**	125
3.1.1	Organisationsformen und Steuerungsmodelle	125
3.1.1.1	New Public Management und Governance in der öffentlichen Verwaltung	125
3.1.1.1.1	Das Neue Steuerungsmodell in der Kulturpolitik	127
3.1.1.1.2	Governance in der Kulturpolitik	128

		Seite
3.1.1.2	Rechtsformen von Kultureinrichtungen und ihre rechtlichen Rahmenbedingungen	133
3.1.1.3	Empirische Verteilung der Organisationsformen nach Sparten	141
3.1.1.4	Zusammenfassung der Bestandsaufnahme nach Sparten	144
3.1.1.5	Steuerungsmodelle in der Kulturpolitik und in der öffentlichen (Kultur-) Verwaltung	144
3.1.2	Rechtliche und strukturelle Rahmenbedingungen des Betriebs von Kulturbetrieben	147
3.1.2.1	Theater, Kulturorchester, Opern	147
3.1.2.1.1	Betriebsformen	151
3.1.2.1.2	Finanzierung	156
3.1.2.1.3	Der Fonds Darstellende Künste	158
3.1.2.1.4	Rechtsformen	159
3.1.2.1.5	Arbeitsrechtliche Herausforderungen	162
3.1.2.2	Museen und Ausstellungshäuser	166
3.1.2.3	Öffentliche Bibliotheken	183
3.1.2.4	Soziokulturelle Zentren	189
3.1.3	Kultur in ländlichen Regionen	196
3.1.4	Umlandfinanzierung und interkommunale Zusammenarbeit	200
3.1.5	Objektive und transparente Förderkriterien staatlicher Kulturfinanzierung – Schlussfolgerungen aus internationalen Erfahrungen	204
3.2	**Lage und Strukturwandel der öffentlich-nichtstaatlichen Kulturförderung**	206
3.2.1	Die kulturelle Tätigkeit der Kirchen	206
3.2.2	Kulturauftrag und kulturelle Tätigkeit des Rundfunks	214
3.2.3	Mittelbar-öffentliche Kulturförderung durch Stiftungen und Vereine	227
3.3	**Lage und Strukturwandel der privaten Kulturförderungen**	233
3.3.1	Bürgerschaftliches Engagement in der Kultur	233
3.3.2	Private Stiftungen/Bürgerstiftungen	250
3.3.3	Sponsoring und private Spenden	259
3.3.4	Laienkultur und Brauchtum	276
3.3.4.1	Inhaltliche Bestimmungen von Laienkultur und Brauchtum	277

		Seite
3.3.4.2	Daten zur Laienkultur/Brauchtum in der Bürgergesellschaft	279
3.3.4.3	Chancen und Probleme	280
3.3.5	Gemeinnützigkeitsrecht	282
3.4	**Kulturförderung in gemeinsamer Verantwortung von Staat, Zivilgesellschaft und Wirtschaft**	285
3.5	**Förderbereiche von besonderer Bedeutung**	292
3.5.1	Kulturförderung in den neuen Ländern	292
3.5.2	Kulturförderung in der Bundeshauptstadt	296
3.5.3	Situation und Förderung der UNESCO-Welterbestätten in Deutschland	299
3.5.4	Kulturförderung nach § 96 Bundesvertriebenengesetz (BVFG)	305
3.5.5	Migrantenkulturen/Interkultur	308
3.5.6	Kultur der autochthonen Minderheiten in Deutschland	317
3.6	**Kulturelle Auswirkungen des demografischen Wandels**	322
4	**Die wirtschaftliche und soziale Lage der Künstler**	337
4.1	**Künstlerbild und Kreativität Anfang des 21. Jahrhunderts**	337
	Exkurs: Sachverständiges Mitglied Heinz Rudolf Kunze „Künstlerbilder im historischen Wandel, Künstlerautonomie, Künstlerhabitus"	339
4.2	**Aus-, Fort- und Weiterbildung in den Künstler- und Kulturberufen**	351
4.2.1	Kulturberufe im Wandel	352
4.2.2	Künstlerische Tätigkeitsbereiche	352
4.2.3	Anteil der Selbstständigen	353
4.2.4	Anforderungen an die Aus-, Fort- und Weiterbildung	354
4.2.4.1	Zugangsvoraussetzungen	354
4.2.4.2	Studiengänge	354
4.2.5	Hochschulen im Wandel	355
4.2.6	Bedarfsorientierte und praxisbezogene Ausbildung	356
4.2.7	Stärkung betriebswirtschaftlicher Ausbildungsinhalte	358
4.2.8	Anpassung der Studiengänge an die Bedingungen des Arbeitsmarktes	359

Seite

4.3	**Rechtliche Situation der Künstler- und Kulturberufe**	361
4.3.1	Tarif- und arbeitsrechtliche Situation der Künstler- und Kulturberufe	361
4.3.2	Steuerrechtliche Behandlung der Künstler- und Kulturberufe	371
4.3.2.1	Einkommensteuerrecht	372
4.3.2.2	Umsatzsteuerrecht	377
4.3.3	Urheber- und Leistungsschutzrechte	381
4.3.4	Wahrnehmung von Urheberrechten und verwandten Schutzrechten	395
4.4	**Wirtschaftliche Situation der Künstler und Kulturberufe**	424
4.4.1	Arbeitsmarkt Kultur und Medien	425
4.4.2	Existenzsicherung für selbstständig arbeitende Künstler	435
4.5	**Soziale Lage der Künstler- und Kulturberufe**	443
4.5.1	Künstlersozialversicherung	443
4.5.1.1	Hintergrund des Künstlersozialversicherungsgesetzes und Verweis auf das europäische Ausland	443
4.5.1.2	Versicherte	447
4.5.1.3	Abgabepflichtige	451
4.5.2	Alterssicherung	455
4.5.3	Arbeitsmarkt der Künstler/Arbeitslosenversicherung	466
4.5.3.1	Beratung und Vermittlung durch die Bundesagentur für Arbeit/Vermittlung durch die Künstlerdienste	466
4.5.3.2	Anspruchsvoraussetzungen abhängig beschäftigter Künstler im Rahmen der Arbeitslosenversicherung/Arbeitslosengeld I	467
4.5.3.3	Arbeitslosengeld II/Grundsicherung für Arbeitslose	472
4.5.4	Sondersituation Tanz	474
4.6	**Künstlerförderung**	479
4.6.1	Kulturstiftung des Bundes	481
4.6.2	Fonds Soziokultur e. V.	482
4.6.3	Fonds Darstellende Künste e. V.	484
4.6.4	Deutscher Literaturfonds e. V.	486

		Seite
4.6.5	Deutscher Übersetzerfonds e. V.	487
4.6.6	Stiftung Kunstfonds zur Förderung der zeitgenössischen bildenden Kunst	488
4.6.7	Deutscher Musikrat e. V.	489
4.6.8	Hauptstadtkulturfonds	492
5	**Kultur- und Kreativwirtschaft**	**499**
5.1	**Gesellschaftliche Bedeutung von Kultur- und Kreativwirtschaft**	**500**
5.1.1	Kultur und Ökonomie – historischer Abriss	500
5.1.2	Kunst und Kultur als Wirtschaftsfaktor	502
5.1.3	Beschäftigungspolitische Bedeutung	507
5.1.4	Fazit zur wirtschafts- und beschäftigungspolitischen Bedeutung	509
5.1.5	Kultur- und Kreativwirtschaft und Kulturpolitik	509
5.2	**Kultur- und Kreativwirtschaft: Begriff und Abgrenzung**	**510**
5.3	**Kultur- und Kreativwirtschaft: Statistische Erfassung**	**522**
5.4	**Förderung von Kultur- und Kreativwirtschaft**	**529**
5.4.1	Kultur als Standortfaktor für die Kultur- und Kreativwirtschaft	529
5.4.2	Kulturtouristisches Marketing/Kulturcluster	532
5.4.3	Förderung durch Raumerschließung	537
5.4.4	Förderinstrumente und ordnungspolitische Maßnahmen	540
5.5	**Politisch-administrative Institutionalisierung von Kultur- und Kreativwirtschaft**	**556**
6	**Kulturelle Bildung**	**565**
6.1	**Bedeutung und Wirkung von kultureller Bildung in der Lebensperspektive**	**565**
6.1.1	Bedeutung und Wirkung kultureller Bildung	567
6.1.2	Die rechtlichen Rahmenbedingungen kultureller Bildung in Deutschland	569
6.1.3	Akteure und Angebote der kulturellen Bildung	570

Seite

6.1.4	Infrastruktur der kulturellen Bildung	571
6.1.5	Zur Bestandsaufnahme der Enquete-Kommission	572
6.2	**Kulturelle Bildung für Kinder und Jugendliche**	573
6.2.1	Kulturelle Bildung in der Früherziehung	573
6.2.2	Kulturelle Bildung in der Schule	575
6.2.3	Außerschulische kulturelle Bildung	581
6.2.4	Aus-, Fort- und Weiterbildung	589
6.2.5	Kulturelle Medienbildung	593
6.3	**Kulturelle Erwachsenenbildung**	600
6.3.1	Individuelle und gesellschaftliche Bedeutung kultureller Erwachsenenbildung: Anspruch und Realität	600
6.3.2	Die rechtlichen, finanziellen und personellen Rahmenbedingungen kultureller Erwachsenenbildung in Deutschland	601
6.3.3	Infrastruktur der kulturellen Erwachsenenbildung: Angebotsvielfalt und „Lernorte"	604
6.4	**Interkulturelle Bildung**	608
6.5	**Erhalt und Förderung der deutschen Sprache**	611
7	**Kultur in Europa – Kultur im Kontext der Globalisierung**	617
7.1	**Grundlagen**	618
7.1.1	Entwicklung eines europäischen Kulturverständnisses	618
7.1.2	Die Verträge von Maastricht/Amsterdam und der europäische Verfassungsprozess – Rechtsgrundlagen europäischer Kulturpolitik	623
7.1.3	Europäische Normsetzung und ihr Einfluss auf Kultur in Deutschland	626
7.1.4	Vertretung deutscher Kulturpolitik in der Europäischen Union	630
7.2	**Instrumente europäischer Kulturpolitik und ihre Wirkungen auf Kultur in Deutschland**	632
7.2.1	Programme und Fonds	632
7.2.2	Kulturhauptstädte Europas und europäische Kulturprojekte	635

Seite

7.2.3	Formen des europäischen Kulturaustauschs und kultureller Kooperation	638
7.3	**Globalisierung und ihr Einfluss auf Kultur in Deutschland**	642
7.3.1	Der Prozess globaler Normentwicklung durch die UNESCO-Konventionen	642
7.3.2	Kultur in den internationalen Handelsbeziehungen (WTO/GATS)	645
8	**Kulturstatistik in der Bundesrepublik Deutschland und in der Europäischen Union**	651
8.1	**Datenbasis einzelner Kulturbereiche**	652
8.2	**Anforderungen an den Aufbau einer bundeseinheitlichen Kulturstatistik**	653
9	**Sondervoten**	657
9.1	**Sondervotum Fraktion DIE LINKE. und SV Prof. Dr. Dieter Kramer zum Gesamtbericht „Soziale Dimension: Armut, Arbeitslosigkeit und Kultur"**	657
9.2	**Sondervotum Fraktion BÜNDNIS 90/DIE GRÜNEN und SV Helga Boldt zum Gesamtbericht**	659
9.3	**Sondervotum Fraktion DIE LINKE. und SV Prof. Dr. Dieter Kramer zu 1: „Zu kulturellen Nachwirkungen der deutschen Teilung"**	662
9.4	**Sondervotum SV Prof. Dr. Dieter Kramer zu 2.4: „Kultur als Staatsziel"**	664
9.5	**Sondervotum Lydia Westrich, MdB zu 3.1.2.1: „Theater, Kulturorchester, Opern", Handlungsempfehlungen 2, 4 und 18 sowie zu 4.3.1: „Tarif- und arbeitsrechtliche Situation der Künstler und Kulturberufe"**	665
9.6	**Sondervotum SV Prof. Dr. Wolfgang Schneider zu 3.5.2: „Kulturförderung in der Bundeshauptstadt"**	666
9.7	**Sondervotum Fraktion DIE LINKE. und SV Prof. Dr. Dieter Kramer zu 3.5.4: „Kulturförderung nach § 96 Bundesvertriebenengesetz"**	668
9.8	**Sondervotum SV Prof. Dr. Dieter Kramer zu 5.: „Kultur- und Kreativwirtschaft"**	671
9.9	**Sondervotum SV Prof. Dr. Wolfgang Schneider zu 6.2: „Kulturelle Bildung für Kinder und Jugendliche"**	673

Seite

10	**Anhang**	677
10.1	**Anträge und Beschlüsse über die Einsetzung der Enquete-Kommission „Kultur in Deutschland"**	677
10.1.1	15. Wahlperiode – Bundestagsdrucksache 15/1308	677
10.1.2	16. Wahlperiode – Bundestagsdrucksache 16/196	681
10.2	**Literaturverzeichnisse**	683
10.2.1	Verzeichnis der zitierten Literatur	683
10.2.2	Verzeichnis der zitierten Gerichtsentscheidungen und Verwaltungsanweisungen	707
10.3	**Abkürzungsverzeichnis und Gesetzesregister**	710
10.4	**Übersicht über die in der 15. und 16. Wahlperiode in Auftrag gegebenen Gutachten**	717
10.5	**Verzeichnisse zu den öffentlichen Anhörungen und Expertengesprächen der 15. und 16. Wahlperiode**	719
10.5.1	Verzeichnis der Anhörungen, sortiert nach Datum, Themen und Anhörpersonen	719
10.5.2	Verzeichnis der Expertengespräche, sortiert nach Datum, Themen und Anhörpersonen	729
10.5.3	Eingeladene Anhörpersonen und Experten (alphabetisch)	734
10.5.4	Eingeladene Vereine, Verbände und Organisationen (alphabetisch)	746
10.6	**Allgemeine Ausführungen zum Zuwendungsrecht**	753
10.7	**Sachregister**	755

Schlagwortartige Zusammenfassung der Handlungsempfehlungen in der Reihenfolge der Kapitel

Kapitel	Zusammenfassung der Handlungsempfehlung	Seite
2	**Kultur als öffentliche und gesellschaftliche Aufgabe**	
2.2	**Kompetenzverteilung Europa, Bund, Länder, Kommunen**	
2.2.2	Nationale Ebene	
	1. Kulturpolitik des Bundes institutionalisieren und bündeln	70
2.4	**Staatsziel Kultur**	
	1. Staatsziel Kultur in das Grundgesetz aufnehmen	89
3	**Die öffentliche und private Förderung und Finanzierung von Kunst und Kultur – Strukturwandel**	
3.1	**Lage und Strukturwandel der öffentlichen Kulturförderung**	
3.1.1	Organisationsformen und Steuerungsmodelle	
	1. Eigenverantwortung der Kulturverwaltung stärken	146
	2. Kulturentwicklungskonzeption des Bundes erarbeiten	147
	3. Landesentwicklungspläne erarbeiten	147
	4. Informationsmöglichkeiten verbessern	147
	5. Informationsrechte von Kommunalpolitikern stärken	147
3.1.2	Rechtliche und strukturelle Rahmenbedingungen des Betriebs von Kulturbetrieben	
3.1.2.1	Theater, Kulturorchester, Opern	
	1. Theaterlandschaft stärken	164
	2. Eigenverantwortung durch rechtliche Verselbstständigung erhöhen	164
	3. Nachhaltige Planungssicherheit durch flexibles Haushaltsrecht erreichen	164
	4. Bewilligungsbescheide vereinfachen	165
	5. Bühnengerechte Arbeitsbedingungen schaffen	165
	6. Arbeitgeberinteressen einheitlich vertreten	165
	7. Vielfalt der Produktionsformen erhalten	165
	8. Regionale Theaterentwicklungsplanungen erstellen	165
	9. Kinder- und Jugendtheater fördern	165
	10. Freie Theater stärken	165
	11.–13. Förderung der Freien Theater erweitern	165
	14. Kooperationen erleichtern	166

			Seite
	15.	Theater im öffentlichen Raum stärker fördern	166
	16.–17.	Arbeitszeitgesetz und Tendenzschutz flexibilisieren	166
	18.	Abrechnung von Gastspielverträgen überarbeiten	166
3.1.2.2	Museen und Ausstellungshäuser		
	1.	Kooperation und Selbstverständnis von Museen und Sammlungen stärken	181
	2.	Netzwerke von Partnermuseen unterstützen	181
	3.	Digitale Erfassung voranbringen	181
	4.	Öffentliche Interessen bei Kooperation mit privaten Sammlern wahren	182
	5.–6.	Tilgung von Erbschaftssteuerschulden durch Abgabe von Kunst erleichtern	182
	7.	Programme zur Qualitätssteigerung auflegen	182
	8.	EU-Förderung zur Substanzerhaltung von Kulturgut verbessern	182
	9.	Gebäudesicherheit und konservatorische Bedingungen verbessern	182
	10.	Regionale Museumsstrukturpläne entwickeln	182
	11.	Sammlungsverbünde und Regionalmagazine einrichten	182
	12.–13.	Provenienzforschung unter besonderer Berücksichtigung von NS-verfolgungsbedingt entzogenem Kulturgut unterstützen	183
	14.	Verfahren der Restitution von NS-verfolgungsbedingt entzogenem Kulturgut verbessern	183
	15.	Öffentliche Sammlungen in das „Gesamtverzeichnis national wertvollen Kulturgutes" aufnehmen	183
	16.	Nationales und europäisches Haftungsrecht harmonisieren	183
	17.	Veränderte Rechtsformen für Museen prüfen	183
3.1.2.3	Öffentliche Bibliotheken		
	1.	Bibliotheksgesetze schaffen	188
	2.	Länderübergreifenden Bibliotheksentwicklungsplan erstellen	188
	3.	Überregionale Kooperation durch Bibliotheksentwicklungsagentur erreichen	188
	4.	Spartenübergreifenden Bildungsauftrag der Bibliotheken umsetzen	188
	5.	Bedrohtes Schriftgut retten	188
3.1.2.4	Soziokulturelle Zentren		
	1.	Soziokulturelle Zentren als eigenständige Förderbereiche etablieren ...	196
	2.	Soziokulturelle Zentren evaluieren	196
	3.	Nachwuchs für soziokulturelle Zentren heranbilden	196
	4.	Bildungsangebote soziokultureller Zentren mit denen anderer Träger vernetzen	196

			Seite
	5.	Dach- und Fachverband soziokultureller Zentren institutionell fördern	196
	6.	Fonds Soziokultur aufstocken	196
3.1.3	Kultur in ländlichen Regionen		
	1.	Kulturpolitik als Herausforderung für Strukturpolitik begreifen	200
	2.	Mobilität in ländlichen Regionen verbessern	200
	3.	Künstler aus ländlichen Regionen verstärkt fördern	200
	4.	Auch kulturelle Vielfalt fördern	200
	5.	Kulturelles Leben im ländlichen Raum fördern	200
3.1.4	Umlandfinanzierung und interkommunale Zusammenarbeit		
	1.	Kulturräume schaffen	203
	2.	Zweckbindung der Haushaltsmittel für Kultur im Finanzausgleich vorsehen	204
	3.	Privates Kapital einwerben	204
3.1.5	Objektive und transparente Förderkriterien staatlicher Kulturfinanzierung – Schlussfolgerungen aus internationalen Erfahrungen		
	1.–3.	Größere Transparenz der Förderung herstellen und deren Wirksamkeit evaluieren	206
3.2	**Lage und Strukturwandel der öffentlich-nichtstaatlichen Kulturförderung**		
3.2.1	Die kulturelle Tätigkeit der Kirchen		
	1.	Kulturellen Beitrag der Kirchen in Kulturstatistik darstellen	213
	2.	Im Verwertungsrecht Gesamtverträge der Kirchen beibehalten	213
	3.	Stiftungsrecht verbessern	213
	4.	Kirchliche Belange im Gemeinnützigkeitsrecht berücksichtigen	214
	5.	Ermäßigte Umsatzsteuer für Denkmalschutz an Sakralbauten einführen	214
	6.	Ermäßigte Umsatzsteuer für Gegenstände der Sakralkunst beibehalten	214
	7.	Ausbildung von Kantoren und Kirchenmusikern fördern	214
	8.	Sicherheit von touristisch genutzten Sakralbauten verbessern	214
	9.	Förderprogramm für historische Orgeln auflegen	214
3.2.2	Kulturauftrag und kulturelle Tätigkeiten des Rundfunks		
	1.	Kulturauftrag des öffentlich-rechtlichen Rundfunks präzisieren	227
	2.	Kulturauftrag durch die öffentlich-rechtlichen Rundfunkanstalten konkret ausgestalten	227
	3.	Externe Institution mit Evaluierung beauftragen	227
	4.	Im Bereich der Programmgestaltung Ausweitung freier Mitarbeit entgegentreten	227
	5.	Beiträge zur Kultur in die Hauptsendezeit rücken	227

			Seite
	6.	Kulturberichterstattung in Hauptnachrichtensendung verankern	227
	7.	Klangkörper erhalten	227
	8.	Fortbestand rundfunkspezifischer Kunstformen sichern	227
	9.	Qualität der kulturellen Leistungen privater Rundfunkanstalten selbstkritisch überprüfen	227
3.2.3	Mittelbar-öffentliche Kulturförderung durch Stiftungen und Vereine		
	1.	Angemessene Finanzausstattung für Förder- und Trägerstiftungen vorsehen	233
	2.	Besetzung von Stiftungsgremien kompetent und transparent gestalten	233

3.3 Lage und Strukturwandel der privaten Kulturförderungen

3.3.1	Bürgerschaftliches Engagement in der Kultur		
	1.	Engagement unterstützende Regelungen treffen	248
	2.	Engagementgerechte Formen der Finanzierung schaffen	248
	3.	Prüfungspraxis des Bundesrechnungshofes modifizieren	249
	4.–5.	Verwaltungsaufwand verringern	249
	6.	Information durch Künstlersozialkasse verbessern	249
	7.–9.	Haftungsrisiken begrenzen	249
3.3.2	Private Stiftungen/Bürgerstiftungen		
	1.	Verbot einer Zustiftung zum Aufbau neuen Stiftungskapitals (Endowment) aufheben	257
	2.	Zeitraum der zeitnahen Mittelverwendung verlängern	257
	3.	Stifterrente erweitern	257
	4.	Rechnungslegung differenzieren	258
	5.	Transparenz vergrößern	258
	6.	Stiftung europäischen Rechts etablieren	258
	7.	Bundeseinheitliches Stiftungsregister schaffen	258
	8.	Stiftungen beraten und begleiten	258
	9.	Stiftungsfusionen regeln	258
3.3.3	Sponsoring und private Spenden		
	1.	Datenlage verbessern	275
	2.	Mehr Anreize zur Selbstbewirtschaftung und Spendeneinwerbung schaffen	275
	3.–4.	Informationen und Kontakte fördern	276
	5.	Kulturauftrag der Sparkassen stärken	276
	6.	Regionale Freiwilligenagenturen auf- und ausbauen	276

Seite

	7.	Voraussetzungen für die Professionalisierung von Fundraising schaffen	276
	8.	Vorschläge der Kultusministerkonferenz zum Kultursponsoring vollständig umsetzen	276
3.3.4		Laienkultur und Brauchtum	
	1.–2.	Laienkultur und Brauchtum als Beitrag zur kulturellen Vielfalt fördern	282
	3.	Regionalsprachen und Dialekte erhalten und pflegen	282
	4.–5.	Träger der Laienkultur in die Arbeit der Bildungseinrichtungen einbinden	282
	6.	Amateurtheater-Wettbewerb ausschreiben	282
3.3.5		Gemeinnützigkeitsrecht	
	1.	Von der steuerlichen Veranlagung unabhängigen Statusbescheid einführen	285
	2.	Steuerliche Abzugsfähigkeit von Mitgliedsbeiträgen ausdehnen	285
	3.	Wahlrecht bezüglich Umsatzsteuerbefreiung einräumen	285
	4.	Beratungsangebote in Steuerfragen stärken	285
3.4		**Kulturförderung in gemeinsamer Verantwortung von Staat, Zivilgesellschaft und Wirtschaft**	
	1.–2.	Fördern, was es schwer hat.	291
	3.	Instrument „Matching-Fund" stärker nutzen	291
	4.	Verantwortungspartnerschaft auf Augenhöhe herstellen	291
	5.–7.	Öffentlich-Private-Partnerschaftsmodelle als Mittel der Kulturförderung nutzen	292
3.5		**Förderbereiche von besonderer Bedeutung**	
3.5.1		Kulturförderung in den neuen Ländern	
	1.	Förderpraxis zum Erhalt der Kultursubstanz in den neuen Ländern fortführen	296
	2.	Solidarpakt-Mittel auch für die Kultur festschreiben	296
	3.	Förderung der Konferenz nationaler Kultureinrichtungen fortführen	296
	4.	„Leuchtturm-Programm" ausdehnen	296
	5.	Erfahrungen der neuen Länder in der Kulturarbeit aufbereiten	296
	6.	EU-Strukturfondsmittel auch für Kultur nutzen	296
3.5.2		Kulturförderung in der Bundeshauptstadt	
	1.	Kultur als wesentlichen Teil der Repräsentation des Gesamtstaates in der Hauptstadt normieren	298
	2.	Hauptstadtkulturfonds erhalten und stärken	299

Seite

3.5.3 Situation und Förderung der UNESCO-Welterbestätten in Deutschland
1. Welterbekonvention national umsetzen 304
2. Referat für die Angelegenheiten der deutschen UNESCO-Welterbestätten stärken 304
3. Sonderprogramm zur Förderung des städtebaulichen Denkmalschutzes fortführen 305
4. Deutsche Stiftung Denkmalschutz in ihrer Rolle beim Erhalt der deutschen UNESCO-Welterbestätten stärken 305
5. Vernetzung fördern 305
6. Fördermöglichkeiten auf europäischer Ebene verbessern 305
7. Möglichkeiten zur Verbesserung der Einnahmesituation untersuchen .. 305
8. Bildungsauftrag der Welterbestätten vermitteln 305
9. Deutsche Zentrale für Tourismus in die Pflicht nehmen 305
10. Europäische Weltkulturerbestiftung einrichten 305
11. Mittel für UNESCO-Welterbestätten bereitstellen 305
12. Managementpläne für Welterbestätten entwickeln 305

3.5.4 Kulturförderung nach § 96 Bundesvertriebenengesetz (BVFG)
1. Einrichtungen langfristig sichern 307
2. Sammlungsverluste verhindern 308
3. Kulturelle Breitenarbeit sichern 308
4. Programme für grenzüberschreitende Kulturarbeit auf EU-Ebene fördern 308
5. Offenen europäischen Dialog zu Flucht und Vertreibung führen 308
6. Förderung evaluieren 308

3.5.5 Migrantenkulturen/Interkultur
1. Erlernen der deutschen Sprache fördern 316
2. Bericht zur Förderung von Interkultur und Migrantenkulturen erstellen 316
3. Forschung stärken 316
4. Dialog intensivieren 316
5. Migranten als Publikum gewinnen 317
6. Präsenz in öffentlich-rechtlichen Medien verbessern 317
7. Aktivitäten im Bereich Interkultur auf Bundesebene koordinieren ... 317
8. Interkulturelle Kompetenz fördern 317

3.5.6 Kultur der autochthonen Minderheiten in Deutschland
1. Kulturelle Rechte weiterhin gewährleisten 322
2. Potenziale der Minderheiten nutzen 322
3. Ressortübergreifende Förderung sichern 322

			Seite
3.6	**Kulturelle Auswirkungen des demografischen Wandels**		
	1. Kulturelle Auswirkungen des demografischen Wandels thematisieren		334
	2. Strategien zur Anpassung an den demografischen Wandel mit den Akteuren entwickeln		335
	3. Langfristige Kultur- und Entwicklungsplanung initiieren		335
	4. Modellprogramme mit Künstlern entwickeln		335
	5. Kulturelles Erbe im demografischen Wandel bewahren		335
4	**Die wirtschaftliche und soziale Lage der Künstler**		
4.1	**Künstlerbild und Kreativität Anfang des 21. Jahrhunderts**		
	1. Aussagefähiges Material zu den künstlerischen Tätigkeitsfeldern erstellen		351
	2. Abgrenzungskriterien der Künstlersozialkasse überdenken		351
4.2	**Aus-, Fort- und Weiterbildung in den Künstler- und Kulturberufen**		
	1. Komplementärkompetenzen einbeziehen		360
	2. Interdisziplinäre Fähigkeiten fördern		360
	3. Wissenschaftliche Grundlagenbildung im Bereich neue Medien und Literatur intensivieren		360
	4. Zweistufige Ausbildung prüfen		360
	5. Zusätzliche Studiengänge schaffen		361
	6. Angemessene Berücksichtigung von Bewerbern aus Deutschland sicherstellen		361
	7.–8. Berufsqualifizierende Fort- und Weiterbildung stärken		361
4.3	**Rechtliche Situation der Künstler- und Kulturberufe**		
4.3.1	Tarif- und arbeitsrechtliche Situation der Künstler- und Kulturberufe		
	1. Berechnungsgrundlage für die Rahmenfrist bei Bezug von Arbeitslosengeld I ändern		369
	2. Gut erreichbare Künstlerdienste durch die Bundesagentur für Arbeit gewährleisten		369
	3. Kooperation zwischen der Bundesagentur für Arbeit und privaten Künstleragenturen verstärken		369
	4.–5. Arbeitgeberinteressen in Tarifverhandlungen einheitlich vertreten		369
	6 Kein Wahlrecht für die Mitgliedschaft in der Künstlersozialversicherung vorsehen		370
	7 Arbeitszeitgesetz um Öffnungsklausel erweitern		370
	8 Tendenzschutz im Betriebsverfassungsgesetz ausweiten		370
	9 Gastspielverträge kalendertäglich abrechnen		370

Seite

	10	Bundeseinheitliche Vergütung von Volontären festlegen	370
	11	Arbeitsgelegenheiten in Kultureinrichtungen nur für zusätzliche Arbeiten fördern	370

4.3.2 Steuerrechtliche Behandlung der Künstler- und Kulturberufe

1.–3.	Einkommensteuerfestsetzung für Künstler vereinheitlichen und vereinfachen	380
4.	Abgrenzung von selbstständiger und nichtselbstständiger künstlerischer Tätigkeit an der Beurteilung durch die Künstlersozialversicherung ausrichten	380
5.	Besteuerung im Ausland ansässiger Künstler in Deutschland unter Beachtung der Rechtsprechung des Europäischen Gerichtshofes neu regeln	380
6.	Grenzbeträge dynamisieren	380
7.	Freistellungsverfahren bei Doppelbesteuerungsabkommen vereinfachen	381
8.	Doppelbesteuerung von im Ausland ansässigen nicht darbietenden Künstlern klären	381
9.	Freistellungsverfahren für nicht darbietende Künstler vereinfachen	381
10.	Bescheinigungsverfahren für Umsatzsteuerbefreiung vereinfachen	381
11.	Am ermäßigten Umsatzsteuersatz für Kulturgüter festhalten	381
12.	Ermäßigten Steuersatz für Kunstfotografien einführen	381

4.3.3 Urheber- und Leistungsschutzrechte

1.	Interessen von Rechteinhabern schützen	395
2.	Urhebervertragsrecht prüfen und angemessene Vergütung erreichen	395
3.	Vergütungspflicht für gewerbliche Verwertung von Abbildungen von Kunst im öffentlichen Raum einführen	395

4.3.4 Wahrnehmung von Urheberrechten und verwandten Schutzrechten

1.	System der kollektiven Rechtewahrnehmung durch Verwertungsgesellschaften aufrechterhalten und verteidigen	423
2.	Mitgliedsstaatenübergreifende kollektive Wahrnehmung von Urheberrechten und verwandten Schutzrechten im Sinne der „Option 2" realisieren	423
3.	„Inkassotätigkeit" von Verwertungsgesellschaften für kommerzielle Unternehmen untersagen	423
4.	Inhalt der Gegenseitigkeitsverträge veröffentlichen	424
5.	Mehr Transparenz auch bei der Erfüllung sozialer und kultureller Zwecke sichern	424
6.	Verwaltungskosten der Verwertungsgesellschaften prüfen	424
7.	Demokratische Teilhabestrukturen sicherstellen	424

			Seite
	8.	Sozialklausel des § 52 Urhebergesetz gesetzlich klarstellen	424
	9.	Abrechnungsverfahren modifizieren	424
	10.	Abschluss von Gesamtverträgen nachvollziehbar machen	424
	11.	Hinterlegungspflicht erweitern	424
	12.	Aufsicht über die Verwertungsgesellschaften stärken	424
	13.	Aufsicht institutionell und personell verbessern	424
	14.	Aufsicht von Verwertungsgesellschaften auch im Einzelfall sicherstellen	424
4.4	**Wirtschaftliche Situation der Künstler und Kulturberufe**		
4.4.1	Arbeitsmarkt Kultur und Medien		
	1.	Selbstständige Künstler in Kultur- und Kreativwirtschaftsberichten berücksichtigen	435
	2.	Programmpolitik auch für Selbstständige öffnen	435
	3.	Zeitgenössische Künstler durch Ankäufe und Aufträge unterstützen ...	435
	4.	Erschließung neuer Arbeitsfelder unterstützen	435
4.4.2	Existenzsicherung für selbstständig arbeitende Künstler		
	1.	Wirtschaftliche Künstlerförderung weiterentwickeln	442
	2.	Beratungsangebote evaluieren	442
	3.	Neue Tätigkeitsfelder für Künstler erforschen und fördern	442
	4.	Kreditmöglichkeiten für künstlerisch Selbstständige bei der Kreditanstalt für Wiederaufbau entwickeln	442
	5.	Wirtschaftliche Aspekte in Hochschulausbildung integrieren	442
4.5	**Soziale Lage der Künstler- und Kulturberufe**		
4.5.1	Künstlersozialversicherung		
4.5.1.1	Hintergrund des Künstlersozialversicherungsgesetzes und Verweis auf das europäische Ausland		
	1.	Künstlersozialversicherung stärken	447
	2.	Bundeszuschuss zur Künstlersozialkasse stabil halten	447
	3.	Kreis der abgabepflichtigen Unternehmen beibehalten	447
4.5.1.2	Versicherte		
	1.	An dem offenen Rechtsbegriff der Künstler und Publizisten festhalten	451
	2.	Publizistenbegriff im Künstlersozialversicherungsgesetz konkretisieren	451
	3.	Modelle zur sozialen Absicherung von Selbstständigen außerhalb des Künstlersozialversicherungsgesetzes entwickeln	451

			Seite
	4.	Sozialversicherungsrechtlichen Status von Künstlern und Publizisten im Zweifelsfall durch Deutsche Rentenversicherung Bund klären lassen	451
	5.	Abgrenzung von selbstständiger und nichtselbstständiger Tätigkeit an der Beurteilung durch die Künstlersozialkasse ausrichten	451
4.5.1.3	Abgabepflichtige		
	1.	Intensiver über das Künstlersozialversicherungsgesetz informieren	455
	2.	Einzelvereinbarungen betreffend rückwirkender Vergütungsansprüche der Künstlersozialkasse ermöglichen	455
	3.	§ 24 Abs. 1 Satz 2 Künstlersozialversicherungsgesetz konkretisieren	455
	4.	Schwerpunktausschuss bei der Deutschen Rentenversicherung Bund bilden	455
	5.	Sonderregelung für Verwertungsgesellschaften prüfen	455
	6.	Künstlersozialabgabe für Verwerter im Ausland prüfen	455
4.5.2	Alterssicherung		
	1.	Künstlersozialversicherung als grundlegende Säule der Alterssicherung begreifen	465
	2.	Finanzielle Voraussetzungen für eine Alterssicherung schaffen	465
	3.	Information über private Altersvorsorge verbessern	465
	4.–5.	Verpflichtungen der Verwertungsgesellschaften zu Vorsorge- und Unterstützungseinrichtungen sicherstellen und publizieren	465
	6.	Künstlerförderung verbessern	465
4.5.3	Arbeitsmarkt der Künstler/Arbeitslosenversicherung		
4.5.3.1	Beratung und Vermittlung durch die Bundesagentur für Arbeit/Vermittlung durch die Künstlerdienste		
	1.	Vermittlungstätigkeit der Bundesagentur für Arbeit ausbauen	467
	2.	Erreichbarkeit der Künstlerdienste verbessern	467
4.5.3.2	Anspruchsvoraussetzungen abhängig Beschäftigter Künstler im Rahmen der Arbeitslosenversicherung/Arbeitslosengeld I		
	1.	Berechnungsgrundlage für die Rahmenfrist bei Bezug von Arbeitslosengeld I ändern	472
4.5.3.3	Arbeitslosengeld II/Grundsicherung für Arbeitslose		
	1.	Annahme kurzfristiger Tätigkeiten erleichtern	474
	2.	Produktionsmittel und Kunstwerke einheitlich anrechnen	474
4.5.4	Sondersituation Tanz		
	1.	Stiftung „Transition" zur Erleichterung des Übergangs in andere Berufe einrichten	479
	2.	Anerkannte Abschlüsse schaffen	479
	3.	Berufliche Qualifizierungsangebote verbessern	479

Seite

4.6		**Künstlerförderung**	
	1.–2.	Transparenz verbessern	497
	3.	Informationsportal auf Bundesebene einrichten	497
	4.	Mittel an die Fonds vollständig zur Selbstbewirtschaftung zuweisen	497
	5.	Evaluierung durchführen	497
	6.	Mehr Transparenz und Rotation in den Entscheidungsgremien sicherstellen	497
	7.	Beratungsangebote ausbauen	497
	8.	Vorproduktionskosten berücksichtigen	498
	9.	Lebenssituation beachten	498
	10.	Deutschen Übersetzerfonds finanziell gleichstellen	498
5		**Kultur- und Kreativwirtschaft**	
5.2		**Kultur- und Kreativwirtschaft: Begriff und Abgrenzung**	
	1.	Begriff der Kultur- und Kreativwirtschaft für den erwerbswirtschaftlichen Sektor verwenden	522
	2.	Bundes-Kultur- und Kreativwirtschaftsbericht vorlegen	522
	3.	Differenzierte Detailbetrachtungen in Kultur- und Kreativwirtschaftsberichte einführen	522
	4.	Modell der kulturellen Wertschöpfungskette anwenden	522
5.3		**Kultur- und Kreativwirtschaft: Statistische Erfassung**	
	1.	Expertengruppe zur statistischen Erfassung der Kultur- und Kreativwirtschaft einsetzen	529
	2.	Wissenschaftliche Analysen fördern	529
5.4		**Förderung von Kultur- und Kreativwirtschaft**	
5.4.1		Kultur als Standortfaktor für die Kultur- und Kreativwirtschaft	
	1.	Bestehende kultur- und kreativwirtschaftliche Strukturen fördern	531
	2.–3.	Wissenschaftliche Forschung intensivieren	531
5.4.2		Kulturtouristisches Marketing/Kulturcluster	
	1.	Kulturtouristische Marketingplattform schaffen	536
	2.	Kulturelle Alleinstellungsmerkmale erarbeiten und vermarkten	536
	3.	Kooperationen über Regionengrenzen hinweg bilden	536
	4.	Kooperation von Kultur und Tourismus stärken	536
	5.	Wettbewerb Kulturstadt Deutschland ausloben	537
	6.	Klare Strukturen für Kulturcluster schaffen	537

			Seite
5.4.3		Förderung durch Raumerschließung	
	1.	Übergangsräume für kulturelle und kultur- und kreativwirtschaftliche Angebote nutzen	540
	2.	Liegenschaften zur künstlerischen Zwischennutzung zugänglich machen	540
5.4.4		Förderinstrumente und ordnungspolitische Maßnahmen	
	1.	Spezifische Förderinstrumente entwickeln	555
	2.	Kultur- und Kreativwirtschaft in allgemeiner Wirtschaftsförderung berücksichtigen	555
	3.	Wirtschaftsförderung auf weitere Sparten ausdehnen	555
	4.	Wirtschaftsförderung für Einzelkünstler ermöglichen	555
	5.	Optionsrecht für Umsatzsteuerbefreiung ermöglichen	555
	6.	Förderzugang für kleine Unternehmen vereinfachen	555
	7.	Kreditgarantiefonds für Kultur- und Kreativwirtschaft auflegen	555
	8.	Vergabe von Kleinstkrediten fördern	555
	9.	Zugang zu Darlehen und Bürgschaften erleichtern	555
	10.	Förderstrukturen für verbesserte Betriebsführung schaffen	555
	11.	Nachfrage stärken	555
	12.	Akteursbezogene zeitlich befristete Ausführungsagenturen installieren	556
5.5		**Politisch-administrative Institutionalisierung von Kultur- und Kreativwirtschaft**	
	1.	Kultur- und Kreativwirtschaft als politische Querschnittsaufgabe verankern	560
	2.	Koordinator für Kultur- und Kreativwirtschaft einsetzen	560
6		**Kulturelle Bildung**	
6.2		**Kulturelle Bildung für Kinder und Jugendliche**	
	1.	Kulturelle Bildung als gesellschaftlichen Auftrag begreifen	596
	2.	Bundeszentrale für kulturelle Bildung gründen	596
	3.	Bundeswettbewerbe für alle Sparten einrichten	597
	4.–5.	Freiwilliges Soziales Jahr Kultur ausbauen	597
	6.	Kinder- und Jugendplan aufstocken	597
	7.	Kultur und Medien in Kinder- und Jugendberichten verstärkt darstellen	597
6.2.1		Kulturelle Bildung in der Früherziehung	
	1.–3.	Kulturelle Bildung in der Früherziehung intensivieren	597

Seite

6.2.2 Kulturelle Bildung in der Schule
    1.–3. Kulturelle Bildung in der Schule sichern und stärken 597
    4. Kulturelle Bildung als generelles Pflichtfach einführen 598
    5. Musikerziehung in der Schule verbessern 598
    6. Kooperation von Theatern und Schulen verbessern 598
    7. Literatur- und Leseförderung als Querschnittsaufgabe verankern 598
    8. Vernetzung von Bibliotheken und Schulen fördern 598
    9. Baukultur im Curriculum berücksichtigen 598
    10. Medienkompetenz als Auftrag der Schule verstehen 598
    11.–12. Bildungsstandards für kulturelle Bildung entwickeln 598
    13. Schulunterricht mit Künstlern und Kultureinrichtungen verbinden 598

6.2.3 Außerschulische kulturelle Bildung
    1.–2. Kultureinrichtungen zu kultureller Kinder- und Jugendbildung
        verpflichten 598
    3. Kulturelle Bildungsangebote sichern 598
    4. Kulturgutscheine anbieten 599
    5. Kinder und Jugendliche als Mentoren gewinnen 599
    6. Musik- und Jugendkunstschulen gesetzlich garantieren 599
    7. Kulturelle Bildung trotz Haushaltssicherung ermöglichen 599
    8. Außerschulische kulturelle Bildung als Gemeinschaftsaufgabe sichern . . 599
    9. Bei der Zusammenarbeit von Kultureinrichtungen und Schulen
        partnerschaftlich zusammenwirken 599
    10. Politisch-historische Bildung weiterentwickeln 599

6.2.4 Aus-, Fort- und Weiterbildung
    1. Erzieherausbildung verbessern 599
    2. Berufsbilder sozialer Berufe erweitern 600
    3. Lehreraus- und -fortbildung verbessern 600
    4. Vermittlungskompetenz und künstlerische Praktiken in künstlerischen
        Ausbildungsgängen stärken 600
    5. Medien- und Filmbildung ausbauen 600
    6. Kulturpädagogik für Erwachsene stärken 600

6.3 **Kulturelle Erwachsenenbildung**
    1. Kulturelle Erwachsenenbildung flächendeckend vorhalten 607
    2. Weiterbildungspass einführen 607
    3. Kulturelle Bildung für Senioren ausbauen 608
    4. Politisch-historische Bildung stärken 608
    5. Kulturelle Erwachsenenbildung gesetzlich regeln 608

Seite

	6.	Kulturelle Erwachsenenbildung gleichwertig fördern	608
	7.	Zugang für alle eröffnen	608
	8.	Neue Angebote in der Erwachsenenbildung entwickeln	608

6.4 Interkulturelle Bildung

1. Interkulturelle Bildungsangebote evaluieren 611
2. Sprachdefizite erkennen und beheben 611
3. Ganztagsschulen als Chance begreifen 611
4. Kooperation von Schule und Elternhaus verbessern 611
5. Menschen mit Migrationshintergrund für den Beruf des Lehrers und den des Sozialpädagogen gewinnen 611

6.5 Erhalt und Förderung der Deutschen Sprache

1. Bedeutung der deutschen Sprache im öffentlichen Bewusstsein heben .. 616
2. Sprachliche Vorbildfunktion in den Rundfunkanstalten wahrnehmen ... 616
3. Gesetze und Verlautbarungen von Behörden in verständlichem Deutsch abfassen 616
4. Im öffentlichen Raum durchgängig die deutsche Sprache verwenden ... 616
5. Deutsch als Arbeitssprache auf europäischer Ebene durchsetzen 616

7 Kultur in Europa – Kultur im Kontext der Globalisierung

7.1 Grundlagen

7.1.1 Entwicklung eines europäischen Kulturverständnisses

1. Europäische Kulturagenda mitgestalten 622
2. Prozess der offenen Koordinierung unterstützen und aktiv mitgestalten 622
3. Mehr Mittel der EU für die Kulturförderung bereitstellen 622
4. Aufbau von Partnerschaften zwischen dem Kulturbereich und anderen Sektoren verstärken 622
5. Erinnerungsarbeit und Menschenrechtsbildung international stärken ... 622
6. Einrichtung eines gemeinsamen Fonds der Europäischen Union und der Gruppe der afrikanischen, karibischen und pazifischen Staaten (EU-AKP-Fonds) unterstützen 623

7.1.3 Europäische Normsetzung und ihr Einfluss auf Kultur in Deutschland

1. Autonomie der nationalen Kulturförderung erhalten 630
2. Privatisierungen kritisch prüfen 630
3. Kohärente europäische Kulturpolitik entwickeln 630
4.–5. Kulturpolitischen Diskurs fördern 630

Seite

7.1.4 Vertretung deutscher Kulturpolitik in der Europäischen Union
1. Deutsche Interessen in der Europäischen Union gemeinsam vertreten .. 632

7.2 **Instrumente europäischer Kulturpolitik und ihre Wirkungen auf Kultur in Deutschland**

7.2.1 Programme und Fonds
1.–2. Angebote von Cultural Contact Points ausbauen 635
3. Überbrückungsfonds einrichten 635
4. Antragsverfahren vereinfachen 635

7.2.2 Kulturhauptstädte Europas und europäische Kulturprojekte
1. Idee der Kulturhauptstädte fortentwickeln 638
2. Chancen von „RUHR.2010" nutzen 638
3. Europäische Erinnerungsorte und Kulturstätten auszeichnen 638
4. Europäische Kunst- und Kulturformen entwickeln 638
5. Europäischen Dialog der Akademien der Künste fördern 638
6. Europäische Kulturstiftung einrichten 638
7. Europäisches Jugendprogramm aktiv fördern 638

7.2.3 Formen des europäischen Kulturaustauschs und kultureller Kooperation
1. Europäische Filmförderung stärken 641
2. Europa eine Stimme geben 641
3. Europäischen Dialog der Deutschen Welle fördern 641

7.3 **Globalisierung und ihr Einfluss auf Kultur in Deutschland**

7.3.1 Der Prozess globaler Normentwicklung durch die UNESCO-Konventionen
1. Intermediäre Funktion der deutschen UNESCO-Kommission unterstützen 645
2. Übereinkommen zur kulturellen Vielfalt umsetzen 645
3. Ratifizierung des Abkommens zum immateriellen Kulturerbe vorantreiben 645
4. Immaterielles Kulturerbe in Entwicklungszusammenarbeit einbeziehen 645

7.3.2 Kultur in den internationalen Handelsbeziehungen (WTO/GATS)
1.–2. Zugriff des Marktes auf Kulturgüter und Kulturangebote begrenzen 649
3. Kultur und Medien aus GATS-Verhandlungen heraushalten 649

			Seite
8	**Kulturstatistik in der Bundesrepublik Deutschland und in der Europäischen Union**		
	1.	Bundeseinheitliche Kulturstatistik aufbauen	655
	2.	Statistische Lücken schließen	655
	3.	Europäische Kulturstatistik erarbeiten	655

Die Enquete-Kommission

Entstehung, Auftrag, Arbeitsweise und Veranstaltungen der Enquete-Kommission

Entstehung und Auftrag
15. Wahlperiode

Der Deutsche Bundestag hat in der 15. Wahlperiode die Enquete-Kommission Kultur in Deutschland erstmals eingesetzt. In seiner 56. Sitzung am 3. Juli 2003 (Plenarprotokoll 15/56) hat er den Antrag der Fraktionen von SPD, CDU/CSU, BÜNDNIS 90/DIE GRÜNEN und FDP auf Einsetzung einer Enquete-Kommission „Kultur in Deutschland" vom 1. Juli 2003[1] mit den Stimmen des ganzen Hauses angenommen. Die konstituierende Sitzung fand am 13. Oktober 2003 unter dem Vorsitz des Präsidenten des Deutschen Bundestages, Dr. h. c. Wolfgang Thierse statt.

Der Enquete-Kommission gehörten elf Abgeordnete als ordentliche und elf Abgeordnete als stellvertretende Mitglieder sowie elf Sachverständige Mitglieder an.

Seitens der Fraktion der SPD wurden folgende Mitglieder benannt:

Ordentliche Mitglieder:

Abg. Siegmund Ehrmann,
Abg. Angelika Krüger-Leißner,
Abg. Horst Kubatschka,
Abg. Dr. Christine Lucyga und
Abg. Lydia Westrich.

Stellvertretende Mitglieder:

Abg. Eckhardt Barthel,
Abg. Dr. Michael Bürsch,
Abg. Petra-Evelyn Merkel,
Abg. Ute Kumpf und
Abg. Petra Weis.

Seitens der Fraktion der CDU/CSU wurden folgende Mitglieder benannt:

Ordentliche Mitglieder:

Abg. Gitta Connemann,
Abg. Günter Nooke,
Abg. Matthias Sehling und
Abg. Christian Freiherr von Stetten.

Stellvertretende Mitglieder:

Abg. Dr. Christoph Bergner,
Abg. Marie Luise Dött,
Abg. Kristina Köhler und
Abg. Dorothee Mantel.

---

[1] Bundestagsdrucksache 15/1308, abgedruckt im Anhang.

Seitens der Fraktion BÜNDNIS 90/DIE GRÜNEN wurden folgende Mitglieder benannt:

Ordentliches Mitglied:

Abg. Ursula Sowa

Stellvertretendes Mitglied:

Abg. Dr. Antje Vollmer

Seitens der Fraktion der FDP wurden folgende Mitglieder benannt:

Ordentliches Mitglied:

Abg. Hans-Joachim Otto

Stellvertretendes Mitglied:

Abg. Helga Daub

Als Sachverständige Mitglieder der Kommission wurden im Einvernehmen der Fraktionen vom Präsidenten des Deutschen Bundestages berufen:

- Prof. Dr. Susanne Binas-Preisendörfer; Geschäftsführerin der Berliner Kulturveranstaltungs GmbH bis Januar 2005; ab März 2005 Lehrstuhl für Musik und Medien an der Universität Oldenburg,
- Helga Boldt; Kulturdezernentin a. D.; ab Mai 2005 Beraterin der Bertelsmann Stiftung,
- Dr. Bernhard Freiherr von Loeffelholz; Präsident des Sächsischen Kultursenats; Vorstandsmitglied des Kulturkreises der deutschen Wirtschaft im Bundesverband der Deutschen Industrie,
- Dr. Gerd Harms (bis zum 18. Oktober 2004); Staatsminister a. D.,
- Heinz Rudolf Kunze; Musiker und Songschreiber,
- Dr. Oliver Scheytt; Beigeordneter der Stadt Essen für Bildung, Jugend und Kultur; Präsident der Kulturpolitischen Gesellschaft e. V.,
- Prof. Dr. Wolfgang Schneider; Direktor des Instituts für Kulturpolitik der Universität Hildesheim,
- Prof. Dr. Dr. Thomas Sternberg; Direktor der Katholischen Akademie des Bistums Münster und Sprecher für kulturelle Grundfragen des Zentralkomitees der deutschen Katholiken; ab dem 22. Mai 2005 Mitglied des Landtages von Nordrhein-Westfalen,
- Dr. Dieter Swatek (ab dem 12. November 2004); Staatssekretär a. D.,
- Dr. Nike Wagner; Intendantin der „Kunstfest Weimar GmbH",
- Dr. h. c. Johann (Hans) Zehetmair; Staatsminister a. D.; Senator E. h.; Vorsitzender der Hanns-Seidel-Stiftung; Vorsitzender des Rats für deutsche Rechtschreibung und
- Olaf Zimmermann; Geschäftsführer des Deutschen Kulturrats e. V.

Auf der konstituierenden Sitzung am 13. Oktober 2003 wurden für den Vorsitz der Kommission einstimmig gewählt:

Vorsitzende: Abg. Gitta Connemann (CDU/CSU),
Stellvertretender Vorsitzender: Abg. Horst Kubatschka (SPD)

Als Obleute wurden von den Fraktionen benannt:

Abg. Siegmund Ehrmann (SPD),
Abg. Günter Nooke (CDU/CSU),
Abg. Ursula Sowa (BÜNDNIS 90/DIE GRÜNEN) und
Abg. Hans-Joachim Otto (FDP).

Die Kommission wurde in wissenschaftlicher und organisatorischer Hinsicht durch ein Sekretariat der Verwaltung des Deutschen Bundestages (WF X A 2) und durch Referenten der Bundestagsfraktionen unterstützt. Als Leiter des Sekretariats fungierte in der 15. Wahlperiode MR Dr. Ferdinand Bitz, seine Stellveterin war RDn Astrid Mahler-Neumann. Die Büroleitung oblag der Verwaltungsangestellten Nicole Hück. Als Sekretärinnen waren die Verwaltungsangestellten Doris Schmitz und Christina Woldeit tätig. Sie wurden von der Leasingkraft Elena Bonewa unterstützt. Die Kommission wurde in wissenschaftlicher Hinsicht durch die nachfolgend genannten wissenschaftlichen Mitarbeiter unterstützt:

Annette Therese Jäger, Diplom-Theaterwissenschaftlerin und Musikdramaturgin,
Dr. Jens Leberl, Historiker und Altphilologe,
Hilmar Sack, Historiker,
Miriam von Gehren, geb. Urbach, Diplom-Volkswirtin und Kunsthistorikerin und
Kristina Volke, vormals Bauer-Volke, Kunsthistorikerin und Kulturwissenschaftlerin.

Ferner waren die Rechtsreferendare Malte Ludin, Bettina Riedel und Christoph Schütt im Sekretariat der Enquete-Kommission eingesetzt. Als geprüfte Rechtskandidatinnen haben Sylvia Lorenz und Frauke Rückl das Sekretariat unterstützt.

Björn Beinsen, Joachim Bühler, Elisa Jäkel, Jenny Kupfer, Susanne Marcus, Matthias Priller und Sebastian Richter waren als studentische Aushilfskräfte eingesetzt.

Für die Fraktionen waren folgende Referenten tätig:

Dr. Ingrun Drechsler (SPD),
Dr. Stephan Frucht (CDU/CSU),
Dr. Reinhard Olschanski bis zum 31. Dezember 2004, Britta Scholze ab dem 1. Januar 2005 (BÜNDNIS 90/DIE GRÜNEN) und
Jan Gerd Becker-Schwering (FDP).

Die Arbeit der Enquete-Kommission orientierte sich in der 15. Wahlperiode an den drei Schwerpunktthemen „Die öffentliche und private Förderung von Kunst und Kultur – Strukturwandel", „Die wirtschaftliche und soziale Lage der Künstlerinnen und Künstler" und „Kulturlandschaft und Kulturstandort Deutschland – kulturelle Grundversorgung". Zu diesen Themenschwerpunkten wurde jeweils eine korrespondierende Arbeitsgruppe eingesetzt, die die gesamte Themenpalette behandelt hat.

Aufgrund der vorgezogenen Wahlen zum Deutschen Bundestag im Jahr 2005 konnte die Enquete-Kommission ihre Arbeit nicht abschließen. Daher wurde kein Schlussbericht, sondern lediglich ein Tätigkeitsbericht[2] erstellt, in dem die Ergebnisse der bisherigen Arbeit zusammengefasst wurden.

---

[2] Der Tätigkeitsbericht kann auf der Internetseite des Deutschen Bundestages eingesehen werden.

16. Wahlperiode

Die Enquete-Kommission wurde auf Antrag der Fraktionen der CDU/CSU, SPD, BÜNDNIS 90/ DIE GRÜNEN, FDP und DIE LINKE. am 15. Dezember 2006 mit Zustimmung aller Fraktionen einstimmig erneut eingesetzt und am 13. Februar 2006 durch den Präsidenten des Deutschen Bundestages, Dr. Norbert Lammert, konstituiert. Zur Vorsitzenden der Enquete-Kommission wurde die Abgeordnete Gitta Connemann (CDU/CSU) bestimmt, zu ihrem Stellvertreter der Abgeordnete Siegmund Ehrmann (SPD).

Der Einsetzungsantrag (Bundestagsdrucksache 16/196)[3] formuliert den Auftrag dieser Enquete-Kommission wie folgt:

Die Enquete-Kommission hat die Aufgaben:

– die Bestandsaufnahme gemäß des Antrags zur Einsetzung einer Enquete-Kommission „Kultur in Deutschland" vom 1. Juli 2003 (Bundestagsdrucksache 15/1308)[4] auf der Basis des vorliegenden Tätigkeitsberichtes fortzusetzen, zu vervollständigen und abzuschließen.

– die Fortsetzung ihrer Arbeit unter Berücksichtigung nachstehender Schwerpunktthemen vorzunehmen:

  – Infrastruktur, Kompetenzen und rechtliche Rahmenbedingungen für Kunst und Kultur in Staat und Zivilgesellschaft,

  – die öffentliche und private Förderung und Finanzierung von Kunst und Kultur – Strukturwandel,

  – die wirtschaftliche und soziale Lage der Künstlerinnen und Künstler,

  – Kulturwirtschaft – Kulturlandschaft und Kulturstandort,

  – Kulturelle Bildung, Kultur in der Informations- und Mediengesellschaft – Vermittlung und Vermarktung,

  – Kultur in Europa (unter anderem EU-Dienstleistungsrichtlinie), Kultur im Kontext der Globalisierung (unter anderem UNESCO-Übereinkommen Kulturelle Vielfalt, GATS),

  – Kulturstatistik in der Bundesrepublik Deutschland und in der Europäischen Union.

– auf der Grundlage der Bestandsaufnahmen und Bewertungen Handlungsempfehlungen für administratives und legislatives Handeln des Bundes vorzulegen.

Zusammensetzung der Kommission

Der Enquete-Kommission gehörten auch in der 16. Wahlperiode elf Abgeordnete als ordentliche und elf Abgeordnete als stellvertretende Mitglieder sowie elf Sachverständige Mitglieder an.

Seitens der Fraktion der CDU/CSU wurden zunächst folgende Mitglieder benannt:

Ordentliche Mitglieder:

Abg. Gitta Connemann,
Abg. Prof. Monika Grütters,
Abg. Johann-Henrich Krummacher und
Abg. Dorothee Bär (geborene Mantel).

---

[3] Vgl. Kap. 10.1.1, 15. Wahlperiode – Bundestagsdrucksache 15/1308.
[4] Vgl. Kap. 10.1.2, 16. Wahlperiode – Bundestagsdrucksache 16/196.

Stellvertretende Mitglieder:

Abg. Wolfgang Börnsen,
Abg. Marie-Luise Dött,
Abg. Kristina Köhler und
Abg. Stephan Mayer.

Statt Marie-Luise Dött, MdB, und Kristina Köhler, MdB, wurden am 15. Februar 2006 Monika Brüning, MdB, und Dr. Günther Krings, MdB, zu stellvertretenden Mitgliedern bestellt.

Seitens der Fraktion der SPD wurden folgende Mitglieder benannt:

Ordentliche Mitglieder:

Abg. Siegmund Ehrmann,
Abg. Steffen Reiche,
Abg. Simone Violka und
Abg. Lydia Westrich.

Stellvertretende Mitglieder:

Abg. Dr. Michael Bürsch,
Abg. Monika Griefahn,
Abg. Petra-Evelyn Merkel und
Abg. Petra Weis.

Seitens der Fraktion der FDP wurden folgende Mitglieder benannt:

Ordentliches Mitglied:

Abg. Hans-Joachim Otto

Stellvertretendes Mitglied:

Abg. Christoph Waitz

Seitens der Fraktion DIE LINKE. wurden folgende Mitglieder benannt:

Ordentliches Mitglied:

Abg. Dr. Lukrezia Jochimsen

Stellvertretendes Mitglied:

Abg. Prof. Dr. Hakki Keskin

Seitens der Fraktion BÜNDNIS 90/DIE GRÜNEN wurden folgende Mitglieder benannt:

Ordentliches Mitglied:

Abg. Undine Kurth

Stellvertretendes Mitglied:

Abg. Katrin Göring-Eckardt

Als Sachverständige Mitglieder der Kommission wurden im Einvernehmen der Fraktionen vom Präsidenten des Deutschen Bundestages berufen:

- Prof. Dr. Susanne Binas-Preisendörfer; Lehrstuhl für Musik und Medien an der Universität Oldenburg,

- Helga Boldt, Kulturdezernentin a. D.; Beraterin für Schule, Kultur und Kommunalreform,

- Prof. Dr. Dieter Kramer; außerordentlicher Professor an der Universität Wien; Institut für europäische Ethnologie,

- Heinz Rudolf Kunze; Musiker und Songschreiber,

- Prof. Dr. Oliver Scheytt; Kulturdezernent der Stadt Essen, Geschäftsführer der RUHR.2010 GmbH; Präsident der Kulturpolitischen Gesellschaft e. V.,

- Prof. Dr. Wolfgang Schneider; Direktor des Instituts für Kulturpolitik der Universität Hildesheim,

- Prof. Dr. Dr. Thomas Sternberg; Direktor der Katholischen Akademie des Bistums Münster und Sprecher für kulturelle Grundfragen des Zentralkomitees der deutschen Katholiken, Mitglied des Landtages von Nordrhein-Westfalen,

- Dr. Dieter Swatek; Staatssekretär a. D.,

- Dr. Nike Wagner; Intendantin der „Kunstfest Weimar GmbH",

- Dr. h. c. Johann (Hans) Zehetmair, Staatsminister a. D., Senator E. h., Vorsitzender der Hanns-Seidel-Stiftung, Vorsitzender des Rats für deutsche Rechtschreibung und

- Olaf Zimmermann, Geschäftsführer des Deutschen Kulturrats e. V.

Als Obleute wurden von den Fraktionen benannt:

Abg. Wolfgang Börnsen (CDU/CSU),
Abg. Siegmund Ehrmann (SPD),
Abg. Hans-Joachim Otto (FDP),
Abg. Dr. Lukrezia Jochimsen (DIE LINKE.) und
Abg. Undine Kurth (BÜNDNIS 90/DIE GRÜNEN).

Arbeitsweise der Kommission

Die Enquete-Kommission „Kultur in Deutschland" hat ihre Arbeit in der 16. Wahlperiode auf der Grundlage des Tätigkeitsberichtes der in der 15. Wahlperiode eingesetzten Enquete-Kommission begonnen.

Im Rahmen einer Klausurtagung am 5. und 6. März 2006 hat sich die neue Kommission mit der Frage befasst, wie die im Einsetzungsantrag genannte Aufgabenstellung umgesetzt werden soll. Zur Vorbereitung dieser Tagung wurden die von der Kommission gemäß Einsetzungsbeschluss zu behandelnden Themen in mehr als 50 Einzelpunkte untergliedert. Auf dieser Grundlage wurden ein umfangreiches Arbeitsprogramm und ein Zeitplan entwickelt. Dieses Arbeitsprogramm ist im Laufe der Arbeit der Enquete-Kommission kontinuierlich aktualisiert und weiterentwickelt worden.

Die Enquete-Kommission hat ihre Arbeit in der 16. Wahlperiode nicht mehr auf der Grundlage von drei Themenschwerpunkten organisiert. Auf der Basis des für die Klausurtagung am 5./6. März 2006 entwickelten Arbeitsprogramms hat sie vielmehr ein Berichterstattergruppensystem entwickelt. Hierbei wurde für jedes Einzelthema eine Berichterstattergruppe gebildet, die sich aus mehreren Mitgliedern der Enquete-Kommission zusammengesetzt hat.

Die Berichterstattergruppen haben ihre Themen detailliert behandelt und für die gesamte Kommission aufbereitet. In den montags in Sitzungswochen stattfindenden Kommissionssitzungen wurde die Kommission durch die Berichterstatter umfassend über die Arbeit der einzelnen Berichterstattergruppen unterrichtet. Neben den internen Beratungen haben die Berichterstattergruppen insgesamt 13 Expertengespräche mit externen Sachverständigen zu den nachfolgend aufgeführten Themen geführt:

– Theater, Kulturorchester, Opern,

– Kultur in Europa (zwei Gespräche),

– Soziokultur,

– Freie Theater in Deutschland,

– Wirtschaftliche und soziale Lage der Künstlerinnen und Künstler,

– Vermittlung von Kultur in den Medien,

– Auswirkungen der demografischen Veränderungen,

– Interkultur,

– Bedeutung von Kunst und Kultur für Individuum und Gesellschaft,

– Situation der UNESCO-Welterbestätten in Deutschland und

– Kultursponsoring.

Themen und Teilnehmer der Expertengespräche sind der im Anhang abgedruckten Zusammenstellung zu entnehmen.[5]

Die Kommission führte in der 16. Wahlperiode ferner insgesamt 34 nichtöffentliche Sitzungen und sechs öffentliche Anhörungen durch. Folgende Themen wurden in den öffentlichen Anhörungen behandelt:

– Laienkultur und Brauchtumspflege,

– Museen und Ausstellungshäuser,

– Kultur in Europa,

– Auswirkungen der demografischen Veränderungen und

– Kollektive Wahrnehmung von Urheberrechten und verwandten Schutzrechten.

Die Angaben zu den öffentlichen Anhörungen im Einzelnen können dem Anhang entnommen werden[6]. Zusätzlich hat die Kommission zwei Delegationsreisen unternommen. Eine Reise führte nach Österreich und in die Schweiz, im Rahmen der zweiten Reise wurden die Städte Halle, Leipzig und Weimar besucht. Die Enquete-Kommission hat sich im Rahmen der Reise nach Österreich und in die Schweiz mit den fünf Schwerpunktthemen Kulturförderung, kulturelle Bildung, Kultur in den

---

[5] Vgl. Kap. 10.5.2, Verzeichnis der Expertengespräche, sortiert nach Datum, Themen und Anhörpersonen
[6] Vgl. Kap. 10.5.1, Verzeichnis der Anhörungen, sortiert nach Datum, Themen und Anhörpersonen

Medien, Kulturwirtschaft und Kultur im ländlichen Raum beschäftigt. Der Schwerpunkt der Reise in die Städte Halle, Leipzig und Weimar lag auf dem Gebiet der Kultur in den neuen Ländern.

Neben Anhörungen, Expertengesprächen und Delegationsreisen wurden von der Kommission als Instrument der Bestandsaufnahme auch Gutachten zu folgenden Themen in Auftrag gegeben:[7]

Thema:	**Autragnehmer:**
Kulturwirtschaft in Deutschland – Grundlagen, Probleme, Perspektiven	ICG culturplan Unternehmensberatung GmbH, Berlin/Fa. STADTart, Dortmund
Modelle der selbstverwalteten Altersvorsorge für Künstlerinnen und Künstler	ESCE Wirtschafts- und Sozialwissenschaftliche Forschung GmbH, Köln
Private Spenden für Kultur in Deutschland, Bestandsaufnahme, Analyse und Perspektiven privater Spenden für Kultur in Deutschland	Maecenata Institut für Philanthropie und Zivilgesellschaft an der Humboldt-Universität zu Berlin, Berlin
Existenzgründung und Existenzsicherung für selbstständig und freiberuflich arbeitende Künstlerinnen und Künstler	GründerZentrum Kulturwirtschaft Aachen e. V., Aachen

Ferner wurden von der Kommission verschiedene schriftliche Umfragen durchgeführt.

Die Auswertungen aller durch die unterschiedlichen Quellen gewonnenen Erkenntnisse sind in diesen Bericht mit eingeflossen.

Die Kommission hat zu Beginn ihrer Arbeit die auch in diesem Bericht genutzte Kategorisierung von Unterlagen beschlossen:

– Arbeitsunterlagen: Zuarbeiten des Sekretariats an die Kommission (Arbeitsunterlage 16/…)
– Materialien: extern zur Verfügung gestellte Materialien mit thematischem Bezug zur Arbeit und zum Einsetzungsauftrag der Kommission (Kommissionsmatcrialie 16/…)
– Drucksachen: von der Kommission selbst erstellte Texte (Kommissionsdrucksache 16/…).

Darüber hinausgehendes Datenmaterial wie beispielsweise Rechtsquellen und Literatur werden in diesem Bericht in der in wissenschaftlichen Publikationen üblichen Weise zitiert.

Die Kommission wurde auch in der 16. Wahlperiode in wissenschaftlicher und organisatorischer Hinsicht durch das Sekretariat der Verwaltung des Deutschen Bundestages (PA 24) und durch Referenten der Bundestagsfraktionen unterstützt:

Als Leiter des Sekretariats fungierte in der 16. Wahlperiode MR Reinhard Tegethoff, Stellveteterin war wiederum RDn Astrid Mahler-Neumann. Die Büroleitung oblag in dieser Wahlperiode OARn Topsi Menzel. Als Sekretärinnen waren in verschiedenen Zeiträumen die Tarifbeschäftigten Martina Sägert, Grit Menze und Marina Kossack tätig. Sie wurden zeitweise von den Leasingkräften Veronika Goerlitz, Christina Klitsch und Heike Kramer unterstützt. Als wissenschaftliche Mitarbeiter waren in der 16. Wahlperiode die nachfolgend genannten Personen eingesetzt:

ORR Marc Bomhoff, Historiker,
Dr. Angela Göllnitz, Diplom-Kauffrau,
Annette Therese Jäger, Diplom-Theaterwissenschaftlerin und Musikdramaturgin,
Dr. Hilmar Sack, Historiker und
Kristina Volke, Kunsthistorikerin und Kulturwissenschaftlerin.

---

[7] Vgl. Übersicht im Anhang: Kapitel 10.4

Als geprüfte Rechtskandidatinnen haben Björn Heinze, Georg Meyer, Matthias Lüttges, Kathrin Schirmer und Patrick Uhrmeister das Sekretariat unterstützt.

Katrin Delzeit, Henning Fahrenberg, Anne Herzlieb, Jenny Kupfer, Thomas Löffler, Chi-Hung Luu, Yen-Ngoe Luu, Alexander Plass, Julia Schulz und Jörn Wegner waren als studentische Aushilfskräfte für das Sekretariat tätig. Sebastian Posselt und Melanie Selka waren als Auszubildende im Sekretariat der Enquete-Kommission eingesetzt, Nastassja Lutz-Sorg als Praktikantin.

Die Fraktionen wurden unmittelbar von den nachfolgend genannten Referenten unterstützt:

Dr. Jens Leberl (CDU/CSU),
Dr. Ingrun Drechsler (SPD),
Jan Gerd Becker-Schwering (FDP),
Dr. Annette Mühlberg (DIE LINKE.) und
Dr. Torsten Ehrke (BÜNDNIS 90/DIE GRÜNEN).

Allgemeine Hinweise zum Schlussbericht

Einstimmige Verabschiedung des Berichts

Der Schlussbericht der Enquete-Kommission ist einstimmig von allen Kommissionsmitgliedern beschlossen worden. Auch die einzelnen Kapitel und Unterkapitel sowie die Handlungsempfehlungen sind ganz überwiegend jeweils einstimmig beschlossen worden. Ein im Einzelfall abweichendes Abstimmungsverhalten einer Fraktion oder eines Mitglieds der Kommission zu einzelnen Kapiteln/ Unterkapiteln oder zu einzelnen Handlungsempfehlungen ist im Protokoll über die jeweilige Sitzung und – falls dies von dem Betreffenden gewünscht wurde – an der zugehörigen Stelle im Bericht in einer Fußnote vermerkt.

Sondervoten

Sondervoten zum Bericht insgesamt oder zu einzelnen Kapiteln oder Unterkapiteln, die einen längeren Umfang haben, sind in einer Zusammenstellung der Sondervoten am Ende des Berichts (Kapitel 9) platziert. Auf das Vorliegen eines Sondervotums wird an der betreffenden Stelle im Bericht mit einer Fußnote hingewiesen.

Sondervoten zu einzelnen Textpassagen, Sätzen, Begriffen oder zu einzelnen Handlungsempfehlungen, die einen bestimmten Umfang nicht überschreiten, sind an der betreffenden Stelle im Bericht in einer Fußnote vermerkt.

Geschlechtsneutrale Formulierung

Aus Gründen der besseren Lesbarkeit wird im Bericht auf eine geschlechtsspezifische Differenzierung (z. B. Benutzer/innen) verzichtet. Entsprechende Begriffe gelten in Sinne der Gleichbehandlung grundsätzlich für beide Geschlechter.

Begriff „Kommunen"

Soweit im Bericht – insbesondere als Adressat in zahlreichen Handlungsempfehlungen – die Bezeichnung „Kommunen" verwendet wird, sind damit Städte, Gemeinden und Landkreise angesprochen.

Anhörungen und Expertengespräche

Im Bericht wird zwischen Anhörungen und Expertengesprächen unterschieden. Bei Anhörungen handelt es sich um öffentliche Sitzungen des Plenums der Enquete-Kommission, zu denen regelmäßig eine größere Zahl von Anhörpersonen (externe Sachverständige, Verbände etc.) eingeladen wurde. Expertengespräche fanden in den für die Vielzahl der zu behandelnden Themen gebildeten Untergliederungen der Kommission, den Berichterstattergruppen, in nichtöffentlicher Sitzung statt.

Kommissionsunterlagen

Mit diesem Schlussbericht werden die von der Kommission eingeholten Gutachten auf einer beigefügten CD-Rom veröffentlicht. In das Internet (www.bundestag.de) werden – soweit dies noch nicht erfolgt ist – der Schlussbericht selbst sowie die folgenden Kommissionsunterlagen eingestellt:

– Protokolle zu Anhörungen und Expertengesprächen,

– vom Sekretariat zusammengestellte Zusammenfassungen und Auswertungen von Anhörungen und Expertengesprächen.

Andere Dokumente, wie etwa die Kurzprotokolle über die Sitzungen, können auf Antrag in den Räumen der Verwaltung des Deutschen Bundestages (Parlamentsarchiv) eingesehen werden (vgl. Anhang 2 zur Geschäftsordnung des Deutschen Bundestages).

Zuwendungsrecht

Allgemeine Erläuterungen zum Zuwendungsrecht finden sich im Anhang des Berichts (Kapitel 10.9 „Allgemeine Ausführungen zum Zuwendungsrecht").

PRÄAMBEL

1. Kultur in Deutschland – Verpflichtung für das demokratische Gemeinwesen

Kulturlandschaft Deutschland – Stellenwert der Kultur

Deutschland verfügt über eine einmalige und vielfältige Kulturlandschaft. Deren Erhalt und Entwicklung fühlen sich viele Menschen und Institutionen in unserem Land verpflichtet. Die Bundesrepublik Deutschland versteht sich als Kulturnation und Kulturstaat. Dies drückt sich in der Kulturverantwortung der Kommunen, den Verfassungen der Länder und der Praxis des Bundes in seinem Kompetenzbereich aus. Die Kultur in Deutschland wird geprägt von den Künstlern, von öffentlichen Institutionen und privaten Kulturbetrieben, von privatem und zivilgesellschaftlichem Engagement, von den Kirchen und Religionsgemeinschaften, von Vereinen, Verbänden und Interessengruppen.

Kultur in der demokratischen Gesellschaft

Kultur ist Teil unserer Gesellschaft, die ihre demokratische Qualität aus öffentlichen Diskursen gewinnt. Die Ergebnisse kultureller Auseinandersetzung mit der gesellschaftlichen Wirklichkeit, mit Natur und Technik, mit Geschichte und Zukunft tragen utopische und kritische Gehalte, sie sind niemals bloßes Abbild von Realität. Kultur in einer demokratischen Gesellschaft benötigt Freiräume für das Unverfügbare, das weder ökonomisch noch politisch Nutzbare – um der Künstler willen, aber auch um ihrer selbst willen. Dem demokratischen Verfassungsstaat widerspricht die verbindliche Festlegung einer nationalen Kultur und Religion.

Kulturpolitik im föderalen Staat

Das Grundgesetz für die Bundesrepublik Deutschland hat im Jahre 1949 die Zuständigkeit für die Kultur- und Bildungspolitik im Wesentlichen den Ländern zugeschrieben, ohne damit den Bund aus seiner kulturpolitischen Verantwortung zu entlassen. Damit knüpfte die junge Bundesrepublik Deutschland, nach Jahren der nationalsozialistischen Herrschaft, an die föderalen deutschen Traditionen an und setzte auf Vielfalt und Unterschiedlichkeit als Triebkräfte von Entwicklung. Eine föderalistisch organisierte, an den Prinzipien der Subsidiarität und Kooperation orientierte Kulturpolitik ist am ehesten geeignet, ein facettenreiches und vielfältiges kulturelles Leben zu sichern und zu fördern.

Die Enquete-Kommission „Kultur in Deutschland" steht in diesem Rahmen. Der Bund, die Länder und insbesondere die Kommunen leisten ihren Beitrag, die Grundlagen unserer Verfassung mit Leben zu erfüllen. Gerade auf dem Feld der Kultur ist eine konstruktive, verlässliche und vielfältige Zusammenarbeit zwischen den verschiedenen Ebenen unseres Gemeinwesens möglich und richtig.

2. Kultur heute – Neue Herausforderungen

Die Kulturlandschaft in Deutschland steht unter einem zunehmenden Veränderungsdruck. Die Kultur in unserer Gesellschaft tritt dabei häufig hinter ökonomischen und sozialen Fragen, hinter Problemen der Globalisierung oder Medialisierung zurück, die die öffentliche Wahrnehmung dominieren. Demgegenüber ist die Rolle der Kultur – und auch die der Kulturpolitik – auf allen Ebenen zu stärken. Nur so kann der Bedeutung der Kultur für das Zusammenleben in einer demokratischen Gesellschaft entsprochen werden – ist es doch die Kultur, die Lebensqualität und Entfaltungsmöglichkeiten weithin prägt und die Bürger untereinander und mit ihrer Gesellschaft verbindet.

Ökonomisierung

Kulturelle Akteure und Institutionen müssen in zunehmendem Maße Rechenschaft über die Effizienz der Verwendung öffentlicher Mittel ablegen. Kulturelle Großereignisse und permanente mediale Präsenz prägen die öffentliche Wahrnehmung und können die Vorstellungen von kultureller Praxis verändern. Die Kulturwirtschaft gewinnt an Bedeutung. Kulturwirtschaft ist eine bedeutende Wachstumsbranche – auch durch sie wird ein Zugang zur Kultur ermöglicht. Immer mehr Menschen finden Beschäftigung in den verschiedenen kulturell geprägten Feldern. Es ist allerdings Aufgabe der Kulturpolitik, nicht nur ökonomisch begründete Ziele zu verfolgen. Gerade die Förderung der kulturellen Ausdrucks- und Präsentationsformen, die sich nicht „verkaufen", gehört zu den Kernaufgaben der öffentlichen Förderung von Kultur. Der Auftrag des Kulturstaates besteht auch darin, den Eigenwert – und damit auch den häufig unbequemen Eigensinn – der Kultur vor dem marktgesteuerten Blick auf den vermeintlichen Massengeschmack zu schützen.

Nur mit öffentlicher Unterstützung kann die Kultur einer problematischen Nivellierung kultureller Standards entgegenwirken und ihre Bedeutung als identitätsfördernder Faktor in einer demokratischen Gesellschaft erhalten. Kulturförderung ist nicht „Subvention". Sie dient der notwendigen Grundausstattung des demokratischen Gemeinwesens.

Globalisierung

Wir leben in einer Zeit der rasanten Globalisierung und Internationalisierung. Die damit verbundenen Prozesse haben große Auswirkungen auf die Kulturvermittlung und ihre Rezeption. Einerseits wird mit einer beschleunigten und weitgehend grenzenlosen Kommunikation kulturelle Vielfalt in einem bisher nicht gekannten Ausmaß zugänglich. Andererseits droht eine Vereinheitlichung von Kultur, als deren problematischer Fluchtpunkt eine globale Monokultur erscheint. Die Sicherung der kulturellen Vielfalt ist vor diesem Hintergrund eine vordringliche Aufgabe der Kulturpolitik auf allen Ebenen. Die Liberalisierung der Märkte darf die Vielfalt und Dichte der Kulturlandschaft nicht gefährden. Kunst und Kultur sind keine beliebigen Waren.

Medialisierung

Eng mit der Globalisierung verbunden sind Prozesse der Medialisierung. Sie gründen nicht zuletzt in der fortschreitenden Digitalisierung der Informationsverarbeitung und im Siegeszug des Internets. Für die Produktion, Präsentation und Rezeption von Kunst und Kultur hat das tiefgreifende Folgen. Wir leben im „global village", das Verhältnis von Nähe und Ferne verändert sich grundlegend. Räumliche Distanz ist immer weniger ein Kommunikationshindernis. Räumliche Nähe erscheint zuweilen auch im künstlerischen Prozess vernachlässigbar. Netzwerke und Datenbanken erlauben einen vom jeweiligen Standort des Nutzers weitgehend unabhängigen Zugriff auf viele Systeme und Symbolwelten. Die im Zusammenhang hiermit aufgeworfenen Fragen betreffen den künstlerischen Werkbegriff, unsere Vorstellungen von künstlerischer Kreativität ebenso wie unsere Wirklichkeitssicht, sie reichen von Problemen des Urheberrechts bis hin zur veränderten Rolle der Kulturen im globalisierten Kontext.

3. Kulturelle Vielfalt und Identität

Kunst und Kultur formen und markieren die Identität eines Gemeinwesens und seiner Mitglieder. Sie stellen den Menschen und seine Wahrnehmung der Welt in den Mittelpunkt und bilden Werte, die für den Einzelnen wie für die Gesellschaft wichtig sind. Kultur ist ein Instrument der reflexiven und gestaltenden Auseinandersetzung des Einzelnen und der Gemeinschaft mit sich und der Umwelt. Sie steht im Kontext geschichtlicher Entwicklungslinien, deren Fortschreibung sie zugleich mitprägt.

Wurzeln der europäischen Kultur

Europäische Kultur und Identität sind aus jüdisch-christlichen Traditionen entstanden, die ihrerseits durch den Einfluss arabischer Kultur, griechischer Philosophie und Kunst und römischen Rechts geprägt sind. In allen Kunstsparten und Kulturbereichen finden sich bis heute Belege dafür. Grundlegende Vorstellungen über Gesellschaft, Staat und Religion, über soziale Verantwortung und Solidarität fußen auf diesen Traditionen. Dieses Kulturerbe ist durch den Einfluss von Aufklärung und Moderne bis heute in ständiger Weiterentwicklung. Andere Religionen und Kulturen bringen neue Vielfalt in die gesellschaftlichen Diskussionen und Auseinandersetzungen.

Kulturhistorische Perspektiven und Brüche

Historische Bedingungen, insbesondere auch die 40-jährige Teilung Deutschlands, aber auch regionale Unterschiede haben in Deutschland eine Vielfalt kultureller Identitäten hervorgebracht. Nicht Homogenität, sondern eine Vielzahl von kulturellen Formen und Ausführungen konnte als Teil des westlichen Kulturkreises tradiert und entwickelt werden. Zugleich inspirierte der kreative Austausch die künstlerischen Prozesse. In der ästhetischen Kommunikation der Gegenwart gilt es, eigene Traditionen nicht zu verleugnen und den interkulturellen Dialog ebenso zu suchen wie anzuregen.

Die größte Katastrophe der deutschen Geschichte, der Nationalsozialismus, markiert den stärksten Bruch in unserer Kulturgeschichte. Er führte zur Vernichtung und Vertreibung der Juden, zur Verfolgung Andersdenkender, zum Exodus von Künstlern. Damit wurden auch künstlerische und ästhetische Traditionslinien eliminiert, die in besonderer Weise unsere Kultur geprägt haben. Aus diesen Erfahrungen erwächst eine besondere Sensibilität für den elementaren Wert der Freiheit der Kunst.

Kultur und Identität

Im Zeitalter der Globalisierung und Internationalisierung bedarf es der identitätsstiftenden Wirkung von Kunst und Kultur. Kunst bietet Einsichten und Orientierungen. Ihre Bedeutung für die Entwicklung der Persönlichkeit, im Sinne der eigenen kreativen Praxis und im Sinne der Fähigkeit zu sehen, zu hören, zu erleben und andere Perspektiven einzunehmen, verleihen Kunst und Kultur ihre sozialisierende Kraft. Die Entwicklung und Unterstützung dieser Fähigkeiten ist eine elementare Aufgabe der Familien und – in zunehmendem Maße – der Bildungseinrichtungen sowie der Medien.

Kultur und europäische Integration

Jede Kultur lebt auch von ihren Beziehungen zu anderen Kulturen. Das moderne Europa steht vor großen Herausforderungen. Das Zusammenwachsen Europas in der Europäischen Union erfordert die Anerkennung der Vielfalt kultureller Traditionen und Identitäten. Die Schaffung einer Einheit in der Vielfalt muss das Leitmotiv der europäischen Integration bleiben. Migration erfordert erweiterte Anstrengungen zur Integration von Menschen unterschiedlicher Herkunft. Das verlangt Achtung vor unterschiedlichen kulturellen Prägungen und die gegenseitige Bereitschaft zum kulturellen Dialog.

Kulturelle Bildung

Wir befinden uns mitten in einem Prozess von Umbrüchen, deren kulturelle Tragweite bislang erst zu ahnen ist. Viele Grundmuster der Sozialisation, wie sie durch Familie, Religion und Ausbildung geprägt waren, verändern sich. Dadurch gewinnen kulturelle Bildung und ästhetische Sensibilisierung an Bedeutung. Diese nehmen in den Untersuchungen der Enquete-Kommission einen großen Raum ein. Kulturelle Bildung stärkt die Sensibilität dafür, dass kulturelle Vielfalt und kulturelle Differenz zwischen Regionen, Milieus, Ethnien und Geschlechtern und auch zwischen den Generationen eine kostbare Entwicklungsressource der Gesellschaft sind. Die Einbettung kultureller Bildung in die allgemeine Bildung und die Stärkung kultureller Bildung im Allgemeinen sind von grundlegender Bedeutung für die Entwicklungsfähigkeit unserer Gesellschaft. Kultur ist ein Schlüssel zur Gesellschaftsentwicklung.

4. Kulturförderung in ihrer Vielfalt sichern

Kulturförderung der öffentlichen Hand

Dem hohen Stellenwert der Kultur entspricht die Kulturförderung der öffentlichen Hand. Anders als beispielsweise im angloamerikanischen Raum sichert die öffentliche Förderung von Kunst und Kultur die Grundausstattung der kulturellen Institutionen. Von den insgesamt 7,84 Mrd. Euro, die 2005 in die öffentliche Kulturförderung investiert wurden, entfielen 3,34 Mrd. Euro auf die Länder und 3,39 Mrd. Euro auf die Kommunen. Der Bund beteiligte sich mit etwas mehr als einer Mrd. Euro an der Finanzierung der Kosten.[1] Nicht nur durch die Finanznot der öffentlichen Hand, vielmehr auch im Rahmen der Debatte um ein wiedererstarkendes bürgerschaftliches Engagement, gewinnt das private Engagement in der Kultur an Bedeutung. Um aber die Vielfalt der Kultur zu erhalten und in ihrer Breite zu gewährleisten, darf dieses Engagement nicht als Ersatz staatlicher Förderung verstanden werden, sondern muss sie ergänzen.

Kulturverständnis der öffentlichen Hand

Der Kulturstaat investiert mit der Förderung der Kultur in seine eigenen Grundlagen: Bildung und Kultur gehören zu den unverzichtbaren Kernaufgaben staatlichen Handelns.

Kulturelle Einrichtungen und Angebote finden sich in einer Vielzahl von Trägerschaften privatrechtlicher, öffentlich-rechtlicher sowie unmittelbar kommunaler bzw. staatlicher Art. Die Differenzierung der Trägerschaften und das wirtschaftliche Engagement nehmen zu. Die aktuelle Diskussion über die Kernaufgaben des Staates darf die Kulturausgaben nicht zu freiwilligen Subventionen degradieren. Der Schutz und die öffentliche Förderung von Kultur sind unverzichtbare Aufgaben des demokratischen Gemeinwesens, was neben den Verfassungen der Länder auch im Grundgesetz zum Ausdruck kommen sollte.

Die Entscheidung, wie viel Geld auf den jeweiligen Ebenen für die Kultur zur Verfügung gestellt werden soll und kann, ist Ergebnis einer demokratischen Auseinandersetzung. Die Voraussetzung hierfür aber, ein Verständnis der Förderung von Kunst und Kultur als Kernaufgabe staatlichen Handelns, ist dieser Entscheidung vorgelagert.

Staatliches und bürgerschaftliches Engagement

Die Entwicklung und Förderung der Kultur ist nicht nur eine staatliche Aufgabe. Das Engagement von mehr als drei Millionen Ehrenamtlichen, das bürgerschaftliche Engagement in Stiftungen, Vereinen und Verbänden, in Kirchen und Trägerorganisationen prägt das kulturelle Leben. Dieses

---

[1] Vgl. Aufstellung der Grundmittel für Kultur ab 1975, Statistisches Bundesamt (Hrsg.) (Kommissionsmaterialie 16/174). Die Zahlen weisen die Ist-Ausgaben der öffentlichen Hand (Grundmittel) aus. Hinzu kommen noch ca. eine Mrd. Euro Einnahmen durch Eintrittsgelder oder private Zuwendungen. Vgl. Antwort der Bundesregierung auf die Kleine Anfrage der Abgeordneten Christoph Waitz, Hans-Joachim Otto (Frankfurt), Jens Ackermann, weiterer Abgeordneter und der Fraktion der FDP, zum Thema „Kulturausgaben von Bund, Ländern und Gemeinden" (Bundestagsdrucksache 16/815)

Engagement hat in Deutschland eine jahrhundertlange Tradition. Ohne das finanzielle und zeitliche Engagement einer großen Zahl von Menschen wären das kulturelle Leben und die kulturelle Vielfalt in Deutschland nicht denkbar. Viele Einrichtungen verdanken diesem Engagement ihre Entstehung oder ihren Erhalt. Bürgerschaftliches Engagement bedarf daher der kontinuierlichen Unterstützung durch Qualifizierung, verlässliche Kooperationsbeziehungen mit hauptamtlichen Kräften und klarer Aufgabenstrukturen. Nicht zuletzt aber bedarf das Ehrenamt der öffentlichen Anerkennung und entsprechender Rahmenbedingungen.

Die föderale Verfasstheit, das Zusammenwirken der verschiedenen Ebenen des Kulturstaates, die öffentliche Verantwortung für Kunst und Kultur, die breite Palette freier Trägerschaften und Organisationsformen und das öffentliche Bewusstsein von der Bedeutung der Kultur für unser Gemeinwesen sind unverzichtbare Voraussetzungen für Erhalt und Entwicklung der Vielfalt des kulturellen Lebens in Deutschland. Die Aufgabe, diese Voraussetzungen zu gewährleisten und zu fördern, ist eine Grundbedingung für die weitere Entwicklung unserer Gesellschaft.

1   Bedeutung von Kunst und Kultur für Individuum und Gesellschaft[1]

Zur Definition des Kulturbegriffs[2]

Kultur wird vielfach der vom Menschen nicht hervorgebrachten Natur gegenübergestellt und umfasst dann „die Gesamtheit der menschlichen Hervorbringungen und Artikulationen, also seiner historischen, individuellen und gemeinschaftlichen, praktischen, ästhetischen und theoretischen sowie mythischen und religiösen Äußerungen"[3]. Der Kulturbegriff wurde über die Jahrhunderte auch in Deutschland unterschiedlich bestimmt. Humanistisch-pädagogische und klassische Konzepte von Kultur umfassen Künste, Religion und Bildung. Aufklärerische und romantische Definitionen beschränken ihn einerseits auf den engeren Bereich der Künste und erweitern ihn andererseits auf die Alltagskultur. Nach der kulturellen Entwicklung im 19. Jahrhundert gab es in Deutschland nach dem Ersten Weltkrieg, insbesondere durch die Entstehung einer neuen Museumskultur und eines Kulturstaatsverständnisses in der Weimarer Republik, einen beeindruckenden kulturellen Aufbruch. Auf eine kulturelle Hoch-Zeit, die europaweit Impulse gab, folgte im Nationalsozialismus ein unvorstellbarer Niedergang, der Theodor W. Adorno zu der berühmt gewordenen Äußerung brachte, „nach Auschwitz ein Gedicht zu schreiben, ist barbarisch". Die kulturelle Entwicklung der zweiten Hälfte des 20. Jahrhunderts war geprägt durch die eindeutige Abkehr von der rassistischen und antisemitischen Kulturpolitik in der Zeit der nationalsozialistischen Gewaltherrschaft, die die beiden deutschen Staaten nach 1949 in deutlich unterschiedlicher kulturpolitischer Art und Weise realisierten. Nahmen sie einerseits – der jeweiligen Politik entsprechend – Anleihen bei den großen Traditionslinien deutscher Kultur, so ist andererseits das letzte Viertel des 20. Jahrhunderts vor allem gekennzeichnet durch das zunehmende Durchbrechen, bisweilen Negieren der Tradition und eine große kulturelle Vielfalt. Das in Deutschland lange Zeit übliche Verständnis von Kultur im Sinne der sogenannten „Hochkultur" ergab sich unter anderem aus der außerhalb Deutschlands nicht nachvollziehbaren und inzwischen weitgehend überwundenen Unterscheidung von Kultur und Zivilisation. Im 20. Jahrhundert erfuhr der Kulturbegriff eine philosophische und publizistische Entfaltung, die sich sowohl auf kulturtheoretische Grundlegungen wie auf das Feld der Kulturkritik bezieht. In Deutschland war „Kultur" spätestens seit Beginn des 19. Jahrhunderts im bürgerlichen Verständnis vor allem durch umfassende Bildung und durch die auf bevorzugte Weise dazu beitragenden Künste geprägt – ein deutsches „Alleinstellungsmerkmal", das gerade für die Künste neue Förderung begründete. Seit der UNESCO-Kulturkonferenz von Mexiko 1982 wird international eine an anthropologischen und ethnologischen Begrifflichkeiten angelehnte Definition von Kultur benutzt, in der die Kultur als Gesamtheit der unverwechselbaren geistigen, materiellen, intellektuellen und emotionalen Eigenschaften angesehen wird, die eine Gesellschaft oder eine soziale Gruppe kennzeichnen, und die über Kunst und Literatur hinaus auch Lebensformen, Formen des Zusammenlebens, Wertesysteme, Traditionen und Überzeugungen umfasst.[4] Der Begriff der kulturellen Vielfalt wurde 2005 auf der 33. Generalkonferenz der UNESCO im „Übereinkommen über den Schutz und die Förderung der Vielfalt kultureller Ausdrucksformen" definiert. In Artikel 4 heißt es:

---

[1] Sondervotum FDP-Fraktion und SV Olaf Zimmermann: „Die FDP-Fraktion und der Sachverständige Olaf Zimmermann haben sich bei diesem Kapitel der Stimme enthalten. Die geschichtlichen Zusammenhänge werden nur verkürzt dargestellt, so dass der Text der komplexen kulturgeschichtlichen Grundlage, auf der heute Kunst und Kultur entstehen, nicht im notwendigen Umfang gerecht werden kann."

[2] Vgl. Expertengespräch vom 11. Dezember 2006 zum Thema „Bedeutung von Kunst und Kultur für Individuum und Gesellschaft", vgl. auch Themenvorschläge für das Expertengespräch, (Arbeitsunterlage 16/054), Teilnehmer: Brock, Prof. Dr. Bazon (Bergische Universität Wuppertal), Goehler, Dr. Adrienne (Publizistin und Kuratorin, Berlin), Mühlberg, Prof. Dr. Dietrich (Kulturhistoriker, Berlin), Muschg, Prof. Dr. Adolf (Schriftsteller und Literaturwissenschaftler, Mönnedorf (Schweiz)), Schmidt-Glintzer, Prof. Dr. Helwig (Herzog August Bibliothek, Wolfenbüttel) sowie das Wortprotokoll. (Arbeitsunterlage 16/120)

[3] Schnell (2000), S. 267.

[4] Vgl. Erklärung der UNESCO-Weltkonferenz über Kulturpolitik in Mexico-City 1982.

„Kulturelle Vielfalt bezieht sich auf die mannigfaltige Weise, in der die Kulturen von Gruppen und Gesellschaften zum Ausdruck kommen. Diese Ausdrucksformen werden innerhalb von Gruppen und Gesellschaften sowie zwischen ihnen weitergegeben. Die kulturelle Vielfalt zeigt sich nicht nur in der unterschiedlichen Weise, in der das Kulturerbe der Menschheit durch eine Vielzahl kultureller Ausdrucksformen zum Ausdruck gebracht, bereichert und weitergegeben wird, sondern auch in den vielfältigen Arten des künstlerischen Schaffens, der Herstellung, der Verbreitung, des Vertriebs und des Genusses von kulturellen Ausdrucksformen, unabhängig davon, welche Mittel und Technologien verwendet werden."[5]

Zur Bedeutung von Kunst und Kultur für das Individuum

Kultur erlebt stetige Veränderung und Gestaltung. Sie ist aber immer auch geprägt durch Geschichte und kulturelles Erbe. Kultur beeinflusst das Leben der Menschen. Im Handeln des Einzelnen und im Wirken der gesellschaftlichen Institutionen manifestiert sich Kultur durch Symbolbildungen, humane Werte und soziale Standards, die den Alltag erkennbar prägen. In der Kultur seiner Gemeinschaft findet jeder Mensch vielfältige Möglichkeiten vor, sich mit dieser zu identifizieren: Die Zugehörigkeit zu einer Kultur ermöglicht nicht zuletzt Lebensqualität und Sinnorientierung. Kunst und Kultur sowie die Teilnahme am kulturellen Leben, ferner die durch die Teilnahme am sozialen Leben vermittelten und damit verflochtenen sozialen Erfahrungen nähren und entwickeln bei den Individuen die handlungsleitenden Vorstellungen vom guten und gelingenden Leben. Philosophische Theorien am Ende des 20. Jahrhunderts sprechen in diesem Zusammenhang von der Lebenskunst und meinen damit die fortwährende Gestaltung des Lebens und des Selbst. Das Leben erscheint dabei als Material, die Kultur als Gestaltungsprozess. Wenn das Motiv, das Leben zu gestalten, unter anderem von der Kürze des Lebens herrührt, dann kommt der Anstoß dazu, es schön und gut zu gestalten, von der Sehnsucht nach der Möglichkeit, es voll bejahen zu können. Solche Gestaltungen haben immer auch kritischen, wertenden und interpretierenden Charakter. Die Künste erweisen sich als Ausdrucksformen, in denen menschliche Lebenssituationen und Empfindungen „zur Sprache" gebracht werden.

Vor diesem Hintergrund ist es wichtig, den Menschen Gelegenheit zu geben, ihren eigenen kulturellen Interessen zu folgen, ihre Fähigkeiten zu entwickeln und am kulturellen Leben teilzunehmen. Hierin findet auch die kulturelle Bildung ihre zentrale Aufgabe. Kulturelle Bildung fördert die Lebensqualität und befähigt zur besseren Bewältigung der Herausforderungen der Zukunft.

Zur Bedeutung von Kunst und Kultur für die Gesellschaft

Das kulturelle Selbstverständnis („Identität") in Deutschland hat viele Facetten, von denen nur einige hervorgehoben seien: In Philosophie und Dichtung werden in den Debatten über das Menschenbild seit dem 18. Jahrhundert die Ansprüche der universellen Vernunft und die Gleichzeitigkeit unterschiedlicher Kulturen zum Thema. Das sich seit der Aufklärung durchsetzende neue Menschenbild und Weltverständnis führte zu einer Auseinandersetzung mit den damit einhergehenden Machbarkeits- und Fortschrittsfantasien. Mit der Säkularisierung wurden kulturelle Modelle der Trennung von Staat und Kirche entwickelt. Die Weimarer Klassik versucht Moral und Kunst, Ästhetik und Ethik politisch folgenreich zu verknüpfen. Die Kultur des modernen Sozialstaates ist spätestens seit der zweiten Hälfte des 19. Jahrhunderts bis weit über die Mitte des 20. Jahrhunderts gegründet in der gestaltenden Auseinandersetzung mit der „Sozialen Frage" in der Industrialisierung.

Die einschneidende Entwicklung von der Industrie- zur Informationsgesellschaft wird von manchen mit dem Übergang von der Agrar- zur Industriegesellschaft verglichen. Ebenso wie im 19. Jahrhundert die Veränderung der Produktionsweisen und der Produktionsschwerpunkte in alle

---

[5] www.unesco.de/konvention_kulturelle_vielfalt.html?&L=0, (Stand: 11. September 2007).

gesellschaftliche Bereiche wirkte, wird heute das Zusammenleben, das Arbeiten und das Wirtschaften durch den Einsatz neuer Informations- und Kommunikationstechnologien fundamental verändert. Wie damals verbindet sich die Veränderung heute mit mehr oder weniger gut begründeten Ängsten einerseits und mehr oder weniger gut begründeter Euphorie andererseits. Veränderungen der Wirtschaftsweise gehen einher mit einem veränderten Verständnis von Staat und Verwaltung und einer neuen Stellung des Bürgers im Staate. Zugleich finden kulturelles Leben und kulturelle Partizipation heute in einem noch nicht dagewesenen Ausmaß statt. Tourismus und Migration haben neue kulturelle Einflüsse zur Folge. Die rasante Entwicklung von Reproduktionstechniken bis hin zum Internet und zur Digitalisierung von Mediendiensten eröffnen den Menschen neue, ungeahnte und kaum noch überschaubare Möglichkeiten, sich die Vielfalt des kulturellen Lebens zu erschließen und sich das kulturelle Erbe anzueignen. Die Welt des enzyklopädisch gebildeten Universalgelehrten ist Vergangenheit.

Wie in allen Epochen zuvor haben Kunst und Kultur auch in der Informationsgesellschaft entscheidenden Anteil an den gesellschaftlichen Veränderungen. Die Entwicklung von Kunst und Kultur steht immer schon in enger Wechselwirkung mit den technologischen Möglichkeiten und Verbreitungsformen. Kunst und Kultur entwickeln sich nicht abgehoben von gesellschaftlichen und technologischen Veränderungen, sondern sind Teil davon. Sie bewirken Veränderungsprozesse, werden hierdurch aber auch selbst verändert.

Kunst und Kultur sind Teile des Wandels von der Industrie- über die Dienstleistungs- zur Wissensgesellschaft und in großem Umfang gestalten sie die Informationsgesellschaft auch als „Inhaltslieferanten" mit.

Dabei haben die alten Medien und Vermittlungsformen nicht ausgedient, sie werden aber durch neue ergänzt und oft in ihrer Bedeutung relativiert; viele erleben auch wieder eine kulturelle Renaissance. Das kulturpolitische Augenmerk muss daher auf die Gestaltung günstiger Rahmenbedingungen für alle Medien und Vermittlungsformen gerichtet sein.

Neue Informationstechnologien müssen sich beim Verbraucher bewähren. Sie müssen mit ihren technischen Parametern überzeugen, durch ihre Ästhetik und vor allem durch interessante Inhalte. Bildende Künstler, Musiker, Schauspieler, Schriftsteller und ihre Werke sind gefragter denn je, und auch vergangene Epochen werden wiederentdeckt, rezipiert und künstlerisch verarbeitet. Die zunehmende Lebenszeit begünstigt künstlerische Produktion und Rezeption sowie ein vielfältiges kulturelles Leben. Es sind vor allem die Künstler, die die entsprechenden Inhalte für die weltweiten Medienangebote liefern können, aber auch jeder Einzelne kann sich hier kulturell und künstlerisch verwirklichen.

Durch ihre Zusammenarbeit mit Wissenschaftlern und Technikern entstehen neue Produkte. „Für den Übergang zur unternehmerischen Wissensgesellschaft ist schließlich die Pflege von Kunst und Kultur von herausragender Bedeutung. Kunst und Kultur erschließen Kreativität in einer Bevölkerung. Sie sind keineswegs nur dekorative Elemente. Daher sind Aufwendungen für sie auch kein bloßer Konsum, sondern unverzichtbare Investitionen in die Entwicklung einer Gesellschaft"[6].

In der Sphäre der Kultur findet die ständige Selbstreflexion der Gesellschaft über ihre Werte und Standards statt. Deswegen ist es nicht nur für die Individuen und ihre Lebensqualität, sondern auch für die Entwicklung der Gesellschaft wichtig, dass möglichst viele Menschen in jenen kulturellen Diskurs einbezogen werden, der mit dem Medium der Künste stattfindet. Das ist der Hintergrund von Programmen wie „Kultur für alle" und „Bürgerrecht Kultur", aber auch die Legitimation von „Kultur von allen" als aktiver Teilnahme möglichst breiter Bevölkerungsgruppen am kulturellen Leben.

---

[6] Vgl. Kommission für Zukunftsfragen der Freistaaten Bayern und Sachsen 1997.

Gesellschaftspolitik gestaltet die Rahmenbedingungen von Kunst und Kultur. Sie wirkt durch ihre Entscheidungen über Infrastrukturentwicklungen, soziale Sicherungssysteme, Besteuerung usw. auf die Entwicklung von Kunst und Kultur ein und ist demzufolge auch Kulturpolitik. Gleichzeitig ist Kulturpolitik auch Gesellschaftspolitik: Sie wirkt durch Kunst und Kultur beeinflussend und prägend auf die Grundorientierungen des gesellschaftlichen Lebens ein. Das Motto der Kulturhauptstadt Europas RUHR.2010 lautet „Wandel durch Kultur, Kultur durch Wandel".

Die Rahmenbedingungen für die Produktion, Verwertung und Vermittlung von Kultur sowie für das kulturelle Leben in Deutschland so zu gestalten, dass diese auch unter den neuen Bedingungen der Globalisierung günstige Entwicklungsmöglichkeiten haben, gehört zu den zentralen Aufgaben der Kulturpolitik der Gegenwart.

Zu kulturellen Nachwirkungen der deutschen Teilung[7, 8]

Wie andere moderne Gesellschaften auch, ist die Bundesrepublik Deutschland in sich kulturell stark ausdifferenziert. Ihre Kultur ist ein dynamisches Ensemble von Regional-, Teil- und Subkulturen, von denen jeweils wichtige Impulse aufeinander und auf das Ganze ausgehen.

Eine Besonderheit stellt in diesem Zusammenhang die vierzigjährige Geschichte der deutschen Teilung von 1949 bis 1989 dar. In beiden Gesellschaften entwickelten sich ein eigenes Kulturleben und eine eigene kulturelle Infrastruktur. Bald zwei Jahrzehnte nach dem Ende der deutschen Teilung sind daraus resultierende Unterschiede der ostdeutschen Länder im Vergleich zu den westdeutschen feststellbar, wie auch kulturelle Eigenheiten ihrer Bürger.

Beides, das kulturelle Erleben wie die kulturelle Infrastruktur, war in der DDR von fehlender Freiheit der Kunst gekennzeichnet. In allen künstlerischen Sparten fand formelle und informelle Zensur statt. Diese schränkte die Möglichkeit der freien Meinungsäußerung und künstlerischen Entäußerung und ihrer Rezeption ein. Viele nichtkonforme und andersdenkende Künstler wurden aus der DDR ausgewiesen oder verließen zermürbt das Land. Dennoch hat das künstlerische Schaffen in der DDR Vielfalt und hohe Qualität hervorgebracht. Die Systemkritischen, die blieben, konnten gemeinsam mit Bürgerrechtlern, Umweltschützern und anderen – mehr oder weniger stark den Kirchen verbundenen – Gesellschaftsgruppen eine nonkonformistische Szene herausbilden, die schließlich den Boden für die Wende vorbereiten half.

Die außerordentlich dichte und reiche Kulturlandschaft in Ostdeutschland war auch ein Erbe der deutschen Geschichte und Kulturgeschichte vor Gründung der DDR. Diese wurde weitgehend erhalten und durch ein zentral reglementiertes Netz von Kulturinstitutionen des Staates, der Betriebe und der Massenorganisationen ergänzt. Diese Kulturlandschaft hat nach der Vereinigung große und empfindliche Veränderungen erfahren, vielerorts noch verstärkt durch den demografischen Wandel.[9] Dem großen Verlust an Strukturen steht heute jedoch eine in Vereine, Verbände, Stiftungen und ähnliche Organisationsformen reicher gegliederte neue Struktur gegenüber. Jahrzehntelang aufgeschobene Sanierungsmaßnahmen, insbesondere bei Museen und der Denkmalsubstanz der historischen Innenstädte, Schlösser, Herrenhäuser und Gartenlandschaften, wurden im Rahmen des Aufbaus Ost durchgeführt und haben vieles vor dem Zusammenbruch bewahrt.[10]

---

[7] Vgl. Schlussbericht der Enquete-Kommission „Überwindung der Folgen der SED-Diktatur im Prozess der deutschen Einheit" vom 10. Juni 1998. (Bundestagsdrucksache 13/11000)
[8] Die Fraktion DIE LINKE. und SV Prof. Dr. Dieter Kramer haben dieser Textfassung nicht zugestimmt und ein Sondervotum hierzu abgegeben, vgl. Kap. 9.3.
[9] Vgl. Kap. 3.6, Kulturelle Auswirkungen des demografischen Wandels.
[10] Vgl. Kap. 3.5.1, Kulturförderung in den neuen Ländern.

Erwartungen an Kunst und Kultur, sowohl was Aspekte der Produktion als auch der Rezeption anbelangt, waren in West- und Ostdeutschland unterschiedlich und sind es teilweise noch. Bald zwei Jahrzehnte nach der Vollendung der deutschen Einheit treten jedoch die systembedingten kulturellen Unterschiede zunehmend in den Hintergrund. In dem Maße, in dem Rahmenbedingungen geschaffen werden, die den Menschen aus allen Regionen und Landesteilen die gleichen Chancen einräumen, mit ihren historisch gewachsenen kulturellen Werten und Erfahrungen gleichberechtigt die Kultur unseres Landes mitzugestalten, wird die innere Einheit Deutschlands immer besser gelingen.

Zur Bedeutung von Kulturpolitik für Individuum und Gesellschaft

Um der Bedeutung von Kunst und Kultur für Individuum und Gesellschaft gerecht zu werden, bedarf es einer Kulturpolitik, die insbesondere den Prozess der kulturellen Partizipation vorantreibt. „Sie soll die in der Individualisierung angelegten Möglichkeiten persönlicher Freiheit im Sinne von Selbstentfaltung und Selbstverwirklichung unterstützen. Notwendig ist dafür eine plurale Kulturpolitik, die sich darum bemüht, das soziale und kulturelle Kapital aller Menschen zu stärken und ihm Anerkennung zu verschaffen."[11] Aber nicht alle Menschen können und wollen ihre Selbstvergewisserung über künstlerische Erlebnisse erfahren; nicht für alle ist die Sphäre der Kultur der ihnen gemäße Ort oder Anlass des Nachdenkens über den Sinn ihres Lebens, der Suche nach idealer Bereicherung oder purem Vergnügen.

Wenn dennoch indirekt auch für sie die Künste diese Bedeutung haben, dann über mehrfache Vermittlung durch Medien und Öffentlichkeiten. So haben die Künste diese Bedeutung auch indirekt, als Teilbereich der Kultur. Denn wenn irgendwer die Freiheit und Würde des Einzelnen diskutiert, einfordert, in aller Widersprüchlichkeit darstellt, die symbolischen Formen bereitstellt, in denen sie überhaupt gedacht und vor allem erlebt werden können, dann geschieht dies vor allem im Medium der Künste. Durch die Künste werden Individualität und soziale Gebundenheit thematisiert. Damit wirken die Künste weit über die Sphäre der künstlerischen Kommunikation in die Gesellschaft und prägen deren menschliche Sinn- und Zwecksetzung. Und deshalb bedarf es einer Kulturpolitik, die sich als Gesellschaftspolitik versteht und daher Kunst und Kultur ermöglicht, verteidigt und mitgestaltet.

---

[11] Programm der Kulturpolitischen Gesellschaft (1998). www.kupoge.de/pdf/kupo/programm_kupoge.pdf, (Stand: 2. November 2007).

2 Kultur als öffentliche und gesellschaftliche Aufgabe

2.1 Kulturpolitik als gesellschaftliche Aufgabe

Kultur – Politik – Gesellschaft sind drei große, in Wechselwirkung zueinander stehende Bereiche.

Eine Analyse dieser Wechselwirkung ist sinnvoll, um herauszuarbeiten, durch welche Prozesse, Strukturen und Akteure Kultur und Kulturpolitik in Deutschland geprägt werden. Wie im kulturpolitischen Diskurs in Deutschland üblich, ist dabei zunächst von einem Kulturbegriff im Sinne der UNESCO[1] auszugehen. Danach umfasst Kultur einerseits die eine Gesellschaft charakterisierenden Besonderheiten und spricht andererseits die Entfaltungsmöglichkeiten des einzelnen Individuums an. Kultur hat sowohl eine gesellschaftliche als auch eine individuelle Komponente.

Gleiches gilt für die Politik: In den politischen Willensbildungsprozessen geht es darum, Verhalten von Individuen und Kollektiven zu beeinflussen, andere von Zielen zu überzeugen, um letztlich eine möglichst breite Übereinstimmung zu erzielen, Mehrheiten zu schaffen.

2.1.1 Kultur als Wirkungs- und Handlungsfeld

Kultur und Kulturpolitik werden also nicht nur vom Staat gestaltet, sondern auch von gesellschaftlichen Akteuren und Entwicklungen. Kulturpolitik zielt aber ihrerseits auch auf gesellschaftliche Wirkung, was mit dem Leitsatz „Kulturpolitik ist Gesellschaftspolitik" zugespitzt ausgedrückt wird.

Für die weitere Analyse ist es daher sinnvoll zu unterscheiden zwischen

– Wirkungsfeld Kultur und

– Handlungsfeld Kultur.

Mit dem Begriff des „Wirkungsfeldes Kultur" ist die Dimension des Kulturbegriffs angesprochen, bei der es um gesellschaftliche und individuelle Wirkungen geht. Sie reichen von der Förderung der Kreativität Einzelner über die Prägung sozialer Gruppen bis hin zur Attraktivitätssteigerung einer Kommune, eines Landes und des Kulturstaates Deutschland insgesamt. Bei der Reflexion und Konkretion kulturpolitischer Ziele ist daher auch der gesellschaftliche Kontext einzubeziehen, in dem Kulturpolitik Wirkungen erzielen will. Dabei sollte bewusst sein, dass auch kulturelle Angebote für einzelne Personen gesellschaftliche Wirkungen entfalten können. So hat die Stärkung der Medienkompetenz von Kindern und Jugendlichen auch Auswirkungen auf die Wahrnehmung von Medien durch die Rezipienten insgesamt.

Das Handlungsfeld Kultur, das gegenüber dem Wirkungsfeld Kultur wesentlich eingeschränkter ist, umfasst die inhaltlichen Bereiche der Künste, der kulturellen Bildung, des kulturellen Erbes und der Medien, die ihrerseits von staatlichen, kommunalen und freien Trägern sowie einzelnen Künstlern und Kulturschaffenden ausgestaltet werden.

Kulturpolitik muss sich darüber im Klaren sein, dass das „Handlungsfeld Kultur" angesichts der zur Verfügung stehenden Ressourcen, Institutionen und Mittel letztlich begrenzt ist, zumal Staat und Kommunen ihrerseits nur für einen Ausschnitt des kulturellen Lebens insgesamt verantwortlich sind. Bund, Länder und Kommunen tragen zwar eine Fülle von Kultureinrichtungen, fördern und veranstalten Kultur. Doch nur für diesen „Ausschnitt", der hier als eigenes Handlungsfeld bezeichnet wird, tragen sie selbst Verantwortung. Diese bezieht sich vor allem auf die Ausrichtung der Einrichtungen, der Kulturförderung und der Kulturveranstaltungen. Einfluss kann auf die inhaltliche

---

[1] Vgl. Kap. 1., Bedeutung von Kunst und Kultur für Individuum und Gesellschaft.

Programmatik genommen werden, es können Ziele und Leitlinien festgelegt und Aufgaben zugewiesen werden und schließlich bestehen auch entscheidende Gestaltungsmöglichkeiten bei der Auswahl von Führungspersonal. Diese von der öffentlichen Hand in eigener Verantwortung wahrgenommenen Aufgaben im Handlungsfeld Kultur haben aber auch Auswirkungen auf andere Bereiche kulturellen Lebens wie freie Kulturträger und kommerzielle Kulturbetriebe. Zum Handlungsfeld Kultur gehört auch die Gestaltung der rechtlichen Rahmenbedingungen für Kultureinrichtungen, Kulturwirtschaft, Medien sowie frei arbeitende Kulturschaffende und Künstler. Auch insoweit gibt es Wechselwirkungen mit gesellschaftlichen Prozessen, die bei kulturpolitischen Entscheidungen zu berücksichtigen sind.

2.1.2 Vermittlungsaufgaben der Kulturpolitik

Kulturpolitik kommt in mehrfacher Hinsicht eine Vermittlerrolle zu: Sie vermittelt zwischen dem „Wirkungsfeld" und dem „Handlungsfeld Kultur", also zwischen gesellschaftlicher Situation/Entwicklung einerseits und staatlichem/kommunalem Handeln im Blick darauf andererseits. Programmatik und Aufgaben sollten daher nicht einseitig festgelegt, sondern im gesellschaftlichen Diskurs herausgearbeitet werden. Dabei kann Kulturpolitik für die Vermittlung zwischen den verschiedenen am Kulturprozess beteiligten Akteuren (Künstlern, Kulturschaffenden, freien Trägern) ebenso sorgen, wie sie freie Institutionen, Künstlerorganisationen, Verbände etc. einbeziehen kann. Diese Akteure bringen sich je nach den vorhandenen Möglichkeiten in die kulturpolitische Willensbildung ein.

Staat und Kommunen sind angesichts der Grundsituation, dass von einem breiten (viele gesellschaftliche Bereiche umfassenden) Wirkungsfeld auszugehen ist und auch im „Handlungsfeld Kultur" zahlreiche nicht-staatliche Akteure mitwirken, gut beraten, hierfür entsprechende Möglichkeiten zu schaffen. Die Vermittlerrolle der Kulturpolitik erstreckt sich also auch darauf, bei der Willensbildung durch aktive und transparente Gestaltung öffentlicher Diskussionen etc. die zivilgesellschaftlichen Akteure mit einzubeziehen. Gemäß des Leitbilds eines „aktivierenden Kulturstaates"[2] ist es eine wichtige kulturpolitische Aufgabe, die Prozesse der Willensbildung offen zu gestalten.

Kulturpolitik bedarf vor allem dann einer partizipatorischen Ausrichtung, wenn sie auf die Begründung von Verantwortungspartnerschaften abzielt. Wenn Unternehmen, Privatpersonen, freie Träger, Stiftungen etc. in die Finanzierung oder Mitträgerschaft von Einrichtungen eingebunden werden sollen, bedarf es verlässlicher Absprachen und Prozesse, um die anstehenden kulturpolitischen Entscheidungen nachvollziehbar und tragfähig zu machen. Nur in solchen Strukturen lassen sich (dauerhafte) Partnerschaften stiften.

2.1.3 Kulturpolitischer Diskurs mit gesellschaftlichen Akteuren

Doch nicht nur für die Vermittlerrolle der Kulturpolitik, sondern vor allem auch für ihre inhaltliche Ausrichtung ist die gesellschaftliche Reflexion konstitutiv. Wie lassen sich programmatische Sätze wie „Kultur für alle", „Kulturpolitik ist Gesellschaftspolitik" oder auch normative Forderungen wie „Bürgerrecht Kultur" in inhaltliche Programme umsetzen? Damit dies gelingt, müssen individuelle

---

[2] Die FDP-Fraktion und SV Olaf Zimmermann haben gegen diesen Text gestimmt und folgendes Sondervotum abgegeben: „Die FDP-Fraktion und der Sachverständige Olaf Zimmermann teilen den Begriff des ‚aktivierenden Kulturstaats' nicht. Es geht nicht darum, dass der Staat aktiviert, weder die Künstler oder die Kultureinrichtungen noch die Kulturwirtschaft oder das bürgerschaftliche Engagement im Kulturbereich. Vielmehr kommt es darauf an, dass der Staat durch die Gestaltung der Rahmenbedingungen sowie teilweise durch die direkte Kulturförderung Kunst und Kultur ermöglicht. Es sollte daher von einem ‚ermöglichenden Staat' gesprochen werden."

und kollektive Wirkungen von Kultur im jeweiligen Kontext des kulturpolitischen Handelns herausgearbeitet werden. Die in der öffentlichen Kulturpolitik Verantwortlichen sollten gemeinsam mit den Akteuren in der Kulturgesellschaft nicht nur die Wirkungen von Kultur reflektieren, sondern auch eine Evaluation der intendierten kulturellen Wirkungen vornehmen. Die so gestalteten Prozesse kulturpolitischer Willensbildung zielen letztlich auf nachvollziehbare Entscheidungen im Blick auf die Ausrichtung von Einrichtungen, die Kulturförderung und die Durchführung von Veranstaltungen. Dies erfasst auch die Vorbereitung von Entscheidungen über die kulturelle Ordnungspolitik und deren Strukturpolitik.

Kulturpolitik ist also kein „Closed-Shop" der öffentlich verantworteten und getragenen Institutionen, sie lebt vielmehr vom Diskurs und der Teilhabe zahlreicher Akteure aus der kulturellen Szene und der Bürgerschaft.

In diesen Prozessen nehmen auch die Medien eine entscheidende Rolle ein, denn durch Tageszeitungen, Funk und Fernsehen wird der kulturpolitische Diskurs in Bund, Ländern und Kommunen aktiv begleitet und angeregt.

Der Rolle der Medien ist in diesem Zusammenhang daher besondere Beachtung zu schenken.

2.2 Kompetenzverteilung Europa, Bund, Länder, Kommunen[3]

2.2.1 Europäische Ebene

2.2.1.1 Europäische Kulturpolitik nach Artikel 151 EG-Vertrag

Seit dem Vertrag von Maastricht 1992 ist der Bereich Kultur in die europäischen Verträge aufgenommen. Artikel 151 Vertrag zur Gründung der Europäischen Gemeinschaft (EG-Vertrag – EGV) stellt inzwischen die zentrale Norm für die Kulturpolitik der Europäischen Union dar. Danach ist es der Europäischen Gemeinschaft erlaubt, „einen Beitrag zur Entfaltung der Kulturen der Mitgliedsstaaten unter Wahrung ihrer nationalen und regionalen Vielfalt sowie gleichzeitiger Hervorhebung des gemeinsamen kulturellen Erbes" zu leisten.

Die Kulturkompetenz der Europäischen Gemeinschaft ist aufgrund des in Artikel 5 EGV geregelten Subsidiaritätsprinzips nach Artikel 151 EGV so ausgestaltet, dass die Europäische Gemeinschaft lediglich ergänzend tätig werden darf: Sie unterstützt die Tätigkeiten der Mitgliedsstaaten, ihre Maßnahmen müssen erforderlich sein und der Rat muss seine Empfehlung einstimmig aussprechen. Die Entwicklungen nach dem Wirksamwerden des europäischen Reformvertrages ab 2009 bzw. dem Wirksamwerden des Prinzips der doppelten Mehrheit ab 2014 können jedoch auch Änderungen bringen. Diese bleiben abzuwarten.

Die Gemeinschaft wird folglich nur dann tätig, soweit die beabsichtigten Ziele auf der Ebene der Mitgliedsstaaten nicht hinlänglich erreicht und daher wegen ihres Umfangs oder ihrer Wirkung besser auf der Gemeinschaftsebene ausgeführt werden können. Politische Entscheidungen sollen dadurch auf einer möglichst bürgernahen Ebene getroffen werden.

Die Gemeinschaft kann in diesem Rahmen Fördermaßnahmen und Empfehlungen treffen. Eine Rechtsharmonisierung ist ihr ausdrücklich nicht erlaubt (Artikel 151 Abs. 5 EGV).

Der EGV bestimmt die sogenannte Kulturverträglichkeit in Artikel 151 Abs. 4 EGV. Aus dieser Regelung folgt für alle Politikbereiche der Gemeinschaft das Gebot der Rücksichtnahme auf die kulturellen Interessen der Mitgliedsstaaten sowie des Schutzes des gemeinsamen kulturellen Erbes, die

---

[3] Die Fraktion DIE LINKE. und SV Prof. Dr. Dieter Kramer haben gegen diese Textfassung gestimmt und ein Sondervotum zur Handlungsempfehlung dieses Kapitels abgegeben.

als Entscheidungsfaktoren im supranationalen Willensbildungsprozess angemessen zu berücksichtigen sind. Diese Bestimmung trägt der Tatsache Rechnung, dass sich viele Entscheidungen in anderen Politikbereichen auf die Kultur auswirken. Kulturelle Belange können auch dann betroffen sein, wenn Regelungen nicht im engeren Sinne auf den Kulturbereich bezogen sind.

Artikel 151 Abs. 3 EGV regelt die Kompetenzverteilung zwischen der Gemeinschaft und den Mitgliedsstaaten im Bereich der kulturellen Zusammenarbeit mit Staaten und internationalen Organisationen außerhalb der Europäischen Union. Es handelt sich um eine Aufgabe, zu der die Gemeinschaft und Mitgliedsstaaten gleichermaßen berufen sind. Die potenziellen Maßnahmen im kulturellen Bereich werden in Artikel 151 Abs. 2 und 5 EGV geregelt. Die Europäische Union darf Fördermaßnahmen durchführen, die europäische Projekte mit den genannten Zielsetzungen unterstützen.[4]

Das Gewicht der kulturellen Belange ist zudem durch die Charta der Grundrechte der Europäischen Union verstärkt worden.

Gemäß Artikel 22 Grundrechte-Charta achtet die Union die Vielfalt der Kulturen. Die Charta gewährleistet zudem in Artikel 13 die Freiheit der Kunst. Die Grundrechte-Charta ist anlässlich des Gipfels in Nizza im Dezember 2000 vom Europäischen Rat, dem Europäischen Parlament und der Europäischen (EU) Kommission unterzeichnet und verkündet worden. Allerdings wurde kein Beschluss über die Einbeziehung der Charta in die bestehenden Gemeinschaftsverträge gefasst. Die Bestimmung des genauen Inhalts und Umfangs der gewährleisteten Grundrechte durch den Europäischen Gerichtshof bleibt abzuwarten.

Artikel 151 EGV begründet weder einen gemeinschaftlichen Kulturbegriff noch eine Kulturgemeinschaft und schafft auch keine neuen Kompetenzen, sondern ermöglicht eine gemeinschaftliche subsidiäre Kulturförderung unter Wahrung des kulturellen Selbstbestimmungsrechtes. Weder Artikel 22 Grundrechte-Charta noch Artikel 151 Abs. 4 EGV (Kulturverträglichkeitsklausel) oder andere Gemeinschaftsvorschriften mit Wirkung auf die Kultur (zum Beispiel Grundfreiheiten, Steuerrecht) legitimieren eine Harmonisierung nationaler Kulturpolitiken.[5]

2.2.1.2 Kulturgüter als internationale Handelswaren

Die Europäische Gemeinschaft hat im kulturellen Sektor keine unmittelbare Regelungskompetenz. Die Kulturpolitik liegt im Wesentlichen in der Zuständigkeit der Mitgliedsstaaten. Gleichwohl gibt es eine Vielzahl von Gemeinschaftsregelungen, die erhebliche mittelbare Auswirkungen auf die Kulturpolitik der jeweiligen Mitgliedsstaaten haben. Europarechtliche Rahmenbedingungen, die einen immer stärker werdenden Einfluss auf die rechtliche und tatsächliche Gestaltung der Lebensbedingungen in den Mitgliedsstaaten haben, werden im Kapitel 2.3.2, Europäische Rahmenbedingungen, dargestellt. Im Rahmen von Kompetenzfragen auf europäischer Ebene sind die Verhandlungen mit der Welthandelsorganisation (WTO) anzusprechen.

Bei den Verhandlungen der Welthandelsorganisation geht es insbesondere darum, in einer wettbewerbsorientierten Handelsordnung die Besonderheit kultureller Güter zu betonen. Dies zeigt sich aktuell in der Auseinandersetzung um das „General Agreement on Trades and Services" (GATS)-

---

[4] Vgl. Gutachtennachtrag zur Kulturförderung als Pflichtaufgabe oder als freiwillige staatliche Leistung, (Gutachtennachtrag Raue-Gutachten) (Kommissionsdrucksache 15/399) zum Gutachten „Rechtliche und strukturellen Rahmenbedingungen des Betriebs von Theatern, Kulturorchestern und Opern in Deutschland unter Betrachtung des Spannungsfeldes von freiwilligen kulturellen Leistungen und Pflichtaufgaben der öffentlichen Hand" (2004) (Raue-Gutachten) S. 12f. (Kommissionsdrucksache 15/285) vgl. auch Scheytt (2005), Rz. 69ff.
[5] Vgl. Strategiepapier Kompetenzverteilung Europa, Bund, Länder (Namenspapier Gitta Connemann). (Kommissionsdrucksache 15/295)

Abkommen. Die Mitgliedsstaaten der Europäischen Union werden auf der Grundlage von Artikel 133 EGV über die gemeinsame Handelspolitik von der Europäischen Kommission bei der Welthandelsorganisation vertreten, obwohl jedes Land Mitglied der Welthandelsorganisation ist.[6] Dies bedeutet, dass die deutschen Interessen zunächst in die europäischen Gremien eingebracht und hier durchgesetzt werden müssen. Daher stellt sich die Frage, wie sich unsere Kulturlandschaft im Kontext von Europäischer Union und Welthandelsorganisation entwickeln wird. Werden in einer ansonsten wettbewerbsorientierten Handelsordnung die identitätsstiftende Wirkung von Kultur, die nationalen Besonderheiten, die kulturelle Vielfalt im Rahmen von GATS-Verhandlungen, von UNESCO-Konventionen abgesichert werden können? Die im Oktober 2005 auf der 33. Generalkonferenz der UNESCO[7] verabschiedete und am 18. März 2007 in Kraft getretene „Konvention zum Schutz der kulturellen Vielfalt" stellt eine völkerrechtliche Grundlage für das Recht auf eigenständige Kulturpolitik dar. Insgesamt wurde die Konvention bereits von 57 Staaten ratifiziert. Wichtigstes Ziel der Konvention ist die Anerkennung des Rechts aller Staaten auf eine eigenständige Kulturpolitik und des Doppelcharakters von Kulturgütern und -dienstleistungen als Handelsware und Gegenstand von Kulturpolitik. Die Konvention wurde vor dem Hintergrund der Liberalisierungsbestrebungen im Rahmen der GATS-Verhandlungen im Kulturbereich initiiert, um mit dessen Hilfe nationale kulturpolitische Interessen und internationale Handelsabkommen in Einklang zu bringen.[8]

2.2.2 Nationale Ebene

Die Länder haben das Recht der Gesetzgebung, soweit das Grundgesetz nicht dem Bund Gesetzgebungsbefugnisse verleiht. Entsprechendes gilt für die Ausübung und die Erfüllung der staatlichen Aufgaben (Artikel 30 und 70 GG). Für kulturelle Angelegenheiten weist das Grundgesetz dem Bund keine Kompetenzen zu. Damit liegen die Gesetzgebungskompetenzen bei den Ländern. Neben den Ländern nimmt der Bund eigenständige Aufgaben wahr.

Diese umfassende Zuständigkeit der Länder für die Kultur und das Bildungswesen wird vom Bundesverfassungsgericht als „Kulturhoheit der Länder" bezeichnet.[9] Sie ist integraler Bestandteil der föderalen Staatsordnung und zugleich rechtliche Basis für die Vielfalt der nationalen Kultur. Darüber hinaus ist sie Ausdruck des kulturellen Trägerpluralismus im staatlichen Bereich und wird oft als die „Seele des deutschen Föderalismus" bezeichnet. In der kulturpolitischen Diskussion um die Kulturhoheit der Länder werden mehrere Komponenten erörtert. Sie wird als Garantie der „Freiheit der Kultur der Länder" angesehen. So wird die Vielfalt der Kultur nicht nur grundrechtlich, sondern auch organisationsrechtlich durch die bundesstaatliche Struktur garantiert. Mit Blick auf die Bundeskulturpolitik und die Bundeskulturstiftung geht es den Akteuren meist um die Frage, welche Kompetenzen Bund und Länder nach dem geltenden Kulturverfassungsrecht haben. Diese Auseinandersetzung spielt für das kommunale Kulturrecht indes kaum eine Rolle. Hier könnte sich die Frage stellen, wie die Länder ihre Kulturhoheit im Verhältnis zu den Kommunen, die fast die Hälfte der öffentlichen Kulturfinanzierung tragen, ausfüllen.

Die Kulturhoheit und die Kulturkompetenz der Länder sind dann angesprochen, wenn es um eine öffentliche Verantwortung für den jeweiligen Kulturbereich geht. Diese Verantwortung ist als öffentlicher Auftrag Grundlage für staatliches und in der Folge kommunales Handeln im Sinne einer Bereitstellung kultureller Infrastruktur.[10] In welcher Form und mit welchen Mitteln die Länder

---

[6] Vgl. Wissenschaftliche Dienste des Deutschen Bundestages (2003), S. 7ff.; Krajewski (2005), S. 18ff.
[7] United Nations Educational, Scientific and Cultural Organization, Organisation der Vereinten Nationen für Bildung, Wissenschaft, Kultur und Kommunikation.
[8] Vgl. Kap. 7.2, Instrumente europäischer Kulturpolitik und ihre Wirkungen auf Kultur in Deutschland.
[9] Vgl. BVerfGE 12, 229.
[10] Vgl. Kap. 2.5, Sicherung der kulturellen Infrastruktur.

ihren öffentlichen Auftrag für jeden einzelnen Kulturbereich wahrnehmen, ist letztlich aufgrund (kultur-) politischer Diskussionen, Verhandlungen und Entscheidungen zu konkretisieren. Dabei geht es nicht nur um den Erlass gesetzlicher Regelungen, sondern auch um die Ausgestaltung von Förderbedingungen und die Sicherung von Qualitätsstandards.

Von allen öffentlichen Kulturausgaben trägt der Bund zurzeit etwa zehn Prozent.[11] Der Rest der öffentlichen Kulturausgaben wird von den Ländern und Kommunen finanziert. Der Anteil des Bundes hat sich dabei im Zuge der deutschen Einigung vervierfacht, da es Auftrag des Einigungsvertrages war, die kulturelle Substanz in den neuen Ländern zu erhalten und große nachholende Investitionen zu finanzieren und zugleich die Kommunen in den neuen Ländern, die noch nicht hinreichend finanzstark waren, zu finanzieren. Die gelebte Kultur zeigt: Deutschland hat eine gut entwickelte und dichte Struktur von Kultureinrichtungen. Die Kultureinrichtungen können dabei gewerblich, frei gemeinnützig oder in öffentlicher Trägerschaft arbeiten. Die damit verbundenen Fragen des Steuer- und Urheberrechts, des Arbeits- und Sozialversicherungsrechts sowie des Vereinsrechts als Beispiel der am häufigsten gewählten Rechtsform einer Kultureinrichtung verweisen auf die Bedeutung des Bundes für die ordnungspolitischen Rahmenbedingungen.

Die Enquete-Kommission hat sich in der 15. Wahlperiode über die Kulturpolitik in Großbritannien und den Niederlanden informiert. Der Schwerpunkt lag dabei auf Fragen der öffentlichen und privaten Förderung und Finanzierung von Kultur. Zentrale Kompetenz für die Ausgaben und Bewilligung von Fördermitteln kommt in Großbritannien dem „Arts Council of England" zu. In den Niederlanden erfolgt die öffentliche Kulturförderung wie in Deutschland auf unterschiedlichen staatlichen Ebenen. Neben der Förderung auf europäischer Ebene kann Kultur auch auf kommunaler Ebene gefördert werden. Eine Verpflichtung besteht insoweit aber nicht. Der Löwenanteil der Kulturfinanzmittel wird auf nationaler Ebene bereitgestellt. Bei der Frage, ob und welche Kultureinrichtung eine Förderung erhält, steht dem Ministerium der „Raad voor Cultuur" fachlich zur Seite. Die Enquete-Kommission hat ihre Beschäftigung mit anderen Formen der Kulturkompetenzverteilung in Österreich und der Schweiz fortgesetzt. Botschafter Dr. Wölfer (Bundeskanzleramt Österreich) und Vertreter des Kulturausschusses berichteten der Delegation über die Kompetenzen des Bundes, Kunst, Theater und Museen zu fördern. Diese münden in eine Kompetenzaufteilung zwischen dem Bundeskanzleramt – ermächtigt durch das Bundeskunstförderungsgesetz – und dem Bundesministerium für Bildung, Wissenschaft und Kultur.[12]

Die im Jahre 2006 abgeschlossene Föderalismusreform I hat die unterschiedlichen Aufgaben von Bund und Ländern in Deutschland zum Teil neu formuliert. Dies betrifft die Gebiete der ausschließlichen und der konkurrierenden Gesetzgebung. Der Einstieg in eine Entflechtung der Aufgaben von Bund und Ländern betrifft die Mischfinanzierung der Artikel 91a und 91b Grundgesetz. Auch die Finanzhilfe des Bundes nach Artikel 104a und 104b Grundgesetz wurde geändert.

Artikel 91b Grundgesetz regelt das Zusammenwirken von Bund und Ländern. Auf dieser Grundlage wirkte der Bund auch an Projekten zur kulturellen Bildung mit. Dabei stand unter anderem das viel zitierte „Kooperationsverbot" zur Diskussion. Aus den Schlussverhandlungen ergab sich eine Änderung dergestalt, dass noch Fördermöglichkeiten des Bundes bestehen bleiben: In Absatz 1 S. 2 GG wurde aus der zunächst vorgesehenen „wissenschaftlichen Forschung" die Aufteilung in „Wissenschaft und Forschung". Allerdings ist das Tätigwerden des Bundes auf diesem Gebiet an die Zu-

---

[11] Vgl. schriftliche Stellungnahme von Prof. Max Fuchs zur Anhörung des Rechtausschusses zur Föderalismusreform – zur Thematik Kultur, Medien und Hauptstadt Berlin am 2. Juni 2006, S. 1. (Kommissionsmaterialie 16/181)
[12] Vgl. Bericht über die Delegationsreise der Enquete-Kommission „Kultur in Deutschland" in das Vereinigte Königreich von Großbritannien und Nordirland und das Königreich der Niederlande vom 4. bis 8. Oktober 2004 (Bericht Delegationsreise Großbritannien). (Kommissionsdrucksache 15/513) und Bericht über die Delegationsreise nach Österreich und die Schweiz vom 3. bis 6. Juli 2006 (Bericht Delegationsreise Österreich/Schweiz). (Arbeitsunterlage 16/31)

stimmung aller Länder geknüpft. Die weiteren Bestimmungen präzisieren die Ablösung der Gemeinschaftsaufgabe Bildungsplanung durch ein Zusammenwirken mit Blick auf die PISA-Studie und ähnliche Erhebungen zur Leistungsfähigkeit des Bildungssystems (Artikel 91b Abs. 2 und 3 GG).[13]

Die Kulturhoheit bzw. der Kulturauftrag der Länder ist unbestritten. Die rechtlichen Rahmenbedingungen für Kunst und Kultur (zum Beispiel Urheberrecht, Sozialversicherungsrecht, Vereinsrecht, Stiftungsrecht, Arbeitsrecht) werden in erster Linie vom Bund gestaltet, er ist auf den Feldern der Kultur ordnungspolitisch tätig und nimmt dort seine Zuständigkeiten wahr. Kulturpolitisches Handeln in den Ländern ergibt sich aus den Zuständigkeiten und aus den von den Ländern bereitgestellten finanziellen Mitteln. Dies folgt auch aus dem neuen Artikel 104b GG, nach dem der Bund unter bestimmten konkreten Voraussetzungen Finanzhilfen für besonders bedeutsame Investitionen in den Ländern gewähren kann – aber nicht mehr dort, wo die Länder die alleinige Zuständigkeit innehaben.[14]

Einen Aspekt der Föderalismusreform gilt es hervorzuheben, weil die Enquete-Kommission hier besondere Auswirkungen auf die Bereiche der Kultur sieht. Gemeint ist die Neuformulierung des Artikels 23 Abs. 6 GG mit folgendem Inhalt: Wenn im Schwerpunkt ausschließlich Gesetzgebungsbefugnisse der Länder auf den Gebieten der Schulbildung, der Kultur oder des Rundfunks betroffen sind, wird die Wahrnehmung der Rechte, die der Bundesrepublik Deutschland als Mitgliedstaat der Europäischen Union zustehen, vom Bund auf einen vom Bundesrat benannten Vertreter der Länder übertragen. Aus der Soll- ist eine Muss-Vorschrift für die Vertretung deutscher Interessen auf europäischer Ebene geworden. Der Kern der Länderzuständigkeiten bei Schule, Kultur und Rundfunk ist immer dann berührt, wenn der europäische Gesetzgeber auf diesen Feldern tätig wird.

Die Notwendigkeit der Koordinierung unter den 16 Ländern nimmt dadurch zu und stellt eine neue Herausforderung dar. Damit künftig die Position Deutschlands zu entsprechenden EU-Vorlagen nicht zu oft aus „Enthaltung" besteht, müssen alle Stellungnahmen rechtzeitig vorliegen und die Länderinteressen frühzeitig koordiniert werden.[15]

Die Enquete-Kommission hat in ihrer gutachterlichen Stellungnahme zu Artikel 23 Abs. 6 des Änderungsgesetzes zum Grundgesetz[16] auf die Schwierigkeiten der Koordinierung zwischen den Ländern einerseits und der Abstimmung dieser mit dem Bund andererseits hingewiesen. Sie befürchtet in der Koordinierungspflicht der Länder und des Bundes eine mögliche Benachteiligung gegenüber anderen EU-Mitgliedsstaaten.

Die Enquete-Kommission geht jedoch davon aus, dass das Vorgehen von Bund und Ländern von einem Miteinander geprägt bleibt. Eine gegenseitige Information und Abstimmung muss so erfolgen, dass der Bund nicht ohne die Länder agiert und umgekehrt.

---

[13] Vgl. Kap. 6., Kulturelle Bildung.
[14] Sondervotum FDP-Fraktion und SV Olaf Zimmermann: „Der Bund muss nach wie vor die Möglichkeit haben, zusammen mit den Ländern Maßnahmen im Bereich von Kunst und Kultur einschließlich der kulturellen Bildung finanziell zu fördern. Es besteht die Gefahr, dass durch die Veränderungen im Artikel 104a bzw. Artikel 104b GG im Zuge der Föderalismusreform I der Bund neue Förderungen kaum mehr aufnehmen kann. Diese Befürchtung wird durch das Gutachten des Bundesrechnungshofs zur Föderalismusreform II bestärkt. Der Bundesrechnungshof spricht sich darin für eine strikte Entflechtung der Kulturfinanzierung aus."
[15] Vgl. Kap. 7.1.4, Vertretung deutscher Kulturpolitik in der Europäischen Union.
[16] Vgl. Entwurf eines Gesetzes zur Grundgesetzänderung (Gesetzentwurf Grundgesetzänderung). (Bundestagsdrucksache 16/813); vgl. auch Gutachterliche Stellungnahme der Enquete-Kommission „Kultur in Deutschland" zu Artikel 23 Abs. 6 des Änderungsgesetzentwurfs zum Grundgesetz – Bundestagsdrucksache 16/813 (schriftliche Stellungnahme zum Gesetzentwurf Grundgesetzänderung). (Kommissionsdrucksache 16/83a)

Eine reibungslose Koordinierung ist umso wichtiger, als mit dem fortschreitenden europäischen Einigungsprozess und dem Bedeutungsgewinn internationaler Abkommen in zunehmendem Maße die Rahmenbedingungen für Kunst und Kultur auf der europäischen und internationalen Ebene mitbestimmt werden.

Von der Föderalismusreform betroffen ist auch der Rundfunk. Die Rundfunkpolitik gehört zu den originären Politikfeldern der Länder. Sehr bewusst haben die Alliierten gerade die Zuständigkeit für die Rundfunkgesetzgebung den Ländern übertragen. Neben dem Rundfunkrecht werden die audiovisuellen Medien inzwischen aber auch durch weitere Rechte geregelt, die teilweise in die Zuständigkeit der Länder und teilweise in die des Bundes fallen.

Aus der Sicht des europäischen Gemeinschaftsrechts werden Rundfunk und Fernsehen primär als wirtschaftliche Dienstleistungen verstanden, also nicht als ausschließlich kulturrechtliche Gegenstände. Gerade dies führt zu Kompetenzrechtsstreitigkeiten zwischen der Europäischen Union einerseits und der Bundesrepublik Deutschland andererseits, wie sie im Rechtsstreit um die EG-Fernsehrichtlinie deutlich geworden sind. Werden Rundfunk und Fernsehen als primär wirtschaftliche Dienstleistungen verstanden, so hat dies auf der Ebene der nationalen Verfassungsrechts- bzw. internationalen Kompetenzverteilung die Konsequenz, dass der Bund zumindest mit zuständig sein würde (Artikel 74 Abs. 1 Nr. 11 GG – Recht der Wirtschaft).[17] Daran wird besonders deutlich, dass europäische Rechtsetzung mit der innerstaatlichen Kompetenzverteilung nicht übereinstimmt und sich naturgemäß kompetenzrechtliche Schnittstellen zwischen dem nationalen Verfassungsrecht einerseits und dem europäischen Gemeinschaftsrecht andererseits offenbaren, die sich auch auf das Zusammenwirken von Bund und Ländern im Rahmen europäischer Rechtsetzung auswirken können.

Die Enquete-Kommission hat sich in der 15. und in der 16. Wahlperiode intensiv mit den Aufgaben von Kultur befasst. Als hemmend stellte sich immer ein Umstand heraus: die Heterogenität der Zuständigkeiten. Allein auf Bundesebene sind mehrere Häuser befasst – insbesondere das Auswärtige Amt, das Bundesministerium für Familie, Senioren, Frauen und Jugend, das Bundesministerium für Bildung und Forschung, das Bundesministerium für Wirtschaft und Technologie sowie das Bundeskanzleramt. Auch wenn eine Verständigung zwischen diesen Häusern hergestellt werden kann, führt diese fehlende Bündelung zu zwei Problemen: Die Ressourcen sind nicht vereint, Synergieeffekte können nicht erzielt werden.

Handlungsempfehlung

Die Enquete-Kommission empfiehlt der Bundesregierung, Aufgaben im Bereich „Kultur" zu bündeln und zu institutionalisieren, weil Kulturpolitik eine zentrale Querschnittsaufgabe der Innen- und Außenpolitik ist.[18]

---

[17] Vgl. schriftliche Stellungnahme von Prof. Dr. Rupert Scholz zur Anhörung des Rechtsausschusses des Deutschen Bundestages zum Thema „Föderalismusreform" am 2. Juni 2006 zur Thematik Kultur – Medien und Hauptstadt Berlin. (Kommissionsmaterialie 16/183); vgl. auch schriftliche Stellungnahme von Prof. Dr. Wolf-Dieter Ring zur öffentlichen Anhörung im Rechtsausschuss des Deutschen Bundestages am 2. Juni 2006 zu den Gefahren für den föderalen Rundfunk. (Kommissionsmaterialie 16/182)

[18] Sondervotum Fraktion DIE LINKE. und SV Prof. Dr. Dieter Kramer: „Die Fraktion DIE LINKE. spricht sich für eine weitere Stärkung der Bundeskulturpolitik durch die Einführung des Amtes eines Bundeskulturministers mit Kabinettsrang aus. Wir plädieren für eine Bündelung der verschiedenen Aufgabenfelder in einem Kulturministerium, um die Belange der Kultur gegenüber anderen Ressorts sowie auf europäischer Ebene wirksamer vertreten zu können. Drüber hinaus halten wir eine grundlegende Reform der Kompetenzverteilung im Rahmen der Föderalismusreform II in Richtung eines kooperativen Kulturföderalismus (z. B. durch Wegfall des sog. Kooperationsverbotes von Bund und Ländern im Kultur- und Bildungsbereich) und einer einheitlichen Außenvertretung in der Europäischen Union für dringend notwendig."

2.2.3 Kommunen

Kulturpolitik ist in der Bundesrepublik Deutschland in erster Linie Kommunalpolitik. Grundlage für die Kompetenz der Kommunen zur Kulturarbeit sind die kommunalen Selbstverwaltungsgarantien des Grundgesetzes (Artikel 28 Abs. 2 GG) und die Landes- und Kommunalverfassungen. Diese umfassen eine „Garantie örtlicher Kulturkompetenz". Artikel 28 Grundgesetz gewährt den Kommunen das Recht, „alle Angelegenheiten der örtlichen Gemeinschaft im Rahmen der Gesetze in eigener Verantwortung zu regeln".[19] Die kommunalen Selbstverwaltungsgarantien umfassen auch die Kompetenzen für eine kommunale Kulturpolitik. Folglich lässt sich aus den verfassungsrechtlichen Bestimmungen eine kommunale Kulturhoheit ableiten, die die Kommunen zur Selbstdefinition ihres Kulturauftrages ermächtigt.

Die meisten kulturellen Einrichtungen in der Bundesrepublik Deutschland werden von den Kommunen und Kommunalverbänden unterhalten. Es gibt kaum einen anderen Bereich der Kommunalverwaltung, der einen solchen Bezug zum jeweiligen örtlichen Lebenszusammenhang hat wie die Kulturverwaltung. Die gemeindliche Öffentlichkeit kann als eine „kulturelle Öffentlichkeit" auch angesichts der Vielfalt und Widersprüchlichkeit der Lebensweisen dazu beitragen, einen Interessenzusammenhang herzustellen und eine kommunale und regionale Identität zu fördern. Auch hat sich zwischen der Kulturarbeit mit ihren Institutionen und der kommunalen Selbstverwaltung im Laufe der historischen Entwicklung eine besonders enge Verbindung entwickelt.[20]

Hinsichtlich der Zusammenarbeit der Kommunen in freiwilligen Zusammenschlüssen, Kulturräumen und gemeinschaftlicher Trägerschaft wie zum Beispiel in Zweckverbänden wird auf das Kapitel Umlandfinanzierung und kommunale Zusammenarbeit verwiesen.[21]

2.3 Rechtliche Rahmenbedingungen

Die Enquete-Kommission wendet sich in diesem Bericht mit einer Vielzahl von Handlungsempfehlungen insbesondere an den Bundesgesetzgeber, um verbesserte Rahmenbedingungen für eine nachhaltige Entwicklung von Kunst und Kultur zu schaffen, sei es zum Schutz und zur Ausgestaltung der deutschen Kulturlandschaft, zur weiteren Verbesserung der Situation der Kulturschaffenden oder zur Verbesserung der Rahmenbedingungen für die Kulturwirtschaft in Deutschland.

Die rechtlichen Rahmenbedingungen der Kulturarbeit leiten sich aus verschiedensten Rechtsquellen ab. Auf internationaler und bilateraler Ebene werden diese durch die europäische Normsetzungskompetenz ausgestaltet. In verschiedenen Rechtsbereichen wie zum Beispiel dem Urheber- und Steuerrecht wird die nationale Gesetzgebung durch den europäischen Gesetzgeber bereits vorgeprägt. Zum anderen finden sich verfassungsrechtliche und gesetzliche Bestimmungen im Grundgesetz, in den Landesverfassungen, den Gemeinde- und Landkreisordnungen und Kulturfachgesetzen auf Landesebene (zum Denkmalschutz oder zur Weiterbildung) sowie Bundesgesetzen mit kulturellem Schwerpunkt (Urheber- und Künstlersozialversicherungsrecht). Daneben bestehen einzelne Bestimmungen, zum Beispiel im Bundesbaugesetz, Kinder- und Jugendhilfegesetz (SGB VIII), Raumordnungsgesetz und Bundesvertriebenengesetz, die sich auf (einzelne) kulturelle Belange beziehen.

2.3.1 Internationale Rahmenbedingungen (WTO/GATS)

Das Allgemeine Handelsabkommen für Dienstleistungen (GATS-Abkommen) ist am 1. Januar 1995 in Kraft getreten. Sein Ziel ist die fortschreitende Liberalisierung des Dienstleistungshandels.

---

[19] Scheytt (2004), S. 141ff., S. 147f.
[20] Vgl. Scheytt (2005), Rz. 99ff.
[21] Vgl. Kap. 3.1.4, Umlandfinanzierung und interkommunale Zusammenarbeit.

Die WTO-Mitgliedsstaaten haben sich verpflichtet, in regelmäßigen Abständen Verhandlungen über weitere Liberalisierungen zu führen.

Die Welthandelsorganisation sieht in jedweder staatlichen Erbringung und Finanzierung von Dienstleistungen eine handelsverzerrende Subvention[22], wobei die rechtliche Definition von Subventionen im Rahmen der GATS-Verhandlungen noch nicht abschließend geklärt ist.

Die von den WTO-Mitgliedsstaaten Frankreich und Kanada geforderte Ausnahme für Kulturdienstleistungen im Rahmen der GATS-Verhandlungen hat sich nicht durchsetzen lassen.

Des Weiteren können nach dem GATS-Abkommen auch ausländische Unternehmen bei dem Eingehen von sektorspezifischen Verpflichtungen die gleiche Behandlung verlangen wie eine inländische, öffentliche Einrichtung, das heißt das gleiche Niveau an Subventionen, das der deutsche Staat gewährt. Es liegt nahe, dass die Realisierung einer solchen Regelung dazu führen könnte, sehr bald jegliche Förderung – auch die der nationalen Kultureinrichtungen – einstellen zu müssen.[23]

Das GATS-Abkommen wird möglicherweise langfristig eine rechtliche Rahmenbedingung für die öffentliche Kulturförderung in Deutschland sein.[24] Theater, Opern, Museen, Archive und Bibliotheken werden zunehmend unter dem Blickwinkel ihrer wirtschaftlichen Ertragslage begutachtet werden, auch von innerstaatlichen politischen Entscheidungsträgern.

Neben der UNESCO-Konvention zum „Schutz der kulturellen Vielfalt" als einer völkerrechtlichen Grundlage für das Recht auf eigenständige Kulturpolitik[25] sind als weitere völkerrechtliche Instrumente und kulturelle Rahmenbedingungen die UNESCO-Konvention vom 14. November 1970 über Maßnahmen zum Verbot und zur Verhütung der unzulässigen Einfuhr, Ausfuhr und Übereignung von Kulturgut, die Allgemeine Erklärung der UNESCO zur „Kulturellen Vielfalt" vom 2. November 2001 und die Welterbekonvention der UNESCO[26] von 1972 zu nennen. Beide Konventionen hat die Bundesrepublik Deutschland ratifiziert.[27]

Die Welterbekonvention der UNESCO von 1972 ist das Ergebnis der seit über hundert Jahren nachweisbaren Bemühungen um völkerrechtlichen Kulturgüterschutz im Falle von Kriegen, das in der „Haager Konvention zum Schutz von Kulturgut bei bewaffneten Konflikten" 1954 erstmals festgeschrieben wurde.

Mit der Ratifizierung des UNESCO-Übereinkommens durch die Bundesrepublik Deutschland im Jahre 1976 hat der Kulturgüterschutz für Deutschland eine neue Dimension erhalten. 32 Natur- und Kulturdenkmale sind seit der Ratifizierung in Deutschland auf der Welterbeliste der UNESCO verzeichnet und stehen unter deren Schutz.[28]

2.3.2 Europäische Rahmenbedingungen

Europäische und internationale Vorschriften haben einen immer stärker werdenden Einfluss auf die rechtliche und tatsächliche Gestaltung der Lebensbedingungen in den Mitgliedsstaaten, dies gilt

---

[22] Vgl. schriftliche Stellungnahme von Dr. Hans-Jürgen Blinn zur Anhörung vom 16. Oktober 2006 zum Thema „Kultur in Europa – Kultur im Kontext der Globalisierung". (Kommissionsdrucksache 16/198)
[23] Vgl. Kap. 2.2, Kompetenzverteilung Europa, Bund, Länder, Kommunen und Kap. 7., Kultur in Europa – Kultur im Kontext der Globalisierung.
[24] Vgl. Expertenmeinungen in der Anhörung vom 16. Oktober 2005 zum Thema „Kultur in Europa – Kultur im Kontext der Globalisierung", vgl. auch Wortprotokoll (Protokoll-Nr. 16/15).
[25] Vgl. Kap. 2.2.1, Europäische Ebene.
[26] „UNESCO-Übereinkommen zum Schutz des Kultur- und Naturerbes der Welt".
[27] Vgl. Kap. 7.3.1, Der Prozess globaler Normentwicklung durch die UNESCO-Konventionen.
[28] Vgl. Kap. 3.5.3, Situation und Förderung der UNESCO-Welterbestätten in Deutschland.

auch für das kulturelle Leben. Als Rechtssetzungsinstrumente zur Gestaltung der Rahmenbedingungen stehen der Europäischen Union Verordnungen, Richtlinien, Entscheidungen, Empfehlungen und Stellungnahmen zur Verfügung. Die EU-Kommission hat die Möglichkeit von Verlautbarungen in Form von Mitteilungen, Weißbüchern und Grünbüchern. Auch kann der Europäische Gerichtshof auf die Umsetzung europäischer Rechtssetzung einwirken bzw. deren Nichtumsetzung sanktionieren.

Im europäischen Recht gibt es inzwischen einen umfangreichen Bestand an Gemeinschaftsvorschriften mit Wirkung auf die Kultur namentlich hinsichtlich des Binnenmarktes, des Wettbewerbs-, des Steuerrechts und des internationalen Handels. Sinn und Zweck der europäischen Normsetzung ist dabei in erster Linie die Harmonisierung europäischer Regelungen wie im Steuer- und Urheberrecht.

Im Mittelpunkt des materiellen Rechts steht das Europäische Beihilferecht, welches in Artikel 87 EGV geregelt ist. Nach Artikel 87 Abs. 1 EGV sind staatliche Beihilfen verboten, wenn sie den Handel zwischen den Mitgliedsstaaten durch Vergünstigungen bestimmter Unternehmen oder Produktionszweige zu beeinträchtigen drohen. Gemäß Artikel 87 Abs. 3 EGV kann die EU-Kommission bestimmte Beihilfen, die an sich den Tatbestand des Beihilfeverbots erfüllen, ausnahmsweise genehmigen. Genehmigungsfähig sind unter anderem Beihilfen „zur Förderung der Kultur und zur Erhaltung des kulturellen Erbes, soweit sie Handels- und Wettbewerbsbedingungen der Gemeinschaft nicht in einem Maß beeinträchtigen, das den gemeinsamen Interessen zuwider läuft". Der Europäische Gerichtshof hat sich zum Begriff der Kultur in Artikel 87 Abs. 3 Buchstabe d EGV bislang noch nicht geäußert. Es ist aber davon auszugehen, dass der Begriff der Kultur die klassischen Kultursparten wie Literatur, Schauspiel, Musik, Theater und Konzerte umfasst.[29]

Gemäß Artikel 86 Abs. 2 EGV können Unternehmen, die mit Dienstleistungen von allgemeinem wirtschaftlichen Interesse betraut sind, von den Wettbewerbsregeln des Vertrages, zu denen auch die Vorschriften zum Beihilferecht zählen, ausgenommen werden. Die Vorschrift bezieht sich dabei auf öffentlich-rechtlich wie privatrechtlich geführte Unternehmen gleichermaßen. Voraussetzung für die Befreiung von den Vorschriften des Beihilferechts ist, dass das Unternehmen kraft Gesetzes oder eines sonstiges Aktes öffentlicher Gewalt mit der Erbringung der Dienstleistung betraut worden sein muss. Darüber hinaus muss die Anwendung des Beihilferechts die Erfüllung der dem Unternehmen übertragenen besonderen Aufgabe rechtlich oder tatsächlich verhindern. Ferner darf durch die Freistellung die Entwicklung des Handelsverkehrs nicht in einem Ausmaß beeinträchtigen werden, dass dies dem Interesse der Gemeinschaft zuwider läuft (Artikel 86 Abs. 2 S. 2 EGV). Die EU-Kommission scheint diese Ausnahmeregelung auf wirtschaftliche Betätigungen anzuwenden, die von den Mitgliedsstaaten oder der Gemeinschaft mit besonderen Gemeinwohlverpflichtungen verbunden werden und für die das Kriterium gilt, dass sie im Interesse der Allgemeinheit erbracht werden.[30] In diesem Zusammenhang spielt auch die Finanzierung der öffentlich-rechtlichen Rundfunkanstalten im Allgemeinen sowie der Rundfunkorchester im Besonderen eine Rolle.[31]

Kunst und Kultur werden in stark zunehmendem Maße auch unter ökonomischen Gesichtspunkten betrachtet – einerseits im Sinne des wirtschaftlichen Erfolgs des Künstlers oder einer Kultureinrichtung (Stichwort: „Kulturwirtschaft") und andererseits im Hinblick auf ihre Einbeziehung in euro-

---

[29] Vgl. Gutachten zum Thema „Rechtliche und strukturelle Rahmenbedingungen des Betriebes von Theatern, Kulturorchestern und Opern in Deutschland" (Raue-Gutachten), S. 19. (Kommissionsdrucksache 15/285)
[30] Mitteilung der Europäischen Kommission an das europäische Parlament, den Rat, den europäischen Wirtschafts- und Sozialausschuss und den Ausschuss der Regionen: Weißbuch zu Dienstleistungen von allgemeinem Interesse (2004), S. 374. http://eur-lex.europa.eu/LexUriServ/site/de/com/2004/com2004_0374de01.pdf, (Stand: 6. November 2007).
[31] Vgl. Kap. 3.2.2, Kulturauftrag und kulturelle Tätigkeit des Rundfunks und Kap. 7.1.3, Europäische Normsetzung und ihr Einfluss auf Kultur in Deutschland.

päische und internationale Regelungen, die den freien Markt und den freien Verkehr von Dienstleistungen regeln.

Artikel 49 EGV spezifiziert die Dienstleistungsfreiheit. Es geht um die Frage, ob der Bereich der Kultur generell dem Dienstleistungsbegriff im Sinne des Artikels 49 EGV unterliegen soll oder nicht.

Der Begriff „Dienstleistung" beinhaltet jede von Artikel 50 EGV erfasste selbstständige wirtschaftliche Tätigkeit, bei der eine Leistung einer wirtschaftlichen Gegenleistung gegenübersteht, womit auch der Kulturbereich berührt wäre oder werden könnte.[32]

Die Richtlinie 2006/123/EG des Europäischen Parlaments und des Rates vom 12. Dezember 2006 über Dienstleistungen im Binnenmarkt (Dienstleistungsrichtlinie – DLR)[33] ist bis zum 28. Dezember 2009 in nationales Recht umzusetzen. Von der Umsetzung der Richtlinie in nationales Recht sind zahlreiche bundes- und landesrechtliche Regelungen betroffen. Bis Ende 2008 soll ermittelt werden, welche deutschen Rechtsvorschriften geändert werden müssen; im Jahr 2009 ist die eigentliche Umsetzung geplant. Allerdings soll die DLR keine Anwendung finden auf Tätigkeiten, die der Staat in Erfüllung seiner sozialen, kulturellen, bildungspolitischen und rechtlichen Verpflichtungen ausübt. Die Richtlinie soll auch auf Beihilferegelungen der Mitgliedsstaaten, insbesondere in den Bereichen audiovisuelle Medien und Kultur, die unter die gemeinsamen Vorschriften über den Wettbewerb fallen (Artikel 81 ff. EGV), nicht angewandt werden. Trotz dieser Einschränkungen in Artikel 1 Abs. 4, Artikel 4 Nr. 8, Artikel 12 Abs. 3 DLR sowie Absätze 11, 34, 40, 93 der Begründung der DLR wird befürchtet, dass Dienstleistungen des Kulturbereichs und der Kommunen wie Waren angesehen werden und damit nach der DLR in vollem Umfang den Marktgesetzen unterliegen könnten.

Die Europäische Gemeinschaft ist verpflichtet, im Rahmen ihrer Tätigkeit den kulturellen Aspekten Rechnung zu tragen (Artikel 151 Abs. 4 EGV). In dieser Hinsicht stößt die von der Gemeinschaft verabschiedete „Richtlinie über Mindestvorschriften zum Schutz vor Lärm" (RL 2003/10/EG) auf schwerwiegende Bedenken, wenn die Vorgaben der Richtlinie nicht auf den Orchesterbereich abgestimmt werden. In dieser Hinsicht könnten schwerwiegende Eingriffe in die künstlerische Freiheit der Orchester vorliegen. Generell erfolgte die Umsetzung der Richtlinie in deutsches Recht bereits durch die Verordnung zur Umsetzung der EG-Richtlinien 2002/44/EG und 2003/10/EG am 6. März 2007. Danach ist die Verordnung auf den Bereich des Musik- und Unterhaltungssektors anzuwenden. Der praktische Leitfaden zur Unterstützung der Umsetzung in diesem Sektor ist bis Ende 2007 geplant. Die Frage ist, ob die von der Bundesanstalt für Arbeitsschutz und Arbeitsmedizin eingesetzte Arbeitsgruppe zur Erarbeitung eines Kodexes im Sinne des Artikels 14 der Richtlinie eine handhabbare Lösung zur Lärmverringerung findet, die auch die Sonderregelung für den Orchesterbereich erfasst.

Aufgrund des europäischen Binnenmarktes wird innerhalb der Europäischen Union eine einheitliche Umsatzsteuer angestrebt, die allerdings wegen der unterschiedlichen nationalen Umsatzsteuersätze und Verwendungszwecke auf absehbare Zeit nicht möglich erscheint. Infolge der Freiheit des Waren- und Dienstleistungsverkehrs innerhalb der Europäischen Union ist es nicht mehr zulässig, Einfuhrumsatzsteuern bei Lieferungen und Leistungen zwischen EU-Staaten zu erheben. Aus dem Bestreben der Europäischen Union zur Vereinheitlichung der Umsatzsteuersystematik und der Bemessungsgrundlage, die wiederum für die Errechnung der Beiträge zur Europäischen Union ein-

---

[32] Vgl. Raue-Gutachten unter Betrachtung des Spannungsfeldes von freiwilligen kulturellen Leistungen und Pflichtaufgaben der öffentlichen Hand. S. 15f. (Kommissionsdrucksache 15/285); vgl. auch Wissenschaftliche Dienste des Deutschen Bundestages (2004c), S. 5ff.

[33] DLR, veröffentlicht im Amtsblatt der EU Nr. L 376/36 vom 27. Dezember 2006.

heitlich sein müssen, entstand ein EU-rechtlich verbindliches Regelwerk, die 6. EG-Richtlinie, die in 38 Artikeln und 12 Anhängen das Umsatzsteuerrecht für alle EU-Staaten „harmonisiert" hat. Diese 6. Umsatzsteuerrichtlinie wurde durch die EG-Richtlinie 2006/112/EG vom 28. November 2006 über das gemeinsame Mehrwertsteuersystem aufgehoben. Diese neue sogenannte Mehrwertsteuersystem-Richtlinie ist seit dem 1. Januar 2007 in Kraft.

Mit der Neufassung des geltenden Gemeinschaftsrechts sind allerdings grundsätzlich keine Änderungen des geltenden Rechts verbunden. Diese Richtlinie ist nicht nur von den Mitgliedsstaaten in nationale Gesetze umzusetzen, sondern wirkt auch unmittelbar. Sie ist nach der Rechtsprechung des Europäischen Gerichtshofes (EuGH) höherrangig als nationales Recht und kann deshalb von jedermann vor den nationalen Gerichten geltend gemacht werden. Die Mehrwertsteuersystem-Richtlinie eröffnet jedoch den Mitgliedsstaaten einen gewissen Handlungsspielraum. Nach Artikel 311 Abs. 2 können die Mitgliedsstaaten zum Beispiel bestimmte, durch die Richtlinie explizit in Anlage IX Teil A genannte Gegenstände nicht als Kunstgegenstände aufführen, so dass diese nicht unter die ermäßigte Umsatzsteuer fallen. Von diesem Handlungsspielraum hat der deutsche Gesetzgeber in § 12 Abs. 2 Umsatzsteuergesetz (UStG) i. V. m. Nr. 53 der Anlage 2 Gebrauch gemacht.

Zurzeit setzt der Bundesgesetzgeber die EG-Richtlinie 2004/48/EG zum Schutz des geistigen Eigentums um. Hier geht es insbesondere um den gewerblichen Rechtsschutz und um den Kampf gegen Produktpiraterie durch eine Erleichterung bei der Beweisführung und ein vereinfachtes Verfahren zur Vernichtung von Pirateriware. Regelungen für Abmahnungen nach urheberrechtlichen Rechtsverletzungen sollen eingeführt, Auskunftsrechte erweitert werden. Im Jahre 2003 setzte der Bundesgesetzgeber die zwingenden Vorgaben der „EG-Richtlinie zum Urheberrecht in der Informationsgesellschaft" (RL 2001/29/EG) um. Mit dem zweiten Gesetz zur Regelung des Urheberrechts in der Informationsgesellschaft soll sich das Urheberrecht im digitalen Zeitalter weiter modernisieren. Privatkopien sollen auch in digitaler Form zulässig bleiben. Die Festlegung der pauschalen Vergütung, die auf Vervielfältigungsgeräte und Speichermedien erhoben wird, wird im Rahmen gesetzlicher Vorgaben in die Hände der Beteiligten gelegt.[34]

2.3.3 Grundgesetzlicher und bundesrechtlicher Rahmen

Artikel 5 Abs. 3 Satz 1 Grundgesetz (GG) lautet: „Kunst und Wissenschaft, Forschung und Lehre sind frei." Das Grundgesetz schützt die Freiheit der Kunst in weit verstandenem Sinne als Grundrecht. Die Kunstfreiheit wird so in den schrankenlos geschützten Verfassungsrang gehoben. Das Bundesverfassungsgericht (BVerfG) hat in ständiger Rechtsprechung die Auslegung und Anwendung von Artikel 5 Abs. 3 GG fortentwickelt. Zum einen hat es den sogenannten offenen Kunstbegriff[35] entwickelt, der die kulturelle Vielfalt als schützenswertes Gut ansieht.[36] Zum anderen wird die durch Artikel 5 Abs. 3 S. 1 GG garantierte Kunstfreiheit von der Rechtsprechung des Bundesverfassungsgerichts nicht nur als Freiheit der Kunst und Kultur von aller staatlichen Reglementierung und von staatlichen Eingriffen verstanden. Als objektive Wertentscheidung für die Freiheit der Kunst stellt sie nach der Rechtsprechung des Bundesverfassungsgerichts dem modernen Staat, der sich im Sinne einer Staatszielbestimmung auch als Kulturstaat versteht, zugleich die Aufgabe, ein freiheitliches Kunstleben zu erhalten und zu fördern.[37]

---

[34] Vgl. Kap. 4.3.3, Urheber- und Leistungsschutzrechte.
[35] BVerfGE 75, 369, (377): „Erlaubt und notwendig ist nur die Unterscheidung zwischen Kunst und Nichtkunst; eine Niveaukontrolle, also eine Differenzierung zwischen ‚höherer' und ‚niederer', ‚guter' und ‚schlechter' (und deshalb nicht oder weniger schutzwürdiger) Kunst liefe demgegenüber auf eine verfassungsrechtlich unstatthafte Inhaltskontrolle hinaus"; BVerfGE 81, 278, (291): „Kunst ist einer staatlichen Stil- und Niveaukontrolle nicht zugänglich."
[36] Vgl. Scheytt (2004), S. 141ff.
[37] Vgl. BVerfGE 36, 321, (331); vgl. auch 2.4, Staatsziel Kultur.

Daneben bestehen die auf den Kulturbereich der Bildung und Erziehung bezogenen Grundrechte der Artikel 6 und 7 GG.

Die grundgesetzlichen Regelungen haben ihre praktischen Auswirkungen im Kulturförderrecht, in der Kompetenz zu Förderrichtlinien und in dem Gebot zur Transparenz von Fördermaßnahmen. Die Spielregeln, die die Kulturakteure miteinander und mit öffentlichen Auftraggebern zu beachten haben, sind im Wettbewerbsrecht festgeschrieben.

Wettbewerbs- und Vergaberecht

Die Regelungen, die den Wettbewerb der Kultureinrichtungen, der Kulturwirtschaft, der Kulturaktivitäten und auch der Künstler und Kulturschaffenden betreffen, finden sich im Gesetz gegen Wettbewerbsbeschränkungen (GWB) und im Gesetz gegen den unlauteren Wettbewerb (UWG).

Das GWB umfasst diejenigen Vorschriften und Bestimmungen, die auf die Erhaltung eines funktionierenden, ungehinderten und möglichst vielgestaltigen Wettbewerbs gerichtet sind. Es umfasst daher vor allem alle rechtlichen Beiträge, die sich mit wettbewerbsbeschränkenden Vereinbarungen und Verhaltensweisen, dem Missbrauch marktbeherrschender Stellungen oder der Kontrolle von Unternehmenszusammenschlüssen beschäftigen.

Das UWG dient dem Schutz der Mitbewerber, der Verbraucher sowie der sonstigen Marktteilnehmer vor unlauterem Wettbewerb. Es schützt zugleich das Interesse der Allgemeinheit an einem unverfälschten Wettbewerb. Da auch Kunst und Kultur als Waren im Wirtschaftsverkehr anzusehen und beim Wettbewerbsrecht rechtliche Bestimmungen zur finanziellen Förderung von Kunst und Kultur zu berücksichtigen sind, ist ein Zusammenhang zum UWG gegeben. Wettbewerbsrecht besteht auch in den Bereichen des Vergabe- und Medienrechts.

Als rechtliche Rahmenbedingung ist auch das Vergaberecht zu berücksichtigen, das aus Vergaberichtlinien der Europäischen Union, Vorschriften des GWB, der Vergabeverordnung (Rechtsverordnung) und aus nach der Vergabeverordnung erlassenen Vergabe- und Vertragsordnungen sowie Verdingungsordnungen besteht. Der öffentliche Auftraggeber hat diese bei der Vergabe eines Auftrags zu beachten. Zuwendungsempfänger sind in der Regel ebenfalls verpflichtet, die entsprechenden Vergabe- und Verdingungsordnungen zu beachten.

Das europäische und das nationale Vergaberecht sehen drei Arten von Vergabeverfahren vor: eine öffentliche Ausschreibung, eine beschränkte Ausschreibung oder die freihändige Vergabe. Verstöße gegen die Bestimmungen des GWB über das Vergabeverfahren können die unterlegenen Bieter in einem gesonderten Nachprüfungsverfahren rügen (§§ 102 ff. GWB). Dieser sogenannte Primärrechtsschutz gilt allerdings nur für die Vergaben oberhalb der Schwellenwerte des GWB. Er gilt grundsätzlich nicht im nationalen, haushaltsrechtlichen Vergaberecht.

Bei der Bestimmung des Kreises der öffentlichen Auftraggeber verfolgen das europäische und das nationale Vergaberecht unterschiedliche Ansätze.

Die Europäische Union hat Schwellenwerte definiert, die bestimmen, wann europäisches Vergaberecht zur Anwendung kommt.[38] Oberhalb der Schwellenwerte gilt im europäischen Vergaberecht der sogenannte funktionale Auftraggeberbegriff. Entscheidendes Kriterium für die Begründung der Auftraggebereigenschaft ist, ob der Auftraggeber staatliche Aufgaben und Funktionen wahrnimmt. Von daher können neben den „klassischen" öffentlichen Auftraggebern (Gebietskörperschaften, juristische Personen des öffentlichen Rechts) auch privatrechtlich organisierte Unternehmen öffentli-

---

[38] Vgl. Deutscher Industrie- und Handelskammertag, www.dihk.de/eic/auftragswesen, (Stand: 9. Juli 2007); vgl. auch Raue-Gutachten S. 109. (Kommissionsdrucksache 15/285)

che Auftraggeber im Sinne des europäischen Vergaberechts sein, sofern sie staatliche Aufgaben wahrnehmen.

Im Einzelnen stellt § 98 Nr. 2 GWB zwei Voraussetzungen auf, nach denen eine juristische Person des öffentlichen oder privaten Rechts als öffentlicher Auftraggeber zu qualifizieren ist. Zum einen muss die juristische Person zu dem besonderen Zweck gegründet worden sein, im Allgemeininteresse liegende Aufgaben nichtgewerblicher Art zu erfüllen. Zum anderen muss die juristische Person eine enge Verbindung zum Staat haben, und zwar entweder dadurch, dass der Staat (oder eine staatliche Einrichtung) sie überwiegend finanziert, über ihre Leitung die Aufsicht ausübt oder mehr als die Hälfte der Mitglieder eines ihrer Geschäftsführungs- oder Aufsichtsorgane bestimmt hat.

In diesem Zusammenhang ist auch auf haushaltsrechtliche Vorgaben in den Haushaltsgesetzen und Verordnungen des Bundes und der Länder aufmerksam zu machen, an welche die Akteure gebunden sind.

Zuwendungen der öffentlichen und privaten Hand[39]

Die kulturellen Einrichtungen in Deutschland finanzieren sich größtenteils durch Zuwendungen der öffentlichen Hand und Eigeneinnahmen.

Das Zuwendungsrecht unterscheidet je nach Zuwendungsobjekt zwischen Projektförderung und institutioneller Förderung. Die Projektförderung ist auf die Förderung einzelner sachlich und zeitlich abgrenzbarer Vorhaben gerichtet, wobei die Bundesmittel (meist in Form der Beteiligung an den Personal- und Sachkosten des Zuwendungsempfängers) eng an den Zweck des Projektes gebunden sind. Der Bund beteiligt sich an der Deckung der Gesamtausgaben oder eines nicht abgrenzbaren Teils der Ausgaben des institutionellen Zuwendungsempfängers. Die institutionelle Förderung ist im Vergleich zur Projektförderung durch eine stärkere formale Bindung bei der Verwendung der Mittel gekennzeichnet, die in der längerfristig angelegten stärkeren finanziellen Absicherung des Zuwendungsempfängers begründet ist. Hierzu zählen auch Stiftungen des öffentlichen Rechts.

Die Gewährung der Zuwendung erfolgt meist durch einen begünstigenden Verwaltungsakt, dem sogenannten Zuwendungsbescheid, in selteneren Fällen durch öffentlich-rechtlichen Vertrag. Die Zuwendungsgewährung unterliegt denselben Grundsätzen wie das sonstige ordnungsgemäße Verwaltungshandeln: allgemeine Rechts- und Verwaltungsgrundsätze – Rechtsstaatsprinzip, Gleichbehandlungsgrundsatz, Grundsätze der Gesetzmäßigkeit, Verhältnismäßigkeit und des Vertrauensschutzes.

Die Enquete-Kommission spricht sich im Zusammenhang mit Zuwendungs- und Finanzierungsfragen für Erleichterungen im Haushaltsrecht aus. Sie empfiehlt den Abschluss eines auf mehrere Jahre gerichteten Zuwendungsvertrages. Auch sollten die Haushaltsgrundsätze der Jährlichkeit, Spezialität und Nonaffektion für den Kulturbereich aufgehoben werden.[40]

Die Lage und der Strukturwandel der privaten Kulturförderungen durch Stiftungen, Spenden und Sponsoring werden im Einzelnen im Kapitel 3.3 dargestellt. Einzelfragen zu den Rechtsformen finden sich im Kapitel 3.1.1 „Organisationsformen und Steuerungsmodelle". Wie weit die Spannbreite rechtlicher Rahmenbedingungen im Zusammenhang mit der privaten Kulturförderung zu sehen ist, zeigt sich am Beispiel der bürgerschaftlich Engagierten. Es sind einerseits zum Beispiel Fragen des Vereinsrechts aufzuzeigen. Ehrenamtliche Vorstandsmitglieder haften dem Verein, den Vereinsmitgliedern oder Dritten nach den allgemeinen vertraglichen oder gesetzlichen Haftungsregelungen. Haftungsmilderungen ergeben sich aus der Rechtsprechung des Bundesgerichtshofes zu den Haftungsfragen für Arbeitnehmer bei betrieblicher Tätigkeit gegenüber ihren Arbeitgebern. Die Recht-

---

[39] Vgl. Wissenschaftliche Dienste des Deutschen Bundestages (2004a), S. 1ff., S. 65ff.
[40] Vgl. Kap. 3.1.2.1, Theater, Kulturorchester, Opern.

sprechung ist auch auf Vereinsmitglieder zu übertragen, die ehrenamtlich Vorstandsaufgaben wahrnehmen. Das bedeutet keine Haftung bei leichter und eine anteilige bei mittlerer Fahrlässigkeit.[41]

Andererseits spielen aber auch Fragen der Sozialversicherung der Ehrenamtlichen, wie etwa der Unfallversicherung, eine große Rolle. Das Siebte Sozialgesetzbuch (SGB VII) sieht zum Beispiel in § 2 eine gesetzliche Unfallversicherung für ehrenamtlich Engagierte vor.[42]

Steuerrecht

Die Sicherung der Existenz von Künstlern und Kulturberufen ist eine wichtige Voraussetzung für die Existenz kulturellen Lebens. Der Staat kommt dieser Aufgabe durch Schaffung der (steuer-)rechtlichen Rahmenbedingungen nach.[43]

§ 18 Einkommensteuergesetz (EStG) legt fest, dass zu den der Einkommensteuerpflicht unterliegenden Einkünften aus selbstständiger Arbeit auch die Einkünfte aus künstlerischer und schriftstellerischer Tätigkeit zählen. Das deutsche Steuerrecht enthält zahlreiche begünstigende Regelungen wie den Abzug von Werbungskosten, den Sonderausgabenabzug oder die Abkommen mit anderen Vertragsstaaten zur Vermeidung der Doppelbesteuerung, die auch für die Künstler gelten. So werden in Bestimmungen des Einkommensteuergesetzes bestimmte Einnahmen für künstlerische Tätigkeiten aus der Bemessungsgrundlage für das zu versteuernde Einkommen ausgenommen, Investitionen in Gebäude von künstlerischer und städtebaulicher Bedeutung und in Baudenkmäler können mit erhöhten Sätzen abgeschrieben werden. Spenden für besonders förderungswürdig anerkannte kulturelle Zwecke und Aufwendungen für Investitionen in eigene schutzwürdige Kulturgüter können zum Teil als Sonderausgaben vom zu versteuernden Einkommen abgesetzt werden. Hinsichtlich einkommensteuerrechtlicher Fragen sieht die Enquete-Kommission aber auch weiteren Handlungsbedarf, der sich bereits aus der Umsetzung europarechtlicher Vorgaben zur Besteuerung zur sogenannten Ausländersteuer ergibt. Der Europäische Gerichtshof (EuGH) hält die Regelung des § 50a Abs. 4 Einkommensteuergesetz (EStG) für nicht zulässig. Danach können im unmittelbaren Zusammenhang mit der inländischen Tätigkeit stehende Betriebsausgaben der beschränkt Steuerpflichtigen nicht geltend gemacht werden.

Auch im Umsatzsteuerrecht sieht die Enquete-Kommission Handlungsbedarf. Das nationale Umsatzsteuerrecht wird in einem starken Maße durch die Europäische Union beeinflusst. Während die Europäische Union im Bereich der direkten Steuern nur sehr geringe Kompetenz zur Rechtsangleichung durch Richtlinien besitzt, darf nach Artikel 93 EGV der Rat – auf Vorschlag der EU-Kommission und nach Anhörung des Europäischen Parlaments und des Wirtschafts- und Sozialausschusses – einstimmig Bestimmungen zur Harmonisierung der Rechtsvorschriften über die Umsatzsteuer erlassen. Von dieser Befugnis hat die Europäische Union Gebrauch gemacht.

Aufgrund der europäischen Rechtssetzung und deren Umsetzung in den oben genannten EU-Richtlinien und der Rechtssprechung des EuGH wurden § 4 Nr. 20a und § 12 Umsatzsteuergesetz (UStG) geändert. § 4 Nr. 20a UStG will jene kulturellen Einrichtungen von der Umsatzsteuer befreien, die in erheblichem Umfang staatlich subventioniert werden und die die Verteuerung ihrer Produktionskosten regelmäßig nicht durch die Erhöhung von Eintrittspreisen, sondern nur durch eine Aufstockung der gewährten Subventionen finanzieren können.[44] Mit Urteil vom 3. April

---
[41] Vgl. schriftliche Stellungnahme der Bundesministerin der Justiz zu Fragen des Vereinsrechts. (Kommissionsdrucksache 16/427)
[42] Vgl. Kap. 3.3.1, Bürgerschaftliches Engagement in der Kultur.
[43] Vgl. Kap. 4.3.1, Tarif- und arbeitsrechtliche Situation der Künstler- und Kulturberufe.
[44] Vgl. Kulturförderung als Pflichtaufgabe oder als freiwillige staatliche Leistung (Raue-Gutachtennachtrag), S. 1ff., 123. (Kommissionsdrucksache 15/399)

2003 hat der Europäische Gerichtshof in einem die Tournee der „Drei Tenöre" betreffenden Verfahren entschieden, dass auch Einzelkünstler umsatzsteuerfreie kulturelle Dienstleistungen im Sinne von Artikel 13 Teil A Abs. 1 Buchstabe n der 6. EG-Richtlinie[45] und § 4 Nr. 20a UStG erbringen können.[46] Mit Erlass vom 31. Juli 2003 hat das Bundesfinanzministerium das Urteil des EuGH vom 3. April 2003 zur Umsatzsteuerfreiheit kultureller Dienstleistungen von Einzelkünstlern anerkannt und die Finanzverwaltung darauf hingewiesen, dass „auch die Leistungen von Einzelkünstlern ... unter den Voraussetzungen des § 4 Nr. 20a UStG steuerfrei sein (können)".[47]

Daraufhin hat der Deutsche Bundestag in seiner Sitzung vom 28. Oktober 2004 das Gesetz zur Umsetzung von EU-Richtlinien in nationales Steuerrecht und zur Änderung weiterer Vorschriften verabschiedet, nach der auch dann der ermäßigte Steuersatz greift, wenn Musikensembles und Solisten das Konzert selbst veranstalten.[48]

Daneben finden sich unter anderem in der Abgabenordnung, im Grundsteuergesetz, im Erbschaftssteuer- und Schenkungssteuergesetz und im Umsatzsteuergesetz (UStG) Regelungen, die den kulturellen Bereich direkt betreffen (unter anderem § 31 Abgabenordnung (AO) – Mitteilungspflicht der Finanzbehören gegenüber der Künstlersozialkasse; § 52 AO – Forderung nach der Gemeinnützigkeit der Zwecke für den steuerlichen Spendenabzug; § 32 Grundsteuergesetz (GrStG) – Erlass der Grundsteuer für Grundbesitz mit künstlerischer Bedeutung; § 13 Erbschaftssteuergesetz (ErbStG) – Befreiung von Kunst- und Kulturgut von der Erbschaftssteuer).

Die steuerrechtlichen Auswirkungen von Zuwendungen werden oft unter dem Begriff des „Gemeinnützigkeitsrechtes" zusammengefasst, obwohl dies nur einen Teilbereich privater Kulturförderung abdeckt.

Gemeinnützigkeitsrecht

Unter dem Begriff „Gemeinnützigkeitsrecht" versteht man die Steuerbegünstigung für die Verfolgung gemeinnütziger, mildtätiger oder kirchlicher Zwecke und den sogenannten Spendenabzug für Zuwendungen an entsprechende gemeinnützige Körperschaften. Beim Gemeinnützigkeitsrecht handelt es sich um kein eigenständig geregeltes Rechtsgebiet. Vielmehr finden sich die entsprechenden Vorschriften zur Steuerbefreiung und zum Spendenabzug steuerbegünstigter Körperschaften im Einkommensteuerrecht, im Umsatzsteuerrecht, im Körperschaftssteuerrecht, im Gewerbesteuerrecht sowie in der Abgabenordnung.

Der Deutsche Bundestag beschloss am 6. Juli 2007 das „Gesetz zur weiteren Förderung des bürgerschaftlichen Engagements". Die Zustimmung des Bundesrats erfolgte am 21. September 2007. Das Gesetz trat rückwirkend zum 1. Januar 2007 in Kraft. Neuregelungen, die für den Kulturbereich von besonderer Bedeutung sind, sind in Kapitel 3.3.5, Gemeinnützigkeitsrecht, dargestellt.

Urheber- und Leistungsschutzrecht

Urheber und ausübende Künstler werden durch das Urheberrechtsgesetz geschützt, ergänzt durch das Verlagsrecht. Das Urheberrechtsgesetz (UrhG) unterscheidet zwischen Urhebern (§§ 1, 2) und ausübenden Künstlern (§ 73) sowie zwischen Persönlichkeits- und Vermögensrechten.

Zu den persönlichkeitsrechtlichen Befugnissen von Urhebern und ausübenden Künstlern gehört zunächst das Namensnennungs- und Anerkennungsrecht. Dieses stand ursprünglich nur den Urhebern

---

[45] Nun Artikel 131 Abs. 1 Buchstabe n Mehrwertsteuersystem-Richtlinie.
[46] Vgl. EuGH, Urteil vom 3. April 2003 (Hoffmann) AZ: C-144/00.
[47] Vgl. BMF Schreiben vom 31. Juli 2003, BStBl. I 2003, S. 424.
[48] Vgl. Kap. 4.3.2, Steuerrechtliche Behandlung der Künstler- und Kulturberufe.

zu. Mit dem Gesetz zur Regelung des Urheberrechts in der Informationsgesellschaft (2003) wurde in Gestalt des § 74 UrhG neue Fassung nunmehr auch ein Namensnennungs- und Anerkennungsrecht der ausübenden Künstler begründet. Gemäß § 74 Abs. 1 UrhG steht den ausübenden Künstlern – entsprechend der für Urheber geltenden Vorschrift des § 13 – das Recht zu, im Bezug auf ihre Darbietungen als Künstler oder Urheber anerkannt zu werden. Dieses Recht umfasst insbesondere die Bestimmung darüber, ob und mit welchem Namen der ausübende Künstler genannt werden möchte. Das Persönlichkeitsrecht der Urheber und ausübenden Künstler erstreckt sich ferner darauf, eine Entstellung oder andere Beeinträchtigung zu untersagen, die geeignet ist, die berechtigten geistigen oder persönlichen Interessen des Urhebers am Werk bzw. das Ansehen oder seinen Ruf als ausübender Künstler zu gefährden (§§ 14, 75 UrhG).

Das Urheberrechtsgesetz behandelt zum einen den Inhalt des Urheberrechts wie zum Beispiel auch das Folgerecht nach § 26 UrhG bei Weiterveräußerung eines Werkes der bildenden Künste. Zum anderen schließt es verwandte Schutzrechte ein (§§ 70 ff. UrhG). Diese haben nicht „persönliche geistige Schöpfungen" zum Gegenstand, sondern beziehen sich auf Leistungen die im weitesten Sinne mit der Vermittlung urheberrechtlich geschützter Werke zu tun haben. Die verwandten Schutzrechte sind unterschiedlich ausgeprägt. Einige haben ebenfalls eine kreative Tätigkeit zum Gegenstand, andere schützen eher Investitionen und wettbewerbliche Leistungen (Rechte des Tonträgerherstellers, des Sendeunternehmens, des Filmherstellers). Die Leistungsschutzrechte sind enumerativ aufgezählt. Die §§ 70 ff. UrhG verweisen teilweise auf die Vorschriften zum Urheberrecht. Unterschiede bestehen zum Beispiel in der Schutzdauer. Das Urheberrecht erlischt 70 Jahre nach dem Tod des Urhebers (§ 64 UrhG).

Das verwandte Schutzrecht an dem Lichtbildwerk im Gegensatz zum Urheberrecht an dem Lichtbild erlischt nach 50 Jahren. Dies gilt auch für den Schutz von ausübenden Künstlern, des Herstellers von Tonträgern, den Schutz des Sendeunternehmens und des Filmherstellers. Das Recht des Datenbankherstellers hat eine Schutzdauer von 15 Jahren. Bei den wissenschaftlichen Ausgaben und nachgelassenen Werken endet der Schutz bei Veranstaltern nach 25 Jahren.

Eine Bestandsaufnahme zum Urheberrecht einschließlich des Urheberrechtswahrnehmungsrechts befindet sich in Kapitel 4.3.3. Dies behandelt auch die kollektive Wahrnehmung von Urheber- und verwandten Schutzrechten. Diese werden durch die Verwertungsgesellschaften wahrgenommen. Sie sind notwendige Selbstverwaltungsorganisationen der Künstler und Verwerter künstlerischer Leistungen, die sich im Grundsatz bewährt haben. Sie nehmen die Rechte der Urheber für diese treuhänderisch kollektiv wahr. Die eingezogenen Vergütungen werden gemäß den Verteilungsplänen der Verwertungsgesellschaften an die Urheber und andere Rechteinhaber ausgeschüttet. Die Europäische Kommission sieht jedoch Handlungsbedarf hinsichtlich der Transparenz der Verwertungsgesellschaften. Anzumerken ist hierbei allerdings, dass in anderen europäischen Mitgliedsstaaten weniger ausgeprägte Kontrollstrukturen als in Deutschland bestehen, obwohl sich die Mitteilung an alle Mitgliedsstaaten richtete.

Das Recht der Verwertungsgesellschaften wird im „Gesetz über die Wahrnehmung von Urheberrechten und verwandten Schutzrechten" (Urheberwahrnehmungsgesetz) geregelt. Verwertungsgesellschaften stehen durch das digitale Zeitalter vor neuen Herausforderungen. Neue technische Verfahren wie die digitale Rechteverwaltung in Form von Digital-Rights-Management-Systemen könnten in Zukunft die ökonomische Erforderlichkeit kollektiver Verwertung durch Verwertungsgesellschaften zumindest im Online-Bereich entbehrlich machen.[49] Darüber hinaus wird auf euro-

---

[49] Vgl. schriftliche Stellungnahme von Prof. Dr. Drexl zur Anhörung vom 29. Januar 2007 zum Thema „Kollektive Wahrnehmung von Urheberrechten und verwandten Schutzrechten" zu Frage 4.1. (Kommissionsdrucksache 16/237). Andere Experten sind demgegenüber der Auffassung, dass auf lange Sicht DRM-Systeme keine geeignete Lösung sind und auch im digitalen Zeitalter die kollektive Rechtewahrnehmung ihre Bedeutung behalten wird, vgl. Wortprotokoll der Anhörung. (Protokoll-Nr. 16/21)

päischer Ebene mehr Transparenz und mehr Wettbewerb unter den Verwertungsgesellschaften gefordert. Die Empfehlung der EU-Kommission vom 18. Oktober 2005 für die länderübergreifende kollektive Wahrnehmung von Urheberrechten und verwandten Schutzrechten zielt auf eine dahingehende Veränderung der Verwertungsgesellschaften ab. Jedoch ist die EU-Kommissionsempfehlung auf viel Widerstand gestoßen und widerspricht teilweise der Entschließung des Europäischen Parlamentes vom 15. Januar 2004, welche gerade den Zusammenhang zwischen Monopolstellung, Wahrnehmung öffentlicher Aufgaben und dem Transparenzgebot der Verwertungsgesellschaften unterstreicht.[50]

Soziale Sicherung und arbeitsrechtsrechtliche Rahmenbedingungen

Selbstständige Künstler und Publizisten sind seit dem 1. Januar 1983 aufgrund des Künstlersozialversicherungsgesetzes (KSVG) vom 27. Juli 1981 als Pflichtversicherte in den Schutz der gesetzlichen Kranken- und Rentenversicherung einbezogen. Mit Wirkung vom 1. Januar 1995 ist der Versicherungsschutz um die Pflegeversicherung erweitert worden.[51] Die Finanzierung der Sozialversicherungsbeiträge ist derjenigen der Arbeitnehmer nachgebildet. Nach dem Künstlersozialversicherungsgesetz versicherte selbstständige Künstler und Publizisten haben wie Arbeitnehmer nur den halben Beitrag zu zahlen. Der „Arbeitgeberanteil" wird über die Künstlersozialabgabe von den Verwertern sowie durch einen Bundeszuschuss aufgebracht. Voraussetzung für die Versicherungspflicht ist, dass ein selbstständiger Künstler oder Publizist eine künstlerische oder publizistische Tätigkeit erwerbsmäßig ausübt.

Im Vordergrund zunehmender Diskussionen steht die Abgrenzung selbstständiger und nicht selbstständiger Tätigkeit. Für die Bereiche Theater, Orchester, Rundfunk- und Fernsehanbieter, Film- und Fernsehproduktion haben die Spitzenverbände der Sozialversicherungsträger einen Abgrenzungskatalog erarbeitet. Auch im Bereich der Synchronsprecher hat die Deutsche Rentenversicherung eine versicherungsrechtliche Beurteilung und ein sogenanntes verbindliches Statusfeststellungsverfahren durchgeführt. Der Kreis der selbstständig Versicherten nimmt zu. Synchronsprecher, aber auch Film- und Fernsehschaffende beklagen immer mehr, dass frühere Arbeitgeber ihnen Beschäftigungen als freie Mitarbeiter anbieten und von einer selbstständigen Tätigkeit ausgehen. Bereits die Einordnung als unständig beschäftigter Arbeitnehmer führt zur Versicherungsfreiheit in der Arbeitslosenversicherung (§ 27 SGB III), wodurch eine Absicherung im Fall von Arbeitslosigkeit fehlt.[52]

Reformen in der Arbeitslosenversicherung haben Auswirkungen auch auf die Künstlersozialversicherung. Im Rahmen der sogenannten „Hartzgesetzgebung" wurden Voraussetzungen zum Bezug von Arbeitslosengeld geändert.[53]

Eine wichtige Form der Alterssicherung stellt neben der Künstlersozialversicherung auch die Versorgungsanstalt der deutschen Kulturorchester dar. Sie bietet den Musikern der deutschen Kulturorchester im Alter, bei Berufsunfähigkeit sowie im Todesfall den Hinterbliebenen regelmäßig einen zusätzlichen Versicherungsschutz neben der gesetzlichen Rentenversicherung.[54]

---

[50] Vgl. Nr. 14 und Nr. 34 der Entschließung des Europäischen Parlaments zu einem Gemeinschaftsrahmen für Verwertungsgesellschaften im Bereich des Urheberrechts und der verwandten Schutzrechte (P5_TA(2004)0036); vgl auch Kap. 4.3.4, Wahrnehmung von Urheberrechten und verwandten Schutzrechten.
[51] Mit dem Zweiten und Dritten Gesetz zur Änderung des Künstlersozialversicherungsgesetzes und anderer Gesetze vom 13. Juni 2001 (BGBl. I 2001, S. 1027) und vom 12. Juni 2007 (BGBl. I 2007, S. 1034) wurde das KSVG zuletzt umfangreich reformiert.
[52] Vgl. Kap. 4.3.1, Tarif- und arbeitsrechtliche Situation der Künstler- und Kulturberufe und Kap. 4.5, Soziale Lage der Künstler- und Kulturberufe.
[53] Vgl. Kap. 4.5, Soziale Lage der Künstler- und Kulturberufe.
[54] Vgl. Kap. 4.5, Soziale Lage der Künstler- und Kulturberufe.

Regelungsbereiche des Arbeitsrechts im Kulturbereich sind: die Arbeitsförderung, das Arbeitsvertragsrecht, der technische Arbeitsschutz, das Arbeitszeitrecht, Kündigungsschutzvorschriften sowie Bestimmungen über den besonderen Schutz bestimmter Personengruppen. Ebenfalls grundsätzlich anwendbar ist das kollektive Arbeitsrecht, insbesondere das Tarifrecht. Allerdings haben die Regelungen der betrieblichen Mitbestimmung eingeschränkte Gültigkeit.[55]

Als Besonderheit bei den künstlerisch geprägten Arbeitsverhältnissen, den sogenannten Kulturberufen, ist zu beachten, dass diese Arbeitsverhältnisse vor allem auch durch die in Artikel 5 Abs. 3 Grundgesetz gewährleistete Kunstfreiheit inhaltlich beeinflusst werden.

In den Bereichen Medien, Kunst und Kultur gibt es zahlreiche Tarifverträge, die die Arbeitsverhältnisse in den einzelnen Sparten regeln. Im Tarifvertragsgesetz (TVG) stellt der Gesetzgeber einen rechtlichen Rahmen für die autonome Rechtssetzung der Tarifvertragsparteien zur Verfügung, die diesen rechtlichen Rahmen durch die Schaffung zahlreicher Tarifverträge ausgefüllt haben.

Kinder- und Jugendhilferecht

Das Kinder- und Jugendhilferecht ist Teil der öffentlichen Fürsorge und Gegenstand der konkurrierenden Gesetzgebung. Im Achten Buch des Sozialgesetzbuches (SGB VIII) hat der Bund den rechtlichen Rahmen für das Kinder- und Jugendhilferecht vorgegeben, der durch die 16 Länder mittels eigener Landesgesetze ausgefüllt, ergänzt und erweitert wird.[56] Der Regelungsbereich des SGB VIII erstreckt sich nicht nur auf Hilfen für Kinder und Jugendliche in Krisensituationen und die Kinder- und Jugendförderung, sondern normiert auch die kulturelle Jugendbildung. Diese hat somit eine bundesgesetzliche Grundlage in § 11 Absatz 3 Kinder- und Jugendhilfegesetz (KJHG). Diese Regelungen tragen den Forderungen in Artikel 31 der UN-Kinderrechtskonvention Rechnung, die die kulturelle Förderung von Kindern festschreibt. Die UN-Kinderrechtskonvention hat keine unmittelbaren rechtlichen Wirkungen. Sie verpflichtet lediglich den Gesetzgeber, das staatliche Recht entsprechend den Forderungen des UN-Übereinkommens anzupassen und stellt somit eine Aufforderung an den Gesetzgeber dar.

Medienrecht

Mit dem Bereich der klassischen elektronischen Medien wie des Rundfunks und des Fernsehens hat sich das Bundesverfassungsgericht (BVerfG) bereits frühzeitig beschäftigt.[57]

Bereiche des Medienrechts sind grundrechtlich geschützt: „Die Pressefreiheit und die Freiheit der Berichterstattung durch Rundfunk und Fernsehen werden gewährleistet", heißt es in Artikel 5 Abs. 1 S. 2 GG.

Rundfunkrecht[58]

Während die Pressefreiheit nach der Rechtsprechung des Bundesverfassungsgerichts im Wesentlichen als klassisches Abwehrrecht gegen staatliche Interventionen verstanden wird, sieht das Bundesverfassungsgericht die Rundfunkfreiheit als ein „funktionsgebundenes, dienendes Grundrecht", als eine „dienende Freiheit" an.[59] Als solche verpflichte sie den Gesetzgeber dazu, durch materielle

---

[55] Vgl. Kap. 4.3.1, Tarif- und arbeitsrechtliche Situation der Künstler- und Kulturberufe.
[56] Vgl. Fuchs/Schulz/Zimmermann (2005), S. 38ff.
[57] BVerfGE 12, 205, (S. 208f), zuletzt BVerfG, 1 BvR 2270/05 vom 11. September 2007, Absatz-Nr. (1-213), www.bverfg.de/entscheidungen/rs20070911bvr227005.html zur gesetzlichen Ausgestaltung der Rundfunkordnung.
[58] Vgl. Wissenschaftliche Dienste des Deutschen Bundestages (2003), S. 53ff.
[59] Vgl. BVerfGE 90, 60, (S. 87ff.) und die Kulturförderung zum Kulturauftrag und zur kulturellen Tätigkeit des Rundfunks Kap. 3.2.2, Kulturauftrag und kulturelle Tätigkeit des Rundfunks.

und organisatorische Bestimmungen sicherzustellen, dass der Rundfunk seine verfassungsmäßige Aufgabe einer umfassenden und vielfältigen Information erfüllen kann und wegen seiner herausragenden Bedeutung als Medium für die öffentliche Meinungsbildung frei von einseitiger Einflussnahme und vorherrschender Meinungsmacht bleibt.

Die Landesmediengesetze und der Rundfunkgebühren- und Rundfunkfinanzierungsstaatsvertrag kodifizieren, präzisieren und ergänzen die vom Bundesverfassungsgericht aus dem Grundgesetz abgeleiteten Grundsätze in den Landesgesetzen[60] zur Errichtung der Rundfunkanstalten im Rundfunkstaatsvertrag. Hinzu kommt die europäische Richtlinie „Fernsehen ohne Grenzen".[61]

Presserecht[62]

Die rechtlichen Rahmenbedingungen von Presse und Rundfunk unterscheiden sich in Art und Umfang. Das bedeutet jedoch nicht, dass das Pressewesen keiner spezifischen Regulierung unterliegt.

Das Pressewesen wird vor allem durch die Landespressegesetze geregelt. Diese bestimmen etwa die Zulassungsfreiheit, Auskunftsansprüche und Sorgfaltspflichten der Presse. Für die Vielfalt der Presse bedeutsam sind die medienspezifischen Bestimmungen des Gesetzes gegen Wettbewerbsbeschränkungen. Die in diesem Gesetz maßgeblichen Größenschwellen der 1973 eingeführten Fusionskontrolle waren auf Industrieunternehmen zugeschnitten; Zusammenschlüsse auf den häufig nur regionalen oder nur lokalen Märkten im Pressebereich wurden von ihnen nicht erfasst. Deswegen fügte der Gesetzgeber 1976 eine Bestimmung ein, derzufolge bei der Berechnung der Umsatzerlöse im Pressebereich die Umsätze der beteiligten Unternehmen mit dem Faktor 20 zu multiplizieren sind (§ 38 Abs. 3 GWB). Außerdem ist nach § 35 Abs. 2 S. 2 GWB die sogenannte Bagatellklausel des § 35 Abs. 2 S. 1 GWB zugunsten von Kleinunternehmen nicht anwendbar.

Zeitungs- und Zeitschriftenverlagen ist nach § 30 GWB die Preisbindung erlaubt. Neben den gesetzlichen Regelungen ist die freiwillige Selbstkontrolle gedruckter Medien durch den Presserat ein beachtlicher Regulierungsfaktor.

Im Zusammenhang mit der Regulierung der Presse wird insbesondere eine Lockerung des Pressefusionsrechts geprüft. Des Weiteren wird darüber diskutiert, ob das System des Presse-Grosso (Großhandel mit Zeitungen und Zeitschriften) in Deutschland des Schutzes durch besondere gesetzliche Vorkehrungen bedarf.[63]

Buchverlagswesen

Für das Buchverlagswesen ist die Preisbindung seit dem 1. Oktober 2002 in dem „Gesetz über die Preisbindung" für Bücher (Buchpreisbindungsgesetz) geregelt. Dieses Gesetz ist wegen der Haltung der EU-Kommission verabschiedet worden, welche die aufgrund der zuvor bestehenden Rechtslage geübte Praxis als nicht freistellungsfähig im Sinne von Artikel 81 Abs. 3 EGV angesehen hatte. Das Buchpreisbindungsgesetz dient nach seinem § 1 Abs. 1 dem „Schutz des Kulturgutes Buch". Die Festsetzung verbindlicher Preise beim Verkauf an Letztabnehmer soll den Erhalt eines

---

[60] Vgl. zur Zuständigkeit BVerfGE 12, 205, (S. 219ff.).
[61] Richtlinie des Rates vom 3. Oktober 1989 zur Koordinierung bestimmter Rechts- und Verwaltungsvorschriften der Mitgliedsstaaten über die Ausübung der Fernsehtätigkeit, ABL. EG L 298 vom 17. Oktober 1989, S. 23, geändert durch die Richtlinie 97/36/EG des Europäischen Parlaments und des Rates vom 30. Juni 1997. – Das Europäische Parlament wird eine neugefasste Fernsehrichtlinie voraussichtlich im Dezember 2007 verabschieden. Siehe Pressemitteilung der Bundesregierung vom 25. Mai 2007.
[62] Vgl. Wissenschaftliche Dienste des Deutschen Bundestages (2003), S. 57ff.
[63] Vgl. die gemeinsame Erklärung des Bundesverbandes Deutscher Zeitungsverleger (VDZ) und Presse-Grosso zur Studie „Initiative Marktausschöpfung", www.vdz.de/pages/static/2083.aspx, (Stand: 9. Juli 2007).

breiten Buchangebots sichern und zugleich gewährleisten, dass dieses Angebot für eine breite Öffentlichkeit zugänglich ist, indem es die Existenz einer großen Zahl von Verkaufsstellen fördert. Grenzüberschreitende Verkäufe innerhalb des Europäischen Wirtschaftsraumes sind nach § 4 von der Buchpreisbindung ausgenommen, wenn sich nicht aus objektiven Umständen ergibt, dass die betreffenden Bücher allein zum Zwecke ihrer Wiedereinfuhr ausgeführt worden sind, um das Gesetz zu umgehen. Das Buchpreisbindungsgesetz orientiert sich damit an der Rechtsprechung des Europäischen Gerichtshofs, derzufolge nationale Preisbindungsgesetze prinzipiell mit den Grundsätzen des freien Warenverkehrs vereinbar sind.

Tele- und Mediendienste

Neuartige, unter anderem über das Internet verbreitete Dienste werden in der Bundesrepublik Deutschland – je nachdem, ob die Individualkommunikation im Vordergrund steht oder nicht – durch das Teledienstegesetz des Bundes oder den Mediendienstestaatsvertrag der Länder geregelt. Auch diese Dienste unterliegen keinen der Regulierung im Rundfunkbereich vergleichbaren inhaltlichen Beschränkungen. Kulturpolitisch werden sie vor allem unter dem Aspekt der Auswirkungen globaler Informationsnetzwerke auf nationale, regionale und lokale Kulturen und Werte diskutiert.

2.3.4   Landesrecht

2.3.4.1   Landesverfassungsrecht

In nahezu allen Ländern sind der Schutz, die Pflege bzw. die Förderung von Kunst und Kultur eine staatliche Aufgabe von Verfassungsrang. Dabei variieren die Formulierungen in den Landesverfassungen.[64] In manchen Verfassungen ist die Aufgabe der Kulturförderung knapp und allgemein beschrieben, so heißt es beispielsweise in Berlin schlicht: „Das Land schützt und fördert das kulturelle Leben." Andere Länder gehen in der Umschreibung der Schutzpflicht weiter. Das gilt vor allem für die Verfassungen des Freistaats Sachsen[65] und des Landes Sachsen-Anhalt[66], die unter anderem auch konkret den Unterhalt von Theatern als staatliche Aufgabe benennen. Als Adressaten der Kulturpflege- und Kulturförderpflicht benennen die Landesverfassungen der meisten Flächenstaaten neben dem „Staat" auch ausdrücklich die kommunalen Gebietskörperschaften. Die Kulturförderbestimmungen in den übrigen Landesverfassungen richten sich hingegen allgemein an den „Staat", implizit also auch an die Kommunen und die Gemeindeverbände, soweit diese als Träger der mittelbaren Staatsverwaltung handeln.[67]

Ebenso wenig wie aus dem vom Bundesverfassungsgericht formulierten objektiven Gehalt des Artikel 5 Abs. 3 S. 1 GG ergeben sich aus den landesverfassungsrechtlichen Staatszielbestimmungen individuell einklagbare Rechte auf Kulturförderung, so dass sich aus ihnen grundsätzlich auch keine Ansprüche auf Erhaltung oder Errichtung bestimmter kultureller Einrichtungen herleiten lassen. Gleichwohl stellen die Staatszielbestimmungen in den Landesverfassungen verbindliches

---

[64] Vgl. Kap. 2.4, Staatsziel Kultur.
[65] Vgl. Artikel 11 Abs. 2 Landesverfassung Sachsen: „Die Teilnahme an der Kultur in ihrer Vielfalt und am Sport ist dem gesamten Volk zu ermöglichen. Zu diesem Zweck werden öffentlich zugängliche Museen, Bibliotheken, Archive, Gedenkstätten, Theater, Sportstätten, musikalische und weitere kulturelle Einrichtungen sowie allgemein zugängliche Universitäten, Hochschulen, Schulen und andere Bildungseinrichtungen unterhalten."
[66] Vgl. Artikel 36 Abs. 3 Landesverfassung Sachsen-Anhalt: „Kunst, Kultur und Sport sind durch das Land und die Kommunen zu schützen und zu fördern." Artikel 36 Abs. 1 Landesverfassung Sachsen-Anhalt: „Das Land und die Kommunen fördern im Rahmen ihrer finanziellen Möglichkeiten die kulturelle Betätigung aller Bürger insbesondere dadurch, dass sie öffentlich zugängliche Museen, Büchereien, Gedenkstätten, Theater, Sportstätten und weitere Einrichtungen unterhalten."
[67] Vgl. Raue-Gutachtennachtrag S. 3. (Kommissionsdrucksache 15/399)

Recht dar. Sie verpflichten die Länder und die kommunalen Gebietskörperschaften, die Belange der Kultur zu berücksichtigen, und zwar auch bei Abwägungen im Verwaltungsvollzug. Sie enthalten keine Aussagen darüber, wie die Länder und Kommunen ihre Kulturpolitik im Einzelnen zu gestalten haben. Auch zum Verhältnis der kulturpolitischen Verantwortung der Länder einerseits und der Kommunen andererseits enthalten die Länderverfassungen keine Aussagen.[68] Doch lässt sich aus diesen Bestimmungen eine grundsätzliche Verpflichtung von Ländern und Kommunen ableiten, eine angemessene kulturelle Infrastruktur vorzuhalten.

Bei der Ausgestaltung der Kulturförderung sind die Landeshaushaltsnormen mit ihren Vorgaben für das Zuwendungsrecht von praktischer Bedeutung.[69]

2.3.4.2 Kommunalverfassungsrecht

Bei der kommunalrechtlichen Einordnung der Aufgabe Kultur ist festzustellen, dass die Kommunalgesetze der Länder begrifflich und konzeptionell voneinander abweichen. Sie arbeiten teilweise mit einer monistischen (Staats-) Struktur. Die Kommunen sind dann nicht primär nur Träger spezifischer kommunaler Aufgaben, sondern erledigen vor allem sämtliche staatlichen Aufgaben auf kommunaler Ebene.[70] Teilweise operieren die Kommunalverfassungen auch mit dem dualistischen Aufgabenmodell: Der Aufgabenbereich der Kommunen gliedert sich dann in Selbstverwaltungsaufgaben und Staatsaufgaben.[71] Unabhängig davon lässt sich allerdings generell feststellen, dass die Angelegenheiten der kommunalen Kulturarbeit mit wenigen Ausnahmen zum eigenen Wirkungskreis (freiwillige/pflichtige Selbstaufgaben) der Kommunen gehören. Bei den freiwilligen Selbstverwaltungsaufgaben entscheiden die Kommunen eigenständig darüber, ob sie eine Aufgabe übernehmen und wie sie diese durchführen sollen. Pflichtige Selbstverwaltungsaufgaben werden ebenso wie echte Pflichtaufgaben regelmäßig durch gesetzliche Vorschriften konstituiert. Dezidierte Vorschriften dieser Art gibt es im Kulturbereich allerdings selten.

Ein Beispiel für eine klare gesetzliche Festschreibung findet sich im § 2 Abs. 1 Sächsisches Kulturraumgesetz: „Im Freistaat Sachsen ist die Kulturpflege eine Pflichtaufgabe der Gemeinden und Landkreise." Aus einer Vielzahl allgemeiner gesetzlicher Vorschriften und grundgesetzlicher Vorgaben ergeben sich indes mehr oder minder konkrete Bindungswirkungen für die Kulturarbeit. Zentrale Anknüpfungspunkte für die Herleitung von Pflichten lassen sich vor allem in den Kommunalverfassungen finden. Insbesondere aus den Vorschriften der Gemeindeordnungen zur Errichtung und Erhaltung von öffentlichen Einrichtungen ergibt sich eine generelle Verpflichtung der Kommunen, überhaupt Angebote im Bereich der kulturellen Daseinsvorsorge vorzuhalten. Die Gemeindeordnungen sehen vor, dass die Kommunen öffentliche Einrichtungen auch für das kulturelle Wohl, für die kulturellen Belange der Einwohnerschaft vorhalten.[72]

---

[68] Vgl. Raue-Gutachtennachtrag, S. 3f. (Kommissionsdrucksache 15/399); vgl. Kap. 2.4, Staatsziel Kultur.
[69] Vgl. Kap. 2.3.3, Grundgesetzlicher und bundesrechtlicher Rahmen.
[70] Solche Bestimmungen finden sich im § 3 Abs. 2 GO NRW, § 2 Abs. 3 GO Sachsen und § 3 Abs. 1 GO Schleswig-Holstein sowie § 4 GO Hessen.
[71] Vgl. Artikel 8 GO Bayern, §§ 2 und 3 Kommunalverfassung Mecklenburg-Vorpommern, § 5 GO Niedersachsen, § 2 Abs. 2 GO Rheinland-Pfalz, § 6 Abs. 1 KSVG Saarland, § 5 Abs. 1 GO Sachsen-Anhalt, § 3 Abs. 1 ThürKO, § 3 GO Brandenburg.
[72] § 8 Abs. 1 GO NRW; § 10 Abs. 2 Satz 1 GO Baden-Württemberg; § 19 Abs. 1 GO Hessen; § 2 Abs. 1 Satz 2 GO Niedersachsen; § 17 Abs. 1 GO Schleswig-Holstein; § 2 Abs. 1 GO Sachsen; § 2 Abs. 1 Satz 2 GO Sachsen-Anhalt. Vgl. auch Kap. 2.5, Sicherung der kulturellen Infrastruktur und Kap. 2.6, Verhältnis von freiwilligen Leistungen und Pflichtaufgaben.

2.3.4.3 Besondere Landesgesetze in Hessen und Sachsen

Sächsisches Kulturraumgesetz

Der Freistaat Sachsen hat mit dem „Gesetz über die Kulturräume in Sachsen" (Sächsisches Kulturraumgesetz – SächsKRG) vom 20. Januar 1994 vor über zehn Jahren sogenannte Kulturräume geschaffen. Demnach schließen sich Kommunen und Land-kreise zu Kulturräumen zusammen, um kulturelle Einrichtungen gemeinsam zu finanzieren und zu erhalten. Jedem Kulturraum werden aus Landesmitteln besondere Zuwendungen zur Verfügung gestellt. Unter Beteiligung der Umlandgemeinden wird im Kulturraum entschieden, wie dieses Geld auf die einzelnen Einrichtungen zu verteilen ist. Eine Möglichkeit ist hier, die Mittel so zu verteilen, dass die Kultureinrichtungen in den Oberzentren davon besonders profitieren. Das bedeutet: Landkreise und Kommunen tragen zur Finanzierung von Kultur und kulturellen Einrichtungen bei, die sie nicht selbst vorhalten, die ihre Einwohner aber in Nachbargemeinden und Nachbarlandkreisen des Kulturraums besuchen. Die gemeinsame Wahrnehmung kultureller Aufgaben der Kommunen und Landkreise des Kulturraums ermöglicht darüber hinaus eine häufig längerfristige und solidere Planung, als dies einer einzelnen Kommune oder einem einzelnen Landkreis möglich wäre.

Der Freistaat Sachsen beteiligt sich durch einen stetigen, verlässlichen Mittelzufluss an der Finanzierung der Kultur des jeweiligen Kulturraums.

Hessisches Ballungsraumgesetz

Das Gesetz zur Stärkung der kommunalen Zusammenarbeit im Ballungsraum Frankfurt/Rhein-Main (BallrG), in Kraft getreten am 1. April 2001, schreibt vor, dass Kommunen des Ballungsraumes Frankfurt/Rhein-Main Zusammenschlüsse zur gemeinsamen Wahrnehmung bestimmter Aufgaben bilden sollen. Dazu zählen Aufgaben der Daseinsvorsorge, der Förderung der wirtschaftlichen Entwicklung, regionale Verkehrsbelange und Errichtung, Betrieb und Unterhaltung von kulturellen Einrichtungen von überörtlicher Bedeutung (§ 1 Abs. 1 Nr. 5 BallrG). Die ursprünglich bis zum 31. März 2006 befristete Gültigkeit des Gesetzes (§ 8 BallrG) wurde am 26. Januar 2006 vom Hessischen Landtag bis zum 31. Dezember 2011 verlängert.

Vergleich zum Sächsischen Kulturraumgesetz

Das Hessische Ballungsraumgesetz und das Sächsische Kulturraumgesetz werden oft miteinander verglichen. Dabei ist folgendes festzuhalten. In Sachsen wurden die Landkreise und kreisfreien Städte zu acht ländlichen und drei urbanen Kulturräumen als Zweckverbände zusammengeschlossen, die die Gemeinden bei der Wahrnehmung der Kulturaufgaben unterstützen sollen. In Hessen bedarf es einer Rechtsverordnung für den Einzelfall. In § 2 Abs. 1 SächsKRG wurde festgeschrieben: „Im Freistaat Sachsen ist die Kulturpflege eine Pflichtaufgabe der Gemeinden und Landkreise." Das Gesetz enthält einen Finanzierungsvorbehalt in § 3 Abs. 1 SächsKRG. Das Sächsische Kulturraumgesetz regelt damit eine generelle Rechtsverpflichtung mit detaillierten Vorgaben für den Kulturbereich. Das Hessische Ballungsraumgesetz ist dagegen nicht nur auf den Kulturbereich beschränkt.

2.3.4.4 Spezielle spartenbezogene Kulturfachgesetze in den Ländern

Entsprechend der Kompetenzverteilung sind die Länder für den Erlass spezieller kulturfachlicher Gesetze verantwortlich. Kulturfachgesetze haben eher Seltenheitswert und sind zudem von Land zu Land unterschiedlich. Lediglich der Weiterbildungsbereich und der Denkmalschutz sind flächendeckend geregelt. Einige Länder haben das Musikschulwesen geregelt, während zu den Bibliotheken lediglich in Baden-Württemberg gesetzliche Regelungen existieren. Zu den anderen Kulturfachsparten (Museen, Theatern etc.) existieren keine fachspezifischen Regelungen.

Andere europäische Länder haben zum Teil sehr viel weitergehende gesetzliche Grundlagen geschaffen. Neben ihren Regelungen zu den einzelnen Kultureinrichtungen gibt es etwa in den Ländern in Österreich ein Kulturfördergesetz, mit dem auch die Förderung freier Kulturträger auf eine gesetzliche Grundlage gestellt wird. Des Weiteren verpflichten sich die Länder, durch Kulturförderberichte ihre eigene Förderpraxis transparent zu machen. Auch die Niederlande haben ihr gesamtes Fördersystem auf verbindliche rechtliche Grundlagen gestellt.[73]

Insgesamt kann festgehalten werden, dass Fachgesetze dazu führen, dass der jeweilige Bereich als öffentliche Aufgabe rechtlich verankert wird und so aus dem Status einer „freiwilligen Leistung" herausgeführt werden kann. Daher leisten gesetzliche Regelungen einen wichtigen Beitrag zur Sicherung der kulturellen Infrastruktur, erst recht, wenn die Gesetze eine finanzielle Förderung festschreiben.

Bibliotheksgesetze

Baden-Württemberg hat als einziges Land die Förderung des öffentlichen Bibliothekswesens im „Gesetz zur Förderung der Weiterbildung und des Bibliothekswesens" vom 11. Dezember 1975 in der Fassung vom 20. März 1980 gesetzlich verankert. In allen anderen Ländern ergeben sich allgemeine rechtliche Grundlagen für die öffentlichen Bibliotheken lediglich aus dem Grundgesetz, den jeweiligen Länderverfassungen sowie den Gemeinde- und Kreisordnungen.

Weiterbildungsgesetze

Das Weiterbildungswesen ist weitgehend durch spezialgesetzliche Regelungen normiert. In den Jahren 1970 bis 1975 wurden in acht der elf Länder Gesetze zur Weiterbildung/Erwachsenenbildung verabschiedet, die regelmäßig auch Vorschriften zur Kulturellen Bildung enthalten. Anfang der 90er-Jahre haben auch die neuen Länder entsprechende Gesetze verabschiedet.[74]

In den Weiterbildungs- und Erwachsenenbildungsgesetzen werden vor allem folgende Problemkreise geregelt:

– die Bildungsziele und Bildungsinhalte,

– die Organisation der Einrichtungen und ihre Beziehungen zu den Trägern,

– die staatliche finanzielle Förderung sowie

– die Kooperation der Einrichtungen der Erwachsenenbildung, der Träger und der Landesorganisationen.

Insgesamt lassen sich die gesetzlichen Regelungen drei verschiedenen Modellen zuordnen:

– Die Mehrzahl sieht ein „Förderungsmodell" zur Unterstützung der pluralistischen Weiterbildungstätigkeit vor.

---

[73] Vgl. Bericht über die Delegationsreise der Enquete-Kommission „Kultur in Deutschland" in das Vereinigte Königreich von Großbritannien und Nordirland und das Königreich der Niederlande vom 4. bis 8. Oktober 2004. (Kommissionsdrucksache 15/513) und Bericht über die Delegationsreise nach Österreich und in die Schweiz vom 3. bis 6. Juni 2006. (Arbeitsunterlage 16/31).
[74] Vgl. im Einzelnen zu den Landesgesetzen Scheytt (2005), Rz. 595ff.

- Einen verstärkten Ordnungsgedanken verfolgt das „Kooperationsmodell": Für die Weiterbildungsträger werden Kooperationsgremien vorgeschlagen und die Förderung wird von der Teilnahme an der Kooperation abhängig gemacht.
- Das „Pflichtmodell" ist dadurch gekennzeichnet, dass die Einrichtung der kommunalen Trägerschaft von Weiterbildungseinrichtungen oder auch ein bestimmtes kommunales Angebot angeordnet wird (so in Hessen und Nordrhein-Westfalen).

Musikschulgesetze

Lediglich in sechs Ländern gibt es spezielle gesetzliche Regelungen zu den Musikschulen: Baden-Württemberg, Bayern, Berlin, Brandenburg, Bremen und Sachsen-Anhalt. Die gesetzlichen Regelungen haben indes mit Ausnahme von Brandenburg und Baden-Württemberg eher „beiläufigen Charakter" und sind auf einzelne Paragraphen beschränkt wie etwa § 85 Schulgesetz Sachsen-Anhalt. Diese Bestimmungen leisten jedoch ebenfalls einen wesentlichen Beitrag zum Schutz des Namens „Musikschule" und der Schaffung einer qualifizierten Musikschulstruktur der öffentlichen Musikschulen. Nicht nur in Sachsen-Anhalt, auch in Bayern sind die Musikschulen im Schulrecht geregelt, während Baden-Württemberg die Förderung der Musikschulen im Jugendbildungsgesetz und Brandenburg das Musikschulwesen in einem eigenständigen Gesetz geregelt hat.

Wesentliche Regelungsgegenstände sind:

- der Namensschutz: nur die Einrichtungen, die bestimmte Standards erfüllen und gemeinnützig arbeiten, sollen den Namen „Musikschule" führen dürfen (Bayern und Sachsen-Anhalt),
- die Regelung der finanziellen Förderung der Musikschulen durch Land und Kommunen: Festlegungen zu Art, Umfang und Verfahren der Förderung, zu den Anteilen von Land, Kommunen und Nutzern, zur Deckung der Kosten durch Unterrichtsentgelte sowie zu Ermäßigungstatbeständen (Baden-Württemberg legt einen festen Zuschussbetrag von zehn Prozent seitens des Landes für das pädagogische Personal der Musikschulen fest).

Als Fazit lässt sich festhalten, dass es derzeit in der Bundesrepublik Deutschland kein einheitlich ausgeprägtes Musikschulrecht in Gesetzesform gibt.

Denkmalschutzgesetze

Die Verabschiedung moderner Denkmalschutzgesetze in der Bundesrepublik Deutschland begann erst Anfang der 70er-Jahre. Entsprechendes galt in der DDR. Dort verabschiedete die Volkskammer im Jahr 1975 ein „Gesetz zur Erhaltung der Denkmäler in der Deutschen Demokratischen Republik", dessen Wortlaut unter Vernachlässigung ideologisch gefärbter Formulierungen mit den Gesetzen der westdeutschen Länder zu vergleichen ist, aber kaum umgesetzt wurde. Nach der Wiedervereinigung wurden diese durch neue Landesgesetze ersetzt, die an die Gesetze der westlichen Länder angelehnt waren.

Die Denkmalschutzgesetze der Länder weisen sowohl terminologisch als auch im Hinblick auf die Verfahren der als schützenswert erachteten Güter durchaus große Unterschiede auf. Allerdings bauen alle Denkmalschutzgesetze auf den gleichen unbestimmten Rechtsbegriffen auf, die der Rechtsanwendung eine nivellierende Wirkung erlauben. Die Gesetze beziehen sich auf Sachen, die eine historische, künstlerische oder wissenschaftliche Bedeutung haben und deren Erhaltung in „öffentlichem Interesse" bzw. im „Interesse der Allgemeinheit" liegen. Nach allen Denkmalschutzgesetzen werden die Erhaltungspflichten des Eigentümers eines Denkmals durch das Kriterium der Zumutbarkeit begrenzt. Dies eröffnet im Einzelfall den Weg zur Abwägung der widerstreitenden Interessen unter besonderer Berücksichtigung des Eigentumsrechts aus Artikel 14 Abs. 1 GG.

2.3.5 Kommunale Rechtssetzung

Mehr als andere Bereiche der Kommunalverwaltung ist die Kulturverwaltung durch die Wahrnehmung von Gestaltungsaufgaben geprägt. Gestaltungsaufgaben lassen sich rechtlich insbesondere dann erfüllen, wenn die Kommunen sich die dazu notwendigen rechtlichen Regelungen selbst schaffen können. Durch das Grundgesetz (Artikel 28 Abs. 2 GG) und die Kommunalverfassungen ist den Kommunen die Möglichkeit gegeben, im Rahmen der Gesetze für ihre eigenständige örtliche Aufgabenerledigung selbst Recht zu setzen. Kulturaufgaben unterliegen also weitgehend der autonomen Rechtssetzungsbefugnis der Kommunen, soweit und solange sich das Land dieser Angelegenheiten nicht annimmt. Selbst dort, wo es gesetzliche Regelungen zu Kulturangelegenheiten gibt – wie etwa zum Musikschulwesen in Bayern, Brandenburg etc. – gehen diese von der alleinigen Ausgestaltung der Aufgabe durch die Kommune gegebenenfalls im Zusammenwirken mit freien Trägern aus. Die Kommunen können generell abstrakte normative Regeln erlassen und so Ortsrecht für ihren eigenen Bereich gestalten, das ihren jeweiligen Gegebenheiten entspricht.

Im Rahmen der kommunalen Rechtssetzung kommt den Satzungen die größte Bedeutung zu. Die Befugnis zum Erlass von Satzungen ist den Gemeinden und Kreisen durch die Gemeinde- und Kreisordnungen übertragen. Die Satzungsautonomie ist ein Strukturelement kommunaler Selbstverwaltung und gehört zum Kernbereich der Selbstverwaltungsgarantie.

Hauptanwendungsgebiete des Satzungsrechtes sind bei Kultureinrichtungen die satzungsrechtlichen Regelungen zu Auftrag und Programmatik sowie zur inneren und äußeren Ausgestaltung, auch in Form von Benutzungsregelungen. Für Kulturveranstaltungen enthält das Ortsrecht meist verbindliche Festlegungen (Schankerlaubnis, Sperrstunde, ordnungsrechtliche Befugnisse und andere). Für das kommunale Kulturrecht sind aber nicht nur die spezifisch auf Kulturangelegenheiten bezogenen Satzungen von Bedeutung, sondern auch die allgemeinen Charakters wie die Hauptsatzung, in der die Organisation der Kommunen festgelegt wird oder die Haushaltssatzung mit verbindlichen Festlegungen für das Kulturbudget und die örtliche Kulturförderung.

Neben dem Satzungsrecht hat die Kommune die Möglichkeit zu Allgemeinverfügungen und Verwaltungsvorschriften. Für die kommunalen Kultureinrichtungen sind aber die von der Kommune zur Ausgestaltung der Einrichtung erlassenen Satzungen eine wesentliche Rechtsquelle. Sie treten in unterschiedlichen Formen auf. Der Erlass einer Einrichtungsordnung in Satzungsform ist auch steuerrechtlich von Belang. Neben der inneren und äußeren Verfassung der Einrichtung spielt auch die Benutzung (Benutzungsordnung), also die Ausgestaltung des Benutzungsverhältnisses einschließlich der berechtigten und verpflichtenden Nutzer der Einrichtungen (Musikschüler, Bibliotheksnutzer, Teilnehmer der Volkshochschule) eine wichtige Rolle. Weiterhin sind die Gebührenregelungen und die Förderrichtlinien zu nennen. Wegen der grundsätzlichen Bedeutung der Förderrichtlinien für die Förderpraxis einer Kommune bietet es sich an, diese als rechtsförmliche Satzung durch den Rat oder durch den Kreistag zu beschließen. Die Förderrichtlinien sollten den Förderauftrag und die Fördergrundsätze, Art, Empfänger und Gegenstände der Förderung, die Fördervoraussetzungen und das Förderverfahren beinhalten.

2.4 Staatsziel Kultur[75]

Die Enquete-Kommission „Kultur in Deutschland" hat in der 15. Wahlperiode in einem Zwischenbericht „Kultur als Staatsziel" auf der Grundlage eines einstimmigen Beschlusses dem Deutschen Bundestag empfohlen, Kultur als Staatsziel im Grundgesetz (GG) zu verankern und einen Artikel 20b GG mit folgender Formulierung einzufügen: „Der Staat schützt und fördert die Kultur".

---

[75] Vgl. Sondervotum SV Prof. Dr. Dieter Kramer, Kap. 9.4.

In der 16. Wahlperiode hat die parlamentarische Debatte hinsichtlich des Staatsziels Kultur begonnen.

Ein Gesetzentwurf der Fraktion der FDP vom 18. Januar 2006, Kultur als Staatsziel in das Grundgesetz aufzunehmen[76], wurde am 10. März 2006 im Deutschen Bundestag debattiert und an den Rechtsausschuss als federführenden Ausschuss überwiesen. Dieser hat am 29. Januar 2007 eine öffentliche Anhörung zu diesem Thema durchgeführt, an der zahlreiche Sachverständige teilnahmen.[77]

Die Enquete-Kommission „Kultur in Deutschland" der 16. Wahlperiode hat sich erneut mit diesem Thema befasst. Sie wiederholt und bekräftigt auf der Grundlage eines wiederum einstimmigen Beschlusses der Fraktionen ihre Empfehlung, in das Grundgesetz einen Artikel 20b mit der Formulierung „Der Staat schützt und fördert die Kultur" aufzunehmen. Zur Begründung wird auf die Ausführungen in dem nachfolgend in unveränderter Fassung abgedruckten Zwischenbericht aus der 15. Wahlperiode verwiesen.[78]

Zwischenbericht Kultur als Staatsziel (Bundestagsdrucksache 15/5560)[79]

Inhaltsverzeichnis

1   Beratungen und Beschluss der Enquete-Kommission

2   Allgemeiner Teil

2.1 Verfassungsrechtliche Grundlagen

2.2 Zurückliegende Diskussionen um eine Verankerung von Kultur im Grundgesetz

2.3 Modelle möglicher Verfassungsänderungen

3   Besonderer Teil: Bestandsaufnahme des Kulturverfassungsrechts von Bund, Ländern und der Europäischen Union

3.1 Kulturverfassung des Bundes

3.2 Kulturverfassung der Länder

3.3 Kultur in ausgewählten europäischen Verfassungen

3.4 Regelungen der Europäischen Union

4   Erörterungen der Kommission zu inhaltlichen Fragen einer Verankerung von Kultur im Grundgesetz

4.1 Begrifflichkeit einer Kulturstaatsklausel/einer kulturellen Staatszielbestimmung

4.2 Schutz und Förderung

4.3 Kulturauftrag

4.4 Bundesstaatlichkeit

---

[76] Entwurf eines Gesetzes zur Änderung des Grundgesetzes vom 18. Januar 2006. (Bundestagsdrucksache 16/387)
[77] Teilnehmer: Dr. Thomas Bach, Prof. Dr. Friedhelm Hufen, Prof. Dr. Ulrich Karpen, Prof. Dr. Christoph Möllers LLM, Dr. jur. Martin Nolte, Dr. Dr. h. c. mult. Paul Raabe, Prof. Dr. Rupert Scholz, Prof. Dr. Klaus Stern, Prof. Dr. Heinrich Amadeus Wolff.
[78] Der Zwischenbericht gibt den Rechtsstand vom Juni 2005 wieder. Daher beziehen sich die Ausführungen in Kap. 3.4. (Regelungen der Europäischen Union) auf den Entwurf eines Verfassungsvertrages für die Europäische Union, an dessen Stelle mittlerweile der am 19. Oktober 2007 in Lissabon beschlossene Reformvertrag getreten ist.
[79] *Das im Folgenden erwähnte Wortprotokoll nebst schriftlichen Stellungnahmen der zu der Anhörung vom 20. September 2004 zum Thema „Kulturelle Staatszielbestimmungen" geladenen Experten befindet sich im Materialband des Tätigkeitsberichtes der 15. Wahlperiode (Protokoll-Nr. 15/19, Kommissionsdrucksache 15/165, 15/167, 15/174, 15/177, 15/178, 15/180, 15/183 → Materialband).*

4.5   Überflüssigkeitsargument

4.6   Justiziabilität

4.7   Staatszielbestimmung als Kulturgestaltungsauftrag

4.8   Europäische Aspekte

5   Schlussfolgerung und Abwägung der Formulierungsalternativen

Anhang

Literatur

1   Beratungen und Beschluss der Enquete-Kommission

Die Enquete-Kommission „Kultur in Deutschland" hat Empfehlungen zum Schutz und zur Ausgestaltung der Kulturlandschaft sowie zur weiteren Verbesserung der Situation der Kulturschaffenden zu erarbeiten. Die Bestandsaufnahme und Analyse der gegenwärtigen Situation von Kunst und Kultur in Deutschland und ihrer rechtlichen Rahmenbedingungen sind Teil dieses Auftrages. Die Kommission führte zum Thema „Kulturelle Staatszielbestimmungen" eine öffentliche Anhörung in der 19. Kommmissionssitzung am 20. September 2004 durch. Daran haben die Verfassungsrechtler Prof. Dr. Peter Badura, Prof. Dr. Max-Emanuel Geis, Prof. Dr. Friedhelm Hufen, Prof. Dr. Ulrich Karpen und Prof. Dr. Bodo Pieroth teilgenommen. Schriftlich geäußert haben sich Prof. Dr. Peter Häberle und Prof. Dr. Ernst Gottfried Mahrenholz.

Der Schutz und die Förderung von Kultur sind im Grundgesetz (GG) nicht positiv verankert. Demgegenüber enthält das Europäische Verfassungsrecht einen Kulturartikel mit dem Artikel 151 des EG-Vertrages. Im Grundgesetz gibt es bereits Staatszielbestimmungen, die die materiellen Bedingungen menschlicher Existenz abdecken: das Sozialstaatsprinzip des Artikels 20 Abs. 1 GG sowie der Schutz der natürlichen Lebensgrundlagen und der Tiere durch Artikel 20a GG. Für die geistigen, ideellen Dimensionen menschlichen Daseins jedoch fehlt eine entsprechende Bestimmung. Dies führt zu einer verfassungsrechtlichen Lücke: eine ausdrückliche Formulierung zum Schutz und zur Förderung der Kultur fehlt bisher.

Die Enquete-Kommission „Kultur in Deutschland" empfiehlt daher dem Deutschen Bundestag einstimmig, Kultur als Staatsziel im Grundgesetz zu verankern und das Grundgesetz um den Artikel 20b GG mit folgender Formulierung zu ergänzen: „Der Staat schützt und fördert die Kultur".

2   Allgemeiner Teil

Die Kommission hat die rechtlichen Dimensionen einer Staatszielbestimmung, frühere Erörterungen zur Aufnahme einer kulturellen Staatszielbestimmung und die Modelle einer möglichen Grundgesetzänderung eingehend gewürdigt.

2.1   Verfassungsrechtliche Grundlagen

Als Definition von Staatszielbestimmungen wird nach wie vor die Umschreibung der von der Bundesregierung 1981 eingesetzten Sachverständigenkommission „Staatszielbestimmungen/Grundgesetzaufträge" als zutreffend angesehen.

Das bedeutet:

„Staatszielbestimmungen sind Verfassungsnormen mit rechtlich bindender Wirkung, die der Staatstätigkeit die fortdauernde Beachtung oder Erfüllung bestimmter Aufgaben – sachlich umschriebener Ziele – vorschreiben. Sie umreißen ein bestimmtes Programm der Staatstätigkeit und sind da-

durch eine Richtlinie oder Direktive für das staatliche Handeln, auch für die Auslegung von Gesetzen und sonstigen Rechtsvorschriften. Im Regelfall wendet sich eine Staatszielbestimmung an den Gesetzgeber, ohne dass damit ausgeschlossen sein muss, dass die Norm auch eine Auslegungsrichtlinie für Exekutive und Rechtsprechung ist. Eine Staatszielbestimmung überlässt es der politischen Gestaltungsfreiheit des Gesetzgebers, in welcher Weise und zu welchem Zeitpunkt er die ihm eingeschärfte Staatsaufgabe durch Gesetz erfüllt und dabei etwa auch Ansprüche einzelner auf öffentliche Leistungen oder gegen Dritte entstehen lässt".[80]

Staatszielbestimmungen sind von dem Begriff des Gesetzgebungsauftrags, der sich allein an den Gesetzgeber richtet, von Programmsätzen mit bloßen Anregungen an den Gesetzgeber, in bestimmten Gebieten tätig zu werden, und von Grundrechten, die einklagbare, individuelle Rechtspositionen schaffen, zu unterscheiden.

Die normativen Wirkungen von Staatszielbestimmungen sind im Grundgesetz nicht festgelegt. Es fehlt an einer gesonderten vergleichbaren Festlegung wie etwa in Artikel 1 Abs. 3 GG: „Die nachfolgenden Grundrechte binden Gesetzgebung, vollziehende Gewalt und Rechtsprechung als unmittelbar geltendes Recht." Es liegt daher nahe, sich bei der Bestimmung der normativen Wirkung einer Staatszielbestimmung nicht allein auf eine abstrakte Auseinandersetzung mit dem Staatszielbestimmungsbegriff zu stützen. Im Vordergrund sollten Inhalt und Formulierung der konkreten Norm stehen.

Der Begriff „Staat" im Wort „Staatszielbestimmung" meint alles staatliche Handeln, also – wenn nicht ausdrücklich anders vermerkt – immer alle durch das Grundgesetz gebundenen oder legitimierten Hoheitsträger. Das können Bund und Länder, aber auch Gemeinden und andere öffentliche Körperschaften und Anstalten sein, ohne dass es stets notwendig wäre, dieses jeweils ausdrücklich zu benennen.[81]

Im Rahmen dieser gemeinsamen Begrifflichkeit werden unter den Verfassungsrechtlern allerdings – auch in der Sachverständigenanhörung am 20.09.2004[82] *– unterschiedliche Akzente in Bezug auf den Adressatenschwerpunkt einer Staatszielbestimmung gesetzt.*[83]

Einige Sachverständige betonten den Bedeutungszuwachs für die Gerichte und die Einschränkung der gesetzgeberischen Handlungsfreiheit. Anders als Grundrechte begründen Staatszielbestimmungen keine subjektiven Rechte Einzelner; sie sind objektives Verfassungsrecht. Auch die Gerichte einschließlich des Bundesverfassungsgerichts (BVerfG) können in der Verfassung enthaltene Staatszielbestimmungen anwenden.[84]

Andere sahen eine maßgebende Wirkung einer kulturellen Staatszielbestimmung darin, dass die Exekutive diese bei Ermessens- und Abwägungsentscheidungen einzubeziehen habe.[85]

2.2 Zurückliegende Diskussionen um eine Verankerung von Kultur im Grundgesetz

Die Frage, ob zusätzliche Staatszielbestimmungen (auch eine die Kultur betreffende) in das Grundgesetz aufgenommen werden sollen, ist im Wirkungskreis von Bundestag und Bundesregierung

---

[80] Bundesminister des Innern/Bundesminister der Justiz (1983), Rz. 7; Deutscher Bundesrat (1993), S. 77.
[81] Vgl. schriftliche Stellungnahme von Prof. Dr. Bodo Pieroth zur Anhörung vom 20. September 2004 zum Thema „Kulturelle Staatszielbestimmungen" (Kommissionsdrucksache 15/178) sowie das Wortprotokoll der Anhörung. (Protokoll-Nr. 15/19)
[82] Vgl. Wortprotokoll der Anhörung vom 20. September 2004. zum Thema „Kulturelle Staatszielbestimmungen" (Protokoll-Nr. 15/19)
[83] Deutscher Bundesrat (1993), S. 77.
[84] BVerfGE 33, 303, 331; BVerfGE 45, 376, 387; BVerfGE 75, 348, 360; Sommermann (1995), S. 387 m.w.Nachw; vgl. auch Pieroth/ Siegert (1984), S. 446 m. w. Nachw.
[85] Näheres unter Kap. 4.6 und 5 des Zwischenberichts. (Bundestagsdrucksache 15/5560)

schon zweimal sehr intensiv diskutiert worden. Die von der Bundesregierung eingesetzte Sachverständigenkommission „Staatszielbestimmungen/Gesetzgebungsaufträge" hat in den Jahren 1981 bis 1983 die Frage eingehend untersucht und sich mehrheitlich für die Aufnahme einer Staatszielbestimmung, die gleichermaßen kulturelle und natürliche Lebensgrundlagen schützt, ausgesprochen, verbunden mit einem ergänzenden Formulierungsvorschlag zu Artikel 20 als Satz 2 und Artikel 28 Abs. 1 Satz 1 GG. Unterschiedliche Minderheiten der Kommission schlugen Grundgesetzänderungen im Rahmen der Grundrechte (Artikel 5 Abs. 3 und Artikel 7 Abs. 1 GG) vor.[86]

Der Einigungsvertrag (EinigV) vom 31. August 1990 umfasst ein eigenes Kapitel „VIII. Kultur, Bildung und Wissenschaft, Sport". In diesem Zusammenhang benennt Artikel 35 EinigV Garantien und Verpflichtungen zur Erfüllung kultureller Aufgaben einschließlich ihrer Finanzierung.

Im EinigV wurde die Bedeutung der Belange der Kultur ausdrücklich betont. Artikel 35 bezeichnet das vereinte Deutschland als „Kulturstaat" und bestimmt im Weiteren, dass die Erfüllung der kulturellen Aufgaben einschließlich ihrer Finanzierung zu sichern ist.

In Artikel 5 EinigV wurde den gesetzgebenden Körperschaften empfohlen, sich mit den in Zusammenhang mit der deutschen Einigung aufgeworfenen Fragen zur Änderung oder Ergänzung des Grundgesetzes zu befassen, unter anderem mit Überlegungen zur Aufnahme von Staatszielbestimmungen in das Grundgesetz. Dieser Empfehlung kam die Gemeinsame Verfassungskommission 1992 nach. Sie hat unter anderem eine öffentliche Anhörung „Staatsziele und Grundrechte" durchgeführt mit dem Ergebnis, einklagbare soziale Grundrechte in der Verfassung nicht zu normieren.[87] *Auf Empfehlung der Kommission wurde ein auf Artikel 20 GG folgender Artikel 20a GG zum Schutz der natürlichen Lebensgrundlagen eingefügt.*

Zu weiteren Staatszielen oder Grundrechtsänderungen gab die Gemeinsame Verfassungskommission keine Empfehlung ab. Zur Diskussion standen insbesondere der Tierschutz[88] *sowie Ziele wie Arbeit, Wohnen, soziale Sicherheit, Bildung und Kultur.*[89] *Die Anträge zur Aufnahme einer kulturellen Staatszielbestimmung verfehlten die notwendige Zweidrittelmehrheit.*

2.3 Modelle möglicher Verfassungsänderungen

Das Grundgesetz kennt als Staatszielbestimmung unter anderem den Sozialstaat in Artikel 20 Abs. 1 GG[90]*, die natürlichen Lebensgrundlagen und den Tierschutz in Artikel 20a GG*[91]*, das Europaziel in Artikel 23 Abs. 1 GG sowie das Ziel des gesamtwirtschaftlichen Gleichgewichts in Artikel 109 Abs. 2 GG.*

Nach Umfang und Abstraktion einer Regelung lassen sich drei verschiedene Typen unterscheiden, von denen zwei in Betracht kommen:

Möglich ist eine Art Kurzfassung, eine Grundsatzaufstellung. Sie gibt in kürzester Formulierung die Grundentscheidung des Verfassungsgebers wieder. Die Sachverständigenkommission nannte 1983 als Beispiel die Formulierung „Der Staat schützt und pflegt die Kultur".

Gesetzgebungstechnisch besteht zum Zweiten die Möglichkeit ins Detail zu gehen, etwa indem das Schutzgut und dessen Rahmen näher bestimmt werden. Als Beispiel ist Artikel 20a GG zu nennen:

---

[86] *Vgl. Bundesminister des Innern/Bundesminister der Justiz (1983), Rz. 169ff.*
[87] *Vgl. Deutscher Bundesrat (1993), S. 77; vgl. auch Vitzthum (1995), S. 822ff.*
[88] *Eingefügt in Artikel 20a GG durch Gesetz vom 26. Juli 2002 (BGBl. I, 2862).*
[89] *Vgl. Deutscher Bundesrat (1993); vgl. Vitzthum (1995), S. 822ff.; vgl. Pieroth/Siegert (1984), S. 438ff.*
[90] *Vgl. BVerfGE 59, 231, 263.*
[91] *Artikel 20a GG eingeführt durch Gesetz vom 27. Oktober 1994 (BGBl I S. 3146), geändert durch Gesetz vom 26. Juli 2002 (BGBl I S. 2862).*

"Der Staat schützt auch in Verantwortung für die künftigen Generationen die natürlichen Lebensgrundlagen und die Tiere im Rahmen der verfassungsmäßigen Ordnung durch die Gesetzgebung und nach Maßgabe von Gesetz und Recht durch die vollziehende Gewalt und Rechtsprechung".

3 Besonderer Teil: Bestandsaufnahme des Kulturverfassungsrechts von Bund, Ländern und der Europäischer Union

In der Anhörung sowie den Stellungnahmen der Staatsrechtslehrer und in den sich anschließenden Beratungen der Enquete-Kommission wurde die Aufnahme einer kulturellen Staatszielbestimmung in das Grundgesetz auch vor dem Hintergrund der derzeitigen verfassungsrechtlichen Lage im Bund, in den Ländern, in anderen europäischen Ländern und der Europäischen Union erörtert.

3.1 Kulturverfassung des Bundes

Die Kulturverfassung des Grundgesetzes im engeren Sinne erfasst im Wesentlichen die Bereiche Bildung, Wissenschaft und Kunst. Die Kulturhoheit liegt in der Bundesrepublik Deutschland entsprechend der Artikel 30, 70 ff., 83 ff. GG im Wesentlichen bei den Ländern. Zum Kulturauftrag des Staates enthält das Grundgesetz nur Einzelaussagen.[92]

Als in diesem Zusammenhang besonders relevanter Artikel ist Artikel 5 Abs. 3 GG zu nennen. Dieses Grundrecht sichert unter anderem der Kunst und der Wissenschaft die Freiheit der Entfaltung zu und verpflichtet den Staat zur Abwehr von Freiheitsstörungen.

Das BVerfG hatte aufgrund hochschulpolitischer Fragen 1973 den verfassungsrechtlichen Gehalt des Artikels 5 Abs. 3 GG zu definieren. Artikel 5 Abs. 3 GG ist eine das Verhältnis der Wissenschaft zum Staat regelnde wertentscheidende Grundsatznorm.[93] *Das BVerfG hat ebenso für den Bereich der Kunst begründet, dass Artikel 5 Abs. 3 GG zunächst jedem, der in diesem Bereich tätig ist, ein individuelles Freiheitsrecht gewährleistet.*

Zugleich stellt Artikel 5 Abs. 3 GG eine objektiv wertentscheidende Grundsatznorm dar, „in der eine prinzipielle Verstärkung der Geltungskraft der Grundrechte zum Ausdruck kommt" und die als verfassungsrechtliche Grundentscheidung für alle Bereiche des Rechts gilt.[94] *Auch dort, wo der Gesetzgeber – wie im Bereich der gewährenden Staatstätigkeit – größere Gestaltungsfreiheit besitzt, schränken die besonderen Wertentscheidungen des Grundgesetzes diese Freiheit ein, indem sie zum Beispiel Unterscheidungen verbieten, die dem in der Wertentscheidung ausgedrückten Willen des Verfassungsgebers zuwider laufen würden, einem bestimmten Lebensbereich oder Lebensverhältnissen seinen besonderen Schutz angedeihen zu lassen. Diese Wertentscheidung – so das BVerfG – bedeutet nicht nur die Absage an staatliche Eingriffe in den Schutzbereich; sie schließt nach der Rechtsprechung des BVerfG vielmehr das Einstehen des Staates, der sich danach als Kulturstaat versteht, für die Idee einer freien Wissenschaft und seine Mitwirkung an ihrer Verwirklichung ein. Artikel 5 Abs. 3 GG verpflichte den Staat, sein Handeln positiv danach einzurichten, das heißt schützend und fördernd eine Aushöhlung dieser Freiheitsgarantie vorzubeugen*[95] *und ein freiheitliches Kunst- und Wissenschaftsleben zu erhalten und zu sichern.*[96]

Die Tagung der Vereinigung der Deutschen Staatsrechtslehrer 1983 befasste sich im Rahmen des Themenbereichs „Kulturauftrag im staatlichen Gemeinwesen" mit der Rechtsprechung des BVerfG

---

[92] Vgl. Bundesminister des Innern/Bundesminister der Justiz (1983), Rz. 172ff.
[93] Vgl. BVerfGE 35, 79f.
[94] Vgl. BVerfGE 35, 79, 114.
[95] Vgl. BVerfGE 30, 173, 188; BVerfGE 35, 79, 112; BVerfGE 36, 321, 331.
[96] Vgl. Scholz (2004), Artikel 5 Abs. 3, Rz. 5 ff. m. w. Nachw; vgl. auch Wendt (2000), Artikel 5 III, Rz. 104.

zu Artikel 5 Abs. 3 GG. Nach Auffassung des Berichterstatters beinhaltet diese Rechtsprechung des BVerfG keine allgemeine Verpflichtung des Staates zur Förderung der in Artikel 5 Abs. 3 GG genannten Güter, insbesondere der Kunstfreiheit. Mit der Rechtsprechung des BVerfG zu Artikel 5 Abs. 3 GG[97] ist danach keine allgemeine Schutz- und Förderklausel der Kultur vorhanden.[98]

3.2 Kulturverfassung der Länder[99]

In nahezu allen Ländern sind der Schutz, die Pflege bzw. die Förderung von Kunst und Kultur eine staatliche Aufgabe von Verfassungsrang. Dabei variieren die Formulierungen in den Landesverfassungen:[100] In manchen Verfassungen ist die Aufgabe der Kulturförderung knapp und allgemein beschrieben (so heißt es beispielsweise in Berlin schlicht: „Das Land schützt und fördert das kulturelle Leben."). Andere Landesverfassungen gehen in der Umschreibung der Schutzpflicht weiter. Das gilt vor allem für die Verfassungen des Freistaats Sachsen[101] und des Landes Sachsen-Anhalt,[102] die unter anderem auch konkret den Unterhalt von Theatern als staatliche Aufgabe benennen. Als Adressaten der Kulturpflege- und Kulturförderpflicht benennen die Landesverfassungen der meisten Flächenstaaten neben dem „Staat" auch ausdrücklich die kommunalen Gebietskörperschaften. Die Kulturförderbestimmungen in den übrigen Landesverfassungen richten sich hingegen allgemein an den „Staat", implizit also auch an die Gemeinden und die Gemeindeverbände, soweit diese als Träger der mittelbaren Staatsverwaltung handeln.[103]

Ebenso wenig wie aus dem vom BVerfG formulierten objektiven Gehalt des Artikels 5 Abs. 3 S. 1 GG ergeben sich aus den landesverfassungsrechtlichen Staatszielbestimmungen individuell einklagbare Rechte auf Kulturförderung, sodass sich aus ihnen grundsätzlich auch keine Ansprüche auf Erhaltung oder Errichtung bestimmter kultureller Einrichtungen herleiten lassen. Gleichwohl stellen die Staatszielbestimmungen in den Landesverfassungen verbindliches Recht dar. Sie verpflichten die Länder und die kommunalen Gebietskörperschaften, die Belange der Kultur zu berücksichtigen (wie unter Kapitel 2.1 beschrieben) und zwar auch bei Abwägungen im Verwaltungsvollzug. Sie enthalten keine Aussagen darüber, wie die Länder und Gemeinden ihre Kulturpolitik im Einzelnen zu gestalten haben. Auch zum Verhältnis der kulturpolitischen Verantwortung der Länder einerseits und der Gemeinden andererseits enthalten die Länderverfassungen keine Aussagen.[104]

3.3 Kultur in ausgewählten europäischen Verfassungen

Die Enquete-Kommission befasste sich in den Beratungen mit den Verfassungen anderer europäischer Staaten, um dem europäischen Gedanken Rechnung zu tragen, der ein Hauptargument für

---

[97] Vgl. BVerfGE 81, 108, 116.
[98] Vgl. Steiner (1984), S. 43; vgl. auch Denninger (2001), § 146, Rz. 27 ff.
[99] Vgl. Gutachten zum Thema „Rechtliche und strukturelle Rahmenbedingungen des Betriebes von Theatern, Kulturorchestern und Opern in Deutschland" (Raue-Gutachten), S. 12ff. (Kommissionsdrucksache 15/285); vgl. auch Scheytt (2005), Rz. 67.
[100] Auszüge abgedruckt im Anhang.
[101] Artikel 11 Abs. 2 Landesverfassung Sachsen: „Die Teilnahme an der Kultur in ihrer Vielfalt und am Sport ist dem gesamten Volk zu ermöglichen. Zu diesem Zweck werden öffentlich zugängliche Museen, Bibliotheken, Archive, Gedenkstätten, Theater, Sportstätten, musikalische und weitere kulturelle Einrichtungen sowie allgemein zugängliche Universitäten, Hochschulen, Schulen und andere Bildungseinrichtungen unterhalten."
[102] Artikel 36 Abs. 3 Landesverfassung Sachsen-Anhalt: „Kunst, Kultur und Sport sind durch das Land und die Kommunen zu schützen und zu fördern." Artikel 36 Abs. 1 Landesverfassung Sachsen-Anhalt: „Das Land und die Kommunen fördern im Rahmen ihrer finanziellen Möglichkeiten die kulturelle Betätigung aller Bürger insbesondere dadurch, dass sie öffentlich zugängliche Museen, Büchereien, Gedenkstätten, Theater, Sportstätten und weitere Einrichtungen unterhalten.".
[103] Vgl. Gutachtennachtrag zum Raue-Gutachten zum Thema „Kulturförderung als Pflichtaufgabe oder als freiwillige staatliche Leistung" (Raue-Gutachtennachtrag), S. 3. (Kommissionsdrucksache 15/399)
[104] Vgl. Raue-Gutachtennachtrag, S. 3f. (Kommissionsdrucksache 15/399)

eine Staatszielbestimmung Kultur im Grundgesetz darstellt. Eine vergleichende Betrachtung anderer europäischer Verfassungen gibt Aufschluss darüber, wie eine ausdrückliche verfassungsrechtliche Verankerung von Kultur aussehen kann. Für diese Betrachtung wurden Verfassungen europäischer Staaten ausgesucht, in denen die Kultur in verschiedenen Stadien der verfassungsgeschichtlichen Entwicklung verankert wurde.

In der spanischen Verfassung, die eine „junge Demokratie" und zugleich eines der „alten" EG-Mitgliedsländer repräsentiert, wurde die Kultur von Beginn an ausdrücklich erwähnt. In der Verfassung Polens aus dem Jahr 1997, als eine der „jungen Verfassungen", wird die Kultur ebenfalls seit deren Inkrafttreten ausdrücklich erwähnt. Als Beispiel einer Verfassung, in der die Kultur anfangs nicht genannt wurde, diese aber durch Verfassungsänderungen später ihren Platz fand, wurde die schwedische Verfassung aus dem Jahr 1974 betrachtet.

Verfassung des Königreiches Spanien vom 29. Dezember 1978

Die Verfassung des Königreiches Spaniens (C.E.[105]) gliedert sich in Präambel, Vortitel, zehn Titel und die Zusatz-, Übergangs-, Aufhebungs- und Schlussbestimmungen. Die Titel unterteilen sich in Kapitel, und diese wiederum in Abschnitte.

Die Präambel enthält die Aussage, Kultur zu fördern. Vor dem Vortitel, in dem in neun Artikeln die Grundbausteine der spanischen Gesellschaft wie der Rechtsstaat (Arti-kel 1 C.E.), die Staatsgewalt des Volkes (Artikel 2 C.E.), die Monarchie (Artikel 3 C.E.) oder die Streitkräfte (Artikel 8 C.E.) statuiert werden, findet die Kultur Erwähnung. Im letzten Artikel (Artikel 9 C.E.) des Vortitels, der das Prinzip des Rechtsstaates konkretisiert (Abs. 1), wird dem Staat die Pflicht auferlegt „(...) die Teilnahme aller Bürger am (...) kulturellen Leben zu fördern (...)" (Abs. 2). Die spanische Verfassung trifft vor den Grundrechten und Grundpflichten (Artikel 10 ff. C.E.) eine Wertentscheidung zugunsten der Kultur. Im Abschnitt 1 des ersten Kapitels unter Titel 1, mit dem Titel „Grundrechte und öffentliche Freiheiten", wird in Artikel 20 Abs. 1 b C.E. das Recht auf künstlerische Schöpfung anerkannt und geschützt.

In Kapitel III des ersten Titels werden die Leitprinzipien der Sozial- und Wirtschaftspolitik (Artikel 39 ff. C.E.) festgelegt. Die sozialen Grundrechte hat die spanische Verfassung ausdrücklich vom Geltungsbereich des grundrechtlichen Gesetzesvorbehalts und der Wesensgehaltsgarantie ausgenommen (Artikel 53 Abs. 3 C.E.). Es handelt sich um Bestimmungen, die den Staat zu sozialem Handeln verpflichten.

Im Gegensatz zu den unmittelbar wirkenden Freiheitsrechten bedarf es eines Gesetzes, damit der Bürger von den sozialen Rechten profitieren kann. Insofern sind die sozialen Rechte in dem Sinne eines Verfassungsauftrages oder einer Staatszielbestimmung zu verstehen.[106] Artikel 44 Abs. 1 C.E. fördert und schützt den Zugang zur Kultur für jedermann. Nach Artikel 46 C.E. gewährleistet die öffentliche Gewalt die Erhaltung und fördert die Bereicherung des kulturellen Erbes, jeden Verstoß gegen das Kulturerbe ahndet das Strafgesetzbuch. Auch hat die öffentliche Gewalt die Voraussetzungen für eine freie und wirksame Beteiligung der Jugend u. a. an der kulturellen Entwicklung zu fördern (Artikel 48 C.E.). Darüber hinaus ist der Staat verpflichtet, ein System sozialer Leistungen zu fördern, durch das die Kulturbelange des Bürgers im Ruhestand berücksichtigt werden (Artikel 50 C.E.).

---

[105] *Constituciòn Española.*
[106] *Vgl. Kimmel (1991), S. 33f.*

Auch im Titel VII „Wirtschaft und Finanzwesen" findet die Kultur Erwähnung. Nach Artikel 132 Abs. 3 C.E. hat ein Gesetz neben dem Staatsvermögen auch das Kulturerbe der Nation, seine Verwaltung, seinen Schutz und seine Erhaltung zu regeln.

Nach Artikel 148 Abs. 1 C.E. können die autonomen Gebietskörperschaften auf dem Gebiet lokaler Messen und Ausstellungen (Nr. 12), Museen, Bibliotheken und Musikkonservatorien (Nr. 15), Pflege von Bau- und Kulturdenkmälern (Nr. 16) und der Förderung der Kultur (Nr. 17) Zuständigkeiten übernehmen.

Gemäß Artikel 149 Abs. 1 C.E. verbleibt beim Staat die ausschließliche Zuständigkeit im Bereich der grundlegenden Normen für Presse, Rundfunk und Fernsehen (Nr. 27) und im Bereich des Schutzes des kulturellen, künstlerischen und baulichen Erbes Spaniens gegen Ausfuhr und Plünderung und des Schutzes staatlicher Museen, Bibliotheken und Archive (Nr. 28). Unbeschadet der Zuständigkeiten, die die autonomen Gemeinschaften übernehmen können, betrachtet der Staat den Dienst an der Kultur als seine Pflicht und wesentliche Aufgabe und erleichtert in Abstimmung mit den autonomen Gemeinschaften den kulturellen Austausch zwischen ihnen (Artikel 149 Abs. 2 C. E.).

Verfassung der Republik Polen vom 2. April 1997

Die Verfassung der Republik Polen (VP) ist in 13 Kapitel gegliedert, die der Präambel folgen. Einige der Kapitel unterteilen sich in weitere Überschriften. Kapitel I „Die Republik" regelt die Grundprinzipien des Staates (unter anderem Rechtsstaats- und Demokratieprinzip – Artikel 2 VP; Einheitsstaat – Artikel 3 VP; Pressefreiheit – Artikel 14 VP). In Kapitel II werden die Freiheiten, Rechte und Pflichten der Menschen und des Staatsbürgers und in Kapitel III die Rechtsquellen statuiert. Kapitel IV bis VII regeln den Staatsaufbau (Kapitel IV: der Sejm und der Senat, Kapitel V: der Präsident, Kapitel VI: der Ministerrat und die Regierungsverwaltung, Kapitel VII: die örtliche Selbstverwaltung).

In der Präambel beschließt das polnische Volk, sich unter anderem für die Kultur, die im christlichen Erbe des Volkes und in allgemeinen menschlichen Werten verwurzelt sei, die Verfassung zu geben. Wie auch in Spanien findet die Kultur somit in der Präambel Erwähnung, womit sich der Staat zu seiner kulturellen Verantwortung bekennt, wenn auch keine Rechte oder Pflichten daraus abgeleitet werden können.

Nach Artikel 6 Abs. 1 VP, der im Kapitel I verortet ist, schafft die Republik die Voraussetzungen für die Verbreitung und den gleichen Zugang zur Kultur, welche die Quelle der Identität des polnischen Volkes, seines Bestandes und seiner Entwicklung sei.

Weitere Regelungen befinden sich in Artikel 15 Abs. 2 VP.

In Kapitel II gewährleistet der Staat den polnischen Staatsangehörigen, die nationalen und ethnischen Minderheiten angehören, die Freiheit der Erhaltung und der Entwicklung der eigenen Kultur (Artikel 35 Abs. 1 VP). Ebenso wird in diesem Kapitel unter der Überschrift „ökonomische, soziale und kulturelle Freiheiten und Rechte", welche Artikel 64 bis 76 VP umfasst, die Freiheit der künstlerischen Beschäftigung für jedermann gewährleistet (Artikel 73 VP).

Weitere Regelungen zur Freiheit des Wortes, dem Informationsrecht sowie dem öffentlichen Interesse an Rundfunk und Fernsehen befinden sich in Artikel 213 bis 215 VP.

Verfassung des Königreiches Schweden vom 28. Februar 1974

Die Verfassung des Königreiches Schweden (VS) enthält 13 Kapitel: Grundlagen der Staatsform (Kapitel 1), Grundrechte und Freiheiten (Kapitel 2); der Staatsapparat ist in den Kapiteln 3 bis 7 geregelt (Der Reichstag – Kapitel 3; Die Reichstagsgeschäfte – Kapitel 4; Der Staatschef –

Kapitel 5; Die Regierung – Kapitel 6; Die Regierungsgeschäfte – Kapitel 7). In den folgenden Kapiteln werden die Gesetze, die Finanzgewalt, die Beziehungen zu anderen Staaten, die Rechtspflege und Verwaltung, die Kontrollgewalt und Krieg und Kriegsgefahr geregelt.

Die Kultur wird in der schwedischen Verfassung in den Kapiteln eins und zwei angesprochen.

Kapitel 1 statuiert die Grundlagen der Staatsform. Als zweite Festlegung dieses Kapitels enthält die Verfassung Aussagen zur Kultur in folgender Form: Die persönliche, finanzielle und kulturelle Wohlfahrt des Einzelnen hat das primäre Ziel der öffentlichen Tätigkeit zu sein (§ 2 Abs. 2 VS).

Im Kapitel 2 „Grundrechte und Freiheiten" spricht die Verfassung unter anderem von den kulturellen Belangen, wonach bei der Beurteilung der Frage, welche Einschränkungen gemäß Abs. 1 zulässig sind, die Bedeutung einer möglichst weitgehenden Freiheit der Meinungsäußerung und Informationsfreiheit in politischen, religiösen, gewerkschaftlichen, wissenschaftlichen und kulturellen Belangen besonders zu beachten ist (§ 13 Abs. 2 Kapitel 2 VS). Nach § 19 desselben Kapitels haben Künstler gemäß den gesetzlichen Bestimmungen das Recht am eigenen Werk. Bezüglich der Rechte der Künstler an ihren Werken sind Ausländer den schwedischen Staatsbürgern gleichgestellt (Artikel 20 Nr. 8 VS).

Bundesverfassung der Schweizerischen Eidgenossenschaft vom 18. April 1999

Die Bundesverfassung der Schweizerischen Eidgenossenschaft (BVS) enthält sechs Titel, die sich der Präambel anschließen. Der erste Titel umfasst die „Allgemeinen Bestimmungen", in denen zum Beispiel die Grundsätze des rechtsstaatlichen Handelns (Artikel 5 BVS) oder die Landessprachen (Artikel 4 BVS) geregelt werden. Dem folgen im zweiten Titel die „Grundrechte, Bürgerrechte und Sozialziele". Dieser Titel unterteilt sich in drei Kapitel, von denen das erste die Grundrechte statuiert. Im zweiten Kapitel werden die Bürgerrechte und politischen Rechte und im dritten Kapitel die Sozialziele festgelegt. Titel 3 bis 5 befassen sich mit dem Staatsapparat (3. Titel: Bund, Kantone und Gemeinden; 4. Titel: Volk und Stände; 5. Titel: Bundesbehörden). Der 6. und letzte Titel befasst sich mit der Revision der Bundesverfassung und den Übergangsbestimmungen.

In den „Allgemeinen Bestimmungen", die im ersten Titel der Präambel folgen, findet die Kultur in Artikel 2 BVS Erwähnung. Artikel 2 BVS beschreibt die Schweizerische Eidgenossenschaft. Nach Abs. 2 hat die Eidgenossenschaft unter anderem die kulturelle Vielfalt des Landes zu fördern. Wieder kann festgestellt werden, dass vor den Grundrechten (2. Titel) unmittelbar der Präambel folgend eine Grundentscheidung zugunsten der Kultur getroffen wurde.

Unter den „Grundrechten, Bürgerrechten und Sozialzielen" (2. Titel) wird im ersten Kapitel „Grundrechte" die Freiheit der Kunst gewährleistet (Artikel 21 BVS „Kunstfreiheit"). Im dritten Kapitel „Sozialziele" dieses Titels wird dem Bund und den Kantonen unter anderem der Auftrag erteilt, die kulturelle Integration von Kindern und Jugendlichen zu unterstützen, indem sich der Staat in Ergänzung zu persönlicher Verantwortung und privater Initiative dafür einzusetzen hat (Artikel 41 Abs. 1 g BVS).

Im dritten Titel „Bund, Kantone und Gemeinden" unter Kapitel 2 „Zuständigkeiten" befindet sich ein eigener Abschnitt (der Dritte), der sich mit den Zuständigkeiten der Bildung, Forschung und Kultur befasst. Nach Artikel 69 BVS sind die Kantone für den Bereich der Kultur zuständig (Abs. 1). Der Bund kann aber kulturelle Bestrebungen von gesamtschweizerischem Interesse unterstützen sowie Kunst und Musik, insbesondere im Bereich der Ausbildung, fördern (Abs. 2). Zudem hat der Bund bei der Erfüllung seiner Aufgaben Rücksicht auf die kulturelle und die sprachliche Vielfalt des Landes zu nehmen (Abs. 3). Nach Artikel 71 BVS, der sich ebenfalls in diesem Abschnitt befindet, kann der Bund die Schweizer Filmproduktion und die Filmkultur fördern (Abs. 1). Er kann zudem Vorschriften zur Förderung der Vielfalt und der Qualität des Filmangebots erlassen (Abs. 2).

Zusammenfassung

Es kann festgestellt werden, dass sowohl in der polnischen als auch in der spanischen Verfassung die Kultur seit dem Inkrafttreten ausdrücklich Erwähnung findet. Spanien stellt als „altes" EU-Mitgliedsland eine dennoch relativ „junge" Demokratie dar. Polen ist unter den hier ausgewählten europäischen Ländern die „jüngste" Demokratie und stellt einen der EU-Neulinge dar. Beide Verfassungen erwähnen die Kultur bereits in der Präambel. In der spanischen Verfassung wird die Kultur von allen ausgewählten Verfassungen am häufigsten erwähnt. Die Bundesverfassung der Schweizerischen Eidgenossenschaft ist die „jüngste" der hier betrachteten Verfassungen (1999). Auch in dieser wird die Kultur seit Inkrafttreten erwähnt. Im Gegensatz zu der spanischen und polnischen Verfassung geschieht dies erst nach der Präambel. Sowohl in der spanischen als auch in der schweizerischen Verfassung wird dem Staat ausdrücklich aufgetragen, Kultur zu fördern.[107] Die schwedische Verfassung stellt ein Beispiel für eine Verfassung dar, in der die Kultur erst später durch Verfassungsänderung ihren Platz fand. Alle die Kultur erwähnenden Verfassungsnormen wurden später eingefügt. Die schwedische Verfassung ist von den hier betrachteten Verfassungen die Einzige, die ausdrücklich als primäres Ziel der öffentlichen Tätigkeit u. a. die kulturelle Wohlfahrt des Einzelnen nennt.[108]

3.4 Regelungen der Europäischen Union

Seit der Gründung der Bundesrepublik Deutschland ist die Kulturordnung des Gesamtstaates vielfältig in die größeren Zusammenhänge europäischer und weltweiter kultureller Zusammenarbeit eingebettet worden.[109]

Seit dem Vertrag von Maastricht 1992 ist die Kultur als Zuständigkeit in die europäischen Verträge aufgenommen und in einem eigenen Titel geregelt. Artikel 151 des EG-Vertrags (EGV) stellt inzwischen die zentrale Norm für die Kulturpolitik der Europäischen Union dar.

Allerdings ist die Kulturkompetenz der Europäischen Gemeinschaft aufgrund des in Artikel 5 EGV geregelten Subsidiaritätsprinzips nach Artikel 151 EGV so ausgestaltet, dass die Europäische Gemeinschaft lediglich ergänzend und unterstützend tätig wird. Sie unterstützt die Tätigkeiten der Mitgliedstaaten, ihre Maßnahmen müssen erforderlich sein und der Rat muss seine Empfehlung einstimmig erlassen.

Danach wird die Gemeinschaft nur tätig, sofern und soweit die Ziele auf der Ebene der Mitgliedstaaten nicht hinlänglich erreicht und daher wegen ihres Umfangs oder ihrer Wirkung besser auf Gemeinschaftsebene ausgeführt werden können, womit politische Entscheidungen auf einer möglichst bürgernahen Ebene getroffen werden sollen.

Von besonderer Bedeutung ist die Kulturverträglichkeitsklausel des Artikels 151 Abs. 4 EGV. Diese Bestimmung trägt der Tatsache Rechnung, dass sich viele Entscheidungen in anderen Politikbereichen auf die Kultur auswirken und damit kulturelle Belange auch dann betroffen sind, wenn Regelungen nicht im engeren Sinne auf den Kulturbereich bezogen sind. Aus der Regelung folgt für alle Politikbereiche der Gemeinschaft das Gebot der Rücksichtnahme auf die kulturellen Interessen der Mitgliedstaaten sowie den Schutz des gemeinsamen kulturellen Erbes, die als Entscheidungsfakto-

---

[107] *Artikel 2 Abs. 2 BVS: Sie (die Eidgenossenschaft) fördert die gemeinsame Wohlfahrt, die nachhaltige Entwicklung, den inneren Zusammenhalt und die kulturelle Vielfalt des Landes.*
Artikel 9 Abs. 2 C.E.: Der öffentlichen Gewalt obliegt es ... die Teilnahme aller Bürger am politischen, wirtschaftlichen, kulturellen und gesellschaftlichen Leben zu fördern.
[108] *§ 2 Abs. 2 Kapitel 1 VS: Die persönliche, finanzielle und kulturelle Wohlfahrt des einzelnen hat das primäre Ziel der öffentlichen Tätigkeit zu sein.*
[109] *Vgl. Bundesminister des Innern/Bundesminister der Justiz (1983), Rz. 180.*

ren im supranationalen Willensbildungsprozess angemessen zu berücksichtigen sind. Die Gemeinschaft soll kulturellen Belangen positiv Rechnung tragen.

Artikel 151 Abs. 3 EGV regelt die Kompetenzverteilung zwischen der Gemeinschaft und den Mitgliedstaaten bei der kulturellen Zusammenarbeit mit dritten Staaten. Es handelt sich um eine Aufgabe, zu der die Gemeinschaft und die Mitgliedsländer gleichermaßen berufen sind.

Die Art der im kulturellen Bereich zu treffenden Maßnahmen wird in Artikel 151 Abs. 2 und 5 EGV geregelt. Die Europäische Union darf Fördermaßnahmen durchführen, die europäische Projekte mit den genannten Zielsetzungen unterstützen.[110]

Auch das Beihilfenrecht des EGV ist zu beachten. Gemäß Artikel 87 Abs. 1 EGV sind staatliche Beihilfen verboten, wenn sie den Handel zwischen den Mitgliedstaaten durch Vergünstigungen bestimmter Unternehmen oder Produktionszweige zu beeinträchtigen drohen. Gemäß Artikel 87 Abs. 3 EGV kann die Kommission bestimmte Beihilfen, die an sich den Tatbestand des Beihilfeverbots erfüllen, ausnahmsweise genehmigen. Genehmigungsfähig sind unter anderem Beihilfen „zur Förderung der Kultur und zur Erhaltung des kulturellen Erbes, soweit sie Handels- und Wettbewerbsbedingungen der Gemeinschaft nicht in einem Maß beeinträchtigen, das dem gemeinsamen Interessen zuwider läuft".

Der am 29. Oktober 2004 von den Staats- und Regierungschefs unterzeichnete (und nunmehr in den Mitgliedstaaten zu ratifizierende) europäische Verfassungsvertrag (VV) wird die kulturellen Regelungen der Europäischen Union nicht erweitern. Vielmehr wird die bestehende Regelung des Artikels 151 EGV ohne Änderung übernommen (Artikel III-280 VV). Allerdings ist das Einstimmigkeitserfordernis bei der Beschlussfassung des Ministerrats zum Erlass von kulturellen Fördermaßnahmen entfallen (Artikel 151 Abs. 5 Spiegelstrich 1 EGV). Ersetzt wurde dieses durch das generelle Erfordernis der qualifizierten Mehrheit bei der Festlegung von Fördermaßnahmen gemäß Artikel I-23 und I-34 VV i. V. m. Artikel III-396 VV und bezüglich der Abgabe von Empfehlungen durch den Ministerrat gemäß Artikel I-23 VV, womit niedrigere Anforderungen an die Beschlussfassung gestellt werden.

4 Erörterungen der Kommission zu inhaltlichen Fragen einer Verankerung von Kultur im Grundgesetz

Vor dem Hintergrund der generellen Regelungsmöglichkeiten und der Bestandsaufnahme kulturverfassungsrechtlicher Regelungen werden im Folgenden die wesentlichen Elemente des Für und Wider einer kulturellen Staatszielbestimmung dargelegt, die in der Anhörung der Staatsrechtslehrer und den Erörterungen der Kommission eine Rolle gespielt haben.

4.1 Begrifflichkeit einer Kulturstaatsklausel/einer kulturellen Staatszielbestimmung

Die Experten erläuterten den Kommissionsmitgliedern in der Anhörung die Unterschiede einer Kulturstaatsklausel und einer kulturellen Staatszielbestimmung.

Eine Kulturstaatsklausel sei in dem Sinne zu verstehen, dass im Grundgesetz ein Artikel das Wort „Kultur" verwende oder im Hinblick auf den Tatbestand der Kultur eine Rechtsfolge anordne. Eine Staatszielbestimmung könne unterschiedlich formuliert werden, zum Beispiel als Kulturstaatsklausel oder als Kulturschutz- und Kulturförderklausel.

---

[110] *Vgl. Raue-Gutachtennachtrag, S. 12f. (Kommissionsdrucksache 15/399); vgl. auch Scheytt (2005), Rz. 69 ff.*

Staatsziele legten eine bestimmte Staatsaufgabe fest, seien vom Gesetzgeber zu beachten und bei der Auslegung und Anwendung der Gesetze zu berücksichtigen. Eine Staatszielbestimmung könne eine unterschiedliche normative Kraft haben. Sie könne lediglich ein appellativer Programmsatz sein, der darauf hinweise, dass der Staat der Kultur positiv gegenüber stehe. Sie könne auch weiterreichendere Wirkung entfalten.

Ausfluss einer Staatszielbestimmung Kultur sei, dass Kultur eine Aufgabe des Staates darstelle und von diesem zu pflegen und zu fördern sei. Kritiker weisen auf die Unbestimmtheit des Begriffs „Kultur" hin, der für eine Verfassungsnorm nicht klar und berechenbar genug sei.[111]

Die Befürworter einer Staatszielbestimmung sehen diese Bedenken aufgrund der Auslegungsmöglichkeiten unbestimmter Rechtsbegriffe nicht. Im öffentlich-rechtlichen Schrifttum bestehe Konsens über einen Kulturbegriff, der ein Sammelbegriff für bestimmte Tätigkeiten geistig schöpferischer Arbeit sei. Dazu gehören die Wissenschaft, Bildung und Kunst. Diese drei Begriffe seien hinreichend aufgearbeitete Rechtsbegriffe.[112]

Einhellige Auffassung herrscht über den Begriff des „Kulturstaats". Die Kommission teilt die Auffassung der Experten, dass der Begriff „Kulturstaat" in der deutschen Tradition vorbelastet und daher problematisch ist.[113] *Überlegungen hinsichtlich einer Ergänzung des Artikels 20 GG um das Wort „Kulturstaat" wurden daher verworfen.*

4.2 Schutz und Förderung

Die Kommission hat erwogen, welche Auswirkungen eine Staatszielbestimmung „Schutz und Förderung" der Kultur als kurze oder auch ausführlichere Ergänzung des Grundgesetzes auf Artikel 1 Abs. 1 Satz 2 GG hätte. Die Menschenwürde als oberster Staatsgrundsatz und als Grundrecht wird durch die Einführung einer kulturbezogenen Staatszielbestimmung indes nicht berührt. Mittelbar aber ergibt sich eine Verstärkung des Artikels 1 Abs. 1 GG, indem unterstrichen wird, wie wichtig Kultur für die Würde des Menschen und das Menschenbild des Grundgesetzes ist. Der Schutz und die Förderung von Kultur im Grundgesetz verleiht dem Staat keine Befugnis dazu, inhaltlich festzulegen, was Kultur ist. Dies ist ausschließlich Aufgabe der an den kulturellen Lebensprozessen Beteiligten.[114]

Kulturstaatlichkeit soll nicht Gestaltung der Kultur durch den Staat, sondern allenfalls Förderung und Schutz kultureller Freiheit bedeuten.[115] *In Anlehnung an Artikel 1 Abs. 1 Satz 2 GG bedeutet der Schutz und die Förderung von Kultur ein Tätigwerden in dem Sinne, dass die notwendigen Maßnahmen ergriffen werden müssen, um Beeinträchtigungen vom Schutzgut abzuwehren und ihnen vorzubeugen.*[116] *Dies stellt einen ständigen Appell an den Staat dar, kulturelle Erfor-*

---

[111] *Vgl. schriftliche Stellungnahme von Prof. Dr. em. Gottfried Mahrenholz zur Anhörung vom 20. September 2004 zum Thema „Kulturelle Staatszielbestimmungen". (Kommissionsdrucksache 15/167) Er spricht hier von dem Erfordernis, der notwendigen Schärfe, um die von einer Verfassung gebotene Anleitung für politisches Handeln zu geben.*
[112] *Vgl. schriftliche Stellungnahme von Prof. Dr. Bodo Pieroth zur Anhörung vom 20. September 2004 zum Thema „Kulturelle Staatszielbestimmungen" (Kommissionsdrucksache 15/178) sowie das Wortprotokoll der Anhörung. (Protokoll-Nr. 15/19)*
[113] *Vgl. schriftliche Stellungnahme von Prof. Dr. Friedhelm Hufen zur Anhörung vom 20. September 2004 zum Thema „Kulturelle Staatszielbestimmungen" (Kommissionsdrucksache 15/180) sowie das Wortprotokoll der Anhörung. (Protokoll-Nr. 15/19)*
[114] *Vgl. schriftliche Stellungnahme von Prof. Dr. Friedhelm Hufen zur Anhörung vom 20. September 2004 zum Thema „Kulturelle Staatszielbestimmungen".*
[115] *Vgl. schriftliche Stellungnahme von Prof. Dr. Friedhelm Hufen zur Anhörung vom 20. September 2004 zum Thema „Kulturelle Staatszielbestimmungen".*
[116] *Vgl. Pieroth/Siegert (1984), S. 442 m. w. Nachw.*

dernisse zu berücksichtigen, ohne dass eine Verpflichtung zu ganz bestimmten Umsetzungsmaßnahmen vorliegt. Fördern ist mit einer Dynamik verbunden, die einem Gebot zum Tätigwerden eigen ist.[117]

4.3 Kulturauftrag

Die Bundesrepublik Deutschland versteht sich nach der Rechtsprechung des BVerfG als Kulturstaat im Sinne einer ungeschriebenen Staatszielbestimmung aus Artikel 5 Abs. 3 GG. Danach hat der Staat entsprechende Schutz- und Förderpflichten.[118] *Geht man von einem ungeschriebenen verfassungsrechtlichen Kulturauftrag aus, so hat eine ausdrückliche Staatszielbestimmung nur deklaratorischen Charakter. Sie hat vorrangig verstärkende und appellative Wirkung.*[119]

Die Befürworter sind der Auffassung, eine geschriebene Staatszielbestimmung führe zu einer Bekräftigung des Kulturauftrages: Mit einer verfassungsrechtlichen Verankerung einer Verpflichtung zur Kulturförderung würde die kulturelle Staatszielbestimmung einen Kulturauftrag normieren.[120] *Artikel 5 Abs. 3 GG schütze die Freiheit von Kunst und Wissenschaft, sei aber kein Generalgrundrecht der Kulturfreiheit.*[121] *Die Herleitung eines Kulturauftrages aus Artikel 5 Abs. 3 GG durch das BVerfG könne eine geschriebene Verfassungsnorm nicht ersetzen.*[122] *Deshalb solle Kultur als Staatsziel im Grundgesetz festgeschrieben werden.*

4.4 Bundesstaatlichkeit

Ein besonderes Augenmerk richtete die Kommission auf die Thematik des bundesrepublikanischen Föderalismus.

Die Kritiker einer kulturellen Staatszielbestimmung führten im Rahmen der Anhörung und ihrer Stellungnahmen aus, dass Veränderungen des Kompetenzgefüges nicht auszuschließen seien, weil sich der Bund zu weitergehenden Aktivitäten berechtigt und verpflichtet sehen könnte. Es gebe eine Hauptstadtkultur, eine Kulturstaatsministerin, eine Kulturstiftung des Bundes.

Ein weiterer Kompetenzzuwachs entspreche nicht der Kompetenzverteilung des Grundgesetzes.[123]

Dagegen wurde eingewandt, dass der Begriff der Staatszielbestimmung den des „Staates" enthielte. Dies meine alle Träger öffentlicher Gewalt, auf allen Ebenen. Wer die öffentliche Gewalt im konkreten Fall ausüben dürfe, bestimme sich nach der Kompetenzordnung des Grundgesetzes.[124] *Die Umsetzung erfolge kompetenzgemäß, sodass eine kulturelle Staatszielbestimmung föderalismusneu-*

---

[117] *Vgl. Bundesminister des Inneren/Bundesminister der Justiz (1983), Rz. 214.*
[118] *Vgl. BVerfGE 36, 321, 331.*
[119] *Vgl. schriftliche Stellungnahme von Prof. Dr. Ulrich Karpen zur Anhörung vom 20. September 2004 zum Thema „Kulturelle Staatszielbestimmungen" (Kommissionsdrucksache 15/174) sowie das Wortprotokoll der Anhörung. (Protokoll-Nr. 15/19)*
[120] *Vgl. Pieroth/Siegert (1984), S. 446; vgl. auch schriftliche Stellungnahme von Prof. Dr. Bodo Pieroth zur Anhörung vom 20. September 2004 zum Thema „Kulturelle Staatszielbestimmungen" (Kommissionsdrucksache 15/178) sowie das Wortprotokoll der Anhörung. (Protokoll-Nr. 15/19); Steiner (1984), S. 13f. kritisiert die Rechtsprechung des BVerfG.*
[121] *Vgl. ausführlich Steiner (1984), S. 14ff.*
[122] *Vgl. Kap. 3.1, des Zwischenberichts. (Bundestagsdrucksache 15/5560)*
[123] *Vgl. schriftliche Stellungnahmen von Prof. Dr. Ulrich Karpen zur Anhörung vom 20. September 2004 zum Thema „Kulturelle Staatszielbestimmungen". (Kommissionsdrucksache 15/174); von Prof. Dr. em. Gottfried Mahrenholz. (Kommissionsdrucksache 15/167); von Prof. Dr. Peter Badura, S. f. (Kommissionsdrucksache 15/177) sowie das Wortprotokoll der Anhörung. (Protokoll-Nr. 15/19)*
[124] *Vgl. schriftliche Stellungnahmen von Prof. Dr. Bodo Pieroth zur Anhörung vom 20. September 2004 zum Thema „Kulturelle Staatszielbestimmungen" (Kommissionsdrucksache 15/178) sowie das Wortprotokoll der Anhörung (Protokoll-Nr. 15/19); von Prof. Dr. Friedhelm Hufen (Kommissionsdrucksache 15/180); von Prof. Dr. Max-Emanuel Geis, S. 19. (Kommissionsdrucksache 15/183)*

tral sei[125] und das Bundesstaatsprinzip nicht berühre. Eine kulturelle Staatszielbestimmung gefährde nicht die Balance, schaffe sie doch keine (neuen) Kompetenzen des Bundes. Dies belegt nach Auffassung der Befürworter auch die Rechtspraxis zu Artikel 7 Abs. 1 GG. Danach stehe das gesamte Schulwesen unter der Aufsicht des Staates. Doch der Bund dürfe unstreitig nicht eingreifen. Was „Staat" heiße, ergebe sich aus den speziellen Kompetenzbestimmungen.[126] Hinzuweisen ist auch auf Folgendes: Das BVerfG sieht bereits seit Jahrzehnten Artikel 5 Abs. 3 GG als ungeschriebene Staatszielbestimmung an, ohne dass dies eine Debatte über die Kompetenzverteilung im Grundgesetz ausgelöst hätte.

Die Kommission ist daher zu folgender Auffassung gelangt:

Aus einer kulturellen Staatszielbestimmung resultieren für das Kompetenzgefüge von Bund und Ländern keine Änderungen: Eine Staatszielbestimmung im Grundgesetz ist föderalismusneutral. Sie verändert bestehende Gewichte nicht; die Kulturhoheit der Länder wird nicht angetastet. Auch schafft sie keine ungeschriebenen Gesetzgebungs- und Verwaltungskompetenzen. Sie spricht alle Ebenen des Staates in der vorgegebenen Kompetenzordnung des Grundgesetzes an.

4.5 Überflüssigkeitsargument

Die Frage nach der Sinn- und Zweckhaftigkeit einer kulturellen Staatszielbestimmung beurteilen die Verfassungsexperten der Anhörung vom 20. September 2004[127] kontrovers.

Ihre Befürworter (jeweils mit Differenzierungen im Einzelnen: Professoren Geis, Häberle Hufen, Pieroth) sind sich mit den Kritikern (Professoren Badura, Karpen, Mahrenholz) allerdings darin einig, dass keine „harten" juristischen Wirkungen von einer solchen Klausel ausgehen, das heißt, sie kann nicht die Grundlage konkreter subjektiv-öffentlicher Ansprüche sein, auf die sich der Bürger berufen kann. Vielmehr käme ihr lediglich verstärkende und appellative Wirkung zu, um so der Durchsetzungsschwäche von kulturellen Zielsetzungen entgegenzuwirken.

Die Gegner einer Verankerung von Kultur im Grundgesetz argumentieren, dass das BVerfG bereits in ständiger Rechtsprechung die Bundesrepublik Deutschland als Kulturstaat definiere und eine ungeschriebene Staatszielbestimmung festgelegt habe. Mit dem Grundrecht des Artikels 5 Abs. 3 GG und der Rechtsprechung des BVerfG sei bereits ein hinreichendes Maß an Verantwortung des Staates für Kultur vorhanden. Es bestehe kein Zweifel, dass Deutschland ein Kulturstaat sei. Die Verfassung enthalte keine Selbstverständlichkeiten.

Die Wiederholung der Rechtsprechung des BVerfG habe nicht mehr zur Folge als das, was bereits als geltendes Verfassungsrecht anzusehen sei.[128] Der Bund sei im Rahmen seiner Kompetenzen bereits jetzt zum Schutz und der Förderung der Kultur berechtigt, ja sogar im Rahmen seiner Leistungsfähigkeit verpflichtet, nicht zuletzt durch die bundesstaatliche Finanzverfassung.[129] Auch sei die Kultur schon jetzt Teil der Verwirklichung des Gemeinwohls. Im Rahmen des Sozialstaatsprin-

---

[125] *Vgl. schriftliche Stellungnahme von Prof. Dr. Friedhelm Hufen zur Anhörung vom 20. September 2004 zum Thema „Kulturelle Staatszielbestimmungen". (Kommissionsdrucksache 15/180)*

[126] *Vgl. schriftliche Stellungnahme von Prof. Dr. Bodo Pieroth zur Anhörung vom 20. September 2004 zum Thema „Kulturelle Staatszielbestimmungen" (Kommissionsdrucksache 15/178) sowie das Wortprotokoll der Anhörung (Protokoll-Nr. 15/19)*

[127] *Vgl. das Wortprotokoll der Anhörung vom 20. September 2004 zum Thema „Kulturelle Staatszielbestimmungen". (Protokoll-Nr. 15/19)*

[128] *Vgl. schriftliche Stellungnahme von Prof. Dr. Peter Badura zur Anhörung vom 20. September 2004 zum Thema „Kulturelle Staatszielbestimmungen" (Kommissionsdrucksache 15/183) sowie das Wortprotokoll der Anhörung. (Protokoll-Nr. 15/19)*

[129] *Vgl. schriftliche Stellungnahme von Prof. Dr. Peter Badura zur Anhörung vom 20. September 2004 zum Thema „Kulturelle Staatszielbestimmungen". (Kommissionsdrucksache 15/183)*

zips sei der Staat zur Daseinsvorsorge verpflichtet, was auch die Kultur umfasse. Ein starkes Argument gegen eine solche Staatszielbestimmung sei nicht zuletzt deren geringe normative Wirkung.[130]

Bereits die Sachverständigenkommission 1983 empfahl eine gemeinsame Ergänzung des Grundgesetzes zu den natürlichen und kulturellen Lebensgrundlagen und eine Verdeutlichung des kulturellen Auftrags in Kenntnis der Rechtsprechung des BVerfG und begründete dies mit der Vollständigkeit der Verfassung. Was rechtlich gilt, solle auch textlich vorkommen. Auch könne die deklaratorisch gemeinte Änderung angesichts der Vernachlässigung kulturstaatlicher Gesichtspunkte in der Verfassungsinterpretation faktisch durchaus verstärkende und appellative Wirkungen entfalten.[131] *Zwar hat das BVerfG in seiner Rechtsprechung zu Artikel 5 Abs. 3 GG ein ungeschriebenes kulturelles Staatsziel hergeleitet, doch hat die Kommission aus der Anhörung die Erkenntnis abgeleitet, dass dies nicht gleichzusetzen ist mit einer geschriebenen Staatszielbestimmung.*

Es gibt im Grundgesetz bereits Staatszielbestimmungen, die die materiellen Bedingungen menschlicher Existenz und Mindestvoraussetzungen menschlichen Daseins begründen.[132] *Die kulturellen Lebensgrundlagen sollten ein gleichwertiges Verfassungsziel darstellen. Die verfassungsrechtliche Verankerung von Kultur als Staatszielbestimmung ist nicht überflüssig, weil bisher eine entsprechende Staatszielbestimmung des BVerfG als sogenannte objektive Wertentscheidung, als Förder- und Schutzpflicht des Staates nur für Kunst, Wissenschaft und Bildung abgeleitet worden ist. Das Staatsziel Kultur erweitert diese Rechtsprechung und entfaltet Wirkung als Auslegungsgrundsatz im Zusammenhang mit anderen Grundrechten.*

Das Staatsziel Kultur unterstreicht die Verantwortung des Staats, das kulturelle Erbe zu bewahren, zu schützen und weiterzuentwickeln. Es ist damit dem Sozialstaatsprinzip und dem Staatsziel der natürlichen Lebensgrundlagen gleichgestellt.[133] *Eine kulturelle Staatszielbestimmung verdeutlicht, dass Kultur, etwa aus haushaltsrechtlicher Sicht, nicht zu den nachrangigen Politikzielen gehört.*

Diese Argumente lassen sich nicht dadurch entkräften, dass der Sozialstaat schon jetzt zur Gewährung der Daseinsvorsorge verpflichtet sei.[134] *Die Kultur ist Aufgabe der Kommunen und stellt einen Teil der Verwirklichung des Gemeinwohls dar. Die zu regelnde Frage ist eine andere: Schutz und Förderung der Kultur durch den Staat.*

4.6 Justiziabilität

Kritiker führen weiter an, dass eine Staatszielbestimmung Kultur nicht dem Stil des Grundgesetzes entspräche, das ansonsten streng justiziable Rechtsgarantien enthalte und in dessen Mittelpunkt die subjektiven Grundrechte stünden. Das Grundgesetz sei eine Rechtsverfassung und keine Wirtschafts-, Sozial- und Kulturverfassung wie noch die Weimarer Reichsverfassung. Es sei gerade davon abgesehen worden, Programme und Verheißungen mit rein appellativem Charakter aufzunehmen. Deshalb gebe es keinen Grund, davon abzugehen, nur um „Zeitströmungen" Einlass in den

---

[130] Vgl. schriftliche Stellungnahme von Prof. Dr. Ulrich Karpen zur Anhörung vom 20. September 2004 zum Thema „Kulturelle Staatszielbestimmungen" (Kommissionsdrucksache 15/174) sowie das Wortprotokoll der Anhörung. (Protokoll-Nr. 15/19)

[131] Vgl. Bundesminister des Innern/Bundesminister der Justiz (1983), Rz. 37 ff., 112, 122; vgl. auch Grimm (1984), S. 67.

[132] Vgl. BVerfGE 40, 121, 133; BVerfGE 82, 60, 80.

[133] Vgl. schriftliche Stellungnahme von Prof. Dr. em. Gottfried Mahrenholz zur Anhörung vom 20. September 2004 zum Thema „Kulturelle Staatszielbestimmungen". (Kommissionsdrucksache 15/167). Er sieht kein ähnliches Bewusstsein und keine parallele Debatte wie zur Einführung der natürlichen Lebensgrundlagen in Artikel 20a GG. Dies widerlegt jedoch bereits die mehrheitliche Empfehlung der Sachverständigenkommission zu einer gemeinsamen Formulierung.

[134] Vgl. schriftliche Stellungnahme von Prof. Dr. Ulrich Karpen zur Anhörung vom 20. September 2004 zum Thema „Kulturelle Staatszielbestimmungen" (Kommissionsdrucksache 15/174) sowie das Wortprotokoll der Anhörung. (Protokoll-Nr. 15/19)

Verfassungstext zu gewähren oder die Popularität des Grundgesetzes zu steigern. Letztlich sei eine Verankerung der Kultur im Grundgesetz auch ineffektiv, da sich aus diesem Begriff keine direkt vollziehbaren Folgerungen ergeben würden.[135]

Die Befürworter wenden demgegenüber ein, dass das Argument, eine kulturelle Staatszielbestimmung sei nicht justiziables Verfassungsrecht und damit wertlos, nicht zutreffe, weil sie nicht nur jedem Gericht als Auslegungs- und Anwendungsmaßstab für das einfache Recht diene, sondern auch vor dem BVerfG gegenüber Gesetzen in Ansatz gebracht werden könnte.[136] Dabei würde das BVerfG einen weiten Gestaltungsspielraum des Gesetzgebers respektieren.[137]

Auch sei ein rechtlich verankerter Kulturauftrag ein Gesichtspunkt, der in verwaltungsrechtliche Ermessens- und Abwägungsentscheidungen einfließen könne und müsse.[138]

Als Ergebnis ist festzuhalten: Staatszielbestimmungen sind Verfassungsnormen und danach grundsätzlich ebenso justiziabel wie andere Normen.[139] Die Eigenschaft der „Vagheit" teilen Staatszielbestimmungen mit vielen anderen Verfassungsnormen, ohne dass diesen deshalb die Eigenschaft als verbindliches Verfassungsrecht abgesprochen würde. Staatszielbestimmungen sind danach Verfassungsnormen mit rechtlich bindender Wirkung, die der Staatstätigkeit die fortdauernde Beachtung oder Erfüllung bestimmter Aufgaben vorschreiben. Staatsziele sind verfassungsrechtliche Wertentscheidungen für bestimmte Ziele, Anliegen, Aufgaben. Als solche sind sie rechtlich verbindlich, vorrangig für den Gesetzgeber (vgl. Artikel 20 Abs. 3 GG). Anders als Grundrechte begründen sie jedoch keine subjektiven Rechte Einzelner; denn sie sind objektives Verfassungsrecht.

4.7 Staatszielbestimmung als Kulturgestaltungsauftrag

Unmittelbare Verpflichtungen zum Schutz und zur Förderung von Kultur ergeben sich grundsätzlich aus der Verantwortung der Länder, mittelbare – insbesondere im Rahmen der Finanzverwaltung – aus der gesamtstaatlichen Verantwortung des Bundes.[140] Die „kulturelle Grundversorgung" kann als Rechtsfigur in Form einer Kulturstaatsklausel verallgemeinert werden. Eine Folge einer neuen Kulturklausel im Grundgesetz ist es dann, dass eine allgemeine Verpflichtung für Staat und Kommunen besteht, Kultur zu schützen und zu fördern. Gleichwohl bleibt in diesem Rahmen Kulturgestaltung je nach Kulturbereich Aufgabe der zuständigen Gesetzgeber, insbesondere der Länder.[141] Mit einer Staatszielbestimmung ist keine Verstärkung der kulturell bezogenen Bundeskompetenz

---

[135] Vgl. schriftliche Stellungnahme von Prof. Dr. Peter Badura zur Anhörung vom 20. September 2004 zum Thema „Kulturelle Staatszielbestimmungen". (Kommissionsdrucksache 15/183); vgl. schriftliche Stellungnahme von Prof. Dr. Ulrich Karpen zur Anhörung vom 20. September 2004 zum Thema „Kulturelle Staatszielbestimmungen" (Kommissionsdrucksache 15/174) sowie das Wortprotokoll der Anhörung. (Protokoll-Nr. 15/19)

[136] Vgl. BVerfG (1997), S. 368 argumentiert mit der Staatszielbestimmung des Artikel 20a GG im Rahmen einer Prüfung der naturschutz- und landschaftsschutzrechtlichen Normen einer Verordnung über den Schutz von Landschaftsteilen an der Isar und deren Mündungsgebiet im Landkreis Deggendorf.

[137] Vgl. zur gerichtlichen Umsetzbarkeit von Staatszielbestimmungen als Auslegungsmaßstab des BVerfGs die schriftliche Stellungnahme von Prof. Dr. Bodo Pieroth zur Anhörung vom 20. September 2004 zum Thema „Kulturelle Staatszielbestimmungen". (Kommissionsdrucksache 15/178); vgl. Pieroth/Siegert (1984), S. 438, 446ff. m. w. Nachw. zur Anhörung der Gemeinsamen Verfassungskommission „Staatsziele und Grundrecht" 1992.

[138] Vgl. schriftliche Stellungnahmen von Prof. Dr. Bodo Pieroth zur Anhörung vom 20. September 2004 zum Thema „Kulturelle Staatszielbestimmungen" (Kommissionsdrucksache 15/178) sowie das Wortprotokoll der Anhörung (Protokoll-Nr. 15/19); von Prof. Dr. Max-Emanuel Geis, S. 3. (Kommissionsdrucksache 15/183)

[139] Vgl. Zu der rechtlichen Bedeutung und begrenzten Justiziabilität im Einzelnen siehe Stenographischer Bericht der Gemeinsamen Verfassungskommission (1992), S. 102.

[140] Vgl. schriftliche Stellungnahme von Prof. Dr. Peter Badura zur Anhörung vom 20. September 2004 zum Thema „Kulturelle Staatszielbestimmungen". (Kommissionsdrucksache 15/183)

[141] Vgl. schriftliche Stellungnahme von Prof. Dr. Dr. h.c. mult. Peter Häberle zur Anhörung vom 20. September 2004 zum Thema „Kulturelle Staatszielbestimmungen". (Kommissionsdrucksache 15/165)

noch ein Eingriff in die kulturelle Selbstgestaltungskompetenz der Kommunen verbunden.[142] Die Förderung von Kultur und Kulturschaffenden ist als Selbstverwaltungsaufgabe der Gemeinden ausgestaltet, die autonom erfüllt wird. Gemeindliche Pflichtaufgaben können nach Maßgabe des Artikels 28 Abs. 2 GG nur durch Verfassung oder Gesetzgebung der Länder begründet werden. Eine kulturelle Staatszielbestimmung führt noch nicht dazu, dass Kultur Pflichtaufgabe wird, da lediglich eine grundlegende, auch die Kommunen betreffende Verpflichtung zur Kulturförderung generell normiert wird. Allerdings lässt sich daraus ein Kulturgestaltungsauftrag ableiten, der auch Bund, Länder und Kommunen – ebenso wie bereits die in den meisten Landesverfassungen enthaltenen Kulturstaatsklauseln – generell in die Pflicht nimmt. Aus der kulturellen Staatszielbestimmung und den entsprechenden Vorschriften in den Landesverfassungen kann die Sicherung einer „kulturellen Grundversorgung" hergeleitet werden, deren Ausprägung unter Berücksichtigung der örtlichen Verhältnisse konkretisiert werden muss. Schon aus Artikel 28 Abs. 2 GG ergibt sich in Verbindung mit den einschlägigen Vorschriften der Gemeindeordnungen zur Berücksichtigung des kulturellen Wohls der Einwohner bei der Ausgestaltung des Systems an öffentlichen Einrichtungen (zum Beispiel § 10 Abs. 2 Satz 1 GO Baden-Württemberg, § 8 Abs. 1 GO Nordrhein-Westfalen, § 2 Abs. 1 Satz 2 GO Sachsen-Anhalt) ein entsprechender „Infrastrukturauftrag",[143] der auch von den Gegnern einer kulturellen Staatszielbestimmung im Grundgesetz auch ohne ausführliche gesetzliche Grundlage anerkannt worden ist.[144] Freiwilligkeit kann nicht als Beliebigkeit verstanden werden.

Auch die Gemeinden würden durch eine kulturelle Staatszielbestimmung zum Schutz und zur Förderung der Kultur generell verpflichtet. Das bedeutet aber nicht gleichzeitig, dass dies eine Pflichtaufgabe im Sinne des Gemeinderechts darstellt. Diese ist durch Fachaufsicht und Weisungsrecht staatlicher Behörden gekennzeichnet. Die Aufnahme der Staatszielbestimmung in das Grundgesetz bedeutet für die Gemeinden eine Unterstützung in der Wahrnehmung ihres Kulturauftrages.[145]

4.8 Europäische Aspekte

Viele neuere europäische Verfassungen haben eine Kulturstaatszielbestimmung.[146] Das Verhältnis zum europäischen Recht beschränkt sich nicht nur auf die Frage, ob Regelungen ausländischer Verfassungen in das Grundgesetz übernommen werden können. Es geht im Rahmen einer kulturellen Verankerung im Grundgesetz um die Position der Kultur in der Bundesrepublik Deutschland im Verhältnis zu anderen europäischen Staaten und der Europäischen Union.[147]

Einzelne Regelungen jüngerer Verfassungen europäischer Staaten dürfen nicht aus dem Regelungszusammenhang herausgelöst betrachtet und unkritisch in das Grundgesetz übernommen werden. Jedoch verrät ein Blick in die hier aufgeführten Verfassungen, dass der jeweilige Verfassungsgeber den Begriff Kultur an den verschiedensten Stellen ausdrücklich erwähnt.

---

[142] Vgl. schriftliche Stellungnahme von Prof. Dr. Friedhelm Hufen zur Anhörung vom 20. September 2004 zum Thema „Kulturelle Staatszielbestimmungen". (Kommissionsdrucksache 15/180)

[143] Vgl. Scheytt (2005), Rz. 127 ff.

[144] Vgl. schriftliche Stellungnahme von Prof. Dr. em. Gottfried Mahrenholz zur Anhörung vom 20. September 2004 zum Thema „Kulturelle Staatszielbestimmungen". (Kommissionsdrucksache 15/167); vgl. Raue-Gutachtennachtrag, S. 10. (Kommissionsdrucksache 15/399)

[145] Vgl. schriftliche Stellungnahme von Prof. Dr. Bodo Pieroth zur Anhörung vom 20. September 2004 zum Thema „Kulturelle Staatszielbestimmungen" (Kommissionsdrucksache 15/178) sowie das Wortprotokoll der Anhörung (Protokoll-Nr. 15/19). Eine kulturelle Staatszielbestimmung nehme den Gemeinden daher das Entschließungsermessen (das „Ob" der Aufgabenwahrnehmung). Es bleibe ihnen jedoch das Auswahlermessen (das „Wie" der Aufgabenwahrnehmung).

[146] Vgl. schriftliche Stellungnahme von Prof. Dr. Dr. h.c. mult. Peter Häberle zur Anhörung vom 20. September 2004 zum Thema „Kulturelle Staatszielbestimmungen". (Kommissionsdrucksache 15/165)

[147] Vgl. schriftliche Stellungnahme von Prof. Dr. Dr. h.c. mult. Peter Häberle zur Anhörung vom 20. September 2004 zum Thema „Kulturelle Staatszielbestimmungen". (Kommissionsdrucksache 15/165)

Die Kommission ist der Auffassung, kulturelle Aufgaben des Staates als gleichgewichtig mit den sozialen und umweltbezogenen im Grundgesetz anzusehen. Damit bewegt sie sich innerhalb der europäischen Verfassungstradition.[148]

5 Schlussfolgerung und Abwägung der Formulierungsalternativen

Nach Abwägung aller Argumente hält die Kommission es für erforderlich, eine kulturelle Staatszielbestimmung in das Grundgesetz aufzunehmen. Diese Staatszielbestimmung soll so gefasst sein, dass sie einerseits die Vagheit und die juristische Unverbindlichkeit eines bloßen Programmsatzes vermeidet, und dass sie andererseits keine unerfüllbaren juristischen Hoffnungen weckt oder aber den Gesetzgeber in seiner Gestaltungsfreiheit einengt. Sie soll so formuliert sein, dass sie in erster Linie einen Handlungsauftrag an den Staat enthält und eine normative Richtlinie für die Ausführung dieses Handlungsauftrages gibt. Die Zielbestimmung fließt damit sowohl in das politische Ermessen des Gesetzgebers ein als auch in verwaltungsrechtliche Ermessens- und gerichtliche Abwägungsentscheidungen.

Rechtstechnisch kann es auch nach den Ergebnissen der Gemeinsamen Verfassungskommission von 1992 nicht um eine Ergänzung der Grundrechte gehen, vielmehr wird analog der Bestimmung des Artikels 20a GG die Formulierung einer kulturellen Staatszielbestimmung in einem eigenständigen Grundgesetzartikel vorgeschlagen. Eine solche Regelung zieht die Kommission einer Änderung des Artikels 20 GG vor, auch unter Berücksichtigung des Artikels 79 Abs. 3 GG, nach dem eine Änderung des Artikels 20 GG unzulässig ist. Es bietet sich daher an, einen Artikel 20b in das Grundgesetz aufzunehmen. Die Enquete-Kommission schlägt folgende kurzgefasste Formulierung vor: „Der Staat schützt und fördert die Kultur."

Anhang

Auszüge aus den Verfassungen der Länder[149]

Baden-Württemberg[150]

„Der Staat und die Gemeinden fördern das kulturelle Leben [...] unter Wahrung der Autonomie der Träger." (Artikel 3c Abs. 1 LVerf)

Bayern[151]

„Bayern ist ein Rechts-, Kultur- und Sozialstaat." (Artikel 3 Abs. 1 LVerf)

„Das wirtschaftliche und kulturelle Eigenleben im Bereich der Gemeindeverbände ist vor Verödung zu schützen." (Artikel 10 Abs. 4 LVerf); „Kunst und Wissenschaft sind von Staat und Gemeinde zu fördern." (Artikel 140 Abs. 1 LVerf)

---

[148] *Vgl. schriftliche Stellungnahme von Prof. Dr. Friedhelm Hufen zur Anhörung vom 20. September 2004 zum Thema „Kulturelle Staatszielbestimmungen". (Kommissionsdrucksache 15/180)*

[149] *Vgl. Anhang zu Kap. 3.2 des Zwischenberichts (Bundestagsdrucksache 15/5560); vgl. auch Raue-Gutachtennachtrag, S. 16 ff. (Kommissionsdrucksache 15/399)*

[150] *Verfassung des Landes Baden-Württemberg vom 11. November 1953, i. d. F. vom 13. Juni 1990, zuletzt geändert durch Gesetz vom 14. Februar 2004.*

[151] *Verfassung des Freistaates Bayern vom 2. Dezember 1946 i. d. F. der Bekanntmachung vom 15. Dezember 1998, zuletzt geändert durch Gesetz vom 10. November 2003.*

Berlin[152]

„Das Land schützt und fördert das kulturelle Leben." (Artikel 20 Abs. 2 LVerf)

Brandenburg[153]

„Brandenburg ist ein [...] dem Schutz der natürlichen Lebensgrundlagen und der Kultur verpflichtetes demokratisches Land [...]" (Artikel 2 Abs. 1 LVerf); „Die Kunst ist frei. Sie bedarf der öffentlichen Förderung, insbesondere durch Unterstützung der Künstler." (Artikel 34 Abs. 1 LVerf); „Das kulturelle Leben in seiner Vielfalt und die Vermittlung des kulturellen Erbes werden öffentlich gefördert.

Kunstwerke und Denkmale der Kultur stehen unter dem Schutz des Landes, der Gemeinden und Gemeindeverbände." (Artikel 34 Abs. 2 LVerf); „Das Land, die Gemeinden und Gemeindeverbände unterstützen die Teilnahme am kulturellen Leben und ermöglichen den Zugang zu den Kulturgütern." (Artikel 34 Abs. 3 LVerf)

Bremen[154]

„Die Kunst, die Wissenschaft und ihre Lehre sind frei." (Artikel 11 Abs. 1 LVerf); „Der Staat gewährt ihnen Schutz und nimmt an ihrer Pflege teil." (Abs. 2); „Der Staat schützt und fördert das kulturelle Leben." (Abs. 3)

Hamburg[155]

Keine Aussage zur Bedeutung von Kunst und Kultur trifft die Verfassung Hamburgs. Das erklärt sich daraus, dass die Verfassung insgesamt vorwiegend Regelungen zur Staatsorganisation trifft, aber weder Grundrechte des Einzelnen noch Staatszielbestimmungen enthält.[156]

Hessen[157]

Die Hessische Landesverfassung bezieht die staatliche Schutzpflicht ausdrücklich nur auf die „Denkmäler der Kunst, der Geschichte und Kultur" (Artikel 62 LVerf), nicht aber auf die Kunst und Kultur im Allgemeinen. Artikel 10 der Landesverfassung bestimmt aber: „Niemand darf in seinem wissenschaftlichen oder künstlerischen Schaffen und in der Verbreitung seiner Werke gehindert werden."

Mecklenburg-Vorpommern[158]

„Land, Gemeinden und Kreise schützen und fördern Kultur, Sport, Kunst und Wissenschaft. [...]" (Artikel 16 Abs. 1 LVerf)

---

[152] Verfassung von Berlin vom 23. November 1995 in der ab dem 18. November 1999 geltenden Fassung.
[153] Verfassung des Landes Brandenburg vom 20. August 1992, zuletzt geändert durch Gesetz vom 7. April 1999.
[154] Landesverfassung der Freien Hansestadt Bremen vom 21. Oktober 1947.
[155] Verfassung der Freien und Hansestadt Hamburg vom 6. Juni 1952, zuletzt geändert durch Gesetz vom 16. Mai 2001.
[156] Vgl. David (2004), Vorbemerkungen Rz. 46.
[157] Verfassung des Landes Hessen vom 1. Dezember 1946, zuletzt geändert durch Gesetz vom 20. März 1991.
[158] Verfassung des Landes Mecklenburg-Vorpommern vom 23. Mai 1993, zuletzt geändert durch Gesetz vom 4. April 2000.

Niedersachsen[159]

„*Das Land, die Gemeinden und die Landkreise schützen und fördern Kunst, Kultur und Sport.*" *(Artikel 6 LVerf)*

Nordrhein-Westfalen[160]

„*Kultur, Kunst und Wissenschaft sind durch Land und Gemeinden zu pflegen und zu fördern.*" *(Artikel 18 Abs. 1 LVerf)*

Rheinland-Pfalz[161]

„*Das künstlerische und kulturelle Schaffen ist durch das Land, die Gemeinden und Gemeindeverbände zu pflegen und zu fördern.*" *(Artikel 40 Abs. 1 LVerf)*

Saarland[162]

„*Kulturelles Schaffen genießt die Förderung des Staates.*" *(Artikel 34 Abs. 1 LVerf)*

Sachsen[163]

„*Das Land erkennt das Recht eines jeden Menschen[...] auf Bildung als Staatsgut an.*" *(Artikel 7 Abs. 1 LVerf)*

„*Das Land fördert das kulturelle, das künstlerische und wissenschaftliche Schaffen, die sportliche Betätigung sowie den Austausch auf diesen Gebieten.*" *(Artikel 11 Abs. 1 LVerf)*

„*Die Teilnahme an der Kultur in ihrer Vielfalt und am Sport ist dem gesamten Volk zu ermöglichen. Zu diesem Zweck werden öffentlich zugängliche Museen, Bibliotheken, Archive, Gedenkstätten, Theater, Sportstätten, musikalische und weitere kulturelle Einrichtungen sowie allgemein zugängliche Universitäten, Hochschulen, Schulen und andere Bildungseinrichtungen unterhalten.*" *(Artikel 11 Abs. 2 LVerf)*

Sachsen-Anhalt[164]

„*Kunst, Kultur und Sport sind durch das Land und die Kommunen zu schützen und zu fördern.*" *(Artikel 36 Abs. 1 LVerf)*; „*Das Land und die Kommunen fördern im Rahmen ihrer finanziellen Möglichkeiten die kulturelle Betätigung aller Bürger insbesondere dadurch, dass sie öffentlich zugängliche Museen, Büchereien, Gedenkstätten, Theater, Sportstätten und weitere Einrichtungen unterhalten.*" *(Artikel 36 Abs. 3 LVerf)*

Schleswig-Holstein[165]

„*Das Land schützt und fördert Kunst und Wissenschaft, Forschung und Lehre.*" *(Artikel 9 Abs. 1 LVerf)*; „*Die Förderung der Kultur einschließlich des Sports, der Erwachsenenbildung, des Büche-*

---

[159] *Niedersächsische Verfassung vom 19. Mai 1993, zuletzt geändert durch Gesetz vom 21. November 1997.*
[160] *Verfassung für das Land Nordrhein-Westfalen vom 18. Juni 1950, zuletzt geändert durch Gesetz vom 5. März 2002.*
[161] *Verfassung für Rheinland-Pfalz vom 18. Mai 1947, zuletzt geändert durch Gesetz vom 8. März 2000.*
[162] *Verfassung des Saarlandes vom 15. Dezember 1947, zuletzt geändert durch Gesetz vom 5. September 2001.*
[163] *Verfassung des Freistaates Sachsen vom 27. Mai 1992.*
[164] *Verfassung des Landes Sachsen-Anhalt vom 16. Juli 1992, zuletzt geändert durch Gesetz vom 27. Januar 2005.*
[165] *Verfassung des Landes Schleswig-Holstein vom 13. Juni 1990, zuletzt geändert durch Gesetz vom 14. Februar 2004.*

reiwesens und der Volkshochschulen ist Aufgabe des Landes, der Gemeinden und Gemeindeverbände." (Artikel 9 Abs. 2 LVerf)

Thüringen[166]

"Kultur, Kunst, Brauchtum genießen Schutz und Förderung durch das Land und seine Gebietskörperschaften." (Artikel 30 LVerf)

Kulturartikel der Europäischen Union[167]

Artikel 151 EG-Vertrag lautet:

„(1) Die Gemeinschaft leistet einen Beitrag zur Entfaltung der Kulturen der Mitgliedstaaten unter Wahrung ihrer nationalen und regionalen Vielfalt sowie gleichzeitiger Hervorhebung des gemeinsamen kulturellen Erbes.

(2) Die Gemeinschaft fördert durch ihre Tätigkeit die Zusammenarbeit zwischen den Mitgliedstaaten und unterstützt und ergänzt erforderlichenfalls deren Tätigkeit in folgenden Bereichen:

– Verbesserung der Kenntnis und Verbreitung der Kultur und Geschichte der europäischen Völker,
– Erhaltung und Schutz des kulturellen Erbes von europäischer Bedeutung,
– nichtkommerzieller Kulturaustausch,
– künstlerisches und literarisches Schaffen, einschließlich im audiovisuellen Bereich.

(3) Die Gemeinschaft und die Mitgliedstaaten fördern die Zusammenarbeit mit dritten Ländern und den für den Kulturbereich zuständigen internationalen Organisationen, insbesondere mit dem Europarat.

(4) Die Gemeinschaft trägt bei ihrer Tätigkeit aufgrund anderer Bestimmungen dieses Vertrags den kulturellen Aspekten Rechnung, insbesondere zur Wahrung und Förderung der Vielfalt ihrer Kulturen.

(5) Als Beitrag zur Verwirklichung der Ziele dieses Artikels erlässt der Rat

– gemäß dem Verfahren des Artikels 251 und nach Anhörung des Ausschusses der Regionen Fördermaßnahmen unter Ausschluss jeglicher Harmonisierung der Rechts- und Verwaltungsvorschriften der Mitgliedstaaten. Der Rat beschließt im Rahmen des Verfahrens des Artikel 251 einstimmig;
– einstimmig auf Vorschlag der Kommission Empfehlungen."

---

[166] Verfassung des Freistaates Thüringen vom 25. Oktober 1993.
[167] Vgl. Anhang zu Kap. 3.4 im Zwischenbericht. (Bundestagsdrucksache 15/5560)

Formulierungsvorschläge für eine verfassungsrechtliche Verankerung von Kultur als Staatsziel im Grundgesetz[168]

Grundgesetz in der derzeit gültigen Fassung[169]	**Formulierungsvorschlag**[169] *(gleiche Ziffer wie linke Spalte)*
Artikel 1 GG [Schutz der Menschenwürde] *(1) ...* *(2) Das Deutsche Volk bekennt sich darum zu unverletzlichen und unveräußerlichen Menschenrechten als Grundlage jeder menschlichen Gemeinschaft, des Friedens und der Gerechtigkeit in der Welt.*	*Artikel 1 GG* *(1) ...* *(2) Das Deutsche Volk bekennt sich darum zu unverletzlichen und unveräußerlichen Menschenrechten als* **kulturelle** *Grundlage jeder menschlichen Gemeinschaft, des Friedens und der Gerechtigkeit in der Welt.*[170]
Artikel 20 GG [Bundesstaatliche Verfassung; Widerstandsrecht] *(1) Die Bundesrepublik Deutschland ist ein demokratischer und sozialer Bundesstaat.*	*Artikel 20 GG* **Die Bundesrepublik ist ein Rechts-, Kultur- und Sozialstaat.**[171] *oder* **Die Bundesrepublik ist ein Rechts-, Kultur-, Sozial- und Umweltstaat** *(unter Einbeziehung des Staatsziels aus Artikel 20a GG).*[172]

---

[168] Vgl. Anhang zu Kap. 5. des Zwischenberichts, vgl. auch Formulierungsvorschlag der Professoren der Anhörung vom 20. September 2004 zum Thema „Kulturelle Staatszielbestimmungen"

[169] Nachfolgend wird die derzeitige Fassung des Grundgesetzes den Änderungs- oder Ergänzungsvorschlägen der Sachverständigen gegenübergestellt. Die Änderungs- bzw. Ergänzungsvorschläge sind dabei jeweils gefettet wiedergegeben.

[170] Vgl. schriftliche Stellungnahme von Prof. Dr. Max-Emanuel Geis zur Anhörung vom 20. September 2004 zum Thema „Kulturelle Staatszielbestimmungen". (Kommissionsdrucksache 15/183)

[171] Vgl. schriftliche Stellungnahme von Prof. Dr. Ulrich Karpen zur Anhörung vom 20. September 2004 zum Thema „Kulturelle Staatszielbestimmungen" (Kommissionsdrucksache 15/174) sowie das Wortprotokoll der Anhörung. (Protokoll-Nr. 15/19)

[172] Ebd.

noch Formulierungsvorschläge für eine verfassungsrechtliche Verankerung von Kultur als Staatsziel im Grundgesetz

Grundgesetz in der derzeit gültigen Fassung[169]	**Formulierungsvorschlag**[169] (gleiche Ziffer wie linke Spalte)
Artikel 20a GG [Umweltschutz] *Der Staat schützt auch in Verantwortung für die künftigen Generationen die natürlichen Lebensgrundlagen und die Tiere im Rahmen der verfassungsmäßigen Ordnung durch die Gesetzgebung und nach Maßgabe von Gesetz und Recht durch die vollziehende Gewalt und die Rechtsprechung.*	*Artikel 20a GG [natürliche und kulturelle Lebensgrundlagen]* *Der Staat schützt auch in Verantwortung für die künftigen Generationen die natürlichen Lebensgrundlagen und die Tiere im Rahmen der verfassungsmäßigen Ordnung durch die Gesetzgebung und nach Maßgabe von Gesetz und Recht durch die vollziehende Gewalt und die Rechtsprechung.* ***In gleicher Weise schützt und fördert der Staat die Kultur.***[173] oder *Der Staat schützt auch in Verantwortung für die künftigen Generationen die natürlichen **und kulturellen** Lebensgrundlagen und die Tiere im Rahmen der verfassungsmäßigen Ordnung durch die Gesetzgebung und nach Maßgabe von Gesetz und Recht durch die vollziehende Gewalt und die Rechtsprechung.*[174]
	Artikel 20b GG *Der Staat schützt und fördert die Kultur, insbesondere Bildung, Wissenschaft und Kunst, im Rahmen der verfassungsmäßigen Ordnung durch die Gesetzgebung und nach Maßgabe von Gesetz und Recht durch die vollziehende Gewalt und die Rechtsprechung.*[175] *Artikel 20b GG* *Der Staat schützt, pflegt und fördert die Kultur.* (oder Integration in Artikel 20a GG)[176] *Artikel 20b GG [Schutz und Förderung der Kultur]* *Der Staat schützt und fördert die Kultur.*[177]

---

[173] Vgl. schriftliche Stellungnahme von Prof. Dr. Friedhelm Hufen zur Anhörung vom 20. September 2004 zum Thema „Kulturelle Staatszielbestimmungen". (Kommissionsdrucksache 15/180)

[174] Ebd.

[175] Vgl. schriftliche Stellungnahme von Prof. Dr. Bodo Pieroth zur Anhörung vom 20. September 2004 zum Thema „Kulturelle Staatszielbestimmungen" (Kommissionsdrucksache 15/178) sowie das Wortprotokoll der Anhörung (Protokoll-Nr. 15/19)

[176] Vgl. schriftliche Stellungnahme von Prof. Dr. Ulrich Karpen zur Anhörung vom 20. September 2004 zum Thema „Kulturelle Staatszielbestimmungen" (Kommissionsdrucksache 15/174) sowie das Wortprotokoll der Anhörung. (Protokoll-Nr. 15/19)

[177] Vgl. schriftliche Stellungnahme von Prof. Dr. Max-Emanuel Geis zur Anhörung vom 20. September 2004 zum Thema „Kulturelle Staatszielbestimmungen". (Kommissionsdrucksache 15/183)

Ergänzend wurde eine Änderung des Artikels 28 GG wie folgt diskutiert:[178]

Grundgesetz in der derzeit gültigen Fassung[169] *(gleiche Ziffer wie linke Spalte)*	*Formulierungsvorschlag*[169] *(gleiche Ziffer wie linke Spalte)*
Artikel 28 [Verfassung der Länder]	*Artikel 28*
(1) Die verfassungsmäßige Ordnung in den Ländern muss den Grundsätzen des republikanischen, demokratischen und sozialen Rechtsstaates im Sinne dieses Grundgesetzes entsprechen. [...]	*(1) Die verfassungsmäßige Ordnung in den Ländern muss den Grundsätzen des republikanischen, demokratischen, sozialen* **und kulturellen** *Rechtsstaates im Sinne dieses Grundgesetzes entsprechen.*[179]
	Artikel 28
	(1) Die verfassungsmäßige Ordnung in den Ländern muss den Grundsätzen des republikanischen, demokratischen und sozialen Rechtsstaates im **Sinne der Bundesverfassung und dem Kulturstaatsprinzip** *entsprechen.*[180]
	oder
	Artikel 28/Artikel 20b
	Die Bundesrepublik Deutschland bekennt sich nach Maßgabe der grundgesetzlichen Kompetenzverteilung zu ihrem kulturellen Erbe und ihrer Verantwortung für eine vielgestaltige kulturelle Zukunft.[181]

---

[178] *Vgl. Bundesminister des Inneren/Bundesminister der Justiz (1983), Rz. 169.*
[179] *Vgl. schriftliche Stellungnahme von Prof. Dr. Ulrich Karpen zur Anhörung vom 20. September 2004 zum Thema „Kulturelle Staatszielbestimmungen" (Kommissionsdrucksache 15/174) sowie das Wortprotokoll der Anhörung. (Protokoll-Nr. 15/19)*
[180] *Vgl. schriftliche Stellungnahme von Prof. Dr. Dr. h. c. mult. Peter Häberle zur Anhörung vom 20. September 2004 zum Thema „Kulturelle Staatszielbestimmungen". (Kommissionsdrucksache 15/165)*
[181] *Vgl. schriftliche Stellungnahme von Prof. Dr. Dr. h. c. mult. Peter Häberle zur Anhörung vom 20. September 2004 zum Thema „Kulturelle Staatszielbestimmungen". (Kommissionsdrucksache 15/165)*

2.5 Sicherung der kulturellen Infrastruktur

2.5.1 Begriffsgeschichte kulturelle Grundversorgung – kulturelle Infrastruktur

Der Begriff „kulturelle Grundversorgung" ist seit Mitte der 90er-Jahre ein zentraler Begriff in kulturpolitischen Begründungen und Diskussionen.[182] Er spielt immer wieder dann eine Rolle, wenn es um die Ausgestaltung der kulturellen Infrastruktur, die Sicherung von Kulturangeboten und die Abwehr von Mittelkürzungen im Kulturbereich geht. Dabei geht es auch um die Fragen danach, welche Verantwortlichkeiten Staat und Kommunen im Kulturbereich wahrzunehmen haben und welchen Charakter diese Aufgabenwahrnehmung hat. Handelt es sich um freiwillige Leistungen des Staates? Welche Bedeutung hat das Subsidiaritätsprinzip? Welche Rolle kommt dem Staat und den Kommunen im Wechselspiel mit Markt und Bürgergesellschaft zu?

Im Einsetzungsbeschluss des Deutschen Bundestages für die Enquete-Kommission heißt es dazu: „Auch das Verhältnis von freiwilligen Aufgaben und Pflichtaufgaben soll Thema sein. In diesem Zusammenhang muss die Kommission auch näher bestimmen, was legitimer Weise zur kulturellen Grundversorgung gezählt werden muss und wie diese sich sichern lässt."

In der Grundannahme, dass Kultur ein „öffentliches Gut" ist und dass Staat und Kommunen öffentliche Verantwortung für Kulturpflege, Kulturarbeit und Kulturförderung wahrzunehmen haben, hat sich die Enquete-Kommission immer wieder in den verschiedensten Zusammenhängen mit Charakter und Umfang dieser öffentlichen Verantwortung befasst, die mit den schon genannten Begrifflichkeiten ebenso umschrieben werden wie mit dem Begriff der „kulturellen Daseinsvorsorge".[183] Im europäischen Kontext findet sich eine Reihe von ähnlichen Begriffen in der Verwaltungslehre.[184] Es entspricht einem allgemeinen europäischen Staatsverständnis, dass der Staat bei einem bestehenden „öffentlichen Interesse" Verantwortung für öffentliche Angebote übernimmt.

Das Begriffselement der „Versorgung" hat in den letzten Jahren vielfach Kritik ausgelöst, insbesondere mit Blick auf die Verwendung dieses Begriffes im Bereich der Künste und der Kunstförderung, da Kunst nicht der „Versorgung" diene. Manche Kritiker warnen auch vor einer weiteren „Verrechtlichung" des Kulturbereichs, da die kulturelle Grundversorgung letztlich nur durch die Gewährleistung von „Standards" umgesetzt werden könne. Demgegenüber hat der Begriff der „kulturellen Grundversorgung" insbesondere im Bereich der kulturellen Bildung (Musikschulen, Jugendkunstschulen, Volkshochschulen etc.) große Akzeptanz gefunden.[185]

Festzuhalten ist, dass die Begriffe der kulturellen Grundversorgung und kulturellen Daseinsvorsorge die „staatliche Seite" des kulturellen Lebens in den Blick nehmen und auf die „Gewährleistung einer kulturellen Infrastruktur" im öffentlichen Interesse abzielen. Kultur wird als ein „öffentliches Gut" erfasst, für das (öffentliche) Verantwortung zu übernehmen ist.

---

[182] Vgl. Kulturpolitische Mitteilungen (2004), S. 22ff.

[183] Der Begriff der „Grundversorgung" ist entlehnt aus der Rechtsprechung des Bundesverfassungsgerichts zur „medialen Grundversorgung", die die öffentlich-rechtlichen Rundfunkanstalten zu gewährleisten haben. Der ältere Begriff der „Daseinsvorsorge" stammt aus dem Verwaltungsrecht und wurde von Ernst Forsthoff geprägt. Ernst Forsthoff offerierte mit dem Begriff „Daseinsvorsorge" in seinem Buch „Die Verwaltung als Leistungsträger" (1938) eine Kritik des liberalen Staatsverständnisses. Er hat der Verwaltung (in den damals herrschenden industriekapitalistischen Bedingungen) Infrastrukturaufgaben zugemessen. Beide Begriffe gehen von dem Grundverständnis aus, dass die öffentliche Hand die Aufgabe hat, eine Infrastruktur zur „Versorgung" der Einwohnerinnen und Einwohner vorzuhalten.

[184] Dem englischen Begriff des „General Interest Services" entsprechen im Französischen „Les services d´intérêt général", im Italienischen „Servizi d´interesse generale" und im Niederländischen „Diensten van algemeen belang". Der europäische Wirtschafts- und Sozialausschuss hat 2003 zu diesem Thema ausgeführt: „The concept of services of general interest is understood differently across the European Union ... There are, however, some quite similar ideas and closely corresponding situations, reflecting values shared by all European countries" (Opinion of the European Economic and Social Comitee on the „Green Paper of General Interest").

[185] Vgl. § 11 Weiterbildungsgesetz NRW oder Beiträge in den Kulturpolitischen Mitteilungen (2004), S. 42ff.

2.5.2 Begriffsverständnis der Enquete-Kommission

Die Kommission spricht von der „Sicherung der kulturellen Infrastruktur", weil die Begriffe „Grundversorgung" und „Daseinsvorsorge" sich vorrangig auf staatliches und kommunales Handeln beziehen und damit nur auf einen Teil der kulturellen Aktivitäten verschiedener Träger.

Zur Sicherung der kulturellen Infrastruktur in Deutschland sind folgende Maßnahmen erforderlich:

- die Errichtung und Erhaltung von Kultureinrichtungen,
- die Förderung von Kunst, Kultur und Kultureller Bildung,
- die Initiierung und Finanzierung kultureller Veranstaltungen,
- die Gestaltung von angemessenen Rahmenbedingungen für Künstler und Kulturberufe, Bürgerschaftliches Engagement, freie Kulturträger und die Kulturwirtschaft.

Die Enquete-Kommission sieht den Staat und die Kommunen in der Verantwortung, die kulturelle Infrastruktur zu gewährleisten. Sie interpretiert den öffentlichen Auftrag zur Sicherung der kulturellen Infrastruktur dahingehend, dass der Kulturstaat Deutschland seine diesbezüglichen Verantwortlichkeiten zu klären und wahrzunehmen hat. Der öffentliche Auftrag mündet daher in einen Kulturgestaltungsauftrag, der aktives staatliches und kommunales Handeln erfordert.

Die Enquete-Kommission sieht auch in der Bereitstellung von finanziellen Ressourcen für private Kulturträger, Künstler etc. eine „Infrastrukturaufgabe". Förderleistungen unterliegen insoweit daher nicht einer im Dienstleistungsrecht üblichen Subventionsprüfung, sondern werden im „öffentlichen Interesse" geleistet. Kunstförderung durch Bereitstellung von Finanzen ist daher als eine Infrastrukturaufgabe zu kennzeichnen und somit auch mit Blick auf die EU-Dienstleistungsrichtlinie und die GATS-Verhandlungen aus der Subventionsdiskussion herauszulösen.

2.5.3 Der öffentliche Auftrag zur Gewährleistung der kulturellen Infrastruktur

Der öffentliche Auftrag zum Erhalt der kulturellen Infrastruktur wird durch die öffentliche Hand zum einen durch eigenes Handeln wahrgenommen, vor allem in Form der Bereitstellung von Ressourcen und der Ausgestaltung der rechtlichen Rahmenbedingungen (kulturelle Ordnungspolitik). Zum anderen wird der Auftrag dadurch erfüllt, dass die öffentliche Hand ihre grundsätzliche Verantwortung mit anderen Partnern in Gesellschaft und Wirtschaft teilt oder auch die von privaten und kirchlichen Trägern und Akteuren wahrgenommene Verantwortung unterstützt. Wie der Staat seinen Auftrag zur Gewährleistung der Infrastruktur wahrnimmt, ist mit Blick auf die verschiedenen Handlungsfelder im Kultursektor und die jeweils unterschiedlichen zur Verfügung stehenden Instrumente weiter zu differenzieren. Da es dabei auch um die Gewährleistung von „Qualitäten" geht (zum Beispiel bei einer Musikschule die Qualifikation der Lehrkräfte, die Auffächerung des Unterrichtsangebotes in Einzel-, Gruppen- und Ensembleunterricht etc.), ist im Einzelfall auch die Diskussion und Festlegung von Standards von Bedeutung.

2.5.4 Differenzierung des Gewährleistungsauftrages je nach Handlungsfeld

Die Kultur in Deutschland weist in den verschiedenen Handlungsfeldern eine sehr unterschiedlich ausgeprägte Infrastruktur auf. Die Verantwortung des Staates zur Gewährleistung der kulturellen Infrastruktur kann daher nicht ohne Weiteres generell beschrieben werden, sondern ist auf das jeweilige Handlungsfeld bezogen differenziert festzustellen. Diese Feststellungen im Einzelnen sind in den jeweiligen Kapiteln dieses Berichtes dargestellt. Es soll hier nur ein Überblick gegeben werden, welche besonderen Charakteristika die staatliche Gewährleistungspflicht zur Sicherung der kulturellen Infrastruktur im jeweiligen Handlungsfeld aufweist, wobei sich im Wesentlichen fünf

Handlungsfelder unterscheiden lassen: das kulturelle Erbe, die Künste, die kulturelle Bildung, kulturelle Aktivitäten und die Medien.

Beispielhaft seien folgende Infrastrukturleistungen in den jeweiligen Handlungsfeldern benannt, in denen Staat und Kommunen Verantwortung übernommen haben:

- Kulturelles Erbe: Museen, Bibliotheken, Archive, Sammlungen und Denkmalschutz. Staatliche Ressourcen bilden hier die entscheidende Grundlage für den Erhalt dieser Infrastrukturleistungen.

- Künste: Theater, Kunstmuseen, Konzerthäuser, Orchester, Künstlerförderung, die Hochschulausbildung von Künstlern und die Forschung über die Künste stehen in Deutschland ganz überwiegend in der Verantwortung der öffentlichen Hand. Sie ist der entscheidende Garant für den Erhalt dieser Infrastruktur.

- Kulturelle Bildung: Musikschulen, Volkshochschulen, Jugendkunstschulen und Bibliotheken sind spezifische Einrichtungen der Kulturellen Bildung, die zunehmend im Zusammenspiel mit dem allgemeinen Schul- und Bildungswesen ihre Aufgabe wahrnehmen. Staat und Kommune unterhalten in diesem Bereich nicht nur selbst Einrichtungen, sondern geben vielfach auch erhebliche Förderbeträge, damit von privaten Vereinen getragene Einrichtungen ihre Arbeit im öffentlichen Interesse leisten können.

- Weitere kulturelle Aktivitäten wie Kulturzentren, Kulturvereine, soziokulturelle Einrichtungen etc. basieren auf bürgerschaftlichem Engagement. Auch hier leisten öffentliche Zuschüsse einen Beitrag zur Sicherung der Infrastruktur.

- Medien: die Kulturangebote und die Kulturträger insbesondere der öffentlich-rechtlichen Sender leisten einen bedeutenden Beitrag zur kulturellen Infrastruktur in Deutschland.

2.5.5 Standards für die kulturelle Infrastruktur

Ohne eine Diskussion, Beschreibung und gegebenenfalls Festlegung von (Qualitäts-) Standards würde die Gewährleistung der kulturellen Infrastruktur vielfach leer laufen. Infrastruktur kann nicht „irgendwie" sichergestellt werden, sondern sollte eine je nach Handlungsfeld generell zu umschreibende Qualität haben (beispielsweise Strukturplan des Verbandes deutscher Musikschulen, der eine Grundstruktur der Musikschulen mit einem ausreichenden Fächerangebot und einer bestimmten Qualität von Musikschullehrern vorsieht) oder eine im Einzelfall gegebenenfalls vor Ort in Zielen für die Infrastrukturleistung festzulegende Qualität aufweisen (zum Beispiel Theater mit eigenem Ensemble in bestimmter Größe oder lediglich Gastspieltheater).

Dabei kann es weder darum gehen, dass Standards jeweils mit Blick auf ein zu garantierendes „Minimum" ausgerichtet werden, noch dass die im Kulturbereich so wichtige kulturelle Vielfalt durch „Gleichmacherei" in Form von Standards abgelöst wird. Es liegt in der Verantwortung der jeweiligen kommunalen und staatlichen Träger, wie Standards zu erfüllen sind. Auch muss im Einzelfall beachtet werden, welches Angebot vor Ort bereits vorhanden ist und wie das jeweilige kulturelle Profil und die kulturelle Schwerpunktsetzung zur Geltung gebracht werden können. Ähnlich wie nach den Regelungen des Sächsischen Kulturraumgesetzes vorgesehen, sollte die Eigeninitiative der für kulturelle Infrastruktur Verantwortlichen gestärkt werden. Standards können dazu beitragen, dass die Gewährleistungsfunktion, die die Verantwortlichen für die kulturelle Infrastruktur haben, nachvollziehbar und überprüfbar konkretisiert wird.

2.5.6 Verantwortungsgemeinschaft der öffentlichen Hand

Die föderalen Ebenen der Bundesrepublik Deutschland, also Bund, Länder und Kommunen, nehmen in unterschiedlicher Weise ihre Verantwortung für die kulturelle Infrastruktur wahr. Auf der Bundesebene ist das wesentliche Instrument die Gestaltung der rechtlichen Rahmenbedingungen. Beispielhaft sei nur die Ausgestaltung des Steuerrechts genannt, das für die Finanzierung der kulturellen Infrastruktur in Deutschland einen sehr wesentlichen Faktor darstellt. Die Länder leisten nicht nur einen entscheidenden finanziellen Beitrag zum Erhalt des kulturellen Erbes (historische Museen, Denkmalschutz), sondern haben eine ganz besondere Verantwortung im Bereich der Kulturellen Bildung sowohl im allgemeinen Schulwesen als auch in der Ausgestaltung der Infrastruktur von Musikschulen, Jugendkunstschulen und Bibliotheken. Der Erlass von Bibliotheksgesetzen durch die Länder, wie ihn die Enquete-Kommission vorschlägt, wäre ein konstitutiver Beitrag zur Sicherung der kulturellen Infrastruktur auf diesem Feld. Auf der kommunalen Ebene liegt ein Schwerpunkt in der Sicherung der Infrastruktur im Bereich der Künste (Theater, Orchester, Kunstmuseen, Künstlerförderung etc.) und der kulturellen Bildung (Bibliotheken, Volkshochschulen, Musikschulen). Darüber hinaus unterstützen die Kommunen die ohne bürgerschaftliches Engagement vielfach nicht denkbare kulturelle Infrastruktur vor Ort. Im Übrigen steht den Kommunen eine rechtliche Gestaltungsmöglichkeit in Form des Satzungsrechts zur Verfügung.[186]

2.5.7 Verantwortungspartnerschaft mit Dritten

Die kulturelle Infrastruktur bereitzustellen ist nicht nur Aufgabe des Staates. Sie wird auch aktiv von freien Trägern, von der Wirtschaft, von Privatpersonen, von Kirchen etc. mitgeprägt. Diese Verantwortungspartnerschaft im Wechselspiel zwischen öffentlicher Hand und den vielfältigen Akteuren im Einzelnen zu gestalten, um die kulturelle Infrastruktur zu gewährleisten und fortzuentwickeln, ist eine kontinuierliche Herausforderung für alle beteiligten Partner. Die Enquete-Kommission hat sich auf den verschiedensten Feldern mit der Frage des Zusammenwirkens von Staat, Markt und Drittem Sektor befasst. Das Grundverständnis ist dabei, dass dem Staat durch das Zusammenwirken mit Anderen seine Gewährleistungspflicht nicht komplett „abgenommen" wird. Er bleibt in der Grundverantwortung für die Sicherung der kulturellen Infrastruktur, doch aktiviert er die anderen Partner und Beteiligten zur Übernahme von Verantwortung und zu eigenständigen Beiträgen zum Erhalt und zum Aufbau der kulturellen Infrastruktur in Deutschland.[187, 188]

2.5.8 Kulturpolitische Begründung zur Sicherung der kulturellen Infrastruktur

Aufgabe der Kulturpolitik ist es, Konsens über die Sicherung der kulturellen Infrastruktur im Hinblick auf folgende Punkte herbeizuführen:

– Die Handlungsfelder (kulturelles Erbe, Künste, kulturelle Bildung, Medien etc.) durch die öffentliche Hand herauszuarbeiten, bildet die Grundlage des politischen Konsenses, auf dem die jeweiligen Aktivitäten des öffentlichen Verantwortungsträgers basieren.

---

[186] Als weitere Beispiele für die Verantwortungsgemeinschaft der öffentlichen Hand können angeführt werden: die Jugendkunstschulen, der Jugendplan des Bundes oder die Bund-Länder Kommission für neue Medien (vgl. Kap. 6.2, Kulturelle Bildung für Kinder und Jugendliche). Des Weiteren arbeiten verschiedene öffentliche Aufgabenträger im Kulturbereich zunehmend vernetzt, so z. B. Schulen und Museen (Kap. 6.2, Kulturelle Bildung für Kinder und Jugendliche).

[187] So existieren zahlreiche Fördervereine für Bibliotheken, Museen oder Theater (vgl. Kap. 3.3.1, Bürgerschaftliches Engagement in der Kultur). Auch in Form von sog. „Zeitspenden" unterstützen Private die kulturelle Infrastruktur, z. B. beim Erhalt von Stadtteilbibliotheken (vgl. Kap. 3.3.1, Bürgerschaftliches Engagement in der Kultur).

[188] Sondervotum FDP-Fraktion und SV Olaf Zimmermann: „Es ist nicht Aufgabe des Staates, Dritte zur Übernahme von Verantwortung zu aktivieren. Der Staat hat vielmehr die Aufgabe, durch die Schaffung attraktiver Rahmenbedingungen das Engagement von Dritten zu ermöglichen und zu fördern."

– Die Diskussion, Beschreibung und gegebenenfalls Festlegung von Standards dient der Sicherung bestimmter Qualitäten der Infrastrukturleistungen. Dabei kommen fachliche und finanzielle Standards in Betracht.

– Die aktive Gestaltung von Verantwortungspartnerschaften mit Gesellschaft und Wirtschaft ist nahezu unverzichtbar für die Erfüllung des öffentlichen Auftrages.

– Bei der Ausgestaltung der kulturellen Infrastruktur stehen den Trägern der öffentlichen Hand unterschiedlichste Instrumente zur Verfügung, insbesondere die Bereitstellung von Ressourcen und Fördermitteln sowie die Gestaltung der rechtlichen Rahmenbedingungen.

In diesen vier Punkten sieht die Enquete-Kommission ein „kulturpolitisches Grundmodell" für die Sicherung der kulturellen Infrastruktur in Deutschland.

Dieser Ansatz der Enquete-Kommission geht über die bisherige Debatte zur Charakterisierung von kulturellen Leistungen als „freiwillige Leistung" oder „Pflichtaufgabe" der Kommunen hinaus, denn er erfasst alle staatlichen Ebenen, nicht nur die kommunale. Gleichwohl ist hier die über mehrere Jahrzehnte anhaltende fachliche und juristische Diskussion über den Aufgabencharakter von Kulturpflege und -förderung zusammenfassend darzustellen, da sie für das Kommunalrecht und die kommunale Kulturarbeit nach wie vor von Bedeutung ist.[189] Die Enquete-Kommission sieht den Kulturauftrag der Kommunen als einen Auftrag zur Gewährleistung und Gestaltung der kulturellen Infrastruktur in der Kommune an. Generell handelt es sich dabei um eine „pflichtige Selbstverwaltungsaufgabe".[190] Die Kommunen haben ihre Verantwortung für die kulturelle Infrastruktur daher durch eine den Aufgaben angemessene Bereitstellung von Ressourcen wahrzunehmen.[191]

2.6 Verhältnis von freiwilligen Leistungen und Pflichtaufgaben

Die Auseinandersetzung mit Rechtsfragen kommunaler Kulturarbeit hat sich in den letzten zweieinhalb Jahrzehnten vor allem auf ein zentrales Thema konzentriert: Die Diskussion darüber, ob Kulturarbeit als „freiwillige Leistung" oder „Pflichtaufgabe" einzuordnen sei.[192] In der juristischen Literatur gab es zum einen Autoren, die die Pflichtigkeit des Charakters der „Aufgabe Kultur" herausgearbeitet haben.[193] Demgegenüber haben andere Autoren den Charakter der „Freiwilligkeit" betont und Beiträge mit einem gegenläufigen Akzent als „kulturrechtliche Wohltätigkeitsliteratur" bezeichnet.[194]

Kultur ist in Deutschland indes ausdifferenziert in zahlreiche Sparten. Bei einer genaueren kulturjuristischen Analyse einer etwaigen Pflichtigkeit ist daher genauer zu analysieren, mit welchen spezifischen rechtlichen Bindungen die jeweilige Kulturaufgabe einhergeht. So haben verschiedene Kultureinrichtungen der Kommune jeweils eigene verfassungsrechtliche Bezüge und mitunter auch spezielle einfachgesetzliche Grundlagen, man denke nur an so unterschiedliche Bereiche wie Thea-

---

[189] Vgl. Kap. 2.6, Verhältnis von freiwilligen Leistungen und Pflichtaufgaben.
[190] Vgl. Stober (1992), S. 136ff., 167.
[191] Vgl. Scheytt (2005), S. 42f., 48.
[192] Vgl. Häberle (1979), S. 2. Ein Meilenstein markiert den Ausgangspunkt dieser die kulturrechtlichen Untersuchungen beherrschenden Diskussion: der Beitrag von Peter Häberle „Kulturpolitik in der Stadt – ein Verfassungsauftrag", mit dem er den Fragen nachgegangen ist, „ob und inwieweit es einen eigenständigen Verfassungsauftrag zur Kulturpolitik der Stadt gibt, wie er sich in der kommunalen Wirklichkeit realisieren lässt, welche Defizite hier noch bestehen und welchen Sinn kommunale Kulturpolitik für den Bürger und die Bundesrepublik Deutschland letztlich hat."
[193] Insbesondere Pappermann und Häberle.
[194] Vgl. Steiner (1984); vgl. auch Kap. 7., Kultur in Europa – Kultur im Kontext der Globalisierung.

ter, Museen, Musikschulen, Bibliotheken etc. Für einige Bereiche gibt es Spezialgesetze, wie zum Beispiel zu den Musikschulen oder den Volkshochschulen.

Eine auf diese Spezifika nicht eingehende allgemeine rechtliche Bewertung als „freiwillig" ist in Folge ihrer Undifferenziertheit daher nicht tragfähig. Die Ausdifferenzierung wird hier in folgenden Schritten vorgenommen:

– Die Charakterisierung einer Aufgabe als „freiwillig" oder „pflichtig" hat zunächst als vorrangigen Bezugspunkt das Kommunalrecht, das daher zunächst als einschlägige Materie zu beachten ist.

– Spezifische verfassungsrechtliche und gesetzliche Bindungen außerhalb des Kommunalrechts sind sodann näher zu betrachten, da sie auf den Charakter der einzelnen Aufgabe einwirken können.

– Schließlich können sich Ermessensbindungen sowohl aus den kommunalrechtlichen Vorschriften zu den öffentlichen Einrichtungen als auch aus kommunaler Selbstbindung ergeben.

Daraus wird deutlich, dass die Rechtspflichten bei der Aufgabenwahrnehmung im Einzelnen herauszuarbeiten und die einzelnen Kulturaufgaben und Handlungsfelder der kommunalen Kulturarbeit differenziert zu betrachten sind.

Kommunalrechtliche Einordnung

Rechtlich aussagekräftige Typisierungen des gemeindlichen Aufgabenbestandes werden dadurch erschwert, dass die Kommunalgesetze der Länder begrifflich und konzeptionell voneinander abweichen. Sie arbeiten teilweise mit einem monistischen (Staats-) Modell: Die Kommunen sind dann nicht primär nur Träger spezifischer kommunaler Aufgaben, sondern erledigen vor allem sämtliche staatlichen Aufgaben in der Gemeindeinstanz.[195]

Teilweise operieren die Kommunalverfassungen auch mit dem dualistischen Aufgabenmodell: Der Aufgabenbereich der Gemeinde gliedert sich dann in Selbstverwaltungsaufgaben und Staatsaufgaben.[196]

Unabhängig davon lässt sich allerdings generell feststellen, dass die Angelegenheiten der kommunalen Kulturarbeit mit wenigen Ausnahmen zum eigenen Wirkungskreis (freiwillige/pflichtige Selbstverwaltungsaufgaben) der Kommunen gehören. Der Katalog dieser Aufgaben des eigenen Wirkungskreises richtet sich unter anderem nach den örtlichen Bedürfnissen und der Leistungsfähigkeit der Kommune. Innerhalb des eigenen Wirkungskreises unterscheiden die Gemeindeordnungen der Länder regelmäßig zwischen freiwilligen und pflichtigen Selbstverwaltungsaufgaben. Bei den freiwilligen Selbstverwaltungsaufgaben entscheiden die Kommunen eigenständig darüber, ob sie eine Aufgabe übernehmen und wie sie sie durchführen sollen.[197]

Pflichtige Selbstverwaltungsaufgaben werden ebenso wie echte Pflichtaufgaben regelmäßig durch gesetzliche Vorschriften konstituiert. Solche gibt es im Kulturbereich allerdings selten.

---

[195] Vgl. § 3 Abs. 2 GO NW; § 2 Abs. 3 GO Sachsen; § 3 Abs. 1 GO Schleswig-Holstein; § 4 GO Hessen.
[196] Vgl. Artikel 8 GO Bayern; §§ 2 und 3 KVerf Mecklenburg-Vorpommern; § 5 GO Niedersachsen; § 2 Abs. 2 GO Rheinland-Pfalz; § 6 Abs. 1 KSVG Saarland; § 5 Abs. 1 GO Sachsen-Anhalt; § 3 Abs. 1 ThürKO; § 3 GO Brandenburg.
[197] Vgl. Gern (2003) Rn. 232f.; Erichsen (1997), S. 67ff.

Ein Beispiel für eine solche gesetzliche Festschreibung findet sich in § 2 Abs. 1 Sächsisches Kulturraumgesetz: „Im Freistaat Sachsen ist die Kulturpflege eine Pflichtaufgabe der Gemeinden und Landkreise."

Es stellt sich daher die Frage, inwieweit auch ohne dezidierte gesetzliche Vorgaben eine Aufgabe pflichtigen Charakter haben kann.

Aus einer Vielzahl allgemeiner gesetzlicher Bestimmungen und grundgesetzlicher Vorgaben ergeben sich mehr oder minder konkrete Bindungswirkungen für die Kulturarbeit.[198] Zentrale Anknüpfungspunkte für die Herleitung von Pflichten lassen sich schon im Kommunalrecht selbst finden. Insbesondere aus den Vorschriften der Gemeindeordnungen zur Errichtung und Unterhaltung von „öffentlichen Einrichtungen" ergibt sich eine generelle Verpflichtung der Kommunen, überhaupt Angebote im Bereich der kulturellen Daseinsvorsorge vorzuhalten. Die Gemeindeordnungen sehen vor, dass die Kommunen öffentliche Einrichtungen auch für das „kulturelle Wohl", die „kulturellen Belange" der Einwohnerschaft vorhalten. Abgesehen von Rheinland-Pfalz findet die kommunale Kulturarbeit so in allen Gemeindeordnungen der deutschen Länder ausdrücklich Erwähnung. Sie wird als Bestandteil der gemeindlichen Aufgaben und der kommunalen Selbstverwaltung genannt.[199]

Die kommunalrechtliche Aufforderung, öffentliche Einrichtungen bereitzustellen, entfaltet rechtliche Bindungswirkung und ist bei der Entscheidung über die Mittelverteilung und den Einsatz der Verwaltung zu beachten.[200] Das „Dass" kommunaler Kulturarbeit hat also pflichtigen Charakter. Jede Kommune muss auch Angebote zur kulturellen Betreuung ihrer Einwohner vorhalten. Damit wird eine bindende Ermessensrichtlinie dahingehend aufgestellt, dass der Kulturbereich bei den Selbstverwaltungsentscheidungen in jedem Fall zu berücksichtigen ist. Zwar dürfte diese generelle Verpflichtung zur kommunalen Kulturförderung nicht einklagbar sein. Wenn aber eine Kommune in keiner Weise Aufgaben im Kulturbereich wahrnehmen würde, keinerlei Haushaltsmittel für Kultur einsetzte, hätte möglicherweise auch eine Klage Aussicht auf Erfolg.[201]

Aus dieser prinzipiellen Verpflichtung ergibt sich noch nicht zwangsläufig, in welcher Form und in welchem Umfang eine Kommune Kulturförderung betreiben sollte.[202] Wenn sich eine Kommune also etwa auf die Förderung privater Anbieter von Kulturveranstaltungen konzentriert und sie auf diese Weise ein vielfältiges Veranstaltungsangebot sicherstellen kann, kann sie damit auch dem Kulturauftrag gerecht werden. Die Sicherstellung der kulturellen Infrastruktur bedarf nicht notwendigerweise der Organisation der Kulturveranstaltungen durch das Kulturamt und die kommunalen Kultureinrichtungen.

Der Einwand, dass zwischen der Verpflichtung, überhaupt Angebote im Bereich der Daseinsvorsorge vorzuhalten, und der Art und Weise der Ausführung nicht differenziert werden könne, da gerade für die kulturelle Aufgabenwahrung „die Notwendigkeit flexibelster Übergänge kennzeichnend sei,"[203] trägt letztlich nicht. Denn im öffentlichen Recht ist die Differenzierung zwischen dem

---

[198] Vgl. Pappermann (1980), S. 701ff.
[199] Vgl. § 10 Abs. 2 S. 1 GO Baden-Württemberg; § 19 Abs. 1 GO Hessen; § 2 Abs. 1 S. 2 GO Niedersachsen; § 8 Abs. 1 GO NW; § 5 Abs. 2 KSVG Saarland § 17 Abs. 1 GO Schleswig-Holstein; § 2 Abs. 1 GO Sachsen; § 2 Abs. 1 S. 2 GO Sachsen-Anhalt.
[200] Vgl. Losch (1985), S. 92.
[201] Da eine solche Konstellation allerdings in der Praxis noch nicht aufgetreten ist, gibt es hierzu bisher auch keine Erfahrungen oder einschlägige Rechtsprechung.
[202] Vgl. Heinrichs (1999), S. 117.
[203] Vgl. Losch (1985), S. 94.

sogenannten „Entschließungsermessen" und dem „Auswahlermessen" eine typische Figur zur Strukturierung komplexer Entscheidungsvorgänge bei der Ausübung gesetzlich eingeräumten Ermessens. Diese Figur lässt sich auch bei der Strukturierung von kommunalen Selbstverwaltungsentscheidungen im Kulturbereich heranziehen, auch wenn eine enge Verbindung zwischen dem „Ob" und dem „Wie" der Wahrnehmung kultureller Aufgaben besteht.

Bei der kommunalen Entscheidung über die Mittelverteilung und den Einsatz der Verwaltung muss daher schon nach den gesetzlichen Bestimmungen der Kommunalverfassungen in jedem Fall der Bereich der kommunalen Kulturarbeit Berücksichtigung finden.[204] Doch unterliegt das „Wie" zunächst grundsätzlich dem Ermessen der Kommune. Daraus ergibt sich auch, dass es keinen Bestandsschutz für eine ganz bestimmte Form von Kulturarbeit oder auch für einzelne Einrichtungen gibt, der jegliche Veränderung verwehrt. Den gewährten (kulturpolitischen) Handlungsspielraum erfüllt die Kommune durch Konkretisierung des grundsätzlichen kommunalrechtlichen Auftrages, ein Kulturangebot vorzuhalten, indem sie Programme für ihre Kultureinrichtungen, die Kulturförderung und Kulturveranstaltungen verabschiedet und finanziert. Dabei kann das gemeindliche Ermessen durch spezifische gesetzliche Regelungen oder durch eigene vorangegangene Entscheidungen gebunden sein.

Spezifische verfassungsrechtliche und gesetzliche Bindungen außerhalb des Kommunalrechts

In nahezu allen Ländern sind der Schutz, die Pflege bzw. die Förderung von Kunst und Kultur eine staatliche Aufgabe von Verfassungsrang. Die Formulierungen in den Landesverfassungen variieren indes: in manchen Verfassungen ist die Aufgabe der Kulturförderung knapp und allgemein beschrieben (so heißt es in Artikel 20 Abs. 2 Verfassung von Berlin etwa: „Das Land schützt und fördert das kulturelle Leben."). Andere Landesverfassungen gehen in der Umschreibung der Schutzpflicht weiter, so benennen etwa die Verfassungen des Freistaats Sachsen (Artikel 11 Abs. 2) und des Landes Sachsen-Anhalt (Artikel 36 Abs. 3) konkret die Unterhaltung von Theatern als staatliche Aufgabe. Als Adressaten der Kulturpflege- und Kulturförderpflicht benennen die Landesverfassungen der meisten Flächenstaaten neben dem Staat auch ausdrücklich die Kommune.[205] Demgegenüber richten sich die Kulturförderklauseln in den übrigen Landesverfassungen allgemein an den „Staat"[206] und damit implizit auch an die Gemeinden und die Gemeindeverbände. Allerdings gewähren diese „Staatszielbestimmungen" in den Landesverfassungen keine subjektiven, einklagbaren Ansprüche, zumal diese Bestimmungen keine Aussage darüber enthalten, wie Länder und Kommunen die Kulturaufgabe zu gestalten haben. Doch kann kein Zweifel darüber bestehen, dass die Kulturarbeit grundsätzlich eine Aufgabe der Kommunen ist, die bezogen auf das „Ob" nicht in das Ermessen der Kommune gestellt ist.

Über die verfassungsrechtlichen allgemeinen Bindungen hinaus können sich durch weitere einfachgesetzliche Bestimmungen Verpflichtungen der Kommunen im Hinblick auf kulturelle Angelegenheiten ergeben. Kommunen sind insbesondere dann verpflichtet, eine bestimmte Kultureinrichtung zu schaffen, wenn dies gesetzlich vorgesehen ist, so etwa im Hinblick auf Volkshochschulen durch die entsprechenden Weiterbildungsgesetze der Länder.

---

[204] Vgl. Gestrich (1984), S. 367; insbes. auch für die Kreise.
[205] So in Baden-Württemberg, Bayern, Mecklenburg-Vorpommern, Niedersachsen, Nordrhein-Westfalen, Rheinland-Pfalz, Sachsen-Anhalt, Schleswig-Holstein und Thüringen.
[206] So in Brandenburg, Saarland und Sachsen.

In manchen Gemeindeordnungen ist die Verleihung der Bezeichnung „Stadt" mit dem Kriterium verknüpft, ob die „kulturellen ... Verhältnisse städtisches Gepräge tragen".[207] Die kulturelle Identität und kulturelle Traditionen haben auch in der Rechtsprechung zu den Gebietsreformen immer wieder eine Rolle gespielt. Kultur wurde dabei als einem von mehreren wesentlichen Gesichtspunkten Bedeutung bei der Abwägung einer kommunalen Neugliederung beigemessen. Es besteht ein starkes Wechselverhältnis zwischen Kultur und Gemeinde: Kultur kommt prägende Wirkung für das Gemeindeleben zu, und umgekehrt hat die Gemeinde, deren Gebiet und Größe auch Einfluss auf das Kulturleben.

Insgesamt ist indes festzustellen, dass es nur wenige spezielle gesetzliche Bestimmungen gibt, die konkrete Vorgaben für die Wahrnehmung von kulturellen Angelegenheiten in öffentlichen Einrichtungen der Kommunen enthalten. Kulturfachgesetze haben Seltenheitswert.[208] Dabei ist zu berücksichtigen, dass eine durchgehende „Normierung" und Verrechtlichung der kommunalen Kulturarbeit nicht unbedingt die Vielfalt des kulturellen Lebens stärken würde. Auch erheben sich Zweifel, ob ein Mehr an Gesetzen auch ein Mehr an Kultur zur Folge hätte, weil das Engagement der kommunalen Kulturpolitiker und auch die Chancen der Selbstgestaltung der Städte durch Kultur aufgrund der staatlichen Vorgaben entwertet würden.

Allerdings können Gesetze auch eine grundlegende Verbindlichkeit schaffen, die der Kulturentfaltung und der Sicherung der kulturellen Infrastruktur zugute kommt. Eine derartige Form der generellen Rechtsverpflichtung im Kulturbereich enthält das Sächsische Kulturraumgesetz (SächsKRG).[209] Danach wurden in Sachsen die Landkreise und kreisfreien Städte zu acht ländlichen und drei urbanen Kulturräumen als Zweckverbände zusammengeschlossen, die die Gemeinden bei der Wahrnehmung der Kulturaufgaben unterstützen sollen. Durch § 2 Abs. 1 SächsKRG wurde erstmals von einem Land der Bundesrepublik Deutschland Kultur als Pflichtaufgabe gesetzlich festgeschrieben: „Im Freistaat Sachsen ist die Kulturpflege eine Pflichtaufgabe der Gemeinden und Landkreise."[210] Auch wenn das Gesetz einen Finanzierungsvorbehalt in § 3 Abs. 1 enthält, so ist damit in Sachsen eine klare Festschreibung des Aufgabencharakters erfolgt. Obwohl die Praxis im Umgang mit diesem Gesetz positiv ist, haben sich andere Länder noch nicht animieren lassen, ebenfalls eine gesetzliche Festschreibung von Kultur als Pflichtaufgabe vorzunehmen.

Ermessensbindungen

Fraglich ist, inwieweit auch das „Wie" der Aufgabenwahrnehmung jenseits etwaiger spezifischer Vorgaben auch generell von Rechtspflichten erfasst ist, ob also das Kommunalrecht für den Kulturauftrag und die kulturelle Programmatik Rechtspflichten konstituiert. Anknüpfungspunkte hierfür geben ebenfalls die Vorschriften der Gemeinde- und Kreisordnungen zu den öffentlichen Einrichtungen. Diese stellen für die Entscheidung, welche Einrichtungen zu unterhalten sind, auf die Belange der Einwohner ab. Den Bedürfnissen der Einwohner und deren Ermittlung kommt also bei der Ausgestaltung des Systems an öffentlichen Einrichtungen besondere Bedeutung zu.[211]

Soweit gesetzliche Vorschriften das gemeindliche Ermessen nicht speziell binden, ist das kulturelle Wohl der Einwohner, auf das die Gemeinde- und Kreisordnungen abstellen, der entschei-

---

[207] Vgl. § 5 Abs. 2 S. 2 GO BW.
[208] Vgl. Meyer (1996), S. 347, 350 und Kap. 2.3.4.4, Spezielle spartenbezogene Kulturfachgesetze in den Ländern.
[209] Vgl. die ausführliche Dokumentation von Vogt (1996).
[210] Vgl. im Einzelnen Ossenbühl (1993), S. 134ff.
[211] Vgl. § 10 Abs. 2 S. 1 GO BW; § 8 Abs. 1 GO NW; § 19 Abs. 1 GO Hessen; § 17 Abs. 1 GO Schleswig-Holstein; § 2 Abs. 1 S. 2 GO Niedersachsen; § 2 Abs. 1 GO Sachsen; § 2 Abs. 1 S. 2 GO Sachsen-Anhalt; § 16 Abs. 1 S. 1 KrO BW; § 6 Abs. 1 KrO NW; § 16 KrO Hessen; § 17 Abs. 1 KrO Schleswig-Holstein; § 17 Abs. 1 KrO Niedersachsen).

dende Maßstab für die Ausgestaltung des Systems an öffentlichen Kultureinrichtungen der Kommunen. Was die Kommunen im Einzelnen im Rahmen der Kulturarbeit unter Berücksichtigung der Einwohnerinteressen initiieren, ist damit der Ermessensentscheidung der örtlichen Gemeinschaft übertragen. Diese Ermessensentscheidungen sind auch „Sache der kommunalen Kompetenzen, Potenzen und demokratischen Gremien in ihren finanziellen Grenzen sowie einfallsreicher Persönlichkeiten, zum Beispiel der Kulturdezernenten".[212] Doch „das kulturelle Wohl" der Einwohner ist dabei zu berücksichtigen. Damit hat die Sammlung von Daten über die kulturellen Bedürfnisse der Einwohnerschaft, etwa in „Kulturentwicklungsplänen", nicht nur politische Relevanz, sondern diese Daten sind bei den gemeindlichen Ermessensentscheidungen auch aus juristischen Gründen zu beachten: Sie müssen in die Abwägung bei den gemeindlichen Ermessensentscheidungen einfließen, dürfen nicht einfach unbeachtet bleiben. Gleiches gilt für Förderrichtlinien, die zu einer Selbstbindung der Kommune führen.[213] Besondere Bindungswirkung entfalten die in einem Kulturentwicklungsplan gesammelten Daten dann, wenn der Kulturentwicklungsplan auch vom Rat der Stadt verabschiedet wurde. Allerdings ist die „Grenze der kommunalen Leistungsfähigkeit" ein Gesichtspunkt bei der Abwägung, in welchem Ausmaß Bedürfnisse der Einwohner durch kommunale Einrichtungen betreut werden können und sollen.[214]

Den Kommunen wird damit ein haushaltsrechtlicher Umschichtungsspielraum gewährt, der sie zur Entscheidung ermächtigt, ob eine öffentliche Kultureinrichtung ausgebaut, in ihrem Leistungsangebot reduziert, geändert oder ganz eingestellt wird. Die Einwohner haben allerdings einen Anspruch auf ermessensfehlerfreie Entscheidung, bei der auch der Gesichtspunkt Berücksichtigung finden muss, dass die Sicherung einer kulturellen Infrastruktur garantiert wird. Es wäre mit dem Kommunalverfassungsrecht nicht vereinbar, wenn die kulturelle Versorgung der Einwohnerschaft allein privater oder unternehmerischer Initiative überlassen bliebe. Jede Kommune hat die kulturellen Bedürfnisse der Einwohnerschaft zu berücksichtigen, muss auf diese mit ihrem Gesamtangebot zur Daseinsvorsorge eingehen. Welcher „Standard" letztlich garantiert werden soll, bedarf der Prüfung im Einzelfall anhand des spartenspezifischen Kulturauftrages unter Berücksichtigung der örtlichen Verhältnisse. Durch die Programmatik wird auch der (Qualitäts-) Standard der Aufgabenwahrnehmung konkretisiert und so in Zielsetzungen für die Kultureinrichtungen, die Kulturförderung und die Kulturveranstaltungen von den jeweils zuständigen Organen der Kommune festgelegt und umgesetzt.

Folgerung

Aufgrund der derzeitigen Rechtslage kann also keine generelle Verpflichtung der Kommune zu allen möglichen Formen der Kulturarbeit festgestellt werden. Eine Ausnahme besteht im Land Sachsen, da dort im Kulturraumgesetz Kultur als Pflichtaufgabe normiert ist. Für die Einrichtungen der verschiedenen Kultursparten gibt es aber zum Teil spezielle Rechtspflichten. Entscheidende Vorgaben für die Ermessensentscheidung bei der Ausgestaltung des Kulturangebotes ergeben sich aus den jeweiligen örtlichen Verhältnissen, insbesondere aus den kulturellen Belangen der Einwohnerschaft.

---

[212] Häberle (1979), S. 25; vgl. auch Erfahrungen von Kulturdezernenten verschiedener Generationen und Prägungen in den zahlreichen Beiträgen in Scheytt/Zimmermann (2001).
[213] Vgl. Thieme (1994), S. 499.
[214] Vgl. § 8 GO NW; § 10 Abs. 2 GO Baden-Württemberg; § 19 Abs. 1 GO Hessen; § 2 Abs. 1 S. 2 GO Niedersachsen; § 2 Abs. 1 GO Sachsen; § 2 Abs. 1 S. 2 GO Sachsen-Anhalt; § 17 Abs. 1 GO Schleswig-Holstein.

Damit lässt sich zusammenfassend festhalten, dass der Kulturauftrag der Kommunen ein kulturpolitisch zu konkretisierender Kulturgestaltungsauftrag ist. Kulturarbeit ist also generell eine pflichtige Selbstverwaltungsaufgabe, konkret entscheiden die Gemeindeorgane über die Ausgestaltung der Kulturangelegenheiten im Einzelnen weitgehend nach freiem Ermessen.[215] Der Deutsche Städtetag spricht insoweit von einer „politischen Pflichtaufgabe", einer Pflicht zur Gestaltung des kulturellen Angebotes.[216] Die notwendige kulturpolitische Prioritätensetzung bedarf eines fortlaufenden Gestaltungsprozesses unter Einbeziehung der Bürger und der kulturellen Öffentlichkeit.[217] Aus diesem öffentlichen Diskurs ergeben sich die Ermessensleitlinien für die Entscheidungsträger der Kommune. Diesem Gestaltungsauftrag, der auch rechtliche Ausgestaltung mit umfasst, müssen sich Städte, Kreise und Gemeinden stellen. Sie haben ihre Verantwortung für die Sicherung der kulturellen Infrastruktur aktiv wahrzunehmen.

---

[215] Kulturarbeit gehört daher in jedem Fall zu den „politischen Pflichtaufgaben". Vgl. auch Welter (1980), S. 524, insbes. zum Aufgabenbereich der Kreise in diesem Zusammenhang.
[216] Vgl. Heinrichs (1999), S. 117.
[217] Bremen hat einen der ersten „Kulturentwicklungspläne" in der Geschichte der Bundesrepublik Deutschland erarbeitet, in dem dieser Begriff eine zentrale Rolle spielte. „Kulturelle Öffentlichkeit" kann verstanden werden, als das Zusammenspiel all jener Kulturakteure, die sich jenseits (rein) privater Kulturbetätigung und -rezeption in die Gestaltung des (öffentlichen) Kulturangebotes der Stadt und in der Stadt einbringen.

3 Die öffentliche und private Förderung und Finanzierung von Kunst und Kultur – Strukturwandel

3.1 Lage und Strukturwandel der öffentlichen Kulturförderung

3.1.1 Organisationsformen und Steuerungsmodelle

Die Enquete-Kommission ist laut Einsetzungsauftrag aufgefordert, geeignete Rechtsformen für Kultureinrichtungen sowie Möglichkeiten und Notwendigkeiten von Strukturreformen zu untersuchen. Auch die Optimierung von Leitungs- und Entscheidungsstrukturen ist zu thematisieren. Die Enquete-Kommission hat sich daher mit den Organisationsformen und Steuerungsmodellen im Kulturbereich auseinandergesetzt.

A) Bestandsaufnahme und
B) Problembeschreibung

3.1.1.1 New Public Management und Governance in der öffentlichen Verwaltung

New Public Management

In den 80er-Jahren setzte in den westlichen Industriestaaten unter dem Begriff „New Public Management" (NPM) eine Diskussion über die Reform von öffentlichen Verwaltungen ein.[1] Ein modernes leistungsfähiges Verwaltungsmanagement sollte kunden- bzw. bürgerorientiert, ziel- und ergebnisorientiert, wettbewerbsorientiert und katalytisch (Konzentration auf Kernkompetenzen) aufgestellt sein.[2] In Deutschland erfuhr das Konzept des NPM unter dem Begriff „Neues Steuerungsmodell" (NSM) eine deutlich wahrnehmbare Ausprägung in der Kommunalverwaltung. Ziel der Reformkonzeption war die Umwandlung der Kommunalverwaltung in ein öffentliches Dienstleistungsunternehmen.[3] Das angestrebte Verwaltungsleitbild des Neuen Steuerungsmodells sollte durch Veränderungen in verschiedenen Dimensionen erreicht werden:

– Verantwortungsabgrenzung zwischen Politik und Verwaltung,
– generelle Leistungsabsprache statt Einzeleingriff (Kontraktmanagement),
– dezentrale Gesamtverantwortung im Fachbereich,
– outputorientierte Instrumente der Verwaltungssteuerung.

Das NSM soll daneben durch Methoden implementiert werden, die sich durch flache Hierarchien, eigenverantwortliches, teilautonomes Handeln und durch Führen anhand von Zielvereinbarungen auszeichnen.[4]

Das klassische Bürokratiemodell nach Max Weber zeichnet sich durch Hierarchie- und Regelsteuerung aus. Die outputorientierte Steuerung des NPM orientiert sich hingegen an erzielten Leistungen (Output) und honoriert sogenannte „Produkte". Produkte sind zusammengefasste Leistungen der Verwaltung, die hinsichtlich Qualität, Menge und Kosten sondiert werden. Eine Aufschlüsselung nach Produkten ermöglicht eine detaillierte Zuordnung von Kosten und Leistungen, anhand derer eine gezielte politische Steuerung erreicht werden kann. Die Einführung einer Kosten- und Leistungsrechnung ermöglicht die Berechnung der Outputleistung, die wiederum als Grundlage für die

---
[1] Vgl. Kommunale Gemeinschaftsstelle für Verwaltungsvereinfachung (KGST) (1993).
[2] Vgl. Osborne/Gaebler (1992).
[3] Vgl. Kommunale Gemeinschaftsstelle für Verwaltungsvereinfachung (KGST) (1993).
[4] Die Methode des „Lean Managements" wird als geeignete Methode für das NSM angesehen; Vgl. Metzen (1994), S. 124f.

Budgetentscheidung dient. Ferner können Leistungsverträge zwischen Politik und Verwaltung geschlossen werden.[5]

Organisatorisch-strukturell löst das Neue Steuerungsmodell die zentrale Ressourcenbewirtschaftung durch Querschnittseinheiten (Personalamt/Kämmerei etc.) ab. Fach- und Ressourcenverantwortung werden auf Fachbereichsebene dezentralisiert zusammengeführt. Die Verwaltungsführung (Verwaltungsvorstand, Dezernent und Fachbereichsleitung) ist für die Umsetzung der politischen Ziele verantwortlich. Die Ablösung von strikten Hierarchie- und Regelsteuerungselementen durch weitgehendes eigenverantwortliches Handeln führt zu größerer Motivation der Mitarbeiter. Die politische Steuerungsmöglichkeit wird durch eine regelmäßige Evaluation der vereinbarten Ziele gewährleistet.[6]

In der Praxis hat die Umsetzung des Neuen Steuerungsmodells in der öffentlichen Verwaltung zu unterschiedlichen Ergebnissen geführt.[7] Zum einen hat die Einführung von Kosten- und Leistungsrechnung, Verfahrensverkürzung etc. zu innerorganisatorischer Effizienz geführt. Zum anderen ist durch Dezentralisierung und Evaluationsmanagement ein Anreizsystem für wirtschaftliches und effizientes Handeln bei den Mitarbeitern in der öffentlichen Verwaltung entstanden.

Die Trennung von Politik und Verwaltung (Politik entscheidet über das „Was", Verwaltung über das „Wie") ist nicht in vollem Maße erreicht worden.[8] Als Hauptgrund ist die enge Verknüpfung zwischen Politik und Verwaltung anzusehen.[9] Eine strikte Aufgabentrennung ist nicht zuletzt auch aus demokratietheoretischem Blickwinkel problematisch, da der Informationsfluss zwischen Verwaltung und Politik bei einer strikten Aufgabentrennung eingeschränkt ist. Der Informationsfluss ist für die Kontrollfunktion demokratischer Gremien allerdings notwendig.[10]

Die Einführung von New Public Managment durch das Neue Steuerungsmodell in Deutschland hat die gewünschten Ergebnisse primär im innerorganisatorischen Bereich erzielt. Dieser erfolgreichen Umsetzung steht ein Defizit gegenüber. Die hierarchische Steuerungspraxis konnte aufgrund der Steuerungsdefizite zwischen Politik und Verwaltung und zwischen den einzelnen kommunalen Einrichtungen und der Verwaltung nicht abgelöst werden. An diesem Defizit setzt das Verwaltungsleitbild „Governance" an, das sich aus der Diskussion um den „aktivierenden Staat" ableiten lässt.

Governance

Governance[11] als Verwaltungskonzept ist eingebettet in die Idee des „aktivierenden Staates", die sich seit Mitte der 90er-Jahre etablierte und die Vorstellungen des „schlanken Staates" ablöst. Der „aktivierende Staat" sieht zur Lösung von gesellschaftlichen Problemen nicht nur den Staat in der Verantwortung, sondern er bezieht – wo immer möglich – die Zivil-/Bürgergesellschaft mit ihren hohen Problemlösungskompetenzen ein. Grundsätzlich steht im Zentrum von Governance das zu lösende gesellschaftliche Problem und nicht die „Urheberschaft" der Lösung. Dieses Staatsverständnis wird durch das Konzept Governance in der öffentlichen Verwaltung sichtbar.[12] Die Gover-

---

[5] Vgl. Kuhlmann (2003), S. 4.
[6] Vgl. Kuhlmann (2003), S. 4ff.
[7] Das Forschungsprojekt „10 Jahre Neues Steuerungsmodell – Evaluation kommunaler Verwaltungsmodernisierung" hat den Implementierungs- und Umsetzungsgrad des „Neuen Steuerungsmodells" in 870 Städten und Gemeinden über 10 000 Einwohnern untersucht. Vgl. Bogumil/Grohs/Kuhlmann (2006), S. 155.
[8] Vgl. Bogumil/Grohs/Kuhlmann (2006), S. 176.
[9] Ebd.
[10] Ebd., S. 175ff.
[11] Zur Governance-Forschung vgl. grundlegend Mayntz (2004). Zur Begriffsentstehung vgl. Benz (2004). Zum aktuellen Stand der Forschung siehe Schuppert (2005). Zu den normativen Aspekten von Governance siehe Ladwig/Jugov/Schmelzle (2007). www.sfb-governance.de/en/publikationen/sfbgov_wp/wp4/sfbgov_wp4.pdf, (Stand: 8. Juni 2007).
[12] Governance in der öffentlichen Verwaltung wird auch als „local Governance" bezeichnet. Vgl. Bogumil/Holtkamp (2004).

nance-Forschung im Bereich der öffentlichen Verwaltung steht noch am Anfang. Daher ist ein dezidiertes Konzept bisher nicht vorhanden. Derzeit wird Governance in der öffentlichen Verwaltung Großbritanniens erprobt.[13]

Governance zeichnet sich durch den Anspruch aus, gemeinwohlorientiertes Handeln nicht nur durch staatliche Ebenen gewährleisten zu wollen. Vielmehr bezieht Governance staatliche und nichtstaatliche Akteure für gemeinwohlorientiertes Handeln ein.[14] Das Governance-Konzept zielt nicht auf strikte Aufgaben- und Verantwortungstrennung, sondern auf Verantwortungsteilung und Kooperation. Es umfasst sowohl die „inner-" als auch die „interorganisatorische Perspektive". Governance integriert die erfolgreichen Elemente des Neuen Steuerungsmodells und erweitert das Managementkonzept um einen besseren Austausch und eine stärkere Kooperation zwischen den öffentlichen Organisationseinheiten und zwischen öffentlichen und privaten Akteuren. Die öffentliche Verwaltung sorgt im Governance-Ansatz dafür, dass es nicht zu einer Atomisierung der einzelnen Einrichtungen kommt. Governance versucht, vielfältige Interaktionen zwischen Staat, Wirtschaft und Zivilgesellschaft zur Lösung von gesellschaftlichen Problemen zu organisieren und setzt hierbei auf eine Kooperation statt auf Konkurrenz von staatlichen und nichtstaatlichen Akteuren.

Governance in der Verwaltungspolitik zeichnet sich im Gegensatz zum NSM-Konzept durch drei Elemente aus[15]:

- die Erweiterung der Problemsicht über ökonomische Effizienz hinaus auf grundsätzliche Effektivität und Kohärenz,
- die umfassende Perspektive, keine ausschließliche Fokussierung auf einzelne Organisationen, sondern auf interorganisatorische Beziehungen und nichtstaatliche Akteure,
- die Erweiterung des Lösungsansatzes über den Markt hinaus auf Netzwerke und Gemeinschaften.

Governance ergänzt die innerorganisatorische Perspektive und eröffnet neue Möglichkeiten für Politik, Verwaltung und Institutionen.

3.1.1.1.1 Das Neue Steuerungsmodell in der Kulturpolitik

Die Reformen der öffentlichen Verwaltung konzentrieren sich in der Praxis bisher auf das Neue Steuerungsmodell. Dabei lassen sich die intensivsten Reformbemühungen auf kommunaler Ebene feststellen.[16] Der „Implementierungsgrad" zwischen den Kommunen unterscheidet sich allerdings erheblich. Einige Kommunen führen lediglich einzelne Elemente ein, während andere Kommunen das Konzept des NSM nahezu vollständig oder in Pilotprojekten mit einzelnen Verwaltungsabteilungen realisiert haben.[17] Dabei haben Kulturverwaltungen häufig eine Vorreiterrolle eingenommen. Der Kulturbereich war und ist in zweifacher Hinsicht prädestiniert für die Umsetzung der Reformmaßnahmen. Einerseits stellt sich die Problemlage der Kulturverwaltung analog zu den Defiziten in der öffentlichen Verwaltung dar. So stehen geringere Haushaltsmittel einem gesteigerten Anspruch an (kommunaler) Kulturarbeit gegenüber. Damit gewinnt die Diskussion über Standards und Qualität auch in der Kulturarbeit an Bedeutung. Andererseits ist der Kulturverwaltungsbereich im Gegensatz zu anderen Verwaltungseinheiten reformfreudig. Das Personal stammt überwiegend aus verwaltungsfremden Arbeitsfeldern, denen zum Beispiel die kameralistische Haushaltsführung nicht geläufig ist. Kultureinrichtungen verfügen über eigene Einnahmen in nennenswertem Umfang. Sie eignen sich damit besonders für Budgetierungen. Als freiwillige Leistung

---

[13] Vgl. Flinders (2002), S. 51–75.
[14] Vgl. Jann/Wegrich (2004), S. 194ff.
[15] Vgl. Jann/Wegrich (2004), S. 211.
[16] Vgl. Budäus (2002), S. 169.
[17] Ebd.

der Kommune ist der Kulturbereich nicht an stark reglementierte Leistungsdefinitionen gebunden. Neue Kulturangebote können unkompliziert erprobt und verändert werden. Nicht zuletzt erscheinen die Folgewirkungen eines möglichen Scheiterns von Reformen im Kulturbereich als kontrollier- und eingrenzbar und somit als gering.[18]

3.1.1.1.2 Governance in der Kulturpolitik

Das Leitbild Governance der öffentlichen Verwaltung bedeutet für den Kulturbereich eine Fokussierung auf die kulturpolitischen Ziele und eine kooperative Lösungsstrategie, die alle kulturpolitischen Akteure (staatliche und private) einbezieht. Ziel einer öffentlichen Verwaltung muss es daher sein, die unterschiedlichen staatlichen und nichtstaatlichen Aktivitäten zu organisieren. Voraussetzung für diese kooperative Strategie sind klare Zieldefinitionen durch die Politik. Die Zielformulierungen können in verschiedenen Varianten erfolgen. Sie können als Leitbilder, Leitlinien oder strategische Ziele in unterschiedlicher Tiefenschärfe formuliert werden. Wesentlich ist allerdings die grundsätzliche, strategische Ausrichtung für eine mittelfristige Kulturpolitik. Die formulierten Ziele sollen in Kontrakten mit den Institutionen vereinbart und die Leistungserfüllung über Controlling/Berichtswesen überprüft werden. Die Kulturinstitution wird dafür mit weitgehender Handlungsfreiheit ausgestattet. Sie ist eigenverantwortlich für das operative Geschäft zuständig, muss allerdings über ihre Handlungsergebnisse der Politik Rechenschaft ablegen.[19] Im Sinne des Governance-Ansatzes muss trotz eigenverantwortlichem Handeln der einzelnen Akteure eine grundsätzlich gemeinsame Verantwortung von Politik, Verwaltung und Kultureinrichtung für die „Sache" bestehen. Es gilt, eine Balance zwischen Eingriff und Autonomie zu finden.

Hierbei spielen insbesondere die Rechtsformen der Kulturinstitutionen eine herausragende Rolle. Eine rechtliche Verselbstständigung sollte grundsätzlich nicht zum Verlust von demokratischer Kontrolle führen. Daher muss ein sachgerechter Ausgleich zwischen den Interessen der öffentlichen Hand an weitergehender Information und Prüfung sowie der Gesellschaften an der Geheimhaltung, vor allem von Betriebs- und Geschäftsgeheimnissen, gewährleistet bleiben. Die kulturpolitischen Ziele müssen in gemeinsamer Verantwortung angestrebt werden.

Kulturpolitische Zielformulierungen können zum Beispiel in sogenannten „Kulturentwicklungsplänen" festgeschrieben werden. Kulturentwicklungsplanungen fokussieren nicht nur einzelne Institutionen, sondern erfassen den Kulturbereich einer Region als Ganzes.

Eine solche Kulturentwicklungsplanung wird im Sinne des Governance-Ansatzes in einem breiten gesellschaftlichen Diskurs mit staatlichen und nichtstaatlichen Akteuren von der Politik erarbeitet. In einer Kulturentwicklungsplanung werden normative Ziele definiert, Prioritäten gesetzt und Zuständigkeiten geregelt. Sie sorgt für Transparenz bei kulturpolitischen Entscheidungen und stärkt somit die Steuerungs- und Kontrollfunktion der Legislative. Bisher wurden primär auf kommunaler Ebene Kulturentwicklungspläne erarbeitet.

Die Einführung von Kulturentwicklungsplänen auf Landesebene ist eine recht junge Entwicklung, die seit Ende der 90er-Jahre erfolgt und sich erst in zwei Ländern durchgesetzt hat.[20] Ziel eines sol-

---

[18] Vgl. Oertel/Röbke (1999), S. 8.
[19] Vgl. Kuhlmann (2003), S. 5.
[20] Brandenburg hat als erstes Land einen solchen Plan eingeführt. In Sachsen-Anhalt existiert ein Landeskulturkonzept nach dem Vorbild Brandenburgs. Vgl. Landeskulturkonzept, www.sachsen-anhalt.de/LPSA/fileadmin/Files/Landeskulturkonzept_Sachsen-Anhalt.pdf, (Stand 8/2007). Mecklenburg-Vorpommern strebt einen Kulturentwicklungsplan an. Bisher ist lediglich ein Grundsatzpapier zur Schaffung einer Kulturentwicklungskonzeption vorgelegt. Auch hier diente die Kulturentwicklungskonzeption Brandenburgs als Vorbild. Vgl. Grundsatzpapier Kulturbeirat des Bildungsministers, www.bm.mv-regierung.de, (Stand 10/2006). Die Regierung in Thüringen hat in 2005 ein Kulturkonzept vorgestellt. Es soll mit öffentlichen und privaten Akteuren diskutiert werden. Vgl. www.thueringen.de/de/tkm/kunstkultur/content.html, (Stand: 13. November 2007).

chen Instrumentariums ist es, die Mittel und Ressourcen für Kultur in Abstimmung mit den freien Trägern, Kommunen und dem Land optimal einzusetzen. Hierfür werden kulturpolitische Ziele definiert und die zu deren Erreichung notwendigen Ressourcen, Mittel und Verfahren benannt. Eine projektscharfe Aufgabentrennung zwischen Land und Kommune ermöglicht die Bündelung von Ressourcen und überführt unstrukturierte Prozesse in transparente Förderstrukturen.

Die Kooperation der einzelnen Akteure kann landesweit organisiert werden und nicht nur zu einer größeren ökonomischen Effizienz, sondern auch zu größerer grundsätzlicher Effektivität und Kohärenz führen.

Brandenburger Kulturentwicklungskonzeption

Im Land Brandenburg wurde 1997 ein Kooperationsmodell initiiert, welches eine überregionale, landesweite Steuerung kulturpolitischer Maßnahmen ermöglicht. Hierbei handelt es sich um eine strategische Kooperation von Land, Kommunen und freien Trägern zum gemeinsamen Erreichen von kulturpolitischen Zielen. Getragen wird diese Kooperation von der Idee, dass durch eine landesweite Zusammenarbeit „ungeordnete Abbauprozesse vermieden und notwendige Entwicklungen"[21] im Kulturbereich befördert werden können. Kulturpolitische Prioritäten werden dabei nicht von einem Akteur, sondern im Diskurs zwischen Land, Kommunen und freien Trägern bestimmt und in einem sogenannten „Kulturentwicklungskonzept" formuliert. Eine Evaluation der artikulierten Zielsetzungen erfolgt regelmäßig alle zwei Jahre.[22]

Grundlage der kulturpolitischen Zielformulierungen bildet eine landesweite Bestandsaufnahme der kulturellen Situation, die mit personeller Unterstützung der Landesregierung geleistet wird.[23] Abstimmungsprozesse zwischen den Trägern finden in institutionalisierten Foren statt, die sich auch über die Bestandsaufnahme hinaus etabliert haben. So findet zum Beispiel jährlich eine Beratung der Landesregierung mit allen Landkreisen, allen kreisfreien und kreisangehörigen Städten über kulturelle Förderschwerpunkte und landesweite kulturpolitische Themen statt.[24] Im Zentrum der kulturpolitischen Ziele steht aufgrund der finanziellen Situation zunächst die Planungssicherheit für die Träger von Kultureinrichtungen.[25] Angesichts knapper Ressourcen müssen die Mittel möglichst effizient eingesetzt werden. Hierfür wird die Transparenz bei der Vergabe von Fördermitteln durch eine verbindliche Kulturförderrichtlinie erhöht.[26] Eine klare Aufgabenteilung zwischen Land und Kommunen ermöglicht die „projektscharfe" Konzentration auf die jeweiligen Schwerpunkte und verhindert ineffiziente „Doppelarbeit". Das Land legt seinen Förderschwerpunkt auf Projekte, die sich durch eine „herausragende künstlerische Qualität im Vergleich mit spartenspezifischen Leistungen anderer Länder auszeichnen, und die wesentlich überregionale Ereignisse sind."[27] Unbestrittene, dauerhaft im Landesinteresse stehende Kultureinrichtungen werden zum Zwecke der Planungssicherheit mit vertraglichen Vereinbarungen zwischen Land und Kommune verbindlich geregelt. Im Idealfall erfolgt eine Festbetragsfinanzierung.[28] Die Kommunen konzentrieren sich auf

---

[21] Vgl. Informationen über die Kulturentwicklungskonzeption des Landes Brandenburg (2006), S. 1. (Kommissionsdrucksache 16/126)
[22] Ebd.
[23] Ebd., S. 2.
[24] Ebd., S. 3. Weiter institutionalisierte Foren ebd.
[25] Ferner zählten „die Sicherung des Freiraums von Kunst und Kultur" und „die Gewährleistung möglichst günstiger Rahmenbedingungen für die Künstlerinnen und Künstler, Projekte und Einrichtungen" zu den kulturpolitischen Zielen. Vgl. Kulturentwicklungskonzeption der Landesregierung, S. 14. (Landtag Brandenburg Drucksache 3/4506)
[26] Vgl. Kulturentwicklungskonzeption der Landesregierung, S. 14. (Landtag Brandenburg Drucksache 3/4506)
[27] Ebd., S. 15.
[28] Ebd., S. 16.

die Stärkung ihres kulturpolitischen Profils durch Synergien bei der Bündelung vorhandener Kultureinrichtungen und durch Kooperationen mit anderen Kommunen. Im Ergebnis wurden die Aufgaben zwischen Land und Kommunen neu geordnet. Kulturpolitische Maßnahmen richten sich nicht ausschließlich nach Sparten. Vielmehr hat sich das Modell einer räumlichen Koordinierung des kulturpolitischen Handelns durchgesetzt. Die Schaffung regionaler Kulturräume wird durch das Land unterstützt und dient einer verstärkten Außenwahrnehmung von Kohärenz zwischen Region und Kultureinrichtung. Hier ergeben sich Berührungspunkte mit anderen Politikfeldern wie zum Beispiel dem Tourismus.[29]

Das Land Brandenburg bezeichnet in einer ersten Evaluation den Kulturentwicklungsplan als Erfolg. Bei schrumpfendem Kulturetat des Landeshaushaltes konnten „die Ziele der Stabilisierung und Entwicklung der Kultur im Land sowie die Erhöhung der Planungssicherheit für die vom Land geförderten Träger erreicht werden."[30]

Konzept der regionalen Kulturpolitik in Nordrhein-Westfalen[31]

Eine Besonderheit stellt das Förderprogramm der regionalen Kulturpolitik in Nordrhein-Westfalen dar. Das Land Nordrhein-Westfalen fokussiert sich dabei auf die Förderung einzelner Kulturregionen. Die insgesamt zehn Regionen entsprechen nicht den Verwaltungseinheiten. Sie orientieren sich an den historisch gewachsenen und unterschiedlich ausgeprägten Landschaften des Landes. Die Kulturregionen sind nicht abschließend voneinander abgegrenzt. Zum Teil gibt es bei konkreten Kooperationen Überschneidungen.

Ziel der regionalen Kulturpolitik ist es, die Kulturprofile vor Ort zu schärfen, um mit den Mitteln von Kunst und Kultur einen Beitrag zur Stärkung der Regionen und ihrer Zukunftsfähigkeit zu leisten. Hierbei kooperieren Akteure von Kunst und Kultur mit Partnereinrichtungen des Tourismus und der Wirtschaft.

Die Förderung dieser Ziele erfolgt von Seiten des Landes über Projektfinanzierungen. Der Haushalt von Nordrhein-Westfalen sieht hierfür einen gesonderten Etat vor. Die Anträge auf Projektförderung werden von den Regionen an das Land gestellt. Diese Anträge auf Projektförderung werden in der Regel durch fachlich besetzte Beiräte geprüft. Die Kulturregionen haben ihre eigenen Gremien entwickelt, die teilweise die politisch Verantwortlichen, teilweise den Kunst- und Kultursachverstand der Regionen einbeziehen. Sie stehen im Zusammenhang mit den unterschiedlichen Trägerstrukturen. Diese auf freiwilliger Basis arbeitenden Beiräte der Regionen sprechen die Förderempfehlungen an das Land aus.

Im Unterschied zur Kulturentwicklungskonzeption von Brandenburg verfolgt der Ansatz der regionalen Kulturpolitik in Nordrhein-Westfalen eine dezentralisierte Strategie. Das wird besonders an der Verantwortung der Regionen für die Förderanträge von Landesmitteln deutlich. Kulturpolitische Ziele werden primär in den Regionen formuliert und projektbezogen umgesetzt. Eine langfristige Aufgabenteilung zwischen Land und Kommunen ist hier nicht vorgesehen.

---

[29] Ebd., S. 92.
[30] Vgl. Informationen über die Kulturentwicklungskonzeption des Landes Brandenburg (2006), S. 4. (Kommissionsdrucksache 16/126)
[31] Vgl. schriftliche Stellungnahme vom Ministerium für Städtebau und Wohnen, Kultur und Sport des Landes Nordrhein-Westfalen zur Anhörung vom 24. Mai 2004 zum Thema „Umlandfinanzierung und interkommunale Zusammenarbeit", S. 5f. (Kommissionsdrucksache 15/119)

Sächsisches Kulturraumgesetz[32] und Sächsischer Kultursenat

Im Unterschied zu der Konzeption Brandenburgs und der regionalen Kulturpolitik Nordrhein-Westfalens ist die Ausgestaltung der Kulturpflege in Sachsen eine kommunale Pflichtaufgabe (§ 2 SächsKRG). Die Landesregierung Sachsens sieht das Sächsische Kulturraumgesetz nicht als Steuerungsmodell des Landes an.[33] Die Entscheidung über die regionale Kulturförderung wird von den in Kulturräumen zusammengeschlossenen Kommunen eigenständig getroffen. Die Finanzierung der Förderung erfolgt zu einem Drittel durch die Kommune und zu zwei Dritteln durch den Freistaat.[34] Zwischen Land und Kommunen findet ein regelmäßiger Austausch über kulturpolitische Zielvorstellungen statt.[35] Eine landesweite Kulturentwicklungskonzeption gibt es in Sachsen jedoch nicht.[36] Primär handelt es sich beim Sächsischen Kulturraumgesetz um ein Konzept der Umlandfinanzierung.[37]

Seit dem Jahr 1993 existiert das Kulturraumgesetz als Mittel der regionalen Kulturförderung. Dabei wurden sowohl ländliche Regionen wie auch die kreisfreien Städte zu zehn Kulturräumen zusammengefasst und in der Rechtsform von Zweckverbänden organisiert. Ziel der Bildung von Kulturräumen ist die Erhaltung und Förderung kultureller Einrichtungen und Maßnahmen. Die Bestandsgarantie wurde von der Einführung effizienter Betriebsformen abhängig gemacht. Nicht die Landesverwaltung setzt die beabsichtigten Angebots- und Leistungsverbesserungen des Gesetzgebers um. Diese erfolgen innerhalb der Zweckverbände.

Die Kulturräume werden durch Organe geleitet. Es handelt sich dabei um den Kulturkonvent und den Kulturbeirat. Während im Kulturkonvent Vertreter der regionalen Gebietskörperschaften vertreten sind, sind es im Kulturbeirat durch den Kulturkonvent berufene Kultursachverständige.

Sachsen institutionalisierte 1993 den sächsischen Kultursenat als Teil der Kulturstiftung des Landes.[38] Aufgabe des Sächsischen Kultursenates ist es, die Förderpolitik des Landes und der Kommunen für Kunst und Kultur beratend zu begleiten und Empfehlungen für inhaltliche und regionale Schwerpunktsetzungen auszusprechen. Er soll darüber hinaus zu grundlegenden kulturpolitischen Fragen Stellung nehmen. Seit 2001 verfasst der Kultursenat regelmäßig einen Bericht über die Lage von Kunst und Kultur in Sachsen und gibt auf der Basis seiner Problembeschreibung Handlungsempfehlungen. Dieser Bericht richtet sich an die Abgeordneten des Sächsischen Landtages, an die sächsische Staatsregierung und die kulturelle Öffentlichkeit.

Die Niederösterreichische Kulturförderungsgesetz und die Kulturwirtschaft GmbH

Beim innereuropäischen Vergleich fällt das Konzept des niederösterreichischen Steuerungsmodells auf.[39] Das österreichische Bundesland Niederösterreich hat 1996 ein Kulturförderungsgesetz verab-

---

[32] Vgl. zu der besonderen Bedeutung des Sächsischen Kulturraumgesetzes Kap. 3.1.4, Umlandfinanzierung und interkommunale Zusammenarbeit.
[33] Vgl. Schreiben des Sächsischen Staatsministeriums für Wissenschaft und Kunst zur Situation von Kunst und Kultur im Freistaat Sachsen (2006), S. 5. (Kommissionsdrucksache 16/121)
[34] Vgl. Kap. 3.1.4, Umlandfinanzierung und interkommunale Zusammenarbeit.
[35] Vgl. Schreiben des Sächsischen Staatsministeriums für Wissenschaft und Kunst zur Situation von Kunst und Kultur im Freistaat Sachsen (2006), S. 5. (Kommissionsdrucksache 16/121)
[36] Ebd.
[37] Vgl. Kap. 3.1.4, Umlandfinanzierung und interkommunale Zusammenarbeit.
[38] Hierbei handelt es sich um eine rechtsfähige Stiftung öffentlichen Rechts.
[39] Die Enquete-Kommission hat sich bei ihren Delegationsreisen ins europäische und außereuropäische Ausland über die landesspezifischen Steuerungsmodelle der Kulturpolitik und Verwaltung informiert. Vgl. Bericht über die Delegationsreise der Enquete-Kommission „Kultur in Deutschland" in das Vereinigte Königreich von Großbritannien und Nordirland und das Königreich der Niederlande vom 4. bis 8. Oktober 2004 (Bericht Delegationsreise Großbritannien) (Kommissionsdrucksache 15/513) und Bericht über die Delegationsreise nach Österreich und die Schweiz vom 3. bis 6. Juli 2006 (Bericht Delegationsreise Österreich/Schweiz). (Arbeitsunterlage 16/31)

schiedet, dass die grundsätzlichen Förderprinzipien des Landes festlegt. Demnach ist die Landesregierung verpflichtet, in gewissen Zeitabständen konkretere Förderrichtlinien zu erlassen.[40] Diese enthalten kulturpolitische Leitlinien, Grundsätze der materiellen und immateriellen Förderungen sowie Beurteilungsverfahren von Förderanträgen.[41]

Schließlich wurde ein Kultursenat etabliert, der die Landesregierung in kulturellen Angelegenheiten berät und dessen Mitglieder von der Niederösterreichischen Landesregierung für eine Legislaturperiode berufen werden.[42] Die Landesregierung ist verpflichtet, die Förderpolitik in Form eines Kulturberichtes jährlich zu evaluieren. Niederösterreich trennt in der Kulturpolitik strikt die „Finanzierung" durch den Staat von der „Durchführung" durch privatrechtliche Akteure. Das Land formuliert kulturpolitische Grundsätze und stellt die Finanzierung und das Controlling sicher. Die Ziele werden über die „Niederösterreichische Kulturwirtschaft GmbH" (privatrechtliche Holding) umgesetzt. Die Kulturwirtschaft GmbH bündelt und vermarktet die Angebote der Kultureinrichtungen.[43] Dieses im deutschsprachigen Raum einmalige Modell setzt auf künstlerische und kaufmännische Synergieeffekte, indem es als eine Art Dienstleistungsunternehmen für die angeschlossenen Kulturbetriebe fungiert und eine landesweite Kooperation der einzelnen Kultureinrichtungen ermöglicht. Hierfür gibt es in der Kulturwirtschaft GmbH eine künstlerische Leitung, die Veranstaltungen und Ausstellungen koordiniert und organisiert sowie eine kaufmännische Leitung, die die Kultureinrichtungen im Personalwesen und bei der Implementierung von Informationstechnologien sowie bei der Ein- und Durchführung von privatwirtschaftlichen Instrumenten wie Budgetierung, Rechnungswesen und Controlling unterstützt.[44]

Mit der Aufgabentrennung zwischen Kulturverwaltung und Kulturwirtschaft GmbH entspricht die staatliche Organisationskonstruktion einem Element von New Public Managment. Allerdings verläuft die Aufgabentrennung nicht zwischen Politik und Verwaltung wie im New Public Managment-Ansatz, sondern als öffentlich-private Partnerschaft zwischen der Verwaltung und der Kulturwirtschaft GmbH. Inwiefern diese Trennung eine optimale Umsetzung der kulturpolitischen Ziele ermöglicht, bleibt abzuwarten. „ICG Culturplan" hat der Niederösterreichischen Kulturwirtschaft GmbH im Rahmen einer Evaluierung ihrer Arbeit im Dezember 2003 ein Höchstmaß an Effizienz bescheinigt.[45] Allerdings bleiben die Erfolgskriterien auf Besucherzahlen und ökonomische Kennziffern beschränkt. Die Budgeteinhaltung ist oberstes Ziel. Die Steuerung bleibt damit auf Finanz- und Ressourcenebene begrenzt. Für Qualität und Wirkung gibt es weder konkrete Messgrößen noch Evaluierungsergebnisse.[46]

Mit dem Kulturförderungsgesetz und deren Richtlinien betont Niederösterreich im Unterschied zu Brandenburg und NRW den rechtlich-institutionalisierten Aspekt von Governance. Damit werden Förderkriterien transparent, allerdings bleibt die Beteiligung außerstaatlicher Akteure bei der Aushandlung dieser Kriterien auf den Kultursenat begrenzt. Private Akteure treten erst auf, wenn die Programmziele von der Kulturwirtschaft GmbH und den angeschlossenen Kultureinrichtungen umgesetzt werden.

---

[40] 2006 wurden zuletzt Förderrichtlinien veröffentlicht. Vgl. Richtlinien für die Förderung nach dem Niederösterreichisches Kulturförderungsgesetz 1996. Amtliche Nachrichten der Niederösterreichisches Landesregierung vom 14. Juli 2006. www.noel.gv.at/service/k/k1/Richtlinien_zum_NOE_Kulturfoerderungsgesetz_1996.pdf, (Stand: 8. Juni 2007).
[41] Vgl. § 5 (3) Niederösterreichisches Kulturförderungsgesetz.
[42] Vgl. § 8 Niederösterreichisches Kulturförderungsgesetz.
[43] Vgl. Bericht Delegationsreise Österreich/Schweiz, S. 49f. (Arbeitsunterlage 16/031)
[44] Vgl. Bericht Delegationsreise Österreich/Schweiz; S. 52ff. (Arbeitsunterlage 16/031)
[45] Vgl. Evaluierung der Niederösterreichischen Kulturwirtschaft GmbH. www.noeku.at/rd-presse/Culturplan_Studie_Dez_2003.pdf, (Stand: 8. Juni 2007).
[46] Ebd.

Das niederösterreichische Steuerungsmodell ist trotz der obigen Einschränkungen ein innovatives Konzept, das insbesondere durch die öffentlich-private Partnerschaft zwischen Verwaltung und Kulturwirtschaft GmbH und durch die überregionale Kooperation der Kultureinrichtungen eines Landes interessante Governanceaspekte beinhaltet, die zu einer umfassenden Optimierung von kulturpolitischer Steuerung beitragen können.

3.1.1.2 Rechtsformen von Kultureinrichtungen und ihre rechtlichen Rahmenbedingungen[47]

Eigenverantwortliches Handeln von Kulturinstitutionen setzt nicht nur den grundsätzlichen Willen seitens der Politik, der Verwaltung und der Kulturinstitution voraus. Vielmehr beeinflussen a priori rechtlich-strukturelle Vorgaben den Eigenverantwortungsgrad erheblich. So kann die Rechtsform einer Kulturinstitution eigenverantwortliches Handeln begünstigen oder behindern. Von der Rechtsform hängt somit die grundsätzliche Realisierungsmöglichkeit einer optimierten Steuerung ab.

In Deutschland können Kultureinrichtungen in privater und/oder öffentlicher Trägerschaft in unterschiedlichen Rechtsformen geführt werden. Eine vielfältige Diversifizierung der Träger und Rechtsformen ist grundsätzlich auch im Sinne des normativ erstrebten „kulturellen Trägerpluralismus" (Häberle) als Strukturelement des deutschen Kulturverfassungsrechts.[48]

Die Auswahl der Rechtsform zählt zu den wichtigsten Entscheidungen bei der Gründung bzw. Optimierung eines Kulturbetriebes. Die Rechtsform regelt die Beziehung zwischen der Institution und dem Träger, zu Lieferanten und Publikum, sie bestimmt das Verhältnis der Gesellschafter, Anteilseigner und Mitarbeiter und trägt zum Selbstverständnis der Kultureinrichtung bei. Sie soll eine Kulturinstitution möglichst optimal in ihren künstlerischen und betrieblichen Zielen unterstützen.[49] Die Bestimmung der Rechtsform erfolgt nicht einmalig, vielmehr kann und sollte die Rechtsform in regelmäßigen Abständen auf ihre Funktionalität hin überprüft werden.

Trotz der großen Relevanz für Kulturbetriebe spielte die Rechtsform bis in die 90er-Jahre nur eine geringe Rolle. In den 70er- und 80er-Jahren war es selbstverständlich, dass Kultureinrichtungen in die kommunalen Verwaltungsstrukturen eingebunden waren. Die Debatte über New Public Management Mitte der 80er-Jahre führte zu einem verstärkten Interesse an effizienteren Strukturen und neuen Finanzierungsformen. Dieser Trend wurde auch aufgrund der Strukturveränderungen in den neuen Ländern verstärkt. Seither wurde in vielen öffentlich-rechtlichen Kultureinrichtungen die Rechtsform umgewandelt.

Mit der Umwandlung in privatrechtlich organisierte Kultureinrichtungen, insbesondere in Aktiengesellschaften und Gesellschaften mit beschränkter Haftung, geht der Verlust öffentlich-rechtlicher Einflussmöglichkeit einher. Das betrifft vor allem den Einfluss der demokratischen Repräsentanten der Gebietskörperschaften. Deshalb wird diesen Gebietskörperschaften die Möglichkeit eingeräumt, Aufsichtsratsmitglieder zu entsenden, die über ihre Tätigkeit Bericht erstatten sollen. Diese Aufsichtsratsmitglieder sind insoweit nicht zur Verschwiegenheit verpflichtet, wenn sie einem Gremium Bericht erstatten, welches die Geheimhaltung innerhalb der Gebietskörperschaft gewährleistet. Parlamente oder ihnen nach Zusammensetzung und Transparenz vergleichbare Organe der Ge-

---

[47] Vgl. Gutachten zum Thema „Rechtliche und strukturelle Rahmenbedingungen des Betriebes von Theatern, Kulturorchestern und Opern in Deutschland" (Raue-Gutachten), S. 1ff., 54ff. (Kommissionsdrucksache 15/285) Ergänzende Hinweise aus anderen Gutachten, vgl. auch Gutachten „Objektive und transparente Förderkriterien staatlicher Kulturfinanzierung – Vergleiche mit dem Ausland", (Gutachten Kulturfinanzierung). (Kommissionsdrucksache 15/276a)
[48] Vgl. Gutachten Kulturfinanzierung, S. 16. (Kommissionsdrucksache 15/276a)
[49] Vgl. Scheytt (2005), S. 123.

bietskörperschaften erfüllen diese Voraussetzung nicht.[50] Deshalb beklagen Einzelmandatsträger und kleinere Fraktionen, die ausschließlich in den kommunalen Gebietskörperschaften vertreten sind, dass sie nicht ausreichend über die Verwendung öffentlicher Mittel informiert werden.

Rechtsformen lassen sich grundsätzlich in solche des öffentlichen und des privaten Rechts unterscheiden. Rechtsformen des öffentlichen Rechts sind der Regie- und Eigenbetrieb, der Zweckverband, die öffentlich-rechtliche Stiftung und die öffentliche Anstalt. Privatrechtliche Rechtsformen sind die Gesellschaft mit beschränkter Haftung (GmbH), der eingetragene Verein (e. V.), die Gesellschaft bürgerlichen Rechts (GbR), die Aktiengesellschaft (AG), die Genossenschaft sowie die Stiftung. Während bei privaten Trägerschaften ausschließlich Rechtsformen des Privatrechts möglich sind, können Institutionen in öffentlich-rechtlicher Trägerschaft sowohl als Rechtsformen des öffentlichen Rechts als auch des Privatrechts geführt werden. Der Betrieb von staatlichen Kultureinrichtungen ist prinzipiell rechtsformneutral.

Rechtsformen des öffentlichen Rechts unterscheiden sich wiederum in Rechtsformen ohne und Rechtsformen mit eigener Rechtspersönlichkeit/Rechtsfähigkeit.[51] Typische Merkmale für öffentlich-rechtliche Rechtsformen ohne Rechtspersönlichkeit sind geringe organisatorische Selbstständigkeit und geringe Flexibilität, hohe Bindung an das öffentliche Haushalts- und Arbeitsrecht, Kontrolle durch Politik und Öffentlichkeit, aber eine hohe finanzielle Sicherheit aufgrund der rechtlichen Zuordnung zu einer Behörde.[52] Rechtsformen mit Rechtspersönlichkeit nehmen in vollem Umfang am Rechtsverkehr teil.

Im Weiteren werden die wesentlichen Merkmale der einzelnen Rechtsformen, ihre Aufsicht und Leitungsstruktur sowie ihre Finanzierung und Wirtschaftsführung dargestellt.

Rechtsformen des öffentlichen Rechts

Regiebetrieb

Regiebetriebe sind öffentliche Verwaltungsbetriebe ohne eigene Rechtspersönlichkeit, die organisatorisch, rechtlich und haushaltsmäßig vollständig in den öffentlichen Verwaltungsträger eingegliedert sind. Daraus folgt zwangsläufig, dass der Regiebetrieb organisatorisch und finanziell nahezu keine eigenständigen Spielräume hat. An der Führung des Regiebetriebes wirkt die Vertretungskörperschaft nach den kommunalverfassungsrechtlichen Zuständigkeiten mit. Die Ressourcenbewirtschaftung erfolgt durch Querschnittsämter (Personalamt, Kämmerei etc.). Die Haushaltsführung ist kameralistisch. Als öffentliche Rechtsform lehnt sich der Regiebetrieb – vergleichbar mit den sogenannten „Ämtern" – am engsten an die Gemeindeadministration an. Wegen der Eingliederung in die Kommunalverwaltung werden Regiebetriebe im Allgemeinen nicht den kommunalen Wirtschaftsunternehmen zugerechnet. Deshalb werden Regiebetriebe vorwiegend für kleinere Betriebseinheiten gewählt, die keine besondere Selbstständigkeit und Flexibilität erfordern. Rechtsgrundlage für die als Regiebetrieb organisierten Einrichtungen bilden die Gemeindeordnungen der Länder und das Haushaltsrecht des öffentlichen Trägers.

Oberstes gemeindliches Beschlussorgan des Regiebetriebes sind die kommunalen Vertretungskörperschaften. Häufig übertragen sie ihre Zuständigkeiten für den Kulturbereich auf Fachausschüsse, in der Regel auf den Kulturausschuss, der dann über die Grundsatzfragen der Kultureinrichtungen, das heißt über den Haushalt, Personalien, die Festlegung der Eintrittspreise etc. fachlich berät und entscheidet.

---

[50] Vgl. Schwintowski (1990), S. 1009, 1014.
[51] Vgl. Gutachten Kulturfinanzierung, S. 16ff. (Kommissionsdrucksache 15/276a)
[52] Ebd., S. 17.

Die Geschäftsverteilung innerhalb des Leitungskollegiums wird in einer eigenen Dienstanweisung geregelt, in der entweder die gemeinsame Führung des Hauses durch den Intendanten und den Verwaltungsdirektor bestimmt wird oder die Letztentscheidungskompetenz über alle künstlerischen und wirtschaftlichen Belange des Kulturbetriebs dem Intendanten übertragen wird (reine Intendantenführung).

Die Personalverwaltung für die nichtkünstlerischen Mitarbeiter sowie andere Administrationsbereiche werden von den zuständigen Querschnittsämtern der Stadtverwaltung wahrgenommen.

Als Teil der Verwaltung der Trägerkörperschaft gilt für den Regiebetrieb das kommunale bzw. das Landeshaushaltsrecht. Die Rechnungsführung erfolgt grundsätzlich kameralistisch.

Optimierter Regiebetrieb

Eine Sonderform des Regiebetriebs ist der sogenannte „optimierte Regiebetrieb". Dieser ist im rechtlichen Sinne keine eigene Rechtsform, vielmehr werden für den optimierten Regiebetrieb Gestaltungsmöglichkeiten des Kommunalrechts genutzt. Die Gemeindeordnung eröffnet dem optimierten Regiebetrieb die Möglichkeit einer eigenbetriebsähnlichen Führung.[53] Soweit es das jeweilige Haushaltsrecht der Trägerkörperschaft zulässt, können einzelne Elemente der Kameralistik flexibilisiert werden. In diesem Rahmen können für einen optimierten Regiebetrieb die kaufmännische Buchführung vorgeschrieben, Personal- und Sachkosten für deckungsfähig erklärt und eine Ertrags- und Kostenrechnung eingeführt werden.[54] Diese Flexibilisierungsmöglichkeiten bieten sich insbesondere für die Bedürfnisse von Kultureinrichtungen an. So kann beispielsweise mit einer „Sonderrechnung" außerhalb des sonstigen Haushalts das Haushaltsjahr der Spielzeitplanung eines Theaters angepasst werden.[55]

Eigenbetrieb

Eigenbetriebsgesetze, Eigenbetriebsverordnungen und die Gemeindeordnungen der Länder bilden die Rechtsgrundlage von Eigenbetrieben. Auf dieser Grundlage erlassen die Trägerkommunen eine Betriebssatzung für den zu gründenden Eigenbetrieb. Die Betriebssatzung regelt insbesondere Namen und Sitz, Stammkapital, Verwaltungsorgane, die Leitungsebene und die Zuständigkeiten der gemeinsamen Aufsichtsgremien. Der Eigenbetrieb ist zwar rechtlich unselbstständig, im Gegensatz zum Regiebetrieb kann er sich allerdings organisatorisch und wirtschaftlich als ein selbstständiger Verwaltungsbetrieb verhalten.

Er hat den Charakter eines wirtschaftlichen kommunalen Unternehmens im Sinne der Gemeindeordnungen und verfolgt neben dem öffentlichen Zweck meist eine wirtschaftliche Zielrichtung.

Die Leitung des Eigenbetriebes („Werkleitung"[56]) verantwortet ihre Arbeit gegenüber dem „Werkausschuss"[57], der als Ausschuss der Gemeindevertretung fungiert. Die Werkleitung ist für die laufende Betriebsführung und für alle Aufgaben zuständig, die keinem anderen Organ durch die Gemeindeordnung oder Betriebssatzung zugeschrieben sind. Ferner ist sie für die wirtschaftliche Führung verantwortlich.[58] Im Gegensatz zum Regiebetrieb regelt die Werkleitung sämtliche Fragen der normalen Be-

---

[53] Vgl. Studie Deutscher Bühnenverein; Rechtliche und strukturelle Rahmenbedingungen von Theater und Orchester in der Bundesrepublik Deutschland (2004) (Studie Deutscher Bühnenverein), S. 16. (Kommissionsmaterialie 15/124)
[54] Vgl. Raue-Gutachten, S. 57f. (Kommissionsdrucksache 15/285)
[55] Vgl. Schneidewind (2004), S. 162.
[56] „Werkleitungen" und „Werksleitungen" werden sowohl in der Literatur als auch in den Eigenbetriebssatzungen synonym verwandt.
[57] „Werkausschuss" und „Werksausschuss" werden sowohl in der Literatur als auch in den Eigenbetriebssatzungen synonym verwandt.
[58] Vgl. Schneidewind (2004), S. 162.

triebsführung weitgehend selbstständig, insbesondere die Personalauswahl und -verwaltung. Eine Trennung von künstlerischer und kaufmännischer Verantwortung ist innerhalb der Werkleitung möglich.

Grundsätzliche Entscheidungen des Eigenbetriebs obliegen dem Stadtrat bzw. Kommunalparlament. Er erlässt die Betriebssatzung, befindet über die Größe und personelle Zusammensetzung der Werkausschüsse und entscheidet über die wirtschaftlichen Grundsatzbeschlüsse (Bestätigung des Wirtschaftsplans, Beschlüsse über die Feststellung des Jahresabschlusses etc.). Der Hauptverwaltungsbeamte der Gemeinde bestimmt die Geschäftsverteilung innerhalb der Werkleitung. Er ist Dienstvorgesetzter und weisungsbefugt im Sinne der Einheitlichkeit der Verwaltung.[59]

Der Eigenbetrieb verfügt über ein gesondert verwaltetes, eigenes Vermögen. Die Eigenbetriebsverordnungen sehen vor, dass der Eigenbetrieb mit einem Stammkapital in „angemessener Höhe" auszustatten ist. Anders als beim Regiebetrieb ist für den Eigenbetrieb die kaufmännische Buchführung oder eine entsprechende Verwaltungsbuchführung vorgeschrieben. An die Stelle des gemeindlichen Haushaltsplanes tritt der Wirtschaftsplan als finanzwirtschaftliche Grundlage, bestehend aus Erfolgsplan, Finanzplan und Stellenübersicht. Alle Ausgaben und Einnahmen sind gegenseitig deckungsfähig.

Kommunaler Zweckverband

Der Zweckverband ist die typische Rechtsform für die Trägerschaft einer Kultureinrichtung, die von mehreren Kommunen gemeinsam errichtet und unterhalten wird. Er ist in fast allen Sparten anzutreffen. Kommunen übertragen dann originär eigene Aufgaben an einen öffentlich-rechtlichen Verwaltungsträger. Mitglied eines Zweckverbands können aber auch Landkreise oder andere Rechtssubjekte (juristische oder natürliche Personen) sein.[60] Kommunale Zweckverbände sind als Körperschaften des öffentlichen Rechts mit Selbstverwaltung gegenüber den sie bildenden Gemeinden, Städten und Kreisen organisatorisch und rechtlich verselbstständigt.[61] Rechtsgrundlage für die Gründung, die Organisation und den Betrieb eines Zweckverbandes sind die einschlägigen landesgesetzlichen Regelungen über die kommunale Gemeinschaftsarbeit[62] sowie die Gemeindeordnungen.

Eine besondere Bedeutung hat die Rechtsform des Zweckverbands im Land Sachsen durch das Sächsische Kulturraumgesetz erhalten. Die durch das Gesetz gebildeten „Kulturräume" werden als Pflicht-Zweckverbände geführt (§ 1 Abs. 1 SächsKRG).[63] Nähere Regelungen zu Finanzierung, Aufgaben des Zweckverbandes, Wirtschaftsführung, Verbandsversammlung, Verbandsvorsteher oder den Beteiligungsverhältnissen finden sich in den Satzungen der Zweckverbände.

Die Wirtschaftsführung des Zweckverbands orientiert sich am öffentlichen Haushaltsrecht, erfolgt also in der Regel kameralistisch. Die Landesgesetze über die Zweckverbände sehen zum Teil die Möglichkeit vor, wie Eigenbetriebe wirtschaften zu können. Viele Landesgesetze behalten diese Möglichkeit jedoch Zweckverbänden mit einer wirtschaftlichen Unternehmung vor.[64] Die Finanzierung des Zweckverbandes erfolgt über eine von der Verbandsversammlung festgesetzte Umlage.

---

[59] Ebd.
[60] Vgl. § 5 HessKGG.
[61] Vgl. Schneidewind (2004), S. 164.
[62] Wie z. B. das Gesetz über kommunale Gemeinschaftsarbeit in Nordrhein-Westfalen (GKG), das Bayerische Gesetz über die kommunale Zusammenarbeit (BayKommZG) oder das Gesetz über kommunale Gemeinschaftsarbeit Hessen (HessKGG).
[63] Vgl. zum SächsKRG auch Kap. 3.1.4, Umlandfinanzierung und interkommunale Zusammenarbeit.
[64] Vgl. § 18 Abs. 2 HessKGG; anders: § 16 Abs. 3 NiedsKomZG i. V. m. § 110 Abs. 2 NiedsGO.

Stiftung des öffentlichen Rechts

Stiftungen des öffentlichen Rechts sind Teil der mittelbaren Staatsverwaltung, um öffentliche Aufgaben von besonderem Interesse zu erfüllen. Für die Stiftungen öffentlichen Rechts gilt grundsätzlich das Stiftungsrecht der Länder, ergänzend findet § 89 Bürgerliches Gesetzbuch (BGB) Anwendung. Die Landesstiftungsgesetze verweisen auch auf stiftungsrechtliche Vorschriften des BGB in §§ 80 ff.

Die Stiftung des öffentlichen Rechts unterliegt der staatlichen Rechtsaufsicht, von der insbesondere die Einhaltung des Stiftungszwecks überwacht wird.[65] Zuständig ist in der Regel das Ministerium, in dessen Zuständigkeit der Zweck der Stiftung fällt, bei kulturellen Stiftungen also das Kultusministerium.

Organe der Stiftung sind – nach Maßgabe der Stiftungssatzung – grundsätzlich der Vorstand als vertretungsberechtigtes und geschäftsführendes Organ sowie ein Kuratorium (der Stiftungsrat) als Aufsichtsorgan. Der Einfluss der politischen Entscheidungsträger kann in der Stiftungsverfassung auf vielfältige Weise gesichert, aber auch weitgehend zurückgefahren werden: Es kann ein Staatsorgan unmittelbar als Stiftungsorgan bestimmt werden. Darüber hinaus oder stattdessen kann die Stiftungsverfassung auch vorsehen, dass ein Staatsorgan wie zum Beispiel der amtierende Kultur- oder Finanzminister in die Leitung oder Aufsicht der Stiftung als (den Vorsitz führendes) Mitglied des Stiftungskuratoriums einbezogen wird.

In der Regel erfolgt die Finanzierung einer Stiftung öffentlichen Rechts durch laufende Zuwendungen des Staates. Eine Kombination aus Stiftungsvermögen und Zuwendungen aus dem öffentlichen Haushalt ist denkbar. Für eine Stiftung öffentlichen Rechts gilt grundsätzlich das öffentliche Haushaltsrecht mit der Folge, dass die Stiftungsorgane einen Haushaltsplan aufzustellen haben. Wie bei den Eigenbetrieben kann an die Stelle eines Haushaltsplanes ein Wirtschaftsplan treten. Das Landeshaushaltsrecht erlaubt auch den Stiftungen des öffentlichen Rechts, die Regeln der kaufmännischen doppelten Buchführung anzuwenden.[66]

Grundsätzlich sind Stiftungen des öffentlichen Rechts insolvenzfähig. Etwas anderes gilt gemäß § 12 Abs. 1 Nr. 2 Insolvenzordnung dann, wenn – wie in einigen Ländern, wie Bayern, Berlin und Sachsen-Anhalt – das Landesrecht Insolvenzverfahren über das Vermögen öffentlich-rechtlicher Stiftungen für unzulässig erklärt.

Rechtsformen des privaten Rechts

Gesellschaft mit beschränkter Haftung

Die Gesellschaft mit beschränkter Haftung (GmbH) ist eine juristische Person des privaten Rechts, eine Kapitalgesellschaft, für deren Verbindlichkeiten gegenüber Gläubigern nur das Gesellschaftsvermögen haftet.[67]

Das öffentliche Recht (Kommunalordnungen oder Landeshaushaltsrecht) erlaubt den Ländern und Kommunen die Beteiligung an einer privatrechtlichen Gesellschaft, wenn der „öffentliche Zweck" (hierzu zählt der staatliche Kulturauftrag) die Gründung eines Unternehmens rechtfertigt. Rechtsgrundlage ist dann aber das GmbH-Gesetz (GmbHG). Zudem sind die landes- und kommunalrechtlichen Vorschriften über den Betrieb eines öffentlichen Unternehmens als GmbH sowie das Handelsgesetzbuch (HGB)[68] zu beachten.

---

[65] Vgl. § 20 Abs. 1 StiftG-BW.
[66] Vgl. §§ 105 Abs. 1 i. V. m. 74 Abs. 1 BlnLHO.
[67] Vgl. Schneidewind (2004), S. 169.
[68] Vgl. Schneidewind (2004), S. 170.

Die gesetzlich notwendigen Organe der GmbH sind die Gesellschafterversammlung und der oder die Geschäftsführer. In der Zuständigkeit der Gesellschafter liegen die Grundlagenentscheidungen, die Durchführung strukturändernder Maßnahmen und die Bestellung und Abberufung sowie die Prüfung und Kontrolle der Geschäftsführer.[69] Die Geschäftsführung eines Kulturunternehmens wird entweder durch den künstlerischen Leiter allein oder durch den künstlerischen Leiter und den kaufmännischen Geschäftsführer gemeinsam ausgeübt. Anders als der Werkleiter und Verwaltungsdirektor eines Eigenbetriebs haften die Geschäftsführer einer GmbH der Gesellschaft gesetzlich für die Verletzung ihrer Obliegenheiten (§ 43 GmbHG). Im Übrigen lässt sich die Binnenstruktur einer GmbH frei gestalten. Die Errichtung eines Aufsichtsrates (§ 52 GmbHG) ist fakultativ, im Kulturbereich aber sehr verbreitet. Nur ausnahmsweise ist die Errichtung eines Aufsichtsrates zwingend, so gemäß § 1 Abs. 1 Nr. 3 Drittelbeteiligungsgesetz bei mehr als 500 Arbeitnehmern. Die Aufgabe des Aufsichtsrates besteht in der Überwachung und Beratung der Geschäftsführung. Einzelheiten sind im Gesellschaftsvertrag zu regeln.

Berichtspflicht der entsandten Aufsichtsratsmitglieder

Um eine gewisse Kontrolle gegenüber den in eine GmbH überführten Kultureinrichtungen ausüben zu können, kann die Gebietskörperschaft berichtspflichtige Aufsichtsratsmitglieder entsenden. Die Berichtspflicht darf jedoch nicht mit der gesellschaftsrechtlichen Pflicht der Aufsichtsratsmitglieder zur Verschwiegenheit kollidieren. Nach §§ 394, 395 Aktiengesetz (AktG) – über § 52 GmbHG – auch auf eine GmbH anwendbar, müssen daher die berichtsempfangenden Gremien die Geheimhaltung innerhalb der Gebietskörperschaft gewährleisten. Deshalb können Parlamente oder ihnen nach Zusammensetzung und Transparenz vergleichbare Organe der Gebietskörperschaften nicht Berichtsadressaten sein.[70] Davon kann bei einer GmbH mit obligatorischem Aufsichtsrat auch nicht durch Gesellschaftsvertrag abgewichen werden. Die §§ 394, 395 AktG gelten zwingend. Anders ist dies bei einer GmbH mit fakultativem Aufsichtsrat, bei der § 52 Abs. 1 GmbHG ausdrücklich eine abweichende gesellschaftsvertragliche Regelung zulässt. Die Grenze ist jedoch dort zu ziehen, wo eine Verletzung der gesellschaftsrechtlichen Grundstrukturen droht.[71]

Auch durch Kommunalrecht kann nicht von den Vorgaben der §§ 394, 395 AktG abgewichen werden. Die Gemeindeordnungen können aber Vorkehrungen treffen, nach denen die Geheimhaltung in den berichtsempfangenden Gremien gewährleistet wird. Es könnte zum Beispiel geregelt werden, dass Berichtsempfänger nur nichtöffentliche Ausschüsse (zum Beispiel Ausschüsse für Beteiligungen) sein können, zu denen kein allgemeines Zugangsrecht aller Gemeinderatsmitglieder besteht und deren Mitglieder besonderen Verschwiegenheitspflichten unterliegen. Durch derartige Regelungen des Kommunalrechts können die Gebietskörperschaften beeinflussen, wer von den entsandten Aufsichtsratsmitgliedern Bericht empfangen darf. Grundsätzlich ist auch zu prüfen, inwiefern § 395 AktG dahingehend geändert werden kann, dass einem umfassenden Informationsanspruch der Gebietskörperschaften Rechnung getragen wird.[72]

Die GmbH muss über ein Mindeststammkapital von 25 000 Euro verfügen.[73] Die Wirtschaftsführung erfolgt nach den Grundsätzen der kaufmännischen Buchführung. Als juristische Person des privaten Rechts ist die GmbH insolvenzfähig. Steuerrechtlich besteht bei der GmbH – ebenso wie beim Verein und der Stiftung des privaten Rechts – die Möglichkeit, einen gemeinnützigen Sat-

---

[69] Vgl. § 46 Nr. 5 und 6 GmbHG.
[70] Vgl. Schwintowski (1990), S. 1009, 1014.
[71] Vgl. Battke/Voigt (2006), S. 273, 276.
[72] Eine Änderung des § 395 AktG ist mit der Eigentumsgarantie in Artikel 14 GG und der Kapitalverkehrsfreiheit in Artikel 56 EGV abzustimmen.
[73] Vgl. § 5 Abs. 1 GmbHG.

zungszweck durch das Finanzamt anerkennen zu lassen. Aus der Gemeinnützigkeit der GmbH ergibt sich der Vorteil der Ertragssteuerfreiheit und die Möglichkeit, Zuwendungsbestätigungen auszustellen, die etwaige Förderer zum steuerlichen Sonderausgabenabzug berechtigen (§ 10b Einkommensteuergesetz).

Aktiengesellschaft

Die Aktiengesellschaft (AG) ist das klassische Modell der Kapitalgesellschaft. Für den Betrieb öffentlicher Kultureinrichtungen hat die Rechtsform allerdings bislang nur wenig Bedeutung erlangt. Dies wird mit einem erhöhten Verwaltungsaufwand begründet. Rechtsgrundlage der AG ist das Aktiengesetz (AktG). Die AG verfügt über ein Grundkapital von mindestens 50 000 Euro[74]. Die Wirtschaftsführung ist kaufmännisch.[75] Insgesamt ist das Aktienrecht von einer strengen Trennung der Aktionäre einerseits und den Organen der Gesellschaft andererseits geprägt. Dies könnte der kommunalrechtlich festgeschriebenen und politisch in aller Regel gewünschten Kontrolle der Kulturunternehmen durch die öffentlichen Träger widersprechen.

Berichtspflicht der entsandten Aufsichtsratsmitglieder

Die berichtsempfangenden Gremien müssen nach §§ 394, 395 AktG die Geheimhaltung innerhalb der Gebietskörperschaft gewährleisten.[76] Hiervon kann bei der Aktiengesellschaft weder durch Gesellschaftsvertrag noch durch Kommunalrecht abgewichen werden. Die Gemeindeordnungen können allerdings Vorkehrungen für die Geheimhaltung innerhalb der berichtsempfangenden Gremien treffen.

Eingetragener Verein

Der eingetragene Verein (e. V.) ist die typische Rechtsform für die Trägerschaft einer Kultureinrichtung, die (auch) durch bürgerschaftliches Engagement geprägt ist.[77] Dies gilt insbesondere für kulturelle Bildungseinrichtungen, Museen und soziokulturelle Einrichtungen. Auch Orchester gründen oft Vereine, wenn die Orchestermusiker an der Trägerschaft beteiligt werden.[78] Im Bereich der Kulturförderung zählt der Freundes- und Förderverein einer Kultureinrichtung zu einer verbreiteten Vereinsform.

Der Verein ist ein körperschaftlich organisierter Zusammenschluss von mehreren Personen, die ein gemeinsames Ziel verfolgen. Ein Verein kann als rechtsfähiger oder nichtrechtsfähiger Verein geführt werden. Der nichtrechtsfähige Verein kann allerdings keine juristische Person sein. Mitglieder, die im Namen des nichtrechtsfähigen Vereins agieren, unterliegen der persönlichen Haftung.[79]

Seine Rechtsfähigkeit erlangt der Verein mit der Eintragung in das Vereinsregister. Voraussetzung für die Eintragung ist, dass der Verein ideelle Zwecke verfolgt, es sich also nicht um einen wirtschaftlichen, sondern um einen sogenannten Idealverein handelt.[80] Auch dem Idealverein ist allerdings die wirtschaftliche Betätigung nicht schlechthin untersagt; sie muss aber seinen idealen Hauptzwecken dienen (sogenanntes Nebenzweckprivileg).

---

[74] Vgl. § 6 AktG.
[75] Vgl. Raue-Gutachten, S. 76. (Kommissionsdrucksache 15/285)
[76] Vgl. Kap. 2.1, Kulturpolitik als gesellschaftliche Aufgabe.
[77] Vgl. Scheytt (2005), Rz. 406.
[78] Vgl. Studie Deutscher Bühnenverein, S. 19. (Kommissionsmaterial 15/124)
[79] Vgl. Schneidewind (2004), S. 168.
[80] Vgl. §§ 21, 22 BGB.

Rechtsgrundlage für die Gründung eines eingetragenen Vereins sind die §§ 21 ff. und 55 ff. BGB. Die Einzelheiten des Vereinszwecks und der Ausgestaltung der Organisation werden in der Vereinssatzung individuell geregelt. Der eingetragene Verein ist eine rechtsfähige juristische Person des Privatrechts. Zur Eintragung eines rechtsfähigen Vereins in das Vereinsregister bedarf es gemäß § 56 BGB des Beitritts von mindestens sieben Mitgliedern.

Die gesetzlich notwendigen Organe des eingetragenen Vereins sind der Vorstand und die Mitgliederversammlung. Oberstes Organ des Vereins ist die Mitgliederversammlung, die über Satzungen und Grundsatzfragen bestimmt, die nachgeordneten Organe (Vorstand und Präsidium) wählt und deren Aufgabenerfüllung kontrolliert. Es gilt das Gebot der Gleichstellung und Gleichbehandlung aller Vereinsmitglieder. Die Geschäftsführung obliegt dem Vereinsvorstand, er vertritt den Verein gerichtlich und außergerichtlich. Zusätzlich zu den gesetzlich vorgeschriebenen Organen kann die Vereinssatzung weitere Organe zu Repräsentations-, Kontroll-, Vereinsführungs- oder Aufsichtszwecken einrichten.[81]

Ein Mindestvermögen ist beim Verein – im Gegensatz zur GmbH oder zur Aktiengesellschaft – nicht erforderlich. Die Haftung des Vereins ist grundsätzlich auf das Vereinsvermögen beschränkt.

Die Wirtschaftsführung kann nach den Grundsätzen der kaufmännischen Buchführung erfolgen. Eine formalisierte Abschlussprüfung und die Aufstellung eines Wirtschaftsplans zu Beginn eines Kalender- oder Wirtschaftsjahres schreibt das Vereinsrecht grundsätzlich nicht vor, kann dem Vorstand jedoch durch die Satzung oder durch den öffentlichen Zuwendungsgeber aufgetragen werden. Ein Verein mit kaufmännischem Betrieb ist nach den Vorschriften des Handelsgesetzbuches zur Buchführung verpflichtet.

Gesellschaft bürgerlichen Rechts

Die Rechtsgrundlage für die Gesellschaft bürgerlichen Rechts (GbR) findet sich in den §§ 705 ff. BGB. Der Gründung einer GbR geht der Abschluss eines Gesellschaftsvertrags voran, in dem insbesondere der Zweck der Gesellschaft, die Beteiligungsverhältnisse und Organisationsstrukturen festgelegt werden.

Die GbR ist eine Rechtsform, die sich an den Bedürfnissen einer überschaubaren Anzahl von Gesellschaftern orientiert, die im gegenseitigen Vertrauen agieren. Die Gesellschafter haben einen sehr großen Spielraum bei der Ausgestaltung des Gesellschaftsvertrages. Ist im Gesellschaftsvertrag die Geschäftsführung nicht geregelt, so bestimmt § 709 Abs. 1 BGB, dass für jedes Geschäft die Zustimmung aller Gesellschafter erforderlich ist.[82]

Die Buchhaltung kann kameralistisch oder kaufmännisch erfolgen.[83]

Eine gesetzliche Mindesteinlage wie bei der GmbH existiert nicht. Anders als bei den Kapitalgesellschaften haften die Gesellschafter der GbR grundsätzlich mit ihrem persönlichen Vermögen. Das kollidiert regelmäßig mit den Gemeindeordnungen, die die Begrenzung der Haftung der Gemeinde auf einen angemessenen Betrag vorschreiben[84], womit diese Rechtsform nur in Ausnahmefällen gewählt werden dürfte.

---

[81] Vgl. Raue-Gutachten, S. 78. (Kommissionsdrucksache 15/285)
[82] Vgl. Schneidewind (2004), S. 167.
[83] Vgl. Studie Deutscher Bühnenverein (2004), S. 19. (Kommissionsmaterialie 15/124)
[84] Vgl. § 92 Abs. 1 Nr. 3 Bayerische GemO.

Genossenschaft

Die Genossenschaft ist eine Personengesellschaft des privaten Rechts. Rechtsgrundlage der Genossenschaft ist das Gesetz betreffend die Erwerbs- und Wirtschaftsgenossenschaften (GenG). Das Gesetz definiert sie als Personenvereinigung, die die Förderung des Erwerbs oder der Wirtschaft ihrer Mitglieder mittels gemeinschaftlichen Geschäftsbetriebes bezweckt.[85] Im Unterschied zum ideellen Verein kann die Genossenschaft jedoch auch wirtschaftliche Zwecke verfolgen.

Die eingetragene Genossenschaft ist eine rechtsfähige juristische Person. Sie muss mindestens sieben Mitglieder haben.

3.1.1.3 Empirische Verteilung der Organisationsformen nach Sparten

Die Organisationsformen der Kulturbetriebe haben sich in einigen Kulturbereichen verändert. Exemplarisch sollen hier einige Sparten und ihre dominierenden Rechtsformen dargestellt werden.[86]

Theater

Verglichen mit der Spielzeit 1991/1992, der ersten gemeinsamen Erfassung der Bühnen in den ost- und westdeutschen Ländern, hat sich die Zahl der Regiebetriebe zur Spielzeit 2002/2003 von 99 auf 55 fast halbiert und die Zahl der GmbH verdoppelt. Die Anzahl der Theater, die als Eigenbetriebe geführt werden, ist von drei auf 19 gestiegen, während bei den anderen Rechtsformen kaum Veränderungen stattfanden. Innerhalb des öffentlich-rechtlichen Organisationstyps fand eine signifikante Verschiebung vom Regiebetrieb zum Eigenbetrieb statt. Die größeren Veränderungen von Rechtsformen haben in den vergangenen zehn Jahren bei den Theatern in den ostdeutschen Ländern stattgefunden, während in den westdeutschen Ländern kaum Veränderungen verzeichnet werden konnten.

Bei 21 von 135 öffentlich getragenen Theatern (ohne Musiktheater) ist das Land der Rechtsträger, bei 71 eine Gemeinde und 43 haben Mehrfachträger. Verglichen mit der Situation in der Spielzeit 1991/1992 ist der Anteil der Landesträgerschaften mit ca. 15 Prozent in etwa gleich geblieben, der Anteil der Gemeindeträgerschaften ist um 5,5 Prozentpunkte auf 52,5 Prozent zurückgegangen und der der Theater mit Mehrfachträgern entsprechend auf knapp 32 Prozent gestiegen.

Musik/Musiktheater

Die Theaterstatistik verzeichnet in der Spielzeit 2002/2003 insgesamt 150 öffentlich getragene Stadt- und Staatstheater. Davon sind 15 Musiktheater. Von den 13 Opernhäusern haben acht die Rechtsform des Regiebetriebes, drei die der GmbH und je eine die der GbR und des Eigenbetriebs.

Zur öffentlich getragenen bzw. geförderten Musiklandschaft in Deutschland gehören neben den verschiedenen Formen des Musiktheaters auch die Konzertangebote der selbstständigen Kulturorchester. Von den 48 öffentlich getragenen und finanzierten Kulturorchestern in der Spielzeit 2002/2003 sind drei Einrichtungen des Landes und 19 der Gemeinden. Zwei waren als Stiftungen, sechs als GmbH und 18 als eingetragene Vereine geführt.

Museen

In der Museumsstatistik für 2002 des Instituts für Museumskunde sind 6 059 Museen erfasst. Bei den Trägerschaften und den Rechtsformen dominieren die Einrichtungen einer direkten Rechtsträ-

---

[85] Vgl. § 1 Abs. 1 GenG.
[86] Soweit nichts anderes angegeben, vgl. bzgl. der empirischen Verteilung der Organisationsformen noch Sparten das Gutachten Kulturfinanzierung, S. 18ff. (Kommissionsdrucksache 15/276a)

gerschaft der lokalen Gebietskörperschaften mit 2 500 Museen und 490 als einer Landes- oder Bundeseinrichtung. Weitere 390 sind als andere Formen des öffentlichen Rechts organisiert. Bei den privaten Rechtsformen sind Vereine am häufigsten (fast 1 500 Museen). Es folgen Einzelpersonenunternehmen (505), Gesellschaften (GmbH und andere), Genossenschaften (235) und Stiftungen privaten Rechts mit fast 90. Knapp 350 Museen werden als Mischformen in öffentlicher und privater Rechtsträgerschaft geführt.

Die Entwicklung der letzten Jahre zeigt, dass gerade im Bereich der Museen (und hier vor allem der Kunstmuseen) eine Verschiebung hin zu gemischten Trägerschaften von öffentlicher Hand und Privatpersonen, zum Beispiel in der Rechtsform der Stiftungen, stattfindet. Immer öfter stellen Privatsammler unter besonderen Bedingungen – wie der Bereitstellung von dafür vorgesehenen Neu- und Ausbauten – ihre Sammlung der öffentlichen Hand kostenlos oder begünstigt zur Verfügung, wofür dann oft Rechtsformen für eine Öffentlich-Private-Partnerschaft vereinbart werden. Diese Entwicklung wird zum Teil auch sehr kritisch betrachtet, da hierbei die Gestaltungsmöglichkeiten öffentlicher Kulturpolitik zunehmend eingeschränkt werden.

Bildende Kunst

Kern der Institutionen im Bereich der bildenden Kunst sind die über 600 Kunstmuseen. Von ähnlicher Bedeutung sind die Ausstellungshallen oder Ausstellungshäuser. Diese unterscheiden sich von Museen dadurch, dass sie keine eigenen Sammlungen besitzen. In der Erhebung für das Jahr 2002 sind 488 Ausstellungshäuser erfasst: 33 Einrichtungen des Bundes und der Länder, 226 von lokalen Gebietskörperschaften jeweils in öffentlicher Rechtsform. Ausstellungshallen in privaten Rechtsformen haben einen Anteil von etwa 40 Prozent. Dabei dominiert die Rechtsform des Vereins mit 156 Häusern, gefolgt von Gesellschaften und Genossenschaften (27) und Personenunternehmen (zwölf) sowie privaten Stiftungen (vier). Neun Ausstellungshallen werden in gemischter öffentlich-privater Trägerschaft und Rechtsform geführt.

Einen wichtigen Faktor im Bereich der bildenden Kunst bilden die Kunstvereine. Gegenwärtig gibt es in Deutschland etwa 300 aktive Kunstvereine.[87] In der Regel haben sie die Rechtsform des Vereins, finanzieren sich durch Mitgliedsbeiträge und werden in unterschiedlichem Umfang von der kommunalen Kulturpolitik gefördert. Zu den öffentlichen Einrichtungen im Bereich der bildenden Kunst gehören auch die kommunalen Artotheken.[88]

An der Schnittstelle von Kunst und Markt sind die privatwirtschaftlich geführten Galerien angesiedelt,[89] die eine wichtige Rolle in Verkauf und Vermittlung von Werken Bildender Künstler sowie bei deren Betreuung spielen. Sie sind dem Bereich der Kulturwirtschaft zuzurechnen. Öffentliche Förderung – zum Beispiel als Absatzförderung oder zur Präsentation auf ausländischen Kunstmärkten – ist Sache der Wirtschaftsressorts.

Literatur

Literaturförderung in Deutschland findet in einem großen Umfang durch Preise und Stipendien statt (Produktionsförderung), die wiederum zu einem Großteil von Stiftungen und ähnlichen Einrichtungen finanziert werden. Bei der Vermittlungsförderung ist der Anteil des öffentlichen Engagements größer, wobei in erster Linie die Bibliotheken zu nennen sind. Bibliotheken befinden sich zumeist in kommunaler Hand. Regie- und Eigenbetriebe dominieren die Bibliothekslandschaft. Andere Rechtsformen stellen die Ausnahme dar.

---

[87] Stand: 11/2004.
[88] Vgl. Klempin (1998).
[89] Vgl. Krips/Fesel (2001).

Kulturelle Bildung[90]

Musikschulen

Derzeit gibt es in Deutschland rund 1 000 Musikschulen. 66 Prozent der Einrichtungen befinden sich in kommunaler Trägerschaft, 32 Prozent sind eingetragene Vereine, der Rest hat andere Rechtsformen, etwa als Stiftung oder gemeinnützige GmbH, wobei auch die Einrichtungen in freier Trägerschaft von den Kommunen gefördert werden.[91]

Jugendkunstschulen

Diese außerschulische Kinder- und Jugendbildung wird derzeit rund 400 Einrichtungen angeboten. Sie bieten eine Vielfalt von ästhetischer Frühförderung über Hochbegabtenförderung bis hin zur Arbeit in benachteiligten Stadtteilen. Ihre Angebote werden jährlich von rund einer halben Million Kinder und Jugendlicher bundesweit genutzt. Die Trägerstruktur ist vielfältig. In Nordrhein-Westfalen etwa sind von den über 60 Einrichtungen elf von einer Kommune getragen; die meisten Einrichtungen sind in freier Trägerschaft, werden aber durch kommunale Mittel (mit-) finanziert.

Soziokultur

Die Bundesvereinigung soziokultureller Zentren befragte im Jahr 2002 440 Einrichtungen nach der Trägerschaft bzw. Rechtsform, von denen 199 antworteten. Danach sind 90 Prozent der soziokulturellen Zentren eingetragene Vereine, sechs Prozent in kommunaler Trägerschaft, drei Prozent in sonstiger Trägerschaft und zwei Prozent sind GmbH.[92]

Abhängig von den gewachsenen Landesstrukturen[93] sind auch Kultur- und Bürgerhäuser zu den Soziokulturellen Zentren zu zählen bzw. zählen sich selbst hierzu und sind Mitglieder in den Landesarbeitsgemeinschaften. In Nordrhein-Westfalen etwa befinden sich die Kultur- und Bürgerhäuser vornehmlich in kommunaler Trägerschaft (Eigen- bzw. Regiebetriebe, städtische GmbH sind eher selten). Drei Einrichtungen sind getragen von Bürgerstiftungen. In den neuen Ländern ist aus dem ehemals hohen Bestand an in öffentlicher Trägerschaft befindlichen Häusern nach 1990 ein großer Teil in privater Trägerschaft (meist als soziokulturelle Zentren) übergegangen. Nur wenige Häuser werden kommunal geführt.

Kulturelles Erbe

Das Archivwesen in Deutschland ist geprägt von öffentlichen Staats- und Kommunalarchiven. Es ist im Bundesarchivgesetz und in Länderarchivgesetzen geregelt. Die Auflistung im statistischen Jahrbuch weist zwölf Standorte der Bundesarchive sowie 60 der Länderarchive auf (Statistisches Bundesamt 2003). Von den Kommunen verfügen fast alle mit mehr als 50 000 Einwohnern über ein Archiv.

---

[90] Kulturelle Bildung ist ein weites Feld, das sich auf viele, teilweise höchst unterschiedliche Einrichtungen verteilt. Grenzt man sie auf den Bereich der Kinder- und Jugendbildung ein, so sind hier selbstverständlich in erster Linie die Schulen zu nennen, die im Rahmen der hier angestellten Betrachtungen jedoch keine Berücksichtigung finden. Daneben wird ein Teil der kulturellen Bildung von den Volkshochschulen abgedeckt. Da die Statistik die in Frage kommenden Bereiche jedoch nur differenziert zwischen „Politik – Gesellschaft – Umwelt" und „Kultur – Gestalten" (neben den übrigen Stoffgebieten von Gesundheit über Sprachen und Schulabschlüsse), werden diese hier nicht weiter behandelt; vgl. auch Kap. 6., Kulturelle Bildung.
[91] Vgl. Statistisches Jahrbuch der Musikschulen in Deutschland 2004, S. 10f.
[92] Vgl. Spieckermann (2004), S. 46.
[93] Vgl. Spiekermann (2004).

Denkmalschutz fällt in erster Linie in die Kompetenz der Länder, die für Erlass und Vollzug der Denkmalschutzgesetze verantwortlich sind. Daneben werden Denkmalschutz und Denkmalpflege von zahlreichen öffentlichen und privaten Stiftungen sowie von Denkmalvereinen und Initiativen betrieben und gefördert.

3.1.1.4 Zusammenfassung der Bestandsaufnahme nach Sparten

Der Weg von eher starren Strukturen hin zu flexibleren, häufig auch in den Inhalten ihrer Arbeit stärker autonomen Rechts- und Trägerformen wie Eigenbetrieben, GmbH und Stiftungen ist sowohl im europäischen Kontext als auch in Deutschland festzustellen.[94] In einzelnen Vergleichsländern wie etwa den Niederlanden ist dieser Prozess schon weitgehend abgeschlossen. In den Niederlanden wurden alle öffentlichen Kultureinrichtungen in sogenannte unechte Stiftungen umgewandelt.[95] Im Theater- und Musikbereich, dessen Einrichtungen unter großem Kostendruck zu leiden haben, sowie in der Soziokultur geschieht dies rascher als zum Beispiel bei Bibliotheken, Museen oder Archiven. Für Museen können Gemeinschaftsunternehmen öffentlicher und privater bzw. zivilgesellschaftlicher Träger als Trend ausgemacht werden. Eine „Privatisierung" im strengen Wortsinne findet dagegen kaum statt. Lediglich in Großbritannien ist sie schon vor längerer Zeit erfolgt. Man kann sogar Anzeichen dafür erkennen, dass sich der Einfluss staatlicher und kommunaler Stellen auf Kulturbetriebe – zum Beispiel über die Finanzkontrolle, mit Hilfe budgetorientierter Planungsverfahren oder über andere Steuerungsformen – inzwischen wieder verstärkt hat.

Als Tendenz ist festzuhalten, dass sich das Prinzip des „kulturellen Trägerpluralismus" immer mehr durchsetzt und dazu führt, dass sich auch die spezifischen Organisationskulturen und Handlungslogiken in den Sektoren Markt, Staat und Zivilgesellschaft verstärkt durchmischen. Bei solchen Veränderungen darf allerdings nicht übersehen werden, dass gerade künstlerische Betriebe in ihrer Arbeit und Ausstrahlung oft weniger durch die Art der Trägerschaft oder Organisation als durch die Persönlichkeiten an ihrer Spitze geprägt werden.

3.1.1.5 Steuerungsmodelle in der Kulturpolitik und in der öffentlichen (Kultur-) Verwaltung

Der Reformprozess der öffentlichen Verwaltung im Sinne des Neuen Steuerungsmodells ist unterschiedlich intensiv vorangeschritten. Auf Bundesebene ist der Implementierungsgrad verhältnismäßig gering.[96] Das gilt auch für den Kulturbereich. Die Kulturpolitik des Bundes hat seit der Wiedervereinigung dynamische Veränderungen durchlaufen. Mit der Einsetzung eines Beauftragten für Kultur und Medien (BKM) 1998 wurde der Stellenwert von Kunst und Kultur erhöht. Die Kulturpolitik wechselte aus dem Innenressort in die Zuständigkeit des Kanzleramtes. Die Einrichtung des Ausschusses für Kultur und Medien des Deutschen Bundestages im selben Jahr eröffnete die Möglichkeit, die Kulturpolitik des Bundes angemessen parlamentarisch zu begleiten.

Seither konnte das Fördervolumen des Bundes für die Kultur erheblich erweitert werden. Eine Vielzahl kultureller Spitzeninstitutionen, insbesondere in Berlin und in den neuen Ländern, fördert der Beauftragte für Kultur und Medien im Auftrag des Bundes institutionell bzw. über projektbezogene Mittel. Darin spiegelt sich auch ein Wandel des kulturellen Selbstverständnisses der Bundesrepublik Deutschland nach der Wiedervereinigung wider.

---

[94] Vgl. Gutachten Kulturfinanzierung, S. 32. (Kommissionsdrucksache 15/276a)
[95] Vgl. Bericht Delegationsreise Großbritannien. (Kommissionsdrucksache 15/513)
[96] Vgl. Budäus (2002), S. 169.

Heute besteht ein weitgehender Konsens darüber, dass der Bund eine eigene Kulturpolitik betreibt, mit der er die Kulturpolitik der Kommunen und Länder im Sinne eines kooperativen Kulturföderalismus ergänzt und unterstützt.

Ebenso wie Wissenschaft und Forschung sind Kunst und Kultur in ihrer Freiheit grundgesetzlich gesichert. Trotzdem benötigen die kulturellen Spitzeneinrichtungen nicht nur eine auskömmliche Finanzierung und professionelle Einzelsteuerung, sondern auch eine Einbettung in eine übergreifende Strategie analog der langfristigen und bundesweiten Planungs- und Entwicklungskonzeption im Wissenschaftsbereich. Nur so kann der Bund langfristig der Aufgabe gerecht werden, im Rahmen seiner Kompetenzen zum Erhalt und zur Erneuerung der Kulturlandschaft in Deutschland beizutragen. Hochschulplanung und die Arbeit des Wissenschaftsrates zeigen, dass langfristige Konzeptionen mit der Freiheit von Wissenschaft und Forschung ebenso wenig kollidieren, wie das im Kultur- und Kunstbereich der Fall wäre.

Im Gespräch mit Verantwortlichen der Zuwendungsempfänger und Kulturpolitikern des Bundes und der Länder wurde deutlich, dass zu wenig Klarheit darüber besteht, welches die konkreten Aufgaben und Ziele der Bundeskulturpolitik sind, weshalb kulturelle Einrichtungen vom Bund gefördert werden bzw. wer diese Förderungen neu aufnimmt oder diese einstellt. Die in immer mehr Bereichen von Wirtschaft und Wissenschaft eingeführten Leitbildkonzeptionen sollten auch im Kulturbereich stärker genutzt werden. Das gilt sowohl für die vom BKM geförderten Kultureinrichtungen wie auch für die nachgeordneten Einrichtungen in dessen Geschäftsbereich. Im Dialog mit den Zuwendungsempfängern wären daraus strategische Ziele für die jeweiligen Einrichtungen abzuleiten, die sich in das Gesamtkonzept der Bundeskulturpolitik einpassen. Aus seiner Gesamtstrategie muss der Bund ableiten können, weshalb öffentliche Mittel für Institution X oder Projekt Y verwendet werden. Anderenfalls besteht dauerhaft die Gefahr, sich dem Vorwurf auszusetzen, die jeweiligen Förderungen würden lediglich situative Vorlieben bedienen.

Ein gelungenes Beispiel für diesen konzeptionellen Ansatz bietet das im Auftrag des BKM von Paul Raabe herausgegebene Blaubuch „Kulturelle Leuchttürme" in Brandenburg, Mecklenburg-Vorpommern, Sachsen, Sachsen-Anhalt und Thüringen, in dem die national bedeutsamen Kultureinrichtungen Ostdeutschlands von einem unabhängigen Experten nach transparenten Kriterien systematisch zusammengefasst und analysiert wurden. Dabei wurde auch ein Ranking vorgenommen sowie eine Liste von „Kandidaten" für künftige Ergänzungen aufgestellt. Damit ist dokumentiert, welche Einrichtung gegebenenfalls in diesen Kreis aufgenommen werden könnte bzw. welche Gefahr läuft, diesen Status zu verlieren (mit 20 Einrichtungen wurde zuvor eine Obergrenze für die Gesamtzahl der kulturellen Leuchttürme in Ostdeutschland gesetzt).

Einige Kommunen und Länder haben im Sinne des Neuen Steuerungsmodells wichtige Reformschritte in der öffentlichen (Kultur-)Verwaltung unternommen.[97] Andere wiederum taten dies nicht oder nur teilweise.[98]

Die umgesetzten Modernisierungsmaßnahmen bezogen sich zunächst vor allem auf die Veränderung der Mittelverwaltung und -verwendung, um darüber eine größere Effizienz der Betriebe zu erreichen und Kosten einsparen zu können. Dieses Ziel konnte in vielen Fällen auch erreicht werden. Die Strategie des Rechts- oder Betriebsformwechsels wurde dagegen Ende des vergangenen Jahrzehnts weniger praktiziert als allgemein angenommen. Echte Privatisierungen kamen so gut wie gar nicht vor. So verbleiben die kulturellen Einrichtungen in der Regel in den überkommenen Strukturen des öffentlichen Dienstes.

---

[97] Vgl. Gutachten Kulturfinanzierung, S. 27f., 38f. (Kommissionsdrucksache 15/276a)
[98] In Hessen und Nordrhein-Westfalen wurde ein grundlegend neues Finanz- und Rechnungswesen eingeführt. Vgl. Budäus (2002), S. 170.

Ein Grund für diese Zurückhaltung mag darin liegen, dass derartige strukturelle Veränderungen mit erheblichen politischen Schwierigkeiten verbunden sind. Hinsichtlich der Versuche, neben den eher binnenorientierten Maßnahmen der Kulturverwaltungsreform auch Veränderungen im Verhältnis der Verwaltung zur Politik herbeizuführen, um die politische Steuerung zu verbessern, kann gesagt werden, dass es zahlreiche positive Ansätze gibt. Dazu zählen Bemühungen, durch eine Verbesserung des Berichtswesens und die Erstellung von Leitbildern und Leistungsvereinbarungen die Transparenz des Verwaltungshandelns und die Rollenklarheit zwischen Politik und Verwaltung zu verbessern. Von einer flächendeckenden Politikreform im Sinne des Neuen Steuerungsmodells kann indes nicht gesprochen werden.

Im Blick auf die spartenbezogene Struktur der kulturellen Landschaft kann gesagt werden, dass die öffentlichen Theater aufgrund des enormen Kostendrucks mittlerweile zu den Einrichtungen mit der größten Modernisierungsbereitschaft gezählt werden können, insbesondere im Vergleich zu Museen und Archiven. Die Einrichtungen der kulturellen Bildung (Volkshochschulen, Bibliotheken, Musikschulen oder Jugendkunstschulen) und Soziokultur (soziokulturelle Zentren, Bürgerhäuser oder Kulturläden) haben in vielen Fällen den Reformprozess schon hinter sich oder können ohnehin wegen ihrer anderen Rechtsform als Verein oder GmbH wirtschaftlicher arbeiten.

In der kulturpolitischen Diskussion hat die Kulturverwaltungsreform nicht mehr den Stellenwert wie in den 90er-Jahren. Dies hat damit zu tun, dass öffentlich verhandelte Themen gewissen Zyklen unterliegen. Es gibt jedoch auch insofern eine Entsprechung in der Realität der Kulturpolitik als von einer Ermüdung im Modernisierungsprozess gesprochen werden kann. Die Emphase, die noch vor einem Jahrzehnt zu spüren war und die sich stützen konnte auf positive Optionen jenseits der Kostenwirksamkeit (zum Beispiel mehr Beteiligung, mehr Transparenz, mehr Eigenständigkeit etc.), ist offenbar der nüchternen Einschätzung gewichen, dass es vor allem und in erster Linie um mehr Wirtschaftlichkeit[99] gehen muss.[100]

Dieser Einschätzung trägt das Governance-Konzept insofern Rechnung, als es sich nicht ausschließlich auf die innerorganisatorische Optimierung fokussiert, sondern in erhöhtem Maß auf Kooperation und Verantwortungsteilung abzielt. Das Governance-Konzept setzt nicht nur auf effiziente Strukturen, sondern auf die Organisation vielfältiger Interaktionen zwischen Staat, Wirtschaft und Zivilgesellschaft.

Die kulturpolitische Kooperation von Staat, Wirtschaft und Zivilgesellschaft verwirklicht sich am besten, wenn diese im Rahmen einer landesweiten Kulturentwicklungsplanung zusammenarbeiten. Hier gilt es zu entscheiden, ob diese rechtlich institutionalisiert (zum Beispiel Sächsisches Kulturraumgesetz) oder auf freiwilliger Basis (Brandenburg oder Nordrhein-Westfalen) erarbeitet werden soll. Der Reformprozess der gesamten öffentlichen Verwaltung und primär im Kulturbereich sollte im Sinne des Governance-Ansatzes wieder verstärkt in Angriff genommen werden.

C) Handlungsempfehlungen

1. Die Enquete-Kommission empfiehlt Bund, Ländern und Kommunen, den Reformprozess in der Kulturverwaltung im Sinne des „Neuen Steuerungsmodells" auf allen Verwaltungsebenen zu in-

---

[99] Sondervotum SV Prof. Dr. Dieter Kramer: „Wenn Kultur als ‚Träger von Ideen und Wertvorstellungen' und als Wirtschaftsfaktor gleichzeitig verstanden wird, dann darf ‚mehr Wirtschaftlichkeit' nicht im Vordergrund stehen und auch nicht primär nach dem Vermarktungspotenzial gefragt werden. Diese sind Schwerpunktsetzungen, deren Überwindung angesichts der Bedeutung der Kulturpolitik als Teil der Gesellschaftspolitik notwendig und absehbar ist." Vgl. Sondervotum SV Prof. Dr. Dieter Kramer, Kap. 3.2.3, Mittelbar-öffentliche Kulturförderung durch Stiftungen und Vereine, FN 364.

[100] Vgl. Gutachten Kulturfinanzierung, S. 27f., 38f. (Kommissionsdrucksache 15/276a)

tensivieren und im Sinne des Governance-Ansatzes weiterzuentwickeln. Eine erfolgreiche Reform kann Freiräume in der Kulturarbeit schaffen, die auch unter schwierigeren Bedingungen genutzt werden können. Kultureinrichtungen sollen möglichst eigenverantwortlich agieren können. Hierbei ist zu prüfen, welche Rechtsform sich für ein eigenverantwortliches Handeln eignet. Die Verengung des Reformprozesses auf die Frage der Rechtsform ist nicht zielführend. Die Wahl der Rechtsform muss vielmehr in ein Governance-Gesamtkonzept eingebunden werden.

2. Die Enquete-Kommission empfiehlt der Bundesregierung, zeitnah eine Kulturentwicklungskonzeption für den Bund zu erarbeiten, die in Form eines Kulturberichts regelmäßig fortzuschreiben ist und aus der sich konkrete Zielvereinbarungen für die jeweiligen Einrichtungen ableiten lassen. Diese Konzeption sollte schon einer besseren Transparenz wegen in die Haushaltsberatungen des Parlaments einfließen.

3. Die Enquete-Kommission empfiehlt den Ländern, zu prüfen, ob gemeinsam mit den Kommunen und freien Trägern im Diskurs Landeskulturentwicklungspläne/-konzeptionen erarbeitet werden sollten. In diesen können kulturpolitische Ziele und die zu deren Erreichung notwendigen Ressourcen, Mittel und Verfahren besser definiert werden.

4. Die Enquete-Kommission empfiehlt dem Deutschen Bundestag, eine Änderung des § 395 Aktiengesetzes zu prüfen, durch die die absolute Verschwiegenheitspflicht des berichtsempfangenden Gremiums – wie zum Beispiel dem Kommunalparlament – gelockert wird, wenn aus zwingenden Gründen ein überwiegendes öffentliches Interesse an der Information besteht.

5. Die Enquete-Kommission empfiehlt den Ländern, in ihren Gemeindeordnungen die Informationsrechte und -pflichten von durch die Kommunen entsandten Aufsichtsratsmitgliedern gegenüber den Gebietskörperschaften zu regeln. Um die Geheimhaltungspflichten der Aufsichtsratsmitglieder gemäß §§ 394, 395 Aktiengesetz zu gewährleisten, können Gremien geschaffen werden, deren Mitglieder besonderen Verschwiegenheitspflichten unterliegen und deren Personenkreise begrenzt sind. In diesen Gremien können sodann die Belange der privatrechtlich verfassten Gesellschaften behandelt werden. Ferner besteht bei GmbHs mit fakultativem Aufsichtsrat die Möglichkeit, über Gesellschaftsverträge die Informations- und Verschwiegenheitspflichten der Aufsichtsratsmitglieder zu regeln.

3.1.2 Rechtliche und strukturelle Rahmenbedingungen des Betriebs von Kulturbetrieben

3.1.2.1 Theater, Kulturorchester, Opern

Vorbemerkung

Gemäß ihrem Einsetzungsbeschluss[101] befasste sich die Enquete-Kommission mit den rechtlichen und strukturellen Rahmenbedingungen des Betriebs von Theatern, Kulturorchestern und Opern. Das umfasste Aussagen zur Theaterkultur, zur Theaterreform und zur Theater- und Orchesterlandschaft in Deutschland. Neben steuer- und urheberrechtlichen Regelungen sollten auch tarif- und arbeitsrechtliche Rahmenbedingungen für Künstler untersucht werden.

Dazu gab die Enquete-Kommission ein Gutachten in Auftrag. Auftrag der Enquete-Kommission an die Gutachter war es, nach Mitteln und Wegen zu suchen, die bestehende vielfältige Theater- und Orchesterstruktur in Deutschland für die Zukunft zu sichern. Das „Strukturgutachten Theater und Orchester" der Anwaltskanzlei Hogan & Hartson Raue L.L.P.[102] untersucht die rechtlichen Rah-

---

[101] Vgl. Einsetzungsbeschluss der Enquete-Kommission „Kultur in Deutschland" (2003). (Bundestagsdrucksache 15/1308)
[102] Vgl. Gutachten zum Thema „Rechtliche und strukturelle Rahmenbedingungen des Betriebes von Theatern, Kulturorchestern und Opern in Deutschland" (Raue-Gutachten). (Kommissionsdrucksache 15/285)

menbedingungen und die aktuelle Situation, in welcher Kultureinrichtungen in Deutschland arbeiten anhand der im Deutschen Bühnenverein organisierten 150 Theater, Opernhäuser und 48 Kulturorchester.[103] Betriebswirtschaftliche Fragen und Fragen des Managements standen nicht im Zentrum des Auftrages. Gleichwohl wird anhand des Gutachtens deutlich, dass eine Diskussion über die rechtlichen und wirtschaftlichen Strukturen der Theater- und Orchesterlandschaft an den Strukturen der Interessenbündelung, der gemeinsamen Vertretung der Kultureinrichtungen nach außen und den tarif- und verbandspolitischen Rahmenbedingungen nicht vorbeigehen kann.

Der Deutsche Bühnenverein legte am 31. Oktober 2004 eine eigene Studie mit dem Titel „Rechtliche und strukturelle Rahmenbedingungen von Theatern und Orchestern in der Bundesrepublik Deutschland" vor.[104] Diese Studie wurde ebenso wie die „Anmerkungen zum Strukturgutachten Theater und Orchester für die Enquete-Kommission ‚Zukunft der Kultur'" der Vereinten Dienstleistungsgewerkschaft ver.di [105], die Stellungnahmen der Deutschen Orchestervereinigung e. V., der Deutschen Bühnengenossenschaft und Tanzgenossenschaft sowie weiterer Interessengemeinschaften in die Diskussion der Enquete-Kommission einbezogen.

Die Enquete-Kommission führte des Weiteren ein Expertengespräch zur „Situation der Freien Theater in Deutschland" durch.[106] Darüber hinaus informierte sie sich auf ihren Delegationsreisen nach Norddeutschland[107], Mittel- und Süddeutschland[108] sowie nach Ostdeutschland[109] über wegweisende Modelle im Bereich der Stadt- und Staatstheater sowie der Freien Theater. So zum Beispiel über das sogenannte „Hildesheimer Modell", bei dem das Stadttheater Hildesheim, die wissenschaftlichen Studiengänge der Universität Hildesheim und die freie Theaterszene der Stadt zusammenarbeiten. Die Delegation besuchte außerdem das Bremer „Modelltheater Künstler und Schüler MoKS", welches unter anderem eine Kooperation mit dem städtischen Schulmuseum und der Deutschen Kinderphilharmonie praktiziert sowie das „Theaterpädagogische Zentrum" der Emsländischen Landschaft in Lingen. Auf der Delegationsreise nach Mittel- und Süddeutschland standen mit dem Besuch der Staatsoper Stuttgart und der Bamberger Symphoniker Fragen der Rechtsform von Theatern und Orchestern im Zentrum des Interesses der Mitglieder. Auf der Reise nach Weimar, Leipzig und Halle besuchten Mitglieder der Enquete-Kommission unter anderem das Nationaltheater von Weimar und informierten sich in einem Gespräch mit Intendant Stephan Märki über das sogenannte „Weimarer Modell".[110]

A) **Bestandsaufnahme und**
B) **Problembeschreibung**

Die Theater- und Orchesterlandschaft in Deutschland beeindruckt durch eine Vielfalt, welche an Formen, Traditionen und Anzahl weltweit einzigartig ist. Allein im „Deutschen Bühnenverein", der Standesorganisation der deutschen Theater und Orchester, sind 150 Theater und Opernhäuser sowie

---

[103] Ebd., S. 1.
[104] Vgl. Studie Deutscher Bühnenverein zum Thema „Rechtliche und strukturelle Rahmenbedingungen von Theatern und Orchestern." (Studie Deutscher Bühnenverein) (2004). (Kommissionsmaterialie 15/124)
[105] Vgl. Anmerkungen zum Raue-Gutachten von ver.di (2005). (Kommissionsmaterialie 15/171)
[106] Vgl. Zusammenfassung Expertengespräch „Freie Theater in Deutschland" vom 30. Mai 2005. (Kommissionsdrucksache 15/525)
[107] Vgl. Bericht über die Delegationsreise der Enquete-Kommission „Kultur in Deutschland" vom 11. bis 13. Mai 2004 nach Norddeutschland (Bericht Delegationsreise Norddeutschland). (Kommissionsdrucksache 15/512)
[108] Vgl. Bericht über die Delegationsreise der Enquete-Kommission „Kultur in Deutschland" vom 6. und 7. Juni 2005 nach Mittel- und Süddeutschland (Bericht Delegationsreise Süddeutschland). (Kommissionsdrucksache 15/131)
[109] Vgl. Bericht über die Delegationsreise der Enquete-Kommission „Kultur in Deutschland" vom 21. bis 23. Februar 2007 nach Weimar/Leipzig/Halle (Bericht Delegationsreise Weimar/Leipzig/Halle). (Arbeitsunterlage 16/084)
[110] Vgl. Ausführungen in der Bestandsaufnahme und Problembeschreibung des vorliegenden Kapitels zum Modellprojekt Nationaltheater Weimar.

48 Kulturorchester organisiert. Ihre Arbeit wird mit jährlich 2,2 Mrd. Euro von der öffentlichen Hand gefördert. Sie erreichen mit ihrer Leistung ca. 22 Millionen Zuschauer in den Theatern und Opern und ca. 2,5 Millionen Konzertbesucher.[111]

Darüber hinaus gehören zur Theaterlandschaft Privattheater und Festspielhäuser, rund 1 000 Freie Theater (davon 650 im Bundesverband Freier Theater über die Landesverbände Freier Theater organisiert) in allen Sparten: Sprechtheater, Performance, Figuren- und Tanztheater mit ihren Auftritten in Theater- und Kulturhäusern, Kinder- und Jugendtheater, organisiert in der ASSITEJ (Association Internationale du Théâtre pour l'Enfance et la Jeunesse) sowie Laientheater, organisiert im Bund Deutscher Amateurtheater[112] und Initiativen wie die INTHEGA (Interessengemeinschaft der Städte mit Theatergastspielen e. V.). Sie setzt sich für den Erhalt der Vielfalt und für die eigenverantwortliche Gestaltung der Theaterprogramme durch die kommunalen Träger und Veranstalter ein.

Insgesamt erreichten die deutschen Theater-, Orchester- und Festspielunternehmen in der Spielzeit 2004/2005 rund 33,2 Millionen Besucher. Davon verteilten sich rund 19,14 Millionen auf die öffentlich getragenen Theater, rund 9,9 Millionen Besucher auf die Privattheater und etwa 2,6 Millionen Besucher auf die selbstständigen Kulturorchester. Etwa 1,6 Millionen Besucher sahen Vorstellungen der Festspielhäuser.[113]

Die Theater- und Orchesterlandschaft in ihrer Dichte und Vielfalt ist hervorgegangen aus der Kleinstaaterei in Deutschland während des Feudalismus und damit aus einer föderalen bzw. partikularen Struktur. Sie ist zugleich das reiche Erbe des aufgeklärten Bürgersinns im 19. Jahrhundert. Dabei war der Wirkungsgrad der Theater schon damals nicht auf den Kreis ihrer Zuschauer beschränkt. Theater wurden ein Spiegel und Sprachrohr der Bürger einer Stadt.[114] Die deutsche Theaterlandschaft ist deshalb mit dem Leben in den jeweiligen Städten eng verbunden. Anders als die zentralistischen Theaterstrukturen in England oder Frankreich ermöglichte ihr föderaler bzw. partikularer Ursprung ein städtisches, selbstbewusstes kulturelles Leben ohne Festlegung auf eine einzelne Hauptstadt.

In der Praxis deutscher Theaterstädte funktioniert diese Vielfalt mit oder außerhalb des Stadttheaterbetriebes auf unterschiedliche Weise: als freies, an ein festes Haus gebundenes Produzentenmodell, sowohl außerhalb als auch innerhalb des traditionellen Betriebs, als regionalisierter Theaterverbund, als Landesbühne oder Sommertheater im ländlichen Raum, als Kooperation der Theater am eigenen Produktions- und Publikumsstandort mit anderen künstlerischen Projekten und Einrichtungen. Diese Vielfalt der Angebote macht die Diskussion um die Modelle der Zukunft nicht einfacher und spiegelt sich auch nur unzureichend in ihr wider.

In vielen Städten war das Theater bislang ein Zentrum des kulturellen Lebens, doch das Theater scheint in die Peripherie gerutscht zu sein. Das Freizeitverhalten wandelt sich stetig, auch durch die Vielfältigkeit des Angebotes an elektronischen Medien und anderen Freizeitveranstaltungen. Die demografische Entwicklung der Gesellschaft, der zunehmende Bevölkerungsanteil von Migranten sowie die Abwanderung junger Menschen des ländlichen Raums in Ballungszentren mag die Zukunft des Modells Stadttheater mit festem Ensemble, Repertoireangebot und Mehrspartenbetrieb mit Fragezeichen versehen. Eines lässt sich dabei unabhängig von Rechtsformen und Tarifdiskus-

---

[111] Vgl. Raue-Gutachten, S. 1. (Kommissionsdrucksache 15/285)
[112] Im Bund Deutscher Amateurtheater sind ca. 2 200 Gruppen organisiert, die mit ihrer Arbeit ebenso die Vielfalt der deutschen Theaterlandschaft prägen. Vgl. auch Kap. 3.3.1, Bürgerschaftliches Engagement in der Kultur sowie Kap. 6., Kulturelle Bildung.
[113] Vgl. Deutscher Bühnenverein (2006).
[114] Verwiesen sei hier z. B. auf die Karnevalstradition im Rheinland, die ihren Ursprung und karnevalistischen Geist in einem „anderen Theater" hat. Jenes Volkstheater demaskiert mit seiner Lachkultur den Alltag, das Harlekin-Prinzip wird zur Vision vom Goldenen Zeitalter; vgl. Münz (1979).

sionen, wie sie eine Enquete-Kommission beachten muss, konstatieren: Die Chance der Theater ist ihr Publikum, die reale Lebenssituation der jeweiligen Zuschauergruppe vor Ort. Theaterstrukturen brauchen die programmatische, inhaltliche, personelle und funktionelle Anbindung an ihre jeweilige Stadt oder Region. Die dort vorgefundene mentale, kulturhistorische und soziale Situation wird jeweils sehr verschieden sein, sollte von den Theatermachern jedoch genau untersucht und für ihre Arbeit unbedingt beachtet werden.

Daneben wurde seit den 90er-Jahren von zahlreichen Kommunen der Ansatz aufgegriffen, Theater im öffentlichen Raum anzubieten.[115] In Festivals und Veranstaltungsreihen werden vielfältige künstlerische Ausdrucksformen von Theater und Tanz, Performance, bildende Kunst, Figurenspiel, Licht und Pyrotechnik in den verschiedenen Stadt-Räumen inszeniert, sowohl Straßentheater lässt alte Traditionen der Agitation als auch der Unterhaltung wieder aufleben und entwickelt diese weiter. In den letzen Jahren ist zu beobachten, dass sich viele Formen von Kultur im öffentlichen Raum der Aufgabe stellen, die Kommunen und Regionen als Identifikationsräume gerade in Zeiten der Globalisierung und Segmentierung gesellschaftlicher Verhältnisse kulturell zu beleben. Der Produktionsaufwand von Theater im öffentlichen Raum ist durchaus hoch, die finanziellen Risiken sind häufig groß und die staatliche Finanzierung ist oft nur minimal.[116] Die Initiatoren verweisen auf den freien Zugang zu einer Vielzahl dieser Veranstaltungen. Damit erreiche man neue Zuschauergruppen, die normalerweise nicht ins Theater gehen würden.[117]

Die deutsche Theater- und Orchesterlandschaft ist also in Veränderung begriffen. Diese Veränderung hängt nicht nur mit der finanziellen Situation[118] in den Ländern und Kommunen zusammen, sondern auch mit den auseinander gehenden Interessen und der sozialen und demografischen Situation der Bevölkerung des Landes.

Angesichts der alarmierenden Situation von Kürzungen und Theaterschließungen initiierte Bundespräsident Dr. h. c. Johannes Rau im Jahr 2002 das „Bündnis für Theater – Wir brauchen einen neuen Konsens", um zusammen mit der Kulturstiftung der Länder, den Vertretern der Theater, der Kommunen, der Länder, des Bundes und der Medien die notwendige Diskussion über die Zukunft der Theaterlandschaft Deutschlands zu begleiten. Dabei stellte der Bundespräsident die Frage nach dem Selbstverständnis und der künstlerischen Praxis des deutschen Theatersystems.

Bereits im „Zwischenbericht der Arbeitsgruppe ‚Zukunft von Theater und Oper in Deutschland'" vom 11. Dezember 2003 heißt es: „Wichtig wird es dabei sein, die wesentlichen Strukturelemente des deutschen Theaterbetriebes zu erhalten: Ensemble und Repertoire. Diese Strukturelemente sind es nämlich, die die Vielfalt und Kreativität des deutschen Theaters ausmachen. Und sie erlauben durch die hohe Zahl von Aufführungen eine optimale Ausnutzung der dem Theater zur Verfügung stehenden Ressourcen."[119]

Theater und Oper sind Orte, an denen nach dem Sinn des Lebens, nach Werten und Orientierungen für das Zusammenleben gefragt und gesucht wird. Sie ermöglichen einen unverwechselbaren Blick auf die Welt, die heutige und die vergangene. Die deutsche Theater- und Orchesterlandschaft bietet auch weiterhin eine Chance, den Wandel der Gesellschaft künstlerisch zu begleiten und Werte zu hinterfragen. Gerade in Zeiten der Globalisierung, in denen sich kulturelle Identitäten aufzulösen

---

[115] Auch das „Theater im öffentlichen Raum" ist seit wenigen Jahren in einem Bundesverband organisiert, der der Kultur des Straßentheaters/der theatralen Inszenierung des öffentlichen Raums und ihren Produktionsbedingungen Gehör verschaffen will.
[116] Vgl. Bundesverband Theater im Öffentlichen Raum (2007). (Kommissionsmaterialie 16/186)
[117] Ebd.
[118] Vgl. Kulturfinanzbericht (2006), S. 21ff.
[119] Kulturstiftung der Länder (2004), S. 64.

drohen, ist die föderale, vielfältige deutsche Theater- und Orchesterlandschaft mehr als nur ein Standortfaktor. Sie ist ein Ausdruck des geistigen und kulturellen Lebens der Regionen.

Zur Zukunftssicherung der Theaterlandschaft in Deutschland bedarf es einer kritischen Neubetrachtung, konzeptioneller Überlegungen und kompetenten gemeinsamen Handelns. Es geht nicht um ein Entweder-Oder, um Stadttheater oder Freies Theater, es geht um ein sinnvolles Neben- und vor allem Miteinander.

3.1.2.1.1 Betriebsformen

Theater

Eine Untersuchung zu den rechtlichen Rahmenbedingungen, unter denen Theater arbeiten, schließt selbstverständlich eine Betrachtung der Betriebsformen ein. Die Gutachter haben dazu die im „Deutschen Bühnenverein" organisierten öffentlich geförderten Theater und Orchester in einem Fragebogen zu einer Vielzahl von Themen befragt.[120] In ihrem Gutachten nehmen die Gutachter folgende Analyse der Betriebsformen von Theatern und Orchestern vor[121]:

„Öffentliche Theater in Deutschland haben sich historisch in den Betriebsformen Staats-, Stadt- oder Landestheater entwickelt: Die Staatstheater gehen in der Regel auf die ehemaligen Hof- und Residenztheater zurück, die im 17. und 18. Jahrhundert von den Landesherren gegründet und nach dem Zusammenbruch des Kaiserreiches in staatliche Regie und Finanzierung übernommen wurden. Die Staatstheater befinden sich in Rechtsträgerschaft der jeweiligen Länder und werden von diesen überwiegend finanziert. Abgesehen von den Ländern Brandenburg, Sachsen-Anhalt und Thüringen verfügen heute alle deutschen Landeshauptstädte über mindestens ein Staatstheater (zum Beispiel die Staatsoper München, das Staatstheater in Stuttgart oder die Sächsische Staatsoper in Dresden). Aber auch in anderen Städten als Landeshauptstädten gibt es Staatstheater, so zum Beispiel in Braunschweig, Cottbus, Darmstadt, Kassel oder Oldenburg.

Träger der Stadttheater sind dagegen in der Regel die Kommunen, wobei auch eine Trägerschaft zweier oder mehrerer Gemeinden oder eine gemeinsame Trägerschaft mit einem Land möglich ist. Den Ursprung der Stadttheater bilden meist die bürgerlichen Theaterbetriebe, die sich neben den Hoftheatern im 18. und 19. Jahrhundert gebildet haben. Zu den ältesten Stadttheatern zählen das Nationaltheater Mannheim und das 1868 gegründete Stadttheater Freiburg.

Viele Landestheater befinden sich nicht nur in Trägerschaft eines Landes, sondern auch in Kooperation mit einer oder mehreren Kommunen. Sie sind historisch meist aus Wanderbühnen hervorgegangen und führen einen erheblichen Teil aller Vorstellungen außerhalb ihres Stammsitzes, aber innerhalb eines bestimmten Spielgebietes auf. So bespielt etwa die Landesbühne Hannover, …"[122] seit 2007 „Theater für Niedersachsen" mit Sitz in Hildesheim, „… die als kommunaler Zweckverband von mehreren Gemeinden und Landkreisen Niedersachsens geführt wird, Spielstätten in über 90 niedersächsischen Gemeinden. Einige Landestheater, wie zum Beispiel die vom Land getragenen Landesbühnen Sachsen oder das von der Stadt getragene Landestheater Coburg, verfügen über eine eigene Musiktheatersparte.

---

[120] Ein Gespräch mit dem Geschäftsführer des Deutschen Bühnenvereins, um welches die Gutachter gebeten hatten, kam leider nicht zustande. Der Deutsche Bühnenverein forderte stattdessen seine Mitglieder auf, einen von den Gutachtern versandten Fragebogen nicht zu beantworten bzw. ihn an den Deutschen Bühnenverein zurückzusenden. Von 126 angeschriebenen Theatern haben 33 die beantworteten Fragebögen an die Gutachter zurückgesandt.
[121] Das Kapitel bezieht sich zu weiten Teilen auf Zitate aus dem Raue-Gutachten, S. 51ff. (Kommissionsdrucksache 15/285)
[122] Raue-Gutachten, S. 51ff. (Kommissionsdrucksache 15/285)

Das Mehrspartentheater ist mit einem Anteil von über 50 Prozent das in der deutschen Theaterlandschaft am häufigsten anzufindende Theater, gefolgt von den reinen Schauspieltheatern (37 Prozent) und den Musiktheatern mit zwölf Prozent. Vor allem für Stadttheater typisch ist das Dreispartentheater mit den Bereichen Oper, Schauspiel und Tanz. Unter allen Theaterformen gibt es ein überaus breites Größenspektrum: Außer den vielen kleinen und mittleren Mehrspartenhäusern (wie zum Beispiel Koblenz oder Freiburg) gibt es sehr große Mehrspartentheater (Staatstheater Stuttgart, Staatstheater Hannover, Bühnen Köln), deren Etatvolumen das Vielfache der Budgets der kleinen Mehrspartentheater beträgt. Auch unter den reinen Musiktheatern finden sich sehr große (zum Beispiel die Hamburgische und die Bayerische Staatsoper), mittlere (Oper Leipzig) und kleinere, wie zum Beispiel das Opernhaus Halle. Deutlich geringer als die Etats der Mehrspartentheater fallen regelmäßig die Budgets der reinen Schauspieltheater aus, zu dessen großen etwa das Deutsche Theater in Berlin oder das Düsseldorfer Schauspielhaus und zu dessen kleinen zum Beispiel die Theater in Celle oder in Senftenberg gehören.

Kulturorchester

Unter Kulturorchestern versteht man – in Anlehnung an die Terminologie des Tarifvertrags für die Musiker in Kulturorchestern (TVK) – Opern- und Konzertorchester, die ‚ernst zu wertende Musik' spielen. In Deutschland gibt es derzeit 136 öffentlich subventionierte Kulturorchester.[123]

Abhängig von ihrem Tätigkeitsschwerpunkt können die Kulturorchester in die Betriebsformen (bzw. Orchesterprofile) Konzert-, Kammer-, Theater- und Rundfunk-Sinfonieorchester unterschieden werden.

Konzertorchester sind im Gegensatz zu den Theaterorchestern nicht mit einem Theaterbetrieb verbunden. Ihre Tätigkeit besteht in erster Linie in der Konzertvorbereitung und -darbietung. Öffentliche Konzertorchester befinden sich in der Regel in der Rechtsträgerschaft der Stadt, in der sie ansässig sind (Beispiele: Münchner Philharmoniker, Gewandhausorchester Leipzig). Träger der Staatsorchester sind entweder die Länder (zum Beispiel ist Rechtsträger des Staatsorchesters Rheinische Philharmonie das Land Rheinland-Pfalz) oder die Städte (zum Beispiel Frankfurt/Oder als Träger des Brandenburgischen Staatsorchesters Frankfurt). Die Landesorchester haben, ebenso wie die Städtebundorchester, einen überregionalen Wirkungsbereich und werden von mehreren Trägern gehalten.

Eine kleinere Besetzung als die Konzertorchester haben die in Deutschland zahlreichen Kammerorchester, von denen einige – wie etwa das Stuttgarter oder das Münchener Kammerorchester – ebenfalls überwiegend aus öffentlichen Mitteln finanziert werden.

Theaterorchester zeichnen sich dadurch aus, dass sie schwerpunktmäßig (jedoch nicht ausschließlich) an Bühnenproduktionen mitwirken. Theaterorchester können entweder institutionell oder vertraglich mit einem Theaterbetrieb verbunden sein. Der Deutsche Bühnenverein verzeichnet in seiner Theaterstatistik nur die institutionell mit einem Theaterbetrieb verbundenen Orchester als Theaterorchester. Neben der Staatskapelle Berlin als Orchester der Staatsoper Berlin können das Württembergische Staatsorchester Stuttgart (als Orchester der Staatsoper Stuttgart), das Orchester des Theaters Magdeburg (die Philharmonie Magdeburg) oder der Klangkörper der Semperoper (die Sächsische Staatskapelle Dresden) als weitere Beispiele für institutionell mit einer Bühne verbundene Orchester genannt werden. Den Theaterdienst für Theater, die über kein eigenes Orchester

---

[123] Einen Überblick über die deutschen (öffentlichen wie privaten) Kulturorchester bietet die vom Deutschen Musikrat betriebene Datenbank „Deutsches Musikinformationszentrum": www.miz.org/index.php, (Stand: 10. Juli 2007).

verfügen, versehen etwa das Philharmonische Staatsorchester Bremen (für das Bremer Theater) oder das Leipziger Gewandhausorchester (für die Oper Leipzig).

Die Rundfunk-Sinfonieorchester haben gemeinsam, dass sie – mit Ausnahme des Rundfunksinfonie-Orchesters Berlin (RSB) – von den Rundfunkanstalten der Länder getragen und somit im Wesentlichen durch Rundfunkgebühren finanziert werden. Die Größe (Stellenanzahl), die musikalische Ausrichtung und auch die Tätigkeitsschwerpunkte (Verhältnis zwischen Radioproduktionen und Konzerten) der einzelnen Rundfunk-Sinfonieorchester variieren dagegen zum Teil erheblich. Insgesamt unterhalten die Rundfunkanstalten – abgesehen vom Rundfunk-Sinfonieorchester Berlin – zwölf Kulturorchester (zum Beispiel das SWR Radio-Sinfonieorchester Stuttgart, das WDR Sinfonieorchester Köln oder das NDR Sinfonieorchester in Hamburg)."[124]

Das Modellprojekt Nationaltheater Weimar

Auf ihrer Delegationsreise nach Weimar, Leipzig und Halle[125] im Februar 2007 informierten sich die Mitglieder der Enquete-Kommission auch über das bundesweit für Aufsehen sorgende „Weimarer Modell". Ziel desselben war es seinerzeit, die Eigenständigkeit des Nationaltheaters als Dreisparten- und Ensembletheater zu erhalten. Das Land Thüringen strebte und strebt eine Fusion der Theater Weimar und Erfurt an, welche sich ein Einzugsgebiet von 500 000 Einwohnern teilen und räumlich relativ nahe beieinander liegen. Die Stadt Weimar ist zu 100 Prozent verantwortlicher Träger des Nationaltheaters. 15 Prozent der Zuschüsse stellt die Stadt Weimar, die restlichen 85 Prozent das Land Thüringen. Derzeit finden an vier Spielstätten 700 Aufführungen mit rund 180 000 Besuchern pro Jahr statt.

Der Rechtsformwechsel des Theaters erfolgte im Jahr 2002 mit dem Beschluss des Weimarer Stadtrates, das Nationaltheater Weimar als vormalig städtischen Eigenbetrieb in eine gemeinnützige Theater-GmbH umzuwandeln. Damit einher ging ein Verzicht auf Tarifsteigerungen bis 2008 und ein Prämien- und Bonussystem bei bis dahin gleichbleibender, garantierter finanzieller Zuwendung durch das Land Thüringen. Durch die Reform wurde es möglich, verbindliche Zuwendungsverträge zu schaffen und Tarifverträge auszuhandeln. Sie haben bis 2009 Gültigkeit und gelten auch danach weiter, wenn es bei anstehenden Neuverhandlungen 2007/2008 zu keinem erfolgreichen Abschluss zwischen Zuwendungsgeber, Gewerkschaften und dem Theater kommt.

Ausgangspunkt dieser Strukturreform war nach Aussage des Intendanten die grundsätzliche Problematik, dass die Vergütung der Angestellten im öffentlichen Dienst nach Tarifvertrag geregelt ist, die der Künstler aber frei verhandelt wird.[126] Bei sinkenden Zuschüssen war die Folge, dass die Mittel für den eigentlich künstlerischen Bereich geringer wurden, somit der Freiraum zur künstlerischen Entfaltung eingeengt wurde. Darüber hinaus hatte die Belegschaft bis zum Jahr 2008 auf den Automatismus von Tarifsteigerungen verzichtet, um der Schließung der traditionsreichen Musiksparte vorzubeugen. In Haustarifverträgen wurden die Arbeitsabläufe flexibilisiert und die Belegschaft über drei verschiedene Ausgleichsfonds, in die das Geld aus Mehreinnahmen und Ausgabenersparnis fließt, für entgangene Tarifsteigerungen am Betriebsergebnis des Theaters beteiligt. Die Intendanz selbst versteht die reformerischen Einschnitte nicht vorrangig als notwendigen finanziellen Verzicht, sondern als Gewinn an Eigenverantwortung. Durch die Identifikation mit dem eigenen Theater sei die künstlerische Leistung gesteigert worden.

---

[124] Raue-Gutachten, S. 51ff. (Kommissionsdrucksache 15/285)
[125] Vgl. Bericht Delegationsreise Weimar/Leipzig/Halle, S. 14ff. (Arbeitsunterlage 16/84)
[126] Die Beschäftigungs- und Entlohnungsbedingungen der in den Theatern Beschäftigten sind in unterschiedlichen Tarifverträgen geregelt, was z. T. die Produktionsbedingungen bzw. -abläufe beeinträchtigt. Vgl. hierzu auch Unterkapitel Arbeitsrechtliche Herausforderungen.

Kinder- und Jugendtheater

Kinder- und Jugendtheater spielen eine wichtige Rolle im Theatersystem Deutschlands. Sie wenden sich als Sparte in Stadt- und Staatstheatern, als eigenständige Bühne oder als freie Kinder- und Jugendtheater einer jungen Zielgruppe zu, sind mit ihren Stücken und deren Inszenierungen nah an der Lebenswirklichkeit von Kindern und Jugendlichen und nehmen einen Bildungsauftrag wahr. Kulturelle Bildung ist eine Form der Weltaneignung. Deshalb muss ein Theater für junge Zuschauer deren Sehweise in den Mittelpunkt rücken. Junge Zuschauer trainieren im Theater die Fähigkeit, die Zeichen der Zeit zu entschlüsseln, ihre schöpferische Kraft zum abstrakten Denken und das kreative Vermögen zur Weltaneignung.

Der Begriff Kinder- und Jugendtheater bezeichnet in Deutschland nicht nur das Theater für Kinder und Jugendliche, sondern auch all jene Theaterformen, bei denen Kinder und Jugendliche selbst zu Akteuren werden. Das berufsmäßige Theater für Kinder und Jugendliche in Deutschland ist vielfältig in Strukturen Repertoire und Ästhetik. Die öffentlichen Theater produzieren zwei Drittel der Inszenierungen für diese Zielgruppe.[127] Drei Viertel der Veranstaltungen werden in der eigenen Spielstätte angeboten.[128] Vor allem die mobilen Landesbühnen sorgen dafür, dass 20 Prozent der Aufführungen in der Region gezeigt werden. Spielen die Stadt- und Staatstheater vorwiegend für das junge Publikum in der Stadt, gelten die Angebote der privaten und freien Kinder- und Jugendtheater überwiegend den Kindern und Jugendlichen auf dem Land. Sie produzieren ein Drittel der Inszenierungen, gastieren mit 60 Prozent der Veranstaltungen in anderen Spielstätten und spielen 30 Prozent ihrer Aufführungen auf dem Land.[129]

Die Lücken im Angebot der Spezialtheater werden von anderen Anbietern auf ihre Weise gefüllt. Nicht nur die Puppen- und Figurentheater und die Kulturämter und Kulturvereine, welche sich in der Interessengemeinschaft der Städte mit Theatergastspielen (INTHEGA) zusammengeschlossen haben, bieten vielfach Kinder- und Jugendtheater an. Auch die nicht als Kinder- und Jugendtheater ausgewiesenen öffentlichen Theater (Stadt-, Landes- und Staatstheater) beschränken sich nicht mehr nur auf eine Produktion zur Weihnachtszeit. Neben der Erweiterung von Spielplansegmenten für Kinder und Jugendliche ist seit Beginn des 21. Jahrhunderts eine Reihe beachtenswerter Neugründungen von Kinder- und Jugendtheatern zu verzeichnen.[130] Statistisch kann derzeit jeder zweite Heranwachsende in Deutschland einmal pro Jahr irgendeines dieser Theaterangebote wahrnehmen, schätzungsweise werden dabei vier bis fünf Millionen Zuschauer pro Jahr erreicht.[131]

Theater haben inzwischen die Notwendigkeit der Kooperation mit den Schulen erkannt. Spezielle Kinder- und Jugendtheater pflegen bereits seit langem fruchtbare Kontakte zu Einrichtungen der Kinder- und Jugendbildung, die sich in der Regel über persönliche Beziehungen und die theaterpädagogische Arbeit der Einrichtungen herstellen.

Kinder- und Jugendtheater wird in Deutschland überwiegend öffentlich gefördert. Das sogenannte „Baden-Württembergische Modell" der Finanzierung von Kinder- und Jugendtheatern sichert den Kommunen, die sich für eine solche Einrichtung entscheiden, eine dauerhafte Förderung von 40 Prozent der Kosten durch das Land.

---

[127] Vgl. Werkstatistik des Deutschen Bühnenvereins (2006).
[128] Ebd.
[129] Ebd.
[130] In der Landeshauptstadt Stuttgart ist bspw. 2004 ein kommunales Kinder- und Jugendtheater in freier Trägerschaft entstanden. Am Deutschen Schauspielhaus in Hamburg ist 2005 die Sparte Junges Schauspielhaus eingerichtet worden. Mit Beginn der Spielzeit 2007/2008 richtet das schauspielhannover ein Junges Theater ein.
[131] Vgl. Deutscher Bühnenverein (2006).

Freie Theater

Neben dem System der Stadt- und Staatstheater gibt es Mittel, neue Felder zu besetzen, künstlerisch und strukturell andere Wege zu gehen. So bildet seit mehr als 25 Jahren das Freie Theater mit seiner künstlerischen Leistungsfähigkeit eine unverzichtbare Säule in der Theaterlandschaft Deutschlands. Mit ästhetischer Experimentierfreude und gesellschaftlicher Relevanz halten Freie Theater unter schwierigen Umständen den kulturellen Nährboden fruchtbar. Hier wird es sicher weiterhin zu Verteilungskämpfen und Überschneidungen mit avantgardistischen Ansprüchen einzelner großer Stadttheater kommen, die auf der Suche nach der Bindung neuer Publikumsschichten Ähnliches versuchen. Es entsteht der Eindruck, dass die Leistungen des Freien Theaters bislang in deutlichem Missverhältnis zur Wahrnehmung, Anerkennung und Förderung durch alle politischen Ebenen stehen.

Im Freien Theater schließen sich Künstler als freie Gruppen außerhalb der Struktur von Stadttheatern, Staatstheatern oder Privattheatern zusammen, um ein oder mehrere Projekte oder dauerhaft in eigener künstlerischer und finanzieller Verantwortung zu produzieren und gegen ein Entgelt zur Aufführung zu bringen. Dabei reicht das Spektrum von Ein-Personen-Unternehmen über feste freie Gruppen mit einem Kern-Ensemble, welches bereits über mehrere Jahre produziert bis hin zu Einzelprojekt-Ensembles in den verschiedensten Kooperationsformen. Der Begriff „Freies Theater" kennzeichnet eine professionelle Arbeitsweise, die hauptberuflich ausgeübt wird.[132] Freie Theater mit Spielstätte oder Freie Theaterspielstätten arbeiten meist in der Rechtsform eines eingetragenen Vereins oder als gemeinnützige GmbH. Tanz- und Theaterhäuser bieten eine den Bedürfnissen Freier Theaterarbeit angepasste optimale Infrastruktur sowie ein professionelles Umfeld. Freie Theater ohne Spielstätte sind in der Regel mit einem Kern von mehreren Personen als GbR oder Produktions-GbR organisiert und arbeiten mit Freien Theaterschaffenden als Gästen zusammen.[133]

Freies Theater repräsentiert ein breites, meist experimentelles künstlerisches Spektrum. Freie Theater erschließen neue Stoffe, Themen und Spielweisen für das Theater, arbeiten oft genreübergreifend und an theaterfremden Orten. Freies Theater erschließt neue Publikumsschichten und neue Spielorte. Eine Vielzahl künstlerischer Neuerungen der vergangenen Jahre wurde von Freien Theatern entwickelt und anschließend auch von Stadt- und Staatstheatern übernommen. Sie arbeiten zunehmend in Netzwerken im deutschsprachigen Raum und international.

Modelle wie die Kooperation des Stadttheaters Hildesheim und der freien Szene bilden bislang die Ausnahme. Auch mag es immer wieder Stadttheater geben, die Freie Theater zu Kooperation oder gar Koproduktion einladen, dies sind jedoch Einzelfälle. In der Regel besteht zwischen öffentlichen und Freien Theatern eine wachsende Konkurrenz um Spielorte, künstlerische Ausdrucksformen und Zuschauer. Stadt- und Staatstheater nehmen immer mehr die Arbeitselemente der Freien Theater für sich in Anspruch. Dies geschieht nicht nur durch die Bespielung von theateruntypischen Orten, sondern auch in Bereichen, die bislang den Freien Theatern vorbehalten waren wie Schulen, Kindergärten etc. Hier bieten die öffentlich geförderten Theater oft Produktionen zu finanziellen Bedingungen an, welche für Freie Theater nicht einmal zur Deckung der Kosten reichen. Damit fehlt dem Freien Theater eine wichtige Einnahmequelle und wird ihm de facto die Existenzgrundlage entzogen.

---

[132] Voraussetzung für die Versicherung nach dem KSVG ist die Ausübung einer auf Dauer angelegten selbstständigen künstlerischen und/oder publizistischen Tätigkeit in erwerbsmäßigem Umfang. „Erwerbsmäßig" und „auf Dauer angelegt" heißt dabei, dass mit dieser Tätigkeit der Lebensunterhalt verdient und diese Tätigkeit nicht nur vorübergehend (z. B. als Urlaubsvertretung o. ä.) ausgeübt wird.
[133] Vgl. Zusammenfassung Expertengespräch „Freie Theater in Deutschland" 30. Mai 2005 (Kommissionsdrucksache 15/525); vgl. auch schriftliche Stellungnahme des Fonds Darstellende Künste zum Expertengespräch vom 29. Mai 2006. (Kommissionsdrucksache 16/162)

Freie Theater sind im Bereich der Kinder- und Jugendtheater Marktführer. In Baden-Württemberg erreichten im Jahr 2004 die Freien Theater mit 566 580 Zuschauern fast doppelt so viele Kinder und Jugendliche wie die Stadt- und Staatstheater mit 219 633 Zuschauern. In Niedersachsen bieten die Freien Theater etwa viermal so viele Aufführungen für Kinder und Jugendliche pro Jahr an wie die Stadt- und Staatstheater zusammen und erreichen fast doppelt so viele Zuschauer.[134]

3.1.2.1.2 Finanzierung

Theater und Orchester teilen als öffentlich geförderte Kultureinrichtungen die finanzielle Notlage der öffentlichen Hände. Kommunen und Länder waren in den letzten Jahren kaum mehr in der Lage, ihre staatlichen Pflichtaufgaben zu erfüllen. Theater und Orchester konkurrieren mit anderen, deren Belange nicht weniger gewichtig sind, um die knappe Ressource „öffentliche Mittel". Seit der Wiedervereinigung bis September 2004 wurden in Deutschland 37 Orchester aufgelöst oder abgewickelt, davon allein acht in Berlin.[135] In den öffentlich getragenen Theaterbetrieben waren von 45 000 Arbeitsplätzen rund 39 000 übrig geblieben. In der Spielzeit 2002/2003 beschäftigten die öffentlichen Theater erneut 152 Mitarbeiter weniger, die Kulturorchester strichen 180 Stellen.[136]

Laut der Theaterstatistik des Deutschen Bühnenvereins für die Spielzeit 2004/2005 sind die Zuweisungen der öffentlichen Hand für die Theater- und Orchesterbetriebe erneut gesunken. Vor allem die kommunale Ebene verringerte ihr finanzielles Engagement um mehr als 40 Mio. Euro, während die Zuweisungen der Länder um knapp vier Millionen stiegen. Diese Kürzungen konnten in den vergangenen Jahren nur durch weiteren Personalabbau aufgefangen werden. Das heißt, dass künstlerische Mitarbeiter in zahlreichen Haustarifverträgen auf ihr 13. Monatsgehalt und ihr Urlaubsgeld verzichteten.

265 Beschäftigungsverhältnisse fielen den Kürzungen in der Spielzeit 2004/2005 zum Opfer. Der Anteil der Einnahmen, die durch die Theater selbst erwirtschaftet wurden, erreichte in der Spielzeit 2004/2005 ca. 17 Prozent.[137]

Bei den Zuwendungen an die Theater und Orchester ist die öffentliche Hand an das Haushaltsrecht gebunden. Die Grundsätze des Haushaltsrechts sind bei der Betriebsführung eines Theaters/Orchesters grundsätzlich zu beachten. Theater und Orchester werden im Rahmen der Haushaltsführung zum Teil wie nachgeordnete Behörden des öffentlichen Zuwendungsgebers behandelt. Dabei behindern insbesondere die Grundsätze der „Jährlichkeit", „Spezialität" und „Nonaffektation" eine auf Planungssicherheit gerichtete, selbstständige und unternehmerische Betriebsführung der Theater und Orchester.

Das Jährlichkeitsprinzip besagt gemäß Artikel 110 Abs. 2 GG, dass ein Haushaltsplan für ein Rechnungsjahr oder mehrere Rechnungsjahre, nach Jahren getrennt, aufgestellt wird. Ausgehend von diesem Grundsatz werden Zuwendungen jeweils nur für ein Kalenderjahr gewährt. Zuwendungen für mehrere Jahre bedürfen einer Verpflichtungsermächtigung im Haushaltsplan (§ 38 Bundeshaushaltsordnung – BHO). Der Grundsatz fordert somit einen engen zeitlichen Rahmen, in dem die Budget-Bewilligung wirksam wird.

Die von den Gutachtern durchgeführte Befragung der Theater und Orchester hat ergeben, dass dieses Jährlichkeitsprinzip überwiegend und heftig kritisiert wurde. Häufig genannte Stichwörter wa-

---

[134] Vgl. Landesverband Freier Theater in Niedersachsen (2005).
[135] Vgl. www.deutsche-orchestervereinigung.online.de, (Stand: 4. Juni 2007).
[136] Vgl. Deutscher Bühnenverein (2004).
[137] Vgl. Deutscher Bühnenverein (2006).

ren dabei „Dezemberfieber", „Inkongruenz von Haushaltsjahr und Spielzeit" sowie „Planungssicherheit".

Der Grundsatz der Spezialität besagt, dass die im Haushaltsplan bewilligten Ausgaben sowohl der Verwendung (qualitative Spezialität, Ausnahme: Deckungsfähigkeit) als auch der Höhe nach (quantitative Spezialität, Ausnahme: Notermächtigungsrecht des Finanzministers gemäß Artikel 112 GG und Landesverfassungen) und nur innerhalb des vorgesehenen Zeitraumes bis zum Ende des laufenden Haushaltsjahres (zeitliche Spezialität) in Anspruch zu nehmen sind.

Nach dem Haushaltsgrundsatz der Nonaffektation, also der Nicht-Zweckbindung von Mitteln, sind alle öffentlichen Einnahmen einer öffentlich-rechtlichen Körperschaft unterschiedslos als Deckungsmittel für alle öffentlichen Ausgaben des Gesamthaushalts zu verwenden.[138] Für die Hauhaltsführung von Theatern und Orchestern, die dem Prinzip der Nonaffektation verpflichtet sind, bedeutet dies, dass höhere als durch das Einspielsoll vorgegebene Einnahmen eines Jahres nicht auf das nächste Jahr übertragen werden können. Der Überschuss entfällt vielmehr an den Trägerhaushalt.

Auf kommunaler Ebene und auf Landesebene sind die Kinder- und Jugendtheater üblicherweise dem Amtsbereich Kultur zugeordnet. Sie agieren jedoch politisch auch im Zuständigkeitsbereich des Jugend- und des Bildungsressorts. Auf Bundesebene werden im § 11 des Kinder- und Jugendhilfegesetzes (KJHG) die Schwerpunkte der Jugendarbeit geregelt. Da Kinder- und Jugendtheater integraler Bestandteil der kulturellen Bildung in Deutschland ist, werden im Rahmen des Kinder- und Jugendplans (KJP) des Bundes vor allem die institutionellen Rahmenbedingungen für die fachliche Anregung und Entwicklung des Kinder- und Jugendtheaters als Methode der kulturellen Bildung gefördert.[139]

Freie Theater finanzieren ihre Arbeit zu einem großen Teil über „Eigenmittel". Dazu zählen Sachleistungen jeglicher Art wie Arbeitszeit, Räume und Grundausstattung. Freie Theaterkünstler übernehmen oft mehrere Theaterfunktionen in Personalunion. Grund dafür sind auch die zumeist nicht ausreichende Grundfinanzierung der laufenden organisatorischen Theaterarbeit wie Mittel- und Auftragsakquisition sowie Buchhaltung und Finanzwesen. Deshalb mangelt es im organisatorischen Bereich dem Freien Theater oft an Know-how und qualifiziertem Personal. Doch selbst mit dem Einsatz dieser „unbezahlten Arbeit" und den begrenzten Einnahmen wie Eintritt lässt sich die Finanzierungslücke Freier Theaterarbeit nicht schließen. Der Professionalisierungsgrad in den Ländern mit hauptamtlich besetzten Landesverbänden ist dabei höher als in Ländern ohne Interessen- und Dienstleistungsverbände.[140]

Daneben bildet die Projektförderung die wichtigste Förderart für Freies Theater. Das hat aktuell zur Folge, dass der sinkende Anteil kommunaler Förderung eine rückläufige Drittfinanzierung durch die Länder und den Bund nach sich zieht. So finanzierten in Baden-Württemberg die Freien Theater 2004 durchschnittlich 74 Prozent der Produktionen aus Eigenmitteln, 18 Prozent aus öffentlichen Mitteln und acht Prozent aus Sponsorengeldern. Damit erreichen sie zugleich 940 000 Zuschauer gegenüber 2 365 000 Zuschauern der Stadt- und Staatstheater.[141] Von der Praxis der Haushaltssperren sind Freie Theater meist als Erste betroffen.[142]

---

[138] Die Nonaffektation ist verankert in § 7 Haushaltsgrundsätzegesetz und § 8 Bundeshaushaltsordnung, jedoch können Ausnahmen durch Gesetz vorgeschrieben oder im Haushaltsplan zugelassen werden.
[139] Vgl. Kap. 6., Kulturelle Bildung.
[140] Vgl. Expertengespräch „Freie Theater" vom 29. Mai 2006. (Arbeitsunterlage 16/125)
[141] Vgl. Bundesverband Freie Theater, Angaben auf der Grundlage eigener Statistik, 2005.
[142] Die Förderung Freier Theater zählt zu den sog. „freiwilligen Leistungen" öffentlicher Haushalte. Entsprechend des Haushaltsrechts sind auch diese von Haushaltssperren betroffen.

Freie Theater erhalten von Jahr zu Jahr weniger Produktionsförderung, kaum ausgeprägt ist die Gastspielförderung ebenso wie die Spielstättenförderung. Öffentliche und private Veranstalter verfügen über immer weniger Mittel, um Freie Theater zu buchen. Die Veranstaltungsetats von Bibliotheken und Schulen gehen gegen Null. Zahlreiche Städte haben ihre Theatergastspiele und Theaterabonnements eingestellt.[143]

Ausgehend von diesen für die Theaterarbeit nicht befriedigendem Tatbestand informierten sich die Mitglieder der Enquete-Kommission auf ihren Delegationsreisen nach Großbritannien und in die Niederlande, in welcher Form in beiden Ländern Kulturfinanzierung gestaltet wird.[144]

In Großbritannien werden Fördermittel fast ausschließlich auf nationaler Ebene bereitgestellt. Eine kommunale Förderung findet nicht statt. Das zuständige Ministerium entwickelt die Richtlinien für die Kulturförderung. Die Entscheidung, welches Projekt, welche Einrichtung im Einzelnen gefördert wird, wird jedoch auf das „Arts Council" delegiert. Sofern eine Förderung bewilligt wird, erfolgt diese für einen Zeitraum von bislang zwei, nun drei Jahren. Das Jährlichkeitsprinzip greift also nicht.

In den Niederlanden erfolgt öffentliche Kulturförderung wie in Deutschland auf unterschiedlichen staatlichen Ebenen. Neben der Förderung auf nationaler Ebene können auch die Kommunen fördern. Eine Verpflichtung dazu besteht aber nicht. Der Kulturetat zeichnet sich durch die Besonderheit aus, dass die Mittel im Haushalt für einen Zeitraum von vier Jahren festgeschrieben werden. Die anderen Etats sind demgegenüber dem Jährlichkeitsprinzip unterworfen.

Der Staatssekretär für Kultur legt für den jeweiligen Förderzeitraum die Richtlinien der Kulturförderung in eigener Verantwortung fest. Bei der Frage, ob und welche Kultureinrichtung eine Förderung erhält, steht dem Ministerium der „Raad voor Cultuur" fachlich zur Seite. Seine Mitglieder werden für drei Jahre berufen. Die Mitgliedschaft kann einmal verlängert werden. Die Förderanträge werden in den Fachgremien beraten und dann dem Ministerium als Empfehlung unterbreitet. Im Regelfall folgt der Staatssekretär für Kultur diesen Empfehlungen. Antrags- und Bewilligungsverfahren sind dokumentiert und transparent. Die Antragsteller erhalten eine ausführliche Begründung einer Ablehnung. Jede Einrichtung muss alle vier Jahre eine Förderung beantragen und wird somit alle vier Jahre evaluiert.

3.1.2.1.3 Der Fonds Darstellende Künste

Der „Fonds Darstellende Künste" fördert seit 1988 herausragende Projekte aller Sparten, die sich durch ihre besondere Qualität auszeichnen, von gesamtstaatlicher Bedeutung sind und zur künstlerischen Weiterentwicklung der darstellenden Künste beitragen. Er fördert ausschließlich Einzelprojekte, eine mehrjährige Förderung ist nicht möglich.[145] Nach eigener Aussage hat sich diese Praxis bislang bewährt.[146] Die Quote der Erstantragsteller liegt inzwischen bei 60 Prozent. In seiner 19-jährigen Förderpraxis vergab der Fonds bis zum Frühjahr 2006 6,6 Mio. Euro für 1 850 Projekte aller Sparten der darstellenden Künste. Der Fonds erhält seine Zuwendungen von der Kulturstiftung des Bundes. Seit 1988 stieg die Zahl der eingereichten Projektanträge pro Jahr von 85 auf ca. 700 im Jahr 2006. Dem beim Fonds jährlich beantragten Fördervolumen von inzwischen ca. 7,5 Mio. Euro stehen die Fördermittel von einer Million Euro pro Jahr gegenüber. Im Frühjahr 2006 wurden beim Fonds 410 Projektanträge eingereicht, wovon 79 eine Förderung erhielten.[147]

---

[143] Vgl. INTHEGA – Interessengemeinschaft der Städte mit Theatergastspielen e. V. (2003); vgl. auch Hadamczik (2005).
[144] Vgl. Bericht Delegationsreise Großbritannien. (Arbeitsunterlage 15/086a)
[145] Vgl. Kap. 4.6, Künstlerförderung.
[146] Vgl. schriftliche Stellungnahme des Fonds Darstellende Künste zum Expertengespräch „Freie Theater" vom 29. Mai 2006. (Kommissionsdrucksache 16/162)
[147] Ebd., S. 2.

3.1.2.1.4 Rechtsformen

Der Betrieb von staatlichen Kultureinrichtungen ist prinzipiell rechtsformneutral. Öffentliche Theater- und Orchesterunternehmen müssen nicht von Rechts wegen in öffentlich-rechtlicher Rechtsform, sondern können auch in privater Rechtsform, und zwar in allen zivilrechtlich bekannten Formen, geführt werden. Die Mehrzahl der öffentlichen Theater in Deutschland wird in öffentlich-rechtlicher Rechtsform betrieben.[148] Die (knappe) Mehrzahl der in der Theaterstatistik verzeichneten Kulturorchester wird in privater Rechtsform geführt.[149]

Eine ausführliche Darstellung zu Rechts- und Betriebsformen von Kultureinrichtungen erfolgt im Kapitel 3.1.1 Organisationsformen und Steuerungsmodelle dieses Berichts.

Regiebetriebe

Regiebetriebe sind öffentliche Verwaltungsbetriebe, die organisatorisch, rechtlich und haushaltsmäßig – entweder als Abteilung oder als Amt – vollständig in die Kommunalverwaltung eingegliedert sind. Der Regiebetrieb hat keine eigene Rechtspersönlichkeit. Neben der formalrechtlichen fehlt ihm auch die ökonomische, satzungsmäßige und organisatorische Selbstständigkeit. Unter den öffentlich-rechtlichen Rechtsformen ist der Regiebetrieb somit derjenige Typus, der sich am engsten an die Gemeindeadministration anlehnt. Er ist rechtlich vollständig in die Kommunalverwaltung integriert. Unmittelbarer und alleiniger Träger eines Regiebetriebs ist die Gemeinde bzw. das Land, in dessen Verwaltung der Regiebetrieb eingegliedert ist. Der öffentliche Träger ist Arbeitgeber des am Theater/Orchester beschäftigten Personals.

Der Regiebetrieb ist die historisch ursprüngliche Organisationsform für öffentliche Theater in Deutschland. Als Regiebetrieb war schon das erste stehende deutsche Hoftheater in Gotha organisiert, mit dessen Errichtung im Jahre 1775 Herzog Ludwig Ernst II. Bühnenmanagement-Geschichte schrieb, weil er sein Hoftheater fest in seiner eigenen Verwaltung institutionalisierte und beaufsichtigte, anstatt, wie zu dieser Zeit allgemein üblich, einem auf eigene Rechnung wirtschaftenden Prinzipal lediglich eine Konzession und einen Zuschuss zu gewähren.

Der Regiebetrieb hat aber nicht nur eine lang zurückreichende Geschichte, er ist auch heute noch die häufigste Organisationsform für öffentliche Theater. Von den 150 öffentlichen Theatern, die in der Theaterstatistik verzeichnet sind, werden 65, also mehr als ein Drittel, als Regiebetrieb geführt.[150] Die meisten deutschen Staatstheater sind, sofern sie öffentlich-rechtlich geführt werden, Regiebetriebe.[151] Auch unter den Kulturorchestern ist die Rechtsform des Regiebetriebs häufig vertreten. Die Anzahl der als Regiebetrieb organisierten Theaterunternehmen und Kulturorchester nimmt jedoch in jüngerer Zeit tendenziell zugunsten anderer Rechtsformen (Eigenbetrieb, GmbH) ab.[152] So wurden noch Ende der 90er-Jahre ca. 60 Prozent der öffentlichen Theaterbetriebe in Deutschland als Regiebetriebe geführt.

---

[148] Vgl. Raue-Gutachten. (Kommissionsdrucksache 15/285)
[149] Von den insgesamt 48 verzeichneten Orchestern werden nur 22 in den klassischen öffentlich-rechtlichen Rechtsformen betrieben. Insgesamt 24 der 48 aufgeführten Orchester werden in den privatrechtlichen Rechtsformen des eingetragenen Vereins und der GmbH betrieben, zwei Kulturorchester werden als Stiftung geführt.
[150] Vgl. Raue-Gutachten, S. 57ff. (Kommissionsdrucksache 15/285)
[151] So z. B. das Staatstheater Stuttgart, das Badische Staatstheater, das Hessische Staatstheater, das Staatstheater Braunschweig, das Staatstheater Kassel, das Staatstheater Mainz, das Oldenburgische Staatstheater, das Staatstheater Darmstadt und das Staatstheater Cottbus.
[152] Vgl. Raue-Gutachten. (Kommissionsdrucksache 15/285)

Rechtsgrundlage für die als Regiebetrieb organisierten Einrichtungen bilden die Gemeindeordnungen der Länder und das Haushaltsrecht des öffentlichen Trägers.[153] Die Geschäftsverteilung innerhalb des Leitungskollegiums wird in einer eigenen Dienstanweisung geregelt, in der entweder die gemeinsame Führung des Hauses durch den Intendanten und den Verwaltungsdirektor bestimmt wird oder die Letztentscheidungskompetenz über alle künstlerischen und wirtschaftlichen Belange des Theaterbetriebs dem Intendanten übertragen wird (reine Intendantenführung).

Für die Gründung eines Regiebetriebs bedarf es keines Stammkapitals. Als Teil der Verwaltung der Trägerkörperschaft gilt für den Regiebetrieb das kommunale bzw. das Haushaltsrecht der Länder. Die Rechnungsführung erfolgt grundsätzlich kameralistisch. Soweit es das jeweilige Haushaltsrecht der Trägerkörperschaft zulässt, können einzelne Elemente der klassischen öffentlichen Betriebsführung allerdings flexibilisiert werden. Man spricht dann von einem „optimierten Regiebetrieb". In diesem Rahmen kann für einen Kulturbetrieb die kaufmännische Buchführung vorgeschrieben, Personal- und Sachkosten für deckungsfähig erklärt und eine Ertrags- und Kostenrechnung eingeführt werden.

Ergebnisse der Befragung

Die von den Gutachtern befragten Theater, Kulturorchester und Opern benennen als wichtigstes Kriterium für die Eignung einer Rechtsform beinahe durchgängig die Gewährleistung der wirtschaftlichen und künstlerischen Eigenständigkeit und Handlungsfähigkeit eines Theaters bzw. Orchesters. Mehrheitlich wird die Rechtsform des Regiebetriebs als dafür ungeeignet angesehen. Der Regiebetrieb behindere das unternehmerische Denken und Handeln, ermögliche der Theaterleitung nur wenig Spielraum für eine flexible Führung, bewirke häufig ein unerwünschtes „Hineinregieren" des Trägers in die Betriebsführung und führe zu schwerfälligen Entscheidungsstrukturen mit der Folge von Zeit- und Reibungsverlusten. Auch das Fehlen eines eigenen Aufsichtsgremiums beim Regiebetrieb wird beanstandet. Als besonders nachteilig für einen Theater-/Orchesterbetrieb wird häufig das kameralistische Haushalts- und Rechnungssystem genannt.

Bemängelt werden also im Ergebnis sowohl Defizite in der Wirtschaftsführung als auch in der Leitungs- und Aufsichtsstruktur des Regiebetriebs. Auf der anderen Seite finden sich einige wenige Stimmen, die den Regiebetrieb als besonders geeignete Organisationsform bewerten, dabei aber gleichzeitig betonen, dass auch beim Regiebetrieb die notwendigen Rahmenbedingungen für eine kaufmännische Betriebsführung zu gewährleisten seien, es sich aber um optimierte Regiebetriebe handeln müsse.[154] Insgesamt wird aus den Ergebnissen der Befragung deutlich, dass sich die Ausgestaltung als Regiebetrieb regelmäßig negativ auf die betriebswirtschaftliche Führung eines Theaters auswirkt. Die haushaltsrechtlich bedingten Defizite des klassischen Regiebetriebs lassen sich zum Teil beheben, ohne dass es hierfür einer Änderung der Rechtsform bedarf („optimierter Regiebetrieb"). Die Vorzüge des optimierten Regiebetriebs beschränken sich jedoch vornehmlich auf Verbesserungen im Haushalts- und Rechnungswesen. Die Organisation bleibt bei der Optimierung hingegen regelmäßig ausgeklammert, so dass die Abhängigkeit des Kulturbetriebs von der Zusammenarbeit mit den Querschnittsämtern bestehen bleibt. Der Regiebetrieb ist rechtlich unselbststän-

---

[153] Der Regiebetrieb hat keine verselbstständigte Betriebsorganisation und keine eigenen Organe. Er unterscheidet sich formell nicht von anderen Ämtern bzw. Abteilungen der kommunalen bzw. der Verwaltungen der Länder. Deshalb ergibt sich die Leitungsstruktur eines als Regiebetrieb geführten Theaters grundsätzlich aus der administrativen Hierarchie der Trägerkörperschaft. An der Spitze eines kommunalen Regiebetriebs steht der Stadtrat als oberstes gemeindliches Beschlussorgan. Häufig überträgt er seine Zuständigkeiten für den Kulturbereich auf den städtischen Kulturausschuss, der dann über die Grundsatzfragen des Theaters/Kulturorchesters, d. h. über den Haushalt, die Bestellung der Theaterleitung, die Festlegung der Eintrittspreise etc. entweder als sogenannten vorbereitender Ausschuss vorberät oder als beschließender Ausschuss selbstständig entscheidet.

[154] Vgl. Raue-Gutachten. (Kommissionsdrucksache 15/285)

dig. Arbeitgeber der beim Regiebetrieb beschäftigten Arbeitnehmer ist die Trägerkörperschaft. Somit gilt öffentliches Dienstrecht mit der Folge der Bindung des Theaters an die für die künstlerischen und nichtkünstlerischen Mitarbeiter jeweils geltenden Tarifverträge. Die Vereinbarung von Haustarifverträgen, die leistungs- und erfolgsabhängige Elemente der Vergütung und weniger restriktive Arbeitszeitregelungen festsetzen, ist für die als Regiebetriebe organisierten Theater- und Orchester nicht möglich.

Im Ergebnis bewerteten die Gutachter auf der Grundlage der Aussage der befragten Kulturbetriebe die Organisationsform des Regiebetriebs als für Theater und Orchester weitgehend ungeeignet.

Eigenbetriebe

Die Organisationsform des Eigenbetriebs hat sich aus den Regiebetrieben entwickelt. Sie nimmt im Theater- und Orchesterbereich seit den 90er-Jahren einen immer größeren Stellenwert ein.[155] Von den 150 in der Theaterstatistik erfassten öffentlichen Theaterunternehmen werden 20 als Eigenbetrieb geführt. Wie der Regiebetrieb hat der Eigenbetrieb keine eigene Rechtspersönlichkeit, sondern ist unselbstständiger Bestandteil der Kommunalverwaltung. Der Eigenbetrieb ist aber im Gegensatz zum Regiebetrieb organisatorisch und wirtschaftlich verselbstständigt.

Anders als beim Regiebetrieb handelt es sich beim Eigenbetrieb grundsätzlich um ein wirtschaftliches kommunales Unternehmen im Sinne der Gemeindeordnungen. Als wirtschaftliche Unternehmen verfolgen Eigenbetriebe neben ihrem öffentlichen Zweck im Allgemeinen eine wirtschaftliche Zielrichtung. Sie sollen insbesondere einen Gewinn für den Haushalt abwerfen. Die Erfüllung des öffentlichen Zwecks hat aber auch bei Eigenbetrieben stets Vorrang. Deshalb kommt die Organisation als Eigenbetrieb bzw. als „eigenbetriebsähnliche Einrichtung" auch für Theaterunternehmen in Betracht, die zur Gewinnerzielung nicht in der Lage sind. Der Eigenbetrieb hat keine Rechtspersönlichkeit. Sein unmittelbarer Träger ist die Gemeinde. Die Organisationsform des Eigenbetriebs steht grundsätzlich den Kommunen offen. Aber auch Staatstheater, die sich in der Trägerschaft eines Bundeslandes befinden, können nach dem jeweiligen Landesrecht in Form einer nichtrechtsfähigen Anstalt des öffentlichen Rechts ähnlich wie Eigenbetriebe organisiert sein.[156]

Für die grundsätzlichen Entscheidungen des Eigenbetriebs ist der Stadtrat zuständig. Er erlässt nicht nur die Betriebssatzung für das Theaterunternehmen, sondern behält sich in dieser zumeist auch die Zuständigkeiten für Grundsatzfragen wie die Wahl des Theaterausschusses, die wesentlichen Strukturentscheidungen und die wirtschaftlichen Grundsatzbeschlüsse (Bestätigung des Wirtschaftsplans, Beschlüsse über die Feststellung des Jahresabschlusses etc.) vor. Der Eigenbetrieb verfügt über ein gesondert verwaltetes, eigenes Vermögen. Die Eigenbetriebsverordnungen sehen vor, dass der Eigenbetrieb mit einem Stammkapital in „angemessener Höhe" auszustatten ist. Anders als beim Regiebetrieb ist für den Eigenbetrieb als Buchführung die Doppik (doppelte Buchführung) oder eine entsprechende Verwaltungsbuchführung vorgeschrieben. An die Stelle des gemeindlichen Haushaltsplanes tritt der Wirtschaftsplan als finanzwirtschaftliche Grundlage, bestehend aus Erfolgsplan, Finanzplan und Stellenübersicht.

Ergebnisse der Befragung

Die Auswertung der Ergebnisse der Befragung ergibt kein einheitliches Bild. Für bzw. gegen die Eignung dieser Rechtsform sprechen sich ungefähr gleich viele Theater und Orchester aus. In den

---

[155] Ebd.
[156] Die Rechtsgrundlage für Eigenbetriebe bilden die Eigenbetriebsverordnungen bzw. Eigenbetriebsgesetze und die Gemeindeordnungen der Länder, auf dessen Grundlage die Trägerkommune eine Betriebssatzung für den zu gründenden Eigenbetrieb erlässt.

Stellungnahmen werden die Möglichkeit der kaufmännischen Buchführung, die größere organisatorische Selbstständigkeit als beim Regiebetrieb und das Bestehen eines theatereigenen Aufsichtsgremiums als wesentliche Vorzüge des Eigenbetriebs gegenüber dem Regiebetrieb hervorgehoben. Andere Stimmen ordnen den Eigenbetrieb hingegen in die Riege derjenigen öffentlichen Betriebsformen ein, die durch schwerfällige Entscheidungsfindungen gekennzeichnet sind und in der ein zu großes Maß an Bürokratie und Formalismus waltet. Der Eigenbetrieb bietet nach Darstellung der Gutachter im Vergleich zum (klassischen) Regiebetrieb die günstigeren Voraussetzungen für ein möglichst effizientes Handeln der Theaterleitung, da das Theater organisatorisch selbstständiger ist und die Alleinverantwortung über den disponiblen Anteil der Theaterausgaben trägt.[157]

Auch organisatorisch bietet der Eigenbetrieb Vorteile gegenüber dem Regiebetrieb. Bei einem Eigenbetrieb kann die Theaterleitung sämtliche Fragen der normalen Betriebsführung in eigener Verantwortung regeln. Insoweit entfallen Zeit- und Reibungsverluste mit Querschnittsämtern. Im Gegensatz zum Regiebetrieb verfügt der Eigenbetrieb zudem über ein eigenes Aufsichtsgremium. Das kann zu einer Versachlichung der Diskussionen über das Theater/Orchester beitragen, weil die Mitglieder des Ausschusses für den Erfolg des von ihnen beaufsichtigten Theaters mitverantwortlich sind. Außerdem beschleunigt es die Entscheidungsfindung, weil für grundsätzliche Fragen des Kulturbetriebs nicht unterschiedliche parlamentarische Gremien befasst werden. Eine ausreichende politische Steuerung durch den Träger ist trotzdem problemlos möglich, da dieser für die Genehmigung des Wirtschaftsplanes des Kulturbetriebs verantwortlich bleibt.

Das als Eigenbetrieb geführte Theater bleibt allerdings – wenn auch verselbstständigter – Bestandteil der öffentlichen Verwaltung. Das kann hinsichtlich der praktisch-politischen Umsetzbarkeit einer Organisationsänderung von Vorteil sein: Bleibt die rechtliche Anbindung eines Theaters bei der Umwandlung in einen Eigenbetrieb voll erhalten, wird eine solche Strukturänderung von den verantwortlichen politischen Gremien möglicherweise leichter hingenommen, als wenn auch die rechtlich-formale Verselbstständigung des Theaters gefordert wird. Zudem bleiben die Beschäftigungsverhältnisse im Theater bei der Umwandlung eines Regiebetriebs in einen Eigenbetrieb unangetastet. Es kommt zu keinem Betriebsübergang im Sinne des § 613a BGB, dem die Beschäftigten widersprechen könnten. Andererseits sind die personalwirtschaftlichen Möglichkeiten der Eigenbetriebe ähnlich wie beim Regiebetrieb beschränkt: Wegen der rechtlichen Unselbstständigkeit des Eigenbetriebs bleibt die Kommune als Trägerkörperschaft Arbeitgeber der am Theaterbetrieb beschäftigten Arbeitnehmer. Es gilt öffentliches Dienstrecht. Die Vereinbarung von Haustarifverträgen ist für die als Eigenbetriebe organisierten Theater und Orchester nicht möglich. Eine flexiblere personalwirtschaftliche Organisation, als es die geltenden Verbandstarifverträge erlauben, ist den als Eigenbetrieb organisierten Theatern damit nicht erlaubt.

3.1.2.1.5 Arbeitsrechtliche Herausforderungen

Die Enquete-Kommission diskutierte arbeitsrechtliche Regelungen, die von den Bühnen als besonders einengend für die Theaterarbeit empfunden werden.[158] So wurde die Aufspaltung der Interessenwahrnehmung auf Arbeitgeberseite in den Deutschen Bühnenverein einerseits und die Arbeitgeberverbände des allgemeinen öffentlichen Dienstes andererseits als hinderlich für die umfassende Durchsetzung bühnengerechter Regelungen erachtet.

---

[157] Zwar lassen sich diese Vorzüge prinzipiell auch durch die Optimierung eines Regiebetriebs erreichen. Im Gegensatz zum optimierten Regiebetrieb lassen sich die Mindeststandards, die hierfür erforderlich sind (eigene Etatverantwortung, Rechnungslegung nach kaufmännischen Grundsätzen), durch die Umwandlung eines Betriebs in einen Eigenbetrieb aber mit einem Mal etablieren, ohne dass es hierfür der oft mühsamen einzelnen Verhandlung und Durchsetzung der notwendigen Reformelemente bedarf.

[158] Vgl. Raue-Gutachten, S. 135ff., 279. (Kommissionsdrucksache 15/285)

Die Gestaltung der Arbeitsbedingungen durch Tarifverträge ist weiterhin sinnvoll. Ziel muss es dabei sein, für sämtliche Beschäftigte bühnengerechte Regelungen zu schaffen.

Haustarifverträge versprechen derzeit eine bessere Durchsetzungschance für die Einführung bühnengerechter Arbeitsbedingungen für sämtliche Beschäftigte. Der Arbeitnehmerseite steht im Falle des Haustarifvertrages ein Verhandlungspartner mit umfassender Tarifzuständigkeit zur Verfügung.

Das Interesse an einer einheitlichen Wahrnehmung der Arbeitgeberinteressen in Tarifverhandlungen lässt sich grundsätzlich auch im Rahmen von Verbandstarifverträgen erreichen. In diesem Fall sollte eine einheitliche Tarifzuständigkeit eines Arbeitgeberverbandes für die Regelung der Arbeitsbedingungen sämtlicher Beschäftigter begründet werden.

Für die Bühnen wird eine Veränderung des Arbeitszeitgesetzes vorgeschlagen,[159] um dem Theaterbetrieb eine freiere Verfügung über die gesetzliche Ruhezeit der Arbeitnehmer zu gestatten: Gemäß Arbeitszeitgesetz[160] ist jedem Arbeitnehmer pro Sieben-Tage-Zeitraum eine kontinuierliche Mindestruhezeit von 24 Stunden zuzüglich der täglichen Ruhezeit von elf Stunden zu gewähren. Beim durch den Gesetzgeber grundsätzlich definierten Arbeitsverbot an Sonn- und Feiertagen lässt das Arbeitszeitgesetz jedoch flexible Regelungen hinsichtlich der Sonn- und Feiertagsarbeit und zur Verlängerung des gesetzlichen Ausgleichszeitraums zu. Sonderregelungen können in Tarif- oder Betriebsvereinbarungen getroffen werden. Diese sind nach Ansicht der Enquete-Kommission nicht ausreichend, um den Erfordernissen des Proben- und Aufführungsbetriebes gerecht zu werden.[161]

Den Tendenzschutz[162] sieht die Enquete-Kommission als nicht ausreichend an. Sie schlägt daher vor, diese Regelungen zum Tendenzschutz im Betriebsverfassungsgesetz durch klarere Regeln so zu fassen, dass Entscheidungen – soweit sie direkt oder indirekt Auswirkungen auf den künstlerischen Betrieb haben –, insbesondere die Dienstplanung, von der Mitbestimmung ausgenommen werden. Es wird als notwendig erachtet, die „Dienstplanung" im Gesetz ausdrücklich als mitbestimmungsfrei festzulegen.

Bei Gastspielverträgen als einer Besonderheit im Bühnenarbeitsrecht gibt es ebenfalls einschränkende Regelungen.[163] Es wurde daher diskutiert, gastspielverpflichteten Künstlern, die nur für ein Stück engagiert werden, die Möglichkeit des Wahlrechts zur Selbstständigkeit einzuräumen, was auch die Sozialversicherungsträger im Rahmen einer Vermutungsregelung weitgehend binden würde.

Dabei ist allerdings zu bedenken, dass dann der Bund im Rahmen der Umlagefinanzierung zu 20 Prozent an den Sozialkosten der Arbeitgeber beteiligt würde.[164] Von Bedeutung ist auch, dass ein echtes Wahlrecht nur derjenige Künstler hat, der seine Engagements aussuchen kann. Jeder andere wird bei Vertragsabschluss dem Verlangen des Arbeitgebers, sein Wahlrecht entsprechend auszuüben nachgeben, wenn er den Vertrag bekommen will. Bei einer solchen Praxis würden viele Künstler aus der gesetzlichen Pflichtversicherung für Arbeitnehmer herausfallen.[165] Schon aus diesem Grund schließt sich die Enquete-Kommission der Forderung nach einem solchen Wahlrecht nicht an.

---

[159] Vgl. Raue-Gutachten, S. 156. (Kommissionsdrucksache 15/285) sowie Deutscher Bühnenverein (2004), S. 41f. (Kommissionsmaterial 15/124)
[160] Vgl. Antwort der Bundesregierung auf die Kleine Anfrage (2000), S. 6. (Bundestagsdrucksache 14/3894)
[161] Vgl. Studie Deutscher Bühnenverein, S. 42. (Kommissionsmaterial 15/124)
[162] Tendenzschutz bedeutet, dass Unternehmen, die unmittelbar und überwiegend bestimmte geistig-ideelle Ziele verfolgen, vor Beeinträchtigungen durch betriebliche Mitbestimmungsrechte geschützt sind. Vgl. Richardi/Thüsing (2006), § 118 Rn. 1 und § 118 Rn. 17.
[163] Vgl. Raue-Gutachten, S. 261f., 264. (Kommissionsdrucksache 15/285)
[164] Vgl. Anmerkungen zum Raue-Gutachten von ver.di (2005), S. 3. (Kommissionsmaterialie 15/171)
[165] Vgl. Anmerkungen zum Raue-Gutachten von ver.di (2005), S. 3. (Kommissionsmaterialie 15/171)

Bei Gastspielverträgen sollte die sozialversicherungsrechtliche Abrechnung jeweils auf den Aufführungstag erfolgen. Etwas anderes sollte nur dann gelten, wenn die Anzahl der Gastauftritte in einem Monat so zahlreich ist, dass im Rahmen einer typisierenden Betrachtung von einer durchgängigen Beschäftigung auszugehen ist.[166] Dies dürfte bei mehr als zehn Auftritten im Monat der Fall sein. Begründet wird die oben genannte – auf den Aufführungstag bezogene sozialversicherungsrechtliche – Abrechnung damit, dass die verpflichtende Wirkung der Gastspielverträge auch für die Aufführungsphase gelten muss. Regelungen in Dauerarbeitsverträgen oder als unverbindliche Ein-Tages-Arbeitsverhältnisse entsprechen aber nicht den Bedürfnissen der Gastspieler.[167] Durch eine Abrechnung nach Aufführungstag kann dies sozialversicherungsrechtlich berücksichtigt werden.

C) Handlungsempfehlungen

1. Die Enquete-Kommission empfiehlt Bund, Ländern und Kommunen, die deutsche Theaterlandschaft insbesondere in ihrer Vielfalt an Kooperationen, Netzwerken und Modellen zu stärken.

2. Die Enquete-Kommission empfiehlt den Trägern von Theatern, Opern und Orchestern, sich für rechtliche Verselbstständigungen zu öffnen. Als bevorzugte Rechtsformen bieten sich hier die – gegebenenfalls gemeinnützige – Gesellschaft mit beschränkter Haftung (GmbH) oder die Stiftung, bei Orchestern unter Umständen auch der rechtsfähige Verein, an. Dabei wird nicht verkannt, dass das immer wieder gegen die rechtliche Verselbstständigung insbesondere in Form einer GmbH ins Feld geführte Argument der leichteren Abwicklung bzw. der Insolvenz schwer wiegt. Aber der politische Wille muss sich immer wieder eindeutig zur Existenz eines Theaters oder Orchesters bekennen. Wo dieser politische Wille fehlt, kann die Existenz eines Hauses auch innerhalb der Struktur der öffentlichen Verwaltung nicht auf Dauer gesichert werden, wie zahlreiche Beispiele der Vergangenheit zeigen.[168, 169, 170]

3. Die Enquete-Kommission empfiehlt den kommunalen und staatlichen Trägern, Theater, Opern und Orchester aus den hemmenden Beschränkungen des Haushaltsrechts mit den Grundsätzen der Kameralistik zu befreien. In diesem Zusammenhang empfiehlt die Enquete-Kommission, die Haushaltgrundsätze der Jährlichkeit, Spezialität und Nonaffektation aufzuheben. Den Theatern, Opern und Orchestern ist eine mittelfristige Finanz- und Planungssicherheit zu schaffen. Dies kann nicht allein durch die rechtliche Verselbstständigung etwa in Form einer GmbH geschehen, denn so lange eine solche GmbH abhängig ist von jährlich erlassenen Zuwendungsbescheiden, die die Mittelverwendung ihrerseits wieder unter die Bedingungen der jeweiligen Haushaltsordnung stellt, ist nichts gewonnen. Deshalb empfiehlt die Enquete-Kommission den Abschluss eines auf mehrere Jahre (etwa fünf) befristeten Zuwendungsvertrages mit den jeweiligen Einrichtungen, der jeweils durchsetzbare Ansprüche gegen den Zuwendungsgeber begründet. Die Häuser müssen selbst erwirtschaftete Überschüsse thesaurieren und mit den ihnen

---

[166] Vgl. Raue-Gutachten, S. 262. (Kommissionsdrucksache 15/285)
[167] Ebd., S. 261f.
[168] Vgl. Sondervotum Lydia Westrich, MdB, Kap. 9.5.
[169] SV Olaf Zimmermann hat gegen diese Handlungsempfehlung gestimmt und folgendes Sondervotum abgegeben: „Verschiedene Beispiele belegen, dass die rechtliche Verselbstständigung mehr Nachteile als Vorteile aufwirft. Die Gefahr der Insolvenz einer Kultureinrichtung in privater Rechtsform ist ungleich größer als bei Kultureinrichtungen in öffentlicher Trägerschaft. Grundsätzlich sollte eher der Weg beschritten werden, die Möglichkeiten der Flexibilisierung des öffentlichen Haushaltsrechts stärker zu nutzen."
[170] Sondervotum Fraktion DIE LINKE. und SV Prof. Dr. Dieter Kramer: „Die schon in der 15. Legislaturperiode beschlossene Handlungsempfehlung 2 ist höchst problematisch. Der Übergang zu neuen Rechtsformen birgt Risiken und löst die Probleme nicht. Viele Theater sind schon jetzt GmbH oder Eigenbetriebe. Ihr Beispiel zeigt: Das Grundproblem sind nicht die Rechtsformen, sondern die fehlende Finanzierung. Verbesserungen zur Steuerung und Führung eines Theaters lassen sich auch in öffentlich-rechtlichen Betriebsformen herstellen."

zugewiesenen Mitteln in den Grenzen ihrer Zwecksetzung frei wirtschaften können. Insoweit empfiehlt die Enquete-Kommission, die generelle Möglichkeit der Bildung von Rücklagen zu schaffen.

4. Die Enquete-Kommission empfiehlt Bund, Ländern und Kommunen, von Bestimmungen in Zuwendungsverträgen, Zuwendungsbescheiden und Betriebs- und Stiftungssatzungen der selbstständigen Kulturbetriebe, die die Anwendung der Verdingungsordnung für Leistungen Teil A vorschreiben würden, abzusehen.[171]

5. Die Enquete-Kommission empfiehlt den kommunalen und staatlichen Trägern, für alle Beschäftigten in den Theatern, Opern und Orchestern bühnengerechte Arbeitsbedingungen zu schaffen. Das Dogma von der „Einheitlichkeit aller Tätigkeiten des öffentlichen Dienstes" ist überholt und kann an den Theatern kaum noch praktiziert werden. Dies verlangt für das künstlerische und nichtkünstlerische Personal den Abschluss einheitlicher Bühnen- oder Branchentarifverträge, die den besonderen Bedingungen des Theaterbetriebs gerecht werden und eine theatergerechtere Gestaltung der Arbeitszeiten ermöglichen. Hierfür gibt es bereits zahlreiche praxistaugliche Beispiele wie etwa den Normalvertrag Bühne und diverse Haustarifverträge.[172]

6. Die Enquete-Kommission empfiehlt den staatlichen und kommunalen Trägern, ihre Arbeitgeberinteressen in Tarifverhandlungen einheitlich vertreten zu lassen. Die Aufspaltung der Tarifzuständigkeit auf die allgemeinen Arbeitgeberverbände des öffentlichen Dienstes einerseits und des Bühnenvereins andererseits führt in der Regel dazu, dass die besondere Situation der Theater nicht berücksichtigt wird. Tarifverträge sollten daher von einem mit umfassender Tarifzuständigkeit versehenen Arbeitgeberverband abgeschlossen werden.[173]

7. Die Enquete-Kommission empfiehlt den kommunalen und staatlichen Trägern von Theatern, Opern und Orchestern, „Ensemble" und „Repertoire" als Strukturelemente zu erhalten. Sie empfiehlt aber auch, alle anderen Strukturen – etwa die des Freien Theaters – zu nutzen, um eine Vielfalt der Produktionsformen zu gewährleisten.

8. Die Enquete-Kommission empfiehlt den Ländern und Kommunen, regionale Theaterentwicklungsplanungen zu erstellen, mittelfristig umzusetzen und langfristig die Förderung auch darauf auszurichten, inwiefern die Theater, Kulturorchester und Opern auch Kulturvermittlung betreiben, um möglichst breite Schichten der Bevölkerung zu erreichen.

9. Die Enquete-Kommission empfiehlt Bund, Ländern und Kommunen, sich verstärkt für die Förderung des Kinder- und Jugendtheaters in Deutschland einzusetzen.

10. Die Enquete-Kommission empfiehlt dem Bund, die Rolle des Fonds Darstellende Künste bei seiner Aufgabe, Strukturmaßnahmen von bundesweiter Relevanz zu fördern bzw. als wichtiger Partner für die Länder und Kommunen zu fungieren, zu stärken. Primäres Ziel muss es dabei sein, die Förderstrukturen des Freien Theaters weiter zu entwickeln und damit die künstlerische Kontinuität im Freien Theater zu erhalten.

11. Die Enquete-Kommission empfiehlt dem Bund, entsprechend vergleichbarer Bereiche eine Förderung für die bundeseinheitliche Vertretung der Interessen des Freien Theaters zu gewähren.

---

[171] Vgl. Sondervotum Lydia Westrich, MdB, Kap. 9.5.
[172] SV Olaf Zimmermann hat gegen diese Handlungsempfehlung gestimmt und folgendes Sondervotum abgegeben: „Die Aushandlung und der Abschluss von Tarifverträgen obliegt den Tarifparteien. Die Politik, auch die Enquete-Kommission ‚Kultur in Deutschland', sollte sich daher einer Empfehlung in diesem Bereich enthalten."
[173] SV Olaf Zimmermann hat gegen diese Handlungsempfehlung gestimmt.

12. Die Enquete-Kommission empfiehlt der Kulturstiftung des Bundes sowie den Ländern, in gegenseitiger Abstimmung eine nationale Gastspielförderung für Freie Theater einzuführen. Als Modell könnte das „Nationale Performance Netz" (NPN) aus dem Bereich Tanz dienen, welches mit Mitteln der Länder und des Bundes künstlerischen Austausch über Ländergrenzen hinaus fördert und Ressourcen bündelt.

13. Die Enquete-Kommission empfiehlt Bund, Ländern und Kommunen, neben der institutionellen Förderung und der Projektförderung auch die Konzeptionsförderung mit mehrjähriger Planungssicherheit zu gewähren sowie darüber hinaus Produktionsstättenförderung, Gastspielförderung und Netzwerkförderung für Koproduktionen und Kooperationen zu ermöglichen.

14. Die Enquete-Kommission empfiehlt den Ländern und Kommunen, durch entsprechende haushaltsrechtliche Vorgaben Kooperationen und Koproduktionen zwischen Stadt- und Staatstheatern sowie Freien Theatern zu ermöglichen.

15. Die Enquete-Kommission empfiehlt den Ländern und Kommunen, Theater im öffentlichen Raum stärker als bisher in die förderpolitische Diskussion einzubeziehen und zur Unterstützung dieser Arbeit auch neue Formen der interkommunalen und ressortübergreifenden Kooperation zu entwickeln und zu fördern.

16. Die Enquete-Kommission empfiehlt dem Bund, das Arbeitszeitgesetz um eine allgemeine Öffnungsklausel zu erweitern, welche es den Tarifvertragsparteien ermöglicht, von den bestehenden Regelungen im jeweils zu verhandelnden Fall abzuweichen.[174]

17. Die Enquete-Kommission empfiehlt dem Bund, den Tendenzschutz im Betriebsverfassungsgesetz und in den Personalvertretungsgesetzen auszuweiten, zu konkretisieren und insbesondere die Dienstplanung in Tendenzbetrieben der Mitbestimmung zu entziehen.[175, 176, 177]

18. Die Enquete-Kommission empfiehlt den Kulturbetrieben, Gastspielverträge im Sinne von § 1 Abs. 5 Normalvertrag Bühne für die Dauer der Aufführungsphase pro Aufführungstag kalendertäglich abzurechnen, es sei denn, die Zahl der Auftritte im Monat überschreitet zehn Aufführungen.

3.1.2.2 Museen und Ausstellungshäuser

Museen – Geistige Ankerpunkte der Gesellschaft

Sammeln, Bewahren, Forschen sowie Ausstellen und Vermitteln bilden als museale Kernaufgaben die Grundlage der Arbeit im Museum. Der Begriff „Museum" ist in Deutschland rechtlich nicht geschützt und der Auftrag und die Aufgaben der Museen sind nicht gesetzlich geregelt. Rahmenbe-

---

[174] Sondervotum Fraktion DIE LINKE. und SV Prof. Dr. Dieter Kramer: „Diese Handlungsempfehlung ist rechtlich unzulässig. Sie steht im Widerspruch zum Willen des Europäischen Parlaments, das bestimmte Mindestschutzregelungen bei der Arbeitszeitgestaltung gewährleistet werden müssen. Danach ist eine pauschale Öffnung nicht möglich (siehe Richtlinie 2003/88/EG vom 4. November 2003 über bestimmte Aspekte der Arbeitszeitgestaltung)."
[175] Vgl. Sondervotum Lydia Westrich, MdB, Kap. 9.5.
[176] SV Olaf Zimmermann hat gegen diese Handlungsempfehlung gestimmt.
[177] Sondervotum Fraktion DIE LINKE. und SV Prof. Dr. Dieter Kramer: „Diese Handlungsempfehlung ist nicht nötig. Im Betriebsverfassungsgesetz ist die Tendenzeigenschaft des Theaters berücksichtigt und das Mitbestimmungsrecht entfällt, wenn durch eine Mitbestimmung über die zeitliche Lage der Proben die künstlerische Qualität der Aufführung beeinflusst bzw. wenn künstlerische Gesichtspunkte eine bestimmte Lage oder eine bestimmte Mindestdauer der einzelnen Probe erfordern."

dingungen für die Museumsarbeit formulieren die vom „Internationalen Museumsrat" (ICOM) verfassten und weltweit anerkannten ethischen Richtlinien.[178]

Die Enquete-Kommission folgt auf der Grundlage dieser Richtlinien einem modernen Verständnis vom Museum als Hort des kulturellen Erbes und als Ort des kulturellen Gedächtnisses genauso wie als „Laboratorium" und „Zukunftswerkstatt". Im „diskursiven Museum", das sich im kritischen Dialog mit gesellschaftlichen Entwicklungen ständig erneuert, stellen staatliche Zuwendungen nicht mehr allein eine Voraussetzung für die Bewahrung des kulturellen Erbes dar, sondern sind zugleich echte Zukunftsinvestitionen, die auch kulturelle Innovationen möglich machen.[179]

Deutschland erlebt seit drei Jahrzehnten einen Museums- und Ausstellungsboom. Für die kulturhistorischen Museen dürfte dieser vor allem im gewachsenen Geschichtsbewusstsein begründet sein, verbunden mit der Hinwendung zur unmittelbaren Heimat und Region in Zeiten erhöhter Mobilität und zunehmender Orientierungsschwierigkeiten. Gerade die mittleren und kleineren, die Regional-, Stadt- und heimatgeschichtlichen Museen bieten den Menschen mit ihrer speziellen Überlieferung Angebote zur kulturellen Identifikation, indem sie Kultur- und gesellschaftliches Leben des Einzugsbereichs präsentieren. Sie machen im gelungenen Fall die Wechselbeziehungen zwischen globaler Dynamik und lokaler Existenz konkret und erfahrbar. In einer auch von interkulturellen Prozessen geprägten Gesellschaft kommt dem Museum überdies eine integrative Rolle zu, die Konzepte interkulturellen Lernens erfordert.[180] Die jüngeren großen historischen Museen der Bundesrepublik Deutschland sind aus der starken Nachfrage nach historischen Wechselausstellungen der 70er- und 80er-Jahre entstanden. Zunehmende europäische und internationale kulturelle Einflüsse auf unser Alltagsleben fördern die Akzeptanz musealer Angebote, welche die deutsche Geschichte und das kulturelle Erbe unseres Landes im Kontext europäischer und internationaler Entwicklungen präsentieren.

Umfang und Anzahl der Museen erweitern sich zwangsläufig, da die Sammlungsbereiche immer größer werden. Die wachsende Anzahl von Museen bedeutet eine Chance zur qualitativen Differenzierung und Profilierung von Museen und Museumsangeboten. Angesichts der sinkenden Finanzmittel der öffentlichen Hand verbinden sich damit aber auch Gefahren und neue Herausforderungen. Derzeit zeichnet sich ein Ende der Gründungswelle ab. Sie macht einer Phase der Ernüchterung Platz. Die Rede von einer „Boom-Krise"[181] machte zuletzt die Runde. Der Bau attraktiver, architektonisch zum Teil spektakulärer Gebäude durch prominente Architekten oder die Sanierung kulturhistorischer Gebäude von Bauernhöfen über Landarbeiterhäuser, Windmühlen bis zu Lagerhäusern mit hoher Anfangsattraktivität wurden oftmals gefördert, da sie als Neuinvestitionen galten. In der Regel wiesen diese jedoch keine langfristigen Nutzungskonzepte auf. Vernachlässigt wird dabei der Tatbestand, dass Museen in Inhalten und Bestand über viele Jahrzehnte attraktiv sein und bleiben müssen. Außerdem wird häufig die Unterhaltsfinanzierung auf private Geldgeber abgeschoben. Pointiert lässt sich resümieren: „Man lässt also weiterhin den in besseren Jahren angeschafften Rolls-Royce vor der Haustür renommieren, löhnt sogar den Chauffeur, der ihn täglich wienert, aber den Sprit für die gemeinsame Ausfahrt soll der doch, bitte schön, bei Shell erbetteln."[182] Nicht bedachte Folgekosten neuer Einrichtungen verstärken den Konkurrenzkampf der Museen um knapper werdende öffentliche Gelder und Sponsorenmittel.

---

[178] Vgl. jeweiliges International Council of Museums (ICOM) – Deutschland, Österreich und Schweiz (2003), www.icom-deutschland.de/docs/D-ICOM.pdf, (Stand: 31. Juli 2007).
[179] Vgl. dazu allgemein: Deutscher Museumsbund (2006). Vgl. auch Department for Culture, Media and Sport/Museums and Cultural Property Division (2005).
[180] Vgl. Kap. 3.5.5, Migrantenkulturen/Interkultur.
[181] Vgl. Rautenberg (2004).
[182] Grasskamp (1996).

Kritik und Selbstkritik aus den Reihen der Museumsfachleute zielen häufig auf weitgehend veraltete Strukturen, zu viel Verwaltung, zu viel Mitsprache von Politik und Administration, ein zu starres Haushaltssystem, zu wenig aktive Öffnung zum Publikum, zu wenig Selbstständigkeit, zu wenig Leistungskontrolle und zu wenig Selbstbewusstsein im Umgang mit Mäzenen, Sponsoren und Privatsammlern. Für die meisten Museen nehmen die festen Kosten aus Personal, Betriebskosten, Bestandserhalt, Bauunterhaltung etc. mit zunehmender Tendenz den weit überwiegenden Anteil ein. Es stehen immer weniger Mittel für operative Zwecke zur Verfügung. Fehlende Erwerbungsetats machen eine planmäßige Sammlungserweiterung nur noch in Ausnahmefällen möglich.

Vor diesem Hintergrund geht es der Enquete-Kommission um die Sicherung der deutschen Museumslandschaft in ihrer international herausragenden Dichte und Differenzierung. Rund 95 Prozent der Museen in der Bundesrepublik Deutschland sind als „kleine" Häuser zu bezeichnen. Auch die Stärke dieser kleinteiligen Museumslandschaft in Deutschland gilt es zu bewahren und die mittleren und kleineren Häuser vor Nachteilen einer ausschließlichen „Leuchtturmpolitik" zugunsten großer Häuser zu sichern.

Die Frage, welche Verbesserungen der rechtlichen Rahmenbedingungen zur Bewahrung und Vermittlung unseres kulturellen Erbes in deutschen Museen notwendig sind, stand im Mittelpunkt einer öffentlichen Anhörung am 19. Juni 2006, auf deren Ergebnissen die folgende Bestandsaufnahme und Problembeschreibung basieren.[183] Neben allgemeinen Fragen zu neuen Rechts- und Trägerformen und der Finanzierung steht der Sammelauftrag der Museen im Mittelpunkt dieses Kapitels. Als Kern eines jeden Museums haben die Sammlungen zuletzt zu wenig Aufmerksamkeit erhalten, was sich auch in aktuellen Debatten über den schlechten Zustand der Depots und den Schutz des Kulturgutes niederschlägt. Hier erkennt die Enquete-Kommission erhöhten Handlungsbedarf.[184]

A) Bestandsaufnahme und
B) Problembeschreibung

Die deutsche Museumslandschaft

Die Dichte der deutschen Museumslandschaft und ihre große Vielfalt an Museumstypen und -inhalten sowie Trägerschaften ist Ausdruck des kulturellen Reichtums in Deutschland. Die räumliche Verteilung gewährleistet der Bevölkerung einen weitgehend flächendeckenden Zugang zu musealen Inhalten. Im Jahre 2005 konnten 6 155 Museen insgesamt 101 406 806 Besuche und 488 Ausstellungshäuser 6 924 337 Besuche verzeichnen. 75 696 657 Besuche (2004: 77 775 422) wurden in 3 699 Museen (2004: 3 694) der alten Länder, die Besuchszahlen meldeten, gezählt. In den neuen Ländern waren es 25 710 149 Besuche in 1 148 Museen (2004: 25 460 047 Besuche in

---

[183] Vgl. Anhörung vom 19. Juni 2006 zum Thema „Museen und Ausstellungshäuser" Teilnehmer: Eissenhauer, Dr. Michael, Präsident des Deutschen Museumsbundes; Förster, Dr. Cornelia, Direktorin des Historischen Museums Bielefeld; Heisig, Dirk, Ostfriesland-Stiftung der Ostfriesischen Landschaft – Projekt SAMMELN!; Hinz, Dr. Hans-Martin, Mitglied der Geschäftsführung am Deutschen Historischen Museum und Mitglied im Executive Council des Weltmuseumsverbandes ICOM; Guratzsch, Prof. Dr. Herwig, Leitender Direktor der Stiftung Schleswig-Holsteinische Landesmuseen; Köhler, Dr. Thomas, Leiter Kommunikation des Kunstmuseum Wolfsburg; Mössinger, Dr. Ingrid, Direktorin der Kunsthalle Chemnitz; Müller, Thomas T., Direktor der Mühlhäuser Museen; Rommé, Dr. Barbara, Leiterin Stadtmuseum Münster. Schriftlich beantworteten den Fragenkatalog (Kommissionsdrucksache 15/409) außerdem Schneede, Dr. Uwe-M., ehemaliger Direktor der Hamburger Kunsthalle; Lehmann, Prof. Dr. Klaus-Dieter, Präsident der Stiftung Preußischer Kulturbesitz; Graf, Prof. Dr. Bernhard, Leiter des Instituts für Museumskunde; Knirim, Dr. Helmut, Leiter Westfälisches Museumsamt/Landschaftsverband Westfalen-Lippe. Vgl. die schriftlichen Stellungnahmen (Kommissionsmaterialie 15/142, Kommissionsdrucksachen 15/484–491 und 16/94–96), die Zusammenfassung (Arbeitsunterlage 16/021) und das Wortprotokoll der Anhörung. (Protokoll 16/9)

[184] Besucherorientierung und Aspekte der Vermittlung musealer Inhalte werden damit keineswegs infrage gestellt, sondern im Kap. 6., Kulturelle Bildung, eigenständig behandelt. Die rechtliche und soziale Lage von Kulturschaffenden in den Museen thematisiert Kap. 4., Die wirtschaftliche und soziale Lage der Künstler.

1 184 Museen).[185] Museen sind damit eine der meist genutzten Kultureinrichtungen überhaupt. Die größte Anzahl der Museen (54,6 Prozent) liegt in der Größenklasse bis zu 5 000 Besuche jährlich. 4,1 Prozent der Museen haben Besuche in einer Größenordnung von 100 001 bis 500 000. Sie stellen damit insgesamt etwa 39,6 Millionen und damit 39,1 Prozent der Besuche. Umgekehrt hatten die Museen in der Gruppe mit weniger als 5 000 Besuchen im Jahr 2005 lediglich einen Anteil von 4,2 Millionen an der Gesamt-Besucherzahl.

Bedenklich stimmt es, dass es in den vergangenen 30 Jahren zwar eine kontinuierliche Zunahme an neuen Museen, aber nur einen sehr begrenzten Besucherboom gegeben hat. Die Anzahl der Museumsinteressierten und die Besuchshäufigkeit sind, an absoluten Zahlen gemessen, nicht sehr stark gewachsen. Nach Jahren eines immerhin kontinuierlichen Anstiegs sind zuletzt zudem deutliche Schwankungen im Besucherzuspruch zu konstatieren.[186]

Museen in öffentlicher und privater Trägerschaft

Etwa 56 Prozent der Museen befinden sich in öffentlicher Trägerschaft.[187] Dazu zählen sowohl Bund, Land, Kommunen und andere Trägerschaftsformen des öffentlichen Rechts. Der Bund ist zwar nur für wenige, dafür aber für bedeutende Museen unmittelbar verantwortlich, finanziert zudem große, international bedeutende Einrichtungen mit.[188] Ferner wirkt der Bund an „Forschungsmuseen" in Deutschland mit.[189] Diese Einrichtungen werden von den jeweiligen Ländern getragen, in denen sie sich befinden, aber der Bund beteiligt sich am Forschungsetat dieser Museen.

Kommunale Museen, die auf das kulturelle Erbe und die Lebenswelt ihrer Stadt ausgerichtet sind und das Objektgedächtnis ihrer Region bilden, sind den Landesmuseen gegenüber finanziell oftmals im Nachteil. Orts- und Stadtmuseen in kommunaler Trägerschaft sind daher gegenwärtig besonders gefährdet, vor allem in den neuen Ländern. Von Seiten der Betroffenen wird ein anhaltendes West-Ost-Gefälle reklamiert.

Die kommunalen Nettoausgaben (Grundmittel) für den Aufgabenbereich Museen, Sammlungen und Ausstellungen sind nach Angaben des Deutschen Städtetages nach einem leichten, kontinuierlichen Anstieg bis in das Jahr 2001 inzwischen um fast zehn Prozent auf ca. 600 Mio. Euro gesunken und haben damit den Stand von Anfang der 90er-Jahre erreicht. Lohn- und Gehaltssteigerungen sowie die Erhöhung der Unterhaltskosten in den Häusern führten zu drastischen Kürzungen bei den Ankaufs- und Ausstellungsetats insbesondere der Kunstmuseen. Die Zahl der Besuche in kommunalen Museen ist dabei abweichend vom Gesamttrend sehr deutlich von knapp 15 Millionen im Jahr 1995 auf über 19 Millionen im Jahr 2004 gestiegen. Der häufigste Grund für die Zuwächse sind zusätzliche Sonderausstellungen sowie eine erweiterte Öffentlichkeitsarbeit.[190]

---

[185] Vgl. Institut für Museumsforschung (2006), http://museum.zib.de/ifm/mat60.pdf, (Stand: 31. Juli 2007).
[186] Vgl. Institut für Museumsforschung (2006). Es gab 1990 ca. 4 000, in 1998 5 376 und in 2005 6 155 Museen. Die Besuchszahlen bewegten sich im Vergleichzeitraum relativ konstant bei 100 Millionen.
[187] Weitere 41 Prozent der Museen werden in privater Trägerschaft geführt, der Rest in gemischter Trägerschaft, d. h. in Kooperationen von Gebietskörperschaften und Vereinen.
[188] Beispiele sind die Staatlichen Museen zu Berlin der Stiftung Preußischer Kulturbesitz, das Deutsche Historische Museum in Berlin und das Haus der Geschichte der Bundesrepublik Deutschland in Bonn mit seiner Außenstelle, dem Zeitgeschichtlichen Forum in Leipzig.
[189] Es handelt sich dabei um die Einrichtungen, die ehemals in der „Blauen Liste" zusammengefasst waren und nun Mitglieder der Leibniz-Gemeinschaft sind, z. B. das Germanische Nationalmuseum Nürnberg, das Römisch-Germanische Zentralmuseum Mainz und das Deutsches Museum München. Rechtsgrundlage ist dabei vorbehaltlich der Auswirkungen der Föderalismusreform Artikel 91b GG, der die Mitwirkung des Bundes an den Forschungsaufgaben von gesamtstaatlicher Bedeutung regelt.
[190] Vgl. Institut für Museumsforschung (2006). Allein bei den Kunstmuseen stieg die Zahl der Sonderausstellungen von 2 600 im Jahr 1990 auf 3 741 im Jahr 2002.

Kritische Stimmen beanstanden eine inhomogene deutsche Museumslandschaft, in der zu viele mittlere stadt- bzw. ortsgeschichtliche Häuser – mit eher wenig attraktiven Angeboten – um Besucher konkurrieren. Diese Museen bereiten den kommunalen Trägern große finanzielle Probleme. Einsparungen führen wiederum zu Attraktivitätsverlusten und diese zu Besucherrückgang. Damit gehen ein drastischer Personalabbau einher sowie – in letzter Konsequenz – Diskussionen über Schließungen oder Reprivatisierungen (Rückgabe der Museen in die Trägerschaft von Vereinen).

41 Prozent der Museen werden in privater Trägerschaft geführt, das heißt, sie werden von Privatpersonen, besonders häufig aber von Vereinen und teilweise auch von Firmen getragen. Ehrenamtliche Arbeit spielt in Museen seit ihren Anfängen eine große Rolle. Bürgerschaftliches Engagement ist neben der öffentlichen Hand die zweite treibende Kraft bei der Gründung neuer Museen. In den kleinen Sammlungen sind ehrenamtliche Kräfte unverzichtbar und Garant für deren Existenz. Das Ausscheiden einer Generation ehrenamtlicher Leiter aus der Gründerzeit reißt aber derzeit vielerorts bereits Lücken. Insbesondere in den neuen Ländern macht sich hier die schwächer ausgeprägte Kultur des Ehrenamtes bemerkbar.[191]

Die Angebotssteigerung einerseits, die Senkung öffentlicher Zuschüsse andererseits führen – so die Expertenmeinung – unweigerlich zu einer „Bestandsbereinigung". Bei Museen privater Initiative stellt sich im Vergleich zu den institutionell geförderten Museen die Bestandsfrage noch weitaus drängender. Ihre finanzielle Ausstattung aus Projektmitteln oder Arbeitsmarktmaßnahmen ist nicht sichergestellt. Viele Museen sind heute bereits strukturell derart unterfinanziert, dass einige wegen der verschlechterten Haushaltslage bereits geschlossen wurden. Unter den angehörten Experten wurde daher ein kritisches Bild der öffentlichen Museumsförderung gezeichnet. Schon heute führten demnach verringerte Zuwendungen, insbesondere auf Landesebene und im Kommunalbereich, zur Vernachlässigung der Grundaufgaben der Museumsarbeit, insbesondere in den nicht sichtbaren Bereichen des Sammelns, Bewahrens und Forschens.

Aufgrund fehlender Personalmittel arbeiten heute zunehmend Erwerbslose mit museumsrelevanten Kompetenzen – Wissenschaftler, Handwerker, Verwaltungsangestellte, Pädagogen, Designer, Computerfachleute – als Ein-Euro-Jobber und hoch ausgebildete Studienabgänger als Praktikanten im Museum.

Außerdem werden von Museen freiwillige Hilfskräfte gewonnen und beispielsweise für Information, Führungen, Bibliotheksdienste und museumspädagogische Aktivitäten eingesetzt. Solche Kooperationen sind ein Gewinn für beide Seiten und sollten stärker gesellschaftlich anerkannt und gefördert werden.[192] Das Ehrenamt ist aber als zweite personelle Säule nur bedingt geeignet. Nachdem der letzte Professionalisierungsschub in den 80er-Jahren stattgefunden hat, ist derzeit die Tendenz hier wieder rückläufig. Es darf auch nicht unterschätzt werden, dass Auswahl, Anleitung und Betreuung von ehrenamtlichen Mitarbeitern zumindest zunächst einen erhöhten Personal-, Zeit- und Geldaufwand bedeuten. Damit verbundenen Problemen in den vielen kleinen, mittleren und ehrenamtlichen Museen kann durch den Aufbau regionaler Freiwilligenagenturen begegnet werden, die museumsübergreifend den Einsatz Interessierter koordinieren, die Museen bei der Betreuung der Ehrenamtlichen beraten, Qualifizierungen durchführen und die sozialen Kontakte unter den Freiwilligen durch Treffen verstärken.

---

[191] Vgl. Zusammenfassung der schriftlichen Stellungnahmen zur Anhörung „Museen- und Ausstellungshäuser" (2006), S. 25. (Arbeitsunterlage 16/021)
[192] Der Deutsche Museumsbund hat auf seiner Jahrestagung vom 5/2005 in Karlsruhe eine Arbeitsgruppe „Bürgerschaftliches Engagement im Museum" eingesetzt, die im Januar 2008 ein Positionspapier vorstellen wird. Im Mittelpunkt des Papiers sollen Empfehlungen für die Träger, die Koordination und die Organisation des Freiwilligenprogramms stehen.

Die Sammlung: Musealer Kern und Sorgenkind

Der scharfe Wettbewerb um öffentliche und private Mittel, der insbesondere zur Erringung öffentlicher Aufmerksamkeit durch große Ausstellungen und Events geführt wird, gefährdet nach Auffassung der Enquete-Kommission den originären Auftrag der Museen: das Sammeln, Bewahren und Forschen.

Der Stellenwert der verschiedenen Kernaufgaben hat sich hier in den letzten Jahrzehnten zugunsten unmittelbarer publikumswirksamer Museumsevents deutlich verschoben. Es hat ein Paradigmenwechsel hin zur Besucherorientierung stattgefunden. Das gewachsene neue Selbstverständnis der Museen äußert sich darin, dass man Objekte, Themen und Inhalte so präsentieren will, dass eine möglichst breite Öffentlichkeit sich dadurch angesprochen und zum Besuch motiviert fühlt. Dem steht aber die Gefahr gegenüber, dass zu viele zeitliche, personelle und finanzielle Ressourcen für kurzatmige Aktivitäten verwendet werden. Laut Expertenmeinung werden Museen durch den Erwartungsdruck der Zuwendungsgeber nach sichtbaren Erfolgen immer stärker gezwungen, sich auf das öffentlichkeitswirksame Ausstellen zu konzentrieren. Dies gelte inzwischen auch für die kleineren kulturhistorischen Häuser mit einer ähnlichen Tendenz zu immer mehr Wanderausstellungen. Die Übernahmen von Ausstellungen mit Themen, die beliebig in allen Teilen der Republik präsentierbar seien, würden aber eine Verwässerung des eigenständigen Profils bedeuten. Ein Museum säge langfristig am eigenen Ast, wenn es das Sammeln, Bewahren und Forschen als die Basis künftiger zugkräftiger Ausstellungen und Events vernachlässige. Denn die Sammlung ist die conditio sine qua non eines jeden Museums. Objekte vor dem Verfall zu schützen, für kommende Generationen zu erhalten und damit den Wert einer Sammlung zu garantieren, gehört zu den primären Aufgaben des Museums. Das Bewahren umfasst dabei nicht nur das Konservieren und Restaurieren der Objekte, sondern auch deren sachgerechte Behandlung. Die Bestände und damit das kulturelle Erbe von Kommunen und Regionen sind aber vielerorts zerstreut oder zumindest in einem verwahrlosten Zustand. Kritisch ist dabei die zu geringe konzeptionelle Sammeltätigkeit an vielen kleinen Häusern zu sehen. Sammlungen sind für viele Häuser zu einer nicht mehr beherrschbaren Größe angewachsen. Vor allem benötigen sie dringend angemessenen Magazinraum für eine sachgerechte Lagerung. Mancherorts wird – auf der Grundlage von neuen, das Museumsprofil steigernden Sammlungsstrategien – auch die Möglichkeit eines „Entsammelns" zu prüfen sein.[193] Denn die Depotsituation deutscher Museen, auch die der renommiertesten Häuser, ist äußerst problematisch. Experten beschreiben sie als „katastrophal" bis hin zum „Notstand". Langfristig müssen die Museumsbestände arrondiert werden. Dauerleihgaben anderer Häuser können Lücken in eigenen Dauerausstellungen schließen, durch die Abgabe von Exponaten aus den Magazinen kann eine beengte Depotsituation verbessert werden.

Die Sammlung bedeutet für die Museen nicht nur die Herausforderung, für eine angemessene Bewahrung des kulturellen Erbes zu sorgen, sondern auch einen Auftrag zur Forschung.[194] Oft ist es nicht der Geldwert der Objekte, sondern ihr künstlerischer, kultureller, naturwissenschaftlich-technischer oder ihr evolutions-biologischer Kontext, der ihren eigentlichen Wert bestimmt. Deshalb sind die Erforschung und Dokumentation der Objekte eine notwendige Grundaufgabe jedes Museums und ein Qualitätsmerkmal guter Museumssammlungen.

Die Museumsträger haben auch Sorge für eine ordnungsgemäße Inventarisierung von Kunstwerken aus staatlichen und kommunalen Museen zu tragen, die an öffentliche Behörden ausgeliehen wur-

---

[193] Vgl. Ostfriesland-Stiftung der Ostfriesischen Landschaft (2006), www.organeum-orgelakade-mie.de/ol/templates/101.jsp?id=106&the- ma=67, (Stand: 24. Oktober 2007) zum Projekt „Entsammeln".
[194] Vgl. Hartmann/Nickel (2003).

den, um dem mancherorts festgestellten Verlust von Kunstwerken vorzubeugen.[195] Außerdem ist eine angemessene konservatorische und restauratorische Behandlung dieser Objekte sicherzustellen.

Private Sammler: „Die Kunst braucht Mäzene"[196]

„Privater Reichtum und öffentliche Armut – nirgendwo ist dieser Widerspruch heute so sehr mit Händen zu greifen wie bei der Kunst. Dem Niedergang der öffentlichen Kulturetats steht eine private Opulenz gegenüber."[197] Dieser Befund hat unmittelbare Auswirkungen auf Museen und ihre Sammlungen. Grundsätzlich gilt aus Sicht der Enquete-Kommission, dass beim Engagement der öffentlichen Hand für private Sammlungen die Interessen der öffentlichen Einrichtungen Vorrang haben müssen und dieses in der Regel nicht auf Kosten der Museen in öffentlicher Trägerschaft gehen darf.

Der Deutsche Städtetag verweist in seiner Stellungnahme zur Anhörung der Enquete-Kommission auf die langjährige Tradition von Kooperationen kommunaler Museen und Ausstellungshäuser mit privaten Sammlern und Mäzenen. Mindestens 75 Prozent der Objekte in kommunalen Museen, insbesondere der Kunstmuseen, sind demnach nicht angekauft worden, sondern Schenkungen, Überlassungen, Stiftungen oder „echte Dauerleihgaben". Die Enquete-Kommission teilt dabei die Einschätzung des Deutschen Städtetages, dass bei der Ausgestaltung solcher Kooperationen die Entwicklung des Museums im Sinne der Profilbildung und des Auftrages der jeweiligen Einrichtung – und nicht die kurzfristige Öffentlichkeitswirksamkeit – im Vordergrund stehen muss: Es ist zwar auch aus Sicht der Enquete-Kommission verständlich, dass die Leihgeber für ihre Objekte bestimmte Anforderungen hinsichtlich Versicherung, Erhalt und Präsentation an die von ihnen bedachten Museen stellen, privaten Sammlern und Leihgebern dürfen aber keine auf Dauer unerfüllbaren Zugeständnisse in sachlicher und finanzieller Hinsicht eingeräumt werden, die die Handlungsspielräume der Museen einengen. Anhand einer Reihe von Beispielen lässt sich zeigen, dass sich die Werte von Kunstwerken, die in renommierten Häusern in öffentlicher Trägerschaft ausgestellt werden, überproportional günstig entwickelt haben. Die Mitnahme solcher Wertsteigerungen ist aus Sicht privater Sammler zwar nachvollziehbar, ihr ist aber seitens der Museen durch eine Vertragsgestaltung vorzubeugen, welche die kurzfristige Zurücknahme einer Leihgabe ausschließt. Dies gilt umso mehr, als die angespannte kommunale Haushaltssituation, so die Einschätzung des Deutschen Städtetages, auf absehbare Zeit keine durchgreifende Verbesserung der Ankaufs- und Ausstellungsetats zulassen wird. Die Leitungen der Museen werden daher in der Zwickmühle bleiben, einerseits ihre originären Sammlungsinteressen und deren Entwicklung im museumspolitischen Sinne weiter verfolgen und andererseits noch mehr auf die Kooperation mit Privaten, Stiftungen und Vereinen setzen zu müssen.

Spielraum für die Ankaufspolitik der staatlichen Museen bietet das deutsche Steuerrecht. § 224a der Abgabenordnung (AO) begründet die Möglichkeit, eine Erbschaftssteuerschuld durch die Hingabe von Kunstgegenständen, Kunstsammlungen, wissenschaftlichen Sammlungen, Bibliotheken, Handschriften und Archiven zu tilgen.[198] Voraussetzung hierfür ist ein öffentlich-rechtlicher Vertrag mit

---

[195] 2006 hatte der Rechnungshof bei der Staatsgalerie Stuttgart den Verlust mehrerer solch ausgeliehener Kunstwerke moniert, vgl. o. V. (2006a); vgl. o. V. (2006b); Bereits 1995 hatte der Spiegel über in Behörden verschwundene Kunstwerke in Millionenhöhe berichtet, vgl. o. V. (1995).
[196] Lehmann (2005), S. 25.
[197] Möller (2004), S. 27.
[198] Vgl. Winands (2003). Winands führt aus, dass die Beschränkung der Tilgungsmöglichkeit auf Erbschaftssteuerschulden ihren Grund darin hat, dass das Aufkommen aus diesen Steuern ausschließlich den Ländern zustehe, während z. B. die Einkommensteuer Bund und Ländern gemeinsam zustehen würde, der Bund aber, von einigen gesamtstaatlich bedeutsamen Einrichtungen abgesehen, grundsätzlich nicht Träger von Museen und insofern kaum in der Lage sei, Kulturgut zu übernehmen.

dem jeweils zuständigen Landesfinanzministerium, wenn am Erwerb der Kunstwerke „wegen ihrer Bedeutung für Kunst, Geschichte oder Wissenschaft ein öffentliches Interesse besteht". Der Vertrag wird erst mit der Zustimmung der für kulturelle Angelegenheiten zuständigen obersten Landesbehörde wirksam. Es steht daher im freien Ermessen der Verwaltung, ob eine Hingabe von Kunst an Zahlungsstatt möglich ist. Bislang wird davon wenig Gebrauch gemacht. Prominente deutsche Beispiele sind die Übernahme von Nachlassteilen des Fürsten von Thurn und Taxis und des Ehepaares Brandhorst durch den Freistaat Bayern, insgesamt im Wert von ca. 50 Mio. Euro. 2007 beglich ein Sammler aus Nordrhein-Westfalen seine Erbschaftssteuer mit sechs Papierarbeiten des Expressionisten August Macke, die er dem Bonner Kunstmuseum übereignete. Diesen wenigen Beispielen aus Deutschland steht eine erfolgreichere Praxis in Frankreich gegenüber. Auch dort besteht die rechtliche Möglichkeit, Erbschaftssteuern durch Abgabe von Kunstwerken zu tilgen („Dation"), wenn diese Werke von „hohem künstlerischem oder historischem Wert sind". Dabei wird in Frankreich eine sehr weite Auslegung des Begriffs „bedeutsam" praktiziert, die nicht nur auf Meisterwerke von nationaler Bedeutung (die sogenannten „Trésors", die nicht das Land verlassen dürfen) abhebt, sondern einem zeitgenössischen Begriffsverständnis von bedeutsamer Kunst und Kultur verpflichtet ist, sodass auch viele kleine Dationen möglich werden. Ziel ist es, den Verkauf ins Ausland zu verhindern und das „patrimoine" auf französischem Boden zusammenzuhalten. Die Dation ist das wichtigste Instrument des französischen Staates, seine Sammlungen zu bereichern. Die erfolgreichere Anwendung der Erbschaftssteuertilgung durch Überlassung von künstlerisch und historisch bedeutsamen Kunstwerken hängt in Frankreich wesentlich auch mit dem sehr viel strengeren französischen Erbschaftssteuerrecht zusammen, das nur geringe Freibeträge und hohe Erbschaftssteuern vorsieht. Was eine breitere Anwendung der Dation in Deutschland erschwert, ist der Umstand, dass die Erbschaftssteuer in Deutschland eine Steuer der Länder ist. Deshalb bedarf es sowohl länderübergreifender Regelungen im Finanzausgleich als auch der werbenden Initiative von Museen und Kulturbehörden in der Öffentlichkeit.

Abgabe von Sammlungsgut[199]

Die Kommunen, die Länder und der Bund stehen in der Pflicht zur Sicherung des kulturellen Erbes. Kulturgut ist keine beliebige Vermögensmasse und keine Handelsware. Die Schätze in den Museen und Bibliotheken bilden nicht die erhofften Rücklagen, auf die in Zeiten öffentlicher Finanzknappheit zurückgegriffen werden kann.

Zur Bewahrung des kulturellen Erbes tragen zwar auch Selbstverpflichtungen – Museumssatzungen, ICOM-Kodex und ungeschriebene Gesetze der Museumspraxis – bei. Der Streit um den Verkauf von Handschriften der Badischen Landesbibliothek, um mit dem Erlös das Schloss Salem zu sanieren, hat aber genauso wie der Versuch 2006, das Claude-Monet-Gemälde „House of Parliament" aus der Sammlung des Krefelder Kaiser-Wilhelm-Museums zu verkaufen, den seit längerem bestehenden politischen Handlungsbedarf gezeigt, das kulturelle Erbe in Deutschland besser vor tagesaktuellen monetären Begehrlichkeiten zu schützen. Bei den einschlägigen Versuchen, es zu Geld zu machen, handelt es sich zwar noch um Einzelfälle. In der Summe aber geben sie Anlass zur Sorge. Die Enquete-Kommission gibt dabei nachdrücklich zu bedenken, dass der Schutz des kulturellen Erbes nicht nur für hochrangige Kunstwerke gilt, sondern auch für Schrift- und Objektgut, das kleinteilige und alltägliche Prozesse dokumentiert.

Ein wichtiger Schritt wird in der Aufnahme öffentlicher Sammlungen in das „Gesamtverzeichnis national wertvollen Kulturgutes" gesehen, die vom Beauftragten der Bundesregierung für Kultur und Medien (BKM) erstellt und im Bundesanzeiger veröffentlicht wird. Die Ausfuhr eingetragenen

---

[199] Vgl. dazu das Positionspapier des Deutschen Museumsbundes mit ICOM vom 20. September 2004. (Kommissionsmaterialie 15/192)

Kulturgutes bedarf einer Genehmigung, die der BKM erteilt. Über die Eintragung eines national wertvollen Kulturgutes in das Verzeichnis entscheidet die oberste Landesbehörde. Das Gesamtverzeichnis enthält aber derzeit fast ausschließlich im Privateigentum stehende Kulturgüter, da man die Notwendigkeit einer Aufnahme öffentlicher Kulturgüter bislang nicht gesehen hat. Hier ist mittlerweile ein Umdenken erforderlich.

Provenienzforschung

Eine besondere Herausforderung der deutschen Museen besteht in der Provenienzforschung und der Restitution von NS-verfolgungsbedingt entzogenem Kulturgut. Die Bundesrepublik Deutschland hat sich 1998 neben 43 weiteren Staaten auf der sogenannten Washingtoner Konferenz verpflichtet, die Provenienzforschung zu NS-verfolgungsbedingt entzogenem Kulturgut finanziell und personell zu verstärken und von den Nationalsozialisten beschlagnahmte Kunstwerke zu restituieren. Diese Verpflichtung wurde 1999 von Bund, Ländern und Gemeinden in einer gemeinsamen Erklärung bekräftigt und auf NS-verfolgungsbedingt entzogenes Kulturgut ausgeweitet. Die Aufgabe der Provenienzforschung ist es, die Herkunft und die Geschichte von Kulturgegenständen und ihren Verbleib zu klären. Vor allem aus finanziellen Gründen wird eine systematische Provenienzforschung aber nur in sehr wenigen deutschen Museen betrieben. Aktuelle Restitutionsfälle von NS-verfolgungsbedingt entzogenem Kulturgut zeigen den Handlungsbedarf, der inzwischen weithin anerkannt wird. Auf einer am 28. März 2007 im Bundestag durchgeführten Anhörung zur sogenannten „Raubkunst" wurde unter anderem auch die deutsche „Handreichung" zur Restitutionspraxis kritisiert. Vorgeschlagen wurde eine zentrale Anlaufstelle (etwa beim Deutschen Museumsbund), bei der Finanzmittel beantragt werden und die Forschungsergebnisse zusammenlaufen könnten.

Die „Koordinierungsstelle für Kulturgutverluste zur Dokumentation von Such- und Fundmeldungen über NS-verfolgungsbedingt entzogene oder kriegsbedingt verlagerte Kulturgüter" in Magdeburg unterstützt zwar die Museen in Fragen der Provenienz. Es bedarf aber einer besseren Abstimmung und eines zentralisierten Informationsaustausches zwischen den verschiedenen betroffenen Institutionen und Akteuren. Die 2003 eingesetzte „Beratende Kommission im Zusammenhang mit der Rückgabe NS-verfolgungsbedingt entzogener Kulturgüter, insbesondere aus jüdischem Besitz" (Limbach-Kommission), die bei streitigen Restitutionsverfahren angerufen werden kann, wurde bisher erst zweimal mit einer Entscheidung betraut. Die Museen sind im eigenen Interesse aufgerufen, ihrer moralischen und rechtlichen Verantwortung und Aufgabe gerecht zu werden und Nachforschungen über die Herkunft der in ihrem Besitz befindlichen Exponate anzustellen. Vielen Museen gebührt Anerkennung für die bisher geleistete Arbeit bei der Lösung von Problemen mit restitutionsbehafteten Kunstwerken. Angesichts der besonderen moralischen Verantwortung sind nach Auffassung der Enquete-Kommission Bund, Länder und Kommunen verpflichtet, die Museen stärker als bisher organisatorisch und finanziell zu unterstützen.

Die Sammlung im Zeitalter von Virtualisierung und Digitalisierung

Die Virtualisierung der Lebenswelt ist grundsätzlich eine Chance zur Erschließung neuer Nutzer- und Besuchergruppen für die Museen und ihre Sammlungen.[200] Bereits 2001 hatten über drei Viertel der bundesweit befragten Museen neue Medien eingesetzt. Durch die neuen elektronischen Zugangsmöglichkeiten hat sich das Wissen um historische Objekte vermehrt, und damit der Wunsch, die Objekte auch im Original sehen zu wollen. Denn von ihnen geht weiterhin, wenn nicht sogar heute verstärkt, die Aura des Authentischen aus. Ihre Anziehungs- und Strahlkraft bedarf aber im-

---

[200] Vgl. Maier (2004).

mer auch der fundierten museumspädagogischen Aufarbeitung, um die originalen Objekte zum „Sprechen" zu bringen. Der Einsatz elektronischer Medien bietet hier neue Vermittlungsformen für vertiefende Einsichten und Erkenntnisse und erlaubt es, Besucher interaktiv einzubeziehen.[201]

Als Pflichtaufgabe aller öffentlichen Museumsträger sieht die Enquete-Kommission die Digitalisierung der musealen Bestände an. Es bedarf hierzu weiterer Anstrengungen in den Museen. Die Digitalisierung der Sammlungen bietet die Möglichkeit der (kostenfreien) Nutzung durch eine interessierte Öffentlichkeit im Internet. Die elektronische Inventarisierung und digitale Archivierung der Objekte stärkt vor allem die Rolle des Museums als Ort der Wissenschaft und eröffnet der Forschung ein enormes Potenzial. Nationale und internationale Vernetzungsmöglichkeiten erleichtern Ausstellungsvorbereitungen. Museen im ländlichen Raum profitieren wiederum von der Digitalisierung der Bestände, da sie mit den neuen Möglichkeiten zum Informationsaustausch ihre räumliche Distanz zu Forschungseinrichtungen überwinden können. Bislang unbeachtete und reichhaltige Sammlungsbestände der kleinen, mittleren und ehrenamtlichen Museen können so zu einem neuen Fundus für die Forschung werden. Die digitale Erfassung und Dokumentation der Objekte ist besonders zur Feststellung der Provenienz dieser Werke notwendig. Nicht nur die Recherche im Falle von Raubgrabungen, sondern auch die Suche des Kunsthandels nach rechtmäßigen Besitzern und illegalen Verbringungen der angebotenen Objekte wird dadurch unterstützt.

Für völkerkundliche Museen stellt die Digitalisierung heute ein Muss dar, um mit den Ethnien und Herkunftsländern in einen partnerschaftlichen Diskurs treten zu können. Mit der Digitalisierung wird die Verfügbarkeit von Projekten zudem für spezielle Zielgruppen (Kindergarten, Vorschule, Grundschule etc.) gesteigert. Museen können mit Schulen gemeinsame Konzepte erarbeiten. Der jungen Generation ist das digitale Medium im alltäglichen Umgang so vertraut, dass in der Praxis innerhalb einer Klasse durch das gemeinsame Interesse am Projekt leicht Sprachbarrieren überwunden werden können.[202]

Die vom Beauftragten für Kultur und Medien (BKM) im Januar 2007 vorgelegte Studie „Bestandsaufnahme zur Digitalisierung von Kulturgut und Handlungsfelder" zeigt, dass kein Erkenntnis-, sondern ein Handlungsdefizit besteht. Expertise und Kompetenz seien in den deutschen Kultureinrichtungen vorhanden, ohne dass diese bereits zu großflächigen Digitalisierungsmaßnahmen geführt haben. Die Etablierung unterstützender und koordinierender nationaler Strukturen zur Digitalisierung wird daher als eine Aufgabe der nahen Zukunft beschrieben.[203]

Um die Potenziale der Digitalisierung der Sammlungsbestände vollständig auszuschöpfen, bedarf es einheitlicher nationaler und europäischer Vorgaben. Neben der dringend erforderlichen technischen und personellen Ausstattung sieht die Enquete-Kommission die Notwendigkeit eines Wissenstransfers, um insbesondere Mitarbeiter der kleinen, mittleren und ehrenamtlichen Museen in Fragen der Inventarisierung, der Datensicherung, der digitalen Objektfotografie, der Katalogisierung und der angemessenen Magazinierung zu schulen. Einschränkend ist jedoch zu berücksichtigen, dass die Langlebigkeit der neuen Speichermedien noch höchst unsicher ist.

---

[201] Vgl. zur Museumspädagogik Kap. 6., Kulturelle Bildung.
[202] Beispiele: Projekt „schule@museum", ein Wettbewerb des Deutschen Museumsbundes, des Bundes Deutscher Kunsterzieher sowie des Bundesverbandes Museumspädagogik. Als eines der eingereichten Projekte ist ein Beitrag zum Thema „Indianisches Leben in Nordamerika" mit einer Gruppe von nichtdeutschsprachigen Schülern der Friedrich-Ebert Schule (Integrierte Gesamtschule) in Frankfurt am Main, angeleitet durch Mitarbeiter des Museum der Weltkulturen, zu nennen. Das Projekt wurde mit 13 Schülern aus zehn Nationen durchgeführt. Außerdem: Die Internetzeitung journal-ethnologie.de, www.journal.ethnologie.de, (Stand: 12. Juni 2007) des Museums der Weltkulturen Frankfurt am Main dient seit April 2003 als vermittelndes Medium zwischen der universitären und musealen Ethnologie und Lehrer/Schüler.
[203] Vgl. Fraunhofer-Institut (2006). Vgl. auch die Ergebnisse des nestor-Projektes zur Langzeitarchivierung, www.langzeitarchivierung.de, (Stand: 12. Juni 2007).

Rechtliche und finanzielle Rahmenbedingungen von Museen und Ausstellungshäusern

Ein Museumsgesetz gibt es in Deutschland nicht, es steht nach der Föderalismusreform auch nicht zur Debatte. Wichtiger als die Schaffung eines Rahmengesetzes erscheint ohnehin, dass zukünftig Museen bei der Gesetzgebung in den für sie besonders relevanten Gebieten rechtzeitig und mit starker Stimme beteiligt werden. Denn in den museumsrelevanten Rechtsgebieten wie dem Eigentumsrecht, Versicherungsrecht, Urheberrecht und Steuerrecht gewinnen europäische Richtlinien und Verordnungen immer stärker an Bedeutung. Sie werden aber oft ohne Berücksichtigung der spezifischen Museumsbelange und ohne rechtzeitige und qualifizierte Beteiligung von Vertretern der Museen erlassen. Dem Bund kommt hier im Bereich der europäischen Gesetzgebung und Bundesgesetzgebung und den Ländern bei der föderalen Gesetzgebung eine Schlüsselrolle zu.

Mindeststandards und Qualitätssicherung durch Siegel und Gütezeichen

Um die Vielfalt der Museumsaufgaben zu wahren, sollte aus Sicht der Enquete-Kommission die Möglichkeit verbindlicher Ziel- und Leistungsvereinbarungen geprüft werden. In Österreich, wo ein Bundesmuseen-Gesetz die Gesamtstruktur der Museen regelt, formulieren die Häuser in den Museumsordnungen ihre eigenen, dann verbindlichen Vorstellungen und Zielsetzungen.

Auch in Deutschland ist seit wenigen Jahren die Diskussion um Mindeststandards angestoßen worden, von denen ein dauerhafter Prozess der Qualitätsentwicklung erhofft wird. Die anhaltende, unter Museumspraktikern jedoch strittige Diskussion um Mindeststandards ist für die Qualitätssicherung der Museen von großer Bedeutung. Diese begreift die Enquete-Kommission als eine permanente interne Aufgabe, der sich jedes Museum eigenverantwortlich stellen muss.[204] Basis jeder Qualitätssicherung ist die Evaluierung durch regelmäßige Analyse und Bewertung von (Dienst-)Leistungen nach bestimmten Qualitätskriterien. Besonders die vielen kleinen Museen benötigen hierfür dringend allgemein anerkannte Standards, die von unabhängigen Fachverbänden erarbeitet und verabschiedet werden müssen. Hier kommt international ICOM und im nationalen Bereich dem Deutschen Museumsbund eine zentrale Bedeutung zu. Viele Museen sind bei der Einführung und Durchführung einer soliden und sachgerechten Qualitätssicherung auf externe Hilfe angewiesen. Hier sind vor allem die Museumsämter und die Museumsverbände der einzelnen Länder gefragt.

Mindeststandards können nach Expertenmeinung aber auch als Argument zur Untermauerung vermeintlichen Einsparpotenzials missbraucht werden. Sie verursachen zugleich Verwaltungsaufwand. Darüber hinaus bestünde durchaus die Gefahr der Vereinheitlichung und Uniformierung.

Qualitätsstandards sind nach Expertenmeinung auf der Basis von Förderungsrichtlinien, die Rahmenbedingungen schaffen, wesentlich einfacher und zugleich unangreifbarer durchzusetzen als durch Siegel und Gütezeichen.[205] Die Vergabe solcher Siegel und Gütezeichen wird dagegen in verschiedenen Staaten, wie etwa in Großbritannien, den Niederlanden und in Österreich praktiziert. In Deutschland ist davon bislang Abstand genommen worden, weil die Kriterien für die Vergabe schwer abzuwägen und kaum qualifiziert zu überprüfen sind. Bedenklich stimmt angesichts der Forderung nach einer deutschlandweit einheitlichen Regelung, dass in einzelnen Ländern (Nieder-

---

[204] Vgl. Deutscher Museumsbund und ICOM Deutschland (2006). Bei Forschungsmuseen, die nach Artikel 91b GG aufgrund der gesamtstaatlichen Bedeutung ihrer Forschungsleistungen eine Förderung durch Bund und alle Länder erhalten, gibt es ein differenzierteres und stark formalisiertes Verfahren. Hier hängt die Weiterförderung der Einrichtungen von den Ergebnissen der regelmäßigen internen Evaluierung durch die wissenschaftlichen Beiräte und von den Ergebnissen einer unabhängigen externen Evaluierung ab, die in der Regel alle 7 Jahre vorgeschrieben ist und von der Leibniz-Gemeinschaft mit speziell ausgewählten und ausgewiesenen Gutachtergruppen vorgenommen wird.
[205] Vgl. schriftliche Stellungnahme des Westfälischen Museumsamtes (2005), Anhang 1. (Kommissionsdrucksache 15/488), vgl. dazu auch Deutscher Museumsbund und ICOM Deutschland (2006).

sachsen, Thüringen oder Rheinland-Pfalz) die regionalen Museumsverbände von den Landeskulturbehörden aufgefordert wurden, im Zusammenhang mit der Einführung von Museumsstandards auch die Vergabe von Gütesiegeln zu prüfen.[206]

Museen in neuen Rechtsformen und Trägerschaften

Die Enquete-Kommission hat mit Interesse die Diskussionen um neue Organisationsstrukturen, neue Rechtsformen und Trägerschaften der Museen verfolgt und beobachtet, wie sie zum Beispiel in Berlin, Hamburg und Schleswig-Holstein realisiert und unter anderem in Köln diskutiert und geplant wurden.[207] Die Enquete-Kommission unterstützt grundsätzlich die Forderung nach Herauslösung der Museen aus der Kameralistik und die Einführung der Budgetierung. Tendenzen, die öffentliche Hand aus ihrer Verantwortung für die Erhaltung des historischen und kulturellen Erbes zu entlassen, tritt sie dabei aber strikt entgegen.

Die Erfahrungen zeigen, dass sich der öffentliche Anteil an der Finanzierung bei der Umwandlung in kommunale Eigenbetriebe, gemeinnützige GmbH oder Stiftungen nicht wesentlich geändert hat.[208] Doch die Formen neuer Trägerschaften zielen vom Grundsatz her nicht allein darauf, die öffentlichen Haushalte zu entlasten. Vielmehr geht es darum, den Museen mehr Autonomie, mehr Gestaltungsspielräume und Planungssicherheit zu verschaffen, um zu einer stärkeren Flexibilität und einem effizienteren Einsatz von Fördermitteln zu kommen. Die Enquete-Kommission vertritt die Ansicht, dass Museen, die eine hohe Eigenfinanzierungsquote aufweisen, in die Lage versetzt werden sollten, verstärkt am Vorsteuerabzug zu partizipieren.

Veränderte Rechtsformen und Trägerschaften können den Museen neue Spielräume in finanzieller und administrativer Hinsicht eröffnen. Museen können damit möglicherweise flexibler, sachgerechter und schneller auf veränderte Aufgabenstellungen reagieren. Die Veränderungen dürfen in ihrer Wirkung aber auch nicht überschätzt werden, sie funktionieren nur bei angemessenen finanziellen Rahmenbedingungen der Häuser. „Wenn [mehrere] Bettler unter ein gemeinsames Dach gesperrt werden, wird daraus noch keine wohlhabende Familie."[209]

Zu den am meisten diskutierten Modellen zählt die Rechtsform der Stiftung, die durch ausgegliederte kommerzielle Einheiten als Betriebs-GmbH (zum Beispiel Vermietung und Verpachtung, Museumsshops, Bildverwertung etc.) ergänzt wird.[210] Vorteile bestehen in einem gestärkten Verantwortungsgefühl und mehr Eigenständigkeit, dem Ersatz staatlicher Steuerung durch qualifizierte Aufsichtsgremien, einem ausgeprägtem Verständnis für Kosten-Leistungs-Verhältnisse, weniger Verwaltung, größerem Freiraum in der Einwerbung und Ausgestaltung von Sponsoren-Verträgen und anderen Partnerschaften, auch in Fragen von Vermächtnissen, da man interessanter für Partner wird, die oft nicht etwas für den Staat, wohl aber etwas für die Kunst oder das Museum tun wollen.

Kritiker verweisen insbesondere bei Stiftungen privaten Rechts auf zahlreiche Risiken. Bei der Umwandlung in eine Stiftung öffentlichen Rechts findet keine Privatisierung statt. Die Sammlungen bleiben im Eigentum der öffentlichen Hand, sie werden von der Stiftung treuhänderisch verwaltet. Als problematisch erweist sich, dass nur wenige Stiftungen über ein ausreichendes (verwertbares) Vermögen verfügen. Oftmals werden auch Kostenfaktoren nicht erkannt oder nicht richtig einge-

---

[206] Vgl. zu den ersten Ergebnissen eines Pilotprojekts in Niedersachsen und Bremen Lochmann (2007).
[207] In den Niederlanden wurden die staatlichen Museen 1995 in größere Selbstständigkeit entlassen. Sie wurden in sogenannte unechte Stiftungen ohne eigenes Stiftungsvermögen umgewandelt und finanzieren sich aus staatlichen Zuschüssen. Diese Förderung wird mit der Auflage verknüpft, einen Eigenanteil von 15 Prozent zu erwirtschaften. Vgl. dazu den Bericht zur Delegationsreise, S. 11. (Kommissionsdrucksache 15/513), vgl. Bloemberg (2004).
[208] Ein neues, heftig umstrittenes Modell stellt die Genossenschaft dar. Vgl. dazu Mussmann (2006).
[209] So die pointierte Formulierung Kurt Winklers vom Stadtmuseum Berlin zur geplanten Stiftung Landesmuseen in Berlin.
[210] Vgl. Willert (2003).

schätzt, was zu neuen Belastungen führen kann. Fragen der Stellenübertragung, der Renten und Pensionen, der Tarifsteigerungen und der Versicherungen müssen rechtzeitig geklärt werden. Dem baulichen und technischen Rückstand muss finanziell entgegengewirkt werden. Negativerfahrungen zeigen, dass eine unzureichende Ausstattung zum Beispiel mit Bauunterhaltungsmitteln zu ständigen Defiziten führt. Am Beispiel der Hamburger Museumsstiftungen zeigt sich, dass zwar das Ziel eines größeren Handlungsspielraums durch die Museumsstrukturreform erreicht werden konnte, damit aber nicht zwangsläufig die Museumsfinanzierung gesichert war.[211] Ein unabhängiger Expertenbericht zur Entwicklung der Hamburger Museumsstiftungen stufte Ende 2006 die wirtschaftliche Lage der sieben Häuser angesichts eines in vergleichsweise kurzer Zeit entstandenen Defizits von rund 11 Mio. Euro mit damit verbundenen erheblichen Zinszahlungen als bestandsgefährdend ein und machte gravierende strukturelle Fehler dafür verantwortlich.[212] Im Mai 2007 beschloss der Hamburger Senat den finanziellen Ausgleich des angelaufenen Fehlbetrags von rund 13,6 Millionen und strukturelle Veränderungen der Museumsstiftungen. Zudem soll ein professionelles Controllingsystem eingeführt werden.

Erfahrungen zeigen, dass bei der Verselbstständigung von Museen eine Doppelspitze aus gleichberechtigter kaufmännischer Geschäftsführung und fachlicher Leitung sinnvoll sein kann, diese aber auch Konfliktpotenzial beinhaltet. Voraussetzung zum Gelingen sind klar und zweifelsfrei zuzuordnende Verantwortlichkeiten.

Kritisch ist die Zusammenlegung von Museen zu größeren Einheiten zu sehen. Auf Verwaltungsebene ist dies zwar möglich, zu große Einheiten können aber unbeweglich machen und sind daher in der Regel nur sinnvoll, wenn konzeptionelle Verbesserungen, eine bessere Außenwirkung und Organisationsoptimierungen erreicht werden. Größere Einheiten können das Eigenprofil der Häuser mit Folgen für die spezifische Bindung von Freundeskreisen, Mäzenen und Sponsoren gefährden. Gegen die Zusammenlegung von Museen spricht auch, dass dadurch eine zusätzliche und unnötige Hierarchiestufe eingebaut wird, die zu vermehrtem Ausbau der Verwaltung aufgrund zusätzlicher Sachbearbeitungs- und Entscheidungsebenen sowie längerer Bearbeitungszeiten führen kann. Ziele müssen aber Effizienzsteigerung und Kostenersparnis sein. Es entstehen aus Sicht der Enquete-Kommission hier viel leichter Synergien durch standortbezogenes, trägerübergreifendes Marketing, das gleichzeitig darauf achtet, dass die Identität jedes einzelnen Museums gewahrt bleibt.

Staatsgarantien[213]

Sinn und Zweck der Staatsgarantie ist es unter anderem, zeitlich begrenzte Ausstellungsprojekte von internationalem Rang zu ermöglichen, die durch hohe Privathaftpflichtversicherungsprämien für besonders wertvolle Objekte nicht realisierbar wären. Außerdem soll durch Staatsgarantien die durch Versicherungsprämien entstehende finanzielle Belastung staatlicher oder städtisch geförderter Museen und Ausstellungshallen reduziert werden, also zumindest mittelbar sollen Staatshaushalte entlastet werden. Erfahrungen belegen, dass Staatsgarantien eine kostengünstigere Alternative zur privatrechtlichen Versicherung darstellen.

---

[211] Ebd., S. 285f.; vgl. auch Sander (2004).
[212] Vgl. www.fhh.hamburg.de/stadt/Aktuell/behoerden/kulturbehoerde/zz-stammdaten/ladbare-dateien/museumsentwicklungsplan,property=sour- ce.pdf, (Stand: 12. Juni 2007).
[213] Unter Staatsgarantie ist eine Haftungsübernahme des Staates für Schäden zu verstehen, die an Objekten entstehen, welche als Leihgaben Dritter (Leihgebern) an berechtigte Ausstellungsveranstalter (Leihnehmer) ausgeliehen wurden. Die Staatsgarantie tritt dabei an die Stelle einer privatrechtlichen Kunsthaftpflichtversicherung, wodurch dem Leihnehmer die Kosten für eine solche private Versicherung erspart bleiben. Es erfolgt in der Regel also weder ein finanzieller Transfer zwischen dem die Haftung übernehmenden Staat und den Leihnehmern oder -gebern noch zwischen Staat und einer Versicherungsgesellschaft. Im Schadensfall kommt es zu einer Zahlung zwischen Staat und Leihgeber (direkt oder unter Einschaltung des Leihnehmers). Die Erteilung einer Staatsgarantie ist kostenfrei.

Kritiker des Systems der Staatsgarantien machen geltend, dass aber inzwischen nicht mehr das kulturpolitische Ziel, international einzigartige Ausstellungen zu ermöglichen, im Vordergrund stehe, sondern dass die Staatsgarantie nur noch ein rein haushaltspolitisches Mittel sei, um an dieser Stelle Kosten zu sparen. Durch die Ausweitung des Kreises der berechtigten Institutionen auch auf kleinere Häuser würden heute zudem Ausstellungen gefördert, deren Zustandekommen durch die Versicherungskosten nicht gefährdet sei. Die Staatsgarantie würde daher der Versicherungswirtschaft das Terrain streitig machen und folglich einer privatwirtschaftlich orientierten Wirtschaftsverfassung zuwiderlaufen.

Die Staats- bzw. die Ländergarantien[214] greifen für die Sammlungen und für die Objekte in den Dauerausstellungen der Bundes- und Landesmuseen. Die Bundesgarantie aus den frühen 90er-Jahren, die bei bundesfinanzierten Einrichtungen zum Tragen kommt, hat sich bewährt, weil die Versicherungsbedingungen denen der privaten Versicherungswirtschaft gleichgestellt oder gar überlegen sind.

Aufgrund der föderalen Struktur der Bundesrepublik Deutschland ist die Vergabe der Staatsgarantien sehr unterschiedlich geregelt. Unterschiede bestehen zwischen der Bundesregelung und den Länderregelungen sowie zwischen den Länderregelungen. So unterscheiden sich die Haftungshöchstgrenzen, Haftungsminima, die abgedeckten Risiken, die Art und Weise der Garantieübernahme (durch gesondertes Zertifikat oder im Leihvertrag selbst), die Regelungen über den Kreis berechtigter Leihnehmer etc. In Bayern und im Saarland existiert kein Staatsgarantiesystem. Versuche, sich in den Jahren 1989, 1998 und 2002 im Rahmen der Kultusministerkonferenz auf eine Vereinheitlichung zu verständigen, trugen keine Früchte. Die Unterschiede in den Regelungen und die Tatsache, dass nicht alle Länder Staatsgarantien bieten, können zur Benachteiligung einzelner Museen führen. Das sollte nach Möglichkeit vermieden werden.

Finanzierung

Um Museumsarbeit effizient und erfolgreich leisten zu können, muss eine dauerhafte institutionelle und finanzielle Basis gegeben sein. Hier steht die öffentliche Hand in der Pflicht für das kulturelle Erbe. Doch auch im Museumsbereich wird es angesichts der angespannten Lage der öffentlichen Haushalte ohne die Forcierung privatwirtschaftlicher Förderung in Form von Kultursponsoring und ohne die Stärkung bürgerschaftlichen Engagements in Form von Spenden und Stiftungen nicht gehen. Hier sind verstärkte Anstrengungen zur Professionalisierung, eingeschlossen die Ebene der Museumsdirektionen, notwendig, um den gewandelten Managementanforderungen gerecht werden zu können. Gleichzeitig ist sicherzustellen, dass die Schauplatzqualität eines Museums für Unternehmensevents und Showveranstaltungen, die mit dem wissenschaftlichen Auftrag des Hauses konkurrieren, nicht dessen besondere Aura bedroht. Das Zusammentreffen von „Lila Kuh" und „Blauem Reiter" wäre ein besonders abschreckendes Beispiel, das niemand zum Vorbild erheben möchte.[215]

Die Mitglieder des Leipziger Kreises als Vereinigung der Direktoren deutscher Kunstmuseen verabschiedeten 2006 „Ethische Grundsätze und Leitlinien des Handelns von Kunstmuseen". Darin wird festgehalten, sich bemühen zu wollen, Stiftungen, Stifter und Privatsammler, Mäzene und Sponsoren für die Verstärkung und Intensivierung ihrer inhaltlichen Arbeit zu gewinnen, zugleich

---

[214] Vgl. zum Thema Staatshaftung. (Arbeitsunterlage 15/132); vgl. außerdem die Studie der Europäischen Commission Nr. 2003-4879, ausgeführt durch die Reunion des Musees Nationaux, Paris, in Zusammenarbeit mit den Staatlichen Museen zu Berlin Preußischer Kulturbesitz – An inventory of national systems of public guarantees in 31 European countries (June 2004), www.europa.eu.int/comm/culture/eac/souces_info/studies/pdf_word/study_garanti_en.pdf, (Stand: 12. Juni 2007); vgl. auch Gärtner (2002).

[215] Vgl. Grasskamp (2000).

aber auch auf das Prinzip fairer Partnerschaft verwiesen, das heißt auf den notwendigen Respekt für die museumsspezifischen Belange durch die Partner. Entsprechendes gilt auch für andere Museen.

Fundraising und Sponsoring

In den USA und in Großbritannien ist es – mit ganz anderen Rahmenbedingungen als in Deutschland – in den vergangenen Jahrzehnten vielen Museen gelungen, zur Steigerung der Eigeneinnahmen durch neue Organisationsstrukturen und besucherorientierte Programme beizutragen. Auch in deutschen Museen sind in diesem Bereich große Fortschritte gemacht worden, es besteht aber noch Potenzial. Nach Angaben des Deutschen Museumsbundes liegt der Anteil privater Finanzierung durch Stiftungen, Mäzene und Sponsoren am Gesamtbudget aller deutschen Museen unter fünf Prozent.[216] Für Mäzene und Sponsoren müssten daher, so die Forderung des Deutschen Museumsbundes, dringend steuerliche Anreize geschaffen und die Schenkungsbereitschaft durch Verbesserungen im Erbschaftsrecht stimuliert werden.

Das Einwerben von Sponsoren- und Spendengeldern stellt vor allem kleine, mittlere und ehrenamtliche Museen vor große Herausforderungen. Ihre Bewältigung kann mit regionaler Fundraisingberatung und Projektentwicklung unterstützt werden. Die Enquete-Kommission ist sich auch bewusst, dass Fundraising und Sponsoring nur dann eine echte dritte Finanzierungssäule neben den Zuschüssen und Eigeneinnahmen sein können, wenn diese Mittel für alle Kernaufgaben in gleicher Weise eingesetzt werden können. Dies setzt aber das nachhaltige Umdenken potenzieller Förderer voraus. Denn für die große Mehrheit der Experten haben neben Ausstellungen und Erwerbungen andere Aufgabenfelder wie zum Beispiel Inventarisierungs- und Archivierungsprojekte, edukative Projekte und der „Community Service" kaum Chancen, vom Fundraising zu profitieren.

ÖPP-Modelle

Partnerschaften können positiv bewertet werden, wenn diese ein Projekt nicht nur finanzieren, sondern ausdrücklich daran partizipieren. Die Multiplikatorenfunktion spielt insbesondere bei Öffentlich-Privaten-Partnerschaftsmodellen eine Rolle. Ein Beispiel dafür ist der von der Stadt Düsseldorf und E.ON gemeinsam getragene MuseumKunstPalast, bei dem das Unternehmen nicht allein die spektakuläre Eventausstellung, sondern auch langfristig die originären Aufgaben des Museums unterstützt.

Fördervereine und Freundeskreise

Förder- und Freundeskreise der Kultur in Deutschland leisten mit durchschnittlich 14 Prozent des Gesamtetats der geförderten Kulturinstitutionen einen erheblichen Beitrag zu deren Erhalt.[217] Sie sind darüber hinaus Multiplikatoren und Türöffner für neue Zielgruppen.[218] Wenn die öffentliche Förderung das unentbehrliche Standbein der Finanzierung von Museen ist, so bedeuten ihnen die Fördervereine vielerorts ein notwendiges Spielbein. Laut Expertenanhörung entwickelt sich deren Rolle allerdings mancherorts zu einer Art „Anforderungsverein"[219]. Dem steht das Ergebnis einer umfassenden Untersuchung des Kulturkreises der deutschen Wirtschaft im Bundesverband der

---

[216] Vgl. schriftliche Stellungnahme des Deutschen Museumsbundes zum Arbeitsprogramm der Enquete-Kommission „Kultur in Deutschland", S. 4. (Kommissionsmaterialie 15/142)
[217] Vgl. Förder- und Freundeskreise der Kultur in Deutschland (2007).
[218] Ebd.; vgl. auch Keim (2003).
[219] Es wurde in der Anhörung der Enquete-Kommission zu Museen und Ausstellungshäusern kritisiert, dass mancherorts die von Museen gewährten Privilegien für Fördervereinsmitglieder in keinem angemessenen Verhältnis mehr zum fördernden Beitrag der Vereine stehen würden.

Deutschen Industrie entgegen, wonach 88 Prozent der Kulturfördervereine ihren Mitgliedern ideelle Gegenleistungen anbieten, 61 Prozent pekuniäre Gegenleistungen gewähren.

Freier Eintritt

Nach wie vor kann eine große Anzahl deutscher Museen ohne Eintrittsgeld besucht werden. Die Museumsstatistik 2005 besagt dazu: „Freien Eintritt hatten etwa ein Drittel (35,6 Prozent) aller Museen in Deutschland (2004: 36,3 Prozent), die Angaben zu dieser Frage machten. Ein Vergleich von Besuchszahlen und Eintrittspreisen bzw. freiem Eintritt zeigt deutlich, dass in erster Linie die kleineren Museen mit bis zu 10 000 Besuchen im Jahr freien Eintritt gewähren; bei den Museen bis 5 000 Besuchen sind das sogar 47,2 Prozent." Laut dieser Statistik herrschen bei der Eintrittspreispolitik zwischen Ost und West große Unterschiede. Von den 4 722 befragten westdeutschen Museen bieten 1 454 freien Eintritt. Das sind 41 Prozent. In Ostdeutschland sind es weitaus weniger, das heißt lediglich 205 von 1 433 befragten Museen, was insgesamt nur 19 Prozent entspricht.[220]

In- und ausländische Erfahrungen zeigen, freier Eintritt reduziert Schwellenängste und stärkt die Position des Museums als Bildungseinrichtung.[221] Die Freigabe des Eintritts erscheint als ein Garant für höhere Besuchszahlen. Dem stehen allerdings mancherorts Auflagen der Zuwendungsgeber nach Eigeneinnahmen, also die anteilige Selbstfinanzierung durch bezahlten Eintritt entgegen, obwohl mit Eintrittsgeldern ein vergleichsweise geringer Anteil am Haushalt erwirtschaftet wird. Zumindest der freie Eintritt für Kinder und Jugendliche bis zu 16 Jahren oder ein eintrittsfreier Wochentag sollten aus Sicht der Enquete-Kommission seitens der Museumsträger erwogen werden. Damit würde auch den von Kritikern vorgetragenen Bedenken entgegengewirkt, freier Eintritt beeinträchtige die Wertigkeit des Museumsbesuches im Vergleich etwa zu einem Kinobesuch.

C)   Handlungsempfehlungen

1. Die Enquete-Kommission empfiehlt den Museen und ihren Trägern, ihre Einrichtungen durch eine verstärkte Vernetzung mit Archiven, Bibliotheken und Hochschulen sowie durch eine erweiterte Zugänglichkeit durch moderne elektronische Medien zu einem wichtigen kulturellen Fundament bei der Bewältigung von Zukunftsfragen in einer globalisierten und medialisierten Welt zu machen. Die Zusammenarbeit zwischen Museen und Hochschulen sollte deutlich gestärkt werden. Denkbar ist eine stärkere Einbindung der Museen in die universitäre Ausbildung, nicht nur der Geisteswissenschaften.

2. Die Enquete-Kommission empfiehlt den Museen und ihren Trägern, im Sinne von Kooperation statt Konkurrenz ein Netzwerk von europäischen und internationalen Partnermuseen zu schaffen, um die Planung und Umsetzung von Projekten zu erreichen, die ausdrücklich auf ein internationales Programm setzen.

3. Die Enquete-Kommission empfiehlt den öffentlichen Trägern, ihren Museen die Digitalisierung ihrer Sammlungsbestände zu ermöglichen. Hierfür sind die erforderliche technische Grundausstattung und ein substanzieller Betriebskostenanteil zur Verfügung zu stellen. Grundlage dafür sollte allerdings nicht eine etwaige Refinanzierung der Kosten durch Nutzungsgebühren oder ähnliches sein. Außerdem sollte der Wissenstransfer sichergestellt werden, um

---

[220] Vgl. Institut für Museumsforschung (2006), S. 34ff.
[221] Zuletzt haben die Niederlande gegen den Willen der Staatssekretärin für Kultur und der 26 staatlichen, aber seit Mitte der 90er-Jahre verselbstständigten Museen einen Kulturpass ausgegeben, der ohne finanziellen Ausgleich für die betroffenen Museen jedem Steuerbürger gratis Zugang verschafft. Begründet wurde dies damit, dass die festen Sammlungen zum nationalen Kulturerbe gehören würden. Der Versuch Italiens, seinen Staatsbürgern gratis Museumszugang zu verschaffen und Touristen zahlen zu lassen, wurde wegen des Gleichheitsprinzips durch Brüssel gestoppt.

Mitarbeiter der kleinen, mittleren und ehrenamtlichen Museen in Fragen der Inventarisierung, der Datensicherung, der digitalen Objektfotografie, der Katalogisierung und der angemessenen Magazinierung zu schulen. Bundesweite Absprachen über Erfassungsstandards und über die Kompatibilität unterschiedlicher EDV-Programme sind zu fördern.

4. Die Enquete-Kommission empfiehlt den öffentlichen Museen und ihren Trägern, sich bei Kooperationen mit privaten Sammlern vor allem auf Gaben zu konzentrieren, für die angemessen lange Leitzeiten oder ein ständiger Verbleib im Museum vertraglich vereinbart werden können. Das Engagement der öffentlichen Hand für private Sammlungen darf nicht zu Lasten der öffentlichen Museen gehen.

5. Die Enquete-Kommission empfiehlt Bund und Ländern, die Möglichkeit nach § 224a Abgabenordnung, Erbschaftssteuerschulden mit Kunstwerken zu tilgen, zu erleichtern. Museen und Kulturbehörden sollten insbesondere bei bedeutenden Künstlernachlässen stärker die Initiative ergreifen, Erbschaftssteuerschuldner und Finanzbehörden auf diese Möglichkeit hinzuweisen.

6. Die Enquete-Kommission empfiehlt den Ländern, zur Erleichterung der Abgabe von Kunstwerken an Zahlungsstatt bei Erben mit Wohnsitz in unterschiedlichen Ländern, ein länderübergreifendes Verrechnungssystem zu schaffen, um somit auch der Zerschlagung von Nachlässen vorzubeugen. Einem öffentlichen Museum, in dessen Eigentum ein Kunstwerk an Zahlungsstatt übergeht, sollte dessen Wert nicht auf die Zuwendungen der öffentlichen Hand des Folgejahres angerechnet werden.

7. Die Enquete-Kommission empfiehlt Bund, Ländern und Kommunen, Museumsprogramme aufzulegen, die erkennbare Defizite der Museen im Erhalt des Kulturgutes, seiner Dokumentation und seiner Vermittlung gezielt und angemessen reduzieren. Die Enquete-Kommission empfiehlt den Trägern von Museen darüber hinaus, einen klaren standort- und profilspezifischen sowie zielgruppenorientierten Auftrag auszuhandeln und zu formulieren. Wichtige Bausteine eines Museumsprogramms zur Qualitätssteigerung sollten ein regionales Netz zur Museumsberatung, die Qualifizierung der Museumsmitarbeiter durch regionalisierte Fortbildungsveranstaltungen, einheitliche Handreichungen, konkrete Handlungsempfehlungen mit Betreuung und Beratung in Museen vor Ort, ein Schwerpunktprogramm zur Einführung EDV-gestützter Inventarisierung, zum Aufbau von Regionalmagazinen, zur Erarbeitung von Museumskonzepten und zur regionalen und nationalen Abstimmung von Sammlungsschwerpunkten und Museumsprofilen sein. Ausländische Modelle mit Vorbildcharakter sind dabei zu berücksichtigen.

8. Die Enquete-Kommission empfiehlt der Bundesregierung, sich dafür einsetzen, dass in den Förderprogrammen der Europäischen Union Anliegen der Museen größere Berücksichtigung finden. Insbesondere sind die EU-Förderungen zur Substanzerhaltung von Kultur zu verbessern.

9. Die Enquete-Kommission empfiehlt Bund, Ländern und Kommunen, die notwendigen finanziellen und technischen Voraussetzungen für die offenbar noch nicht überall gewährleisteten optimalen konservatorischen Bedingungen in den Schausammlungen und Depots zu schaffen sowie die Sicherheit der Gebäude, in denen die Sammlungsobjekte untergebracht sind, zu gewährleisten.

10. Die Enquete-Kommission empfiehlt Ländern und Kommunen, die Entwicklung regionaler Museumsstrukturpläne. Diese sollten in ihre jeweiligen Kulturentwicklungspläne integriert werden.

11. Die Enquete-Kommission empfiehlt Ländern und Kommunen den Aufbau von Sammlungsverbänden und die Einrichtung von Regionalmagazinen, die für viele kleine, mittlere und

ehrenamtliche Museen eine Chance bieten, bedrohte Kulturgüter zu bewahren. Derartige Regionalmagazine könnten zur Sammlungsqualifizierung beitragen, indem sie im Tausch, in Zusammenführung, aber auch in Auflösung von Sammlungen das Profil schärfen. Kleine Häuser oder auf ein Gebiet spezialisierte Museen sollten zur Wahrung dieser musealen Kernaufgabe aus Sicht der Enquete-Kommission zudem stärker an Universitäten angebunden werden.

12. Die Enquete-Kommission empfiehlt Bund, Ländern und Kommunen, die Provenienzforschung im Hinblick auf NS-verfolgungsbedingt entzogenes Kulturgut stärker als bisher finanziell zu unterstützen. Zugleich sind die Museen und Sammlungen aufgefordert, ihre Bestände – soweit noch nicht geschehen – systematisch auf unklare Provenienzen zu prüfen. Museen sollten von sich aus auf die früheren Eigentümer zugehen.

13. Die Enquete-Kommission empfiehlt Bund und Ländern die Einrichtung einer öffentlich zugänglichen Datenbank, in der alle Sammlungsbestände mit ungeklärter Provenienz – vorrangig die seit 1933 erworbenen – eingestellt werden. Anhand dieser Datenbank können die fraglichen Objekte nach einem Prioritätenkatalog sowohl intern als auch aufgrund externer Hinweise auf eine mögliche Provenienz überprüft werden.

14. Die Enquete-Kommission empfiehlt Bund und Ländern, die Verfahren der Restitution von NS-verfolgungsbedingt entzogenem Kulturgut zu professionalisieren und die diesbezüglichen Kompetenzen zu bündeln. Kompetenzzentren auf Bundes- oder Länderebene könnten dazu beitragen, dass die Restitutionsverfahren nach den Grundsätzen der Washingtoner Konferenz von 1998 und der Gemeinsamen Erklärung von 1999 tatsächlich zu fairen und gerechten Lösungen führen. Die angesichts der komplexen und speziellen Materie der Restitution von NS-verfolgungsbedingt entzogenem Kulturgut möglicherweise überforderten Stellen erhalten auf diese Weise kompetente Ansprechpartner. Die Bundesregierung sollte prüfen, ob wegen der besonderen Betroffenheit der Museen dieses Kompetenzzentrum beim Deutschen Museumsbund angesiedelt werden kann.

15. Die Enquete-Kommission empfiehlt Bund und Ländern die Aufnahme auch öffentlicher Sammlungen in das „Gesamtverzeichnis national wertvollen Kulturgutes". Dazu ist eine politisch wirksame Übereinkunft zur Abgabe von Sammlungsgut, etwa auf der Basis des Positionspapiers des Deutschen Museumsbundes und des International Council of Museums vom 20. September 2004 erforderlich.

16. Die Enquete-Kommission empfiehlt Bund und Ländern, auf eine rasche Vereinheitlichung und Harmonisierung in Haftungsfragen auf nationaler Ebene und innerhalb der Europäischen Union hinzuwirken. Dabei sind die europarechtlichen Vorgaben aus dem Bereich des Beihilferechts für die konkrete Ausgestaltung der vereinheitlichten Vorschriften zu berücksichtigen.

17. Die Enquete-Kommission empfiehlt den öffentlichen Trägern von Museen die Prüfung neuer Rechtsformen mit dem Ziel, Museen neue Spielräume in finanzieller und administrativer Hinsicht zu eröffnen. Eine ausreichende finanzielle Grundlage und die Sicherheit durch entsprechende Rücklagen sind dabei zu gewährleisten.

3.1.2.3 Öffentliche Bibliotheken

Vorbemerkung

Die Enquete-Kommission hatte laut Einsetzungsauftrag[222] auch die strukturellen und rechtlichen Rahmenbedingungen des Betriebs von Kulturbetrieben am Beispiel von Bibliotheken in ihre Bera-

---

[222] Vgl. Einsetzungsbeschluss der Enquete-Kommission „Kultur in Deutschland" (2003). (Bundestagsdrucksache 15/1308)

tungen einzubeziehen. Am 14. März 2005 führte sie eine öffentliche Anhörung zum Thema „Rechtliche und strukturelle Rahmenbedingungen des Betriebs von Bibliotheken" durch.[223] Auf ihrer Delegationsreise in die Vereinigen Staaten konnten sich die Mitglieder der Enquete-Kommission einen Eindruck von der amerikanischen Bibliothekslandschaft machen.

A) Bestandsaufnahme und
B) Problembeschreibung

Bibliotheken sind in ihrer Funktion als Erinnerungs- und Gedächtnisorte ein wesentlicher Teil unserer Kulturgeschichte. Sie leisten wertvolle Archivierungsarbeit und bewahren kulturelles Erbe. Bibliotheken schlagen Brücken zwischen Vergangenheit, Gegenwart und Zukunft und sind als Orte des freien Zugangs zu Wissen, Lernen und Forschen unersetzliche Bildungseinrichtungen, die wesentlich zur Synchronisierung von Informationen beitragen. Bibliotheken können einen großen Beitrag zur kulturellen Integration leisten. Dass öffentliche Bibliotheken hier ein professioneller Ansprechpartner sind, wird noch zu wenig erkannt. Bibliotheken eröffnen Welten, vermitteln Werte und Lebensqualität. Sie stehen allen Generationen offen und befördern den Austausch zwischen ihnen. Bibliotheken verstehen sich als kulturelle Bildungsinstitutionen. Sie sind Orte des Lesens, der Lesekultur, der Lese- und Sprachförderung, der Leser-Förderung und der Lese- und Medienpädagogik. In Bibliotheken werden Lesefreude und Lesebegeisterung geweckt und entwickelt sowie Medienkompetenz gestärkt. Die überwiegende Mehrzahl aller Bibliotheken Deutschlands hat sich auf neue Kommunikationswege und ein verändertes Leseverhalten eingestellt. Die Integration der neuen Medien – so zum Beispiel in Form von Internet- und CD-ROM-tauglichen Computern – wird vielerorts praktiziert. So eröffnen Bibliotheken zunehmend auch mit den neuen Medien neben dem Buch den Zugang zum Wissen.

In Deutschland gibt es ca. 8 900 Bibliotheken mit ca. 11 000 Standorten.[224] 123 Millionen Besucher entliehen im Jahr 2005 435 Millionen Medien.[225] Diese erstaunliche Leistung wird von einer Vielzahl von Staats-, Universitäts-, Hochschul-, Fach-, kommunalen, Kinder-, Schul- und kirchlichen Bibliotheken erbracht. Die einzelnen Bibliotheksinstitutionen befinden sich in Bundes- (Deutsche Nationalbibliothek) und Landesträgerschaft (Staats-, Universitäts-, Hochschul- und Fachbibliotheken) sowie in kommunaler (Stadt- und Kreisbibliotheken) und freier Trägerschaft (zum Beispiel kirchliche Bibliotheken).

Die Aufgaben der Deutschen Nationalbibliothek (ehemals Deutsche Bibliothek) sind durch ein Bundesgesetz und die der wissenschaftlichen Hochschul- und Regionalbibliotheken durch entsprechende Landesgesetze rechtlich verankert. Eine vergleichbare rechtliche Normierung gibt es für kommunale Bibliotheken nicht. Kommunale Bibliotheken sind Kultureinrichtungen und zählen zu

---

[223] Vgl. Wortprotokoll zur Anhörung zum Thema: „Rechtliche und strukturelle Rahmenbedingungen des Betriebs von Bibliotheken" (Protokoll-Nr. 15/39), Teilnehmer: Bürger, Dr. Thomas (Generaldirektor Sächsische Landesbibliothek – Staats und Universitätsbibliothek Dresden), Dr. Eichert, Christof (Leiter des Themenfeldes Bildung in der Bertelsmann Stiftung), Dr. Lux, Claudia (Vorsitzende Deutscher Bibliotheksverband und Generaldirektorin der Stiftung Zentral- und Landesbibliothek Berlin), Dr. Kaltofen, Andrea (Leiterin des Fachbereichs Kultur des Landkreises Emsland), Melka, Hannelore (Direktorin der Regionalbibliothek Neubrandenburg), Pitsch, Rolf (Sprecher der Arbeitsgemeinschaft der kirchlichen Bücherverbände Deutschland), Dr. Ruppelt, Georg (Sprecher „Bibliothek und Information Deutschland – Bundesvereinigung Deutscher Bibliotheks- und Informationsverbände e. V."), Dr. Scharioth, Barbara (Direktorin der Internationalen Jugendbibliothek Schloss Blutenburg bei München), Schwens, Ute (Direktorin der Deutschen Bibliothek Frankfurt am Main), Wolf-Hauschild, Regine (Büchereidirektorin der Stadtbücherei Heidelberg).
[224] Stand 2005, 1999 gab es noch 11 332 Bibliotheken. Vgl. Deutsche Bibliotheksstatistik, erhoben durch das Hochschulbibliothekszentrum des Landes Nordrhein-Westfalen, www.hbz-nrw.de, (Stand: 11. September 2006).
[225] Vgl. Deutsche Bibliotheksstatistik, Berichtsjahr 2005, www.hbz-nrw.de, (Stand: 11. September 2006).

den freiwilligen Aufgaben der Kommunen – sie sind nicht ausdrücklich als kommunale Pflichtaufgabe normiert. Die Auswirkungen machen sich insbesondere bei der kommunalen Haushaltsführung und der Praxis der staatlichen Finanzaufsicht bemerkbar. Existenz und Entwicklungsstand sind letztendlich abhängig von der finanziellen Leistungsfähigkeit der Trägergemeinde. Die Krise der öffentlichen Finanzen bildet sich so auch in der Bibliotheksinfrastruktur ab. Bibliotheken werden geschlossen. Medienangebote sind nicht mehr auf der Höhe der Zeit, weil die Medienetats keinen angemessenen Umfang von Neuanschaffungen zulassen.

Die Digitalisierung von Medieneinheiten führt insbesondere bei wissenschaftlichen Bibliotheken zu urheberrechtlichen Problemen. Aufgabe der Bibliotheken ist die Bereitstellung von Medien, sei es in gedruckter oder in elektronischer Form. Diese Medien enthalten in der Regel urheberrechtlich geschützte Werke. Es ist unbestritten, dass die Rechteinhaber, das heißt die Urheber und Verlage, für die Nutzung dieser Werke eine angemessene Vergütung erhalten müssen. Dieser Grundsatz, der für analoge Medien gilt und für den entsprechende, bewährte Instrumente zur Abgeltung der Rechtenutzung gefunden wurden, gilt in gleichem Umfang für digital präsentierte Inhalte. Bibliotheken stehen vielfach vor dem Zielkonflikt, einerseits ihren Nutzern möglichst unmittelbar Inhalte digital anbieten zu wollen und andererseits nur beschränkte Mittel für den Rechteerwerb zur Verfügung zu haben. Konkret entzündet sich der Streit an der Frage, ob Bibliotheken Inhalte an mehr Arbeitsplätzen digital anbieten können, als sie an körperlichen Exemplaren dieser Inhalte haben. Hier gilt es, eine ausgewogene Lösung zu finden, die beide Seiten, sowohl die Bibliotheken als auch die Urheber und Rechteinhaber, berücksichtigt. Wesentlich erscheint der Enquete-Kommission, dass in der Zukunft neben Investitionen in die elektronische Ausstattung von Bibliotheken in gleichem Maße Mittel zum Rechteerwerb für digital zu präsentierende Inhalte bereitgestellt werden. Neben Investitionen in die Hardware sind Mittelzuweisungen für urheberrechtlich geschützte Inhalte unerlässlich, damit Bibliotheken auch in der Zukunft ihre Aufgabe als Informationsvermittler erfüllen können.

Alternative Finanzierungsmodi wie das Engagement von Fördervereinen und Freundeskreisen und die Einbeziehung von ehrenamtlich Engagierten werden in vielen Städten und Gemeinden erfolgreich praktiziert, können den Ausfall von durch öffentliche Gelder finanziertem Fachpersonal jedoch bei weitem nicht ersetzen, und sollten dies auch nicht. Für die Bewältigung ihres Kerngeschäfts müssen Bibliotheken auf gut ausgebildetes Fachpersonal und ausreichende Medienetats zurückgreifen können.

Der akuten Bedrohung der physischen Substanz (Alterungs- und Zerfallprozess) von Büchern, Zeitschriften und Zeitungen muss mit Verfilmungs-/Digitalisierungs- bzw. Entsäuerungsmaßnahmen begegnet werden.[226] Das gilt insbesondere für das schriftliche Kulturgut von nationaler und internationaler Bedeutung. Darüber hinaus darf nicht vergessen werden, dass die Sicherung ausschließlich digital vorhandener Inhalte eine Zukunftsaufgabe ist. Die Computer- und Speichermedientechnologien verändern sich sehr schnell. Wissenschaftliche Bibliotheken mit ihrem expliziten Sammlungsauftrag stehen vor der Aufgabe sicherzustellen, dass auch in Jahrhunderten noch die Inhalte in lesbarer, das heißt abrufbarer Version vorhanden sein müssen. Diese Aufgabe stellt sich umso mehr, wenn Bibliotheken Lizenzen für digital präsentierte Zeitschriften erwerben, die oftmals nur auf den Servern der Verlage vorhanden sind. Es ist noch offen, wie Bibliotheken ihrem Auftrag, über Generationen hinweg Literatur bereitzustellen, nachkommen können, wenn sie darauf angewiesen sind, dass Verlage vorhandene Inhalte über Jahrzehnte bzw. Jahrhunderte hinweg digital bereitstellen.

---

[226] Die Bayerische Staatsbibliothek ist neben der Staatsbibliothek zu Berlin und der Deutschen Nationalbibliothek in Deutschland mit 3,3 Millionen geschädigten Büchern am stärksten betroffen und ist bemüht, die wichtigsten Dokumente im Original zu sanieren oder in eine Sekundärform (Verfilmung) zu übertragen.

Angesichts dieser Bestandsaufnahme plädieren die Experten für eine rechtliche und strukturelle Präzisierung der deutschen Bibliothekslandschaft. Es fehle den Bibliotheken auch an gesellschaftlicher Wertschätzung und an Anerkennung ihrer Leistungen für Bildung und Kultur.

Bildungsinstitutionen und kommunale Bibliotheken müssen organisatorisch, strukturell und rechtlich so vernetzt werden, dass eine spartenübergreifende Kooperation die Umsetzung von bildungs- und kulturpolitischen Zielen ermöglicht. Insbesondere können Bibliotheken im Bereich der (kulturellen) Bildung für Kinder und Jugendliche, Erwachsene sowie Migranten einen großen Beitrag leisten. Bibliotheken bieten Orientierung in der Informationsflut und sichern die Qualität der Informationen. Sie können einen freien und kostengünstigen Zugang zu Print-, elektronischen Medien und digitalen Ressourcen gestatten und so der digitalen Spaltung der Gesellschaft entgegen wirken. Damit dies gewährleistet werden kann, müssen Bibliotheken aber auch verstärkt nutzerfreundlich arbeiten können (Öffnungszeiten, Veranstaltungsangebote etc.).

Eine spartenübergreifende Zusammenarbeit von Bildungseinrichtungen – wie zum Beispiel vorschulischen Einrichtungen, Schulen oder Institutionen des lebenslangen Lernens – mit Bibliotheken kann Synergieeffekte für Institutionen und bildungspädagogische Vorzüge für Nutzer bieten. Die hierfür notwendige grundsätzliche Betrachtung der Bibliotheken als Institutionen der (kulturellen) Bildung findet vielerorts schon statt und sollte zum Vorbild für die gesamte Bibliothekslandschaft werden. Kommunale Bibliotheken müssen thematisch und organisatorisch mit dem Bildungssystem verknüpft werden. Ohne Einbindung in ein bildungs- und kulturpolitisches Gesamtkonzept können kommunale Bibliotheken ihr Potenzial in der Informationsgesellschaft nicht hinreichend ausschöpfen. Bibliotheken haben einen Bildungsauftrag. Viele Staaten nutzen ihre öffentlichen Bibliotheken erfolgreich als Bildungseinrichtungen. Gesetzliche Rahmenbedingungen können dabei helfen, den Bildungsauftrag zu realisieren. In zwei Drittel der 25 EU-Staaten sind die Aufgaben der öffentlichen Bibliotheken durch ein Bibliotheksgesetz rechtlich normiert und in langfristige Entwicklungspläne eingebunden. Finanzielle Ressourcen und materielle Ausstattung werden langjährig geplant und richten sich nach den entwickelten Zielvorgaben. Projektförderungen honorieren innovative Programme. Gesamtstaatliche Standards sorgen in diesen Ländern für eine flächendeckende Qualitätssicherung und ermöglichen eine landesweite Informationsversorgung auf hohem Niveau. In der Bundesrepublik Deutschland existiert keine nationale rechtliche Normierung. In den Verfassungen von Schleswig-Holstein und Sachsen-Anhalt wird die Förderung von Bibliotheken als Staatsziel betont.[227] Baden-Württemberg erwähnt Bibliotheken im Weiterbildungsgesetz[228] und Hessen beschreibt die Wahrung des kulturellen Erbes im Hessischen Hochschulgesetz.[229] In Bayern existiert eine Bibliotheksverordnung.[230]

Auf ihrer Delegationsreise in die Vereinigten Staaten konnten sich die Mitglieder der Enquete-Kommission ein Bild über alternative Finanzierungsmodelle für Bibliotheken machen. Die Rechtsform der Stiftung könnte für viele, insbesondere größere Bibliotheken – unter der Voraussetzung, dass die Finanzierung langfristig gesichert ist – mehr Eigenständigkeit und größere Handlungsspielräume ermöglichen. Hier ließen sich auch Drittmittel leichter einwerben.

Wichtiger Bestandteil einer Reform des Bibliothekwesens in Deutschland muss eine rechtliche Aufwertung von Bibliotheken sein. Mehr Verbindlichkeit und Unterstützung könnten Bibliotheken durch eine rechtliche Festschreibung in Form von Bibliotheksgesetzen erfahren. Eine solche Regelung legt ein gemeinsames Handeln von Bund, Ländern und Kommunen im Sinne eines kooperati-

---

[227] Vgl. Verfassung von Schleswig-Holstein, Artikel 9 Abs. 3 sowie Verfassung von Sachsen-Anhalt, Artikel 36 Abs. 3.
[228] Vgl. Gesetz zur Förderung der Weiterbildung und des Bibliothekswesens im Weiterbildungsgesetz Baden-Württemberg, zuletzt geändert am 17. Juni 1997.
[229] Vgl. § 6 Hessisches Hochschulgesetz vom 20. Dezember 2004.
[230] Vgl. Verordnung über die Gliederung der staatlichen Bibliotheksverwaltung vom 16. Juni 1999.

ven Föderalismus nahe. Ein grundlegendes Defizit außerhalb der wissenschaftlichen Bibliotheken in der deutschen Bibliothekslandschaft ist die fehlende überörtliche Koordinierung und Vernetzung der Bibliotheken untereinander. Das ist ineffizient, führt zu Qualitätsminderungen und erschwert eine gemeinsame Interessenvertretung. Einheitliche Qualitätsstandards existieren nicht. Der Wissens- und Informationsaustausch untereinander ist mitunter zu gering. Bibliotheken sind bei der Entwicklung und Implementierung von neuen Standards häufig auf sich gestellt. Andere europäische Staaten wie Finnland, Großbritannien oder Dänemark haben überregionale Kooperationsformen institutionalisiert. Landesweite Kooperationen werden gefördert und Synergieeffekte effizient genutzt.

Aber auch in Deutschland gibt es einige gute Beispiele für Kooperationen von Bibliotheken. Gegenwärtig existieren zwei bundesweite Projekte, das „Kompetenznetzwerk Bibliotheken" (KNB) und die „Deutsche Internetbibliothek" (DIB) sowie vereinzelt regionale Kooperationen in den Ländern.

Das Kompetenznetzwerk Bibliotheken ermöglicht seit Anfang 2004 eine überregionale Kooperation unter Bibliotheken. Es trat in begrenztem Umfang die Nachfolge des Deutschen Bibliotheksinstituts an, welches Anfang 2000 aufgelöst wurde. Über die Kultusministerkonferenz wird es von den Ländern gefördert. Das Kompetenznetzwerk Bibliotheken erstellt eine deutsche Bibliotheksstatistik sowie einen bundesweiten Jahresvergleich für öffentliche und wissenschaftliche Bibliotheken, den Bibliotheksindex.[231] Weiterhin funktioniert das Kompetenznetzwerk Bibliotheken als Koordinations- und Anlaufstelle sowohl für deutsche Initiativen und Projekte als auch für internationale Kooperationen.[232]

Die Deutsche Internetbibliothek entstand aus einem Projekt der Bertelsmann Stiftung und dem Deutschen Bibliotheksverband. Sie stellt eine Vereinigung von mehr als 90 Büchereien dar und bietet eine Alternative zu kommerziellen Suchmaschinen.[233] Die in den einzelnen Bibliotheken arbeitenden Mitarbeiter stellen zu vielen Themengebieten empfehlenswerte Webseiten zusammen. Nutzeranfragen per E-Mail werden von den Bibliotheksmitarbeitern individuell beantwortet.[234] Die weitere Existenz der Deutschen Internetbibliothek ist jedoch nach der ausgelaufenen Anfangsförderung der Bertelsmann Stiftung ungewiss.

Regionale Kooperationsmodelle auf Länderebene existieren ebenfalls nur vereinzelt. Hier stellen der Büchereiverein Schleswig-Holstein e. V., die Bücherzentrale Lüneburg und das Sächsische Kulturraumgesetz empfehlenswerte Beispiele dar. Der Büchereiverein Schleswig-Holstein e. V. ist eine Kooperation von 150 öffentlichen Bibliotheken. Zentrale Dienste unterstützen die Rationalisierung, bieten ein zusätzliches Angebot von Dienstleistungen und helfen bei der Spezialisierung und fachlichen Infrastruktur. Ähnliches kann die Büchereizentrale Lüneburg mit ihren Außenstellen vorweisen. Sie ist eine kommunale Beratungs- und Dienstleistungseinrichtung für die kommunalen Bibliotheken in Niedersachsen. Ihr Träger ist der gemeinnützige Büchereiverband Lüneburg-Stade e. V., der auf nichtkommerzieller Basis im Auftrag und mit Förderung des Landes Niedersachsen arbeitet.

Ein gelungenes Beispiel für die Nutzung von Synergieeffekten bei Bibliotheken in Landesträgerschaft ist das bayerische Konvergenzkonzept, in dessen Zentrum die Bildung eines kooperativen Leistungsverbundes steht. Neben der Bayerischen Staatsbibliothek umfasst dieser Verbund die zehn Universitätsbibliotheken, 17 Fachhochschulbibliotheken und neun regionale staatliche Bibliothe-

---

[231] Vgl. www.knb.bibliotheksverband.de/, (Stand: 15. April 2006).
[232] Ebd.
[233] Vgl. Deutsche Internetbibliothek. Wir über uns. www.internetbibliothek.de, (Stand: 18. Juni 2007).
[234] Vgl. Deutsche Internetbibliothek. Mailstatistik. www.internetbibliothek.de, (Stand: 18. Juni 2007).

ken. Der „Sankt Michaelsbund", ein katholisches Bücher- und Medienhaus, wiederum stellt ein weiteres Beispiel dar und betreut rund 1 200 öffentliche Bibliotheken in Bayern. Die Landesfachstelle der katholischen Büchereiarbeit in Bayern berät in allen bibliothekarischen Fachfragen und hilft beim Bestandsauf- und -ausbau von Bibliotheken.

Weiterführende Kooperationsansätze zwischen den Bibliotheken wie zum Beispiel ein länderübergreifender Entwicklungsplan, Bildungsziele, Qualitätsstandards oder Projektförderung für kommunale Bibliotheken existieren in Deutschland nicht. Bemerkbar macht sich auch das Fehlen einer Definition der gesellschaftlichen Aufgaben und Zielgruppen von Bibliotheken. Eine fachliche Koordinierungsstelle könnte derartige Aufgaben übernehmen. Innovative Projekte könnten gefördert, verbreitet und unterstützt werden. Eine Stärkung von länderübergreifenden Koordinations- und Kooperationsmechanismen kann gesamtstaatliche Entwicklungsziele formulieren, Qualitätsstandards abstimmen und einführen und eine erfolgreiche Zusammenarbeit fördern.

C) Handlungsempfehlungen

1. Die Enquete-Kommission empfiehlt den Ländern, Aufgaben und Finanzierung der öffentlichen Bibliotheken in Bibliotheksgesetzen zu regeln. Öffentliche Bibliotheken sollen keine freiwillige Aufgabe sein, sondern eine Pflichtaufgabe werden.

   Alternativ zu Bibliotheksgesetzen der Länder kann die rechtliche Sicherung von öffentlichen Bibliotheken auch durch einen länderübergreifenden Staatsvertrag angestrebt werden.[235]

2. Die Enquete-Kommission empfiehlt den Ländern, einen länderübergreifenden Bibliotheksentwicklungsplan zu erstellen. Ein solcher Plan soll bildungspolitische Zielsetzungen und Qualitätsstandards beinhalten.

3. Die Enquete-Kommission empfiehlt dem Bund und den Ländern die Einrichtung einer Bibliotheksentwicklungsagentur zu prüfen. Diese Agentur kann dazu beitragen, strategische, innovative und qualitätssichernde Zielsetzungen länderübergreifend abzustimmen und umzusetzen.

4. Die Enquete-Kommission empfiehlt den Ländern, Bibliotheken in ihre Bildungskonzepte einzubinden. Die Länder sollen eine spartenübergreifende Arbeit fördern. Mit einer Kooperation zwischen Schulen, Vorschulen, Kindergärten und anderen Bildungs- und Kultureinrichtungen können – zum Beispiel durch eine Zusammenarbeit von Schulbibliothek und öffentlichen Bibliotheken – Synergieeffekte erzielt werden. Weitere Schnittstellen und Kooperationsmöglichkeiten können in einem Bibliotheksentwicklungsplan formuliert werden.

5. Die Enquete-Kommission empfiehlt dem Bund und den Ländern, gemeinsam eine nationale Bestandserhaltungskonzeption für gefährdetes schriftliches Kulturgut zu erarbeiten.

   Die Enquete-Kommission empfiehlt weiterhin der Bundesregierung ein Förderprogramm zur physischen Rettung, digitalen Erfassung und digitalen Sicherung von bedrohtem schriftlichem Kulturgut von nationaler und europäischer Bedeutung aufzulegen, sowie sich dafür einzusetzen, dass entsprechende Fördermöglichkeiten auf EU-Ebene erweitert werden.

---

[235] Sondervotum Fraktion DIE LINKE. und SV Prof. Dr. Dieter Kramer: „Wir bedauern, dass sich die Kommission nicht dazu entschieden hat, eine Empfehlung für ein Bundesbibliotheksgesetz auszusprechen. Wir halten ein solches Gesetz auf Bundesebene für unverzichtbar. Der gesellschaftliche Wert der Bibliotheken ist unbestritten. Ihr Bestand und ihre Zukunft aber sind nicht gesichert, wie wir den Meldungen über Schließungen von Bibliotheken und Kürzungen von Etats in den Ländern und Kommunen entnehmen. Eine bundesweite gesetzliche Regelung könnte dem entgegenwirken."

3.1.2.4 Soziokulturelle Zentren

Vorbemerkung

Laut Einsetzungsbeschluss befasste sich die Enquete-Kommission mit den rechtlichen und strukturellen Rahmenbedingungen des Betriebs von soziokulturellen Zentren. Dazu führte sie erstens eine schriftliche Umfrage bei den Landesverbänden für Soziokultur und den zuständigen Landesministerien durch, zweitens ein Expertengespräch mit Vertretern soziokultureller Zentren.

Die Umfrage[236] sollte Aufschluss geben über die Träger und Förderer soziokultureller Zentren, über die inhaltlichen Ausrichtungen der Programmarbeit und deren Zielgruppen, über die Vernetzung der Zentren mit anderen Kulturinstitutionen, über die Situation der hauptamtlich Beschäftigten, die Rolle des bürgerschaftlichen Engagements und weitere spezifische Probleme des Kulturbereichs. Nicht zuletzt sollte sie der Klärung des Begriffs „Soziokultur" dienen.

Das Expertengespräch fand am 8. Mai 2006 in Berlin statt. Geladen waren fünf Vertreter[237] soziokultureller Zentren, die am Beispiel der von ihnen vertretenen Institution über die besonderen Problemlagen soziokultureller Zentren berichteten. Darüber hinaus dienten vertiefende mündliche und schriftliche Stellungnahmen der Bestandsaufnahme.

A) **Bestandsaufnahme und**
B) **Problembeschreibung**

Begriff der Soziokultur, Selbstverständnis und Aufgaben Soziokultureller Zentren

Soziokulturelle Zentren sind Häuser und Begegnungsstätten, die – generationenübergreifende und interkulturelle – Kulturprogramme und Angebote im Bereich Musik, Theater, Kunst, Kunsthandwerk, Film etc. anbieten. Sie dienen der Förderung kreativer Eigentätigkeit und kultureller Kompetenz, indem sie zwischen professioneller Kunstproduktion und dem künstlerischen Schaffen von Laien vermitteln.

Soziokulturelle Zentren repräsentieren einen Teil der Soziokultur, die zu Beginn der 70er-Jahre im Zusammenhang mit den „Neuen Sozialen Bewegungen" entstand. Damals waren sie Teil einer alternativen Kulturbewegung, die sich bewusst von den traditionellen Kulturinstitutionen und klassischen Kunstformen absetzte und sich als Gegenöffentlichkeit zum bürgerlichen Kunstbetrieb verstand. Viele soziokulturelle Zentren gründeten sich gegen den politischen Widerstand von Parteien und Kommunalverwaltungen.[238] Eng verbunden mit den Formeln von „Kultur für alle" und „Kultur von allen" entstand eine kulturelle Praxis mit starkem Gesellschaftsbezug und Offenheit für alle sozialen Schichten – besonders für Kinder und Jugendliche aus kulturfernen Milieus und mit Migrationshintergrund. Stadtteilarbeit und politische und kulturelle Bildung wurden in den Mittelpunkt gestellt.

Heute sind soziokulturelle Zentren ein fester Bestandteil der kulturellen Infrastruktur in Deutschland. 25 Millionen Besucher[239] und 56 000 Veranstaltungen pro Jahr beschreiben den Zuspruch, den

---

[236] Vgl. Fragenkatalog zum Thema „Rechtliche und strukturelle Rahmenbedingungen des Betriebs von soziokulturellen Zentren". (Kommissionsdrucksache 16/069)
[237] Vgl. Expertengespräch vom 8. Mai 2006 zum Thema „Rechtliche und strukturelle Rahmenbedingungen soziokultureller Zentren" (Expertengespräch soziokulturelle Zentren), Teilnehmer: Bode, Rainer (Landesarbeitsgemeinschaft soziokultureller Zentren Nordrhein-Westfalen), Münster; Kämpf, Andreas (Kulturzentrum GEMS, Singen); Knoblich, Dr. Tobias (Landesverband Soziokultur Sachsen e. V., Dresden); Ziller, Christiane (Bundesvereinigung soziokulturelle Zentren e. V., Berlin); Dallmann, Gerd (LAG Soziokultur, Niedersachsen, Hannover). (Arbeitsunterlage 16/035)
[238] Die Geschichte soziokultureller Zentren wird u. a. auf der Homepage der Bundesvereinigung Soziokultureller Zentren ausführlich dargestellt. www.soziokultur.de: „Wer wir sind", (Stand: 8. Juni 2007).
[239] Vgl. Bundesvereinigung Soziokultureller Zentren e. V. (2006), S. 7. (Kommissionsdrucksache 16/138)

soziokulturelle Zentren bundesweit erfahren. Das Land Sachsen-Anhalt etwa bescheinigt soziokulturellen Zentren eine große gesamtgesellschaftliche Relevanz und betont, dass sie im ländlichen Raum das nahezu einzige Kulturangebot darstellen würden. Ähnlich argumentieren die zuständigen Landesministerien im Freistaat Sachsen, Thüringen, Schleswig-Holstein, Brandenburg und Mecklenburg-Vorpommern, wo soziokulturelle Zentren sowohl den Interessen und Bedürfnissen der Bürger als auch der Künstler Rechnung tragen würden. Auch die Freie Hansestadt Bremen bewertet die Bedeutung als sehr hoch. Es lägen die Erfahrungen erfolgreicher kultureller Kooperation und Integration vor, die Kulturzentren zu wichtigen Knotenpunkten für fachlichen Austausch und konkrete technische Hilfestellung machten. Aufgrund der Nutzung durch Bürger unterschiedlicher Milieus, Generationen und Ethnien würden die Zentren zu einem Ort kultureller und künstlerischer Praxis, der neue Sichtweisen und interessante Ansätze biete. Soziokulturelle Zentren seien auch auf eine bürgerorientierte Stadtentwicklung ausgerichtet und ergänzten innovativ die traditionellen Angebote der kulturellen, sozialen und gemeinwesenorientierten Einrichtungen. Im Saarland habe die Bedeutung soziokultureller Zentren zugenommen. Sie werde aufgrund der zunehmenden Internationalisierung weiter an Relevanz gewinnen. Die Zunahme an sozialer Spannung lasse das Bedürfnis nach gruppenspezifischer bzw. integrativer sozialer Kulturarbeit weiter anwachsen. Aus Sicht der Hamburger Kulturbehörde sind die Stadtteilkulturzentren unverzichtbarer Bestandteil der Stadtkultur. Ihre lokale Verankerung im jeweiligen Stadtumfeld erhöhe die Lebensqualität vor Ort.

Die Ergebnisse der Umfrage der Enquete-Kommission zeigen, dass die Anerkennung soziokultureller Zentren weiter zunimmt und die in ihnen praktizierten besonderen Zugänge zu Kultur und deren Vermittlungsformen, die aus ihrer Entstehungsgeschichte resultieren, dabei nicht an Bedeutung verloren, sondern – über die eigene Arbeit hinaus – viele Anregungen für andere Kulturinstitutionen gegeben haben.

Dabei erfuhren soziokulturelle Zentren im Laufe der Jahrzehnte Veränderungen wie kaum eine andere Kulturinstitution. Die Anpassung an konkrete regionale und lokale Erfordernisse, die sozial, kulturell, ökonomisch oder durch den demografischen Wandel bedingten Veränderungen der Zielgruppen und ihrer Bedürfnisse, haben einen vielgesichtigen und facettenreichen Kulturbereich hervorgebracht. In ganz Deutschland sind keine „zwei Zentren zu finden, die in Organisations- und Programmstruktur identisch sind. Diese Vielfalt ist aber keine Beliebigkeit, sondern Prinzip und Methode."[240]

Konstanten der Arbeit soziokultureller Zentren lassen sich in Stichpunkten beschreiben wie:

- beteiligungsorientierte, spartenübergreifende Kulturpraxis mit Schwerpunkt auf Kinder- und Jugendarbeit unter Einbeziehung von Sozial-, Umwelt und Bildungselementen (Partizipation),
- Schwerpunktbildung im Bezug auf politische Bildung und demokratische Praxis,
- nichtkommerzielle Ausrichtung der Angebote, kulturelle Standortsensibilität und Engagement für das Gemeinwesen,
- niedrigschwellige Angebote, die auch benachteiligten Bevölkerungsgruppen den integrativen Zugang durch offene Treffs, Veranstaltungs- und Kreativangebote ermöglichen (Rezeption),
- Förderung kreativer Eigentätigkeit und Vermittlung zwischen professioneller Kunstproduktion und selbst organisiertem künstlerisch-kulturellem Schaffen.

Im Gegensatz zum immer noch anzutreffenden Klischee sind soziokulturelle Zentren nicht auf soziale Randgruppen beschränkt, sondern gesellschaftlich breit akzeptierte Kulturinstitutionen. Dabei gilt weiterhin, dass die meisten dieser Zentren Begegnungsstätten sind, in denen sozialintegrativ

---

[240] Ebd., S. 1.

und interkulturell gearbeitet wird. Häufig gehören generationenübergreifende Angebote zum Programm. Viele Zentren agieren programmatisch interdisziplinär und befördern die Zusammenarbeit zwischen Künstlern und Laien oder bieten Nachwuchskünstlern die Möglichkeit der Erprobung experimenteller und avantgardistischer Kunstformen. Vernetzungen mit Kulturbetrieben (Theatern, Opernhäusern, Musikschulen und anderen kulturpädagogischen Einrichtungen), mit Kirchen und Künstlern sind dabei unterschiedlich ausgeprägt. Das Spektrum reicht von sporadischen über projektbezogene bis zu stetigen Kooperationsbeziehungen.

Der Begriff der Soziokultur hat sich diesen Wandlungen nur bedingt angepasst. Wenige Länder und auch Landesarbeitsgemeinschaften sehen heute noch einen Gegensatz zur sogenannten Hochkultur und siedeln die Aufgaben soziokultureller Zentren explizit außerhalb der etablierten Kunst- und Kultureinrichtungen an. Einige Länder setzen Sozio- mit Breiten- oder Bürgerkultur gleich. Viele Begriffsbestimmungen rekurrieren auf „Kultur für alle" oder „Kultur von allen", auf Bürgerbeteiligung und Ehrenamtlichkeit, in wenigen Fällen auf Kunst. Eine Ausnahme stellt das Land Brandenburg dar, das eine Entgegensetzung zur sogenannten Hochkultur dezidiert ablehnt und bei einer zeitgemäßen Begriffsbestimmung weder auf Institutionen noch auf die „Kulturformen", sondern auf den Geltungsbereich abhebt: „Die Entgegensetzung von Begriffen wie ‚Hochkultur' und ‚Breitenkultur' wird der heutigen Situation nicht mehr gerecht. Die Soziokultur steht heute als legitimes Aufgabenfeld und Kulturpolitik neben historisch älteren."[241]

Die meisten Länder verstehen Soziokultur als eine Querschnittsaufgabe mit verschiedenen Inhalten. Dies bestätigt sich auch in den Antworten der Landesarbeitsgemeinschaften, die Soziokultur als „offenes, flexibles Konzept beschreiben, das die sich verändernden kulturellen Bedürfnisse der Gesellschaft aufgreift sowie Möglichkeiten und Anregungen zur kulturellen Eigeninitiative bietet."[242] Danach befragt, welchen Begriff der Soziokultur die Länder ihrer Förderung zugrunde legen, gaben diese jedoch nicht nur genauso vielfältige Antworten, wie der Kulturbereich bereithält, sondern es zeigten sich in einigen Fällen auch Leerstellen. Es kann deshalb vermutet werden, dass Förderungen oft nicht auf der Grundlage eines spezifischen Begriffes von Soziokultur, sondern auf Grundlage bestehender Institutionen vergeben werden. Andere Länder, etwa das Saarland, benutzen eine Negativabgrenzung gegenüber der Hoch-, Breiten- oder Bürgerkultur, um Soziokultur zu fördern.

Für die neuen Länder gilt generell, dass der Programmbegriff Soziokultur, wie er für die alte Bundesrepublik prägend war, sich nie in gleicher Weise durchsetzte.[243] Vielmehr wird er hier mit der Umstrukturierung der ostdeutschen Breitenkultur und der Hinwendung zur außerschulischen kulturellen Kinder- und Jugendbildung gleichgesetzt. Viele soziokulturelle Zentren haben sich hier ein spezifisches und breit akzeptiertes Profil erarbeitet. Die Kooperation mit Schulen ist dabei unterschiedlich stark ausgeprägt und stößt sogar zunehmend auf Hindernisse. Die Experten[244] berichteten, dass viele soziokulturelle Einrichtungen, die mit Ganztagsschulen kooperieren wollen, vor großen Schwierigkeiten stehen. Die bisherige Praxis zeige, dass Schulen eher eigene kulturelle Angebote unterbreiten oder zu unangemessen niedrigen Preisen Künstler „einkaufen" als mit außerschulischen Trägern zu kooperieren. Problematisch an der Entwicklung sei, dass Fördertöpfe, die für soziokulturelle Projekte angeboten werden, mit der Begründung zurückgenommen werden, dass soziokulturelle Zentren nun Gelder über die Kooperation mit den Ganztagsschulen akquirieren könnten. Dieses Problem gilt zunehmend auch für die alten Länder.

---

[241] schriftliche Stellungnahme des Ministeriums für Wissenschaft, Forschung und Kultur Brandenburg zum Fragenkatalog soziokulturelle Zentren (2006), Anlage 1. (Kommissionsdrucksache 16/141)
[242] Vgl. schriftliche Stellungnahme von LAG Soziokultur Bayern e. V. zum Fragenkatalog soziokulturelle Zentren (2006), S. 1. (Kommissionsdrucksache 16/151)
[243] Vgl. Expertengespräch soziokulturelle Zentren. (Arbeitsunterlage 16/035)
[244] Ebd., S. 7f.

Darüber hinaus ist zu beobachten, dass die Kunst in der Soziokultur Ostdeutschlands sowohl in Hinsicht auf künstlerische Programmangebote als auch bei der Förderung junger Künstler eine zentralere Rolle spielt als in den alten Ländern. Häufige oder ständige Kooperationsbeziehungen mit Theatern und freien Künstlern werden in allen neuen Ländern bestätigt. In Mecklenburg-Vorpommern etwa werden soziokulturelle Zentren explizit als „Einstieg in die Kunst" und als Orte gesehen, in denen Künstler projektbezogen oder in Kursangeboten künstlerische Potenziale bei Jugendlichen fördern. Auf diese Weise bestätigt sich die Untersuchung der Nachwendezeit des Instituts Allensbach[245], das der DDR einen „weiten" Kulturbegriff bescheinigte. Diese Traditionslinien bewirken ein breites Verständnis von Kultur, das sich im Schaffen der Einrichtungen widerspiegelt. Die Zusammenarbeit zwischen soziokulturellen Zentren und Kirchen wird ebenfalls explizit in allen neuen Ländern gefördert und wurde auch für die alten Länder mehrmals bestätigt.

In den alten Ländern lassen sich aktive Veränderungen und der Abbau vormals starker Abgrenzungen konstatieren. So ergab die Umfrage der Enquete-Kommission, dass einige Zentren bewusst neue Wege gehen. In Hamburg etwa haben sich soziokulturelle Zentren als Impulsgeber für Stadtteilentwicklung und neue Kulturproduktions- und Kulturvermittlungsformen entwickelt. In Rheinland-Pfalz setzt man auf die Zusammenarbeit mit freien Künstlern. Auf besondere Netzwerke und kooperative Strukturen mit der freien Szene, mit künstlerischen Projekten und Kirchen verweist Bremen. Ein entscheidender Bedeutungszuwachs ist zudem für soziokulturelle Zentren im ländlichen Raum zu konstatieren. In Regionen, in denen kulturelle Infrastrukturen abgebaut wurden[246], sind soziokulturelle Zentren oft die einzigen verbleibenden Kulturinstitutionen und damit ein wichtiger kommunikativer und kreativer öffentlicher Raum. Andere ländliche Regionen sind nicht vom Abbau, wohl aber vom Wandel der Bevölkerungsstruktur betroffen. Die mit diesem einher gehende Änderung der kulturellen Bedürfnisse wird gerade von soziokulturellen Zentren aufgefangen, da sie neben den klassischen kulturellen Aktivitäten im ländlichen Raum neue kulturelle Impulse und Ansprüche durchzusetzen helfen. So ist der Anteil der Migranten an den Besuchern in soziokulturellen Zentren höher als in anderen Kultureinrichtungen. Ein Merkmal der soziokulturellen Zentren ist es, dass sie immer eng mit ihrem räumlichen und sozialen Umfeld verwoben sind. Besondere Relevanz wird ihnen zum Beispiel in Bezug auf Migration und die Vermittlung interkultureller Kompetenz eingeräumt – eine Studie ermittelte, dass soziokulturelle Zentren hierbei zu den wichtigsten Kulturinstitutionen in Deutschland gehören.[247]

Betrieb soziokultureller Zentren

Viele soziokulturelle Zentren, gerade in den alten Ländern, sind aus selbst verwalteten Kommunikationszentren, Kulturläden oder Bürgerhäusern entstanden, die erst im Laufe der Jahre feste institutionelle Strukturen herausbildeten. Heute befinden sie sich in unterschiedlichsten Trägerschaftsformen. Die Spannbreite reicht von wenigen kommunalen Eigenbetrieben über Vereine in freier Trägerschaft, die etwa durch die Möglichkeit zu kostenfreier Nutzung von Gebäuden kommunale Unterstützung und durch Landesmittel öffentliche Förderung erfahren, bis zu privaten GbR, Stiftungen oder gemeinnützigen GmbH, die mit Land und Kommune kooperieren. Aus den Antworten der Landesarbeitsgemeinschaften wird deutlich, dass die freie Trägerschaft dabei nicht unbedingt als Nachteil gesehen wird, da soziokulturelle Zentren einen hohen Grad an Selbstorganisation benötigten, um kulturell wirksam werden zu können.[248]

---

[245] Vgl. Institut für Demoskopie Allensbach (1991).
[246] Vgl. Kap. 3.6, Kulturelle Auswirkungen des demografischen Wandels.
[247] Vgl. Institut für Kulturpolitik (2005), S. 11.
[248] Vgl. schriftliche Stellungnahme vom LAKS Baden-Württemberg e. V. zum Fragenkatalog soziokulturelle Zentren (2006), S. 3. (Kommissionsdrucksache 16/150)

Die meisten Zentren blieben trotz der Institutionalisierung bei einem kleinen Apparat, das heißt, die Organisation und Programmarbeit obliegt nur wenigen, oft nur einem einzigen hauptamtlichen Mitarbeiter, der den Betrieb mit geringfügig beschäftigten und freien Mitarbeitern, mit Praktikanten, Zivildienstleistenden, mit ehrenamtlich Engagierten und mit über Eingliederungsleistungen finanzierten Mitarbeitern gewährleisten muss. Laut Bundesvereinigung stehen 38 Prozent hauptamtliche Mitarbeiter, das heißt befristet oder unbefristet (oft Teilzeitbeschäftigte), 62 Prozent geringfügig Beschäftigten gegenüber. Dabei stellt sich die persönliche soziale Situation der hauptamtlichen Mitarbeiter im Vergleich mit anderen Kulturbetrieben als besonders problematisch dar. Die Umfrage bestätigte, dass hauptamtlich Beschäftigte in soziokulturellen Zentren als deutlich unterdurchschnittlich bezahlt, schlecht rentenabgesichert und ohne Perspektive auf Verbesserung gelten. Fast alle Länder erklärten, dass die sozialpolitische Situation der hauptamtlich Beschäftigten als prekär zu bezeichnen ist. Dabei wurde auch darauf verwiesen, dass ehrenamtliche Stellen aus finanziellen Gründen zunehmend die hauptamtlichen ersetzten. Die Qualität der Arbeit in soziokulturellen Zentren sei dadurch langfristig gefährdet. Laut Statistik der Bundesvereinigung[249] arbeiteten im Jahr 2000 noch 4 050 Mitarbeiter in hauptamtlichen, sozialversicherungspflichtigen Beschäftigungsverhältnissen, 2004 noch 3 574. Das entspricht einem Rückgang um 11,7 Prozent in viereinhalb Jahren. Zeitgleich stieg die Zahl der geringfügig Beschäftigten und Aushilfskräfte in diesem Zeitraum um 26,3 Prozent. Die Anzahl ehrenamtlich Tätiger stieg parallel um 47,9 Prozent. Auch die Länder[250] bestätigten, dass unbefristete Stellen seltener zur Verfügung stehen und Aushilfsverträge auf 400-Euro-Basis sowie in Ein-Euro-Jobs inzwischen den Großteil der Beschäftigungsverhältnisse bilden. Generell werde in kleineren Häusern sehr unterdurchschnittlich bezahlt – die Anstellung basiere häufig auf überproportionaler „Selbstausbeutung", die von unbezahlten Überstunden, Verzicht auf Tarifleistungen und Verzicht auf qualifikationsadäquate Bezahlung charakterisiert sei[251]. Weiterhin erzeuge die Auslagerung von Leistungen auf den zweiten Arbeitsmarkt ein Zweiklassensystem zwischen den Beschäftigten.

Die Beschäftigungssituation steht dabei in Widerspruch zu den komplexen Aufgabenbereichen der Hauptverantwortlichen. Wie die Aufgabenbeschreibung soziokultureller Zentren gezeigt hat, ist ihr Programm stark von lokalen und regionalen Bevölkerungsstrukturen, kulturellen Traditionen und der bestehenden Infrastruktur abhängig. Die Hauptverantwortlichen benötigen dafür Kenntnisse in mehreren Kunstsparten, in verschiedenen Kulturvermittlungsformen, in der Arbeit sowohl mit Hauptamtlichen als auch mit Laien und ehrenamtlich Engagierten. Zusätzliche Kompetenzen erfordert der in allen Zentren besondere Finanzierungsmix zwischen öffentlicher Förderung und einem hohen Anteil an Eigenerwirtschaftung. Programmprofile zu entwickeln, die aktiv auf die Bedürfnisse und Erfordernisse vor Ort reagieren und Teilhabe zu organisieren, erfordert von den Hauptverantwortlichen ein hohes Maß an Unterstützung im politischen Raum. Von den meisten Akteuren wurden diese komplexen Fähigkeiten und Netzwerke oft über Jahrzehnte entwickelt. Davon abgeleitet ergibt sich ein weiteres drängendes Problem vor allem der Zentren in den alten Ländern: Im Gegensatz zur Mehrzahl der soziokulturellen Zentren in den neuen Ländern, wo die soziokulturellen Akteure (wegen der Gründung von Zentren nach der Wiedervereinigung) meist relativ jung sind, steht in den alten Ländern ein Generationswechsel der Hauptverantwortlichen an. Diesen zu bewältigen, ist unter den gegebenen Umständen eine der zentralen Aufgaben der Kulturpolitik.

---

[249] Die Zahlen stammen aus der Auswertung der Statistischen Erhebung 2004 der Bundesvereinigung Soziokultureller Zentren [verantw. hier: Gerd Spieckermann], www.soziokultur.de, (Stand: 8. Juni 2007).
[250] Vgl. schriftliche Stellungnahme von Staatskanzlei Schleswig-Holstein zum Fragenkatalog soziokulturelle Zentren (2006). (Kommissionsdrucksache 16/142)
[251] Vgl. schriftliche Stellungnahme von Kulturbehörde Hamburg zum Fragenkatalog soziokulturelle Zentren (2006). (Kommissionsdrucksache 16/147)

Ähnliche Herausforderungen ergeben sich für die Sicherung der Zentren durch andere Arbeitsverhältnisse und bürgerschaftliches Engagement: Alle Länder bestätigten, dass bürgerschaftlich Engagierte zum Teil mehr als 60 Prozent der Beschäftigten ausmachten und deren Anteil, im Gegensatz zum eher sinkenden hauptamtlicher Kräfte, sogar weiter zunehme. Dies findet einerseits in der Entstehungsgeschichte soziokultureller Zentren, andererseits in der guten und breiten gesellschaftlichen Verankerung der Zentren seine Begründung.

Besondere Aufmerksamkeit verdient dabei Mecklenburg-Vorpommern, wo ein soziokulturelles Zentrum innerhalb eines Förderprogramms des Bundesministeriums für Familie, Senioren, Frauen und Jugend (BMFSFJ) zur Förderung des ehrenamtlichen Engagements älterer Menschen sogenannte SeniorTrainerInnen ausbildet.[252] Als für die Gesamttendenz problematisch stellt sich jedoch heraus, dass ehrenamtliche Stellen hauptamtliche nicht ersetzen können. Bremen etwa weist am eigenen Beispiel darauf hin, dass bürgerschaftliches Engagement „funktionierende Infrastrukturen, ein gutes Verhältnis zu dem hauptamtlichen Personal und positiv abgegrenzte Arbeitsvorhaben"[253] brauche.

Um die bezahlten Beschäftigungsverhältnisse in den soziokulturellen Zentren zu steigern, agieren die Interessenvertreter der Zentren in zwei Richtungen: Einerseits würden viele Zentren gern mit 400-Euro-Jobs arbeiten und diese als Ersatz früherer Arbeitsbeschaffungsmaßnahmen (ABM) akzeptieren. Im Expertengespräch legten die Vertreter dar, dass der angehobene Pauschalsatz für Sozialabgaben auf 25 Prozent und der große bürokratische Aufwand, der mit diesen neuen Arbeitsformen verbunden sei, unter den gegebenen Umständen von den meisten soziokulturellen Zentren nicht zu erbringen wäre. Andererseits bemühen sich die soziokulturellen Zentren um eine Ausweitung des Freiwilligen Sozialen Jahres (FSJ) auf soziokulturelle Zentren. Dem Landesverband Sachsen ist dabei als erstem die Trägerschaft für das FSJ-Kultur zuerkannt worden. Für die meisten anderen Träger seien jedoch ebenfalls die Nebenkosten, die das FSJ-Kultur verursache, nicht finanzierbar.

Förderpraxis, Förderkriterien

Die Zuständigkeit für soziokulturelle Zentren liegt bei den Kommunen (durchschnittlich finanzieren sie 57 Prozent der Fremdmittel). Außer in Bayern[254] werden jedoch alle von den Ländern kofinanziert (durchschnittlich 24 Prozent). In einigen Ländern wird dabei institutionell, in anderen ausschließlich projektbezogen, in einigen institutionell und projektbezogen gefördert. Weiterhin fließen Finanzmittel aus Stiftungen und Fonds (6,5 Prozent)[255] sowie der Europäischen Union (2,3 Prozent). Der Bund ist mit etwa zwei Prozent an der Förderung der Soziokultur beteiligt, vor allem durch den „Fonds Soziokultur". Sponsoring spielt mit durchschnittlich 0,9 Prozent der Gesamteinnahmen die geringste Rolle. Spezifisch für die Soziokultur ist der Finanzierungsanteil der Bundesagentur für Arbeit mit knapp neun Prozent. Viele soziokulturelle Zentren konstatieren, dass die Zuschüsse aus kommunalen und Landesmitteln trotz Erfolgen nicht angehoben bzw. kontinuierlich abgesenkt werden. Ebenso seien die Arbeitsfördermaßnahmen, mit denen Personal der soziokulturellen Zentren finanziert wurde, drastisch verringert worden.

---

[252] Vgl. schriftliche Stellungnahme des Ministeriums für Bildung, Wissenschaft und Kultur Mecklenburg-Vorpommern zum Fragenkatalog soziokulturelle Zentren (2006). (Kommissionsdrucksache 16/149)
[253] schriftliche Stellungnahme vom Senator für Kultur Bremen zum Fragenkatalog soziokulturelle Zentren (2006), S. 7. (Kommissionsdrucksache 16/148)
[254] Ebd. S. 2.
[255] Vgl. schriftliche Stellungnahme der Bundesvereinigung Soziokultureller Zentren e. V. zum Fragenkatalog soziokulturelle Zentren (2006), S. 3. (Kommissionsdrucksache16/138)

In den meisten Ländern gelten für soziokulturelle Zentren dabei dieselben Förderkriterien wie für jeden anderen Kulturbereich. Eingrenzungen und Zielsetzungen nehmen Hamburg, Bremen und Brandenburg vor: Hamburg fördert soziokulturelle Zentren ausdrücklich mit der Maßgabe von Interkulturalität, Teilhabechancen und Lebensqualität. Bremen berichtet, dass es neben der institutionellen Förderung soziokultureller Einrichtungen auch Förderprogramme für zusätzliche spezielle Bereiche, beispielsweise Kulturpädagogik, Migration und andere gebe. Brandenburg fördert als einziges Land ausgewählte soziokulturelle Zentren von landesweiter Bedeutung nach aufgabenorientierten Kriterien, die – auf Grundlage eines erweiterten Kunstbegriffes – Basis- und Nutzerorientierung, demokratische Organisationsformen und Entscheidungsstrukturen, Förderung künstlerischer und kultureller Eigenbetätigung, Integration verschiedener Altersgruppen, soziale Differenzierungen und ein spartenübergreifendes Kulturangebot in den Vordergrund stellen. Ziel sei die Ausbildung von Selbsterfahrung, Selbstbestimmung und Selbstorganisation und eine daraus resultierende Demokratisierung.

Alle Länder, in denen entsprechende Daten vorliegen, bestätigen einen hohen Anteil der Eigenerwirtschaftung. Er liegt zwischen 30 und deutlich über 50 Prozent und speist sich im Wesentlichen aus Veranstaltungsbetrieb, Gastronomie in Eigenregie und Gastronomie-Pachteinnahmen, Mitgliedsbeiträgen und Kursgebühren. Die Bundesvereinigung stellt dazu fest, dass soziokulturelle Zentren seit 2004 mehr Mittel selbst erwirtschaften als sie aus öffentlicher Förderung erhalten. Diese Tendenz sei aber nur begrenzt als Erfolg anzusehen, da die erhöhten Eigeneinnahmen „inzwischen zulasten der Programmgestaltung gehen."[256]

Die Einnahmen aus Öffentlich-Privaten-Partnerschaften und Sponsoring werden hingegen von allen Ländern und Ministerien als sehr niedrig beschrieben, was einerseits dem regionalen Charakter und andererseits der fehlenden Marketingorientierung der soziokulturellen Zentren zugeschrieben wird. In Bezug auf Sponsoring liegt der Durchschnitt bundesweit bei unter einem Prozent, obwohl alle Zentren von intensiven Bemühungen berichten.

Von großer Bedeutung ist deshalb der Fonds Soziokultur mit jährlich ca. 850 000 Euro Fördersumme, die von der Kulturstiftung des Bundes bereitgestellt wird. Die meisten Länder bewerten die Förderung durch den Fonds positiv und bestätigen, dass er zum Teil über 30 Prozent Förderanteil übernehme, regen aber auch Verbesserungen in der Abstimmung zwischen Bund und Kommunen an. Vorgeschlagen wird eine Weiterentwicklung der Förderung durch den Bund hin zu kontinuierlicher und strukturbezogener Förderung. Mehrere Länder fordern zudem die Begründung der Nichtbewilligung von Förderanträgen und die Einbeziehung von Ländervertretern in die entscheidenden Kuratorien.[257]

Zunehmend wird die Europäische Union für die Förderung soziokultureller Zentren wichtig. Einerseits konnten EU-Gelder für den Auf- und Ausbau eines europäischen Netzwerks von soziokulturellen bzw. Kulturzentren (European Network of Cultural Centres, ENCC) acquiriert werden, andererseits konnten einige wenige Zentren von den Förderprogrammen der Europäischen Union, etwa dem EFRE-Strukturfonds zur Entwicklung ländlicher Regionen oder dem ESF-Sozialfonds, profitieren. Dass dies nicht häufiger und umfassender erfolgt, gehört zu den Problemen soziokultureller Zentren, die weder strukturell noch personell in der Lage sind, die Antragsanforderungen der Europäischen Union zu erfüllen oder – das ist ebenso wichtig – die Zwischenfinanzierung von derzeit

---

[256] Ebd., S. 11.
[257] Vgl. schriftliche Stellungnahmen Ministerium für Wissenschaft, Weiterbildung, Forschung und Kultur Rheinland-Pfalz (2006) (Kommissionsdrucksache 16/146); Ministerium für Bildung, Kultur und Wissenschaft Saarland (2006). (Kommissionsdrucksache 16/139); Senator für Kultur Bremen zum Fragenkatalog soziokulturelle Zentren (2006). (Kommissionsdrucksache 16/148)

20 Prozent des Gesamtbudgets, die bis zum buchhalterischen Abschluss der Projekte einbehalten werden, selbst zu tragen.

C) Handlungsempfehlungen

1. Die Enquete-Kommission empfiehlt den Ländern und Kommunen, soziokulturelle Zentren als eigenständigen Förderbereich in der Kulturpolitik zu identifizieren, zu institutionalisieren und weiterzuentwickeln. Sie empfiehlt darüber hinaus, die besonderen Erfahrungen soziokultureller Zentren zum Beispiel im Hinblick auf Interkulturalität, Teilhabechancen und Einfluss auf die Lebensqualität auszuwerten und daraus gegebenenfalls Handlungsempfehlungen für andere kulturelle Bereiche zu entwickeln.

2. Die Enquete-Kommission empfiehlt der Bundesregierung, in einem Pilotprojekt in Zusammenarbeit mit der Bundesvereinigung Soziokultureller Zentren die Arbeit und Wirkungsweise von soziokulturellen Zentren so zu evaluieren, dass daraus Erkenntnisse für die Weiterentwicklung der Studiengänge und Curricula in den Kulturwissenschaften gewonnen werden können.

3. Die Enquete-Kommission empfiehlt den Ländern, angesichts des anstehenden Generationenwechsels ein spezifisches Programm nach dem Vorbild von Volontariaten einzurichten.

   Darüber hinaus empfiehlt die Enquete-Kommission den Ländern in Zusammenarbeit mit der Bundesregierung ein Modellprojekt zur Kooperation von Hochschulen und soziokulturellen Zentren einzurichten.

4. Die Enquete-Kommission empfiehlt den Ländern, die Zusammenarbeit zwischen soziokulturellen Zentren, die außerschulische Kinder- und Jugendarbeit anbieten, und den Ganztagsschulen aktiv zu fördern.

5. Die Enquete-Kommission empfiehlt dem Bund, die Beibehaltung der Förderung der Bundesvereinigung Soziokultureller Zentren als Dach- und Fachverband. Sie befürwortet eine institutionelle Förderung.

6. Die Enquete-Kommission empfiehlt der Bundesregierung, die Mittel des Fonds Soziokultur um mindestens 25 Prozent zu erhöhen, um insbesondere Projekte im interkulturellen Bereich zu fördern.

3.1.3 Kultur in ländlichen Regionen

A) Bestandsaufnahme und
B) Problembeschreibung

Charakteristika

Fast 70 Prozent der Bevölkerung Deutschlands leben außerhalb von Großstädten.[258] Mehr als 75 Prozent aller Gemeinden haben dabei weniger als 5 000 Einwohner. 1993 hat das „Projekt Nr. 10 des Europarats"[259] festgestellt, dass in ländlichen Regionen eine beeindruckende kulturelle Vielfalt vorhanden ist. Diese kulturelle Fülle wird nicht von einigen Wenigen inszeniert, sie wird vor allem gelebt, und zwar von sehr großen Teilen der Bevölkerung. Anhand der täglichen Veröffentlichungen in den lokalen Medien lässt sich verfolgen, welch breites Spektrum kultureller Veranstaltungen und Aktivitäten in den Regionen stattfindet.

---

[258] Vgl. Deutscher Städtetag (2006).
[259] Vgl. Bassand (1993).

Grundlage für die Kulturarbeit im ländlichen Raum sind die Kenntnis, Wertschätzung und Weiterentwicklung der Besonderheiten der Region. Charakteristisch ist ein besonderes Verhältnis zwischen professionellen Kulturanbietern und Laien, zwischen klassischen Kulturinstitutionen und Institutionen der kulturellen Bildung. Im Gegensatz zu Städten und urbanen Zentren gibt es in ländlichen Regionen weniger Theater, Museen, Galerien, Opernhäuser oder andere Einrichtungen der kulturellen Infrastruktur, dafür aber viele Musikschulen, Laienchöre und -orchester, soziokulturelle Initiativen oder Heimatvereine. Die zum Teil geringe Besiedlungsdichte ist dabei zugleich Herausforderung als auch Chance, etwa in Bezug auf die Erreichbarkeit und Mobilität. Auch die Künstler, die in ländlichen Regionen leben, befinden sich in ambivalenten Situationen. Einerseits bietet ihnen der Wohnort Ruhe, Freiheit und (kostengünstigen) Platz für ihr künstlerisches Schaffen. Andererseits mangelt es ihnen hier an Präsentationsmöglichkeiten, Multiplikatoren im öffentlichen Raum und damit an öffentlicher Anerkennung und Verkaufsmöglichkeiten.

Die kulturellen Ressourcen ländlicher Regionen sind ein wertvolles Gut für die gesamte Kulturarbeit in Deutschland. Kultur ausschließlich als importiertes, von der Region abstrahierendes, Angebot würde die Menschen ihrer eigenen Geschichte und Kultur berauben und Passivität befördern. Kulturelle Bildung als Vertrautmachen mit allgemeinen kulturellen, wissenschaftlichen oder künstlerischen Techniken und Standards ist unverzichtbar für die Entwicklung regionalspezifischer Ressourcen.

Erwerbswirtschaftlich orientierte Kulturangebote sind oftmals nicht nur teurer, sie sprechen darüber hinaus in der Regel immer nur bestimmte Teile der Bevölkerung an. Ähnliches gilt für viele traditionelle Angebote der kulturellen Bildung oder des klassischen Repertoires.

Aktivierende Kulturarbeit in ländlichen Regionen macht demgegenüber den Wert des kulturellen Lebens und der kulturellen Überlieferung für alle deutlich und fördert die Entwicklung und Vernetzung vorhandener Ressourcen und Strukturen. Dies ist ein kontinuierlicher Prozess.

Obwohl es in ländlichen Regionen immer auch hauptamtlich geführte Einrichtungen gibt, findet der größte Teil der kulturellen Aktivitäten in Vereinen und Initiativen statt, getragen vom bürgerschaftlichen Engagement, von ehrenamtlichen Kräften. Die Idee der Zivilgesellschaft und der Wille zur Mitgestaltung der kulturellen Heimat sind bei den Menschen stark ausgeprägt. Es ist ein „Pfund", das dem Gemeinwesen kulturelle Stabilität sowie eigenständige Identität sichert.

Aktivierende Kulturarbeit bezieht ehrenamtliches Engagement mit ein und fördert es.[260] Sie stützt sich auf alle Ressourcen, sucht sie optimal zu nutzen und ist damit auch kostengünstig. Diese kann aber nur funktionieren, wenn die dafür nötige Fachkompetenz personell abgesichert ist. Fachkompetenz und Erfahrung sind unabdingbare Voraussetzungen für eine Kulturarbeit, die die Bevölkerung in der Entwicklung ihrer kulturellen Tätigkeiten unterstützen will. Aktivierende Kulturarbeit braucht öffentliche Räume, in denen sie im unmittelbaren Sinne des Wortes stattfinden kann.

Probleme der Kulturarbeit in ländlichen Regionen

Für die Kultur werden zukünftig voraussichtlich weniger öffentliche Mittel zur Verfügung stehen. Da viele ländliche Regionen bereits in der Vergangenheit über keine öffentliche kulturelle Infrastruktur verfügten, wurde dort aus der Not eine Tugend gemacht. So werden zum Beispiel in Ostfriesland ähnlich wie beim Deichbau alle Bewohner der Region über die Gebietskörperschaften mit einem „Kulturgroschen" gleichsam genossenschaftlich zur Mitfinanzierung der Kulturarbeit heran-

---

[260] Vgl. Kap. 3.3.1, Bürgerschaftliches Engagement in der Kultur.

gezogen. Diese steht im Gegenzug in der Pflicht, möglichst viele Menschen zu motivieren, sich am kulturellen Leben der Region zu beteiligen.

Der Staat, ohnehin gesetzlich zur Herstellung gleichwertiger Lebensverhältnisse in der Republik verpflichtet, kann im kulturellen Bereich nicht gänzlich aus der Pflicht entlassen werden. Im Gegenteil: Bei der Kulturpolitik gerade der Länder, aber auch des Bundes, werden die besonderen Anforderungen einer die ländlichen Regionen stärkenden Strukturpolitik noch mehr berücksichtigt werden müssen.

Regionalisierung als Instrument einer dezentralisierten Mangelverwaltung und Kürzungspolitik reicht dafür nicht aus. Gleichwohl werden die Regionen sich darauf einzustellen haben, dass sie ihre eigenen Möglichkeiten noch stärker mobilisieren und ausschöpfen müssen.

Kulturarbeit in ländlichen Regionen hat wenig Aussicht auf Sponsorengelder, weil Grundlagenforschung, Kommunikation, Vernetzung, Fachkompetenz und das Vorhalten verlässlicher Strukturen noch keine öffentlichen Events schaffen. Sie sichern lediglich die Voraussetzungen für qualitativ gute und öffentlichkeitswirksame Aktivitäten, an denen Sponsoren oder freiberufliche Event-Manager nachfolgend eventuell Interesse haben. Für die Schaffung dieser Voraussetzungen ist daher der Einsatz öffentlicher Mittel unverzichtbar.

Eine zentrale Mittelvergabe ohne Abstimmung mit den Regionen hat eigendynamische Rückwirkungen auf die inhaltliche Planung und Durchführung von Projekten und zwingt häufig zur Veranstaltung von Events zuungunsten der aktivierenden Kulturarbeit oder kann diese bestenfalls nur am Rande berücksichtigen. Dasselbe gilt für Sponsorengelder.

Die bevorzugte Mittelvergabe für spartenbezogene Spitzenförderung begünstigt die Zersplitterung kultureller Energien und gerät damit in ein Spannungsfeld zur nachhaltig angelegten Kulturarbeit, die Regionenbildung als kontinuierlichen Verständigungsprozess begreift. Die positiven Auswirkungen der Stärkung regionsinterner, endogener, dezentraler, auf Partizipation aufbauender Prozesse auf alle gesellschaftlichen Bereiche (integrierte Regionalentwicklung) werden in der Kulturförderung manchmal ausgeblendet. Die Förderung kultureller Vielfalt sollte genauso anerkannt werden wie kulturelle Spitzen- und Leuchtturmförderung.

Besondere Bedeutung ehrenamtlicher Tätigkeit für ländliche Regionen

Ehrenamtliches Engagement ist ein wichtiger Faktor in der Kulturarbeit ländlicher Regionen. „Ehrenamtliche sind eine wichtige Quelle an Zeit, Talent und Energie. Sie helfen einer Nonprofit-Organisation, ihre Aufträge zu erfüllen. Sie komplettieren die Arbeit der hauptamtlichen Mitarbeiter, erweitern deren Kapazitäten und bringen neue Perspektiven und Energien ein."[261] Viele Einrichtungen wären ohne ehrenamtliches Engagement in der Vergangenheit nicht gegründet worden oder könnten heute bzw. in Zukunft ohne diese Unterstützung nicht existieren. Sie werden zum Teil sogar vollständig ehrenamtlich geführt. Untersuchungen im Museumsbereich haben beispielsweise festgestellt, dass fast 70 Prozent der freiwilligen Mitarbeiter in deutschen Museen in ehrenamtlich geleiteten Einrichtungen tätig sind. Dort, wo diese Mitarbeiter aktiv sind, werden die Häuser und deren Angebote im öffentlichen Bewusstsein in der Regel viel besser wahrgenommen. Im Umkehrschluss könnte man sagen, dass, wenn eine Organisation oder Einrichtung ihre öffentliche Akzeptanz verbessern möchte, sie auf bürgerschaftliches Engagement angewiesen ist.

Untersuchungen zeigen, dass in unserer Gesellschaft eine hohe Bereitschaft besteht, sich in einem Ehrenamt zu engagieren. Die Rahmenbedingungen haben sich allerdings geändert. Bürgerschaftli-

---

[261] Bock (2002).

che Teilnahme erfolgt immer weniger aus sozialer Verantwortung, Nächstenliebe oder Solidarität, sondern muss immer häufiger die Interessen und Bedürfnisse der ehrenamtlich Tätigen im Sinne individueller Selbstverwirklichung berücksichtigen.

Die Leistung der aktiven Helfer erfolgt freiwillig und unentgeltlich, ist aber nicht kostenlos zu haben. Dabei sind Verpflichtungen der Einrichtungen wie die Sorge für eine gesetzliche Unfallversicherung oder eine Haftpflichtversicherung selbstverständlich. Die Gegenleistung besteht eher aus einer mehr oder weniger umfassenden Aus- oder Fortbildung bzw. Qualifizierung oder mindestens einer eingehenden Einführung in die Tätigkeiten der freiwilligen Mitarbeiter. Wer zufriedene Menschen in ihrer Aufgabenwahrnehmung vorfinden will und diese langfristig motivieren möchte, muss sich bemühen, eine enge Kommunikation aufzubauen und das Gespräch zu suchen. Auch die Anerkennungskultur, das „Dankeschön" für die geleisteten Aufgaben, trägt dazu bei, die Freiwilligen in ihrer Tätigkeit immer wieder neu anzuspornen.[262]

Für die oben genannten Verpflichtungen tragen die Einrichtungen und Vereine selbst die Verantwortung. Zusätzlich haben sich einige Länder in den letzten Jahren intensiv bemüht, die ehrenamtliche Arbeit gezielt zu fördern. So hat das Land Niedersachsen mit einer Versicherungsgesellschaft einen Rahmenvertrag abgeschlossen, der ehrenamtlich Tätige – wenn privater oder öffentlicher Versicherungsschutz nicht greift – bei ihrem bürgerschaftlichen Engagement gegen Unfälle versichert und bei leitenden Tätigkeiten auch einen Haftpflichtversicherungsschutz gewährt. Es wäre sicherlich von großem Vorteil, wenn diese Form der Absicherung bundesweit in vergleichbarer Weise organisiert werden könnte.

Eine weitere gute Initiative ist die Sport-Ehrenamts-Card, die das Land Niedersachsen gemeinsam mit dem Landessportbund Niedersachsen e. V. (LSB) und dem Niedersächsischen Turner-Bund e. V. (NTB) eingerichtet hat. Sie bietet ehrenamtlichen Mitarbeitern der niedersächsischen Turn- und Sportvereine vielfältige Vorteile und Ermäßigungen, unter anderem bei Großveranstaltungen, Musicals, in Sportgeschäften und in öffentlichen Einrichtungen. Diese oder ähnliche Maßnahmen zur Wertschätzung (auch kultureller) ehrenamtlicher Arbeit sollten für alle ehrenamtlich aktiven Personen gelten.

Best Practice am Beispiel der Ostfriesischen Landschaft

Im Jahre 2004 besuchte eine Delegation der Enquete-Kommission im Rahmen einer Reise durch Norddeutschland unter anderem die Ostfriesische Landschaft. Diese setzt sich in vielen kulturellen Bereichen Ostfrieslands für „hebende Kulturarbeit" ein. Sie macht den Wert des Bestehenden für alle deutlich und fördert die Entwicklung und Vernetzung vorhandener Ressourcen und Strukturen. Dies ist ein Prozess, der unter anderem folgende Schwerpunkte hat:

– die Entwicklungsplanung auf kulturellem, wissenschaftlichem und pädagogischem Gebiet auf der Grundlage wissenschaftlicher Fachkompetenz und langjähriger Erfahrung (kontinuierliche Bestandsaufnahme, Entwicklung und Innovation),

– die Absicherung von Kontinuität und Innovationsfähigkeit (Aufbau und ständige Anpassung von Kommunikationsstrukturen, Vernetzung, Verlässlichkeit als regionale Dienstleistungsinstitution, Stabilisierung sowie An- und Einbindung der verschiedenen Trägermilieus, Organisation von Synergieeffekten),

– eine dauerhafte Kommunikation mit den Akteuren unter Berücksichtigung von Qualitätsstandards (wissenschaftliche, didaktische und fach- bzw. spartenspezifische Begleitung, Koopera-

---

[262] Vgl. Liebelt (2005).

tion, spezielle Qualifizierungsangebote, Hilfe zur Selbsthilfe – insbesondere dort, wo viele Ehrenamtliche aktiv sind –, Vermittlung von Regionalität und regionaler Identität, Beratung und Angebot effizienter Lösungen, Wertschätzung ehrenamtlich erzielter Ergebnisse, Kontaktpflege),

– praxisbezogene Grundlagenforschung und -arbeit, die teilweise an den Universitäten nicht geleistet wird und Wissenstransfer von Forschungsergebnissen in den ländlichen Raum,

– Mitteleinwerbung für Projekte.

Das Beispiel der Ostfriesischen Landschaft zeigt, dass viele hervorragende Ergebnisse von ehrenamtlicher Arbeit auf einer vorhergehenden Mobilisierung, Qualifizierung und Vernetzung von Menschen beruhen, das heißt auf erfahrener und Kontinuität sichernder hauptamtlicher Begleitung.

C) Handlungsempfehlungen

1. Die Enquete-Kommission empfiehlt dem Bund und den Ländern, in ihrer Kulturpolitik die besonderen Anforderungen einer die ländlichen Regionen stärkende Strukturpolitik gezielt zu berücksichtigen.

2. Die Enquete-Kommission empfiehlt dem Bund, durch entsprechende Vorgaben im Rahmen des Gesetzes über den öffentlichen Personennahverkehr (ÖPNV-Gesetz) zur Verbesserung der Mobilität in ländlichen Regionen als Grundvoraussetzungen für die Teilhabe an Kultur beizutragen.

3. Die Enquete-Kommission empfiehlt den Ländern, in ihren Landesvertretungen regelmäßig Ausstellungen von Künstlern aus ihren Regionen auszurichten und Veranstaltungen mit ihnen durchzuführen, um deren überregionale Wahrnehmung zu fördern.

4. Die Enquete-Kommission empfiehlt den Ländern und Kommunen, bei der Vergabe öffentlicher Mittel die Förderung kultureller Vielfalt und aktivierender Kulturarbeit genauso zu schätzen wie kulturelle Spitzenförderung. Besonderer Wert sollte dabei auf die Förderung von ehrenamtlicher Tätigkeit gelegt werden, ohne dass dadurch dem Abbau hauptamtlicher Strukturen Vorschub geleistet wird.

5. Die Enquete-Kommission empfiehlt den Kommunen, Schulen, Musik- und Jugendkunstschulen sowie kulturell tätige Vereine, Verbände und Künstler aus der Region in die Organisation und Durchführung von Kulturveranstaltungen einzubinden.

Ferner sollen die Kommunen in Zusammenarbeit mit regional verankerten Stiftungen prüfen, ob weitere regionale Kulturpreise und/oder Wettbewerbe ausgelobt werden sollen.

Außerdem wird empfohlen, Ausstellungsmöglichkeiten für zeitgenössische Kunst aus den Regionen zu schaffen bzw. zu erweitern und in der Region dafür zu werben, zeitgenössischen Künstlern verschiedener Sparten Aufträge zu erteilen und Werke von ihnen zu erwerben.

Der Vernetzung der Mobilität und den hierfür erforderlichen Voraussetzungen ist verstärkt Aufmerksamkeit zu widmen.

3.1.4 Umlandfinanzierung und inter-kommunale Zusammenarbeit

A) Bestandsaufnahme und
B) Problembeschreibung

Kulturelle Einrichtungen wie Theater, Museen, Orchester usw. finden sich vornehmlich in größeren Städten (Ober- und Mittelzentren). Dies ist historisch so gewachsen und auch sinnvoll, weil nicht an jedem Ort gleichartige Kultureinrichtungen und Veranstaltungen angeboten werden können. Folgerichtig werden diese Einrichtungen in erheblichem Umfang auch von Bürgern der umliegenden Landkreise, Städte und Gemeinden genutzt. Damit sind diese Kultureinrichtungen auch Bestandteil der kulturellen Infrastruktur des ländlichen Raumes.[263] Allerdings beteiligen sich die Gebietskörperschaften des „Umlands" nicht oder nur in geringem Umfang an der Finanzierung. So kommen etwa beim „Mainfranken Theater Würzburg" rund zwei Drittel der Besucher aus dem Umland, während – abgesehen vom Zuschuss des Freistaats Bayern – die Stadt Würzburg fast ausschließlich die Finanzierungslast trägt.

Für die zentralen Orte bedeutet dies eine dauerhafte, angesichts der Situation der kommunalen Haushalte oftmals nicht mehr darstellbare, Sonderbelastung. Mehr und mehr wird daher eine verstärkte Einbindung des Umlands in die Mitfinanzierung von Kultureinrichtungen in einem Oberzentrum gefordert. Zwar wird ein gewisser finanzieller Beitrag mittelbar auch durch die Eintrittsentgelte der Besucher aus dem Umland und insbesondere durch die Stärkung der Kaufkraft (Umwegrentabilität) erbracht; mit Rücksicht darauf, dass der größte Teil des Budgets eines Kulturbetriebs regelmäßig von der öffentlichen Hand kommt, reicht dies allein aber nicht aus.

Eine Mitfinanzierung von Einrichtungen in den Ober- und Mittelzentren, die auch von der Umlandbevölkerung genutzt werden, erfolgt zunächst einmal allgemein über die Berücksichtigung im kommunalen Finanzausgleich durch die Einwohnergewichtung.[264] Bei der Berechnung der Schlüsselzuweisungen wird durch einen gestaffelten Hauptansatz dem Umstand Rechnung getragen, dass Gemeinden mit größerer Einwohnerzahl auch bestimmte Leistungen für das Umland erbringen. Hier muss allerdings in Gestalt einer Zweckbindung sichergestellt werden, dass die Oberzentren diese zusätzlichen Mittel ausschließlich für den Betrieb der entsprechenden zentralen Einrichtungen verwenden und die Mittel nicht im allgemeinen Haushalt verbucht werden. In diesem Zusammenhang wäre es wünschenswert, wenn in dem kommunalen Finanzausgleich eine Zweckbindung der Haushaltsmittel für die Kultur vorgesehen würde. Wegen der Vielfalt der Aufgaben – auch außerhalb des Kulturbereichs –, die damit abgegolten werden, bestehen gegen eine zusätzliche individuelle Berücksichtigung bestimmter Kultureinrichtungen bei der Berechnung der Schlüsselzuweisungen jedoch systematische Bedenken.

Abgesehen vom kommunalen Finanzausgleich ist eine Einbindung des Umlands nach geltendem Recht nur auf freiwilliger Basis möglich. Hierfür kommen in Betracht:

– Zuwendungen der Umlandgemeinden ohne Anerkennung einer Rechtspflicht (verlorene Zuschüsse; Problem: die Rechtsprechung[265] setzt für freiwillige Leistungen der Kommunen enge Grenzen und unterwirft sie der besonderen Kontrolle durch die Kommunalaufsicht),

– Leistungen aufgrund vertraglicher Vereinbarung (Zuwendungsverträge),

– Leistungen aufgrund freiwilliger Zusammenschlüsse von Kommunen zur Förderung des Kulturdialogs und der Durchführung von Kulturprojekten aus kommunalen Mitteln und Landesmitteln (Beispiel: „Kultursekretariate Nordrhein-Westfalen" oder „Städtenetzwerk NRW – Soziale und kulturelle Infrastruktur für morgen"),

– Leistungen aufgrund gemeinschaftlicher Trägerschaft (zum Beispiel als Zweckverband, wie das „Nordostoberfränkische Städtebundtheater Hof" und das „Südostbayerische Städtetheater" Landshut/Passau/Straubing oder in der Rechtsform der GmbH, die zum Beispiel 17 Gemeinden

---

[263] Vgl. Kap. 3.1.3, Kultur in ländlichen Regionen.
[264] So z. B. durch Artikel 3 Abs. 1 Nr. 1 Bayerisches Finanzausgleichsgesetz (BayFAG).
[265] So das Urteil des Bayerischen Verwaltungsgerichtshofs vom 4. November 1992, sogenanntes „Eichenau"-Urteil AZ: 4B 90.178.

und Kreise im Landesteil Schleswig zur Gründung des „Schleswig-Holsteinischen Landestheaters" mit den drei Standorten Flensburg, Schleswig und Rendsburg genutzt haben).

Diese Zweckverbände beruhen regelmäßig darauf, dass eine Kultureinrichtung (zum Beispiel Landesbühne) im gesamten Verbandsgebiet tätig wird (Abstecherbetrieb). Besteht eine vergleichbare Präsenz der Kultureinrichtung in der Region nicht, ist die Bereitschaft zum Beitritt in einen Zweckverband erfahrungsgemäß gering.

Aufgrund der Haushaltslage der meisten Kommunen besteht zu einer finanziellen Beteiligung auf freiwilliger Grundlage in der Regel kaum Bereitschaft (Beispiel: Die seit Jahren währenden Bemühungen um eine Einbindung des Umlands in die Finanzierung des Mainfranken Theaters Würzburg blieben bis heute erfolglos.).

Für eine zwangsweise Heranziehung von Umlandkommunen zur Mitfinanzierung zentraler Kultureinrichtungen besteht nach geltender Rechtslage derzeit keine gesetzliche Grundlage. So ist die zwangsweise Bildung eines Zweckverbands nur zur Erfüllung von Pflichtaufgaben möglich.[266] Der Betrieb kultureller Einrichtungen stellt jedoch – ungeachtet der generellen Förderpflicht des Artikels 140 Abs. 1 Bayerische Verfassung (BV) – eine freiwillige Leistung dar.

Eine Änderung der geltenden Rechtslage, wonach (nur) für kulturelle Einrichtungen eine Ausnahme von diesem Grundsatz gemacht werden sollte, stößt auf erhebliche verfassungsrechtliche Bedenken. Die zwangsweise Heranziehung von Kommunen zur Pflichtmitgliedschaft in einem Zweckverband stellt einen Eingriff in das kommunale Selbstverwaltungsrecht dar.[267]

Um hier Abhilfe zu schaffen, haben der Freistaat Sachsen und neuerdings auch das Land Hessen auf unterschiedliche Weise rechtliche Voraussetzungen für Zusammenschlüsse von Kommunen zur gemeinsamen Kulturförderung geschaffen.

Da der reichen sächsischen Kulturlandschaft nach dem Ende der Übergangsfinanzierung des Bundes 1994 Gefahr durch die haushaltrechtliche Zuordnung der Kulturförderung zu den freiwilligen Leistungen drohte, haben Staatsregierung und Landtag unter aktiver Mitwirkung des Sächsischen Städte- und Gemeindetages sowie des Sächsischen Landkreistages das Sächsische Kulturraumgesetz geschaffen. Die verfassungsrechtlichen Grundlagen dafür bilden Artikel 35 des Einigungsvertrages und Artikel 11 der Verfassung des Freistaates Sachsen.

Kernpunkt des Sächsischen Gesetzes ist die Ausgestaltung der Kulturpflege als kommunale Pflichtaufgabe (§ 2 SächsKRG) mit dem Ziel einer regional gerechten Finanzierung der Kultur im ländlichen Raum.

Das Sächsische Kulturraumgesetz sieht elf Kulturräume (drei urbane und acht ländliche) vor, die als regionale Zweckverbände konzipiert wurden, in denen sich Landkreise und Städte zusammenfinden, um die Finanzierungslasten regional bedeutsamer Kultureinrichtungen und -maßnahmen gemeinsam zu tragen. Dabei sollen bürgernahe, effiziente und wandlungsfähige Strukturen geschaffen werden. Die Kulturräume verwalten ihre Angelegenheiten im Rahmen der Gesetze in eigener Verantwortung. Landräte und Oberbürgermeister entscheiden in „Kulturkonventen" gemeinsam über die regionale Kulturförderung. Sie werden dabei von Mitgliedern der Kreistage und Stadträte sowie von fachlich kompetenten ehrenamtlichen Kulturbeiräten unterstützt. Der Freistaat Sachsen ergänzt die regional aufgebrachten Mittel durch langfristig gesicherte Mitfinanzierung (insgesamt 86,7 Mio. Euro jährlich bis 2011) im Verhältnis ein Drittel Kulturraum, zwei Drittel

---

[266] Vgl. Artikel 28 Abs. 1 Bayerisches Gesetz über die kommunale Zusammenarbeit (BayKommZG).
[267] Vgl. Artikel 28 Abs. 1 GG, Artikel 11 Abs. 2 BV.

Freistaat. Das Kulturraumgesetz hat seit 1994 mit zahlreichen effizienzsteigernden Strukturveränderungen die Erhaltung der sächsischen Kulturlandschaft befördert.

In diesem Zusammenhang sei auch auf das „Gesetz zur Stärkung der kommunalen Zusammenarbeit im Ballungsraum Frankfurt/Rhein-Main" hingewiesen. Gemäß Hessischem Ballungsraumgesetz sollen die Städte, Gemeinden und Landkreise in dem gesetzlich definierten Ballungsraum Frankfurt/Rhein-Main Zusammenschlüsse zur gemeinsamen Wahrnehmung bestimmter Aufgaben, wie zum Beispiel der „Unterhaltung von kulturellen Einrichtungen von überörtlicher Bedeutung", bilden.

Die Ausgestaltung der Zusammenarbeit wie die Wahl der Organisationsformen, der räumliche Zuschnitt oder die finanzielle Ausstattung regeln die betroffenen Städte, Gemeinden und Landkreise in eigener Verantwortung. Der Grundsatz der eigenverantwortlichen Bildung von kommunalen Kooperationen kann allerdings eingeschränkt werden. Die Landesregierung hat das Recht, durch Rechtsverordnung Städte, Gemeinden und Landkreise zur Wahrnehmung der im Gesetz genannten Aufgaben zu einem Pflichtverband zusammenzuschließen.

Allerdings sehen viele Gemeinden und Gemeindeverbände im Hessischen Ballungsraumgesetz einen verfassungswidrigen Eingriff in das Recht auf kommunale Selbstverwaltung. Im Mai 2004 hat der Hessische Staatsgerichtshof die Grundrechtsklage einer Kommune jedoch zurückgewiesen. Der Staatsgerichtshof hielt einen Eingriff in das kommunale Selbstverwaltungsrecht nicht für gegeben, da das Ballungsraumgesetz keine rechtlichen Verpflichtungen schaffe, sondern lediglich eine Zielvorgabe mit Appellcharakter enthalte.

Gerade in Zeiten, in denen die öffentlichen Haushalte auf allen Ebenen eng geführt werden müssen, liegt in der Bildung kulturfördernder Netzwerke und dem Ausbau interkommunaler Kulturzusammenarbeit ein wesentliches Entwicklungspotenzial.

Interkommunale Kulturzusammenarbeit vollzieht sich in den Ländern und Regionen in unterschiedlicher Rechtsform und Ausprägung. Die Vielfalt dieser Kooperationsstrukturen stellt eine wichtige Entwicklungsressource der Kultur in Deutschland dar.

Die materielle Basis interkommunaler Zusammenarbeit bilden in der Regel die jeweiligen kommunalen Förderstrukturen, oft auch die Kulturstrukturen der Regionalverbünde, Landschaften, Landschaftsverbände und Kulturregionen, ergänzt durch Förderprogramme der Länder (spartenbezogene Landesförderung verbunden mit überörtlicher Präsentation der geförderten Produktionen, wie zum Beispiel Kindertheater Nordrhein-Westfalen, Tanztheater, Literaturbüro Nordrhein-Westfalen), der Europäischen Union (länderübergreifende Kulturförderung im grenznahen Bereich/Euregio) und häufig auch der öffentlichen und privaten Stiftungen. Es sollte geprüft werden, wie die öffentlich verantworteten Kulturstiftungen auch für diesen Sektor stärker wirksam werden können.

Verlässlichkeit der Finanzierung sowie Veränderungsoffenheit der Strukturen und Transparenz der Entscheidungswege sind die wesentlichen Qualitätsmerkmale interkommunaler Zusammenarbeit, die ihrerseits für eine lebendige Kulturentwicklung in Stadt und Land unerlässlich ist.

C) Handlungsempfehlungen

1. Die Enquete-Kommission empfiehlt den Ländern, Kulturräume zu schaffen, um die Lasten der Kulturfinanzierung zwischen städtischen Zentren und ländlichen Umlandgemeinden gerecht zu verteilen und Synergieeffekte zu erzielen. Die interkommunale Zusammenarbeit – wie sie zum Beispiel im Sächsischen Kulturraumgesetz verankert wird – schließt ein, dass Finanzmittel für Kultur gemeinsam von den Mitgliedern des Kulturraumes und dem jeweiligen Land aufgebracht werden. Dabei ist sicher zu stellen, dass die Umlandgemeinden auch in die kulturpolitischen Entscheidungen einbezogen werden.

2. Die Enquete-Kommission empfiehlt den Ländern, im kommunalen Finanzausgleich eine Zweckbindung der Haushaltsmittel für Kultur vorzusehen.

3. Die Enquete-Kommission empfiehlt den Kommunen und den öffentlichen Kulturstiftungen zu prüfen, inwieweit Stiftungen und anderes privates Kapital stärker für die interkommunale Zusammenarbeit auf dem Gebiet der Kultur gewonnen werden können.

3.1.5 Objektive und transparente Förderkriterien staatlicher Kulturfinanzierung – Schlussfolgerungen aus internationalen Erfahrungen

A) Bestandsaufnahme und
B) Problembeschreibung

Im Kontext der öffentlichen Kulturförderung ist die Entwicklung und Anwendung von nachvollziehbaren Kriterien nicht nur ein rechtsstaatliches und demokratisches Gebot, sondern auch ein Ausweis für eine sachgerechte und fachlich qualifizierte Förderpolitik. Objektive und transparente Förderkriterien können ein wirksames Instrument sein, um das Verfahren der Kulturförderung rationeller und rationaler zu gestalten. Sie erhöhen die Qualität des Förderverfahrens und damit gleichzeitig die Legitimation und Glaubwürdigkeit der fördernden Institutionen. Sie können ferner ein Mittel sein, die eigene Förderpolitik in ihrer Wirksamkeit zu überprüfen, wenn es gelingt, praktikable Evaluationsverfahren zu entwickeln. Um die vorhandenen Strukturen der Mittelvergabe näher zu beleuchten, hat die Enquete-Kommission ein international vergleichendes Gutachten über Förderkriterien staatlicher Kulturfinanzierung in Auftrag gegeben. Das im November 2004 vorgelegte Gutachten „Objektive und transparente Förderkriterien staatlicher Kulturfinanzierung – Vergleiche mit dem Ausland"[268] liefert einen Überblick über die Förderstrukturen in Großbritannien, Österreich, der Schweiz und den Niederlanden im Vergleich zu Deutschland. Allerdings sind die Modelle in den Vergleichsstaaten nur aus den jeweiligen Politiktraditionen heraus erklärbar und daher nicht einfach übertragbar; der vergleichende Blick kann jedoch helfen, die eigenen Förderstrukturen mit der notwendigen Distanz zu betrachten.

Der Vergleich kultureller Förder- und Finanzierungsformen im In- und Ausland zeigt zunächst, dass alle Grundformen der Kulturförderung[269] sinnvoll sind und sich bewährt haben. Jede dieser Formen hat Vor- und Nachteile, die immer neu abgewogen werden müssen. Dabei ist gerade die Mischung wichtig; es darf keine „Fördermonokultur" entstehen. Gerade die Förderung „aus vielen Händen" sichert die kulturelle Vielfalt.

Der internationale Vergleich zeigt, dass Länder wie beispielsweise Großbritannien und die Niederlande ökonomische und gesellschaftliche Förderkriterien deutlich stärker gewichten und die Künste unbefangener für instrumentelle Ziele in Anspruch nehmen, etwa für die Ziele, soziale Benachteiligungen abzubauen, verschiedene Bevölkerungsgruppen besser zu integrieren oder Beiträge für das Standort-Marketing zu leisten. Tatsächlich hat die Arbeit von Künstlern und Kulturvermittlern unbestreitbar positive, nichtkünstlerische Effekte, deren Anerkennung zu einer starken positiven Einbindung der Kunst in die Gesellschaft führen kann.

Allerdings zeigt der internationale Vergleich auch, dass das Aufstellen expliziter Kriterien Risiken beinhaltet. So ist in Großbritannien an manchen Stellen die einstige Fülle der Kriterien wieder eingeschränkt worden, weil zu viele und zu komplexe Vorgaben den Prozess der Kulturförderung be-

---
[268] Vgl. Gutachten zum Thema „Objektive und transparente Förderkriterien staatlicher Kulturfinanzierung – Vergleiche mit dem Ausland" (Gutachten Kulturfinanzierung). (Kommissionsdrucksache 15/276a)
[269] Dazu zählen: Unterhalt von Institutionen, Finanzierung befristeter Projekte, Künstlerförderung, Bereitstellung von Infrastruktur, Aus- und Fortbildung und kulturfreundliche Rahmenbedingungen.

hinderten. Noch problematischer ist, dass das Formulieren sozialer und ökonomischer Förderungskriterien die Autonomie der Kunst gefährden kann. Der Kunst muss Freiraum zugestanden werden, sonst wird sie reduziert auf das, was allen gefällt und sozialverträglich ist. Die Künste dürfen nicht zum Mittel reiner Zweckerfüllung werden, weil sie ihre Legitimation verlören, sobald andere Akteure (Markt, Sozial- oder Wirtschaftspolitik) das Ziel effizienter oder kostengünstiger erreichten. So ist letztlich die Flexibilität entscheidend, mit der Kriterien vorgeschrieben werden.

Einen Sonderfall bezüglich der Förderkriterien stellen die Niederlande dar, da alle kulturellen Institutionen des Landes dem Vierjahresplan des „Raad voor Cultuur" unterworfen sind und einen Bericht über das Geleistete der vergangenen vier Jahre und über die weiteren Planungen vorlegen müssen. Auch die großen Ensembles und Museen sind davon nicht ausgenommen; infolge hiervon musste beispielsweise das staatliche Designinstitut in Amsterdam geschlossen werden. Dennoch können die großen Ensembles und die großen Museen selbstverständlich davon ausgehen, dass sie auch in der nächsten Planungseinheit bedacht werden. De facto sind also auch dort, wo öffentliche und private Antragsteller prinzipiell gleichbehandelt werden, die etablierten öffentlichen Einrichtungen im Vorteil, weil ihnen gegenüber nicht nur eine besondere politische Verantwortung besteht, sondern sie auch durch die Größe ihres Budgets besser in der Lage sind, die geforderten Kriterien zu erfüllen.

Angesichts des Bedeutungsgewinns der Projektförderung in der deutschen Kulturpolitik ergibt sich ein gesteigertes Interesse an der Qualität von Vergabeverfahren und an der Entscheidungsfindung. Die Bedeutung von Kriterien im Entscheidungsprozess nimmt zu.

Vergabeverfahren müssen transparent sein. Transparenz ist nicht nur für die Öffentlichkeit, sondern auch für die innere Organisationskultur von hoher Bedeutung. Das beginnt bereits bei den Zugangsvoraussetzungen für die jeweilige Förderung (Nachvollziehbarkeit der Bedingungen oder auch Offenheit für alle Bewerber). Das Transparenzgebot betrifft nur das Verfahren selbst – die inhaltlichen Entscheidungen bleiben naturgemäß immer subjektiv.

Zur Entscheidungsfindung selbst ist festzustellen, dass die meisten Mitarbeiter der Förderinstitutionen in Deutschland Fachleute sind; dennoch empfiehlt sich zur Sicherung der fachlichen Qualität das Heranziehen von Beiräten oder Jurys, im Zweifel zusätzlicher Gutachten und Expertisen.

Die Definition der Kriterien für die Entscheidungsfindung erhöht die Qualität und Rationalität des Förderverfahrens nach innen und außen und fördert den Dialog mit den Antragstellern. Selbstverständlich geht es auch hier nicht um Kriterien für die Entscheidungen über die Kunst selbst, sondern um Kriterien für das Verfahren der Entscheidungsfindung (allerdings führt die Qualität eines Verfahrens oftmals auch zu überzeugenden Entscheidungen). Formale Kriterien wie „für alle zugänglich", „transparent" sind leichter zu formulieren als inhaltliche Kriterien; „nachhaltig", „modellhaft" und „innovativ" sind keine objektivierbaren oder überprüfbaren Vorgaben. Jedoch werden diese Kriterien dadurch nicht unwichtig. Im Gegenteil: Das wichtigste nennbare Kriterium ist es, überhaupt Vorgaben formuliert zu haben, die über Allgemeinplätze wie „hohe Qualität" oder „herausragende Leistung" hinausgehen.

Auffällig ist, dass die eher staatsfernen und jüngeren Fördereinrichtungen in ihren Kriterienkatalogen nicht nur das künstlerische Produkt im Blick haben, sondern auch den Kontext der Produktion und die Nachhaltigkeit der Förderwirkung. Auch in einigen staatsnäheren Stiftungen – wie zum Beispiel der Kulturstiftung des Bundes – ist dieser Trend erkennbar. So gewinnt die Kulturförderung im Sinne einer aktivierenden und unterstützenden Kulturpolitik an Bedeutung, während das traditionelle Verständnis vor allem der staatlichen Stiftungen im Sinne eines karitativen „Staatsmäzens" tendenziell an Bedeutung verliert.

Die Überprüfung der korrekten Mittelverwendung hängt in Deutschland wie in anderen Ländern von der Höhe der Zuwendung ab. Dabei wird einerseits zunehmend versucht, die Verfahren der Rechnungslegung und -überprüfung zu vereinfachen und die Verwaltungskosten zu senken, andererseits werden immer häufiger kostenträchtige und aufwendige Erfolgsberichte angefordert (die mangels messbarer Kriterien oft auf nicht immer aussagekräftige Nutzerzahlen zurückgreifen müssen).

C) Handlungsempfehlungen

1. Die Enquete-Kommission empfiehlt den mit öffentlichen Mitteln finanzierten, fördernden Institutionen, in ihren Vergabeverfahren deutlich zu machen, an welche Adressaten sie sich richten, welche Ziele und Grundsätze sie verfolgen, nach welchen Kriterien sie fördern und wie die Entscheidungsverfahren von der Sichtung bis zur Entscheidungsbegründung geregelt sind.
2. Die Enquete-Kommission empfiehlt den mit öffentlichen Mitteln finanzierten, fördernden Institutionen, als Grundlage für das Vergabeverfahren eine Geschäftsordnung, einen Verhaltenskodex und ein Rotationsprinzip zur Vermeidung von „Beratungserbhöfen" zu vereinbaren.
3. Die Enquete-Kommission empfiehlt den mit öffentlichen Mitteln finanzierten, fördernden Institutionen, die geförderten Einrichtungen regelmäßig zu evaluieren, die Wirksamkeit der Projekte zu prüfen, ein Zuwendungscontrolling zu betreiben und den kulturpolitischen Instanzen regelmäßige und öffentlich einsehbare Kulturberichte vorzulegen.

3.2 Lage und Strukturwandel der öffentlich-nichtstaatlichen Kulturförderung

3.2.1 Die kulturelle Tätigkeit der Kirchen

A) Bestandsaufnahme und
B) Problembeschreibung

Die Enquete-Kommission hat sich in ihren Beratungen ausführlich mit der kulturellen Rolle der christlichen Kirchen in Deutschland befasst. Kirchenvertreter waren in der 15. Wahlperiode als Experten Teilnehmer der Anhörungen zur kulturellen Bildung in den Jahren 2004[270] und 2005[271], zur Lage der Bibliotheken[272], zu Laienkultur und Brauchtumspflege[273] und zu den Auswirkungen des demografischen Wandels.[274] Die Deutsche Bischofskonferenz (DBK) und die Evangelische Kirche Deutschlands (EKD) nahmen auch zum Thema UNESCO-Weltkulturerbe Stellung.

---

[270] Vgl. schriftliche Stellungnahme von Dr. Jakob Johannes Koch zum Fragenkatalog des Expertengesprächs vom 8. März 2004 zum Thema „Kulturelle Bildung". (Kommissionsdrucksache 15/044)
[271] Vgl. schriftliche Stellungnahme des Braunschweiger Doms zum Fragenkatalog der Anhörung zum Thema „Kulturelle Bildung in Deutschland II" (2005). (Kommissionsdrucksache 15/348)
[272] Vgl. Arbeitsgemeinschaft der kirchlichen Büchereiverbände Deutschlands. (Kommissionsdrucksache 15/361)
[273] Vgl. Wortprotokoll (Protokoll-Nr. 16/8) der Anhörung vom 29. Mai 2006 zum Thema „Laienkultur und Brauchtumspflege". Teilnehmer: Liebing, Stefan (Generalsekretär der Bundesvereinigung Deutscher Musikverbände), Scherf, Dr. Henning (Bürgermeister a. D., Präsident des Deutschen Chorverbandes), Hornung, Dieter (Bundesgeschäftsführer vom Bund Heimat und Umwelt in Deutschland), Rademacher, Norbert (Präsident des Bundes deutscher Amateur-Theater e. V.), Kramer, Prof. Dr. Klaus (Vorsitzender des Deutschen Bundesverbandes Tanz e. V.), Goltz, Dr. Reinhard (Sprecher des Bundesrates für Niederdeutsch und Geschäftsführer des Instituts für niederdeutsche Sprache), Bahr, Dr. Petra (Kulturbeauftragte der EKD).
[274] Vgl. Wortprotokoll (Protokoll-Nr. 16/17) der Anhörung vom 6. November 2006 zum Thema „Auswirkungen des demografischen Wandels auf die Kultur", Teilnehmer: Cornel, Hajo (Leiter der Abteilung Kultur im Ministerium für Wissenschaft, Forschung und Kultur (in Vertretung für: Prof. Dr. Johanna Wanka, Ministerin für Wissenschaft, Forschung und Kultur des Landes Brandenburg)), Frese, Kathrin (Geschäftsführerin des Multikulturellen Zentrums Templin e. V.), Hermann, Lutz (Erster Beigeordneter des Bürgermeisters der Stadt Schwedt, zuständig für Kultur (in Vertretung für: Jürgen Polzehl, Bürgermeister der Stadt Schwedt), Neubert, Pfr. Christhard-Georg (Direktor der Kulturstiftung St. Matthäus und Kunstbeauftragter der Evangelischen Kirche Berlin-Brandenburg-schlesische Oberlausitz, Initiative Dorfkirchensommer (Brandenburgweit)), Schubert, Armin (Geschäftsführer Kinder- und Jugend-Kunstgalerie Sonnensegel e. V.), Schubert, Olivia (Kunstwerk Uckermark), Simon, Reinhard (Intendant der Uckermärkischen Bühnen Schwedt), Wichtmann, Christoph (Geschäftsführer der Uckermärkischen Musikwochen e. V.)

Die Enquete-Kommission gab in der 15. Wahlperiode ein Gutachten unter dem Titel „Der Beitrag der Kirchen und Religionsgemeinschaften zum kulturellen Leben in Deutschland" in Auftrag[275], das das Engagement der Kirchen, aber auch den Kulturbeitrag bestimmter anderer Religionsgemeinschaften, untersuchte.

Der Auftrag wurde an das „Institut für kulturelle Infrastruktur Sachsen" vergeben, das eine gründliche Erfassung der kirchlichen Kulturarbeit vorlegte.[276] Es konnte sich auch auf Vorarbeiten aus der EKD und der DBK stützen.[277] Die aus den Bistümern und Landeskirchen eingegangenen Ergebnisse einer Befragung wurden mit den Referaten eines Symposiums unter dem Titel „Zum Lobe Gottes und zur Freude der Menschen"[278] zusammengestellt. Die anderen christlichen Gemeinschaften gehörten nicht zum Arbeitsauftrag des Gutachtens.

Exkurs: Der Beitrag der nichtchristlichen Religionen zur Kultur in Deutschland

Das Judentum hat einen integralen, wichtigen Anteil an der Geschichte Europas und am kulturellen Leben Deutschlands. Durch Vertreibung und Ermordung fast des gesamten deutschen Judentums zwischen 1938 und 1945 ist dieser Beitrag fast völlig ausgelöscht und beendet worden. Die relativ kleinen jüdischen Gemeinden erleben durch den Zuzug von osteuropäischen Juden in den letzten Jahren einen deutlichen Aufschwung. Neben der Traditionspflege stellt sich heute nicht zuletzt die Aufgabe der Integration dieser osteuropäischen Zuwanderer. Die 87 im „Zentralrat der Juden" in Deutschland zusammengeschlossenen Synagogengemeinden mit ihren ca. 108 000 Mitgliedern haben seit 2004 ein Kulturprogramm, das integrative Projekte zur jüdisch-europäischen Kultur, Geschichte und Sprache umfasst und in den Gemeinden kostenfreie Kulturveranstaltungen ermöglicht.[279]

Die Muslime in Deutschland, die eine geschätzte Größenordnung von 3,5 Millionen Personen umfassen, von denen sich ca. 60 Prozent als religiös engagiert bezeichnen, sind nicht nur nach ihren großen Gruppen als Sunniten, Schiiten und Aleviten, sondern auch nach kleineren islamischen Glaubensrichtungen und nationalen Verbindungen in 19 Dachorganisationen zusammengeschlossen. Unter den islamischen Kulturinstitutionen ist das „Zentralinstitut Islam-Archiv-Deutschland" in Soest, 1927 in Berlin gegründet, das älteste. Verlage, Hilfswerke, Zeitschriften und Bildungseinrichtungen sind zumeist auf die innergemeinschaftliche Kommunikation, Bildung und Kultur ausgerichtet. Durch Aktionen wie dem „Tag der offenen Moschee" wird eine Öffnung gefördert, die zu einer besseren gegenseitigen kulturellen Wahrnehmung beitragen kann. Nicht zuletzt integrative Projekte der kulturellen Bildung nehmen in besonderer Weise Kinder aus muslimischen Familien in den Blick. Besondere Beachtung bedarf der Beitrag, den die islamische Kultur als Mittler großer Kulturtradition zur Ausbildung der europäischen Kultur geleistet hat.[280]

Nicht zuletzt wegen der unklaren Zahlen und Organisationsverhältnisse sind andere, nichtchristliche Religionsgemeinschaften in Deutschland nur schwer zu erfassen. Sie machen ca. 0,6 Prozent der Bevölkerung aus und untergliedern sich in die großen asiatischen Religionen Hinduismus (ca. 95 500 Gläubige) und Buddhismus (ca. 240 000) und eine Fülle anderer religiöser Bewegungen

---

[275] Vgl. Leistungsbeschreibung Gutachten „Beitrag der Kirchen und Religionsgemeinschaften zur Kultur in Deutschland" (Kommissionsdrucksache 15/323b)
[276] Vgl. Gutachten „Beitrag der Kirchen und Religionsgemeinschaften zur Kultur in Deutschland". (Kirchengutachten) von Prof. Matthias Theodor Vogt (Institut für kulturelle Infrastruktur Sachsen). (Kommissionsdrucksache 15/414b)
[277] Ebd., S. 257–281.
[278] Ebd.
[279] Zahlen nach Statistischem Jahrbuch 2006 und dem Kirchengutachten, S. 61. (Kommissionsdrucksache 15/414b); zu den in Gemeinden organisierten Juden zählen noch ca. 80 000 Juden ohne Gemeindezugehörigkeit und 4 000 Mitglieder der „Union progressiver Juden".
[280] Vgl. Kap. 6.4, Interkulturelle Bildung i. V. m. Kap. 3.5.5, Migrantenkulturen/Interkulturen.

(insgesamt ca. 141 000) mit selten mehr als 2 000 Anhängern.[281] „Während Judentum und Islam von erheblicher Bedeutung für die Genese der abendländischen und damit auch der deutschen Kultur sind, gingen von Hinduismus, Taoismus, Shintoismus etc. keine zentralen Impulse auf Deutschland aus."[282] Inwieweit es sich in deren Äußerungsformen um Religion oder Kultur im Sinne von Brauchtum, Lebensweise und Verhalten handelt, ist nur schwer zu differenzieren.

Die Enquete-Kommission schließt sich dem Vorschlag an, den Beitrag von Migrantengemeinschaften zur Kultur in Deutschland zum Gegenstand eigener Untersuchungen zu machen.[283]

Die christlichen Kirchen sind die prägenden religiösen Vereinigungen Deutschlands. Sowohl von der historischen Bedeutung als auch der heutigen Anhängerschaft her spielen die katholische und die evangelischen Kirchen eine herausragende Rolle. Mit etwa zwei Dritteln der in Deutschland lebenden Bevölkerung stellt die christliche Kirchenmitgliedschaft die größte gesellschaftliche Gruppierung dar, wobei zwischen Ost und West eine erhebliche Disparität besteht und die Kirchenbindung seit Jahren tendenziell abnimmt und freikirchliche Aktivitäten leicht zunehmen.

Bedeutung christlicher Tradition für Kunst und Kultur

Die europäische Kultur ist durch christliche Traditionen geprägt. Bibel und Christentum gehören neben den antiken Traditionen seit 1 700 Jahren zu den wesentlichen Grundlagen europäischer Kultur – das gilt nicht nur für künstlerische Ausdrucksweisen, sondern auch für die Bereiche Recht, Wissenschaft, Moral und Brauchtum. Auch andere, nichtchristliche Religionen haben die europäische Kultur mitgestaltet. Hierzu gehört insbesondere das Judentum, aber auch der Islam. Kulturelle Formen haben sich zudem auch in Auseinandersetzung und Abgrenzung zum Christentum entwickelt.

Das christliche Erbe ist für die kulturelle Tradition Europas von besonderer Bedeutung. Kirchenbauten sind prägende Momente der Städte und Dörfer, Bibelübersetzungen leisteten für die Entwicklung der europäischen Sprachen einen großen Dienst, in Literatur und Theater finden wir außer Themen der antiken Mythologie und Geschichte vor allem biblische Motive und Symbole, die europäische Musik nimmt ihren Ausgang aus der liturgischen Deklamation, die bildende Kunst von der darstellung antiker und christlicher Symbole und biblischer Ereignisse. Viele Museen sind angefüllt mit Werken christlicher Thematik. Diese Prägungen verlieren in der Neuzeit zwar sukzessive erheblich an Bedeutung, sie bleiben aber gleichwohl präsent und bedeutsam.

Die christlichen Kirchen Deutschlands tragen mit ihren Museen, ihren Chören und Musikensembles, ihren öffentlichen Büchereien und Fachbibliotheken, ihren Bildungseinrichtungen und Baudenkmälern und vielem anderen mehr wesentlich zum kulturellen Leben in unserem Land bei. Sie gehören zu den zentralen kulturpolitischen Akteuren Deutschlands. Die Kirchen setzen etwa 20 Prozent ihrer Kirchensteuern, Zuwendungen und Vermögenserlöse für ihre kulturellen Aktivitäten ein, etwa 3,5 bis 4,8 Mrd. Euro.[284] Die Kirchen liegen damit mit ihren Aufwendungen für Kultur im Vergleich der öffentlichen Ebenen gleichauf mit den Kommunen und Ländern.[285] Die Kirchen setzen als kulturpolitische Akteure insbesondere auf Breitenarbeit und die Einbeziehung des

---

[281] Für eine exemplarische Darstellung der religiösen Gemeinschaften vgl. das Projekt „Religion Plural" der Ruhr-Universität Bochum, die differenzierte interaktive Karten für NRW erarbeitet haben; www.ruhr-uni-bochum.de/relwiss/rp/index.html, (Stand: 8. Juni 2007).
[282] Kirchengutachten, S. 67. (Kommissionsdrucksache 15/414b)
[283] Vgl. Kirchengutachten, S. 73. (Kommissionsdrucksache 15/414b)
[284] Vgl. Kirchengutachten, S. 224–227. (Kommissionsdrucksache 15/414b)
[285] Ebd., S. 228.

Ehrenamtes. Haupt- und engagiertes Ehrenamt teilen sich etwa je zur Hälfte in die kirchliche Kulturarbeit.[286] Die Kirchen fördern mit ihrer kulturellen Breitenarbeit insbesondere die Jugend.[287]

Kirchliche Kulturförderung ist nicht „staatlich" und auch mit „privat" nicht korrekt beschrieben, sie nimmt eine eigene Stellung ein. Eine gewisse Parallele ergibt sich zu den öffentlich-rechtlichen Rundfunkanstalten, die auch dem öffentlichen Bereich zuzuordnen sind. Die kirchliche Kulturförderung ist als „öffentlich-nichtstaatlich" zu charakterisieren.

Die Trennung von Staat und Kirche verbietet keineswegs die Zusammenarbeit zwischen Staat und Kirchen. Die Kooperation ist dem Staat nicht nur ebenso erlaubt wie mit jeder anderen gesellschaftlichen Gruppe, sondern in bestimmten Bereichen sogar von Verfassung wegen geboten. Das Grundgesetz kennt neben den „eigenen" und den „staatlichen" Angelegenheiten noch einen dritten Typus, eben die gemeinsamen Angelegenheiten.[288]

Kirchliche kulturpolitische Äußerungen

Kirchliche kulturelle Aktivitäten sind zunächst ein besonderer Bereich kirchlichen Handelns. Sie geraten damit oft aus dem Blickfeld des Staates, gelegentlich aber auch der Kirchen selbst. Auf der Ebene der Landeskirchen und Diözesen gibt es wie auf der Bundesebene immer wieder kulturpolitische Stellungnahmen und Interventionen, jedoch kaum systematische Erarbeitungen der kulturpolitischen Positionen bzw. eine nur geringe Beachtung dieser in kulturpolitischen Gremien.[289] Die öffentlichen Stellungnahmen der Kirchen zu allgemeinen kulturpolitischen Fragen entsprechen nicht der Bedeutung ihrer umfänglichen Kulturarbeit in den Gemeinden, Dekanaten, Landeskirchen, Bistümern, Verbänden, Ordensgemeinschaften, Jugendorganisationen, Hochschulen, in der Erwachsenenbildung und den Akademien.

Als Ergebnis eines Konsultationsprozesses, den die EKD gemeinsam mit der „Vereinigung evangelischer Freikirchen" (VEF) von 1999 bis 2001 durchführte, wurde eine Denkschrift unter dem Titel „Räume der Begegnung. Religion und Kultur in evangelischer Perspektive" veröffentlicht, die eine Verhältnisbestimmung von Protestantismus und Kultur vornimmt.[290] Zu den aktuellen politischen Themen formuliert sie darin: „Die evangelischen Kirchen sehen sich in entscheidenden kulturpolitischen Positionen mit dem Zentralkomitee der deutschen Katholiken einig."[291] Im November 1999 hatte das Zentralkomitee der Katholiken eine zusammenfassende kulturpolitische Erklärung unter dem Titel „Kultur als Aufgabe für Staat und Kirche. Zur Förderung der dezentralen und pluralen Kultur in Deutschland" beschlossen und veröffentlicht.[292]

Kulturelle Infrastruktur kirchlicher Kulturarbeit

Kulturelle Tätigkeit ist für die Kirchen keine Nebenaufgabe, sie ist immanenter Teil ihres Dienstes für Gott und die Menschen. Ihre kulturelle Infrastruktur ist von beeindruckender Fülle.

---

[286] Ebd., S. 230ff.
[287] Ebd., S. 235f.
[288] Vgl. Artikel 140 GG.
[289] Vgl. Auskünfte der KMK mit Schreiben vom 7. März 2005: „Als Ergebnis der kurzfristig durchgeführten Umfrage in den Ländern teile ich Ihnen mit, dass keine einschlägigen Studien hierzu vorliegen" und den Staatsminister vom 28. Februar 2005: „… dass Ausarbeitungen im engeren Sinne des Themas hier nicht vorliegen." Vgl. auf evangelischer Seite Donner (1996) und – neben vielen Publikationen zum Verhältnis der Künste zur Kirche – auf katholischer Seite Feige (1998).
[290] Vgl. Kirchenamt der EKD (Hrsg.) (2002) und zum Verfahren Bahr/Kaiser (2004).
[291] Ebd., S. 88.
[292] Vgl. Zentralkomitee der deutschen Katholiken (1999), S. 7.

Etwa 400 wissenschaftliche Bibliotheken und Archive befinden sich in kirchlicher Trägerschaft, davon 160 in katholischer und 240 in evangelischer. Die Trägerschaften reichen von den Landeskirchen über Stiftungen bis zum privaten Engagement. Sorgen bereiten vor allem die Finanzierung der Substanzerhaltung und die Restaurierung der historischen Bestände, insbesondere auch in den Klöstern.

Seit der Mitte des 19. Jahrhunderts ist die Literaturversorgung breiter Kreise zu einer wichtigen kirchlichen Aufgabe geworden. Die 3 864 Katholischen Öffentlichen Büchereien (KÖB) im „Borromäusverein e. V." und die 1 030 im Bereich des „Deutschen Verbandes Evangelischer Büchereien" sichern die Erreichbarkeit von Lektüren durch ein dichtes Netz von Einrichtungen, die – was ihre Anzahl betrifft – etwa 50 Prozent aller öffentlichen Büchereien ausmachen. Sie werden von etwa 32 000 ehrenamtlichen Mitarbeitern (pro Einrichtung rechnerisch sechs bis sieben) getragen. Die Ausleihzahlen sind seit 2003 leicht ansteigend. Außer der Ausleihe werden regelmäßig Veranstaltungen von den Einrichtungen, ihren Verbänden oder den zugeordneten Fachstellen der Kirchenverwaltungen angeboten. Außerhalb der Stadtzentren und auf dem Lande sind diese Büchereien oft der einzige Zugang zum geliehenen Buch. Beeindruckend ist auch die musikalische Breitenarbeit der Kirchen. Die Chöre und Instrumentalgruppen der Kirchen sind ein wesentlicher Faktor des Musiklebens in Deutschland, nicht nur im Hinblick auf Konzerttätigkeiten, sondern auch und gerade hinsichtlich des – wachsenden – Feldes der Kinder- und Jugendensembles. Für den katholischen Bereich werden – im Jahre 2002 – 17 677 kirchenmusikalische Gruppen mit 437 699 Mitgliedern genannt; für den evangelischen – im Jahre 2003 – 34 686 Gruppierungen mit 527 594 Mitgliedern, also zusammen fast eine Million Sänger und Instrumentalisten.[293] Sie sind aber nur mangelhaft in die säkulare – zumeist kommunale – Musikförderung und kulturelle Bildung eingebunden.

Auch im Bereich der professionellen Spitzenleistungen finden sich kirchliche Akteure – vom Thomanerchor Leipzig bis zu den Regensburger Domspatzen. Für die Pflege des kirchenmusikalischen Erbes genießt Deutschland zu Recht internationale Wertschätzung. In zum Teil eigenen Musikhochschulen werden Kirchenmusiker ausgebildet.[294] In den Leitungen der Musikensembles ist, neben haupt- und nebenamtlichen Kantoren und Organisten, eine Fülle ehrenamtlicher Musiker tätig. Wünschenswert wäre jedoch eine stärkere Ausbildung auch sogenannter B-Kirchenmusiker. Die künstlerisch-musikalische Gestaltung der Gottesdienste ist ein wichtiger Beitrag zur Musikkultur, aber auch die (Kirchen-)Konzerte mit geistlicher Musik gehören integral zum Musikleben unseres Landes. Die Gesamtverträge gemäß § 12 Urheberrechtswahrnehmungsgesetz (UrhWG) der Kirchen mit der „Gesellschaft für musikalische Aufführungs- und mechanische Vervielfältigungsrechte" (GEMA) in Bezug auf Musik im Gottesdienst, auf Konzerte und über die Nutzung von Noten und Texten mit der Verwertungsgesellschaft Wort und der Verwertungsgesellschaft Musikedition sind unverzichtbar für eine erfolgreiche kirchenmusikalische Arbeit.

Verwiesen werden muss auch auf die vielfältigen Aktivitäten im Bereich der bildenden Kunst. Zu nennen ist die Pflege der Alten Kunst in Kirchenräumen, kirchlichen Museen und Pinakotheken sowie die Aktivitäten im Bereich der zeitgenössischen Kunst, die sich in Auftragsvergaben, Ausstellungen, Preisen, Stipendien und Tagungen äußern. Seit 1980 führen die evangelische und katholische Kirche eine Inventarisierung der Kunstdenkmäler ihrer Kirchen und Klöster durch, ohne diese bislang abgeschlossen zu haben.[295]

Bedeutsame Aktivitäten der Kirchen gibt es auch im Bereich Film, Medien und Rundfunk.[296]

---

[293] Vgl. Kirchengutachten, S. 123. (Kommissionsdrucksache 15/414b)
[294] Ebd., S. 115ff. (hier v. a. S. 116 und S. 133).
[295] Vgl. Ebd., S. 175ff.
[296] Vgl. Ebd., S. 202ff.

Die Breitenarbeit der kirchlichen Verbände, Vereine und Gemeinden hat sich zu einem wichtigen Bestandteil der allgemeinen Kulturpflege entwickelt. Wollten Kommunen das, was in kirchlichen Gemeindezentren geschieht, durch entsprechende Bürgerhäuser oder soziokulturelle Zentren ersetzen, entstünden schlechterdings nicht zu bewältigende Lasten.

Das Gesagte gilt nicht nur für die kulturellen Aktivitäten in Gemeinden, Verbänden und kirchlichem Bildungswesen, sondern auch für das reiche Feld des Brauchtums in unterschiedlicher Nähe zum Glauben oder zu den Kirchen praktiziert – von Wallfahrten über traditionelle Prozessionen, das Singe-Brauchtum, Posaunenchöre bis hin zu Traditionsfesten wie den Schützenfesten kirchlicher Bruderschaften. Dieses Brauchtum prägt die kulturelle Identität einer Region oder eines Ortes erheblich mit.

Problemfeld kirchlicher Denkmalschutz

Während der klassische ressortpolitische Kulturbegriff die Denkmalpflege ausklammert, bezieht der kirchliche Kulturbegriff die Denkmalpflege ausdrücklich mit ein.[297] Die sich hieraus ableitende denkmalpflegerische Dimension verdeutlicht bereits die große Anzahl von Kirchengebäuden. Es handelt sich um 45 588 Gemeinde- und andere große Kirchen (21 088 evangelische und 24 500 katholische[298]), dabei nicht mitgezählt die Kapellen, Friedhofs- und Krankenhauskapellen, Gottesdiensträume und anderes mehr. Im Kircheneigentum befindet sich eine Fülle weiterer Denkmäler von Klöstern über Pfarrhäusern bis zu Bildstöcken.

Die Sorge um das kirchliche Kulturgut gilt auf der Grundlage der Konkordate und staatskirchenrechtlichen Verträge als „res mixta" (gemeinsame Angelegenheit).[299] Die in diesen Vertragswerken genannten Sonderbestimmungen mit dem Vorrang der gottesdienstlichen Belange sind auch im Blick auf das Urheberrecht nicht immer konfliktfrei umzusetzen.[300] Da Gotteshäuser nicht primär „Immobilie" sind, sondern Ort der Ausübung von Religion und Kristallisationspunkte des kulturellen Gedächtnisses, ist ihre Pflege auch nicht in erster Linie eine Angelegenheit staatlicher Bau- und Liegenschaftsverwaltung, sondern als Teil unserer Kultur gemeinsame Aufgabe von Staat und Kirche.

Zwischen 1996 und 2000 hat die katholische Kirche mehr als zwei Mrd. Euro in den Denkmalschutz investiert.[301] Die Zuschüsse der Länder, die noch bis 1990 zehn bis 15 Prozent ausmachten, wurden – mit Ausnahme Hessens – in den vergangenen Jahren auf weniger als fünf Prozent reduziert.[302] Diese Tendenz des Rückzuges des Staates gefährdet den kirchlichen Denkmalschutz; sie entspricht nicht der Verantwortung des Staates in diesem Bereich gemeinsamer Angelegenheiten. Die Pflege des kirchlichen Denkmalbestandes erfordert Maßnahmen in Höhe von ca. 850 Mio. Euro jährlich. In diesem Finanzvolumen sind 144 Mio. Euro Mehrwertsteuer enthalten. Damit übersteigt die für solche Maßnahmen abgeführte Mehrwertsteuer um das bis zu 19-Fache die derzeit vereinnahmten Zuschüsse der Landesdenkmalämter.[303] Die Probleme stellen sich im Einzelnen wie folgt dar:

---

[297] Vgl. Ebd., S. 75.
[298] 23 000 katholische Kirchen sind Einzeldenkmäler im Sinne des staatlichen Denkmalschutzes, vgl. Ebd., S. 140.
[299] Ebd.
[300] Die Denkmalpflege ist aktuell z. B. durch einen Rechtsstreit um einen Kirchenbau der 50er-Jahre in Münster betroffen, in dem das OLG Hamm den Urheberrechtsschutz über die von der Gemeinde für erforderlich erachtete liturgische Umgestaltung gestellt hat. Die mit erheblichen Konsequenzen für Nutzung und Umnutzung von Kirchen versehene Frage steht vor der höchstrichterlichen Entscheidung in Karlsruhe.
[301] Vgl. Kirchengutachten, S. 141. (Kommissionsdrucksache 15/414b)
[302] Ebd., S.142.
[303] Ebd.

Viele Welterbestätten befinden sich in kirchlichem Besitz. Ohne Unterstützung des Staates, also allein aus Kirchensteuermitteln, sind Unterhalt und Schutz der Stätten nicht zu sichern.[304]

Denkmalschutzfragen werfen auch Umnutzungen profanierter Kirchenräume und die Aufhebung von Klöstern auf. Der Staat ist hier gefordert, dem drohenden Wegfall von kirchlichem Engagement in gemeinsamer Problemlösung zu begegnen.

Denkmalpflegerische Maßnahmen werden weit überwiegend durch die Länder finanziert. In deren Haushalten sind solche finanziellen Mittel auch für die kirchlichen Denkmäler vorgesehen. Die staatlichen Denkmalschutz-Förderprogramme haben haushaltsrechtlich jedoch den Status einer freiwilligen Leistung. Deshalb gehen erforderliche Kürzungen des Gesamthaushaltes regelmäßig zulasten des Denkmalschutzes. Die Förderung kirchlicher Baudenkmäler leidet darunter besonders, sie ist bereits auf unter fünf Prozent des kirchlichen Denkmalinvestitionsvolumens gesunken.

Mit der Orgel ist eine ganze Instrumentengruppe von der Herstellung über die Pflege bis zur Nutzung weitgehend eine kirchliche Domäne. Nach einer vagen Schätzung gibt es in Deutschland etwa 50 000 kirchliche Orgeln, von denen 15 000 unter Denkmalschutz stehen. Unzählige Konzerte mit diesen Instrumenten belegen, wie unersetzlich die Kirchenorgeln für das musikalische Leben Deutschlands sind. Auch der Staat ist gefordert, diesen Stellenwert der Orgeln zu wahren. Gleiches gilt für die Kirchenglocken.

Die kirchlichen und klösterlichen Schatzkammern bewahren historisch wertvolle liturgische und außerliturgische Objekte und Paramente auf. Auch heute werden Aufträge für Neuanschaffung und -ausstattung in erheblichem Umfang vergeben. Neuere Bestrebungen, liturgische Objekte – entgegen der bisherigen Praxis – mit dem vollen Mehrwertsteuersatz zu belegen, sind unangemessen, denn diese sind keine Gebrauchsgegenstände, sondern Kunstwerke.

Beitrag der Kirchen zur Erinnerungskultur und für die Identität des Gemeinwesens

Für die Ausformung einer europäischen Identität können die Kirchen mit ihrem Erfahrungsschatz aus gelungenen und gescheiterten Kulturbegegnungen einen wesentlichen Beitrag leisten.

Die Ausprägung von Identität gewinnt vor allem dort an Bedeutung, wo Abwanderung und Verlust an Infrastruktur die Verwurzelung des Einzelnen in seiner Heimatregion infrage stellen. Kirche erlangt hier eine ganz neue Bedeutung. Gerade in ländlichen Gebieten werden Kirchengemeinden und Dorfkirchen immer mehr zu einem kulturellen Identitätsanker – für Christen wie für Nichtchristen. Neben den zentralen Aufgaben der Verkündigung, der Seelsorge und der Sozialarbeit wächst in besonderem Maße die kirchliche Verantwortung für das kulturelle Leben. Diese wahrzunehmen, setzt allerdings intakte Kirchengebäude und Pfarrhäuser voraus, die auch als Aufführungs- und Begegnungsorte geeignet sind. Diese Aufgabe stellt vor allem die östlichen Gliedkirchen der EKD vor Herausforderungen; hier leben ca. acht Prozent der Kirchenmitglieder, aber es stehen dort etwa 40 Prozent der Kirchengebäude.[305]

An Bedeutung gewinnt in unserer Gesellschaft der interreligiöse und interkulturelle Dialog. Die Kirchen leisten hier bereits Beachtliches, es kommen aber noch größere Aufgaben auf sie zu, wenn es darum geht, die Achtung für andere Kulturen und für diesen zugrunde liegende religiöse Implikationen zu stärken. In Zusammenarbeit mit den Kirchen können Modelle des Zusammenlebens entwickelt werden, die die Entstehung von religiös strukturierten Parallelgesellschaften verhindern.

Das kulturelle Gedächtnis eines Gemeinwesens stiftet Identität und trägt zum Zusammenhalt einer Gesellschaft bei. In dieser Erinnerungsarbeit haben die Kirchen eine besondere Aufgabe: Sie kön-

---

[304] Vgl. Kap. 3.5.3, Situation und Förderung der UNESCO-Welterbestätten in Deutschland.
[305] Vgl. Janowski (2006), S. 72.

nen auf religiöse Wurzeln des Alltagshandelns verweisen, die verschütteten Quellen authentischer und aktuell verantworteter Werte offenlegen und Traditionen fruchtbar machen. Die vornehmste kulturelle Aufgabe der Kirchen ist die Bewahrung und Vermittlung des Glaubens auf der Grundlage des „Weltkulturerbes" Bibel und der christlichen Traditionen. Mit der Feier ihrer in Jahrhunderten geformten Liturgie, dem Urbild eines Gesamtkunstwerkes, liefern die Kirchen täglich ein beeindruckendes Zeugnis von der lebendigen Kraft überlieferter kirchlicher Kultur.

Auch und gerade in ihren Festen stiftet die Kirche für religiös gebundene wie religiös nicht gebundene Menschen eine besondere Identität, in der Vergangenheit, Gegenwart und Zukunft. So sind es immer noch die kirchlichen Feste, die den Kalender des Landes im Sinne des Zusammenhalts der Gesellschaft prägen.

Kirchliche Kultur ist eine wichtige Ressource auch auf dem Feld der auswärtigen Kultur und Bildungspolitik. Mit den sehr vielfältig organisierten und verantworteten internationalen kulturellen Aktivitäten liefern die Kirchen wertvolle Beiträge für die Außendarstellung der Kulturnation Deutschland, die auch staatlicherseits Anerkennung verdienen.

Für die Zukunft sind die Folgen des demografischen Wandels und der zurückgehenden Anzahl von Kirchenmitgliedern zu berücksichtigen, weil sie Konsequenzen für die Höhe der finanziellen Mittel haben, die für die Wahrnehmung der kulturellen Aufgaben durch die Kirchen zur Verfügung stehen. Eine für alle verbindliche Kulturabgabe statt der momentanen steuerbezogenen Mitgliedsbeiträge (Kirchensteuer) wurde in den Beratungen der Enquete-Kommission angeregt.[306] Die Kirchen sehen in einer solchen Kulturabgabe kein geeignetes Instrument.[307]

Durch den Wegfall der bisherigen kirchlichen Kulturarbeit würden erhebliche Belastungen der staatlichen öffentlichen Haushalte entstehen. Der Staat hat schon von daher ein hohes Eigeninteresse an der Fortsetzung der kirchlichen Kulturarbeit.

C)   Handlungsempfehlungen

1. Die Enquete-Kommission empfiehlt Bund und Ländern, in der Kulturstatistik regelmäßig auch Daten zur kulturellen Tätigkeit der Kirchen in Deutschland sowohl im Hinblick auf die finanziellen Leistungen als auch hinsichtlich der Angebote und Nutzer zu erheben und darzustellen, um damit ein genaues Bild des Beitrags der Kirchen zum kulturellen Leben in Deutschland zu liefern. Dabei sind hauptberufliche und ehrenamtliche sowie soziokulturelle Tätigkeiten in der Spitzen- und in der Breitenkultur zu berücksichtigen. Zur angemessenen Wahrnehmung der kirchlichen Aktivitäten sollen auch Daten über religiöses traditionelles Brauchtum mit erfasst werden.

2. Die Enquete-Kommission empfiehlt dem Bund, dafür Sorge zu tragen, dass für die Kirchen die Möglichkeit von Gesamtverträgen mit der GEMA sowie den Verwertungsgesellschaften Musikedition, Wort, Bild-Kunst und Medien beibehalten werden kann, da mit dieser auf die häufig ehrenamtliche Struktur der Kulturarbeit der Kirchen Rücksicht genommen wird.

3. Die Enquete-Kommission empfiehlt Bund und Ländern, die Verbesserung des Stiftungsrechts auch aus der Perspektive kirchlicher Kulturträger durchzuführen. Dabei sind die Möglichkeiten

---

[306] So vorgeschlagen von Prof. Göring (ZEIT-Stiftung) und Dr. v. König (Bundesverband deutscher Stiftungen) sowie Prof. Dr. Walz (Bucerius, Law-Scool) im Rahmen der Anhörung vom 2. November 2004 zum Thema „Stiftungswesen/ Stiftungsrecht"; vgl. Tätigkeitsbericht der Enquete-Kommission der 15. Wahlperiode, S. 466f. (Bundestagsdrucksache 15/5560)

[307] So aufgrund von Konsultationen mit der Steuerkommission des Rates der Evangelischen Kirche in Deutschland (EKD) und der Steuerkommission des Verbandes der Diözesen Deutschlands.

einer Ausdehnung von Abschreibungsmöglichkeiten und Zustiftungen sowie der steuerlichen Entlastung des Engagements in Fördervereinen zu prüfen – nicht zuletzt unter den Aspekten zurückgehender finanzieller Möglichkeiten der Kirchen und des drohenden Wegfalls bisheriger Gebäude und Aufgaben.

4. Die Enquete-Kommission empfiehlt dem Deutschen Bundestag, bei weiteren Reformen des Gemeinnützigkeitsrechts die kirchlichen Belange zu berücksichtigen, da das Gemeinnützigkeitsrecht auch ein wichtiger Pfeiler der Förderung kirchlicher Kulturarbeit ist.

5. Die Enquete-Kommission empfiehlt dem Deutschen Bundestag, eine Ermäßigung des Umsatzsteuersatzes auf denkmalpflegerische Leistungen in und an gegenwärtigen oder ehemaligen Sakralbauten einzuführen. Dabei sollte es sich nicht um eine auf Gewerke bezogene, sondern um eine objektbezogene Ermäßigung handeln, um Abgrenzungsprobleme zu vermeiden. Die Ermäßigung auf die auch für andere Produktionsgruppen geltenden sieben Prozent Mehrwertsteuer soll sich auf gegenwärtige oder ehemalige Sakralbauten beschränken, die den Status eines Einzeldenkmals im Sinne der staatlichen Denkmalgesetzgebung besitzen. Die Beschränkung auf diese Einzeldenkmale ist sachlich dadurch begründet, dass sich für Profanbauten eher alternative Nachnutzungen finden lassen als für genutzte oder nicht mehr genutzte Gotteshäuser.

6. Die Enquete-Kommission empfiehlt dem Deutschen Bundestag im Sinne der bisherigen Steuerpraxis klarzustellen, dass für künstlerisch hergestellte liturgische Gegenstände nur der ermäßigte Umsatzsteuersatz für Kunstgegenstände erhoben wird.[308]

7. Die Enquete-Kommission empfiehlt den Ländern, die Ausbildung von Kantoren und Kirchenmusikern an staatlichen Hochschulen und damit die Musikpflege der Kirchen insgesamt zu fördern. Auch die Ausbildung von sogenannten B-Kirchenmusikern bzw. bachelors of music in church music soll an staatlichen Musikhochschulen angeboten werden.

8. Die Enquete-Kommission empfiehlt Bund, Ländern und Kommunen zu prüfen, wie das Offenhalten touristisch genutzter, kunsthistorisch bedeutsamer Orte gefördert werden kann. Dies kann zum Beispiel durch die Auflegung eines Förderprogramms der Länder unterstützt werden, das präventive Maßnahmen wie den Einbau von Sicherheitstechnik erleichtert.

9. Die Enquete-Kommission empfiehlt Bund und Ländern ein Förderprogramm für die Restaurierung und Instandsetzung von historischen Orgeln aufzulegen.

3.2.2   Kulturauftrag und kulturelle Tätigkeit des Rundfunks

Vorbemerkung

Die Enquete-Kommission weiß um die Bedeutung der Medien für Kultur und kulturelle Bildung durch die Kulturberichterstattung in Deutschland. Insbesondere den öffentlich-rechtlichen Rundfunkanstalten fällt hier eine große Verantwortung zu.

---

[308] Vgl. Kirchengutachten, S. 239f. (Kommissionsdrucksache 15/414b); Liturgische Gegenstände wie Altäre, Ambonen etc. sind nicht als Gebrauchsgegenstände, sondern als nicht reproduzierbare Kunstwerke zu charakterisieren. Eine Änderung der bisherigen Praxis, wie sie z. Z. in einigen Fällen streitig ist, hätte fatale Auswirkungen für die künstlerische Ausstattung der Kirchen.

Die Enquete-Kommission befasste sich deshalb auch mit Fragen der kulturellen Tätigkeiten der öffentlich-rechtlichen und der privaten Medien, mit der Vermarktung von Kultur in den Medien sowie mit deren Vernetzung mit anderen Wirtschaftsbereichen.[309]

Am 8. März 2004 fand eine öffentliche Anhörung zum Thema „Kulturelle Bildung in Deutschland" statt, in der die Experten übereinstimmend die Ansicht vertraten, dass den elektronischen, neuen und sonstigen Medien großes Gewicht bei der Vermittlung von Kunst und Kultur und bei der kulturellen Bildung zukomme.[310] Sie beklagten einen geringen Stellenwert von Kultur in den öffentlich-rechtlichen Medien und eine einseitige Auswahl von kulturellen Inhalten.

In einem Expertengespräch „Kulturberichterstattung in den audiovisuellen Medien" am 14. Februar 2005 informierte sich die Enquete-Kommission über unabhängiges statistisches Material zu den Sendeanteilen von Kultur und Kulturberichterstattung im öffentlich-rechtlichen und privaten Fernsehen.[311]

Darüber hinaus führte die Enquete-Kommission am 18. April 2005 eine öffentliche Anhörung zur „Rolle der öffentlich-rechtlichen Medien für die Kultur" durch[312], ergänzt durch ein nichtöffentliches Expertengespräch zur „Rolle der privaten Medien für die Kultur" am 9. Mai 2005.[313]

Befasst hat sich die Enquete-Kommission auch mit dem Thema „Eine Quote für Musik aus Deutschland? Medienanteil deutschsprachiger Musik/Medienanteil von in Deutschland produzierter Musik". Hierzu fand am 29. September 2004 eine gemeinsame öffentliche Anhörung mit dem Ausschuss für Kultur und Medien des Deutschen Bundestages statt.[314]

Am 26. Juni 2006 wurde zudem mit Experten über das Thema „Printmedien" gesprochen.[315] Darüber hinaus informierte sich die Enquete-Kommission im Rahmen einer Delegationsreise in Wien beim ORF über die dortigen Programmrichtlinien.

Im Rahmen einer schriftlichen Umfrage im Juni 2006 hatten die Intendanten der öffentlich-rechtlichen Rundfunkanstalten schließlich Gelegenheit, zur Arbeit ihrer Klangkörper Stellung zu nehmen.

---

[309] Vgl. Sitzungsprotokoll der Enquete-Kommission. (Protokoll Nr. 15/03)
[310] Vgl. Zusammenfassung der Anhörung vom 8. März 2005 zum Thema „Kulturelle Bildung in Deutschland". Teilnehmer: Bastian, Prof. Dr. Hans Günther (Institut für Musikpädagogik Frankfurt), Eicker, Dr. Gerd (Vorsitzender des Verbands Deutscher Musikschulen e. V.), Fuchs, Prof. Dr. Max (Vorsitzender der Bundesvereinigung Kulturelle Jugendbildung e. V.; Vorsitzender des Deutschen Kulturrates e. V.), Kamp, Peter (Vorsitzender des Bundesverbandes der Jugendkunstschulen und kulturpädagogischen Einrichtungen), Koch, Dr. Jakob
[311] Johannes (Referent für Kunst und Kultur des Sekretariats der Deutschen Bischofskonferenz), Ring, Prof. Dr. Klaus (Wissenschaftlicher Direktor der Stiftung Lesen), Taube, Dr. Gerd (Leiter des Kinder- und Jugendtheaterzentrums in der Bundesrepublik Deutschland der ASSITEJ (Internationale Vereinigung des Theaters für Kinder und Jugendliche, Sektion Bundesrepublik Deutschland e. V.)). (Kommissionsdrucksache 15/502)
[311] Vgl. Presse-Programm-Service (2005). (Kommissionsmaterialie 15/107a)
[312] Vgl. Zusammenfassung der Anhörung vom 18. April 2005 zum Thema „Rolle der öffentlich-rechtlichen Medien für die Kultur", Teilnehmer Bellut, Dr. Thomas (Programmdirektor ZDF), Elitz, Ernst (Intendant DeutschlandRadio), Frickel, Thomas (Produzent, Regisseur; Vorsitzender der Arbeitsgemeinschaft Dokumentarfilm), Fuchs, Prof. Dr. Gerhard (Fernsehdirektor Bayerischer Rundfunk), Grotzky, Dr. Johannes (Hörfunkdirektor Bayerischer Rundfunk), Knauer, Wolfgang (ehemaliger Wellenchef NDR-Kultur), Stock, Prof. Dr. Wolfgang (Medienanalyst, Justus-Liebig-Universität Gießen). (Kommissionsdrucksache 15/519)
[313] Vgl. Zusammenfassung des Expertengesprächs „Rolle der privaten Medien für die Kultur", Teilnehmer: Doetz, Jürgen (Präsident des Verbandes Privater Rundfunk und Telekommunikation e. V., VPRT), Schumann, Gernot (Direktor der Unabhängigen Landesanstalt für Rundfunk und neue Medien Schleswig-Holstein, ULR). (Arbeitsunterlage 15/126)
[314] Vgl. Wortprotokoll der Anhörung zum Thema „Rolle der öffentlich-rechtlichen Medien für die Kultur". (Protokoll-Nr. 15/41)
[315] Vgl. Zusammenfassung Expertengespräch vom 26. Juni 2006 zum Thema „Printmedien", Teilnehmer: Porombka, Prof. Dr. Stephan (Universität Hildesheim); Sommer, Tim (Kunstmagazin art); Wichmann, Dominik (Süddeutsche Zeitung Magazin). (Arbeitsunterlage 16/041)

A) Bestandsaufnahme

Rechtliche Grundlagen für den Kultur- und Bildungsauftrag des öffentlich-rechtlichen Rundfunks

Rechtsprechung des Bundesverfassungsgerichtes

Die deutsche Rundfunkordnung ist maßgeblich durch die Rechtsprechung des Bundesverfassungsgerichtes (BVerfG) zur Rundfunkfreiheit nach Artikel 5 Abs. 1 S. 2 GG geprägt.[316] Ihre gesetzliche Ausgestaltung fällt in die Gesetzgebungskompetenz der Länder. Rundfunk – öffentlich-rechtlicher wie privater – hat nach der Rechtsprechung des Bundesverfassungsgerichtes nicht nur eine essenzielle Funktion für die demokratische Ordnung, sondern auch eine kulturelle Verantwortung. Dabei sind beide Funktionen nicht strikt voneinander zu trennen. Denn eine freiheitliche und demokratische Gesellschaft beruht auf gemeinsamen kulturellen Werten, die es zu vermitteln gilt.[317]

In der dualen Rundfunkordnung obliegt es zuvorderst dem öffentlich-rechtlichen Rundfunk, diesen klassischen Auftrag des Rundfunks zu erfüllen, da der private Rundfunk aufgrund seiner Marktorientierung keine gleichgewichtige Programm- und Meinungsvielfalt gewährleisten kann. Das Bundesverfassungsgericht stellte fest, dass insbesondere anspruchsvolle kulturelle Sendungen bei den privaten Anbietern aufgrund des hohen Kostenaufwandes in der Regel zurücktreten werden.[318] Dem Programmauftrag des öffentlich-rechtlichen Rundfunks liege ein erweiterter Kulturbegriff zugrunde, der das Ziel hat, in einem umfassenden Sinne ein Bild vom politischen, sozialen und geistigen Leben in Deutschland in allen seinen Schattierungen zu vermitteln.

Diese Grundsätze des Bundesverfassungsgerichtes werden in den Landesgesetzen zur Errichtung der Rundfunkanstalten, im Rundfunkstaatsvertrag sowie für den Privatrundfunk in den Landesmediengesetzen kodifiziert, präzisiert und ergänzt.

Rundfunkstaatsverträge der Länder

Der Begriff „Kulturauftrag" wird in den Entscheidungen des Bundesverfassungsgerichtes oder in Gesetzestexten nicht ausdrücklich definiert. Der Rundfunkstaatsvertrag[319] enthält jedoch in § 11 Abs. 2 S. 4 eine besondere Verpflichtung gegenüber der Kultur. So soll der öffentlich-rechtliche Rundfunk „Beiträge insbesondere zur Kultur" anbieten. Dies ist die deutlichste Regelung des Gesetzgebers zum Kulturauftrag des öffentlich-rechtlichen Rundfunks. Die Inhalte des Rundfunks sollen die gesamte Bandbreite des gesellschaftlichen Lebens und die kulturelle Vielfalt widerspiegeln, sich an alle richten und für alle erreichbar sein.[320] Als Beispiele werden im Rundfunkstaatsvertrag neben Religion anspruchsvolle und allgemeinbildende Themen, aber auch populäre und unterhaltende Programme genannt.

---

[316] Vgl. BVerfG vom 11. September 2007, AZ: 1 BvR 2270/05; 1 BvR 809/06; 1 BvR 830/06, S. 49: „Die gesetzlichen Regelungen sollen es dem öffentlich-rechtlichen Rundfunk ermöglichen, seinen klassischen Funktionsauftrag zu erfüllen, der neben seiner Rolle für die Meinungs- und Willensbildung, neben Unterhaltung und Information seine kulturelle Verantwortung umfasst. Nur wenn dies gelingt und er im publizistischen Wettbewerb mit den privaten Veranstaltern bestehen kann, ist das duale System in seiner gegenwärtigen Form, in der die privatwirtschaftlich finanzierten Programme weniger strengen Anforderungen unterliegen als die öffentlichen-rechtlichen, mit Artikel 5 Abs. 1 Satz 2 GG vereinbar."
[317] Ebd.
[318] Vgl. BVerfGE 73, 118, 155.
[319] Staatsvertrag für Rundfunk und Telemedien vom 31. August 1991, zuletzt geändert durch Artikel 1 des Neunten Staatsvertrages zur Änderung rundfunkrechtlicher Staatsverträge vom 31. Juli bis 10. Oktober 2006 (GBl. BW 2007 S. 111), in Kraft getreten am 1. März 2007.
[320] Vgl. insbesondere den 7. Rundfunkänderungsstaatsvertrag (1. April 2004); vgl. Wissenschaftliche Dienste des Deutschen Bundestages (2006e).

Laut überwiegender Ansicht in der Rechtsliteratur ist § 11 Abs. 2 S. 4 RStV auch dahingehend zu interpretieren, dass der öffentlich-rechtliche Rundfunk verpflichtet sei, als Kulturmedium kulturelle Ereignisse, Werke bzw. Erlebnisse selbst zu schaffen (zum Beispiel durch die Pflege der rundfunkeigenen Klangkörper und die Produktion von Hörspielen); das heißt, sie sollen selbst „Kulturträger" sein.

Festzuhalten bleibt, dass die Begriffe Kultur und Kulturauftrag bisher weder in den verfassungsrichterlichen Ausführungen noch im Rundfunkstaatsvertrag ausreichend definiert werden. Es fehlt an einer präziseren gesetzgeberischen Definition als Grundlage für eine inhaltliche Konkretisierung des Kulturbegriffs in den Selbstverpflichtungen und Leitlinien der Rundfunkanstalten. Auch die Europäische Kommission hat in ihrem Bescheid vom 24. April 2007 im Beihilfeverfahren zur Finanzierung der öffentlich-rechtlichen Rundfunkanstalten in Deutschland eine Präzisierung des Kulturauftrages angemahnt.[321]

Die Enquete-Kommission hat davon abgesehen, grundsätzlich einen qualitativen Kulturbegriff zu definieren.[322] Wenn sie von Kultur im Rundfunk und vom Kulturauftrag der Rundfunkanstalten spricht, fasst sie darunter das Berichten über kulturelle Ereignisse und über das kulturelle Leben.

Selbstverpflichtungen und Beschlüsse der Rundfunk-anstalten und ihre Durchsetzungskraft

Die öffentlich-rechtlichen Anstalten haben – erstmals am 30. September 2004 – programmliche Selbstverpflichtungserklärungen abgegeben. Sie haben das Ziel, den ihnen erteilten Funktionsauftrag zu konkretisieren und auszugestalten. In ihnen wird durchgängig die Absicht bekundet, am Kulturauftrag festhalten zu wollen.[323]

Diese Selbstverpflichtungsleitlinien der öffentlich-rechtlichen Rundfunkanstalten sind die Grundlage für Berichte über die Erfüllung des Auftrages, Qualität und Quantität der Programme und deren Schwerpunktsetzung, die im Zwei-Jahres-Turnus publiziert werden. Die Anstalten legen selbst journalistische Standards und Programmangebote fest. Es ist Aufgabe der jeweiligen Rundfunkräte, die Arbeit der öffentlich-rechtlichen Rundfunkanstalten und die Einhaltung der Selbstverpflichtungen zu kontrollieren.

In ihren Selbstverpflichtungsleitlinien haben die Rundfunkanstalten auch ihren kulturellen Auftrag verankert. Bei der ARD zum Beispiel heißt es, sie sei „in allen Bereichen der Kultur und des kulturellen Lebens in Deutschland" als „Faktor und Medium zugleich" tätig; die Kultur sei eine „Kernaufgabe des öffentlich-rechtlichen Fernsehens".[324] Die Kulturberichterstattung wird als eigene Kategorie ihres Fernsehprogramms mit den Unterkategorien Kunst, Wissenschaft, Geschichte/Zeitgeschichte eingeordnet. Beim ZDF wird die Kultur übergreifend als „Leit- und Querschnittsprinzip" seiner „gesamten programmlichen Leistungen" definiert, und zwar im „Bewusstsein, dass

---

[321] Vgl. Schreiben der Europäischen Kommission vom 24. April 2007 bzgl. der Finanzierung der öffentlich-rechtlichen Rundfunkanstalten in Deutschland (AZ: K(2007)1761 endg.): „Nach Auffassung der Kommission ist die allgemeine im Rundfunkstaatsvertrag vorgesehene Vorgabe einer Schwerpunktsetzung auf Kultur, Information und Bildung nicht ausreichend, um die Verpflichtungen der öffentlich-rechtlichen Rundfunkanstalten in Bezug auf diese Zusatzkanäle klar zu umschreiben. Ohne eine klare Umschreibung, was unter „Kultur, Information und Bildung" zu verstehen ist, könnten die meisten von den öffentlich-rechtlichen Rundfunkanstalten angebotenen Programmgattungen unter diese Begriffe fallen. Unter diesen Umständen bleibt unklar, welchen Mehrwert diese Kanäle im Vergleich zu den bereits existierenden Kanälen bringen." RN 249: „Dasselbe gilt auch für die Möglichkeit der öffentlich-rechtlichen Rundfunkanstalten, (jeweils) drei digitale Zusatzkanäle anzubieten. Die im Rundfunkstaatsvertrag festgelegte Vorgabe, dass diese Kanäle ihren Schwerpunkt auf Information, Bildung und Kultur legen müssen, ist nicht ausreichend präzise."
[322] Vgl. Präambel.
[323] Vgl. Protokollerklärung aller Länder zu § 11 RStV lt. Anhang des Achten Rundfunkänderungsstaatsvertrages vom 8./14./15. Oktober 2004 (Nds. GVBl. 2005 S. 327).
[324] Wissenschaftliche Dienste des Deutschen Bundestages (2006e).

Kultur einen entscheidenden Beitrag zur Entwicklung eines demokratischen, zivilisierten und pluralistischen Gemeinwesens leistet."[325] Im Übrigen bleibt der Kulturbegriff auch in den Selbstverpflichtungen der Sender unscharf. Dies zeigt sich unter anderem in dem senderübergreifend fehlenden Konsens darüber, welche Sendungen unter die Sparte „Kultur" fallen.[326]

Verpflichtung durch Gebührenfinanzierung[327]; Möglichkeiten des Gesetzgebers

Auch wenn Programmfreiheit und Staatsferne der Rundfunkanstalten gesetzlich verankert sind, ist der öffentlich-rechtliche Rundfunk nicht gänzlich vom Gesetzgeber unabhängig. Denn er wird durch Gebühren finanziert und hat den Auftrag, zur öffentlichen Meinungsbildung beizutragen. Aus dieser Gebührenfinanzierung erwächst eine Verpflichtung. Zugespitzt formuliert: Vor allem der Kultur- und Bildungsauftrag rechtfertigt das gebührenfinanzierte Fernsehen. Dieser Auftrag ist auf europäischer Ebene bestätigt worden: In den Amsterdamer Protokollen (1997) ist geregelt worden, dass die deutsche Gebührenfinanzierung des öffentlich-rechtlichen Rundfunks nur zulässig ist, sofern der Kultur- und Bildungsauftrag erfüllt wird. Vor diesem Hintergrund ist es dem Gesetzgeber möglich, den Kulturauftrag des öffentlich-rechtlichen Rundfunks im Rahmen der verfassungsrechtlichen Maßgaben zu präzisieren und seine konsequente Erfüllung zu verlangen.

Gerade vor dem Hintergrund des jüngsten Urteils des Bundesverfassungsgerichtes vom 11. September 2007[328], welches die Rundfunkfreiheit sowie die Staatsferne des Verfahrens zur Festsetzung der Rundfunkgebühren gestärkt hat, ist es geboten, Auftrag und Grenzen des öffentlich-rechtlichen Rundfunks gesetzlich zu präzisieren.

Kulturelle Tätigkeit der öffentlich-rechtlichen Rundfunkanstalten

Die öffentlich-rechtlichen Rundfunkanstalten (Deutschlandradio, Bayerischer Rundfunk – BR, Hessischer Rundfunk – hr, Mitteldeutscher Rundfunk – mdr, Norddeutscher Rundfunk – NDR, Radio Bremen, Rundfunk Berlin-Brandenburg – rbb, Saarländischer Rundfunk – SR, Südwestdeutscher Rundfunk – SWR, Westdeutscher Rundfunk – WDR und Zweites Deutsches Fernsehen – ZDF sowie das ARD-Gemeinschaftsprogramm „Das Erste") senden täglich Hunderte von Programmstunden im Hörfunk und Fernsehen. Das Auslandsfernsehen Deutsche Welle (DW) ist ein bedeutender Faktor für die Vermittlung deutscher Kultur in der Welt. Ergänzt wird das Programmangebot der genannten Rundfunkanstalten durch das deutsch-französische Fernsehprogramm

---

[325] Ebd.; vgl. auch Presse-Programm-Service (2005). (Kommissionsmaterialie 15/107a)

[326] Vgl. Zusammenfassung der Anhörung vom 18. April 2005 zum Thema „Rolle der öffentlich-rechtlichen Medien für die Kultur". (Kommissionsdrucksache 15/519)

[327] Lt. GEZ (www.gez.de/door/gebuehren/gebuehrenverteilung/index.html) beträgt das Gebührenaufkommen im Jahr 2005 7,123 Mrd. Euro. Die monatliche Grundgebühr (Radio) beträgt seit dem 1. April 2005 5,52 Euro und die monatliche Fernsehgebühr 11,51 Euro, die monatliche Gesamtgebühr 17,03 Euro. Für die Gebührenperiode ab 2009 haben die öffentlich-rechtlichen Rundfunkanstalten bei der KEF einen zusätzlichen Finanzbedarf von monatlich ca. 1,44 Euro (ARD: 95 Cent, ZDF: 44 Cent, DRadio: 4,5 Cent) angemeldet, was einer Rundfunkgebühr von 18,47 Euro und einem Gebührenaufkommen von insgesamt ca. 7,8 Mrd. Euro entspräche.

[328] Vgl. BVerfG vom 11. September 2007, AZ: 1 BvR 2270/05; 1 BvR 809/06; 1 BvR 830/06, S. 51: „Während der Gesetzgeber für privatwirtschaftlichen Rundfunk im Wesentlichen auf Marktprozesse vertraut, unterliegt der öffentlich-rechtliche Rundfunk besonderen normativen Erwartungen an sein Programmangebot." (S. 49). Und an anderer Stelle: „Das bedeutet aber weder, dass gesetzliche Programmbegrenzungen von vornherein unzulässig wären, noch, dass jede Programmentscheidung einer Rundfunkanstalt finanziell zu honorieren wäre (vgl. BVerfGE 90,60,92). In der Bestimmung des Programmumfangs sowie der damit mittelbar verbundenen Festlegung ihres Geldbedarfs können die Rundfunkanstalten nicht vollständig frei sein. Denn es ist ihnen verwehrt, ihren Programmumfang und den damit verbundenen Geldbedarf (vgl. BVerfGE 87, 181, 201) über den Rahmen des Funktionsnotwendigen hinaus auszuweiten.".

arte, das deutsch-österreichisch-schweizerische Fernsehprogramm 3sat sowie die Gemeinschaftsprogramme von ARD und ZDF Phoenix und Kinderkanal (KI.KA).

Die öffentlich-rechtlichen Rundfunkanstalten sind Bestandteil des kulturellen Lebens in Deutschland. Sie bieten kulturelle Programmangebote, mit denen sie einerseits die Gesamtbevölkerung, andererseits unterschiedliche kulturelle Milieus, darunter auch solche mit sogenannten klassisch humanistischen Bildungsniveaus bedienen wollen. Für Letztere spielen die von ihnen akzeptierten Programmteile trotz erkennbarer Reduzierung eine bedeutende Rolle.

Deutschlandradio Kultur hat sich als spezielles Kulturradio mit dem täglichen mehrstündigen Kulturmagazin „Radiofeuilleton" profiliert sowie mit weiteren Sendungen zur Kultur- und Kulturpolitikberichterstattung. Daneben werden in Deutschlandradio Kultur Konzerte gesendet. Mit Veranstaltungen wie „Debüt im Deutschlandradio" fördert Deutschlandradio Kultur explizit junge Künstler, indem diese Auftrittsmöglichkeiten erhalten und die Konzerte dann auch gesendet werden.

Sowohl arte als auch 3sat haben ein eigenes, ausdrücklich auf Kunst und Kultur zugeschnittenes Profil. In beiden Sendern wird an Werktagen zur Hauptsendezeit ein Kulturmagazin gesendet. Die Landesrundfunkanstalten weisen im Hörfunk ein breites Spektrum an Programmen auf. Dabei gibt es jeweils zumindest eine sogenannte Kulturwelle, das heißt ein Hörfunkprogramm mit einem spezifischen Kulturprogramm.[329] Ein Beispiel hierfür ist WDR 3 mit einem ausgeprägten Profil im Bereich der sogenannten Ernsten Musik. Von den Hörfunksendern werden Hörspiele – als rundfunkspezifische literarische Gattung –, Konzerte, Features, Portraits, Diskussionen usw. gesendet. In den Dritten Fernsehprogrammen werden wöchentliche Kulturmagazine gesendet, die sich speziell mit Kultur und Kulturpolitik aus dem Sendegebiet befassen.[330] Ferner gibt es ein Angebot an Literaturmagazinen.[331] Darüber hinaus bieten die Dritten Programme Sendeplätze für anspruchsvolle Fernsehfilme. Sie sind längst nicht mehr nur im Sendegebiet, sondern über Kabel oder Satellit fast im gesamten Bundesgebiet empfangbar. Im Gemeinschaftsprogramm der ARD „Das Erste" sowie im ZDF finden sich ebenfalls Kultur- und Literaturmagazine[332] sowie anspruchsvolle Fernsehfilme, Kabarettsendungen und hochwertige Dokumentarfilme.

Vertieft werden die Kulturangebote in Hörfunk und Fernsehen durch programmbegleitende Online-Angebote der öffentlich-rechtlichen Rundfunkanstalten. So bot beispielsweise die ARD auf den Onlineseiten „schiller.ard.de" ein umfassendes, programmbegleitendes Informationsangebot zum Schillerjahr 2005 an. Ferner können im Internet zahlreiche Informations- und Kulturbeiträge als Podcast und Stream angesehen oder heruntergeladen werden. Zuschauer, die einen Kulturbeitrag im Fernsehen oder Hörfunk verpasst haben, können diesen so für eine gewisse Zeit nach der Ausstrahlung im Internet abrufen.[333] Die Möglichkeiten des Internets und des zeitsouveränen Abrufs bieten somit auch für die Kulturvermittlung große Chancen, insbesondere auch für die Ansprache junger Menschen.

---

[329] Bayern2Radio, Bayern4Klassik, hr 2 Kultur, mdr Figaro, NDR Kultur, Nordwestradio, kulturradio vom rbb, SR 2 Kultur-Radio, SWR 2, WDR 3, WDR 5.

[330] z. B. capriccio (Bayerisches Fernsehen), Hauptsache Kultur (hr-Fernsehen), artour (mdr Fernsehen), Kulturjournal (NDR-Fernsehen), Stilbruch (rbb-Fernsehen), Kulturspiegel (SR-Fernsehen), Landesschau Kultur (SWR-Fernsehen für Baden-Württemberg), Landesart (SWR-Fernsehen für Rheinland-Pfalz), Nachtkultur (SWR-Fernsehen), west.art (WDR-Fernsehen).

[331] z. B. Lesezeichen (Bayerisches Fernsehen), Fröhlich Lesen (hr-Fernsehen), quergelesen (rbb-Fernsehen/KIKA), Bücherjournal (NDR-Fernsehen), Literatur im Foyer (SWR-Fernsehen).

[332] ARD: titel, thesen, temperamente (ttt), Druckfrisch; ZDF: Aspekte; Lesen!

[333] Vgl. die Online-Mediatheken, die ZDF und ARD ab der zweiten Jahreshälfte 2007 ins Internet einstellen und die eine Auswahl der im Fernsehen ausgestrahlten Sendungen sieben Tage lang vorhalten.

Klangkörper

Die 21 Klangkörper der Rundfunkanstalten (zum Beispiel Radiosinfonieorchester, Chöre, Bigbands) sind ein elementarer Bestandteil des Kulturauftrags des öffentlich-rechtlichen Rundfunks.

Die Sinfonieorchester der Rundfunkanstalten spielen im Durchschnitt 70 bis 80 Konzerte pro Jahr, vor allem in der jeweiligen Sitzregion. Alle Klangkörper sehen sich den Werken der neuen Musik und Uraufführungen besonders verpflichtet, ebenso dem selten gespielten Repertoire; regelmäßig werden Auftragswerke vergeben. Jedes Konzert wird live oder zeitversetzt übertragen; sodass es durchschnittlich 46 Rundfunkübertragungen pro Monat gibt. Die meisten Rundfunkanstalten haben für Orchester, Chor und Leitungsebene ca. 100 bis 150 Planstellen; die Kosten der Klangkörper machen im Gesamtetat der Rundfunkanstalten zwischen 2,37 Prozent und 3,05 Prozent aus.[334]

Die Klangkörper haben nach allgemeiner Auffassung unter anderem die Aufgabe, ein möglichst breit gefächertes und vielfältiges Repertoire zu pflegen, als Förderer zeitgenössischer Musik zu fungieren, eigene Standards für musikalische Interpretationen zu setzen, die kulturelle Bildung zu pflegen und als Kooperationspartner für private Veranstalter, Theater und bei CD-Produktionen zu dienen. Die Klangkörper geben Konzerte in der gesamten Fläche ihres Sendegebietes und erreichen so ein breites Publikum. Dadurch finden Konzerte auch an jenen Orten statt, die ansonsten von Klangkörpern nicht aufgesucht würden.

Unter diesen Aufgaben gewinnt die Vermittlung kultureller Bildung zunehmend an Bedeutung. Fast alle Klangkörper haben eigene Abteilungen für Jugendarbeit, pflegen Kooperationen mit Schulen und Jugendorchestern und verknüpfen ihre Arbeit mit Sendungen für Kinder und Jugendliche. Die Aktivitäten in diesem Bereich sind vielfältig und insbesondere bei Zuhörergruppen wichtig, die den Besuch eines klassischen Konzertes scheuen.

Die Setzung weiterer Schwerpunkte ist in diesem Zusammenhang zu erwägen, zum Beispiel exklusive, im Radio zu erlebende Live-Aufnahmen, Interpretationen und Werkvergleiche.

Der Rundfunk als Kulturveranstalter und -förderer

Die Rundfunkanstalten treten aber auch als Veranstalter und Förderer von Kulturveranstaltungen und -projekten auf. Sie fördern den musikalischen Nachwuchs durch Wettbewerbe, Förderpreise und Kompositionsaufträge, veranstalten eigene Konzerte und fördern Musik- und Literaturfestivals. Durch eigene Serien, Fernsehfilme und Dokumentationen erweitern sie die Fernsehkultur; durch die Beauftragung von Fremdfirmen bei Produktionen unterstützen sie die Filmwirtschaft.

Die ARD dokumentierte ihr Engagement im Bereich des Films jüngst im ARD-Filmbuch.[335] Darin stellt sie beispielsweise fest, dass allein im Ersten im Jahr 2006 auf 960 Terminen Filme der ARD-Gemeinschaftseinrichtung Degeto ausgestrahlt wurden, was ca. ein Viertel des Gesamtprogramms im Ersten ausmacht.[336] Die Degeto verfügte in 2006 über ein Finanzvolumen für Fiktionales (Produktion Fernsehfilme, Vor- und Hauptabendserien, Telenovelas und Lizenzeinkäufe) in Höhe von 330 Mio. Euro. Die Landesrundfunkanstalten in der ARD zahlten 2006 insgesamt knapp 29,7 Mio.

---

[334] Vgl. schriftliche Stellungnahmen der Rundfunkanstalten zum Fragenkatalog „Kulturauftrag und kulturelle Tätigkeit der öffentlich-rechtlichen Rundfunkanstalten". (Kommissionsdrucksachen 16/130–136, Kommissionsdrucksache 16/172)
[335] ARD-Filmbuch (2007); vgl. www.daserste.de/service/filmbuch.asp.
[336] Ebd., S. 34; in 2006 wurden im Ersten 1 888 Stunden Filme (ohne Serien, inkl. Dokumentarfilme) ausgestrahlt (vgl. S. 139), davon 1 195 Stunden Kaufproduktionen (63 Prozent) und 693 Stunden Eigen- und Koproduktionen (37 Prozent) (vgl. S. 141).

Euro für die Länderfilmförderung und wandten kumuliert knapp 189 Mio. Euro selbst für fiktionale Produktionen und Koproduktionen auf.[337] 2007 ist die ARD an 61 Kinokoproduktionen beteiligt.[338]

Zusammenfassung: Der Kulturauftrag des öffentlich-rechtlichen Rundfunks

Die Aufgaben des öffentlich-rechtlichen Rundfunks, die in den Rundfunkstaatsverträgen, den Bundesverfassungsgerichtsurteilen und den Selbstverpflichtungserklärungen der Sender formuliert werden, lassen sich wie folgt zusammenfassen:

Der öffentlich-rechtliche Rundfunk ist von wesentlicher Bedeutung für das kulturelle Leben in Deutschland. Um der daraus resultierenden Verantwortung gerecht zu werden, gehört es zu seinen Aufgaben:

- die Kulturberichterstattung als eine seiner Kernaufgaben zu betrachten,
- die klassische und die zeitgenössische Kultur gleichermaßen zu fördern,
- kulturelle Sendungen für unterschiedliche Zielgruppen auszustrahlen,
- die deutsche und europäische Kultur zu pflegen, über Weltkulturen und deren Entwicklung zu informieren und den interkulturellen Austausch zu fördern,
- Impulse für die Qualitätsentwicklung in unterschiedlichen Genres zu geben, darunter auch solche der Pop- und Jugendkultur sowie für neue Formen der Mediennutzung unter den Bedingungen der „digitalen Welt",
- durch eigene Klangkörper und als Veranstalter bzw. Veranstaltungsförderer selbst als Kulturträger zu fungieren und
- zur kulturellen Bildung[339] einen gewichtigen Beitrag zu leisten.

Kulturbezogene Regelungen für den privaten Rundfunk

Für den privaten Rundfunk gibt es nur wenige auf einen Kulturauftrag bezogene Vorgaben durch den Gesetzgeber. Gemäß § 41 Abs. 2 RStV sollen private Vollprogramme „zur Darstellung der Vielfalt im deutschsprachigen und europäischen Raum mit einem angemessenen Anteil an Information, Kultur und Bildung beitragen." § 25 Abs. 4 RStV schreibt den privaten Vollprogrammen vor, in ihren Regionalfenstern „Ereignisse des kulturellen Lebens" darzustellen. Nach eigener Einschätzung kommen private Sender diesem Auftrag vor allem durch die Vermittlung von Alltagskultur nach, also durch Reportage-, Dokumentations- und Wissenssendungen. Die Drittsendezeitrichtlinie des Rundfunkstaatsvertrages verpflichtet die privaten Rundfunkunternehmen darüber hinaus, „Fensterprogramme" zur aktuellen und authentischen Darstellung der Ereignisse des politischen, wirtschaftlichen, sozialen und kulturellen Lebens in dem jeweiligen Land aufzunehmen. Der Hauptprogrammveranstalter hat organisatorisch sicherzustellen, dass die redaktionelle Unabhängigkeit des Fensterprogrammveranstalters gewährleistet bleibt.

Auch wenn der private Rundfunk keinen expliziten Kulturauftrag zu erfüllen hat, lassen sich aus dem hohen Stellenwert des Fernsehens im Alltagsleben der Menschen eine Verantwortung für die Kultur in Deutschland und ein kultureller Auftrag ableiten, die über das Ausstrahlen von Program-

---

[337] Ebd., S. 114f., in den 189 Mio. Euro sind die Aufwendungen des SWR für ausschließlich eigene fiktionale Produktionen mangels einer Angabe noch nicht berücksichtigt.
[338] Ebd., S. 126–128.
[339] Die Aufgabe der Medien in diesem Zusammenhang wird im Kap. 6., Kulturelle Bildung ausführlich dargestellt.

men externer Veranstalter hinausgehen.[340] Der private Rundfunk nimmt diese zum Beispiel wahr, wenn er bei der Produktion von Fernsehfilmen auf Qualität achtet.

Der private Rundfunk ist eine engere Verbindung mit der Tonträgerindustrie eingegangen. Das spiegelt sich in einigen Formaten wider, in denen insbesondere populäre Musik dargeboten wird.

Mit „MTV" und „VIVA" sind Sender auf dem Markt, für die Musik wesentlicher Bestandteil des Programms ist. Mit den Videoclips ist eine eigenständige Kunstform entstanden, die ihrerseits in Wechselwirkung mit der zeitgenössischen bildenden Kunst steht.

Mit dem „Klassik-Radio" gibt es einen privaten Hörfunksender, der sich mit diesem spezifischen Angebot an breitere Schichten der Bevölkerung richtet, als es die entsprechenden Programme der öffentlich-rechtlichen Sender tun.

Über das bestehende Angebot hinaus sollten die privaten Rundfunksender ihr Kulturangebot ausweiten und so möglichst vielen Menschen den Zugang zu Kunst und Kultur ermöglichen. Vor allem mit Blick auf deren verbreitete Nutzung ist die Frage des Kunst- und Kulturangebots der privaten Fernsehsender von öffentlichem Belang.

B) Problembeschreibung

Popularisierung des Kulturangebotes[341]

Die Enquete-Kommission würdigt und respektiert die Gesamtleistung des öffentlich-rechtlichen Rundfunks. Auch im internationalen Vergleich zeichnet er sich durch seine Qualität aus.

Im Bereich des Hörfunks liefern Deutschlandfunk und Deutschlandradio Kultur, aber auch die Kulturwellen der Landesrundfunkanstalten, wie zum Beispiel WDR 3 und SWR 2, erfreuliche Beispiele dafür, dass eine qualitätsorientierte Programmgestaltung durchaus die Hörerresonanz steigern und gerade jüngere Hörer gewinnen kann. In den vergangenen Jahren wurde die Kulturberichterstattung in beiden Programmen des Deutschlandradios erweitert. Mit Programminnovationen wie Kurzhörspielen, zusätzlichen Programmflächen für Literaturrezensionen, einer kontinuierlichen Museumsberichterstattung oder dem täglichen sechsstündigen Radiofeuilleton wurden moderne und anspruchsvolle Programminhalte entwickelt. Die vom Deutschlandradio Kultur entwickelte einstündige Sendung „Fazit – Kultur vom Tage", in der unter anderem Ausstellungseröffnungen, abendliche Premieren, neu vorgestellte Bücher und kulturpolitische Fragestellungen besprochen werden, wird mittlerweile von einigen Kulturprogrammen der Landesrundfunkanstalten übernommen.

Auch im Fernsehen gibt es Beispiele für ein anspruchsvolles Programm. Zu ihnen gehören Formate wie „ttt – titel thesen temperamente" (ARD), „Aspekte" (ZDF), „Kulturzeit" (3sat) und „Tracks" (arte) und Dokumentationen wie „Holocaust-Denkmal Berlin" (ARD). Zu nennen sind auch die Live-Übertragung von „Le Nozze di Figaro" (ARD) aus Salzburg und die Büchersendungen

---

[340] Vgl. Gernot Schumann, Direktor der Unabhängigen Landesanstalt für Rundfunk und neue Medien Schleswig-Holstein im Expertengespräch vom 9. Mai 2005 zum Thema „Rolle der privaten Medien für die Kultur", (Kommissionsdrucksache 15/520). Immerhin schreiben einige Landesmediengesetze auch den privaten Programmen einen kulturellen Auftrag zu. – Vgl. dazu den Kommentar der Bertelsmann-Studie „Kommunikationsordnung 2010"): „Selbstkontrolle bedeutet keinen Rückzug der Medien aus ihrer gesellschaftlichen Verantwortung. Auch in einer liberalen und wettbewerbsorientierten Medienordnung stellt sich die Frage nach einer gesellschaftsverträglichen Gestaltung der Medienangebote. [...] Fernsehen, ob öffentlich-rechtlich oder privat-rechtlich organisiert, wird [...] seine publizistische, sprich: gesellschaftspolitische Bedeutung behalten."
[341] Vgl. Zusammenfassung der Anhörung vom 18. April 2005 zum Thema „Rolle der öffentlich-rechtlichen Medien für die Kultur". (Kommissionsdrucksache 15/519)

„Druckfrisch" (ARD), „Lesen!" (ZDF) und „Literatur im Foyer" (SWR/3sat), das „Philosophische Quartett" (ZDF) und der „WDR-Rockpalast". Hinzu kommen eine Vielzahl weiterer Sendungen zum Thema Reisen, Kino- und Musikmagazine, Religion und Kulturgeschichte, Wissenschaft, Dokumentation sowie die unzähligen hochwertigen Fernsehspiele und Hörspiele als originäre Genres des Rundfunks. Auch findet sich ein breites Programm mit kulturellem Anspruch in den Online-Angeboten der öffentlich-rechtlichen Rundfunkanstalten.

Dennoch sieht es die Enquete-Kommission kritisch, wie der Kulturauftrag von den öffentlich-rechtlichen Rundfunksendern umgesetzt wird. Sie sieht die Tendenz, dass insbesondere Kulturberichterstattungen und anspruchsvolle Fernsehfilme sich in der Hauptsendezeit weniger häufig finden, als dies wünschenswert erscheint. Damit lassen Das Erste und das ZDF ihre spezielle Chance, Kultur mit einer informierenden Begleitung auch einem breiten Publikum zugänglich zu machen, ungenutzt. Die Hauptprogramme des öffentlich-rechtlichen Rundfunks nehmen ihre Aufgabe, ein zentraler Navigator zu sein, der zu qualitativ wertvollen Sendungen führt, nur unzureichend wahr.

Da die öffentlich-rechtlichen Sender sich in der Pflicht sehen, auch ihr kulturelles Programm für breite Bevölkerungsschichten zu produzieren, ist die Ausweitung des Kulturbegriffs von einer klassischen Hochkultur hin zur „Alltags- und Lebenskultur der Menschen"[342] (ARD) oder zur Gesamtheit der „geistigen und künstlerischen Äußerungen"[343] (ZDF) notwendig. Dies darf aber nicht zur Verflachung und nicht zu einer Event-Orientierung des Programms führen. Inhaltsleere Beliebigkeit kann nicht mit einem erweiterten Kulturbegriff legitimiert werden.

Ein Beispiel für die Hinwendung zur kulturellen Alltagspraxis ist die Reform der Kulturprogramme des öffentlich-rechtlichen Hörfunks in den späten 90er-Jahren, mit der jüngere Hörer stärker angesprochen wurden und die Alltagskultur stärker Berücksichtigung fand. Die Enquete-Kommission erkennt die Notwendigkeit einer Einbindung gerade jüngerer Hörer in das Kulturprogramm an. Gleichzeitig nimmt sie aber auch kritische Stimmen ernst, die vor der Gefahr einer zu starken Popularisierung im Sinne einer Verflachung und Trivialisierung warnen. Das Angenehme, Publikumswirksame droht mitunter das Polarisierende und Irritierende zu verdrängen.

Auch wenn der Quotenerfolg dieser Reform unterschiedlich bewertet wird, belegen Reaktionen aus der Hörerschaft, dass das Interesse an der Kultur auch bei der jüngeren Generation weit über das ausschließlich Populäre hinausgeht.

Die sich ausbreitende „Formatierung" von Sendungen, das heißt das Setzen strengerer Zeitlimits und Vorgaben für die Kombination von Wort- und Musikbeiträgen, ist tendenziell eine Gefahr für Themen und Kulturtraditionen, die in erheblichem Maße auf Geist, Komplexität und Substanz setzen und daher medial nicht so leicht zugänglich gemacht werden können.

Die Verlagerung der Kultur in die Nebenprogramme von ARD und ZDF

Die Kultur wird in zunehmendem Maße aus den Hauptprogrammen von ARD und ZDF in Nebenprogramme wie 3sat, arte und die dritten Programme verlagert. So machte 2004 der Anteil von Kultur an der täglichen Gesamtsendezeit 2,5 Prozent in der ARD und 4,2 Prozent im ZDF aus; in den sieben dritten Programmen lag der Anteil dagegen bei 6,5 Prozent, bei den Gemeinschaftssendern arte und 3sat bei 27,2 bzw. 27,4 Prozent und bei BR alpha und Phoenix bei 16,7 bzw. 15,6 Pro-

---

[342] Ebd., S. 2.
[343] Ebd.

zent.[344] Begründet wird dies vor allem mit der schwierigeren Akzeptanz komplexer kultureller Beiträge im Hauptprogramm. Natürlich bieten kulturelle Spartenprogramme auch Chancen und liefern hohe Qualität. Jedoch erreichen arte, 3sat und BR alpha weniger als 3 Prozent der Fernsehzuschauer; damit richtet sich der Großteil der Kultursendungen nicht mehr an das breite Publikum. Anstatt Kultur in den Referenzmedien des ZDF und des Ersten Programms stark zu machen, wird sie in die Zielgruppensender und Nebensendezeiten verlagert und dem großen Publikum nur in kleinen Portionen angeboten.[345] Einige erfolgreiche Ausnahmen, wie etwa die Renaissance der Literatursendungen oder Sendungen über Reisekultur, können diesem Eindruck nur bedingt entgegenwirken.

Um ihre Relevanz und Legitimation als Leitmedien zu erhalten, müssen die Vollprogramme von ARD und ZDF eine Vielzahl von Zuschauern zu erreichen suchen. Nur so kann eine Marginalisierung des öffentlich-rechtlichen Rundfunks vermieden werden. Aber auch in den Vollprogrammen sollen gezielt stärkere kulturelle Akzente gesetzt werden, um die Chance zu nutzen, neue und auch junge Bevölkerungsschichten an kulturelle Inhalte heranzuführen.

Eine reine Quotenorientierung ist gerade im Bereich der Kultur nicht angemessen. Einschaltquoten allein dürfen keine Indikatoren zur Messung der gesellschaftspolitischen Relevanz einer Sendung sein. Gerade Kultursendungen sind oftmals von dem sich gegenseitig verstärkenden Effekt bedroht, dass eine schlechte Quote die Verschiebung auf einen schlechteren Sendeplatz zur Folge hat, was wiederum zu noch weniger Zuschauern führt. Hinzu kommt das Problem der Messungenauigkeit bei ohnehin geringer Einschaltquote: Marktanteile von unter einem Prozent können nicht verlässlich gemessen werden.[346]

Angesichts der Digitalisierung und der damit verbundenen Verbreiterung des Programms wird es umso wichtiger, dass auf die unterschiedlichen Programmangebote hingewiesen wird. Die Hauptprogramme des öffentlich-rechtlichen Rundfunks können eine solche Navigatorfunktion wahrnehmen.

Selbstverpflichtung der öffentlich-rechtlichen Sender und ihre Umsetzung

Im Rundfunkstaatsvertrag wird der Auftrag, „Beiträge insbesondere zur Kultur anzubieten", auch aufgrund der Programmautonomie des öffentlich-rechtlichen Rundfunks nur sehr allgemein beschrieben. ARD, ZDF und das Deutschlandradio konkretisieren ihren Programmauftrag jedoch in Selbstverpflichtungserklärungen, die in Abstimmung mit den Vertretern der gesellschaftlichen Gruppen in den Rundfunkgremien als Sachwalter der Allgemeinheit erstellt werden. Anders als beim ORF enthalten die Selbstverpflichtungserklärungen von ARD und ZDF keine verbindliche Aussage zu Sendeplätzen für Kultur. Die Selbstverpflichtung des ORF legt fest, dass in den Hauptnachrichtensendungen eine Kulturnachricht enthalten sein soll.

Alle zwei Jahre legen die Rundfunkanstalten darüber hinaus einen Bericht über die Erfüllung ihres Programmauftrages ab. Sie betrachten den Grundversorgungsauftrag als erfüllt und die internen Evaluationsmechanismen als ausreichend und ziehen als Beleg dafür die Akzeptanz des Programm-

---

[344] Vgl. Presse-Programm-Service (2005), (Kommissionsmaterialie 15/107a); Nach Auffassung des Presse-Programm-Service umfasst der Begriff „Kultur" im Fernsehen Folgendes: „Literatur, Malerei, Bildende und Darstellende Kunst, Architektur, Geschichte und Archäologie, Geisteswissenschaften, Klassisches und modernes Theater, Schauspiel, Tragödie, Komödie und Drama, Ballett, Performance, Pantomime, Tanz, Tanzvideo und Musikdokumentationen, Musiksendungen der Stilrichtungen Klassik, Jazz, Chanson und Pop, Dokumentarfilme, Kurz- und Experimentalfilme, Filmessays, Hochwertige Kino-, Fernseh-, Kinder- und Jugendfilme."
[345] Vgl. Presse-Programm-Service (2005). (Kommissionsmaterialie 15/107a)
[346] Vgl. Zusammenfassung der Anhörung vom 18. April 2005 zum Thema „Rolle der öffentlich-rechtlichen Medien für die Kultur", S. 12. (Kommissionsdrucksache 15/519)

angebots, das heißt die Einschaltquoten, heran. Die Enquete-Kommission hält diese Mechanismen und Kriterien der internen Kontrolle für nicht ausreichend.[347]

Die Evaluation der Erfüllung des Kulturauftrags könnte wirkungsvoll durch eine externe Institution durchgeführt werden, wie es zum Beispiel bei der BBC praktiziert wird.[348] Zu den Kriterien, anhand derer eine Evaluation möglich wäre, gehören Originalität, Kreativität, künstlerisches Handwerk, Einsatz für Bildungszwecke, die Zahl der Erstausstrahlungen im Verhältnis zu Wiederholungen, Eigenproduktionen und Genrevielfalt; die Bereitschaft zum Experiment und zum Risiko. Auch Auszeichnungen wie der Adolf-Grimme-Preis können ein geeignetes Mittel zur Programmbewertung sein.[349]

Den Vorschlag, die Verteilung der Gebührengelder auf die einzelnen Rundfunkanstalten und die jeweiligen Programme auch an die Erfüllung von Qualitätskriterien[350] zu knüpfen, hält die Enquete-Kommission für diskussionswürdig, weil seine mögliche Umsetzung den Wettbewerb um qualitativ hochwertige und innovative Programmgestaltungen befördern könnte.[351]

Private Rundfunkveranstalter

Beim privaten Rundfunk hat „Kultur" einen Sendeanteil von 0,8 Prozent.[352] Kulturberichterstattung findet so gut wie gar nicht statt. Die privaten Sender arbeiten mit einem Kulturbegriff, der so weit gefasst ist, dass er „alles Menschengemachte"[353] als Kultur begreift und damit nicht mehr aussagefähig ist. Stattdessen liegt der Schwerpunkt der Kulturarbeit auf Wissens- und Quizsendungen, bei Fernsehfilmen und Pop- und Jugendkultursendungen. Klassische Hochkultur findet sich nur außerhalb der Hauptsendezeit und dann zunehmend im Format eines Massenevents.

Herausforderungen und Chancen der Digitalisierung

Die Hör- und Sehgewohnheiten unterliegen einem Wandel. Die Digitalisierung, das heißt die zeit- und ortsunabhängige Verfügbarkeit von Medienprodukten, gewinnt in unserer Informations- und Wissensgesellschaft an Bedeutung.

Die Digitalisierung bietet große Chancen, Inhalte schneller zu verbreiten und sie einem größeren und insbesondere auch jüngeren Publikum zugänglich zu machen. Filme lassen sich problemlos

---

[347] Vgl. Elitz (2006), frühere Versuche der systematischen Evaluierungen „sowohl an der Unfähigkeit [scheiterten], im föderalen Mediensystem verbindliche Festlegungen für den Gesamtstaat zu treffen, wie am mangelnden Interesse der Programmanbieter, ihre Produkte [...] einer Bewertung über Qualität und Nutzwert zu unterziehen.", S. 10. vgl. hier Abschnitt I.1 d.

[348] Ebd., Abschnitt II.3

[349] Neben der BBC praktiziert auch das tschechische Fernsehen eine externe Evaluation seines Programms. Um den Qualitätsanspruch des öffentlich-rechtlichen Rundfunks zu garantieren und zu kontrollieren, hat das tschechische Parlament ein unabhängiges Forschungsinstitut beauftragt, die öffentlich-rechtlichen Medien in Hinblick auf Inhalte, Qualität und Erfüllung des Grundversorgungsauftrages zu evaluieren und darüber halbjährlich Bericht zu erstatten, über den dann im Parlament beraten wird. Für eine solche wissenschaftliche Beobachtung in Deutschland wurden von Experten bereits das Grimme-Institut oder Forschungseinrichtungen der Universitäten vorgeschlagen.

[350] Vgl. Wortprotokoll der Anhörung vom 18. April 2005 zum Thema „Rolle der öffentlich-rechtlichen Medien für die Kultur" (Protokoll-Nr. 15/41), Vorschlag des Intendanten des Deutschlandradio Ernst Elitz.

[351] Natürlich sind Kriterien immer auch subjektiver Natur und durchaus nicht immer unumstritten – aber dass ein überzeugender Kriterienkatalog zusammengestellt werden kann, steht außer Frage. Ein Beleg dafür sind die hohe Akzeptanz der Jurys, z. B. des Grimme-Preises und des Bayerischen Fernsehpreises, die von privaten wie öffentlich-rechtlichen Sendern „gerne entgegengenommen werden", und die „erstaunlich einhelligen" Bewertungen gelungener oder nicht gelungener Beiträge. vgl. Elitz (2006), S. 8, 12.

[352] Vgl. Presse-Programm-Service (2005). (Kommissionsmaterialie 15/107a)

[353] Vgl. Zusammenfassung des Expertengesprächs vom 9. Mai 2005 zum Thema „Rolle der privaten Medien für die Kultur". (Kommissionsdrucksache 15/520)

über das Internet herunterladen und sind damit auch außerhalb der Erstsendezeiten verfügbar – eine große Chance zur Erweiterung des Publikums und zur Verstärkung der Resonanz von Kultursendungen. Anspruchsvolle Sendungen werden einem größeren Publikum zugänglich. Bibliotheken wie auch Rundfunkarchive denken schon darüber nach, wie sie das in ihren Beständen schlummernde kulturelle Erbe der Menschheit „auf Abruf" einem breiten Publikum zur Verfügung stellen könnten.

Für Kulturschaffende sowie die Vermittler und Rezipienten von Kultur ergeben sich durch die neuen digitalen Datenübertragungstechnologien neue Möglichkeiten der Interaktion. Dabei geht es nicht darum, das unmittelbare Erfahren von Kultur unter anderem in Museen, Galerien, Konzert- und Opernhäusern, bei Festivals und Festen zu ersetzen. Vielmehr kann die digitale Vermittlung kultureller Inhalte sinnvoll ergänzt werden. Auf digitalem Weg übermittelte Inhalte können beispielsweise einen Besuch im Museum vorbereiten oder vertiefen. Ebenso können audiovisuelle Ausschnitte aktueller Theateraufführungen das Interesse für einen Theaterbesuch wecken. Digitalisierte Inhalte ließen sich ferner auch für den Schulunterricht nutzen und könnten so entscheidend dazu beitragen, die jüngere Generation mithilfe digitaler Techniken an die verschiedenen kulturellen Ausdrucksformen heranzuführen.

Die technischen Voraussetzungen für den digitalen Zugang zu kulturellen Inhalten sind bereits vorhanden. Die modernen digitalen Datenübertragungstechnologien erlauben es, einmal digitalisierte Inhalte über das Internet weltweit zur Verfügung zu stellen. Voraussetzung ist jedoch ein digitalisiertes Abbild kultureller Inhalte, sei es das digitale Bild eines Gemäldes, die digitale Videoaufnahme einer Theateraufführung, die Tonaufnahme eines Konzerts oder eine Mischung aus Bild-, Ton- und Bewegtbildaufnahmen samt textlicher Begleitung. Manche kulturellen Inhalte liegen bereits heute regelmäßig auch in digitalisierter Form vor, wie zum Beispiel Fernseh- und Kinofilme. Andere kulturelle Ausdrucksformen wie Gemälde, Skulpturen, Installationen oder bauliche Kunstwerke müssen erst noch digital erfasst werden, um eine Verbreitung über moderne Datenübertragungswege zu ermöglichen.

Die digitale Aufbereitung kultureller Ausdrucksformen hat jedoch ihren Preis. Neben den Kosten für Personal und Technik sind auch urheberrechtliche Fragen zu klären und entsprechende Rechte gegebenenfalls abzugelten. Ebenso fallen für die Bereitstellung von Serverkapazitäten zur Speicherung digitaler Inhalte und für die digitale Verbreitung Kosten an. Darüber hinaus kommt es nicht nur darauf an, Inhalte digital bereitzustellen. Wesentlich ist es auch, Zugänge zu den Inhalten zu schaffen. Hier haben die Hauptprogramme eine besondere Verantwortung als Navigatoren in der digitalen Welt.

Beim digitalen Zugang zu kulturellen Inhalten muss ein gerechter Ausgleich zwischen den verschiedenen Interessen der Kulturschaffenden, der Kulturvermittler und der Nutzer gefunden werden. Zu denken wäre beispielsweise daran, die Bestände öffentlicher Bibliotheken oder eine Auswahl kultureller Inhalte aus den Archiven der öffentlich-rechtlichen Rundfunkanstalten zugänglich zu machen. Grundsätzlich gilt dabei, dass die Rechteinhaber eine entsprechende Vergütung erhalten müssen. Im Rahmen der Beratungen zum sogenannten Korb II des Urheberrechts in der Informationsgesellschaft spielten diese Fragen eine wichtige Rolle.

„Feste" freie Mitarbeiterverhältnisse

Im Bereich des öffentlich-rechtlichen Rundfunks werden für die Programmgestaltung in hohem Maße freie Mitarbeiter beschäftigt. Dies bedeutet in zunehmendem Maße zeitlich befristete und sozial nicht abgesicherte Arbeitsverhältnisse. Dies hat auch Auswirkungen auf eine kontinuierliche und kompetente Kulturberichterstattung. Als Begründung für diese Praxis werden neben dem Wunsch freier Mitarbeiter, auch anderweitig publizistisch tätig werden zu können, seitens der Sendeanstalten Abwechslungsbedürfnis und der Kostendruck angeführt, der der nicht erfolgten Umsetzung der Gebührenanhebungsempfehlungen der KEF geschuldet sei.

C) Handlungsempfehlungen

1. Die Enquete-Kommission empfiehlt den Ländern, den Kulturauftrag des öffentlich-rechtlichen Rundfunks in den Rundfunkstaatsverträgen zu präzisieren.

2. Die Enquete-Kommission empfiehlt den öffentlich-rechtlichen Rundfunkanstalten, den in den Rundfunkstaatsverträgen fixierten Kulturauftrag kontinuierlich in Form von Leitlinien und Selbstverpflichtungen konkret auszugestalten und dabei transparentere und stärker quantifizierbare Festlegungen bezüglich der Sendezeitanteile, Erstausstrahlungen, Eigenproduktionsquoten, Genrevielfalt oder Werbefreiheit vorzunehmen.

3. Die Enquete-Kommission empfiehlt den Ländern, mit der Evaluierung der Erfüllung des Kulturauftrags durch die öffentlich-rechtlichen Rundfunkanstalten eine unabhängige externe Institution zu beauftragen.

4. Die Enquete-Kommission empfiehlt den Ländern, mit geeigneten Maßnahmen der Tendenz bei öffentlich-rechtlichen Rundfunkanstalten entgegenzuwirken, im Bereich der Programmgestaltung in zunehmendem Maße überwiegend freie Mitarbeiter einzusetzen.

5. Die Enquete-Kommission empfiehlt den öffentlich-rechtlichen Rundfunkanstalten, Beiträgen zur Kultur in den Hauptprogrammen breiteren Raum einzuräumen, sie stärker in die Hauptsendezeit zu rücken und mehr Möglichkeiten bereitzuhalten, musikalische Werke zusammenhängend darzubieten.

6. Die Enquete-Kommission empfiehlt den öffentlich-rechtlichen Rundfunkanstalten, im Wege der Selbstverpflichtung die Kulturberichterstattung als festen Bestandteil ihrer Hauptnachrichtensendungen zu verankern.

7. Die Enquete-Kommission empfiehlt den öffentlich-rechtlichen Rundfunkanstalten, ihre Klangkörper als bedeutendes Instrument des Kulturauftrags zu erhalten und ihren Fortbestand in ihre Selbstverpflichtungserklärungen bzw. Programmleitlinien aufzunehmen.

8. Die Enquete-Kommission empfiehlt den öffentlich-rechtlichen Rundfunkanstalten, den Fortbestand und die stärkere Förderung rundfunkspezifischer Kunstformen wie Hörspiel und Fernsehspiel in ihre Selbstverpflichtungserklärungen bzw. Programmleitlinien aufzunehmen.

9. Die Enquete-Kommission appelliert an die privaten Sender, in Wahrnehmung ihrer Verantwortung für die Kultur und das kulturelle Leben in Deutschland, ihre kulturellen Leistungen selbstkritisch zu überprüfen und eine Verbesserung und verstärkte Qualitätsorientierung ihres Angebotes anzustreben.

3.2.3 Mittelbar-öffentliche Kulturförderung durch Stiftungen und Vereine

A) Bestandsaufnahme und
B) Problembeschreibung

In der öffentlichen Förderung von Kunst und Kultur ist seit den 80er-Jahren die zunehmende Tendenz zu erkennen, Entscheidungen über die Förderung kultureller Programme und Projekte, über den Ankauf künstlerischer Werke etc. sowie über die Trägerschaft von kulturellen Einrichtungen nicht mehr der staatlichen oder kommunalen Verwaltung, das heißt den Ministerien oder Kulturämtern, zu überlassen. Sie werden vielmehr auf öffentlich finanzierte Stiftungen, Fonds oder ähnliche „externe Agenturen" (etwa in Form von eingetragenen Vereinen oder Verbänden) übertragen.

Über den Mitteleinsatz entscheiden dann diese Einrichtungen, die in einer mehr oder weniger großen Distanz zum Staat stehen (sogenannte „Arm's-Length-Bodies") bzw. sogar weitgehend unabhängig von ihm agieren können. Die Vorstellung dabei war und ist, dass auf diese Weise die Förder- bzw. Trägerentscheidungen weniger bürokratisch und damit sachgerechter und unabhängiger getroffen werden können und eine bessere bzw. angemessenere Entscheidungsqualität erreicht werden kann. Als eine dabei häufig gewählte Rechtsform für die Förderung von Programmen und Projekten, aber auch als Träger von Kultureinrichtungen, hat das Instrument der Stiftung seit Mitte der 90er-Jahre wachsende Bedeutung erlangt.[354] Hinsichtlich der Rechtsform lassen sich die Stiftungen drei Gruppen zuordnen: Stiftungen bürgerlichen Rechts, Stiftungen des öffentlichen Rechts sowie (bei unechten Stiftungen) gemeinnützigen Gesellschaft mit beschränkter Haftung.[355]

Die hier zur Diskussion stehenden Stiftungen werden – unabhängig von ihrer konkreten Rechtsform – in der Regel vom Staat bzw. von Kommunen gegründet. Sie unterscheiden sich damit von Stiftungen, die von Bürgern als selbstständige Stiftungen errichtet wurden sowie von Fonds, die oft die Rechtsform des Vereins haben. Fonds sind zumeist aus der Gesellschaft heraus entstanden. Impulsgeber waren die Verbände des kulturellen Lebens, deren Vertreter die Arbeit der Fonds maßgeblich bestimmen. Die Ausgliederung aus der direkten öffentlichen Finanzhoheit – in welcher Form auch immer – ist in anderen Ländern zum Teil schon seit längerer Zeit Praxis, so zum Beispiel in der Schweiz („Stiftung Pro Helvetia") und im Vereinigten Königreich („Arts Councils").

Stiftungen als Instrumente der Kulturförderung

Die längste Tradition haben in Deutschland kommunale Stiftungen. Sondervermögen verwaltende selbstständige und unselbstständige Stiftungen gibt es seit Jahrhunderten in deutschen Städten. Die ältesten – der städtischen Wohlfahrtspflege dienenden – stammen aus dem 12. Jahrhundert. Viele davon sind allerdings erst im 20. Jahrhundert als kommunale Sammelstiftungen aus den Resten ursprünglich privater Stiftungen, deren Kapital durch Krieg und Inflation dahingeschmolzen war, entstanden. Das Maecenata-Institut schätzt die Anzahl nicht rechtsfähiger Stiftungen in kommunaler Trägerschaft auf rund 1 800 bis 2 000.[356]

Eine Sonderform stellen die bundesweit über 500 Sparkassenstiftungen dar, die hier wegen ihrer kommunalen mittelbaren Stifter angeführt werden. Sie haben sich in den letzten Jahren zum größten nichtstaatlichen Förderer von Kunst und Kultur in Deutschland entwickelt. Ihre Kulturförderung in Höhe von derzeit über 100 Mio. Euro jährlich fließt aus erwirtschafteten Gewinnen und nicht aus Steuermitteln.

Die ersten Stiftungen in den Ländern entstanden in den 70er-Jahren: 1972 die „Bayerische Landesstiftung" als Stiftung des öffentlichen Rechts und 1977 die „Kunststiftung Baden-Württemberg" als GmbH. In den 80er-Jahren folgten Kulturstiftungen der Länder Berlin, Niedersachsen, Hessen, Hamburg, Nordrhein-Westfalen und Schleswig-Holstein als Stiftungen des bürgerlichen Rechts und die „Stiftung Rheinland-Pfalz für Kultur" als Stiftung des öffentlichen Rechts. Die „Kulturstiftung des Landes Schleswig-Holstein" wurde inzwischen gleichfalls in eine Stiftung des öffentlichen Rechts umgewandelt.

Im Zuge der deutschen Einigung entstand aus dem Kulturfonds der DDR als gemeinsame Kulturstiftung der neuen Länder die „Stiftung Kulturfonds" als Stiftung des öffentlichen Rechts. Aus dieser trat Sachsen 1997 aus, um mit seinem Kapitalanteil die „Sächsische Kulturstiftung" als Stiftung

---

[354] Vgl. Strachwitz/Then (2004); vgl. Bellezza/Kilian/Vogel (2003); vgl. auch Kilian (2003), S. 13f.
[355] Vgl. Zusammenfassung von schriftlichen Stellungnahmen zur mittelbar öffentlichen Kulturförderung, S. 4. (Kommissionsdrucksache 15/523)
[356] Vgl. Adloff (2000), S. 6.

des öffentlichen Rechts zu errichten. Thüringen und Sachsen-Anhalt entschieden, mit ihren Vermögensanteilen jeweils eine eigene Landeskulturstiftung zu errichten. 2004 wurde die Stiftung Kulturfonds aufgelöst.

In Brandenburg wurde 1998 der eingetragene Verein „Kulturland Brandenburg" gegründet, der mit etwa einem Drittel Landesmitteln und zwei Dritteln zusätzlich akquirierter Mittel Kulturförderung betreibt.

Seit Willy Brandt 1973 die Vision einer deutschen Nationalstiftung verkündete, hat es immer wieder länderübergreifende Stiftungsansätze gegeben. Daraus sind zunächst 1980 der „Deutsche Literaturfonds" und der „Kunstfonds" als eingetragene Vereine entstanden. Im Jahr 2000 wurde der Kunstfonds e. V. in die „Stiftung Kunstfonds zur Förderung der zeitgenössischen bildenden Kunst" überführt. Neben den Bundesmitteln, die zuerst der Kunstfonds e. V. und seit 2000 die Stiftung Kunstfonds zur Erfüllung ihrer Förderzwecke erhält, wird die Stiftung Kunstfonds durch die Verwertungsgesellschaft Bild-Kunst mit rund 250 000 Euro aus den „Kulturabzügen" gemäß Urheberrechtswahrnehmungsgesetz unterstützt. Im Jahr 1987 wurden der „Fonds Darstellende Künste e. V." und der „Fonds Soziokultur e. V." ins Leben gerufen. Für die Musik wurde dem „Deutschen Musikrat e. V." die entsprechende Aufgabe übertragen. Sie alle werden aus Mitteln des Bundes dotiert und fördern bundesweit in Selbstverantwortung Künstler sowie künstlerische und kulturelle Projekte.[357] Im Jahr 1997 wurde der „Deutsche Übersetzerfonds e. V." als jüngster der selbstverwalteten Fonds gegründet. Die selbstverwaltenden Fonds zeichnen sich durch eine enge Rückbindung an den Kulturbereich aus. Sie wurden von den Bundeskulturverbänden der jeweiligen künstlerischen Sparte gegründet. In den Gremien sind Experten aus diesen Verbänden vertreten.

Im Jahr 1988 wurde die „Kulturstiftung der Länder" gegründet. Von Beginn an hat der Bund die Hälfte zur Finanzierung dieser Stiftung beigetragen und die Länder die andere Hälfte. Die selbstverwaltenden Fonds wurden aus Mitteln des Bundes über die Kulturstiftung der Länder vom Ende der 80er-Jahre bis zum Jahr 2006 gefördert. Ebenso wurde eine Reihe von Bundeskulturverbänden aus Bundesmitteln über die Kulturstiftung der Länder unterstützt. Die „Kulturstiftung des Bundes" wurde im Jahr 2002 errichtet. Statt der ursprünglich beabsichtigten Fusion der Kulturstiftung der Länder mit der Kulturstiftung des Bundes wird nunmehr eine enge Kooperation beider Stiftungen angestrebt. Die erwähnten selbstverwalteten Kulturförderfonds werden seit dem Jahr 2006 über die Kulturstiftung des Bundes gefördert. Innerhalb der Kulturstiftung des Bundes wurde im Jahr 2002 der „Fonds zur Stärkung des bürgerschaftlichen Engagements für die Kultur in den neuen Ländern" in der Kulturstiftung des Bundes eingerichtet. Im Unterschied zu den genannten Kulturförderfonds wie Deutscher Literaturfonds usw. wurde er nicht von Bundeskulturverbänden ins Leben gerufen, sondern ist eine spezielle Förderstruktur der Kulturstiftung des Bundes.

Der „Hauptstadtkulturfonds" wurde im Jahr 1999 mit der Vereinbarung des Hauptstadtkulturvertrags eingerichtet. Der Hauptstadtkulturfonds fördert künstlerische Einzelprojekte und Veranstaltungen in Berlin.[358]

Eine vom Staat alimentierte Stiftung entspricht nicht dem Idealtypus einer privatrechtlichen Stiftung. Ihre Autonomie kann erheblich eingeschränkt sein und sie hat häufig keine über das Jahr hinausgehende Planungssicherheit. Kritische Stimmen verweisen deshalb auf die Gefahr einer Aufweichung der Rechtsform „Stiftung". Gelegentlich wird auch der Schutz dieser Bezeichnung gefordert und von „unechten" Stiftungen gesprochen.[359] Andererseits sollte aus Sicht der Enquete-Kommission der öffentlichen Hand nicht lediglich aus Erwägungen der „reinen Form" das Hand-

---

[357] Vgl. Kap. 4.6, Künstlerförderung.
[358] Vgl. Kap. 3.5.2, Kulturförderung in der Bundeshauptstadt.
[359] Vgl. Kap. 3.5.2, Private Stiftungen/Bürgerstiftungen.

lungsinstrument Stiftung vorenthalten werden, mit dem bestimmte öffentliche Aufgaben durch ein „Weniger an Staat" wahrgenommen werden können.[360] Bei den Stiftungen der öffentlichen Hand sollte nach Auffassung der Enquete-Kommission dabei aber darauf geachtet werden, dass Transparenz und Verlässlichkeit dieser Rechtsform gewahrt und damit die Kritik aus dem Lager der rein privaten Stiftungen an einer möglichen Aufweichung der Rechtsform „Stiftung" berücksichtigt werden.[361]

Für Autonomie und Planungssicherheit sind die Stiftungsfinanzierung und der Grad der staatlichen bzw. politischen Einflussnahme relevant. Der „Bundesverband Deutscher Stiftungen" steht der Einrichtung von Stiftungen durch die öffentliche Hand nur solange vorbehaltlos gegenüber, wie das jeweilige Stiftungsgeschäft eine gesicherte Vermögensausstattung vorsieht. Er warnt vor der Errichtung von Stiftungen, die lediglich laufende Zuwendungen nach Maßgabe des Haushaltsrechts und der jeweiligen Haushalte erhalten sollen. Denn ohne Kapitalstock und in Abhängigkeit von wechselnden Budgets, so die Kritik des Bundesverbandes, könne der Stiftungszweck nicht dauerhaft gesichert werden.[362]

Der Idealfall, bei dem die öffentliche Hand zur Stiftungsgründung einen Kapitalstock zur Verfügung stellt, dessen Erträge eine dauerhafte und nachhaltige Zweckverwirklichung ermöglichen, ist bei der gegenwärtigen Situation der öffentlichen Haushalte jedoch in der Regel nicht realisierbar. Gesetzlich errichtete öffentlich-rechtliche Stiftungen haben keinen Anspruch auf ausreichende Finanzierung, also auf Zuwendung in bestimmter Höhe. Der Gesetzgeber ist lediglich in der Pflicht, Zuwendungen nach Maßgabe des Haushaltsplanes zu leisten. Dies führt zur Abhängigkeit von den öffentlichen Haushalten, das heißt, vertraglich vereinbarte jährliche Zuwendungen stehen unter dem Vorbehalt „nach Maßgabe des Landeshaushaltes". Haushaltssperren sind damit möglich.[363] Allerdings kann durch geeignete Haushaltsinstrumente, zum Beispiel mehrjährige Verpflichtungsermächtigungen bzw. Zielvereinbarungen[364], grundsätzlich eine Verstetigung der Finanzierung gesichert werden.

Soweit Kulturstiftungen in den Ländern von Geldern der öffentlichen Hand abhängig sind, rechnen sie mit einer Stagnation der finanziellen Zuwendungen oder befürchten weitere Kürzungen.[365] Für die Zukunft planen deshalb viele von ihnen, bestehende Kontakte zu Wirtschaftsunternehmen und anderen Stiftungen zu vertiefen. Grundsätzlich sind die Kulturstiftungen auf Eigenständigkeit bedacht. Für viele sind jedoch auch Kooperationen von großer Bedeutung. Sie betreiben deshalb eine intensive Zusammenarbeit sowohl mit öffentlichen als auch mit privaten Kulturförderern. Ihr Credo lautet dabei: So viel Eigenständigkeit wie möglich, so viel Kooperation wie nötig und sinnvoll.

Die Kulturstiftungen in den Ländern haben in ihren Antworten auf eine Umfrage der Enquete-Kommission die politische Einflussnahme übereinstimmend als gering bezeichnet und die parteipolitische Unabhängigkeit sowie sachbezogene Handlung abseits der unmittelbaren Einflusszone

---

[360] Vgl. Winands (2004b), S. 74f.
[361] Vgl. Zusammenfassung von schriftlichen Stellungnahmen zur mittelbar öffentlichen Kulturförderung, S. 17. (Kommissionsdruck-sache 15/523)
[362] Vgl. König (2003), S. 10f.
[363] Vgl. Zusammenfassung von schriftlichen Stellungnahmen zur mittelbar öffentlichen Kulturförderung, S. 12–14. (Kommissionsdrucksache 15/523)
[364] Sondervotum SV Prof. Dr. Dieter Kramer: „Zielvereinbarungen erfordern es, zu definieren, was kulturpolitisch gewollt ist. Das geschieht nirgendwo ausführlich; hinzuweisen wäre in diesem Zusammenhang zusammenfassend auf sonst nur einzeln genannte Aspekte, z. B. auf Kunst und Kultur als notwendigen Infrastruktur-Bestandteil, auf ihre Bedeutung für Lebensqualität und Entfaltungsmöglichkeiten, als integrierender Faktor, als ‚identitätstiftendes' (Unterschiede zu anderen konstituierendes) Element, als Sphäre der Qualitätsentwicklung und als Element der unabhängigen Reflexion einer Gesellschaft über ihre zentralen Werte und ihr Selbstverständnis."
[365] Vgl. Zusammenfassung von schriftlichen Stellungnahmen zur mittelbar öffentlichen Kulturförderung (2005), S. 15–17. (Kommissionsdrucksache 15/523)

von Politik, Regierung und Behörden betont.[366] Bei einer zu großen Abhängigkeit der Stiftungsorgane von Beschlüssen externer, insbesondere politischer Gremien, die sie dann nur wie ausgegliederte Teile des öffentlichen Verwaltungsapparates erscheinen ließen, würden gerade die administrativen Vorteile der Stiftungslösung vergeben.[367]

Deshalb sind nach Auffassung der Kulturstiftungen Qualitätskriterien notwendig, die für die Errichtung von Stiftungen der öffentlichen Hand und deren tatsächliche Arbeitsweise formuliert und beachtet werden sollten: zum Beispiel die Begrenzung staatlichen Einflusses neben der durch die Satzung zugelassenen Mitwirkung, die Vermeidung von Einflussnahme über die Gewährung oder Versagung von Zuwendungen, die Vermeidung inhaltlicher Reglementierung durch Vorgaben des Rechnungshofes, die Stärkung der wirtschaftlichen Autonomie und die Erweiterung der Handlungsfreiheit im Bezug auf das öffentliche Tarifrecht. Im Bundesverband Deutscher Stiftungen hat sich 2004 dazu eine Initiative von Stiftungen der öffentlichen Hand etabliert, an der auch die Kulturstiftung des Bundes mitwirkt und deren Ziel die Schaffung höherer Planungssicherheit durch Modifikation des Haushaltsrechts ist.[368] Nach Ansicht der Kulturstiftung des Bundes könnte, soweit privatrechtliche Zuwendungsstiftungen wie die Kulturstiftung des Bundes betroffen sind, deren Stiftungsautonomie durch vertragsähnliche Rechtsformen (zum Beispiel Zielvereinbarungen) gestärkt werden, die eine mittelfristige Planungssicherheit festschreiben würden. Diese sei für die Rechtsform „Stiftung bürgerlichen Rechts" generell empfehlenswert. Zur relevanten Stützung der Autonomie der jeweiligen Stiftung müssten derartige Vereinbarungen einen erheblichen Teil (nicht weniger als 30 Prozent) des in den vergangenen Jahren gewährten Budgets festschreiben und eine Laufzeit über die jeweilige Wahlperiode hinaus besitzen. Zur Verbesserung der Ausstattung mit Eigenkapital sollte überdies das Haushaltsrecht gestatten, einen relevanten Prozentsatz (fünf bis zehn Prozent) der jährlichen Zuwendungen in das Grundstockvermögen zu überführen, um so die autonome Handlungsfähigkeit als Gegengewicht zu staatlicher Einflussnahme langfristig zu verstärken.[369]

Kommunale Stiftungen sehen sich häufig dem Vorbehalt gegenüber, sie seien Lückenbüßer für entfallende städtische Kulturangebote. Ihre Steuerung durch städtische Entscheidungsträger ist Gegenstand der Kritik. Dem könnte dadurch begegnet werden, dass die Verflechtung von Kommunalverwaltung und Stiftungsverwaltung, wie sie in der Regel in der Besetzung der Stiftungsorgane zum Ausdruck kommt, vermieden wird. Satzungen sollten dahingehend geändert werden, dass die zuständigen kommunalen Selbstverwaltungsorgane zwar die Stiftungsgremien wählen, diese aber – unter dem Vorbehalt, dass dies mit dem ausdrücklichen oder mutmaßlichen Willen des Stifters übereinstimmt – keine Gemeinderäte sein müssen. Ein mögliches und bewährtes Modell, um die Kollision von Gemeinde- und Stiftungsinteressen zu vermeiden, wird überdies in der Herauslösung der Stiftungsverwaltung aus der allgemeinen Stadtverwaltung gesehen. Dies könnte bei kleineren Städten mit wenigen Stiftungen auch durch die Bildung eines Stiftungsamtes erfolgen, welches das vorhandene Know-how bündelt. Der Arbeitskreis „Kommunales" des Bundesverbandes Deutscher Stiftungen hat im Oktober 2004 zehn „Empfehlungen für die Verwaltung kommunaler Stiftungen" verabschiedet.[370]

---

[366] Ebd., S. 10.
[367] Siehe kritische Stimmen im Sammelband Mecking (2003), insbes. die Beiträge von Rozek/Fiedler/Schröder und Kilian. Vgl. dazu auch Winands (2004b).
[368] Vgl. Zusammenfassung der schriftlichen Stellungnahmen zur mittelbar öffentlichen Kulturförderung, S. 20. (Kommissionsdrucksache 15/523)
[369] Ebd., S. 18.
[370] Vgl. www.stiftungen.org/files/original/galerie_vom_31.10.2005_16.48.26/Empfehlungen_Verwaltung%20kommunaler%20Stiftungen.pdf, (Stand: 11. Juni 2007).

Stiftungen als Träger von Kultureinrichtungen

Stiftungen als Träger von Kultureinrichtungen haben Tradition. Die Überführung staatlicher und kommunaler Museen in Stiftungsform hat 1957 mit der Errichtung der „Stiftung Preußischer Kulturbesitz" als Stiftung des öffentlichen Rechts begonnen. In diese Rechtsform sind inzwischen zahlreiche Museumsensembles und auch einzelne Museen aus der unmittelbaren staatlichen und kommunalen Verwaltung umgewandelt worden. Besondere Aufmerksamkeit erhielt das „Gesetz über die Errichtung von Museumsstiftungen der Freien und Hansestadt Hamburg" vom 28. Dezember 1998, mit dem sieben Museen in rechtsfähige Stiftungen des öffentlichen Rechts umgewandelt wurden.[371] Neuerdings werden auch Orchester und Musiktheater als Stiftungen aus der öffentlichen Verwaltung ausgegliedert, so die schon länger bestehende „Stiftung Württembergische Philharmonie Reutlingen", die „Stiftung Berliner Philharmoniker" und die „Berliner Opernstiftung", aber auch Theater, Bibliotheken und Gedenkstätten.[372] „Die besondere Eignung von Stiftungen als Träger von Kultureinrichtungen kommt vor allem dort zum Tragen, wo die Stiftung als Eigentümerin und Bewahrerin auftreten kann."[373]

Ziele der Verselbstständigung von Kultureinrichtungen sind, Leistungs- und Wirtschaftlichkeitspotenziale durch mehr Eigenständigkeit und Flexibilität besser auszuschöpfen, neue Anreizstrukturen für mehr Eigenverantwortlichkeit in organisatorischer, finanzwirtschaftlicher und personalwirtschaftlicher Hinsicht zu schaffen und die Kostentransparenz durch Einführung des betrieblichen Rechungswesens zu verbessern.[374]

Kritische Stimmen warnen vor der übereilten Neugründung öffentlicher Stiftungen bzw. der Umwandlung öffentlicher Einrichtungen in Stiftungen, die letztlich nur zu einer schrittweisen Entlastung der öffentlichen Hand führen sollen.[375] Die Finanzierung in der Rechtsform der Stiftung würde geringer ausfallen als vor ihrer Verselbstständigung, weil auf die Wirtschaftlichkeitssteigerung durch die Rechtsform spekuliert würde.[376]

Die Motive von Staat und Kommunen liegen auch im Bemühen, die Kosten und damit die eigenen Ausgaben zu senken. Sie haben ein nachhaltiges Interesse an einer möglichst effizienten und effektiven Arbeit „ihrer" Kultureinrichtungen. Vor allem der Gewinn an Handlungsfreiheit und höherer Effizienz in den Kultureinrichtungen liegt auch in ihrem Interesse. Untersuchungen zeigen aber, dass mit der Umwandlung in Stiftungen nicht automatisch eine Verselbstständigung verbunden sein muss.

Fast alle in Anstaltsträgerstiftungen überführten Kultureinrichtungen haben kein eigenes Kapitalvermögen, sondern verfügen über Grundstücke, Gebäude, Sammlungen und Bestände, die für sich genommen keine Erträge abwerfen, sondern selbst erhebliche Aufwendungen zu ihrem Erhalt erfordern. Anstaltsträgerstiftungen des Staates erfordern deshalb, dass sie entweder mit ausreichendem Kapital ausgestattet sind, langfristige verbindliche staatliche Finanzierungszusagen vorliegen oder die Stiftungen die Möglichkeit haben, mit weiteren Partnern den Kulturauftrag langfristig erfüllen zu können.[377]

---

[371] Vgl. Willert (2003); vgl. Kap. 3.1.2.2, Museen und Ausstellungshäuser.
[372] Vgl. Willert (2004), S. 247–250.
[373] Strachwitz (2004), S. 51.
[374] Vgl. Willert (2004), S. 246.
[375] Vgl. Zusammenfassung der schriftlichen Stellungnahmen zur mittelbar öffentlichen Kulturförderung, S. 20. (Kommissionsdrucksache 15/523)
[376] Vgl. Willert (2004), S. 252.
[377] Den Hamburger Museumsstiftungen ist im Errichtungsgesetz z. B. die Aufgabe mitgegeben worden, Stiftungsvermögen durch eigene Einnahmen und Zustiftungen aufzubauen.

Ohne eigenes ausreichendes Stiftungskapital bzw. zumindest längerfristige Finanzierungszusagen und mit einer Finanzierung durch jährlich jeweils neu auszuhandelnde Zuwendungen können diese Stiftungen weiterhin über die parlamentarische Budgetbewilligung und -kontrolle sowie administrativ über den Zuwendungsbescheid gesteuert werden. Das staatliche Haushalts- und Zuwendungsrecht kann so die Flexibilität der Stiftung in der Finanzwirtschaft erheblich einschränken und die Finanzautonomie der Stiftung zu Makulatur werden lassen; das Zuwendungsrecht wird daher auch als „Haupteinfallstor" einer staatlichen/kommunalen Einflussnahme auf die Anstaltsträgerstiftung betrachtet und ist damit ein Grund, warum die sogenannten Zuwendungs-, Einkommens- oder Gebrauchsstiftungen äußerst skeptisch beurteilt werden.[378] Tatsächlich werden die Potenziale der Stiftungsrechtsform, vor allem die Schaffung von Autonomie durch Stiftungsvermögen, vom Staat und den Kommunen nicht hinreichend genutzt. Eine erfolgreiche Verselbstständigung von Kultureinrichtungen hängt aller Erfahrung nach stark von den beteiligten Personen ab.[379] Ein pointiertes Resümee der bisherigen Praxis lautet: „Für die in Stiftungsträgerschaft überführten öffentlichen Kultureinrichtungen sind im Hinblick auf die Nutzung der Stiftungspotenziale zunächst folgende Stichworte festzuhalten: kaum Kapitalvermögen oder eine über die gesetzliche Regelung hinausgehende vertragliche Finanzierungssicherheit, kaum Zuwendungssteigerungen seit den Stiftungserrichtungen, staatliche dominierte Stiftungsräte mit weitreichenden Kontrollinstrumenten, zusätzliche Steuerung durch Instrumente des Neuen Steuerungsmodells, überwiegende Dienstherrenfähigkeit der Stiftungen und kaum Tarifflexibilität, erhebliche Mehrkosten durch Verselbstständigungen und verstärkt desolate Finanzsituation."[380] Dennoch ist auch aus Sicht der Enquete-Kommission festzuhalten, dass ohne Stiftungsgründung eine Reihe von Kultureinrichtungen möglicherweise nicht mehr existieren würden.

C) Handlungsempfehlungen

1. Die Enquete-Kommission empfiehlt Bund, Ländern und Kommunen, für eine angemessene Kapitalausstattung ihrer Förder- und Trägerstiftungen zu sorgen bzw. längerfristige Finanzierungsvereinbarungen zu treffen, welche die Stiftungen in die Lage versetzen, konzeptionell und strukturell zu fördern bzw. den Stiftungszweck zu erfüllen.

2. Die Enquete-Kommission empfiehlt Bund, Ländern und Kommunen, verstärkt darauf zu achten, bei der Besetzung von Stiftungsgremien einen ausreichenden Abstand zum Staat zu wahren und transparente Entscheidungsprozesse zu gewährleisten.

3.3 Lage und Strukturwandel der privaten Kulturförderungen
3.3.1 Bürgerschaftliches Engagement in der Kultur
Vorbemerkung

Das Bürgerschaftliche Engagement ist ein Eckpfeiler des Kulturbereiches in Deutschland. In fast allen künstlerischen Sparten ist bürgerschaftliches Engagement ein wesentlicher Bestandteil des kulturellen Lebens. Bürgerschaftliches Engagement in der Kultur ist historisch eng mit der Emanzipation des Bürgertums, dem Bildungsanspruch der Arbeiterbewegung und der Verbindung von Kirche und Kultur verbunden. Die Aktivitäten bürgerschaftlich Engagierter schaffen in bestimmten Regionen erst eine kulturelle Infrastruktur und erweitern das Leistungsspektrum kultureller Einrichtungen nachhaltig; ihr Engagement trägt dazu bei, dass Angebote bürgernah organisiert sind, sich die Identifikation der Bürger mit den Kultureinrichtungen in ihrer Stadt und den Angeboten in

---

[378] Vgl. Willert (2004), S. 252f.
[379] Vgl. Winands (2004a), S. 234.
[380] Willert (2004), S. 256.

ihrem Lebensumfeld erhöht und vielen Menschen die Möglichkeit gegeben ist, sich am kulturellen Leben aktiv zu beteiligen.

Die Enquete-Kommission „Zukunft des Bürgerschaftlichen Engagements" des Deutschen Bundestages hat in ihrem Abschlussbericht eindrucksvoll dargelegt, welche Bedeutung das bürgerschaftliche Engagement für die Gesellschaft hat und welche Potenziale noch geweckt werden können.[381] Als übergreifenden Bezugsrahmen hatte die Enquete-Kommission das Leitbild der Bürgergesellschaft gewählt – ein Gemeinwesen, in dem sich die Bürger nach demokratischen Regeln selbst organisieren und auf die Geschicke des Gemeinwesens einwirken können. Im Spannungsfeld von Markt, Staat und Familie wird Bürgergesellschaft überall dort sichtbar, wo sich freiwillige Zusammenschlüsse bilden, wo Teilhabe- und Mitgestaltungsmöglichkeiten genutzt werden und Bürger Gemeinwohlverantwortung übernehmen.

Da die Enquete-Kommission „Zukunft des Bürgerschaftlichen Engagements" erst im Sommer 2002 ihre Arbeit beendet hat, kann auf diese in weiten Teilen immer noch zutreffende Bestandsaufnahme zurückgegriffen werden; dies gilt gleichermaßen für deren Handlungsempfehlungen. Diese wurden erst in Teilbereichen umgesetzt.

Eine wichtige Informationsquelle über den quantitativen Umfang des bürgerschaftlichen Engagements in Deutschland liefert der zweite Freiwilligen-Survey (repräsentative Umfrage), der in 2005 erschienen ist und zum zweiten Mal Daten zum Umfang und zu den Bereichen des bürgerschaftlichen Engagements liefert sowie zu den Wünschen bürgerschaftlich Engagierter zur Verbesserung der Rahmenbedingungen Auskunft gibt. Der Freiwilligen-Survey basiert auf einer repräsentativen Umfrage der Bevölkerung in Deutschland. Der erste Freiwilligen-Survey[382] aus dem Jahr 1999 und lieferte im Zusammenhang mit der gesellschaftlichen Debatte zum Internationalen Jahr der Freiwilligen erstmals valides Zahlenmaterial zum bürgerschaftlichen Engagement in Deutschland. Besonderes Augenmerk wurde auf die Forderungen zur Verbesserung der Rahmenbedingungen gerichtet. Hier zeigt der zweite Freiwilligen-Survey, dass sich die Gewichte deutlich verschoben haben. Forderten im ersten Freiwilligen-Survey im Jahr 1999 noch 56 Prozent der Befragten bessere steuerliche Absetzbarkeit der Kosten, erheben jetzt nur noch 43 Prozent diese Forderung. Ähnliches gilt für die Forderung der besseren steuerlichen Absetzbarkeit der Aufwandsentschädigungen, diese sahen 1999 52 Prozent als erforderlich an und im Jahr 2004 nur noch 44 Prozent. Auch die Forderung nach besserer Absicherung in der Haftpflicht-/Unfallversicherung, die im Jahr 1999 von 44 Prozent erhoben wurde, wird 2004 nur noch von 38 Prozent der Befragten genannt.[383]

Betrachtet man das bürgerschaftliche Engagement insgesamt, so gehören nach wie vor Kultur und Musik zu den am dritthäufigsten genannten Aktivitätsbereichen. Häufiger werden die Aktivitätsbereiche Sport und Bewegung (1999: 36,5 Prozent, 2004: 40 Prozent) und Freizeit/Geselligkeit (1999: 25 Prozent, 2004: 25,5 Prozent) genannt. Kultur und Musik wurden 1999 zu 16 Prozent und 2004 zu 18 Prozent genannt. Kultur und Musik gehören damit zu den wichtigsten Engagementbereichen, gefolgt von Schule und Kindergarten, Soziales, Kirche und Religion, Beruf außerhalb des Betriebs, Umwelt- und Tierschutz, Politik und Interessenvertretung, Jugendarbeit/Bildungsarbeit für Erwachsene, lokales bürgerschaftliches Engagement, Freiwillige Feuerwehr/Rettungsdienste, Gesundheit, Justiz und Kriminalitätsprobleme.[384] Hinzuzufügen ist, dass auch in den Aktivitätsfeldern Kirche und Religion sowie Jugendarbeit/Bildungsarbeit für Erwachsene oftmals kulturelles Engagement vertreten ist.

---

[381] Vgl. Enquete-Kommission „Zukunft des Bürgerschaftlichen Engagements". (Bundestagsdrucksache 14/8900)
[382] Vgl. Bundesministerium für Familie, Senioren, Frauen und Jugend (2001).
[383] Vgl. TNS Infratest Sozialforschung (2005), S. 37.
[384] Ebd., S. 58.

Hervorzuheben ist, dass das bürgerschaftliche Engagement in festen Strukturen wie Vereinen, Gruppen oder Organisationen nicht nur stabil geblieben, sondern gewachsen ist. Der zweite Freiwilligen-Survey weist aus, dass das Engagement in Vereinen an Bedeutung gewinnt, wohingegen das sporadische, an Projekte gebundene Engagement sich nicht dauerhaft behaupten konnte. Vereine bilden also das Rückgrat des bürgerschaftlichen Engagements.

A)   Bestandsaufnahme

Um die Vielfalt des bürgerschaftlichen Engagements im Kulturbereich zu verdeutlichen, werden im Folgenden nach den künstlerischen Sparten getrennt exemplarisch einige Handlungsfelder aufgeführt. Es handelt sich dabei um eine Illustration des bürgerschaftlichen Engagements in der Kultur und nicht um eine abschließende Aufzählung. In den Kapiteln zur Laienkultur, zu Stiftungen, zur Kulturarbeit der Kirchen und anderen wird dezidiert auf diese Formen des bürgerschaftlichen Engagements in der Kultur eingegangen. Es soll hier vor allem ein Überblick über die Formen des bürgerschaftlichen Engagements in den verschiedenen Sparten gegeben werden.

Sparte Literatur

Das bürgerschaftliche Engagement in der Kultur reicht von den Autorenvereinigungen über Literarische Gesellschaften bis zu den kirchlichen Büchereien und ehrenamtlich geführten Stadtteilbibliotheken. In Autorenvereinigungen tauschen sich Autoren, die ihrer literarischen Tätigkeit in der Regel als Hobby nachgehen, über ihre Texte aus, diskutieren sie und veröffentlichen sie teilweise in selbstverlegten Literaturzeitschriften oder Anthologien. Autorenvereinigungen veranstalten Lesungen und richten sich damit an die Öffentlichkeit. Literarische Gesellschaften haben sich zum Ziel gesetzt, die Literatur zu fördern. Im Mittelpunkt steht zumeist das Werk eines Autors. Das Spektrum der literarischen Gesellschaften reicht von der weltweit agierenden Goethe-Gesellschaft mit zahlreichen Ortsgruppen bis zu Gesellschaften, die sich der Werke regional bekannter Autoren annehmen. Literarische Gesellschaften führen Ausstellungen durch, veranstalten Lesungen, veröffentlichen zumeist Zeitschriften und richten sich in ihrer Tätigkeit an die Öffentlichkeit. Die „Arbeitsgemeinschaft Literarischer Gesellschaften" als Zusammenschluss literarischer Gesellschaften unterstützt die einzelnen Gesellschaften in ihrer Arbeit und führt Fortbildungsveranstaltungen durch.

Kirchliche Büchereien sind ein wichtiger Bestandteil im Gemeindeleben und im kulturellen Leben. Sowohl in den katholischen als auch in den evangelischen Gemeinden werden kirchliche Büchereien vorgehalten. Darüber hinaus verfügen auch kirchliche Krankenhäuser über Büchereien. Kirchliche Büchereien sichern im ländlichen Raum oftmals die Literaturversorgung.[385] Es findet teilweise eine Zusammenarbeit mit kommunalen Büchereien statt. Über die Ausleihe von Büchern hinaus veranstalten kirchliche Büchereien Lesungen und verfolgen so das Ziel, neue Leser zu gewinnen. Die beiden großen Dachverbände „Borromäusverein e. V." für die katholischen Büchereien und „Deutscher Verband Evangelischer Büchereien" für die evangelischen Büchereien geben darüber hinaus Buchempfehlungen heraus und schulen die bürgerschaftlich Engagierten. Ähnlich den kirchlichen Büchereien werden heute auch Stadtteilbibliotheken teilweise ehrenamtlich geführt bzw. ist deren Fortbestand nur durch bürgerschaftlich Engagierte zu sichern. Gerade im Bibliotheksbereich gab es viele Jahre Vorbehalte gegenüber bürgerschaftlichem Engagement, da zum einen Deprofessionalisierung befürchtet wurde und zum anderen die Sorge bestand, dass bürger-

---

[385] Vgl. schriftliche Stellungnahmen der Anhörung vom 25. Februar 2005 zum Thema „Rechtliche und strukturelle Rahmenbedingungen des Betriebs von Bibliotheken" von Pitsch (Sprecher der Arbeitsgemeinschaft der kirchlichen Bücherverbände Deutschland) (Kommissionsdrucksache 15/361) und Kaltofen (Leiterin des Fachbereiches Kultur des Landkreises Emsland). (Kommissionsdrucksache 15/359)

schaftliches Engagement den Personalabbau beschleunigen würde. Um den Bestand von Stadtbibliotheken und damit die bürgernahe Literaturversorgung zu sichern, wurden die Vorbehalte gegenüber bürgerschaftlichem Engagement teilweise fallen gelassen. Nicht vergessen werden dürfen die zahlreichen Fördervereine von Bibliotheken.[386] Da die Ankaufsetats der Bibliotheken teilweise zurückgefahren werden oder aber mit den steigenden Preisen von Büchern nicht mithalten, könnten Bibliotheken ihre Bestände heute oftmals kaum mehr pflegen und ausbauen, wenn nicht die Fördervereine zusätzliche Mittel zur Verfügung stellen würden. Landes- und Spezialbibliotheken werden darüber hinaus vermehrt als Erben von Nachlässen eingesetzt. So manche Bibliothek konnte dadurch ihren „Schatz" an wertvollen Büchern erweitern. Fördervereine unterstützen daneben Ausstellungen, Autorenlesungen usw.

Sparte bildende Kunst/Museen

Auch im Bereich der bildenden Kunst haben sich Hobbymaler zu Gruppen zusammengeschlossen. Ihr gemeinsames Ziel ist es zumeist, Ausstellungen zu organisieren. Eine wesentliche Stütze des Kunstlebens sind die 400 Kunstvereine in Deutschland. Sie reichen von bundesweit bedeutsamen (mit mehreren 1 000 Mitgliedern) bis hin zu kleineren (von rein regionaler Bedeutung). Kunstvereine widmen sich der Vermittlung der zeitgenössischen Kunst jenseits kommerzieller Interessen. Sie sind für Künstler oftmals ein Scharnier zwischen den ersten kommerziellen Erfolgen in Galerien und Ausstellungsmöglichkeiten in Museen. Auch wenn bei Museen zumeist an die großen national bekannten Häuser gedacht wird, darf nicht außer Acht gelassen werden, dass immerhin rund ein Drittel der Museen ausschließlich durch bürgerschaftliches Engagement getragen wird.[387] Sie wurden von Bürgern für Bürger ins Leben gerufen. Heimatstuben, Geschichtsmuseen, Geschichtswerkstätten, aber auch teilweise Kunstmuseen wären ohne bürgerschaftliches Engagement kaum zu denken. Museen werden ebenso wie Bibliotheken durch Fördervereine[388] unterstützt. Die Fördervereine ermöglichen den Ankauf von Bildern und die Durchführung von Ausstellungen. Die Fördervereine von Museen haben sich im „Bundesverband der Museumsfördervereine" zusammengeschlossen, der ein wichtiges Forum des Erfahrungsaustauschs ist und die Anliegen der Museumsfördervereine in die kulturpolitische Diskussion einbringt. Zum bürgerschaftlichen Engagement gehört auch, wenn Sammler ihre Sammlungen oder einzelne Arbeiten an ein Museum ausleihen.[389]

Sparte Darstellende Kunst

Auch in der darstellenden Kunst gibt es neben den professionellen Theatern eine Vielzahl von Laiengruppen, die mit großem Engagement und hohem Sachverstand Theater spielen. Laientheater gibt es in allen Altersgruppen von Kinder- und Jugendtheatergruppen bis zum Seniorentheater. In ihren Vorstellungen richten sich die Laientheater an ein breites Publikum, zum Teil auch regionalsprachlich. Der „Bund Deutscher Amateurtheater" als Dachverband bietet Fortbildungsveranstaltungen an und führt Festspiele und Veranstaltungsreihen für Laientheater durch. In den Laientheatergruppen ist neben den Schauspielern ein ganzer Stab von bürgerschaftlich Engagierten für das Bühnenbild, die Kostüme, die Maske und anderes aktiv. Neben den weltlichen Theatergruppen,

---

[386] Der Kulturkreis der deutschen Wirtschaft im BDI hat im Januar 2007 eine umfassende statistische Untersuchung zu Fördervereinen und Freundeskreisen von Kultureinrichtungen vorgelegt. Im Rahmen dieser Untersuchung stellten die Fördervereine von Bibliotheken 22 Prozent aller Fördervereine. Förder- und Freundeskreise der Kultur in Deutschland, vgl. Förder- und Freundeskreise der Kultur in Deutschland (2007).
[387] Vgl. Institut für Museumsforschung (2006), S. 28.
[388] Insgesamt 24,2 Prozent der befragten Fördervereine der erwähnten Studie des Kulturkreises im BDI waren dem Bereich Museum zuzurechnen.
[389] Vgl. Kap. 3.1.2.2, Museen und Ausstellungshäuser.

die im Bund Deutscher Amateurtheater zusammengeschlossen sind, dürfen die kirchlichen Theatergruppen nicht vergessen werden. Sie haben – wie die kirchlichen Büchereien – einen Doppelcharakter, da sie sowohl dem Gemeindeleben als auch dem kulturellen Leben zuzurechnen sind. In der Evangelischen Kirche befasst sich der „Arbeitskreis Kirche und Theater" mit diesem Spannungsfeld. Ähnlich dem Laienschaffen in Laientheatern gibt es vielfältige Aktivitäten im Bereich des Tanzes. Der „Deutsche Bundesverband Tanz" fasst die unterschiedlichen Aktivitäten zusammen und unterstützt mit Fortbildungsveranstaltungen und Tagungen die Arbeit vor Ort. Wie bei Museen und Bibliotheken spielen auch Fördervereine von Theatern eine immer wichtigere Rolle. Fördervereine sammeln Geld für das Theater vor Ort. Sie ermöglichen mit ihren Mitteln die Aufführung bzw. Ausstattung von Stücken. Nicht zu vergessen ist, dass die Mitglieder der Fördervereine zu den wichtigsten „Werbeträgern" der Theater gehören. Fördervereine von Theatern sind in der „Muthea" (Bundesvereinigung deutscher Musik- und Theater-Fördergesellschaften) zusammengeschlossen, die sich die Aufgabe gestellt hat, den Erfahrungsaustausch zu fördern und Fortbildungsveranstaltungen durchzuführen.

Sparte Musik

Viele denken bei bürgerschaftlichem Engagement in der Kultur zuerst an die Laienmusiker. Und tatsächlich stellen sie zahlenmäßig die größte Gruppe der im Kulturbereich Engagierten.[390] Jeder fünfte Bürger übernimmt in vielfältigen Formen weltlicher und kirchlicher Vokal- und Instrumentalvereinigungen Verantwortung für das musikalische Leben im Gemeinwesen. Das Spektrum der Laienmusik reicht vom Mandolinenensemble bis zum Blasorchester, über den Gospel- zum Konzertchor. Insgesamt gehören den 29 500 Ensembles der instrumentalen Laienmusik 739 500 Bürger an. Davon sind 455 200 (das sind 61,5 Prozent) unter 25 Jahre alt. Von einer Überalterung kann hier also nicht gesprochen werden. Die weltliche instrumentale Laienmusik teilt sich auf in: 18 300 Blasorchester und Spielmannszüge, 3 500 Akkordeonorchester, 750 Zupforchester und Zithermusikgruppen, 750 Sinfonie- und Streichorchester sowie 6 200 Posaunenchöre. Im Bereich der vokalen Laienmusik sind 48 500 Chöre aktiv, darunter 22 300 weltliche und 26 200 kirchliche. Insgesamt gehören 1 353 100 Bürger einem Chor an. Davon sind 21,2 Prozent unter 25 Jahre alt. Darüber hinaus weist der Musikalmanach noch 50 000 Rock-, Pop-, Jazz- und Folkloregruppen aus, in denen 500 000 Bürger aktiv sind.[391]

Chöre und Instrumentalgruppen bereichern das kulturelle Leben in den Regionen, sprechen einen großen Zuhörerkreis an und vermitteln oft erste oder einzige unmittelbare Kulturerlebnisse. Musikvereine verstehen sich nicht nur als Ort der Musikpflege, sondern auch als Institution sozialer und kommunikativer Repräsentanz. Sie integrieren alle Altersgruppierungen, nationalen Zugehörigkeiten, ohne intellektuellen und sozialen Unterschieden Bedeutung beizumessen. Zudem leisten sie Wesentliches zur musikalischen Aus- und Fortbildung ihrer Mitglieder. In ländlichen Regionen sind sie manchmal die einzigen Anbieter von musikalischer Bildung. Neben den Laienmusikern gibt es – ähnlich den literarischen Gesellschaften – Gesellschaften, die sich dem Werk eines Komponisten widmen, dieses der Öffentlichkeit bekannt machen wollen und seine Werke aufführen. Darüber hinaus ist auf Fördervereine von Konzert- und Opernhäusern sowie Orchestern oder auch Musikschulen hinzuweisen, die ähnliche Aufgaben wahrnehmen wie Fördervereine von Theatern.

Sparte Soziokultur

In der Soziokultur und der kulturellen Bildung gehört das bürgerschaftliche Engagement zu den Strukturmerkmalen der Arbeit.[392] Soziokulturelle Zentren sind Orte, die häufig erst durch das

---

[390] Vgl. Aufstellung des Deutschen Musikrates: www.miz.org/intern/uploads/statistik39.pdf, (Stand: 10. Juli 2007).
[391] Vgl. Reimers (2006), S. 43.
[392] Vgl. Kap. 3.1.2.4, Soziokulturelle Zentren.

Engagement der Bürger wiederbelebt wurden. Sie befinden sich oftmals in ehemaligen Fabrikgebäuden. Die ersten soziokulturellen Zentren in Westdeutschland gingen aus ehemals besetzten Industriebrachen hervor. Bürger eroberten sich ihre Orte zurück. Anliegen der soziokulturellen Zentren war und ist ihr Stadtteilbezug. In soziokulturellen Zentren stellen bürgerschaftlich Engagierte mit 51 Prozent den größten Teil an Mitarbeitern.[393] Sie machen es möglich, dass der Betrieb gewährleistet wird. Soziokulturelle Zentren bieten Nachwuchskünstlern ein wichtiges Sprungbrett. Im Bereich der sogenannten Kleinkunst sind sie oftmals der Veranstaltungsort, an dem die ersten Bühnenerfahrungen gesammelt werden können.

Die kulturelle Kinder- und Jugendbildung findet neben Einrichtungen wie Musikschulen oder Jugendkunstschulen vielfach in Vereinen statt. Hier sind es bürgerschaftlich Engagierte, die Kinder und Jugendliche an Kunst heranführen und mit ihnen musizieren, Theater spielen, malen oder einen Film bzw. ein Video drehen. Im Rahmen eines Modellprojekts wurde von 2001 bis 2004 das „Freiwillige Soziale Jahr Kultur" erprobt, um gezielt junge Menschen an bürgerschaftliches Engagement heranzuführen und Kultureinrichtungen zu motivieren, für Jugendliche zwischen Schule und Beruf ein „Freiwilliges Kulturelles Jahr" anzubieten. Nachdem im Freiwilligen Sozialen Jahr bereits auf eine jahrzehntelange Erfolgsgeschichte zurückgeblickt werden kann, machten das Modellprojekt „Rein ins Leben!" der „Bundesvereinigung Kulturelle Jugendbildung" und das Engagement der Landesvereinigungen für Kulturelle Jugendbildung den Weg dafür frei, dass heute – im FSJ-Gesetz geregelt – interessierte Jugendliche ein Freiwilliges Soziales Jahr auch in Einrichtungen der Kunst, Kultur und kulturellen Bildung machen können. Im Jahr 2003 stellten über 2 000 Jugendliche bei den Trägern des FSJ-Kultur, der Bundesvereinigung Kulturelle Jugendbildung und den Landesvereinigungen Kulturelle Jugendbildung, einen Zulassungsantrag. Nachdem zunächst nur 250 Plätze zur Verfügung standen, konnten am 1. September 2006 bei einer Abbrecherquote von unter fünf Prozent bereits 500 Freiwillige ihr FSJ-Kultur in Deutschland beginnen. Es sollte schnell um viele weitere Einsatzmöglichkeiten für junges Engagement in der Kultur erweitert werden.[394]

Eine neue Form des bürgerschaftlichen Engagements sind die generationenübergreifenden Freiwilligendienste. Sie werden derzeit im Rahmen eines Modellvorhabens des Bundesministeriums für Familie, Senioren, Frauen und Jugend gefördert. Generationenübergreifende Freiwilligendienste zielen darauf ab, dass Angehörige verschiedener Generationen sich gemeinsam engagieren. Sie nehmen dabei die aktuellen Herausforderungen des demografischen Wandels aktiv an und versuchen, über die zielgruppenspezifische Arbeit hinaus neue Netzwerke und Verbindungen zu schaffen. Bisher sind 54 Projekte bzw. Projektverbünde in das Modellprogramm aufgenommen worden.[395] Die Bundesvereinigung Kulturelle Jugendbildung beteiligt sich mit dem Projekt „Kultur, Engagement, Kompetenz" (kek)[396] an den generationsübergreifenden Freiwilligendiensten. Mit dem Projekt „kek" will die Bundesvereinigung Kulturelle Jugendbildung weitere bürgerschaftlich Engagierte für den Kulturbereich gewinnen und insbesondere das bürgerschaftliche Engagement in Kultureinrichtungen sowie in regionalen kulturellen Netzwerken stärken. Ein zentrales Anliegen ist es dabei, die Lebens- und beruflichen Kompetenzen der Engagierten für die Kulturarbeit zu nutzen und zum lebensbegleitenden Lernen beizutragen.

---

[393] Vgl. schriftliche Stellungnahme der Bundesvereinigung Soziokultureller Zentren e. V. (2006). (Kommissionsdrucksache 16/138); Zum Verhältnis bürgerschaftlich Engagierter und hauptamtlicher Mitarbeiter in Soziokulturellen Zentren vgl. Kap. 3.1.3, Kultur in ländlichen Regionen.
[394] Vgl. Kap. 6.2, Kulturelle Bildung für Kinder und Jugendliche.
[395] Vgl. www.bmfsfj.de/Politikbereiche/freiwilliges-engagement,did=21912.html und www.zentrum-zivilgesellschaft.de/modellprogramm/viewpage.php?page_id=11, (Stand: 10. Juli 2007).
[396] Weitere Informationen zu kek: www.kek-projekt.de/index.php?id=163, (Stand: 14. Mai 2007).

Sparte Baukultur/Denkmalpflege

Bürgerschaftliches Engagement in Denkmalpflege und Erinnerungskultur kann auf eine Tradition von über einem Jahrhundert zurückblicken. Ende des 19. Jahrhunderts waren es die Bürger, die sich für Denkmäler zu Ehren des Kaiserreichs stark gemacht und die dafür erforderlichen Mittel gesammelt haben. Heute engagieren sich wiederum viele Bürger durch Geldspenden für den Erhalt von Denkmälern und leisten damit einen wichtigen Beitrag zur Erinnerungskultur, zum Beispiel in den Kirchbauvereinen. Die „Deutsche Stiftung Denkmalschutz"[397] hat seit ihrem Bestehen erhebliche Mittel eingeworben und so Maßnahmen der Denkmalpflege unterstützen können. Ohne dieses Engagement der Bevölkerung hätten viele Denkmäler nicht gerettet werden können. In ihrer Fördertätigkeit konzentriert sich die Stiftung Denkmalschutz vor allem auf Denkmäler im Besitz von gemeinnützigen Einrichtungen, Kirchengemeinden, Privatpersonen oder Kommunen. Durch die Mittel der Stiftung Denkmalschutz gelingt es oftmals, zusätzliche Mittel zu akquirieren. Im Bereich der Baukultur engagieren sich Bürger ferner in der Stadtplanung und bei Bürgerbefragungen zu Bauvorhaben.

Stiftungen

Die Bedeutung von Stiftungen als Teil des bürgerschaftlichen Engagements nimmt stetig zu. Zum Januar 2007 weist der „Bundesverband Deutscher Stiftungen" in seiner Zusammenstellung „Stiftungen in Zahlen"[398] insgesamt 14 401 Stiftungen des bürgerlichen Rechts aus. Allein im Jahr 2006 gab es 899 Neuerrichtungen. Das war der höchste Wert seit 1990.[399] Verschiedene Gründe führen zum deutlichen Wachstum der Stiftungserrichtungen. Hierzu zählt unter anderem, dass nach über 60 Jahren Frieden in Deutschland einige Bevölkerungsgruppen ein Vermögen[400] bilden konnten, welches sie nun ganz oder teilweise gemeinnützigen Zwecken zukommen lassen wollen. Der starke Anstieg an Stiftungsgründungen speziell seit dem Jahr 2000 kann aber auch auf steuerliche Erleichterungen bei der Gründung von Stiftungen zurückgeführt werden. Die große Debatte zum Stiften, welche nicht zuletzt im Rahmen der Diskussion um die Reform des Stiftungssteuerrechts und des Stiftungsprivatrechts in der 14. Wahlperiode des Deutschen Bundestages geführt wurde, hat ebenfalls große öffentliche Resonanz erfahren.

Die Mehrzahl der Stiftungen widmet sich sozialen Zielen (32,7 Prozent). Bildung und Erziehung haben 14,9 Prozent der Stiftungen als Zweck gewählt, dicht gefolgt von Kunst und Kultur mit 14,4 Prozent.[401] Die Mehrzahl der Stiftungen (61 Prozent) wird von natürlichen Personen gegründet, gefolgt von juristischen Personen (22 Prozent). Öffentlich juristische Personen errichten zu neun Prozent Stiftungen.[402]

Neben der Errichtung einer selbstständigen Stiftung des bürgerlichen Rechts besteht die Möglichkeit der Zustiftung zu einer bestehenden Stiftung oder auch der unselbstständigen Stiftung.

Festzuhalten ist, dass Stiftungen einen wesentlichen Teil des bürgerschaftlichen Engagements im Kulturbereich bilden. Bürger, die eine Stiftung errichten oder aber sich für eine Zustiftung entschei-

---

[397] Nähere Informationen zur Arbeit der Stiftung Denkmalschutz: www.denkmalschutz.de, (Stand: 10. Juli 2007).
[398] Vgl. Bundesverband Deutscher Stiftungen (2007). www.stiftungen.org/statistik, (Stand: 10.7.2007).
[399] Im Jahr 1990 wurden 181 Stiftungen neu errichtet, im Jahr 1991 201, im Jahr 1992 290, im Jahr 1993 325, im Jahr 1994 323, im Jahr 1995 385, im Jahr 1996 411, im Jahr 1997 466, im Jahr 1998 505, im Jahr 1999 564, im Jahr 2000 681, im Jahr 2001 829, im Jahr 2002 774, im Jahr 2003 784, im Jahr 2004 852, im Jahr 2005 880; vgl. Bundesverband Deutscher Stiftungen (2006).
[400] Die Mehrzahl der Stiftungen ist in den alten Ländern zu finden. Als Städte mit besonders vielen Stiftungen ragen heraus Frankfurt, Hamburg und Bonn.
[401] Vgl. Bundesverband Deutscher Stiftungen (2006).
[402] Ebd.; vgl. Kap. 3.3.2, Private Stiftungen/Bürgerstiftungen.

den, geben für immer und unwiderruflich ihr ganzes oder einen Teil ihres Vermögens ab. Ihr Engagement ist nicht kurzfristig, sondern auf lange Zeiträume ausgerichtet. Für die Weiterentwicklung des kulturellen Lebens ist gerade dieses langfristige Engagement von großer Bedeutung.

Breit gefächertes Engagement

Die Beispiele belegen, dass das bürgerschaftliche Engagement in der Kultur breit gestreut ist. Bürgerschaftliches Engagement in der Kultur meint beides: die aktive persönliche Unterstützung und die Spende von Geld. Die Ausprägung der verschiedenen Engagementfelder unterscheidet sich nach gewachsenen Traditionen, dem sozialen Umfeld und dem jeweiligen gesellschaftspolitischen Anspruch.[403]

Wer sich in der Kultur bürgerschaftlich engagiert, hat zumeist bei der Tätigkeit selbst Freude, so zum Beispiel am Auftritt in einer Amateurtheatergruppe, zugleich wird etwas für das Gemeinwohl geleistet. Beide Aspekte, die eigene Freude und der Beitrag zum Gemeinwohl, kristallisieren sich auch im zweiten Freiwilligen-Survey als wichtige Erwartungen an das eigene bürgerschaftliche Engagement heraus. Setzt man die Erwartung, Freude an der Tätigkeit zu haben, mit der wieder wachsenden gesellschaftlichen Bedeutung von Vereinen in Beziehung, so wird deutlich, dass zwischen beiden kein Gegensatz besteht.

B)   Problembeschreibung

Ebenso breit gefächert wie das Engagement sind die Problemlagen in den unterschiedlichen Handlungsfeldern. Einige Probleme, wie zum Beispiel der vielfach beklagte bürokratische Aufwand bei der Vereinsführung, betreffen nicht allein den Kulturbereich, sondern gelten für alle Engagementfelder. Diese Probleme wurden unter anderem im zweiten Freiwilligen-Survey herausgearbeitet. Um sich ein Bild von den spezifischen Problemen im Kulturbereich zu machen, führte die Enquete-Kommission unter anderem am 29. Mai 2006 eine Anhörung mit Verbänden aus dem Bereich der Laienkultur und Brauchtumspflege durch.[404] Weiter befasste sich die Enquete-Kommission mit der besonderen Situation der Stiftungen.[405] Ferner wurden Fragen des bürgerschaftlichen Engagements im Rahmen des Kapitels 3.2.1 Die kulturelle Tätigkeit der Kirchen sowie im Zusammenhang mit speziellen Problemstellungen des Betriebs von Kultureinrichtungen angesprochen. Die Problembeschreibung zum bürgerschaftlichen Engagement in Bibliotheken, Theatern, Museen und soziokulturellen Zentren befindet sich daher in den jeweiligen Kapiteln.[406]

Steuerrechtliche Fragen werden im Kapitel zum Gemeinnützigkeitsrecht angesprochen.[407]

---

[403] Vgl. Kap. 3.3.3, Sponsoring und private Spenden.
[404] Vgl. Zusammenfassung der Anhörung vom 29. Mai 2006 zum Thema „Laienkultur und Brauchtumspflege" (2006) Teilnehmer: Liebing, Stefan (Generalsekretär der Bundesvereinigung Deutscher Musikverbände), Scherf, Dr. Henning (Bürgermeister a. D., Präsident des Deutschen Chorverbandes), Hornung, Dieter (Bundesgeschäftsführer vom Bund Heimat und Umwelt in Deutschland), Radermacher, Norbert (Präsident des Bundes deutscher Amateur-Theater e. V.), Kramer, Prof. Dr. Klaus (Vorsitzender des Deutschen Bundesverbandes Tanz e. V.), Goltz, Dr. Reinhard (Sprecher des Bundesrates für Niederdeutsch und Geschäftsführer des Instituts für niederdeutsche Sprache), Bahr, Dr. Petra (Kulturbeauftragte der EKD). (Arbeitsunterlage 16/018) und das Wortprotokoll der Anhörung (Protokoll-Nr. 16/8); vgl. auch Kap. 3.3.4, Laienkultur und Brauchtum.
[405] Vgl. Kap. 3.3.2, Private Stiftungen/Bürgerstiftungen.
[406] Vgl. Kap. 3.1.2.1, Theater, Kulturorchester, Opern; Kap. 3.1.2.2, Museen und Ausstellungshäuser; Kap. 3.1.2.3, Öffentliche Bibliotheken; Kap. 3.1.2.4, Soziokulturelle Zentren sowie Kap. 6., Kulturelle Bildung.
[407] Vgl. Kap. 3.3.5, Gemeinnützigkeitsrecht.

Finanzierung der Arbeit

Die im Rahmen des zweiten Freiwilligen-Survey befragten bürgerschaftlich Engagierten gaben als wichtigsten Wunsch ihre Organisation an „Mehr Finanzmittel für bestimmte Projekte" an. Mit 63 Prozent steht dieses Anliegen unverändert gegenüber der Befragung von 1999 an erster Stelle des „Wunschzettels" der Engagierten.[408] Der Mangel an Finanzmitteln ist nach wie vor das drängendste Problem der Organisationen. Im Kulturbereich hat sich dieses Problem in den letzten Jahren teilweise verschärft. Viele Organisationen sind zusätzlich zu den Mitgliedsbeiträgen zur Finanzierung ihrer Arbeit auf die Unterstützung der öffentlichen Hand angewiesen. Da hier die Mittel für die freie Kulturarbeit immer knapper werden, treffen Mittelkürzungen in erster Linie die nicht-institutionalisierte Kulturarbeit und die Projekte. Selbst kleinere Kürzungen bedeuten für diese Arbeit aber oftmals das Aus, da die fehlenden Geldmittel nicht aufgefangen werden können. Sponsoren lassen sich für die eher unspektakuläre Alltagsarbeit nur schwer gewinnen.[409]

Als besonderes Problem stellt sich die starke Konzentration der öffentlichen Hand auf Projektförderungen dar. Waren noch vor 15 Jahren institutionelle Förderungen vorherrschend, so ist dies nun für Projektförderungen zu konstatieren. Neue institutionelle Förderungen werden kaum noch ausgereicht, sodass dieses Instrument fast ausschließlich bei bereits seit vielen Jahren geförderten Institutionen angewandt wird.

Eine institutionelle Förderung bedeutet, dass die Institution als solche gefördert wird. Die Zuwendungsgeber, also der Bund, das Land oder die Kommune, binden sich mit diesem Förderinstrument für mehrere Jahre. Für die Institutionen – die Vereine und Verbände – bietet dieses Förderinstrument Planungssicherheit, da institutionelle Förderungen fest im Haushalt eingeplant sind. Gerade in Jahren mit vorläufiger Haushaltsführung (so nach Bundestags- oder Landtagswahlen) sowie bei kommunalen Haushalten, die der Haushaltsaufsicht unterliegen, ist die Planungssicherheit der institutionellen Förderung von großem Wert, da Abschlagszahlungen geleistet werden. Institutionelle Förderungen werden in der Regel als Fehlbedarfsfinanzierungen gewährt. Die Institutionen „erwerben" diese Finanzierungssicherheit damit, dass sie ihre Eigenmittel einstellen müssen. Sie verfügen damit über keine finanziellen Eigenmittel, um andere Projekte oder Vorhaben durchzuführen. Diese Fehlbedarfsfinanzierung hat zur Folge, dass der Verein immer auf dem gleichen finanziellen Niveau bleibt. Zusätzliche Eigenmittel können zu Mittelkürzungen bzw. zu Rückzahlungsforderungen führen.[410] Demzufolge bestehen für die Vereine keine Anreize mehr, Eigenmittel zu erwirtschaften, da sich ihr finanzieller Status nicht verbessern kann. Auch ist es schwer, Spender oder Sponsoren zu finden, wenn deren Leistung letztlich zu einer Kürzung der öffentlichen Zuwendung führen kann.

Projektförderungen beziehen sich auf ein konkretes, zeitlich und inhaltlich begrenztes Vorhaben. Sie können als Festbetrags- und als Fehlbedarfsfinanzierung ausgereicht werden. Bei der Fehlbedarfsfinanzierung im Rahmen der Projektförderung besteht – wie bei der Fehlbedarfsfinanzierung in der institutionellen Förderung – kein Anreiz, ergänzende Mittel zu erwirtschaften, da der Etat ohnehin nicht erhöht werden kann. Zusätzliche Mittel werden regelmäßig vom Zuwendungsgeber zurückgefordert. Bei der Festbetragsfinanzierung wird ein bestimmter Betrag finanziert, alle weitergehenden Ausgaben müssen durch Eigenmittel erwirtschaftet werden. Erhöhen sich die Eigenmittel, so verbleiben sie beim Zuwendungsnehmer. Werden Zuwendungen auf eine Festbetragsfinanzierung umgestellt, so werden zumeist die Zuwendungsbeträge gekürzt, da die Zuwendungsgeber nicht mehr den gesamten Etat kontrollieren können. Es sollen damit Anreize geschaffen werden, zusätzliche Mittel zu erwirtschaften.

---

[408] Vgl. TNS Infratest Sozialforschung (2005), S. 187.
[409] Vgl. Kap. 3.3.3, Sponsoring und private Spenden.
[410] Ebd.

Die inzwischen bestehende Dominanz an Projektförderungen führt dazu, dass Vereine und Verbände teilweise über eine Projektförderung gefördert werden, die stärker den Charakter einer institutionellen Förderung hat, da die Förderung kontinuierlich über mehrere Jahre hinweg gewährt wird und stärker auf die Institution als solche und nicht so sehr auf ein begrenztes Vorhaben ausgerichtet ist. Es handelt sich dabei um das Instrument der quasi-institutionellen Förderung, das eine immer stärkere Verbreitung findet. Für den Zuwendungsnehmer sind bei dieser Förderung oftmals zwei Nachteile miteinander verknüpft: die Unsicherheit der Projektförderung und die Kontrolle des gesamten Haushalts der institutionellen Förderung.

Beide Förderarten, die institutionelle Förderung und die Projektförderung, haben ihre Vorzüge und ihre Nachteile. Seit einigen Jahren ist jedoch zu beobachten, dass das Instrument der institutionellen Förderung an Bedeutung verliert, da sich die öffentliche Hand nicht binden will. Dieses führt dazu, dass entweder die Vereine ständig neue Projekte „erfinden" müssen, um gefördert zu werden oder aber dass Projektförderungen zu quasi-institutionellen Förderungen werden.

Die Unsicherheit der Projektförderung verhindert darüber hinaus eine Personalentwicklung bei Zuwendungsempfängern. Wenn Mitarbeiter ausschließlich zeitlich befristet eingestellt werden können, ist eine längerfristige Personalplanung kaum möglich.

Ein besonderes Problem bei der Finanzierung durch Mittel der öffentlichen Hand ist das Jährlichkeitsprinzip. Gewährte Haushaltsmittel dürfen ausschließlich nur in dem Haushaltsjahr verwendet werden, für das sie bewilligt wurden. Aufgeweicht wird das Jährlichkeitsprinzip durch das Instrument der Selbstbewirtschaftung. Selbstbewirtschaftungsmittel, die nur bei institutioneller oder quasi-institutioneller Förderung bewilligt werden, können in das Folgejahr übertragen werden. Dieses Instrument wird jedoch zumeist sehr restriktiv angewendet.[411]

Ein wichtiges Kontrollinstrument bei Zuwendungen sind Prüfungen durch den Bundesrechnungshof. Hier wird zum einen die ordnungsgemäße Verwendung der Mittel geprüft und zum anderen, ob überhaupt ein Bundesinteresse bestand, die Zuwendungen auszureichen. Die Prüfberichte des Bundesrechnungshofs konzentrieren sich auf die Rüge der Mängel. Die Arbeit der Institution als Ganzes wird nicht gewürdigt. So entsteht oftmals das Bild, als sei die Arbeit in Gänze zu kritisieren. Weiter ist zu beobachten, dass Vorberichte des Bundesrechnungshofs bereits an die Öffentlichkeit gelangen, bevor die geprüfte Institution ihre Stellungnahme abgeben konnte.

Neben der öffentlichen Hand gewinnen Stiftungen bei der Finanzierung von Kulturvereinen, die auf bürgerschaftlichem Engagement gründen, an Bedeutung. Leider fördern Stiftungen zumeist nur abgegrenzte Projekte und keine Institutionen.[412] Das führt dazu, dass sich Stiftungen oftmals auf öffentlichkeitswirksame Projekte konzentrieren und diese besonders in den Vordergrund rücken. Dass diese Projekte teilweise erst dank der kontinuierlichen Arbeit von Vereinen erwachsen können, gerät dabei bisweilen aus dem Blick. Dieses führt zum Teil dazu, dass es immer schwerer wird, für die kontinuierliche Arbeit Mittel zu akquirieren. Letztlich leidet die Qualität der Arbeit, da eine längerfristige Weiterentwicklung der verschiedenen Arbeitsfelder erschwert wird. Insbesondere für Verbände, die keine publikumswirksamen Projekte anbieten können, deren Arbeit für die Entwicklung des jeweiligen Arbeitsfeldes und den Know-how-Transfer unerlässlich ist, wachsen die Finanzierungsprobleme.

---

[411] Eine Ausnahme von der ansonsten sehr restriktiven Nutzung von Selbstbewirtschaftungsmitteln ist die Initiative Musik. Hier wurden alle Mittel zur Selbstbewirtschaftung freigegeben.
[412] Bei der Kulturstiftung des Bundes, die über einen beträchtlichen Förderetat verfügt, ist die institutionelle Förderung sogar per se ausgeschlossen.

Bürokratischer Aufwand

Werden Vereine nach ihrem größtem Problem gefragt, so werden zumeist bürokratische Hemmnisse genannt. Dabei kann zwischen zwei Formen unterschieden werden. Es gibt zum einen den bürokratischen Aufwand, der entsteht, weil Vorschriften angewendet werden müssen, die für große Organisationen entwickelt wurden, für ehrenamtlich geführte Vereine aber kaum zu bewältigen sind. Daneben gibt es den „gefühlten" bürokratischen Aufwand. Er entsteht, weil Vereine in Teilbereichen auch „normale" Unternehmen sind und es für die ehrenamtlichen Führungskräfte schwierig ist, den komplexen Anforderungen aus den unterschiedlichen Rechtsbereichen wie dem Zuwendungsrecht, dem Sozialversicherungsrecht, dem Steuerrecht, dem Gemeinnützigkeitsrecht usw. gerecht zu werden.

Kulturinstitutionen, die eine öffentliche Förderung erhalten, müssen die Erfahrung machen, dass das Haushaltsrecht, welches zur Steuerung von großen Haushalten gedacht ist, bei kleinen Einheiten kaum anwendbar ist. Es entsteht daher oftmals ein sehr hoher Aufwand bei der Verwendung und Abrechnung der Mittel, der in keinem adäquaten Verhältnis zur Höhe der bereitgestellten Mittel steht. Das Instrument des vereinfachten Verwendungsnachweises[413], bei dem lediglich eine Aufstellung der Einnahmen und Ausgaben vorgelegt werden muss, wird kaum genutzt[414]. Es ist die Frage, ob hier ein Informationsdefizit bei den Zuwendungsgebern besteht oder ob die Zuwendungsgeber, um Kritik des Bundesrechnungshofes vorzubeugen, die herkömmliche Form des ausführlichen Verwendungsnachweises bevorzugen.

In vielen Vereinen bildet das ehrenamtliche Engagement der Mitglieder das Rückgrat der Arbeit. Sie setzen nicht nur ihre Zeit, sondern auch ihr Geld ein. Dieses gilt für kleine Vereine, aber auch für größere Verbände, die ebenfalls ohne das Engagement ihrer Mitglieder nicht existieren können. Bei der Förderung wird das ehrenamtliche Engagement zumeist nicht als geldwerte Leistung anerkannt, wodurch bei den Finanzierungsplänen ein Missverhältnis zwischen den monetären Eigenleistungen des Zuwendungsnehmers und der Zuwendung entsteht. Die Enquete-Kommission „Zukunft des Bürgerschaftlichen Engagements" hatte sich in ihrem Abschlussbericht bereits dafür ausgesprochen, dass geldwerte Leistungen anerkannt werden. Auf der Bundesebene verfährt das Bundesministerium für Bildung und Forschung so. Hier können bei Projekten aus dem Bereich der kulturellen Bildung geldwerte Leistungen in den Kosten- und Finanzierungsplan eingestellt werden. Es handelt sich hierbei auch um eine Form der Anerkennungskultur.

Zuwendungsgeber sind oftmals nicht vertraut mit den Besonderheiten der Arbeit in Vereinen oder Verbänden. Daraus können Engagement hemmende oder unverständliche Auslegungen des Haushaltsrechts entstehen. So ist es fast grotesk, wenn bei Zuwendungsempfängern mit zwei Mitarbeitern schriftliche Vertretungsregelungen oder aber ein spezieller Druckbeauftragter verlangt werden. Ebenso oft sind aber auch Zuwendungsempfänger mit den Regelungen des Haushaltsrechts zu wenig vertraut, um sie richtig anwenden zu können.

Ein wesentlicher Regelungsbestandteil von öffentlichen Zuwendungen ist das sogenannte Besserstellungsverbot[415]. Mitarbeiter von Zuwendungsempfängern dürfen nicht bessergestellt werden als vergleichbare Mitarbeiter der öffentlichen Verwaltung. Dies scheint zunächst naheliegend zu sein. Das Besserstellungsverbot verkennt jedoch, dass eine Tätigkeit im öffentlichen Dienst in der Regel eine Besserstellung darstellt, da sie mit einer größeren Arbeitsplatzsicherheit verbunden ist, als es

---

[413] Zu VV-BHO zu § 44 Abs. 1. Nr. 10 vgl. Piduch (2005).
[414] Eine positive Ausnahme ist die Kulturstiftung des Bundes, die bei Vorhaben mit einem geringeren Projektvolumen das Instrument des einfachen Verwendungsnachweises anwendet.
[415] Vgl. § 8 Abs. 2 Haushaltsgesetz (HG).

auf bürgerschaftlichem Engagement gründende Zuwendungsempfänger bieten können. Bereits aus diesem Grunde ist der Begriff der Besserstellung bei Zuwendungsempfängern eher irreführend. In der Praxis bezieht sich der Begriff ausschließlich auf die Bezahlung der Mitarbeiter, speziell auf die Eingruppierung in Anlehnung an den Tarifvertrag für den öffentlichen Dienst. Die ordnungsgemäße Eingruppierung nach diesem Tarifvertrag ist ohne Spezialkenntnisse kaum möglich. Zumeist wird sie daher vom Zuwendungsgeber vorgenommen, teilweise ausschließlich entlang der vorgeschriebenen Kriterien ohne Berücksichtigung der spezifischen Situation vor Ort. Das führt dazu, dass Mitarbeiter nicht entsprechend ihrer Leistung entlohnt werden können. Dieses gilt speziell für kleinere Organisationen mit einem kleinen Stab hauptamtlicher, aber vielen ehrenamtlichen Mitarbeitern, bei denen zwangsläufig Mischarbeitsplätze mit vielfältigen Aufgaben die Regel sind.

Als Problem aus dem Bereich des Sozialversicherungsrechts wird oft das Künstlersozialversicherungsgesetz (KSVG) genannt. Vereine sind – wie andere Verwerter künstlerischer Leistungen auch – künstlersozialabgabepflichtig, sofern sie mehr als drei Mal im Jahr künstlerische oder publizistische Leistungen in Anspruch nehmen. Für Musikvereine gelten eine Reihe von Spezialregelungen, insbesondere mit Blick auf die sozialversicherungsrechtliche Einordnung von Übungsleitern sowie den Betrieb von Musikschulen. Vielen Vereinen ist die Künstlersozialabgabepflicht nur unzureichend bekannt, da auch in der Vergangenheit keine speziellen Informationsangebote bestanden. Zudem gibt es schon naturgemäß durch regelmäßig stattfindende Wahlen Fluktuationen in den Vorständen. Wenn bei ihnen von der Künstlersozialkasse nunmehr die Abgabepflicht festgestellt und Forderungen für die letzten fünf Jahre erhoben werden, können diese letztlich zur Insolvenz des Vereins führen. Die Möglichkeiten von Ausgleichsvereinigungen sind bei Vereinen noch wenig bekannt. Abgabepflichtige Unternehmen können gemäß § 32 KSVG Ausgleichsvereinigungen bilden. Der große Vorteil einer Ausgleichsvereinigung besteht darin, dass die Ausgleichsvereinigung als solche zwar den auf dem Verordnungsweg festgelegten Abgabesatz zahlen muss, innerhalb der Ausgleichsvereinigung aber die Möglichkeit besteht, den Abgabesatz zu verteilen. Konkret bedeutet dies, dass leistungsstärkere Mitglieder der Ausgleichsvereinigungen einen höheren Abgabesatz an die Ausgleichsvereinigung zahlen als leistungsschwächere. Darüber hinaus werden Mitglieder einer Ausgleichsvereinigung nicht durch die Deutsche Rentenversicherung hinsichtlich der ordnungsgemäßen Abführung der Künstlersozialabgabe geprüft, sondern weiterhin von der Künstlersozialkasse. Unternehmen oder Vereine, die einer Ausgleichsvereinigung angehören, werden, da die Ausgleichsvereinigung geprüft wird, gar nicht geprüft.[416]

Als spezifisches Problem bei Zuwendungsempfängern stellt sich dar, dass die Zuwendungsgeber oftmals mit dem Künstlersozialversicherungsgesetz nicht vertraut sind und die verpflichtende Künstlersozialabgabe nicht als zuwendungsfähige Ausgabe anerkennen. Die aufgezeigten Probleme werden im Kapitel 4.5 „Soziale Lage der Künstler und Kulturberufe" näher thematisiert.

Haftungsrisiken

Die Enquete-Kommission beobachtet mit Sorge die abnehmende Bereitschaft vieler Vereinsmitglieder, Verantwortung in Vereinen zu übernehmen, unter anderem weil die damit einhergehenden Haftungsrisiken immer größer werden. In der Tat stellt sich die Haftung der Vereinsvertreter und hier besonders der Mitglieder des Vorstandes als problematisch dar. Der ehrenamtliche Vorstand eines Vereins haftet unbeschränkt, persönlich und mit seinem gesamten Vermögen – gegenüber dem Verein als solchen oder gegenüber Dritten, insbesondere der Finanzverwaltung oder den Sozialversicherungsträgern.

---

[416] Vgl. Kap. 4.5, Soziale Lage der Künstler- und Kulturberufe.

Zu unterscheiden sind Haftungsrisiken, die gemeinnützige Vereine betreffen (beispielsweise Haftpflichtfälle, die aus dem Tun von Vereinsvertretern erwachsen und für die der Verein einzustehen hat), und Haftungsrisiken, die ehrenamtliche Verantwortungsträger persönlich betreffen. Begehen diese fahrlässig einen Fehler, der beispielsweise zu Zwangsabgaben führt, so kann der Verein unter bestimmten Umständen Regressansprüche gegenüber diesen Personen geltend machen. Unter bestimmten Umständen haftbar sind Privatpersonen auch im Fall einer Insolvenz. Das Haftungsrisiko zum Beispiel dadurch zu verringern, dass Vorstandsmitglieder vor einer risikoträchtigen Vorstandsmaßnahme die Zustimmung oder Weisung der Mitgliederversammlung einholen, ist in der Regel kaum praktikabel.

2004 legte das Bundesministerium der Justiz einen Referentenentwurf zur Änderung des Vereinsrechts vor, dessen Beratungsprozess noch nicht abgeschlossen ist. Der Entwurf enthält keine Regelungen zur Beschränkung der Haftung der Mitglieder des Vorstands eines Vereins. Diese sind nach Angaben des Ministeriums derzeit auch nicht geplant.[417]

Besondere vereinsrechtliche Vorschriften, die eine Haftungsbeschränkung an das Amt des Vereinsvorstands knüpfen, gibt es derzeit nicht. Aus Sicht des Bundesministeriums der Justiz ließe sich ein allgemeines Haftungsprivileg für alle, das heißt hauptamtliche und ehrenamtliche Vorstandsmitglieder von Vereinen, wie zum Beispiel der Ausschluss der Haftung für leichte Fahrlässigkeit, weder gegenüber Vereinen oder Vorständen noch gegenüber vereinsfremden Dritten rechtfertigen.[418] Die Justizministerin teilte der Enquete-Kommission zugleich mit, dass das geltende Recht schon ausreichend Möglichkeiten der Haftungsbeschränkung vorsehen würde. Durch die Vereinssatzung könne die Haftung des Vorstandsmitglieds gegenüber dem Verein und den Vereinsmitgliedern beschränkt werden. Insbesondere könne auch die Haftung des Vorstandsmitgliedes gegenüber dem Verein für leicht fahrlässige Pflichtverletzungen ausgeschlossen werden. Auch wenn es an einer solchen rechtsgeschäftlichen Haftungsbeschränkung fehle, könnten den ehrenamtlich tätigen Vorstandsmitgliedern gegenüber den Vereinen dieselben Haftungsmilderungen gewährt werden, die für Arbeitnehmer bei betrieblicher Tätigkeit gegenüber ihren Arbeitgebern gelten würden. „Der Bundesgerichtshof hat diese Grundsätze auf die Haftung von Vereinsmitgliedern angewandt, die unentgeltlich für den Verein tätig waren (BGH NJW 1984, 789). Diese Rechtsprechung kann auf Vereinsmitglieder übertragen werden, die ehrenamtlich Vorstandsaufgaben wahrnehmen. Wendet man diese Grundsätze an, muss ein ehrenamtlich tätiges Vorstandsmitglied dem Verein für leicht fahrlässig verursachte Schäden nicht, für durch mittlere Fahrlässigkeit verursachte Schäden grundsätzlich nur anteilig haften. Wird ein Vereinsmitglied oder ein Dritter durch die Vorstandstätigkeit geschädigt, kann ein Vorstandsmitglied vom Verein nach den gleichen Grundsätzen die Freilassung von der Haftung verlangen."[419]

Leider ist diese Rechtsansicht bislang nicht normiert, sodass eine Regelungslücke besteht.

Der Schutz bürgerschaftlich Engagierter vor haftungsrechtlichen Risiken war auch ein zentrales Anliegen der Enquete-Kommission „Zukunft des Bürgerschaftlichen Engagements". Sie hat sich zum Schutz der bürgerschaftlich Engagierten insbesondere für die Gewährleistung eines angemessenen Versicherungsschutzes eingesetzt.[420] Auf Initiative der Enquete-Kommission hat der Gesamt-

---

[417] Vgl. Schreiben der Bundesministerin der Justiz an die Enquete-Kommission vom 18. Mai 2007. (Kommissionsdrucksache 16/427)
[418] Ebd.
[419] Ebd., S. 2.
[420] Vgl. Enquete-Kommission „Zukunft des Bürgerschaftlichen Engagements", S. 315ff., S. 327. (Bundestagsdrucksache 14/8900)

verband der Versicherungswirtschaft (GDV) bei seinen Mitgliedern angeregt, die in den Haftpflichtversicherungsverträgen enthaltene sogenannte Ausschlussklausel eng auszulegen.[421]

Vereine haben die Möglichkeit, sich über ihren jeweiligen Bundesverband gegen gewisse Risiken versichern zu lassen (beispielsweise Haftpflicht- und Unfallversicherungen unterschiedlicher Deckungsgrade, Instrumenten-, Gebäude- und Transportversicherungen etc.).

§ 2 SGB VII sieht eine gesetzliche Unfallversicherung für ehrenamtlich Tätige für bestimmte Tätigkeiten in öffentlichen Funktionen vor. Gemeinnützige Vereine und Organisationen können danach für ihre gewählten Ehrenamtsträger eine freiwillige Unfallversicherung beantragen. Zu den gewählten Ehrenamtsträgern gehören zum Beispiel Vorstände oder Kassenwarte. Die Versicherung muss beim zuständigen Versicherungsträger beantragt werden.

Gerade die Versicherung für Vermögensschäden, die auf dem Handeln des jeweiligen Vorstandes beruhen, gestaltet sich demgegenüber schon faktisch schwierig. Denn es finden sich kaum Versicherungen, die bereit sind, dieses Risiko zu versichern. Im Übrigen ist der Abschluss von Versicherungen für viele Vereine auch nicht bezahlbar, weil der Abschluss einer Vorstandsversicherung im Rahmen der institutionellen Förderung nicht als zuwendungsfähige Ausgabe zählt.[422]

Inzwischen bieten Verbände Vermögensschadens-Haftpflichtversicherungen an, die Vereinsvorsitzende privat abschließen können, um sich im Fall fahrlässigen Nichtbeachtens entsprechender Vorschriften davor zu schützen, mit dem Privatvermögen zu haften – etwa vor umfangreichen Steuernachzahlungen bei Verlust der Gemeinnützigkeit des Vereins. Eine solche jährliche Zahlung von ehrenamtlichen Leistungsträgern ist aber aus Sicht der Enquete-Kommission dem Gedanken des bürgerschaftlichen Engagements abträglich.

Insbesondere den vielen kleinen, ehrenamtlich engagierten, meist rechtlich unselbstständigen Vereinigungen und Organisationen fehlen oft die notwendigen finanziellen Mittel zur Schaffung eines ausreichenden Versicherungsschutzes. Darum haben in der Zwischenzeit 14 Länder kollektive, subsidiäre private Rahmenversicherungsverträge für ihre Engagierten abgeschlossen, die die unfall- und haftungsrechtlichen Risiken minimieren helfen sollen. Die Rahmenverträge ersetzen jedoch nicht eine bestehende Vereins- oder Verbandshaftpflichtversicherung. Der Schutz aus den Rahmenverträgen tritt in erster Linie subsidiär ein.

Verwertungsgesellschaften

Ein Großteil der vom bürgerschaftlichen Engagement getragenen Kulturvereine ist Nutzer geschützter Werke. Alle von der Enquete-Kommission befragten Verwertungsgesellschaften tragen nach eigenem Bekunden bei der Aufstellung ihrer Tarife kulturellen Belangen nach § 13 Abs. 3 S. 4 UrhWG (Urheberrechtswahrnehmungsgesetz) Rechnung.

Die GEMA unterscheidet in diesem Zusammenhang zwischen Normalvergütungssätzen und Vorzugsvergütungssätzen. Den Vorzugsvergütungssätzen liegt ein Gesamtvertrag zugrunde. Für den Bereich gemeinnütziger, ehrenamtlich geführter Vereine kann die GEMA nach § 12 UrhWG Gesamtverträge zu angemessenen Bedingungen abschließen. Musikdarbietungen, welche in eigenem Namen, auf eigene Rechnung und ohne Mitwirkung bezahlter Kräfte durchgeführt werden, sind

---

[421] Ebd., S. 390f.
[422] Vgl. schriftliche Stellungnahme vom Bund Deutscher Amateurtheater zum Fragebogen der Enquete-Kommission zur Anhörung vom 29. Mai 2006 zum Thema „Laienkultur und Brauchtumspflege". (Kommissionsdrucksache 16/87)

durch die Pauschalvergütung je aktivem Musiker über 18 Jahren durch die Pauschale abgegolten. Für alle anderen Veranstaltungen werden die jeweiligen Gebührensätze der GEMA unter Abzug eines Gesamtvertragsnachlasses von 20 Prozent verrechnet.

Es ist jedoch nicht jede Vereinigung gesamtvertragsfähig. Der Abschluss eines Gesamtvertrages ist den Verwertungsgesellschaften dann nicht zumutbar, wenn der Vertragspartner eine zu geringe Mitgliederzahl aufweist oder sich durch den Gesamtvertrag keine Vorteile ergeben.

Die „Bundesvereinigung Deutscher Orchesterverbände" (BDO) berichtete, dass derzeit nur Verträge mit einer Laufzeit von einem Jahr abgeschlossen würden. Die Verhandlungen würden demnach im November/Dezember des auslaufenden Jahres geführt. Bis der GEMA-Vertrag den Verbandspräsidenten zur Unterschrift vorgelegt würde, vergingen in der Regel drei bis vier Monate, das heißt, die Vereine erhielten erst zu Beginn des zweiten Quartals die Gebührensätze.[423]

Vonseiten breitenkultureller Vereine und Verbände wurde die Gebührenpolitik der GEMA kritisch betrachtet. Während die Erfahrungen mit der Verwertungsgesellschaft Wort (VG Wort) positiv beschrieben wurden, sind die Kritikpunkte an der GEMA der bürokratische Verwaltungsaufwand, mangelnde Transparenz auch im Hinblick auf einen undurchsichtigen „Tarifdschungel", zu hohe Gebühren, Probleme bei sozial-karitativen Veranstaltungen und die unverständlichen Tarifmodi (nicht die tatsächliche Besucherzahl ist ausschlaggebend, sondern die Zahl potenzieller Besucher, die Platz in dem Veranstaltungsraum finden können).[424]

So wurde von Verbandsseite darauf hingewiesen, dass sich die Pauschalvergütung für die Aufführung geschützter Werke in den zurückliegenden 20 Jahren mehr als verdoppelt habe, von 3,58 Euro je aktivem Musiker über 18 Jahren im Jahre 1983 auf 7,06 Euro im Jahr 2006. Obwohl der Inflationsausgleich laut Statistischem Bundesamt von 1993 bis 2006 bei 44,5 Prozent lag, hätte sich die GEMA-Pauschalvergütung verdoppelt (100,27 Prozent). Die Schere zwischen der Inflationsrate und den erhobenen GEMA-Gebühren ginge immer weiter auseinander (siehe Abbildung 1).

Die Einnahmesteigerungen der GEMA im Bereich der Breitenkultur insgesamt betrugen – laut „Bundesvereinigung Deutscher Musikverbände" (BDMV) – in den letzten zehn Jahren 26 Prozent; im Bereich der instrumentalen Gruppierungen dieses Bereichs sogar 31 Prozent. Aus Sicht der BDMV ist problematisch, dass bei der GEMA für die Mitglieder des Verbandes weitgehend die Veranstaltungstarife (U-VK, das heißt der Vergütungssatz für Unterhaltungs- und Tanzmusik mit Musikern) gelten, die auch für kommerzielle Konzertveranstalter herangezogen würden. Als weitere Beschwernis wurde empfunden, dass gemäß GEMA-Gesamtvertrag Veranstaltungen rechtzeitig durch die Veranstalter gemeldet werden müssten, diese GEMA-Meldeformulare aber nicht immer eindeutig und selbsterklärend seien. Wird eine Veranstaltung nicht oder zu spät angemeldet oder das Formular falsch ausgefüllt, entstehen dem Verein erhebliche Kosten. Bemängelt wurde in diesem Zusammenhang, dass Meldungen in elektronischer Form nicht akzeptiert würden. Im Kapitel 4.3.3 „Urheber- und Leistungsschutzrechte" werden die aufgezeigten Probleme näher thematisiert und entsprechende Handlungsempfehlungen formuliert.

---

[423] Vgl. schriftliche Stellungnahme der Bundesvereinigung Deutscher Orchesterverbände zur Anhörung vom 29. Januar 2007 zum Thema „Kollektive Wahrnehmung von Urheberrechten und verwandten Schutzrechten". (Kommissionsdrucksache 16/241)
[424] Vgl. Zusammenfassung der Anhörung vom 29. Mai 2006 zum Thema „Laienkultur und Brauchtumspflege". (Arbeitsunterlage 16/018a)

Abbildung 1

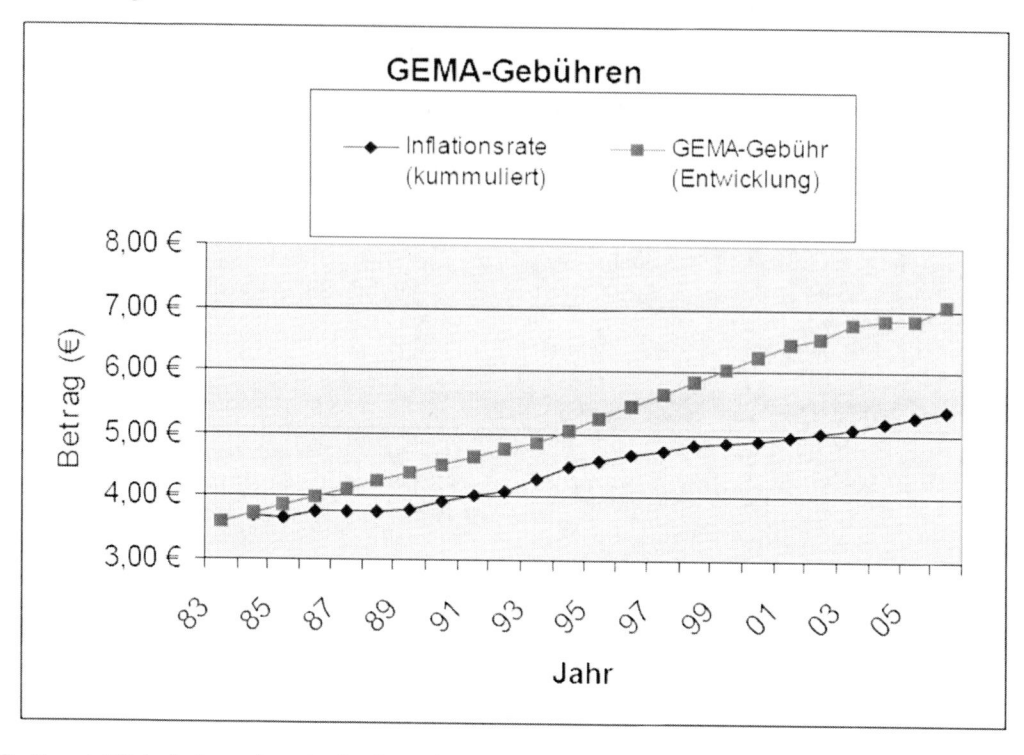

GEMA-Gebühren

— Inflationsrate (kummuliert)   — GEMA-Gebühr (Entwicklung)

[Diagramm: Betrag (€) auf der y-Achse von 3,00 € bis 8,00 €; Jahr auf der x-Achse von 83 bis 05]

Quelle: schriftliche Stellungnahme der Bundesvereinigung Deutscher Orchesterverbände zur Anhörung vom 29. Januar 2007 zum Thema „Kollektive Wahrnehmung von Urheberrechten und verwandten Schutzrechten". (Kommissionsdrucksache 16/241, S. 2)

Kultur des kooperativen Handelns und Entscheidens

Die oft erhobene Forderung, die Rahmenbedingungen für bürgerschaftliches Engagement zu verbessern, sollte nach Auffassung der Enquete-Kommission nicht allein auf Fragen der besseren finanziellen Förderung und der Lösung von Problemen des rechtlichen Status einzelner Engagierter reduziert werden. Zu den Rahmenbedingungen zählen auch vielfältige Formen der Anerkennung, die Bereitstellung technischer Mittel und eine unterstützende Infrastruktur, zum Beispiel für die notwendigen Weiter-bildungen. Zu stärken sind auch Formen des kooperativen Handelns und der demokratischen Entscheidungsfindung. In dieser Bandbreite existieren Möglichkeiten, die Voraussetzungen für bürgerschaftliches Engagement deutlich zu verbessern.

C) Handlungsempfehlungen

1. Die Enquete-Kommission empfiehlt Bund und Ländern, die Rahmenbedingungen für bürgerschaftliches Engagement so zu gestalten, dass sich die Bürger unabhängig von ihrem sozialen Status engagieren können. Dabei sollten ressortspezifische und -übergreifende Lösungen immer den Ansatz einer allgemeinen Förderung von Bürgergesellschaft berücksichtigen.

2. Die Enquete-Kommission empfiehlt allen öffentlichen Zuwendungsgebern, ein ausgewogenes Verhältnis von institutioneller Förderung und Projektförderungen herzustellen. Ebenso sollte das

Instrument der Festbetragsfinanzierung stärker genutzt werden, um so Anreize zur Erwirtschaftung von zusätzlichen Eigenmitteln zu setzen. Projektförderungen sollten sich auf zeitlich und inhaltlich befristete Vorhaben begrenzen. Bei Zuwendungen sind vermehrt Mittel zur Selbstbewirtschaftung auszuweisen, um so einen noch wirtschaftlicheren Umgang mit den Zuwendungen zu ermöglichen.

Die Enquete-Kommission empfiehlt den Stiftungen, stärker das Instrument der institutionellen Förderung zu nutzen, um die kontinuierliche Arbeit im Kulturbereich, die teilweise von Verbänden geleistet wird, zu stärken.

3. Die Enquete-Kommission empfiehlt dem Bundesrechnungshof, in seinen Berichten künftig auch die Arbeit einer Institution in Gänze zu würdigen. Weiter sollen die Berichte einen Teil enthalten, in dem gelungene Aspekte der Arbeit der geförderten Institutionen hervorgehoben werden und einen Teil, in dem die Kritik geäußert wird. Er soll stärker als bisher darauf achten, dass Vorberichte der Öffentlichkeit nicht zugänglich gemacht werden, bevor die Geprüften dazu Stellung nehmen konnten. Verstöße gegen diesen Vertrauensschutz gegenüber Zuwendungsempfängern müssen geahndet werden.

4. Die Enquete-Kommission empfiehlt dem Deutschen Bundestag, analog der Regelung in den §§ 325ff. Handelsgesetzbuch auch im Vereinsrecht für eingetragene Vereine größenabhängige erleichterte Anforderungen an Formalia zu stellen.

5. Die Enquete-Kommission empfiehlt den öffentlichen Zuwendungsgebern zur Verminderung des bürokratischen Aufwandes, dass vermehrt – wo immer dies möglich ist – nur noch einfache Verwendungsnachweise als Beleg für die ordnungsgemäße Verwendung der Mittel gefordert werden. Dieses würde insbesondere zu einer Entlastung der Verwaltung führen.

Weiterhin sollte das bürgerschaftliche Engagement generell als geldwerte Leistung bei Förderungen als Eigenleistung anerkannt werden. Dieses würde die Eigenleistung der Vereine bei Zuwendungen transparenter machen und zu einer größeren Anerkennung der Eigenleistungen als geldwerte Leistungen führen.

Bei Erstförderung sollte die Schulung sowohl von Zuwendungsempfängern als auch von Zuwendungsgebern verbessert werden, damit diese den rechtlichen Anforderungen von Zuwendungen an Kulturvereine und -verbände besser gerecht werden können. Ebenso sollten die Zuwendungsgeber die Beratungs- und Informationsmöglichkeiten verbessern.

Auch empfiehlt die Enquete-Kommission eine Lockerung des Besserstellungsverbots von Zuwendungsempfängern.

6. Die Enquete-Kommission empfiehlt der Künstlersozialkasse, Kulturvereine spezifiziert und zeitnah über deren Abgabepflicht zu informieren. Auch sollte dabei auf die Möglichkeit von Ausgleichsvereinbarungen hingewiesen werden.

Im Übrigen sollten Zuwendungsgeber gezielter über die sich aus dem Künstlersozialversicherungsgesetz ergebenden rechtlichen Verpflichtungen informieren.

7. Die Enquete-Kommission empfiehlt dem Deutschen Bundestag, eine Haftungsminderung für ehrenamtlich tätige Mitglieder von Vereinsvorständen entsprechend den Grundsätzen der sogenannten Arbeitnehmerhaftung des Bundesarbeitsgerichts in den vereinsrechtlichen Vorschriften des Bürgerlichen Gesetzbuches zu kodifizieren.

8. Die Enquete-Kommission empfiehlt dem Deutschen Bundestag, den Haftungstatbestand des § 10b Abs. 4 S. 2, zweiter Halbsatz Einkommensteuergesetz, der derzeit eine verschuldensunabhängige Haftung des Veranlassers bei der zweckwidrigen Verwendung von Spendenmitteln vorsieht, wie den Haftungstatbestand für die Ausstellung unrichtiger Spendenbescheinigung in § 10 Abs. 4 S. 2 erster Halbsatz Einkommensteuergesetz auf Vorsatz und grobe Fahrlässigkeit einzuschränken. Eine vergleichbare Regelung sollte im Körperschaftssteuerrecht geschaffen werden.

9. Die Enquete-Kommission empfiehlt dem Deutschen Bundestag, im steuerlichen Spendenrecht die Gefährdungs- durch eine Verschuldenshaftung im Einkommensteuergesetz zu ersetzen, wie es durch die Rechtsprechung des Bundesfinanzhofes bereits praktiziert wird.

3.3.2 Private Stiftungen/Bürgerstiftungen

A) Bestandsaufnahme

Laut Einsetzungsbeschluss ist die Enquete-Kommission damit beauftragt, die Rolle von Stiftungen im privaten und bürgerschaftlichen Engagement zu würdigen und in ihren Entwicklungsperspektiven darzustellen. Zu diesem Thema fand daher auf Einladung der „ZEIT-Stiftung Ebelin und Gerd Bucerius" am 2. November 2004 in Hamburg eine öffentliche Anhörung statt.[425] Ihr wesentlicher Inhalt war eine Bestandsaufnahme der rechtlichen und steuerrechtlichen Situation privater Stiftungen im Kulturbereich und die Frage nach Verbesserungen der Rahmenbedingungen, die als Impulse für weitere Stiftungsgründungen wirken könnten. Es sollte geklärt werden, inwieweit sich die Änderungen im Stiftungssteuerrecht (2000) und Stiftungsprivatrecht (2002) für den Kulturbereich bewährt haben. Zu den Zielen der Anhörung zählte auch, die Rolle der Bürgerstiftungen als Ausdruck zivilgesellschaftlichen Engagements zu beleuchten. Wichtige Informationen lieferte das Gutachten „Private Spenden für die Kultur in Deutschland: Bestandsaufnahme, Analyse und Perspektiven privater Spenden für die Kultur in Deutschland".[426] Zusätzlich diente eine Reise nach Süddeutschland dem Meinungsaustausch mit Praktikern des Stiftungswesens.[427] Auf Delegationsreisen in die USA, nach Großbritannien, in die Niederlande und die Schweiz informierte sich die Enquete-Kommission über die rechtlichen Rahmenbedingungen und die Stiftungspraxis in anderen Ländern.[428]

Der Gedanke privaten Stiftens und die Tätigkeit von Stiftungen als wichtiger Bestandteil der Zivilgesellschaft gewinnen auch in Deutschland immer mehr an Bedeutung. Im Vergleich zum Stellenwert im angloamerikanischen Raum ist die deutsche Stifterkultur aber noch immer unterentwickelt. Als Ursachen hierfür werden insbesondere System- und Mentalitätsunterschiede genannt.[429]

Allerdings erlebte Deutschland in den vergangenen Jahren einen regelrechten Stiftungsboom, der 2005 mit 880 Neugründungen rechtsfähiger Stiftungen des bürgerlichen Rechts einen vorläufigen Höhepunkt erreichte.[430] Im internationalen Vergleich gehört Deutschland zu den Ländern mit den größten Zuwachsraten an Stiftungsneugründungen. Ende 2005 existierten 13 490 rechtsfähige Stiftungen des bürgerlichen Rechts, die ca. 60 Prozent des Stiftungswesens ausmachen.[431] Die vielen

---

[425] Vgl. Zusammenfassung der Anhörung vom 2. November 2004 zum Thema „Stiftungswesen/Stiftungsrecht". (Kommissionsdrucksache 15/503)
[426] Vgl. Gutachten „Private Spenden für die Kultur in Deutschland" (Spendengutachten). (Kommissionsdrucksache 16/128b)
[427] Vgl. Zusammenfassung der Delegationsreise nach Mittel- und Süddeutschland (Bericht Delegationsreise Mittel- und Süddeutschland), 6. bis 7. Juni 2005. (Kommissionsdrucksache 15/515)
[428] Vgl. Bericht der Delegationsreisen in die USA vom 30. Januar bis 6. Februar 2005 (Bericht Delegationsreise USA). (Kommissionsdrucksache 15/499) und die Niederlande und Großbritannien vom 4. bis 8. Oktober 2004 (Bericht Delegationsreise Großbritannien). (Kommissionsdrucksache 15/513)
[429] Vgl. Bericht Delegationsreise USA, S. 13. (Kommissionsdrucksache 15/499)
[430] Vgl. Bundesverband Deutscher Stiftungen (2006), S. 4.
[431] Vgl. Spendengutachten, S. 61. (Kommissionsdrucksache 16/128b)

unselbstständigen Stiftungen, Stiftungsvereine und -gesellschaften sowie Stiftungen öffentlichen Rechts sind in dieser Zahl nicht erfasst.[432]

Insgesamt sind in den operativ tätigen (das heißt den an eigenen Projekten arbeitenden) Stiftungen und in den Förderstiftungen nach Angaben des Bundesverbandes Deutscher Stiftungen rund 60 Mrd. Euro gebunden.[433] Das Ausgabevolumen betrug 2004, so das Maecenata-Institut, insgesamt 25 Mrd. Euro. Davon gaben die fördernd tätigen Stiftungen knapp sieben Mrd. Euro aus.[434] Im Schnitt liegt das Stiftungskapital bei der Gründung einer Stiftung bei 97 400 Euro.[435] Aus dem bis 2010 zu vererbenden Vermögen von insgesamt zwei Billionen Euro, das zwischen 2010 und 2020 aller Voraussicht nach noch einmal deutlich höher liegen wird, resultiert ein enormes Wachstumspotenzial.[436] Da Erblasser nicht automatisch zu Stiftern werden, müssen sie in spezifischer Weise angesprochen werden.

Kunst und Kultur sind für das Stiftungswesen von besonderer Bedeutung. Als Stiftungszweck rangieren Kunst und Kultur bei einem kontinuierlichen Wachstum an zweiter Stelle bei Neuerrichtungen.[437]

Rund ein Fünftel der bekannten Stiftungen sind reine Kunst- und Kulturstiftungen.[438]

Das Maecenata-Institut prognostiziert für das Jahr 2011 mehr als 5 000 Kunst- und Kulturstiftungen in Deutschland.[439] Als Gesamtausgaben der heutigen Stiftungen wird ein Betrag zwischen 133 und 160 Mio. Euro geschätzt.[440]

Die Stiftungslandschaft in Deutschland wurde durch die Reformen im Stiftungsprivatrecht (2002) und im Stiftungssteuerrecht (2000) wesentlich verändert. Die seit 1997 im politischen Raum hierzu geführte Debatte hat eine Diskussion um das Stiftungswesen, nicht nur im Deutschen Bundestag und in den deutschen Medien, sondern auch bei vielen Stiftungen und in der Öffentlichkeit ausgelöst.[441] Sie führte zu einer spürbaren Steigerung der Kenntnisse über sowie des Interesses an Stiftungen in der Bevölkerung. Die Rolle des Staates als Ordnungsmacht, Stifter, Vertragspartner von und Antragsteller bei Stiftungen ist im Zuge dieser Debatte zum Gegenstand grundsätzlicher Überlegungen geworden.[442] Trotzdem ergab eine Umfrage des Meinungsforschungsinstituts Emnid, die 2005 im Auftrag der Bertelsmann Stiftung durchgeführt wurde, dass nur die Hälfte der deutschen Bevölkerung eine

---

[432] Beim Bundesverband Deutscher Stiftungen sind 168 Stiftungsvereine und ca. 600 Stiftungen öffentlichen Rechts verzeichnet.
[433] Sondervotum SV Prof. Dr. Dieter Kramer: „Stiftungen können zwar pluralistisch unterschiedliche Ziele verfolgen, bilden aber auch eine Gegenmacht zu demokratischen Institutionen. Operative Stiftungen können beträchtlichen Einfluss ausüben. Möglichem Missbrauch von Stiftungsmacht nicht nur bei Bürgerstiftungen muss durch geeignete Instrumentarien bei der Stiftungsaufsicht und durch Verhaltensstandards für Stiftungen entgegengewirkt werden."
[434] Vgl. Spendengutachten, S. 7. (Kommissionsdrucksache 16/128b)
[435] Vgl. forsa-Inhaber-Befragung „Corporate Social Responsibility" in Deutschland vom 6/2005; vgl. auch Spendengutachten, S. 120. (Kommissionsdrucksache 16/128b)
[436] Vgl. Studie der Dresdener Bank, vgl. dazu Finke (2005), S. 26ff.
[437] Vgl. Spendengutachten, S. 66f. (Kommissionsdrucksache 16/128b)
[438] Vgl. König (2004), S. 13–18: Der AK Kulturstiftungen im Bundesverband Deutscher Stiftungen verhält sich zu diesen Zahlen. Das Maecenata-Institut kommt im Rahmen der eigenen Berechnungen im Gutachten zu dem Ergebnis, dass 22,1 Prozent aller Stiftungen die Zwecke der Kunst und Kultur verfolgen, das sind 3 980 Stiftungen, davon 1 330 ausschließlich. (Vgl. S. 63 und 66 des Maecenata-Gutachtens). Der Bundesverband Deutscher Stiftungen gibt auf seiner aktuellen Website (Stand: 9/2007) den Anteil der Kunst- und Kulturstiftungen für den Zeitraum 2001 bis 2005 mit 20 Prozent an.
[439] Vgl. Spendengutachten, S. 68. (Kommissionsdrucksache 16/128b)
[440] Ebd. S. 70. Vgl. auch König (2004), S. 13.
[441] Vgl. Kalupner (2000), S. 2, vgl. Bertelsmannstiftung/Maecenata Institut, Expertenkommission zur Reform des Stiftungs- und Gemeinnützigkeitsrechts. Materialien, (2001/2002).
[442] Vgl. Strachwitz/Then (2004) und Kilian (2003).

Stiftung kennt. 23 Prozent der Befragten nehmen an, Stiftungen würden „Spenden sammeln", und nicht einmal ein Drittel der Deutschen ist der Meinung, es sollte „mehr Stiftungen geben".[443]

Vor diesem Hintergrund wächst die Bedeutung von Bürgerstiftungen, die als ihr erklärtes Ziel als „Motor der Zivilgesellschaft auf lokaler Ebene" das Stiftungswesen „demokratisieren" wollen. Sie bieten breiten Kreisen der Bevölkerung die Möglichkeit, auch mit kleinerem Vermögen bzw. überschaubaren Vermögensteilen als Stifter auf Dauer und über das eigene Leben hinaus, Spuren zu hinterlassen und im Zusammenspiel mit anderen Stiftern für das eigene Lebensumfeld mäzenatisch in Erscheinung zu treten.[444] Seit 1996/97 nach amerikanischem Vorbild der „Community Foundation" in Hannover und Gütersloh die beiden ersten Bürgerstiftungen in Deutschland gegründet wurden, bestehen mittlerweile über 100 solcher Einrichtungen, von denen aktuell 103 über ein Gütesiegel des Bundesverbandes Deutscher Stiftungen verfügen. Im Kern handelt es sich bei der Bürgerstiftung um einen „Zwitter": Sie sind einerseits wie ein Verein durch starke Mitwirkungsrechte gekennzeichnet, andererseits ist ihr Anliegen, das gestiftete Vermögen vor der Umwidmung zugunsten gemeindefremder Zwecke oder vor der Aneignung durch die jeweiligen Mitglieder der Stifterversammlung zu schützen, stiftungsspezifisch. Das Gesamtvermögen der deutschen Bürgerstiftungen[445] belief sich im Jahre 2004 auf über 27 Mio. Euro bei anhaltend steigender Tendenz (Stand März-Umfrage 2004 der Initiative Bürgerstiftungen). Die Märzumfrage 2007 hat ergeben, dass das Kapital der Bürgerstiftungen so stark gestiegen ist wie nie zuvor. Wuchs das Kapital jährlich bislang um gut 30 Prozent, so war 2007 ein Anstieg von 44 Prozent zu verzeichnen, von 52 auf 75 Mio. Euro.

Bisherige Erfahrungswerte lassen vermuten, dass die in das Grundstockvermögen zugewendeten Mittel dem Gemeinnützigkeitssektor zusätzlich zugeflossen und nicht aus der Reduzierung der Zuwendungen an andere gemeinnützige Einrichtungen stammen.[446] Dennoch sollten diese Stiftungen nicht mit zu vielen Erwartungen und Aufgaben überfrachtet und das Bürgerstiftungsmodell gegenüber der klassischen Stiftung nicht überbewertet werden.[447]

B) Problembeschreibung

Die Auswirkungen der Reformen im Stiftungsprivatrecht und im Stiftungssteuerrecht sind unterschiedlich zu beurteilen. Grundsätzlich ist hervorzuheben, dass die Stiftungsrechtsreform von vornherein als „Türöffner" für die Gesamtreform des sogenannten Gemeinnützigkeitsrechts angelegt war. Ihre Umsetzung wird mit Nachdruck gefordert.[448]

Die privatrechtlichen Änderungen durch das Gesetz zur Modernisierung des Stiftungsrechts (BGBl. 2002 Teil I Nr. 49 vom 23. Juli 2002) waren nach Expertenmeinung lediglich „kosmetische Korrekturen". Bei sachgerechter Ausschöpfung der durch das Bürgerliches Gesetzbuch (BGB) neu gesetzten Vorgaben kann aber ein adäquater Rechtsrahmen eingerichtet werden, der modernen Anforderungen entspricht.[449] Änderungsbedarf besteht danach in den Ländern, die entweder die BGB-

---

[443] Vgl. Pressemeldung der Bertelsmann Stiftung, 29. März 2005.
[444] Vgl. Hoelscher/Casadei (2006).
[445] Sondervotum SV Prof. Dr. Dieter Kramer: „Bürgerstiftungen und die Möglichkeit von Zustiftungen beseitigen derzeit noch nicht die sozialen Hemmnisse und Barrieren, die private Kulturförderung in hohem Maße zur Angelegenheit von Bildungs- und Besitzeliten macht, zumal die prinzipiell anerkannten Zeitspenden bei Stiftungen nicht berücksichtigt werden können. Wenn diese Möglichkeiten deutlich propagiert werden, lassen sich auch neue Milieus dafür gewinnen und neue Beziehungen zwischen Kunst und Publikum konstituieren."
[446] Vgl. Zusammenfassung der Anhörung vom 2. November 2004 zum Thema „Stiftungswesen/Stiftungsrecht", S. 20. (Kommissionsdrucksache 15/503)
[447] Ebd.
[448] Vgl. Kap. 3.3.5, Gemeinnützigkeitsrecht.
[449] Die Experten verwiesen dazu auf den von Hüttemann/Rawert vorgelegten Modellentwurf eines Landesstiftungsgesetzes, vgl. Hüttemann/ Rawert (2002), S. 2019–2028.

Reform noch nicht nachvollzogen haben oder deren Novellierungen hinter diesem Standard zurückbleiben. Als erste Länder haben Bayern (September 2001[450]) und Hessen (2002) ihr Stiftungsgesetz geändert bzw. angepasst. Mittlerweile sind die Landesstiftungsgesetze auch in Baden-Württemberg, Berlin, Brandenburg, Hamburg, Mecklenburg-Vorpommern, Niedersachsen, Nordrhein-Westfalen, Rheinland-Pfalz, Saarland und Schleswig-Holstein reformiert worden.[451] Weiterer Reformbedarf auf nationaler Ebene wird bei den Pflichtteilsergänzungsansprüchen (§ 2325 BGB) gesehen. Angesichts der steigenden Zahl großer Nachlässe und der damit verbundenen Pflichtteilsansprüche sind nach Expertenmeinung gesetzgeberische Korrekturen erwägenswert. Pflichtteilsansprüche sind Ansprüche, die pflichtteilsberechtigte Abkömmlinge eines Stifters nach dessen Tod unter Umständen gegenüber einer vom Stifter begünstigten Stiftung geltend machen können. Diese Pflichtteilsansprüche lägen zum Teil weit jenseits der üblichen Kategorien von Bedürftigkeit. Rechtspolitisch bestehen Zweifel an der Sinnhaftigkeit des geltenden Pflichtteilsrechts – jedenfalls dann, wenn es die wünschenswerte Widmung von privatem Vermögen zugunsten der Allgemeinheit dienender Zwecke beeinträchtigt.[452]

Auf europäischer Ebene wird Handlungsbedarf in der Schaffung der Rechtsform einer „Stiftung europäischen Rechts" gesehen, die für Stiftungen, die länderübergreifend fördern, hilfreich wäre. Spender und Zustifter sollten innerhalb der Europäischen Union gleichbehandelt werden. Die Rechtsform der „Europäischen Stiftung" könnte grenzüberschreitende Gemeinwohlaktivitäten würdigen und signalisieren, dass innerhalb Europas die Förderung gemeinnütziger Projekte durch private Zuwendungen nicht von Landesgrenzen behindert wird. Spendenbescheinigungen einer in Deutschland akkreditierten Stiftung europäischen Rechts wären dann auch bei einem Finanzamt zum Beispiel in Frankreich gültig. Entsprechende Vorarbeiten durch das European Foundation Center sind geleistet, und eine an der Bucerius Law School tätige Wissenschaftlergruppe arbeitet an dem Thema.[453]

Die Bewertung der Auswirkungen des reformierten Stiftungssteuerrechts fällt dagegen insgesamt positiv aus, da es zu einer größeren Attraktivität des Stiftens beigetragen und zu einem Anstieg der Stiftungsgründungen geführt hat. Problematisch ist jedoch, dass bei einem Großteil der neuen Stiftungen das Grundstockvermögen nicht den neben den allgemeinen Spendenabzugsmöglichkeiten steuerlich begünstigten Erstdotationsbetrag von 307 000 Euro übersteigt. Diese relativ geringe Kapitalausstattung erweist sich als ein Hindernis für die effiziente Arbeit einer Stiftung. Außerdem ist die steuerliche Abzugsfähigkeit von Zuwendungen in das Vermögen einer Stiftung stark eingeschränkt (§ 10b Abs. 1a Einkommensteuergesetz – EStG) und hemmt somit Stifter, die ein langsames und stetiges Wachstum der Stiftung beabsichtigen.

Die Enquete-Kommission hatte sich daher bereits frühzeitig und einstimmig dafür ausgesprochen, dem Deutschen Bundestag zu empfehlen, für Zuwendungen an alle Stiftungen, die kulturellen, gemeinnützigen, mildtätigen oder kirchlichen Zwecken dienen, gleiche Steuervergünstigungen einzuführen. Um auch vermögende stiftungswillige Bürger zu erreichen, sollte die steuerliche Abzugsgrenze des Gesamtbetrags der Einkünfte auf einheitliche 20 Prozent angehoben werden. Diese Vorschrift sollte nicht auf Vermögenszuwendungen im Gründungsstadium beschränkt bleiben, sondern auch weitere Zustiftungen erfassen.

Außerdem sprach sie sich dafür aus, den Sonderabzugsbetrag auch auf Zuwendungen in das Vermögen bestehender Stiftungen auszudehnen, sowie von bisher 307 000 Euro deutlich zu erhöhen

---
[450] In Kenntnis des vorab vorliegenden Referentenentwurfs der Bundesregierung.
[451] Vgl. Bundesverband Deutscher Stiftungen (Stand 3. Juli 2005); vgl. Richter (2005), S. 517-520.
[452] Vgl. Zusammenfassung der Anhörung vom 2. November 2004 zum Thema „Stiftungswesen/Stiftungsrecht", S. 23. (Kommissionsdrucksache 15/503)
[453] Vgl. Hopt/Walz/Hippel/Then (2006).

und auf die Körperschaftssteuer zu erweitern, um so einen Anreiz zu einer größeren Kapitalausstattung bei den Stiftungen zu schaffen.

Der Deutsche Bundestag beschloss am 6. Juli 2007 das „Gesetz zur weiteren Förderung des bürgerschaftlichen Engagements." Die Zustimmung des Bundesrats erfolgte am 21. September 2007. Das Gesetz trat rückwirkend zum 1. Januar 2007 in Kraft. Für den Regelungsbereich im Stiftungswesen sind folgende Neuregelungen von besonderer Bedeutung:

– Vereinheitlichung und Anhebung der Höchstgrenzen für den Spendenabzug von bisher fünf Prozent (zur Förderung kirchlicher, religiöser und gemeinnütziger Zwecke) bzw. zehn Prozent (für mildtätige, wissenschaftliche und als besonders förderungswürdig anerkannte kulturelle Zwecke) des Gesamtbetrages der Einkünfte (§ 10b Abs. 1 Sätze 1 und 2 des EstG) auf 20 Prozent für alle förderungswürdigen Zwecke,

– Anhebung des Höchstbetrages für die Ausstattung von Stiftungen mit Kapital (Vermögensstockspenden, § 10b Abs. 1a EStG) von 307 000 Euro auf eine Million Euro.

Damit wurde den Forderungen der Kommission in dieser Hinsicht im vollen Umfang Rechnung getragen. Insbesondere sind jetzt alle (Zu-)Stiftungen bürgerlichen Rechts ohne zeitliche Beschränkung erfasst. Eine weitere Handlungsempfehlung ist daher aus Sicht der Kommission entbehrlich.

Eine der Folgen der gewachsenen gesellschaftspolitischen Bedeutung des Stiftungsgedankens wurde vonseiten der Stiftungspraktiker während der Anhörung am Beispiel der Diskussion um die Legaldefinition des „Stiftungsbegriffes" problematisiert. Aus Sicht der Rechtswissenschaft hat sich aber für den Anwendungsbereich der §§ 80 bis 88 BGB eine gefestigte herrschende Meinung zum Stiftungsbegriff herausgebildet. Es wurde darauf verwiesen, dass die unselbstständigen (nicht rechtsfähigen) Stiftungen in Mitleidenschaft gezogen werden könnten, wenn sie durch eine Legaldefinition zu „Stiftungen minderer Güte" herabgewürdigt würden. Mehrheitlich wird die Ansicht vertreten, den Gemeinnützigkeitsbegriff nicht zum Kriterium für einen Stiftungsbegriff zu machen.

Gerade bei Bürgerstiftungen stellt sich die Frage von Qualitätskriterien und Zertifizierung, um Missbrauch zu vermeiden. Einen geeigneten Ansatz dazu bieten die vom Arbeitskreis Bürgerstiftungen des Bundesverbandes Deutscher Stiftungen im Mai 2000 verabschiedeten Merkmale einer Bürgerstiftung, bei deren Erfüllung ein „Gütesiegel" verliehen wird, das im zweijährigen Turnus erneuert werden muss.[454] Fälle deutlicher Dominanzen von Unternehmen, Kommunen oder Parteien (zum Beispiel Banken oder Stadträte und Stadtratsfraktionen) in Bürgerstiftungen zeigen weiteren Handlungsbedarf.

Starker Handlungsbedarf wird im Bereich der „weichen" Impulse, vor allem der öffentlichen Anerkennung, gesehen. Die angehörten Experten regten eine stärkere symbolische Anerkennung der Verdienste von gemeinnützigen Stiftern in der Öffentlichkeit auf allen staatlichen Ebenen an. Dies könne eine Auszeichnung ebenso wie die Einladung des Ministerpräsidenten eines Landes für neue Stifter sein. Damit einhergehen müsse eine Ausweitung der Transparenz, um das Vertrauen der Bürger und der Politiker in die Leistungsfähigkeit der Stiftungen zu stärken und einer möglichen Vertrauenskrise bei einem etwaig eintretenden größeren Skandal vorzubeugen. Transparenz liegt im Eigeninteresse der Stiftungen. Sie ist die Voraussetzung für den eigenen Ruf, um Missbrauch auszuschließen und um dem Staat die Anerkennung der Gemeinnützigkeit mit entsprechenden Folgen zu erleichtern. Derartige Bemühungen finden auch bereits statt: Die 2006 beim Deutschen Stiftungstag verabschiedeten Grundsätze guter Stiftungspraxis regeln das Verhalten der Gremienmitglieder, Stiftungsverwalter und -mitarbeiter und sollen das Bewusstsein aller Beteiligten für die

---

[454] Vgl. Zusammenfassung der Anhörung vom 2. November 2004 zum Thema „Stiftungswesen/Stiftungsrecht", S. 21. (Kommissionsdrucksache 15/503)

Vermeidung von Interessenkonflikten, für die angemessene Transparenz bei der Zweckverwirklichung und für die Effizienz der Mittelverwendung schärfen. Sie bieten aber nur eine Orientierung ohne Kontrollmechanismen.[455]

In diesem Zusammenhang wird Handlungsbedarf zur Einführung eines Stiftungsregisters gesehen, das zu mehr Transparenz im Stiftungsbereich führen könne. Da sich die bereits bestehenden Register der Länder nur auf die rechtsfähigen Stiftungen bürgerlichen Rechts bezögen, sollte mindestens überlegt werden, dort auch Stiftungen in anderer Rechtsform aufzunehmen. Bei Einführung eines Stiftungsregisters müssten nach übereinstimmender Meinung der Experten – analog der obligatorischen Inhalte des Vereinsregisters – folgende Angaben enthalten sein: Zweck, Name, Sitz, Vertretungsbefugnisse der Organe sowie jeweils konkrete Organpersonen. Verpflichtende Angaben zum Stiftungsvermögen, wie sie in den USA mit dem „Tax Reform Act" von 1969 üblich sind, wurden von den Experten dagegen unterschiedlich bewertet.[456]

Von einer Beschränkung der staatlichen Beteiligung an der Errichtung und Tätigkeit von Stiftungen auf das zur Rechtswahrung Unerlässliche könnten wesentliche Impulse für die Entstehung gemeinnütziger Stiftungen ausgehen. Kritisiert wurden von Expertenseite die Stiftungsbehörden, die gesetzliche Neuregelungen nur unzureichend verinnerlicht hätten und vielfach an überkommenen Aufsichtsvorstellungen festhielten. Diskutiert wurden daher Systemverbesserungen im Vollzug des geltenden Rechts durch die Stiftungsbehörden, aber auch ein grundsätzlicher Systemwechsel vom Konzessionsverfahren zum Normativverfahren. So könnte nach Ansicht des Bundesverbandes Deutscher Stiftungen die Eintragung in das Stiftungsregister durch einen Rechtsanwalt oder Notar das Anerkennungsverfahren ersetzen. Der Bundesgesetzgeber hätte bei einer Entscheidung zu einem solchen Systemwechsel als Annexkompetenz auch die Befugnis, die Grundsätze der Einrichtung des Stiftungsregisters durch bundesrechtliche Regelung zu normieren. Die derzeit bestehende freiwillige Selbstkoordination der Länder sei dem Stiftungswesen nicht dienlich.[457]

Von Experten wurde vorgeschlagen, aus den derzeitigen Anerkennungsregelungen für rechtsfähige Stiftungen nach §§ 80 bis 88 BGB das negative Merkmal der „Gemeinwohlgefährdung" in § 87 zu streichen. Bereits in der Debatte um die Verabschiedung des Gesetzes zur Modernisierung des Stiftungsrechts im Jahre 2002 haben sich einige der dazu vom Rechtsausschuss des Deutschen Bundestags angehörten Experten gegen die Verwendung dieses Begriffes und für seine Ersetzung durch die Begriffe „gesetzeswidrig" und „sittenwidrig" ausgesprochen. Es gibt jedoch auch gewichtige Gründe, die dagegensprechen.[458]

Im internationalen Vergleich zeigt sich, dass die Niederlande die Errichtung einer rechtsfähigen Stiftung stark vereinfacht haben. Sie entsteht ohne staatliches Zutun allein durch notarielle Beurkundung bzw. öffentliches Testament. Anderer behördlicher Genehmigungen bedarf es nicht. Die Kontrolle liegt allein beim Notar, eine eigenständige Stiftungsaufsicht gibt es nicht. In den USA, wo Stiftungen nach dem „Federal Income Tax" als „Nonprofit Organization" behandelt und als Trust oder als Corporation gegründet werden, übernimmt anstelle einer nicht existierenden Stiftungsaufsicht die Steuerbehörde (Internal Revenue Service – IRS) die entsprechenden Kontrollaufgaben. Die Sanktionen bestehen ausschließlich darin, einer Stiftung optionale Steuervergünstigungen nicht zu- oder wieder abzusprechen.[459] Demgegenüber unterstreicht die Enquete-

---

[455] Vgl. www.stiftungen.org/files/original/galerie_vom_09.12.2005_ 11.26.20/Grundsaetze_Stiftungs- praxis.pdf, (Stand: 8. Juni 2007). Vgl. hierzu „Swiss Foundation Code" von 2005, mit dem auf Selbstregulierung gesetzt wird.

[456] Vgl. Zusammenfassung der Anhörung vom 2. November 2004 zum Thema „Stiftungswesen/Stiftungsrecht", S. 9f. (Kommissionsdrucksache 15/503)

[457] Ebd., S. 11.

[458] Ebd., S. 12f. vgl. auch Muscheler (2003), S. 3161, 3164.

[459] Vgl. Bericht Delegationsreise USA (Kommissionsdrucksache 15/499) und Delegationsreise Großbritannien. (Kommissionsdrucksache 15/513)

Kommission die wichtige Funktion der Stiftungsaufsicht in Deutschland. Die angehörten Experten zeichneten aber ein kritisches Bild der gegenwärtigen Praxis.

Die Stiftungsaufsicht sollte nach Meinung der Enquete-Kommission vom Leitbild des ermöglichenden Staates getragen sein. Die Stiftungsaufsicht jedoch auf interne Kontrollorgane, Selbstverwaltungskörperschaften oder private Unternehmen zu übertragen, erscheint der Enquete-Kommission als nicht sinnvoll. Die Abneigung vieler Stifter gegen die staatliche Stiftungsaufsicht sollte aber positiv genutzt werden, um diese zu motivieren, eine effiziente autonome Organisation zu schaffen. Die Stiftungsaufsicht müsste dann nur noch eingreifen, wenn der Stifter in der Satzung keine ausreichende Rechnungslegung und Publizität vorsieht.[460]

Die Rechnungslegung rechtsfähiger Stiftungen wird gegenwärtig in den Ländern durch die Stiftungsaufsicht kontrolliert, der die Stiftungen nach den „Grundsätzen ordnungsgemäßer Buchführung und Bilanzierung" zu berichten haben. Die Stiftungen haben dazu den Jahresabschluss, eine Vermögensübersicht und einen Zusatzbericht vorzulegen, in dem die zweckentsprechende Mittelverwendung nachgewiesen wird. Die Stiftungsaufsicht kann unterschiedliche Vorgaben hinsichtlich der Qualität der Rechnungslegung machen und Testate von Wirtschaftsprüfern verlangen. Durch diese Kontrolle werden die stiftungsrechtlich geforderte Kapitalerhaltung und die Einhaltung des Stifterwillens gewährleistet. Die Tendenz einzelner Aufsichtsbehörden, die Prüfung durch einen Wirtschaftsprüfer selbst schon im Errichtungsstadium kleiner Stiftung zu verlangen, erschwert die Gründung und Tätigkeit kleiner Stiftungen.

Es ist deshalb zu überlegen, ob nicht – wie auch der Stifterverband für die Deutsche Wissenschaft vorschlägt – durch eine bundesrechtliche Regelung über die Rechnungslegung von steuerbegünstigten, privaten Körperschaften (§§ 51ff. AO) eine differenzierte Lösung gefunden werden kann, die alle Interessen angemessen berücksichtigt. Eine solche Regelung sollte einen rechtsformunabhängigen allgemeinen Teil und besondere Vorschriften für Stiftungen, Vereine etc. aufweisen. Eine Spezialregelung allein für Stiftungen wäre im Hinblick auf das grundgesetzliche Gleichbehandlungsprinzip nach Artikel 3 Grundgesetz problematisch.

Diese Regelung sollte die jeweiligen Besonderheiten der verschiedenen Typen von Körperschaften, Stiftungen und unterschiedlich große Vermögensausstattungen berücksichtigen. So könnten kleinere Stiftungen verpflichtet werden, lediglich eine einfache Einnahme-/Überschuss-Rechnung zu erstellen. Für größere gemeinnützige Einrichtungen ist dagegen durchaus die Erstellung einer Bilanz mit Gewinn- und Verlustrechnung einschließlich der Eigenkapitalentwicklung sowie eines Tätigkeitsberichts zumutbar.

Umstritten als Handlungsmöglichkeit des Gesetzgebers ist die Aufhebung des Verbotes einer Zustiftung zum Aufbau neuen Stiftungskapitals (Endowment-Verbot), die vonseiten der Stiftungspraktiker einhellig begrüßt werden würde. Gerade im Kulturbereich könnte sie zur Stärkung und nachhaltigen Sicherung der Institutionen beitragen. Einwände formulieren dagegen die Vertreter der Rechtswissenschaft, da eine generelle Aufhebung des Prinzips der zeitnahen Mittelverwendung systemwidrig und damit nicht auszuschließen sei, eigentlich der Allgemeinheit zustehende Stiftungserträge in „Tochter-Stiftungen" zu thesaurieren und damit dem Gemeinwohl zu entziehen. Eine Lockerung des Endowment-Verbotes sollte nach Meinung der Experten zumindest an folgende Voraussetzungen gebunden werden: Die Weitergabe zeitnah zu verwendender Mittel zur Kapitalausstattung einer anderen (ebenfalls steuerbegünstigten) Körperschaft muss prozentual beschränkt sein. Der Empfänger eines Endowments darf aus dessen Erträgen keine weiteren

---

[460] Vgl. Zusammenfassung der Anhörung vom 2. November 2004 zum Thema „Stiftungswesen/Stiftungsrecht", S. 13f. (Kommissionsdrucksache 15/503)

Endowments vornehmen. Zur Meidung der Bildung von Stiftungskonzernen ist festzulegen, dass eine Personalunion zwischen Mitgliedern der Organe der zuwendenden Stiftung und der empfangenden Stiftung steuerschädlich ist. Das Endowment muss öffentlich dokumentiert werden, zum Beispiel im Stiftungsregister. Es bedarf einer genauen Regelung des Rückfalls der Kapitalzustiftung bei der Auflösung oder sonstigen gravierenden Änderungen der begünstigten Institution.[461]

Gemeinnützige Stiftungen müssen die ihnen zufließenden Mittel (zum Beispiel Mitgliedsbeiträge, Spenden, Zuschüsse) grundsätzlich zeitnah für ihre Satzungszwecke ausgeben (§ 55 Abs. 1 Nr. 5 Abgabeordnung – AO). Den Stiftungen stehen damit mindestens ein, höchstens zwei Jahre zur Verausgabung der Mittel zur Verfügung. Dieser Zeitdruck kann zu Fehlleitungen der Mittel führen, das sogenannte Dezemberfieber kann damit auch Stiftungen befallen. Durch eine Verlängerung der Verwendungsfrist könnte dies vermieden werden.

Änderungsbedarf wird auch bei verbesserten Fusionsmöglichkeiten (Zusammenlegung oder Zulegung durch Hoheitsakt oder Organbeschluss) gesehen. Sie sind in der Bundesrepublik Deutschland grundsätzlich möglich. Die Umsetzung der Fusionen ist aber wegen des Zusammenspiels bundes- und landesrechtlicher Normen sehr kompliziert und unübersichtlich. Konsequenz dieser rechtlich zersplitterten Situation ist eine allgemeine Rechtsunsicherheit bezüglich der Frage, ob bei Zusammenlegungen von Stiftungen das Vermögen der erlöschenden Stiftungen automatisch im Wege der Gesamtrechtsnachfolge auf die neue Stiftung übergeht oder ob eine Übertragung im Wege der Einzelrechtsnachfolge erfolgen muss. Relevant ist dieses Problem unter anderem für die Frage, ob die neue Stiftung für Verbindlichkeiten der alten Stiftung(en) haftet oder ob sich die Gläubiger nur an die Altstiftung halten müssen. Problematisch ist auch die Frage, ob im Falle einer Fusion die Zustimmung des Anfallberechtigten benötigt wird, vor allem in Fällen, in denen ausschließlich der in der Satzung niedergelegte Stifterwille herangezogen werden kann.

C) Handlungsempfehlungen

1. Die Enquete-Kommission empfiehlt dem Deutschen Bundestag, die Voraussetzungen dafür zu schaffen, dass sich Stiftungen ohne Kollision mit dem Grundsatz der zeitnahen Mittelverwendung als Zustifter an anderen Stiftungen beteiligen und für besondere, satzungskonforme Zielsetzungen zum Aufbau neuen Stiftungskapitals (Endowment) beitragen können. Eine Lockerung des Endowment-Verbotes sollte an folgende Voraussetzungen gebunden werden: Die Weitergabe von zeitnah zu verwendenden Mitteln zur Kapitalausstattung einer anderen (ebenfalls steuerbegünstigten) Körperschaft muss prozentual beschränkt sein. Der Empfänger eines Endowments darf aus dessen Erträgen keine weiteren Endowments vornehmen. Zur Meidung der Bildung von Stiftungskonzernen ist festzulegen, dass eine Personalunion zwischen Mitgliedern der Organe der zuwendenden Stiftung und der empfangenden Stiftung steuerschädlich ist. Das Endowment muss öffentlich dokumentiert werden, z. B. im Stiftungsregister. Es bedarf einer genauen Regelung des Rückfalls der Kapitalzustiftung bei der Auflösung oder sonstigen gravierenden Änderungen der begünstigten Institution.

2. Die Enquete-Kommission empfiehlt dem Deutschen Bundestag, den Zeitraum für zeitnahe Mittelverwendung um vier Jahre auf das fünfte Kalender- oder Wirtschaftsjahr nach dem Zufluss zu verlängern, um auszuschließen, dass Stiftungen gegebenenfalls Förderentscheidungen unter großem Zeitdruck treffen müssen.

3. Die Enquete-Kommission empfiehlt dem Deutschen Bundestag, die Ausschüttung der maximal ein Drittel der Erträge umfassenden „Stifterrente" nicht nur an den Stifter, seinen Ehepartner und

---

[461] Ebd., S. 15f.

seine nächsten Angehörigen zu gestatten, sondern auch an einen Partner, mit dem er in nichtehelicher Lebensgemeinschaft lebt oder einen gleichgeschlechtlichen Lebenspartner, mit dem er in eingetragener Lebenspartnerschaft lebt.

4. Die Enquete-Kommission empfiehlt dem Deutschen Bundestag, die Rechnungslegung von steuerbegünstigten privaten Körperschaften (§§ 51 ff. AO) so zu gestalten, dass die jeweiligen Besonderheiten der verschiedenen Typen von Körperschaften, Stiftungen und unterschiedlich große Vermögensausstattungen berücksichtigt werden und zum Beispiel bei kleinen Einrichtungen eine einfache Einnahme-Überschuss-Rechnung als ausreichend anerkannt wird.

5. Die Enquete-Kommission empfiehlt dem Deutschen Bundestag, die Transparenzvorschriften für Stiftungen so zu gestalten, dass diesen in ihrer Arbeitsweise ein hohes Maß an Transparenz abverlangt wird. So werden die mit der Anerkennung der Gemeinnützigkeit verbundenen positiven Folgen für die Stiftungen besser legitimiert. Als Vorbilder dafür können stiftungsfreundliche Regelungen in den Niederlanden, in Großbritannien und den USA dienen.

6. Die Enquete-Kommission empfiehlt der Bundesregierung, sich auf europäischer Ebene für die Schaffung der Rechtsform einer Stiftung europäischen Rechts zur Erleichterung der Arbeit von Stiftungen, die auf europäischer Ebene mitgliedstaatenübergreifend fördern, einzusetzen. Die Spendenbescheinigungen einer in Deutschland akkreditierten Stiftung europäischen Rechts wären dann zum Beispiel auch bei einem Finanzamt in Frankreich gültig. Die Stiftung europäischen Rechts kann rein komplementär zu den nationalen Rechtsformen etabliert werden. Es gilt das Anerkennungs- oder Genehmigungsverfahren des Landes, in dem die Stiftung ihren Sitz hat. Der Status Stiftung europäischen Rechts kann als ein ergänzendes Gütesiegel gelten.

7. Die Enquete-Kommission empfiehlt Bund und Ländern, in gemeinsamer Verantwortung Voraussetzungen für ein Stiftungsregister zu schaffen, das Angaben zu Name, Sitz, gesetzlicher Vertretung (Vorstand, Stiftungsrat) und Zweck der Stiftung sowie möglicherweise weitere verpflichtende Angaben zum Stiftungsvermögen enthält. Eine bundeseinheitliche Form der Registrierung erscheint sinnvoll. Allerdings ist es rechtlich umstritten, ob der Bund die Kompetenz für ein solches Register hat. Die Zuständigkeit für die Ausführung des Stiftungszivilrechts obliegt den Ländern. Daher wäre es auch möglich, dass sich die Länder auf einen gemeinsamen Registerstandard der Stiftungsbehörden einigen und dann landesweite Stiftungsregister anlegen.

8. Die Enquete-Kommission empfiehlt den Landes- und Bezirksregierungen, Regelungen zu treffen, dass Stiftungen nach Anerkennung durch die Stiftungsaufsicht nur eine zentrale Anlaufstelle im jeweiligen Land haben, bei der sie alle notwendigen Schritte, zum Beispiel bei der Gründung und der Prüfung der Gemeinnützigkeit, abwickeln können. Vorbild dafür ist die „Charity Commission" in England.

Die Stiftungsbehörde sollte eine Mitverantwortung für die Stiftungstätigkeit über die staatliche Pflicht zur Durchsetzung des Rechts hinaus haben, die sich in der Pflicht der Behörde zur Beratung der Stiftungsorgane äußert. Es ist dafür Sorge zu tragen, dass die Mitarbeiter der zuständigen Stellen gut ausgebildet und die Stellen entsprechend ausgestattet sind.

9. Die Enquete-Kommission empfiehlt dem Deutschen Bundestag, das Stiftungsfusionsrecht im deutschen Umwandlungsgesetz zu regeln. Zu prüfen wäre, ob das Schweizer Fusionsrecht aus dem Jahr 2004 hierbei Grundlage sein kann.[462]

---

[462] Vgl. Artikel 99 bis 101 FusG. Vgl. auch Zwicker (2004), S. 182–192.

3.3.3 Sponsoring und private Spenden

A) Bestandsaufnahme

Dem privaten Engagement kommt in Deutschland eine zunehmend wichtige Rolle für die Finanzierung von Kultur zu. Bereits heute leisten Bürger wie auch die wachsende Anzahl von Stiftungen und engagierten Unternehmen einen unverzichtbaren Beitrag zur kulturellen Vielfalt in Deutschland. Zahlreiche Kulturangebote ließen sich ohne Kooperationen mit Unternehmen schon heute nicht mehr realisieren.

Die Enquete-Kommission informierte sich über die Praxis der Einwerbung privater Mittel von Kultureinrichtungen im Inland unter anderem während der Delegationsreisen nach Nord- und Süddeutschland sowie in die neuen Länder.[463] Ausländische Erfahrungen und Modelle der Förderung privater Kulturfinanzierung waren auch Thema bei einer Reihe von Gesprächen mit Kulturschaffenden und in Kulturinstitutionen auf den Delegationsreisen der Enquete-Kommission in die USA, nach Großbritannien und in die Niederlande sowie nach Österreich und in die Schweiz.[464]

Zur privaten Kulturförderung gehört auch das Spenderverhalten in Deutschland. Die Enquete-Kommission hat deshalb an das Maecenata-Institut ein Gutachten vergeben, das im Sinne einer Bestandsaufnahme vorhandener Daten den Anteil der Kultur am Geld-, Sach- und Zeitspendenvolumen zu erheben und zu untersuchen hatte.[465] Damit verfolgt die Enquete-Kommission einen neuen Ansatz, denn beim Spenderverhalten auch das Spenden von Zeit darzustellen, ist in den bisherigen Datenerhebungen unberücksichtigt geblieben. Unter Zeitspenden ist dabei der freiwillige und unentgeltliche Einsatz unter anderem in Kulturorganisationen zu verstehen.

Von der Spende zu trennen ist das Kultursponsoring. Dabei geht es nicht um einseitigen philanthropischen Geldtransfer, sondern um einen Vertrag auf Gegenseitigkeit. Wirtschaft und Kultur gehen zum gegenseitigen Nutzen Partnerschaften des wechselseitigen Gebens und Nehmens ein. Zu Chancen und Risiken des Kultursponsorings führte die Enquete-Kommission ein Expertengespräch durch, an dem Vertreter aus Kultureinrichtungen sowie von Unternehmen teilnahmen, und das neben dem Spenden-Gutachten sowie den Ergebnissen der Delegationsreisen die Grundlage dieser Bestandsaufnahme und Problembeschreibung bildet.[466]

Spenden

Bisher konnte die Bedeutung des privaten Geld-, Sach- und Zeitspendenaufkommens für die Kulturförderung in Deutschland nicht auf der Grundlage aussagekräftiger Daten dargestellt werden.

---

[463] Vgl. Bericht über die Delegationsreise nach Norddeutschland vom 11. bis 13. Mai 2004 (Bericht Delegationsreise Norddeutschland) und Bericht über die Delegationsreise nach Mittel- und Süddeutschland vom 6. bis 7. Juni 2005 (Bericht Delegationsreise Mittel- und Süddeutschland). (Kommissionsdrucksache 15/512 und Kommissionsdrucksache 15/515); vgl. Bericht über die Delegationsreise nach Weimar, Leipzig und Halle vom 21. bis 23. Februar 2007 (Bericht Delegationsreise Weimar-Leipzig-Halle). (Arbeitsunterlage 16/084)

[464] Vgl. Bericht über die Delegationsreise in die USA (Bericht Delegationsreise USA) und Bericht über die Delegationsreise in das Vereinigte Königreich von Großbritannien und Nordirland und in das Königreich der Niederlande (Bericht Delegationsreise Großbritannien). (Kommissionsdrucksache 15/499 und Kommissionsdrucksache 15/513); vgl. Bericht über die Delegationsreise nach Österreich und die Schweiz vom 3. bis 6. Juli 2006. (Bericht Delegationsreise Österreich/Schweiz). (Arbeitsunterlage 16/031)

[465] Vgl. Gutachten Private Spenden für die Kultur in Deutschland: Bestandsaufnahme, Analyse und Perspektiven privater Spenden für die Kultur in Deutschland (2006). (Spendengutachten) S. 144. (Kommissionsdrucksache 16/128b)

[466] Vgl. Zusammenfassung des Expertengesprächs Kultursponsoring, Teilnehmer: Girst, Thomas (BMW Group München); Eckel, Andreas (Stiftung Schleswig-Holstein Musik Festival Lübeck); Wolter, Hans-Conrad (Causales-Agentur für Marketing und Kommunikation Wolter und Neumann GbR, Berlin); Lausberg, Maurice (Bayerische Staatsoper, München); Kramer, Dr. Heike (Kulturförderung Deutscher Sparkassen- und Giroverband, Berlin); Roßnagel, Michael (Arbeitskreis Kultursponsoring, Siemens Art Programm, München). (Expertengespräch Kultursponsoring). (Arbeitsunterlage 16/079)

Der Bericht der Enquete-Kommission „Zukunft des Bürgerschaftlichen Engagements" enthält zwar Daten zum Spendenaufkommen insgesamt, aber nur bis zum Jahr 1998. Diese Daten beruhen auf Schätzungen über steuerlich geltend gemachte Spenden. Zur Bedeutung der Spenden für den Kulturbereich heißt es, dass etwa 15 Prozent der Einnahmen im Kulturbereich aus Spenden stammen würden, ohne dass der Bericht über diesen prozentualen Anteil der Spenden hinaus konkrete Zahlen benennt.[467] Valide Daten hinsichtlich des privaten Spendenaufkommens in Deutschland liegen bis dato kaum vor. Zusätzliche Schwierigkeiten ergeben sich bei dem Versuch, den Rang der Kultur im Spendenmarkt zu bestimmen, weil der Begriff Kultur nicht einheitlich definiert wird und unterschiedliche Empfänger darunter subsumiert werden.

Grundlage für die Erhebung des kulturspezifischen Datenmaterials als eine Sekundärauswertung vorhandener Untersuchungen[468] durch das Maecenata-Institut war die vom Statistischen Bundesamt für eine bundeseinheitliche Kulturstatistik empfohlene Abgrenzung kultureller Aktivitäten.[469] Um den Umfang der privaten Spenden angemessen abzubilden, wurde dem Gutachten ein relativ weiter Kulturbegriff zugrunde gelegt, der jede Form der Förderung von Kultur im Sinne der Produktion, Reproduktion, Bewahrung sowie Pflege und Vermittlung künstlerischer Erzeugnisse durch Künstler sowie in und durch öffentliche und zivilgesellschaftliche Einrichtungen bzw. deren Mitglieder, Mitarbeiter usw. einschließt. Ausgeklammert blieben der Bereich der Kulturwissenschaften und die im unmittelbaren Privatbereich von Bürgern oder Unternehmen liegende Kulturförderung (zum Beispiel Hausmusik, Restaurierung eines denkmalgeschützten Gebäudes durch den Eigentümer usw.).

Unter dem Begriff „Spende" werden in diesem Gutachten alle Formen des Gebens subsumiert, die mindestens zu einem Teil den Charakter eines Geschenks haben. Die Gliederung des Spendenbegriffs folgt formalen Aspekten, das heißt der Frage nach Zeit-, Sach- oder Geldspende sowie temporalen Dimensionen der Spende, das heißt der Spende als Akt mit oder ohne Zusage der Wiederholung, als nachhaltiger Akt ohne vorhergesehenen Abschluss (Stiftung) und als finaler Akt in einer Schenkung oder testamentarischen Verfügung.

Erfassung und Analyse der Zeit- und Geldspenden stoßen wegen der diffusen und lückenhaften Datenlage in den vorliegenden Statistiken aus öffentlichen und privaten Quellen auf größere Schwierigkeiten. Die Konkurrenz der Daten ermöglicht zwar eine wechselseitige Korrektur, gerade bei der Erfassung und Monetarisierung der Zeitspenden sind aber lediglich Schätzungen, Hoch- und Vergleichsrechnungen möglich. Vollends unmöglich ist aus Sicht der Gutachter eine auch nur annähernde gesonderte Erfassung der Sachspenden (zum Beispiel Übereignung von Kunstwerken). Zum Zweck der Vergleichbarkeit und Vorstellbarkeit sind die Zeitspenden monetarisiert worden. Dafür spricht insbesondere die Tatsache, dass öffentliche Fördermittel in erheblicher Weise dazu verwendet werden, Personalkosten zu tragen. Zugleich veranschaulicht die Summe, in welch hohem Maße die Kulturproduktion durch unbezahlte Freiwilligenarbeit und Ehrenamt erfolgt.

Der jährliche Gesamtbetrag privater Kulturfinanzierung ist in der folgenden Abbildung 2 dargestellt.

---

[467] Vgl. Bericht der Enquete-Kommission „Zukunft des Bürgerschaftlichen Engagements", S. 31. (Bundestagsdrucksache 14/8900).
[468] Dabei wurden methodische Fehler sowie Widersprüche aufgedeckt, die aus Sicht des Gutachters dazu führen, dass alle publizierten Überblicksangaben in Zweifel gezogen werden müssen. Vgl. Spendengutachten, S. 8. (Kommissionsdrucksache 16/128b); Eine detaillierte Aufstellung und Problemanalyse von Statistiken mit spendenrelevanten Merkmalen für mehrere Kulturbereiche und Einzelbereiche der Kultur findet sich ebd., S. 24–31.
[469] Siehe dazu Statistisches Bundesamt (2004). Methodenkritische Analyse von Basisstatistiken zum Kulturbereich und Fragen zu einem Anforderungsprofil an eine bundeseinheitliche Kulturstatistik für die Bundesrepublik Deutschland. Gutachten im Auftrag der Enquete-Kommission. (Kommissionsdrucksache 15/247a); vgl. auch Kap. 8., Kulturstatistik in der Bundesrepublik Deutschland und in der Europäischen Union.

Abbildung 2

Übersicht über die Höhe der jährlichen privaten Kulturfinanzierung für das Jahr 2006 auf der Basis der analysierten Befunde mit unterschiedlichen Befragungs- und Erhebungsdaten aus den Jahren 2001 bis 2005[470]

Spendenform	Minimum in Mio. Euro	Maximum in Mio. Euro	Bemerkung	Trend
Zeitspende	9.350	16.700	Monetarisierter Wert	Wachstum
Einfache Geldspende	60	125	Ohne Stiftungen	Stagnation
Stiftungen	133	160		Durch Neuzugang jährlich 6 % Wachstum
Mitgliedsbeiträge	215	722		Wachstum der eingetragenen Vereine von 2001 auf 2005 um 11 %
Finale Spenden	9,7	13	Ohne Stiftungen	Wachstum
Unternehmensspenden und -beiträge	111	188	Ohne wirtschaftlich motivierte Beträge aus der Kulturwirtschaft für die Kulturwirtschaft	Wachstum
Sponsoring	300	1.400		Unklar
Gesamtsumme ohne Zeitspenden	**828,7**	**2.608**		
Gesamtsumme mit Zeitspenden	**10.178,7**	**19.308**		

In den letzten zwei Jahrzehnten hat sich trotz gesellschaftlicher Veränderungen das Gesamtvolumen an privaten Spenden in Deutschland nicht erheblich verändert.[471] Kulturelle Ziele sind dabei nachrangige Spendenziele. Denn es mangelt ihnen gegenüber sozialen Einrichtungen weitgehend an unmittelbarer emotionaler Attraktivität. Das persönliche unmittelbare Leid eines Mitmenschen löst eher Hilfsimpulse aus als die insoweit abstraktere Kultur.[472] Dennoch lässt sich als herausragendes Ergebnis der Studie konstatieren, dass die Summe der privaten Spenden für die Kultur die Summe der Kulturfinanzierung aus Steuermitteln bei weitem übersteigt. Abhängig von der Methode der Monetarisierung der Zeitspenden liegt das Spendenaufkommen je nach Betrachtungsweise mit ca. zehn Mrd. Euro pro Jahr um rund 25 Prozent oder mit rund 20 Mrd. Euro pro Jahr um das 2,5-Fache

---

[470] Vgl. Abb. 2 Spendengutachten, S. 33. (Kommissionsdrucksache 16/128b)
[471] Vgl. Spendengutachten, S. 139. (Kommissionsdrucksache 16/128b)
[472] Ebd., S. 154.

über den öffentlichen Mitteln. Zur Begründung des breiten Korridors zwischen Minimal- und Maximalwert führt das Gutachten aus: „Erstens wurde bei Schätzungen immer auch eine eindeutig defensive, besonders vorsichtige Variante gewählt. Insbesondere bei der Ermittlung der Mitgliedsbeiträge führt das zu einem besonders großen Korridor. Zweitens gibt es Zahlen wie die zu den finalen Spenden, die unter Bezugnahme auf Geldspenden und Mitgliedsbeiträge geschätzt werden. Durch diese Zahlenabhängigkeit vergrößert sich automatisch der Korridoreffekt. Drittens wird durch die Zahlen den Differenzen in den vorliegenden Studien Rechnung getragen."[473]

Werden lediglich die jährlichen privaten Geldbeträge betrachtet, wird erkennbar, dass die landläufig geschätzte Summe, die zwischen 350 und 500 Mio. Euro liegt, noch nicht einmal an die Summe der defensiv ermittelten Beträge in Höhe von 828 Mio. Euro heranreicht, sondern erheblich höher liegt. Der Gutachter fasst das Ergebnis pointiert zusammen: „Der größte Kulturfinanzierer in Deutschland ist der Bürger in erster Linie als Marktteilnehmer (Kulturwirtschaft), in zweiter Linie als Spender und erst in dritter Linie als Steuerzahler."[474]

Die Zeitspende spielt eine größere Rolle als die Geldspende. Zwischen Geld- und Zeitspenden bestehen dabei relevante Korrelationen. Wer eher freiwillig mitarbeitet, spendet tendenziell auch mehr.[475] Im Bereich der Geldspenden fallen Mitgliedsbeiträge wesentlich stärker ins Gewicht als Spenden. Mitgliedsbeiträge führen in eine Grauzone im Bereich der wiederholten Geldspenden, stellen aber als ein stabiles und berechenbares Instrument einen wichtigen Beitrag der privaten Kulturfinanzierung dar.[476]

Gemeinwohl-, Geselligkeits- und Interessenorientierung bilden in vielfältigen Mischungen die drei wesentlichen Motive von Spendern. Für die Gemeinwohlorientierten steht das Tun für das Gemeinwohl und für andere Menschen klar im Vordergrund, während für die Geselligkeitsorientierten der Spaß an der Tätigkeit sowie das Kennenlernen von Menschen mit ähnlichen Interessen ausschlaggebend ist. Dem dritten Spendertyp sind wiederum die Vertretung eigener Interessen, das Lösen eigener Probleme und der Nutzen für den Beruf besonders wichtig.[477] Die Erfahrung zeigt, dass in Fällen, bei denen Geselligkeits- und Gemeinwohlorientierung gleichzeitig angesprochen werden, auch im Kulturbereich herausragende Spendenaktionen entstehen können. Bei Initiativen wie zum Wiederaufbau der Dresdner Frauenkirche und zum Bau der Elbphilharmonie in Hamburg, die ihrerseits historische Vorbilder zum Beispiel im Weiterbau des Kölner Doms im 19. Jahrhundert haben, verliert die Geldspende ihren einsamen Charakter und es entsteht ein Wir-Gefühl des gemeinsamen Helfens.[478] In den USA ist die Verbindung von Geselligkeitsorientierung und Spendensammeln Teil des Alltags, wie zum Beispiel die Verbindung von privater Party mit einer Kollekte.[479] Diese Selbstverständlichkeit ist in Deutschland nicht vorhanden.

---

[473] Ebd., S. 33. Die gespendete Zeit entspricht damit je nach Studie einem Arbeitsvolumen zwischen 377 084 (Freiwilligen-Survey) und 614 399 Vollzeitstellen (Zeitbudgetstudie). Monetarisiert führt das zu einem geldwerten Vorteil, der zwischen 9 350 Mio. Euro (Freiwilligen-Survey 2004) und 16 700 Mio. Euro (Zeitbudgetstudie) liegt. vgl. Ebd., S. 46.
[474] Ebd., S. 8.
[475] Ebd.
[476] Ebd., S. 46f., 77. Die laufenden Wirtschaftsrechnungen des Statistischen Bundesamtes und der Statistischen Landesämter, welche die Mitgliedsbeiträge getrennt von Geldspenden erfassen, zeigen einen kontinuierlichen Anstieg des Beitragsaufkommens für steuerbegünstigte Organisationen ohne Erwerbszweck, einschließlich Beiträgen an politische Parteien und Arbeiterorganisationen zwischen 1999 und 2004 von 5 320 Mio. auf 6 280 Mio. Euro. Vgl. ebd., S. 74f.
[477] Ebd., S. 101ff.
[478] Ebd., S. 105.
[479] Ebd., S. 106.

Bemerkenswert ist, dass das Zeitspendenangebot in Deutschland die Zeitspendennachfrage übersteigt.[480] Dieses Missverhältnis ist in den letzten Jahren eher gewachsen als geschrumpft. Grund dafür kann nach Meinung der Gutachter sein, dass die entsprechenden Tätigkeiten nicht vorhanden sind. Es könne aber ebenso daran liegen, dass viele Organisationen und Führungskräfte nicht so aufgestellt seien, um Zeitspendern entsprechende Angebote machen zu können.[481] Auf kommunaler Ebene wird diesem Problem zunehmend mit der Einrichtung sogenannter Freiwilligenagenturen begegnet, an die sich Engagierte wenden können, um dort vor allem einen Überblick über mögliche Einsatzgebiete zu erhalten. 51 Prozent der Zeitspenden im Kulturbereich finden werktags abends oder nachts statt. Während in anderen Feldern bis zu 20 Prozent der regelmäßigen Zeitspender werktags am Vormittag ihre Zeitspende erbringen, sind dies im Kulturbereich lediglich vier Prozent.[482] Die Zeitspende ist im Kulturbereich in hohem Maße an formale Organisationen gebunden, das heißt, 95 Prozent der Zeitspender sind auch Mitglied in der Organisation. Die Bindungsstrukturen auf der Ebene der Kulturorganisationen werden wiederum selber von Ehrenamtlichen aufrechterhalten. Lediglich in 28 Prozent der Kulturorganisationen gibt es überhaupt hauptamtliche Mitarbeiter, aber in 57 Prozent gleichwohl Ansprechpartner für Freiwillige. Die überwiegende Mehrheit der realisierten Zeitspenden hängt also maßgeblich von der Fähigkeit ehren- und hauptamtlicher Führungskräfte ab, zur richtigen Zeit die richtigen Ansprechpartner zu fragen.

Während Zeitspenden und Stiftungen dynamische Wachstumsbereiche darstellen, Unternehmensspenden und Mitgliedsbeiträge sowie (wahrscheinlich) testamentarische Spenden zu den Wachstumsbereichen der privaten Kulturförderung mit geringerer Dynamik gehören, stagnieren die einfachen Geldspenden.[483]

Das Gesamtvolumen der Geldspenden einzelner Bürger ist, im Unterschied zum kontinuierlichen Wachstum bei den Mitgliedsbeiträgen, starken Schwankungen ausgesetzt, die im Wesentlichen durch Sonderereignisse beeinflusst werden.[484] Beim Spendenaufkommen für das Feld der Geldeinzelspende ist nicht zu ermitteln, in welchem Ausmaß der Bereich der repetitiven Spenden wie Daueraufträge, Einzugsermächtigungen oder Fördermitgliedschaften erfasst ist.

Während hier ein langfristiger Wachstumstrend nur schwach ausgeprägt erkennbar ist, steigt das Gesamtvolumen der Fördertätigkeit von Unternehmen hingegen kontinuierlich an.[485] Das Spendenverhalten von Unternehmen, die ihre Spendentätigkeit primär an Unternehmensinteressen orientieren, wird bestimmt durch Gesichtspunkte der allgemeinen Öffentlichkeitsarbeit, des Ansehens des

---

[480] Vgl. Ausführungen unter Bezug auf den zweiter Freiwilligen-Survey im Spendengutachten (Kommissionsdrucksache 16/128b), S. 120f.: „Der Freiwilligen-Survey hat nicht nur einen Anstieg der Zeitspender von 34 Prozent auf 36 Prozent in den letzten 5 Jahren gemessen, sondern zugleich einen Anstieg der Engagementbereitschaft bei den zurzeit nicht oder noch nie entsprechend Engagierten. 12 Prozent sagen 2004, dass sie bestimmt zu einem Engagement bereit sind (wenn man sie fragen würde), 20 Prozent dass sie evtl. dazu bereit sind. Die Quote derjenigen, die sich eine Zeitspende überhaupt nicht vorstellen können, sank von 40 Prozent im Jahr 1999 auf 32 Prozent im Jahr 2004." Sowohl 1999 als auch 2004 habe überdies jeder dritte Zeitspender gesagt, dass er zu einer Erweiterung bereit und in der Lage sei.
[481] Vgl. Spendengutachten, S. 121. (Kommissionsdrucksache 16/128b)
[482] Ebd., S. 130.
[483] Ebd., S. 34. So weist das Gutachten für 1999 ein jährliches Gesamtvolumen an Zeitspenden für Kultur in Höhe von 556 200 000 Stunden, für 2004 in Höhe von 626 340 000 Stunden auf S. 37. Die Entwicklung des jährlichen Mitgliederbeitragsaufkommens für steuerbegünstigte Organisationen ohne Erwerbszweck stieg zwischen 1999 bis 2004 von 5,3 Mrd. Euro auf rd. 6,3 Mrd. Euro S. 75. Geldspenden für steuerbegünstigte Organisationen ohne Erwerbszweck liegen dagegen (abgesehen von den jährlichen Schwankungen) im Mittel bei rd. 3,6 Mrd. Euro S. 58, die Spendenhöhe im Jahresdurchschnitt pro Spender kontinuierlich um 100 Euro (bis zur Euroeinführung kontinuierlich bei 80 Euro S. 50.
[484] Vgl. Spendengutachten, S. 135. (Kommissionsdrucksache 16/128b). Vgl. dazu auch die Entwicklung des jährlichen Spendenaufkommens für steuerbegünstigte Organisationen ohne Erwerbszweck 1999 bis 2004 auf der Datenbasis des Statistischen Bundesamtes, wonach 2002 rund 3,947 Mrd. Euro, 2003 3,16 Mrd. Euro und 2003 4,3 Mio. Euro gespendet wurden.
[485] Ebd., S. 136.

Unternehmens, der Entscheidungsträger in ihrem jeweiligen Umfeld und folgt kurzfristigen Trends. Unternehmen „werden in diesem Bereich zu Trittbrettfahrern von Strömungen, die sie selbst weder generieren noch beeinflussen. Plakativ und überspitzt gesagt: was der PR-Chef anhand seiner Medienwahrnehmung als populäres und imageträchtiges Ziel ausmacht, spiegelt sich relativ kurzfristig im Spendenetat seines Unternehmens."[486]

US-amerikanische Unternehmen, die auf unternehmensdefinierte, PR-getriebene Ziele weitgehend verzichten, unterstützen dagegen das „Community Work", das heißt den persönlichen Einsatz von Bürgern in ihrem unmittelbaren Umfeld als eines der langfristig am positivsten bewerteten Facetten der amerikanischen Gesellschaft. Daher sind ihre Spendenprogramme überwiegend mit den Gemeinwesenarbeiten (Community Work-Aktivitäten) der Mitarbeiter verknüpft.[487]

Aber auch in Deutschland gewinnt in jüngster Zeit der Einsatz von Personal von Unternehmen für gemeinnützige Zwecke, der über das originäre Kerngeschäft hinausgeht, zunehmend an Bedeutung, definiert als „Förderung des Mitarbeiterengagements" (Corporate Volunteering).[488] Arbeitskraft, Zeit und fachspezifisches Wissen des Personals eines Unternehmens werden für gemeinnützige Einrichtungen von den Unternehmen zur Verfügung gestellt. Es umfasst einerseits den Einsatz von Mitarbeitern eines Unternehmens in Projekten gemeinnütziger Art und andererseits die Unterstützung eines bereits bestehenden freiwilligen Engagements von Mitarbeitern. Zeit- und Know-how-Spenden von Führungskräften und Mitarbeitern aus Unternehmen können dabei sehr vielfältig sein. Sie reichen von punktuellen Einsätzen, bei denen meist handwerkliche Tätigkeiten im Vordergrund stehen, über einwöchige Hospitationen in sozialen Einrichtungen bis hin zu längeren Personaleinsätzen im Führungsbereich von gemeinnützigen Institutionen.[489]

In eigentümergeführten Unternehmen (rund 90 Prozent aller Unternehmen in Deutschland) sind persönliche Spendenziele der Unternehmer und Ziele der Unternehmen kaum zu trennen. Der erhebliche Abstand zwischen dem sichtbaren gesellschaftlichen Handeln der Unternehmen und dem ungleich höheren privaten Engagement der Entscheider selbst deutet nach Ansicht der Gutachter auf ein noch nicht erschlossenes Handlungspotenzial für die weitere Entwicklung des gesellschaftlichen Engagements von Unternehmen hin. Denn während sich schon heute knapp 1,1 Millionen Entscheider gesellschaftlich engagieren, pflegen nur 160 000 Betriebe als Teil ihrer Unternehmensphilosophie ein sichtbares gesellschaftliches Engagement.[490]

Besondere Bedeutung bei Spenden und Sponsoring im Kulturbereich haben die Sparkassen als wirtschaftlich selbstständige Unternehmen in kommunaler Trägerschaft. Die Sparkassen-Finanzgruppe ist der größte Förderer von Kunst und Kultur der deutschen Wirtschaft. 2004 hat sie kulturelle Projekte und Einrichtungen mit rund 122 Mio. Euro unterstützt, darunter waren 51,2 Mio. Euro an Spenden und 35,4 Mio. Euro durch Sponsoring.[491]

Die öffentliche Rechtsform der Sparkassen ermöglicht es ihnen, als Wettbewerber im Markt aufzutreten und sich zugleich als gemeinwohlorientierte Institute für gesellschaftliche Aufgaben in ihrer Region zu engagieren. Sie unterstützen im Geschäftsgebiet der Sparkasse die kommunale Aufgabenerfüllung des Trägers im wirtschaftlichen, regionalpolitischen, sozialen und kulturellen Bereich. Die enge Bindung an die jeweilige Trägerkommune, die Einhaltung des Regionalprinzips und die Erfüllung des öffentlichen Auftrags, das heißt die vom Gesetzgeber den kommunalen Sparkassen gestellten oder übertragenen Aufgaben im Bereich des allgemeinen öffentlichen Interesses, machen

---

[486] Ebd., S. 137.
[487] Ebd.
[488] Vgl. Schubert (2002); vgl. auch Schöffmann (2001).
[489] In Großbritannien hilft die landesweit agierende Organisation Business in the Community als Dachverband von Unternehmen, die sich mit Zeitspendenprojekten engagieren, Initiativen dieser Unternehmen mit kommunalen und staatlichen Maßnahmen zu verbinden.
[490] Vgl. Spendengutachten, S. 83ff, S. 97. (Kommissionsdrucksache 16/128b)
[491] Vgl. Deutscher Sparkassen- und Giroverband (2005), S. 3.

die Sparkassen zu einem unverzichtbaren Partner bei der Sicherung eines vielfältigen Kulturangebots vor Ort. Dabei ist die Kultur aber nur in den Sparkassengesetzen von Baden-Württemberg, Mecklenburg-Vorpommern, Niedersachsen und Schleswig-Holstein ausdrücklich genannt.[492]

Kultursponsoring

Die Förderung von Kultur und Kunst durch Unternehmer und Unternehmen hat in Deutschland eine lange Tradition. Diese hatten dabei sowohl ihre eigenen als auch die Interessen der Gesellschaft oder ihrer Gemeinde im Auge. Neuerdings wird dies als „unternehmerische kulturelle Verantwortung" (Corporate Cultural Responsibility) bezeichnet und als Teil der „sozialen Verantwortung im und durch das Unternehmen" (Corporate Social Responsibility) verstanden.[493] Das Potenzial der Zusammenarbeit zwischen Wirtschaft und Kultur ist groß. Neben dem mäzenatischen Handeln von unternehmenseigenen Stiftungen[494], dem Spenden (siehe oben) bzw. dem sogenannten „Corporate Volunteering" bzw. der Förderung des Mitarbeiterengagements gewinnt das Kultursponsoring als spezifisch unternehmerische Kulturförderung zunehmend Gewicht.

Die Meinungen zur weiteren Entwicklung des Kultursponsorings in Deutschland gehen allerdings weit auseinander. Laut einer Studie der BMW-Group sprechen immerhin 40 Prozent der Entscheidungsträger in deutschen Unternehmen dem Kultursponsoring eine steigende Bedeutung zu. Andere prophezeien demgegenüber, dass die Ausgaben stagnieren werden und sich das Volumen nicht nennenswert erweitern werde.[495] Einer Studie der Universität der Bundeswehr zufolge ist 2006 prozentual der Einsatz des Kunst- und Kultursponsoring sogar erkennbar zurückgegangen. Die ohnehin schon hohen Sportsponsoring-Etats würden demnach anteilig weiter ansteigen. Eine ebenfalls steigende Tendenz könne das Bildungs- und Wissenschaftssponsoring verzeichnen. Diese Etatsteigerungen gingen zulasten von Kunst- und Kultursponsoring und Sozio- und Ökosponsoring.[496]

Aus den Kommunikationsbudgets der Unternehmen werden derzeit jährlich rund 4 Mrd. Euro für Sponsoringmaßnahmen zur Verfügung gestellt. Nimmt man in einem weiten Kulturbegriff Medien- und Kultursponsoring zusammen, dann kann man nach Berechnungen des Maecenata-Instituts mit einem Gesamtbetrag von bis zu 1,3 Mrd. Euro aus Sponsoring für den Kulturbereich rechnen. Engt man diesen auf den öffentlich geförderten Kulturbetrieb ein, liegt die Zahl bei 300 bis 400 Mio. Euro.[497] Auch der „Arbeitskreis Kultursponsoring im BDI" spricht von ca. 10 Prozent, also rund 400 Mio. Euro, die auf Kulturförderung aller Sparten entfallen würden. Der genannten Studie der BMW-Group zufolge haben sich Kunst und Kultur bei deutschen Unternehmen sogar mit 30 Prozent des Gesamtbudgets als zweitwichtigstes Sponsoringsegment etabliert. Weltweit fließt nach der genannten Studie jeder fünfte Sponsoring-Euro in Kunst und Kultur.[498]

---

[492] Der öffentliche Auftrag ist in § 6 Sparkassengesetz Baden-Württemberg; Artikel 2 Bayerisches Sparkassengesetz; § 2 Sparkassengesetz Berlin; § 2 Sparkassengesetz Brandenburg; § 3 Sparkassengesetz Bremen; § 2 Sparkassengesetz Hessen; § 2 Sparkassengesetz Mecklenburg-Vorpommern; § 4 Sparkassengesetz Niedersachsen; § 3 Sparkassengesetz Nordrhein-Westfalen; § 2 Sparkassengesetz Rheinland-Pfalz; § 2 Sparkassengesetz Saarland; § 2 Sparkassengesetz Sachsen; § 2 Sparkassengesetz Sachsen-Anhalt; § 2 Sparkassengesetz Schleswig-Holstein; § 2 Sparkassengesetz Thüringen verankert. Die Hamburger Sparkasse AG (Haspa) ist seit dem Jahr 2003 eine Aktiengesellschaft. Es gibt dort kein Sparkassengesetz.
[493] Der Begriff wurde 2004 vom Siemens Arts Program sowie Prof. Dr. Michael Hutter, Universität Witten/Herdecke, eingeführt. Vgl. www.corporate-cultural-responsibility.de. Die Informationsplattform, vom Siemens Arts Program und der Universität Witten/Herdecke ins Leben gerufen, wird seit dem 1. Juni 2006 vom Kulturkreis der deutschen Wirtschaft im BDI e. V. inhaltlich fortgeführt, weiterentwickelt und ausgebaut. 2006 wurde auch erstmals der Deutsche Kulturförderpreis für herausragendes kulturelles Engagement von Unternehmen vom Kulturkreis in Kooperation mit dem Handelsblatt und der Süddeutschen Zeitung verliehen. Mit dem Deutschen Kulturförderpreis soll die Bandbreite des kulturellen Engagements von Unternehmen in Deutschland deutlich gemacht werden, diese in ihrem Engagement bestärkt und zur Nachahmung angeregt werden. Siehe zum Corporate Citizenship das Portal www.upj-online.de.
[494] Vgl. Kap., 3.3.2, Private Stiftungen/Bürgerstiftungen.
[495] Vgl. Zusammenfassung Expertengespräch Kultursponsoring, S. 1f. (Arbeitsunterlage 16/079)
[496] Vgl. Bagusat/Hermanns (2006), S. 10.
[497] Vgl. Spendengutachten, S. 97. (Kommissionsdrucksache 16/128b)
[498] Vgl. Zusammenfassung Expertengespräch Kultursponsoring, S. 1. (Arbeitsunterlage 16/079)

Als Vorteile des Kunst- und Kultursponsorings benennen Unternehmen den positiven Imagetransfer, den Reputationsgewinn über die Verbindung zur Kunst, die Steigerung des Bekanntheitsgrades, die erweiterten Möglichkeiten für die interne und externe Kommunikation, die Durchdringung eines relevanten Marktes, Kundenpflege und engere Kundenbindung, sowie Mitarbeitermotivation und Medienpräsenz. Unternehmen erkennen die Möglichkeit, mit Hilfe des Kultursponsorings gezielt und selektiv spezifische Zielgruppen in der Neukundengewinnung anzusprechen. Außerdem spielen Aspekte der Netzwerkpflege und des Netzwerkaufbaus sowie die Übernahme gesellschaftlicher Verantwortung und die damit verbundene Verankerung in der Gesellschaft eine wichtige Rolle.[499] Der Faktor Image und Imageverbesserung ist dabei im Rahmen einer Kommunikationsstrategie der zentrale Ankerpunkt, wenn Spenden und Sponsoring rational motiviert sind.[500] Die meisten Sponsoring-Maßnahmen in der Kultur sind also nicht produktbezogen, sondern vielmehr reputationsbezogen.[501] Zu den eingesetzten Instrumenten der daher nur mit sehr hohem Aufwand durchführbaren Erfolgskontrolle zählen[502]:

— Presseauswertung – Medienresonanz nach Frequenzen und Reichweiten,

— Wahrnehmungsgrad anhand der Besucherzahlen einer Ausstellung, einer Oper, eines Konzerts,

— Publikumsgespräch und -befragung,

— Imagemessung und Messung der dauerhaften Kommunikationswirkung,

— Experteneinschätzung,

— Mitarbeiterbefragung,

— Wirkungsanalyse,

— Effizienz- und Äquivalenzanalyse.

Empirische Daten zum Sponsoring zeigen, dass die meisten Unternehmen nur ein bescheidenes Interesse an der Kontrolle ihrer Investitionen zeigen. Selbst 22 Prozent der Unternehmen, die ausdrücklich angeben, mit ihrem Sponsoring ökonomische Ziele vor allem im Sinne von Kundenbindungen und Neukundengewinnung zu verfolgen, sagen, dass sie überhaupt keine Zielkontrollen durchführen würden. Das hauptsächliche Kontrollinstrument stellt mit 61 Prozent die Medienbeobachtung (Medien-clipping) dar.[503]

Zur Realität des unternehmerischen Kulturengagements gehören Mischformen des Einsatzes von Sponsoringmaßnahmen, Marketingevents, Produkt-Platzierung und Öffentlichkeitsarbeit (Public Relations). Nach den vorliegenden Spenden- und Sponsoringdaten ist für den Sponsoring-Bereich davon auszugehen, dass 48 Prozent der Unternehmen die Entscheidung über und die Umsetzung des Sponsorings eigenverantwortlich gestalten. Die andere Hälfte werden durch Werbeagenturen (28,8 Prozent), Marktforschungsinstitute (22,1 Prozent), PR-Agenturen (17,3 Prozent), Sponsoring-Agenturen (11,6 Prozent), Vermarktungsagenturen (4,9 Prozent) und sonstige Dienstleister (10,5 Prozent) unterstützt.[504] Die organisatorische Zuordnung liegt in 56 Prozent der Unternehmen bei der Marketingabteilung, in 15 Prozent bei der PR-Abteilung, in acht Prozent bei der Werbeabteilung und in 2,3 Prozent bei einer eigenen Sponsoring-Abteilung. Nur in acht Prozent der Fälle ist es bei der Geschäftsführung angesiedelt.[505]

---

[499] Ebd., S. 2. vgl. auch Heusser (2004).
[500] Vgl. Spendengutachten, S. 110. (Kommissionsdrucksache 16/128b)
[501] Vgl. schriftliche Stellungnahme von Michael Roßnagl vom AKS im BDI zum Thema „Auswirkungen des demografischen Wandels auf die Kultur", S. 3. (Kommissionsdrucksache 16/173)
[502] Aufstellung ebd.
[503] Medienbeobachtung (Medienclipping) meint die systematische quantitative Auswertung der Präsenz in den Medien. Ebd., S. 90.
[504] Vgl. Spendengutachten, S. 105. (Kommissionsdrucksache 16/128b)
[505] Ebd., S. 106 und S. 128, vgl. Bagusat/Hermanns (2006), S. 17, 42.

Der Bedeutungsgewinn privater Mittel in der Kultur zeigt sich auch darin, dass viele ihrer Einrichtungen bei Neubesetzung von Stellen im Bereich des Marketings und der Öffentlichkeitsarbeit großen Wert zumindest auf Grundkenntnisse, und – wenn möglich – praktische Erfahrungen in der Akquisition von Sponsorengeldern legen. Die vielfältigen Kulturmanagementstudiengänge in Deutschland, aber auch die Fundraisingakademie in Frankfurt/Main oder Seminare der Europäischen Sponsoring-Börse bilden für professionelle Mittelbeschaffung aus und weiter. Zusätzlich zieht die Professionalisierung der Mittelbeschaffung („Fundraising") nach angelsächsischem Vorbild in deutsche Kultureinrichtungen ein. In US-amerikanischen Kultureinrichtungen sichert die nachhaltige wie professionelle Arbeit des Fundraising durchschnittlich mehr als ein Drittel der Eigeneinnahmen. Professionelles Fundraising hat dabei auch seinen Preis, der immerhin fast ein Drittel der Einnahmen ausmacht und dazu führt, dass neben den eigens eingerichteten Abteilungen auch und gerade die Museumsdirektoren zunehmend mit Fundraising ausgelastet sind. Der damit einhergehenden Einschränkung ihrer konzeptionellen Gestaltungsmöglichkeiten tritt eine organisationstechnische Aufgabentrennung zwischen Geschäftsführer („Executive Director") und künstlerischem Leiter („Art Director") entgegen.[506] Beispielhaft für Deutschland ist die Bayerische Staatsoper, die in Sachen Sponsoring und Spendenmanagement von einer Agentur vertreten wird. Dies sorgt für die notwendige Flexibilität, um Ressourcen für die Konzeption von Sponsoringprodukten und die Ansprache von Sponsoren und Spendern effektiv einzusetzen. Über ein Beteiligungsmodell werden zudem unternehmerische Anreize gesetzt. Die Mitarbeiter agieren im Rahmen einer integrierten externen Servicegesellschaft („Embedded Service Company") aus der Bayerischen Staatsoper heraus, das heißt, sie haben vor Ort Büros. Ein anderes Erfolgsrezept findet sich beim „Schleswig-Holstein Musik-Festival", bei dem die Sponsorenakquise durch eine eigene Sponsorengesellschaft betrieben wird. Sie agiert als Vertriebsgesellschaft in der Rechtsform einer GmbH selbstständig.[507]

B) Problembeschreibung

Es ist Aufgabe der Politik, günstige Rahmenbedingungen für das private Kulturengagement zu schaffen. Dazu zählt ein „betriebswirtschaftlicher und steuerrechtlicher Rahmen, in dem die vielfältigen Kooperationen zwischen Kultur, Wirtschaft und öffentlicher Hand gedeihen können".[508] Unabdingbar ist ein gesellschaftliches Klima der Anerkennung, in dem der ideelle, gesellschaftspolitische und materielle Wert von Zeit- und Geldspenden genauso gewürdigt wird wie sich das Kulturengagement von Unternehmen als notwendiges und anerkanntes Element der Kulturfinanzierung entfalten kann. Nachteilig wirkt bisher, dass dem vorhandenen Bewusstsein der Bürger, sich für Bürger- und Menschenrechte oder den Schutz der Umwelt engagieren zu können und zu müs-

---

[506] Vgl. Bericht Delegationsreise USA, S. 5. (Kommissionsdruck-sache 15/499)
[507] Vgl. Zusammenfassung des Expertengesprächs Kultursponsoring, S. 6f. (Arbeitsunterlage 16/079)
[508] Vgl. Kultusministerkonferenz in ihrer Stellungnahme zum Kultursponsoring 2002. Bereits am 13. November 1986 verabschiedete der Rat der Kulturminister eine Entschließung über die Förderung des Kulturschaffens durch Unternehmen (ABl. C 320 vom 13. Dezember 1986). Bestätigt wurde dies in den Schlussfolgerungen des Kulturministerrates zu den Leitlinien für ein Kulturkonzept der Gemeinschaft, wonach auch die kommerzielle Kunstförderung weiter ausgebaut werden soll (ABl. C 336 vom 19. Dezember 1992); vgl. dazu auch Wissenschaftliche Dienste des Deutschen Bundestages (2004b). Das Europäische Parlament, das im Ruffolo-Bericht die Bedeutung von Mäzenatentum und Sponsoring unterstrichen hat, forderte 2001 von der EU-Kommission, „Partnerschaften zwischen Stiftungen, Einrichtungen und Verbänden im Kulturbereich sowie mit den privaten Unternehmen zu fördern, die Aktionen im europäischen Maßstab entfalten wollen" [EU-Parlament (2001)]. 2002 erklärte die EU-Kommissarin Viviane Reding: „Staatliche Maßnahmen, sowohl auf gemeinschaftlicher als auch auf nationaler Ebene, müssen darauf abzielen, ein günstigeres Klima für Sponsoring in Europa, vor allem länderübergreifend, zu schaffen." (Viviane Reding, Presse-Erklärung IP 02/508 vom 6. April 2002). Eine erste von der EU veranstaltete Konferenz zum Thema Mäzenatentum und Kultursponsoring am 8. und 9. April 2002 in Madrid hat gezeigt, so die Stellungnahme der Kultusministerkonferenz zur Verbesserung der Rahmenbedingungen im Bereich des Kultursponsoring, dass trotz unterschiedlicher nationaler, kultureller und wirtschaftlicher Hintergründe die Teilnehmer überwiegend darin übereinstimmen, gesetzliche, steuerliche und verwaltungsmäßige Rahmenbedingungen zu schaffen, die Kultursponsoring und Mäzenatentum begünstigen; vgl. zum Spenden- und Gemeinnützigkeitsrecht in Europa Walz (2007).

sen, ein verbreitetes Kulturverständnis gegenübersteht, nach dem insbesondere die Finanzierung von Kultur Aufgabe des Staates sei.[509] Für den Kulturbereich gilt daher in besonderem Maße, einer am „Versorgungsstaat" orientierten Mentalität langfristig entgegenzuwirken. So und durch eine Strategie des konsequenten Abbaus von Hemmnissen bei gleichzeitiger Schaffung von Anreizen sollte das bürgerschaftliche Engagement in der Gesellschaft zu größerer Entfaltung gebracht werden.[510]

Eine Betrachtung privaten Kulturengagements muss verbunden sein mit dem Blick ins angelsächsische Ausland. Denn dort bewegt sich Kultur traditionell stark am Markt und fußt mehr auf der Zivilgesellschaft. Die Enquete-Kommission hat auch vor diesem Hintergrund Delegationsreisen nach Großbritannien und in die USA durchgeführt. Dort lernte sie das sehr große Potenzial von Spenden und Sponsoring für die private Kulturfinanzierung kennen. So wird in Großbritannien die öffentliche Förderung von Kultureinrichtungen an die Bedingung geknüpft, einen Eigenanteil in Höhe von 40 Prozent des jeweiligen Etats selbst zu erwirtschaften.[511] Kultureinrichtungen sind es hier gewohnt, am Markt bestehen, effizient wirtschaften und private Unterstützung einwerben zu müssen. Ganze Abteilungen arbeiten mit hoher Professionalität daran, die privaten Mittel einzutreiben.

Die Idee der „Matching Funds" als eine angelsächsische Form der Komplementärfinanzierung, das heißt einer Kombination aus öffentlichen und privaten Mitteln, bei der staatliche Zuwendungen nur in der Höhe gewährt werden, in der auch private Mittel eingeworben werden, ist in den USA anders als in Deutschland weit verbreitet.[512] Der Erfolg solcher Spendenwerbung liegt im Ansporn, mit seiner Spende bzw. Zuwendung noch weitere Förderbeträge mobilisieren zu können. Zugleich wird anschaulich, dass die Kultureinrichtung oder das Kulturprojekt von vielen engagierten Menschen mitgetragen wird. Ziel der öffentlichen Hand ist es dabei weniger, mit großem Kapitaleinsatz den größten Teil der Finanzierung zu sichern, sondern vielmehr durch den Zuspruch von öffentlichen Zuwendungen („Grants") ein „Qualitätssiegel" zu vergeben, mit dem sich die Einwerbung privater Fördermittel wesentlich leichter gestaltet.[513]

In Deutschland herrschen andere gesellschaftliche, mentale und strukturelle Rahmenbedingungen. Deshalb wäre es falsch, Bedingungen wie zum Beispiel in den USA, wo die gelebte Kultur der privaten Zuwendungen („Private Giving") von Geld-, Sach- und Zeitspenden durch soziale Anerkennung befördert und das gemeinwohlorientierte Engagement vom Staat durch allgemein sehr niedrig gehaltene Steuersätze und durch eine sehr großzügige steuerliche Abzugmöglichkeit von Spenden belohnt wird, eins zu eins auf Deutschland übertragen zu wollen.[514] Die USA unterscheiden sich

---

[509] Vgl. Spendengutachten, S. 145. (Kommissionsdrucksache 16/128b)
[510] Ebd., S. 142ff.
[511] Vgl. Bericht Delegationsreise Großbritannien, S. 12. (Kommissionsdrucksache 15/513)
[512] Vgl. dazu u. a. Heinrichs (1997), S. 217f. Ein deutsches Beispiel ist die Kunststiftung Baden-Württemberg, bei der jede Spende, die akquiriert wird, vom Land Baden-Württemberg bis zu einer festgelegten Höchstsumme um einen gleich hohen Betrag aufgestockt wird.
[513] Vgl. Bericht Delegationsreise USA, S. 39ff. (Kommissionsdrucksache 15/499)
[514] Der Spitzensteuersatz für Unternehmer wurde mit dem Tax Reform Act von 1986 von 46 Prozent auf 34 Prozent abgesenkt. Spenden von „private individuals" können bis zur Höhe von 50 Prozent, von „foundations" bis zur Höhe von 33 Prozent und von „corporations" bis zur Höhe von 17 Prozent der bereinigten Bruttoeinkünfte abgezogen werden, „sofern (der) Empfänger eine US-Einrichtung ist, die ausschließlich gegründet und tätig ist für religiöse, gemeinnützige, wissenschaftliche, literarische oder erzieherische Zwecke (Sec 170 (c) Internal Revenue Code (IRC)). Eine diese Höchstgrenze überschreitende Spende kann auf bis zu 5 Folgejahre vorgetragen werden (Sec 170 (d) (1) IRC). Bei Spenden von 250 US $ oder mehr muss eine Spendenbescheinigung des qualifizierten Empfängers vorliegen (Sec 170 (f) (8) IRC und § 1.170 A-1 (h)). Soweit bei Wohltätigkeitsveranstaltungen der zu zahlende Betrag 75 US $ übersteigt und teils Spende, teils Entgelt für eine Sachleistung (bspw. Essen oder Getränk) ist, muss der Veranstalter allen Teilnehmern den abzugsfähigen Spendenanteil offen legen (Sec. 6115 IRC). Unternehmen, Treuhandfonds, Stiftungen und andere Institutionen, die ausschließlich organisiert und tätig sind für religiöse, wohltätige, wissenschaftliche, literarische oder erzieherische Zwecke, sind zudem von der Einkommensteuer nach Sec 501 (c) (3) IRC befreit." (AA 2004) Nach der Steuerreform von 1986 kostet eine Spende in Höhe von 1 US $ den Spender nur 75 Cent. Bei Einzelnachweisen können nach wie vor Privatleute ihre Spenden insgesamt bis zu 50 Prozent ihres Einkommens steuerlich absetzen. Vgl. dazu und zur Kritik: Bericht Delegationsreise USA S. 14, (Kommissionsdrucksache 15/499)

aus Sicht der Teilnehmer der Delegationsreise in der strukturpolitischen Zielsetzung von Deutschland schon ganz wesentlich dadurch, dass die kulturpolitische Herausforderung hier nach wie vor im Aufbau einer kulturellen Infrastruktur zu sehen ist, die erst noch dem Anspruch einer kulturellen Infrastruktur auch in ländlichen Regionen gerecht zu werden hat. Dahingegen steht Deutschland vor der kulturpolitischen Aufgabe der Erhaltung und Weiterentwicklung einer hoch entwickelten Kulturlandschaft.[515] Unumstößlich ist dabei aus Sicht der Enquete-Kommission die finanzielle Verantwortung der öffentlichen Hand, da ohne staatliche Unterstützung in Höhe von derzeit immer noch rund 8 Mrd. Euro die deutsche Kulturlandschaft in ihrer Dichte nicht zu erhalten wäre. Fakt ist aber auch, dass viele Kultureinrichtungen ohne private Mittel ihre Kosten bereits heute nicht mehr decken könnten und Abstriche an Quantität und Qualität ihrer Angebote hinnehmen müssten. Für viele Kultureinrichtungen ist die Förderung durch privates Engagement längst das notwendige Spielbein neben ihrem Standbein aus öffentlichen Fördergeldern. Die öffentlichen Träger sollten die Möglichkeiten ihrer Kultureinrichtungen zur privaten Mittelakquise in Form von Spenden und Sponsoring aber auch nicht überschätzen. Die Gespräche mit vielen Kultureinrichtungen und Kulturschaffenden zeigten zwar die zunehmende Bedeutung privater Mittel, machten aber zugleich die Schwierigkeiten deutlich, diese auch generieren zu können. Für kleinere und insbesondere freie Kultureinrichtungen bedeuten eigene Fundraiser oder externe Dienstleister einen Einsatz an finanziellen und/oder personellen Ressourcen auf Kosten der Kräfte zur künstlerischen Entfaltung und damit zunächst ein hohes Risiko.[516] Große Bedeutung haben gerade hier daher noch immer die ehrenamtlichen Multiplikatoren wie Freundeskreise und Fördervereine, die oftmals einen erheblichen Teil der Partnerakquisition in den Kultureinrichtungen übernehmen. Insbesondere die Delegationsreise der Enquete-Kommission in die neuen Länder hat die Grenzen der Gewinnung privater Mittel gerade in strukturschwachen Regionen gezeigt. Es gibt inzwischen vielerorts einen echten Verteilungskampf, worauf nicht etwa allein die Vertreter betroffener Kulturinstitutionen, sondern auch die Entscheidungsträger in den Unternehmen hinweisen.[517] Es wäre aus Sicht der Enquete-Kommission überdies verkürzt, das Spenden nur als finanzielles Reservoir zu sehen. Es geht dabei im Wesentlichen um Verantwortungsübernahme aus der Gesellschaft für die Kultur.

Die private Kulturförderung verbindet nicht nur Unternehmen und Kultureinrichtungen, sondern sie muss in einem Dreieckverhältnis mit der öffentlichen Hand gesehen werden. Die Enquete-Kommission ist der Auffassung, dass die Struktur öffentlicher Förderung stärkere Anreize zur eigenen wirtschaftlichen Aktivität von Kulturinstitutionen setzen sollte. Es ist dabei ebenso wichtig und richtig, Kultureinrichtungen zu mehr Eigeninitiative bei der Akquisition von privaten Finanzmitteln zu ermuntern. „Kultursponsoring: Fluch oder Segen?", eine solche Frage kann in Kultureinrichtungen heute ernsthaft nur stellen, wer trotz der angespannten Haushaltslage an einer überkommenen Versorgungsmentalität[518] festhalten möchte. Die Notwendigkeit zum Mentalitätswechsel ernst zu nehmen, bedeutet aus Sicht der Enquete-Kommission aber auch, erfolgreiche Kultureinrichtungen nicht dadurch zu bestrafen, dass ihnen zusätzlich eingeworbene Gelder ganz oder teilweise von den staatlichen Zuschüssen abgezogen werden. Die Enquete-Kommission verweist insoweit auf den Er-

---

[515] Ebd., S. 2.
[516] Vgl. Beispiel der Leipziger Schaubühne Lindenfels im Bericht Delegationsreise Weimar, Leipzig, Halle, S. 21. (Arbeitsunterlage 16/084)
[517] Vgl. Bericht Delegationsreise Weimar-Leipzig-Halle (Arbeitsunterlage 16/084) und die Zusammenfassung des Expertengesprächs Kultursponsoring. (Arbeitsunterlage 16/079)
[518] Sondervotum SV Prof. Dr. Kramer: „Diese Einschätzung muss relativiert werden: Die Enquete-Kommission geht immer davon aus, dass die kulturelle Infrastruktur zu den legitimen Aufgaben des Staates (der öffentlichen Hände) gehört, vergleichbar mit der Verkehrsinfrastruktur. Wenn die öffentlichen Haushalte aus finanzpolitischen Gründen die Kulturausgaben verringern, ist private Kulturförderung in allen Formen in erster Linie dann willkommen, wenn sie sich im Rahmen der kulturpolitischen Ziele insgesamt bewegt." Vgl. Sondervotum SV Prof. Dr. Kramer, Kap. 3.1.1.5, „Steuerungsmodelle in der Kulturpolitik und in der öffentlichen (Kultur-)Verwaltung", FN 99.

fahrungswert, dass kein Unternehmen dort fördern möchte, wo die öffentliche Hand sich zurückzieht.

Die gängige Praxis der Fehlbetragsfinanzierung insbesondere im Rahmen der institutionalisierten Förderung von öffentlichen Einrichtungen kann dazu führen, dass Eigeneinnahmen und Sponsoringgelder wieder abgeführt werden müssen. Bei der Fehlbedarfsfinanzierung deckt die Zuwendung nämlich nur den „Fehlbedarf", den der Zuwendungsempfänger nicht durch eigene oder fremde Mittel aufzubringen vermag. Die Zuwendung darf erst in Anspruch genommen werden, wenn die vorgesehenen eigenen Mittel des Zuwendungsempfängers und gegebenenfalls Mittel Dritter verbraucht sind. Nach den Grundsätzen der Haushaltswahrheit und -klarheit ist jede Einnahme und jede Ausgabe nachzuweisen. Spenden und Sponsoringgelder sind grundsätzlich Deckungsmittel, die im Wirtschaftsplan als Einnahmen darzustellen sind und den Zuwendungsbedarf vermindern. Um bei freiwilligen Geldleistungen dem Spenderwillen zu entsprechen, kann aber – wie weitgehend auf Bundesebene geschehen – haushaltstechnisch ein sogenannter Leertitel sowohl auf der Einnahmen- als auch auf der Ausgabenseite eingestellt werden. Diese Handhabung, die den Anreiz belässt, zusätzliche Drittmittel zu akquirieren, liegt aber letztlich im guten Willen des Haushälters. Um nicht über das Ausweisen eines Spendentitels als Leertitel vom Grundsatz der Fehlbedarfsfinanzierung abweichen zu müssen, sollte aus Sicht der Enquete-Kommission eine Umstellung auf Festbetragsfinanzierung auf der Basis eines langfristigen Zuwendungsvertrages angestrebt werden. Denn bei der Festbetragsfinanzierung handelt es sich um einen festen, nicht veränderbaren Anteil an den zuwendungsfähigen Kosten. Dabei ist darauf zu achten, dass mit der Umstellung keine Reduzierung der Mittel erfolgt. Der Anteil der staatlichen Förderung bleibt dann konstant, wenn mindestens in dieser Höhe zuwendungsfähige Ausgaben nachgewiesen werden. Von besonderer Bedeutung für die Kultureinrichtungen ist überdies die Rücklagefähigkeit, wonach entsprechend eines Hinweises im jeweiligen Haushaltstitel nicht in Anspruch genommene Teilbeträge auf die Folgejahre übertragen werden können.

Spenden

Die Komplexität des Phänomens Spende lässt sich nicht in ein eindeutiges Motiv- und Handlungskonzept unter dem Etikett Altruismus auflösen. Vielmehr müssen sehr unterschiedliche Spendertypen angesprochen werden.[519] Das Hauptthema bei Anreizen und Hemmnissen besteht nicht in einem isolierten Mehr oder Weniger an Engagement, sondern in der Anerkennung und Reflexion der selektiven Wirkungen, die von jeweils gesetzten Anreizen oder Hemmungen auf die unterschiedlichen Spendertypen ausgehen.[520]

Die Enquete-Kommission „Zukunft des Bürgerschaftlichen Engagements" hat sich für die öffentliche Anerkennung von Zeitspenden und Qualifizierungsmaßnahmen auch für die ehrenamtlichen Mitarbeiter ausgesprochen, aber gegen eine generalisierte Berücksichtigung in Rentensystemen oder anderen monetarisierenden Formen. Grund hierfür war, dass nach Ansicht der Kommission monetarisierende Anreizsysteme die Zusammensetzung und Handlungslogik des Feldes deformieren würden. Offensichtlich sehen Zeitspender hier auch nicht vordringlichen Verbesserungsbedarf. Zeitspender leiden nicht so sehr unter fehlender oder geringer Kostenerstattung bzw. der Vergütung für sich selbst, sondern dem Fehlen von Räumen und Finanzmitteln für das Projekt bzw. die Einrichtung, in der sie mitwirken.[521] Wer Elemente der Vergütung und Kostenerstattung stärkt, hat aus Sicht der Gutachter mit zwei Problemen zu kämpfen: Erstens macht er damit die Zeitspende für alle

---

[519] Vgl. Spendengutachten, S. 111. (Kommissionsdrucksache 16/128b)
[520] Ebd.
[521] Ebd.

attraktiver, die stark eigennutzorientiert handeln. Zweitens führt jede Art der Monetarisierung eine Recheneinheit ein, mit der der Ehrenamtliche den Umfang seiner Arbeit neu bewertet. Es komme zum Phänomen der Anpassung der freiwillig geleisteten Arbeit an die Höhe der gezahlten Aufwandsentschädigung, was in der Regel eine Reduktion des freiwilligen Engagements nach sich ziehen würde.[522]

Es ist nach Auffassung der Enquete-Kommission eine Herausforderung der jeweiligen Organisationskultur und ihrer Umsetzung durch das Leitungspersonal im Kunst- und Kulturbereich, Zeitspenden einzuwerben. Beispiele aus den USA und Großbritannien zeigen, dass man hier erhebliche Potenziale erschließen und für eine stärkere Verankerung im Gemeinwesen sorgen kann.[523]

Die Bedeutung von Mitgliedsbeiträgen zu Fördervereinen und Freundeskreisen von Kultureinrichtungen machte der erfolgreiche Protest gegen einen Erlass des Bundesministeriums der Finanzen vom 19. Januar 2006 deutlich. Danach hätten Mitgliedsbeiträge nicht mehr steuerlich geltend gemacht werden können, wenn damit geldwerte Vorteile wie zum Beispiel verbilligter oder freier Eintritt zu den Veranstaltungen und Einrichtungen verbunden gewesen wären. Für die Lebensfähigkeit vieler Kultureinrichtungen sind die Fördervereine aber unverzichtbare Stützen ihrer Finanzierung, wie eine Umfrage des „Kulturkreises der deutschen Wirtschaft im BDI e. V." bei 900 Freundeskreisen in Deutschland belegt.[524] Darüber hinaus haben die Mitglieder von Freundeskreisen und Fördervereinen eine wichtige Multiplikatorenrolle in der Gesellschaft. Der Spendenabzug von Mitgliedsbeiträgen ist Gegenstand des Gesetzentwurfs der Bundesregierung zur weiteren Stärkung des bürgerschaftlichen Engagements.[525]

Nach einer vom „International Committee on Fundraising Organizations" (ICFO) publizierten Studie liegt das Geldspendenaufkommen pro Kopf der Bevölkerung und Jahr in Österreich um fast 50 Prozent über dem deutschen, obwohl eine steuerliche Absetzbarkeit nur in wenigen Ausnahmefällen gegeben ist.[526] Steuerliche Anreize scheinen dort also nicht alleine ausschlaggebend für das Spendenverhalten zu sein. Einen Grund für das Stagnieren der einfachen Geldspenden sehen die Gutachter in der Unzufriedenheit mit den unterstützten Organisationen. Zu den Kritikpunkten zählen mangelnde Transparenz und fehlende Informationen, mangelnde Werbung und mediale Präsenz sowie ungenügende Mitmachmöglichkeiten.[527] Auch die Abschaffung bürokratischer Hemmnisse wie der Zwang zum Spendendurchlaufverfahren entfaltet ohne An- und Einbindung in eine öffentliche und politische Diskussion kaum Anreizwirkungen. Hier macht sich – insbesondere im Vergleich zum viel beachteten boomenden Stiftungswesen – die fehlende öffentliche Diskussion um eine Spendenkultur bemerkbar.[528] Durch einen Mix von politisch-öffentlicher Diskussion und kon-

---

[522] Ebd., S. 113. Das Beispiel Schweiz zeigt, dass eine Entschädigung an Freiwillige zu zahlen, zu einer Verringerung der freiwillig geleisteten Arbeit um 4 Stunden im Monat führt. Vgl. dazu Frey (2003), S. 24f.
[523] Ebd., S. 120. In der Ausstellung „The Glory of Baroque Dresden" vom 1. März bis zum 6. September 2004 in Jackson (MS) arbeiteten beispielhaft neben 13 Festangestellten bis zu 1 200 Freiwillige. Vgl. Bericht Delegationsreise USA (Kommissionsdrucksache 15/499), S. 13. Ein herausragendes Beispiel in Großbritannien ist der National Trust. Neben den 3 000 Mitarbeitern gibt es dort 40 000 Freiwillige, die sie unterstützten; auf zehn Festangestellte kommen also über 100 freiwillige Mitglieder. Vgl. Bericht Delegationsreise Großbritannien, S. 28. (Kommissionsdrucksache 15/513)
[524] Vgl. Förder- und Freundeskreise der Kultur in Deutschland (2007).
[525] Vgl. Entwurf eines Gesetzes zur weiteren Stärkung des bürgerschaftlichen Engagements. (Bundestagsdrucksache 16/5200)
[526] Vgl. Guet (2002), S. 12; vgl. Spendengutachten, S. 136f. (Kommissionsdrucksache 16/128b). Dies ist nach Ansicht der Gutachter nur der starken medialen, insbesondere audiovisuellen Begleitung von Spendenkampagnen geschuldet (S. 137). Der Meinung der Gutachter zufolge ist ein Anreizsystem nach österreichischem Muster, das auf steuerliche Komponenten verzichtet, leichter zu vermitteln als das deutsche, das den Versuch unternimmt, aus unterschiedlichen Motiven und Anreizen unterschiedliche steuerliche Konsequenzen zu entwickeln (S. 114).
[527] Vgl. Spendengutachten, S. 114. (Kommissionsdrucksache 16/128b)
[528] Ebd.

kreten gesetzlichen Änderungen lässt sich aus Sicht der Enquete-Kommission das Ziel einer Dynamisierung des Geldspendenaufkommens verfolgen.[529]

Die Aufsplittung in unterschiedliche Abzugsklassen führt nach Meinung der Gutachter nicht nur auf der Seite der Organisationen zu erhöhtem Buchungsaufwand, sondern es mache eine prinzipielle Bewerbung des Prinzips der Geldspende schwierig. Die Daten aus der Einkommensteuerstatistik zeigen, dass die einzige Steuerklasse, in der die Spender sogar deutlich die Mehrheit stellen würden, bei den Einkommen ab 100 000 Euro zu finden sei. Es könne nicht ausgeschlossen werden, so das Gutachten weiter, dass die im Abzugssystem eingebaute umgekehrte Progression, die den Beziehern hoher Einkommen nicht nur absolut, sondern auch proportional höhere Abzugsmöglichkeiten eröffne, entsprechende Wirkungen zeige.[530]

Das Spendenrecht ist ein wesentliches Instrument zur Stärkung des bürgerschaftlichen Engagements. Ausweislich der Körperschaftssteuerstatistik scheint das Anreizsystem der Abzugsfähigkeit von Spenden und Beiträgen für steuerbegünstigte Zwecke bei Unternehmen besser als auf dem Spendenmarkt der Privatpersonen zu funktionieren. Von 1995 bis 2001 sind die „abgesetzten" Beträge bei Unternehmen gewachsen. Mehr noch als der unmittelbare steuerliche Anreiz, der sich im Vergleich zu Ländern wie Frankreich in Grenzen hält, zählt dabei die Tatsache, dass man das Spenden mit Verweis auf die Abzugsfähigkeit um so mehr als betriebswirtschaftlich rationales Handeln darstellen kann, als sich damit zusätzlich noch öffentliche Aufmerksamkeit erzielen lässt, die sich auf das Image positiv auswirkt.[531]

Handlungsbedarf auf den Feldern der steuerlichen Begünstigung und des Haftungsrechts erkennt die Enquete-Kommission auch in der Förderung des Mitarbeiterengagements („Corporate Volunteering"). Wenn die Mitarbeiter in ihrer Arbeitszeit bei einer gemeinnützigen Einrichtung arbeiten, wird diese Zeit als betriebliche Aufwendung angesetzt, steuerliche Vergünstigung gibt es bisher nicht. Und zum Versicherungsrisiko heißt es in einer Studie der Bertelsmann Stiftung: „Grundsätzlich sind bei Corporate Volunteering zwei unterschiedliche rechtliche Situationen zu unterscheiden, die sich auf die versicherungsrechtlichen Aspekte beziehen. So gab die Verwaltungsberufsgenossenschaft (VBG) die Auskunft, dass es bei dem Engagement der Mitarbeiter davon abhängt, ob diese zu der jeweiligen Tätigkeit von ihrem Unternehmen angewiesen werden oder nicht. Im Falle der Weisung sind die Mitarbeiter auch in einer gemeinnützigen Einrichtung über die eigene Firma unfallversichert. Im anderen Falle verhält es sich laut der VBG so, dass die Mitarbeiter über die jeweilige Einrichtung abgesichert sind. Für Tätigkeiten von Ehrenamtlichen in rechtlich unselbstständigen Strukturen übernehmen mittlerweile auch einige Länder den Versicherungsschutz, so zum Beispiel das Land Rheinland-Pfalz, um das Freiwilligenengagement auf diese Weise zu unterstützen. Ein Fortschritt im Steuerrecht ist sicher, dass Vermittlungsagenturen als gemeinnützig anerkannt wurden."[532]

---

[529] Innerhalb der EU werden nach wie vor sechs verschiedene Systeme des Spendenabzugs praktiziert. Abzug vom steuerpflichtigen Einkommen bis zu einer Höchstgrenze (z. B. in Deutschland), Abzug von der Steuerschuld (in Deutschland bei Zuwendungen an Parteien, generell in Frankreich), Zuschlag auf Nettospende aus dem Steueraufkommen anhand der Steuerpflicht des Spenders (in Großbritannien), mit kleinen Ausnahmen keine Abzugsmöglichkeit (z. B. in Österreich), Möglichkeit der Zweckbindung von Steueranteilen zugunsten von berechtigten Organisationen der Zivilgesellschaft (ZGO) bis zu einer Höchstgrenze (z. B. in Italien und fast allen mittel-osteuropäischen Staaten), Besteuerung eingegangener Spenden bei der ZGO (nur Griechenland); vgl. zum Spenden- und Gemeinnützigkeitsrecht in Europa Walz (2007); vgl. dazu auch Friedrich (2005). Vgl. Spendengutachten, S. 144 (Kommissionsdrucksache 16/128b); vgl. Kap. 3.3.5, Gemeinnützigkeitsrecht.
[530] Ebd., S. 115.
[531] Ebd., S. 117.
[532] Habisch (2004), S. 35.

Sponsoring

Die Abgrenzung zwischen Spenden- und Sponsoringleistungen von Unternehmen ist in der Praxis schwierig, denn nicht alles, was unter dem Spendentitel läuft, hat noch erkennbar mit einem Geschenk zu tun, und vieles, was über Sponsoring läuft, lässt sich von seinem Umfang her nicht mehr mit dem alleinigen Verfolgen wirtschaftlicher Tätigkeit in Verbindung bringen.[533] Die weite Streuung der Zahlen zum Kultursponsoring unterstreicht grundsätzlich die Notwendigkeit einer verlässlichen Statistik im Bereich der unternehmerischen Kulturförderung, um tragfähige politische Entscheidungen zur Förderung des Kultursponsorings zu fällen.[534]

Die Enquete-Kommission beleuchtet zwar Spenden und Sponsoring getrennt voneinander, fasst aber trotzdem beide in diesem Kapitel zusammen, weil die Praxis zeigt, dass Spenden und Sponsoring als Einheit zum unternehmerischen Instrumentarium gehören und regelmäßig bewusst als komplementäre Instrumente zur Verwirklichung unternehmerischer Ziele eingesetzt werden. Das Bundesministerium für Finanzen hat nach einer Reihe widersprüchlicher Gerichtsurteile mit seinem Anwendungserlass zur Abgabenordnung vom 18. Februar 1998 daraus die pragmatische Konsequenz gezogen, dass es möglich ist, auf Seiten einer eine Sponsoringmaßnahme empfangenden Organisation je nach Fall diese Einnahme als Spende zu verbuchen, obwohl der gleiche Vorgang beim Wirtschaftsunternehmen als Sponsoring unter Betriebsausgaben verbucht wird (sogenanntes Nicht-Korrespondenzprinzip).[535] Die Grundsätze für die ertragssteuerliche Behandlung des Sponsorings sind damit bundeseinheitlich geregelt. Dieser Erlass enthält eine angemessene Begünstigung des Sponsors auf ertragssteuerlicher Seite; Schwierigkeiten bereitet hier in erster Linie die Rechtsunsicherheit bei der steuerlichen Behandlung der Zuwendung bei den steuerbegünstigten Empfängern. Im Sponsoring-Erlass wird festgestellt, dass den steuerbegünstigten Empfängern nur dann eine Steuerpflicht für steuerpflichtige wirtschaftliche Geschäftsbetriebe entsteht, wenn sie an den Werbemaßnahmen des Sponsors aktiv mitwirken oder auf den Sponsor unter besonderer Hervorhebung hinweisen. Besondere Schwierigkeiten und Unsicherheiten im Hinblick auf die Steuerschuld birgt hier nach Meinung der Kultusministerkonferenz (KMK) die Frage, wann die Empfänger an weiterführenden Werbemaßnahmen des Sponsors aktiv mitwirken bzw. wann eine besondere Hervorhebung gegeben sei und ihnen damit eine Steuerpflicht entstehe. Der Gefahr, dass im Zuge der Steuerprüfungen erhebliche Nachzahlungen nebst Zinsen geleistet werden müssten, und der damit verbundenen Rechtsunsicherheit könne bereits dadurch begegnet werden, so die KMK in ihrer Stellungnahme zum Kultursponsoring von 2002, dass die Finanzbehörden angehalten würden, durch Ergänzung des sogenannten 87er-Schreibens (BMF-Schreiben vom 24. Juni 1987, IVA 5 S – 0430 – 9/87, BStBl. I 1987, S. 476) in diesen Fällen verbindliche Auskünfte zu erteilen.[536] Zwischenzeitlich ist in § 89 Abgabenordnung eine gesetzliche Regelung dahingehend getroffen worden, dass gegen Erhebung einer Gebühr eine verbindliche Auskunft erteilt werden kann. Der Sponsoring-Erlass regelt

---

[533] Vgl. Habisch (2004), S. 17.
[534] Steuerdaten aus der Körperschaftsteuerstatistik können Daten zum steuertechnischen Spendenbereich (Abzüge vom zu versteuernden Gewinn), aber nicht zum Sponsoringbereich der Unternehmen (Betriebsausgaben) zur Verfügung stellen. Die Gutachter verweisen auf das Problem, dass nach der Rechnungslegung der Unternehmen der Sponsoringetat deutlich höher sein wird als der bei den Kultureinrichtungen verbuchte Titel Umsatzerlöse, während zugleich der Buchungstitel Spenden von Unternehmen bei Kultureinrichtungen deutlich höher ist als der bei den Unternehmen verbuchte Spendenbetrag. Da in der Kulturstatistik als Quellen die Kultureinrichtungen die erste Adresse sind, könnte also die Spendenfreude der Unternehmen überraschen. Vgl. Spendengutachten, S. 21. (Kommissionsdrucksache 16/128b)
[535] Vgl. Spendengutachten, S. 17. (Kommissionsdrucksache 16/128b). Sponsoringerlass des BMF zur ertragssteuerrechtlichen Behandlung des Sponsorings vom 18. Februar 1998. Schreiben des BMF IV B 2 – S 2144 – 40/98, IV B 7 – S 0183 – 62/98.
[536] Vgl. schriftliche Stellungnahme der Kultusministerkonferenz zur Verbesserung der Rahmenbedingungen im Bereich des Kultursponsoring (Beschluss der Kultusministerkonferenz vom 7. November 2002) www.kmk.org/doc/beschl/sponsor.pdf.

überdies ausschließlich die Körperschaftssteuer, nicht jedoch Fragen der Umsatzsteuer. Dadurch entsteht auf Seiten der Sponsoring-Empfänger Unsicherheit, ob eine bloße Danksagung zu einem umsatzsteuerlichen Leistungsaustausch führt und wann sie den ermäßigten Umsatzsteuersatz in Höhe von sieben Prozent und wann sie den vollen Umsatzsteuersatz in Höhe von 19 Prozent zu zahlen haben.

Im Expertengespräch der Enquete-Kommission zum Kultursponsoring entstand der Eindruck, dass Unternehmen mit der Umsetzung des Nachweises eines wirtschaftlichen Vorteils gemäß Sponsoringerlass keine Probleme haben und Aufklärungsbedarf über die Konsequenzen, die aus dem § 4 Abs. 4 EStG innerhalb von Sponsoringpartnerschaften für Unternehmen entstehen, eher auf Seiten der Kulturschaffenden vorliegt. Hier fehle es nicht selten an ausreichendem Verständnis dafür, dass Sponsoren aus diesem Grund eine angemessene werbliche Leistung innerhalb von Partnerschaften einfordern würden.[537] In diesem Zusammenhang ist auch auf die Klage von Unternehmen über eine anders als bei Mäzenen und Stiftungen mangelnde Berichterstattung über Kultursponsoring in den Medien hinzuweisen. Bestehende Ressentiments führten dazu, dass Unternehmen häufig extreme Sichtbarkeit einforderten, um überhaupt in den Medien präsent zu sein, zum Beispiel ihren Namen mit der Kulturveranstaltung in Verbindung zu bringen.[538]

Nach übereinstimmender Meinung der von der Enquete-Kommission angehörten Experten bestehen trotz verbesserter wechselseitiger Kenntnis noch immer einschneidende Unterschiede in der Denk- und Herangehensweise von Kulturschaffenden und Unternehmen. Die Wirtschaft will sich als Partner verstanden wissen und nicht nur als bloßer Geldgeber. Den Kulturschaffenden wird zugleich ein Paradigmenwechsel abverlangt. Denn während traditionell dem Grundsatz der Fehlbedarfsfinanzierung folgend danach gefragt wurde, wo die finanziellen Mittel fehlen und wie diese aufgetrieben werden können, soll nun definiert werden, welches Vermarktungspotenzial das kulturelle Angebot bietet. Es bedarf hier aus Sicht der Enquete-Kommission noch eines umfassenden Wandels im Selbstbild der Kulturschaffenden. Sie sollten sich im Umgang mit privaten Geldgebern nicht als „Bettler der Neuzeit" begreifen, sondern vielmehr mit gebotenem wie berechtigtem Selbstbewusstsein das einmalige Angebot von Kultur auch für die Wirtschaft vertreten. Dazu gehört, dass die Kultur zum Beispiel mit der Beratung ortsansässiger Unternehmen bei der Auswahl und Hängung von Kunstobjekten durch den örtlichen Museumsdirektor, der Schulung von Angestellten eines international agierenden Konzerns vor deren Auslandseinsätzen durch die Mitarbeiter eines Völkerkundemuseums oder mit der Kooperation von betriebs- und städtischen Sinfonieorchestern den Unternehmen mehr zu bieten hat als ausschließlich eine Plattform für deren Marketingaktivitäten. Im Sinne von kultureller Kompetenz als Schlüsselqualifikation einer innovativen Unternehmenskultur kann der Dialog mit Kulturschaffenden einen Prozess des innovativen und abweichenden Denkens in Gang setzen, es können kreative Impulse aufgenommen und in marktfähige Produktentwicklungen umgesetzt werden.

Kritiker des Kultursponsorings verweisen auf die Problematik einer übermäßigen Kommerzialisierung und „Festivalisierung" von Kunst und Kultur in einer Erlebnisgesellschaft.[539, 540] Grenzen privatwirtschaftlicher Kunstförderung sind daher nach Meinung von Experten aus Wissenschaft und

---

[537] In Weiterentwicklung des Sponsoringerlasses wurde im Rahmen der Änderung des Investitionszulagengesetzes zum 1. Januar 2000 § 64 AO um Abs. 6 (alleinige Versteuerung von 15 Prozent der Sponsoringeinnahmen) ergänzt. Gemäß Sponsoringerlass sind Unternehmen verpflichtet, einen wirtschaftlichen Vorteil nachzuweisen, um ihre Sponsoringaufwendungen gemäß § 4 Abs. 4 EStG absetzen zu können.
[538] Vgl. Zusammenfassung des Expertengesprächs Kultursponsoring S. 11. (Arbeitsunterlage 16/079)
[539] Vgl. Wissenschaftliche Dienste des Deutschen Bundestages (2004b), S. 2.
[540] Sondervotum SV Prof. Dr. Dieter Kramer: „Sponsoring blickt in der Regel auf kaufkraftstarke Zielgruppen und entwickelt eine spezifische soziale Beziehung zwischen Künsten und ihrem Publikum, die unvermeidlich Auswirkungen auf Schwerpunkte und Inhalte hat. Nur sehr starke und selbstbewusste Kunst- und Kulturpraxis kann dem entgehen."

Unternehmenspraxis dort zu ziehen, „wo die Verfolgung von Eigeninteressen der Unternehmen überhand nimmt, wo Kunst bewusst konstruiert und manipuliert wird. Die spezifische Kraft der Kunst als nicht instrumentalisierte Wahrnehmung von Gesellschaft gerät dann in Gefahr, wenn alles, was Kunst schafft, umgehend von den Unternehmen aufgesogen und kommerzialisiert wird. Daneben wird von Seiten der Künstler und Kulturinstitutionen auch ganz praktisch die fehlende Kontinuität der Förderung bemängelt, die Künstler wie Kuratoren unfrei mache."[541] Aus Sicht der Enquete-Kommission sollte daher die private Finanzierung nach Möglichkeit immer auf einer breiten Spender- und Sponsorenpyramide aufbauen, um nicht von einzelnen Personen und Unternehmen abhängig zu werden. Damit kann vorgebaut werden, dass ein Sponsor unverhältnismäßigen Einfluss auf die gesponserte Einrichtung oder das gesponserte Programm nimmt. Die von der Ständigen Konferenz der Innenminister und -senatoren der Länder am 6. Dezember 2002 in Bremen verabschiedeten „Grundsätze für Sponsoring, Werbung, Spenden und mäzenatische Schenkungen zur Finanzierung öffentlicher Aufgaben", mit denen einem dringenden Regelungsbedarf für den Einsatz und für die Grenzen von Sponsoring und Werbung zur Finanzierung öffentlicher Aufgaben entsprochen wurde, führt aus, dass Sponsoring insbesondere für Zwecke der Kultur zulässig ist, wenn jeder Einfluss auf die Inhalte ausgeschlossen bleibt.[542]

Befördert durch die positive Entwicklung der Unternehmensstiftungen, in denen eigene Kultur-Spezialisten und ausgebildete Kulturmanager beschäftigt sind, lässt sich auf Unternehmensseite ein Trend zu mehr selbstinszeniertem Sponsoring feststellen. Von Kulturschaffenden wird dies durchaus mit Sorge betrachtet, auch wenn momentan die Budgets des Kultursponsorings dadurch noch nicht rückläufig sind.[543] Eine andere Entwicklung, deren Folgen im Auge zu behalten sind, ist die regionale Verankerung des Kultursponsorings. Das stärkste Kultursponsoring findet häufig an den Orten der Unternehmenshauptsitze statt. Die voranschreitende Verlagerung der Hauptsitze in andere Länder kann also Konsequenzen auf das unternehmerische Engagement für die Kultur in Deutschland haben.

C) Handlungsempfehlungen

1. Die Enquete-Kommission empfiehlt Bund und Ländern, im Rahmen einer bundeseinheitlichen Kulturstatistik auch verlässliche Daten im Bereich der privaten Kulturförderung zu erheben. Methoden und Kriterien für die empirische Erfassung und Dauerbeobachtung privater Spenden und des Sponsorings sind dazu zu vereinheitlichen und Chancen zur Verbesserung der empirischen Basis auszuloten. Die Forschung zum Spendenwesen und Sponsoring sollte daher durch entsprechende Ressourcenzuweisung deutlich intensiviert werden.

2. Die Enquete-Kommission empfiehlt den öffentlichen Zuwendungsgebern, Förderverfahren anzuwenden, die stärkere Anreize zur Selbsterwirtschaftung und Spendeneinwerbung für Kultureinrichtungen bieten. Dazu sollte zum einen das Förderinstrument von „Matching Funds" nach angelsächsischem Vorbild als ein wesentlich belebendes Element der Kulturförderung stärker genutzt werden. Zum anderen sollte die Fehlbedarfsfinanzierung durch das Instrument der Festbetragsfinanzierung ersetzt werden, ohne dass es bei einer solchen Umstellung zu einer Reduzierung der Förderung kommt. Im Falle einer Fehlbedarfsfinanzierung sollte jedoch zumindest gewährleistet sein, dass dem Spenderwillen haushaltstechnisch durch das Einstellen von Leertiteln entsprochen werden kann. Nicht in Anspruch genommene Teilbeträge sollten finanzierungsunschädlich auf die Folgejahre übertragen werden können.

---

[541] Hentschel (2004).
[542] Vgl. Grundsätze für Sponsoring, Werbung, Spenden und mäzenatische Schenkungen zur Finanzierung öffentlicher Aufgaben, Abschnitt III.8 (www.im.nrw.de/inn/doks/rl_sponsoring.pdf).
[543] Vgl. Zusammenfassung des Expertengesprächs Kultursponsoring, S. 5. (Arbeitsunterlage 16/079)

3. Die Enquete-Kommission empfiehlt Bund und Ländern, einen praxisorientierten Informationsaustausch im Bereich Spenden und Sponsoring zwischen Unternehmen und Kulturschaffenden zu befördern und dafür mit lokalen und regionalen Netzwerken und Initiativen neue Instrumentarien und Plattformen vor Ort zu schaffen. Dazu zählt die Enquete-Kommission die Erweiterung des „Kulturportals" (www.kulturportal-deutschland.de) um ein Kapitel Spenden und Sponsoring mit Informationen und Links zu einschlägigen Internet-Seiten.

4. Die Enquete-Kommission empfiehlt den verantwortlichen Akteuren in Kulturinstitutionen, den Unternehmen über die bisherige Nutzung ihrer Einrichtungen und Projekte als Plattform für Marketingaktivitäten hinaus, weitere Angebote der Zusammenarbeit und Partnerschaft zu machen, zum Beispiel die Beratung ortsansässiger Unternehmen bei der Auswahl und Hängung von Kunstobjekten

5. Die Enquete-Kommission empfiehlt den Ländern, in den jeweiligen Sparkassen-Gesetzen die Förderung der Kultur als Teil des öffentlichen Auftrages der Sparkassen beizubehalten oder zu verankern.

6. Die Enquete-Kommission empfiehlt den Kommunen, den Auf- und Ausbau regionaler Freiwilligenagenturen, die kulturspartenübergreifend den Einsatz von Interessierten koordinieren, die Kulturinstitutionen bei der Betreuung der Ehrenamtlichen beraten und Qualifizierungen durchführen.

7. Die Enquete-Kommission empfiehlt den öffentlichen Zuwendungsgebern, in Abkehr von der bisherigen Praxis im Rahmen der Gewährung von öffentlichen Zuschüssen den Empfängern zu gestatten, einen gewissen Anteil der Fördermittel für Maßnahmen der Organisationsentwicklung im Fundraising zu verwenden. Hierzu gehören die Fort- und Weiterbildung von Führungskräften, aber auch die Beschäftigung von Mitarbeitern, die sich der Gewinnung und Betreuung von Zeit- und Geldspenden widmen.

8. Die Enquete-Kommission empfiehlt Bund und Ländern, die Vorschläge der Kultusministerkonferenz vom 7. November 2002 zur Verbesserung der Rahmenbedingungen im Bereich des Kultursponsorings auch in den noch offenen Punkten vollständig umzusetzen.

3.3.4 Laienkultur und Brauchtum

Für die Enquete-Kommission sind Laienkultur und Brauchtum selbstverständlicher und unverzichtbarer Bestandteil der Kulturlandschaft in Deutschland. Am 29. Mai 2006 wurde hierzu eine öffentliche Anhörung unter dem Titel „Laienkultur und Brauchtumspflege" durchgeführt.[544] Im Zentrum der Anhörung standen die Antworten der Bundesregierung auf die Große Anfrage der Fraktion der CDU/CSU vom November 2004 „Situation der Breitenkultur in Deutschland".[545] Geladen waren Vertreter aus den Bereichen Musik und Chöre, Heimat und Umwelt, Amateurtheater, Minderheiten und Regionalsprachen, Tanz sowie Kirchen.

---

[544] Vgl. Anhörung vom 29. Mai 2006 zum Thema „Laienkultur und Brauchtumspflege", Wortprotokoll 16/8, Teilnehmer: Liebing, Stefan (Generalsekretär der Bundesvereinigung deutscher Musikverbände); Scherf, Dr. Henning (Bürgermeister a. D., Präsident des Deutschen Chorverbandes); Hornung, Dieter (Bundesgeschäftsführer des Bundes Heimat und Umwelt in Deutschland); Radermacher, Norbert (Präsident des Bundes deutscher Amateur-Theater e. V.); Kramer, Prof. Dr. Klaus (Vorsitzender des Deutschen Bundesverbandes Tanz e. V.); Goltz, Dr. Reinhard (Sprecher des Bundesrates für Niederdeutsch, Geschäftsführer des Instituts für niederdeutsche Sprache); Bahr, Dr. Petra (Kulturbeauftragte der EKD).
[545] Vgl. Antwort der Bundesregierung auf die Große Anfrage zur Situation der Breitenkultur in Deutschland (Antwort der Bundesregierung auf die Große Anfrage zur Breitenkultur). (Bundestagsdrucksache 15/5910)

A) **Bestandsaufnahme und**
B) **Problembeschreibung**

3.3.4.1 Inhaltliche Bestimmungen von Laienkultur und Brauchtum

Der Begriff Laienkultur, ergänzt um den des Brauchtums, erfasst am genauesten und vollständigsten die vielfältigen Aspekte, die dieses Unterkapitel beschreibt. Von „Breitenkultur" oder „Breiten- und Basiskultur" zu sprechen, hat die Enquete-Kommission in ihren Diskussionen dagegen wieder verworfen. Damit würde einer Unterscheidung von Kunst und Kultur in verschiedene gesellschaftliche Sphären Vorschub geleistet, die nicht gerechtfertigt ist. Zwar wird auch gegen den Begriff der Laienkultur zur Bezeichnung des Bereichs der nichtkommerziellen Kulturarbeit der Einwand erhoben, dass er im modernen Sprachgebrauch als herabsetzend empfunden werden könnte, die Enquete-Kommission hält aber im Ergebnis der Anhörung an diesem Begriff fest. Von Brauchtum statt von Brauchtumspflege spricht die Enquete-Kommission, weil nicht konservierende Pflege, sondern lebendige Praxis im Vordergrund steht. Die Anhörung zeigte insgesamt, dass Fragen der Definition und begrifflichen Abgrenzung von Laienkultur und Brauchtum nicht im Zentrum des Interesses der Angehörten stehen.

Laienkultur und Brauchtum sind Teile des bürgerschaftlichen Engagements, aber nicht mit diesem identisch, da Letzteres zum Beispiel auch das freiwillige Engagement für öffentliche oder private Institutionen der professionellen Kunstpflege mit einbezieht.[546] Laienkultur und Brauchtum finden in Tausenden Orchestern, Chören, Theater- und Tanzgruppen sowie zahllosen Kulturvereinen statt. Sie sind auch Bestandteil der Arbeit von vor allem Kirchen[547], aber auch Feuerwehren, Hilfsorganisationen oder „Nachbarschaften". Sie sind unverzichtbarer Bestandteil der kulturellen Infrastruktur sowie ein Garant des vielfältigen kulturellen Angebots und der kulturellen Teilhabe in Deutschland. Auf hohem künstlerischem Niveau betätigen sich hier unzählige Menschen – Frauen und Männer, Junge und Alte – in ihrer freien Zeit, um Kultur aktiv zu leben und zu gestalten.

Laienkultur und Brauchtum zeichnen sich neben der nichtkommerziellen Orientierung und in der Regel nichtelitären Ausdrucks- und Vermittlungsformen durch ein hohes Maß an ehrenamtlicher Arbeit aus. Dieser Kulturbereich hat einen relativ geringen Anteil an der öffentlichen Kulturfinanzierung. Laienkultur ist aber in den letzten Jahren stärker in den Fokus der politischen Wahrnehmung gerückt, seit Institutionen professioneller Kunstausübung geschlossen oder verkleinert werden. Besonders die demografische Entwicklung in einigen Teilen Deutschlands wird voraussichtlich dazu führen, dass Kulturangebote der öffentlichen Hand eingeschränkt werden und die Laienkultur in ihrer Bedeutung steigt.[548] Unabhängig davon hat die Laienkultur seit jeher in ländlichen Regionen einen besonders hohen Stellenwert. Denn ohne sie gäbe es in manchen Regionen keinerlei kulturelles Angebot.[549] Aber Laienkultur ist kein Lückenbüßer. Sie entwickelt ihre eigenen Qualitäten durch die Begegnung und das Miteinander von professionellen, semiprofessionellen und nichtprofessionellen Akteuren.

Die soziale und wirtschaftliche Dimension der Laienkultur

Eine besondere Bedeutung erhält der Bereich der Laienkultur dadurch, dass soziale Bindungen milieuübergreifend entstehen können. Laienkultur ist ein wichtiges Element gemeinschaftlicher Lebensgestaltung. Die in den Vereinen der Laienkultur stattfindenden Begegnungen der Generationen und unterschiedlichen sozialen Schichten beugen sozialer Desintegration vor. Laienkultur kann zur

---
[546] Ebd., S. 1f.
[547] Vgl. Kap. 3.2.1, Die kulturelle Tätigkeit der Kirchen.
[548] Vgl. Kap. 3.6, Kulturelle Auswirkungen des demografischen Wandels.
[549] Vgl. Kap. 3.1.3, Kultur in ländlichen Regionen.

Entwicklung integrierter, durch vielfältige Kontakte geprägter Milieus beitragen. Dies gilt unbeschadet der Erfahrung, dass lokale Strukturen der Laienkultur vielfach auch lokale Hierarchien und politische Strukturen widerspiegeln.[550]

Laienkultur zeichnet sich durch eine besondere Nähe zur Lebens- und Arbeitswelt der Bürger aus. Mittels moderner elektronischer Kommunikationstechniken bilden sich heute auch virtuelle Milieus der Laienkultur im Internet (zum Beispiel „Second Life").

Laienkulturarbeit hat trotz ihrer vorwiegend nichtkommerziellen Ausrichtung durchaus auch Bezüge zur Wirtschaft. Vielfach gibt es enge Verflechtungen zwischen Betrieben und Unternehmen vor Ort und der Laienkultur, zum Beispiel durch das Engagement der regionalen Kreditinstitute. Insbesondere in kleineren Kommunen und in ländlichen Regionen führen die vielfältigen Laienkulturangebote zu einem wirtschaftlich relevanten Veranstaltungsbetrieb, auch wenn es dazu bisher an einer statistischen Erfassung fehlt.

Laienkultur und Brauchtum als notwendiger Bestandteil kultureller Vielfalt

Im Mit- und Gegeneinander von Globalem und Lokalem, der sogenannten „Glokalisierung" (Roland Robertson), haben regionale Gebundenheit und Fragen von Identität einen hohen Stellenwert und gewinnen an Bedeutung. Kultur bietet Beheimatung und stiftet Identität. Unsere kulturelle Zugehörigkeit wächst aus lokalen, regionalen, nationalen und europäischen Kontexten. Mit der UNESCO-Konvention zur „Kulturellen Vielfalt" gilt es, die Pluralität und damit die Breite des Kulturangebotes zu bewahren. Zu dieser Breite zählt wesentlich die Volks- und Laienkunst, aber auch die gerade hier gelebte und überlieferte Regionalsprache und -dialektkultur. Die Bundesrepublik Deutschland hat durch Ratifizierung der „europäischen Sprachen-Charta" 1999 die Verpflichtung übernommen, Regional- oder Minderheitensprachen zu fördern. Dies kann zum Beispiel durch die Unterstützung einer bislang noch mangelhaften Zusammenarbeit zwischen Kulturvereinigungen der Regionalsprachen und der Dialektkulturen mit hochdeutschen Kulturträgern geschehen.

Brauchtum

Traditionelle Brauchhandlungen wie Schau-, Heische-, Rechts- und Rügebräuche[551] entspringen lokaler oder regionaler Besonderheit und Geschichte oder ergeben sich aus dem religiösen Leben (etwa das katholische Fronleichnamsfest, Fahnenweihen oder Wallfahrten) oder den Überlieferungen autochthoner Minderheiten.[552] Sie sind in der Lebenswelt einer Region verankert und „nicht exportierbar" – mit allen sich daraus ergebenden Möglichkeiten der touristischen Einbindung.

Regionale und örtliche Bräuche und Feste sind inzwischen auch Markenzeichen und wichtiges Marketinginstrument. Bekannte lokale Feste lenken Aufmerksamkeit und Kaufkraft in die Kommunen.

Es gibt auch Brauchtumshandlungen, die nicht lokal oder regional verankert sind, zum Beispiel berufsgruppen-spezifische Brauchhandlungen. Ferner gibt es überregionale milieuspezifische oder milieubildende Laienorganisationen.

---

[550] Vgl. Narr (1974).
[551] Zu den Schaubräuchen zählen beispielhaft die Landshuter Fürstenhochzeit und die Dinkelsbühler Kinderzeche; zu den Heischebräuchen das Dreikönigssingen mit Sammeln für die Armen bzw. heute für Misereor. Rechtsbräuche sind die Grenzgänge in Nordhessen, mit denen in bestimmten Mehrjahresabständen die Gemarkungsgrenzen abgeschritten werden. Zu den Rügebräuchen gehören Kerbesprüche bei Kirchweihfeiern oder anonymisierte Rügebücher, z. B. bei der alemannischen Fastnacht in Rottweil.
[552] Dazu zählen z. B. die sorbischen Osterfeiern und das friesische Klootscheeten.

In ganz Europa entstehen zudem interkulturell induziert neue Festkulturen als Formen der kulturellen Begegnung und Integration. Feste wie der Berliner „Karneval der Kulturen" oder die aus Frankreich importierte „Fête de la musique" und andere sind erfolgreiche Formen, mit denen in der säkularisierten multi-ethnischen Gesellschaft mithilfe der Kunst und Kultur neue Bräuche und Traditionen initiiert und gepflegt werden.

3.3.4.2 Daten zur Laienkultur/Brauchtum in der Bürgergesellschaft[553]

Die Antwort der Bundesregierung auf die Große Anfrage von 2005 wies mehrfach darauf hin, dass es auf Bundesebene keine gesetzliche Grundlage für eine amtliche Kulturstatistik gibt. Auch gibt es weder auf Länder- noch auf Bundesebene Strukturen, die die Belange der Laienkultur und des Brauchtums in ihrer Gesamtheit gegenüber der Kulturpolitik und der Öffentlichkeit vertreten würden.

Eine große Zahl von Bürgern betätigt sich in ihrer Freizeit in kulturellen Laienorganisationen. Diese prägen vor allem in ländlich strukturierten Gebieten das soziale und kulturelle Leben stark. Die wichtigste Organisationsform bürgerschaftlichen Engagements im Kulturbereich ist der Verein. So spielten sich im Jahre 1999 von allen freiwilligen ehrenamtlichen Tätigkeiten im Kulturbereich 61 Prozent in Vereinen ab. Zu nennen sind hier vor allem die Vereine in den Bereichen Musik, darstellende Kunst sowie Heimat- und Brauchtumspflege. Heute ist bundesweit die Hälfte aller Musikvereine in Orten unter 2 000 Einwohnern ansässig; sie sind damit ein wichtiger Bestandteil des kulturellen und regionalen Lebens in diesen Gemeinden.

Bürgerschaftliches Engagement[554] erstreckt sich aber nicht nur auf diese Sparten, sondern garantiert überdies den Erhalt von Bibliotheken, Kunstgalerien und Museen in ländlichen Gebieten, unter ihnen heimatkundliche und regionalgeschichtliche Sammlungen, Heimatstuben und Bauernhausmuseen. Sie werden oft ehrenamtlich getragen und sind Ausdruck sowie Ergebnis (breiten-)kultureller Selbsttätigkeit.[555]

Durch die Dachverbände der Laienmusik werden rund vier Millionen musizierende und singende Menschen vertreten. Zusammen mit kleineren Verbänden schätzt man deren Gesamtzahl sogar auf fünf Millionen Bürger. Die genaue Zahl der Laienorchester, -gruppen, -verbände, -spielmannszüge, -kapellen, -fanfarenzüge, -ensembles, -chöre und -bands ist nicht bekannt. Das instrumentale Laienmusizieren umfasst nach Angaben der Verbände zum Stichjahr 2005 29 505 Orchester mit rund 740 000 Aktiven. Allein in der „Deutschen Bläserjugend" (DBJ), der Jugendorganisation der „Bundesvereinigung Deutscher Musikverbände" (BDMV) e. V., sind 23 Mitgliedsverbände zusammengeschlossen mit über 300 000 Kindern und Jugendlichen in mehr als 10 000 Blaskapellen und Spielmanns- und Fanfarenzügen. Die „Rockstiftung Baden-Württemberg" geht überdies davon aus, dass es allein dort etwa 2 700 nichtprofessionelle Rockbands gibt. Angesichts einer durchschnittlichen Besetzung von vier bis fünf Musikern sind dies immerhin 10 000 bis 13 000 Laienmusiker, hochgerechnet auf das ganze Bundesgebiet also möglicherweise bis zu 100 000.

---

[553] Grundlage für diese Passage bilden die Antworten der damaligen Bundesregierung vor der parlamentarischen Sommerpause 2005 auf die Große Anfrage der CDU/CSU-Fraktion im Deutschen Bundestag zur Situation der Breitenkultur in Deutschland. Eine wesentliche Datengrundlage zu Umfang sowie Strukturen des freiwilligen bzw. bürgerschaftlichen Engagements in Deutschland und damit auch wesentlich zu Laienkultur und Brauchtum bildet der Freiwilligen-Survey des Bundesministeriums für Familie, Senioren, Frauen und Jugend. 1999 erstmals vorgelegt und im Jahr 2004 wiederholt, zeigt er, dass sich die Einstellung der Bevölkerung zum öffentlichen und gemeinnützigen Engagement als eine stabile und sich entwickelnde gesellschaftliche Größe in den letzten fünf Jahren verbessert hat; vgl. Bundesministerium für Familie, Senioren, Frauen und Jugend (Hrsg.) (2001); Bundesministerium für Familie, Senioren, Frauen und Jugend (Hrsg.) (2005).

[554] Vgl. Kap. 3.3.1, Bürgerschaftliches Engagement in der Kultur.

[555] Vgl. Institut für Museumsforschung (2005).

Insgesamt gibt es 48 441 weltliche und kirchliche Chöre in Deutschland, denen fast 2,4 Millionen Mitglieder angehören, davon mehr als 1,3 Millionen aktive.[556] Dabei sind im „Arbeitskreis Musik in der Jugend" (AMJ) insgesamt 238 Chöre organisiert.

Eine flächendeckende Studie zum weltlichen Amateurmusikwesen in Niedersachsen zeigte, dass auf die rund 460 000 Amateurmusiker und -sänger im Verbandsbereich des Landesmusikrats Niedersachsen etwa 40 000 Ehrenamtliche entfallen, die in der Vereins- und Übungsleitung, bei organisatorischer und technischer Mitarbeit sowie der Nachwuchs- und Jugendbetreuung tätig sind.[557] Hochgerechnet auf die gesamte Bundesrepublik wären diesen Ergebnissen zufolge – ohne lediglich fördernde und passive Vereinsmitglieder – knapp 500 000 Ehrenamtliche im Laienmusikbereich aktiv.[558]

Es gibt keine Gesamterfassung aller Laientheatergruppen und -ensembles in Deutschland. Viele von diesen sind in Vereinen und Verbänden organisiert, andere sind angebunden an Einrichtungen wie Jugendkunstschulen, soziokulturelle Zentren, Jugendtreffs etc. Viele Theaterhäuser haben eigene Jugendclubs eingerichtet, eine große Zahl organisiert sich privat. Der „Bund Deutscher Amateurtheater" (BDAT), die größte Organisation im Amateurtheaterbereich, hat 16 Landesverbände mit rund 2 100 Mitglieds-Theatergruppen, in denen (geschätzt) rund 60 000 Laien Theater spielen. Der Großteil dieser Amateurtheatergruppen ist altersgemischt und generationenübergreifend organisiert, ca. 300 sind reine Kinder- und Jugendtheatergruppen.

Es ist derzeit nicht möglich, Angaben zur Besucherstruktur zu machen, die das gesamte Feld der Breitenkultur erfassen und zugleich für das Gebiet der Bundesrepublik Gültigkeit beanspruchen können. Immerhin können für den Bereich der Soziokultur, der nicht mit Breitenkultur identisch ist, aber mit ihr eine Schnittmenge bildet, statistisch gesicherte Angaben gemacht werden. Demnach bildete 2002 die Altersgruppe der 21- bis 40-Jährigen einen Besucheranteil von rund 47 Prozent.[559]

Deutlich wird durch diese Zahlen, wie das kulturelle Leben ganz wesentlich auch von Laien gestaltet wird – von Menschen, bei denen die kulturelle Tätigkeit nicht oder nur zum Teil dem Erwerb dient und die nicht professionell im kulturellen Bereich arbeiten, aber auch von im Kulturbereich tätigen Menschen, die sich auch außerhalb ihrer Arbeit auf Feldern, die nicht mit ihrer Berufstätigkeit deckungsgleich sind, betätigen.

3.3.4.3   Chancen und Probleme

Bisher fehlt es an aussagekräftigen Daten über den Anteil, der für Laienkultur und Brauchtum an öffentlichen Fördergeldern bereitgestellt wird. Es besteht aber der Eindruck, dass dieser Anteil bisher sehr gering ist. Vor dem Hintergrund der dargestellten steigenden Bedeutung laienkultureller Angebote wird es notwendig sein, auch durch verstärkte öffentliche Förderung diese Infrastruktur zu sichern, gegebenenfalls auch in Konkurrenz zu anderen Kulturbereichen.

Dass unter Laienkultur und Brauchtum ähnlich wie bei bürgerschaftlichem Engagement in erster Linie gemeinschaftsfördernde, den Werten von Demokratie und Menschlichkeit verpflichtete Aktivitäten verstanden werden, ist keine Selbstverständlichkeit. In den Erwägungsgründen der „Konvention zum Schutz des immateriellen Kulturerbes" (2003), zu dem das Brauchtum zu rechnen ist,

---

[556] Vgl. Aufstellung des Deutschen Musikrates, (Stand: 18. Mai 2006) (www.miz.org/intern/uploads/statistik39.pdf).
[557] Vgl. Ermert (1999); Ermert (2000).
[558] Zur vokalen Laienmusik vgl. Allen (2002); zum Musikbereich insges. vgl. die Angaben des Deutschen Musikinformationszentrums unter www.miz.org, (Stand: 4. Juni 2007).
[559] Altersstruktur der Besucher in soziokulturellen Zentren im Jahre 2002: 3,8 Prozent sind unter 6, 10,9 Prozent zwischen 6 und 14, 14 Prozent zwischen 21 und 30, 23 Prozent zwischen 21 und 30, 23,9 Prozent zwischen 31 und 40, 18,6 Prozent zwischen 41 und 60 und 5,9 Prozent über 60 Jahre alt gewesen. Quelle: Bundesvereinigung Soziokultureller Zentren e. V.

schränkt die UNESCO in Artikel 2 folgerichtig ein: „Im Sinne dieser Konvention findet nur dasjenige immaterielle Kulturerbe Berücksichtigung, das mit den bestehenden internationalen Rechtsinstrumenten im Bereich der Menschenrechte sowie der Forderung nach gegenseitiger Achtung zwischen den Gemeinschaften, Gruppen und Individuen und einer nachhaltigen Entwicklung in Einklang steht."

Auch für die Enquete-Kommission stehen Laienkultur und Brauchtum explizit und implizit unter dem Vorbehalt, dass die Regeln des Miteinanders akzeptiert werden und niemand diskriminiert wird.

Laienkultur trägt auch zur interkulturellen Kulturvermittlung und zur Integration bei. Chöre und Tanzgruppen verzeichnen steigende Mitgliederzahlen bei Menschen mit Migrationshintergrund.

Laienkultur fördert die kulturelle Bildung. Im Hinblick auf den Übergang zur Ganztagsschule etwa können Chöre, Theatergruppen und Kulturvereine wichtige Kreativangebote im Bereich des Nachmittagsunterrichts machen und so ihren Nachwuchs heranziehen. Damit kann gleichzeitig zur Integration nicht nur unterschiedlicher Ethnien, sondern auch verschiedener Generationen beigetragen und Problemen des demografischen Wandels begegnet werden. Gleichwohl ist der Schulterschluss zwischen Schule und außerschulischen Angeboten kultureller Bildung noch lange nicht vollzogen. Es scheint sogar, als verhindere die Einführung der Ganztagsschule streckenweise das Wahrnehmen außerschulischer kultureller Bildungsangebote am Nachmittag oder konkurriere hiermit. Im Zusammenhang mit Ganztagsschulen dürfen die Vertreter der Laienkultur und des ehrenamtlichen Engagements nicht zu „kostenneutralen Hilfslehrern" werden. Für die Vereinsarbeit bedeutet die Ganztagsschule Zeitbudget-Risiken für die Arbeit von und mit Jugendlichen. Dies sollte beachtet werden, denn ohne die Förderung der Breite wird es dauerhaft keine Spitze geben. Schule und kulturelle Anbieter müssen hier verstärkt zugunsten der kulturellen Bildung kooperieren. Programme wie „Kultur macht Schule" sollten daher weitergeführt und ausgebaut werden.

Laienkultur trägt zum vertieften Austausch und engeren Zusammenleben der Generationen bei. Laienkultur kann in besonderem Maße über den Aspekt der Selbsttätigkeit identitätsstiftend und sozial verbindend wirken. Ihr erholsamer und emotional kompensatorischer Effekt wirkt individuell und gesellschaftlich ausgleichend und stabilisierend. Für viele Menschen wäre ihr belastender Alltag sonst nicht zu bewältigen. Laienkultur kann sozialen Zusammen- und Rückhalt außerhalb beruflich organisierter Beziehungen gewährleisten.

Laienkultur ist ein bedeutender Wirtschaftsfaktor. Sie erzeugt direkte Umsatzimpulse durch die benötigten Arbeitsmittel und indirekte in den durch sie erzeugten wirtschaftlichen Auswirkungen (Umwegrentabilität) bei örtlichen Dienstleistern, Unternehmen usw. Allein aufgrund ihrer Anzahl haben zum Beispiel die 1,4 Millionen Instrumentalisten unter den Laien[560] große Bedeutung für Musikinstrumentenhersteller und andere Zweige der Musikindustrie. Dies gilt natürlich auch für andere Bereiche wie die Hersteller von Auftrittskleidung in der Heimat- und Brauchtumspflege sowie dem Karneval/Fasching, ebenso für Druckerzeugnisse, Medien etc.

Laienkultur und Brauchtum setzen Elemente einer jedermann zugänglichen kulturellen Infrastruktur für ein lebendiges kulturelles Leben voraus. Dazu gehören eine fundamentale kulturelle Bildung durch Musik- und Kunstunterricht in der Schule als Grundlage für weitere ästhetisch-kulturelle Betätigung, aber auch passende Räumlichkeiten für Veranstaltungen und Proben. Ferner gehören hierzu Informations- und Fortbildungsmöglichkeiten in Bibliotheken und Museen mit kompeten-

---

[560] Vgl. Antwort der Bundesregierung auf die Große Anfrage zur Breitenkultur. (Bundestagsdrucksache 15/5910)

tem Personal[561] sowie ein Markt mit Ressourcen wie Büchern, Noten, Instrumenten und materieller Ausstattung.

Der Zuwendungspraxis und Finanzierung sollte das Selbstverständnis des aktivierenden und ermöglichenden Staates zugrunde liegen. Die steuerliche und zuwendungsrechtliche Behandlung dieser Aktivitäten darf sich nicht, durch Misstrauen motiviert, benachteiligend oder hemmend auswirken.

C) Handlungsempfehlungen

1. Die Enquete-Kommission empfiehlt Bund, Ländern und Kommunen, die Rahmenbedingungen für Laienkultur und Brauchtum zu garantieren und zu verbessern. Die Förderung von Vereinen, in denen Brauchtum und Laienkultur gepflegt werden, ist Teil der allgemeinen Kulturpolitik auf lokaler und regionaler Ebene. Die vielfältigen Möglichkeiten von Kooperationen zwischen Laienkulturpraxis und professioneller Kulturarbeit sollten auf allen Ebenen gezielt gefördert werden.

2. Die Enquete-Kommission empfiehlt der Bundesregierung, in Umsetzung des Übereinkommens der UNESCO zum Schutz und zur Förderung der Vielfalt kultureller Ausdrucksformen einen Fonds zur Förderung von Laienkultur und Brauchtum mit Modellcharakter aufzulegen, um der mit der UNESCO-Konvention eingegangenen Verpflichtung gerecht zu werden, die kulturelle Vielfalt in Deutschland zu sichern und zu entwickeln.

3. Die Enquete-Kommission empfiehlt den Ländern, ausreichende Angebote für Erhalt und Pflege von Regionalsprachen und -dialekten zu schaffen und die Zusammenarbeit zwischen Kulturvereinigungen der Regionalsprachen und Dialektkulturen mit hochdeutschen Kulturträgern zu fördern.

4. Die Enquete-Kommission empfiehlt den Ländern, in der vorschulischen und schulischen Bildung ein größeres Augenmerk auf die Ausbildung der ästhetisch-kulturellen Fähigkeiten und die Aneignung lokaler und regionaler Kulturtraditionen in Kooperation mit den Trägern von Laienkultur und Brauchtum zu legen.

5. Die Enquete-Kommission empfiehlt den Ländern und Kommunen, beim Ausbau des Ganztagsschulangebots die Durchlässigkeit zu gewährleisten, um am Nachmittag auch Angebote von Trägern der Laienkultur und des Brauchtums außerhalb der Schule wahrnehmen zu können.

6. Die Enquete-Kommission empfiehlt der Bundesregierung, einen Theaterwettbewerb im Bereich Amateurtheater ins Leben zu rufen.

3.3.5   Gemeinnützigkeitsrecht

Beim Gemeinnützigkeitsrecht handelt es sich nicht um ein eigenständig geregeltes Rechtsgebiet. Vielmehr finden sich die entsprechenden Vorschriften zur Steuerbefreiung und zum Spendenabzug steuerbegünstigter Körperschaften im Einkommensteuerrecht, im Umsatzsteuerrecht, im Körperschaftssteuerrecht, im Gewerbesteuerrecht sowie in der Abgabenordnung.

Der Status der Gemeinnützigkeit ist für die nicht auf Gewinnerzielung gerichteten Organisationen des Kulturbereiches von großer Bedeutung. Dabei ist für eine Reihe von Institutionen vor allem die Steuerbefreiung von Belang.

---

[561] Vgl. Kap. 2.5.4, Differenzierung des Gewährleistungsauftrages je nach Handlungsfeld.

Die steuerliche Abzugsmöglichkeit von Spenden spielt im Kulturbereich bislang vielfach eine geringere Rolle. Wesentlich bedeutender als Spenden sind Mitgliedsbeiträge zu Kulturvereinen selbst bzw. zu Fördervereinen von Kultureinrichtungen.[562]

A) Bestandsaufnahme

Die Enquete-Kommission hat sich mit Fragen des Gemeinnützigkeitsrechts im Rahmen eines Gesprächs mit dem Experten Rupert Graf Strachwitz[563] am 1. Juni 2006 sowie im Rahmen der Anhörung „Laienkultur und Brauchtumspflege"[564] am 29. Mai 2006 befasst. Dabei ging es vor allem um die Frage, welche über das Steuerrecht hinausgehenden Regelungen zur Stärkung gemeinnütziger Körperschaften getroffen werden müssten. Ein wesentlicher Schwerpunkt war die Frage, ob das Subsidiaritätsprinzip in den Mittelpunkt der Betrachtung gerückt werden sollte oder vielmehr das Engagement der Bürger.[565]

In der Anhörung „Laienkultur und Brauchtumspflege" wurden konkrete Probleme gemeinnütziger Organisationen im Hinblick auf die geltenden Regelungen erfragt.

Zeitgleich zur Arbeit der Enquete-Kommission erarbeitete eine Bund-Länder-Arbeitsgruppe des Bundesfinanzministeriums und der Landesfinanzministerien Vorschläge für eine Reform des Gemeinnützigkeitsrechts. Große Dachverbände des gemeinnützigen Sektors bildeten zusammen mit Wissenschaftlern eine Projektgruppe zur Reform des Gemeinnützigkeits- und Spendenrechts, darunter unter anderem der Deutsche Kulturrat.[566, 567]

Der Deutsche Bundestag beschloss am 6. Juli 2007 das „Gesetz zur weiteren Förderung des bürgerschaftlichen Engagements." Die Zustimmung des Bundesrats erfolgte am 21. September 2007. Das Gesetz trat rückwirkend zum 1. Januar 2007 in Kraft. Für den Kulturbereich sind folgende Neuregelungen von besonderer Bedeutung:

– Vereinheitlichung und Anhebung der Höchstgrenzen für den Spendenabzug von bisher fünf Prozent (zur Förderung kirchlicher, religiöser und gemeinnütziger Zwecke) bzw. zehn Prozent (für mildtätige, wissenschaftliche und als besonders förderungswürdig anerkannte kulturelle Zwecke) des Gesamtbetrages der Einkünfte (§ 10b Abs. 1 Sätze 1 und 2 des Einkommensteuergesetzes – EstG) auf 20 Prozent für alle förderungswürdigen Zwecke,

---

[562] Vgl. Gutachten „Private Spenden für die Kultur in Deutschland: Bestandsaufnahme, Analyse und Perspektiven privater Spenden für die Kultur in Deutschland" (2006). (Spendengutachten), S. 8. (Kommissionsdrucksache 16/128b)
[563] Direktor des Maecenata-Instituts für Philanthropie an der Humboldt-Universität Berlin.
[564] Vgl. Anhörung vom 29. Mai 2006 zum Thema „Laienkultur und Brauchtumspflege", Wortprotokoll 16/8 (Anhörung Laienkultur und Brauchtumspflege), Teilnehmer: Liebing, Stefan (Generalsekretär der Bundesvereinigung Deutscher Musikverbände), Scherf, Dr. Henning (Bürgermeister a.D., Präsident des Deutschen Chorverbandes), Hornung, Dieter (Bundesgeschäftsführer von Bund Heimat und Umwelt in Deutschland), Radermacher, Norbert (Präsident des Bundes deutscher Amateur-Theater e. V.), Kramer, Prof. Dr. Klaus (Vorsitzender des Deutschen Bundesverbandes Tanz e. V.), Goltz, Dr. Reinhard (Sprecher des Bundesrates für Niederdeutsch und Geschäftsführer des Instituts für niederdeutsche Sprache), Bahr, Dr. Petra (Kulturbeauftragte der EKD).
[565] In der Anhörung Laienkultur und Brauchtumspflege wurde für einen grundsätzlichen Perspektivwechsel plädiert. Derzeit würden gemeinnützige Körperschaften v. a. unter dem Aspekt der Staatsentlastung betrachtet. Der Status der Gemeinnützigkeit werde erteilt, wenn eine gemeinnützige Körperschaft eine Aufgabe übernimmt, die ansonsten der Staat übernehmen müsste. Der Staat müsse jedoch im Gemeinnützigkeitsrecht das Engagement der Bürger zum Ausgangspunkt aller Überlegungen machen.
[566] Vgl. schriftliche Stellungnahme der Bund-Länder-Arbeitsgruppe: www.kulturrat.de/detail.php?detail=937&rubrik=62, (Stand: 6. September 2007).
[567] Vgl. Stellungnahme des Deutschen Kulturrates zum Referentenentwurf eines Gesetzes zur weiteren Förderung des bürgerschaftlichen Engagements vom 21. Januar 2007, www.kulturrat.de/detail.php?detail=1015&rubrik=62, (Stand: 6. September 2007) „Reform des Gemeinnützigkeitsrechts: Licht und Schatten in der Stellungnahme des Bundesrates vom 27. April 2007".

– Verdoppelung der Umsatzgrenze für den Spendenabzug,

– Anhebung des Höchstbetrages für die Ausstattung von Stiftungen mit Kapital (Vermögensstockspenden, § 10b Abs. 1a EStG) von 307 000 Euro auf eine Million Euro,

– Abschaffung des zeitlich begrenzten Vor- und Rücktrags beim Abzug von Großspenden und der zusätzlichen Höchstgrenze für Spenden an Stiftungen, dafür Einführung eines zeitlich unbegrenzten Spendenvortrags,

– Senkung des Satzes, mit dem pauschal für unrichtige Zuwendungsbestätigungen und fehlverwendete Zuwendungen zu haften ist, von 40 Prozent auf 30 Prozent der Zuwendungen,

– Anhebung der Besteuerungsgrenze für wirtschaftliche Betätigungen gemeinnütziger Körperschaften (§ 64 Abs. 3 der Abgabenordung – AO) sowie der Zweckbetriebsgrenze bei sportlichen Veranstaltungen (§ 67a AO) von jeweils insgesamt 30 678 Euro Einnahmen im Jahr auf jeweils 35 000 Euro,

– Anhebung des sogenannten Übungsleiterfreibetrages von 1 848 Euro bei unverändertem Anwendungsbereich auf 2 100 Euro,

– Einführung einer steuerfreien Pauschale für alle Verantwortungsträger in Vereinen in Höhe von 500 Euro,

– Gesetzliche Klarstellung der Spendenabzugsfähigkeit für Mitgliedsbeiträge an Kulturfördervereine, wonach der Sonderausgabenabzug für Mitgliedsbeiträge an Vereine zur Förderung kultureller Einrichtungen auch bei Gegenleistungen des Vereins möglich ist,

– Erleichterter Spendennachweis bis 200 Euro.

B) Problembeschreibung

Die Reform des Gemeinnützigkeitsrechts in der 16. Wahlperiode konzentrierte sich auf steuerliche Aspekte. Fragen nach einer besseren Beratung gemeinnütziger Organisationen oder nach einer anderen Form der Statusfeststellung wurden nicht aufgegriffen.

Für gemeinnützige Organisationen kann die Statusfeststellung durch das Finanzamt ein Problem darstellen. Seit dem 1. Januar 2007 ist die Aufzählung der steuerbegünstigten Zwecke in § 52 Abs. 2 der Abgabenordnung abschließend. Zwecke, die den genannten gemeinnützigen Handlungsfeldern nicht eindeutig zugeordnet werden können, könnten als Förderung des bürgerschaftlichen Engagements anerkannt werden. Hier bestehen allerdings Ermessensspielräume der Finanzverwaltung vor Ort. Zum gegenwärtigen Zeitpunkt (Herbst 2007) bestehen noch keine Erfahrungen in der Anwendung der neuen Bestimmungen des § 52 Abs. 2 AO. Im Allgemeinen entstehen für kulturelle Einrichtungen keine Probleme bei der Anerkennung als steuerbegünstigte Körperschaft. Probleme können jedoch bei Organisationen mit Zwecken aus dem Kulturbereich entstehen, die nicht allgemein bekannt und vertraut sind. Da viele Organisationen im Kulturbereich kaum zu versteuernde Umsätze haben, ist für sie die Steuerbefreiung oftmals nicht so relevant, sondern vielmehr der Status als gemeinnützige Organisation. Dieser Status ist in vielen Fällen Voraussetzung dafür, dass Zuschüsse der öffentlichen Hand oder bei gemeinnützigen Stiftungen beantragt werden können.

Vereine und Stiftungen sind Teilnehmer des Wirtschaftslebens. Sie unterliegen damit den steuerlichen Bestimmungen, die auch für Unternehmen gelten. Gerade für ehrenamtlich geführte Vereine, die ohne professionelle Unterstützung arbeiten müssen, bestehen teilweise Probleme, die vorhandenen Vorschriften im Steuerrecht nachzuvollziehen und zu erfüllen. Denn die Vereinsvorstände sind keine Steuerexperten, sondern engagieren sich aus Leidenschaft für die Kultur. Für diese Vereine wäre es daher wichtig, dass sie Beratung und Unterstützung erhalten.

Nicht zuletzt auf der Grundlage der Empfehlungen der Enquete-Kommission „Zukunft des Bürgerschaftlichen Engagements"[568] wurde im Rahmen der Reform des Gemeinnützigkeitsrechts geregelt, dass die Mitgliedsbeiträge zu Kulturfördervereinen steuerlich abzugsfähig sind, auch wenn eine Gegenleistung – zum Beispiel in Form des kostenlosen Eintritts zur geförderten Einrichtung – gewährt wird. Weiterhin nicht abziehbar sind allerdings Mitgliedsbeiträge an Vereine, bei denen die kulturelle Betätigung in erster Linie der Freizeitgestaltung dient. In der Gesetzesbegründung werden Laienorchester, Laienchöre und Laientheater explizit erwähnt. Es entsteht so eine Zweiteilung der im Kulturbereich Engagierten. Auf der einen Seite stehen diejenigen, die sich für Dritte engagieren und ihren Mitgliedsbeitrag abziehen können und auf der anderen Seite diejenigen die sich selbst direkt kulturell betätigen und ihren Mitgliedsbeitrag nicht abziehen können. Eine solche Regelung verkennt, dass die Laienvereine im Kulturbereich in der Regel fremdnützig sind. Gerade sie sichern vielfach das kulturelle Leben vor Ort. Selbstverständlich üben die Mitglieder ihr Engagement in der Freizeit aus – und zwar ehrenamtlich. Daraus kann aber nicht geschlossen werden, dass das Engagement überwiegend dem reinen Vergnügen dient.

Laut einer Entscheidung des Bundesverwaltungsgerichts[569] muss einer privaten Kultureinrichtung eine Umsatzsteuerbefreiung nach § 4 Nr. 20 des Umsatzsteuergesetzes (UStG) zwingend erteilt werden, wenn sie die gleichen kulturellen Aufgaben wie eine öffentliche Kultureinrichtung, die umsatzsteuerbefreit ist, wahrnimmt. Das führt dazu, dass kein Vorsteuerabzug mehr möglich ist. Dieses kann bei gemeinnützigen Organisationen zu einer deutlichen Mehrbelastung führen.

C) Handlungsempfehlungen

1. Die Enquete-Kommission empfiehlt dem Deutschen Bundestag und der Bundesregierung, für gemeinwohlorientierte Organisationen einen Statusbescheid unabhängig von der steuerlichen Veranlagung einzuführen.

2. Die Enquete-Kommission empfiehlt dem Deutschen Bundestag, die steuerliche Abzugsfähigkeit von Mitgliedsbeiträgen auch auf kulturelle Betätigungen auszudehnen, die in der Freizeit stattfinden.[570]

3. Die Enquete-Kommission empfiehlt dem Deutschen Bundestag, gemeinnützigen kulturellen Einrichtungen ein Wahlrecht einzuräumen, ob sie die Umsatzsteuerbefreiung in Anspruch nehmen wollen oder nicht.

4. Die Enquete-Kommission empfiehlt den Ländern, für gemeinnützige Vereine Beratungsangebote in Steuerfragen zu schaffen bzw. zu stärken.

3.4 Kulturförderung in gemeinsamer Verantwortung von Staat, Zivilgesellschaft und Wirtschaft

Einleitung

Die Kulturlandschaft Deutschlands ist eine der vielfältigsten in ganz Europa. Sie wird von einer großen Anzahl unterschiedlicher Akteure erhalten und gestaltet. Zum einen gilt dies in Bezug auf die Pluralität ihrer Träger, zum anderen auf die Vielzahl der Menschen, die sich künstlerisch und in kulturellen Formen äußern. Die öffentliche Kulturförderung durch Kommunen, Länder und Bund wird ergänzt durch vielfältige Akteure in Zivilgesellschaft und Wirtschaft. Zu ihnen gehören die

---

[568] Vgl. Bericht der Enquete-Kommission „Zukunft des Bürgerschaftlichen Engagements", S. 5–11. (Bundestagsdrucksache 14/8900)
[569] Vgl. BVerwG, Urteil vom 4. Mai 2006 – 10 C 10. 05.
[570] Vgl. Sondervotum SV Prof. Dr. Kramer, Kap. 5.4.2, Kulturtouristisches Marketing/Kulturcluster, FN 199.

Kirchen und Glaubensgemeinschaften, zahlreiche Vereine, Stiftungen, überregionale Vereinigungen, selbstständige Gruppen, Kulturunternehmen, gemeinnützige Kultureinrichtungen, die Rundfunkanstalten bis hin zu Sponsoren und Mäzenen und natürlich die Künstler. Die Institutionen und Akteure stehen nicht isoliert, sondern in einem aktiven und dynamischen Wechselverhältnis unterschiedlicher Intensität zueinander.[571]

A) Bestandsaufnahme und
B) Problembeschreibung

Die Vielfalt der Träger ist charakteristisch für die kulturellen Aktivitäten in Deutschland. Sie ermöglicht ein kulturelles Leben, das weder die öffentlichen Träger noch private Initiativen allein gewährleisten können. Die Vernetzung, Abstimmung und Förderung der pluralen Strukturen ist deshalb eine wichtige kulturpolitische Aufgabe, die sich weit über den Rahmen der staatlichen Kulturförderung hinaus erstreckt. Auch im Hinblick auf die private Kulturförderung ist der Staat in der Pflicht, gesetzliche Regelungen in den unterschiedlichen Rechtsgebieten so zu gestalten, dass nichtstaatliche Akteure für ihre Aktivitäten und ihre Förderung optimale Rahmenbedingungen erhalten.

Auf dem Engagement vielfältiger Träger und Akteure baut die kulturelle Infrastruktur unseres Landes. Der Begriff „Infrastruktur" betrachtet das kulturelle Angebot aus Sicht der Nutzer, nicht aus der der Träger[572]. Für die Nutzer von kulturellen Angeboten ist es unwesentlich, von wem eine Aktivität durchgeführt wird. Entscheidend ist, dass sie das Angebot in erreichbarer Nähe, in angemessener Qualität und in finanzierbarem Rahmen vorfinden. Der Begriff der „kulturellen Infrastruktur"[573] lenkt den Blick auf die Pluralität des kulturellen Lebens in Deutschland.

Das Zusammenspiel von privater und öffentlicher Förderung ist in den europäischen Ländern unterschiedlich stark ausgeprägt. In Deutschland gilt das Subsidiaritätsprinzip, demzufolge eine Förderung nur bei förderbedürftigen – das heißt wirtschaftlich schwachen – Einrichtungen möglich ist[574]. Im Gegensatz dazu werden in der Schweiz, im Vereinigten Königreich und teilweise auch in Österreich vor allem diejenigen gefördert, die wirtschaftlich oder arbeitsmarktpolitisch erfolgreich zu sein versprechen und/oder eine private Kofinanzierung vorweisen können.

Im Rahmen der Delegationsreise der Enquete-Kommission in die USA wurde deutlich, dass die auf den ersten Blick stärker privat finanzierte Kulturarbeit dort durch erhebliche staatliche Mittel, vor allem durch Verzicht auf Einnahmen aus der Einkommens-, Vermögens- und Erbschaftssteuer, indirekt gefördert wird.[575] Demgegenüber sind die spezifisch europäischen Formen der Kulturförderung von einer stärkeren Verantwortung öffentlicher Träger für kulturelle Aufgaben geprägt. Die Enquete-Kommission hat unter anderem ein Gutachten zu dem Thema „Objektive und transparente Förderkriterien staatlicher Kulturfinanzierung – Vergleiche mit dem Ausland" in Auftrag gegeben. Danach ist der Anteil der privaten Kulturförderung an den Gesamtausgaben in den meisten europäischen Vergleichsländern relativ gering. Er liegt bei drei Prozent in Österreich, vier Prozent

---

[571] Diese Thematik hat die Arbeit der Enquete-Kommission von Anfang an begleitet. Sie wurde in allen Anhörungen, Reisen und Beratungen aufgegriffen.
[572] Vgl. Kap. 2.5, Sicherung der kulturellen Infrastruktur.
[573] Ebd.
[574] Dies geht auf das 1974 ergangene und bis heute gültige „Schallplattenurteil" des Bundesverfassungsgerichts zurück. Vgl. Gutachten zum Thema „Objektive und transparente Förderkriterien staatlicher Kulturfinanzierung" (Gutachten Kulturfinanzierung), S. 110ff. (Kommissionsdrucksache 15/276a)
[575] Sehr häufig wird in der öffentlichen Kulturförderung in den USA das Prinzip des sogenannten „Matching-Fund" angewendet, d. h. die Bindung der öffentlichen Förderung an die Akquisition von privaten Fördermitteln in gleicher Höhe; vgl. Bericht über die Delegationsreise in die USA vom 30. Januar bis 6. Februar 2005 (Bericht Delegationsreise USA), S. 4. (Arbeitsunterlage 15/093)

in Großbritannien und fünf Prozent in Deutschland. Eine Ausnahme stellt demgegenüber die Schweiz mit 17 Prozent dar.

Diese Statistik berücksichtigt allerdings nicht, dass der Anteil der privaten Kulturförderung ungleichmäßig verteilt ist und im Museumsbereich oder bei Veranstaltungen eine wichtige Größe darstellen kann. Auch berücksichtigen die Zahlen weder Sachspenden noch die Bereitstellung von Sammlungen, individuelles Engagement oder logistische Unterstützung.[576]

Der Staat nimmt mit seiner Kulturförderung einen öffentlichen Auftrag wahr.[577] Die öffentliche Hand ermöglicht kulturelle Aktivitäten selbst und trägt eine Verantwortung für die Partizipation breitester Einkommens- und Bevölkerungskreise an künstlerischen Aktivitäten und dem kulturellen Erbe. Im Rahmen dessen, was durch andere öffentliche Akteure und im „Dritten Sektor" an kulturellen Aktivitäten gefördert oder getan wird, ergeben sich eine Fülle von Überschneidungen oder Ergänzungen mit staatlichen Maßnahmen. Sie sollten nicht als Konkurrenz, sondern als Ergänzung gesehen werden und möglichst eng zusammenwirken. Staat und Kommunen erfüllen ihren öffentlichen Auftrag nicht nur durch die Finanzierung eigener Einrichtungen, sondern schaffen Rahmenbedingungen für Eigenaktivitäten der anderen Akteure und tragen nicht zuletzt auch durch finanzielle Unterstützung zu einer Trägerpluralität in der kulturellen Infrastruktur bei.

Für die Unterscheidung der Sektoren der verschiedenen Akteure im Bereich der Kulturförderung ist die Grafik[578] des Drei-Sektoren-Modells des Schweizer Berichts zur Kulturwirtschaft hilfreich.[579] Hier wird in die Sektoren staatliche Kultur, intermediärer Sektor, in dem es keine letztendliche Gewinnabsicht gibt oder geben darf, und privatwirtschaftliche Kulturwirtschaft, in dem die erwerbsorientierte Arbeit dominiert, unterschieden.

Die Kommission hat den Vorschlag einer Verantwortungspartnerschaft für die Kultur von Bund, Ländern und Kommunen gemeinsam mit anderen kulturellen Trägern, von Wirtschaft und Bürgern beraten. In Anlehnung an Rousseaus „Contrat Social" schlägt sie einen „Contrat Culturel" vor. Es sollte ein Kulturvertrag zwischen allen Teilen der Gesellschaft angestrebt werden. Im Wege der Selbstverpflichtung sollte im Rahmen der jeweiligen Zuständigkeit und Verantwortung jeder seinen jeweils näher zu bezeichnenden Beitrag zum kulturellen Leben dauerhaft nach den jeweiligen Möglichkeiten leisten.[580] Eine solche Selbstverpflichtung ist eine Antwort auf die Frage nach einer verbindlicheren Form der Kulturförderung über ihren Charakter als freiwillige Leistung hinaus unter Wahrung der Trägervielfalt.

Kulturpolitik in Deutschland findet im Wechselspiel von Staat, Wirtschaft und „Drittem Sektor" statt. Die kulturelle Infrastruktur wird nicht allein von Staat und Kommunen getragen, sondern auch mitgeprägt durch Betriebe der Kulturwirtschaft, Kulturförderung durch Wirtschaft und Private sowie eine Fülle von Institutionen und Akteuren aus dem frei-gemeinnützigen und kirchlichen Bereich. Aus dem Zusammenspiel all dieser Kräfte setzen sich das vielfältige kulturelle Leben und das reichhaltige Kulturangebot für die Bürger zusammen. Staat und Kommunen sind daher nicht alleine verantwortlich für die Kulturförderung in Deutschland. Neben dem Staat und den Kommunen sind es vor allem die Kirchen sowie Vereine, Verbände und Stiftungen, die Kunst und Kultur fördern. Erst durch ihr Engagement wird vielerorts Kunst und Kultur ermöglicht. Aufgrund ihrer Bedeutung muss durch eine entsprechende Gestaltung der rechtlichen Rahmenbedingungen die private Kultur-

---

[576] Vgl. Gutachten Kulturfinanzierung, S. 56. (Kommissionsdrucksache 15/276a)
[577] Vgl. Kap. 2.3, Rechtliche Rahmenbedingungen und Kap. 2.4, Kultur als Staatsziel.
[578] Vgl. Kap. 5.2, Kultur- und Kreativwirtschaft: Begriff und Abgrenzung, Abb. 4.
[579] Vgl. Erster Kulturwirtschaftsbericht Schweiz (Kommissionsmaterialie 15/046)
[580] Vgl. Arbeitskonzept der Enquete-Kommission/Arbeitsgruppe der SPD-Bundestagsfraktion (Arbeitskonzept Arbeitsgruppe SPD). (Kommissionsdrucksache 15/006)

förderung von staatlicher Seite Unterstützung erhalten. Durch ein kooperationsfreundliches Klima können private und gemeinnützige Akteure motiviert werden, (mehr) Verantwortung zu übernehmen. Dabei kann es nicht darum gehen, dass Staat und Kommunen sich aus ihrer Verantwortung für die kulturelle Infrastruktur zurückziehen. Doch gibt es viele Bereiche, in denen diese Partner in gleicher Weise und Qualität Kulturangebote fördern und gestalten können. Wo dies möglich ist, ist es sinnvoll, dass die öffentliche Hand mit den Privaten entsprechende Verantwortungspartnerschaften begründet und so kulturelle Infrastruktur und Kulturförderung im Zusammenwirken mit Dritten garantiert.

Dieses Zusammenspiel darf allerdings nicht dazu führen, dass die öffentlichen Haushalte angesichts der immer knapper werdenden Mittel diese vorrangig allein für die Unterhaltung der staatlichen/kommunalen Kultureinrichtungen einsetzen. Es ist dafür Sorge zu tragen, dass genügend Mittel zur Verfügung stehen, um auch dem gemeinnützigen Sektor die Aufgabenerfüllung zu ermöglichen. Kürzungen dürfen also nicht einseitig zulasten der Förderung freier Kulturträger gehen.

Faktisch wird in Deutschland der Großteil der Kultur unmittelbar durch Staat und Kommunen finanziert; dadurch sind bestimmte Einrichtungstypen und deren Inhalte strukturell privilegiert. Die Kürzungen der Länder betreffen vor allem Projekte (um bis zu 50 Prozent), in denen private Träger stärker engagiert sind. Die Enquete-Kommission hat während ihrer Arbeit durch Befragungen, Gutachten und Reisen die Erkenntnis gewonnen, dass die Kürzungen in den öffentlichen Haushalten vor allem Projekte und weniger Institutionen betreffen. Dieses ist den Förderinstrumenten der institutionellen und der Projektförderung inhärent. Die institutionelle Förderung zielt auf eine längerfristige Förderung einer Institution. Die Projektförderung bezieht sich auf sachlich und zeitlich befristete Vorhaben. Die öffentliche Hand ist also bei der institutionellen Förderung in der Regel gebunden und kann mögliche Einsparungen vor allem im Rahmen der Projektförderung vornehmen. Dabei sind insbesondere freie Träger von den Kürzungen betroffen. Die Länder und Kommunen fühlen sich gegenüber den eigenen Einrichtungen mehr verpflichtet und schützen sie stärker in den Sparrunden. Ein weiteres Problem der „ungerechten Gleichbehandlung" ergibt sich daraus, dass die Anwendung des für staatliche Bürokratien/große Organisationseinheiten konzipierten Haushalts- und Zuwendungsrechts nicht für kleine, gemischt finanzierte Organisationen geeignet ist.

Das Haushalts- und Zuwendungsrecht ist so auszugestalten, dass auch „gemischt finanzierte" Organisationen in ihrer Arbeit nachhaltig unterstützt werden können. Die Systematik von Fehlbedarfsfinanzierungen und Jährlichkeitsprinzip steht einer sinnvollen Kulturförderung freier Träger oft entgegen.[581]

Das Feld der Kultur, auf dem mit kulturellen Aktivitäten ein wirtschaftlicher Gewinn erzielt werden kann – die Kulturwirtschaft – hat eine wachsende Bedeutung. In einigen Bereichen des kulturellen Lebens hat traditionell die Kulturwirtschaft einen hohen Stellenwert. So werden bildende Künstler oftmals zuerst von privaten Galeristen entdeckt, die zunächst den Markt für die Werke erschließen. Danach öffnen sich die gemeinnützigen Kunstvereine als zivilgesellschaftliche Akteure des kulturellen Lebens und zum Schluss erst die öffentlichen Museen. Ähnliches kann für den Literaturbereich festgestellt werden. Auch hier sind es privatwirtschaftliche Unternehmen, die die Bücher verlegen und einen Markt schaffen. Erst danach können öffentliche Bibliotheken aktiv werden. Betrachtet man den Teilmarkt der populären Musik, so ist festzustellen, dass bis auf vereinzelte Ausnahmen die Markterschließung in der Hand der kulturwirtschaftlichen Unternehmen liegt. Diese Frage wurde als eigenes Thema in der Enquete-Kommission behandelt.[582] Alle Untersuchun-

---

[581] Vgl. Kap. 4.6, Künstlerförderung.
[582] Vgl. Kap. 5., Kultur- und Kreativwirtschaft.

gen zur Kultur stellen übereinstimmend fest, dass Kulturförderung in aller Regel nicht durch Aktivitäten mit wirtschaftlicher Gewinnerzielung ersetzt werden kann. Die kulturelle Infrastruktur bleibt auf Förderung angewiesen.

Die bislang erschienenen Kulturwirtschaftsberichte[583] zeigen in detaillierten Analysen, dass eine öffentliche Förderung der Kultur nicht nur unmittelbare Effekte hat, sondern auch über die Kulturausgaben weitere wirtschaftliche Effekte erzielt. Dass die Kulturwirtschaft für Arbeitsplätze und Wirtschaft von inzwischen erheblicher Bedeutung ist, wird in den Berichten deutlich. Das gilt auch für das private Engagement im Kulturbereich, das zum kulturellen Angebot einer Kommune oder Region erheblich beiträgt. Kulturelle Angebote sind inzwischen weit mehr als sogenannte „weiche Standortfaktoren". Im Wettbewerb um Wirtschaftsansiedlungen sind sie bereits ein entscheidender Faktor geworden. In der Stimulation kulturwirtschaftlicher Aktivitäten und im Tourismus werden unmittelbare wirtschaftliche Effekte kultureller Tätigkeit sichtbar, die sich in Steuereinnahmen und Sozialversicherungsbeiträgen niederschlagen. Solche sekundären Effekte einer aktiven Kulturpolitik spielen inzwischen eine erhebliche Rolle für die Wirtschaftskraft einer Kommune oder Region.

Eine besonders komplexe Form der Wechselwirkung öffentlicher und privater Förderung und Finanzierung ist unter dem Namen „Public Private Partnership"[584] populär geworden. Hinter diesem Begriff verbirgt sich eine Fülle von unterschiedlichen Verfahren der Mischfinanzierung und Organisation öffentlicher und privater Träger.[585] Eine einheitliche Definition – auch im steuer-, haushalts-, vergabe- und zuwendungsrechtlichen Sinne[586] – von Öffentlich-Privater-Partnerschaft existiert nicht. Es lassen sich jedoch einige Merkmale identifizieren, die von den angehörten Experten übereinstimmend als wesenstypisch für Öffentlich-Private-Partnerschaft angesehen werden. Hierzu zählt die langfristige Anlage der Kooperation, die durch die gemeinsame Nutzung von Ressourcen wie Personal, Kapital, Betriebsmitteln und Know-how zur Erzielung von Synergieeffekten gekennzeichnet ist. Die Partner verfolgen hierbei komplementäre Vorstellungen und definieren diese regelmäßig, im Idealfall mit klaren Vereinbarungen hinsichtlich der Aufgaben und Zielstellungen, vertraglich.[587] Hiervon lassen sich klassische Vertragsbeziehungen zwischen öffentlicher Hand und privatem Vertragspartner, wie dies auch bei Sponsoring, Mäzenatentum oder finanziellen Zuwendungen in Form von Spenden der Fall ist, definitorisch klar abgrenzen.

ÖPP-Modelle treten im Wesentlichen als Finanzierungs- bzw. Organisationsmodelle auf, wobei auch hier eine große Bandbreite einzelner Erscheinungsformen festzustellen ist. Wenn mit ÖPP die Finanzierung eines kulturellen Engagements gemeint ist, deren Abwicklung trotz eines Gewinns des Unternehmers für die öffentliche Hand günstiger ist, handelt es sich beispielsweise um eines von vielen Finanzierungsmodellen.

---

[583] Berlin, Bremen, Hamburg, Hessen, Sachsen-Anhalt, Mecklenburg Vorpommern, Niedersachen, Nordrhein-Westfalen und Schleswig-Holstein sowie die Städte Aachen und Köln.
[584] Im Folgenden wird der Begriff „Öffentlich-Private-Partnerschaft" (ÖPP) verwendet.
[585] Vgl. Anhörung vom 3. November 2004 zum Thema „Public Private Partnership im Kulturbereich", Teilnehmer: Bretz, Alexander (Kulturanwalt, Geschäftsführer Verein der Zeitungsverleger in Berlin und Brandenburg e. V., Berlin), Grosse-Brockhoff, Hans-Heinrich (Stadtdirektor, Stadtverwaltung Düsseldorf), Kiel, Prof. Dr. Hermann-Josef (Kultur- und Freizeitmanagement, Studiengang Betriebswirtschaft, FH Heilbronn), Küppers, Dr. Hans-Georg (Deutscher Städtetag, Köln), Loock, Prof. Dr. Friedrich (Studiengang- und Institutleiter am Institut für Kultur- und Medienmanagement der Hochschule für Musik und Theater Hamburg), Neumann, Dr. Dieter (Freshfields Bruckhaus Deringer, Berlin), Wechsler, Dr. Ulrich (Vorsitzender der Stiftung Buch-, Medien- und Literaturhaus München); vgl. auch Zusammenfassung der schriftlichen Stellungnahmen der Anhörung zum Thema „Public Private Partnership im Kulturbereich" (Zusammenfassung Anhörung PPP Kulturbereich). (Kommissionsdrucksache 15/534)
[586] Ebd., S. 4.
[587] Ebd., S 4ff.

Verschiedene Organisationsmodelle liegen beispielsweise in Form von Betreibermodellen, in denen der Einfluss der beteiligten Gesellschafter extrem unterschiedlich ausgeprägt sein, kann oder in Form der Gründung von Eigengesellschaften vor.

Die rechtlichen Erscheinungsformen, in denen sich ÖPP etablieren lassen, sind demnach vielfältig. Insbesondere die Rechtsform der Stiftung ist für die Kooperation von öffentlicher Hand und Privatwirtschaft geeignet. Sie gewährleistet ein ausgewogenes Verhältnis der Partner in den Stiftungsgremien und ist in der Regel auf eine dauerhafte Existenz ausgelegt. Hierdurch wird dem jeweiligen Projekt eine solide Aktionsbasis verschafft.[588] Zusätzlich kann durch die Aufnahme von Persönlichkeiten aus Wissenschaft, Wirtschaft oder dem öffentlichen Leben der Diskurs in den Gremien der ÖPP erheblich an Qualität gewinnen.[589]

Die Motivationen, sich an ÖPP-Modellen zu beteiligen, unterscheiden sich naturgemäß. Während die öffentliche Hand vornehmlich eine mögliche Kostenersparnis sowie die Sicherung bzw. den Ausbau des kulturellen Angebotes und damit die Erfüllung ihres gesetzlichen Auftrages im Auge hat, verfolgen die privaten Akteure regelmäßig auch eine Gewinnerzielungsabsicht. Vor diesem Hintergrund ist bei ÖPP-Modellen kritisch zu prüfen, inwieweit eine verstärkte Nachfrageorientierung dem generellen öffentlichen Kulturauftrag zuwiderläuft. Es empfiehlt sich daher, die gemeinsamen Ziele und Regeln klar zu definieren und die Qualität der Kooperation in dieser Hinsicht fortwährend zu evaluieren.[590]

Risiken bei der Kooperation liegen für die Einrichtungen vor allem in der Kontinuität der Förderung und deren Reichweite. Dies gilt zum Beispiel, wenn repräsentative Museen, die von Privaten bzw. für bedeutende private Sammlungen errichtet worden sind, nach der einmaligen Finanzierung die laufenden Kosten nicht decken können, weil sie nicht durch eine vertragliche Absicherung geregelt wurden. Dies gilt auch für die Unsicherheit bei nur kurz laufenden vertraglichen Verpflichtungen zur Übernahme der Betriebskosten durch Sponsoren.

Kritisch muss vor der Vereinbarung einer ÖPP auch geprüft werden, welche Absicherungen für den Fall vorhanden sind, dass einer der Partner eine Neuorientierung im Rahmen der ÖPP anstrebt. Dies kann zum Beispiel nötig sein, wenn sich die ökonomische Basis des privaten Partners verändert oder eine inhaltliche Neuausrichtung des gemeinnützigen Engagements erfolgt. Für den privaten Partner könnten sich hingegen veränderte kulturpolitische Konstellationen mit daraus resultierenden Prioritätenverschiebungen als problematisch erweisen.[591]

Es gibt bislang nur wenige konkrete Erfahrungen mit ÖPP im Kultursektor. Für andere Bereiche – so eine Erhebung des Bundesministeriums für Verkehr, Bau und Stadtentwicklung – lägen zumindest Erkenntnisse über finanzielle Einsparpotenziale für die öffentliche Hand vor, die zwischen zehn und 20 Prozent betragen können.[592]

Die wenigen bisher bestehenden Kooperationen, auch mit Trägern unterschiedlicher Rechtsformen wie den Kirchen und mit Privatleuten, sind zudem von höchst unterschiedlicher Natur und haben unterschiedliche Ergebnisse erzielt. Als gelungenes Projekt wurde von den angehörten Experten übereinstimmend der „museum kunst palast" in Düsseldorf hervorgehoben. Dieser langfristig angelegten Kooperation im Rahmen eines Stiftungsmodells sei es gelungen, durch erhebliche private und öffentliche Investitionen künstlerische Akzente zu setzen und die Stadt Düsseldorf als Kunst-

---

[588] Ebd.
[589] Ebd., S. 25.
[590] Ebd., S. 9.
[591] Ebd., S. 16f.
[592] Ebd., S. 19.

zentrum zu stärken.[593] Auch wenn es im Einzelfall negative Erfahrungen gebe, die in der Regel aus der mangelnden Vorbereitung der Kooperation resultierten, sind ÖPP vom Ansatz grundsätzlich positiv zu bewerten.[594]

Gemeinschaftliches Handeln von öffentlicher Hand und privatem Träger im Kulturbereich ermöglicht Synergieeffekte sowie Wissenstransfer und erschließt neue Perspektiven und Chancen über den Bereich der Finanzierung des kulturellen Angebotes hinaus. Im Rahmen einer Delegationsreise in die USA, in denen privates Engagement mit zivilgesellschaftlicher Intention eine lange Tradition hat, konnte sich die Enquete-Kommission davon überzeugen, dass Kooperationen mittels ÖPP eine erfolgversprechende Option darstellen, das kulturelle Leben zu bereichern.[595] Sie sind daher politisch zu fördern und weiterzuentwickeln.

C)   Handlungsempfehlungen

1. Die Enquete-Kommission empfiehlt Bund, Ländern, Kommunen und anderen Trägern öffentlicher Kulturförderung, das Verhältnis von freier und öffentlicher Kulturförderung so zu organisieren, dass die öffentliche Hand in den Fällen unterstützend eingreift, wo sinnvolle und wichtige Aktivitäten ohne ihre Hilfe nicht möglich sind. Dann sollte sie die vorhandenen Kräfte so stärken, dass diese die Verantwortungspartnerschaft wahrnehmen können.

2. Die Enquete-Kommission empfiehlt Bund, Ländern, Kommunen und anderen Trägern öffentlicher Kulturförderung, Kulturpolitik im Verhältnis zwischen den Angeboten der öffentlichen Hand und den auf wirtschaftlichen Gewinn ausgerichteten Anbietern, wie Musical-Theater, Galerien, Musikindustrie, als Strukturpolitik zu verstehen. Eine Schieflage kann dann eintreten, wenn öffentlich geförderte Einrichtungen in eine bestehende Infrastruktur eingreifen, in der andere Anbieter bereits erfolgreich tätig sind. Im Sinne eines „Gleichgewichts" sollte die öffentliche Hand ihre Mittel in den Bereichen einsetzen, die ohne öffentliche Förderung nicht auskommen und deren Angebot kulturpolitisch gewollt ist.

3. Die Enquete-Kommission empfiehlt Bund, Ländern, Kommunen und anderen Trägern öffentlicher Kulturförderung, verstärkt Fördermodelle zu entwickeln und zu realisieren, nach denen Fördergelder an Träger unter der Kondition gegeben werden, dass weitere Mittel aus anderen Quellen zur Finanzierung gewonnen werden. Nach dem Prinzip des sogenannten „Matching Fund" gilt dies auch umgekehrt: Die eingeworbenen Mittel werden durch eine Zusage des stärkeren Förderers vervielfacht. Verschiedene Förderer können sich so wechselseitig stützen und motivieren. Dadurch wird es möglich, dass weitere Fördergelder eingeworben werden können. Diese Konditionierung verlangt jedoch, dass die zusätzlichen Mittel nicht zur Kürzung der Zusagen genutzt werden. Kooperationen und Vernetzungen mit anderen, auf dem gleichen Feld operierenden Einrichtungen – welcher Träger auch immer – sollten selbstverständlich sein und bisweilen auch zur Bedingung einer öffentlichen Förderung gemacht werden.[596]

4. Die Enquete-Kommission empfiehlt Bund, Ländern, Kommunen und anderen Trägern öffentlicher Kulturförderung, bei der Ausgestaltung von Verantwortungspartnerschaften Vereinbarun-

---

[593] Ebd., S. 25.
[594] Ebd., S. 20.
[595] Vgl. Bericht der Delegationsreise USA, S. 18-31. (Kommissionsdrucksache 15/499)
[596] Sondervotum FDP-Fraktion und SV Olaf Zimmermann: „Diese Modelle dürfen nicht zu einer Einschränkung der Autonomie der Träger führen. Den Chancen einer Kooperation mit Dritten muss der Mehraufwand, der bei der Zusammenarbeit mit verschiedenen Förderern entsteht, gegenübergestellt werden. Was Kooperationen mit anderen betrifft, muss respektiert werden, dass jede Institution auch darauf bedacht sein muss, ein unverwechselbares Profil auszuarbeiten. Einen Zwang zur Zusammenarbeit darf es nicht geben."

gen auf „Augenhöhe" zu treffen. Hierbei muss auch die spezifische Situation kleiner Träger berücksichtigt werden, die zum Beispiel durch finanzielle Unsicherheit und Personalknappheit gekennzeichnet ist. Gleichbehandlung und Sachangemessenheit dürfen in diesem Zusammenhang nicht verwechselt werden.

5. Die Enquete-Kommission empfiehlt Bund, Ländern, Kommunen und anderen Trägern öffentlicher Kulturförderung, ÖPP-Modelle als ein Mittel der Kulturförderung einzusetzen, wenn diese in einer Zusammenarbeit mit Privaten besteht, die Investitionen ermöglicht und zu einem nachhaltigen Zusammenwirken privater und gemeinnütziger oder öffentlicher Träger führt. Als eine solche Form der gemeinsamen Projektentwicklung und -förderung ist sie weiterzuentwickeln.

6. Die Enquete-Kommission empfiehlt den an ÖPP beteiligten Akteuren, klare vertragliche Vereinbarungen hinsichtlich der Ziele, Inhalte und der Organisation der angestrebten Kooperation zu treffen. In der Zusammenarbeit mit Stiftern und Sammlern ist auf eine sorgfältige, nachhaltige Absicherung der Zusammenarbeit – in vertraglicher Form – besonders zu achten.

7. Die Enquete-Kommission empfiehlt der Bundesregierung, den Landesregierungen und den kommunalen Spitzenverbänden weiterhin, die vorhandenen ÖPP-Projekte regelmäßig zu evaluieren und hieraus Anforderungen abzuleiten, die als Entscheidungshilfen zur Gründung von ÖPP dienen können.

3.5 Förderbereiche von besonderer Bedeutung

3.5.1 Kulturförderung in den neuen Ländern

Die neuen Länder haben eine alte und vielfältige Kulturlandschaft in das vereinigte Deutschland eingebracht. In den Jahren der Teilung waren Kunst und Kultur – trotz unterschiedlicher gesellschaftlichen Rahmenbedingungen – für die Menschen in Ost und West eine wichtige Brücke und verbindendes Element einer fortbestehenden deutschen Kulturnation.

Der Fall der Mauer und die Vereinigung Deutschlands haben das kulturelle Leben in der größer gewordenen Bundesrepublik bereichert und verändert. Fragen der Kulturfinanzierung stellen sich aufgrund der schwächeren Wirtschaftskraft, geringerer Einkommen und Vermögen und der damit verbundenen, wesentlich geringeren Kaufkraft und potenziellen Spender- und Sponsorendichte im Osten Deutschlands in viel drastischerer Weise. Das Engagement des Bundes wurde von Berlin und den neuen Ländern nicht nur akzeptiert, sondern sogar gefordert.

Alle Beteiligten im Prozess der Vereinigung und der Entwicklungen der vergangenen 15 Jahre waren sich einig, dass eine gemeinsame Verantwortung für das eigene kulturelle Erbe besteht, ohne dabei jedoch den Blick nach vorn, die Perspektive der Gegenwartskunst und des kulturellen Lebens, außer Acht zu lassen.

A) Bestandsaufnahme

In Artikel 35 des Einigungsvertrages (EinigV) wird sowohl der Beitrag von Kunst und Kultur im Prozess der staatlichen Einheit Deutschlands gewürdigt als auch auf die Auswirkungen der Teilung Deutschlands Bezug genommen:

Einigungsvertrag: Artikel 35 – Kultur

„1) In den Jahren der Teilung waren Kunst und Kultur – trotz unterschiedlicher Entwicklung der beiden Staaten in Deutschland – eine Grundlage der fortbestehenden Einheit der deutschen Nation. Sie leisten im Prozess der staatlichen Einheit der Deutschen auf dem Weg zur europäischen Einigung einen eigenständigen und unverzichtbaren Beitrag. Stellung und Ansehen eines vereinten Deutschlands in der Welt hängen außer von seinem politischem Gewicht und seiner wirtschaftlichen Leistungskraft ebenso von seiner Bedeutung als Kulturstaat ab. Vorrangiges Ziel der Auswärtigen Kulturpolitik ist der Kulturaustausch auf der Grundlage partnerschaftlicher Zusammenarbeit.

2) Die kulturelle Substanz in dem in Artikel 3 genannten Gebiet darf keinen Schaden nehmen.

3) Die Erfüllung der kulturellen Aufgaben einschließlich ihrer Finanzierung ist zu sichern, wobei Schutz und Förderung von Kultur und Kunst den neuen Ländern und Kommunen entsprechend der Zuständigkeitsverteilung des Grundgesetzes obliegen.

4) Die bisher zentral geleiteten kulturellen Einrichtungen gehen in die Trägerschaft der Länder oder Kommunen über, in denen sie gelegen sind. Eine Mitfinanzierung durch den Bund wird in Ausnahmefällen, insbesondere im Land Berlin, nicht ausgeschlossen.

5) Die durch die Nachkriegsereignisse getrennten Teile der ehemals staatlichen preußischen Sammlungen (unter anderem Staatliche Museen, Staatsbibliotheken, Geheimes Staatsarchiv, Iberoamerikanisches Institut, Staatliches Institut für Musikforschung) sind in Berlin wieder zusammenzuführen. Die Stiftung Preußischer Kulturbesitz übernimmt die vorläufige Trägerschaft. Auch für die künftige Regelung ist eine umfassende Trägerschaft für die ehemals staatlichen preußischen Sammlungen in Berlin zu finden.

6) Der Kulturfonds wird zur Förderung von Kultur, Kunst und Künstlern übergangsweise bis zum 31. Dezember 1994 in dem in Artikel 3 genannten Gebiet weitergeführt. Eine Mitfinanzierung durch den Bund im Rahmen der Zuständigkeitsverteilung des Grundgesetzes wird nicht ausgeschlossen. Über eine Nachfolgeeinrichtung ist im Rahmen der Verhandlungen über den Beitritt der Länder der in Artikel 1 Absatz 1 genannten Länder zur Kulturstiftung der Länder zu verhandeln.

7) Zum Ausgleich der Auswirkungen der Teilung Deutschlands kann der Bund übergangsweise zur Förderung der kulturellen Infrastruktur einzelne kulturelle Maßnahmen und Einrichtungen in dem in Artikel 3 genannten Gebiet mitfinanzieren."

Im Zuge von Entflechtungs-, Systematisierungs- oder Föderalismusdebatten zur Bestimmung von Zuständigkeiten und Instrumenten staatlicher Förderpolitik sei auf zwei, sich aus dem Einigungsvertrag ergebende Problemkreise besonders hingewiesen.

Erstens: Die Förderung der „bisher zentral geleiteten kulturellen Einrichtungen" (Artikel 35 Absatz 4) ging „in die Trägerschaft der Länder und Kommunen über, in denen sie gelegen sind." Allerdings wird eine, auch unbefristete Hilfe des Bundes in Ausnahmefällen nicht ausgeschlossen. Die Formulierung „insbesondere im Land Berlin" verweist auf die besondere Bedeutung der Kultur in der Hauptstadt und auf die allein durch die Anzahl von Einrichtungen besondere Situation in Berlin, auf die im nächsten Kapitel des Berichts genauer eingegangen wird.

Die Hilfe des Bundes wird hier, anders als in Absatz 7, ausdrücklich nicht befristet. Die Wissenschaftlichen Dienste des Deutschen Bundestages erkennen in der Ausarbeitung „Rechtliche und institutionelle Rahmenbedingungen der Kultur in Deutschland" in dieser Formulierung eine „Kompetenz des Bundes für bestimmte kulturelle Leuchttürme" (ehemalige zentral geleitete Einrichtungen der DDR). Sie nehmen damit eine Qualifizierung im Sinne der „kulturellen Leuchttürme" vor. Die Formulierung des Einigungsvertrages deckt hierbei allerdings nur eine Mitfinanzierungskompetenz ab. Darauf gründen sich Überlegungen des Bundes, die Förderung auf kulturelle „Leuchttürme" zu konzentrieren. Diese wurden von Prof. Paul Raabe in einem „Blaubuch"[597] beschrieben.

---

[597] Vgl. Raabe (2002).

Zweitens: Für die Förderung der Kultur in den neuen Ländern besonders bedeutend war in den Jahren nach der Vereinigung aber auch die Formulierung im Absatz 7. Mit dieser eröffnet der Einigungsvertrag eine Mitfinanzierungsmöglichkeit des Bundes für Aufgaben, die unter Absatz 3 ausdrücklich als Aufgaben der Länder und Kommunen benannt werden. Zwei Bedingungen sind zu beachten:

– die Mitfinanzierung des Bundes kann nur zum Ausgleich der Auswirkungen der Teilung Deutschlands und

– sie kann nur übergangsweise erfolgen.

Der Einigungsvertrag beschreibt in dieser Formulierung, wenn auch als „Kann-Bestimmung", eine Mitfinanzierungsverantwortung des Bundes. Der Absatz 7 würde seinen Sinn verlieren, wenn Ausgleichsnotwendigkeiten für teilungsbedingte Lasten bestünden und der Bund dennoch eine Unterstützung vollständig verweigern würde.

Für die Bewertung dieses Themenkomplexes ist von entscheidender Bedeutung, ob die durch die Formulierung „übergangsweise" beschriebene Befristung der Verantwortung des Bundes inzwischen überschritten ist, der Bund also im Rahmen seiner Kompetenz weder die Pflicht noch die Möglichkeit hat, „einzelne kulturelle Maßnahmen und Einrichtungen" mitzufinanzieren. Angesichts weiterhin vorhandener teilungsbedingter Lasten sieht die Enquete-Kommission den Bund auch künftig in der Mitverantwortung für die Förderung der Kultur in den neuen Ländern.

Darüber hinaus muss aber auch gefragt werden, ob die durchgeführte bzw. eventuell in Aussicht genommene Unterstützung geeignet ist, die Folgen der Teilung Deutschlands im kulturellen Bereich auszugleichen. Es geht also nicht primär darum, irgendeinen Bedarf der Kulturfinanzierung zu bestimmen und die Mitfinanzierung des Bundes zu verlangen.

Und schließlich ist zu prüfen, ob durch den „Solidarpakt II" und dem dort zwischen Bund und Ländern verhandelten sogenannten „Korb II", der für die Jahre 2005 bis 2019 bis zu 51 Mrd. Euro zweckgebundene Zuweisungen des Bundes an die neuen Länder enthält, die Ansprüche aus dem Einigungsvertrag Artikel 35 Absatz 7 abgedeckt werden bzw. werden können.

Generell muss festgehalten werden, dass sich der Artikel 35 des Einigungsvertrages nicht allein auf den Erhalt des kulturellen Erbes bezieht, sondern – ausgehend von einem erweiterten Kulturbegriff – auch die Förderung kultureller Infrastruktur einräumt. Die Charakterisierung bestimmter Kultureinrichtungen als „Leuchtturm" und die damit allein verbundene Bundeshilfe greifen zu kurz. Gerade das eingangs erwähnte Strukturdefizit der neuen Länder betrifft vor allem auch die Finanzkraft der Kommunen. Eine „Leuchtturmförderung" des Bundes ist deshalb nicht von der Ressourcenverteilung in der Kulturpolitik der neuen Länder zu trennen.

B) Problembeschreibung

Für die bisherige Entwicklung wird festgestellt: Die Förderung der Kultur in den neuen Ländern war und ist notwendig, hilfreich und in ihrer Form richtig angelegt. Ohne die Mitfinanzierung durch den Bund wäre der Erhalt großer ostdeutscher Kultureinrichtungen nicht möglich gewesen.

Die Übergangsfinanzierung – das heißt das Infrastrukturprogramm, das Substanzerhaltungsprogramm und das Denkmalschutzprogramm – liefen, wie 1990 geplant, im Jahr 1993 aus. Das Auslaufen dieser Programme erwies sich für die Kultureinrichtungen in den neuen Ländern aber als verfrüht. Mit dem Denkmalschutzprogramm „Dach und Fach" und dem Leuchtturmprogramm hat der Bund zumindest im Bereich des Denkmalschutzes und der Förderung national bedeutsamer Einrichtungen Mittel zur Verfügung gestellt. Mit dem Leuchtturmprogramm können bis zu 50 Prozent der Personal- und Sach- bzw. Investitionskosten national bedeutsamer Einrichtungen aus Bundesmitteln finanziert werden. Weiter wurde nach der Bundestagswahl 1998 das Programm „Kultur in den neuen Ländern" aufgelegt.

Die erheblichen Leistungen des Bundes für die Kultur in den neuen Ländern wurden von einer beispielhaften Zusammenarbeit zwischen Bund, Ländern und Kommunen getragen. Als Problem erwies sich die Diskontinuität der Förderung. Die Einsetzung eines Staatsministers und Beauftragten der Bundesregierung für Kultur und Medien (BKM) im Jahre 1998 hat sich für die Wahrnehmung der kulturpolitischen Aufgaben des Bundes bewährt und die Kulturpolitik des Bundes in der öffentlichen Wahrnehmung aufgewertet. Während das „Leuchtturmprogramm", mit dem auch Einrichtungen des UNESCO-Weltkulturerbes mit jährlich 75 Mio. Euro gefördert werden, fortgeführt wird, kam es im Jahre 2003 aus der Sicht der neuen Länder zu einer immer noch zu frühen Einstellung der Förderprogramme „Kultur in den neuen Ländern" und „Dach und Fach". Der Wegfall von Fördermitteln für den Denkmalschutz gefährdet zahlreiche bereits begonnene Maßnahmen bzw. auch langfristige Sanierungsvorhaben.

Nach Meinung der neuen Länder besteht immer noch ein erheblicher Investitionsbedarf der Kultureinrichtungen, um annähernd das Niveau der alten Länder zu erreichen. Es besteht weitgehend Einvernehmen, dass auf der Grundlage des „Blaubuches", das wichtige, national und international bedeutsame Kulturinstitutionen der neuen Länder („Leuchttürme") zusammenfasst und systematisiert, die Förderpraxis des Bundes fortgeführt werden sollte. Inwiefern das „Blaubuch" in sinnvoller Weise eine Fortschreibung, eventuell sogar eine Erweiterung auf die alten Länder erfahren sollte, ist strittig.

Die im Einigungsvertrag genannten Prämissen lassen sich zusammenfassend verallgemeinern und aktualisieren:

1) Kunst und Kultur waren ein verbindendes Element während der Zeit der deutschen Teilung. Sie haben entscheidenden Einfluss auf die nationale Identität, das soziale Zusammengehörigkeitsgefühl und die Suche nach gemeinsamen gesellschaftlichen Perspektiven.

2) Künstler und Kulturschaffende in der DDR haben in der Zeit der deutschen Teilung einen wesentlichen Beitrag zum Erhalt und zur Weiterentwicklung von Kunst und Kultur in Deutschland geleistet.

3) Kunst und Kultur leisten auch heute einen wichtigen Beitrag für eine gemeinsame nationale Identität.

4) Die kulturelle Substanz darf keinen Schaden nehmen, das kulturelle Erbe im Osten Deutschlands ist zu erhalten. Der Bund sieht sich in der Verantwortung für das Erbe Preußens. Dem Erhalt und der Entwicklung der kulturellen Infrastruktur auch im Rahmen eines erweiterten Kulturbegriffs kommt eine besondere Bedeutung zu. Finanzierungshilfen des Bundes sind möglich.

Bei der weiteren Umsetzung dieser Ziele müssen die wirtschaftliche Situation und die durch Abwanderung bestimmte demografische Entwicklung in den neuen Ländern beachtet werden. Einerseits ergibt sich dadurch ein erhöhter Bedarf an Finanzhilfen, andererseits stellt sich das Problem geringerer Nachfrage in besonders scharfer Form. Ohne eine Stärkung der Wirtschaftskraft und ohne eine selbsttragende Entwicklung in den neuen Ländern kann die kulturelle Substanz nicht dauerhaft gesichert werden. Die Enquete-Kommission wurde von fast allen Kulturministerien auf die dramatische Situation in Ostdeutschland und auf den Widerspruch zwischen der Breite der kulturellen Infrastruktur in den neuen Ländern und deren mangelnder Finanzausstattung hingewiesen. Weiterhin ist die Tatsache zu berücksichtigen, dass hier die Novellierung des Stiftungsrechts in den vergangenen Jahren nicht jenen Stiftungsboom nach sich zog, wie ihn die alten Länder erlebten, da es an kapitalkräftigen Stiftern und an gewachsenen Strukturen bürgerschaftlichen Engagements mangelt.

C) Handlungsempfehlungen

1. Die Enquete-Kommission empfiehlt Bund und Ländern, ihre Förderpraxis zum Erhalt der kulturellen Substanz in den neuen Ländern fortzusetzen. Die gute Zusammenarbeit zwischen dem Bund und den neuen Ländern bei den einigungsbedingten Strukturveränderungen soll fortgeführt werden.

2. Die Enquete-Kommission empfiehlt Bund und Ländern, 2 Prozent der in Korb II bis 2019 als zweckgebundene Zuweisungen des Bundes zur Verfügung stehenden Mittel für die Kultur in den neuen Ländern verbindlich festzuschreiben. Es liegt in der Zuständigkeit der jeweiligen Länder und Kommunen zu entscheiden, welche Kulturprojekte und Einrichtungen mit diesen jährlich insgesamt 64 Mio. Euro unterstützt werden. Die Wirksamkeit der vorgeschlagenen Regelungen sollte in den im Solidarpakt II vereinbarten Fortschrittsberichten evaluiert werden.

3. Die Enquete-Kommission empfiehlt Bund und Ländern die Förderung der Konferenz Nationaler Kultureinrichtungen fortzuführen.

4. Die Enquete-Kommission empfiehlt der Bundesregierung, das „Leuchtturmprogramm" mit seinen gesamtstaatlichen Prioritäten auf alle Länder auszudehnen. Ein dafür notwendiges Gesamtverzeichnis könnte von den Ländern und Kommunen erarbeitet werden. Als Auswahlkriterien für diese Einrichtungen sollten nationale kulturpolitische Bedeutung sowie die besondere internationale Strahlkraft zugrunde gelegt werden. Ziel eines solchen Verzeichnisses ist ein verbesserter koordinierter internationaler Auftritt der Bundesrepublik Deutschland als Kulturnation. Gleichzeitig bietet sich dadurch für die Länder eine sinnvolle und gewünschte Ergänzung zu der stark vom Bund geförderten Kultur in der deutschen Hauptstadt an.

5. Die Enquete-Kommission empfiehlt der Kultusministerkonferenz, die Erfahrungen der neuen Länder in der Kulturarbeit aufzubereiten. Von besonderem Interesse sind dabei die oft ungewöhnlichen Entscheidungen und Wege, die dort gegangen wurden bzw. in Zukunft gegangen werden müssen.

6. Die Enquete-Kommission empfiehlt der Bundesregierung, sich in der Europäischen Union dafür einzusetzen, dass die verschiedenen Fördermaßnahmen des Bundes, der Länder und der Kommunen zum Erhalt der kulturellen Vielfalt mit den Mitteln der EU-Strukturfonds verknüpft werden.

3.5.2 Kulturförderung in der Bundeshauptstadt[598]

A) Bestandsaufnahme und
B) Problembeschreibung

Bedeutung der Kultur für Berlin als Hauptstadt

Die Hauptstadt der Bundesrepublik Deutschland ist Berlin. Um dieser Rolle gerecht werden zu können, muss sich Berlin vor allem auf seinen großen kulturellen Reichtum als eine wesentliche Ressource besinnen. Neben den staatlich geförderten Kulturinstitutionen gibt es ein vielfältiges Kulturleben mit zahlreichen Einrichtungen, Veranstaltungen und Projekten. Der kulturelle Reichtum Berlins garantiert nicht nur der Stadt selbst eine wachsende Attraktivität, sondern ist von entscheidender Bedeutung für die Erfüllung der Hauptstadtfunktion. Eine Hauptstadt muss sich wesentlich über ihre Kultur definieren. Vergleichbare europäische Metropolen beziehen ihre Bedeutung und Strahlkraft ebenfalls aus der historisch gewachsenen Vitalität ihres kulturellen Le-

---

[598] Vgl. Sondervotum Prof. Dr. Wolfgang Schneider, Kap. 9.6.

bens. Sie sind, neben ihren anderen Funktionen, Foren der Kultur des jeweiligen Landes. Kultur ist ein bestimmender Faktor nicht nur für Identifikationsprozesse in einer sich globalisierenden Welt, sondern auch für das soziale und wirtschaftliche Vermögen eines Landes und seiner Hauptstadt. Daher kommt auch der Förderung der Kultur in Berlin eine zentrale Bedeutung zu.

Entsprechend seiner föderalen Struktur gibt es in Deutschland nicht eine, sondern viele Kulturmetropolen. Berlin kann kein kulturelles Definitionsmonopol für sich beanspruchen, gleichwohl sollen von der Kultur und ihrer Förderung in der Bundeshauptstadt Signalwirkungen für die Länder, Städte und Regionen in Deutschland ausgehen, ebenso wie sich umgekehrt in Berlin kulturelle Impulse aus dem ganzen Land widerspiegeln.

Damit Berlin seiner Hauptstadtfunktion gerecht werden kann, bedarf die Kultur in Berlin der Unterstützung des Bundes und der Länder. Der Hauptstadtkulturvertrag belegt das Bemühen des Bundes, seiner Verantwortung für die Kultur in der Hauptstadt gerecht zu werden, einschließlich der Finanzierung hauptstadtbedingter Sonderlasten. Die Förderung der Kultur in der Bundeshauptstadt liegt auch im Interesse der Länder. Die „Stiftung Preußischer Kulturbesitz" ist ein gelungenes Beispiel für den kooperativen Kulturföderalismus. Auch wenn die Arbeit der Stiftung Preußischer Kulturbesitz sich nicht allein auf Berlin konzentriert, sondern auch in anderen Ländern präsent ist, sind zum Beispiel die Museumsinsel in der Mitte Berlins oder die „Staatsbibliothek Unter den Linden" besondere Kristallisationspunkte der „jungen, alten" Hauptstadt Berlin und ein lebendiger Ausdruck des produktiven Umgangs von Bund und Ländern mit dem kulturellen Erbe und der Geschichte.

Zur Rolle der Kultur in der Hauptstadt

Die Rolle der Kultur in der Hauptstadt des Bundes und der Länder wird von folgenden vier Faktoren bestimmt:

Historische Bedingungen: Die Verantwortung des Bundes für die Kulturförderung in der Hauptstadt leitet sich unter anderem von der dort vorhandenen Fülle historischer Zeugnisse und Erinnerungsorte deutscher Geschichte ab. Die historischen Entwicklungslinien, die von der Geschichte Preußens, der Hauptstadtfunktion Berlins nach der Reichsgründung 1871, den 20er-Jahren mit einem vielfältigen Kulturleben, dem „Dritten Reich", dem dunkelsten Kapitel deutscher Geschichte, der Teilung der Stadt nach 1945, dem Ost-West-Konflikt, dem SED-Unrechtsregime und der Funktion Ostberlins als Hauptstadt der DDR bis hin zur Hauptstadtfunktion der ganzen Stadt nach der Deutschen Einheit reichen, sorgen für Schwierigkeiten und Widersprüche im Umgang mit Fragen der symbolisch-kulturellen Repräsentation Deutschlands in seiner Hauptstadt. Die besondere Verantwortung des Bundes für die Kultur in Berlin resultiert nicht zuletzt aus diesen historischen Besonderheiten.

Geopolitische Lage: Die geografische Lage Berlins ist durch seine Stellung zwischen Ost und West gekennzeichnet. In Berlin begegnen sich Ost und West sowohl in innerdeutscher als auch in internationaler Hinsicht. Die Kultur in Berlin kann ohne diese nationalen und internationalen Bezüge nicht angemessen beschrieben werden. Die Anerkennung Berlins als internationales Kulturzentrum mit einer großen Dichte an bedeutsamen Akteuren, Institutionen und Ereignissen entspricht dieser Mittlerfunktion zwischen Ost und West.

Repräsentative Funktion: Berlins Internationalität, seine Interkulturalität und ethnische Vielfalt sorgen für eine ausdifferenzierte, reiche Kulturlandschaft, die wesentlich zum Bild beiträgt, mit dem sich Deutschland nach innen und außen darstellt.

Identitätsstiftende Bedeutung: Kultur in der Hauptstadt zielt nicht auf repräsentative Staatskultur. Die kulturellen Institutionen Berlins sind vielmehr Podien ästhetisch begründeter Weltoffenheit.

Als solche haben sie identitätsstiftende Bedeutung – ebenso wie die zahlreichen freien Projekte und die in ihnen arbeitenden Künstler. Berlin ist ein Ort der kulturellen Neugier und ein Forum kultureller Identitätssuche mit integrativer Funktion für die Gesellschaft der Bundesrepublik Deutschland.

Aufgaben der Kulturpolitik in Berlin

Die Identifikation mit der Demokratie und der sie symbolisch repräsentierenden Hauptstadt soll in einem Kulturstaat wie Deutschland besonders über die Kultur erreicht werden. Daher muss die Kulturpolitik in Berlin daran mitwirken, dass sich die Bürger mit ihrer Hauptstadt identifizieren. Wenn die Vorstellung von einem kooperativen Kulturföderalismus ernst genommen werden soll, ist es zudem bedeutsam, dass die Länder sich durch eigene kulturelle Präsentationen in der Hauptstadt wiederfinden. Berlin sollte den Ländern Räume bzw. Spielstätten für die Darstellung ihrer kulturellen Produktionen zur Verfügung stellen.

Mit der Einfügung einer Berlin-Klausel in Artikel 22 Abs. 1 GG wurde klargestellt, dass die Repräsentation in der Hauptstadt Berlin Aufgabe des Bundes ist. Die Grundgesetzänderung verpflichtet den Bund auch bezüglich kultureller Aufgaben, die einen wesentlichen Teil der Repräsentation des Gesamtstaates ausmachen. Bei der Erarbeitung bundesgesetzlicher Regelungen, welche die Hauptstadtfunktion Berlins näher bestimmen sollen, ist daher darauf zu achten, dass die Zuständigkeiten und Verpflichtungen des Bundes bei der Kulturförderung der Hauptstadt klar festgelegt werden. Dabei blieben die einzelnen Kulturinstitutionen in ihren programmatischen Entscheidungen frei und müssen auch künftig frei bleiben.

Die „kulturellen Leuchttürme" der Stadt, das heißt diejenigen Einrichtungen, die sich aufgrund ihres Profils und ihrer Reputation in besonderem Maße für die gesamtstaatliche Repräsentation eignen, müssen Schwerpunkt der finanziellen Unterstützung des Bundes sein, wie es bereits der Hauptstadtkulturvertrag vorsieht. Dies gilt auch – aufgrund der historischen Rolle Berlins – für den Erhalt und die bauliche Wiederherstellung des reichhaltigen kulturell-architektonischen Erbes der Stadt, wo der notwendige Investitionsbedarf die finanzielle Leistungskraft Berlins übersteigt. Zu diesem Verantwortungsfeld gehören auch Stätten der Erinnerungskultur, sowohl der NS-Schreckensherrschaft als auch des DDR-Unrechtsregimes, für die ein Konzept der Förderung nach angemessenen systematischen und historischen Kriterien erforderlich ist. Andererseits sollte auch dem „Werkstattcharakter" der Berliner Kulturszene, insofern die Produktion und Darstellung zeitgenössischer Kunst internationale Strahlkraft entwickelt, bei der Förderung Rechnung getragen werden.

Aber auch Berlin muss seine Verantwortung in finanzieller Hinsicht wahrnehmen. Diese Verantwortung kann die Stadt, schon im eigenen Interesse, nicht einfach an den Bund und die anderen Länder delegieren. Denn Kultur und Kultur- und Kreativwirtschaft sind neben Wissenschaft und Forschung Berlins wichtige Ressourcen, denen ein entsprechender Stellenwert eingeräumt werden muss.

C)   Handlungsempfehlungen

1. Die Enquete-Kommission empfiehlt dem Deutschen Bundestag, bei der Erarbeitung der bundesgesetzlichen Regelung zu Artikel 22 Abs. 1 GG Kultur als einen wesentlichen Teil der Repräsentation des Gesamtstaates zu normieren und die sich daraus ergebenden Zuständigkeiten und Verpflichtungen des Bundes bei der Kulturförderung in der Hauptstadt festzulegen.

2. Die Enquete-Kommission empfiehlt der Bundesregierung, den Hauptstadtkulturfonds als wichtiges Finanzierungsinstrument nicht institutionalisierter Projektzusammenhänge in seiner strukturellen und finanziellen Ausstattung zu erhalten und zu stärken.[599]

3.5.3 Situation und Förderung der UNESCO-Welterbestätten in Deutschland

Vorgehensweise

Gemäß ihrem Einsetzungsbeschluss befasste sich die Enquete-Kommission auch mit der Förderung und Finanzierung der UNESCO-Welterbestätten in Deutschland. Diese Beschäftigung erfolgte unbeschadet der denkmalrechtlichen Situation in den Ländern und der hohen Bedeutung des Kulturdenkmalschutzes. Es wurden Stellungnahmen von den wichtigsten mit dem deutschen Welterbe befassten Institutionen eingeholt.[600] Daraufhin wurde ein Gutachten an den Rechtswissenschaftler Prof. Dr. Ernst-Rainer Hönes vergeben.[601] Am 3. November 2004 fand in der UNESCO-Welterbestätte Zeche-Zollverein in Essen eine Anhörung statt.[602] Am 15. Januar 2007 wurde ein Expertengespräch durchgeführt.[603]

Im Jahre 2005 gaben die Kulturstaatsministerin und die „Deutsche UNESCO-Kommission" (DUK) ein Gutachten in Auftrag, dass der Enquete-Kommission nicht zur Verfügung gestellt wurde. Bereits im Jahr 2003 hatte eine öffentliche Anhörung des Bundestagsausschusses für Tourismus zum Thema „Kultur und Tourismus/UNESCO-Welterbe" stattgefunden.

A) Bestandsaufnahme und
B) Problembeschreibung

„Wanderer achte Natur und Kunst und schone ihre Werke"[604] Die deutschen Welterbestätten sind von der UNESCO als herausragender Teil des Menschheitsgedächtnisses gewürdigt worden. Sie bieten die Gelegenheit, einzigartige Beiträge Deutschlands zur Weltkultur zu erleben. Erhalt, Erschließung und Nutzung dieser Stätten stellen ihre Träger (öffentliche Hand, Kirchen, Stiftungen und Private) vor große Herausforderungen.

---

[599] Die FDP-Fraktion und SV Olaf Zimmermann haben gegen diese Handlungsempfehlung gestimmt und folgendes Sondervotum abgegeben: „Der Hauptstadtkulturfonds ist ein wichtiges und erhaltenswertes Instrument der Kulturförderung des Bundes in Berlin. Um eine größere Transparenz und Objektivität der Förderentscheidungen zu erreichen, sind eine Reform der Förderstrukturen und eine Präzisierung der Förderkriterien erforderlich. Der Deutsche Bundestag, der den Etat von jährlich knapp 10 Mio. Euro bereitstellt, ist an den Förderentscheidungen in der ‚Gemeinsamen Kommission' mit zwei von ihm gewählten Vertretern zu beteiligen. Der 2003 ohne Parlamentsbeteiligung geschlossene Hauptstadtkulturvertrag ist in Form eines Staatsvertrages neu zu verhandeln und dabei ein Gesamtkonzept für eine systematische und transparente Hauptstadtkulturförderung vorzulegen."
[600] Vgl. schriftliche Stellungnahmen von BKM, Auswärtigem Amt, KMK, DUK, Deutscher Bischofskonferenz, Stiftung Kirchenbau und EKD. (Kommissionsdrucksachen 15/056 bis 15/061)
[601] Vgl. Förderung und Finanzierung der UNESCO-Welterbestätten in Deutschland. Gutachten zum Thema „Förderung und Finanzierung der UNESCO-Welterbestätten in Deutschland (Gutachten UNESCO-Welterbestätten). (Kommissionsdrucksache 15/211a)
[602] Vgl. Zusammenfassung der Anhörung vom 3. November 2004 zum Thema „Situation der UNESCO-Welterbestätten in Deutschland" (Anhörung UNESCO-Welterbestätten in Deutschland). (Kommissionsdrucksache 15/533); den Fragenkatalog zur Förderung und Finanzierung der UNESCO-Welterbestätten in Deutschland. (Fragenkatalog UNESCO-Welterbestätten in Deutschland). (Kommissionsdrucksache 15/236), Wortprotokoll der Anhörung. (Protokoll-Nr. 15/25)
[603] Vgl. Wortprotokoll des Expertengesprächs vom 15. Januar 2007 zum Thema „Situation der UNESCO-Welterbestätten in Deutschland", Teilnehmer: Bernecker, Dr. Roland (Deutsche UNESCO-Kommission); Kirschbaum, Dr. Juliane (Mitarbeiterin des Beauftragten der Bundesregierung für Kultur und Medien, Referat K24); Ringbeck, Dr. Birgitta (Ministerium für Bauen und Verkehr des Landes Nordrhein-Westfalen). (Arbeitsunterlage 16/119)
[604] Inschrift im Sockel einer Statue im Gartenreich Dessau-Wörlitz.

Die Welterbe-Konvention fasst unter dem Begriff „Kulturerbe" Denkmäler, Ensembles und Stätten zusammen.[605] Bei den deutschen Welterbestätten handelt es sich um Kirchen und Dome, um Schlösser, Gartenanlagen und Kulturlandschaften, um Museumsareale, Altstadtkerne und Industrieanlagen des 19. und 20. Jahrhunderts. Welterbestätten sind aber nicht nur historische Stätten und Zeugnisse, sondern auch Plätze zeitgenössischer Begegnung und Kultur und eignen sich besonders als Orte des interkulturellen Dialogs und der kulturellen Bildung für Kinder und Jugendliche.

Welterbestätten stehen immer wieder vor neuen Herausforderungen. Umweltverschmutzung, Erschließung, wissenschaftliche Begleitforschung und touristische Nutzbarmachung eröffnen angesichts begrenzter finanzieller Ressourcen Interessenkonflikte und verlangen, Prioritäten zu setzen, um den Erhalt des Welterbes für die künftigen Generationen zu sichern. Es bleibt Aufgabe des Staates, dafür Sorge zu tragen, dass dieses Erbe bewahrt und erschlossen wird.

Die UNESCO-Konvention und Probleme ihrer Umsetzung

Die Welterbekonvention der UNESCO[606] von 1972 ist das Ergebnis der seit über 100 Jahren nachweisbaren Bemühungen um völkerrechtlichen Kulturgüterschutz im Falle von Kriegen, der in der Haager Konvention 1954 erstmals festgeschrieben wurde.

Mit der Ratifizierung des UNESCO-Übereinkommens durch Bundesgesetz von 1977 hat der Kulturgüterschutz für Deutschland eine neue Dimension erhalten. 32 Natur- und Kulturdenkmale sind seit der Ratifizierung in Deutschland auf der Welterbeliste der UNESCO verzeichnet und stehen unter deren Schutz.[607]

Denkmale können in die Liste des Welterbes aufgenommen werden, wenn sie die in der Konvention aufgeführten Kriterien[608] erfüllen und ein Erhaltungsplan vorliegt. Mit der Zuerkennung des Status einer Welterbestätte verpflichtet sich der Träger zu deren Schutz im Sinne der Konvention. Die Liste des Welterbes umfasst insgesamt 830 Kultur- und Naturstätten in 138 Ländern.[609]

Die moderne Stadtentwicklung kann immer wieder in ein Spannungsverhältnis mit dem Schutz des Welterbes geraten, wie die Konflikte mit dem Kölner Dom und dem Dresdner Elbtal zeigen. Dies macht deutlich, dass stärker als bisher in der Öffentlichkeit vermittelt werden muss, dass die Aufnahme in die Liste der Welterbestätten nicht nur eine besondere Ehre sowie eine Chance für die Vermarktung einer Region oder Stadt ist, sondern dass damit ein erheblicher zusätzlicher Abstimmungsbedarf bei Bau- und Infrastrukturmaßnahmen entsteht.

Der DUK kommt im Umsetzungsprozess der Welterbe-Konvention eine besondere Rolle zu. Sie ist eine Mittlerorganisation der Auswärtigen Kulturpolitik und untersteht dem Auswärtigen Amt. Sie wirkt als Bindeglied zwischen Staat und Wissenschaft sowie als nationale Verbindungsstelle zu allen Arbeitsbereichen der UNESCO.

Verpflichtungen aus der Welterbekonvention

Die Welterbekonvention ist Bestandteil des Völkerrechts, sie bedarf der Umsetzung in nationales Recht. Konfliktfälle zeigen, dass die aus der Konvention entspringenden Verpflichtungen nur unzureichend bekannt sind. Deshalb hat die Hauptversammlung der Deutschen UNESCO-Kommission im Juni 2006 eine Resolution verabschiedet, die die in Deutschland fachlich und politisch Zuständi-

---

[605] Vgl. Artikel 1 der Welterbekonvention.
[606] Vgl. UNESCO-Übereinkommen zum Schutz des Kultur- und Naturerbes der Welt.
[607] Stand: Oktober 2007.
[608] Eine deutsche Übersetzung der Richtlinien findet sich im Welterbe-Manual der DUK.
[609] Stand: Februar 2007.

gen an ihre Verantwortung erinnert.[610] Umgekehrt muss aber auch die UNESCO-Kommission darauf achten, dass sie bei der Überwachung der Einhaltung der Welterbekriterien in allen Vertragsstaaten die gleichen Maßstäbe anlegt.[611]

Notwendig wäre es unter anderem – so forderte es bereits die Generalkonferenz der UNESCO im Jahre 1972 –, dass in den öffentlichen Haushalten ein bestimmter Prozentsatz für die Erhaltung und Erschließung der Erbestätten eingestellt würde.[612] Des Weiteren wurde die „Einrichtung nationaler Stiftungen oder Vereinigungen des privaten und öffentlichen Rechts [vorgeschlagen], die den Zweck haben, Spenden für den Schutz des Kultur- und Naturerbes anzuregen".

Artikel 16 der Welterbekonvention verpflichtet die Unterzeichnerstaaten, alle zwei Jahre Beiträge in einen gemeinsamen Fonds für das Erbe der Welt einzuzahlen. Deutschland hat diese Verpflichtung zwar nicht anerkannt, kommt ihr aber freiwillig und in der geforderten Höhe nach. Artikel 29 der Konvention fordert regelmäßige Berichte über die Anwendung der Konvention. Diese Berichtspflicht erfüllt die Bundesrepublik Deutschland ebenfalls.[613] Das deutsche Nationalkomitee der regierungsunabhängigen Organisation „International Council on Monuments and Sites" (ICOMOS) führt zur Überwachung und Beobachtung ein jährliches Monitoring der deutschen Welterbestätten durch, dessen Aussagekraft geschätzt wird.

Besondere Bedeutung hat die Einbindung der kulturellen Kinder- und Jugendbildung auch über die etwa 160 deutschen UNESCO-Schulen hinaus. Das Freiwillige Soziale Jahr, Schul- und Ausbildungspraktika, Projektwochen usw. tragen dazu bei, dass das Welterbe Teil unseres kulturellen Lebens bleibt und junge Generationen sich dieses aneignen.

Ausbauwürdig und -fähig ist die Welterbe-Forschung. Generell gibt es zu wenig Forschung im kunsthistorischen Bereich, die denkmalpflegerische Aspekte in Betracht zieht. Von 1984 bis 1998 stellte das Bundesministerium für Bildung und Forschung (BMBF) für die Denkmalpflegeforschung ca. 186 Mio. Euro bereit, diese Förderung wurde eingestellt. Mehrere Universitäten bieten – mit unterschiedlichen Schwerpunkten – Studiengänge zum Management von Welterbestätten an. Die Brandenburgische Technische Universität (BTU Cottbus) hat internationale Studiengänge in den Lehrplan aufgenommen.

Probleme der Systematisierung und finanziellen Förderung der Welterbestätten

Nicht nur die Art der Stätten in Deutschland, sondern auch die Formen ihrer Trägerschaft sind unterschiedlich. Das erschwert eine denkmalpflegerische Gesamtbetrachtung. Sie befinden sich in öffentlicher Hand, im Besitz der Kirchen, von Stiftungen und Privaten. Eine Systematisierung der Welterbestätten nach ihrer Trägerschaft und die Ermittlung der jeweiligen Zuständigkeiten des Bundes oder der Länder gestalten sich daher schwierig – Altstadtkerne bestehen zum Beispiel aus unzähligen Einzeldenkmalen. Hierin, aber auch in der Tatsache, dass es Welterbestätten gibt, die Ländergrenzen überschreiten, ist begründet, dass es keine speziellen Förderprogramme für Welterbestätten gibt.

Eine systematische Erfassung der Trägerschaft und Klärung der Zuständigkeiten wäre hilfreich, führt aber allein nicht zu einer besseren Finanzierung der Welterbestätten. Vielmehr muss die Fi-

---

[610] Vgl. Deutsche UNESCO-Kommission. Ergebnisse der 66. Hauptversammlung am 28. und 29. Juni www.unesco.de/ua29-2006.html?&L=0, (Stand: 2. November 2007).
[611] Vgl. Reisebericht des Kulturausschusses nach Algerien/Libyen. (Kommissionsmaterialie 16/178)
[612] Vgl. Gutachten UNESCO-Welterbestätten, S. 40f. (Kommissionsdrucksache 15/211a)
[613] Vgl. Artikel 16.2. der Konvention. Dieser räumt die Möglichkeit ein, von der Verpflichtung, in einen gemeinsamen Fonds Einzahlungen zu leisten, entbunden zu werden. Für die Berichtspflicht vgl. schriftliche Stellungnahme des BKM zum Thema Weltkulturerbe (schriftliche Stellungnahme BKM Weltkulturerbe). (Kommissionsdrucksache15/056)

nanzierung der Welterbestätten durch eine ausreichende Ausstattung des allgemeinen Denkmalschutzes sichergestellt werden.

Rechtliche Probleme

Der Denkmalschutz in Deutschland hat in fast allen Ländern Verfassungsrang, es gibt aber kein Bundesgesetz und keine konkreten landesgesetzlichen Regelungen zum Schutz des Welterbes.[614] Daher gibt es Gesetzgebungsbedarf. Die fehlende Festlegung des denkmalrechtlichen Umgebungsschutzes (Pufferzonen) etwa stellt ein Problem dar.

Der gesetzgeberische Nachbesserungsbedarf wird auch anhand des Raumordnungsgesetzes deutlich: Nach der Neuregelung und Anpassung an das EU-Recht 1997 ist der Schutz der kulturellen Erfordernisse, Ansprüche und Funktionen des Raumes ersatzlos gestrichen worden. Flächennutzungs- und Bebauungspläne boten aber wirkungsvolle Möglichkeiten des Denkmalschutzes. Deshalb sollte bei Neuregelungen und dem Versuch der strukturellen Vereinfachung und Entbürokratisierung darauf geachtet werden, dass notwendige Standards im Kultur- und Naturdenkmalschutz nicht unterschritten werden.

Finanzierung

Seit 1950 gibt der Bund Zuschüsse für „national wertvolle Denkmäler". Die Gesamtsumme der Bundesförderung für Welterbestätten von 1991 bis 2004 betrug 743 Mio. Euro.[615] Zu den bedeutsamsten Förderungen des Bundes gehören das „Programm zur Erhaltung von Kulturdenkmälern von nationaler Bedeutung" (von 1950 bis 2002 etwa 236 Mio. Euro), die Förderprogramme zur Leuchtturmförderung in den neuen Ländern und die Finanzierung des „Deutschen Nationalkomitees Denkmalschutz". Das Bundesministerium für Verkehr, Bau und Stadtentwicklung (BMVBS) engagiert sich unter anderem mit dem Programm „Städtebaulicher Denkmalschutz in den Neuen Ländern" und mit dem Städtebauförderungsprogramm. Die vom Bundesministerium für Bildung und Forschung (BMBF) geförderte Forschung für die Denkmalerhaltung lief im Jahre 1998 nach 14-jähriger Laufzeit aus. Die Bestandsaufnahme der Enquete-Kommission ergab, dass es zwischen den zuständigen Bundesministerien keine Koordination oder Verständigung über die Mittelvergabe gibt und Eigeninitiativen wie eine Ad-hoc-Arbeitsgruppe schnell wieder eingestellt wurden.

Eine besondere Problemlage der Welterbestätten ergibt sich in Ostdeutschland, weil diese in struktur- und finanzschwachen Kommunen liegen und auch, weil die meisten Sonderprogramme, die nach der Vereinigung aufgelegt wurden und an denen Welterbestätten partizipierten, zurückgefahren wurden.

Problematisch ist auch, dass Rückbauprogramme bis zu 100 Prozent durch den Bund getragen werden, während sich die Kommunen am städtebaulichen Denkmalschutz mit 20 Prozent und an der allgemeinen städtebaulichen Förderung mit 33 Prozent beteiligen müssen. Die Sanierung der Altstadt Quedlinburgs wäre hieran beinahe gescheitert, hätte nicht die „Deutsche Stiftung Denkmalschutz" den Eigenanteil der Kommune an der Städtebauförderung übernommen. Diese Lösung könnte als Modell für ein mögliches Bund-Länder-Programm dienen, bei dem eine Beteiligung des Bundes auch an eine Beteiligung des Landes geknüpft bliebe, während die Deutsche Stiftung Denkmalschutz den Anteil der Eigentümer (Kommunen, Kirche) übernehmen könnte.

---

[614] Sachsen-Anhalt hat bislang als einziges Bundesland die in der Liste des Erbes der Welt der UNESCO aufgeführten „Kulturlandschaften" einschließlich deren Umgebung unter Denkmalschutz gestellt. Vgl. Denkmalschutzgesetz des Landes Sachsen-Anhalt, § 2 Abs. 2 Nr. 2.
[615] Vgl. schriftliche Stellungnahme des BKM Weltkulturerbe. (Kommissionsdrucksache 15/056)

Die Länder haben nach einer Erhebung der Kultusministerkonferenz im Jahre 1998 für den Denkmalschutz 346,5 Mio. Euro ausgegeben. Das Denkmalförderprogramm des Landes Nordrhein-Westfalen etwa war im Jahre 2003 mit 15,8 Mio. Euro ausgestattet; die Gesamtdenkmalfördermittel in Baden-Württemberg lagen im Jahre 2004 bei 24 Mio. Euro. Zum Vergleich: Die Leistungen der Kirchen betrugen von 1996 bis 2000 zwei Mrd. Euro in den Diözesen und Ordenseinrichtungen der Katholischen Kirche, in den elf evangelischen Landeskirchen waren es im selben Zeitraum 93,5 Mio. Euro pro Jahr.

Die wichtigsten Stiftungen und Sponsoren sind: die Deutsche Stiftung Denkmalschutz, die Deutsche Stiftung Welterbe, die Deutsche Bundesstiftung Umwelt und die Stiftung Kirchenbau.

Die Gesamtsumme der Förderung für das Welterbe innerhalb der Denkmalpflege und des Denkmalschutzes lässt sich nicht exakt bestimmen.[616]

Welterbestätten und Tourismus

Welterbestätten sind in der Regel nicht ohne touristische Erschließung zu erhalten. Seit der Weimarer Erklärung des Jahres 2001 zeichnet sich jedoch ab, dass von den Stätten und ihren Trägern neue Wege beschritten werden. Die Initiatoren der Weimarer Erklärung schlossen sich im „UNESCO-Welterbestätten e.V." zusammen, um unter anderem die touristische Vermarktung der Welterbestätten vernetzt und kooperativ voranzutreiben. Das Besucherpotenzial der deutschen Welterbestätten schätzt der UNESCO-Welterbestätten e.V. auf 50 Millionen Besucher pro Jahr, das bedeutet einen möglichen Umsatz von eineinhalb Mrd. Euro.

Es gibt bereits einige erfolgreiche Anstrengungen, mit professionellen Konzepten die nachhaltige Kooperation von Touristikern und Welterbestätten voranzubringen. Der Trend zum Erlebnis-, Kultur-, Themen- und Qualitätstourismus über die Hauptsaison hinaus ist eine ausbaufähige Eigenfinanzierungsquelle der Welterbestätten. Insbesondere dann, wenn dieser Trend – wie von der Deutschen Zentrale für Tourismus (DZT) angeregt – auch länderübergreifend (Deutschland-Österreich, Deutschland-Polen) betrieben wird und auch außereuropäische Touristen anspricht.[617] Ein sehr wichtiger positiver Nebeneffekt hierbei ist auch die bessere Wahrnehmung und Verankerung der Welterbestätten in Region und Bevölkerung.

Seit längerem gibt es Überlegungen, eine „Kulturförderabgabe" mit Zweckbindung analog zur Kurtaxe einzuführen, die von den Gemeinden ausschließlich für den Erhalt und die Erschließung ihrer Welterbestätte(n) zu verwenden wäre. In Weimar wird dies bereits erfolgreich praktiziert. Im Bereich des bürgerschaftlichen Engagements wäre mit einer entsprechenden Anerkennungskultur – beispielsweise Patenschaften und Spendertafeln (wie in Quedlinburg) – noch vieles zu erreichen.

Problematisch für die Eigenfinanzierungsmöglichkeiten von Welterbestätten ist die Tatsache, dass sie öffentliche Institutionen sind und ihre Nutzungseffekte vielfach nicht in die Einrichtungen zurückfließen. Kirchliche Stätten beklagen die Steuerlasten durch Einkommens-, Umsatz- und Mehrwertsteuer, die im Widerspruch zur Höhe der staatlichen Zuschüsse stünden.[618]

---

[616] Die genannten Zahlen entstammen der Übersicht des Deutschen Nationalkomitees für Denkmalschutz, www.european-heritage.de, (Stand: 11. Juli 2007). Das Deutsche Nationalkomitee für Denkmalschutz verfügt nur über eine Übersicht der Finanzierung der gesamten Denkmalpflege durch Bund, Länder und Gemeinden, Stiftungen und Sponsoren sowie staatlichen Subventionen, die für das vom Europarat initiierte Informationsnetzwerk „HEREIN" erarbeitet wurde.
[617] Vgl. Ausschuss für Tourismus des Deutschen Bundestages vom 5. März 2003. (Ausschussdrucksache 15(19)48).
[618] Vgl. schriftliche Stellungnahme der DBK zum Thema Weltkulturerbe. (Kommissionsdrucksache 15/060)

Die personelle Ausstattung für Aufsicht, Bewachung und Führungen greift zu über 60 Prozent auf den zweiten Arbeitsmarkt zurück.

Management und Vernetzung der Welterbestätten

Ein Workshop der Deutschen UNESCO-Kommission im Januar 2007 mit Mitarbeitern der deutschen Welterbestätten hat gezeigt, dass die vom UNESCO-Welterbezentrum in Paris empfohlenen Steuerungsinstrumente – zum Beispiel zur Konfliktvermeidung – in Deutschland derzeit nicht ausreichend genutzt werden. Bisher hat nur ein Teil der deutschen Welterbestätten – 17 von 32 – gute und aussagekräftige Managementpläne. Darüber hinaus ist das Verständnis von Aufgabe und Funktion dieser Pläne durchaus unterschiedlich. Nur zwölf der Stätten haben einen Koordinator benannt und ebenfalls zwölf von ihnen verfügen über eine ausgewiesene Pufferzone.[619]

Managementpläne werden jedoch vom Welterbezentrum gefordert. Sie sind das geeignete Instrument, um die Vernetzung und Kooperation der Welterbestätten bundesweit und international zu verbessern und um neue Finanzierungsquellen zu erschließen. Sie unterstützen auch eine bessere kulturtouristische Vermarktung, wie sie in Zusammenarbeit mit dem UNESCO-Welterbestätten e. V. bereits begonnen wurde.

Die Deutsche UNESCO-Kommission leistet durch Workshops mit den Leitern der deutschen Welterbestätten sowie durch eine jährliche Konferenz einen wichtigen Beitrag zur Vernetzung der deutschen Welterbestätten. Austausch und Kommunikation zwischen den Welterbestätten sind noch stark ausbaufähig, institutionelle Neugründungen sind aber nicht erforderlich. Die Akteure wünschen sich ein noch stärkeres Engagement der Deutschen UNESCO-Kommission; sie wird von allen Beteiligten als am besten geeignete Mittlerin und Vertreterin der Belange deutscher Welterbestätten angesehen.[620] Für ihr Wirken sind der gemeinsame Wille der Welterbestätten und eine entsprechende finanzielle Ausstattung der Deutschen UNESCO-Kommission Voraussetzungen.

C) Handlungsempfehlungen

1. Die Enquete-Kommission empfiehlt der Bundesregierung ein Vertragsgesetz zur Umsetzung der UNESCO-Welterbekonvention in Abstimmung mit den Ländern auf den Weg zu bringen. Dabei ist in Würdigung des Beschlusses des OVG Bautzen vom 9. März 2007 und des Beschlusses des Bundesverfassungsgerichtes vom 29. Mai 2007, dass eine unmittelbar innerstaatlich verpflichtende Bindungswirkung der Welterbe-Konvention in Frage gestellt hat, im Rahmen eines Ausführungsgesetzes eine innerstaatlich verpflichtende Bindungswirkung für das Welterbe zu schaffen und die Verpflichtungen aus der Welterbe-Konvention in Bundesgesetzen zu verankern, wie zum Beispiel dem Raumordnungsgesetz, dem Baugesetzbuch, dem Bundesnaturschutzgesetz, dem Bundeswaldgesetz, dem Bundesfernstraßengesetz, dem Flurbereinigungsgesetz, dem Umweltverträglichkeitsprüfungsgesetz und dem Telekommunikationsgesetz.

2. Die Enquete-Kommission empfiehlt der Bundesregierung, beim Staatsminister für Kultur und Medien das bestehende Referat für die Angelegenheiten der deutschen UNESCO-Welterbestätten so auszustatten und mit Kompetenzen zu versehen, dass die Aktivitäten der verschiedenen Bundesressorts koordiniert und abgestimmt werden können und dass in Welterbe-Konfliktfällen eine qualifizierte Mediation angeboten werden kann. Die Zuweisung von Bundesmitteln sollte an die Verpflichtung zur Teilnahme an einer Mediation im Konfliktfall geknüpft werden.

---

[619] Vgl. DUK e. V. Handlungsempfehlungen zur Förderung und Finanzierung der UNESCO-Welterbestätten in Deutschland, Ergebnisse des Workshops vom 11. Januar 2007 in Bonn. (Kommissionsmaterial 16/119)
[620] Ebd.

3. Die Enquete-Kommission empfiehlt der Bundesregierung das Sonderprogramm des Bundes zur Förderung des städtebaulichen Denkmalschutzes mit seinen besonders günstigen Rahmenbedingungen der Kofinanzierung fortzuführen.

4. Die Enquete-Kommission empfiehlt Bund und Ländern, in ihren Förderprogrammen die rechtlichen und finanziellen Voraussetzungen dafür zu schaffen, dass die Deutsche Stiftung Denkmalschutz den Kofinanzierungsanteil des Trägers in besonderen Fällen auch weiterhin übernehmen kann. Die Deutsche Stiftung Denkmalschutz soll für diesen denkmalpflegerischen Mehraufwand in Bezug auf die deutschen Welterbestätten finanziell entsprechend ausgestattet werden.

5. Die Enquete-Kommission empfiehlt Bund und Ländern, die nationale und internationale Vernetzung, zum Beispiel durch Partnerschaften und Patenschaften von Stätten gleichen Typs, projektbezogen durch Zuweisung von Finanzmitteln zu fördern.

6. Die Enquete-Kommission empfiehlt der Bundesregierung sich gegenüber der Europäischen Union dafür einzusetzen, bessere Fördermöglichkeiten für die europäischen Welterbestätten zu schaffen.

7. Die Enquete-Kommission empfiehlt der Bundesregierung, eine Untersuchung in Auftrag zu geben, die die Möglichkeiten der Welterbestätten analysiert, ihre Einnahmesituation zu verbessern.

8. Die Enquete-Kommission empfiehlt den Ländern, den Bildungsauftrag der Welterbestätten durch engere Kooperation mit Schulen weiterzuentwickeln und den Welterbegedanken im Unterricht sowie in der außerschulischen kulturellen Bildung zu verankern.

9. Die Enquete-Kommission empfiehlt der Bundesregierung, bei der Deutschen Zentrale für Tourismus auf eine intensivere Zusammenarbeit zur Verbesserung der Nutzung des kulturtouristischen Potenzials der Welterbestätten zu dringen.

10. Die Enquete-Kommission empfiehlt der Bundesregierung sich in der Europäischen Union und gegenüber der Europäischen Kommission für die Einrichtung und Förderung einer Europäischen Weltkulturerbe-Stiftung einzusetzen.

11. Die Enquete-Kommission empfiehlt dem Deutschen Bundestag dem Schutzauftrag der Konvention entsprechende finanzielle Mittel für die Förderung und Finanzierung der UNESCO-Welterbestätten bereitzustellen.

12. Die Enquete-Kommission empfiehlt den deutschen Welterbestätten, sich Managementpläne zu geben und ihre Vernetzung untereinander zu verbessern. Es sollte für jede Stätte ein Koordinator tätig werden, der intensiv mit den Denkmalbehörden, der Deutschen UNESCO-Kommission, dem UNESCO-Welterbestätten e. V., der Deutschen Stiftung Denkmalschutz und den übrigen deutschen Welterbestätten die Zusammenarbeit organisiert.

3.5.4 Kulturförderung nach § 96 Bundesvertriebenengesetz (BVFG)[621]

A) Bestandsaufnahme und
B) Problembeschreibung

Bedeutung und Prämissen der Kulturförderung nach § 96 BVFG

Flucht, Vertreibung und Umsiedelung sind wichtige Kapitel der europäischen Geschichte. Im 20. Jahrhundert wurden in Ost- und Mitteleuropa Millionen von Menschen gewaltsam ihrer Heimat beraubt.

---

[621] Die Fraktion DIE LINKE. und SV Prof. Dr. Dieter Kramer haben gegen diese Textfassung gestimmt und ein Sondervotum hierzu abgegeben, vgl. Kap. 9.7.

Von besonderer Bedeutung aus deutscher Perspektive ist dabei das Schicksal von mindestens zwölf Millionen Deutschen, die aus Gebieten flüchteten oder vertrieben wurden, die über Jahrhunderte Teil des deutschen Kulturraums waren. Es gehört zum Selbstverständnis Deutschlands als Kulturnation, das kulturelle Erbe der früheren deutschen Siedlungsgebiete ebenso wie das Gedenken an Flucht und Vertreibung zu bewahren Unmissverständlich bleibt dabei festzuhalten, dass die Ursache jenes Vertreibungsunrechts im verbrecherischen NS-Regime lag. Die Geschichte der Vertreibung von Deutschen aus Mittel- und Osteuropa beginnt mit der Vertreibung von Polen und anderen osteuropäischen Völkern durch Hitlers Armeen. Der Verlust der Heimat für die deutschen Vertriebenen nach 1945 ist untrennbar mit 1933, dem Jahr der Machtübertragung an die Nationalsozialisten, verbunden. Das Leid, das Deutsche nach 1933 verübten, und das Leid, das Deutschen vor Kriegsende und danach widerfuhr, muss deshalb im Zusammenhang gesehen werden.

Eine besondere Aufgabe besteht in der Verbindung der großen historischen Ereignisse mit den scheinbar kleinen persönlichen Schicksalen, deren Summe jedoch die großen Veränderungen überhaupt erst ausmacht. Menschen, die persönlich schuldlos Opfer geworden sind, haben einen Anspruch darauf, mit ihrem Schicksal nicht alleingelassen zu werden. Im Ergebnis können wir Deutschen aus der Anschauung der eigenen Geschichte wissen und lernen, welche menschenverachtenden und mörderischen Konsequenzen „völkisches" Denken haben kann. Wenn in einzelnen Teilen Ost- und Südosteuropas wieder mit ethnisch-kulturellen Begründungsmustern Zugehörigkeit zur und Ausschluss von der Mehrheitsbevölkerung legitimiert werden sollen, so fällt es in der sich herausbildenden europäischen Wertegemeinschaft gerade auch der deutschen Kulturpolitik zu, zur Überwindung einer Politik beizutragen, die auf ethnisch-kulturelle Homogenität setzt. Die Erinnerung an Flucht und Vertreibung der unmittelbaren Zeit vor und nach dem Ende des Zweiten Weltkriegs und an das Schicksal der hiervon betroffenen Menschen muss stets Teil einer umfassenden und gesamteuropäischen Betrachtungsweise von Politik, Geschichte und Kultur Mittel- und Osteuropas sein. Sie verpflichtet Deutschland zu einer Politik der Versöhnung.

Ausgestaltung der Kulturförderung nach § 96 BVFG

Im Jahr 1953 trat das Bundesvertriebenengesetz in Kraft. In ihm wurde auch die Förderung von Kultur und Geschichte der Vertriebenen und Flüchtlinge als Aufgabe des Bundes und der Länder festgeschrieben. In § 96 BVFG („Pflege des Kulturgutes der Vertriebenen und Flüchtlinge und Förderung der wissenschaftlichen Forschung") heißt es:

„Bund und Länder haben entsprechend ihrer durch das Grundgesetz gegebenen Zuständigkeit das Kulturgut der Vertreibungsgebiete in dem Bewusstsein der Vertriebenen und Flüchtlinge, des gesamten deutschen Volkes und des Auslandes zu erhalten, Archive, Museen und Bibliotheken zu sichern, zu ergänzen und auszuwerten sowie Einrichtungen des Kunstschaffens und der Ausbildung sicherzustellen und zu fördern. Sie haben Wissenschaft und Forschung bei der Erfüllung der Aufgaben, die sich aus der Vertreibung und der Eingliederung der Vertriebenen und Flüchtlinge ergeben, sowie die Weiterentwicklung der Kulturleistungen der Vertriebenen und Flüchtlinge zu fördern. Die Bundesregierung berichtet jährlich dem Bundestag über das von ihr Veranlasste."

In den Jahrzehnten nach 1953 wurde die Kulturförderung nach § 96 BVFG vor allem unter dem Aspekt der – im Ergebnis erfolgreichen – Integration von Millionen von Flüchtlingen und Vertriebenen in die Gesellschaft der Bundesrepublik Deutschland betrachtet und organisiert. Nach dem tiefgreifenden historischen Wandel in Mittel- und Osteuropa nach 1989 und dem Ende des Kalten Krieges erfolgte durch den Bund im Jahr 2000 mit der „Konzeption zur Erforschung und Präsentation deutscher Kultur und Geschichte im östlichen Europa" eine notwendige Neuausrichtung der Kulturförderung nach § 96 BVFG. Diese Neukonzeption sollte die Arbeit modernisieren und professionalisieren. Sie orientiert sich am Prinzip einer Regionalisierung durch die Einrichtung bzw. Stärkung von Landesmuseen und sie unterstützt das Bemühen um einen Ausbau der kulturellen Beziehungen zu den Bezugsregionen der jeweiligen Vertriebenengruppen. Die Konzeption setzt auf eine Einbindung der wissenschaftlichen Forschung an Universitäten und eine engere Zusammenarbeit mit Trägern der allgemeinen Kulturarbeit in Deutschland und den Nachbarstaaten. Verankert wurde zudem der Grundsatz einer Verbindung kultureller Breitenarbeit mit musealen und wissenschaftlichen Aktivitäten.

Auch nach den historischen Umwälzungen in Ost- und Mitteleuropa ist die Kulturförderung nach § 96 BVFG ein wichtiges kulturpolitisches Handlungsfeld. Mit einer zeitgemäßen Form der Erforschung, der Bewahrung und der Präsentation deutscher Kultur und Geschichte im östlichen Europa wird dieses Kapitel deutscher Vergangenheit für das kollektive Gedächtnis und im Bewusstsein künftiger Generationen sowie als Beitrag zur europäischen Identitätsbildung bewahrt. Dies umfasst akademische Aufarbeitung ebenso wie volkstümliche Brauchtumspflege. Zudem muss dieses Handlungsfeld unter dem Aspekt der historischen Aussöhnung zwischen Deutschland und seinen östlichen Nachbarstaaten wie auch als Beitrag zur Bewusstseinsbildung für das gemeinsame europäische Kulturerbe gesehen werden.

Kulturförderung nach § 96 BVFG heute

Mit der Konzentration der Mittel auf die Landesmuseen sollten insbesondere die Professionalisierung und wissenschaftliche Fundierung der Kulturförderung nach § 96 BVFG stärker gefördert werden. Die Landesmuseen und anderen geförderten Einrichtungen, die dem Regionalprinzip entsprechend über das ganze Land verteilt sind, erfüllen diese Vorgabe durch Schwerpunktsetzungen nach regionalen und inhaltlichen Kriterien mit insgesamt steigenden Besucherzahlen. Im wissenschaftlichen Bereich wurden vor allem das „Institut für Kultur und Geschichte der Deutschen in Nordosteuropa" (IKGN) und das „Institut für deutsche Kultur und Geschichte Südosteuropas" (IKGS) zu renommierten wissenschaftlichen Einrichtungen entwickelt. Durch die Anbindung an die Universitäten in Hamburg bzw. München konnte eine Einbindung in den wissenschaftlichen Diskurs erreicht werden.

Die Förderung von Projekten in der Vertriebenenkultur wird seit 2000 in Verbindung mit dem „Bundesinstitut für Kultur und Geschichte der Deutschen im östlichen Europa" (BKGE) in Oldenburg nach professionellen Standards der historischen Regionalforschung und der akademischen Ostmitteleuropaforschung ausgerichtet. Bei der Förderung wird vor allem Wert auf die Zusammenarbeit mit Institutionen in den östlichen Nachbarländern gelegt. Durch die bei den Landesmuseen eingerichteten Kulturreferentenstellen wurde eine enge Verknüpfung der kulturellen Breitenarbeit mit der professionellen Museumsarbeit sowie eine größere Akzeptanz der Kulturarbeit nach § 96 BVFG in der Öffentlichkeit erreicht. Durch das im Jahr 2000 gegründete „Deutsche Kulturforum östliches Europa e. V." (DKF) mit Sitz in Potsdam wird zudem eine intensive Belebung der kulturellen Breitenarbeit nach § 96 BVFG, in die auch die spezifischen Kenntnisse und Erfahrungen der Landsmannschaften einbezogen werden, betrieben. Das DKF hat dabei vor allem die populärwissenschaftliche Verbreitung der Erforschung von deutscher Geschichte und Kultur im östlichen Europa zur Aufgabe.

C) Handlungsempfehlungen

1. Die Enquete-Kommission empfiehlt der Bundesregierung darauf hinzuwirken, dass die rechtlichen und organisatorischen Schwierigkeiten, die bei einigen Landesmuseen zu Problemen bei der Umsetzung der neuen „Konzeption zur Erforschung und Präsentation deutscher Kultur und Geschichte im östlichen Europa" des Bundes geführt haben, überwunden werden. Hier besteht noch Modernisierungs- wie auch Klärungsbedarf, um die Einrichtungen langfristig zu sichern und attraktiv zu erhalten, da es noch nicht überall hinreichend gelungen ist, in der Gremienbeset-

zung das Prinzip der Transparenz und den Primat der Fachlichkeit durchzusetzen. Hier sind entsprechende Verfahrensänderungen erforderlich.

2. Die Enquete-Kommission empfiehlt den Kommunen, dort, wo aufgrund ehrenamtlichen Engagements die Möglichkeit zum Erhalt von kleineren Einrichtungen gegeben ist, dies zu unterstützen. Bei Heimatsammlungen, die infolge des Generationenwechsels bzw. aufgrund fehlender Fortsetzung ehrenamtlichen Engagements aufgelöst werden müssen, sind häufig hohe Verluste an Gegenständen und Dokumenten zu beklagen, weil in der Regel nur herausragende Einzelexponate in den Bestand der Landesmuseen überführt werden. Hier sollte den örtlichen und regionalen Museen durch eine Verankerung in den Aufgabenkatalog die Übernahme und Verwahrung der Bestände ermöglicht werden. So kann verhindert werden, dass bedeutsame Exponate verloren gehen. Die Kommunen sollten durch ihr Engagement mit dazu beitragen, dass ein größeres öffentliches Interesse für die Kultur der Vertriebenen der ehemaligen deutschen Siedlungsgebiete entsteht.

3. Die Enquete-Kommission empfiehlt den Ländern, im Bereich der kulturellen Breitenarbeit, die zu den integralen Aufgaben der Landesmuseen gehört, darauf hinzuwirken, dass ausreichende Mittel bereitgestellt werden, um die spezifische Erforschung und Präsentation deutscher Kultur und Geschichte im östlichen Europa nicht in der „normalen" Museumsarbeit untergehen zu lassen. Die Landesmuseen sind gefordert, das seit dem Jahr 2000 bestehende Fördermodell des Bundes entsprechend auszugestalten. In der Öffentlichkeitsarbeit zur Kulturförderung nach § 96 BVFG muss die Jugendarbeit einen besonderen Stellenwert erhalten. Aus Dialog, Versöhnung und Austausch kann zwischen den jungen Generationen ein neuer und versöhnender Umgang mit der Geschichte entstehen. Die Einrichtungen sollen in die Lage versetzt werden, als außerschulische Lernorte Schülern die Themen Flucht und Vertreibung sowie Informationen über Geschichte, Kultur und Kunst in den damaligen deutschen Siedlungsgebieten anschaulich am Beispiel einer Region zu vermitteln. Der Vermittlungsauftrag der Landesmuseen muss diesbezüglich besonders gestärkt werden. Auch die Vertriebenenverbände können hier einen wichtigen Beitrag leisten und sollten entsprechend eingebunden werden.

4. Die Enquete-Kommission empfiehlt der Bundesregierung, sich auf EU-Ebene für ein Programm zur Förderung und Pflege der durch frühere und heutige Zwangsmigration bedrohten Kulturen einzusetzen. Dabei können auch die Vertriebenenverbände einen wertvollen Beitrag leisten. Damit soll der grenzübergreifende Charakter der Kulturarbeit nach § 96 BVFG gefördert werden.

5. Die Enquete-Kommission empfiehlt der Bundesregierung, in einem Ursachen offen benennenden, historisch ehrlichen und im Ergebnis versöhnenden Dialog Flucht und Vertreibung zu thematisieren und dabei Organisationen wie die Vertriebenenverbände aktiv in diesen Dialog einzubinden. Dies ist notwendig, weil die Europäische Union ihrem Wesen nach auch eine Wertegemeinschaft ist, die – noch auf dem Weg zu einer gesamteuropäischen Identität – auf gemeinsamen institutionellen Standards in Staat und Gesellschaft basiert.

6. Die Enquete-Kommission empfiehlt der Bundesregierung, in ihrem jährlich vorzulegenden Bericht über die Kulturförderung nach § 96 BVFG eine Evaluierung der Neukonzeption und der Arbeit der geförderten Institutionen und Projekte sowie deren Weiterentwicklung vorzunehmen.

3.5.5 Migrantenkulturen/Interkultur

Vorbemerkung

Als Bereiche von besonderer Bedeutung betrachtet die Enquete-Kommission Interkultur, Migrantenkulturen und die interkulturelle Bildung. Unter Interkultur wird dabei der Austausch zwischen und das Miteinander von Kulturen, der wechselseitige Dialog und Lernprozess, verstanden. Migrantenkulturen umfassen die soziokulturellen Ausdrucksformen und kollektiven Identitäten, die sich in den unterschiedlichen Milieus der Migranten entwickelt haben und sich durch neue Erfahrungen und den Austausch mit dem Aufnahmekontext weiterentwickeln. Interkulturelle Bildung beinhaltet die Bildungsansätze für den pädagogischen Umgang mit der Vielfalt der Kulturen und ihrer interkulturellen Vermittlung und Verständigung.

Die Integration von Menschen mit Migrationshintergrund stellt eine große gesellschaftliche Herausforderung und Chance dar, deren Dimension in den letzten Jahren immer deutlicher erkannt worden ist.[622] Damit sie gelingt, müssen viele Akteure und Bereiche zusammengeführt werden und zusammenarbeiten. Gelungene Integration bedeutet friedliches Zusammenleben in gegenseitigem Respekt. Dieser Aufgabe müssen sich staatliche und private Akteure sowie der Dritte Sektor (Organisationen, die weder dem staatlichen noch dem marktwirtschaftlichen Sektor zuzurechnen sind) gemeinsam stellen.

Integration funktioniert nicht von selbst. Es ist erkennbar, dass Zuwanderung mehr Konflikte mit sich bringt als erwartet, dass Zuwanderung ohne Integration die Gesellschaft belastet und dass Integration eine Forderung an den Staat und an die aufnehmende Gesellschaft, aber auch eine Forderung an jeden einzelnen Zuwanderer ist.

Von daher ist Integrationspolitik ein wichtiges Thema, das uns dauerhaft beschäftigen wird. Jedoch darf die öffentliche Debatte über Integration in Deutschland nicht auf eine Diskussion über so wichtige Themen wie Aufenthaltsrecht, Sozialpolitik, Wahlrecht, Bildung etc. reduziert werden. Es gilt auch, die kulturellen Dimensionen von Migration und deren Konsequenzen zu berücksichtigen. Das Zusammenleben in unserer Gesellschaft wird geprägt von den unterschiedlichen Lebenswelten, den Wertvorstellungen, Traditionen und Lebensweisen, aber auch der Anerkennung der bestehenden Unterschiede.

Integrationspolitik kann sich nur dann zureichend entfalten, wenn auch auf Seiten der Mehrheitsgesellschaft die für Integration nötige aktive Akzeptanz des Zusammenlebens in der Einwanderungsgesellschaft in ausreichendem Maße vorhanden ist. Grundlage sind dabei das Grundgesetz und die bestehende Rechtsordnung.[623] Die aufnehmende Gesellschaft muss daher den Zuwanderern Orientierung über Recht, Kultur, Geschichte und das Staatswesen Deutschlands sowie Sprachförderung anbieten. Von vielen Migranten wird eine mangelnde Selbstvergewisserung der Deutschen als Defizit empfunden. Der selbstbewusste Umgang mit dem Fremden setzt den selbstbewussten Umgang mit dem Eigenen voraus.

Gerade deshalb müssen kulturelle Gesichtspunkte in der Integrationspolitik stärker beachtet werden, zumal sich die kulturelle und ethnische Pluralität Deutschlands noch erweitern wird. Kulturpolitik muss diesen sozialen Gegebenheiten unserer Gesellschaft Rechnung tragen.

Die Themen Interkultur, Migrantenkulturen und interkulturelle Bildung haben in diesem Bericht daher Querschnittscharakter.

---

[622] Vgl. dazu Bundesregierung (2007) „Der Nationale Integrationsplan, Neue Wege – Neue Chancen," www.bundesregierung.de/Content/DE/Artikel/2007/07/Anlage/2007-10-18-nationaler-integrationsplan,property=publicationFile.pdf, (Stand: 2. November 2007).
[623] Sondervotum Fraktion DIE LINKE. und SV Prof. Dr. Dieter Kramer: „Strenge und jüngst verschärfte Einbürgerungs- und Staatsangehörigkeitsregelungen sind Integrationshemmnisse, weil sie entgegen dem Verständnis der Verfassung Ungleichbehandlung festschreiben und Ressentiments gegen Zuwanderer nähren."

Am 23. Oktober 2006 hat die Kommission ein Expertengespräch „Interkultur, Migrantenkulturen"[624] durchgeführt.

A) Bestandsaufnahme und
B) Problembeschreibung

Die Enquete-Kommission begrüßt ausdrücklich die kulturelle Vielfalt in Deutschland. Ohne sie wäre das heutige Deutschland nicht, was es ist. Die Zuwanderung von Menschen aus verschiedenen angrenzenden und weit entfernten Regionen und die Zusammenarbeit mit ihnen waren und sind zentral für die Entwicklung Deutschlands. Menschen mit Migrationshintergrund auf ihren Bezug zu einer bestimmten Ethnie zu reduzieren, ist falsch. Sie sind Teil der Kultur in Deutschland.[625] Schließlich ist Kultur etwas, das durch unterschiedliche soziale Prozesse entsteht und sich verändert.[626] Es entwickelt sich ein Miteinander von Menschen unterschiedlicher kultureller Prägung, kein Nebeneinander.

Diese kulturelle Vielfalt wird auch dadurch gekennzeichnet, dass es viele verschiedene Möglichkeiten gibt, in Deutschland mit Migrationshintergrund zu leben[627]: als Migranten, als Aussiedler, als Eingebürgerte sowie als in Deutschland geborene Staatsbürger von Eltern mit Migrationshintergrund.[628] Dieses Kapitel hat sich zum Ziel gesetzt, all diese Formen und ihre kulturellen Einflüsse auf die aufnehmende Gesellschaft zu berücksichtigen.

Die Diskussion über die kulturelle Integration von Migranten wird derzeit leider häufig auf eine Islamdebatte reduziert. Dies engt die Dimension des Problems ein und berücksichtigt nur einen, wenn auch nicht unerheblichen Teil der zugewanderten Menschen.

Der Blick auf alle Personengruppen, die in den letzten 60 Jahren in die Bundesrepublik einwanderten, macht deutlich, wie heterogen die Gruppe der Migranten ist.[629] Die Zuwanderung insbesondere der „Gastarbeiter" in den 50er- und 60er-Jahren war dadurch gekennzeichnet, dass in erster Linie Menschen mit einem geringen Bildungsgrad nach Deutschland kamen, die überwiegend für einfache Tätigkeiten angeworben wurden. Viele Migranten sind in der Zwischenzeit zu „Aufsteigern" in

---

[624] Vgl. Expertengespräch vom 23. Oktober 2006 zum Thema „Interkultur, Migrantenkulturen" (Expertengespräch Interkultur), Teilnehmer: Spuler-Stegemann, Prof. Ursula (Philipps-Universität Marburg), Kolland, Dr. Dorothea (Kulturamt Neukölln), Parzakaya, Dr. Yüksel (Schriftsteller), Knopp, Dr. Hans-Georg (Goethe-Institut), Oberndörfer, Prof. Dieter (Rat für Migration), John, Prof. Barbara (ehem. Ausländerbeauftragte des Berliner Senats). (Kommissionsdrucksachen 16/166 und 16/167)
[625] Ebd.
[626] Ebd.
[627] Das Kapitel umfasst alle diese Formen.
[628] Heute leben in Deutschland rund 15 Millionen Menschen, die einen Migrationshintergrund haben oder als Spätaussiedler zu uns gekommen sind. Dies sind fast 20 Prozent der Bevölkerung in Deutschland. Ein großer Teil dieser Menschen hat längst seinen Platz in der deutschen Gesellschaft gefunden und ist gut integriert. Aktuell leben 71 Prozent der ca. 8 Millionen nichtdeutschen Staatsangehörigen in nur vier Ländern: in Baden-Württemberg, Bayern, Hessen und Nordrhein-Westfalen. Über 25 Prozent der ausländischen Bevölkerung in Deutschland stammt aus der Türkei. Knapp 33 Prozent der ausländischen Bevölkerung stammen aus EU-Staaten. Gut 12 Prozent stammen aus Asien. Gleichzeitig ist in ländlichen Regionen Ostdeutschlands der Anteil der Menschen mit Migrationshintergrund sehr gering. Die sehr unterschiedliche geografische Verteilung der Zugewanderten innerhalb der Bundesrepublik macht deutlich, dass differenzierte, auf die spezifischen regionalen und lokalen Gegebenheiten abgestimmte städtische Konzepte notwendig sind.
[629] Die Vertriebenen aus Osteuropa in der Nachkriegszeit, die Arbeitsmigranten aus Südeuropa in den 60er- und 70er-Jahren, die Spätaussiedler in den 80er- und 90er-Jahren sowie Asylsuchende und Bürgerkriegsflüchtlinge aus europäischen wie außereuropäischen Staaten in den 80er- und 90er-Jahren. Nicht nur diese Aufzählung von Herkünften und Einwanderungsgründen macht die Vielfalt innerhalb der Gruppe der Migranten deutlich, auch deren unterschiedliche Berufs- und Lebensbezüge.

der deutschen Gesellschaft geworden.[630] Andere sind vom Wandel am Arbeitsmarkt negativ betroffen, weil sie die benötigten Qualifikationen nicht besitzen.

Kultur in Deutschland hat sich durch Migrationsprozesse verändert, weil sich im Ergebnis von Arbeitsmigration, Vertreibungen und Flucht auch Ethnien fortlaufend verändern. Dieser Veränderungsprozess hat in allen Phasen deutscher Geschichte immer wieder stattgefunden. In Migrationsgesellschaften entwickeln sich kulturelle Prozesse im Mit- und Nebeneinander von Menschen und Gemeinschaften unterschiedlicher kultureller Prägung.

Interkultur und Interkulturalität herzustellen ist nur ein Bestandteil der großen Gesamtaufgabe Integration. Soziale und ökonomische Integration, Erziehung, (Aus-) Bildung, sich Einleben in die Rechtskultur etc. sind die zentralen Hebel, Deutschlands Integrationsproblem zu lösen.[631] Gegen Versäumnisse in diesen Bereichen kann Interkultur wenig ausrichten. Dennoch können Kulturpolitik und interkultureller Dialog einen wichtigen Beitrag zu sozialer und gesellschaftlicher Teilhabe leisten.

Durch den Prozess der Globalisierung beeinflussen sich Kulturen, wandern mit den Menschen und verändern sich.[632] Neue Kulturen bilden sich heraus, ermöglichen die Begegnung vieler Kulturen wie auch von Menschen unterschiedlicher sozialer Herkunft. Es entwickeln sich neue transkulturelle Identitäten („hybride Kulturen/Identi-täten"), nicht nur durch die Zunahme binationaler Familien, sondern vor allem durch die eigenständige Entwicklung junger Menschen mit Migrationshintergrund, die sich weder von der Minderheiten- noch von der Mehrheitsgesellschaft vereinnahmen lassen.

Heute sind zum Beispiel viele deutschtürkische Regisseure oder Autoren bekannte Repräsentanten, die für die Widersprüche des Stoffes Integration spezifische Darstellungsformen gefunden haben. Auch in den Bereichen der populären Kultur haben Künstler mit Migrationshintergrund entscheidende Impulse gesetzt. Gleiches ist in der bildenden Kunst erkennbar.[633]

Für die jüngste Zeit ist neben vielen positiven Beispielen jedoch ebenfalls festzustellen, dass auch in der zweiten und dritten Generation Menschen mit Migrationshintergrund deutliche Integrationsdefizite aufweisen. Die Gründe dafür liegen nicht allein bei den Betroffenen, sondern auch an einer bislang zu wenig abgestimmten Integrationspolitik. Zu nennen sind in erster Linie die mangelnde Beherrschung der deutschen Sprache, Schwächen in Bildung und Ausbildung, eine höhere Arbeitslosigkeit und fehlende Kenntnis und/oder Akzeptanz von Grundregeln des Zusammenlebens bis hin zur Verletzung von Gesetzen, nicht zuletzt in Bezug auf die Frauenrechte und Formen des Umgangs mit Frauen und Familienangehörigen, die mit der Rechtsordnung in Deutschland nicht vereinbar sind. Integration wird aber auch durch Fremdenfeindlichkeit erschwert. Für die Zukunft der Menschen in Deutschland wird es von entscheidender Bedeutung sein, dass alle bereit und willens sind, diese Defizite und Hemmnisse abzubauen.

Im Folgenden werden einzelne Themenfelder ausführlich betrachtet: Sprache, Kulturbetriebe, künstlerische Projekte und Medien:

Ohne Sprache gibt es keine Mitsprache. Für die Integration von Migranten ist der Erwerb der Sprache des Aufnahmelandes daher eine zentrale Bedingung. Jede weitere Sozialintegration der

---

[630] Bundesregierung (2006), www.bundesregierung.de/Content/DE/Artikel/2006/07/__Anlagen/2006-07-14-gutes-zusammenleben-klare-regeln,property=publicationFile.pdf, (Stand: 12. Juni 2007).
[631] Vgl. Expertengespräch Interkultur. (Kommissionsdrucksache 16/166)
[632] Die Einflüsse von Globalisierung und den davon umschriebenen Prozessen werden an dieser Stelle nicht eingehender behandelt.
[633] Vgl. schriftliche Stellungnahme von Dr. von Rukteschell zum Fragenkatalog Interkultur, S. 4. (Kommissionsdrucksache 16/203)

Migranten außerhalb ihres ethnischen Kontextes ist erst durch Beherrschen der deutschen Sprache möglich. Eine gemeinsame Sprache wirkt als Symbol von Zusammengehörigkeit und gegen Abgrenzungen oder Diskriminierungen.[634]

Die Notwendigkeit für Migranten, die deutsche Sprache zu erlernen, schließt selbstverständlich das Recht ein, die Muttersprache der Eltern als Teil der eigenen Kultur und damit ihrer Identität zu erlernen und zu pflegen. Dies gilt besonders vor dem Hintergrund, dass Mehrsprachigkeit, das Beherrschen der Sprache sowohl des Aufnahmelandes als auch der Muttersprache, eine wichtige Ressource etwa für beruflichen Erfolg in einer globalisierten Welt darstellen kann. Sprachkenntnisse in mehreren Sprachen sind ein Wettbewerbsvorteil, der genutzt werden sollte.

Bildungserfolg und berufliche Positionen hängen von sprachlichen Kompetenzen ab und wirken zumindest teilweise wieder auf sie zurück. Im Unterschied zu den 70er-Jahren findet die sprachliche Sozialisation heute aber nicht mehr vorwiegend im Arbeitsleben und für die Berufswelt statt. Es kommt darauf an, dass auch die Fähigkeit erworben wird, sich über das für die Arbeitswelt Notwendige hinaus verständigen zu können. Damit wird Teilnahme am Leben der Gemeinschaft bis hin zum sozialen Aufstieg erst möglich. Nur dann kann das Ziel erreicht werden, unabhängig von der Herkunft gleiche Teilhabechancen zu erlangen.

Eine entsprechende Förderung von Projekten des Spracherlernens ist deshalb erforderlich. Sprache wird beispielsweise leicht durch Theaterspielen oder Singen erlernt. Solche Projekte innerhalb von Schulen, Volkshochschulen oder auch in der Jugendarbeit sollten stärker unterstützt werden.[635]

Der vielfach angestrebte Dreisprachenstandard (Deutsch, Englisch und eine weitere Sprache, die bei den Migranten die Muttersprache sein kann) ist empfehlenswert.

Um den künstlerischen Umgang mit Sprache hervorzuheben, würdigt der „Chamisso-Preis" seit vielen Jahren die literarischen Leistungen von Migranten, die in deutscher Sprache schreiben; seine Preisträger zeugen davon, dass in Deutschland eine lebendige Literatur der Begegnung unterschiedlicher Sprachwelten existiert, in der für die Widersprüche der Lage offene Formen gefunden wurden.

In allen Phasen der Migrationsgeschichte in Deutschland entwickelten sich nicht nur spontan oder gezielt immer wieder neue Formen der Interkulturalität, sondern Migration wurde auch zum Thema künstlerischer Produktion. Kulturbetriebe haben sich weniger in ihren Produkten als in ihren Akteuren verändert; dort hat sich globale Mobilität massiv in den ethnischen Zusammensetzungen niedergeschlagen (Ballettensembles, Philharmoniker), kaum jedoch im Programmangebot.[636] In soziokulturellen Zentren, Vereinen und bei der Laienkultur gehört die Mitwirkung von Zuwanderern wie in vielen Sportvereinen zu den Selbstverständlichkeiten.

Die bestehenden Kulturbetriebe Theater, Orchester und Museen sind zwar vielfach auf Personal aus verschiedensten Teilen der Welt angewiesen, aber die Realität der Einwanderungsgesellschaft spielt in ihrem Repertoire und ihrer Arbeit eine eher geringe Rolle.[637] Angesichts der demografischen

---

[634] Sprache und entsprechend Sprachkultur sind etwas fundamental Egalitäres. Praktisches Beispiel hierfür ist die Herbert-Hoover-Realschule Berlin, die sich selbst zu „Deutsch auf dem Schulhof" verpflichtet hat. Die Wirkung der Verabredung der Schüler liegt darin, dass die Schüler der deutschen Sprache selbst ein höheres Gewicht beimessen. Es geht darum, ihr Bewusstsein dafür zu schärfen, wie wichtig Deutsch ist, wenn sie Erfolg haben wollen. Dazu gehört auch die Rolle von Deutsch als Kommunikationsmittel zwischen Angehörigen verschiedener Migrantengruppen.
[635] Vgl. Kap. 6.4, Interkulturelle Bildung.
[636] Vgl. schriftliche Stellungnahme von Dr. Dorothea Kolland zum Fragenkatalog Interkultur, S. 1. (Kommissionsdrucksache 16/202). Vgl. Expertengespräch Interkultur. (Kommissionsdrucksache 16/166)
[637] Ebd.

Entwicklung ergeben sich insbesondere für die Kulturbetriebe entsprechende Herausforderungen und Chancen.

In der Publikumsstruktur spiegelt sich Migration so gut wie gar nicht wider. Dies hat sicherlich zu einem ganz erheblichen Ausmaß mit Bildungsvoraussetzungen, Schwellenängsten und Fremdheit, aber auch mit nicht vorhandenem Interesse zu tun. Andererseits jedoch haben sich die bestehenden Kulturbetriebe und Förderstrukturen bisher kaum auf eine interkulturelle Öffnung besonnen.[638] Auch auf kommunaler Ebene gibt es eine unterschiedliche Wahrnehmung der Notwendigkeit interkultureller Öffnung. Insgesamt mangelt es an Strukturen und Geld, aber auch an Visionen für eine „kulturensible Kulturlandschaft". Schwellenängste und nicht vorhandenes Interesse manchen kulturellen Institutionen gegenüber gibt es allerdings auch bei deutschen sogenannten bildungsfernen Schichten.

Die klassischen Kulturinstitutionen, für die der größte Teil der personellen und finanziellen Ressourcen im Kulturbereich aufgewendet wird (Theater, Opern, Museen und Konzerthäuser), erreichen die Mehrheit der Menschen mit Migrationshintergrund nur unzureichend.

Bibliotheken sind die Orte, die von Migranten am stärksten genutzt werden.[639] So gibt es beispielsweise in kleinen Gemeinden Bibliotheken, die aus gespendeten Büchern der Bürger der Gemeinde bestehen. Sie werden insbesondere von Kindern und Jugendlichen, auch mit Migrationshintergrund, gern genutzt. Zudem entstehen in diesem Zusammenhang häufig Möglichkeiten zum Austausch und zum Kennenlernen von Migranten und Einheimischen, beispielsweise durch gemeinsame Vorlesenachmittage und Ähnliches.

Diese dargestellten Entwicklungen machen deutlich, dass eine umfassendere Kenntnis der Aktivitäten von Kulturbetrieben, der Einrichtungen der kulturellen Bildung, des Kulturaustausches auf internationaler Ebene und der Kirchen für Interkultur und Migrantenkulturen notwendig ist. Die Beantwortung von Fragen, welche Akteure welche Angebote in welchen Strukturen unterbreiten, wie dieses Engagement zu gewichten ist, welche Förder- und Finanzierungsmodelle auf den einzelnen staatlichen Ebenen existieren, welche Formen der Selbstorganisation der Einwanderer bestehen etc., ist die Voraussetzung dafür, Interkultur und Migrantenkulturen zielgenauer fördern zu können. Die Bestandsaufnahme der Enquete-Kommission konnte dies nur in Ansätzen, nicht aber erschöpfend leisten. Eine detaillierte Erfassung der gegenwärtigen Situation der Förderung von Interkultur und Migrantenkulturen in Deutschland ist notwendig.

Mithilfe künstlerischer Projekte kann der soziale Integrationsprozess wirksam unterstützt und gefördert werden. Kunst, Musik und Tanz sprechen nationenübergreifende Sprachen. Sie fördern die Kommunikation und das gegenseitige Verständnis. Künstlerisches Tun und die Beschäftigung mit dem künstlerischen Tun anderer Menschen wecken bei Kindern und Jugendlichen Neugierde und Verständnis, gibt Stärke und Selbstvertrauen. Sie schaffen Lebensfreude und bieten auch für die Erwachsenen immer wieder die Möglichkeit zur Reflexion über ihr eigenes und auch fremdes Leben. Im gemeinsamen Musizieren, Singen, Theaterspielen erfahren sich Kinder und Jugendliche als zusammengehörige Gemeinschaft. Sie können die Vielfalt ihrer unterschiedlichen Kulturen und Ausdrucksformen kennenlernen und entwickeln gegenseitigen Respekt. Dabei nutzt Kultur die Möglichkeit des Einflusses der Künste auf die Gesellschaft („Social Impact Of The Arts"), der gerade Menschen, die in der verbalen Kommunikation möglicherweise eingeschränkt oder benachteiligt sind, selbstbewusster und ausdrucksfähiger machen kann. Kulturarbeit bietet die Chance einer

---

[638] Positive Ausnahmen scheint es in den Ländern Nordrhein-Westfalen und Berlin sowie in Städten wie bspw. Stuttgart, Nürnberg und einigen weiteren Städten zu geben.
[639] Vgl. schriftliche Stellungnahme von Dr. Dorothea Kolland zum Fragenkatalog Interkultur, S. 1. (Kommissionsdrucksache 16/202)

Kommunikationsplattform. An solchen Orten und Möglichkeiten mangelt es im Regelfall in unserer Gesellschaft.

Kunst und Kulturprojekte können als „das gemeinsame Dritte", als Fokus, als Labor für Situationen des gemeinsamen Agierens und als Plattformen des gemeinsamen Gesprächs dienen, das Kennenlernen und Handeln auf verschiedenen Ebenen ermöglicht – außerhalb der Situationen, in denen sonst Kontakt meist stattfindet, außerhalb von existentiellem Leistungsdruck, frei von Angst.

Ziel von Kulturpolitik muss es sein, ein vielfältiges kulturelles Leben in Deutschland zu ermöglichen und zu fördern, und damit den interkulturellen Prozess zu stützen. Einerseits ist es dazu erforderlich, Zugang zu Kulturangeboten, aber auch zur Kulturförderung zu ermöglichen und zu erleichtern. Erst dadurch lässt sich andererseits echte Teilhabe an den kulturellen Angeboten realisieren.[640]

Interkultur in Deutschland bedeutet mehr als nur eine Nische „Migrantenkultur". Wenn man es ernst nimmt, dass Deutschland eine Einwanderungsgesellschaft ist, dann wird Interkulturalität Teil des allgemeinen kulturellen Lebens. Dies verlangt, dass Interkultur (das heißt Strukturen, in denen die Einflüsse und Impulse von Milieus mit unterschiedlicher kultureller Prägung und Tradition aufeinandertreffen oder diese Milieus sich entfalten) im Bereich „Kultur" allgemein ressortiert und wie zum Beispiel Oper, Theater oder Brauchtumspflege im allgemeinen Kulturkontext und -etat gefördert wird.

Interkultureller Austausch muss die Vielfalt kultureller Ausdrucksformen wahrnehmen und fördern. Den Angehörigen der unterschiedlichen ethnisch-kulturellen Gruppen muss die Möglichkeit gegeben werden, sich in die Gesellschaft einzubringen. Dazu gehört die Förderung ihrer kulturellen Ausdrucksformen und deren Weiterentwicklung durch die nachfolgende Generation ebenso wie die Selbstvergewisserung der Bevölkerung der Aufnahmegesellschaft, zum Beispiel durch den Erhalt und die Pflege des kulturellen Erbes einerseits und die Förderung neuer Formen der kulturellen Begegnung andererseits.

Durch verschiedene Formen des bürgerschaftlichen Engagements tragen Migranten zur kulturellen Vielfalt unseres Gemeinwesens bei. Dazu gehört die Tätigkeit von Kulturinstitutionen, im Rahmen derer einerseits ethnisch-kulturelle Traditionen gepflegt werden und andererseits Begegnungen mit und Anpassungen an kulturelle Standards der Mehrheitsgesellschaft möglich sind. Als kulturelle Formen von „Selbsteingliederung"[641] verdienen sie Unterstützung und Würdigung.

Medien und ihre Rolle bei der Integration von ethnischen Minderheiten waren in letzter Zeit zunehmend Gegenstand systematischer und umfassender Untersuchungen. Trotz der unterschiedlichen Ansätze und Einschätzungen, die es bezüglich des Einflusses von Medien auf Integration gibt, sind sich die meisten Studien insofern einig, dass Medien eine relativ große Wirkung auf die Rezipienten haben. Der Begriff der „medialen Integration" bezeichnet die Integration der ethnischen Minderheiten als Teil einer medial hergestellten Öffentlichkeit und des Mediensystems. Auch der Programmauftrag des öffentlich-rechtlichen Rundfunks beschreibt eine Integrationsfunktion, indem ein breit umfassendes Programm- und Bildungsangebot für alle bereitzustellen ist.

Für Heranwachsende mit Migrationshintergrund ist ebenso wie für deutsche Kinder und Jugendliche davon auszugehen, dass sie die Medien als wichtige Orientierungsquelle begreifen, in der sie Anregungen für die Bewältigung alltäglicher Anforderungen, alltagstauglicher Normen und Werte suchen oder nach personalen Vorbildern Ausschau halten. Ausgangspunkt für diese Annahme ist die orientierende Bedeutung von Medienangeboten, die für deutsche Heranwachsende belegt ist.

---

[640] Vgl. Expertengespräch Interkultur. (Kommissionsdrucksache 16/166)
[641] Ebd.

Die Tatsache, dass in Deutschland etwa ein Drittel der Jugendlichen in Familien mit Migrationshintergrund lebt, verdeutlicht die integrativen Chancen und Aufgaben von Medien.

Im Vordergrund steht dabei die Nutzung des Fernsehens, das mit Abstand das meistgenutzte Medium ist. Dies gilt insbesondere für die hier lebende größte Migrantengruppe der türkischstämmigen Bevölkerung. Bei ihr ist der durchschnittliche tägliche Fernsehkonsum wesentlich höher als bei der deutschen Vergleichsbevölkerung.[642]

Türkische Migranten kommen in den türkischen Fernsehmedien nur in sehr geringem Umfang vor. Türkische Kanäle, die Sendungen für in Deutschland lebende Türken produzieren, haben indes ein hohes Bewusstsein von den Problemen und Schwierigkeiten der Integration. Das in den türkischen TV-Produktionen vermittelte Weltbild ist oft moderner als das Weltbild der in Deutschland lebenden türkischstämmigen Bevölkerung, da der Medienstandort Istanbul wesentlich kosmopolitischer ist als die Herkunftsregionen der Zuwanderer, zum Beispiel in Bezug auf den Lebensstil der Frauen. Religiöse Themen spielen in den Programmen eine untergeordnete Rolle, und wenn dann in den spezifischen Sendern radikal-religiöser Tendenz. Nach Deutschland importierte Programme spiegeln den kulturellen und gesellschaftlichen Wandel in der Türkei wider (allmähliche pluralistische Öffnung). Die in Deutschland lebenden Türken werden so angehalten, das eigene Bild der Türkei fortzuentwickeln.[643]

Die im Juni 2005 vom „Berliner Institut für vergleichende Sozialforschung" vorgelegte Studie „Türkische TV-Sender in Deutschland" belegt, dass die Mediennutzung der hier lebenden türkischen Migranten überwiegend auf heimatsprachige Sender zielt. Unter den aus der Türkei nach Deutschland einstrahlenden Fernsehsendungen gibt es zwar wenige, aber qualitativ hochwertige Sendeformate, die speziell auf die Zuschauergruppe der in Deutschland lebenden Türken zugeschnitten sind. Die Präsenz solcher Sendungen hat nicht zuletzt wirtschaftliche Hintergründe (3,5 Millionen Türken in Europa, die für türkische Maßstäbe gut situiert sind, bilden einen wichtigen Nachfragefaktor). In ähnlicher Form lassen sich derartige Entwicklungen bei anderen ethnisch-kulturellen Gruppen beobachten.

In den deutschen Medien sollte eine vielfältige Berichterstattung über ethnische Minderheiten stattfinden, die nicht nur Konflikte und Probleme thematisiert, sondern die ganze Bandbreite des Lebens von Migranten in unserer Gesellschaft widerspiegelt. Den Medien muss es noch besser gelingen, die vielfältigen individuellen, sozialen, religiösen und kulturellen Erfahrungen der unterschiedlichen Migrantengruppen in ihr Programm zu integrieren. Ansonsten bleibt es bei einer verstärkten Nutzung ausländischer bzw. muttersprachlicher inländischer Medienangebote durch Migranten. Zudem gelingt es in vielen Darstellungen der Medien nicht, die höchst vielfältigen Anforderungen angesichts sozialer Problemlagen, der verschiedenen religiösen und kulturellen Erfahrungen sowie der unterschiedlichen rechtlichen Stellung einzelner Migrantengruppen in Deutschland zu erfüllen. Im Ergebnis führt dies sicherlich zu einer verstärkten Nutzung ausländischer bzw. zunehmend muttersprachlicher Medienangebote im Inland durch Migranten.[644]

---

[642] Der „durchschnittliche Fernsehkonsum von Deutschtürken [ist] mit mehr als viereinhalb Stunden täglich höher als die durchschnittliche Fernsehdauer deutscher Zuschauer." Vgl. dazu Berliner Institut für Vergleichende Sozialforschung, Türkische TV-Sender in Deutschland, 6/2005.

[643] Von den 46 in Deutschland zu empfangenden türkischen TV-Sendern haben fünf eine Senderniederlassung in Deutschland und zwei senden nur in Deutschland. Das staatliche türkische Fernsehen der Türkei ist mit fünf Kanälen vertreten. Die übrigen sind private Sender, wobei die populären Unterhaltungssender dominieren. Ein explizit religiöses bzw. politisch-propagandistisches Profil besitzen fünf Kanäle: vier radikal-islamische Sender sowie ein rechtsextremistischer Sender.

[644] Mittlerweile gibt es eine große Bandbreite an türkisch-, aber auch russisch- und anderssprachigen Medien, insbesondere Printangeboten auf dem deutschen Markt.

Von Ausnahmen abgesehen (zum Beispiel „Türkisch für Anfänger") verstärkt eine unzureichende Präsenz von Menschen mit Migrationshintergrund in den Medien, das heißt sowohl innerhalb des Programms als auch innerhalb der Programm- und Sendergremien, diese Problemlagen. Die Berücksichtigung der besonderen Anforderungen an Medien zur Beförderung des interkulturellen Austauschs und der Förderung von Migrantenkultur spielt auch in der journalistischen Ausbildung nur eine untergeordnete Rolle.

Diese untergeordnete Bedeutung von Migrantenkultur und interkulturellem Austausch lässt sich auch im Bereich der Medien – insbesondere bei Filmen – feststellen. Die Unterstützung von Fatih Akins Film „Gegen die Wand" im Rahmen einer Produktionsbeteiligung des öffentlich-rechtlichen Rundfunks und von Filmförderpreisen ist eine der positiven Ausnahmen. Grundsätzlich spielen auf interkulturellen Austausch angelegte Medienproduktionen nur eine untergeordnete Rolle in den bestehenden Förderprogrammen von Bund und Ländern. Gleiches gilt für bestehende Projekte und Initiativen im Bereich der medialen Bildung von Kindern und Jugendlichen, aber auch Erwachsenen.

Der bundespolitischen Kulturpolitik kommt in diesem beschriebenen Gesamtzusammenhang der Interkultur und Migrantenkultur eine koordinierende Funktion zu. Die Förderung dieser Bereiche ist von besonderer Bedeutung und eine kulturpolitische Aufgabe aller Ebenen.

C) Handlungsempfehlungen

1. Die Enquete-Kommission empfiehlt Bund, Ländern und Kommunen, die Rahmenbedingungen für das Erlernen der deutschen Sprache, die zentral für eine Integration von Migranten ist, zu verbessern. Sprachförderung ab dem frühen Kindesalter muss deshalb auch in Zukunft verstärkt unterstützt werden. Dabei muss sichergestellt werden, dass die ganze Familie die deutsche Sprache erlernen kann. Sie empfiehlt die Förderung situationsangemessener Formen des Sprachenerwerbs. Neben der Sprachförderung sollten auch die deutsche Verfassung mit ihren Grundrechten und die Grundregeln der Rechtsordnung vermittelt werden.

2. Die Enquete-Kommission empfiehlt Bund und Ländern, einen Bericht zur gegenwärtigen Situation der Förderung von Interkultur und Migrantenkulturen in Deutschland zu erarbeiten. Dabei sollten auch die bestehenden Angebote der interkulturellen Bildung, ihre Qualität und die erzielten Resultate evaluiert werden. Dieser Bericht sollte auch Möglichkeiten aufzeigen, wie ein Erfahrungsaustausch zwischen Projekten stattfinden kann. Interkulturelle Projekte auf lokaler Ebene fangen häufig immer wieder von vorne an, obwohl es in anderen Regionen bereits gute Erfahrungen gibt. Gelungene Projekte und Maßnahmen sollten daher dokumentiert werden.

3. Die Enquete-Kommission empfiehlt Bund und Ländern, dem erhöhten Forschungsbedarf im Bereich Interkultur Rechnung zu tragen. Erforscht werden müsste beispielsweise, welche unterschiedlichen Formen interdisziplinärer und regionaler Kooperation bestehen, um sie besser unterstützen zu können. Um eine methodische Reflexion darüber zu ermöglichen, sollten bestehende Strukturen und Institutionen genutzt werden, um den notwendigen kontinuierlichen Diskurs zwischen Politik, Wissenschaft und interkultureller Praxis zu fördern und Strategien für das interkulturelle Zusammenleben vor Ort zu entwickeln.

4. Die Enquete-Kommission empfiehlt den Kommunen, neben den vielfach gesetzlich vorgeschriebenen Ausländervertretungen auch auf den Ebenen des Kulturlebens Foren des problem- und zielorientierten Dialogs mit kompetenten und innerhalb ihrer Gemeinschaften anerkannten Repräsentanten der Migranten einzurichten, die Fragen der Interkulturalität und der Entwicklung von Migrantenkulturen behandeln. Ethnisch-kulturelle Vereine und Verbände nehmen näm-

lich eine wichtige Rolle der Vermittlung zwischen den Kulturen, zwischen Mehrheit und Minderheiten, zwischen den Institutionen des Kulturlebens und der Migrantenbevölkerung ein. Diese Mittlerrolle ist durch eine verbesserte Partizipation der Interessenvertretungen der Migranten zu stärken.

5. Die Enquete-Kommission empfiehlt den Ländern und Kommunen, in ihren Kultureinrichtungen, wie Theatern oder Opern darauf hinzuwirken, dass diese versuchen, vermehrt Migranten als Publikum für sich zu gewinnen. Gleichzeitig soll dort, wo es kulturelle Angebote der Migranten gibt, versucht werden, zunehmend Einheimische als Publikum zu gewinnen.

6. Die Enquete-Kommission empfiehlt den öffentlich-rechtlichen Rundfunkanstalten, die Präsenz von Migranten in den öffentlich-rechtlichen Programmen zu verbessern. Dazu gehört auch, Vertreter der Migranten an der Arbeit der Gremien zu beteiligen und eine gezielte Nachwuchsförderung geeigneter Mitarbeiter, die in mehreren Kulturen aufgewachsen sind, zu betreiben. Unterhaltungsangebote in den Medien müssen zudem positive Leitbilder für Integration anbieten und den Informationsbedarf von Migranten decken. Die Aus- und Weiterbildung von Medienmachern und Journalisten sollte, zum Beispiel im Rahmen von Modellprojekten, die migrationsspezifischen Besonderheiten stärker berücksichtigen und interkulturelle Kompetenzen schulen.

7. Die Enquete-Kommission empfiehlt der Bundesregierung, etwa beim Bundesbeauftragten für Kultur und Medien, ein Referat einzurichten, welches die Aktivitäten aller Ressorts im Bereich Interkultur koordiniert, die Vernetzung bestehender interkultureller Initiativen und Institutionen unterstützt sowie deren Evaluation und die Dokumentation von Best Practice in diesem Bereich fördert.

8. Die Enquete-Kommission empfiehlt Bund, Ländern und Kommunen, Interkulturalität, interkulturelle Bildung und die Erarbeitung von interkultureller Kompetenz auf allen gesellschaftlichen Ebenen durch attraktive, auf die Lebensperspektiven der Betroffenen zugeschnittene Programme zu fördern. Sie fordert gleichzeitig dazu auf, die Sensibilisierung für die Bedeutung des Miteinanders von Menschen unterschiedlicher kultureller Prägung innerhalb Deutschlands auch als Voraussetzung für das Miteinander auf globaler Ebene zu verstehen.

3.5.6 Kultur der autochthonen Minderheiten in Deutschland

Vorbemerkung

Zur kulturellen Vielfalt in Deutschland tragen auch die vier anerkannten autochthonen[645] Minderheiten bei: die deutschen Sinti und Roma, die Sorben in der Lausitz, die Dänen in Südschleswig und die Friesen in Deutschland. Kultur in Deutschland kann daher nicht behandelt werden, ohne auf diese Facetten des kulturellen Lebens einzugehen. Der Beitrag der vier Minderheiten äußert sich insbesondere in den eigenen Sprachen, die die sprachliche Vielfalt in beachtlichem Umfang bereichern.

Die Angehörigen der nationalen Minderheiten sind, auch wenn ihre Muttersprache nicht Deutsch ist, voll in die Gesellschaft integriert, da sie zwei- und häufig mehrsprachig sind. Die Mehrsprachigkeit und die Fähigkeit, sich sicher in zwei Kulturen bewegen zu können, sind heute europäische Primärtugenden, werden aber auch bestimmt durch die Lebensverhältnisse, die die Mehrheitsge-

---

[645] Mit dem Begriff „autochthon" folgt die Enquete-Kommission der Selbstbezeichnung der Minderheiten, die sich im „Minderheitenrat der vier autochthonen nationalen Minderheiten Deutschlands" organisiert haben.

sellschaft den Minderheiten ermöglicht. Eine aktive Kulturpolitik und -förderung für die autochthonen Minderheiten stärkt somit auch den kulturellen Zusammenhalt in Europa.

Der Schutz der Kultur der Minderheiten sowie ihrer Sprachen wird durch Organisationen wie den Europarat, die Organisation für Sicherheit und Zusammenarbeit in Europa (OSZE) und nicht zuletzt die Europäische Union gewährleistet, die generelle Standards zum Schutz der Minderheiten entwickelt haben. Dies geschieht vor allem durch das Rahmenübereinkommen des Europarates zum „Schutz nationaler Minderheiten" aus dem Jahr 1995 und durch die „Europäische Charta der Regional- oder Minderheitensprachen" (seit 1998 in Kraft). Zahlreiche Staaten haben diese Vereinbarungen bereits ratifiziert. Insbesondere alle EU-Bewerberländer müssen die Forderung nach Schutz ihrer nationalen Minderheiten erfüllen.

Zusätzlich regeln Länderverfassungen und Gesetze den Schutz der autochthonen Minderheiten in Deutschland. Damit sind auf europäischer Ebene und national die Minderheiten in ihren Rechten gesichert.

Die folgende Bestandsaufnahme basiert auf den Stellungnahmen, welche die Vertretungen der Minderheiten auf Wunsch der Enquete-Kommission erarbeitet haben. In dem Wissen, dass die autochthonen Minderheiten zahlreiche wichtige gesellschaftliche Impulse setzen, konzentriert sich die Darstellung im Wesentlichen auf die Sprache der Minderheiten und ihr kulturelles Leben im engeren Sinne.

A) **Bestandsaufnahme**[646] **und**
B) **Problembeschreibung**

Deutsche Sinti und Roma

In Deutschland leben 70 000 deutsche Sinti und Roma, von denen die meisten in Städten und Ballungsgebieten der alten Länder und in Berlin wohnen. Sie leben hier seit Jahrhunderten mit eigener kultureller Identität. Im Gegensatz zur Propaganda der Nationalsozialisten waren Sinti und Roma in Deutschland bis 1933 als deutsche Staatsbürger ebenso Teil dieser Gesellschaft wie die Juden. Die mit dem Beginn der nationalsozialistischen Herrschaft einsetzende Aussonderung und Entrechtung beendete dieses bis dahin selbstverständliche Leben als deutsche Bürger. Über 500 000 Sinti und Roma fielen im nationalsozialistisch besetzten Europa dem Holocaust zum Opfer. Diese Erinnerung wird die Identität und das Bewusstsein auch künftiger Generationen der Sinti und Roma prägen. Ihre Sprache (Romanes) ist die einzige ausschließlich außerhalb des indischen Subkontinents gesprochene indische Sprache. Sie hat ihre Wurzeln in den zentralindischen Sprachen. Nach Grundwortschatz und grammatikalischem System ist die Sprache der Sinti und Roma eine neuindoarische (also indogermanische) Sprache. Zur Sprache gehört auch ein umfangreicher nichtindischer Wortschatz. Das mittelalterliche Griechisch, dessen Wörter sich wenig verändert haben, hat das Romanes bereichert. Ebenso gibt es armenische, iranische und ossetische Einflüsse. Alle deutschen Sinti und Roma sind zumindest zweisprachig (Romanes und Deutsch). Die von den Sinti gesprochene eigene Sprache ist das Sintetickes, welches von besonderer Bedeutung für die Sinti-Identität ist und gepflegt wird.

Die Bezeichnung Sintetickes ist aber unüblich. Im Allgemeinen wird vom „deutschen Romanes" gesprochen, das je nach Region auch verschiedene Dialekte kennt. Die Unterschiede des Romanes sind in Europa allerdings so groß, dass in der Tat von verschiedenen Sprachen gesprochen werden kann. Sinti und Roma leben seit über 600 Jahren im deutschen Sprachraum und das Romanes hat in

---

[646] Die vier Minderheiten werden in der Reihenfolge ihres Anteils an der Bevölkerung behandelt.

dieser Zeit, in der sich auch das Deutsche stark verändert hat, eine spezifische Entwicklung durchgemacht.

Die Sinti haben während ihres langen Aufenthalts in Deutschland eine beträchtliche kulturelle Eigenständigkeit bewahrt. Über die eigene Sprache hinaus sind viele Bräuche, traditionelles Handwerk, die Bildende Kunst sowie die Musik zu nennen. Musik spielt im Alltag häufig eine große Rolle, musikalische Darbietungen nehmen bei Festen in der Regel eine zentrale Stellung ein. Sie ist folglich tief in der Kultur und in breiten Bevölkerungsschichten verwurzelt.

Traditionell wird das Leben der Sinti durch strenge Regeln geprägt, an die sich jeder halten muss, der nicht aus der Gemeinschaft ausgeschlossen werden will. Über diese Regeln wachen Rechtssprecher, anerkannte Älteste der jeweiligen Sippe (Familienverband).

Die deutschen Sinti und Roma werden gesetzlich durch das Rahmenübereinkommen des Europarates zum Schutz nationaler Minderheiten als nationale Minderheit geschützt. Ebenso erkannte die Bundesrepublik mit der Unterzeichnung der Europäischen Charta der Regional- oder Minderheitensprachen das deutsche Romanes als Minderheitensprache an. Allerdings unterscheidet sich die Ausgangssituation der deutschen Sinti und Roma von der Lage der anderen autochthonen Minderheiten der Sorben in der Lausitz, der Dänen in Südschleswig und der Friesen.

Es gibt keine Schule, in der Romanes gelehrt wird und keine besonders geförderten Sprachklassen. Das deutsche Romanes wird in den Familien als zweite Muttersprache neben dem Deutschen lediglich mündlich weitergegeben, eine Verschriftlichung wird offiziell abgelehnt.

Auf regionaler Ebene werden Angebote zum Thema Sprache ausschließlich von Sinti für Sinti entwickelt und unterbreitet. Die Teilnahme ist freiwillig und unterliegt keiner statistischen Erfassung.

Sorben in der Lausitz

Sorbisch, für das von alters her auch die Bezeichnung Wendisch gebräuchlich ist, zählt zur Familie der slawischen Sprachen. Damit steht es dem Tschechischen, Polnischen und Slowakischen nahe, mit denen gemeinsam es die Gruppe der westslawischen Sprachen bildet. Sorbisch ist heute noch in Teilen der Ober- und Niederlausitz verbreitet. Vor rund 1 000 Jahren siedelten östlich der Elbe vorwiegend slawische Stämme und wurden slawische Dialekte gesprochen. Das heutige, weiterentwickelte Sorbisch ist das einzige bis zur Gegenwart erhaltene slawische Idiom in Deutschland.

Das schriftliche Sorbisch erhielt an der Wende zum 18. Jahrhundert eine verbindlich normierte Form. Dabei bildete sich gleichzeitig eine weitere bis heute existierende sprachliche Besonderheit des Sorbischen heraus, die bis heute Gültigkeit hat. Es entstanden nicht – wie bei der Mehrzahl anderer Völker in frühbürgerlicher Zeit – eine einheitliche Schriftsprache, sondern zwei schriftliche Formen: a) die obersorbische Schriftsprache in der Oberlausitz und b) die niedersorbische Schriftsprache in der Niederlausitz. Die Lausitzer Sorben sprechen und schreiben also bis heute in zwei Sprachen.

Sorbisch wird heute von ca. 40 000 bis 60 000 Menschen gebraucht und zwar sowohl in mündlicher als auch in schriftlicher Form. Sorbisch wird gegenwärtig außer im Alltag unter anderem in einer Reihe von Fächern, Kindergärten, in bestimmten Schulen, in kulturellen Institutionen und Organisationen, in Gottesdiensten und in bestimmten staatlichen und kommunalen Verlautbarungen sowie in den elektronischen Medien verwendet. Die sprachsoziologische Situation bewirkt eine ständige Weiterentwicklung der beiden Schriftsprachen.

Die Kultur der Sorben begann sich in der Mitte des 19. Jahrhunderts auch als bürgerliche Kultur zu entfalten. Durch die „Jungsorbische Bewegung" ab 1875 kam ein eigenständiges Nationalbewusstsein zum Durchbruch. In der Weimarer Republik kam es zu einem Aufschwung in Literatur, Kunst,

Musik und Wissenschaft, bis die Sorben 1937 durch ein Verbot der NS-Behörden praktisch völlig aus der Öffentlichkeit verbannt wurden. Durch die Niederlage Deutschlands entging das sorbische Volk der angedrohten physischen Vernichtung.

Der Sächsische Landtag verabschiedete 1948 das „Gesetz zur Wahrung der Rechte der sorbischen Bevölkerung", das neue, stabile Strukturen im nationalen Leben ermöglichte. Damit begann eine staatliche Förderung sorbischer Schulen sowie sorbischer bzw. sorabistischer Kultur-; Bildungs- und Forschungsstätten (zum Beispiel Theater, National-Ensemble, Verlag, Universitäts- und Akademie-Institut). Trotz materieller Unterstützung für die Minderheit schritt aber auch in der DDR-Zeit die ethnische Assimilation fort. Nach dem Beitritt der DDR zur Bundesrepublik Deutschland im Jahr 1990 entfaltete sich unter den Sorben ein differenziertes Vereinsleben. Die politischen und kulturellen Bestrebungen wurden im erneuerten Dachverband „Domowina" zusammengefasst. Der Freistaat Sachsen und das Land Brandenburg gewähren in ihren Verfassungen und in weiteren Gesetzen den Sorben umfassende politische Rechte. Sie verpflichten sich im Erlass der von ihnen gemeinsam mit dem Bund errichteten „Stiftung für das sorbische Volk", sorbische Sprache, Kultur und Wissenschaft zwecks Erhaltung der sorbischen Identität zu fördern.[647]

Die Lausitz bildet die größte geschlossene Trachtenregion Deutschlands. Von ehemals zehn Trachtenvarianten sind heute noch vier in den Regionen um Bautzen, Schleife, Hoyerswerda und Cottbus lebendig. Ihre Trachten bilden als Ausdruck gelebter Volkskultur einen wichtigen Identitätsfaktor der Sorben.

Viele Sitten und Bräuche der Sorben finden in der Zeit der christlichen Hauptfeste (wie zum Beispiel Ostern) statt oder ordnen sich in den Ablauf des bäuerlichen Arbeitsjahres ein.[648]

Dänen in Südschleswig

Dänische Sprache und Kultur sind nicht nur feste Bestandteile des Lebens im Landesteil Südschleswig, sondern haben durch ihr Wirken das Grenzland zu einem wichtigen kulturellen Standort entwickelt. Das kulturelle Leben der dänischen Minderheit (Theater, Konzerte, Ballett, Oper etc.) wird je nach sprachlicher Gebundenheit auch von der jeweiligen Mehrheitsbevölkerung wahrgenommen und ist somit eine Bereicherung für die gesamte Grenzregion. Zur dänischen Minderheit zählen ca. 50 000 Menschen.

Ursprünglich hat es in Südschleswig ein Nebeneinander von Dänisch, Friesisch und Niederdeutsch gegeben. Um 1800 wurde noch Dänisch und Friesisch bis zur Schlei, in Schleswig und Husum gesprochen. Heute ist die deutsch-dänische Sprachgrenze weitgehend mit der Landesgrenze identisch. Jedoch hat die Kenntnis der dänischen Sprache nach 1920 und besonders nach 1945 zugenommen, nachdem wieder in dänischen Schulen Unterricht erteilt wird. Die insgesamt 48 Schulen und 55 Kindergärten des „dänischen Schulvereins" sind auf die Bedürfnisse der Minderheit abgestimmt.

Die dänische Minderheit gliedert sich in mehrere Organisationen, die jede für sich selbstständig Aufgaben lösen: Kultur und Kunst, Politik, Schulen und Kindergärten, Jugend und Sport, Büchereiwesen,

---

[647] Eine verlässliche und ausreichende öffentliche Finanzierung ist für den Erhalt der Kulturen und Sprachen der Minderheiten von besonderer Relevanz. So sichert die Stiftung für das sorbische Volk bislang die materielle Basis für eine kulturelle Infrastruktur, indem sie alle wichtigen sorbischen Einrichtungen institutionell fördert sowie Zuschüsse für Projekte und Einzelmaßnahmen zur Bewahrung und Fortentwicklung der sorbischen Sprache und Kultur leistet. Das am 28. August 1998 zwischen den Ländern Brandenburg und Sachsen sowie dem Bund geschlossene Finanzierungsabkommen zur Förderung der „Stiftung für das sorbische Volk" läuft am 31. Dezember 2007 aus. Zurzeit laufen die Verhandlungen für ein neues Finanzierungsabkommen.
[648] Weit verbreitet sind die Vogelhochzeit, wendische Fastnacht, Osterfeuer und Hexenbrennen, Maibaumaufstellen und -werfen, Hahnrupfen, Hahnschlagen und Kranzstechen.

Tageszeitung, Gesundheitsdienst und Altenfürsorge sowie Seelsorge. Sie setzen sich in ihren jeweiligen Bereichen für die Aufrechterhaltung der dänischen Sprache und Kultur in der Heimat ein. Als Koordinationsorgan für die dänische Volksgruppe wurde 1971 der „Gemeinsame Rat" („Det sydslesvigske Samråd"), ein beratendes Gremium, ins Leben gerufen. Der „Südschleswigsche Verein" (Sydslesvigsk Forening) ist der Kulturträger der dänischen Minderheit im Landesteil Südschleswig.

Seit 1921 findet am ersten Wochenende im Juni (beziehungsweise dem letzten Wochenende im Mai) jährlich das dänische Jahrestreffen („Årsmøde") statt. Dabei veranstaltet die Minderheit um die 40 Abend- und Freilichtveranstaltungen in Flensburg, Schleswig und Husum, Tönning und Hattstedt mit insgesamt etwa 20 000 Teilnehmern. Das Unterhaltungsprogramm wird von Orchestern, Chören, Turnern und Künstlern von beiderseits der Grenze gestaltet.

Das Land Schleswig-Holstein garantiert mit seiner Landesverfassung den Minderheitenschutz. Als Besonderheit regeln zusätzlich die von der Bundesrepublik Deutschland und dem Königreich Dänemark abgegebenen „Bonn-Kopenhagener-Erklärungen" (1955) die Anerkennung der Minderheit im jeweiligen Staat und die Gleichbehandlung aller Staatsbürger.

Friesen in Deutschland

Friesisch gehört zum anglo-friesischen Zweig der westgermanischen Sprachen. Heute gibt es noch drei Gebiete, in denen traditionell Sprachfriesen beheimatet sind, zwei davon befinden sich in Deutschland. Das erste Gebiet ist Nordfriesland in Schleswig-Holstein, wo noch in weiten Teilen Nordfriesisch gesprochen wird. Von etwa 164 000 Einwohnern Nordfrieslands sprechen ca. 10 000 bis 12 000 aktiv Friesisch. Durch die Annahme des „Friisk Gesäts (Friesisch Gesetz)" 2004 hat die Sprache in Nordfriesland und Helgoland den Status einer Amtssprache.

Das zweite Gebiet umfasst das Saterland im Oldenburger Münsterland und den Landkreis Cloppenburg, südlich von Ostfriesland. Das letzte Überbleibsel der ostfriesischen Sprache, das Saterfriesische, wird von etwa 2 200 Menschen gesprochen.

In Ostfriesland selbst ist die friesische Sprache gänzlich ausgestorben. Zuletzt wurde Ostfriesisch noch auf Wangerooge gesprochen (Wangerooger Friesisch), bis es Anfang des 20. Jahrhunderts auch dort vor allem durch die niederdeutsche und in geringerem Maße auch durch die hochdeutsche Sprache verdrängt wurde. In Ostfriesland hat die friesische Identität jedoch den Untergang der friesischen Sprache überlebt. Das Ostfriesische Platt ist zudem eine noch stark friesisch geprägte Variante des Niederdeutschen. Sie ist in Ostfriesland ähnlich identitätsstiftend wie die friesischen Sprachen in Nord- und Westfriesland[649].

Die Saterfriesen gehören zu den wenigen Friesen, die traditionell katholisch sind. Während der Reformation wechselten sie zwar zum Protestantismus, wurden aber wegen ihrer Zugehörigkeit zum Bistum Münster nach dem Westfälischen Frieden rekatholisiert. Um die kulturellen Belange der Saterfriesen und die Bewahrung der Sprache kümmert sich der Heimatverein „Seelter Bund", der in seinem Wappen neben dem saterfriesischen Siegel mit dem Bildnis Karls des Großen auch die Farben und Seerosen der Flagge der niederländischen Provinz Friesland aufgenommen hat. Damit soll ausdrücklich die Zugehörigkeit zur gesamtfriesischen Kultur betont werden. Der alte Bahnhof in Scharrel wurde zum saterfriesischen Kulturzentrum umgestaltet und beherbergt ein Archiv und eine Außenstelle eines Radiosenders Ems-Vechte-Welle.

Die gesetzlich anerkannte dänische Minderheitenpartei, der „Südschleswigsche Wählerverband", arbeitet auch mit der Strömung der Nationalen Friesen in Nordfriesland zusammen.

---

[649] Vgl. Verein „Oostfreeske Taal – Vereen för oostfreeske Spraak un Kultur i. V." und „Dat Plattdütskbüro" der Ostfriesischen Landschaft.

Der Schutz der friesischen Minderheit ist wie der der dänischen Minderheit in der Schleswig-Holsteinischen Landesverfassung festgeschrieben.

C) Handlungsempfehlungen[650]

1. Die Enquete-Kommission empfiehlt Bund und Ländern, auch weiterhin die hohe Qualität der Rahmenbedingungen zu gewährleisten, dank derer die Angehörigen der nationalen ethnischen und kulturellen Minderheiten ihre kulturellen Rechte auf gleichberechtigter Grundlage wahrnehmen und ihre Sprache, Kultur und Tradition pflegen können. Sie betrachtet dies auch als ein Erfordernis, das sich aus der Umsetzung der UNESCO-Konvention zum Schutz der Vielfalt der kulturellen Ausdrucksformen ergibt.

2. Die Enquete-Kommission empfiehlt Bund und Ländern sich dafür einzusetzen, dass die Potenziale der nationalen Minderheiten im europäischen Einigungsprozess stärker genutzt und gefördert werden.

3. Die Enquete-Kommission empfiehlt Bund, Ländern und Kommunen, die Kulturen der autochthonen Minderheiten als wichtigen Bestandteil des kulturellen Lebens in Deutschland abgestimmt und ressortübergreifend zu fördern. Ebenso sollte eine auskömmliche Finanzierung der in der Regel unikaten kulturellen Einrichtungen und Projekte der Minderheiten gesichert sein. Das schließt die Sicherung der Einrichtungen zum Erhalt, zur Weiterentwicklung und Weitergabe der Sprachen der autochthonen Minderheiten ein.

3.6 Kulturelle Auswirkungen des demografischen Wandels

Vorbemerkung

Zu Beginn des Jahres 2003 legte die dritte vom Deutschen Bundestag eingesetzte Enquete-Kommission zum Thema „Demografischer Wandel – Herausforderungen unserer älter werdenden Gesellschaft an den Einzelnen und die Politik" einen Schlussbericht vor, der das deutsche Parlament über die zu erwartenden demografischen Veränderungen in Deutschland und politische Handlungsbedarfe informierte. Das Erscheinen des Schlussberichts fiel zeitlich mit einer Reihe von Publikationen zusammen, die das Thema weit über Fachkreise hinaus in die Aufmerksamkeit der Öffentlichkeit rückten. Das öffentliche Interesse ist seitdem unverändert hoch. Dennoch werden im Vergleich zu anderen Themen mit ähnlichem gesellschaftspolitischem Ausmaß wenig konkrete Empfehlungen für politisches Handeln ausgesprochen. Noch weniger Material existiert zur Frage, welche Auswirkungen der demografische Wandel auf die Kulturlandschaften und die Kulturproduktion haben wird und wie Kulturpolitik darauf reagieren sollte. Auch der erwähnte Schlussbericht behandelt Kultur nicht in Bezug auf die kulturelle Infrastruktur in Deutschland, sondern in einem kurzen Unterkapitel unter der Überschrift „Kulturelle Identität, gesellschaftliche und politische Partizipation". Eine Umfrage der Enquete-Kommission ergab, dass die meisten Länder das Thema „demografischer Wandel" auf die politische Agenda gesetzt haben.[651] Kultur wird dabei aber nur in Hessen, Brandenburg und Nordrhein-Westfalen als eigenständiges Handlungsfeld verstanden. Auch die beiden letzten auf ganz Deutschland bezogenen Untersuchungen: Der „Wegwei-

---

[650] Sondervotum Fraktionen DIE LINKE. und BÜNDNIS 90/DIE GRÜNEN sowie SV Prof. Dr. Dieter Kramer: „Die Fraktionen DIE LINKE. und BÜNDNIS 90/DIE GRÜNEN halten es für erforderlich, jeglicher Relativierung des Völkermordes an den Sinti und Roma entschieden entgegenzutreten. Die Vermittlung von Kenntnissen über das Schicksal dieser Minderheit zwischen 1933 und 1945 durch Bildungs- und Kultureinrichtungen sowie die Errichtung von Gedenkstätten und Denkmälern gehören unverzichtbar zur demokratischen Gedenkkultur in Deutschland. Bund, Länder und Kommunen stehen in der Verantwortung für die Errichtung und den Erhalt solcher Gedenkorte."
[651] Vgl. schriftliche Stellungnahmen der Länder zur Anhörung vom 6. November 2006 zum Thema „Auswirkungen der demographischen Veränderungen auf Kultur" (Kommissionsdrucksache 16/112 bis Kommissionsdrucksache 16/120, Kommissionsdrucksache 16/122) sowie deren Zusammenfassung. (Arbeitsunterlage 16/027)

ser demografischer Wandel 2020" der „Bertelsmann Stiftung" (2006)[652] und „Die demografische Lage der Nation" (2006)[653] des „Berlin-Instituts für Bevölkerung und Entwicklung" behandeln das Thema Kultur nicht. Gleiches gilt für die namhaften Institutionen der Bevölkerungsforschung Deutschlands wie das „Max-Planck-Institut für Demografische Forschung Rostock" oder das „Bundesinstitut für Bevölkerungsforschung beim Statistischen Bundesamt".

Analysen zu den Auswirkungen auf die Kultur in Deutschland und Handlungsansätze für die Politik hat bislang (neben einigen wenigen Publikationen aus den genannten Ländern) nur die Kultusministerkonferenz mit ihrer Empfehlung „Auswirkungen des demografischen Wandels auf die Kultur" vorgelegt.[654]

Im Gegensatz zur kulturpolitischen Ebene haben sich Akteure aus der Kulturpraxis in den letzten Jahren verstärkt mit den Folgen des demografischen Wandels auseinandergesetzt. So legte der „Deutsche Kulturrat" im Jahr 2006 eine Stellungnahme „Kulturelle Bildung – Eine Herausforderung durch den demografischen Wandel" vor. Auch die Bundesvereinigung Soziokultureller Zentren und weitere Fachverbände wie zum Beispiel der Deutsche Museumsbund widmen sich dem Thema in Fachzeitschriften bzw. bei Tagungen. Von besonderer Bedeutung war zudem das Initiativprojekt „Shrinking Cities" der Kulturstiftung des Bundes, das in den Jahren 2002 bis 2006 die urbanen Schrumpfungsprozesse in Deutschland international vergleichend untersuchte.

Vor diesem Hintergrund führte die Enquete-Kommission in der 15. Wahlperiode ein Expertengespräch mit Vertretern des Berlin-Instituts für Bevölkerung und Entwicklung durch. In der 16. Wahlperiode vertiefte sie die Kenntnisse über die allgemeinen Auswirkungen des demografischen Wandels auf Kultur in einem Gespräch mit Dr. Albrecht Göschel. Im November 2006 befragte sie innerhalb einer öffentlichen Anhörung in Schwedt/Oder Kulturakteure und -politiker.[655] Der Wahl dieses Ortes lag die Annahme zugrunde, dass sich die Folgen des demografischen Wandels in den neuen Ländern durch die Transformationsprozesse nach der Wiedervereinigung schneller und dramatischer zeigen als in den alten Ländern und dass man von dortigen Lösungsansätzen lernen könnte. Schwedt hat in den letzten 50 Jahren besonders extreme Bevölkerungsveränderungen erfahren: Lebten dort 1958 nur 6 000 Menschen, so wuchs die Bevölkerung bis 1980 auf 55 000. Inzwischen hat sie sich bereits wieder auf ca. 36 000 Einwohner verringert.[656]

Die in der Bestandsaufnahme beschriebenen Beispiele aus Kulturpolitik und Kulturpraxis beziehen sich deshalb ausschließlich auf die Anhörung. Selbstverständlich ist sich die Enquete-Kommission bewusst, dass auch andere Kulturbetriebe in anderen Städten und Regionen ähnlich beispielhaft beschrieben werden könnten. Für die interkulturellen Aspekte des demografischen Wandels wird außerdem auf das Kapitel „Migrantenkulturen/Interkultur" des Schlussberichts verwiesen.

---

[652] Vgl. Bertelsmannstiftung (2006).
[653] Vgl. Kröhnert/Medicus/Klingholz (2006).
[654] Vgl. Empfehlung der Ständigen Konferenz der Kulturminister der Länder in der Bundesrepublik Deutschland vom 16. September 2004, Auswirkungen des demografischen Wandels auf die Kultur.
[655] Vgl. Fragenkatalog zur Anhörung vom 6. November 2006 zum Thema „Auswirkungen der demografischen Veränderungen auf Kultur". (Kommissionsdrucksachen 16/173.1 bis 16/173.3)
[656] Vgl. Anhörung vom 6. November 2006 zum Thema „Auswirkungen der demografischen Veränderungen auf Kultur" sowie das Wortprotokoll. (Protokoll-Nr. 16/17) (Anhörung Demografischer Wandel) Teilnehmer: Cornel, Hajo (Leiter der Abteilung Kultur im Ministerium für Wissenschaft, Forschung und Kultur (in Vertretung für: Wanka, Prof. Dr. Johanna (Ministerin für Wissenschaft, Forschung und Kultur des Landes Brandenburg), Frese, Kathrin (Geschäftsführerin des Multikulturellen Zentrums Templin e. V.), Hermann, Lutz (Erster Beigeordneter des Bürgermeisters der Stadt Schwedt, zuständig für Kultur (in Vertretung für: Jürgen Polzehl, Bürgermeister der Stadt Schwedt)), Neubert, Pfr. Christhard-Georg (Direktor der Kulturstiftung St. Matthäus und Kunstbeauftragter der Evangelischen Kirche Berlin-Brandenburg-schlesische Oberlausitz, Initiative Dorfkirchensommer (Brandenburgweit)), Schubert, Armin (Geschäftsführer Kinder- und Jugend-Kunstgalerie Sonnensegel e. V.), Schubert, Olivia (Kunstwerk Uckermark), Simon, Reinhard (Intendant der Uckermärkischen Bühnen Schwedt), Wichtmann, Christoph (Geschäftsführer der Uckermärkischen Musikwochen e. V.)

A) **Bestandsaufnahme und**
B) **Problembeschreibung**

Grundlagen: Demografischer Wandel allgemein

Der Begriff „demografischer Wandel" bezeichnet gemeinhin Veränderungen der Bevölkerungsstruktur, die von der bisher beobachteten statistischen Normalverteilung abweichen. Oft wird er mit dem Negativszenario eines erheblichen Bevölkerungsverlustes und dessen Folgen gleichgesetzt. Als Ursachen gelten Geburtenrückgang bzw. anhaltend geringe Geburtenrate bei gleichzeitig steigender Lebenserwartung.[657] In immer mehr Regionen Deutschlands verläuft diese Entwicklung zeitgleich mit der Abwanderung von jungen und mittleren Generationen. Die Ursachen hierfür sind zumeist Probleme am Ausbildungs- und Arbeitsmarkt.

In der Folge verändert sich die Bevölkerungsstruktur in den betroffenen Städten und Regionen hin zu einem „älter, weniger und bunter": Werden weniger Menschen geboren und wandern jene Generationen ab, die Ausbildung oder Arbeit suchen, verändert sich die Alterspyramide einer Gesellschaft zugunsten der Älteren. Da die Bevölkerungszahl insgesamt sinkt und eine – die Abwanderung aber nicht ausgleichende – Zuwanderung vor allem aus dem Ausland erfolgt, verändert sich die kulturelle und soziale Bevölkerungszusammensetzung.

Die Auswirkungen eines solchen demografischen Wandels werden in vielerlei Hinsicht unmittelbar sichtbar. Die Budgets der öffentlichen Haushalte sinken in gleichem Maße, wie sie durch die Veränderung der Geburtenzahlen geringer werden bzw. wie die Steuern zahlende Bevölkerung abwandert. Die Ausgaben hingegen steigen, da soziale Sicherungssysteme überproportional beansprucht werden.[658] Langfristig verstärken sich die Negativtendenzen gegenseitig und werden zu einer „demografischen Falle", aus der die Städte und Regionen nur noch schwer aus eigener Kraft herauskommen.

Insgesamt wanderten in den letzten 30 Jahren 5,5 Millionen Einwohner aus Deutschland aus.[659] Weit dramatischere Folgen als die sogenannte Außenwanderung hat jedoch die Binnenwanderung innerhalb Deutschlands.[660] Dabei machen alle Studien deutlich, dass sich der demografische Wandel in Deutschland höchst unterschiedlich auswirkt und dass es Städte und Regionen gibt, die vom Verlust der Bevölkerung andernorts profitieren. Die Wanderungsbewegungen zwischen Ost- und Westdeutschland etwa bewirken, dass die „wandernden" jungen und mittleren Generationen in Hamburg und München zu einem Bevölkerungszuwachs, in großen Teilen Ostdeutschlands aber zu einem erheblichen Bevölkerungsverlust von bis zu 25 Prozent führen.[661] Die Abwanderung und der daraus resultierende Wandel der Bevölkerungsstruktur in den neuen Ländern ist in allen Studien durchgehend als beispiellos angesehen. In einigen Städten in den neuen Ländern wird die demografische Entwicklung aber auch durch den Rückgang auf ein früheres Niveau verstärkt, da diese Städte in der DDR-Zeit mit den ihnen im Rahmen des „Rats für gegenseitige Wirtschaftshilfe" (RGW) zugewiesenen Funktionen eine überproportionale Bevölkerungsentwicklung zu verzeichnen hatten. Aber es gibt zunehmend auch in Westdeutschland Städte und Regionen, die von starken Abwanderungsbewegungen betroffen sind. Laut Bertelsmann-Studie sind im Saarland, in Süd-Nie-

---

[657] Vgl. die Mitteilung der Kommission der Europäischen Gemeinschaften zum GRÜNBUCH „Angesichts des demografischen Wandels – eine neue Solidarität zwischen den Generationen" KOM (2005) 94, Brüssel 16. März 2005.
[658] Vgl. Werding/Kaltschütz (2004).
[659] Vgl. Wissenschaftliche Dienste des Deutschen Bundestages (2006d), S. 6.
[660] Vgl. Schlussbericht der Enquete-Kommission „Demographischer Wandel – Herausforderungen unserer älter werdenden Gesellschaft an den Einzelnen und die Politik", S. 22ff. (Bundestagsdrucksache 14/8800)
[661] Vgl. schriftliche Stellungnahmen zur Anhörung Demografischer Wandel der Länder Hamburg (Kommissionsdrucksache 16/115) und Bayern. (Kommissionsdrucksache 16/118)

dersachsen, im Ruhrgebiet und im Norden von Schleswig-Holstein schon heute die Auswirkungen des demografischen Wandels wahrnehmbar und besonders „auf kommunaler Ebene stark zu spüren".[662]

Die (im weiteren Sinne kulturellen) Auswirkungen, die sich in den besonders stark betroffenen Städten und Regionen einstellen, können mit folgenden Stichworten skizziert werden:

- Gesellschaftliche Alterung: Das Generationengemisch innerhalb der Städte und Regionen verändert sich. Der Anteil junger und mittlerer Generationen sinkt, der älterer steigt erheblich. Deshalb werden die Begriffe „Überalterung" und „Unterjüngung" gleichbedeutend verwendet.

- Internationalisierung der Gesellschaft: Mittelfristig gilt für ganz Deutschland, dass der Gesamtanteil von Menschen mit Migrationshintergrund steigt. Deutschland gilt nach den USA als größtes Einwanderungsland der Welt. 14 Millionen Menschen nichtdeutscher Herkunft sind – mehrheitlich in die alten Länder Deutschlands – zugezogen, so dass das „schrumpfende Deutschland bisher nicht leerer geworden" ist.[663] Diese Entwicklung wird wegen der zunehmenden Attraktivität Europas und insbesondere Deutschlands bestehen bleiben und sich möglicherweise verstärken.

- Soziale Polarisierung: Experten beobachten die Tendenz sozialer und ethnischer „Entmischung", das heißt sozialräumliche Polarisierungen innerhalb der Städte und Regionen, als Folge des demografischen Wandels. Laut Dr. Albrecht Göschel bezieht sich dies sowohl auf die Ebene der Regionen und Städte als auch auf die der Individuen und Schichten, zwischen denen sich im Zuge der demografischen Veränderungen verstärkte Distinktionsmechanismen herausbilden.[664] Elitenorientierung und sektorale Kulturen erhielten dabei zunehmend mehr Gewicht als eine allgemein akzeptierte und von breiten Bevölkerungsschichten geteilte Kultur. Dies führe bereits heute zu starker Milieubildung in den von Abwanderung betroffenen Städten.

- Konkurrenz der Städte und Regionen: Die Binnenwanderungen innerhalb Deutschlands lassen einige Städte und Regionen vom demografischen Wandel profitieren, andere erleiden durch Abwanderung den Verlust nicht nur an Bevölkerung der jungen und mittleren Generationen, sondern auch besonders an den gebildeten bzw. Bildung suchenden Schichten („Brain Drain"). Zurück bleiben mehr oder weniger stark „schrumpfende" Städte und Regionen, die in Gefahr sind, immer weiter marginalisiert zu werden, während die „stabilen" Städte ihre Stabilität in den Einwohnerzahlen durch Zuwanderung aus der schwachen Region erreichen.

- Kulturelle Veränderungen durch Binnenwanderung: Durch Binnenwanderung „wachsende" Kommunen und Regionen können ein anderes Gesicht erhalten. Beispiele aus Ostfriesland/Emsland und anderen kulturell attraktiven Klein- und Mittelstädten zeigen, dass der Zuzug von Senioren aus Ballungsräumen, die sich nach Eintritt in den Ruhestand örtlich verändern wollen, nicht nur Veränderungen des Altersdurchschnitts in einer Kommune nach sich ziehen. So erwachsen zunehmend Probleme für den Unterhalt der öffentlichen Infrastruktur (so etwa bei den freiwilligen Feuerwehren). Neubaugebiete werden nicht mehr kind-, sondern altersgerecht geplant. Und regionaltypische Kulturformen, wie zum Beispiel die niederdeutsche Sprache, verlieren ihre regionale Verankerung. Andererseits sind die zuziehenden Senioren häufig eine Bereicherung durch ihre engagierte Vereinstätigkeit.

---

[662] Vgl. Bertelsmannstiftung (2006), S. 6.
[663] Vgl. Klingholz (2006).
[664] Vgl. Expertengespräch vom 26. Juni 2006 zum Thema „Auswirkungen des demografischen Wandels auf die Kultur", Teilnehmer: Göschel, Dr. Albrecht (Deutsches Institut für Urbanistik), (Expertengespräch Demografischer Wandel).

Diese Tendenzen gesellschaftlichen Wandels stellen zugleich die Rahmenbedingungen für die Kultur im engeren Sinne dar.

Demografischer Wandel und Kultur

Kulturschaffende sowie öffentliche und private Kultureinrichtungen sind vom demografischen Wandel betroffen. Er berührt ihre Zuschauer und Zuhörer, Käufer und Kritiker, Teilnehmer und Nachfrager sowie Akteure und Rezipienten in ihren Interessen und ihrem Geschmack, ihrer körperlichen Leistungsfähigkeit (zum Beispiel Mobilität) und ihren finanziellen Möglichkeiten, Kulturangebote wahrzunehmen, und in ihrer Anzahl. Damit stehen alle bisherigen Erfahrungswerte des Kulturbetriebes auf dem Prüfstand. Das schließt alle Inhalte, Organisationsformen, Finanzierungs- und Beteiligungsmöglichkeiten von bzw. an Kulturangeboten ein. Das Theater einer Kommune kann mangels Publikum und finanzkräftiger Steuerzahler von der Schließung bedroht sein, ein Museum wird möglicherweise mehr und mehr von einer ganz bestimmten Altersgruppe besucht und in einer Dorfkirchengemeinde mag die Zahl der ehrenamtlich Engagierten bei sinkenden Gemeindemitgliederzahlen ansteigen.

Wie bereits in den allgemeinen Rahmenbedingungen skizziert wurde, sinken die öffentlichen Einnahmen in von demografischem Wandel negativ betroffenen Kommunen. Da sie gemäß der föderalen Verfasstheit Deutschlands die Hauptlast der Kulturausgaben tragen, schwinden damit die Möglichkeiten, kulturelle Institutionen aus öffentlichen Mitteln zu finanzieren.[665]

„Andererseits werden die privaten Konsumausgaben für Kultur voraussichtlich steigen. Der Anteil der über 60-Jährigen an der Kaufkraft soll bis 2050 auf 41 Prozent anwachsen. Diese älteren Generationen geben überdurchschnittlich viel für Kultur aus."[666] Besonders in den neuen Ländern, die zu Zeiten der Wiedervereinigung über eine besonders hohe Dichte an Kultureinrichtungen verfügten, wurde in den vergangenen Jahren deutlich, dass unter den Bedingungen des demografischen Wandels eine umfassende, langfristig angelegte und unter Beteiligung aller föderalen Ebenen durchgeführte Neuordnung der öffentlich finanzierten kulturellen Institutionen notwendig ist. Die besondere Herausforderung besteht darin, die freiwillige Leistung Kultur weiterhin vorzuhalten und dabei nicht nur unter der Maßgabe der Mitteleinsparung, sondern korrespondierend mit der Bevölkerungsentwicklung quantitative und qualitative Weichenstellungen vorzunehmen. Konkreter Handlungsbedarf besteht dabei sowohl für kulturpolitische Strategien (Kulturentwicklungsplanung, interkommunale Zusammenarbeit, Konzepte kultureller Bildung etc.) als auch für den Betrieb der Kulturinstitutionen (Opern, Theaterhäuser, Chöre, Bibliotheken, Musikschulen etc.) und die Situationen der Projektträger, Künstler und Kulturschaffenden, für den Erhalt und die Vermittlung des kulturellen Erbes (besonders Denkmäler, Archive etc.) und die Förderung bürgerschaftlichen Engagements.

Die genannten Institutionen und Themenfelder werden ausführlich in eigenen Kapiteln des Schlussberichts behandelt. Nachfolgend sollen die besonderen Herausforderungen, die sich durch demografischen Wandel für sie ergeben, dargestellt werden.

---

[665] Vgl. Antwort der Bundesregierung auf die kleine Anfrage der FDP zum Thema „Kulturausgaben Bund, Länder und Gemeinden". (Bundestagsdrucksache 16/815)

[666] So die Prognose des „Deutschen Instituts für Wirtschaftsforschung" (DIW) Berlin über die „Auswirkungen des demografischen Wandels auf die private Nachfrage nach Gütern und Dienstleistungen in Deutschland". Im Jahr 2050 wird ein durchschnittlicher Haushalt in Deutschland knapp ein Drittel mehr für Freizeit, Unterhaltung und Kultur ausgeben als im Jahr 2003, ältere Menschen über 60 Jahre repräsentieren derzeit rund 316 Mrd. Euro Kaufkraft jährlich und tragen damit etwa ein Drittel der Gesamtausgaben für den privaten Konsum. Ihre Finanzkraft wird bis 2050 auf etwa 386 Mrd. Euro anwachsen, was dann mehr als 41 Prozent der Gesamtausgaben ausmachen wird.

Der Zusammenhang zwischen Kultur und demografischem Wandel ist mit diesen Aspekten jedoch nur unzureichend gekennzeichnet. Auch der Blick aus der anderen Perspektive ist erhellend: Die Kulturinstitutionen und die Kulturschaffenden sind nicht nur Betroffene des demografischen Wandels, sondern auch Akteure, die demografischen Wandel in den Städten und Regionen gestalten können. Kulturpolitik kann so zu einem zentralen Handlungsfeld für gesellschaftlichen Wandel werden. Von diesen Zusammenhängen handelt das letzte Unterkapitel.

Kulturpolitische Strategien

Seit der Wende vom 19. zum 20. Jahrhundert ist die Angebotsorientierung ein Kennzeichen des Kulturbereichs und der Kulturpolitik. Dies unterscheidet sie von anderen öffentlichen Infrastrukturleistungen wie Schulen, Kindergärten oder dem ÖPNV, die an der Nachfrage orientiert sind.[667]

Daher wurden die Folgeerscheinungen des demografischen Wandels im Kulturbereich bislang teilweise zu wenig berücksichtigt. Als der Verband deutscher Musikschulen in den Jahren 1994 bis 1996 mit Unterstützung des Bundesministeriums für Bildung und Forschung ein Modellprojekt zur musikalischen Bildung Erwachsener durchführte, war er für das engere Feld der kulturellen Bildung ein Vorreiter.[668]

Der demografische Wandel zwingt nun auch diejenigen, die auf die Entwicklung bisher nicht reagiert haben, zu einem Bewusstseins- und Strategienwandel.

Folgt man den bisherigen Debatten über die Auswirkungen des demografischen Wandels auf Kultur, bleiben den Kommunen im Wesentlichen zwei Alternativen: „Entweder müssen Breite und Qualität der Kultureinrichtungen der geringeren Finanzkraft angepasst werden, oder man beschreitet den Weg einer lokalspezifischen Angebotsfokussierung bei bewusstem Verzicht auf bestimmte Kultursegmente."[669] Es gibt jedoch noch eine weitere Alternative: Denn erfolgreiche Beispiele zeigen, dass die Gestaltung des kulturellen Profils einer Region möglich bleibt und die Bindung der Bevölkerung an die Kultur sogar verstärkt werden kann.

Dabei gilt es für die Politik, die kulturelle Infrastruktur so zu entwickeln, dass sie auf die quantitativen Veränderungen der Bevölkerung reagieren und den sich verändernden Zielgruppen gerecht werden kann. Eine große Herausforderung besteht darin, kulturelle Angebote trotz Bevölkerungsverlusten vorzuhalten, also in der Fläche präsent zu bleiben und sie zugleich den (finanziellen) Möglichkeiten einer Stadt oder Region anzupassen.

In der Anhörung der Enquete-Kommission wurde deutlich, dass langfristige, mit den Nachbarkommunen abgestimmte Kulturentwicklungspläne hierfür ein geeignetes Instrumentarium darstellen können.[670] Der Stadt Schwedt, die in geradezu dramatischem Ausmaß von demografischem Wandel betroffen war[671], gelang es so, der „in Veränderung befindlichen städtischen Gesellschaft ein adäquates Angebot (zu) machen, das nicht den Eindruck eines Notangebotes darstellt, sondern den wesentlichen Bedarf dieser verändernden Stadt abbildet."[672] Voraussetzung für ein solches Ergebnis

---

[667] Vgl. Wissenschaftliche Dienste des Deutschen Bundestages (2006d), S. 15; vgl. auch Heinrichs (1997), S. 32.

[668] Bemerkenswert war hier, dass trotz langer Wartelisten für Plätze in Musikschulen bereits erkannt wurde, dass sich nicht allein auf die Gruppe der Kinder und Jugendlichen konzentriert werden darf, sondern vielmehr die Erwachsenen stärker in den Blick genommen werden müssen. Der Deutsche Kulturrat führte Mitte der 90er-Jahre Gespräche mit Seniorenorganisationen, um Anliegen der Kulturarbeit und der Kulturellen Bildung stärker im Förderinstrument Bundesaltenplan zu platzieren. Der Bundesaltenplan ist ähnlich dem Kinder- und Jugendplan ein Förderinstrument des Bundes zur Infrastrukturförderung. Er ist wie der Kinder- und Jugendplan beim Bundesministerium für Familie, Senioren, Frauen und Jugend angesiedelt.

[669] Vgl. Wissenschaftliche Dienste des Deutschen Bundestages (2006d), S. 15.

[670] Ebd., S. 16; vgl. Anhörung Demografischer Wandel. (Protokoll-Nr. 16/17)

[671] Vgl. Anhörung Demografischer Wandel. (Protokoll-Nr. 16/17)

[672] Ebd.

sind mehrere ineinandergreifende strategische Entscheidungen, die die kulturelle Infrastruktur veränderten und ihre Institutionen den veränderten Gegebenheiten anpassten. Das Theaterhaus wurde durch Zusammenschluss von zwei Bühnen und durch Angebotserweiterung (siehe unten) zu einem spartenübergreifenden Kultur- und Veranstaltungshaus, das sich zur zentralen Kulturinstitution der Region entwickelt hat. Eine enge Zusammenarbeit zwischen den Trägern von Kulturinstitutionen und der Kulturpolitik war dafür die Voraussetzung. Hinzu kommt eine genaue Bedarfsanalyse, die am Beispiel der Schwedter Bibliothek aufgezeigt werden kann. Auf der Grundlage einer detaillierten und langfristigen, EDV-gestützten Untersuchung des Nutzerverhaltens wurde versucht, der Herausforderung eines sinkenden Medienetats zu begegnen. Der Medienbestand wurde reduziert bis auf eine derzeit effektive Medienquote, die die Nachfrage befriedigen und den Medienbestand im Rahmen der Mittel aktuell halten kann.

Beide Aspekte lassen sich verallgemeinert wiedergeben: Eine der zentralen Voraussetzungen für den Erfolg einer Kulturentwicklungsplanung ist es zu prüfen, wie kulturelle Institutionen stärker kommunen-, regionen- und gegebenenfalls auch länderübergreifend genutzt werden können, da der lokale Bevölkerungsverlust durch regionale Zusammenarbeit zumindest teilweise kompensiert werden kann. Um den Einzugsbereich zu vergrößern, ist die Einführung mobiler Angebote (Einsatz von Bibliotheksbussen, Wanderkinos, Bespielung von Theatern ohne eigene Ensembles durch freie Gruppen etc.) sinnvoll. Auch über den Zusammenschluss von Institutionen muss mancherorts nachgedacht werden; die Mehrfachnutzung von spartenübergreifenden Kulturstätten ist ein weiteres Instrument. Gerade auch die Finanzierung sollte möglichst auf mehrere Schultern verteilt werden, indem zum Beispiel übergreifende Finanzierungsverbünde gegründet werden.[673] „Die teilweise noch bestehende Konkurrenz öffentlich finanzierter Einrichtungen und Programme ist zu minimieren. Die Einbeziehung privater Anbieter und Synergieeffekte mit anderen Politikbereichen, zum Beispiel mit der Wirtschaft zur Erhöhung kulturtouristischer Attraktivität, ist zu verstärken."[674]

In Zukunft will die brandenburgische Landesregierung versuchen, durch den Einsatz von Mitteln des „Europäischen Fonds für regionale Entwicklung" (EFRE) Anreize für verstärkte interkommunale Zusammenarbeit zu schaffen.[675]

In der Praxis treten jedoch auch Probleme auf: So kann die dünne Besiedlung ein Hindernis für interkommunale Kooperationen darstellen.[676] Auch die oben geschilderte Konkurrenz der Städte und Regionen erschwert Kulturentwicklungsplanung. Wenn Länder und Kommunen bestrebt sind, sich gegenseitig die jungen und mittleren Generationen sowie die gebildeten und finanzstarken Bevölkerungsschichten abzuwerben, dann wird eine langfristige Planung infrage gestellt.[677]

Kulturentwicklungsplanung sollte nicht nur auf die Institutionen, sondern auch auf die Nutzer ausgerichtet sein. Ein fester Bestandteil sollte die Förderung der kulturellen Bildung sein. Kulturelle Bildung trägt zur Entwicklung der Persönlichkeit des Einzelnen bei und ermöglicht es, auf die durch den demografischen Wandel verschärften biografischen Anforderungen flexibel zu reagieren. Eine größere Zahl von Menschen kann eine eigene aktive kulturelle Praxis entwickeln; dadurch kann zum Teil auch der natürliche Besucherverlust der Kultureinrichtungen ausgeglichen werden.[678]

---

[673] Vgl. Kap. 3.1.4, Umlandfinanzierung und interkommunale Zusammenarbeit.
[674] Kultusministerkonferenz (2004), S. 3.
[675] Vgl. Wortprotokoll der Anhörung Demografischer Wandel. (Protokoll-Nr. 16/17)
[676] Ebd.
[677] Vgl. Hummel (2006), S. 383.
[678] Ebd., S. 138; vgl. auch Deutscher Kulturrat (2006), S. 2. www.kulturrat.de/pdf/845.pdf, (Stand: 5. Juni 2007); vgl. auch Kulturelle Bildung – eine Herausforderung durch den demografischen Wandel – Schriftliche Stellungnahme des Dt. Kulturrates vom 20. September 2006. (Kommissionsmaterialie 16/149)

Ein gesteigertes Augenmerk benötigen vor allem die Einrichtungen, die sich an Kinder und Jugendliche sowie an die Bevölkerung aus der Region wenden und über räumlich begrenzte Einzugsbereiche verfügen: Musik-, Jugendkunst-, Volkshochschulen, (Stadtteil-) Bibliotheken und soziokulturelle Zentren. Im Vergleich zu anderen Kultureinrichtungen sind diese stärker vom demografischen Wandel betroffen. Es besteht daher für die kulturelle Bildung besonderer Förderungsbedarf, damit auch für die auf lange Sicht kleiner werdende Gruppe potenzieller Interessenten ein adäquates Angebot kultureller Bildung möglich bleibt.[679]

Hier drohen allerdings Verteilungskonflikte zwischen den Generationen. Der demografische Wandel bringt eine zunehmende Generationenkonkurrenz mit sich, die Auswirkungen auf die Finanzierung der Kulturangebote haben kann, da diese vor allem von Senioren wahrgenommen werden.[680] In der Anhörung in Schwedt wurde der Enquete-Kommission von kontroversen Diskussionen in den Kommunen berichtet, ob wegen ihrer steigenden Zahl gerade Kulturangebote für die Gruppe der Älteren gefördert werden müssten oder ob die Älteren in der Mehrzahl wirtschaftlich so leistungsfähig seien, als dass eine solche Förderung gerechtfertigt wäre.[681]

Die Antwort darauf kann aus Sicht der Enquete-Kommission kein entschiedenes „Entweder – Oder" sein. Gerade in der kulturellen Bildung besteht bei Angeboten für Erwachsene und Senioren Nachholbedarf, der im Zuge der Alterung der Gesellschaft gravierender wird.

Zu berücksichtigen ist dabei, dass klassische Anbieter kultureller Bildung für Erwachsene die Volkshochschulen, Familienbildungsstätten sowie die kirchlichen Akademien sind. Gleichzeitig hat das Plädoyer der Kultusministerkonferenz von 2004 unverändert seine Gültigkeit, dass bei zahlenmäßiger Dominanz der Älteren gleichwohl die Kulturarbeit mit Kindern und Jugendlichen aufrechtzuerhalten ist.[682]

Zielt die kulturelle Bildung vor allem auf die Bevölkerung vor Ort, so können durch den Kulturtourismus überregional Menschen angezogen werden. Kunstproduzierende Standorte oder auch kulturtouristisch genutzte Einrichtungen und Projekte sind von der Bevölkerungsentwicklung daher nicht unmittelbar betroffen. Darin liegt eine Chance für Regionen mit wenig Bevölkerung. Durch die Entwicklung vermarktungsfähiger kulturtouristischer Produkte können Arbeitsplätze und damit Perspektiven in den strukturschwachen Räumen geschaffen werden. Hierfür kann insbesondere auch das kulturelle Erbe erschlossen werden.[683]

Das Land kann die Kommunen in ihrer Kulturentwicklungsplanung unterstützen. Kulturentwicklungsplanung kann nur dann erfolgreich sein, wenn die Akteure, Kommunen, Verbände und Träger der Kultur in einen Dialog treten, gemeinsam die Bedarfe analysieren und in Lösungen umsetzen.

Schlussfolgerungen für die Kulturbetriebe

Auch die Kulturbetriebe stehen vor der Herausforderung, strategisch auf den demografischen Wandel zu reagieren, denn zweifellos haben „abnehmende Bevölkerungszahlen Auswirkungen auf die Auslastung der Kulturinstitutionen, genau wie sich eine Alterung der Bevölkerung auf die kulturellen Angebote"[684] auswirken muss. In der Anhörung der Enquete-Kommission zeigte sich am Bei-

---

[679] Vgl. Wissenschaftliche Dienste des Deutschen Bundestages (2006d), S. 11; vgl. auch Institut für Landes- und Stadtentwicklungsforschung und Bauwesen des Landes Nordrhein-Westfalen. Fachbereich Stadtentwicklung und Wohnungswesen (Hrsg.) (2005), S. 45f. www.ils-shop.nrw.de/down/kultur-demogr.pdf, (Stand: 5. Juni 2007).
[680] Vgl. Expertengespräch „Demografischer Wandel".
[681] Vgl. Wortprotokoll der Anhörung Demografischer Wandel. (Protokoll-Nr. 16/17)
[682] Vgl. Kultusministerkonferenz (2004), S. 3.
[683] Vgl. Wissenschaftliche Dienste des Deutschen Bundestages (2006d), S. 16.
[684] Ebd., S. 15.

spiel der „Uckermärkischen Bühnen Schwedt", dass klassische Kulturbetriebe wie Theater diesem Wandel nicht hilflos ausgesetzt sein müssen, sondern dass sie gut beraten sind, selbst Akteur zu werden.

Voraussetzung dafür war im konkreten Fall zunächst eine kulturpolitische Weichenstellung, die das Theater innerhalb der Kulturentwicklungsplanung zum kulturellen Mittelpunkt der Region erklärte und sowohl technisch wie baulich in den dafür notwendigen Zustand versetzte als auch für relative Planungssicherheit sorgte. Die Bühne unterstützte diese Weichenstellung mit eigenen Strategien, indem die Veränderungen der Bevölkerungsstruktur als potenzielle Veränderungen des Publikums wahrgenommen und entsprechend bei konzeptioneller Arbeit, bei der Gestaltung des Spielplans und der Vermarktung berücksichtigt wurden. Dazu gehörte, das klassische Mehrspartentheater in ein Kulturhaus zu verwandeln, in dem neben eigenen Schauspielproduktionen ein breites Angebot an „Show und Unterhaltung, Kleinkunst, Artistik und Tanz"[685] vorgehalten wurde, damit auch Bevölkerungsgruppen, die bislang nicht ins Theater gingen, einen Anreiz erhielten, das Haus zu besuchen. Da die Bevölkerungsentwicklung mittelfristig durch Geburtenzahlen und Abwanderungsstatistiken abzuschätzen war, kalkulierte das Theater die Aufteilung der Angebote neu – zunächst mit entsprechend mehr Veranstaltungen für Senioren und weniger für Kinder –, parallel bemühte es sich um eine Ausweitung des Einzugsgebietes und gewann junges Publikum aus anderen Regionen und Ländern hinzu. Zugleich entwickelte es spezifische Angebote für Menschen im Vorruhe- und Ruhestand und setzte diese in ständiger Kooperation mit einem Seniorenverein um. Um die in dünn besiedelten ländlichen Regionen gegebenen Entfernungen und Anfahrtszeiten in Rechnung zu stellen, wurden Aufführungszeiten auf die Bedürfnisse der Zielgruppen, das heißt auf Fahrpläne der öffentlichen Verkehrsmittel, Unterrichtszeiten, auf den Wunsch der Senioren nach Nachmittagsvorstellungen und Ähnliches, abgestimmt. Mit einem „Theaterbus", dessen Benutzung für Theaterbesucher innerhalb eines festen Zeitrahmens kostenlos ist und der in Zusammenarbeit mit den öffentlichen Verkehrsmitteln der Region gewährleistet wird, schuf man „ein attraktives Angebot über die Grenzen der Uckermark hinaus"[686] und vergrößerte den Einzugsbereich erheblich. Um die überregionale Wahrnehmung zu stärken, entwickelte das Theater spezifische kulturtouristische Angebote wie zum Beispiel „Faust auf Faust", die Aufführung beider Teile von Goethes „Faust" am Ostersamstag, die auf Kurzurlauber aus Berlin zielte und zugleich einen allgemeinen Werbeeffekt für das Repertoire des Theaters erreichte. Innerhalb der Region bewirbt das Theater sein Programm mit einem eigenen Theatermagazin, das über den regionalen Fernsehsender ausgestrahlt wird. Den trotz abnehmender Geburtenraten weiter bestehenden besonderen Stellenwert von Kinder- und Jugendarbeit verknüpfte das Theater mit einem Bildungsauftrag, dessen Angebote seitdem in enger Zusammenarbeit mit Lehrern und Erziehern, in Abstimmung mit Lehrplänen in den Fächern Deutsch oder darstellendes Spiel entstehen. Eine fest angestellte Theaterpädagogin unterbreitet über den Spielplan hinausgehende Angebote im Bereich der Lehrerweiterbildung und Projektarbeit. Dazu gehört die jährliche Ausrichtung von Schultheatertagen, die auf der professionellen Bühne in Schwedt ausgerichtet werden, außerdem bietet das Theater Schülerpraktika und pädagogisch aufbereitete Informationsmaterialien und Programmhefte sowie einen Theater-Lehrer-Informations-Brief an: „Grundlage für diese Arbeit ist die langfristige Kenntnis der Entwicklung der Kinderzahlen und die damit verbundene Schulentwicklungsplanung, mit der wir uns seit Jahren offensiv auseinandersetzen, um bedarfsgerechte Angebote zu unterbreiten. Um Ähnliches im Seniorenbereich zu gewährleisten, stehen wir in engem Kontakt mit entsprechenden Vereinen und den Seniorenbeauftragten der Stadt und des Kreises. Über einen analog zur Theaterpädagogin für diese Zielgruppe fest angestellten Mitarbeiter verfügen wir derzeit leider nicht."[687]

---

[685] Vgl. Wortprotokoll der Anhörung Demografischer Wandel. (Protokoll-Nr. 16/17)
[686] Ebd.
[687] Ebd.

Die Uckermärkischen Bühnen Schwedt sind mit ihrer konzeptionellen Arbeit und in ihrer strukturellen und politischen Verankerung ein Modell für Kulturbetriebe in Regionen, die von den Negativseiten des demografischen Wandels betroffen sind. Denn sie suchen die Verluste und Veränderungen durch komplexe, auf die konkreten regionalen Gegebenheiten ausgerichtete Strategien auszugleichen. Entscheidend für den Erfolg ist dabei die partnerschaftliche Beziehung zu den politisch Verantwortlichen, die die Bühne trotz des erheblichen Wandels in der Region nie infrage gestellt, sondern gestärkt und mit den notwendigen Handlungsfreiräumen ausgestattet haben. Die Uckermärkischen Bühnen Schwedt sind seit 1995 im Eigenbetrieb der Stadt, sie werden vom Land Brandenburg, dem Landkreis Uckermark und der Stadt Schwedt finanziert. Das Gesamtbudget ist seit 1996 von 5,2 auf 5,8 Mio. Euro im Jahr 2006 gestiegen. Dabei sind in diesem Zeitraum die Zuschüsse der Stadt und des Kreises von insgesamt 2,2 auf 2,085 Mio. Euro gesunken und die des Landes von 2,1 Millionen auf 2,6 Millionen gestiegen. Die Eigeneinnahmen stiegen von 510 000 auf 1,1 Mio. Euro, damit hat sich in diesem Zeitraum der Anteil der Eigeneinnahmen von 9,8 auf 19 Prozent erhöht. Die Bezuschussung durch Land und Stadt ist seit 1998 in seiner Höhe nahezu gleichgeblieben. Planungssicherheit wird dem Theater für jeweils drei Jahre gegeben.[688]

Auch andere Brandenburger Beispiele bestätigten, dass das Negativszenario demografischen Wandels nicht zwangsläufig zu weniger Interesse an Kulturangeboten führt. Das Brandenburger Ministerium für Wissenschaft, Forschung und Kultur stellte zum Beispiel fest, dass trotz des dramatischen Bevölkerungsverlustes in ganz Brandenburg und dem erheblichen Rückgang der Anzahl von Kindern und Jugendlichen die Nutzerzahlen an den Musikschulen steigen.[689] Das bestätigten auch die Kirchen (siehe unten).[690] Solcherart gegenläufigen Entwicklungen widersprechen den meisten Prognosen und sind deshalb für Kulturpolitik unter den Bedingungen demografischen Wandels von großer Relevanz.

Das kulturelle Erbe

Kirchen, Denkmäler, historische Sammlungen, Archive und sonstiges immobiles Kulturgut sind von gesellschaftlichen Veränderungen, wie sie mit dem demografischen Wandel verbunden sind, besonders betroffen. Sie können nicht mit der Bevölkerung abwandern, sondern wollen weiter unterhalten werden. Der wachsende Leerstand in Städten und Dörfern birgt zunehmend die Gefahr des Verlusts von kulturhistorisch wertvoller (Bau-) Substanz. Die sinkende Finanzkraft der Kommunen bewirkt, dass diese die gleichbleibend hohen Erhaltungs- und Erschließungskosten immer schwieriger aufbringen können.

Die Mehrzahl der Denkmäler befindet sich in Privatbesitz.[691] Insofern ist es eine zentrale Aufgabe, den öffentlichen Zugang zu ihnen zu gewährleisten. Ein kulturelles Erbe, das den Menschen nicht zugänglich ist, kann von diesen auch nicht angenommen und Unterstützung zu dessen Erhalt schwerlich erreicht werden. Dies ist jedoch dringend notwendig, denn der Erhalt des kulturellen Erbes ist eine Aufgabe, die jeden allein überfordern muss, eine Kommune, die Kirche oder Private.

---

[688] Ebd.
[689] Vgl. schriftliche Stellungnahme von Prof. Dr. Johanna Wanka zur Anhörung zum Thema „Demografischer Wandel", S. 5. (Kommissionsdrucksache 16/215)
[690] Vgl. Wortprotokoll der Anhörung Demografischer Wandel. (Protokoll-Nr. 16/17)
[691] Bundesweite Angaben über die Eigentümerstruktur gibt es nicht. Aus einigen Ländern liegen jedoch Angaben der Denkmalbehörden vor, die auf Erhebungen bzw. Schätzungen beruhen. Danach sind in Mecklenburg-Vorpommern 69,8 Prozent, in Sachsen-Anhalt 74 Prozent, im Saarland 96 Prozent, in Thüringen ca. 85 Prozent und in NRW im Landesteil Westfalen-Lippe 74 Prozent der Denkmäler in privatem Besitz, siehe: www.nationalkomitee.de/links/themen/thema8.htm, (Stand: 5. Juni 2007).

Mit dem Denkmalschutzprogramm „Dach und Fach" und dem Leuchtturmprogramm hat der Bund diesem Umstand Rechnung getragen.[692] Die Herausforderung besteht weiter.

So groß die Anstrengung auch sein mag, sie lohnt sich. Beispielhaft lassen sich die Bedeutung und die Wichtigkeit des kulturellen Erbes an den Dorfkirchen aufzeigen. Gerade in durch den demografischen Wandel geprägten ländlichen Gebieten werden Kirchengemeinden und Dorfkirchen immer mehr zu einem kulturellen Identitätsanker für die Bevölkerung, unabhängig von ihrer Konfession. Die christlichen Kirchen in Brandenburg rechnen mit einer in der Zukunft noch steigenden Tendenz. Es sind nicht die steinernen Monumente allein, die zur Identitätsbildung beitragen und die Menschen vor Ort zusammenführen, sie erzielen diese Wirkung als öffentlicher Mittelpunkt eines aktiven Gemeindelebens.

Intakte Kirchengebäude, Pfarrhäuser und Kirchenscheunen bilden als Aufführungs- und Begegnungsorte die Voraussetzung für kulturelle Veranstaltungen. Ihre Unterhaltung stellt eine sehr große Herausforderung angesichts geringer Kirchensteuereinnahmen dar. In den neuen Ländern verzeichnen die christliche Kirchen nur geringe Mitgliederzahlen (in Brandenburg zum Beispiel ca. 20 Prozent). Dies bringt noch weitere Schwierigkeiten mit sich. Ein Pfarrer versorgt heutzutage bis zu 15 Gemeinden und ebenso viele Gebäude. Das Versorgungsnetz mit kirchlichen Angeboten („von den Kindergärten bis zu den Senioren") wird grobmaschiger.

Im Zuge des fortschreitenden Abbaus von Infrastruktur ist jedoch zu beobachten, dass die Pfarrhäuser in stärkerem Maße als früher als Orte der Kommunikation genutzt werden. Wiederholt rief die angekündigte Aufgabe von Dorfkirchen massive Proteste hervor, die nicht selten zu Reaktionen führten: Trotz der Abwanderung von Leistungsträgern haben sich in Brandenburg in fast 200 Orten Fördervereine mit dem Ziel gegründet, das jeweilige Kirchengebäude zu erhalten und zu nutzen. Das zeigt: Die Menschen sind zum Erhalt des immobilen kulturellen Erbes willens und in der Lage, aber sie brauchen Unterstützung durch Kirche, Kommunen, Land, Staat und die Wirtschaft.

Bürgerschaftliches Engagement

In diesem Fall zeigt sich ein Vorteil der Alterung der Gesellschaft, weil Senioren sich überdurchschnittlich häufig bürgerschaftlich engagieren. Senioren sind als Ehrenamtliche oftmals das Rückgrat kultureller Veranstaltungen. Und sie sind im kirchlichen Bereich auch die größte Gruppe der Teilnehmer und Besucher.

Das bürgerschaftliche Engagement gewinnt mit der Umkehr der Alterspyramide und den steigenden Zeitbudgets an Bedeutung. Es gilt, die Potenziale älterer Menschen stärker zu erschließen, zum Beispiel in der Kulturvermittlung. Eine Einsatzmöglichkeit für Senioren als Ehrenamtliche liegt im Museum. Dort können sie als Zeitzeugen ihre Erfahrungen an jüngere Generationen weitergeben. Drohende Konflikte zwischen einer Alters- und einer Jugendkultur können so von vornherein reduziert werden.[693] Dafür muss das bürgerschaftliche Engagement entsprechend gefördert werden.[694] Das Bundesministerium für Familie, Senioren, Frauen und Jugend setzt mit dem Förderprogramm der generationenübergreifenden Freiwilligendienste an dieser Stelle an. Die generationenübergreifenden Freiwilligendienste zielen darauf ab, dass junge und ältere Menschen sich gemeinsam in und für kulturelle Projekte engagieren.

Ansprechpartner für Projekte aus dem Kulturbereich ist die Bundesvereinigung Kulturelle Jugendbildung.[695]

---

[692] Vgl. Kap. 3.5.1, Kulturförderung in den neuen Ländern.
[693] Vgl. Roth/Richter (2006), S. 25f.
[694] Vgl. Handlungsempfehlungen in Kap. 3.3.1, Bürgerschaftliches Engagement in der Kultur.
[695] Nähere Informationen zum Generationenübergreifenden Freiwilligendienst in der Kultur: www.kek-projekt.de, (Stand: 5. Juni 2007).

Die identitätsstiftende Wirkung von Kunst und Kultur

Der demografische Wandel bringt nicht allein gewaltige Umwälzungen für die Bevölkerungsstruktur oder die kommunalen Finanzen mit sich, er bedeutet für viele auch ein Infragestellen ihrer Identität.

Vor allem das Phänomen der Abwanderung, über Jahrzehnte eine in Mitteleuropa fast unbekannte Erscheinung, die sich in dem Verlust angestammter Quartiere oder von Einrichtungen der sozialen Infrastruktur äußert, konfrontiert die Menschen mit Fragen des „Wer bin ich?" und des „Wo will ich hin?". Dies betrifft besonders die Dagebliebenen, aber auch die Abwandernden. Diese Herausforderungen stellen sich in ähnlicher Weise in den (Groß-) Städten, in denen die Gesellschaftsstruktur aufgrund der Internationalisierung und der sozialen Polarisierung insgesamt komplexer wird.

Antworten auf diese Fragen kann die Beschäftigung mit Kunst und Kultur liefern. Es sei dahingestellt, ob Kultur „den einzigen gesellschaftlichen, identitätsbildenden Zusammenhang und Zusammenhalt in Zeiten einer „schrumpfenden Gesellschaft" darstellt".[696]

Aber die Brandenburger Kulturakteure bestätigten der Enquete-Kommission in der Anhörung einstimmig, dass die Kultur in Zeiten des Umbruchs und des Wandels Halt geben und zur Identitätsstärkung beitragen kann.

Man darf dabei „die Kultur" nicht mit zu hohen Erwartungen überfrachten: Kultur kann die Ursachen (vor allem die Arbeitslosigkeit) und die Folgen des demografischen Wandels (Abwanderung, hoher Altersdurchschnitt der Dagebliebenen und anderes) nicht verändern oder nennenswert abschwächen. Aufgrund des Angebots an Kunst und Kultur wird kaum ein Abwanderungswilliger zum Bleiben bewegt werden. Es stärkt jedoch die Verbundenheit mit einem Ort und einer Region. Kultur kann daher ein Mittel sein, den gesellschaftlichen Wandel vor Ort zu bewältigen und zu gestalten, in ihm Ideen und Visionen für Gegenwart und Zukunft zu generieren und kommunikative Räume zu eröffnen.

Künstlerische Projekte, die den Umbau eines Ortes oder einer Region thematisiert und die dagebliebene Bevölkerung einbezogen haben, haben sich als identitätsstiftend erwiesen, indem etwa Künstler Jugendliche dazu bewegten, sich mit ihrem Wohnort und den Problemen der Region auseinanderzusetzen oder dazu Stellung zu beziehen. Dies kann zum Beispiel in Stadtvierteln geschehen, die zum Abriss freigegeben sind. Ein besonders eindrucksvolles Beispiel ist „Das Feld der Weggegangenen", eine Workshopreihe des „kreativ labor uckermark e. V.". Jugendliche, die die Uckermark verlassen, stellen sich vor ihrem Weggang selbst aus Materialien wie Holz, Stein oder Metall dar als Zeichen dafür, dass sie in dieser Region gelebt haben und diese nun verlassen. In einem weiteren Projekt drehte der Verein mit jungen Menschen eine Telenovela, die nicht in einer Metropole spielt, sondern in Dedelow, einem einstmals sozialistischen Vorzeigedorf, das heute von Abwanderung geprägt ist.[697] So kann Stolz oder Verbundenheit mit ihrer alten Heimat, die sie nicht halten konnte, und ihrer eigenen Vergangenheit erzeugt werden. Kultur wird zum Mittel, sich mit Wegzug, Abbau, Schrumpfung auseinanderzusetzen. Sie kann Kommunikation, Selbst- und Fremdwahrnehmung fördern.

Dass diese identitätsstiftende Funktion der Kultur von den Menschen tatsächlich erfahren wird, zeigen die trotz des erheblichen Bevölkerungsrückgangs steigenden Nutzerzahlen der Kultureinrichtungen. Daher darf Kulturförderung nicht nur als eine Investition in die Zukunft aufgefasst werden. Es lohnt sich, sie auch als eine Investition in die Gegenwart anzulegen. Jeder Bürger sollte daher ein Kulturangebot in erreichbarer Nähe, „vor der Haustür", haben.

---

[696] Vgl. Roth/Richter (2006), S. 20.
[697] Vgl. Wortprotokoll der Anhörung Demografischer Wandel. (Protokoll-Nr. 16/17)

Schlussfolgerungen

1. Sinkende Bevölkerungszahlen müssen nicht eine geringere Nutzung kultureller Angebote nach sich ziehen. Die Analysen aus Brandenburg zeigen, dass gerade Einrichtungen der kulturellen Bildung gleich stark oder sogar stärker genutzt werden als bisher. Dem oft anzutreffenden Argument, dass demografischer Wandel zum Rückbau kultureller Infrastrukturen führen müsse, ist deshalb ausdrücklich nicht zuzustimmen. Die im Zusammenhang mit wachsender freier Zeit sich entwickelnde Nachfrage nach Kultur und die zusätzliche Nachfrage der älter werdenden Generation gleichen diese regionalen Entwicklungen aus.

2. Kulturentwicklungsplanung und Schwerpunktbildung in der Kulturpolitik sichern langfristig kulturelle Infrastruktur. Voraussetzung ist eine genaue Bedarfsanalyse und die enge Zusammenarbeit zwischen Trägern von Kulturinstitutionen und Kulturpolitik, die nicht zuerst auf Mitteleinsparung, sondern auf Erhalt durch Anpassung und Veränderung zielt.

3. Infolge des demografischen Wandels ändert sich die Zusammensetzung des Publikums und neue Wege der Publikumsgewinnung werden notwendig. Die Kulturbetriebe müssen sich für die konkreten sozialen und kulturellen Probleme der Region öffnen, um offensiv, vielfältig und zielgerichtet auf die Folgen des demografischen Wandels reagieren zu können. Eine wichtige Rolle spielen dabei generationenspezifische Angebote, Aufführungszeiten, die die Bedürfnisse der verschiedenen Zielgruppen berücksichtigen, Lehrerweiterbildungen und bedarfsgerechte Angebote für Kinder, Jugendliche und Senioren. Die Enquete-Kommission sieht es als eine dringliche Aufgabe der Kulturpolitik an, die Herausforderung anzunehmen, das Verhältnis von Angebot und Nachfrage im Kulturbetrieb neu zu bestimmen.

4. Bürgerschaftliches Engagement bleibt ein zentrales Moment in der Leistungsfähigkeit kultureller Institutionen und kann, wenn ausreichend befördert und abgesichert, einerseits selbst durch den demografischen Wandel gestärkt werden, andererseits die Folgen des Wandels zum Teil kompensieren.

5. Bei all diesen Maßnahmen handelt es sich um Optimierungsprozesse, die – wenn sie erfolgreich verlaufen – Modellcharakter auch für noch nicht negativ vom demografischen Wandel betroffene Regionen haben können.

6. Kultur kann weder die Ursachen noch die Folgen demografischen Wandels ändern oder abschwächen, sie kann jedoch ein Instrument sein, mit dem Wandel bewusst umzugehen, ihn individuell und gemeinschaftlich zu bewältigen. Künstlerische Projekte und kulturelles Engagement, die/das den Umbau des Ortes oder der Region, ihre Zukunft und ihre Vergangenheit etc. thematisieren, haben geholfen, den Prozess öffentlich und demokratisch zu gestalten. Erfahrungen der Vertreter freier Kulturprojekte zeigten, dass diese innovativ agieren müssen, um unter den „Dagebliebenen" akzeptiert zu werden.

7. Gelingt die Akzeptanz, wird Kunst zu einem aktiven Moment gesellschaftlicher Teilhabe.

8. Nicht nur auf der ideellen Ebene kann Kultur als Ressource des Gegensteuerns dienen. Von Abwanderung geprägte Gebiete gewinnen neue Attraktivität für den Tourismus, die durch kulturelle Angebote weiter gesteigert wird.

C)   Handlungsempfehlungen

1. Die Enquete-Kommission empfiehlt den Ländern und Kommunen, die kulturelle Leerstelle innerhalb der Demografiedebatte zu füllen und sich mit den kulturellen Auswirkungen des demografischen Wandels auseinanderzusetzen.

2. Die Enquete-Kommission empfiehlt Ländern und Kommunen, Kulturförderung unter den Bedingungen des demografischen Wandels verstärkt integrativ, mobil und interkommunal zu betreiben und unter Beteiligung von Diskussionsforen Steuerinstrumente zu entwickeln, die allen Akteuren die Verständigung über Strategien und Entscheidungen ermöglichen und diese gegebenenfalls wissenschaftlich begleiten. In regelmäßigen Abständen sollten dazu auch die relevanten privatwirtschaftlichen Akteure sowie diejenigen Institutionen einbezogen werden, die für Arbeitsmarktpolitik, Sozialpolitik, Wirtschaftsförderung und Tourismus zuständig sind.

3. Die Enquete-Kommission empfiehlt den von Auswirkungen des demografischen Wandels betroffenen Ländern und Kommunen, eine langfristige Kulturentwicklungsplanung zu initiieren.

4. Die Enquete-Kommission empfiehlt den Kommunen, verstärkt Künstler und kulturelle Akteure in die Umgestaltungsprozesse einzubeziehen. Zur Finanzierung solcher Initiativen empfiehlt die Enquete-Kommission dem Bund die Einrichtung eines Modellprojektes, für das sich Kommunen gemeinsam mit Künstlern und entsprechenden Projekten bewerben können.

5. Die Enquete-Kommission empfiehlt der Bundesregierung, die Einrichtung eines Fonds „Kulturelles Erbe", der die kommunale Finanzierung jedoch nicht vollständig ersetzen darf und eng an bürgerschaftliches Engagement geknüpft werden sollte. Da die regionale kulturelle Vielfalt in Deutschland eine der wichtigsten Voraussetzungen für Kultur in Deutschland ist, regt die Enquete-Kommission an, dass der Bund sich auch für den Erhalt von regional bedeutsamen Institutionen des kulturellen Erbes einsetzt.

4 Die wirtschaftliche und soziale Lage der Künstler

4.1 Künstlerbild und Kreativität Anfang des 21. Jahrhunderts

Vorbemerkung

Im Einsetzungsbeschluss der Enquete-Kommission wird davon ausgegangen, dass Kunst und Kultur von kreativen Menschen gestaltet wird, insbesondere von Künstlern, die einen großen Teil ihrer Lebenszeit dem künstlerischen Schaffen widmen. Sie leisten mit ihrer Arbeit einen unersetzbaren Beitrag zum Selbstverständnis und zur Wertedebatte in einer demokratischen und pluralen Gesellschaft. Mit ihren „Angeboten" zur gesellschaftlichen Selbstvergewisserung – und das meint auch die von Künstlern entwickelten Verweigerungs-, Destruktions-, Chaotisierungs- und Reduktionsstrategien – agieren sie in einem komplexen gesellschaftlichen Handlungsrahmen (Staat, Markt, Zivilgesellschaft). Ihre Arbeiten sind nicht allein nach den Maßgaben von Effizienz, Produktion oder Einschaltquoten zu bewerten. Aus diesem strukturellen Nachteil ergibt sich die Notwendigkeit staatlicher Verantwortung. Um diese Verantwortung gesellschaftlich zu legitimieren und politische Rahmenbedingungen und Fördermaßnahmen so zu setzen, dass sie sinnvoll für die Betreffenden sind und nachvollziehbar für die Gesellschaft bleiben, bedarf es jeweils aktueller Kenntnisse zum Personenkreis der künstlerisch Tätigen in Deutschland. Voraussetzung entsprechender Analysen zur sozialen und wirtschaftlichen Lage ist eine Verständigung darüber, wer heute eigentlich Künstler ist.

In den Jahren 1972 bis 1975 wurde in Deutschland erstmalig ein Bericht mit Daten zur sozialen und wirtschaftlichen Lage von Künstlern und deren Stellung in der Gesellschaft erarbeitet. Der sogenannte „Künstlerbericht"[1] gilt bis heute weltweit als eine der größten Repräsentativumfragen, die jemals in der empirischen Sozial- und Arbeitsmarktforschung für spezielle Berufsfelder durchgeführt wurde. Auf der Grundlage der Ergebnisse dieser Studie wurden von Regierung und Parlament verschiedene Reformvorhaben auf den Weg gebracht. Das wichtigste ist sicherlich das 1981 verabschiedete Künstlersozialversicherungsgesetz (KSVG), das gegenwärtig in seiner III. Fassung vorliegt.[2]

Im Zuge der Einsetzung der Enquete-Kommission wurden verschiedentlich Erwartungen und Hoffnungen gehegt[3], ob es nicht an der Zeit sei, eine Neuauflage der vor 30 Jahren vorgelegten Künstler-Erhebung zu erarbeiten, zumal mit der Vereinigung die neuen Länder mit ihrer Kunst- und Kulturlandschaft hinzugekommen seien. Dies wäre sicherlich wünschenswert, war aber aus verschiedenen Gründen durch die Enquete-Kommission nicht zu leisten.

Das Tätigkeitsfeld und Berufsbild von Künstlern hat sich im Verlauf der vergangenen 30 Jahre verändert. Die westlichen Gesellschaften befinden sich in Folge globaler und technologischer Umbruchsituationen (zum Beispiel Digitalisierung) in einem höchst dynamischen Prozess des Strukturwandels. Auch künstlerische Arbeit, Produktion, Distribution, Verwertung und Rezeption sind in erheblichem Maße von der Erweiterung und Verdichtung wirtschaftlicher, kommunikativer und technischer Netzwerke durchdrungen. Nicht mehr nur Güter und Personen, sondern Waren, Symbole, Kapital und Informationen aller Art zirkulieren weltweit. Vor diesem Hintergrund hätte das Untersuchungsdesign eines repräsentativen Künstlerberichtes heute andere Fragen zu stellen und methodisch so vorzugehen, dass es entsprechende Verschiebungen der Tätigkeitsfelder und Einkommensarten sowie der Selbst- und Fremdeinschätzung von Künstlern zu Beginn des 21. Jahrhun-

---

[1] Vgl. Bericht der Bundesregierung über die wirtschaftliche und soziale Lage der künstlerischen Berufe vom 13. Januar 1975. (Künstlerbericht). (Bundestagsdrucksache 7/3071).
[2] Vgl. Kap. 4.5.1, Künstlersozialversicherung.
[3] Vgl. Gutachten „Objektive und transparente Förderkriterien staatlicher Kulturfinanzierung – Vergleiche mit dem Ausland" (Gutachten Kulturfinanzierung) (2004). (Kommissionsdrucksache 15/151).

derts hätte darstellbar machen müssen. Insbesondere die in diesem Kapitel vorgenommenen Aussagen zum Thema „Wer ist Künstler" stellen deshalb zunächst eine argumentative Annäherung an die Komplexität und methodischen Probleme im angesprochenen Politikfeld dar.

Als Instrumente zum Erkenntnisgewinn dienten aktuelle Untersuchungen zu Kulturberufen in Deutschland[4], eine Ausarbeitung der Wissenschaftlichen Dienste des Deutschen Bundestages „Zum Begriff des Künstlers in der sozialen Sicherung", ein Expertengespräch mit dem Leiter der Künstlersozialkasse (KSK) Harro Bruns am 26. Januar 2004 und ein Expertengespräch mit Prof. Dr. Wolfgang Ruppert (Universität der Künste Berlin) zum Thema „Kulturhistorischer Überblick über die Wandlungen des Künstlerbildes" am 9. Mai 2005. Des Weiteren flossen in Bestandsaufnahme und Problembeschreibung Aussagen und Vorschläge aus einem am 19. Juni 2006 durchgeführten Künstlergespräch ein.

Im Unterschied zum Künstlerbericht aus dem Jahr 1975, der sich sozialempirischer Methoden standardisierter Befragungen bediente und „... auf jegliche kunsttheoretische wie auf jede wertende Betrachtung verzichtet(e) ..."[5], schien es den verantwortlichen Sachverständigen und Politikern unverzichtbar, angesichts charismatischer Zuweisungen und Argumentationen von Künstlern, Kulturpolitikern, Medien etc. zur Bedeutung von Kunst, künstlerischem Schaffensprozess und Künstlern eine historisch fundierte (objektive) Darstellung gesellschaftlich begründeter Konstruktionen der Selbst- und Fremdeinschätzung (Künstlerautonomie, Künstlerhabitus, Künstlerbild) in die Bestandsaufnahme einzubeziehen.

Die an einen Bevölkerungsquerschnitt gerichteten standardisierten Fragen zum Sinn und Zweck künstlerischer Tätigkeit aus dem Künstlerbericht 1975 sind Indiz eines Kultur- und Kunstverständnisses der 70er-Jahre (Umverteilungsparadigma, Kunst und Kultur als Erkenntnis- und Bildungsvorgang in Selbstvergewisserungsmilieus, „Kultur für alle").[6] Wer Vergleichbares für den Beginn des 21. Jahrhunderts erarbeiten will, wird dies überprüfen und vor allem Aspekte der Mediatisierung, Veränderungen der kulturellen Infrastruktur und Diskussionen um die sogenannte „Creative Class" einbeziehen müssen.

A) **Bestandsaufnahme und**
B) **Problembeschreibung**

In dem folgenden Beitrag setzt sich das Sachverständige Mitglied Heinz Rudolf Kunze mit der Frage nach Künstlerbildern im historischen Wandel, Künstlerautonomie und Künstlerhabitus auseinander. Da Kunze als aktiver Künstler die Stimme der Kreativen in der Enquete-Kommission gewesen ist, haben die Mitglieder entschieden, in den Schlussbericht einen Beitrag von ihm aufzunehmen, der der Form der anderen Kapitel des Berichtes nicht entspricht. Der Text selbst ist ein Produkt künstlerischen Schaffens. „Mein Text redet nicht nur über Sachverhalte, er zeigt sie sinnfällig vor: Form und Inhalt sind nicht voneinander zu trennen. Schließlich bin ich ja Teil des Sachverhalts."

In diesem Text geht er der Frage nach, unter welchen Bedingungen heute künstlerische Arbeit stattfindet und wer sie ausübt, was ihre Motive, Strategien und Perspektiven sind und welche Probleme sich auftun. Kunze versucht darzustellen, was Künstler von der Politik erwarten: Geht es nur um Rahmenbedingungen? Was kann die Politik für die Künstler tun und was nicht? Und: Was sollte sie gar nicht erst versuchen? Er verfolgt das Ziel, den Wandel des Künstlerbildes zu beschreiben, seine Rolle und gesellschaftliche Stellung seit Beginn des 19. Jahrhunderts, das Phänomen des Künstler-

---

[4] Vgl. Söndermann (2004).
[5] Künstlerbericht, S. 6. (Bundestagsdrucksache 7/3071)
[6] Vgl. Göschel (1997).

habitus, sein „Image", sein Renommee und sein Selbstverständnis. „Und ich stelle mir und uns die bange aber langsam dringlicher werdende Frage, ob es den Individualkünstler klassischer bürgerlicher Prägung in Zukunft überhaupt noch geben wird."

Wer ist Künstler? Keine Ahnung. Ich bin einer. Das, glaube ich, weiß ich. Alles andere ist mir, wenn man meine Ehrlichkeit auf die Goldwaage legt, wurscht. Hoffentlich gibt es möglichst wenige andere, die mein Licht mindern. So denkt man als Künstler. Kunst zu machen, Künstler zu sein, ist der reine Wahnsinn, und das ist kein flacher Kaugummispruch. Wer so etwas tut, dieser Sache sein Leben widmet, kann nicht normal sein. Künstler sind die radikalsten Egoisten, die es gibt. Ausgerüstet mit der unschuldigen Brutalität von Kindern. Und dieser Egoismus als Triebkraft für das Werk färbt auf Leben und Verhalten ab. Es geht nicht anders. Künstler haben keine andere Chance. Paul Valery schrieb dazu in den „Windstrichen" über diese autistische Spezies: „Keinen von ihnen kann ich mir einzeln vorstellen; und dabei hat sich doch jeder verzehrt, damit keiner neben ihm bestehe. Sie haben sich aus Momenten ihres Lebens aufgebaut, die jede andere Art zu denken, zu sehen oder zu schreiben ausgeschlossen hätten."

Niemand noch so Wohlmeinender wird das je verstehen, der nicht selber Künstler ist. Wir leben davon, daß ihr es nicht versteht. Auch wenn ihr es glaubt. Uns ist, nicht nur in letzter Kleistscher Konsequenz, nicht zu helfen. Aber gut, es muß ja nicht immer konsequent zugehen. Nicht jedesmal, wenn wir uns vor euch verbeugen, lügen wir.

Wenn Künstler einander bei größeren Zusammenrottungen umarmen, ist die Heuchelei in dieser Geste ungleich größer als bei jeder anderen Berufsgruppe. Künstler halten sich selber für absolut unentbehrlich und die anderen für letzten Endes vollkommen überflüssig. Freilich wissen sie in ihrem tiefsten Innern, daß das nicht wahr ist. Aber Künstler haben gelernt, mit ihrem tiefsten Innern äußerst kalkulierend umzugehen. Künstler hassen Künstler mit einer Intensität, die weit über Rivalität hinausgeht. Wahre Freundschaft zwischen Künstlern ist weitaus unmöglicher als zwischen Männern und Frauen.

Künstler, sagt Karl Kraus, haben das Recht, bescheiden, und die Pflicht, eitel zu sein. Also traue ich mich ohne falsche Bescheidenheit an die Frage heran, was es mit dem Künstlertum auf sich hat. Und ich will mich keineswegs vor einer Antwort drücken, wenn ich Leute zitiere, die sich vor mir den Kopf darüber zerbrochen haben. Laut Thomas Mann sind beispielsweise Schriftsteller Menschen, die Schwierigkeiten mit dem Schreiben haben. Deswegen stört mich auch nicht im geringsten die Vorläufigkeit eines Anlaufes meinerseits wie: Künstler sind allergisch gegen die voreilige Geläufigkeit beim Ausüben ihrer von wem oder was auch immer ihnen aufgegebenen Pflicht und Neigung.

Zu Zeiten eines Karl Kraus war das Subversivste, Guerilla-Ähnlichste was ein Künstler tun konnte, sein äußeres Verhalten und Erscheinungsbild dem „Durchschnitt" anzupassen, perfekt getarnt sein Anderssein zu leben. Im Zeitalter der in Talkshows zur Schau gestellten Geschlechtsteil-Piercings einer hyperindividualistischen Gesellschaft aus lauter Nichtsen ist uns diese Möglichkeit „falscher Bescheidenheit" nun auch noch genommen. Also muß sich der Künstler noch tiefer verstellen, denn trotz alledem gilt immer noch und mehr denn je der Kraus-Satz: „Die wahre Boheme macht den Philistern nicht mehr das Zugeständnis, sie zu ärgern." Allenthalben herrscht das Pöbelphilistertum – also loben wir es zutode! Harald Schmidt ist der wahre ästhetische Bin Laden. Ob er Guy Debord und die Situationisten gelesen hat, weiß ich nicht. Aber er vollstreckt sie.

Künstler: ein naturgemäß geheimnisvoller Begriff. Aber die Versuche, ihn einzukreisen, reißen nicht ab. Was Heiner Müller dazu zu sagen hatte? Brecht, durch Becketts Teilchenbeschleuniger gejagt. Rainald Goetz? Schlingensief? Den Mund ziemlich voll genommen, Gewölle hochgewürgt, der Rest Techno-Gefasel. Peter Handke, ja sicher, mit Anknüpfungen von Thukydides bis Walker Percy. Botho Strauß, unbedingt. Nicht obwohl, sondern weil er der Erbe Ernst Jüngers ist. Aber „weiter" gekommen als, sagen wir mal: Friedrich Schiller? Naturgemäß keiner. Endgültige Antworten: unmöglich. Aber warum sollte das entmutigen, warum sollte man in dieser Frage Verbindlicheres erwarten dürfen als in der Philosophie oder anderen Wissenschaften? Das, was Wassily Kandinsky als „Kunst" zu umschreiben versuchte, läßt sich sinngemäß, ja nahezu wörtlich auf den Begriff des Künstlers anwenden (Eine gewisse Nähe zu Sisyphus oder Don Quixote ist solcherart Bestreben nicht ganz abzusprechen. Aber was solls? Sisyphus, hat uns Camus gelehrt, müssen wir uns als einen glücklichen Menschen vorstellen. Und einen Botho Strauß könnte man aus einiger Entfernung durchaus für einen Don Quixote des Windräderzeitalters halten ...): „Die Kunst besteht nicht aus neuen Entdeckungen, die die alten Wahrheiten streichen und zu Verirrungen stempeln (wie es scheinbar in der Wissenschaft ist). Ihre Entwicklung besteht aus plötzlichem Aufleuchten, das dem Blitz ähnlich ist ... dieses Aufleuchten zeigt ... neue Perspektiven, neue Wahrheiten, die im Grunde nichts anderes sind, als die organische Entwicklung, das organische Weiterwachsen der früheren Weisheit."

Künstler, folgt für mich daraus, ist jemand, der sich selbst in radikal subjektiver Weise gegenüberstehen und darstellen kann – und dadurch zu Objektivationen menschlichen Verhaltens, Denkens, Fühlens gelangt, hinter denen sein eigener biographischer Input als Spielmaterial verschwindet beziehungsweise in dem es aufgeht. Mitteilungen von sich machen, um bei etwas anzukommen, was man weiterhin mit ein wenig Mut das wesenhaft Menschliche nennen sollte: das ist der Job.

Neueren Bestrebungen, die Begriffe von Kunst und Künstlertum auf jedes selbstverantwortete Ein- und Ausatmen anzuwenden und endgültig zu entgrenzen, stehe ich sehr skeptisch gegenüber. Burkhard Spinnen meint dazu in „Bewegliche Feiertage": „Machthaber zum Anfassen, Musik zum Mitmachen – es gehört nun einmal zu den korrekten Ritualen der späten Demokratie, eine Auflösung der Gattungsgrenzen und eine unbedingt Publikumsbeteiligung beständig als ein moralisches Dogma zu verkünden, das auf absolut jeden Lebensbereich anzuwenden sei." Ob beispielsweise wirklich jeder Scharlatan, der sich „DJ" nennt, die Platten anderer Leute auflegt und dabei ein bißchen auf ihnen herumkratzt, im geduldigen Auge der Geschichte seinen derzeitigen (fast muß man schon wieder sagen: Noch -) Ruf als Avantgardist behalten wird, erscheint mir doch zweifelhaft. Manchmal hat mich der Gang der Dinge eines Schlechteren belehrt. Bisweilen auch nicht. „Nichts", schreibt Burkhard Spinnen, „wird so freundlich aufgenommen wie das Empörende, und keine Haltung ist so konform wie die des kreischenden Tabubruchs. In dieser totalen Nivellierung droht alles und jedes seine Darstellungskraft, ja seinen Anspruch auf Wahrheit zu verlieren."

Denn das ist er ja, der Dreh- und Angelpunkt künstlerischen Bemühens: der Anspruch auf Wahrheit beziehungsweise Wahrhaftigkeit. Der Künstler, der Kitzler von Begierde und Gewissen, das „Genie", der einzig wirkliche Autonome, ist der heilige Narr der bürgerlichen Gesellschaft, der von dieser ausdifferenzierte Selbstverwirklichungs-Profi. Als Fachmann des Geheimnisses lebt er den Gegenentwurf zum normierten Zweckhandeln, umkränzt vom Heiligenschein der Originalität und Einsamkeit. In Kants „Kritik der Urteilskraft" klang das noch einigermaßen harmonisch-harmlos: Das Genie ist „die musterhafte Originalität der Naturgabe eines Subjektes im freien Gebrauch seiner Erkenntnisvermögen". Zweihundert Jahre später konstatiert Richard Sennett in New York allerdings: Das Verhältnis des modernen Künstlers zur Gesellschaft ist das einer prinzipiell provokativen Gegnerschaft.

Erst der Wegfall der höfischen Kultur und ihres Schutzraums machte den Künstler zu dem „Außenseiter", als der er noch heute gilt – womit die Avantgarde der Moderne sich nicht nur abfand, sondern produktiv umging. Der höfische Künstler konnte aufgrund des herausgehobenen Status seines Tuns gelegentlich eine Nähe zu seinem adligen Auftraggeber herstellen, die keinem anderen Bürger erreichbar war. Im bürgerlichen Zeitalter, nach der industriellen und demokratischen Doppelrevolution, wurde dann entgegengesetzt das Verhältnis zwischen dem Künstler und seinem zahlenden Publikum als gloriose Ferne stilisiert. Die moderne „Erfindung des Privatlebens" hat auch den

Künstlertypus der Moderne hervorgebracht – die „Individualisierung des Gefühls" (Norbert Elias) wurde sein Wesensmerkmal und Spezialgebiet. Mozart war ein Pionier dieser Tendenz – er mußte noch den Riß zwischen höfisch-handwerklichen Auftragsanforderungen und neuer, nur noch der eigenen Phantasie verpflichteter Selbsterforschung aushalten.

Mitte des 18. Jahrhunderts setzte die volle Entfaltung des modernen Menschenbildes ein. Gleichheit vor dem Gesetz wurde eine unüberhörbare und Schritt für Schritt durchgesetzte Forderung. Individuelle Leistung und Tüchtigkeit gewannen als berechtigter Geltungsanspruch in der Gesellschaft zunehmend an Gewicht gegenüber adliger Herkunft. Damit einher ging eine Verfeinerung des individuellen Empfindens – wohlgemerkt nicht nur beim Künstler, sondern auch beim Rezipienten. Eine ungeheure Dynamik, ja geradezu Wandelwütigkeit, auch und gerade bezogen auf Werte, nahm Fahrt auf – soziale, politische, ästhetische Entwicklungsprozesse, die früher Jahrhunderte in Anspruch genommen hatten, veränderten nunmehr das Antlitz der Erde und das Innenleben in den Köpfen innerhalb weniger Jahrzehnte. Eine Vergötterung des Innovatorischen, des schlechthin „Neuen" in Kunst und Gesellschaft setzte ein. Je mehr sich Sachlichkeit und Effektivität im Ökonomischen durchsetzten, desto drastischer wurde eine davon abgetrennte Subjektivität dem künstlerischen Bereich zugewiesen. Max Weber wies darauf hin, daß dieses Auseinanderdividieren den Künstler zwangsläufig auf Dauer in eine Krise steuert: nämlich geradewegs hinein in den Elfenbeinturm, in die Unverstandenheit, ja ins Unverstehbare, weil er nolens volens den lebendigen Bezug zum Rest der Wirklichkeit einbüßt. Sein Platz, sein anerkannter Rang in der modernen Gesellschaft ist nur so lange gesichert, wie er imstande ist, den Symbolbedarf des „prosaischen" Bürgers zu decken; das ist die ihm zugedachte Rolle im sozialen Zusammenspiel. Als Repräsentant des Schönen, Geistigen und Freien fungiert er als moderner Ersatzpriester. Kultur übernimmt von der Religion die Aufgabe der Sinnstiftung, Kultur als, wie Wolfgang Ruppert definiert, „das überindividuell kommunizierte „Geflecht" von Begriffen, der verbalen und nonverbalen Zeichen, von Deutungsmustern, bildlichen Vorstellungen und ästhetischen Chiffren, von mentalen Handlungspraktiken, Gefühlen und Ritualen". Der Künstler fungiert als Geheimnisträger, als Schamane innerhalb einer Epoche, die das „Höhere", Immaterielle aus ihrem Lebens- und Arbeitszusammenhang verbannt hat, ohne aber auf dieses Ausgelagerte verzichten zu können. Diese Sonderrolle war von Anbeginn an hochgefährdet. Für Georg Simmel beispielsweise ist der künstlerische Kampf des Eigen-Sinns gegen die Übermacht der Konvention nichts anderes als die moderne Fortsetzung des prähistorischen Kampfes um Dasein und Lebenserhalt.

Der Künstler führt eine prekäre Existenz zwischen Bewunderung und Neid, weil er als ein von den Rationalitätszwängen befreites, ja geradezu erlöstes Ausnahmeexemplar der Selbstverwirklichung gilt. Einerseits wird er als Genie glorifiziert, andererseits als asozialer unzuverlässiger Faulenzer denunziert. Die Lebensführung des Künstlers als BERUF ergab sich zwar geradezu logisch aus der immer weiter zunehmenden Ausdifferenziertheit der arbeitsteiligen Gesellschaft, war aber dennoch aufgrund der sie umgebenden Aura und der von den Bürgern als defizitär erlebten nüchternen Normalwelt des Verrichtens von jeher umstritten und angefeindet. Wer als Künstler tatsächlich mehr wollte als den jeweils herrschenden Geschmack zu bedienen, tat immer gut daran, anderweitig materiell abgesichert zu sein, oder er tat sich prinzipiell schwer mit dem Lebenserhalt.

Für jedes Gebiet künstlerischer Betätigung gibt es heutzutage so etwas wie Rankings, Polls, Hitparaden – wer die anführt, ist ein Großkünstler. Freilich nicht automatisch (sogar eher selten) ein großer Künstler, was Wagemut, Neugier, Innovationskraft betrifft. Die können nur ausgelebt werden, wenn modernes Mäzenatentum dahintersteht – oder eben finanzielle Unabhängigkeit.

Von Thomas Mann bis Bourdieu gilt: Bürger und Künstler sind Brüder – engstens aufeinander verwiesen, aber auf ganz verschiedene Art den Zwängen der modernen Zeit unterworfen. Beide tragen ähnliche Kainszeichen auf der Stirn: die des Funktionieren- und Mithaltenmüssens im Zeitalter der Zweckrationalität, dabei voneinander abhängig in Haßliebe.

Es mag den Anschein haben, der Künstler sei abhängiger vom Bürger als umgekehrt. Der Bürger aber, der sich nicht mehr als vom Künstler abhängig empfindet, der also gewissermaßen nach der Abwendung von der Religion auch die Ersatzreligion und deren kultische Protagonisten aus den Augen verliert, endet als Krämer und perspektivloser, Zeit totschlagender, übel zugerichteter Verrichter und Konsument, symbolblind dem Untergang geweiht. Er verschwindet einfach in den Haushaltslöchern seiner ästhetischen Defizite. Wir beobachten es heute. Der lange Zeit tonangebende Mittelstand ist in Auflösung begriffen. Unsere Gesellschaft orientiert sich schon weitgehend an den Maßstäben (wenn das Wort in diesem Fall nicht ein Widerspruch in sich ist) des Proleten-Trashs.

Daß es bis heute weniger Künstlerinnen als Künstler gibt, liegt nach wie vor am bürgerlichen Menschenbild und Erziehungsideal, wenngleich diese seit geraumer Zeit in einem sich ständig beschleunigenden Wandel begriffen sind. Der Frau wurden zwar schon seit Jahrhunderten die musischen, „weichen" Fähigkeiten in besonderem Maße zugeschrieben und schwerpunktmäßig anerzogen, sie wurde aber in einem bis ins frühe 20. Jahrhundert nahezu ausschließlich männlich geprägten Wertesystem eher als „Empfangende", als Rezipientin, denn als aktiv gestalterisch Tätige wahrgenommen, geprägt und eingestuft. Trotz einiger Brechungen und Aufbrüche gilt das im Großen und Ganzen selbst in der Popmusik heute noch fast unverändert – der Anteil eigenschöpferischer Frauen, die ihre eigenen Songs verfassen und vertreten, ist immer noch vergleichsweise gering, der Anteil fremdbestimmter Interpretinnen, ferngesteuerter Marionetten männlicher Macher im Hintergrund, ausgesprochen hoch.

Der Künstler muß seit seiner Emanzipation von der höfischen Welt zwangsläufig mit dem „Markt" kooperieren, um zu überleben. Das macht ihn im Erfolgsfall zu einem gewieften Taktiker, der sich – von Lenbach bis Wagner, von Goethe bis Warhol – auf Umwegen doch noch bürgerliche Wohlanständigkeit und Renommee erschleicht. Fast gleich alt aber ist der sich radikal vom „Betrieb" abwendende Typus des Bohemiens (der der „Falle" des Erfolges und der Vereinnahmung zuweilen nur zeitversetzt zum Opfer fällt) – man datiert sein Entstehen üblicherweise auf die 30er Jahre des 19. Jahrhunderts in Paris. Der „angepaßte" Künstler gab sich früher äußerlich durchaus bürgerlich; inzwischen wird gerade von ihm ein möglichst grelles, geckenhaftes Auftreten erwartet, wohingegen der Avantgardist (so es das überhaupt noch gibt) eher zu brechtisch-schwarzgrauem Understatement tendiert.

1930 warnte der Reichsbund Deutscher Kunsthochschüler vor den Risiken, den Beruf des Künstlers ergreifen zu wollen: „Der Künstlerberuf hat für den Fernstehenden etwas Verlockendes. (...) Doch abgesehen von seltenen Ausnahmen gestaltet er sich in Wahrheit anders: Mühevolles Aneignen des handwerklichen Könnens, Ringen mit der eigenen Begabung, Kampf gegen starke Konkurrenz, Intrigen von Seiten der Kollegen, Verkennung und Verständnislosigkeit beim Publikum, Schwierigkeiten und Entbehrungen aller Art, allmähliches Herabsinken ins Künstlerelend, Berufswechsel oder Übernahme von minderwertiger Arbeit, nur um das Leben zu fristen: solche Wirklichkeit bietet nichts Verlockendes."

Dieser Befund hat sich heute eher noch verschärft in einer Zeit, in der es dem Fernsehen gelungen ist, zumindest bezogen auf Musik das Wort „Superstar" zu einem Schimpfwort zu verkrüppeln.

Unverkennbar ist eine Vertiefung des Risses zwischen Künstler und Publikum im Verlauf des 20. Jahrhunderts. Der Künstler radikalisiert seine Visionen und immer weniger Rezipienten können ihm folgen, wenn er es ernst meint. Der Rest ist Kulturindustrie – oder Werbung. Wobei selbst dieses „Ernstmeinen" immer einen schillernden (kein auf Friedrich S. gemünzter Kalauer) Aspekt eitler Selbstdarstellung beinhaltet, der den aufmerksamen Beobachter stutzig macht und letzten Endes – in einer problematischen, weil verharmlosenden Weise – tröstet, daß alle Mahnungen des Propheten doch nur Spiel sind. Was sie ja auch durchaus sind, würde der Schiller der Ästhetischen Briefe sagen. Aber eben das ernsthafteste, das wichtigste Spiel, das dem Menschen zur Verfügung steht – zu Gebote steht.

Wie und wann genau sich die frühesten Stadien einer Entwicklung ereignet haben, die zum Künstlertum als Individualismus par excellence geführt haben, bleibt strittig. Von der Erfindung der Ohrenbeichte Anfang des 13. Jahrhunderts mit ihrer Betonung des Einzel-Schicksals bis zur Cartesianischen Wende und ihrer Entdeckung des Selbst-Bewußtseins reichen die Erklärungsversuche, die nur in der Zusammenschau ein „lesbares" Deutungsmuster ergeben.

Wenn der konsequente Künstler sich vom Verständnis des Publikums entfernt – ein Schicksal, für das nach wie vor exemplarisch die Namen der Neutöner Schönberg, Berg und Webern Anfang des 20 Jahrhunderts stehen – lauern zwei Gefahren: zum einen führt die träge Auffassungsgabe der konventionssüchtigen Rezipienten zur Erfolglosigkeit, zum anderen eröffnet sich bei allzu obskuren Strategien künstlerischer Praxis ein bedenklicher Spielraum für Schaumschlägerei jeder Art. Vielleicht ist das Unverstandene ja zuweilen tatsächlich nicht zu verstehen, weil es aus heißer Luft besteht und der Kaiser nackt ist. Dieses Risiko macht mithin vielleicht den größten Reiz der Beschäftigung mit Kunst aus – es ist immer ein Wolkenspaziergang. Mit Absturz auf eigene Gefahr.

Ende des 19. Jahrhunderts formierte sich unter dem Erlebnisdruck des schwindelerregenden Tempos der Industrialisierung und der zunehmenden Flüchtigkeit und Beliebigkeit alles Erfahrbaren erstmals so etwas wie eine „Jugendbewegung". Sie radikalisierte die Wunschvorstellung eines individuellen, unverwechselbaren, selbstbestimmten Lebens. Seit dieser Zeit besteht in der gesellschaftlichen Wahrnehmung eine enge Verbindung zwischen Künstlertum und Jugendlichkeit, ja Jugendkult – unter dem Druck, permanent Innovatives leisten zu müssen, gibt sich die Avantgarde permanent rebellisch gegen die „Alten" und alles Überkommene. Selbstverständlich ließ die Versteinerung dieser Pose nicht allzu lange auf sich warten. Spätestens seit dem Ende der Pop Art war sie zu Staub zerfallen.

Der Beruf des Künstlers, etwa 1790 nennenswert aufgekommen, gegen Mitte des 19. Jahrhunderts als Berufs-Bild durchgesetzt und in seiner gesellschaftlichen Rolle anerkannt, funktioniert im komplexen Wechselspiel mit den bürgerlichen „Brotberufen". Im Gefolge der Vordenker Kant und Schiller, die die Autonomie des Künstlers philosophisch fundierten, wurde so die Spaltung von „Kunst" und „Leben", von „Geistigem" und „Materiellem" strukturell festgeschrieben. Der Bürger funktioniert, der Künstler phantasiert. Er ist der Dienstleister des Höheren. Die neuen Eliten, die nach und nach den Adel ablösten, sind sein „Markt". Der Künstler ist also geradezu der Prototyp des Selbständigen, des Freiberuflers. Eine janusköpfige Freiheit, teuer erkauft durch Anpassungsdruck und die Willfährigkeit, in die immergleichen Erwartungskerben des Publikums zu hauen, um überleben zu können. Jedoch in einer Gesellschaft, die sich Hals über Kopf und heillos ins Hyperindividualistische atomisiert, wird es von Mode zu Mode, von Hype zu Hype schwieriger, Sprachrohr und Ausdrucksträger für irgendeine hinreichend große Kundschaft zu sein. Nur wenige Künstler erreichen je die materiellen Lebensumstände des Bürgertums, das sie mit geistigen Anregungen beliefern. Der arme Künstler ist, wie die meisten Klischees, nur allzu wahr.

Im Schillerjahr 2005 erscheint es mir nicht unangebracht, in seinem Sinne mit anderen Worten zu sagen: Ein Künstler ist ein Mensch, der mit dem gebotenen – und das heißt in seinem Fall prinzipiell: unbotmäßigen – Ernst spielt. Das Undenkbare denken kann keiner. Aber der spielerisch-schöpferische Mensch allein vermag es, die Grenzen des Denkbaren immer weiter hinaus in den Raum des Ungeheuren zu verschieben. Der Künstler eröffnet neue Horizonte, der Wissenschaftler besiedelt dann sukzessive die dadurch verfügbar gewordenen Räume. Um es mit Karl Kraus zu sagen: „Der Wissenschaftler bringt nichts Neues. Er erfindet nur, was gebraucht wird. Der Künstler entdeckt, was nicht gebraucht wird. Er bringt das Neue."

Wer erfindet, was gebraucht wird, ist nicht notwendig – nur hilfreich. Künstler aber erfinden, was nicht, noch nicht, aber immer gebraucht wird. Sie sind notwendig, denn sie wenden die Not ab – die Not des blinden, hoffnungs- und trostlosen Dahinvegetierens im prosaischen Seinszustand. Noch einmal Karl Kraus: „Künstler ist nur einer, der aus der Lösung ein Rätsel machen kann."

Von Fall zu Fall mag ein Wissenschaftler künstlerische Verfahrensweisen anwenden, um in dem ihm gegebenen Aufgabenfeld sprunghaft und unkonventionell zu unerwarteten Lösungen zu kommen. Ebenso kann es für einen Künstler nützlich sein, wissenschaftliche Methoden, Recherche und Präzision einzusetzen auf dem Weg hin zu seinen spezifischen Zielen, die sich ihm häufig erst während des sowohl intuitiven als auch kontrollierten Schweifens erschließen. Am Wesensunterschied der beiden Erkenntnisformen ändert das nichts.

Möglicherweise war es nie schwerer, Künstler zu sein, als heute – im absolut disparaten global-simultanen Ewigjetzt der Geschichte. Denn das heißt, den Versuch zu unternehmen, das Leben als Totalität zu begreifen, die in keiner Parole aufgeht. Als Ort aller Möglichkeiten, wunderbarer und schrecklicher. Als unabsehbar. Künstler sind und bleiben Leute, die einsehen, daß das Leben nicht zu fassen ist. Und die es dennoch versuchen. Niemand kann das inniger ausdrücken als wieder einmal Karl Kraus, der Godfather des modernen literarischen Zorns, mit einem Ausspruch, der auch das Credo Adornos vorwegnimmt: „Kunst kann nur von der Absage kommen. Nur vom Aufschrei, nicht von der Beruhigung. Die Kunst, zum Troste gerufen, verläßt mit einem Fluch das Sterbezimmer der Menschheit. Sie geht durch Hoffnungsloses zur Erfüllung."

Die Gegenstände des Textes von Heinz Rudolf Kunze, Künstlerbilder im historischen Wandel, Künstlerautonomie und Künstlerhabitus, sollen im Folgenden aus wissenschaftlicher Perspektive behandelt werden.

Der Beruf des modernen Künstlers konsolidierte sich nach einer längeren Übergangsphase mit der Entfaltung der bürgerlichen Gesellschaft Mitte des 19. Jahrhunderts als ein normbeherrschendes Konzept[7] der zur gleichen Zeit entstehenden Institutionen des Kulturbetriebes (hier insbesondere Ausbildungseinrichtungen, Distribution und Verwertung in den jeweiligen Branchen/Sparten, Re-/Präsentationsorte der jeweiligen Branchen, Kunst-, Literatur-, Musikkritik). Im Unterschied zu höfischer Abhängigkeit oder dem kirchlichen Dienst ist der moderne Künstler sozialökonomisch (Vertragsfreiheit) sowie berufsrechtlich frei (im Allgemeinen arbeitet er als Freiberufler) und vom Selbstverständnis her auf seine Individualität gerichtet (Autorschaft). Künstler sein hieß damals und heute: spezifische künstlerische Fähigkeiten als Leistungspotenzial zur Grundlage für eine möglichst kontinuierliche Erwerbs- und Versorgungschance des Individuums zu machen. Ohne die Kontakte in die oben genannten Institutionen des Kunst- und Kulturbetriebes können Künstler nicht existieren. Sowohl zu Beginn des 19. Jahrhunderts wie heute am Beginn des 21. Jahrhunderts sind – so Ruppert – nur wenige Künstler reich geworden. Die überwiegende Mehrzahl lebt bestenfalls in auskömmlichen Verhältnissen, oft in bleibender Armut.

Neben dieser sozialen Dimension der Künstlerautonomie hat sich eine augenfällige kulturelle Dimension – der sogenannte Künstlerhabitus – herausgebildet, der bis heute trägt. Der Künstler und die (bürgerliche) Gesellschaft gehen davon aus, dass primär der Künstler derjenige ist, der über die Kompetenz zum gestalteten Ausdruck von Subjektivität und Fantasie in einer ästhetischen, das heißt den Sinnen zugänglichen, Form verfügt. Von ihm wird die menschlichste aller Eigenschaften – kreativ zu sein – erwartet bzw. sie wird ihm zugeschrieben. Gottgleich soll er das Noch-Nie-Da-gewesene, ein Original erschaffen (Schöpfungsmythos, Geniekult). Autorenschaft bringt dieses Berufsethos auf den Begriff. In den Urheber- und Leistungsschutzregelungen wird er gesellschaftlich wirksam und ökonomisch relevant.

---

[7] Vgl. Ruppert (2000).

Insbesondere dann, wenn zweckrationales Handeln (rationale Vernunft, Markt, Ökonomie) das gesellschaftliche Selbstverständnis dominiert, wird dem Künstler die Rolle des „Priesters der Subjektivität" (W. Ruppert), des Fantasten, Seismographen, der Kassandra usw. zugewiesen und er nimmt diese Rolle zumeist dankbar an.

Begriff/Definition des Künstlers im Rahmen von Sozialgesetzgebung und Statistik

Weniger poetisch liest sich der Begriff bzw. die Definition des Künstlers im Rahmen der Sozialgesetzgebung.[8] Nach § 2 Künstlersozialversicherungsgesetz ist Künstler, wer Musik, darstellende oder bildende Kunst schafft, ausübt oder lehrt. Eine weitergehende Festlegung, was unter Schaffen, Ausüben und Lehren im Einzelnen zu verstehen ist, ist im Hinblick auf die Vielfalt, Komplexität und Dynamik der Erscheinungsformen künstlerischer Betätigungsfelder nicht erfolgt. Der Gesetzgeber spricht im Künstlersozialversicherungsgesetz nur allgemein von „Künstlern" und „künstlerischen Tätigkeiten". Auf eine materielle Definition des Kunstbegriffes hat er hingegen bewusst verzichtet (Bundestagsdrucksache 8/3172, S. 21). Es wird ersichtlich, dass der Begriff der Kunst trotz seiner Unschärfe solche künstlerischen Tätigkeiten umfasst, die im weiter oben genannten „Bericht der Bundesregierung über die wirtschaftliche und soziale Lage der künstlerischen Berufe (Künstlerbericht)" aus dem Jahr 1975 als solche ausgemacht wurden. Der Gesetzgeber hat damit eine Definition vorgegeben, die sich auf einen Kunstbegriff bezieht, der sich an der Typologie von Ausübenden orientiert (aus den 70er-Jahren!). Diese ist in aller Regel dann erfüllt, wenn das zu beurteilende „Werk" den Gattungsanforderungen eines bestimmten Kunsttyps entspricht.[9]

Künstlerische oder publizistische Tätigkeiten im Sinne des Künstlersozialversicherungsgesetzes müssen selbstständig, erwerbsmäßig und nicht nur vorübergehend ausgeübt werden. Von Erwerbsmäßigkeit spricht man dann, wenn die Tätigkeit nicht nur hobbymäßig bzw. aus Liebhaberei ausgeübt wird, sondern auf eine ernsthafte Beteiligung am Wirtschaftsleben und auf die Erzielung von Arbeitseinkommen ausgerichtet ist. Der Katalog von Tätigkeitsbereichen und Berufsbezeichnungen der Künstlersozialversicherung aus dem Jahr 2004 umfasst 25 Tätigkeitsbereiche in der bildenden Kunst (vom Aktionskünstler, Bildhauer bis Zeichner), 44 Tätigkeitsbereiche in der darstellenden Kunst (vom Akrobaten, Regisseur bis Zauberer), 15 Tätigkeitsbereiche in der Musik (vom Alleinunterhalter, Komponisten bis Tonmeister) und 20 Tätigkeitsbereiche in der Rubrik Wort (vom Drehbuchautor, Kritiker bis Übersetzer).[10] Nicht künstlersozialkassenfähig sind beispielsweise Architekten, Kunsttherapeuten und Tontechniker.

Abgrenzungsprobleme ergeben sich entlang der Fragestellung, ob jemand abhängig oder selbstständig beschäftigt ist oder ob das Tätigkeitsfeld als ein handwerkliches (zum Beispiel Restauratoren, Schmuckgestaltung, Marionettenbauer) oder als ein künstlerisches verstanden wird. Als wichtigstes Abgrenzungs- bzw. Aufnahmekriterium gilt die eigenschöpferische Tätigkeit und damit die Fähigkeit zur künstlerischen Gestaltung. Dabei erweisen sich die gegenwärtigen Veränderungen der Berufsprofile als zentrales Problem der Aufnahmefähigkeit in die Künstlersozialkasse. Dies betrifft insbesondere die Tätigkeitsfelder, in denen der medientechnologische Wandel maßgeblich ist. Für einige Tätigkeitsbereiche (zum Beispiel Regieassistenz, DJ, Beleuchter) sind Einzelfallprüfungen

---

[8] Vgl. Kap. 4.5.1, Künstlersozialversicherung, insbes. Kap. 4.5.1.2, Versicherte.
[9] Vgl. BSG Kassel, Urteil vom 7. Juli 2005, AZ: B 3 KR 37/04 R.
[10] Vgl. Künstlersozialkasse, Informationsschrift Nr. 6, 12/2004. Es sei bemerkt, dass die Spartentrennung vom Jahr 2000 an aufgehoben wurde, da die Zuordnung künstlerischer oder publizistischer Tätigkeiten zu den vier Bereichen im Zeichen von Multimedia und anderen branchenübergreifenden Berufen zunehmend problematisch wurde. Sechs der im Jahr 2004 aufgeführten Tätigkeiten lassen sich beispielsweise nur mehreren Tätigkeitsbereichen zuordnen (so der Aktionskünstler der bildenden und darstellenden Kunst). Vgl. auch Finke/Brachmann/Nordhausen (2004), Kommentar zum Künstlersozialversicherungsgesetz, Einf. Rdnr. 28ff.

vorgesehen. Bei Problemfällen dieser Art handelt es sich systematisch dennoch vor allem um solche Tätigkeitsfelder, die vergleichsweise stark vom Umgang mit technischem Equipment und neuen Medien (Soft- und Hardware) geprägt sind. Im Falle der Klage einer Webdesignerin sah die Künstlersozialkasse in der konkreten Tätigkeit (zunächst) keine künstlerische Arbeit, da die vom Auftraggeber gemachten Vorgaben die eigenschöpferische Gestaltung ausschlössen. Im weiter oben bereits zitierten Rechtsstreit[11] um die Versicherungspflicht nach dem Künstlersozialversicherungsgesetz hat das Sozialgericht der Klägerin dann jedoch bestätigt, dass sie im Sinne des § 2 KSVG bildende Kunst schaffe.[12] In jüngster Zeit hat es jedoch mehrere Urteile gegeben, die bestimmten Berufsgruppen die eigenschöpferische Gestaltung absprachen. Waren im Tätigkeitskatalog der Künstlersozialkasse aus dem Jahr 2000 beispielsweise Ausstellungsgestalter anerkannt, sind Kuratoren und Ausstellungsgestalter nach der Rechtsprechung des Bundessozialgerichts (BSG) nicht selbst schöpferisch tätig, sie stellen lediglich fremde Kunst aus.[13] Dieses Urteil hat zu Aufruhr innerhalb der wachsenden Gruppe von Kuratoren im Bereich Kunst und Musik (hierbei insbesondere interdisziplinäre Konzepte, Medienkunst, Klangkunst) geführt. Die Betroffenen gehen davon aus, dass das Kuratieren eine eigenschöpferische konzeptionelle Gestaltungsaufgabe und kreative Herausforderung sei. Ähnliches gilt für DJs, die zwar Tonträger urheberrechtlich geschützter Werke verwenden – deren entsprechendes DJ-Set aber durchaus eine eigene Schöpfungshöhe aufweisen kann. Zunehmend – so Jürgensen – sei die Künstlersozialkasse bemüht, versicherungspflichtige Künstler und Publizisten abzuwehren. Kriterien zur Abgrenzung von Kunst und Handwerk werden laut Jürgensen auch auf Grafiker angewandt und der im Katalog 2004 noch vor dem Künstlersozialversicherungsgesetz anerkannte Beruf des (künstlerischen) Tonmeisters gehört nunmehr in die Kategorie der (technischen) Ingenieure. Die Frage, was „nach der allgemeinen Verkehrauffassung" Kunst sei und wer als Künstler anzusehen ist[14], wird angesichts der zunehmenden Diversifizierung der Künste immer schwieriger zu beantworten. Die Ablehnungsquote ist – so Harro Bruns – ungeachtet der immer wieder auftretenden und der neu hinzukommenden Fragen und Probleme aber über die Jahre hinweg relativ konstant geblieben.

Bei Durchsicht der einzelnen Tätigkeitsbereiche und Berufsprofile ist augenscheinlich, dass die Künstlersozialkasse einen weiten Kunstbegriff zugrunde legt, der keinerlei Grenzen zwischen sogenannter „E"- und „U"-Kunst kennt.

Weitere Hinweise auf die Frage „Wer ist Künstler?" geben neben der im Künstlersozialversicherungsgesetz verwendeten Definition die Gliederungen und Definitionen der Kulturberufe nach statistischen Berufsgruppen. In seiner Untersuchung „Kulturberufe in Deutschland" verwendet Michael Söndermann statistische Angaben erstens aus dem „Mikrozensus", zweitens aus der sogenannten „Umsatzsteuerstatistik" für selbstständige Künstler und drittens Zahlen der sogenannten „Beschäftigungsstatistik für abhängig beschäftigte Kulturberufe". Um den Aussagewert dieser Statistiken zu begründen, seien hier die wichtigsten Merkmale der genannten drei statistischen Quellen nach Söndermann zusammengefasst.

Sie geben gleichsam Hinweise auf das jeweils zugrunde gelegte Verständnis über den Begriff des Künstlers.

---

[11] Vgl. BSG Kassel, Urteil vom 7. Juli 2005, AZ: B 3 KR 37/04 R.
[12] Ebd. „Es komme ... auf das gesamte Erscheinungsbild dieser neuartigen Tätigkeit an, ob also der eigenschöpferische Schaffensprozess im Vordergrund stehe oder mehr die technische Umsetzung überwiege. Im vorliegenden Fall spreche die künstlerisch ausgerichtete Ausbildung der Klägerin und der detailliert geschilderte Arbeitsablauf, bei dem schöpferische Phasen deutlich vorrangig seien, für eine künstlerische Tätigkeit. Dem stehe nicht entgegen, dass diese Tätigkeit auch technische Aspekte habe; dies sei bei einer Vielzahl anderer künstlerischer Betätigungen ähnlich."
[13] Vgl. Jürgensen (2007); vgl. auch BSG Kassel, Urteil vom 26. Januar 2006, AZ: B 3 KR 1/05 R.
[14] Vgl. Jürgensen (2007)

Mikrozensus: „Die Erhebung des Berufes erfolgt durch Selbsteinschätzung der Befragten, das heißt, die Befragten entscheiden selbst über die berufliche Zuordnung, zum Beispiel ob sie zur Gruppe der Kulturberufe zählen oder nicht."[15] Die definitorische Zuordnung wird also über die Selbstwahrnehmung als Künstler vorgenommen. Es gibt keine Kriterien, wie sie beispielsweise in der Definition der Künstlersozialkasse zu finden sind.[16]

Umsatzsteuerstatistik: „Die Zuordnung der Steuerpflichtigen zu einer Berufsgruppe erfolgt nicht durch eine Selbsteinschätzung des Steuerpflichtigen, sondern durch das jeweilige Finanzamt. Das Finanzamt prüft den wirtschaftlichen Schwerpunkt der Tätigkeit eines Steuerpflichtigen und ordnet ihn der jeweiligen Berufs- bzw. Wirtschaftsgruppe zu (zum Beispiel WZ-Code 92315 für selbstständige Komponisten, 92317 für Musikbearbeiter, 92312 für Bühnenkünstler, Orchester, Kapellen, Chöre und 2231 für Musiklabels oder 92324 für Tonstudios). In der Gruppe der selbstständigen Kulturberufe werden sowohl die freiberuflich wie die gewerblich Tätigen erfasst."[17] Die Umsatzsteuerstatistik erfasst Akteure längs der sogenannten Wertschöpfungskette und ist nicht auf Künstler begrenzt. Sie versteht alle Erfassten als wirtschaftliche Akteure, auch die Künstler.

Beschäftigtenstatistik: Diese von der Bundesagentur für Arbeit erstellte „Statistik erfasst keine selbstständigen (Kultur-) Berufe ..., sondern alle abhängig beschäftigten Personen, die als Angestellte, Arbeiter oder Auszubildende in einem sozialversicherungspflichtigen Vertragsverhältnis tätig sind. Die Daten werden ... über die Betriebe und Unternehmen (zum Beispiel Theater oder Orchester, Kulturämter, Musikschulen etc.), bei denen die Beschäftigten (zum Beispiel Schauspieler, Orchestermusiker, Chorsänger, Instrumental- und Gesangslehrer) tätig sind,"[18] erhoben.

Die verschiedenen hier genannten Akteure- und Kulturberufestatistiken gehen nicht von einem einheitlichen Künstlerbegriff aus.

Ebenso existiert keine einheitliche Klassifikation der Kulturberufe. Statistische Landesämter, die Sozialversicherungsträger und die Bundesanstalt für Arbeit wenden seit Jahrzehnten eine jeweils eigene Systematik an und entwickeln diese fort. Eine pragmatische Systematisierung entlang einer spartenübergreifenden Zuordnung zu den verschiedenen Bereichen des kulturellen Lebens haben Zimmermann/Schulz[19] vorgenommen:

– die künstlerischen Berufe im engeren Sinne, hierzu zählen sowohl die Urheber als auch die ausübenden Künstler,

– die marktnahen Kulturberufe, hierunter werden die angewandten Künste wie Design und Architektur gefasst,

– die kulturvermittelnden Berufe, hierzu gehören alle kulturpädagogischen Berufe sowie zum Beispiel Bibliothekare und

– die kulturverwertenden Berufe, hierunter sind alle jene Berufsfelder zu verstehen, in denen Kultur vermarktet wird.

---

[15] Söndermann (2004), S. 35.
[16] Vgl. zum Mikrozensus, der Umsatzsteuerstatistik und der Beschäftigtenstatistik ebenfalls Kap. 4.4, Die wirtschaftliche und soziale Lage der Künstlerinnen und Künstler, insbes. „Daten zur Erwerbstätigkeit von Künstlern" und „Statistik". Siehe auch Kap. 5., Kultur- und Kreativwirtschaft, dort insbes. Kap. 5.3, Kultur- und Kreativwirtschaft – statistische Erfassung.
[17] Söndermann (2004), S. 35.
[18] Ebd., S. 36.
[19] Vgl. Zimmermann/Schulz (1999).

Mediatisierung des Kulturschaffens

Seit etwa 150 Jahren vollzieht sich eine stürmische Entwicklung von Kommunikationstechnologien mit unmittelbaren Auswirkungen auf kulturelle Erfahrungen und künstlerische Konzepte. Diese durch technologische Entwicklung vorangetriebene Mediatisierung des Kulturschaffens beginnt mit bahnbrechenden Erfindungen technischer Kommunikationsmittel im 19. Jahrhundert (Fotografie, Kinematografie, Phonographie) und setzt sich im 20. Jahrhundert mit der Entstehung sogenannter Massenkommunikationsmittel (Zeitschriften, Film, Rundfunk, Fernsehen, Tonträger) durch. Seit dem Einzug digitaler Technologien (80er-Jahre) vollzieht sich ein Umbruch hin zu Individual- und interaktiven Medien (Computer, Internet).

Die weiter oben angesprochenen Abgrenzungsprobleme im Rahmen der Feststellung der Versicherungspflicht im Sinne des Künstlersozialversicherungsgesetzes (eigenschöpferische Tätigkeit versus Tätigkeit im Auftrag, selbstständig versus abhängig, schöpferische Gestaltung versus technische Re-/Produktion) sind auch Ausdruck dieser veränderten Rahmenbedingungen des künstlerischen und kulturellen Schaffens. Dabei geraten mit dem Einzug digitaler Kommunikationstechnologien traditionelle Modelle künstlerischer Kreativität und Produktion, ihre Speicher- und Vertriebsmedien, vor allem aber auch die unterschiedlichen Formen ihrer Rezeption bzw. Wahrnehmung aus dem Lot. Vergleichbar den durch Veränderungen kultureller Werkzeuge erzeugten Problemen, wie sie aus der beginnenden Neuzeit (Erfindung des Buchdrucks) oder aus dem 19. Jahrhundert (technische Reproduzierbarkeit von Bildern/Fotografie und Klängen/Phonographie) überliefert sind, hat der Einzug digitaler Technologien eine tiefgreifende Krise des „geltenden Kulturmodells" (Umberto Eco) ausgelöst. Dies betrifft gegenwärtig insbesondere das Verständnis von Autorenschaft und Kreativität, also das Selbst- und Fremdverständnis von Künstlern. Mittlerweile existieren Kunstformen und künstlerische Tätigkeiten, die sich maßgeblich über den Umgang mit Technologien definieren (Video-, Medien-, Radio- und Netzkunst sowie populäre und diverse Spielarten neuer Musik bzw. Sounddesign) bzw. im Produktions- und Verwertungsprozess von technischen Apparaturen abhängen (Film, Musik, Grafik, Fotografie, Literatur, Games). Die bereits mit der elektronischen Mediamorphose[20] (Massenkommunikation: Film, Rundfunk, Tonträgerindustrie, Fernsehen) einsetzenden Herausforderungen des Urheberrechts werden mit der Digitalisierung erheblich verschärft. Dies hat massive Auswirkungen auf Fragen des Urheberrechtsschutzes und die Einnahmesituation und damit auf die Existenzbedingungen von Künstlern.

Wer die Rahmenbedingungen künstlerischer Arbeit und Produktion heute gestalten möchte, kommt um den Aspekt der Mediatisierung des Kulturschaffens nicht herum.

Herausforderungen des sich verändernden Kulturbetriebes

Von ebensolcher Bedeutsamkeit für einzelne Künstler oder Künstlergruppen, insbesondere in Hinsicht auf deren soziale und wirtschaftliche Lage, aber auch ihr Selbstverständnis, sind die immensen Veränderungen, die die Institutionen des Kunst- und Kulturbetriebes in den vergangenen 30 Jahren erfasst haben. Hierbei sei auf die anderen Kapitel dieses Berichtes[21] verwiesen. Interessant an dieser Stelle ist der Fakt, dass Künstler in mehreren Bereichen des Kulturschaffens – oftmals gleichzeitig – tätig sind:

– erstens im staatlichen Sektor als abhängig Beschäftigte zum Beispiel an Theatern und Opernhäusern, in öffentlich finanzierten Projekten, als Stipendiaten staatlich verantworteter Fonds etc.,

---

[20] Vgl. Smudits (2002).
[21] Vgl. Kap. 3.1, Lage und Strukturwandel der öffentlichen Kulturförderung; Kap. 3.2, Lage und Strukturwandel der öffentlich-nichtstaatlichen Kulturförderung; Kap. 3.3, Lage und Strukturwandel der privaten Kulturförderungen.

– zweitens auf Märkten als Buchautoren, Musiker, Starinterpreten, im Vertragsverhältnis mit kleinen oder großen Labeln der Musikproduktion, vertreten von Galeristen, Verlagen oder Agenturen etc. und

– drittens im sogenannten „Dritten Sektor", dem zivilgesellschaftlichen Bereich, als sich ehrenamtlich Engagierende in der kulturellen Bildung, in soziokulturellen Zentren, im Verhältnis zu einem Mäzen etc.

In den angesprochenen Bereichen existieren jeweils unterschiedliche Kommunikationserfordernisse, rechtliche und strukturelle Rahmenbedingungen und administrative Notwendigkeiten im Umgang mit Geld. Künstler müssen den jeweiligen Anforderungen gewachsen sein, um mit ihnen umzugehen bzw. um sie als Erwerbsquelle- und Versorgungschance zu nutzen.

Im staatlichen Sektor sind insbesondere auch die Künstler von der Finanzkrise kommunaler öffentlicher Haushalte betroffen. Dort wo Projektmittel nicht mehr ausreichen oder immer knapper werden, schlägt sich dies vor allem auch in den Honorargrößenordnungen der Künstler nieder. Die Diversifizierung der individuellen Künstlerförderung (staatliche Fonds, private Stiftungen etc.) erfordert gesteigerte Aufmerksamkeit und eine intensive Auseinandersetzung mit den jeweiligen Schwerpunkten und Modalitäten der Förderung.

Wohl noch nie existierte ein einheitliches Feld der Künste. Dennoch müssen wir heute von einer fortschreitenden Ausdifferenzierung künstlerischer Sparten reden. Allein der Blick in die sogenannten bildenden Künste belegt diesen Fakt eindrucksvoll. Alexander Koch spricht beispielsweise von fünf sogenannten Kunstfeldern[22]: Privatisierung klassischer Formen künstlerischer Produktion (internationale Kunstsammler), Mediatisierung und Popularisierung von Kunstereignissen (zum Beispiel MoMA in Berlin), korporative Kunstpraxis (künstlerisch gesättigte Unternehmenskultur), emanzipatorisch, gesellschaftlich orientierte Kunstpraxis (zum Beispiel intervenierende Kunstprojekte im Palast der Republik in Berlin) und künstlerische Interessen und Arbeitsmethoden in der wissensbasierten Dienstleistungsgesellschaft (Kreativökonomien). Ähnlich unüberschaubar stellt sich die aktuelle Situation in der sogenannten neuen Musik und ihren Szenen dar: 1. komponierte, also in Partituren oder als Konzepte fixierte Musik, 2. Lautpoesie, 3. neue improvisierte oder Echtzeitmusik, 4. radiophone Musik, 5. Klangkunst, 6. neue elektronische oder Laptop-Musik.[23] Unter den Künstlern verschiedener Felder oder unterschiedlicher Szenen besteht selbstverständlich Konkurrenz um Inhalte, Publikum und Ressourcen aller Art, diskursiv auch um den Status des Künstlers.

Die wachsende Bedeutung der privatwirtschaftlich arbeitenden Kultur- und Medienunternehmen erfordert ein gesteigertes Maß an Selbstverwertungsqualitäten, Mobilität und Flexibilität von Künstlern. Künstler werden selbst zu Arbeitgebern, sie gründen Unternehmen in ihren jeweiligen Branchen, um die sich komplizierter gestaltenden Verwertungsprozesse in die Hand zu nehmen und an den Gewinnen nach eigenen Maßgaben beteiligt zu werden.

Dieses Konglomerat von Anforderungen führt notwendigerweise zu veränderten Selbst- und Fremdeinschätzungen von Künstlern. Nicht der Künstler „im Elfenbeinturm", sondern der aktive – sich für alle Aspekte künstlerischer Produktion interessierende – Künstler avanciert zum Leitbild.

---

[22] Vgl. Kulturnotizen 10 – Kulturforum der Sozialdemokratie S. 8f.
[23] Vgl. Nauck (2006), S. 47, „Diese musikalischen Szenen definieren jeweils eigene musikalische ‚Produktions'-Bedingungen, durch die für sie typischen Verbreitungsmethoden sowie eine jeweils spezifische Hörerschaft. Als Szene wird sie signifikant, indem sie autonome Formen von Institutionalisierung ausbilden, eigene Formen kreativer Produktion, eigene Orte der Verbreitung und des Hörens also. Das können Veranstaltungsorte und Festivals sein, Forschungsinstitute, Vereine als Interessenvertreter, Labels oder auch Ausbildungsmöglichkeiten."

Künstler als Teil der sogenannten „Creative Class"

Spätestens seit der Verbreitung und Diskussion von Richard Floridas Publikation „The Rise of the Creative Class"[24] hat der Begriff der Kreativität – insbesondere in seiner englischen Variante – Konjunktur bekommen. Mit Ablösung des im englischsprachigen Raum Europas üblichen Begriffes „Cultural Industries" durch den der „Creative Industries" bzw. des sogenannten „Creative Sector" ist ein Kulturverständnis umrissen, das Kreativität nicht als Eigenschaft eines isolierten Individuums, sondern einer bestimmten sozialen Gruppe mit spezifischen Eigenschaften, der sogenannten Creative Class, versteht. Diese „Klasse" setze sich aus hochqualifizierten Personen unterschiedlichster Berufe (Musiker, Künstler, Wissenschaftler, Lehrer, Juristen etc.) zusammen, deren Arbeit darin besteht, originelle Lösungen anstehender Probleme zu finden. Dabei gehe es nicht um einen Kreativitätsbegriff, der die Triebkraft der Gestaltung in der Sublimierung destruktiver Triebe im Sinne der Psychoanalyse noch die Selbstverwirklichung im Sinne der humanistischen Psychologie meine. Vielmehr ist kreatives Arbeiten und Denken[25] im Sinne Floridas immer auch auf die Gestaltung von marktfähigen Erzeugnissen bedacht. Kunst und Ökonomie stellen keinen Widerspruch dar. Eingebunden in Kommunikationsnetzwerke spezifischer kunst- bzw. musikzentrierter Szenen entstehen sowohl Inspirationsquellen als auch Erwerbschancen. In den vergangenen Jahren hat es insbesondere für Städte und urbane Ballungsräume etliche Studien zur sogenannten Kreativökonomie[26] gegeben. Immer wieder wurde dabei bestätigt, dass ökonomische und kulturelle Wertschöpfung in diesen Szenen stark korrespondieren und sie oftmals die einzige Chance des Überlebens – wenn auch in prekären Ökonomien – der betreffenden Personen (auch Künstler) bieten und gleichsam zum markanten Standortvorteil der bevorzugten Städte (zum Beispiel Manchester, Berlin, Hamburg) wurden. Hinter Begriffen wie Bürogemeinschaft, Plattform, Kollektiv, Assoziation und Projekt verbergen sich proaktive Formen der Selbstregulation.[27] Aufgehoben bzw. versöhnt scheint in diesem Modell das „Paradoxon des europäischen Kunstverständnis", nachdem Kultur und Kunst als ein Gegenpol zu einer von rationalen Normen geprägten Marktlogik existieren. Tatsächlich konnten die wenigsten Künstler jemals über den Niederungen des Monetären schweben.

Der Kreativitätsbegriff ist umrankt von Mythen, Hoffnungen und Plattitüden (auch bei Florida). Es bedarf daher des vorsichtigen und reflektierten Umgangs mit ihm. In Versuchen von Organisationspsychologen[28] konnten folgende Aspekte von Kreativität nachgewiesen werden: Offenheit (Neugierde, ästhetische Ansprüche, breite Interessen, Spaß an Mehrdeutigkeiten), Leistungsmotivation (Ehrgeiz, Ausdauer, Konzentration, Antrieb, Belohnungsaufschub), Nonkonformität (Originalität, Autonomiestreben, Unabhängigkeit des Urteils, Eigenwilligkeit), Selbstvertrauen (kreatives Selbstbild, emotionale Stabilität, Risikobereitschaft), Erfahrung (Werthaltungen, metakognitive Fertigkeiten). Nicht alle, aber die meisten der hier genannten Charakteristika treffen auf Künstler zu.

Fazit

Zusammenfassend muss man feststellen, dass trotz des beschleunigten Wandels in Wirtschaft und Gesellschaft unterschiedlichste Kunstauffassungen und historisch gewordene Künstlerbilder nebeneinander existieren. Neben dem Bruch des Künstlerbildes vollziehen sich graduelle Wandlungen, neben bisher eher unbekannten Formen künstlerischen Schaffens prägen traditionelle künstlerische Professionen das Bild vom Künstler.

---

[24] Vgl. Florida (2004).
[25] Als kreatives Denken gilt in der Psychologie insbesondere das divergente, produktive und laterale Denken.
[26] Vgl. Lange (2006), S. 55 bis 69, vgl. auch die Schriftenreihe Popscriptum des Forschungszentrums für Populäre Musik der Humboldt Universität Berlin, www2.hu-berlin.de/fpm/popscrip/themen/pst04/, (Stand: 19. Juni 2007).
[27] Vgl. Lange (2007).
[28] Vgl. Schuler (2006), S. 683ff.

Die Gestaltung politischer Rahmenbedingungen in einer zieloffenen, demokratischen und pluralen Gesellschaft hat auf alle hier ausgeführten Modelle einzugehen, das heißt, sowohl die Infrastruktur für eher traditionelle künstlerische Professionen zu erhalten als auch experimentelle Kunstpraxen und die Existenzbedingungen für Kulturunternehmer zu ermöglichen.

C) Handlungsempfehlungen

1. Die Enquete-Kommission empfiehlt Bund, Ländern und Kommunen, im Rahmen der im 5. Kapitel „Kultur- und Kreativwirtschaft" empfohlenen Branchenberichte Kultur, aussagefähiges Material zu den in den jeweiligen Branchen existierenden Tätigkeitsfeldern von Künstlern bzw. Urhebern zu erstellen. Dies sollte insbesondere in Hinsicht auf deren Position in der Wertschöpfungskette der betreffenden Branchen erörtert werden.

2. Die Enquete-Kommission empfiehlt der Künstlersozialkasse, in einen breiten gesellschaftlichen Diskussionsprozess um die von ihr angewendeten Abgrenzungskriterien zu treten. Die Künstlersozialkasse muss in die Lage versetzt werden, fließende Grenzen insbesondere zwischen eigenschöpferischer und technisch vermittelter Kreativität nicht zum Ausschlusskriterium zu machen.

4.2 Aus-, Fort- und Weiterbildung in den Künstler- und Kulturberufen

Vorbemerkung

Zum Thema Aus-, Fort- und Weiterbildung der Künstler hat die Enquete-Kommission am 29. November 2004 ein Expertengespräch mit dem damaligen Präsidenten der „Universität der Künste Berlin", Herrn Professor Lothar Romain, durchgeführt.[29] Des Weiteren diente eine öffentliche Anhörung zum Thema „Instrumente der mittelbaren Förderung von Künstlerinnen und Künstlern" am 27. Sep-tember 2004[30] der Enquete-Kommission zur Vervollständigung der Bestandsaufnahme. Zudem ergab das am 19. Juni 2006 mit Vertretern der Sparten Musik, bildende und darstellende Kunst, Literatur und neue Medien durchgeführte „Künstlergespräch"[31] eine Reihe von Handlungsempfehlungen an die Enquete-Kommission. Auch das Gutachten zum Thema „Existenzgründung und Existenzsicherung für selbstständig und freiberuflich arbeitende Künstlerinnen und Künstler"[32] lieferte Erkenntnisse zum Thema.

Das Kernziel der Ausbildung an den Hochschulen für Künste besteht darin, künstlerische Fähigkeiten in der Auseinandersetzung mit Tradition und Gegenwart der jeweiligen Künste zu qualifizieren. Die Vermittlung eigener Ideen in künstlerischen Arbeiten sollte sich auch den aktuellen gesell-

---

[29] Vgl. Kurzauswertung des Expertengesprächs vom 29. November 2004 zum Thema „Aus-, Fort- und Weiterbildung der Künstlerinnen und Künstler in Deutschland" (Kurzauswertung Expertengespräch Aus-, Fort- und Weiterbildung Künstler). (Arbeitsunterlage 15/104). Teilnehmer: Romain, (Prof. Lothar, Präsident der Universität der Künste Berlin).

[30] Vgl. Zusammenfassung der öffentlichen Anhörung vom 27. September 2004 zum Thema „Instrumente der mittelbaren Förderung von Künstlerinnen und Künstlern", Teilnehmer: Musik: Goebbels, Prof. Heiner; Bildende Kunst: Förster, Gunda; Literatur: Genazino, Wilhelm; Darstellende Kunst: Lilienthal, Matthias; Tanz: Waltz, Sasha; Neue Medien: Fleischmann, Monika; Vermittler und Verwerter: Arndt, Matthias (Galerist); Hartges, Marcel (Rowohlt Taschenbuch Verlag); Görnandt, Dr. Danuta (Rundfunk Berlin Brandenburg); Rösener, Roman (Geschäftsführer Theaterhaus Jena); Weingarten, Dr. Elmar (Geschäftsführer der Deutschen Ensemble Akademie e.V.). (Zusammenfassung Anhörung Instrumente mittelbarer Förderung)

[31] Vgl. Zusammenfassung und Auswertung des Künstlergespräches vom 19. Juni 2006, Teilnehmer: Karrenberg, Katharina (bildende Künstlerin); Salomé (Maler, bürgerlicher Name: Cihlarz, Wolfgang); Bayer, Thommie (Maler, Musiker, Schriftsteller); Oppermann, Peter (Chefdramaturg Stadttheater Trier); Rohlf, Jan (Produzent, Kurator); Helmbold, Thomas (Maler); Biebuyck, Wolfgang (Sänger); Sabisch, Petra (Choreografin, Tänzerin); Grubinger, Eva (bildende Künstlerin); Oberst, Matthias (Schauspieler, Gastspielmanager). (Arbeitsunterlage 16/061)

[32] Vgl. Gutachten zum Thema Existenzgründung und Existenzsicherung für selbstständig und freiberuflich arbeitende Künstlerinnen und Künstler (2006), (Gutachten Existenzgründung), Gründerzentrum Kulturwirtschaft (Hrsg.). (Kommissionsdrucksache 16/399).

schaftlichen Herausforderungen kultureller Bildung stellen. Des Weiteren tragen die Hochschulen Verantwortung, Studierende auf die eigene (zumeist schwierige) Berufsbiografie vorzubereiten.

A)   Bestandsaufnahme

4.2.1   Kulturberufe im Wandel

Im Bereich der Kunst- und Kulturschaffenden ist eine hohe Vielfalt und Differenzierung von Berufsfeldern zu verzeichnen. Die Berufsbilder der Künstler sind, wie im allgemeinen Berufsleben auch, einer stetigen Veränderung ausgesetzt. Neben den traditionellen Berufen im Bereich der bildenden Kunst, des Theaters, des Films und der Musik sind gerade durch den Einsatz neuer Technologien neue Berufsfelder entstanden, die für die Kunst- und Kulturschaffenden neue Möglichkeiten und Chancen eröffnen, aber auch an die bestehenden Berufsbilder neue Anforderungen stellen. Dies gilt vor allem vor dem Hintergrund der Mediatisierung. Die wachsende Verbreitung des Computers und die damit verbundene Digitalisierung sowie die Entwicklung des Internets haben weit über den unmittelbaren Bereich der kulturellen Kommunikation hinaus Wirkung auf die Berufsbilder der Kulturberufe.[33]

Neben hervorragenden fachlichen Qualifikationen sind Kreativität, Ideenreichtum, Verantwortungsbewusstsein für Kunst und Publikum und Einsatzbereitschaft notwendig. Gerade bildende Künstler, Autoren, Komponisten, Textdichter und andere Urheber benötigen als „mentales Rüstzeug" für ihren Beruf die innere Überzeugung von der eigenen künstlerischen Arbeit. Nur so gelingt es, die „Durststrecken" der künstlerischen Berufstätigkeit zu überwinden.

Um solche Fähigkeiten bereits in den allgemeinbildenden Schulen zu vermitteln, sollten schulische und außerschulische Einrichtungen enger zusammenarbeiten. Die Einbindung von Künstlern in die Projektarbeit an Schulen sollte verstärkt wahrgenommen werden.

In den traditionellen künstlerischen Berufen wie Autor, bildender Künstler, Musiker, Schauspieler usw. ist zunehmend die Fähigkeit zur Selbstorganisation erforderlich.

Im engen Zusammenwirken von Kunst und Wirtschaft, das von den Unternehmen als wichtiger Beitrag zur Stärkung unternehmerischer Innovationskraft gesehen wird, und der zunehmenden Bedeutung, die das kulturelle Engagement von Wirtschaftsunternehmen als Teil einer neuen Unternehmensphilosophie gewinnt, eröffnen sich neue Berufsfelder. So entsteht bei den Unternehmen ein Bedarf an Mitarbeitern, die mit der Fähigkeit ausgestattet sind, Dinge neu zu kombinieren, nonkonformistisch zu denken und zu handeln und flexibel zu agieren.

Um das komplexe Zusammenspiel von öffentlicher Hand, privaten Stiftungen, Ausstellern, Vermittlungsagenturen und Medien für sich nutzen zu können, ist ein angemessenes Maß an Kenntnissen in Wirtschaft und Recht erforderlich.

Gerade vor dem Hintergrund der schwierigen Haushaltssituation der öffentlichen Hand kommt der Stärkung des Gedankens der Selbstverantwortlichkeit und der Privatinitiative eine besondere Bedeutung zu. Vor allem freischaffende Künstler müssen neue Wege erschließen, um sich auf dem Markt behaupten zu können.

4.2.2   Künstlerische Tätigkeitsbereiche

Die Künstlersozialkasse führte im Jahr 2004 im Bereich

- der bildenden Kunst insgesamt 25 Tätigkeitsbereiche,
- der darstellenden Kunst 44 Tätigkeitsbereiche,

---

[33] Vgl. Kap. 4.1, Künstlerbild und Kreativität Anfang des 21. Jahrhunderts.

– der Musik 15 Tätigkeitsbereiche und

– des Wortes insgesamt 20 Tätigkeitsfelder

an. Sechs weitere Tätigkeitsfelder lassen sich nicht eindeutig zuordnen (der Performancekünstler wird beispielsweise der bildenden und der darstellenden Kunst zugeordnet).[34]

Zu den Kulturberufen, die zwischen 1995 und 2004 die größten Wachstumsschübe erreichten, zählen die Designer und Grafiker (die sogenannten „angewandten bildenden Künstler") mit einem Wachstum von 93 Prozent, die Gruppe der Ton-/Bild-Ingenieure, Bühnen-/Filmausstatter etc. (die sogenannten künstlerisch verwandten Berufe) mit einem Wachstum von 73 Prozent, die Journalisten, Schriftsteller und Übersetzer mit einem Wachstum von 53 bis 55 Prozent.[35]

Die übrigen Kulturberufe (Musiker, Schauspieler, bildende Künstler etc.) erreichen im Vergleichszeitraum zusammen eine durchschnittliche Wachstumsrate von rund 20 bis 40 Prozent.[36]

Die einzige Ausnahme bilden die Fotografen, deren Anzahl zwischen 1995 und 2004 um vier Prozent schrumpfte.[37]

Die wichtigste Triebfeder für die Wachstumsdynamik sind die Selbstständigen unter den Erwerbstätigen in den Kulturberufen. Sie erreichen zusammen eine Wachstumsrate von über 60 Prozent zwischen 1995 und 2004 und liegen aktuell bei einer Gesamtzahl von rund 337 000 Personen.[38]

Von den insgesamt 797 000 Erwerbstätigen, die zur Gruppe der Kulturberufe (definiert als Musiker, Sänger, Schauspieler, bildende Künstler, Film-/Fernseh-/Hörfunkkünstler, Designer, Architekten einschließlich sonstiger Kulturberufe) gezählt werden, arbeiten rund 213 000 Personen in der beruflichen Sparte Design und bildende Kunst, 202 000 Personen in der Sparte Musik und darstellende Kunst, 175 000 Personen in der Sparte Literatur/Publizistik, gefolgt von den Architekten mit 113 000 Personen, der Gruppe Bibliothekare und Museumsfachleute mit 66 000 Personen und der Gruppe von kulturspezifischen Geisteswissenschaftlern mit 28 000 Personen.[39]

4.2.3 Anteil der Selbstständigen

Charakteristisch für viele Kulturberufe ist der hohe Anteil Selbstständiger. Insgesamt waren im Jahre 2003 rund 25 Prozent aller Erwerbstätigen in den Kulturberufen als Selbstständige beruflich aktiv.[40]

Die Gruppe der bildenden Künstler (freie Kunst) verfügt mit 94 Prozent über den höchsten prozentualen Anteil von Selbstständigen. Während die Dolmetscher/Übersetzer in der Mehrheit als Selbstständige (58 Prozent) arbeiten, erreichen die meisten anderen Kulturberufsgruppen immerhin noch Selbstständigenanteile von 48 Prozent bei den Musikern und bis zu 27 Prozent bei den künstlerisch-technischen Berufen. Damit sind die Kulturberufe insgesamt in charakteristischer Weise durch Selbstständigkeit geprägt. Der allgemeine Selbstständigen-Anteil in der gesamten Erwerbstätigkeit liegt im Vergleich dazu lediglich bei durchschnittlich zehn Prozent.

---

[34] Vgl. Künstlersozialkasse, Informationsschrift Nr. 6, 12/2004.
[35] Vgl. Gutachten Existenzgründung, S. 9f. (Kommissionsdrucksache 16/399)
[36] Ebd., S. 10.
[37] Ebd., S. 9f.
[38] Ebd., S. 10, diese Daten beruhen auf dem Mikrozensus des Statistischen Bundesamtes.
[39] Ebd., S. 19f.
[40] Vgl. Gutachten zum Thema Kulturwirtschaft (Gutachten Kulturwirtschaft), S. 88.

Die Gruppe der Bibliothekare, Archivare und Museumsfachleute sowie die der Geisteswissenschaftler weisen die niedrigsten bzw. keine prozentualen Anteile in der Gruppe der Selbstständigen auf.

Aus diesem hohen Anteil der Selbstständigen und dem soeben gezeigten großen Wachstum dieser Gruppe folgt, dass die Vorbereitung auf ein Berufsleben als selbstständig Tätige und freiberufliche Künstler umso notwendiger auf dem Wege der Ausbildung sowie später in der Fort- und Weiterbildung unterstützt werden muss.

4.2.4 Anforderungen an die Aus-, Fort- und Weiterbildung

Das Studium künstlerischer Disziplinen ist das aufwändigste Instrument der Künstlerförderung, das sich der Staat und hier vor allem die Länder leistet. Aufgrund der Vielfältigkeit der Kulturberufe und der damit verbundenen Verschiedenartigkeit der Ausbildungsgänge sei hier nur auf die akademischen Studiengänge eingegangen.

Ausbildungs- und Studiengänge für die Kunst- und Kulturwissenschaften sowie für die Künstler werden an den staatlichen Akademien der bildenden Künste und an den Hochschulen und Universitäten angeboten.

4.2.4.1 Zugangsvoraussetzungen

Die Voraussetzungen für die Aufnahme eines Studiums sind je nach Fachrichtung und Hochschule unterschiedlich. So setzt zum Beispiel ein Studium an einer Akademie der bildenden Künste in Bayern neben einer Eignungsprüfung, durch die eine ausgeprägte künstlerisch-kreative Begabung und Eignung für die gewählte Fachrichtung nachgewiesen werden soll, grundsätzlich die allgemeine/fachgebundene Hochschulreife oder eine abgeschlossene Berufsausbildung und eine praktische Tätigkeit von mindestens neun Monaten in einem einschlägigen Berufszweig voraus. Das Studium des Fachs Kunsterziehung im Rahmen des Studiengangs Lehramt an den Gymnasien setzt dabei grundsätzlich die allgemeine Hochschulreife voraus, das Studium der Innenarchitektur mindestens die fachgebundene Hochschulreife. Dies gilt auch für den einschlägigen Bereich der Musikhochschulen und Universitäten. In anderen Ländern ist für den Zugang zum Studium der freien Kunst die allgemeine Hochschulreife nicht zwingend vorgeschrieben. Diese kann durch eine besondere künstlerische Eignung ersetzt werden. Beispiele hierfür sind die Zulassungsbedingungen für das Fach Freie Kunst an der „Universität der Künste" (Berlin), der „Hochschule für Bildende Kunst Braunschweig" (Niedersachsen) und der „Kunstakademie Düsseldorf" (Nordrhein-Westfalen).

Das weltweit anerkannt hohe Ausbildungsniveau der Musikhochschulen in Deutschland führt zu einer kontinuierlich steigenden Zahl an Bewerbern, die jedoch nicht alle berücksichtigt werden können. Die Nachfrage übersteigt das Angebot. Die Musikhochschule Stuttgart zum Beispiel bietet insgesamt 752 Studienplätze. Auf 150 pro Semester neu zu vergebende Plätze kommen ca. 3 000 Bewerber. Die Bewerber erhoffen sich zu Recht eine hohe Qualifikation durch den erreichten Abschluss.[41]

4.2.4.2 Studiengänge

Die Kunst- und Musikhochschulen bieten Studiengänge in den bildenden, gestalterischen und darstellenden Künsten bzw. in den musikalischen Fächern an, zum Teil auch in den zugehörigen wis-

---

[41] Vgl. Bericht über die Delegationsreise der Enquete-Kommission nach Mittel- und Süddeutschland (Bericht Delegationsreise Mittel- und Süddeutschland) vom 6. bis 7. Mai 2005, S. 36. (Kommissionsdrucksache 15/515).

senschaftlichen Disziplinen (Kunstwissenschaft und -geschichte, Musikwissenschaft und -geschichte, Musikpädagogik, neue Medien).

Die Studiengänge sind stark differenziert und von Hochschule zu Hochschule unterschiedlich. Sie sind hauptsächlich folgenden Bereichen zuzuordnen:

– Musik mit Studiengängen, wie zum Beispiel der Ausbildung zum Solisten oder Orchestermusiker in verschiedenen Instrumenten, zum Sänger, Dirigenten, Komponisten oder Kirchenmusiker, zum Musiklehrer an allgemeinbildenden Schulen oder für technisch-musikalische Berufe (Toningenieur);

– Bildende Kunst mit Studienrichtungen wie Freie Kunst, Design, Fotografie;

– Medienbereich mit Studiengängen wie Medienkunde, Medienkunst, Animation und Medienmanagement;

– Darstellende Kunst mit Studienrichtungen wie Schauspiel, Oper, Musical, Tanz, Regie und Film;

– Angewandte Kunst mit Studiengängen in den Bereichen Architektur, Innenarchitektur, Schmuck, Gestaltung oder Medien außerdem

– Kunstpädagogik, Kunstgeschichte und Kunstwissenschaft sowie Lehramtsstudiengänge für Kunsterziehung.

– Postgraduale und Weiterbildungs-Studiengänge werden von den Kunst- und Musikhochschulen mit wechselnden Themen angeboten, zum Beispiel Architektur, Kunst und öffentlicher Raum, Kulturmanagement oder Bildnerisches Gestalten und Therapie.

– Das „Deutsche Literaturinstitut Leipzig" der dortigen Universität bietet einen Diplomstudiengang an, der in sechs Semestern Vorlesungen sowie literaturpraktische und literaturwissenschaftliche Seminare umfasst.

– An der „Internationalen Hochschule Calw" – staatlich anerkannte Fachhochschule für Kreativpädagogik und künstlerische Therapien – besteht die Möglichkeit, in vier Semestern berufsbegleitend den Hochschullehrgang „Kreatives Schreiben/Publizistik" mit einem Hochschulzertifikat abzuschließen. Die „Universität Hildesheim" bietet den Studiengang „Kreatives Schreiben und Kulturjournalismus" an.

– Eine Vielzahl von Literaturbüros, Literaturhäusern und Schreibwerkstätten in Deutschland bietet Kurse und Seminare für die Aus- und Fortbildung von Schriftstellern an. Als Beispiele seien die „Bundesakademie für kulturelle Bildung Wolfenbüttel" und das „Literaturhaus München" genannt. Unter dem Namen „textwerk" bietet das Literaturhaus Seminare an, die mit verschiedenen Partnern, unter anderem mit der Ludwig-Maximilians-Universität München, durchgeführt werden.

– Die Denkmalpflege ist an mehreren Fachhochschulen und Universitäten vertreten: Sie ist zum Teil im Studiengang Architektur und im Bereich Restaurierung enthalten. Die „Universität Bamberg" bietet beispielsweise einen postgradualen Masterstudiengang Denkmalpflege an.

B) Problembeschreibung

4.2.5 Hochschulen im Wandel

Die Künstlerausbildung in der Vergangenheit und zu großen Teilen auch in der Gegenwart ist durch ein Verständnis, nach dem die Kunst- und Musikhochschulen einen Schutzraum darstellen, der es den Studierenden erlaubt, künstlerische Ausdrucksformen zu erproben, geprägt. Neben der Vermittlung von Inhalten und Techniken geht es darum, Platz zum Experimentieren und zum Entwickeln eines künstlerischen Stils zu bieten.[42] Studierende sollen erkunden können, worin ihr gestalterisches Vermögen liegen kann, denn dieses ist ein wesentliches Erfolgsmerkmal für eine Karriere als Künstler.[43]

Unstrittig ist, dass Künstler in die Lage versetzt werden müssen, sich mit ihren Fähigkeiten und Fertigkeiten neue Märkte und Arbeitsfelder zu erschließen, so die Gutachter zum Thema „Existenzgründung und Existenzsicherung für selbstständig und freiberuflich arbeitende Künstlerinnen und Künstler".[44] Dies müsse in der künstlerischen Ausbildung berücksichtigt werden.[45]

Der „Bologna-Prozess" und die in diesem Zuge formulierten Vorgaben und Ziele berühren das Selbstverständnis der Kunst- und Musikhochschulen. Die Hochschulen für bildende Kunst lehnen die dadurch vorgegebene Umstrukturierung in zweistufige Studiengänge (Bachelor, Master) weitgehend ab, da die Ziele des Bologna-Prozesses den Besonderheiten des Kunststudiums in Deutschlands nicht adäquat seien bzw. bereits heute durch die bestehenden Studiengänge erfüllt würden. In einigen Ländern sind Ausnahmen für die Kunsthochschulen vom Bologna-Prozess beschlossen worden.[46]

Die Hochschulen für Musik und darstellende Kunst stehen dem Bologna-Prozess insgesamt aufgeschlossener gegenüber. Vorteile werden in einer stärkeren Berufsbezogenheit der Ausbildung gesehen. Ein erheblicher Anteil der Studierenden setzt sich zusammen aus angehenden Pädagogen, Wissenschaftlern, Kulturmanagern etc.[47]

Entsprechend der zunehmenden medienpolitischen Bedeutung des Kulturjournalismus bedarf es auch zusätzlicher spezieller Ausbildungs- sowie Aufbaustudiengänge.[48]

4.2.6 Bedarfsorientierte und praxisbezogene Ausbildung

Für den erfolgreichen Eintritt in das Berufsleben stellt eine bedarfs- und zielorientierte Ausbildung eine wichtige Voraussetzung dar.

Hierbei gilt es, den Praxisbezug in der Ausbildung zu stärken, da sich der künstlerische Nachwuchs in der Regel durch die künstlerische Praxis qualifiziert. Hier ist beispielsweise an die Förderung der Teilnahme an Wettbewerben, öffentlichen Auftritten und Auslandsaufenthalte zu denken. Auf diese Weise wird der Übergang in die Berufspraxis erleichtert. An vielen Hochschulen hat es dazu in den letzten Jahren zukunftsweisende Projekte gegeben (beispielsweise das „Projekt/D/O/C/K" an der „Hochschule für Grafik und Buchkunst Leipzig"[49]).

---

[42] Vgl. Zimmermann/Schulz (1999), S. 8, 140.
[43] Ebd. S. 8.
[44] Vgl. Gutachten Existenzgründung, S. 110. (Kommissionsdrucksache 16/399)
[45] Vgl. Kap. 4.2.7, Stärkung betriebswirtschaftlicher Ausbildungsinhalte.
[46] Vgl. Stempel (2007), S. 15; Lynen (2007), S. 16f.; Fischer (2007), S. 17f.; Rietschel (2007), S. 19. In Nordrhein-Westfalen sind die Kunst- und Musikhochschulen aus dem im Jahr 2006 beschlossenen Hochschulfreiheitsgesetz ausgenommen worden. Ein eigenes Kunsthochschulgesetz unter Berücksichtigung typischer Elemente künstlerischer Ausbildung ist in Vorbereitung.
[47] Ebd.
[48] Vgl. schriftliche Stellungnahme von Prof. Dr. Stephan Porombka und Prof. Manfred Eichel zur Entwicklung des Kulturjournalismus, Empfehlungen zur kulturjournalistischen Ausbildung, (2007). (Kommissionsdrucksache 16/396)
[49] Vgl. www.hgb-leipzig.de/dock/, (Stand: 18. Juni 2007). /D/O/C/K („Andockstation für verschiedene Ansätze experimenteller Projektarbeit") realisierte eine themenorientierte Projektarbeit, in der sich Theorie und Praxis, künstlerische, kuratorische und wissenschaftliche Arbeit miteinander verbinden. Die Projekte des /D/O/C/K widmeten sich spezifischen Fragestellungen nach der Produktion, Präsentation, Rezeption und Distribution von Kunst, wobei sich kunstimmanente Diskussionen und gesellschaftspolitisch relevante Diskurse ineinander verschränken. Der Bund fördert bspw. durch den Wettbewerb „Kunststudenten stellen aus" gezielt den künstlerischen Nachwuchs im Bereich der freien Kunst sowie durch den Schauspielwettbewerb Studierende im Bereich Schauspiel.

Die Vernetzung von Studium und praxisbezogener Ausbildung, wie sie die „Bayerische Theaterakademie August Everding", deren Träger der Freistaat Bayern ist, bei der Ausbildung von Bühnenberufen praktiziert, ist ein erfolgreicher Weg. Sie umfasst derzeit neun Studiengänge. Vier Münchner Hochschulen (Hochschule für Musik und Theater, Ludwig-Maximilians-Universität, Hochschule für Fernsehen und Film, Akademie der Bildenden Künste) und die Bayerischen Staatstheater in München (Bayerische Staatsoper und Staatsballett, Bayerisches Staatsschauspiel, Staatstheater am Gärtnerplatz) haben sich zu einem Kooperationsverbund zusammengeschlossen.

Als weiteres Beispiel sei das Projekt „Wirtschaftskultur durch Kunst" an der Universität Witten/Herdecke genannt, in dem Wissenschaftler aus Philosophie, Kunst-, Kultur- und Wirtschaftswissenschaft mit Unternehmern, Managern, Beratern, Künstlern und Kulturverantwortlichen zusammenwirken.

Auch der postgraduale Masterstudiengang „Art in Context" an der Universität der Künste Berlin bildet die Künstler nicht nur als Vermittler aus, sondern weist die Studierenden auf neue Berufsbilder für bildende Künste hin, wie zum Beispiel die Tätigkeit als Lehrende im Sozialbereich oder in Firmen.[50]

Insgesamt hat die Bestandsaufnahme der Enquete-Kommission aber auch ergeben, dass sich viele Künstler auf die heutigen schwierigen Arbeitsmarktbedingungen nicht ausreichend vorbereitet fühlen.[51]

Sowohl die bestehenden Ausbildungsstrukturen der Hochschulen als auch die darauffolgenden Aus-, Fort- und Weiterbildungsprogramme würden nur vereinzelt funktionierende Angebote für den Bedarf an notwendigen Qualifizierungsmaßnahmen aufweisen.[52]

Spartenübergreifend wird von den Künstlern und Vermittlern darauf hingewiesen, dass die Förderung interdisziplinärer Fähigkeiten in der künstlerischen Ausbildung nicht genügend berücksichtigt wird. Die Ausgebildeten seien nicht auf die Komplexität vorbereitet, die in den sich verändernden Berufsfeldern auf sie zukäme.

Schließlich, so wurde geltend gemacht, gebe es im Bereich der neuen Medien seitens der Kunsthochschulen keine Ausbildungsrichtung, die einer wissenschaftlichen Ausbildung gleichzusetzen wäre.[53] Ähnlich gestalte sich dies im Bereich der Literatur. Das bestehende Ausbildungsangebot wird als nicht ausreichend erachtet. Viele Schriftsteller würden sich in Deutschland selber ausbilden.[54]

---

[50] Der Studiengang „Art in Context" wendet sich an Personen mit einem Hochschulabschluss in Bildender Kunst, Medien, Architektur, Design oder Kunstpädagogik, die einen gesellschaftlichen Bezug für ihre künstlerische Arbeit suchen. Entsprechend ist der Studiengang darauf hin angelegt, Kenntnisse und Fähigkeiten zu vermitteln, die es den Studierenden ermöglichen, Ideen und Vorhaben nach Abschluss des Studiums auch außerhalb des Kunstbetriebs, also unter den Bedingungen des Alltagshandelns, zu entfalten, vgl. www.kunstimkontext.udk-berlin.de/, (Stand: 4. Juni 2007) und vgl. Kurzauswertung des Expertengesprächs vom 29. November 2004 zum Thema „Aus-, Fort- und Weiterbildung der Künstlerinnen und Künstler in Deutschland", S. 5. (Arbeitsunterlage 15/104).

[51] Vgl. Zusammenfassung der Anhörung vom 27. September 2004 zum Thema „Instrumente der mittelbaren Förderung von Künstlerinnen und Künstlern", S. 17. (Kommissionsdrucksache 15/514) sowie Zusammenfassung und Auswertung des Künstlergespräches vom 19. Juni 2006. (Arbeitsunterlage 16/061) sowie das Wortprotokoll des Künstlergespräches vom 29. Juni 2006. (Arbeitsunterlage 16/062)

[52] Vgl. Gutachten Existenzgründung, S. 108. (Kommissionsdrucksache 16/399)

[53] Vgl. Zusammenfassung der Anhörung vom 27. September 2004 zum Thema „Instrumente der mittelbaren Förderung von Künstlerinnen und Künstlern", S. 18. (Kommissionsdrucksache 15/514)

[54] Ebd.

4.2.7 Stärkung betriebswirtschaftlicher Ausbildungsinhalte

Neben den fachspezifischen Ausbildungsinhalten wird der erwerbswirtschaftlichen Komponente an den Kunsthochschulen zunehmend Rechnung getragen.[55] Dies findet in Form von Lehrveranstaltungen zu den Themen „Kunst und Recht" sowie „Kunst und Wirtschaft", in denen betriebswirtschaftliche Belange behandelt werden, statt. Durch Vorträge und Seminare werden die Bereiche Urheberrecht, Vertragsgestaltung, Sozialversicherung für Künstler und Steuerrecht angeboten.[56]

Der Ausbildungsbereich Kulturwissenschaften an den Universitäten umfasst ein sehr breites Fächerspektrum, das in weite Teile der Geisteswissenschaften reicht. Dem Bedarf zur Aufnahme betriebswirtschaftlicher Ausbildungsinhalte in das Lehrangebot wird durch die einzelnen Hochschulen in unterschiedlicher Weise Rechnung getragen.

So stellen betriebswirtschaftliche Ausbildungsinhalte beispielsweise an der Universität Passau einen festen Bestandteil in der Studien- und Prüfungsordnung für den Diplomstudiengang Sprachen, Wirtschafts- und Kulturraumstudien dar. Auch im Magisterstudiengang Buchwissenschaft wird zum Teil im erheblichen Maße betriebswirtschaftliches Wissen vermittelt (zum Beispiel an der Friedrich-Alexander-Universität Erlangen-Nürnberg).

Verbreitet in den Magisterstudiengängen, teilweise aber auch im Rahmen von Diplom- und Bachelor-Studiengängen, werden betriebswirtschaftliche Ausbildungsinhalte zudem im Rahmen des Nebenfach-Studiums angeboten.

An der Universität Bayreuth sind entsprechende Ausbildungsinhalte in einer Vielzahl von kulturwissenschaftlichen Studiengängen enthalten, so beispielsweise im Studiengang Theaterwissenschaft unter besonderer Berücksichtigung des Musiktheaters (Magister) oder im Bachelor-Studiengang Kulturwissenschaften mit Schwerpunkt Religion und Nebenfach Wirtschaftswissenschaften.

Auch in vielen Magisterstudiengängen der Kulturwissenschaft und der Altertumswissenschaft ist die Betriebswirtschaftslehre als (mögliches) Nebenfach angeboten.

Generell kann gesagt werden, dass den Studierenden ein umfassendes Angebot zur Vermittlung betriebswirtschaftlicher Kenntnisse zur Verfügung steht und damit den heutigen Anforderungen an die Ausbildung angehender Künstler und Kulturwissenschaftler zunehmend Rechnung getragen wird.

Die Entscheidung, ob und wie weit insbesondere die fakultativen Angebote zur Abrundung des Studiums und Vorbereitung der Berufsausübung in Anspruch genommen werden, liegt aber in der Eigenverantwortung der Studierenden selbst.

Eine Untersuchung zum Thema „Existenzgründung und Existenzsicherung für selbstständig und freiberuflich arbeitende Künstlerinnen und Künstler"[57] über die Angebote an deutschen Kunsthochschulen, die Kunstschaffende während der Ausbildung bzw. im Anschluss daran auf die Selbstständigkeit vorbereiten sollen, kommt zu folgendem Ergebnis: Die Angebote an Hoch- und Fachhochschulen zur Existenzgründung seien zwar zahlreich, sie befriedigten jedoch selten die komplexen

---

[55] Sondervotum SV Prof. Dr. Dieter Kramer: „Künstler sollen betriebswirtschaftliche Kenntnisse erwerben und Selbstvermarktungsfähigkeiten entwickeln; sie sollen auch Wissen über ihr gesellschaftliches Wirkungsfeld erwerben. Aber all dem muss auch hoher intrinsischer Motivation Raum lassen, sonst provoziert die Orientierung auf ein neoliberales Künstlerbild Gegenreaktionen derer, die eine von Nutzenserwägungen unabhängige Kunst verteidigen."
[56] An der Hochschule Bremen wurde in einem vom Bundesministerium für Bildung und Forschung geförderten Modellversuch in den 90er-Jahren erprobt, wie die Vermittlung dieser für die Berufspraxis wichtigen Rechtskenntnisse in die Ausbildung von Bildenden Künstlern integriert werden kann.
[57] Vgl. Gutachten Existenzgründung. (Kommissionsdrucksache 16/399)

Anforderungen der Professionalisierung an Selbstständige und Freiberufler. Neue flexible Erwerbs- und Berufsbiografien – die durch einen mediatisierten und digitalisierten Strukturwandel der Kultur gekennzeichnet seien – werden nicht berücksichtigt.[58] Lediglich die Designhochschulen würden auf diesen reagieren.[59] Oft beträfen bestehende Angebote Marktstrukturen, die 80 Prozent der Absolventen nicht erleben würden, da diese – beispielsweise im Bereich bildende Kunst – den traditionellen Weg: Akademie – Galerie – Museum, gar nicht beschritten.[60] Auch viele Kulturmanagement-Studiengänge würden lediglich das Management bestehender Kulturbetriebe vermitteln, jedoch keine neuen Ideen zu Fragen der Studien- und Karriereplanung, zu Berufseinstieg und Existenzgründung unterbreiten.[61]

Grundsätzlich konstatieren die Gutachter, dass die deutsche Hochschultradition von der grundsätzlichen Anlage her für die Entwicklung eines Unternehmergeistes eine gute Voraussetzung bietet, wenn die Vermittlung nicht „im Elfenbeinturm" geschieht.[62]

Die Hochschulen bieten nach Meinung der Gutachter lediglich „Crash-Kurse" und Vorratsinformation zur Existenzgründung.[63] Dies seien „Zusatz-BWL"- und/oder „Zusatz-Recht"-Kurse, die für den Prozess der Existenzgründung nur Informationscharakter haben könnten. Seminare speziell zur Existenzgründung seien die Ausnahme.[64]

4.2.8 Anpassung der Studiengänge an die Bedingungen des Arbeitsmarktes

Aufgrund eines im Wandel begriffenen Arbeitsmarktes stehen die Studiengänge kontinuierlich auf dem Prüfstand, denn sie haben auf neue Entwicklungen zu reagieren. Exemplarisch für andere Sparten sei dies für den Bereich Musik dargestellt.

Professor Romain (UdK Berlin) führte im Expertengespräch[65] aus, dass zu viele Musiker für den Solobereich ausgebildet würden. Die meisten Musiker würden letztendlich doch im Orchester oder als Instrumentalpädagoge ihren Platz finden. Vor diesem Hintergrund sollte der Aufbau des Musikstudiums in zwei Stufen geteilt werden: In der ersten Stufe (Grundstudium, acht Semester oder Bachelor, sechs Semester) würde der Student als Allroundmusiker ausgebildet werden, der mit seinem Instrument in verschiedenen Bereichen einsetzbar wäre. Er würde als „Wandermusiker" in verschiedenen Ensembles, Orchestern spielen (Vorbild Amerika). Dieses System hätte den Vorteil, dass die Orchestermusiker bei nicht fester Anstellung nicht zwangsläufig arbeitslos wären. Das Solostudium mit Konzertexamen wäre die zweite Stufe der Ausbildung.

Zudem gewann die Enquete-Kommission auf der Delegationsreise nach Mittel- und Süddeutschland, die die Delegation auch zur Musikhochschule Stuttgart führte, den Eindruck, dass die Studie-

---

[58] Ebd. S. 113 bis 119, mit der Zusammenstellung aller Angebote an Hochschulen und Fachhochschulen zur Existenzgründung sowie den Hochschulen und Fachhochschulen, die keine Angebote unterbreiten, S. 120f.
[59] Ebd., S. 121.
[60] Ebd., S. 110.
[61] Ebd., S. 123. Lediglich die UdK Berlin hat mit ihrem Konzept „UdK plus" mit Weiterbildungs- und Masterstudiengängen sowie dem Career & Transfer Service Center der UdK Berlin einen Weg eingeschlagen, der von den Gutachtern als der Richtige eingeschätzt wird. Letzteres unterstützt die Studierenden und Absolventen bei Fragen zur Studien- und Karriereplanung, zum Berufseinstieg und zur Existenzgründung. Auch das Angebot der Hochschule für Kunst und Design Halle, Burg Giebichenstein, heben die Gutachter lobend hervor.
[62] Ebd., S. 127.
[63] Ebd., S. 138.
[64] Ebd., S. 139.
[65] Vgl. Kurzauswertung des Expertengesprächs vom 29. November 2004 zum Thema „Aus-, Fort- und Weiterbildung der Künstlerinnen und Künstler in Deutschland", S. 3f. (Arbeitsunterlage 15/104).

renden auf die möglichen unterschiedlichen Tätigkeitsanforderungen („Patchwork"-Bereich) in der Ausbildung vorbereitet werden müssen.[66]

Schlussbemerkung

Neue Technologien und neue Berufsfelder bieten den Kulturschaffenden neue Chancen, stellen aber auch neue Anforderungen. Ohne umfassende Aus-, Fort- und Weiterbildung werden diese Chancen von den Kunst- und Kulturschaffenden sowie den Kulturvermittlern auf dem engen Arbeitsmarkt nicht ausgeschöpft werden können.

Neben den fachspezifischen Ausbildungsinhalten sollten von den Hochschulen folgende Aspekte stärker berücksichtigt werden:

– Eine engere Verzahnung von Theorie und Praxis ist anzustreben.

– Ein Berufspraktikum sollte – gegebenenfalls verpflichtend – angeboten werden.

– Eine stärkere Vernetzung mit der Wirtschaft ist anzustreben.

– Kulturwissenschaftliche und künstlerische Studiengänge sollten um Bestandteile wie Wirtschaft, Recht und Management generell ergänzt werden.

Wie auch in anderen Berufsbereichen unterliegen die Künstler einem ständigen Lernprozess. Dies erfordert zum einen von den Künstlern Selbstinitiative und zum anderen von den Hochschulen und Akademien ein Angebot von Weiterbildungsmaßnahmen.

C) Handlungsempfehlungen

1. Die Enquete-Kommission empfiehlt den Ländern, neben den jeweiligen künstlerischen Kernkompetenzen auch Qualifikationen im Bereich (Selbst-)Management in die Studieninhalte einzubeziehen, insbesondere Fragen der Existenzgründung und -sicherung, Urheber- und Leistungsschutzrechte sowie Gesellschaftsrecht.

2. Die Enquete-Kommission empfiehlt den Ländern, die Förderung interdisziplinärer Fähigkeiten in der künstlerischen Ausbildung angemessen zu berücksichtigen, damit der künstlerische Nachwuchs auf die zunehmende Komplexität sich verändernder Berufsfelder besser vorbereitet wird.

3. Die Enquete-Kommission empfiehlt den Ländern, in den Bereichen der neuen Medien und der Literatur neben der stark praxisorientierten Ausbildung die wissenschaftliche Grundlagenbildung zu verstärken.

4. Die Enquete-Kommission empfiehlt den Ländern, auf der Grundlage des Bologna-Prozesses kritisch und konstruktiv zu überlegen, ob eine zweistufige Ausbildung, wie zum Beispiel in der Musik, die beruflichen Chancen des künstlerischen Nachwuchses verbessert. Dabei ist das heterogene Feld der Künste in seinen unterschiedlichen Anforderungen an den Ausbildungsprozess im Blick zu behalten.[67]

---

[66] Vgl. Bericht Delegationsreise Mittel- und Süddeutschland, S. 36. (Kommissionsdrucksache 15/515)
[67] Sondervotum FDP-Fraktion und SV Olaf Zimmermann: „Die künstlerische Ausbildung unterscheidet sich grundlegend von anderen akademischen Ausbildungsgängen. Es geht hier um die Ausbildung einer künstlerischen Persönlichkeit. Die zweistufige Ausbildung nach dem Bologna-Prozess und vor allem die rigiden Vorgaben für das Studium sind für die Ausbildung einer solchen künstlerischen Persönlichkeit nicht geeignet."

5. Die Enquete-Kommission empfiehlt den Hochschulen und Universitäten, zusätzliche Studiengänge mit geistes-, kultur- und medienwissenschaftlichen Schwerpunktthemen zu institutionalisieren.

6. Die Enquete-Kommission empfiehlt den Ländern, Hochschulen und Universitäten, angesichts der wachsenden Nachfrage aus der ganzen Welt sicherzustellen, dass auch die entsprechend qualifizierten Bewerber im künstlerischen Bereich aus Deutschland ausreichend Berücksichtigung finden.

7. Die Enquete-Kommission empfiehlt den Ländern den Ausbau von Aufbaustudiengängen an den Akademien und Hochschulen.

8. Die Enquete-Kommission empfiehlt den Hochschulen und Universitäten, verstärkt Beratungs-, Fort- und Weiterbildungsprogramme, insbesondere zur Existenzgründung, Existenzsicherung und Innovationsbefähigung, an den Hochschulen zu installieren.

4.3 Rechtliche Situation der Künstler und Kulturberufe

4.3.1 Tarif- und arbeitsrechtliche Situation der Künstler und Kulturberufe

Vorbemerkungen

Die Enquete-Kommission hat sich in ihren Beratungen mit den arbeitsrechtlichen Rahmenbedingungen der Künstler und Kulturschaffenden befasst.[68] Diese Rahmenbedingungen sind gestaltendes Element der „wirtschaftlichen und sozialen Lage der Künstlerinnen und Künstler", einem Schwerpunktthema der Kommissionsarbeit.

Die Beschäftigungsformen der Künstler und Kulturschaffenden sind so uneinheitlich wie ihre Tätigkeitsbereiche, von denen beispielhaft genannt seien:

– Film- und Medienbereich,

– Theater, Kulturorchester, Opern, Chöre,

– Kulturpädagogische Einrichtungen wie Musikschulen, Jugendkunstschulen,

– Museen und Bibliotheken sowie

– Soziokulturelle Zentren.

In diesen Sparten gibt es abhängig unbefristet Beschäftigte, abhängig befristet Beschäftigte, abhängig Beschäftigte mit projektbezogener Befristung, unständig Beschäftigte und Selbstständige. Vielfach werden verschiedene Beschäftigungen mit unterschiedlichen Formen gleichzeitig ausgeübt.

In Deutschland unterliegen alle Arbeitsverhältnisse dem Arbeitsrecht, das heißt dem Individualarbeitsrecht ebenso wie dem kollektiven Arbeitsrecht wie unter anderem dem Tarifrecht.[69] Die tarifliche Ausgestaltung obliegt den jeweiligen Tarifpartnern. Der Respekt der Enquete-Kommission vor deren Tarifhoheit gebietet, dass auf eine Kommentierung tarifvertraglicher Abschlüsse verzichtet wird.

Zahlreiche Menschen, die im Bereich von Kunst und Kultur tätig sind, sind abhängig beschäftigt. Auf ihre Arbeitsverhältnisse ist grundsätzlich das Arbeitsrecht mit seinem gesamten Normenbe-

---

[68] Vgl. Kurzprotokoll der 3. Sitzung der Enquete-Kommission am 9. und 10. November 2003, S. 37. (Protokoll-Nr. 15/3)
[69] Vgl. auch Wissenschaftliche Dienste des Deutschen Bundestages (2004a)., S. 12.

stand anwendbar.[70] Bei vielen Künstlern und Angehörigen der Kulturberufe aber sind kurzzeitige Beschäftigungsverhältnisse bei ständig wechselnden Einrichtungen und der Wechsel zwischen Selbstständigkeit, befristeter und unständiger Beschäftigung die Regel.[71] Diese Besonderheiten der Kulturberufe sind nicht mit einem „Normalarbeitsverhältnis" zu vergleichen. Da die rechtlichen Rahmenbedingungen ein solches jedoch zugrunde legen, werden sie den Besonderheiten der Kulturbetriebe nicht immer gerecht.[72]

Zur Erkenntnisgewinnung über die arbeitsrechtlichen Bedingungen der Künstler und Kulturschaffenden aller Sparten und ihre Auswirkungen auf deren Arbeit dienten der Kommission die folgenden Instrumente: zwei Anhörungen zu den Themen „Instrumente der mittelbaren Förderung von Künstlerinnen und Künstlern"[73] und „Auswirkungen der Hartz-Gesetzgebung auf den Kulturbetrieb"[74] sowie ein Expertengespräch zum Thema „Arbeitsmarktsituation von Künstlerinnen und Künstlern"[75]. Hinzu kam ein „Künstlergespräch"[76]. Hier berichteten die Betroffenen selbst von ihren persönlichen Erfahrungen aus ihrem Arbeitsleben.

Das von der Enquete-Kommission in der 15. Wahlperiode in Auftrag gegebene Gutachten: Rechtliche und strukturelle Rahmenbedingungen des Betriebs von Theatern, Kulturorchestern und Opern in Deutschland unter Betrachtung des Spannungsfeldes von freiwilligen kulturellen Leistungen und Pflichtaufgaben der öffentlichen Hand"[77] informierte über die Arbeitsbedingungen und -probleme insbesondere im Bühnenbereich.[78]

---

[70] Vgl. Wissenschaftliche Dienste des Deutschen Bundestages (2004a), S. 12.

[71] Vgl. Vorüberlegungen zum Arbeitsprogramm zu Kompetenzverteilung Europa, Bund, Länder und Kommunen und zur Lage der Staatlichen Kulturförderung, S. 1f. (Kommissionsdrucksache 15/294)

[72] Vgl. schriftliche Stellungnahme der Genossenschaft Deutscher Bühnen-Angehöriger (GDBA) zum Fragenkatalog der Anhörung zum Thema „Auswirkungen der Hartzgesetzgebung auf den Kulturbereich" am 30. Mai 2005, S. 2. (Kommissionsdrucksache 15/445).

[73] Vgl. Zusammenfassung der öffentlichen Anhörung vom 27. September 2004 zum Thema „Instrumente der mittelbaren Förderung von Künstlerinnen und Künstlern" (Zusammenfassung Anhörung Instrumente mittelbarer Förderung). Teilnehmer: Goebbels, Prof. Heiner, Förster, Gunda, Genazino, Wilhelm, Lilienthal, Matthias, Waltz, Sasha, Sandig, Jochen, Fleischmann, Monika, Arndt, Matthias (Galerist), Hartges, Marcel (Rowohlt Taschenbuch Verlag), Dr. Görnandt, Danuta (rbb), Rösener, Roman (Geschäftsführer Theaterhaus Jena), Dr. Weingarten, Elmar (Geschäftsführer der Deutschen Ensemble Akademie e.V.). (Kommissionsdrucksache 15/514).

[74] Vgl. Zusammenfassung der Anhörung vom 30. Mai 2005 zum Thema „Auswirkungen der Hartzgesetzgebung auf den Kulturbereich" (Zusammenfassung Anhörung Auswirkungen der Hartzgesetzgebung). Teilnehmer: Eissenhauer, Dr. Michael (Deutscher Museumsbund), Fesel, Bernd (Büro für Kulturpolitik und Kulturwirtschaft), Füting, Hansjörg (Interessengemeinschaft Filmproduktion „Film 20"), Haß, Kirsten (Bundesverband Freier Theater e.V.), Herdlein, Hans (Genossenschaft Deutscher Bühnen-Angehöriger), Kiepe, Folkert (Bundesvereinigung der kommunalen Spitzenverbände), Kuhlmann, Marcus (Bundesverband der Freien Berufe), Schimmel, Wolfgang (ver.di), Schmidt-Hug, Steffen (Bundesverband Regie), Schwalm-Schäfer, Katharina (Ministerium für Wirtschaft und Arbeit des Landes Nordrhein-Westfalen), Senius, Kay (Bundesagentur für Arbeit), Zehelein, Prof. Klaus (Deutscher Bühnenverein), Ziller, Christiane (Bundesvereinigung Soziokulturelle Zentren e. V.). (Kommissionsdrucksache 15/528).

[75] Vgl. Zusammenfassung des Expertengesprächs am 14. Februar 2005 zum Thema „Arbeitsmarktsituation von Künstlerinnen und Künstlern". (Kommissionsdrucksache 15/510)

[76] Vgl. Wortprotokoll des Künstlergesprächs vom 19. Juni 2006 (Wortprotokoll Künstlergespräch), Teilnehmer: Karrenberg, Katharina (bildende Künstlerin); Salomé (Maler, bürgerlicher Name: Cihlarz, Wolfgang), Bayer, Thommie (Maler, Musiker, Schriftsteller), Oppermann, Peter (Chefdramaturg Stadttheater Trier), Rohlf, Jan (Produzent, Kurator), Helmbold, Thomas (Maler), Biebuyck, Wolfgang (Sänger), Sabisch, Petra (Choreografin, Tänzerin), Grubinger, Eva (bildende Künstlerin), Oberst, Matthias (Schauspieler, Gastspielmanager). (Arbeitsunterlage 16/062)

[77] Vgl. Gutachten zum Thema „Rechtliche und strukturelle Rahmenbedingungen des Betriebs von Theatern, Kulturorchestern und Opern in Deutschland" (Raue-Gutachten). (Kommissionsdrucksache 15/285).

[78] Darüber hinaus gingen schriftliche Stellungnahmen der Deutschen Orchestervereinigung, von ver.di und des Deutschen Bühnenvereines ein, in denen auf die spezifischen Beschäftigungsprobleme von Schauspielern, Musikern und Bühnenangehörigen hingewiesen wird. Siehe dazu Schreiben DOV vom 12. November 2004. (Kommissionsmaterialie 15/171)

Die Situation der Beschäftigten in den Museen wurde sowohl in einem Gespräch mit Mitarbeitern verschiedener Museen als auch in einem Podiumsgespräch zum Thema „Kulturelle Bildung im Museum"[79] dargelegt. Über die Lage der Beschäftigten in Bibliotheken, in den Musikschulen und soziokulturellen Zentren wurden die Arbeitgeber- und Arbeitnehmervertretungen befragt.[80] Ein Expertengespräch zu rechtlichen und strukturellen Rahmenbedingungen soziokultureller Zentren[81] und weitere vertiefende schriftliche Stellungnahmen ergänzten diese Informationen.[82] Die Besonderheiten der Beschäftigungssituation im Film- und Medienbereich wurden in der Anhörung „Auswirkungen der Hartz-Gesetzgebung auf den Kulturbereich" dargelegt.[83]

Zu den Bereichen Theater, Kulturorchester, Opern, Museen, Bibliotheken und soziokulturelle Zentren finden sich im Rahmen dieses Schlussberichts weitere ausführliche Kapitel.[84] An dieser Stelle wird speziell auf die arbeitsrechtliche Situation der dort Beschäftigten eingegangen.

A) Bestandsaufnahme und
B) Problembeschreibung

Film- und Medienbereich

Die arbeitsmarktpolitische Situation der Kulturschaffenden im Medien- und Filmbereich ist gekennzeichnet durch die Heterogenität der Beschäftigungsverhältnisse.[85] Dies trifft auch auf Beschäftigte im Theater-, Opern- und Orchesterbereich zu. Zwar sind laut Abgrenzungskatalog der Spitzenverbände der Sozialversicherungen die in den Bereichen Theater, Orchester, Rundfunk- und Fernsehanbieter, Film- und Fernsehproduktion tätigen Personen spielzeit- und gastspielverpflichtete Künstler – und damit grundsätzlich abhängig beschäftigt.[86] Auch bei abhängig Beschäftigten im Film- und Medienbereich ist aber der unbefristete Arbeitsvertrag zunehmend die Ausnahme.[87] Das typische Beschäftigungsverhältnis in der Medien- und Filmindustrie ist gekennzeichnet durch eine Befristung mit kürzerer Laufzeit, bei dem sich die Beschäftigten vertraglich auf eine Flexibilisierung der Vertragslaufzeit einrichten müssen.[88] Die auf Produktionsdauer Beschäftigten sind ent-

---

[79] Vgl. Zusammenfassung der Podiumsdiskussion am 21. Februar 2005 zum Thema „Kulturelle Bildung im Museum/ Museumspädagogik". (Kommissionsdrucksache 15/516) sowie die Zusammenfassung der Umfrage „Museen und Ausstellungshäuser". (Kommissionsdrucksache 15/522)
[80] Vgl. Fragen an die Arbeitnehmervertretungen zum Thema „Arbeitsrechtlichen Situation der Künstler als Arbeitnehmer und der Kulturberufe in Soziokulturellen Zentren, Museen, Bibliotheken und Musikschulen" (Fragen an die Arbeitnehmervertretungen). (Kommissionsdrucksache 16/411)
[81] Vgl. Ergebnisprotokoll des Expertengesprächs vom 8. Mai 2006 zum Thema „Rechtliche und strukturelle Rahmbedingungen soziokultureller Zentren". (Arbeitsunterlage 16/035a)
[82] Vgl. schriftliche Stellungnahme der Bundesvereinigung Soziokultureller Zentren e. V. zum aktuellen kulturpolitischen Handlungsbedarf. (Kommissionsmaterialie 15/173)
[83] Vgl. Zusammenfassung der Anhörung vom 30. Mai 2005 zum Thema „Auswirkungen der Hartzgesetzgebung auf den Kulturbereich". (Kommissionsdrucksache 15/528)
[84] Vgl. Kap. 3.1.2.1, Theater, Kulturorchester, Opern; Kap. 3.1.2.2, Museen und Ausstellungshäuser; Kap. 3.1.2.3, Öffentliche Bibliotheken; Kap. 3.1.2.4, Soziokulturelle Zentren.
[85] Vgl. Zusammenfassung der Anhörung zum Thema „Auswirkungen der Hartzgesetzgebung auf den Kulturbereich" am 30.Mai 2005, S. 53ff. (Kommissionsdrucksache 15/528); vgl. auch Arbeitsmarktpolitische Probleme in den Bereichen der Medien-, Kultur- und Filmschaffenden (Arbeitspapier Lydia Westrich, MdB), S. 2 (Kommissionsdrucksache 15/286) und schriftliche Stellungnahme der Genossenschaft Deutscher Bühnen-Angehöriger zum Fragenkatalog der Anhörung vom 30. Mai 2005 zum Thema „Auswirkungen der Hartzgesetzgebung auf den Kulturbereich", S. 2. (Kommissionsdrucksache 15/445)
[86] Vgl. Arbeitspapier Lydia Westrich, MdB, S. 2 (Kommissionsdrucksache 15/268) sowie die schriftliche Stellungnahme des Bundesverbandes Regie zur Anhörung zum Thema „Auswirkungen der Hartz-Gesetzgebung auf den Kulturbereich", S. 4ff. (Kommissionsdrucksache 15/448)
[87] Vgl. Resolution des Bundesverbandes zur sozialen Lage der Film- u. Fernsehschauspieler. (Kommissionsmaterialie 16/168)
[88] Vgl. Zusammenfassung Anhörung Auswirkungen der Hartzgesetzgebung, S. 47, 49f. 54f. (Kommissionsdrucksache 15/528)

weder zeit- oder zweckbefristet eingestellt. Bei der Filmproduktion – aber auch beim Theater – wird bei einer zeitlichen Befristung häufig eine Verpflichtungsverlängerung für den Fall vereinbart, dass die Produktion nicht zum vorgesehenen Zeitpunkt beendet ist. Filmschaffende haben zudem oftmals unbezahlte und auch nicht sozialversicherte Vorbereitungszeiten. In Verträgen heißt es regelmäßig: „Der Filmschaffende steht dem Filmhersteller auch vor Beginn der Vertragszeit ohne zusätzliche Vergütung für Vorbereitungsarbeiten zur Verfügung."[89]

Neben dieser Beschäftigung auf Produktionsdauer gibt es die unständig Beschäftigten.[90] Eine Beschäftigung, die der Natur der Sache nach auf weniger als eine Woche beschränkt zu sein pflegt oder im Voraus durch Arbeitsvertrag beschränkt ist, wird als unständig bezeichnet. Das Bundessozialgericht definiert unständig Beschäftigte als Personen, die berufsmäßig Lohnarbeiten von nur sehr kurzer Dauer (weniger als eine Woche) verrichten, „ohne festes Arbeitsverhältnis bald hier, bald dort, heute mit dieser, morgen mit jener Arbeit beschäftigt"[91].

Personen, die berufsmäßig unständigen Beschäftigungen nachgehen, sind in der Krankenversicherung versicherungspflichtig. Hier gelten eine Reihe von Sonderregelungen zu Beginn und Ende der Mitgliedschaft. In der Kranken-, Renten- und Pflegeversicherung bestehen Besonderheiten zu den Meldepflichten und zu der Bestimmung der beitragspflichtigen Einnahmen. In der Arbeitslosenversicherung sind die unständig Beschäftigten versicherungsfrei.

Offensichtlich gibt es eine missbräuchliche Ausweitung unständiger Beschäftigungsverhältnisse. Entgegen dem Abgrenzungskatalog der Spitzenverbände der Sozialversicherungen werden auf Produktionsdauer Beschäftigte in Produktionen von weniger als einer Woche als unständig Beschäftigte behandelt.[92] Für diese Beschäftigten fallen dann keine Abgaben in die Arbeitslosenversicherung an, aber für die Betroffenen verschärft sich die Situation hinsichtlich der Anspruchsgrundlage für den Bezug von Arbeitslosengeld.

Weiter gibt es den Gastspielvertrag. Das ist ein fester, befristeter Arbeitsvertrag, in dessen Zeitrahmen nur eine bestimmte Menge an Vorstellungen mit Proben abgerufen wird. Während dieser Gastspielverträge werden häufig noch andere Erwerbstätigkeiten ausgeübt.

Ein besonderes Verfahren praktizieren die öffentlich-rechtlichen Rundfunkanstalten: Nach Erreichen einer bestimmten Beschäftigungszeit werden keine weiteren Aufträge mehr vergeben. Damit soll das Risiko einer Klage auf Feststellung eines Beschäftigungsverhältnisses minimiert werden. Es besteht zwar die rechtliche Möglichkeit der Beantragung eines Statusfeststellungsverfahrens, faktisch riskiert ein betroffener Beschäftigter damit aber die Chance einer erneuten Beschäftigung. So ist beispielsweise die Gruppe der Synchronschauspieler bzw. Synchronsprecher[93] als eine vormals in allen Zweigen sozialversicherungspflichtige Gruppe durch jahrelange Werkvertragspraxis der Auftraggeber zur selbstständig beschäftigten Gruppe geworden.

---

[89] Vgl. Arbeitspapier Lydia Westrich, MdB. (Kommissionsdrucksache 15/286)
[90] Vgl. schriftliche Stellungnahmen des Spitzenverbandes der AOK, Bundesverband der BKK, IKK-Bundesverband, See-KK, BV der Landwirtschaft. KK, Knappschaft, Verb. D. Angestellten-KK, AEV-, Dt. RV Bund sowie der Bundesagentur für Arbeit zum Thema „Versicherungs-, Beitrags- und Melderecht der unständig Beschäftigten". (Kommissionsmaterialie 16/151)
[91] Urteil des Bundessozialgerichts vom 16. Februar 1983, AZ: 12 RK 23/81; vgl. § 232 Abs. 3 SGB V.
[92] Vgl. Arbeitspapier Lydia Westrich, MdB, S. 2. (Kommissionsdrucksache 15/286)
[93] Vgl. Schreiben der Deutschen Rentenversicherung Bund an den Bundesverband Deutscher Synchronproduzenten e. V. und den Interessenverband Synchronschauspieler e.V. zum Thema Versicherungsrechtliche Beurteilung von Synchronsprechern. (Kommissionsmaterialie 16/152)

Die größte Sorge vieler Beschäftigter aber ist die Kürzung der Rahmenfrist von drei auf nunmehr zwei Jahren.[94] Durch die Änderung des § 124 SGB III hat sich die Anspruchsberechtigung für den Bezug von Arbeitslosengeld für im Kulturbereich abhängig Beschäftigte erheblich verschlechtert. Mussten bislang 360 sozialversicherungspflichtige Beschäftigungstage (§ 339 SGB II) in drei Jahren vorgewiesen werden, gilt mit der neuen Regelung eine Verkürzung dieser Rahmenfrist auf zwei Jahre. Am Beispiel der Filmschaffenden wird dieses Problem im Folgenden erläutert[95]:

Der Verwaltungsrat der Filmförderungsanstalt (FFA) hat in einem Appell vom 15. Februar 2006 darauf hingewiesen, dass die Verkürzung der Rahmenfrist für die Filmschaffenden geradezu existenzvernichtend sei. Die in der Branche Beschäftigten könnten trotz hoher Beitragszahlungen keinen Anspruch auf Arbeitslosengeld I erwerben, da ihre oft nur wenige Wochen andauernden Vertragsverhältnisse nicht die erforderliche zwölfmonatige Anwartschaftszeit erfüllten. Damit sei nicht nur die berufliche Existenzvernichtung zahlloser Filmschaffender zu befürchten, sondern auch ein Verlust der dringend benötigten qualifizierten Fachkräfte für die Theater- und Filmbranche, da diese sich zwangsläufig beruflich umorientieren müssten.

In einer aktualisierten Stellungnahme der Bundesagentur für Arbeit vom März 2006[96] wird diese Annnahme bekräftigt. Es heißt dort wie folgt:

„Wie bereits in der Stellungnahme vom Mai 2005 ausgeführt, kann die Verkürzung der Rahmenfrist für den Bezug von Arbeitslosengeld gerade bei der Berufsgruppe der Künstlerinnen und Künstler dazu führen, dass die Anspruchsvoraussetzungen nicht mehr erfüllt werden. … Es muss deshalb bei der pauschalen und durch ihre seit 1. Februar 2006 gemachten Erfahrungen offenbar bestätigten Annahme bleiben, dass diese Berufsgruppe in besonderem Maße von der genannten Rechtsänderung betroffen sein kann."[97]

Das aufgezeigte Problem ist Ausdruck der Besonderheit der Kulturberufe. Kurzzeitige Beschäftigungsverhältnisse bei ständig wechselnden Einrichtungen sind nicht mit einem Normalarbeitsverhältnis zu vergleichen. Handlungsbedarf ist gegeben. Denn es ist fraglich, ob die derzeitige Regelung im Kulturbereich nicht gegen die in Artikel 14 Grundgesetz verbürgte Eigentumsgarantie verstößt. Im Bereich der Sozialversicherung hat der Gesetzgeber zwar weite Gestaltungsmöglichkeiten, stößt aber auch auf Grenzen, insbesondere dort, wo Ansprüche und Anwartschaften durch eigene Leistungen des Versicherten geprägt sind.[98] Insbesondere ist der Gesetzgeber auch an den verfassungsrechtlichen Grundsatz der Verhältnismäßigkeit und den Gleichheitsgrundsatz des Artikels 3 Abs. 1 GG gebunden. Dieser allgemeine Gleichheitsgrundsatz wird verletzt, wenn eine Gruppe von Normadressaten im Vergleich zu anderen Normadressaten anders behandelt wird, obwohl zwischen beiden Gruppen keine Unterschiede von solcher Art und solchem Gewicht bestehen, dass sie die ungleiche Behandlung rechtfertigen können.[99]

---

[94] Vgl. Kap. 4.5.3.2, Anspruchsvoraussetzungen abhängig beschäftigter Künstler im Rahmen der Arbeitslosenversicherung/ Arbeitslosengeld I; Zu diesem Thema führte die Enquete-Kommission in der 15. Wahlperiode am 30. Mai 2005 eine Anhörung „Auswirkungen der Hartzgesetzgebung auf den Kulturbereich" durch. Unter dem Themenblock „Fragen zum Bezug von Arbeitslosengeld für unselbstständig sozialversicherungspflichtig beschäftigte Schauspieler und Schauspielerinnen" behandelte die Kommission die Auswirkungen der Änderungen für den Bezug von Arbeitslosengeld I. Vgl. dazu die Zusammenfassung der Anhörung zum Thema „Auswirkungen der Hartzgesetzgebung auf den Kulturbereich" am 30. Mai 2005. (Kommissionsdrucksache 15/528) und das Schreiben der Bundesagentur für Arbeit an Wolfgang Börnsen zur Arbeitsmarktsituation der Filmschaffenden (2007). (Kommissionsmaterialie 16/167)

[95] Vgl. Kap. 4.5.3.2, Anspruchsvoraussetzungen abhängig beschäftigter Künstler im Rahmen der Arbeitslosenversicherung/ Arbeitslosen-geld I". (Kommissionsdrucksache 16/450)

[96] Vgl. aktualisierte schriftliche Stellungnahme der Bundesagentur für Arbeit zur Anhörung „Auswirkungen der Hartzgesetzgebung auf den Kulturbereich". (Kommissionsdrucksache 16/055)

[97] Ebd.

[98] Vgl. BVerfGE 100, 1, S. 38ff.; vgl. auch Kap. 4.5, Soziale Lage der Künstler- und Kulturberufe.

[99] Vgl. Kap. 4.5.3.2 „Anspruchsvoraussetzungen abhängig beschäftigter Künstler im Rahmen der Arbeitslosenversicherung/Arbeitslosengeld I.

Die Verkürzung der Rahmenfrist nach § 124 Abs. 1 SGB III von drei auf zwei Jahre bei gleichzeitiger Aufrechterhaltung der Anwartschaftszeit von zwölf Monaten führt dazu, dass abhängig beschäftigte Kulturschaffende in den nachfolgend aufgezeigten Berufsfeldern die Anspruchsvoraussetzungen für das Arbeitslosengeld I nicht erfüllen und deshalb keine Leistungen beziehen können. Es ist zu befürchten, dass bei dieser Rechtslage für die Kulturschaffenden nur der Weg in die Selbstständigkeit bleibt. Daraus folgt eine finanzielle Mehrbelastung der Künstlersozialkasse und damit im Ergebnis eine Umverteilung der Lasten.

Die Enquete-Kommission beschäftigt sich im Kapitel 4.5.3.2 mit dieser beschriebenen Rechtslage im internationalen Vergleich. Festzuhalten ist, dass nicht nur Sonderregelungen für Künstler notwendig sind, sondern dafür auch Regelungen im Ausland (Frankreich, Schweiz) bestehen. In Kapitel 4.5.3.2 ist zudem die Haltung der Bundesregierung sowie die der Enquete-Kommission zu diesem Problem ausführlich dargestellt.[100]

Bedeutsam ist in diesem Zusammenhang die kürzlich erfolgte Fortschreibung der Rechtsgrundlage für die Künstlerdienste der Bundesagentur für Arbeit, der Zentralen Bühnen-, Film- und Fernsehvermittlung (ZBF).[101] Diese Künstlerdienste sind eine Fachvermittlungseinrichtung der Bundesagentur für Arbeit, die Künstler unter anderem aus den Bereichen Orchester, Bands, Musiker, Show, Artistik und Entertainment vermittelt. Auf diesen Gebieten hatte die unständige Beschäftigung traditionell einen hohen Stellenwert. Die Veränderungen auf dem Arbeitsmarkt haben zur Folge, dass auch in diesen Berufsfeldern die Selbstständigkeit zunimmt. Die Künstlerdienste haben diese Entwicklungen des Arbeitsmarktes in ihrer Tätigkeit folgerichtig umgesetzt, das heißt, sie haben Künstler auch in selbstständige Tätigkeiten vermittelt.

Im Rahmen seiner Prüfung 2004 bemängelte der Bundesrechnungshof neben der Vermittlung durch die Bundesagentur für Arbeit[102] die Organisation der Zentralen Bühnen-, Film – und Fernsehvermittlung. Daraufhin wurde die Organisation der Zentralen Bühnen-, Film – und Fernsehvermittlung neu strukturiert. Zum 31. Dezember 2006 wurde das Personal von 120 Planstellen auf 58 Planstellen reduziert. Die Künstlerdienste wurden auf sieben Standorte (Berlin, Köln, München, Stuttgart, Hamburg und Hannover) verteilt. Hinsichtlich der neuen Organisationsstruktur der Künstlerdienste ist festzuhalten, dass kein Standort in den neuen Ländern besteht. Somit ist dort klar eine Lücke in den neuen Ländern erkennbar.

Von den Künstlern wird die Unterstützung durch die Agentur für Arbeit geschätzt.[103] Es wird jedoch bedauert, dass das besondere Vermittlungspotenzial privater Agenturen derzeit nicht ausreichend genutzt werden kann. Insbesondere kommt das Instrument des sogenannten Vermittlungsgutscheins nach § 421g SGB III kaum zum Tragen, da die dort in Absatz 3 Nr. 2 und 3 geregelten Ausschlusstatbestände mit den Besonderheiten der Kulturberufe nicht kompatibel sind. Danach ist die „Zahlung der Vergütung" zum Beispiel ausgeschlossen, wenn das Beschäftigungsverhältnis von vornherein auf eine Dauer von weniger als drei Monaten begrenzt ist. Auch kann nicht in jedem Fall die Einstellung bei einem früheren Arbeitgeber erfolgen.

---

[100] Vgl. Antwort der Bundesregierung auf die Kleine Anfrage der Fraktion BÜNDNIS 90/DIE GRÜNEN zum Thema Auswirkungen der Hartzgesetzgebung auf Künstler und Kulturschaffende am 1. Juni 2006 (Bundestagsdrucksache 16/1710) sowie das Schreiben des Bundesministeriums für Arbeit und Soziales zur Handlungsempfehlung der Kommission zu Kap. 4.5.3 (Verkürzung der Rahmenfrist bei Bezug von ALG 1 nach § 123, 124 SGB III) vom 20. August 2007. (Kommissionsdrucksache 16/491)
[101] Vgl. o. V. (2007), S. 26.
[102] Diese erstreckte sich über neun Standorte mit über 120 Dienstposten.
[103] Vgl. Wortprotokoll Künstlergespräch (Arbeitsunterlage 16/062) und Zusammenfassung des Künstlergesprächs vom 19. Juni 2006. (Arbeitsunterlage 16/061)

Theater und Orchester

Die Enquete-Kommission diskutierte arbeitsrechtliche Regelungen, die von den Bühnen als besonders einengend für die Theaterarbeit empfunden werden.[104] So wurde die Aufspaltung der Interessenwahrnehmung auf Arbeitgeberseite in den „Deutschen Bühnenverein" einerseits und die Arbeitgeberverbände des allgemeinen öffentlichen Dienstes andererseits als hinderlich für die umfassende Durchsetzung bühnengerechter Regelungen erachtet.

Für die Bühnen wird eine Veränderung des Arbeitszeitgesetzes vorgeschlagen,[105] um dem Theaterbetrieb eine freiere Verfügung über die gesetzliche Ruhezeit der Arbeitnehmer zu gestatten: Gemäß Arbeitszeitgesetz[106] ist jedem Arbeitnehmer pro Sieben-Tage-Zeitraum eine kontinuierliche Mindestruhezeit von 24 Stunden zuzüglich der täglichen Ruhezeit von elf Stunden zu gewähren. Beim durch den Gesetzgeber grundsätzlich definierten Arbeitsverbot an Sonn- und Feiertagen lässt das Arbeitszeitgesetz jedoch flexible Regelungen hinsichtlich der Sonn- und Feiertagsarbeit und zur Verlängerung des gesetzlichen Ausgleichszeitraums zu. Sonderregelungen können in Tarif- oder Betriebsvereinbarungen getroffen werden. Diese sind nach Ansicht der Enquete-Kommission nicht ausreichend, um den Erfordernissen des Proben- und Aufführungsbetriebes gerecht zu werden.[107]

Den Tendenzschutz sieht die Enquete-Kommission als nicht ausreichend an. Sie schlägt daher vor, die Regelungen zum Tendenzschutz im Betriebsverfassungsgesetz durch klarere Regeln so zu fassen, dass Entscheidungen – soweit sie direkt oder indirekt Auswirkungen auf den künstlerischen Betrieb haben –, insbesondere die Dienstplanung, von der Mitbestimmung ausgenommen werden. Es wird als notwendig erachtet, die „Dienstplanung" im Gesetz ausdrücklich als mitbestimmungsfrei festzulegen.

Bei Gastspielverträgen als einer Besonderheit im Bühnenarbeitsrecht gibt es ebenfalls einschränkende Regelungen.[108] Es wurde daher diskutiert, gastspielverpflichteten Künstlern, die nur für ein Stück engagiert werden, die Möglichkeit des Wahlrechts zur Selbstständigkeit einzuräumen, was auch die Sozialversicherungsträger im Rahmen einer Vermutungsregelung weitgehend binden würde.[109]

Dabei ist allerdings zu bedenken, dass dann der Bund im Rahmen der Umlagefinanzierung zu 20 Prozent an den Sozialkosten der Arbeitgeber beteiligt würde.[110] Von Bedeutung ist auch, dass ein echtes Wahlrecht nur derjenige Künstler hat, der seine Engagements aussuchen kann. Jeder Andere wird bei Vertragsabschluss dem Verlangen des Arbeitgebers, sein Wahlrecht entsprechend auszuüben, nachgeben, wenn er den Vertrag bekommen will. Bei einer solchen Praxis würden viele Künstler aus der gesetzlichen Pflichtversicherung für Arbeitnehmer herausfallen.[111] Schon aus diesem Grund schließt sich die Enquete-Kommission der Forderung nach einem solchen Wahlrecht nicht an.

---

[104] Vgl. Raue-Gutachten, S. 135ff., 279. (Kommissionsdrucksache 15/285)
[105] Ebd., vgl. auch Studie des Deutschen Bühnenvereins vom 31. Oktober 2004 zum Thema „Rechtliche und strukturelle Rahmenbedingungen von Theater und Orchester in der Bundesrepublik Deutschland" (Studie Deutscher Bühnenverein), S. 41f. (Kommissionsmateria-lie 15/124)
[106] Vgl. Antwort der Bundesregierung vom 14. Juli 2000 auf die Kleine Anfrage der Abgeordneten Norbert Lammert, Bernd Neumann, Renate Blank, weiterer Abgeordneter und der Fraktion der CDU/CSU zu rechtlichen Rahmenbedingungen für Theater und Orchester, S. 6. (Bundestagsdrucksache 14/3894)
[107] Vgl. Studie Deutscher Bühnenverein, S. 42. (Kommissionsmaterialie 15/124)
[108] Vgl. Raue-Gutachten, S. 261f., 264. (Kommissionsdrucksache 15/285).
[109] Vgl. Kap. 4.5.1, Künstlersozialversicherung, insb. Kap. 4.5.1.2, Versicherte.
[110] Vgl. ver.di (2005), Anmerkungen zum Raue-Gutachten, S. 3. (Kommissionsmaterialie 15/171)
[111] Ebd.

Bei Gastspielverträgen sollte die sozialversicherungsrechtliche Abrechnung jeweils auf den Aufführungstag erfolgen. Etwas anderes sollte nur dann gelten, wenn die Zahl der Gastauftritte in einem Monat so zahlreich ist, dass im Rahmen einer typisierenden Betrachtung von einer durchgängigen Beschäftigung auszugehen sei.[112] Dies dürfte bei mehr als zehn Auftritten im Monat der Fall sein. Begründet wird die oben genannte – auf den Auffführungstag bezogene – sozialversicherungsrechtliche Abrechnung damit, dass die verpflichtende Wirkung der Gastspielverträge auch für die Auffführungsphase gelten muss. Regelungen in Dauerarbeitsverträgen oder als unverbindliche Ein-Tages-Arbeitsverhältnisse entsprechen aber nicht den Bedürfnissen der Gäste.[113] Durch eine Abrechnung nach Auffführungstag kann dies sozialversicherungsrechtlich berücksichtigt werden.

Musikschulen

Bei den Musikschulen in öffentlicher Trägerschaft ist eine Tendenz zum Abbau der Festanstellungen zu erkennen, unabhängig von ihrer Rechtsform oder Trägerschaft. Seit Jahren wird die Privatisierung von Musikschulen wie auch anderen Kultureinrichtungen der kommunalen Träger als Ausweg aus der Finanzkrise diskutiert.[114] Ziel der Privatisierung sind häufig Einsparungen, verbunden mit der Vorstellung, nach der Privatisierung die Lehrkräfte als freie Mitarbeiter beschäftigen zu können. Allerdings wird das Ziel der Kostensenkung häufig nicht erreicht, da auch bei der Privatisierung von Musikschulen die vorhandenen arbeitsrechtlichen Bindungen weiterhin gelten.

Aber auch ohne rechtliche Ausgründung werden die unbefristet beschäftigten Lehrer in allen Ländern in zunehmendem Maße durch Honorarkräfte ersetzt, die ihre vertraglich vereinbarten Stunden teilweise noch an verschiedenen Musikschulen abhalten müssen. Diese Tendenz, angestellte Lehrer durch Honorarkräfte zu ersetzen, führt vor allem in den neuen Ländern dazu[115], dass Angebote wie Förderstunden für Hochbegabte, Korrepetition, Ensemblespiel nahezu abgeschafft werden, sofern engagierte Honorarkräfte dies nicht ehrenamtlich übernehmen können.

Museen und Bibliotheken

Bei den Museen besteht eine besondere personelle Situation im Zusammenhang mit der Ausbildung des wissenschaftlichen Nachwuchses. Das zweijährige Volontariat ist als Einstiegs- und Ausbildungsphase für examinierte, meistens promovierte Hochschulabsolventen, gedacht. Aus finanziellen Gründen werden Volontäre in zunehmendem Maße anstelle „regulären" Personals eingestellt. Der eigentliche Zweck des Volontariats, nämlich die Ausbildung, wird verfehlt.[116] Der ebenfalls festgestellte Trend zum Rückgriff auf Aushilfskräfte und Arbeitsgelegenheiten wirkt sich negativ auf die museumspädagogische Arbeit aus, für die fachliche Qualifikation und Erfahrung die Voraussetzungen sind.[117]

Ähnliche Probleme existieren bei den Bibliotheken. Auch hier sind mittlerweile in vielen öffentlichen und wissenschaftlichen Bibliotheken prozentual mehr befristete, ehrenamtliche und sonstige Personen tätig als unbefristet Beschäftigte.[118] Dies wirkt sich zunehmend belastend auf eine kon-

---

[112] Vgl. Raue-Gutachten, S. 262. (Kommissionsdrucksache 15/285)
[113] Ebd.
[114] Vgl. Fragen an die Arbeitnehmervertretungen, S. 4ff. (Kommissionsdrucksache 16/411)
[115] Ebd., S. 8.
[116] Vgl. schriftliche Stellungnahme Dr. Trümper (OB Landeshauptstadt Magdeburg) vom 25. Mai 2004 zum Thema „Kulturförderung in den neuen Ländern", S. 2f. (Kommissionsdrucksache 15/141)
[117] Vgl. Zusammenfassung der Podiumsdiskussion vom 21. Februar 2005 zum Thema „Kulturelle Bildung im Museum/Museumspädagogik", S. 6. (Kommissionsdrucksache 15/516)
[118] Vgl. Fragen an die Arbeitnehmervertretungen, S. 10. (Kommissionsdrucksache 16/411)

zeptionelle und hochwertige Bibliotheksarbeit aus. Wenige Fachleute müssen häufig neue Mitarbeiter anleiten und einarbeiten, die dann aber befristet eingestellt nur wenige Monate bleiben. Examinierte Kräfte werden zunehmend weniger eingestellt.[119]

Soziokulturelle Zentren

Die soziokulturellen Zentren in unterschiedlichsten Trägerschaftsformen werden meist mit einem kleinen Apparat von nur wenigen hauptamtlichen Mitarbeitern, geringfügig Beschäftigten, freien Mitarbeitern, Praktikanten, Zivildienstleistenden, ehrenamtlich Engagierten und von durch Eingliederungsleistungen finanzierten Mitarbeitern betrieben.[120] Dies bedeutet für viele Beschäftigte nur befristete Arbeitsverträge. Dazu ist noch die negative Tendenz zu beobachten, aus finanziellen Gründen zunehmend hauptamtlich Beschäftigte durch ehrenamtlich Beschäftigte zu ersetzen und ehemals unbefristete Stellen mit Aushilfen oder Arbeitsgelegenheiten zu belegen. Abgesehen von der prekären Einkommenslage dieser Kulturschaffenden ist dadurch auch zu befürchten, dass nicht qualifizierte Hilfskräfte die gesellschaftlich wichtigen Programme der soziokulturellen Zentren nicht mehr adäquat durchführen können.

C) Handlungsempfehlungen

1. Die Enquete-Kommission empfiehlt dem Deutschen Bundestag, im Hinblick auf die Verkürzung der Rahmenfrist für den Bezug von Arbeitslosengeld I in den §§ 124, 130 SGB III eine Ergänzung für Kulturberufe mit wechselnden und befristeten Anstellungen vorzusehen, durch die deren struktureller Benachteiligung entgegengetreten wird. In Anlehnung an das so genannte „Schweizer Modell" könnte die ermittelte Beitragszeit für die ersten dreißig Kalendertage eines befristeten Arbeitsverhältnisses verdoppelt werden. Diese Regelung sollte für Kulturberufe, wie Musiker, Schauspieler, Tänzer, künstlerische Mitarbeiter bei Radio, Fernsehen oder Film, Film- und Tontechniker gelten, weil in diesen Bereichen wechselnde und befristete Anstellungen üblich sind.

2. Die Enquete-Kommission empfiehlt der Bundesagentur für Arbeit, ihre Organisationsstruktur dahingehend zu überprüfen, dass bundesweit gut erreichbare Künstlerdienste vorhanden sind.

3. Die Enquete-Kommission empfiehlt dem Deutschen Bundestag, zwecks des verstärkten Einsatzes von Vermittlungsgutscheinen aus dem Bereich der Kulturberufe § 421g Abs. 3 Ziffer 2 und 3 SGB III dahingehend zu ändern, dass diese Ausnahmetatbestände im Falle der Kulturberufe nicht zum Tragen kommen.

4. Die Enquete-Kommission empfiehlt den kommunalen und staatlichen Trägern, für alle Beschäftigten in den Theatern und Orchestern bühnengerechte Arbeitsbedingungen zu schaffen. Dies verlangt für das künstlerische und nichtkünstlerische Personal den Abschluss einheitlicher Bühnen- oder Branchentarifverträge, die den besonderen Bedingungen des Theaterbetriebs gerecht werden und eine theatergerechtere Gestaltung der Arbeitszeiten ermöglichen. Hierfür gibt

---

[119] Ebd.; sowie Entwurf zur Bearbeitung des Themas „Rechtliche und strukturelle Rahmenbedingungen des Betriebs von Kulturbetrieben am Beispiel von Bibliotheken", S. 4. (Kommissionsdrucksache 15/264) und „Rechtliche und strukturelle Arbeitsbedingungen von Bibliotheken" (Kommissionsdrucksache 16/176a). Vgl. Kap. 3.1.2.3, Rechtliche und strukturelle Rahmenbedingungen für öffentliche Bibliotheken.

[120] Vgl. schriftliche Stellungnahme der Bundesvereinigung Soziokultureller Zentren e.V. zum aktuellen kulturpolitischen Handlungsbedarf, Abs. 4. (Kommissionsmaterialie 15/173)

es bereits zahlreiche praxistaugliche Beispiele, wie etwa den Normalvertrag Bühne und diverse Haustarifverträge.[121]

5. Die Enquete-Kommission empfiehlt Ländern und Kommunen, dass Arbeitgeberinteressen in Tarifverhandlungen einheitlich vertreten werden. Die Aufspaltung der Tarifzuständigkeit auf die allgemeinen Arbeitgeberverbände des öffentlichen Dienstes einerseits und des Bühnenvereins andererseits führt in der Regel dazu, dass die besondere Situation der Theater nicht berücksichtigt wird. Tarifverträge sollten daher von einem mit umfassender Tarifzuständigkeit versehenen Arbeitgeberverband abgeschlossen werden.[122]

6. Die Enquete-Kommission empfiehlt dem Deutschen Bundestag für die Mitgliedschaft in der Künstlersozialversicherung entsprechend konkreter Gast- und Stückverträge ein Wahlrecht nicht vorzusehen.

7. Die Enquete-Kommission empfiehlt dem Deutschen Bundestag, das Arbeitszeitgesetz um eine allgemeine Öffnungsklausel zu erweitern, welche es den Tarifvertragsparteien ermöglicht, von den bestehenden Regelungen im jeweils zu verhandelnden Fall abzuweichen.[123,124,125]

8. Die Enquete-Kommission empfiehlt dem Bund und den Ländern, den Tendenzschutz im Betriebsverfassungsgesetz und in den Personalvertretungsgesetzen auszuweiten, zu konkretisieren und insbesondere die Dienstplanung in Tendenzbetrieben der Mitbestimmung zu entziehen.[126,127]

9. Die Enquete-Kommission empfiehlt den öffentlich finanzierten Kulturbetrieben, Gastspielverträge im Sinne von § 1 Abs. 5 Normalvertrag Bühne für die Dauer der Aufführungsphase pro Aufführungstag kalendertäglich abzurechnen, es sei denn, die Zahl der Auftritte im Monat überschreitet zehn Aufführungen.

10. Die Enquete-Kommission empfiehlt den Trägern von Museen in öffentlicher Hand, eine bundesweit einheitliche Vergütung der Volontäre festzulegen. Als Orientierung kann die Vergütungspraxis im Freistaat Bayern herangezogen werden.

11. Die Enquete-Kommission empfiehlt der Bundesagentur für Arbeit, wie in § 16 Absatz 3 Satz 2 SGB II gefordert, Arbeitsgelegenheiten in Kultureinrichtungen nur für „zusätzliche Arbeiten" zu fördern. Diese sollen nicht dazu dienen, Stellen wegen fehlender Mittel in den Kultur- oder Bildungshaushalten auszugleichen und so Lücken in der Kulturfinanzierung zu schließen. Die Enquete-Kommission empfiehlt der Bundesagentur für Arbeit weiterhin, im Falle des Einsatzes von Arbeitsgelegenheiten nach § 16 Absatz 3 SGB II längere Bewilligungszeiträume als ein halbes Jahr vorzusehen.

---

[121] SV Olaf Zimmermann hat gegen diese Handlungsempfehlung gestimmt und folgendes Sondervotum abgegeben: „Die Aushandlung und der Abschluß von Tarifverträgen obliegen den Tarifparteien. Die Politik sollte sich daher einer Empfehlung in diesem Bereich enthalten."
[122] SV Olaf Zimmermann hat gegen diese Handlungsempfehlung gestimmt.
[123] SV Olaf Zimmermann hat gegen diese Handlungsempfehlung gestimmt.
[124] Vgl. Sondervotum Lydia Westrich, MdB, Kap. 9.5.
[125] Sondervotum Fraktion DIE LINKE. und SV Prof. Dr. Dieter Kramer: „Diese Handlungsempfehlung ist rechtlich unzulässig. Sie steht im Widerspruch zum Willen des europäischen Parlaments, dass bestimmte Mindestschutzregelungen bei der Arbeitszeitgestaltung gewährleistet werden müssen. Danach ist eine pauschale Öffnung nicht möglich (siehe Richtlinie 2003/88/EG vom 4. November 2003 über bestimmte Aspekte der Arbeitszeitgestaltung)."
[126] Vgl. Sondervotum Lydia Westrich, MdB, Kap. 9.5.
[127] Sondervotum Fraktion DIE LINKE. und SV Prof. Dr. Dieter Kramer: „Diese Handlungsempfehlung ist nicht nötig. Im Betriebsverfassungsgesetz ist die Tendenzeigenschaft des Theaters berücksichtigt und das Mitbestimmungsrecht entfällt, wenn durch eine Mitbestimmung über die zeitliche Lage der Proben die künstlerische Qualität der Aufführung beeinflusst bzw. wenn künstlerische Gesichtspunkte eine bestimmte Lage oder eine bestimmte Mindestdauer der einzelnen Probe erfordern."

4.3.2 Steuerrechtliche Behandlung der Künstler und Kulturberufe

Vorbemerkungen

Zur Thematik der rechtlichen Situation der Künstler und Kulturberufe gehörten neben der Analyse der tarif- und arbeitsrechtlichen Vorschriften sowie der Urheber- und Leistungsschutzrechte auch die Behandlung der steuerrechtlichen Regelungen für Künstler und Kulturberufe.

Dem Staat kommt die Aufgabe zu, (steuer-)rechtliche Rahmenbedingungen zu schaffen, die geeignet sind, die Existenz der Künstler zu sichern und ihr Schaffen zu fördern. Kunst und Kultur gehören zur notwendigen und identitätsstiftenden Grundausstattung eines demokratischen Gemeinwesens. Die Sicherung der Existenz von Künstlern und Kulturberufen ist eine wichtige Voraussetzung für ein vielfältiges kulturelles Leben.

Den Untersuchungen der Enquete-Kommission zu den aktuellen steuerrechtlichen Bedingungen für Künstler und Kulturberufe lagen folgende Materialien zugrunde: zum einen erläuternde Stellungnahmen des Bundesministeriums der Finanzen zu Fragen der „Besteuerung ausländischer Künstler in Deutschland"[128], zur „Betriebsausgabenpauschale für Künstler"[129], zur Umsatzsteuerbefreiung nach § 4 Nr. 20 Umsatzsteuergesetz (UStG)[130] ferner zum „Internationalen Vergleich steuerrechtlicher Rahmenbedingungen für Künstler sowie für die Förderung von Kunst und Kultur"[131] und zum anderen einschlägige europäische Leitentscheidungen, zuletzt das „Urteil des Europäischen Gerichtshofes (EuGH) vom 3. Oktober 2006[132] in der Rechtssache FKP Scorpio Konzertproduktion GmbH".[133] Steuerrechtliche Fragen wurden zudem in dem Gutachten „Rechtliche und strukturelle Rahmenbedingungen des Betriebs von Theatern, Kulturorchestern und Opern in Deutschland unter der Betrachtung des Spannungsfeldes von freiwilligen kulturellen Leistungen und Pflichtaufgaben der öffentlichen Hand", das von der Anwaltskanzlei Hogan & Hartson Raue L.L.P. im Auftrag der Enquete-Kommission erstellt wurde, angesprochen.[134]

A) Bestandsaufnahme und
B) Problembeschreibung

Die Steuergesetzgebung gehört zu den wichtigsten Instrumenten des Bundes, um die Rahmenbedingungen der Künstler und Kulturberufe zu gestalten. Steuerliche Regelungen, die die Kunst und Kultur betreffen, sind – wie in anderen europäischen Staaten auch – nicht in gesonderten Steuergesetzen formuliert. Vielmehr enthält das allgemeine Steuerrecht verschiedene Regelungen, insbesondere im Einkommen- und Umsatzsteuerrecht, die die besondere Situation von Künstlern berücksichtigen und der Förderung von Kunst und Kultur dienen. Die Untersuchung der Enquete-Kommission hat jedoch gezeigt, dass weiterer Bedarf besteht, die kulturspezifischen Belange zu berücksichtigen.

---

[128] Vgl. Schreiben des BMF vom 23. Juli 2004 zum Thema „Besteuerung ausländischer Künstler in Deutschland". (Kommissionsdrucksache 15/168)

[129] Vgl. Schreiben des BMF vom 26. Juli 2004 zum Thema „Betriebsausgabenpauschale für Künstler". (Kommissionsdrucksache 15/169)

[130] Vgl. Schreiben des BMF vom 9. August 2004 zum Thema „Umsatzsteuerbefreiung nach § 4 Nr. 20 UStG" (Kommissionsdrucksache 15/170) sowie das Schreiben des BMF vom 9. November 2004 zum Thema „Umsatzsteuerliche Maßnahmen zur Förderung von Kunst und Kultur in Deutschland". (Kommissionsdrucksache 15/273)

[131] Vgl. Schreiben des BMF vom 31. März 2005 zum Thema „Internationaler Vergleich steuerrechtlicher Rahmenbedingungen für Künstler sowie für die Förderung von Kunst und Kultur". (Kommissionsdrucksache 15/401)

[132] EuGH, Urteil „FKP Scorpio Konzertproduktion GmbH" vom 3. Oktober 2006 AZ.: C-290/04.

[133] Vgl. Schreiben des BMF vom 22. März 2007 zum Thema „Urteil des Europäischen Gerichtshofs (EuGH) vom 3. Oktober 2006 in der Rechtssache, FKP Scorpio Konzertproduktion GmbH". (Kommissionsdrucksache 16/137).

[134] Vgl. Gutachten zum Thema „Rechtliche und strukturelle Rahmenbedingungen des Betriebs von Theatern, Kulturorchestern und Opern in Deutschland" (Raue-Gutachten). (Kommissionsdrucksache 15/285)

4.3.2.1 Einkommensteuerrecht

Unbeschränkt einkommensteuerpflichtig sind nach § 1 Einkommensteuergesetz (EStG) alle natürlichen Personen, die im Inland einen Wohnsitz oder ihren gewöhnlichen Aufenthalt haben. Dabei wird vielfach Rücksicht auf die Besonderheiten künstlerischen Schaffens genommen. So sind zum Beispiel nach § 3 EStG bestimmte Einnahmen aus künstlerischer Tätigkeit steuerfrei, wie Bezüge aus öffentlichen Mitteln zur künstlerischen Förderung[135], Einnahmen aus nebenberuflicher künstlerischer Tätigkeit bis 1 848 Euro im Jahr[136], der Ehrensold für Künstler sowie Zuwendungen aus Mitteln der Deutschen Künstlerhilfe wegen Bedürftigkeit[137], Stipendien zur Förderung der künstlerischen Aus- und Fortbildung[138] und die Beträge, die die Künstlersozialkasse zugunsten des nach dem Künstlersozialversicherungsgesetz Versicherten an einen Sozialversicherungsträger oder an den Versicherten zahlt.[139] Des Weiteren können Steuerpflichtige, die Einkünfte aus einer künstlerischen Nebentätigkeit erzielen, eine Pauschale für die Betriebsausgaben in Höhe von 25 Prozent der Betriebseinnahmen aus dieser Tätigkeit, höchstens jedoch 614 Euro jährlich, geltend machen.[140] So wird die Ermittlung des steuerpflichtigen Einkommens für selbstständige Künstler vereinfacht, weil die mühsame Ermittlung und der Nachweis der einzelnen Betriebsausgaben entfallen.[141]

Es sei erwähnt, dass die nachfolgend dargestellten einkommensteuerlichen Fragen grundsätzlich nicht nur Künstler und Kulturschaffende betreffen.

Abgrenzung zwischen selbstständig künstlerischer Tätigkeit und steuerrechtlich irrelevanter „Liebhaberei"

Der Einkommensteuer unterliegen die in § 2 Abs. 1 EStG genannten Einkünfte, die wiederum auf Handlungen beruhen, die mit Gewinnerzielungsabsicht ausgeübt werden.[142] Fehlt die Gewinnerzielungsabsicht, wird die Betätigung im steuerrechtlichen Sinn als „Liebhaberei" bezeichnet. Diese ist einkommensteuerlich unbeachtlich, weshalb auch anfallende „Verluste" nicht verrechnet werden können. Bei künstlerischen Tätigkeiten ist die Abgrenzung besonders schwierig, weil ein Gewinn – wenn überhaupt – häufig erst nach längerer Anlaufphase erzielt wird.[143]

Darüber hinaus ist die Gewinnerzielungsabsicht eine innere Tatsache, während die Finanzverwaltung ihr Vorliegen oder Fehlen nur aufgrund objektiver Merkmale beurteilen kann.[144] Schon im Jahr 2001 erhob deshalb der Deutsche Kulturrat die Forderung, dass das Bundesfinanzministerium durch einen entsprechenden Erlass regeln solle, dass von dem Umstand, dass eine künstlerische Tätigkeit in den ersten zehn Jahren nach ihrer Aufnahme keinen Gewinn abwirft, nicht auf die fehlende Gewinnerzielungsabsicht des Künstlers geschlossen werden dürfe.[145] Eine Umsetzung dieser Forderung des Kulturrates ist nicht erfolgt.[146] Im Einzelfall, wie die „Steuertipps für Künstler" des Bayerischen Staatsministeriums der Finanzen (2006) zeigen, bejahen die Finanzämter heute eine

---

[135] Vgl. § 3 Nr. 11 EStG.
[136] Vgl. § 3 Nr. 26 EStG.
[137] Vgl. § 3 Nr. 43 EStG.
[138] Vgl. § 3 Nr. 44 EStG.
[139] Vgl. § 3 Nr. 57 EStG.
[140] Vgl. ESt-Hinweis 143 zu § 18 EStG; sowie Schreiben des BMF vom 26. Juli 2004 zum Thema „Betriebsausgabenpauschale für Künstler". (Kommissionsdrucksache 15/169)
[141] Vgl. www.betriebsausgabe.de/betriebsausgabenpauschale-69.html, (Stand 4 Juni 2007).
[142] Vgl. Bayerisches Staatsministerium der Finanzen (2006), S. 10. Vgl. Fischer/Reich (2007), S. 248.
[143] Ebd., S. 11.
[144] Vgl. Bayerisches Staatsministerium der Finanzen (2006), S. 11.
[145] Vgl. Deutscher Kulturrat (2001), www.kulturrat.de/detail.php?detail=196&rubrik=4, (Stand: 25. April 2007).
[146] Es existiert keine bundeseinheitliche Verwaltungsanweisung. Es gelten lediglich die allgemeinen Grundsätze (Rechtsprechung BFH GrS 4/82 vom 25. Juni 1984, BStBl. II 1984, 751)

Gewinnerzielungsabsicht, wenn über einen mehrjährigen Zeitraum ein Totalüberschuss der Erwerbsbezüge über die Erwerbsaufwendungen „zu erwarten" ist.[147] Auch das Finanzgericht Köln betonte in einer Entscheidung von 2002, dass „mehrere Verlustjahre allein die Gewinnerzielungsabsicht nicht ausschließen. Entscheidend ist, ob die Tätigkeit auf Dauer dazu geeignet und bestimmt ist, Gewinne zu erzielen."[148] Damit ist jedoch noch keine bundeseinheitliche Anwendung in den Finanzämtern gegeben.

Ein weiteres Problem ist die Abgrenzung der Künstler von den Kunsthandwerkern. Denn bei selbstständigen Tätigkeiten stellt sich die Frage, ob die Tätigkeit als künstlerisch oder gewerblich einzustufen ist (zum Beispiel Bühnenbildner, Bildhauer und andere). Letztere unterliegt der Gewerbesteuer. Die Finanzämter handeln hier unterschiedlich. Das Bundesverfassungsgericht führt dazu aus: „… das Wesentliche der künstlerischen Betätigung … ist die freie schöpferische Gestaltung, in der Eindrücke, Erfahrungen und Erlebnisse des Künstlers durch das Medium einer bestimmten Formensprache zur unmittelbaren Anschauung gebracht werden".[149] Der Bundesfinanzhof ergänzt diese Definition, indem er von einer „eigenschöpferischen Tätigkeit mit gewisser Gestaltungshöhe" spricht.[150] Die Finanzgerichte unterscheiden zwischen „Freier Kunst, Kunstgewerbe und Kunsthandwerk nach dem praktischen Gebrauchswert". Der Kunstwert müsse den Gebrauchswert erheblich übersteigen. Gebe der Auftraggeber bis ins Detail Anweisungen, sei die eigenschöpferische und damit künstlerische Tätigkeit zu verneinen. Die Klärung von Einzelfällen erfolgt gutachterlich.[151] Der Enquete-Kommission erscheinen in diesem Zusammenhang vereinheitlichende länderübergreifende Regelungen zur Abgrenzung dieser Fragen sinnvoll; sie gibt hierzu jedoch keine Handlungsempfehlung ab, da es ihr nicht möglich ist, Einzelfälle zu bewerten. Sie empfiehlt allerdings, die Praxis beizubehalten, für künstlerisch hergestellte liturgische Gegenstände regelmäßig den Charakter des Kunstwerkes anzunehmen.[152]

Abgrenzbarkeit zwischen selbstständiger und nichtselbstständiger künstlerischer Tätigkeit

Bemessungsgrundlage der Einkommensteuer ist das zu versteuernde Einkommen. Dabei spielt es keine Rolle, ob die zugrunde liegende Tätigkeit selbstständig oder unselbstständig ist.[153] Diese Unterscheidung ist jedoch für die Art der Einkommensteuererhebung von Bedeutung. Selbstständig Tätige sind für die Versteuerung ihrer Einkommen selbst verantwortlich. Bei nichtselbstständig Tätigen wird die Einkommensteuer gemäß § 38 EStG durch Abzug vom Arbeitslohn erhoben (Lohnsteuer). Die Steuer wird direkt vom Arbeitgeber an das Finanzamt abgeführt.[154]

Probleme bereitet immer wieder die schwierige Abgrenzbarkeit von selbstständiger und nichtselbstständiger Arbeit der Künstler (§§ 18 und 19 EStG). Die Finanzverwaltung hat Kriterien entwickelt, die sich unter anderem auf Tätigkeiten bei Theaterunternehmen, Rundfunkanstalten, Film- und Fernsehproduzenten, Konzertunternehmen und Kapellenagenturen beziehen. Diese Richtlinien und Ministererlasse dienen aber lediglich der „administrativen Übersetzung"[155] in praktische Handlungsanweisungen. Sie regeln internes Verwaltungshandeln, binden jedoch weder Steuerpflichtige noch Finanzgerichte. Die beispielsweise im Theater- und Orchesterbereich verwendeten Abgrenzungskriterien Proben-, Spielzeit- und Gastspielverpflichtung führen zu unbefriedigenden Ergeb-

---

[147] Vgl. Fischer/Reich (2007), S. 248.
[148] Finanzgericht Köln 6. Senat, Urteil vom 29. Juni 2002, AZ 6 K 1849/97.
[149] Vgl. BVerfGE 30, S. 173ff., S. 188f.
[150] Vgl. BFH BStBl. II 1981, S. 170ff.
[151] Vgl. Fischer/Reich (2007), S. 245.
[152] Vgl. Kap. 3.2.1, Die kulturelle Tätigkeit der Kirchen, Handlungsempfehlung Nr. 6.
[153] Vgl. § 2 EStG.
[154] Vgl. Fischer/Reich (2007), S. 257.
[155] Vgl. Fischer/Reich (2007), S. 244.

nissen. Das hat zur Folge, dass Theater- und Orchesterbetriebe, die rechtlich fehlerhaft von einer selbstständigen Tätigkeit ihrer Künstler ausgehen und deshalb keine Lohnsteuer vom Arbeitslohn abziehen, dem Risiko ausgesetzt sind, noch Jahre später mit Lohnsteuernachforderungen konfrontiert zu werden.[156] Dieses Risiko besteht insbesondere beim Engagement von im Ausland ansässigen Künstlern, weil hier eine Nachversteuerung durch die deutsche Finanzverwaltung regelmäßig nicht zu realisieren ist und daher die anstellenden Theater- und Orchesterbetriebe als Haftungsschuldner in Anspruch genommen werden.[157]

Die Enquete-Kommission hat entlang der Forderung des Gutachtens „Rechtliche und strukturelle Rahmenbedingungen des Betriebs von Theatern, Kulturorchestern und Opern in Deutschland" diskutiert, im Bereich von Gast- und Stückverträgen zu empfehlen, dass der Künstler die Mitgliedschaft in der Künstlersozialversicherung mit Bindung für die Finanzverwaltung wählen könne.[158] Das hat das Vorliegen einer selbstständigen Tätigkeit und den Wegfall der Lohnsteuer zur Konsequenz oder – falls sich der Künstler gegen die Mitgliedschaft entscheidet – das Vorliegen unselbstständiger Tätigkeit und damit die Pflicht zur Abführung von Lohnsteuer zur Folge. Die Enquete-Kommission hat sich gegen ein solches Wahlrecht ausgesprochen, denn die freie Wahl des Sozialversicherungsstatus ist ein Bruch mit den sonstigen sozialversicherungsrechtlichen Regelungen. Ein Sonderrecht für Künstler möchte die Enquete-Kommission nicht einführen.

Die Enquete-Kommission sieht jedoch den Vorteil, an den sozialversicherungsrechtlichen Status die steuerrechtliche Behandlung zu knüpfen, sofern dies durch Prüfung und nicht durch Wahlrecht festgelegt wird.[159] Derzeit prüfen Sozialversicherungsträger, Finanzbehörden und die Bundesagentur für Arbeit unabhängig voneinander, ob Selbstständigkeit oder Nichtselbstständigkeit vorliegt. Von Nachteil ist, dass die jeweiligen Entscheidungen gegenseitig nicht bindend sind und die verschiedenen Stellen auch zu einem gegenteiligen Ergebnis kommen können. Die Enquete-Kommission sieht eine Lösung darin, dass in dem Fall, in dem die Künstlersozialversicherung die Selbstständigkeit festgestellt hat, dies eine Richtschnur für die Finanzverwaltung darstellen könnte. Dies würde die für die Lohnsteuer so wichtige Einordnung einer Tätigkeit von Künstlern in selbstständige bzw. nichtselbstständige Tätigkeit wesentlich erleichtern und zu mehr Rechts- und Planungssicherheit für die Kulturbetriebe führen. Die Enquete-Kommission verkennt jedoch nicht die gängige Praxis in den Theatern und Orchestern, in denen die Beschäftigungsverhältnisse gesplittet werden. Das letztaufgeworfene Problem ist arbeitsrechtlich zu lösen.

Besteuerung im Ausland ansässiger Künstler in Deutschland

Personen, die ihren Wohnsitz oder ihren gewöhnlichen Aufenthalt im Inland haben, sind in Deutschland unbeschränkt steuerpflichtig. Das heißt, sie müssen sämtliche Einkünfte, egal ob sie im Inland oder im Ausland bezogen wurden, grundsätzlich in Deutschland versteuern.[160] Für ausländische, nicht in Deutschland ansässige, hier aber tätige Personen, gilt die beschränkte Einkommensteuerpflicht gemäß §§ 49, 50, 50a EStG. Dies bedeutet, sie sind mit inländischen Einkünften in Deutschland beschränkt einkommensteuerpflichtig; im Ausland erzielte Einkünfte unterliegen in diesem Fall jedoch grundsätzlich der dortigen Besteuerung.[161]

Dieser allgemeine Grundsatz gilt auch für Künstler und Kulturschaffende, die in Deutschland tätig, nicht aber hier ansässig sind.

---

[156] Vgl. Raue-Gutachten, S.125. (Kommissionsdrucksache 15/285)
[157] Ebd.
[158] Vgl. Kurzprotokoll der 43. Sitzung der 15. Wahlperiode vom 9. Mai 2005, S. 31. (Protokoll Nr. 15/43)
[159] Ebd.
[160] Vgl. Fischer/Reich (2007), S. 242.
[161] Ebd.

Bemessungsgrundlage der Abzugssteuer

Ausländische Künstler, die in Deutschland selbstständig tätig sind oder als selbstständig gelten[162], werden nach § 50a EStG besteuert. Die Probleme zeigen sich besonders im Zusammenhang mit der Bemessungsgrundlage der Abzugssteuer. Entsprechend der Erhebung der Einkommensteuer als Abzugssteuer (§ 50a Abs. 4 Satz 3 EStG) sind Abzüge, zum Beispiel für Betriebsausgaben, Werbungskosten, Sonderausgaben und (Umsatz-)Steuern, nicht zulässig. Mit seinem Urteil „Gerritse" vom 12. Juni 2003[163] entschied der Europäische Gerichtshof (EuGH), dass dieses Verbot des Betriebsausgabenabzugs nicht mit der Dienstleistungsfreiheit gemäß Artikel 49 und 50 EG-Vertrag (EGV) vereinbar ist, weil Gebietsfremde gegenüber Gebietsansässigen benachteiligt werden. Bei Ersteren werden in der Regel die Bruttoeinkünfte ohne Abzug der Betriebsausgaben besteuert, während bei Letzteren die Nettoeinkünfte nach Abzug der Betriebsausgaben besteuert werden.

Mit dem Urteil „Gerritse" stellte der Europäische Gerichtshof klar, dass ein ausländischer Künstler ein Recht zum Kostenabzug hat. Es blieb jedoch unklar, ob der Kostenabzug bereits bei der Auszahlung der Vergütung zuzulassen ist oder erst später in einem nachgelagerten Verfahren.[164] Das Bundesfinanzministerium lehnte jedoch nach dem EuGH-Urteil eine Berücksichtigung der Kosten schon beim Quellensteuereinbehalt ab und bestand weiterhin auf einem Quellensteuerabzug von den Einnahmen.[165] Es verwies die betroffenen Künstler auf das sogenannte „Vereinfachte Erstattungsverfahren" nach § 50 Abs. 5 Satz 2 Nr. 3 EStG[166]: Betriebsausgaben und Werbungskosten konnten so nachträglich geltend gemacht werden, wohingegen der Veranstalter bzw. Vergütungsschuldner auch weiterhin verpflichtet war, die Steuer vom Bruttolohn der ausländischen Künstler abzuziehen. Hiergegen richtet sich nun ein weiteres Urteil des Europäischen Gerichtshofes vom 3. Oktober 2006 in der Rechtssache „FKP Scorpio Konzertproduktion GmbH".[167] Der Europäische Gerichtshof stellte klar, dass direkte, unmittelbar mit dem Auftritt zusammenhängende Kosten bereits an der Quelle von den Einnahmen abzuziehen sind und die Steuerberechnung erst danach ansetzen darf. Die nicht unmittelbaren Kosten können noch in einem nachgelagerten Erstattungsverfahren geltend gemacht werden.

Auf der Grundlage dieses EuGH-Urteils erarbeitet das Bundesministerium der Finanzen derzeit Vorschläge für eine gesetzliche Neuregelung der Besteuerung beschränkt steuerpflichtiger Künstler.[168] Das Bundesministerium der Finanzen hat darüber hinaus in einem mit den obersten Finanzbehörden der Länder abgestimmten Rundschreiben festgelegt, dass Betriebsausgaben und Werbungskosten eines beschränkt Steuerpflichtigen, die in unmittelbar wirtschaftlichem Zusammenhang mit den inländischen Einnahmen stehen, beim Steuerabzug nach § 50a Abs. 4 Satz 1 Nr. 1 und 2 EStG berücksichtigt werden, soweit sie 50 Prozent der Ausgaben übersteigen. Die Enquete-Kommission ist der Auffassung, dass das Steuerabzugsverfahren des § 50a Abs. 4 Nr. 1 und 2 EStG nach dem EuGH-Urteil „FKP Scorpio Konzertproduktion GmbH" mit dem EG-Vertrag nicht vereinbar ist und eine vollständige Umsetzung der Vorgaben des Europäischen Gerichtshofes zu erfolgen hat.

---

[162] Vgl. Unterkapitel Steuersätze und gestaffelter Steuerabzug.
[163] EuGH, Urteil „Gerritse" vom 12. Juni 2003, AZ.: C-234/01.
[164] Vgl. Molenaar/Grams (2007), S. 27.
[165] Ebd.
[166] Vgl. BMF-Schreiben vom 3. November 2003 – IV A 5 – S 2411,– 26/03 (zitiert aus Kommissionsdrucksache 15/168 – Schreiben des BMF vom 30. Juni 2004) sowie Molenaar/Grams (2007), S. 27.
[167] EuGH-Urteil vom 3. Oktober 2006 in der Rechtssache „FKP Scorpio Konzertproduktion GmbH", AZ.: C-290/04.
[168] Vgl. Schreiben des BMF vom 22. März 2007 zum Thema „Urteil des Europäischen Gerichtshofs (EuGH) vom 3. Oktober 2006 in der Rechtssache, FKP Scorpio Konzertproduktion GmbH'": Das BMF weist darauf hin, dass es schon vor dem EuGH-Urteil vom 3. Oktober 2006 ein Forschungsvorhaben zum Vergleich der Besteuerung beschränkt steuerpflichtiger Künstler und Sportler mit der Besteuerung in anderen EU-Mitgliedsstaaten in Auftrag gegeben hat, dessen Ergebnis im August 2007 vorliegen wird. (Kommissionsmaterialie 16/137)

Steuersätze und gestaffelter Steuerabzug

Bei der Ausländerbesteuerung gibt es in Deutschland – anders als in anderen Staaten – keinen einheitlichen pauschalen (Abzugs-)Steuersatz, sondern es kommen abhängig vom Status (selbstständig/nichtselbstständig) und der Dauer des Engagements unterschiedliche Steuersätze und Abrechnungsmethoden zur Anwendung.[169]

Im Falle des Theaters stellt sich dies beispielsweise wie folgt dar: (Lohn-) Steuer ausländischer Künstler, die einer nichtselbstständigen Tätigkeit nachgehen, können die Theaterbetriebe pauschal einziehen. Diese beträgt seit 2003 25 Prozent der Einnahmen (davor 30 Prozent), wenn der Künstler die Lohnsteuer trägt.[170] Der Lohnsteuerabzug darf in den genannten Fällen nur dann unterbleiben, wenn der Arbeitslohn nach den Vorschriften eines Doppelbesteuerungsabkommens von der deutschen Lohnsteuer freizustellen ist.[171] Hinzu kommt, dass gastspielverpflichtete Dirigenten in Theaterbetrieben als unselbstständig Tätige angesehen werden. Dagegen gelten sämtliche gastspielverpflichtete Künstler, die in Kulturorchestern tätig sind, als selbstständig – ohne Rücksicht auf Art und Anzahl der Aufführungen.[172]

Erzielt der beschränkt steuerpflichtige Künstler Einkünfte aus selbstständiger Arbeit oder Einkünfte aus einem Gewerbebetrieb oder ist kein inländischer Arbeitgeber vorhanden, wird die Einkommensteuer im Wege des Steuerabzugs nach § 50a Abs. 4 EStG erhoben. Bei Einnahmen über 1 000 Euro beträgt der Steuerabzug 20 Prozent des vollen Betrages. Bei Einnahmen unter 1 000 Euro ist der Steuerabzug in mit der Höhe der Einnahmen ansteigenden Stufen von null, zehn und 15 Prozent vorzunehmen. Diese Regelung gilt nur für künstlerische, sportliche, artistische oder ähnliche Darbietungen. Dabei sind die einzelnen Stufen jeweils auf die gesamten Einnahmen bezogen. Diese Staffelung wurde in der 15. Wahlperiode eingeführt, um besonders den sogenannten „kleinen" Kulturaustausch zu fördern, also um Ensembles, die in Clubs, in soziokulturellen Zentren usw. auftreten, nicht mit einem unangemessen hohen Betrag zu belasten. Das hat zur Folge, dass Künstler benachteiligt werden, deren Einnahmen nur knapp über der Grenze von 1 000 Euro liegen. Dieses Problem besteht jedoch bei allen derartigen Grenzen. Allerdings ist für Künstler im unteren Einkommensbereich – nach Auffassung der Enquete-Kommission – eine Dynamisierung der Grenzbeträge dringend erforderlich. Aufgrund der Rechtsprechung des Europäischen Gerichtshofes zu „Gerritse" und „Scorpio" hat das Bundesfinanzministerium insbesondere eine Neuregelung zu § 50a Abs. 4 EStG vorzulegen (siehe oben zur Bemessungsgrundlage der Abzugssteuer). Die Enquete-Kommission geht davon aus, dass diesem Auftrag nachgekommen wird. An ihrer Empfehlung aus der 15. Wahlperiode, einen einheitlichen Steuersatz bei der Einkommensteuer ausländischer Künstler festzulegen, hält sie nicht ausdrücklich fest. Es kommt ihr auf eine handhabbare Gesamtregelung an.

Freistellung im Steuerabzugsverfahren nach § 50d Abs. 2 EStG

Ein weiteres Problem bei der Besteuerung beschränkt steuerpflichtiger Künstler ergibt sich im Zusammenhang mit der Frage, welcher Staat das Besteuerungsrecht innehat. Diese Frage wird regelmäßig durch Doppelbesteuerungsabkommen zwischen den beteiligten Staaten geregelt. Soweit der Bundesrepublik Deutschland nach einem Doppelbesteuerungsabkommen das Besteuerungsrecht nicht zusteht, wird dem beschränkt steuerpflichtigen Künstler, dessen Einkünfte dem Steuerabzug nach § 50a EStG unterliegen, auf seinen Antrag gemäß § 50d Abs. 1 EStG die Abzugssteuer erstat-

---

[169] Vgl. Raue-Gutachten, S. 126. (Kommissionsdrucksache 15/285)
[170] Vgl. BMF-Schreiben – IV C 5 – S 23 69 – 5/02 – vom 31. Juli 2002 „Besteuerung aus nichtselbstständiger Arbeit bei beschränkt einkommensteuerpflichtigen Künstlern" i. V. m. LStR 2005 R.125.
[171] Ebd. Tz. 2.2.
[172] Vgl. BMF-Schreiben – IV B 6-S 2332-73/90 vom 5. Oktober 1990 Künstler, Tz. 1.2, Tz. 1.1.2.

tet bzw. kann der Steuerabzug gemäß § 50d Abs. 2 EStG durch den Vergütungsschuldner unterlassen werden. Letzteres ist jedoch nur möglich, wenn das Bundeszentralamt für Steuern (ehemals Bundesamt für Finanzen) dem beschränkt steuerpflichtigen Vergütungsgläubiger die Freistellung nach dem Doppelbesteuerungsabkommen bescheinigt hat.

Es kann sich also das Problem ergeben, dass die Bundesrepublik Deutschland kein Besteuerungsrecht hat, die Theater und Orchesterbetriebe als Vergütungsschuldner gleichwohl zum Steuerabzug verpflichtet sind, weil dem Künstler keine Freistellungsbescheinigung vom Bundeszentralamt für Steuern erteilt wurde. Das führt zu einer doppelten steuerlichen Belastung der ausländischen Künstler in Deutschland. Die Kommission empfiehlt deshalb eine Änderung des Verwaltungsverfahrens.

Doppelbesteuerung von im Ausland ansässigen nichtdarbietenden Künstlern

Zu einer Doppelbesteuerung von nichtdarbietenden Künstlern kommt es, wenn der Staat, in dem der Künstler ansässig ist (Wohnsitzstaat) und der Staat, in dem er künstlerisch tätig ist (Tätigkeitsstaat), die Frage der Selbstständigkeit und Nichtselbstständigkeit der künstlerischen Tätigkeit unterschiedlich beurteilen.[173] So kommt es zu Fällen, bei denen ein in Belgien ansässiger Regisseur in Deutschland inszeniert und der belgische Fiskus von einer selbstständigen, der deutsche Fiskus dagegen von einer nichtselbstständigen Tätigkeit ausgeht: Der Regisseur ist in beiden Ländern steuerpflichtig. Die gleiche Problematik entsteht, wenn ein in Deutschland wohnhafter Regisseur in Österreich inszeniert und in Deutschland als Selbstständiger, in Österreich jedoch als Nichtselbstständiger steuerpflichtig wird. Dies führt in Einzelfällen zu einer 70-prozentigen Steuerbelastung. Der betroffene Künstler kann in einem solchen Fall nur einen Antrag auf Einleitung des sogenannten Verständigungsverfahrens stellen. Dies ist immer sehr langwierig – bis zu einer Entscheidung vergehen oft Jahre – und muss nicht unbedingt zum Erfolg führen.

Eine Gesetzesänderung von deutscher Seite aus vermag diese Problematik nicht zu lösen, wohl aber könnte die Finanzverwaltung entstehende Härten dadurch mildern, dass sie wenigstens bis zur Höhe der im Ausland einbehaltenen Abzugssteuer die Vollziehung eines deutschen Steuerbescheides bis zur Beendigung des Verständigungsverfahrens aus Billigkeitsgründen aussetzt.[174]

4.3.2.2 Umsatzsteuerrecht

Die Umsatzsteuer[175] ist eine Steuer, die von einem Unternehmer nach Maßgabe des Entgelts für erbrachte Leistungen an die Finanzbehörde im Inland abzuführen ist. Wirtschaftlich wird die Umsatzsteuer jedoch vom Verbraucher, dem Empfänger der Leistungen, getragen, weil sie an diesen vom Unternehmer als Bestandteil der Preise weitergegeben wird. Unternehmer im Sinne des § 2 UStG sind diejenigen Künstler, die selbstständig tätig sind und nachhaltig Leistungen, wie Verkäufe von Gegenständen oder sonstige Leistungen (Auftritte), erbringen.

Umsatzsteuerbefreiung nach § 4 Nr. 20a Satz 2 UStG

Das Umsatzsteuergesetz enthält einen umfangreichen Katalog von Leistungen, die von der Umsatzsteuer befreit sind. Für den Kulturbereich gilt die Umsatzsteuerbefreiung nach § 4 Nr. 20 UStG. Gemäß § 4 Nr. 20a UStG sind die Umsätze kultureller Einrichtungen der öffentlichen Hand (insbesondere Theater, Orchester, Kammermusikensembles, Chöre und Museen) von der Umsatzsteuer

---

[173] Vgl. Raue-Gutachten, S.132. (Kommissionsdrucksache 15/285)
[174] Ebd., S.133.
[175] Die Umsatzsteuer wird oftmals auch Mehrwertsteuer genannt. Mit der Verwendung des Begriffs „Umsatzsteuer" orientiert sich dieser Text an der Terminologie der Steuergesetze und ermöglicht somit eine Unterscheidung in Umsatz- und Vorsteuer.

befreit. Umsatzsteuerbefreit sind nach Satz 2 aber auch die „Umsätze gleichartiger Einrichtungen anderer Unternehmer", wenn auf Antrag die zuständige Landesbehörde bescheinigt, dass sie gleiche kulturelle Aufgaben erfüllen. § 4 Nr. 20b UStG regelt daneben den Veranstaltungsbereich.

Die Erteilung der Bescheinigung nach § 4 Nr. 20a Satz 2 UStG verursacht einen hohen Verwaltungsaufwand sowohl für die zuständigen Landesbehörden als auch beispielsweise für die Theater- und Orchesterbetriebe.[176] Die Behörden erheben zudem eine Verwaltungsgebühr für die Erteilung der Bescheinigung.[177] Im Bereich Theater und Orchester wird diese Gebühr von den Kulturbetrieben entrichtet. Dies führt zur Erhöhung der Produktionskosten. Aus diesen Gründen wird zum Beispiel im oben erwähnten Gutachten der Enquete-Kommission „Rechtliche und strukturelle Rahmenbedingungen des Betriebs von Theatern, Kulturorchestern und Opern in Deutschland" die Forderung erhoben, das Bescheinigungsverfahren nach § 4 Nr. 20a Satz 2 UStG abzuschaffen. Die Leistungen von Einrichtungen, die gleiche kulturelle Aufgaben wie die kulturellen Einrichtungen der öffentlichen Hand erfüllen, sollten per se umsatzsteuerfrei gestellt werden.[178] Die Enquete-Kommission kann sich dieser Handlungsempfehlung nicht anschließen. Sie hält es für sinnvoll, dass für das Bescheinigungsverfahren aus Vereinfachungsgründen jeweils eine Landesbehörde federführend zuständig ist.

Betreffend der Umsatzsteuerfreiheit besteht im Zusammenhang mit dem EuGH-Urteil in der Rechtssache „Hoffmann" vom 3. April 2003[179] ein weiteres Problem: Der Europäische Gerichtshof entschied in einem die Stadiontournee der „Drei Tenöre" betreffenden Verfahren, dass gemäß § 4 Nr. 20a UStG auch Einzelkünstler umsatzsteuerfreie kulturelle Dienstleistungen erbringen können. Ein Teil der Finanzverwaltung wendet das EuGH-Urteil nur auf darbietende Künstler an, nicht jedoch auf Regisseure oder Bühnenbildner.[180] Mit dem Hinweis, Differenzierungsgründe würden nicht bestehen, wird deshalb gefordert, die Umsatzsteuerfreiheit nicht nur auf Leistungen darbietender, sondern auch auf Leistungen nichtdarbietender Künstler anzuwenden.[181] Die Enquete-Kommission konnte sich jedoch auch dieser Forderung nicht anschließen, da sie Schwierigkeiten mit einer eindeutigen Definition der nichtdarbietenden Künstler hatte. Die Anwendung des Katalogs der Künstlersozialkasse[182] wurde abgelehnt.

Ermäßigter Umsatzsteuersatz für Kulturgüter

Kulturgüter wie Bücher, Noten oder auch Kunstwerke wie Gemälde oder Skulpturen unterliegen dem ermäßigten Steuersatz von 7 Prozent. Diese ermäßigte Umsatzsteuer, die auch für Zeitungen oder Zeitschriften gilt, ermöglicht, dass Kulturgüter zu erschwinglichen Preisen angeboten werden. Der ermäßigte Steuersatz ist ein wesentliches Instrument der indirekten Kulturförderung. Er nutzt sowohl den Künstlern, die ihre Werke verkaufen, als auch der Kulturwirtschaft, die Kulturgüter vermarktet, den öffentlichen Kultureinrichtungen, die so zu günstigeren Preisen Kulturgüter erwerben, als auch den Verbrauchern, die Kulturgüter kaufen.

Die Enquete-Kommission unterstreicht die große Bedeutung des ermäßigten Steuersatzes für alle Bereiche des kulturellen Lebens von den Künstlern, über die Kulturwirtschaft, die Kultureinrichtungen bis hin zu den Nutzern. Seine Abschaffung würde dem Kulturbereich Schaden zufügen.

---

[176] Vgl. Raue-Gutachten, S. 124. (Kommissionsdrucksache 15/285)
[177] Ebd.
[178] Ebd.
[179] Vgl. EuGH, Urteil vom 3. April 2003 (Hoffmann) AZ.: C-144/00.
[180] Vgl. Raue-Gutachten, S. 121. (Kommissionsdrucksache 15/285)
[181] Ebd., S. 123f.
[182] Vgl. Zimmermann/Schulz (2007), S. 97ff.

Die Anwendbarkeit des ermäßigten Steuersatzes auf den Verkauf von Kunstfotografien

Das Umsatzsteuergesetz kennt zwei Steuersätze: den allgemeinen Steuersatz, der seit Januar 2007 19 Prozent beträgt, und – im Rahmen der für alle Mitgliedsstaaten der Europäischen Union verbindlichen Richtlinie 2006/112/EG vom 28. November 2006 über das gemeinsame Mehrwertsteuersystem (Mehrwertsteuersystemrichtlinie) – einen ermäßigten Steuersatz von sieben Prozent.[183] Ermäßigt besteuert werden nach § 12 Abs. 2 Nr. 1 und 2 i. V. m. Anlage 2 UStG etwa Bücher, Zeitungen und andere Erzeugnisse des grafischen Gewerbes sowie – als Kunstgegenstände – Gemälde und Zeichnungen, Originalstiche und Originalerzeugnisse der Bildhauerkunst. Außerdem gilt nach § 12 Nr. 7a UStG der ermäßigte Umsatzsteuersatz für bestimmte kulturelle Leistungen.[184] Dazu zählt die Überlassung von Filmen zur Auswertung und Vorführung sowie Filmvorführungen (§ 12 Nr. 7b UStG) und die Einräumung, Übertragung und Wahrnehmung von Rechten, die sich aus dem Urheberrechtsgesetz ergeben (§ 12 Nr. 7c UStG).

Zunehmend wird die Forderung erhoben, dass der ermäßigte Umsatzsteuersatz auch auf den Verkauf von Kunstfotografien anzuwenden sei, weil sonst eine schwer vermittelbare andere Behandlung von Kunstfotografien gegenüber anderen Kunstgegenständen bestünde.[185] Außerdem wird angeführt, dass bei der Urheberrechtsübertragung an Werken der Kunstfotografie eine Umsatzsteuerermäßigung erfolgt, weshalb aus Gründen der Einheit der Rechtsordnung auch beim Verkauf von Kunstfotografien der ermäßigte Umsatzsteuersatz zur Anwendung kommen sollte.[186]

Der Bundesgesetzgeber hat jedoch wiederholt einen ermäßigten Umsatzsteuersatz für den Verkauf von Kunstfotografien mit der Begründung abgelehnt, der ermäßigte Steuersatz sei nicht allgemein auf Kunstwerke, sondern nur auf bestimmte, eindeutig nach dem Zolltarif abgrenzbare Kunstgegenstände anwendbar.[187] Würde der ermäßigte Umsatzsteuersatz auf alle Kunstwerke angewendet, müsste ein umfangreicher Ausnahmekatalog geschaffen werden, was erhebliche praktische Schwierigkeiten mit sich bringen würde.[188] Außerdem müsse definiert werden, was unter die Bezeichnung „Kunst" falle, was nicht möglich sei.[189] Auch das Bundesministerium der Finanzen subsumiert Kunstfotografien unabhängig von ihrem künstlerischen Charakter gerade nicht unter die in der Warenbezeichnung Nr. 53 zu Anlage 2 zu § 12 Abs. 2 Nr. 1 und Nr. 2 UStG genannten Kunstgegenstände.[190]

Tatsächlich gelten nach der Mehrwertsteuersystemrichtlinie vom Künstler aufgenommene Fotografien, die von ihm oder unter seiner Überwachung abgezogen, signiert und nummeriert sind, als Kunstgegenstände, wenn die Gesamtzahl der Abzüge, alle Formate und Trägermaterialien zusammengenommen, 30 nicht überschreitet (Artikel 311 Abs. 1 i. V. m. Anhang IX Teil A Nr. 7 Mehrwertsteuersystemrichtlinie). Während der deutsche Gesetzgeber von der Option nach Artikel 311 Abs. 2 Mehrwertsteuersystemrichtlinie Gebrauch gemacht hat, Kunstfotografien umsatzsteuer-

---

[183] Betreffend kulturelle Leistungen vgl. § 12 Abs. 2 Nr. 1, 2 und 7 UStG.
[184] Seit dem 16. Dezember 2004 gilt § 12 Nr. 7a UStG mit diesem Wortlaut, der als Folge des EuGH-Urteils vom 23. September 2003 (AZ.: C-109/02, Kommission/Deutschland) formuliert wurde. Der EuGH hatte entschieden, dass der ermäßigte Steuersatz nicht nur auf Leistungen von zu einer Gruppe zusammengeschlossener Künstler anzuwenden ist, sondern auch auf die Leistungen von Einzelkünstlern. In seiner alten Fassung gewährleistete § 12 Nr. 7a UStG dies nicht.
[185] Vgl. Mercker/Mues (2002).
[186] Ebd.
[187] Vgl. Antwort der Bundesregierung vom 27. Mai 1998 auf die Große Anfrage der Abgeordneten Thomas Krüger, Otto Schily, Klaus Barthel, weiterer Abgeordneter und der Fraktion der SPD zur finanziellen Förderung von Kunst und Kultur (Bundestagsdrucksache 13/10811) sowie schriftliche Fragen mit den in der Woche vom 21. Oktober 1996 eingegangenen Antworten der Bundesregierung. (Bundestagsdrucksache 13/5897)
[188] Ebd.
[189] Ebd.
[190] Vgl. Schreiben des BMF vom 9. August 2004 zum Thema „Umsatzsteuerbefreiung nach § 4 Nr. 20 UStG". (Kommissionsdrucksache 15/170) – IV B 7 – S 7220 – 46/04 –, S. 130.

rechtlich nicht als Kunstgegenstände einzuordnen, gilt in den Niederlanden die europäische Begriffsbestimmung. Die notwendige zolltarifliche Abgrenzung erscheint daher möglich.

Bei der Beurteilung der Künstlereigenschaft des Schöpfers der betreffenden Kunstgegenstände ist von entscheidender Bedeutung, ob dieser gesellschaftlich als Künstler angesehen wird. Hierfür gelten unter anderem als Indiz die Mitgliedschaft in einer Künstlervereinigung sowie das regelmäßige Ausstellen und Verkaufen von Werken in renommierten Kunstgalerien.[191]

Auch ist zu bedenken, dass Fotografien urheberrechtlich geschützt sind. Sie könnten deshalb unter § 12 Abs. 2 Nr. 7c UStG subsumiert werden. Damit würden die Einräumung, Übertragung und Wahrnehmung von Rechten, die sich aus dem Urheberrechtsgesetz ergeben, auch in diesem Zusammenhang unter den ermäßigten Umsatzsteuersatz fallen.[192] Zu den urheberrechtlich geschützten Rechten zählen die Rechte an Lichtbildwerken, das heißt Fotografien (§ 2 Abs. 1 Nr. 5 UrhG), und die Rechte an Lichtbildern (§ 72 UrhG).[193] Der ermäßigte Steuersatz ist anwendbar, wenn der Fotograf sein Werk an einen Dritten zur Verwertung übergibt (insbesondere zur Veröffentlichung in der Presse oder im Fernsehen oder zur Verbreitung durch eine Bildagentur). Übergibt der Fotograf seinem Auftraggeber aber (nur) die bestellten Positive – zum Beispiel Passbilder, Familien- oder Gruppenaufnahmen –, so liegt keine Rechtsübertragung, sondern eine nicht begünstigte Leistung vor.[194] Der ermäßigte Umsatzsteuersatz ist dann nicht anwendbar.

C) Handlungsempfehlungen

1. Die Enquete-Kommission empfiehlt den Ländern, darauf hinzuwirken, dass die Finanzämter sich bei der Beurteilung der selbstständigen künstlerischen Tätigkeit und der Frage der Abgrenzung zur steuerrechtlich irrelevanten „Liebhaberei" gemäß § 18 Einkommensteuergesetz im Interesse einer gleichmäßigen Besteuerung abstimmen und einheitliche Kriterien festlegen.

2. Die Enquete-Kommission empfiehlt den Ländern, die Beteiligten verstärkt über die Existenz von Gutachterausschüssen bei den Oberfinanzdirektionen zur Beurteilung des Vorliegens einer künstlerischen Tätigkeit zu informieren.

3. Die Enquete-Kommission empfiehlt den Ländern, in geeigneten Fällen eine Zentralisierung der Zuständigkeit für die Einkommensbesteuerung von Künstlern zu prüfen.

4. Die Enquete-Kommission empfiehlt dem Deutschen Bundestag, die bindende Wirkung der Feststellung des sozialen Status der Selbstständigkeit bzw. Nichtselbstständigkeit eines Künstlers durch die Künstlersozialversicherung für die Finanzverwaltung mittels einer Mitgliedschaft in der Künstlersozialkasse gesetzlich festzuschreiben.

5. Die Enquete-Kommission empfiehlt dem Deutschen Bundestag und der Bundesregierung, zeitnah die Vorschriften im Einkommensteuergesetz zur beschränkten Steuerpflichtigkeit von im Ausland ansässigen Künstlern in Deutschland unter Beachtung der jüngsten Rechtsprechung des Europäischen Gerichtshofs neu zu fassen. Dabei ist die Erstattung von Betriebsausgaben an ausländische Künstler nicht mehr in die Bemessungsgrundlage für den pauschalen Steuerabzug einzubeziehen. Gleichzeitig ist eine entsprechende Besteuerung bis zum Inkrafttreten der Neuregelung durch weitere Rundschreiben/Erlasse des Bundesfinanzministeriums sicherzustellen.

6. Die Enquete-Kommission empfiehlt dem Deutschen Bundestag, die Grenzbeträge in § 50a Absatz 4 Einkommensteuergesetz zu dynamisieren.

---

[191] Vgl. Textentwurf Grütters, Prof. Monika zum Thema „Umsatzbesteuerung der Fotografie" vom 7. Mai 2007. (Kommissionsdrucksache 16/416)
[192] Vgl. Fischer/Reich (2007), S. 279; vgl. Bullinger/Wandtke (2006), § 72 UrhG.
[193] Vgl. Sölch/Ringleb (BeckOnline), Kommentar zum UStG zu § 12 UStG.
[194] Ebd., Rn. 321.

7. Die Enquete-Kommission empfiehlt der Bundesregierung, bei Aushandlung von Doppelbesteuerungsabkommen eine Vereinfachung des Freistellungsverfahrens nach § 50d Abs. 2 Einkommensteuergesetz zu verankern.

8. Die Enquete-Kommission empfiehlt den Ländern, darauf hinzuwirken, dass die Finanzämter die Vollziehung eines deutschen Steuerbescheides bei Doppelbesteuerung bis zum Abschluss des Verständigungsverfahrens im Einzelfall aussetzen, sofern die wirtschaftliche Situation des Künstlers es erfordert.

9. Die Enquete-Kommission empfiehlt dem Deutschen Bundestag, im Einkommensteuerrecht das Freistellungsverfahren bei im Ausland ansässigen Künstlern im Interesse der Steuervereinfachung und zur Entlastung sowohl des Bundeszentralamtes für Steuern als auch der Kulturbetriebe zu vereinfachen. Das gilt insbesondere für selbstständig tätige, nichtdarbietende Künstler, also Regisseure, Bühnenbildner und vergleichbare Berufe.

10. Die Enquete-Kommission empfiehlt den Ländern, das Bescheinigungsverfahren gemäß § 4 Nr. 20a Satz 2 Umsatzsteuergesetz aus Vereinfachungsgründen bei jeweils einer Landesbehörde zu konzentrieren.

11. Die Enquete-Kommission empfiehlt dem Deutschen Bundestag und der Bundesregierung, am ermäßigten Umsatzsteuersatz für Kulturgüter festzuhalten.

12. Die Enquete-Kommission empfiehlt dem Deutschen Bundestag, bei einer Überarbeitung des Begriffs der ermäßigt besteuerten Kunstgegenstände nach Nr. 53 der Anlage 2 zu § 12 Absatz 2 Nr. 1 und Nr. 2 Umsatzsteuergesetz diesen um die Kunstfotografie zu erweitern und dabei auf die Definition der europäischen Mehrwertsteuersystemrichtlinie abzustellen.

4.3.3 Urheber- und Leistungsschutzrechte

A) Bestandsaufnahme

Das Urheberrecht ist das zentrale Recht zur Nutzung und Verwertung geistigen Eigentums. Der Deutsche Bundestag hat die Enquete-Kommission beauftragt, die rechtlichen Rahmenbedingungen, insbesondere die steuer- und urheberrechtlichen Regelungen für Künstler, zu untersuchen. Für den Bereich des Urheber- und Leistungsschutzrechtes führte die Enquete-Kommission öffentliche Anhörungen zum Thema „Urhebervertragsrecht"[195] und zum Thema „Kollektive Wahrnehmung von Urheberrechten und verwandten Schutzrechten"[196], durch.

Darüber hinaus befragte die Kommission im Bereich des Künstlergemeinschaftsrechts Urheber und Verwerter[197], das Max-Planck-Institut für Geistiges Eigentum, Wettbewerbs- und Steuerrecht[198] und die Wissenschaftlichen Dienste des Deutschen Bundestages.[199]

---

[195] Vgl. Zusammenfassung der Anhörung zum Thema „Urhebervertragsrecht" vom 3. Mai 2004 (Anhörung Urhebervertragsrecht). (Kommissionsdrucksache 15/508)
[196] Vgl. Kap. 4.3.4, Wahrnehmung von Urheberrechten und verwandten Schutzrechten.
[197] Vgl. die schriftlichen Stellungnahmen zur Urheberrechtsnachfolgevergütung des Börsenvereins des Deutschen Buchhandels (Kommissionsdrucksache 16/413), des Deutschen Musikverleger-Verbandes e. V. (Kommissionsdrucksache 16/412), des Max-Planck-Instituts für Geistiges Eigentum, Wettbewerbs- und Steuerrecht (Kommissionsdrucksache 16/415), des Deutschen Komponistenverbandes e. V. (Kommissionsdrucksache 16/414) und der Deutschen Landesgruppe der IFPI e.V. (Kommissionsdrucksache 16/400)
[198] Vgl. schriftliche Stellungnahme zur Urheberrechtsnachverfolgevergütung des Max-Planck-Instituts für Geistiges Eigentum, Wettbewerbs- und Steuerrecht. (Kommissionsdrucksache 16/415)
[199] Vgl. Wissenschaftliche Dienste des Deutschen Bundestages (2007a); vgl. Wissenschaftliche Dienste des Deutschen Bundestages (2007b).

Der Ausschuss für Kultur und Medien des Deutschen Bundestages und die Enquete-Kommission haben sich darauf verständigt, dass die Enquete-Kommission zu jenen Fragen, die in laufenden Gesetzgebungsverfahren behandelt werden, nicht Stellung nimmt. Dies betraf vor allem die Beratungen zum „Zweiten Gesetz zur Regelung des Urheberrechts in der Informationsgesellschaft"[200] sowie zum „Gesetz zur Verbesserung der Durchsetzung von Rechten des geistigen Eigentums"[201]. Der Enquete-Kommission sind daher bei der Analyse urheberrechtlicher Fragen Grenzen gesetzt.

Mit dem Urheberrecht wird ein literarisches, wissenschaftliches oder künstlerisches Werk vor der unberechtigten Nutzung geschützt. Im „Gesetz über Urheberrecht und verwandte Schutzrechte" (UrhG), zuletzt geändert durch das „Zweite Gesetz zur Regelung des Urheberrechts in der Informationsgesellschaft" vom 26. Oktober 2007, wird in § 1 UrhG das Ziel des Urheberrechtsgesetzes beschrieben und in § 2 UrhG formuliert, welche Werke zu den geschützten Werken zählen:

Erster Teil des Urheberrechtes

Die für dieses Kapitel maßgeblichen Rechtsvorschriften des Urheberrechts werden wegen ihrer zentralen Bedeutung zunächst im Wortlaut vorangestellt.

„§ 1

Die Urheber von Werken der Literatur, Wissenschaft und Kunst genießen für ihre Werke Schutz nach Maßgabe dieses Gesetzes.

§ 2 Geschützte Werke

(1) Zu den geschützten Werken der Literatur, Wissenschaft und Kunst gehören insbesondere:

1. Sprachwerke, wie Schriftwerke, Reden und Computerprogramme;
2. Werke der Musik;
3. pantomimische Werke einschließlich der Werke der Tanzkunst;
4. Werke der bildenden Künste einschließlich der Werke der Baukunst und der angewandten Kunst und Entwürfe solcher Werke;
5. Lichtbildwerke einschließlich der Werke, die wie Lichtbildwerke geschaffen werden;
6. Filmwerke einschließlich der Werke, die ähnlich wie Filmwerke geschaffen werden;
7. Darstellungen wissenschaftlicher oder technischer Art, wie Zeichnungen, Pläne, Karten, Skizzen, Tabellen und plastische Darstellungen.

(2) Werke im Sinne dieses Gesetzes sind nur persönliche Schöpfungen."

Weiter wird in § 11 UrhG beschrieben, dass der Urheber aus der Verwertung seiner Werke einen wirtschaftlichen Nutzen ziehen können muss.

„§ 11

Das Urheberrecht schützt den Urheber in seinen geistigen und persönlichen Beziehungen zum Werk und in der Nutzung des Werkes. Es dient zugleich der Sicherung einer angemessenen Vergütung für die Nutzung des Werkes."

---

[200] Vgl. Entwurf eines Zweiten Gesetzes zur Regelung des Urheberrechts in der Informationsgesellschaft vom 15. Juni 2006. (Bundestagsdrucksache 16/1828)

[201] Vgl. Entwurf eines Gesetzes zur Verbesserung der Durchsetzung von Rechten des geistigen Eigentums vom 20. April 2007. (Bundestagsdrucksache 16/5048)

Neben den Urhebern, also den Schöpfern der Werke, werden durch das Urheberrechtsgesetz auch die Inhaber von Leistungsschutzrechten geschützt. Leistungsschutzberechtigte sind ausübende Künstler, die Hersteller von Tonträgern, Sendeunternehmen und Filmhersteller. Regelungen zu den Leistungsschutzberechtigten finden sich in den §§ 73 ff. UrhG.

Das wesentliche Ziel des Urheberrechtsgesetzes ist es, den Wert kreativer Leistungen hervorzuheben und den Schöpfern und Leistungsschutzberechtigten zu ermöglichen, aus dem Wert ihrer kreativen Leistungen ihren Lebensunterhalt zu bestreiten.

Wert der Kreativität

Kulturgüter, also Bücher, Noten, Bilder, Filme usw. haben einen Doppelcharakter: Sie sind zum einen ein Gut, welches gehandelt wird, haben also einen Warencharakter; sie haben zum anderen einen ideellen Wert, da sie die Vergegenständlichung einer Idee sind. Die Diskussion um den Wert kreativer Leistungen ist sicherlich so alt wie das künstlerische Schaffen selbst. Sie hat aber eine neue Dimension in dem Moment erhalten, in dem aus Kunst handelbare Waren geworden sind. Mit der Entstehung von Kulturmärkten und damit der Emanzipation von Kunst aus dem höfischen Auftragswesen entstand die Notwendigkeit, geistiges Eigentum zu schützen. Urheberschaft und Autorschaft wurden zu wesentlichen Kategorien bei der Verwertung künstlerischer Werke. Voraussetzung für die Entstehung von Kulturmärkten war die technische Möglichkeit der Vervielfältigung künstlerischer Arbeiten. Die mittelalterliche höfische Literatur wurde weitgehend mündlich tradiert. Die noch erhaltenen Handschriften sind seltene Materialisationen und kostbare Schätze eines vornehmlich mündlich weitergegebenen kulturellen Erbes.

Die Erfindung und Verbreitung des Buchdrucks stellt die erste technische Innovation dar, die es erlaubt hat, künstlerische und publizistische Werke in größerer Stückzahl herzustellen und zu verwerten. Hierzu gehören Bücher, Flugschriften ebenso wie Bilderbögen. Es wurde nunmehr möglich, künstlerische Werke breiteren Kreisen zugänglich zu machen. Mit der Alphabetisierung vergrößerte sich der Kreis der potenziellen Nutzer.

Die Entstehung eines Verlagswesens sowohl für Bücher, Bildwerke als auch für Noten, ist eng mit der technischen Revolution des Buchdrucks und der Möglichkeit, Werke zu vertreiben, verbunden. Mit der Entstehung und Verbreitung des Verlagswesens entstand zugleich das Problem der Raubdrucke. Texte von bekannten Autoren wurden ohne deren Autorisierung und ohne, dass sie dafür ein Entgelt erhielten, gedruckt und vertrieben. Das Urheberrecht ist das grundlegende Recht, diesem Missbrauch geistigen Eigentums entgegenzutreten und den Urhebern eine Vergütung aus der Verwertung ihrer schöpferischen Werke zu ermöglichen. Indem „Künstler" immer mehr zu einem Beruf wurde, stieg die Bedeutung dieses essenziellen Rechts. Der autonome Künstlerberuf, die technische Innovation und die Möglichkeit, aus der Verwertung der künstlerischen Werke einen Nutzen zu ziehen, sind untrennbar miteinander verbunden. Es entsteht hieraus die bleibende Verpflichtung, dafür Sorge zu tragen, dass der Urheber aus der Verwertung seiner schöpferischen Werke einen ökonomischen Nutzen ziehen kann.

Jede technische Innovation erforderte Anpassungen des Urheberrechts, damit die Rechteinhaber weiterhin von der Verwertung der Werke profitieren können. So waren Veränderungen nach der Erfindung und Verbreitung von analogen Aufzeichnungsgeräten, Kopiergeräten usw. erforderlich.

Zurzeit besteht die Herausforderung, im digitalen Zeitalter die Sicherung der Rechte des Urhebers zu gewährleisten und die notwendigen gesetzlichen Anpassungen vorzunehmen. Handlungsleitend muss dabei der Gedanke sein, dass das Urheberrecht das zentrale Recht zum Schutz der Kreativität ist. Künstler und Publizisten müssen aus der Verwertung ihrer künstlerischen Werke einen wirtschaftlichen Nutzen ziehen können. Dieses gilt gleichermaßen für Verwerter künstlerischer Leistungen, die in die Zugänglichmachung von Werken investieren. Dieses muss durch urheberrechtliche Bestimmungen gewährleistet bleiben. Wer dieses verneint und die Meinung vertritt, urheberrechtlich geschützte Werke müssten kostenlos im Internet zur Verfügung gestellt werden, entzieht den Künstlern und Publizisten sowie den Verlagen, Filmverleihen, Tonträgerherstellern, Kinos usw. die Existenzgrundlage. Dabei sei darauf hingewiesen, dass es jedem Künstler unbenommen ist, seine Werke kostenlos im Internet zum Herunterladen anzubieten oder aber ein „Digital-Right-Management-System" (DRM-Systeme) zu nutzen.

Mit der „Richtlinie 2001/29/EG des Europäischen Parlaments und des Rates zur Harmonisierung bestimmter Aspekte des Urheberrechts und der verwandten Schutzrechte in der Informationsgesellschaft" vom 22. Mai 2001[202] wurde von der europäischen Ebene der Rechtsrahmen zur Anpassung der nationalen Urheberrechtsgesetze an die Anforderungen der Informationsgesellschaft vorgegeben. In Deutschland wurde der verpflichtende Teil der Richtlinie, der sogenannte Korb 1, im „Gesetz zur Regelung des Urheberrechts in der Informationsgesellschaft" vom 10. September 2003 zeitnah umgesetzt.[203] Der Gesetzgebungsprozess zum sogenannten Korb 2 der Richtlinie, den fakultativen Regelungen der genannten EG-Richtlinie, wurde in der 16. Wahlperiode abgeschlossen. Im sogenannten Korb 2 bestehen für die Mitgliedsstaaten größere Spielräume bei der Gestaltung der nationalen Gesetze. Der Referentenentwurf eines „Zweiten Gesetzes zur Regelung des Urheberrechts in der Informationsgesellschaft" wurde in der 15. Wahlperiode vorgelegt. Dieser Entwurf stieß auf umfassende Kritik bei allen beteiligten Kreisen, also den Rechteinhabern, der Geräteindustrie, den Bibliotheken, den Wissenschaftsorganisationen, den Verbraucherzentralen, den Ländern usw. Der erste Referentenentwurf des „Zweiten Gesetzes zur Regelung des Urheberrechts in der Informationsgesellschaft" fiel aufgrund der Neuwahlen zum Deutschen Bundestag im September 2005 unter die Diskontinuität der Bundesgesetzgebung. Das Bundesjustizministerium legte daraufhin in der 16. Wahlperiode zunächst einen Zweiten Referentenentwurf und dann den Regierungsentwurf eines „Zweiten Gesetzes zur Regelung des Urheberrechts in der Informationsgesellschaft" vor.[204] Dieser Gesetzentwurf wurde am 15. Juni 2006 in den Deutschen Bundestag eingebracht. Im November 2006 führte der Rechtsausschuss des Deutschen Bundestages drei Anhörungen zu dem Gesetzentwurf durch. Am 5. Juli 2007 verabschiedete der Deutsche Bundestag schließlich das „Zweite Gesetz zur Regelung des Urheberrechts in der Informationsgesellschaft".

Der Bundesrat nahm dieses Gesetz mit Beschluss vom 21. September 2007 an.[205] Da es sich um ein laufendes Gesetzgebungsverfahren handelte, hat sich die Enquete-Kommission mit diesem Gesetz nicht befasst.

Weiten Raum nimmt in der aktuellen Debatte über das Urheberrecht die Frage der rechtlichen Beurteilung von Privatkopien ein. Mit der Einführung und Verbreitung digitaler Techniken hat das Problem der Raubkopien an Bedeutung gewonnen. Gab es, wie erwähnt, auch früher schon Raubdrucke von Büchern und Noten, so haben diese Urheberrechtsverletzungen längst nicht die ökonomische Dimension erlangt, wie es bei der illegalen Kopie und Verbreitung von Musik und seit jüngstem auch von Filmen der Fall ist. Raubkopien bedeuten nicht nur einen ökonomischen

---

[202] Vgl. Richtlinie des Europäischen Parlaments und des Rates zur Harmonisierung bestimmter Aspekte des Urheberrechts und der verwandten Schutzrechte in der Informationsgesellschaft vom 22. Mai 2001 (2001/29/EG), Berichtigung dieser Richtlinie des Europäischen Parlaments und des Rates vom 10. Januar 2002 (ABl. L 167 vom 22. Juni 2001).
[203] Vgl. BGBl. 2003 I S. 1774, berichtigt in BGBl. 2004 I S. 312.
[204] Vgl. Gesetzentwurf der Bundesregierung „Entwurf eines Zweiten Gesetzes zur Regelung des Urheberrechts in der Informationsgesellschaft" vom 15. Juni 2006. (Bundestagsdrucksache 16/1828)
[205] Vgl. Beschlussempfehlung und Bericht des Rechtsausschusses „Die Modernisierung des Urheberrechts muss fortgesetzt werden" vom 4. Juli 2007. (Bundestagsdrucksache 16/5939), Stenografischer Bericht der 108. Sitzung des Deutschen Bundestages, S. 11158A (Plenarprotokoll 16/108), Beschluss des Bundesrates „Zweites Gesetz zur Regelung des Urheberrechts in der Informationsgesellschaft" vom 21. September 2007. (Bundesratsdrucksache 582/07)

Schaden für die Rechteinhaber, das heißt für die Künstler und Verwerter, sie implizieren auch die Gefahr, dass der Respekt vor dem Wert kreativer Leistungen verlorengeht.

Der Deutsche Bundestag befasste sich in der 16. Wahlperiode mit dem Problem der rechtlichen Beurteilung von Privatkopien zum einen im Rahmen der Beratungen des „Entwurfs eines Zweiten Gesetzes zur Regelung des Urheberrechts in der Informationsgesellschaft", zum anderen im Rahmen der Debatte um den „Entwurf des Gesetzes zur Verbesserung der Durchsetzung von Rechten des geistigen Eigentums".[206] Auch bei diesem Gesetz handelt es sich um die Umsetzung einer EG-Richtlinie (Enforcement-Richtlinie). Im Mittelpunkt steht hier die Frage, mit welchen Instrumenten gegen die Verletzer von Urheberrechten und gewerblichen Schutzrechten vorgegangen werden kann. Von einer weitergehenden Befassung durch die Enquete-Kommission wurde aufgrund des laufenden Gesetzgebungsverfahrens abgesehen.

Schrankenregelungen

In den §§ 44a ff. UrhG sind die Schranken des Urheberrechts beschrieben. Hier ist aufgeführt, für welche Zwecke Werke genutzt werden können und lediglich ein Vergütungs- und kein Verwertungsanspruch besteht. Schranken bestehen für:

- vorübergehende Vervielfältigungshandlungen,
- Rechtspflege und öffentliche Sicherheit,
- Nutzungen durch Menschen mit Behinderungen,
- Sammlungen für Kirchen-, Schul- oder Unterrichtsgebrauch,
- Schulfunksendungen,
- öffentliche Reden,
- Zeitungsartikel und Rundfunkkommentare (Pressespiegel),
- Berichterstattung über Tagesereignisse,
- Zitate,
- öffentliche Wiedergabe,
- öffentliche Zugänglichmachung für Unterricht und Forschung,
- Vervielfältigungen zum privaten und sonstigen eigenen Gebrauch,
- Vervielfältigung durch Sendeunternehmen,
- Vervielfältigung und öffentliche Wiedergabe in Geschäftsbetrieben,
- unwesentliches Beiwerk,
- Werke in Ausstellungen, öffentlichem Verkauf und öffentlich zugänglichen Einrichtungen,
- Werke an öffentlichen Plätzen sowie
- Bildnisse.

Die Aufzählung der Schranken verdeutlicht, dass dem Urheber bei der Verwertung seiner schöpferischen Leistungen im Interesse der Allgemeinheit spürbare Hemmnisse auferlegt wurden. Dabei

---

[206] Vgl. Entwurf eines Gesetzes zur Verbesserung der Durchsetzung von Rechten des geistigen Eigentums vom 20. April 2007. (Bundestagsdrucksache 16/5048)

kann der Urheber auf seine gesetzlichen Vergütungsansprüche nicht im Voraus verzichten, er kann sie aber an eine Verwertungsgesellschaft oder an einen Verleger abtreten.

„§ 63a UrhG Gesetzliche Vergütungsansprüche

Auf gesetzliche Vergütungsansprüche nach diesem Abschnitt kann der Urheber im Voraus nicht verzichten. Sie können im Voraus nur an eine Verwertungsgesellschaft oder zusammen mit der Einräumung des Verlagsrechts dem Verleger abgetreten werden, wenn dieser sie durch eine Verwertungsgesellschaft wahrnehmen lässt, die Rechte von Verlegern und Urhebern gemeinsam wahrnimmt."

Das „Zweite Gesetz zur Regelung des Urheberrechts in der Informationsgesellschaft" hat § 63a Satz 2 UrhG dahingehend geändert, dass die gesetzlichen Vergütungsansprüche unter bestimmten Voraussetzungen auch an Verleger abgetreten werden können. Der neue Satz 2 soll gewährleisten, dass die Verleger auch in Zukunft an den Erträgen der Verwertungsgesellschaften (insbesondere der Verwertungsgesellschaft Wort) angemessen beteiligt werden.[207]

Mit dem „Gesetz zur Regelung des Urheberrechts in der Informationsgesellschaft" wurde auch die Schrankenregelung zur privaten Vervielfältigung (§ 53 UrhG) neu gefasst. Zunächst wurde an der Erlaubnis zur privaten Vervielfältigung festgehalten, eingeschränkt wurde dieses Recht dadurch, dass die Vervielfältigung weder unmittelbar noch mittelbar Erwerbszwecken dienen und sie ebenfalls von keiner offensichtlich rechtswidrigen Vorlage stammen darf. Die Einschränkung, dass es sich um keine „offensichtlich" rechtswidrige Vorlage handeln darf, wurde im Vermittlungsverfahren zwischen Bundestag und Bundesrat durchgesetzt. Durch das „Zweite Gesetz zur Regelung des Urheberrechts in der Informationsgesellschaft" wird § 53 UrhG neu gefasst. Eine Urheberrechtsverletzung liegt nun nicht nur bei der Herstellung einer rechtswidrigen Vorlage, sondern auch bei einer unerlaubten öffentlichen Zugänglichmachung vor. Dadurch soll vor allem der digitalen Raubkopie durch sogenannte „File-Sharing-Systeme"[208] entgegengetreten werden.[209]

Schutzdauer

Neben den Einschränkungen des Urheberrechts gilt die Schutzdauer als eine weitere Einschränkung. Kann materielles Eigentum, wie ein Buch, ein Bild oder ein Tonträger, ewiglich vererbt werden, so erlischt die urheberrechtlich relevante Schutzfrist 70 Jahre nach dem Tod des Urhebers. § 64 UrhG lautet:

„Das Urheberrecht erlischt siebzig Jahre nach dem Tode des Urhebers."

Bei Leistungsschutzrechten der Darbietenden beträgt die Schutzfrist grundsätzlich 50 Jahre nach der Darbietung. Die Leistungsschutzrechte des Veranstalters erlöschen 25 Jahre nach dem Erscheinen des Bild- oder Tonträgers.

„§ 82 UrhG Dauer der Verwertungsrechte

Ist die Darbietung des ausübenden Künstlers auf einen Bild- oder Tonträger aufgenommen worden, so erlöschen die in den §§ 77 und 78 bezeichneten Rechte des ausübenden Künstlers

---

[207] Vgl. „Entwurf eines Zweiten Gesetzes zur Regelung des Urheberrechts in der Informationsgesellschaft" vom 15. Juni 2006. (Bundestagsdrucksache 16/1828), Beschlussempfehlung und Bericht des Rechtsausschusses „Die Modernisierung des Urheberrechts muss fortgesetzt werden" vom 4. Juli 2007. (Bundestagsdrucksache 16/5939)
[208] Plattform für den Austausch von Dateien in Form einer Tauschbörse, Vgl.: Brockhaus Online-Enzyklopädie: www.brockhaus-enzyklopaedie.de/be21_article.php (Stand 24. Oktober 2007).
[209] Vgl. „Entwurf eines Zweiten Gesetzes zur Regelung des Urheberrechts in der Informationsgesellschaft" vom 15. Juni 2006, S. 55. (Bundestagsdrucksache 16/1828)

50 Jahre, die in § 81 bezeichneten Rechte des Veranstalters 25 Jahre nach dem Erscheinen des Bild- oder Tonträgers oder, wenn dessen erste erlaubte Benutzung zur öffentlichen Wiedergabe früher erfolgt ist, nach dieser. Die Rechte des ausübenden Künstlers erlöschen jedoch bereits 50 Jahre, diejenigen des Veranstalters 25 Jahre nach der Darbietung, wenn der Bild- oder Tonträger innerhalb dieser Frist nicht erschienen oder erlaubterweise zur öffentlichen Wiedergabe benutzt worden ist. Die Frist nach Satz 1 oder 2 ist nach § 69 zu berechnen."

Nach Ablauf dieser Schutzfrist werden die Werke gemeinfrei. Die Erben der Urheber und Leistungsschutzrechtberechtigten können aus der Verwertung der Werke dann keinen wirtschaftlichen Nutzen mehr ziehen. Es ist zu beobachten, dass 70 Jahre nach dem Tod eines Urhebers oftmals eine Vielzahl von Ausgaben zu günstigen Preisen auf dem Markt erscheinen. Die Vermutung liegt nahe, dass das damit zusammenhängt, dass die Werke dann gemeinfrei sind. Auch für Rundfunkanstalten sind die Schutzfristen von großer Bedeutung, da sie nach Ablauf der Schutzfrist, ohne eine weitere Vergütung zahlen zu müssen, Werke spielen können. Dieser Aspekt wird bei der Problembeschreibung hinsichtlich des Künstlergemeinschaftsrechts noch einmal aufgegriffen.

Künstlergemeinschaftsrecht

Sind die Werke gemeinfrei, kann sie jeder verwerten, ohne die Erben zu fragen und ohne eine Vergütung zahlen zu müssen.

Diese Regelung trägt dazu bei, dass die Verwertung von Werken bereits verstorbener Urheber oder darbietender Künstler preiswerter ist als die Verwertung von Werken lebender Zeitgenossen, da keine Urheberrechtsabgabe zu zahlen ist. Um hier einen Ausgleich zu schaffen und die heute lebenden Künstler besonders zu fördern, wurde die Idee des Künstlergemeinschaftsrechts – auch „Goethegroschen" oder „Tantiemenausgleich" genannt – geboren.

Grundidee ist dabei, die Schutzfristen zu verlängern. Nach der bestehenden gesetzlichen Schutzfrist soll eine zweite Schutzfrist in Kraft treten, wie dies bereits während der Beratungen im Gesetzgebungsverfahren zum Urheberrechtsgesetz 1962 angedacht wurde.[210] Die Abgaben für die Verwertung dieser Werke sollen durch eine Verwertungsgesellschaft eingezogen werden, sie sollen den lebenden Künstlern zugute kommen.

Das Künstlergemeinschaftsrecht soll auch dazu beitragen, dass mehr Werke zeitgenössischer Künstler verwertet – das heißt aufgeführt oder gedruckt – werden, da der Preisvorteil der Verwertung von künstlerischen Werken, deren Schutzfrist abgelaufen ist, nicht mehr gegeben sei.

Die Erträge aus der Verlängerung der Schutzfrist sollen allerdings nicht den Erben zugute kommen, sondern den heute lebenden Künstlern. Damit wird ein Unterschied zu materiellen Gütern gemacht, die über Generationen hinweg vererbt werden können. Die Erträge aus der Verwertung von Werken, deren Schutzfrist abgelaufen ist, sollen jedoch im Kulturbereich verbleiben. Sie sollen gezielt dazu verwendet werden, die heute lebenden Künstler zu unterstützen und damit ihre wirtschaftliche Lage zu verbessern.

Urhebervertragsrecht

Am 1. Juli 2002 trat das „Gesetz zur Stärkung der vertraglichen Stellung von Urhebern und ausübenden Künstlern" in Kraft. In dem genannten Gesetz geht es darum, die vertragliche Stellung einer Vertragspartei, nämlich die der Urheber und ausübenden Künstler, gegenüber der der anderen Vertragspartner, nämlich den Unternehmen der Kultur- und Medienwirtschaft, zu stärken. Das Ge-

---

[210] Vgl. Katzenberger (1982), S. 193ff., S. 215.

setz geht von einer strukturellen Unterlegenheit der Urheber und ausübenden Künstler gegenüber der Kultur- und Medienwirtschaft aus. Eine Vielzahl von Urhebern und ausübenden Künstlern steht als Einpersonenunternehmen einer relativ gesehen kleinen Gruppe an Unternehmen der Kulturwirtschaft gegenüber, die, so die Grundüberlegung des Gesetzes, die Preise diktieren können. In der Gesetzesbegründung heißt es ausdrücklich: „Anders als bei den anderen freien Berufen der Rechtsanwälte, Ärzte, Statiker oder Architekten gibt es für sie (die Urheber und ausübenden Künstler) keine gesetzliche Vergütungsregelung oder Honorarordnung, die ihnen eine angemessene und regelmäßig auch an die wirtschaftlichen Verhältnisse neu angepasste Vergütung ihrer Arbeit sichern würde. Sie sind vielmehr auf dem Markt in der Regel dem freien Spiel ungleicher Kräfte ausgesetzt, sofern sie nicht dem kleinen Kreis herausragender Branchenstars (etwa 1,5 Prozent) angehören, die damit auch über Verhandlungsmacht verfügen und so ihren Vorstellungen Nachdruck verleihen können".

Das „Gesetz zur Stärkung der vertraglichen Stellung der Urheber und ausübenden Künstler" schließt eine Lücke, die bereits 1965 vom Gesetzgeber festgestellt wurde. Seit dem Jahr 1965 hatten verschiedene Bundesregierungen der unterschiedlichen parteipolitischen Zugehörigkeiten auf die Notwendigkeit verwiesen, das Urhebervertragsrecht zu regeln. Ein Gesetzentwurf wurde jedoch bis zum Jahr 2000 nicht vorgelegt. Vielmehr wurde besonders in der Nachfolge des Gutachtens von Eugen Ulmer aus dem Jahr 1977 zum Sendevertragsrecht darauf gesetzt, dass Tarifverträge für arbeitnehmerähnliche Personen geschlossen sowie Verbandsempfehlungen vereinbart werden.[211]

In der 14. Wahlperiode wurde zunächst eine Anhörung im Bundesministerium der Justiz zum Urhebervertragsrecht durchgeführt. Der anschließend vorgelegte sogenannte „Professoren-Entwurf" wurde von den beteiligten Kreisen breit und intensiv diskutiert.[212] Insbesondere von Seiten der Verlagsbranche, der Filmwirtschaft und der Sendeunternehmen wurden massive Bedenken vorgetragen. Diesen wurde im anschließenden Gesetzgebungsverfahren teilweise Rechnung getragen.

Daraus schlussfolgernd kam es jedoch nicht dazu, für jede Branche einzelne Regelungen zu entwickeln, wie es in den Vorjahren diskutiert wurde. Vielmehr legt § 32 UrhG allgemein den gesetzlichen Anspruch auf angemessene Vergütung fest. Was eine angemessene Vergütung ist, soll laut § 36 UrhG von den Vereinigungen der Urheber und den Vereinigungen der Werknutzer in Verhandlungen festgelegt werden. Sollten die Verhandlungen zu keinem Ziel führen, kann eine der Verhandlungsparteien ein Schlichtungsverfahren gemäß § 36a UrhG einleiten. Die Schlichtungsstelle besteht aus einer gleichen Zahl von Beisitzern der jeweiligen Parteien und einem unparteiischen Vorsitzenden.

Mit der Regelung, dass Vereinigungen der Urheber und Vereinigungen der Verwerter die angemessene Vergütung verbindlich und allgemeingültig festlegen, soll gewährleistet werden, dass branchenspezifische Lösungen gefunden werden. Der Gesetzgeber vertritt in seiner Begründung die Auffassung, dass diese branchenspezifische angemessene Vergütung aufgrund ihrer weitgehenden Akzeptanz ein hohes Maß an Rechtssicherheit und Rechtsfrieden garantiert.

Im Rahmen des Gesetzgebungsverfahrens zum „Gesetz zur Stärkung der vertraglichen Stellung von Urhebern und ausübenden Künstlern" vom 22. März 2002 war es auch erforderlich, den Bestseller-Paragraphen neu zu regeln.[213] Denn es sollte sichergestellt werden, dass Urheber und ausübende Künstler, wenn sich herausstellt, dass ihre Arbeit ein außergewöhnlicher wirtschaftlicher Erfolg ist, an diesem Erfolg wirtschaftlich teilhaben, auch wenn zum Zeitpunkt des Vertragsschlusses eine an-

---

[211] Vgl. Olaf Zimmermann „Hintergrundinformation zum Urhebervertragsrecht". (Kommissionsdrucksache 15/065)
[212] Vorgelegt durch Prof. Dr. Adolf Dietz, Prof. Dr. Ulrich Loewenheim, Prof. Dr. Wilhelm Nordemann, Prof. Dr. Gerhard Schricker und Dr. Martin Vogel.
[213] Ehemals § 36 UrhG.

gemessene Vergütung gezahlt wurde. Der Urheber kann eine Vertragsanpassung und Nachforderung verlangen, wenn die fiktive Vergütung für einen Bestseller doppelt so hoch ist, wie die früher einmal vereinbarte. Im Rahmen des „Zweiten Gesetzes zur Regelung des Urheberrechts in der Informationsgesellschaft"[214] wurde in § 32a Abs. 3 UrhG folgender Satz angefügt: „Der Urheber kann aber unentgeltlich ein einfaches Nutzungsrecht jedermann einräumen." Dadurch soll einer befürchteten Rechtsunsicherheit für „open source"-Programme[215] nunmehr auch für Bestseller-Fälle vorgebeugt werden. Eine entsprechende Regelung findet sich auch bereits in § 32 UrhG.

Anknüpfend an das Urhebervertragsrecht besteht die Diskussion, inwiefern unbekannte Nutzungsarten von vornherein übertragen werden sollten. Von Seiten der Verwerter wird diese Übertragung mit der Begründung eingefordert, dass durch das Urhebervertragsrecht eine angemessene Vergütung sichergestellt wird. Demgegenüber vertreten die Urheber die Auffassung, dass sie bei unbekannten Nutzungsarten ein erneutes Verhandlungsmandat benötigen, um tatsächlich eine angemessene Vergütung zu erreichen.

Die durch das „Zweite Gesetz zur Regelung des Urheberrechts in der Informationsgesellschaft" neu eingefügten §§ 31 a und 32 c UrhG sollen die Fragen des Umgangs mit unbekannten Nutzungsarten lösen. Danach sind künftige Verträge über unbekannte Regelungen zulässig (§ 31 a UrhG). Für den Fall der Nutzung eines Werkes durch neue Nutzungsarten wird ein gesonderter Vergütungsanspruch begründet (§ 32 c UrhG). Für Nutzungsarten, die bei einem früheren Vertragsschluss noch unbekannt waren, gilt eine entsprechende Übergangsregelung gemäß § 137 Absatz 1 UrhG. Diese sieht eine Übergangsfiktion, für Rechte an neuen Nutzungsarten zugunsten eines Erwerbes aller wesentlichen zum Zeitpunkt des Vertragsschlusses übertragbaren Nutzungsrechte, vor.

Dadurch sollen die Mehrfachverwertung von Werken auch im digitalen Bereich ermöglicht sowie Archivschätze zugänglich gemacht werden.

Die Enquete-Kommission beschäftigte sich knapp zwei Jahre nach dem Inkrafttreten des „Gesetzes zur Stärkung der vertraglichen Stellung von Urhebern und ausübenden Künstlern" mit der Thematik und führte am 3. Mai 2004 eine öffentliche Anhörung zu dem Thema Urhebervertragsrecht durch.[216] Angehört wurden Vertreter der Urheber sowie der Verwerter künstlerischer und publizistischer Leistungen.[217] Ziel der Anhörung war es hauptsächlich, knapp zwei Jahre nach dem Inkrafttreten des Gesetzes zu eruieren, ob bereits Vereinbarungen über angemessene Vergütung getroffen wurden und falls dieses noch nicht der Fall sein sollte, zu erfragen, warum die Verhandlungen bislang noch zu keinem Ergebnis geführt werden konnten. Die Anhörung sollte der Enquete-Kommission auch Hinweise darüber geben, ob gegebenenfalls eine Reform des „Gesetzes zur Stärkung der vertraglichen Stellung von Urhebern und Leistungsschutzberechtigten" erforderlich ist.

Das erste Ergebnis der Anhörung war, dass bis zu dem Zeitpunkt noch keine Vereinbarung über eine angemessene Vergütung geschlossen war. Als Problem stellte sich speziell für die Seite der Urheber dar, ein Gegenüber für Verhandlungen zu finden. Verhandlungspartner der Urheber sind in

---

[214] Vgl. „Entwurf eines Zweiten Gesetzes zur Regelung des Urheberrechts in der Informationsgesellschaft" vom 15. Juni 2006. (Bundestagsdrucksache 16/1828)
[215] Software, deren Quellcode frei zugänglich ist und von allen Benutzern nach ihren Bedürfnissen angepasst, verändert und weiterverbreitet werden darf, vgl. Brockhaus Online-Enzyklopädie www.brockhaus-enzyklopaedie.de/be21_article.php (Stand: 24. Oktober 2007).
[216] Vgl. Zusammenfassung der Anhörung vom 3. Mai 2004 zum Thema Urhebervertragsrecht. (Kommissionsdrucksache 15/508)
[217] Teilnehmer: Braun, Dr. Thorsten (Syndikus des Bundesverbands der Phonographischen Wirtschaft), Doldinger, Klaus (Musiker und Komponist), Michel, Eva Maria (Justiziarin des WDR), Nordemann, Prof. Dr. Wilhelm (Justizar des Deutschen Komponistenverbandes e. V.), Pfetsch, Helga (Übersetzerin, Mitglied der Verhandlungskommission für den Bereich Übersetzer im Verband deutscher Schriftsteller), Sprang, Dr. Christian (Justiziar des Börsenvereins des Deutschen Buchhandels), Wernecke, Frank (Stellvertretender Bundesvorsitzender ver.di), bei der Anhörung wurde Frank Wernecke durch Wolfgang Schimmel (ver.di) vertreten.

erster Linie die Gewerkschaft ver.di bzw. ihre Fachgruppen oder assoziierte Verbände. Im Filmbereich bemüht sich ver.di bis heute um ein Mandat von den verschiedenen am Film beteiligten Berufsgruppen der Urheber. Als ein weiteres Problem stellte sich der Verhandlungspartner der Gegenseite heraus. Der Börsenverein des Deutschen Buchhandels erklärte, dass er von seinen Mitgliedern nicht ermächtigt worden sei, Verhandlungen zu führen.[218] Die eigens für diese Verhandlungen gegründete Verlegervereinigung hatte sich jedoch zum Zeitpunkt der Anhörung bereits aufgelöst. Hinsichtlich des öffentlich-rechtlichen Rundfunks wurde sowohl von ver.di als auch von Seiten des WDR, der für die öffentlich-rechtlichen Rundfunkanstalten sprach, betont, dass bereits tarifvertragliche Regelungen bestehen. Mit Blick auf die Tonträgerbranche wurde bereits in der Begründung des „Gesetzes zur Verbesserung der vertraglichen Stellung der Urheber und Leistungsschutzberechtigten" darauf hingewiesen, dass die angemessene Vergütung aufgrund der Vergütung nach Stückzahlen gewährleistet ist. Als besonderer Problembereich wurde von den Vertretern der Urheber die Lage der freischaffenden Bild- und Wortautoren sowie besonders der Übersetzer genannt.[219] Zugleich wurde konzediert, dass die Zeitspanne seit der Verabschiedung des Gesetzes zu kurz sei, um eine Bewertung zuzulassen.

Die Experten tauschten in der Anhörung daher weitgehend die bereits im Gesetzgebungsverfahren vorgetragenen Argumente aus.

Zwischenzeitlich[220] wurde noch keine allgemein verbindliche Vereinbarung über eine angemessene Vergütung zwischen Branchenverbänden getroffen. Für die Autoren belletristischer Werke wurde eine Vereinbarung von einigen Verlagen und dem Verband deutscher Schriftsteller geschlossen, die aber nur für diese Verlage gilt und vom Börsenverein des Deutschen Buchhandels nicht anerkannt wird. Diese Vereinbarung über angemessene Vergütung hat daher keinen allgemeinverbindlichen Charakter. Sehr intensiv wurden Verhandlungen vom Börsenverein des Deutschen Buchhandels und dem Bereich Übersetzer im Verband deutscher Schriftsteller zu einer angemessenen Vergütung für Übersetzer geführt. Diese Berufsgruppe stand bei den Beratungen zum Urhebervertragsrecht ganz besonders im Fokus. Im April 2007 erklärte der Mediator, Dr. Hucko, die Verhandlungen vorerst für gescheitert. Es konnte kein für beide Seiten annehmbarer Kompromiss erzielt werden.

Auch in anderen Branchen wurden fünf Jahre nach Inkrafttreten des Urhebervertragsrechts noch keine Vereinbarungen über angemessene Vergütungen abgeschlossen.

Ausstellungsvergütungen für bildende Künstler

Das geltende Urheberrecht gewährt keinen umfassenden Schutz der bildenden Künstler im Vergleich zu Urhebern in anderen künstlerischen Sparten. Diese erhalten für die öffentliche Zugänglichmachung ihrer Werke – also Lesung oder Aufführung – eine Vergütung. Bildende Künstler erhalten für das Ausstellen ihrer Arbeiten keine Vergütung. Die einzige Form der Vergütung entsteht aus dem Verkauf der Werke bzw. der Nutzung von Abbildungen dieser Werke.

Ausstellungsvergütungen sollen dazu dienen, dass bildende Künstler auch aus der Ausstellung ihrer Werke einen wirtschaftlichen Nutzen ziehen können und sich ihre wirtschaftliche Lage verbessert. Die Befürworter einer Ausstellungsvergütung entwerfen folgendes Modell: Bildende Künstler sollen eine Vergütung dafür erhalten, dass ihre Werke öffentlich ausgestellt werden. Die Ausstellungsvergütung soll von Verwertungsgesellschaften eingezogen werden. Der professionelle Kunsthandel soll von der Ausstellungsvergütung ausgenommen werden, sodass insbesondere Museen und

---

[218] Vgl. Zusammenfassung der Anhörung vom 3. Mai 2004 zum Thema Urhebervertragsrecht, S. 14. (Kommissionsdrucksache 15/508)
[219] Ebd., S. 8.
[220] Stand: 5/2007.

Kunstvereine die Ausstellungsvergütung zahlen müssten. Neben dem Argument, dass für jede Werknutzung eigentlich eine Vergütung erfolgen müsste, wird von Seiten der Befürworter der Ausstellungsvergütungen angeführt, dass etwa Museen an andere Leihgeber von Kunstwerken, wie zum Beispiel andere Museen, selbstverständlich Leihgebühren zahlen und es daher ein Systembruch ist, wenn das „Ausleihen" von Kunstwerken beim Künstler selbst kostenlos sein soll. Darüber hinaus wird auf die schwirige wirtschaftliche Situation von bildenden Künstlern verwiesen. Die Gegner der Ausstellungsvergütungen argumentieren, dass die Werke durch Ausstellungen eine Wertsteigerung erfahren und daher die Künstler nach Ausstellungen auch einen größeren Erlös aus dem Verkauf ihrer Werke erzielen können. Weiter wird darauf verwiesen, dass traditionell Bildende Künstler ausschließlich aus dem Verkauf ihrer Werke einen wirtschaftlichen Nutzen ziehen können. Ferner wird angeführt, dass durch Ausstellungsvergütungen Ausstellungen teurer würden, was letztlich zulasten der Künstler ginge, da dann weniger Ausstellungen durchgeführt würden. Als weiteres Argument wird genannt, dass zunehmend dazu übergegangen werden könnte, gemeinfreie Werke auszustellen, da dann keine Ausstellungsvergütung mehr anfiele.

Die Koalition SPD/BÜNDNIS 90/DIE GRÜNEN hatte in der 14. Wahlperiode in ihrer Koalitionsvereinbarung die Einführung von Ausstellungsvergütungen zu einem ihrer kulturpolitischen Ziele erklärt. Bei den Verbänden der Bildenden Künstlerinnen und Künstler – speziell Bundesverband Bildender Künstlerinnen und Künstler sowie Fachgruppe Bildende Kunst in ver.di – bestanden zu dem Zeitpunkt unterschiedliche Auffassungen, ob die Ausstellungsvergütung über eine Verwertungsgesellschaft eingezogen oder individuell ausgehandelt werden sollte.[221]

Von Seiten des Deutschen Museumsbundes, der Arbeitsgemeinschaft deutscher Kunstvereine sowie der kommunalen Spitzenverbände wurde vor einer Einführung der Ausstellungsvergütung gewarnt. Sie machten deutlich, dass bereits jetzt die Etats zur Durchführung von Ausstellungen äußerst knapp bemessen seien, sodass die Einführung von Ausstellungsvergütungen letztlich zu weniger Ausstellungen und damit auch weniger Präsentationsmöglichkeiten für Künstler führen würden.

Der Kunsthandel wäre von den Ausstellungsvergütungen ausgenommen, so dass dieser eine indifferente Haltung einnimmt.

In der 15. Wahlperiode vereinbarte die Koalition SPD/BÜNDNIS 90/DIE GRÜNEN erneut in ihrem Koalitionsvertrag, die Ausstellungsvergütung einzuführen. Es wurde jedoch kein entsprechender Gesetzentwurf in den Deutschen Bundestag eingebracht.

Vergütungspflicht für Kunstwerke im öffentlichen Raum

Für gewerbliche Abbildungen von Kunstwerken im öffentlichen Raum, die sich dort bleibend befinden und frei sichtbar sind, besteht – anders als bei sonstigen Kunstausstellungen – keine Vergütungspflicht. Jeder kann, ohne den Künstler zu fragen, Abbildungen von Kunstwerken im öffentlichen Raum anfertigen und diese schließlich gewerblich zum Beispiel für Postkarten oder Publikationen nutzen. Grund hierfür ist die Ausnahmeregelung des § 59 Abs. 1 UrhG.

> „§ 59 UrhG Werke an öffentlichen Plätzen
>
> (1) Zulässig ist, Werke, die sich bleibend an öffentlichen Wegen, Straßen oder Plätzen befinden, mit Mitteln der Malerei oder Graphik, durch Film zu vervielfältigen, zu verbreiten und öffent-

---

[221] Insbesondere die Fachgruppe Bildende Kunst in ver.di stellte die Forderung nach Ausstellungsvergütungen zu Gunsten der Durchsetzung des Urhebervertragsrechts zurück. Hier bestand die Hoffnung, dass über das Urhebervertragsrecht die Ausstellungsvergütungen umgesetzt werden könnten; vgl. Protokoll des Expertengespräches vom 22. Februar 2000 zum Thema „Ausstellungsvergütung" in der Deutschen Parlamentarischen Gesellschaft. (Kommissionsmaterialie 16/172)

lich wiederzugeben. Bei Bauwerken erstrecken sich diese Befugnisse nur auf die äußere Ansicht."

Diese Regelung geht auf § 20 Kunsturhebergesetz (KUG) vom 9. Januar 1907 zurück. Hier bestand allerdings eine Beschränkung auf die malende und zeichnende Kunst sowie Fotografie. Diese Beschränkung besteht nicht mehr. Die damalige Gesetzesbegründung zu § 20 KUG führt an, dass „die Abbildung von Denkmälern, öffentlichen Gebäuden usw. […] patriotischen und ähnlichen Zwecken diene" und deshalb keine Vergütungspflicht bestehen solle. Des Weiteren bestanden „vom sozialen Standpunkt aus Bedenken […], da sich an den freien Verkehr, namentlich mit Ansichtspostkarten und photographischen Abbildungen, die Interessen zahlreicher kleiner Gewerbetreibender knüpfen."[222] Diese Umstände sind nach Auffassung der Enquete-Kommission heute nicht mehr gegeben.

B) Problembeschreibung

Wie jedes Recht muss auch das Urheberrecht an die aktuellen gesellschaftlichen und wirtschaftlichen Entwicklungen angepasst werden. Im Urheberrecht sind zurzeit folgende Fragen in der Diskussion:

– weitere Anpassung des Urheberrechts an die Informationsgesellschaft,
– Umsetzung des Urhebervertragsrechts,
– Verbesserung des urheberrechtlichen Schutzes für Bildende Künstler und
– Künstlergemeinschaftsrecht.

Urheberrecht in der Informationsgesellschaft

Auf das Erfordernis einer weiteren Anpassung des Urheberrechts an die Informationsgesellschaft wurde in der Bestandsaufnahme bereits eingegangen. Diesem Erfordernis wurde zum Teil durch das „Zweite Gesetz zur Regelung des Urheberrechts in der Informationsgesellschaft"[223] entsprochen. Darüber hinaus finden zurzeit die Beratungen zum „Gesetz zur Verbesserung der Durchsetzung von Rechten des geistigen Eigentums"[224] statt, in dem ebenfalls einige der genannten Fragen behandelt werden. Der Enquete-Kommission waren aufgrund der laufenden Gesetzgebungsverfahren bei der Behandlung urheberrechtlicher Fragen, wie bereits erörtert, enge Grenzen gesetzt.

Unter Beachtung dieser Grenzen betont die Enquete-Kommission erneut, dass aus ihrer Sicht das Urheberrecht dazu dient, die Rechte der Urheber und anderer Rechteinhaber zu schützen und ihnen zu ermöglichen, aus der Verwertung künstlerischer Werke ökonomischen Nutzen zu ziehen. Dieser Grundsatz muss handlungsleitend für die Gestaltung der Schrankenregelungen und der Vergütungspflicht sein.

Urhebervertragsrecht

Zum gegenwärtigen Zeitpunkt ist zu konstatieren, dass das Urhebervertragsrecht noch nicht zur beabsichtigten Besserstellung der Urheber und ausübenden Künstler geführt hat.

---

[222] Entwurf eines Gesetzes betreffend das Urheberrecht an Werken der Bildenden Künste und der Photografie vom 28. November 1905. (Reichstagsdrucksache Nr. 30 zu §§ 20, 21)
[223] Vgl. „Entwurf eines Zweiten Gesetzes zur Regelung des Urheberrechts in der Informationsgesellschaft" vom 15. Juni 2006. (Bundestagsdrucksache 16/1828), Beschlussempfehlung und Bericht des Rechtsausschusses „Die Modernisierung des Urheberrechts muss fortgesetzt werden" vom 4. Juli 2007. (Bundestagsdrucksache 16/5939)
[224] Vgl. Entwurf eines Gesetzes zur Verbesserung der Durchsetzung von Rechten des geistigen Eigentums vom 20. April 2007. (Bundestagsdrucksache 16/5048)

Die Enquete-Kommission stellt fest, dass fünf Jahre nach Inkrafttreten des „Gesetzes zur Verbesserung der vertraglichen Stellung der Urheber und Leistungsschutzberechtigten" noch keine für eine Branche allgemein verbindlichen Vereinbarungen über angemessene Vergütung geschlossen wurden. Im Bereich Belletristik wurde zwischen einzelnen Verlagen und dem Verband deutscher Schriftsteller eine Vereinbarung über eine angemessene Vergütung getroffen. Eine Vereinbarung mit einer Vereinigung von Werknutzern kam nicht zustande.

Auch das zwischenzeitlich für die Berufsgruppe der Übersetzer eingeleitete Mediationsverfahren führte zu keinem Ergebnis, da die jeweiligen Vorstellungen zu weit auseinander liegen. Aktuell zeichnet sich ab, dass die Verhandlungen eher in Richtung einer Mindestvergütung und nicht einer angemessenen Vergütung gehen.

Die Enquete-Kommission, die diesen Prozess intensiv verfolgt hat, zieht daraus den Schluss, dass sich das Gesetz im Hinblick auf §§ 36, 36 a UrhG in der vorliegenden Form nicht bewährt hat.

Ausstellungsvergütungen für Künstler

Hier stehen zwei Interessen aus dem Kulturbereich gegeneinander.

Den bildenden Künstlern würden urheberrechtlich abgesicherte Ausstellungsvergütungen die Möglichkeit zusätzlicher Einnahmen schaffen. Damit würde dem Umstand Rechnung getragen, dass bildende Künstler unter Umständen zwar viel ausstellen, aber wenig verkaufen.

Den Museen und Kunstvereinen würden zusätzliche Kosten entstehen, die sie aus ihrem vorhandenen Etat kaum auffangen könnten. Ihr Budget für Ausstellungen müsste also entweder entsprechend erhöht werden oder aber es könnten weniger Ausstellungen realisiert werden.

Zudem besteht auch aufseiten einzelner Künstler die Sorge, dass sich das Ausstellungsverhalten zulasten der nicht etablierten Künstler verändern könnte.

Vergütungspflicht für Kunst im öffentlichen Raum

Anders als bei Kunstwerken, die beispielsweise in Museen ausgestellt werden, besteht bei Kunstwerken im öffentlichen Raum keine Vergütungspflicht, wenn Abbildungen zu gewerblichen Zwecken genutzt werden. Dieses führt zum einen zu einer Ungleichbehandlung von Kunstwerken in Gebäuden und von Kunstwerken im öffentlichen Raum. Zum anderen führt es zu einer Benachteiligung der bildenden Künstler, denn anders als der Fotograf, der ein Foto von einem Kunstwerk im öffentlichen Raum anfertigt und aus der gewerblichen Nutzung einen wirtschaftlichen Nutzen ziehen kann, trifft dieses auf bildende Künstler, die Kunstwerke für den öffentlichen Raum schaffen, nicht zu.

Künstlergemeinschaftsrecht

Für das Künstlergemeinschaftsrecht treten die Verbände der Urheber und Leistungsschutzberechtigten ein. Sie wollen die entstehenden Mittel vor allem dazu nutzen, um junge Künstler zu fördern.

Die Verwerter künstlerischer Leistungen, die Kulturwirtschaft und die Kultureinrichtungen haben Einwände gegen ein Künstlergemeinschaftsrecht. Sie sehen es nicht als geboten an, dass das Urheberrecht zur kollektiven Versorgung der Gemeinschaft der Urheber beitragen soll. Im Gegenteil, aus ihrer Sicht soll das Urheberrecht für eine angemessene Vergütung des individuellen Urhebers sorgen.

Als weiteres Problem stellt sich die Frage, ab welchem Zeitpunkt das Künstlergemeinschaftsrecht gelten soll. Soll es auch auf Werke Anwendung finden, die zu einer Zeit entstanden sind, als es keine kulturwirtschaftlichen Märkte gab (also auch auf die Bibel, die Ilias usw.) oder soll es der Etablierung kulturwirtschaftlicher Strukturen in bestimmten zeitgenössischen Branchen gelten? Befürworter dieser Regelung plädieren für eine Anknüpfung an den Geburtstag von Johann Wolfgang von Goethe.

Weiter stellt sich die Frage, wer die Mittel einziehen soll. Hier wird in erster Linie an die betreffenden Verwertungsgesellschaften gedacht. Ebenfalls offen ist, wie die Verteilung der Mittel erfolgen soll. Soll diese ebenfalls den Verwertungsgesellschaften obliegen oder ist hier an eine zusätzliche von Urhebern und Leistungsschutzberechtigten gebildete Struktur wie etwa eine Stiftung zu denken?

Das Förderungsziel ist auch offen. Sollen damit in erster Linie junge Künstler gefördert werden, die sich erst noch einen Namen erwerben müssen oder sollen die zu erwartenden Erlöse dazu dienen, ältere Künstler zu unterstützen? Aufgrund ihres geringen Einkommens erhalten die meisten Künstler aus den in die Künstlersozialversicherung eingezahlten Sozialversicherungsbeiträgen systemimmanent nur eine sehr kleine Altersrente.[225] Diese Altersrente könnte aus Leistungen des Künstlergemeinschaftsrechts aufgestockt werden. Hier stellt sich die Frage, ob eine Aufstockung nach Bedürftigkeit, die nachgewiesen werden muss, erfolgen soll oder ob die Leistungen allen zugute kommen sollen?

Offen ist, ob das Künstlergemeinschaftsrecht verfassungskonform ist. Hier kommen Gutachten der Befürworter und der Gegner zu jeweils anderen Auffassungen. Die Enquete-Kommission hat mehrere Stellungnahmen zu diesem Thema eingeholt.[226]

In dem von der Enquete-Kommission in Auftrag gegebenen Gutachten des Wissenschaftlichen Dienstes des Deutschen Bundestages[227] wird zusammenfassend festgestellt, dass ein Eingriff in die Eigentumsfreiheit des Rechtsnachfolgers des Urhebers bzw. seines Rechtsnachfolgers gemäß Artikel 14 Grundgesetz nach Ablauf der Schutzfrist von 70 Jahren zu verneinen ist, da dessen Rechte zu diesem Zeitpunkt gerade nicht mehr bestehen. Auch ein Eingriff in das nach Artikel 14 Grundgesetz geschützte Erbrecht ist abzulehnen, da sich das Verfügungsrecht des Urhebers als Erblasser und das Eigentumserwerbsrecht durch Erbfolge seiner Erben ohnehin nicht mehr auf den Zeitraum nach Ablauf der Schutzfrist beziehen. Zum Teil wird jedoch in der Urhebernachfolgevergütung eine unzulässige Sonderabgabe gesehen, woraus mitunter ein Verstoß gegen Artikel 14 Grundgesetz hergeleitet wird. Dem ist gemäß dem Gutachten des Wissenschaftlichen Dienstes aber entgegenzuhalten, dass es sich bei der Urhebernachfolgevergütung lediglich um einen nicht von Artikel 14 Grundgesetz geschützten Eingriff in das Vermögen der Verwerter eines Werkes handelt. Eine erdrosselnde Geldleistungspflicht, die vom Bundesverfassungsgericht ausnahmsweise als Eingriff in die Eigentumsfreiheit gesehen wird, ist abzulehnen.

Ebenso ist die Frage offen, ob das Künstlergemeinschaftsrecht mit europäischem Recht vereinbar ist. Durch die EG-Richtlinie 93/98/EWG (Schutzdauerrichtlinie)[228] wird zum Beispiel eine Schutzfrist von 70 Jahren vorgegeben.

---

[225] Vgl. Kap. 4.5.1, Künstlersozialversicherung.
[226] Vgl. Schriftliche Stellungnahmen des Börsenvereins des Deutschen Buchhandels (Kommissionsdrucksache 16/413), des Deutschen Musikverleger-Verbandes e. V. (Kommissionsdrucksache 16/412), des Max-Planck-Instituts für Geistiges Eigentum, Wettbewerbs- u. Steuerrecht. (Kommissionsdrucksache 16/415), des Deutschen Komponistenverbandes e. V. (Kommissionsdrucksache 16/414), der Deutschen Landesgruppe der IFPI e. V. (Kommissionsdrucksache 16/400); vgl. Wissenschaftliche Dienste des Deutschen Bundestages (2007a).
[227] Vgl. Wissenschaftliche Dienste des Deutschen Bundestages (2007b).
[228] Vgl. Richtlinie des Rates zur Harmonisierung der Schutzdauer des Urheberrechts und bestimmter verwandter Schutzrechte vom 29. Oktober 1993 (93/98/EWG).

C) Handlungsempfehlungen[229, 230, 231]

1. Die Enquete-Kommission empfiehlt dem Deutschen Bundestag, die Interessen der Rechteinhaber in den Mittelpunkt von Gesetzesänderungen im Urheberrecht zu stellen. Das Urheberrecht soll ihnen die verfassungsmäßig garantierte angemessene Vergütung ermöglichen. Dieses Recht darf durch die Interessen von anderen Wirtschaftszweigen, wie der Geräteindustrie, nicht außer Kraft gesetzt werden.

2. Die Enquete-Kommission empfiehlt dem Deutschen Bundestag und der Bundesregierung, erneut zu prüfen, mit welchen Regelungen und Maßnahmen im Urhebervertragsrecht eine angemessene, an die wirtschaftlichen Verhältnisse angepasste Vergütung für alle Urheber und ausübenden Künstler erreicht werden kann, da die bisherigen Regelungen im Urhebervertragsgesetz unzureichend sind.

3. Die Enquete-Kommission empfiehlt dem Deutschen Bundestag, in § 59 Absatz 1 Urhebergesetz eine Vergütungspflicht für die Abbildung von Werken – ausgenommen Bauwerken – im öffentlichen Raum einzuführen, die dann eintritt, wenn die Abbildung gewerblich verwertet wird und die Darstellungsabsicht sich auf das jeweilige Werk richtet.

4.3.4 Wahrnehmung von Urheberrechten und verwandten Schutzrechten

Vorbemerkung

Der Deutsche Bundestag hat die Enquete-Kommission beauftragt, die rechtlichen Rahmenbedingungen für Künstler auch im Bereich des Urheberrechts zu überprüfen und bei Bedarf zu verbes-

---

[229] Sondervotum SPD-Fraktion sowie SV Prof. Dr. Susanne Binas-Preisendörfer, SV Prof. Dr. Oliver Scheytt, SV Prof. Dr. Wolfgang Schneider und SV Dr. Dieter Swatek: „Die Enquete-Kommission empfiehlt der Bundesregierung, die Einführung eines Künstlergemeinschaftsrechts zu prüfen. Hierbei sollte davon ausgegangen werden, dass das Künstlergemeinschaftsrecht für Werke gelten soll, die nach dem Jahre 1825 erschienen sind. Die Einnahmen, die sowohl junge Künstler fördern als auch ältere Künstler unterstützen sollen, sind von einer Verwertergesellschaft nach festzulegenden Kriterien zu verwalten."
Sondervotum SPD-Fraktion sowie SV Prof. Dr. Susanne Binas-Preisendörfer, SV Prof. Dr. Oliver Scheytt, SV Prof. Dr. Wolfgang Schneider und SV Dr. Dieter Swatek: „Die Enquete-Kommission empfiehlt dem Deutschen Bundestag, durch Schaffung eines gesetzlichen Anspruchs auf angemessene Vergütung in einem neuen § 27 a UrhG eine Ausstellungsvergütung für bildende Künstlerinnen und Künstler, deren Werke in öffentlichen Ausstellungen gezeigt werden, einzuführen."

[230] Sondervotum Fraktion DIE LINKE. und SV Prof. Dr. Dieter Kramer: „Die Fraktion Die LINKE. bedauert, dass der Vorschlag der Berichterstattergruppe für eine Handlungsempfehlung zum Künstlergemeinschaftsrecht keine Mehrheit in der Kommission fand. Wir sprechen uns nachdrücklich für die Einführung eines Gemeinschaftsrechts der Urheber und ausübenden Künstler aus, wie es in den Grundzügen von der IG Medien 1998 in die Debatte gebracht wurde. Danach soll die Nutzung gemeinfreier (nicht mehr geschützter) Werke und Darbietungen mit einem Vergütungsanspruch zu Gunsten der lebenden und schaffenden Generation der Urheber und ausübenden Künstler verbunden werden."
Sondervotum Fraktion DIE LINKE. und SV Prof. Dr. Dieter Kramer: „Leider hat die Kommission von einer Handlungsempfehlung zu Ausstellungsvergütungen für bildende Künstler abgesehen. Aus Sicht der Linken ist es hohe Zeit, die Ungleichbehandlung von bildenden Künstlern im Vergleich zu Urhebern anderer künstlerischer Sparten zu beenden. Wir sprechen uns dafür aus, einen Rechtsanspruch auf Ausstellungsvergütungen für bildende Künstler im Urheberrecht zu verankern."

[231] Sondervotum SV Olaf Zimmermann: „SV Olaf Zimmermann bedauert, dass die Enquete-Kommission keine Empfehlung (pro oder contra) zu den Ausstellungsvergütungen für bildende Künstler ausgesprochen hat. Die Enquete-Kommission hätte die Gelegenheit ergreifen können, Modellrechnungen über den Aufwand und den Ertrag von Ausstellungsvergütungen für bildende Künstler einzufordern. Ein seit vielen Jahren im politischen Raum diskutiertes Thema wird damit erneut auf die lange Bank geschoben."
Sondervotum SV Olaf Zimmermann: „SV Olaf Zimmermann bedauert, dass die Enquete-Kommission weder einen Prüfauftrag noch eine Empfehlung (pro oder contra) zum Künstlergemeinschaftsrecht ausgesprochen hat. Gerade der spezifische Charakter einer Enquete-Kommission, die über das aktuelle politische Geschehen hinaus denken soll, wäre dafür geeignet gewesen, dieses kulturpolitisch umstrittene Thema intensiver zu diskutieren und zumindest einen Prüfauftrag zu formulieren."

sern. Nach Abschluss des Gesetzgebungsverfahrens zum „Zweiten Gesetz zur Regelung des Urheberrechts in der Informationsgesellschaft"[232] sah die Kommission sich veranlasst, das System kollektiver Rechtewahrnehmung nach dem Urheberrechtswahrnehmungsgesetz (UrhWG) zu untersuchen. Dieses war zum einen nicht Gegenstand des vorangegangenen Gesetzgebungsverfahrens, obwohl es für die wirtschaftliche Lage der Künstler von existentieller Bedeutung sein kann. Zum anderen hat insbesondere die EU-Kommission vor dem Hintergrund des wachsenden Marktes der Online-Musikdienste Handlungsbedarf angemeldet.[233]

Grundlage der Analyse des Urheberrechtswahrnehmungsgesetzes ist die von der Enquete-Kommission am 29. Januar 2007 durchgeführte öffentliche Anhörung zu dem Thema „Kollektive Wahrnehmung von Urheberrechten und verwandten Schutzrechten". Angehört wurden Verwertungsgesellschaften (VG)[234], Wissenschaftler, Verwerter[235] und der Präsident des Deutschen Patent- und Markenamtes (DPMA).

A) Bestandsaufnahme

Verwertungsgesellschaften

Der Künstler als Urheber lebt von der Veröffentlichung seiner schöpferischen Werke, das heißt davon, dass diese gehört, gelesen oder betrachtet werden. In der Regel benötigt der Urheber hierzu Verleger, Tonträgerfirmen, Filmproduzenten und andere Verwerter, die sich die erforderlichen Nutzungsrechte einräumen lassen und dann die Werke zunächst auf den Markt bringen. Daraus folgen zahlreiche weitere Verwertungsmöglichkeiten. Massennutzungen, wie zum Beispiel die Wiedergabe von Musikstücken in Konzerten, Gaststätten, Diskotheken und im Rundfunk sind für Urheber und Verwerter jedoch schwierig zu kontrollieren.[236] Auch aufseiten der Nutzer ist ein vorheriger Erwerb der Lizenz, in jedem Einzelfall von jedem einzelnen Rechteinhaber, schwierig und höchst aufwendig.[237]

Dementsprechend entstand das Erfordernis, einen rechtlichen Rahmen zu schaffen, Werke aufzuführen, ohne dass jeweils eine Erlaubnis beim Rechteinhaber eingeholt werden muss, aber andererseits die Rechteinhaber von jeder Aufführung Kenntnis erlangen. Dies war die Geburtsstunde der Verwertungsgesellschaften, deren Rechte und Pflichten im Urheberrechtswahrnehmungsgesetz geregelt sind. Verwertungsgesellschaften nehmen die Rechte der Urheber und der Inhaber verwandter Schutzrechte treuhänderisch und kollektiv wahr.

Eine solche kollektive Rechtewahrnehmung stellt eine Ausnahme in unserem Rechtssystem dar. Diese führt zu einer faktischen Monopolstellung der Verwertungsgesellschaften, die aber ihre Rechtfertigung in der Vergangenheit darin fand, dass diese „Helfer des Urhebers gegenüber den

---

[232] Vgl. Gesetzentwurf der Bundesregierung Zweites Gesetz zur Regelung des Urheberrechts in der Informationsgesellschaft (2006) (Bundestagsdrucksache 16/1828).
[233] Vgl. Empfehlung der Enquete-Kommission vom 18. Oktober 2005 für die länderübergreifende kollektive Wahrnehmung von Urheberrechten und verwandten Schutzrechten (2005/737/EG); Entschließung des Europäischen Parlaments zu einem Gemeinschaftsrahmen für Verwertungsgesellschaften im Bereich des Urheberrechts und der verwandten Schutzrechte (P5_TA (2004) 0036); Mitteilung der Kommission an den Rat, das Europäische Parlament und den Europäischen Wirtschafts- und Sozialausschuss vom 16. April 2004 (KOM (2004) 261 endgültig).
[234] Gesellschaft für musikalische Aufführungs- und mechanische Vervielfältigungsrechte (GEMA), Gesellschaft zur Verwertung von Leistungsschutzrechten (GVL) und die VGen Bild-Kunst und Wort.
[235] Drexl, Prof. Dr. Josef (Max-Planck-Institut für Geistiges Eigentum, Wettbewerbs- und Steuerrecht); Gounalakis, Prof. Dr. Georgios (Phillips-Universität Marburg); Hoeren, Prof. Dr. Thomas (Westfälischen Wilhelms-Universität Münster); Vogel, Dr. Martin (Mitglied der Beschwerdekammer und der Großen Beschwerdekammer des Europäischen Patentamtes); Weschler, Emil (Stellvertretender Präsident der Bundesvereinigung Deutscher Orchesterverbände).
[236] Vgl. Fischer/Reich (2007), § 4 Verwertungsgesellschaften, Rn. 1.
[237] Vgl. Dreier/Schulze (2006), UrhG, UrhWG Vor § 1, Rn. 1.

Werknutzern" sind. Damit wird auch ein Beitrag zur kulturellen Vielfalt in Europa geleistet. Die Tätigkeit der Verwertungsgesellschaften ist bislang im Übrigen neben kulturellen auch sozialen Aspekten unterworfen. Darüber hinaus erfüllen Verwertungsgesellschaften auch staatsentlastende Funktionen. Vor diesem Hintergrund wurde die Tätigkeit der Verwertungsgesellschaft nicht unter marktpolitischen bzw. wettbewerbsrechtlichen Gesichtspunkten betrachtet. Dies entspricht auch dem bisherigen Selbstverständnis der Verwertungsgesellschaften.

Das Urheberrechtswahrnehmungsgesetz sieht keine spezifische Rechtsform für Verwertungsgesellschaften vor. Diese sind jedoch mit nur einigen Ausnahmen (zum Beispiel die Gesellschaft zur Verwertung von Leistungsschutzrechten (GVL als GmbH) ganz überwiegend als eingetragene Vereine organisiert.

In allen künstlerischen Sparten haben sich Künstler bzw. andere Rechteinhaber zu Verwertungsgesellschaften zusammengeschlossen. Ein Zwang besteht insoweit übrigens nicht.

Die älteste und größte Verwertungsgesellschaft in Deutschland ist die Gesellschaft für musikalische Aufführung und mechanische Vervielfältigungsrechte (GEMA), die im Jahr 1903 gegründet wurde. Sie nimmt urheberrechtliche Nutzungsrechte an Musikwerken für Komponisten, Textdichter und Musikverleger wahr. Die GEMA hatte im Jahr 2005 einen Jahresumsatz von 852 Mio. Euro erzielt.[238] Mitglieder der Verwertungsgesellschaft Wort (VG Wort) sind Autoren, Übersetzer, Journalisten, Buch- und Bühnenverlage. Die VG Wort nimmt bestimmte Nutzungsrechte an Sprachwerken wahr. Ihr Umsatz betrug im Jahr 2005 95 Mio. Euro.

Die Verwertungsgesellschaft Bild-Kunst (VG Bild-Kunst) ist die Verwertungsgesellschaft für bildende Künstler, Fotografen, Grafikdesigner, deutsche Filmurheber und eines Teils der Filmproduzenten. Sie hatte im Jahr 2005 einen Jahresumsatz von 40 Mio. Euro erzielt. Die wichtigste Verwertungsgesellschaft der Leistungsschutzberechtigten ist die Gesellschaft zur Verwertung von Leistungsschutzrechten. Ihre Mitglieder sind ausübende Künstler und Tonträgerhersteller. Sie nimmt die Rechte aus der Sendung und öffentlichen Wiedergabe von Tonträgern wahr. Ihr Jahresumsatz belief sich im Jahr 2005 auf 154 Mio. Euro.

Weitere Verwertungsgesellschaften sind die Gesellschaft zur Übernahme und Wahrnehmung von Filmaufführungsrechten (GÜFA) mit einem Jahresumsatz von 9,2 Mio. Euro im Jahr 2005, die Verwertungsgesellschaft der Film- und Fernsehproduzenten (VFF) mit einem Jahresumsatz von 15 Mio. Euro im Jahr 2005, die Verwertungsgesellschaft für Nutzungsrechte an Filmwerken (VGF) mit einem Jahresumsatz von 14 Mio. Euro im Jahr 2005, die Gesellschaft zur Wahrnehmung von Film- und Fernsehrechten (GWFF) mit einem Jahresumsatz von 33 Mio. Euro im Jahr 2005 und die AGICOA Urheberrechtsschutz GmbH mit einem Jahresumsatz von 17 Mio. Euro im Jahr 2005.

Rechte und Pflichten der Verwertungsgesellschaften

Rechte und Pflichten der Verwertungsgesellschaften sind im Urheberrechtswahrnehmungsgesetz geregelt.

Mitglieder der Verwertungsgesellschaften sind zum einen die Urheber und Künstler, zum anderen die Verlage bzw. Tonträgerhersteller oder andere Rechteinhaber mit eigenen Schutzrechten. Die jeweiligen Satzungen werden von den Verwertungsgesellschaften selbst bestimmt. Die Verwertungsgesellschaften unterliegen der Kontrolle des Deutschen Patent- und Markenamtes. Aufgabe der Verwertungsgesellschaften ist es, Aufführungserlaubnisse für Werke bzw. für umfassende Reper-

---

[238] Vgl. Jahresbericht 2006 des DPMA, S. 30. Vgl. www.dpma.de/veroeffentlichungen/jahresbericht06/dpma_jb_2006.pdf (Stand 17. Oktober 2007).

toires zu erteilen, die vereinbarten Vergütungen einzuziehen und diese nach einem bestimmten Verteilungsschlüssel an die Rechteinhaber auszuschütten.

Bislang gibt es eine Vielzahl territorial tätiger Verwertungsgesellschaften, die aufgrund von Gegenseitigkeitsverträgen den jeweiligen Nutzern das Weltrepertoire einräumen. Denn die Verwertung von Werken findet nicht nur im Inland statt. Da im Übrigen nicht nur inländische Werke und Leistungen genutzt werden, haben die Verwertungsgesellschaften mit ihren „Schwestergesellschaften" in anderen Ländern diese Gegenseitigkeitsverträge abgeschlossen. Sie sollen sicherstellen, dass der Rechteinhaber bei urheberrechtsrelevanten Verwertungen im Ausland seine Vergütung erhält. Über die Verwertungsgesellschaften werden auch die pauschalen Vergütungen für Vervielfältigungen im Bereich der Reprografie und die Geräteabgabe abgewickelt.

Die Einnahmen aus Verwertungsgesellschaften sind ein wichtiger Bestandteil des Einkommens der Rechteinhaber. Dies gilt sowohl für die jährlichen Ausschüttungen als auch die Zuwendungen der Sozialwerke der Verwertungsgesellschaften. Für viele Künstler und Publizisten stellen diese den wesentlichen Lebensunterhalt dar.

Schrankenregelungen des Urheberrechtsgesetzes (UrhG) und Vergütungsansprüche

Das Urheberrecht soll einen Ausgleich zwischen den Interessen des Urhebers, dem das Urheberrecht ausschließliche Nutzungsrechte einräumt, und gegenläufigen Interessen schaffen. Deshalb hat der Gesetzgeber bestimmte Nutzungen in den Schranken des Urheberrechts gesetzlich gestattet.[239] Der Nutzer darf in diesen Fällen grundsätzlich das Werk nutzen, muss aber in der Regel eine angemessene Vergütung dafür zahlen.

Im Urheberrecht gibt es eine Reihe von Tatbeständen, nach denen im Interesse der Allgemeinheit keine Vergütungspflicht besteht. So ist in § 52 Abs. 1 Satz 3 UrhG für bestimmte öffentliche Wiedergaben, die keinem Erwerbszweck des Veranstalters dienen, im Interesse der Allgemeinheit keine Vergütungspflicht vorgesehen. Diese Regelung wird laut Aussage der Verwertungsgesellschaften im Rahmen der Rechtewahrnehmung unaufgefordert und regelmäßig beachtet.[240] Voraussetzung dafür ist, dass eine entsprechende Veranstaltung nur einem abgegrenzten Kreis von Personen zugänglich ist.

Auch weitere Vergütungsansprüche werden größtenteils von Verwertungsgesellschaften wahrgenommen.[241] Diese Ansprüche können durch Wahrnehmungsverträge, die zwischen Urheber und Verwertungsgesellschaft geschlossen werden, begründet werden (§§ 46 Abs. 4, 47 Abs. 2, 52 Abs. 1 Satz 2 UrhG) oder durch Ansprüche, welche verwertungsgesellschaftspflichtig geltend gemacht werden (§§ 20b, 27 Abs. 3, 49 Abs. 1, 54h UrhG). Solche Ansprüche sind in der Regel im Voraus nur an Verwertungsgesellschaften abtretbar (§ 63a UrhG).[242]

Doppelter Kontrahierungszwang

Die Verwertungsgesellschaften unterliegen grundsätzlich einem Wahrnehmungszwang, das heißt sie müssen die Rechte und Ansprüche zugunsten der Berechtigten zu angemessenen Bedingungen wahrnehmen, sofern und soweit die Berechtigten dies beantragen und die Rechte und Ansprüche zum Tätigkeitsbereich der Verwertungsgesellschaft gehören (§ 6 UrhWG). Andererseits sind die

---

[239] Vgl. Kap. 4.3.3, Urheber- und Leistungsschutzrechte.
[240] Vgl. schriftliche Stellungnahme der GEMA zum Fragenkatalog zur Anhörung „Kollektive Wahrnehmung von Urheberrechten und verwandten Schutzrechten". (Kommissionsdrucksache 16/245a)
[241] Vgl. Dreier/Schulze (2006), UrhG, UrhWG Vor § 1, Rn. 11.
[242] Vgl. Kap. 4.3.3, Urheber- und Leistungsschutzrechte.

Verwertungsgesellschaften gegenüber jedermann, der geschützte Werke nutzen will, zur Einräumung der erforderlichen Nutzungsrechte oder Erteilung der Einwilligung zu angemessenen Bedingungen verpflichtet (§ 11 UrhWG). Folglich besteht ein doppelter Kontrahierungszwang der Verwertungsgesellschaften.

„§ 6 UrhWG Wahrnehmungszwang

(1) Die Verwertungsgesellschaft ist verpflichtet, die zu ihrem Tätigkeitsbereich gehörenden Rechte und Ansprüche auf Verlangen der Berechtigten zu angemessenen Bedingungen wahrzunehmen, wenn diese Deutsche im Sinne des Grundgesetzes oder Staatsangehörige eines anderen Mitgliedstaates der Europäischen Union oder eines anderen Vertragsstaates des Abkommens über den Europäischen Wirtschaftsraum sind oder ihren Wohnsitz im Geltungsbereich dieses Gesetzes haben und eine wirksame Wahrnehmung der Rechte oder Ansprüche anders nicht möglich ist. Ist der Inhaber eines Unternehmens Berechtigter, so gilt die Verpflichtung gegenüber dem Unternehmen mit Sitz in einem Mitgliedstaat der Europäischen Union oder in einem Vertragsstaat des Abkommens über den Europäischen Wirtschaftsraum.

(2) Zur angemessenen Wahrung der Belange der Berechtigten, die nicht als Mitglieder der Verwertungsgesellschaft aufgenommen werden, ist eine gemeinsame Vertretung zu bilden. Die Satzung der Verwertungsgesellschaft muss Bestimmungen über die Wahl der Vertretung durch die Berechtigten sowie über die Befugnisse der Vertretung enthalten.

§ 11 UrhWG Abschlusszwang

(1) Die Verwertungsgesellschaft ist verpflichtet, auf Grund der von ihr wahrgenommenen Rechte jedermann auf Verlangen zu angemessenen Bedingungen Nutzungsrechte einzuräumen.

(2) Kommt eine Einigung über die Höhe der Vergütung für die Einräumung der Nutzungsrechte nicht zustande, so gelten die Nutzungsrechte als eingeräumt, wenn die Vergütung in Höhe des vom Nutzer anerkannten Betrages an die Verwertungsgesellschaft gezahlt und in Höhe der darüber hinausgehenden Forderung der Verwertungsgesellschaft unter Vorbehalt an die Verwertungsgesellschaft gezahlt oder zu ihren Gunsten hinterlegt worden ist."

Diesem doppelten Kontrahierungszwang unterliegen nicht Tochterunternehmen wie das jüngst von der GEMA und dem britischen Zusammenschluss der Mechanical Copyright Protection Society und der Performing Rights Society (MCPS-PRS) gegründete Gemeinschaftsunternehmen CELAS (Central European Licensing and Administration Service). CELAS lizenziert auf exklusiver Basis für EMI Music Publishing als einem der weltgrößten Musikverleger deren angloamerikanisches Repertoire und steht anderen Urhebern und Rechteinhabern nicht offen. Auf der Grundlage eines Geschäftsbesorgungsvertrages stellt die GEMA der CELAS ihre Datenbestände zur Verfügung. EMI Music Publishing ist weiterhin Mitglied der GEMA, die deren eingebrachte Rechte mit Ausnahme des angloamerikanischen Repertoires nach wie vor lizenziert.

Tarifgestaltung

Die Verwertungsgesellschaften sind nach § 13 Abs. 1 Satz 1 UrhWG verpflichtet, Tarife aufzustellen. Tarifgegenstand sind die Vergütungen für die von der Verwertungsgesellschaft wahrgenommenen Rechte und Ansprüche.

„§ 13 UrhWG Tarife

(1) Die Verwertungsgesellschaft hat Tarife aufzustellen über die Vergütung, die sie auf Grund der von ihr wahrgenommenen Rechte und Ansprüche fordert. Soweit Gesamtverträge abgeschlossen sind, gelten die in diesen Verträgen vereinbarten Vergütungssätze als Tarife.

(2) Die Verwertungsgesellschaft ist verpflichtet, die Tarife und jede Tarifänderung unverzüglich im Bundesanzeiger zu veröffentlichen.

(3) Berechnungsgrundlage für die Tarife sollen in der Regel die geldwerten Vorteile sein, die durch die Verwertung erzielt werden. Die Tarife können sich auch auf andere Berechnungsgrundlagen stützen, wenn diese ausreichende, mit einem wirtschaftlich vertretbaren Aufwand zu erfassende Anhaltspunkte für die durch die Verwertung erzielten Vorteile ergeben. Bei der Tarifgestaltung ist auf den Anteil der Werknutzung am Gesamtumfang des Verwertungsvorganges angemessen Rücksicht zu nehmen. Die Verwertungsgesellschaft soll bei der Tarifgestaltung und bei der Einziehung der tariflichen Vergütung auf religiöse, kulturelle und soziale Belange der zur Zahlung der Vergütung Verpflichteten einschließlich der Belange der Jugendpflege angemessene Rücksicht nehmen."

Die in § 13 UrhWG geforderte Tarifaufstellung soll eine Gleichbehandlung aller gleichgelagerten Fälle im Interesse der Allgemeinheit gewähren. Des Weiteren sollen den Verwertungsgesellschaften durch die veröffentlichten Tarife langwierige Verhandlungen in jedem Einzelfall über die zu zahlende Vergütung erspart werden.[243]

Bei der Tarifaufstellung ist gemäß dem Transparenzgebot nach § 13 Abs. 2 UrhWG klarzustellen, für welche Rechte und Ansprüche diese Tarife gelten.[244] Dieses Transparenzgebot bezieht sich jedoch nur auf Fragen der Veröffentlichung im Bundesanzeiger. Hinsichtlich der Tarifbindung besteht allerdings noch Transparenzbedarf. Dabei gilt es vor allem sicherzustellen, dass die interne Öffentlichkeit informiert ist. Rechtlich sind die Tarife der Verwertungsgesellschaften als bindende Angebote zu sehen. Sie haben damit die Funktion, die von den Verwertungsgesellschaften geforderten Vergütungssätze als eine Art „Preisliste" zusammenzustellen.[245]

Die Tarife werden durch die jeweiligen Aufsichtsräte bzw. Verwaltungsräte in den Verwertungsgesellschaften festgelegt.[246] Diese müssen jedoch im Sinne von § 11 Abs. 1 UrhWG angemessen und marktüblich sein.

Darüber hinaus hat der Gesetzgeber in § 13 Abs. 3 UrhWG weitere Grundsätze zur Tarifgestaltung aufgestellt. Nach § 13 Abs. 3 Satz 4 UrhWG sollen Verwertungsgesellschaften bei der Aufstellung der Tarife auf religiöse, kulturelle und soziale Belange Rücksicht nehmen. Alle im Rahmen der Anhörung befragten Verwertungsgesellschaften gaben an, diese Belange zu berücksichtigen.[247] Die GEMA zum Beispiel räumt Krankenhäusern für die Wiedergabe von Musik in Aufenthaltsräumen einen zusätzlichen Nachlass von 15 Prozent ein.[248]

Nach § 13 Abs. 1 Satz 2 UrhWG gelten die in einem Gesamtvertrag vereinbarten Vergütungssätze ebenfalls als Tarife. Sie binden jedoch nur die Gesamtvertragspartner. Andere Nutzer können sich auf diese Tarife grundsätzlich nicht berufen.[249] Die bei der Anhörung befragten Verwertungsgesell-

---

[243] Vgl. Entwurf eines Gesetzes über Verwertungsgesellschaften auf dem Gebiet des Urheberrechts (Verwertungsgesellschaftengesetz) vom 23. Mai 1962. (Bundestagsdrucksache 4/271)
[244] Vgl. Dreier/Schulze (2006), UrhG, UrhWG § 13, Rn. 4.
[245] Vgl. BVerfG GRUR 1997, S. 123f.
[246] Vgl. schriftliche Stellungnahmen zum Fragenkatalog zur Anhörung vom 29. Januar 2007 zum Thema „Kollektive Wahrnehmung von Urheberrechten und verwandten Schutzrechten" der Verwertungsgesellschaft Wort (Schriftliche Stellungnahme VG Wort) vom 9. Januar 2007. (Kommissionsdrucksache 16/236), der Verwertungsgesellschaft Bild-Kunst (Schriftliche Stellungnahme VG Bild-Kunst) vom 8. Januar 2007. (Kommissionsdrucksache 16/239), der GVL (Schriftliche Stellungnahme GVL) vom 8. Januar 2007. (Kommissionsdrucksache 16/238), der GEMA. (Kommissionsdrucksache 16/245a)
[247] Vgl. schriftliche Stellungnahmen der VG Wort. (Kommissionsdrucksache 16/236), VG Bild-Kunst (Kommissionsdrucksache 16/239), GVL (Kommissionsdrucksache 16/238), GEMA. (Kommissionsdrucksache 16/245a)l
[248] Vgl. schriftliche Stellungnahme GEMA. (Kommissionsdrucksache 16/245a)
[249] Vgl. Bullinger/Wandtke (2006), UrhG, WahrnG § 13, Rn. 4.

schaften gaben an, dass sie regelmäßig zunächst im Rahmen von Gesamtverträgen konsensual eine Einigung mit Nutzerverbänden suchen, bevor Tarife einseitig aufgestellt werden.[250]

Die aufgestellten Tarife binden jedoch nur die Verwertungsgesellschaften und nicht die Nutzer. Akzeptiert ein Nutzer die Tarife nicht, kann er die hierfür berechnete Vergütung unter Vorbehalt zahlen oder hinterlegen (§ 11 Abs. 2 UrhWG). Anschließend können Verwertungsgesellschaft und Nutzer die Schiedsstelle anrufen, die einen Einigungsvorschlag zum strittigen Tarif unterbreitet (§§ 14 Abs. 1 Nr. 1, 16 Abs. 1 UrhWG).

Vertragsgestaltung (auch Gesamtverträge)

Eine besondere Form des Abschlusszwangs findet sich in § 12 UrhWG.[251] Während in § 11 UrhWG die Verwertungsgesellschaften verpflichtet werden, mit Einzelnutzern Nutzungsverträge abzuschließen und ihnen die wahrgenommenen Rechte einzuräumen, sind die Verwertungsgesellschaften nach § 12 UrhWG verpflichtet, mit Vereinigungen, hinter denen eine Vielzahl von Nutzern stehen, Gesamtverträge abzuschließen.

„§ 12 UrhWG Gesamtverträge

Die Verwertungsgesellschaft ist verpflichtet, mit Vereinigungen, deren Mitglieder nach dem Urheberrechtsgesetz geschützte Werke oder Leistungen nutzen oder zur Zahlung von Vergütungen nach dem Urheberrechtsgesetz verpflichtet sind, über die von ihr wahrgenommenen Rechte und Ansprüche Gesamtverträge zu angemessenen Bedingungen abzuschließen, es sei denn, dass der Verwertungsgesellschaft der Abschluss eines Gesamtvertrages nicht zuzumuten ist, insbesondere weil die Vereinigung eine zu geringe Mitgliederzahl hat."

In vielen Inkassobereichen der Verwertungsgesellschaften werden Gesamtverträge abgeschlossen.[252] Ein Gesamtvertrag ist ein Rahmenvertrag, durch den die allgemeinen Bedingungen vereinbart werden, zu denen die Verwertungsgesellschaften in späteren Einzelverträgen mit den Mitgliedern der Vereinigung die konkrete Nutzungserlaubnis erteilen. Auf diese Weise soll vermieden werden, dass zahlreiche jeweils auf den Einzelfall abgestimmte Verträge abgeschlossen werden. Es handelt sich um einen kollektiven Abschlusszwang.[253] So hat die GEMA ca. 450 Gesamtverträge abgeschlossen.[254]

Gesamtverträge sind sowohl für Verwertungsgesellschaften als auch für Nutzervereinigungen und deren Mitglieder vorteilhaft. Der Verwaltungsaufwand für beide Seiten reduziert sich und die hierdurch eingesparten Kosten können bei der Verteilung den Berechtigten zugute kommen. Zusätzlich besteht vielfach ein „Mengenrabatt" von 20 Prozent der sonst für die Einzelverträge aufgestellten Tarife.[255] Es ist jedoch nicht jede Vereinigung gesamtvertragsfähig. Der Abschluss eines Gesamtvertrages kann mit der Begründung abgelehnt werden, dass der Vertragspartner eine zu geringe Mitgliederzahl aufweist oder sich durch den Gesamtvertrag keine Vorteile ergeben.

Gebührenbemessung (Bemessungsgrundlagen, Pauschalansätze)

Die Einräumung der Nutzungsrechte durch die Verwertungsgesellschaften muss nach § 11 Abs. 1 UrhWG zu „angemessenen Bedingungen" erfolgen. Leistung und Gegenleistung sollen in einem

---

[250] Vgl. schriftliche Stellungnahmen der GEMA (Kommissionsdrucksache 16/245a), VG Wort (Kommissionsdrucksache 16/236), VG Bild-Kunst (Kommissionsdrucksache 16/239).
[251] Vgl. Dreier/Schulze (2006), UrhG, UrhWG § 12, Rn. 2.
[252] Vgl. schriftliche Stellungnahmen GEMA. (Kommissionsdrucksache 16/245a), VG Bild-Kunst (Kommissionsdrucksache 16/239), VG Wort (Kommissionsdrucksache 16/236), GVL. (Kommissionsdrucksache 16/238)
[253] Vgl. Dreier/Schulze (2006), UrhG, UrhWG § 11, Rn. 1.
[254] Vgl. schriftliche Stellungnahme GEMA. (Kommissionsdrucksache 16/245a)
[255] Vgl. Dreier/Schulze (2006), UrhG, UrhWG § 11, Rn. 2.

angemessenen Verhältnis stehen.[256] Die Verwertungsgesellschaften können den Nutzern jedoch nur diejenigen Rechte einräumen, die sie selbst zuvor über den Wahrnehmungsvertrag erworben haben.

Grundsätzlich wird das jeweilige Nutzungsrecht nur für eine konkrete Nutzung eingeräumt. Verwertungsgesellschaften können jedoch auch Pauschalverträge abschließen. Die GEMA schließt zum Beispiel derartige Pauschalverträge in bestimmten Ausnahmefällen ab. Hierbei wird gegen die Bezahlung einer festgelegten Summe eine Vielzahl von Musiknutzungen für einen bestimmten Zeitraum abgegolten. Solche Pauschalverträge bestehen unter anderem mit den Kirchen sowie auf dem Gebiet der Heimat- und Trachtenpflege mit verschiedenen Musikbühnen.[257]

Die erhobenen Gebühren bzw. Tarife, die aufgrund der jeweiligen Satzungen vom Aufsichtsrat bzw. dem Verwaltungsrat beschlossen werden, dürfen jedoch nicht willkürlich, sondern müssen sachlich begründet sein.[258] Grundsätzlich tragen die Verwertungsgesellschaften die Beweislast für die Angemessenheit ihrer Tarife. Im Schlichtungsverfahren müssen sie die tatsächlichen Grundlagen für die Angemessenheit ihrer Bedingungen darlegen.[259]

Abgrenzung zur Tätigkeit der Schiedsstelle

Nach § 14 UrhWG wird bei der Aufsichtsbehörde eine Schiedsstelle gebildet. Diese Schiedsstelle kann bei Streitfällen, an denen eine Verwertungsgesellschaft beteiligt ist, von jedem Beteiligten angerufen werden, wenn sie die Nutzung von Werken oder Leistungen, die nach dem Urheberrechtsgesetz geschützt sind, oder den Abschluss oder die Änderung eines Gesamtvertrages (§ 12 UrhWG) betreffen. Der Nutzer kann dadurch zum Beispiel die von den Verwertungsgesellschaften aufgestellten Tarife sowie den Abschluss oder die Änderung eines Gesamtvertrages überprüfen lassen. Die Schiedsstelle entscheidet durch Beschluss eines Einigungsvorschlages, den sie den Parteien zur Regelung des Streitfalles zustellt.[260] Akzeptiert eine Partei diesen Vorschlag nicht, muss sie binnen eines Monats ab Zustellung gegen den Einigungsvorschlag Widerspruch einlegen. Erst dann können gemäß § 16 Abs. 1 UrhWG Ansprüche im Wege der Klage geltend gemacht werden.

Sozialwerke

In § 8 UrhWG wird festgelegt, dass die Verwertungsgesellschaften Vorsorge- und Unterstützungseinrichtungen für ihre Rechte oder Ansprüche einrichten sollen. Diese Einrichtungen, auch Sozialwerke genannt, unterstützen in Not geratene Künstler und Publizisten und dienen der Altersvorsorge.[261]

Die Vorsorge- und Unterstützungseinrichtungen werden durch einen festgelegten Prozentsatz des Gesamtaufkommens bestimmter Nutzungsarten finanziert. Dieser Prozentsatz beträgt in der Regel zehn Prozent und wird vor Verteilung an die Berechtigten vom Gesamtaufkommen abgezogen.[262] Die ordentlichen Mitglieder haben im Rahmen der Mitgliederversammlung Einfluss auf die Verteilungspläne und die Arbeit der Sozialwerke der Verwertungsgesellschaften.

Die GEMA als umsatzstärkste Verwertungsgesellschaft unterhält eine Sozialkasse. Die GEMA-Sozialkasse gewährt den ordentlichen Mitgliedern Leistungen im Alter, bei Krankheit, bei Unfällen und sonstigen Fällen der Not. Angeschlossene und außerordentliche Mitglieder können Leistungen erhalten. Ordentliche Mitglieder, die das 60. Lebensjahr vollendet haben, erhalten unter bestimmten

---

[256] Vgl. UrhWG § 11, Rn. 10.
[257] Vgl. Kap. 4.3.3, Urheber- und Leistungsschutzrechte.
[258] Vgl. schriftliche Stellungnahmen der GEMA (Kommissionsdrucksache 16/245a), VG Wort (Kommissionsdrucksache 16/236), VG Bild-Kunst. (Kommissionsdrucksache 16/239)
[259] Vgl. BGH GRUR 1986, S. 376ff.
[260] Vgl. Dreier/Schulze (2006), UrhG, UrhWG Vor § 1, Rn. 14.
[261] Vgl. Kap. 4.5.1, Künstlersozialversicherung.
[262] Vgl. Dreier/Schulze (2006), UrhG, UrhWG § 8, Rn. 4.

Voraussetzungen eine Alterssicherung. Diese Alterssicherung wird zum einen aus dem Abzug für soziale Zwecke finanziert und zum anderen aus Anteilen, auf die die ordentlichen Mitglieder bei der Ausschüttung verzichtet und die sie dem Alterssicherungsfonds zur Verfügung gestellt haben. Im Geschäftsjahr 2006 wurden der GEMA-Sozialkasse 6,6 Mio. Euro zugeführt. Insgesamt 3,4 Mio. Euro wurden für die Alterssicherung bereitgestellt. Die Gesamtsumme von 52,7 Mio. Euro, die für soziale und kulturelle Zwecke zur Verfügung standen, wurden zur Hälfte aus dem Zehn-Prozent-Abzug und zur anderen Hälfte aus Zinserträgen, Verwaltungsgebühren sowie sonstigen unverteilbaren Erträgen des Geschäftsjahres 2005 erwirtschaftet.[263]

Die VG Wort unterhält das Autorenversorgungswerk sowie den Sozialfonds. Das Autorenversorgungswerk leistet Beiträge zur gesetzlichen oder privaten Altersabsicherung von Autoren. Es ist seit dem Jahr 1996 für Neuzugänge geschlossen, da inzwischen eine Altersabsicherung über das Künstlersozialversicherungsgesetz erfolgt. Im Jahr 2006 standen dem Autorenversorgungswerk 4 398 Mio. Euro zur Verfügung. Mitglied des Autorenversorgungswerks sind 3 093 Autoren. Der größte Teil der Einnahmen des Autorenversorgungswerks, nämlich 3,99 Mio. Euro, wurden als Zuschüsse zur Alterssicherung verwandt. Insgesamt 0,41 Mio. Euro entfielen auf die Zuschüsse zur Krankenversicherung.[264] Durch den Sozialfonds werden auf Antrag in Not geratene Wortautoren, Verleger oder deren Hinterbliebene unterstützt. Voraussetzung ist, dass die Personen bedürftig im Sinne des Steuerrechts sind. Bis zu zehn Prozent der Einnahmen der VG Wort werden für den Sozialfonds aufgewendet. Im Geschäftsjahr 2006 wurden 0,966 Mio. Euro dem Sozialfonds zugeführt. Davon wurden 398 Antragstellern 1 075 Mio. Euro an Zuwendungen und 0,087 Mio. Euro als Darlehen zur Verfügung gestellt, bei einer Gesamtzahl von über 300 000 wahrnehmungsberechtigten Autoren im Jahre 2005.[265] Darüber hinaus bestand 2005 eine finanzielle Reserve von 0,687 Mio. Euro.[266]

Die Stiftung Sozialwerk der VG Bild-Kunst gewährt in Not geratenen Künstlern eine Unterstützung bei Erwerbs- und Berufsunfähigkeit sowie im Alter. Es handelt sich bei den Zuwendungen teilweise um laufende Unterstützungen und teilweise um Einmalzahlungen bei besonderen Notlagen. Die Leistungen werden auf Antrag gewährt. Viele Künstler sind auf die Leistungen der Stiftung Sozialwerk angewiesen.[267] Im Jahr 2006 standen der Stiftung Sozialwerk der VG Bild-Kunst insgesamt 1,14 Mio. Euro zur Verteilung zur Verfügung, hinzu kommen 21 000 Euro aus dem Vertrag mit dem Bund Deutscher Zeitungsverleger.[268]

---

[263] Vgl. GEMA-Geschäftsbericht 2006, S. 1 www.gema.de/media/de/gesch_berichte/gema_geschaeftsbericht2006.pdf, (Stand 17. Oktober 2007).
[264] Vgl. VG Wort – Geschäftsbericht (2007), S. 13 (Stand 19. Oktober 2007), www.vgwort.de/files/geschaefts-bericht_2007.pdf.
[265] Vgl. Materialien der VG Wort (Wahrnehmungsvertrag, Mandatsvertrag, Satzung, Geschäftsbericht, Verteilungsplan) (Kommissionsmaterialie 16/102)
[266] Vgl. VG Wort – Geschäftsbericht (2006), S. 12 (Stand 19. Oktober 2007), www.vgwort.de/files/geschaefts-bericht_2006.pdf.
[267] Vgl. Wortprotokoll der Anhörung vom 29. Januar 2007 zum Thema „Kollektive Wahrnehmung von Urheberrechten und verwandten Schutzrechten", S. 41f. (Protokoll-Nr. 16/21)
[268] Vgl. VG Bild-Kunst – Geschäftsbericht (2007), www.bildkunst.de (Stand 14. November 2007) In der Berufsgruppe I (Bildende Künstler) wurden 77 000 Euro als einmalige Unterstützungsleistung an 37 Künstler gewährt, 92 Künstler erhielten eine laufende Zuwendung zum Lebensunterhalt, die Gesamtsumme hierfür betrug 180 000 Euro. Zusätzlich erhielten 505 Künstler eine einmalige Weihnachtszuwendung von insgesamt 139 000 Euro. In der Berufsgruppe II (Design) wurden 473 000 Euro an 674 Antragsteller als laufende Unterstützung gezahlt. Acht Künstler erhielten einmalige Hilfen (Gesamtsumme 19 000 Euro). 155 000 Euro standen als Weihnachtsgeld 565 Urhebern zur Verfügung. Laufende Unterstützungsleistungen erhielten in der Berufsgruppe III (Film) 17 Antragsteller. Hierfür standen 58 000 Euro zur Verfügung. Zusätzlich wurden 23 000 Euro in fünf Einzelentscheidungen zur Verfügung gestellt. Insgesamt wurden Weihnachtgelder in Höhe von 55 000 Euro 200 Filmurhebern gewährt.

Rechte und Pflichten der Mitglieder bzw. der Berechtigten

Die Rechte und Pflichten der Mitglieder bzw. der Berechtigten der Verwertungsgesellschaften ergeben sich aus dem Urheberrechtsgesetz, dem Urheberrechtswahrnehmungsgesetz sowie den jeweiligen Satzungen. Letztere konkretisieren die Arbeit der Verwertungsgesellschaften und werden von den Mitgliedern beschlossen.

Gemäß § 6 Abs. 1 UrhWG haben die Berechtigten das Recht, die Verwertungsgesellschaften zu verpflichten, die zu ihrem Tätigkeitsbereich gehörenden Rechte und Ansprüche zu angemessenen Bedingungen wahrzunehmen. Die bestehenden Rechte und Ansprüche der Berechtigten ergeben sich aus dem Urheberrechtsgesetz. Die wichtigsten verwertungsgesellschaftpflichtigen Vergütungsansprüche, die durch die Verwertungsgesellschaften für die Berechtigten wahrgenommen werden, sind solche aus der Kabelweitersendung (§ 20b UrhG), der Vermietung und Verleihung (§ 27 UrhG), der öffentlichen Wiedergabe (§ 52 UrhG) und der Vervielfältigung im Wege der Bild- und Tonaufzeichnung (§ 54 UrhG).[269]

Mitgliederstruktur

Die Satzungen der Verwertungsgesellschaften legen fest, wer Mitglied der Verwertungsgesellschaft werden kann. Einige Verwertungsgesellschaften unterscheiden zwischen ordentlichen und außerordentlichen Mitgliedern.[270]

Eine Unterscheidung von verschiedenen Kategorien von Berechtigten und Mitgliedern gibt es bei allen im Rahmen der Anhörung zum Thema „Kollektive Wahrnehmung von Urheberrechten und verwandten Schutzrechten" befragten Verwertungsgesellschaften, mit Ausnahme der VG Bild-Kunst.[271]

Die GEMA unterscheidet zwischen ordentlichen, außerordentlichen und angeschlossenen Mitgliedern, wobei außerordentliche und angeschlossene Mitglieder durch GEMA-Satzung einander gleichgestellt sind. Mitglieder im Sinne des Vereinsrechts sind jedoch nur die ordentlichen Mitglieder. Nur diesen stehen die nach dem Vereinsrecht vorgeschriebenen Mitwirkungsrechte, wie das passive und aktive Wahlrecht, zu. Angeschlossene und außerordentliche Mitglieder sind dagegen nur schuldrechtlich durch den Abschluss des Berechtigungsvertrages mit der GEMA verbunden.[272] Ausschlaggebend für die Einordnung und den Status der Berechtigten ist nach § 7 Ziff. 1 GEMA-Satzung das Aufkommen. Darin heißt es:

> „1. Die ordentliche Mitgliedschaft kann nur nach fünfjähriger außerordentlicher Mitgliedschaft erworben werden von:
>
> a) Komponisten, die in fünf aufeinanderfolgenden Jahren ein Mindestaufkommen von 30 677,51 Euro, jedoch in vier aufeinanderfolgenden Jahren mindestens 1 840,65 Euro jährlich von der GEMA bezogen haben, gerechnet ab 1. Januar 1946.
>
> b) Textdichtern, die in fünf aufeinanderfolgenden Jahren ein Mindestaufkommen von 30 677,51 Euro, jedoch in vier aufeinanderfolgenden Jahren mindestens 1 840,65 Euro jährlich von der GEMA bezogen haben, gerechnet ab 1. Januar 1946.

---

[269] Vgl. schriftliche Stellungnahmen der GEMA. (Kommissionsdrucksache 16/245a), GVL (Kommissionsdrucksache 16/238), VG Wort (Kommissionsdrucksache 16/236), VG Bild-Kunst. (Kommissionsdrucksache 16/239)
[270] Vgl. schriftliche Stellungnahme der GEMA. (Kommissionsdrucksache 16/245a)
[271] Vgl. schriftliche Stellungnahmen der GVL. (Kommissionsdrucksache 16/238), GEMA. (Kommissionsdrucksache 16/245a), VG Wort. (Kommissionsdrucksache 16/236)
[272] Vgl. Dreier/Schulze (2006), UrhG, UrhWG § 6, Rn. 30.

c) Musikverlegern, die in fünf aufeinanderfolgenden Jahren ein Mindestaufkommen von 76 693,78 Euro, jedoch in vier aufeinanderfolgenden Jahren mindestens 4 601,63 Euro jährlich von der GEMA bezogen haben, gerechnet ab 1. Januar 1946.

Für Urheber und Musikverleger der Sparte E verringern sich die unter a) bis c) genannten Mindestbeträge um 1/3.

Ist ein Mitglied bereits einmal ordentliches Mitglied gewesen, so betragen die Fristen in a) bis c) je drei Jahre und das Mindestaufkommen in a) und b) 12 271,01 Euro und in c) 30 677,51 Euro. Frühere Mitgliedschaftsjahre werden dann voll angerechnet."

Zum 31. Dezember 2005 hatte die GEMA 61 942 Mitglieder, davon 2 953 ordentliche, 6 303 außerordentliche und 52 686 angeschlossene Mitglieder.[273]

Die Gesellschaft zur Verwertung von Leistungsschutzrechten als GmbH kennt nur Berechtigte. Sie unterscheidet zwischen ordentlichen und außerordentlichen Berechtigten. Außerordentlich Berechtigte sind im Gegensatz zu ordentlich Berechtigten solche, die der Gesellschaft zur Verwertung von Leistungsschutzrechten ihre Rechte nicht weltweit, sondern lediglich zur Wahrnehmung in Deutschland übertragen haben.[274]

Die VG Wort unterscheidet zwischen Mitgliedern im vereinsrechtlichen Sinne, die auch Wahrnehmungsberechtigte sind, Wahrnehmungsberechtigten und Bezugsberechtigten. Letztere sind in aller Regel „Gelegenheitsautoren" auf wissenschaftlichem Gebiet, die laut VG Wort am Vereinsleben nicht interessiert sind. Am 21. Dezember 2006 waren bei der VG Wort insgesamt 167 198 Wahrnehmungsberechtigte und 218 316 Berechtigte registriert. Gleichzeitig hatte die VG Wort 391 Mitglieder.[275]

Die VG Bild-Kunst hingegen kennt keine Unterscheidung, sondern nur ordentliche Mitglieder. Die Gesamtmitgliederzahl betrug am 31. Dezember 2006 39 012.

Teilweise wird die Möglichkeit einer ordentlichen Mitgliedschaft bei einer Verwertungsgesellschaft wie im Fall der VG Wort von den Berechtigten nicht genutzt, obwohl diese die finanziellen Voraussetzungen erfüllen.[276]

Nichtmitglieder werden in der Mitgliederversammlung durch Delegierte vertreten. Im Fall der GEMA werden von den knapp 59 000 außerordentlichen und angeschlossenen Mitgliedern 34 Delegierte gewählt. Diese sind in der Mitgliederversammlung nicht passiv wahlberechtigt (§ 12 GEMA-Satzung).[277] Nichtmitglieder der VG Wort entsenden insgesamt 25 Delegierte zur Mitgliederversammlung (§ 8 Abs. 2 VG Wort-Satzung).[278]

Verteilung der Einnahmen

Die Verteilung der Einnahmen zählt zu den Kernaufgaben der Verwertungsgesellschaften. Die Einnahmen müssen unter den Berechtigten gerecht aufgeteilt werden. Niemand darf aufgrund von sachfremden Beweggründen benachteiligt oder bevorzugt werden.[279] Dieses Willkürverbot leitet sich von dem Gleichheitsgrundsatz in Artikel 3 Grundgesetz ab. § 7 UrhWG legt fest, dass die Ver-

---

[273] Vgl. schriftliche Stellungnahme GEMA. (Kommissionsdrucksache 16/245a)
[274] Vgl. schriftliche Stellungnahme GVL. (Kommissionsdrucksache 16/238)
[275] Vgl. schriftliche Stellungnahme VG Wort. (Kommissionsdrucksache 16/236)
[276] Vgl. Wortprotokoll der Anhörung vom 29. Januar 2007 zum Thema „Kollektive Wahrnehmung von Urheberrechten und verwandten Schutzrechten". (Protokoll-Nr. 16/21)
[277] Vgl. schriftliche Stellungnahme GEMA. (Kommissionsdrucksache 16/245a)
[278] Vgl. schriftliche Stellungnahme VG Wort. (Kommissionsdrucksache 16/236)
[279] Vgl. Dreier/Schulze (2006), UrhG, UrhWG § 7, Rn. 3.

teilung der Einnahmen nach einem Verteilungsplan erfolgen muss. Bei der GEMA entscheidet die Mitgliederversammlung, der alle ordentlichen Mitglieder (knapp 3 000) und 34 Delegierte (stellvertretend für knapp 59 000 außerordentliche und angeschlossene Mitglieder) angehören, über die Verteilung der Einnahmen.

> „§ 7 UrhWG Verteilung der Einnahmen
>
> Die Verwertungsgesellschaft hat die Einnahmen aus ihrer Tätigkeit nach festen Regeln (Verteilungsplan) aufzuteilen, die ein willkürliches Vorgehen bei der Verteilung ausschließen. Der Verteilungsplan soll dem Grundsatz entsprechen, dass kulturell bedeutende Werke und Leistungen zu fördern sind. Die Grundsätze des Verteilungsplans sind in die Satzung der Verwertungsgesellschaft aufzunehmen."

Die aufgestellten Verteilungspläne müssen präzise genug sein, um im Voraus feststellen zu können, nach welchen Maßgaben die Beträge verteilt werden.[280]

Die allgemeinen Grundsätze der Verteilungspläne sind in die Satzung aufzunehmen (§ 7 Satz 3 UrhWG). Verbesserungen der bisherigen Berechnungsmethode sind jedoch auch ohne Satzungsänderung möglich.[281]

Einem Berechtigten sollte zufließen, was durch die Nutzung seines Werkes oder seiner Leistung vereinnahmt wurde. Dieser Grundsatz wird nach eigenem Bekunden von allen befragten Verwertungsgesellschaften befolgt.[282]

Die Einnahmen sind gemäß § 11 Satz 2 UrhG auf sämtliche Berechtigte angemessen zu verteilen. Dies schließt jedoch nicht eine Differenzierung nach der Wertigkeit von urheberrechtlich geschützten Werken gegenüber der Wertigkeit bloßer Leistungen der verwandten Schutzrechte des Urheberrechts aus, da der Zweck des Urheberrechtswahrnehmungsgesetzes in erster Linie ist, die schwächeren Urheber gegenüber den stärkeren Verwertern zu schützen.[283]

In diesem Sinne hat zum Beispiel die GEMA die Beteiligung der Musikverleger an den Erlösen aus der Nutzung der von ihr wahrgenommenen Rechte von 50 Prozent auf grundsätzlich 40 Prozent reduziert. Bei der VG Wort erhalten die Urheber zurzeit 50 Prozent der Vergütungen und die Verlage 50 Prozent. Nach Inkrafttreten des neuen § 63a UrhG soll der Verteilungsschlüssel so verändert werden, dass die Urheber einen größeren Anteil erhalten.

Verwaltungskostenanteil

Vor einer Verteilung an die Berechtigten werden bestimmte Beträge von den Gesamteinnahmen der Verwertungsgesellschaften abgezogen. Dazu zählen unter anderem die Verwaltungskosten, die von den Verwertungsgesellschaften grundsätzlich gering zu halten sind.[284] Bei der GEMA beliefen sich diese Kosten im Geschäftsjahr 2005 bei Gesamteinnahmen in Höhe von 852 Mio. Euro auf insgesamt 120 Mio. Euro.[285]

Der durchschnittliche Verwaltungskostensatz im Geschäftsjahr 2005 betrug bei der GEMA 14,1 Prozent, bei der GVL 8,59 Prozent, bei der VG Bild-Kunst 7,4 Prozent und bei der VG Wort

---

[280] Vgl. Urteil des LG München I vom 26. September 2001, AZ: 21 O 24574/00.
[281] Vgl. BGH Urteil vom 19. Mai 2005 zum PRO-Verfahren der GEMA, AZ: I ZR 299/02.
[282] Vgl. schriftliche Stellungnahmen GVL. (Kommissionsdrucksache 16/238), GEMA. (Kommissionsdrucksache 16/245a), VG Wort. (Kommissionsdrucksache 16/236), VG Bild-Kunst. (Kommissionsdrucksache 16/239)
[283] Vgl. Dreier/Schulze (2006), UrhG, UrhWG § 7, Rn. 9.
[284] Vgl. BGH GRUR 2002, S. 332, S. 334.
[285] Vgl. GEMA-Geschäftsbericht 2006, S. 2, www.gema.de/media/de/gesch_berichte/gema_geschaeftsbericht2006.pdf, (Stand 17. Oktober 2007).

7,5 Prozent. Einige Verwertungsgesellschaften erheben einen einheitlichen Kostensatz, unabhängig davon, wie verwaltungsaufwendig die Rechtewahrnehmung ist. Die GEMA zum Beispiel erhebt innerhalb des Aufführungs- und Senderechts einen für sämtliche Verrechnungssparten einheitlichen Kostensatz. Eine direkte Belastung der jeweiligen Einnahmen hätte laut GEMA eine prohibitive Wirkung, zum Beispiel auf das Einführen kostenaufwendiger neuer Monitoring-Verfahren, die eine einnahmebezogene Verteilung ermöglichen.[286] Auch die VG Wort erhebt einen einheitlichen Kostensatz. Ohne eine solche Regelung sei laut VG Wort zum Beispiel die Wahrnehmung der verwertungsgesellschaftspflichtigen Vergütung für Blindenschriftausgaben nicht mehr wirtschaftlich sinnvoll zu realisieren (der jährliche Gesamtbetrag von rund 22 000 Euro basiert auf rund 1 800 Einzelmeldungen).[287]

Weitere Abzüge sind für kulturell bedeutsame Werke (§ 7 Satz 2 UrhWG) und für Vorsorge- und Unterstützungseinrichtungen möglich (siehe § 8 UrhWG). Die Förderung kulturell bedeutsamer Werke hat bei der GEMA im Verteilungsplan selbst, in Gestalt eines zweistufigen Wertungsverfahrens, ihren Niederschlag gefunden.[288] Auf der ersten Stufe wird unter anderem die Aufführungshäufigkeit eines Werkes festgestellt und abgerechnet. Auf der zweiten Stufe werden weitere Faktoren berücksichtigt, zum Beispiel die Werkart, der Werkumfang, die Aufführungshäufigkeit und das Aufführungsgebiet, anhand deren ein Multiplikator errechnet wird, der zu einem Zuschlag führt.[289] Rechteinhaber, deren Werke als kulturell bedeutsam klassifiziert werden, erhalten deshalb einen höheren Anteil aus den Einnahmen der Verwertungsgesellschaft, als es der realen Verwertung entspricht. Die Rechteinhaber populärer Werke, die in der Regel eine höhere Verwertung haben, müssen dafür im Gegenzug auf einen Teil ihrer Vergütung verzichten.

Die VG Wort dagegen fördert kulturelle Zwecke durch den Förderungsfonds Wissenschaft.[290] Die VG Bild-Kunst durch Zuweisung von Geldern gemäß dem Verteilungsplan an die Kulturwerk GmbH.[291] Die Gesellschaft zur Verwertung von Leistungsschutzrechten fördert kulturell bedeutsame Werke und Leistungen im Rahmen von individueller Förderung und allgemeiner Zuwendung für kulturpolitische Zwecke, so zum Beispiel durch Förderungsbeiträge an den Deutschen Musikrat und das Deutsche Musikexportbüro GermanSounds in Höhe von je 100 000 Euro (2006). In den Genuss der individuellen Förderung können jedoch nur ordentliche Berechtigte der Gesellschaft zur Verwertung von Leistungsschutzrechten kommen.[292] In allen anderen genannten Fällen kommt die Förderung allen Berechtigten zugute.[293]

Rechte und Pflichten der Verwerter

Veranstalter öffentlicher Aufführungen, Vorführungen und Vorträge geschützter Werke sind gemäß § 13b UrhWG verpflichtet, die jeweilige Veranstaltung bei der zuständigen Verwertungsgesellschaft anzumelden und eine Liste der gespielten Werke zu übersenden.

„§ 13b Pflichten des Veranstalters

(1) Veranstalter von öffentlichen Wiedergaben urheberrechtlich geschützter Werke haben vor der Veranstaltung die Einwilligung der Verwertungsgesellschaft einzuholen, welche die Nutzungsrechte an diesen Werken wahrnimmt.

---

[286] Vgl. schriftliche Stellungnahme der GEMA. (Kommissionsdrucksache 16/245a)
[287] Vgl. schriftliche Stellungnahme der VG Wort. (Kommissionsdrucksache 16/236)
[288] Vgl. schriftliche Stellungnahme der GEMA. (Kommissionsdrucksache 16/245a)
[289] Vgl. Dreier/Schulze (2006), UrhG, UrhWG § 7, Rn. 15.
[290] Vgl. schriftliche Stellungnahme der VG Wort. (Kommissionsdrucksache 16/236)
[291] Vgl. schriftliche Stellungnahme der VG Bild-Kunst. (Kommissionsdrucksache 16/239)
[292] Vgl. schriftliche Stellungnahme der GVL. (Kommissionsdrucksache 16/238)
[293] Vgl. schriftliche Stellungnahmen der VG Wort. (Kommissionsdrucksache 16/236), VG Bild-Kunst. (Kommissionsdrucksache 16/239), GVL. (Kommissionsdrucksache 16/238), GEMA. (Kommissionsdrucksache 16/245a)

(2) Nach der Veranstaltung hat der Veranstalter der Verwertungsgesellschaft eine Aufstellung über die bei der Veranstaltung benutzten Werke zu übersenden. Dies gilt nicht für die Wiedergabe eines Werkes mittels Tonträger, für Wiedergaben von Funksendungen eines Werkes und für Veranstaltungen, auf denen in der Regel nicht geschützte oder nur unwesentlich bearbeitete Werke der Musik aufgeführt werden.

(3) Soweit für die Verteilung von Einnahmen aus der Wahrnehmung von Rechten zur Wiedergabe von Funksendungen Auskünfte der Sendeunternehmen erforderlich sind, die die Funksendungen veranstaltet haben, sind diese Sendeunternehmen verpflichtet, der Verwertungsgesellschaft die Auskünfte gegen Erstattung der Unkosten zu erteilen."

Das Recht zur öffentlichen Wiedergabe (§ 15 Abs. 2 und Abs. 3 UrhG) umfasst dabei die Rechte aus § 19 UrhG (Vortrags-, Aufführungs- und Vorführungsrecht), aus § 20 UrhG (Senderecht), aus § 21 UrhG (Wiedergabe durch Bild- und Tonträger) und § 22 UrhG (Wiedergabe von Funksendungen). Für ausübende Künstler und Tonträgerhersteller sind es die Rechte aus § 78 UrhG und § 86 UrhG. Die Pflicht zur Einholung der Einwilligung vor der Veranstaltung umfasst neben der Anzeige, dass eine Veranstaltung stattfindet, auch die Mitteilung der Angaben, die zur Ermittlung der anzuwendenden Tarif- und Vergütungssätze erforderlich sind.[294] Der Nutzer muss also unter anderem Angaben machen zur Art der Nutzung, Art der Veranstaltung, Dauer der Nutzung, Anzahl der Sitze, Größe des Veranstaltungsraumes, Höhe der Eintrittspreise.[295] Die Wiedergabe im Rahmen von § 52 UrhG ist privilegiert. Die Nutzung ist bereits per Gesetz gestattet, eine gesonderte Einwilligung ist deshalb grundsätzlich nicht mehr notwendig.[296]

Die Verwertungsgesellschaften sind aufgrund des Abschlusszwangs in § 11 UrhWG dazu verpflichtet, die Nutzungsrechte zu angemessenen Bedingungen einzuräumen. Werden Werke jedoch öffentlich ohne gesetzliche Privilegierung (siehe § 52 UrhG) oder ohne vorherige Einwilligung wiedergegeben, handelt es sich um eine Urheberrechtsverletzung, in deren Folge Unterlassungs- und Schadensersatzansprüche aus § 97 UrhG geltend gemacht werden können.[297]

Gemäß § 13b Abs. 2 Satz 1 UrhWG muss der Veranstalter den Verwertungsgesellschaften eine Aufstellung der benutzten Werke übersenden, wodurch eine gerechte Verteilung ermöglicht werden soll.[298] Die detaillierte Aufstellung ist schriftlich, unmittelbar nach der Veranstaltung und unaufgefordert den Verwertungsgesellschaften vorzulegen.[299] Eine solche Aufstellung ist jedoch nicht nötig, wenn Werke mittels Tonträger oder durch Funksendungen wiedergegeben wurden sowie in Fällen, in denen in der Regel nicht geschützte oder nur unwesentlich bearbeitete Werke der Musik aufgeführt werden (§ 13b Abs. 2 Satz 2 UrhWG).

Darüber hinaus haben Vereinigungen, deren Mitglieder geschützte Werke oder Leistungen nutzen, das Recht, den Abschluss von Gesamtverträgen zu angemessenen Bedingungen gemäß § 12 UrhWG von Verwertungsgesellschaften zu verlangen (siehe Abschnitt „Rechte und Pflichten der Verwertungsgesellschaften"). Die GEMA schließt zum Beispiel Gesamtverträge mit Musikverbänden ab. Zurzeit haben solche Verträge eine regelmäßige Laufzeit von einem Jahr.[300]

---

[294] Vgl. BGHZ 59, S. 286.
[295] Vgl. Dreier/Schulze (2006), UrhG, UrhWG § 13a, Rn. 7.
[296] Ebd., Rn. 5.
[297] Ebd., Rn. 9.
[298] Vgl. Bullinger/Wandtke (2006), UrhG, WahrnG § 13a Rn. 4.
[299] Vgl. Dreier/Schulze (2006), UrhG, UrhWG § 13a, Rn. 10.
[300] Vgl. schriftliche Stellungnahme der Bundesvereinigung Deutscher Orchesterverbände zum Fragenkatalog zur Anhörung „Kollektive Wahrnehmung von Urheberrechten und verwandten Schutzrechten" (Schriftliche Stellungnahme Bundesvereinigung Deutscher Orchesterverbände). (Kommissionsdrucksache 16/241)

Nutzer, die mit den Tarifen der Verwertungsgesellschaft nicht einverstanden sind, können die Nutzungsrechte durch Hinterlegung des geforderten Tarifbetrages erwerben (§ 11 Abs. 2 UrhWG) und sodann die Schiedsstelle beim Deutschen Patentamt anrufen (siehe Abschnitt „Aufsicht"). Findet das Verfahren hier keinen von beiden Seiten anerkannten Abschluss, sind die ordentlichen Gerichte zuständig.

Europäische Perspektiven und neue Technologien

Entwicklung auf europäischer Ebene

Schon in der Vergangenheit waren Regelungen über die Wahrnehmung von Nutzungsrechten Gegenstand von Rechtsakten der Europäischen Union. In mehreren EU-Richtlinien zum Urheberrecht wird auf die kollektive Rechtewahrnehmung Bezug genommen.[301]

EU-Kommission

Die EU-Kommission hat eine Empfehlung für die länderübergreifende kollektive Wahrnehmung von Urheberrechten ausgesprochen, die für legale Online-Musik-dienste benötigt werden.[302] Diese sogenannte „Online-Empfehlung" wird von der Kommission als ein Mittel zur Umsetzung der im Jahr 2000 verabschiedeten Lissabon-Strategie gesehen, mit der das Ziel verfolgt wird, die Europäische Union bis zum Jahr 2010 zum wettbewerbsfähigsten und dynamischsten wissensbasierten Wirtschaftsraum der Welt zu machen.[303] Die territorial beschränkte Rechtevergabe durch die Verwertungsgesellschaften im Bereich der Online-Nutzungen steht nach Auffassung der EU-Kommission der Erreichung dieses Ziels entgegen.[304]

Effizienz, Transparenz und Rechenschaftsfähigkeit von Verwertungsgesellschaften seien unerlässlich, wenn der grenzübergreifende Handel mit Waren und Dienstleistungen, die durch das Urheberrecht und verwandte Rechte geschützt seien, im Binnenmarkt reibungslos funktionieren solle. Viele Aspekte des materiellen Urheberrechts seien bereits harmonisiert. Gemeinschaftsweit müssten aber auch gleiche Voraussetzungen durch einheitliche urheberrechtliche Regelungen und Bedingungen im Bereich der Rechtewahrnehmung gewährleistet sein.[305]

Die EU-Kommission bevorzugt insoweit für den Bereich der Internetnutzung ein Modell (sogenannte Option 3), nach dem Verwertungsgesellschaften künftig nicht mehr nur territorial beschränkte, sondern EU-weite Lizenzen vergeben sollen. EU-weit operierende Verwertungsgesell-

---

[301] Vgl. Vermiet- und Verleihrichtlinie vom 19. November 1992. Diese sieht einen unverzichtbaren Anspruch auf angemessene Vergütung für Urheber oder ausübende Künstler vor (Artikel 4 Abs. 2), der zur Wahrnehmung den Verwertungsgesellschaften übertragen wird (Artikel 4 Abs. 3) bzw. in einzelnen Mitgliedstaaten auch verwertungsgesellschaftspflichtig ausgestaltet werden kann (Artikel 4 Abs. 4).
Die Richtlinie zum Satellitenrundfunk und zur Kabelweiterverbreitung vom 27. Oktober 1993 sieht in Artikel 9 Abs. 2 vor, dass Verwertungsgesellschaften Kabelweitersenderechte auch für Rechtsinhaber wahrnehmen können, die ihnen nicht angehören. (RL 93/83/EWG).

[302] Vgl. Europäische Kommission. Empfehlung vom 18. Oktober 2005 für die länderübergreifende kollektive Wahrnehmung von Urheberrechten und verwandten Schutzrechten (2005/737/EG).

[303] Vgl. GEMA-Schreiben zur kollektiven Rechtewahrnehmung auf europäischer Ebene, der sozialen Sicherung von Autoren und der Förderung des bürgerschaftlichen Engagements durch die GEMA vom 23. Mai 2007. (Kommissionsmaterialie 16/173)

[304] Vgl. Schreiben zur kollektiven Rechtewahrnehmung auf europäischer Ebene, der sozialen Sicherung von Autoren und der Förderung des bürgerschaftlichen Engagements durch die GEMA vom 23. Mai 2007. (Kommissionsmaterialie 16/173).

[305] Vgl. Europäische Kommission: Mitteilung der Europäischen Kommission an den Rat, das europäische Parlament und den europäischen Wirtschafts- und Sozialausschuss vom 16. April 2004. Die Wahrnehmung von Urheberrechten und verwandten Schutzrechten im Binnenmarkt (KOM (2004) 261 endgültig); Antrag auf Durchführung einer öffentlichen Anhörung der Enquete-Kommission am 29. Januar 2007 zu dem Thema: „Kollektive Wahrnehmung von Urheberrechten und verwandten Schutzrechten". (Kommissionsdrucksache 16/220b)

schaften sollen in einen Wettbewerb treten, Rechte der Rechteinhaber wahrnehmen zu dürfen. Jeder Rechteinhaber soll frei wählen, welche Verwertungsgesellschaft er europaweit und exklusiv mit der Wahrnehmung seiner Rechte beauftragt. Die Verwertungsgesellschaften sollen nur das Repertoire anbieten, das der Rechteinhaber diesen aktuell und konkret zur Rechtewahrnehmung übertragen hat. Dieses Wettbewerbssystem soll zu wenigen großen Verwertungsgesellschaften, also zu oligopolistischen Strukturen führen, die als effizienter als das bisherige System angesehen werden. Bislang gibt es eine Vielzahl territorial tätiger Verwertungsgesellschaften, die aufgrund von Gegenseitigkeitsverträgen den jeweiligen Nutzern das Weltrepertoire einräumen (Option 2).

Das Bundesministerium der Justiz hat sich in seiner Stellungnahme vom 20. September 2005 gegen die „Option 3" ausgesprochen und bittet die EU-Kommission, Alternativen zu Modell 3 zu erwägen. Das bereits in der Vergangenheit bewährte Modell der „Gegenseitigkeitsvereinbarungen" biete danach die von den Nutzern gewünschte Möglichkeit des „one-stop-shops" zur Lizenzierung gemeinschaftsweiter Nutzungsrechte.[306]

Neben mehr Wettbewerb fordert die EU-Kommission eine größere Transparenz der Verwertungsgesellschaften. Diese Transparenzforderung beschränkt sich jedoch auf eine Rechenschaftspflicht gegenüber den vertretenen Rechteinhabern (vergleiche Nr. 14 der Empfehlung und Nr. 13 der Erwägungsgründe). Dem Rechteinhaber soll so vor allem durch Information eine Wahl in Bezug auf die zu beauftragende Verwertungsgesellschaft ermöglicht werden.[307] Zusätzlich soll er unterrichtet werden, ob und wie viel von den Einnahmen „für andere Zwecke als die erbrachten Wahrnehmungsleistungen" einbehalten werden (Nr. 11 der Empfehlung).

Des Weiteren fordert die EU-Kommission eine gerechte Verteilung unter allen „Kategorien von Rechteinhabern" (Nr. 10 der Empfehlung). Der in Nr. 13 der Empfehlung enthaltene Nichtdiskriminierungsgrundsatz verlangt, dass alle Kategorien von Rechteinhabern gleich zu behandeln sind. Als Rechteinhaber werden dabei alle natürlichen und juristischen Personen bezeichnet, die Online-Rechte halten (Nr. 1 g der Empfehlung). Damit wird der im Urhebervertragsrecht bestehende Unterschied zwischen den originären Rechteinhabern (Urheber und ausübende Künstler) und der Urheberrechtsindustrie, die, abgesehen von den Rechten der Tonträgerhersteller, nur über „erworbene" Rechte verfügen, aufgehoben.[308]

Europäisches Parlament

Das Europäische Parlament hat in seiner Entschließung vom 15. Januar 2004 betont, dass die kollektive Wahrnehmung vom europäischen Gesetzgeber als eine nicht zu beanstandende Form der Wahrnehmung von Rechten anerkannt und sanktioniert ist. Es erkennt die kulturellen und gesellschaftspolitischen Aufgaben der Verwertungsgesellschaften an, die sie „auch zu Trägern öffentlicher Gewalt" machten. Das Europäische Parlament unterstreicht den Zusammenhang zwischen Monopolstellung, der Wahrnehmung öffentlicher Aufgaben und dem Transparenzgebot der Verwertungsgesellschaften (Nr. 14 und 34 der Entschließung). Die kultur- und gesellschaftspolitischen Tätigkeiten der Verwertungsgesellschaften würden zur Förderung der kulturellen Vielfalt in der Europäischen Union beitragen (Nr. 27 der Entschließung). [309]

---

[306] Vgl. schriftliche Stellungnahme der Bundesregierung zum Commission Staff Working Dokument „Study on a Community Initiative on the Cross-Border Collective Management of Copyright" vom 20. September 2005. (Kommissionsmaterialie 16/106)

[307] Vgl. schriftliche Stellungnahme von Herrn Prof. Dr. Josef Drexl vom Max-Planck-Institut für Geistiges Eigentum, Wettbewerbs- und Steuerrecht zum Fragenkatalog zur Anhörung „Kollektive Wahrnehmung von Urheberrechten und verwandten Schutzrechten" vom 9. Januar 2007. Schriftliche Stellungnahme Max-Planck-Institut. (Kommissionsdrucksache 16/237)

[308] Ebd.

[309] Vgl. Entschließung des Europäischen Parlaments zu einem Gemeinschaftsrahmen für Verwertungsgesellschaften im Bereich des Urheberrechts und der verwandten Schutzrechte (P5_TA(2004)0036).

In einer weiteren Entschließung vom 13. März 2007 widerspricht das Europäische Parlament der Online-Empfehlung der EU-Kommission und der vorgeschlagenen Option 3, soweit diese die Möglichkeit der EU-weiten exklusiven Rechtevergabe durch einzelne Verwertungsgesellschaften vorsieht.[310] Das Europäische Parlament empfiehlt, in Zukunft auch für den Bereich der Internetnutzungen an dem bisherigen System der von den Verwertungsgesellschaften abgeschlossenen Gegenseitigkeitsverträge festzuhalten. Begründet wird dies damit, dass dieses System die Existenz der kleineren Verwertungsgesellschaften sichere und damit für die Erhaltung der kulturellen Vielfalt in Europa von Bedeutung sei.

Neue Technologien – Digitale Rechteverwaltung (Digital Rights Management)

Die digitale Rechteverwaltung (Digital Rights Management – DRM) verspricht im Zuge der fortschreitenden Online-Verwertung eine Vergütung der Rechteinhaber auf Grundlage der tatsächlichen Nutzung. DRM-Systeme ermöglichen die Verwertung von digitalen Inhalten über eine reine Pauschalvergütung hinaus und erlauben zusätzlich die individuelle Lizenzierung/Abrechnung nach Häufigkeit, Dauer oder Umfang der Nutzung.[311] DRM-Systeme können dadurch die Verteilungsgenauigkeit verbessern und die Erfassung der Rechtenutzung weiter präzisieren. Diese neue individualisierte Rechtewahrnehmung könnte in Zukunft die kollektive Rechtewahrnehmung zum Teil verdrängen.[312]

Derzeit sind die für DRM-Systeme eingesetzten technischen Schutzmaßnahmen jedoch offensichtlich nicht geeignet, die kollektive Rechtewahrnehmung zu ersetzen.[313] Bestimmte Marktentwicklungen scheinen diese gegenseitigen Schwierigkeiten zu belegen. So hat zum Beispiel EMI am 2. April 2007 die Verschlüsselung seiner Tonträger aufgegeben.[314] Dennoch könnten DRM-Systeme, soweit funktionsfähig, die kollektive Rechtewahrnehmung zunächst im Online-Bereich entbehrlich machen und sich durchaus auch für die Tätigkeit der Verwertungsgesellschaften selbst anbieten.[315]

Aufsicht

Der Missbrauchsgefahr, die durch die faktische Monopolstellung der Verwertungsgesellschaften gegeben ist, wird durch unterschiedliche Regelungen begegnet. Diese sind im Urheberrechtswahrnehmungsgesetz normiert.

Aufsichtsbehörde über die Verwertungsgesellschaften ist das Deutsche Patent- und Markenamt (§ 18 Abs. 1 UrhWG). Dieses hat auf die Einhaltung der Verpflichtungen, die das Urheberrechts-

---

[310] Vgl. Entschließung des Europäischen Parlaments vom 13. März 2007 zu der Empfehlung der Kommission vom 18. Oktober 2005 für die länderübergreifende kollektive Wahrnehmung von Urheberrechten und verwandten Schutzrechten, die für legale Online-Musikdienste benötigt werden (P6_TA(2007)0064).

[311] Vgl. Brockhaus Online-Enzyklopädie. www.brockhaus-enzyklopaedie.de/be21_article.php?document_id=0x035a291e@be, (Stand 24. Oktober 2007).

[312] Vgl. schriftliche Stellungnahme von Prof. Georgios Gounalakis von der Philipps-Universität Marburg zum Fragenkatalog zur Anhörung „Kollektive Wahrnehmung von Urheberrechten und verwandten Schutzrechten" (schriftliche Stellungnahme Gounalakis) vom 15. Januar 2007. (Kommissionsdrucksache 16/243)

[313] Vgl. schriftliche Stellungnahmen GEMA (Kommissionsdrucksache 16/245a), (Kommissionsdrucksache 16/238), VG Bild-Kunst (Kommissionsdrucksache 16/239), VG Wort (Kommissionsdrucksache 16/236), Max-Planck-Institut. (Kommissionsdrucksache 16/237), Gounalakis (Kommissionsdrucksache 16/243), Prof. Dr. Hoeren von der Westfälischen Wilhelms-Universität (Kommissionsdrucksache 16/240), Dr. Vogel (Europäischen Patentamt). (Kommissionsdrucksache 16/242)

[314] Vgl. Meldung von Reuters „EMI launches DRM-free music downloads" vom 2. April 2007.

[315] Vgl. Schriftliche Stellungnahme Max-Planck-Institut. (Kommissionsdrucksache 16/237); Schriftliche Stellungnahme der VG Wort. (Kommissionsdrucksache 16/236)

wahrnehmungsgesetz den Verwertungsgesellschaften auferlegt, zu achten und soll somit den aufgezeigten Gefahren entgegenwirken. Die nach dem Urheberrechtswahrnehmungsgesetz bestehenden Verpflichtungen der Verwertungsgesellschaften bestehen zum einen gegenüber ihren Wahrnehmungsberechtigten, zum anderen gegenüber den Nutzern ihres Repertoires und den Nutzervereinigungen. Im Hinblick auf die Einhaltung von Sollvorschriften können lediglich Empfehlungen seitens der Aufsichtsbehörde ausgesprochen werden. Auch die Einflussnahme auf die Geschäftsführung der Verwertungsgesellschaften gehört nicht zu den Aufgaben der Aufsichtsbehörde.[316] Die Aufgaben und Befugnisse des Deutschen Patent- und Markenamtes sind in § 19 UrhWG geregelt.

„§ 19 Inhalt der Aufsicht

(1) Die Aufsichtsbehörde hat darauf zu achten, dass die Verwertungsgesellschaft den ihr nach diesem Gesetz obliegenden Verpflichtungen ordnungsgemäß nachkommt.

(2) Wird eine Verwertungsgesellschaft ohne eine Erlaubnis nach § 1 Abs. 1 tätig, kann die Aufsichtsbehörde die Fortsetzung des Geschäftsbetriebs untersagen. Die Aufsichtsbehörde kann alle erforderlichen Maßnahmen ergreifen, um sicherzustellen, dass die Verwertungsgesellschaft die sonstigen ihr obliegenden Verpflichtungen ordnungsgemäß erfüllt.

(3) Die Aufsichtsbehörde kann von der Verwertungsgesellschaft jederzeit Auskunft über alle die Geschäftsführung betreffenden Angelegenheiten sowie Vorlage der Geschäftsbücher und anderer geschäftlicher Unterlagen verlangen.

(4) Die Aufsichtsbehörde ist berechtigt, an der Mitgliederversammlung und, wenn ein Aufsichtsrat oder Beirat besteht, auch an dessen Sitzungen durch einen Beauftragten teilzunehmen.

(5) Rechtfertigen Tatsachen die Annahme, dass ein nach Gesetz oder Satzung zur Vertretung der Verwertungsgesellschaft Berechtigter die für die Ausübung seiner Tätigkeit erforderliche Zuverlässigkeit nicht besitzt, so setzt die Aufsichtsbehörde der Verwertungsgesellschaft zur Vermeidung des Widerrufs der Erlaubnis nach § 4 Abs. 1 Nr. 1 eine Frist zu seiner Abberufung. Die Aufsichtsbehörde kann ihm bis zum Ablauf dieser Frist die weitere Ausübung seiner Tätigkeit untersagen, wenn dies zur Abwendung schwerer Nachteile erforderlich ist."

Einzelne Befugnisse des Deutschen Patent- und Markenamtes

Verwertungsgesellschaften können nur mit Erlaubnis des Deutschen Patent- und Markenamtes und im Einvernehmen mit dem Bundeskartellamt errichtet werden (§§ 1, 18 Abs. 2 UrhWG). Voraussetzung für die Erteilung der Erlaubnis zum Geschäftsbetrieb ist, dass die Satzung dem Urheberrechtswahrnehmungsgesetz entspricht, die vertretungsberechtigten Personen die für die Ausübung ihrer Tätigkeit erforderliche Zuverlässigkeit besitzen und die Verwertungsgesellschaft wirtschaftlich zur wirksamen Wahrnehmung der Rechte und Ansprüche ihrer Mitglieder imstande ist (§ 3 UrhWG). Das Deutsche Patent- und Markenamt kann im Einvernehmen mit dem Bundeskartellamt bei Nichteinhaltung der Voraussetzungen die Erlaubnis gemäß § 4 UrhWG widerrufen. Als milderes Mittel gegenüber dem Widerruf der Erlaubnis kann die Aufsichtsbehörde eine Frist zur Absetzung eines unzuverlässigen Vertretungsberechtigten einer Verwertungsgesellschaft setzen und zur Abwendung schwerer Nachteile ihm die weitere Ausübung seiner Tätigkeit bis zum Ablauf dieser Frist untersagen (§ 19 Abs. 5 UrhWG). Außerdem kann die Aufsichtsbehörde die Fortsetzung des Geschäftsbetriebes untersagen, wenn eine Verwertungsgesellschaft ohne Erlaubnis tätig ist (§ 19 Abs. 2 Satz 1 UrhWG).

---

[316] Vgl. schriftliche Stellungnahme des DPMA zum Fragenkatalog zur Anhörung „Kollektive Wahrnehmung von Urheberrechten und verwandten Schutzrechten" (Schriftliche Stellungnahme Deutsches Patent- und Markenamt) vom 15. Januar 2007. (Kommissionsdrucksache 16/244)

Der Gesetzgeber hat mit dem „Gesetz zur Regelung des Urheberrechts in der Informationsgesellschaft" vom 10. September 2003[317] dem Deutschen Patent- und Markenamt zugleich mit § 19 Abs. 2 Satz 2 UrhWG eine Generalbefugnis zur Verfügung gestellt. Diese besagt, dass das Deutsche Patent- und Markenamt alle erforderlichen Maßnahmen ergreifen kann, um sicherzustellen, dass die Verwertungsgesellschaften die sonstigen ihr obliegenden Verpflichtungen ordnungsgemäß erfüllen.

Die Aufsichtsbehörde kann darüber hinaus von den Verwertungsgesellschaften jederzeit Auskunft über alle die Geschäftsführung betreffenden Angelegenheiten sowie Vorlage der Geschäftsbücher und anderer geschäftlicher Unterlagen verlangen (§ 19 Abs. 3 UrhWG). Das Deutsche Patent- und Markenamt ist nach § 19 Abs. 4 UrhWG auch berechtigt, an den Gremiensitzungen der Verwertungsgesellschaften teilzunehmen. Auf diese Weise soll die Transparenz über die Aktivitäten der Verwertungsgesellschaften gewahrt werden.[318]

Zusätzlich kann die Aufsichtsbehörde Verwaltungsakte, insbesondere solche, mit denen sie die Verwertungsgesellschaften zur Einhaltung der ihnen nach dem Urheberrechtswahrnehmungsgesetz obliegenden Verpflichtungen anhält, gemäß § 21 UrhWG nach dem Verwaltungsvollstreckungsgesetz (VwVG) vollstrecken. Als Vollstreckungsmaßnahme ist regelmäßig nur das Zwangsgeld anwendbar.[319] Das Deutsche Patent- und Markenamt drohte in seiner Funktion als Staatsaufsicht über die Verwertungsgesellschaften seit 1992 in drei Fällen ein Zwangsgeld an. In keinem dieser Fälle führte dies zu einer Festsetzung und Beitreibung des Zwangsgeldes, da die jeweiligen Verwertungsgesellschaften den zugrunde liegenden Verfügungen nach der Androhung nachkamen.[320]

Mit dem „Gesetz zur Regelung des Urheberrechts in der Informationsgesellschaft" vom 10. September 2003 hat der Gesetzgeber die Obergrenze für das Zwangsgeld von 5 000 Euro auf 100 000 Euro unter Hinweis auf die Höhe der Einnahmen der Verwertungsgesellschaften und mit Blick auf „Fälle der Untersagung des Geschäftsbetriebes ohne die nach § 1 UrhWG erforderliche Erlaubnis" angehoben.[321]

Es gehört nicht zu den Aufgaben der Aufsichtsbehörde, die Höhe von Vergütungsforderungen einer Verwertungsgesellschaft in konkreten Einzelfällen zu überprüfen und gegebenenfalls neu festzusetzen.[322] Eine solche Aufsicht über Einzelfallmaßnahmen ginge über die dem Deutschen Patent- und Markenamt vom Gesetzgeber in § 19 Abs. 1 UrhWG zugewiesene Aufgabe hinaus. Wenn ein Nutzer der Ansicht ist, dass eine Verwertungsgesellschaft auf der Grundlage eines rechtmäßigen Tarifs die konkret geforderte Vergütung nicht korrekt berechnet hat, so kann er dies nur im Wege eines Zivilrechtsstreits klären lassen, was eine Vielzahl von Tatsachenfeststellungen erfordern kann, die vom Deutschen Patent- und Markenamt als Aufsichtsbehörde über die Verwertungsgesellschaften nicht getroffen werden können.[323] Der Gesetzgeber sieht in diesen Fällen allerdings zunächst ein Verfahren vor der Schiedsstelle des Deutschen Patent- und Markenamtes vor. Wird dort kein Konsens erzielt, steht den jeweiligen Parteien der Rechtsweg zu den ordentlichen Gerichten offen (§ 14 UrhWG).

---

[317] Vgl. BGBl. 2003 I Nr. 46, S. 1774.
[318] Vgl. Dreier/Schulze (2006), UrhG, UrhWG Vor § 1, Rn. 15.
[319] Vgl. schriftliche Stellungnahme DPMA vom 15. Januar 2007. (Kommissionsdrucksache 16/244)
[320] Vgl. schriftliche Stellungnahme des DPMA zur Staatsaufsicht über die Verwertungsgesellschaften. (Kommissionsmaterialie 16/175)
[321] Vgl. Gesetzentwurf der Bundesregierung zur Regelung des Urheberrechts in der Informationsgesellschaft, S. 71. (Bundestagsdrucksache 15/38)
[322] Vgl. schriftliche Stellungnahme DPMA vom 15. Januar 2007. (Kommissionsdrucksache 16/244)
[323] Ebd.

B) Problembeschreibung

Grundsätzliche Ausrichtung: Kultur versus Kommerz

Europäische Perspektive

Die sogenannte Online-Empfehlung der EU-Kommission hat eine Diskussion darüber ausgelöst, welche Funktion Verwertungsgesellschaften zukünftig grundsätzlich zukommen soll. Nach dem rein wettbewerbsorientierten Modell der EU-Kommission würden diese zukünftig als Rechtemakler und Inkassounternehmen auftreten, die ausschließlich wirtschaftliche Interessen verfolgen. Damit würde das Leitbild des Urheberrechtswahrnehmungsgesetzes konterkariert. Danach handelt es sich bei Verwertungsgesellschaften um staatsnahe Einrichtungen, deren Aufgaben sich auch unter kulturellen und sozialen Aspekten definieren.

Ein Ausdruck dieses Leitbildes ist die gesetzlich begründete Tarifautonomie der Verwertungsgesellschaften. Tarife werden nicht von einzelnen Rechteinhabern oder Primärverwertern festgesetzt, sondern von den Verwertungsgesellschaften selbst. Innerhalb eines lizenzierten Tarifs wird nicht nach dem tatsächlichen Marktwert der einzelnen Schutzgegenstände unterschieden. Ein Publikumserfolg kostet genauso viel wie eine wirtschaftlich erfolglose Produktion. Dies führt faktisch zu einem Schutz schwächerer Marktteilnehmer. Durch den Wahrnehmungszwang wird dieser Schutz verstärkt. Denn jeder Rechteinhaber kann Mitglied der jeweiligen Verwertungsgesellschaft werden. Der weniger berühmte Künstler hat damit via Verwertungsgesellschaft dieselbe Präsenz wie ein marktmächtiger Mitbewerber. Auch kleinere Nutzer profitieren davon gegenüber großen Nutzern, da infolge des Kontrahierungszwanges jedes Unternehmen als Nutzer zu festen Tarifen die von den Verwertungsgesellschaften wahrgenommenen Rechte erwerben kann.

Durch die Diskussion um die grundsätzliche Ausrichtung der Verwertungsgesellschaften sind Interessengegensätze aufgebrochen, die in dieser Form in der Vergangenheit nicht existiert haben. Schwächere Künstler und Primärverwerter sind interessiert daran, das System der kollektiven Wahrnehmung aufrechtzuerhalten. Außergewöhnlich erfolgreiche Künstler haben ein Interesse daran, die unmittelbar wettbewerbsrelevante Inkassofunktion der Verwertungsgesellschaften zu stärken.

Am Beispiel des weltweit führenden Musikverlags EMI Music Publishing wird in Bezug auf die partielle „Ausgründung" von CELAS deutlich, dass die gegenwärtige Struktur auch von großen Primärverwertern infrage gestellt wird. Durch den mit der GEMA abgeschlossenen Geschäftsbesorgungsvertrag ist der Zugang für CELAS zu den Daten der GEMA eröffnet, ohne die die Tätigkeit der CELAS von vornherein zum Scheitern verurteilt wäre. Als eigenständige Rechtsperson unterliegt die CELAS jedoch nicht den Beschränkungen des Urheberrechtswahrnehmungsgesetzes. Damit stellt die GEMA eine Struktur zur Verfügung, die es CELAS erlaubt, ein für die Nutzer unverzichtbares Musikrepertoire zu lizenzieren, ohne dass die Pflichten des Urheberrechtswahrnehmungsgesetzes wie der doppelte Abschlusszwang, die Tarifkontrolle oder Staatsaufsicht greifen würden. Die eigens für EMI Music Publishing errichtete Struktur führt im Ergebnis zu einer wirtschaftlichen Privilegierung gegenüber den übrigen von der GEMA vertretenen Rechteinhabern. Denn die Vorteile der kollektiven Verwertung und die der individuellen Rechtewahrnehmung werden gleichermaßen genutzt.

Es besteht die Gefahr, dass dieses Modell der Mischform Schule macht. Unter Hinweis auf eine rein wettbewerbsorientierte Sichtweise könnten große Verlage Teile ihres Repertoires hinsichtlich bestimmter Nutzungsarten aus der Verwertungsgesellschaft herauslösen, um genau dieses Repertoire den europäischen Verwertungsgesellschaften meistbietend zum Inkasso anzubieten. Dabei könnte dieses Repertoire am Ende sogar wieder derselben Gesellschaft zum Inkasso übergeben werden, der es zuvor aus der kollektiven Verwertung entzogen worden war. Der Unterschied wäre aus kulturpolitischer Sicht bedeutend: Wurde das Repertoire zuvor zu den von der Verwertungsgesellschaft veröffentlichten Tarifen vergeben, geschähe dies nun nach den Tarifvorgaben des jeweiligen Primärverwerters, gleichwohl aber unter Verwendung der Datenbanken, welche die Verwertungsgesellschaften mit den Treuhandgeldern ihrer Berechtigten aufgebaut haben. Das vom Urheberrechtswahrnehmungsgesetz vorgegebene Gleichbehandlungsgebot und Willkürverbot wäre außer Kraft gesetzt. Die von den Berechtigten kraft Wahrnehmungsvertrages übertragene treuhänderische Verpflichtung würde missachtet.

Schon aus diesem Grund ist eine rein wettbewerbsorientierte Neuausrichtung der Verwertungsgesellschaften abzulehnen. Im Übrigen übersieht eine solche die spezifischen Funktionen der Verwertungsgesellschaften. Denn es wird nicht einmal zwischen der Rechtewahrnehmung für die originären Inhaber gewisser Rechte und Ansprüche wie etwa ausübende Künstler und Verwerter der ersten Stufe unterschieden, selbst wenn diese über keine originären Rechte verfügen. Wenn es lediglich um die Optimierung des Lizenzinkassos geht, besteht zwischen beiden in der Tat ein geringer Unterschied.

Experten und die überwiegende Zahl der Verwertungsgesellschaften haben diese Befürchtung bestätigt. Ein freier Wettbewerb könnte letztlich dazu führen, dass wirtschaftlich erfolgreiches Repertoire außerhalb der Verwertungsgesellschaften und nur noch das wirtschaftlich weniger attraktive Repertoire durch sie verwertet wird. Die Auswirkungen einer solchen Trennung sind vorhersehbar: Die gleichbleibenden Kosten der Verwertungsgesellschaften im Verhältnis zu den dann deutlich sinkenden Einnahmen würden nicht nur zu drastisch sinkenden Verteilungen an die in den Verwertungsgesellschaften verbliebenen Kreativen führen. Vielmehr wären auch die heute gültigen Tarifhöhen kaum noch durchsetzbar, wenn das wirtschaftlich erfolgreiche und damit am Markt auch zu einem höheren Preis absetzbare Repertoire aus den Verwertungsgesellschaften herausgelöst würde. Die gegenwärtige Schutz- und Ausgleichsfunktion der Verwertungsgesellschaften würde damit ausgehöhlt.

Diese Schutz- und Ausgleichsfunktionen dürfen jedoch nicht außer Acht gelassen werden. Denn sie dienen in erster Linie den Schöpfern und Verwertern von Repertoire, das wirtschaftlich geringeren Erfolg verspricht, ohne deswegen kulturpolitisch weniger wichtig zu sein. Dies hätte gravierende Auswirkungen auf die kulturelle Vielfalt. Eine Verarmung der Kulturlandschaft wäre die Folge. Damit würde der Grund für die derzeitige gesetzliche Begründung einer faktischen Monopolstellung mittels des Instrumentes kollektiver Rechtewahrnehmung entfallen.

Der Gesetzgeber hat die Aufgabe, dieses Prinzip der kollektiven Rechtewahrnehmung zu verteidigen und insoweit die Verwertungsgesellschaften vor Wettbewerb zu schützen. Diese Position ist auf europäischer Ebene vehement zu vertreten. Insoweit sind alle Anstrengungen zu unternehmen, damit es auf EU-Ebene nicht zu einer Beschlussfassung zugunsten der „Option 3" kommt. Dem anerkennenswerten Bedürfnis der Nutzerseite, an jedem Ort in Europa europaweite Lizenzen erwerben zu können, sollte vielmehr durch die „Option 2", also einem Geflecht von Gegenseitigkeitsverträgen, genügt werden.

Im Gegenzug müssen sich aber die Verwertungsgesellschaften darauf beschränken, ihren im Urheberrechtswahrnehmungsgesetz verankerten Aufgaben nachzukommen und nicht wirtschaftlich tätig zu werden. Dazu gehört auch die Pflicht, dass Verwertungsgesellschaften keine Dienstleistungen gegenüber Dritten erbringen dürfen, die mit der Natur ihrer Tätigkeit unvereinbar sind. Insbesondere sollten sie keine auf Gewinnzielung ausgerichteten Tochterunternehmen gründen und auch nicht Berechtigten, die für die Mitgliedschaft in der Verwertungsgesellschaft qualifiziert wären, Inkassodienstleistungen anbieten dürfen.

Auch wenn es aus kulturpolitischen Gründen wünschenswert erscheint, der Rechtewahrnehmung durch Verwertungsgesellschaften eine starke Stellung zu erhalten, darf daraus allerdings nicht ein

Verwertungsgesellschaftenzwang begründet werden. Denn auch in der Vergangenheit war, von Vergütungsansprüchen und wenigen Rechten abgesehen, für die eine Verwertungsgesellschaftspflicht ausdrücklich gesetzlich angeordnet war, die Entscheidung für eine Verwertungsgesellschaft freiwillig.

Transparenz bei Gegenseitigkeitsverträgen

Im Rahmen der Urheberrechtswahrnehmung ist Transparenz geboten. Zum einen besteht ein Treuhandverhältnis zu den Rechteinhabern, die nur durch Transparenz in die Lage versetzt werden, das Handeln der Verwertungsgesellschaften selbst zu kontrollieren. Zum anderen unterliegen Verwertungsgesellschaften als Monopolunternehmen keiner Kontrolle durch den Markt. Schließlich nehmen Verwertungsgesellschaften Aufgaben im öffentlichen Interesse wahr, sodass auch eine Transparenzpflicht gegenüber der allgemeinen Öffentlichkeit besteht. Die danach gebotene Transparenz wird jedoch nicht in erforderlicher Weise praktiziert.

So werden Inhalt und Durchführung der Gegenseitigkeitsverträge, gegen die sich vor allem die EU-Kommissions-Empfehlung richtet, nicht ausreichend der Öffentlichkeit zugänglich gemacht.

Überprüfung von Vorsorge- und Unterstützungseinrichtungen

Die Sozialwerke der Verwertungsgesellschaften spielen bei der Unterstützung von Künstlern eine wichtige Rolle. Sie werden aus nicht ausgeschütteten Anteilen der Ausschüttung an die Wahrnehmungsberechtigten finanziert. Künstler finanzieren also durch einen Verzicht auf Ausschüttung die soziale Unterstützung ihrer in Not geratenen Kollegen. Da die Sozialwerke aus Mitteln der Mitglieder finanziert werden, sind die Verwertungsgesellschaften zu besonderer Transparenz verpflichtet. Auch nach Durchführung der Anhörung war jedoch nicht bei allen Verwertungsgesellschaften klar, in welchem Umfang tatsächlich Abführungen an die Sozialwerke erfolgen. Zudem wurde nicht deutlich, wie viele Rechteinhaber in den Genuss von Leistungen aus den Sozialwerken kommen.

Im Übrigen haben sich seit Gründung der meisten Verwertungsgesellschaften die Bedingungen hinsichtlich der Versorgung Kreativer allein schon durch das Hinzutreten der Künstlersozialkasse erheblich geändert. Angesichts dessen bedürfen die Vorsorge- und Unterstützungseinrichtungen der Verwertungsgesellschaften einer Überprüfung, um auf der einen Seite ungerechtfertigte Begünstigungen auszuschließen und auf der anderen Seite alle Wahrnehmungsberechtigten zu erfassen (wie das Autorenversorgungswerk, das 1996 geschlossen wurde).

Nachvollziehbarkeit der Dokumentation der Tarifaufstellung

Ein wesentliches Charakteristikum von Verwertungsgesellschaften ist das Recht der autonomen Tarifaufstellung. Die Position der Verwertungsgesellschaften wird umso stärker, je weniger individuellen Einfluss die Berechtigten auf Tariffragen ausüben können.

Transparenz bei der Tarifaufstellung setzt deshalb voraus, dass Verwertungsgesellschaften – mit Ausnahme von Gegenseitigkeits- und Mandatsverträgen mit anderen Verwertungsgesellschaften – die von ihnen ausgeübten Rechte und Ansprüche grundsätzlich nur aufgrund von Berechtigungsverträgen wahrnehmen, die entweder in der veröffentlichten Form oder gar nicht abgeschlossen werden. Dies schließt eine Beschränkung auf einzelne Wahrnehmungsbereiche nicht aus, wohl aber individuelle Vereinbarungen, die vom Leitbild der unbedingten kollektiven Rechtewahrnehmung abweichen.

Verwaltungskosten

Es stellen sich auch nach der Anhörung Fragen nach der Höhe der Verwaltungskosten der Verwertungsgesellschaften. Diese differieren zum Teil sehr stark und sind auch teilweise in der Höhe erklärungsbedürftig.

Demokratische Teilhabestrukturen

Viele der Verwertungsgesellschaften nehmen wesentlich mehr Rechte von wesentlich mehr Berechtigten wahr, als jeweils Zugang zu den Gremien der betreffenden Verwertungsgesellschaften haben, in denen die Grundsätze der Verteilung beschlossen werden.

Unter diesen Umständen kann eine demokratische Teilhabe kaum gewährleistet sein. Und es besteht die Gefahr, dass die Berechtigten, die an den Entscheidungsprozessen tatsächlich teilhaben, möglicherweise die Interessen derjenigen aus dem Auge verlieren, die strukturell von der Teilhabe ausgeschlossen sind.

In vielen Fällen werden Letzteren diese Interessen nicht einmal bewusst sein. Zu denken ist hier insbesondere an ausländische Kreative, die in den verschiedensten Verwertungszusammenhängen eine wirtschaftlich erhebliche Rolle spielen. Die umfassende Repräsentanz aller Wahrnehmungsberechtigten, die an der Wertschöpfung tatsächlich beteiligt sind, in den entscheidungserheblichen Gremien ist zurzeit nicht sichergestellt.

Sozialklausel

Alten- und Pflegeheime, Schulen sowie die Sozial- und Jugendhilfe spielen eine besondere Rolle im Rahmen der kulturellen Bildung verschiedenster Gesellschaftsgruppen. Diesen Gruppen ist der Zugang zu Kunst und Kultur in besonderer Weise zu ermöglichen. Daher bestimmt § 52 UrhG, dass die Vergütungspflicht für Werke, die in solchen Einrichtungen aufgeführt werden und deren Aufführung sozialen oder erzieherischen Zwecken dient, entfällt, sofern Veranstaltungen „nur einem bestimmt abgegrenzten Kreis von Personen zugänglich sind".

Die Auslegung des Begriffes eines „abgegrenzten Personenkreises" durch die Verwertungsgesellschaften hat in der Vergangenheit zu Problemen geführt. So wurde das Entfallen der Vergütungspflicht beispielsweise bei der Veranstaltung eines Pflegeheimes mit der Begründung verneint, dass die Türen jederzeit geöffnet werden konnten und somit die Veranstaltung nicht nur einem abgegrenzten Personenkreis zugänglich sei.

Diese Art der Auslegung führt dazu, dass der Zweck der Regelung, bestimmte Veranstaltungen von der Vergütungspflicht auszunehmen, nicht erreicht wird. Es erscheint eine Klarstellung des Merkmals durch den Gesetzgeber geboten.

Tarif- und Vertragsgestaltung bei der GEMA

Pauschaler Berechnungsmodus bei der GEMA

Bei der Tarifgestaltung der Verwertungsgesellschaften hat sich gezeigt, dass teilweise Abrechnungsmodelle genutzt werden, die sich nicht daran orientieren, inwieweit die Aufführung eines Werkes tatsächlich wahrgenommen wird, sondern danach, wie viele Personen das Werk potenziell wahrnehmen könnten. So wird die Höhe der Abgabe der Verwerter an die GEMA nicht aufgrund der tatsächlichen Zahl der Besucher einer Veranstaltung berechnet, sondern nach der Anzahl der zur Verfügung stehenden Sitzplätze. Darunter können insbesondere gemeinnützige Strukturen und Theater leiden.

So kann dies dazu führen, dass Aufführungen weniger bekannter Künstler unterbleiben, da der Verwerter oft nicht in der Lage sein wird, auf andere, kleinere Räumlichkeiten mit weniger Sitzgelegenheiten auszuweichen. Stattdessen wird er oft gezwungen sein, auf eine Aufführung zu verzichten, da es für ihn nicht mehr finanzierbar ist.

Dies liegt jedoch weder im Interesse von Künstlern, die ihr Werk erstmals der Öffentlichkeit bekannt machen wollen, noch im Interesse einer vielfältigen Kulturlandschaft, die darauf angewiesen ist, dass neue Künstler die Möglichkeit haben, noch unbekannte Werke der Öffentlichkeit vorzustellen.

Bürokratie bei der GEMA

Zahlreiche Verwerter/Nutzer bemängeln einen zu hohen Bürokratieaufwand. So seien Formulare oft nicht eindeutig und selbsterklärend gestaltet. Des Weiteren sei es nicht möglich, Formulare im Wege elektronischer Kommunikation bei der GEMA einzureichen.

Das finanzielle Risiko, Formulare falsch oder unvollständig auszufüllen, sei demgegenüber beachtlich, da für nicht ordnungsgemäß angemeldete Veranstaltungen hohe Gebühren fällig würden (zum Beispiel 440 Euro zuzüglich eines sogenannten Kontrollzuschlags von 100 Prozent, der fällig wird, wenn eine nicht genehmigte Veranstaltung stattfindet).

Um insbesondere ehrenamtliches Engagement in gemeinnützigen Strukturen weiterhin zu ermöglichen, sind die Verwertungsgesellschaften aufzufordern, ihre Formulare in Bezug auf ihre Klarheit und Verständlichkeit hin zu überprüfen und gegebenenfalls zu überarbeiten.

Gesamtverträge bei der GEMA

Ein Großteil der vom bürgerschaftlichen Engagement getragenen Kulturvereine ist Nutzer geschützter Werke. Es ist jedoch nicht jede Vereinigung gesamtvertragsfähig. Der Abschluss eines Gesamtvertrages ist den Verwertungsgesellschaften dann nicht zumutbar, wenn der Vertragspartner eine zu geringe Mitgliederzahl aufweist oder sich durch den Gesamtvertrag keine Vorteile ergeben.

Die Bundesvereinigung Deutscher Orchesterverbände berichtete, dass derzeit nur Verträge mit einer Laufzeit von einem Jahr abgeschlossen würden. Die Verhandlungen würden demnach im November/Dezember des auslaufenden Jahres geführt. Bis der GEMA-Vertrag den Verbandspräsidenten zur Unterschrift vorgelegt würde, vergingen in der Regel drei bis vier Monate, das heißt, die Vereine erhielten erst zu Beginn des zweiten Quartals die Gebührensätze.[324]

Die Möglichkeit, Gesamtverträge abzuschließen, ist in § 12 UrhWG normiert. Nicht geregelt ist indes, wie viele Mitglieder eine Vereinigung aufweisen muss, um in die Lage versetzt zu werden, Gesamtverträge mit einer Verwertungsgesellschaft abzuschließen. Gesamtverträge sind für Vereinigungen ein bedeutsames Instrument zur Kostenreduzierung, da Rabatte von teils über 20 Prozent gewährt werden. Die Verwertungsgesellschaften sind lediglich verpflichtet, Gesamtverträge zu „angemessenen Bedingungen" abzuschließen. Das Merkmal der Angemessenheit wird von den Verwertungsgesellschaften unterschiedlich ausgelegt.

Im Sinne einer möglichst weitgehenden Transparenz sollten die Verwertungsgesellschaften jedoch verpflichtet werden, in ihren Satzungen darzulegen, in welchen Fällen Gesamtverträge abgeschlos-

---

[324] Vgl. schriftliche Stellungnahme von der Bundesvereinigung Deutscher Orchesterverbände zum Fragenkatalog zur Anhörung vom 29. Januar 2007 „Kollektive Wahrnehmung von Urheberrechten und verwandten Schutzrechten". (Kommissionsdrucksache 16/241)

sen werden können, insbesondere, wie viele Mitglieder oder welchen Umsatz eine Vereinigung benötigt, um Gesamtverträge abzuschließen.

Hinterlegungspflichten

Für gesetzliche Vergütungsansprüche im Rahmen der Sendung oder öffentlichen Wiedergabe gibt es gegenwärtig keinerlei Hinterlegungspflichten für die Nutzer. Sind diese nicht bereit, die geforderte Vergütung zu zahlen, besteht – anders als für die Ausschließlichkeitsrechte – nicht die Möglichkeit der vorläufigen Zahlung oder Hinterlegung nach § 11 Abs. 2 UrhWG. Da eine vorläufige Einräumung der Nutzungsrechte nicht erforderlich ist, sondern die Nutzung gegen Zahlung der Vergütung gesetzlich gestattet ist, kann die Verwertungsgesellschaft von Sendern, Diskotheken etc. weder Hinterlegung verlangen noch Unterlassungsansprüche geltend machen. Während der Dauer eines streitigen Verfahrens, das sich bei Einschaltung der Schiedsstelle und sich anschließenden bis zu drei Instanzentscheidungen über mehrere Jahre erstrecken kann, besteht keinerlei Möglichkeit für die Verwertungsgesellschaft, die Zahlungsansprüche zu sichern. Dies setzt die Vergütungsansprüche dem akuten Insolvenzrisiko des Nutzers aus und berücksichtigt nicht, dass anders als in sonstigen Zivilverfahren durch die zwingende Vorschaltung der Schiedsstelle das Insolvenzrisiko ungleich höher ist als bei sonstigen gerichtlichen Streitigkeiten.

Die lange Verfahrensdauer zur Durchsetzung von Vergütungsansprüchen nach § 54a UrhG a. F. gibt insbesondere unseriösen Importeuren die Möglichkeit, die Bezahlung der geschuldeten Urheberrechtsvergütungen zu verweigern, um dann nach Vorliegen eines rechtskräftigen Urteils Insolvenz anzumelden. Es fehlt somit an einer gesetzlich vorgeschriebenen Hinterlegungspflicht auch für bloße Vergütungsansprüche.

Tarifanwendung bei Kulturvereinen

Vonseiten breitenkultureller Vereine und Verbände wurde die Gebührenpolitik der GEMA kritisch betrachtet. So wurde dargestellt, dass sich die Pauschalvergütung für die Aufführung geschützter Werke in den zurückliegenden 20 Jahren in etwa verdoppelt habe, von 3,58 Euro je aktivem Musiker über 18 Jahren im Jahre 1983 auf 7,06 Euro im Jahr 2006. Obwohl der Inflationsausgleich laut Statistischem Bundesamt von 1993 bis 2006 bei 44,5 Prozent lag, hätte sich die GEMA-Pauschalvergütung verdoppelt. Die Schere zwischen der Inflationsrate und den erhobenen GEMA-Gebühren ginge immer weiter auseinander: Die Einnahmesteigerungen der GEMA im Bereich der Breitenkultur insgesamt betrugen in den letzten zehn Jahren 26 Prozent; im Bereich der instrumentalen Gruppierungen dieses Bereichs sogar 31 Prozent. Aus Sicht der Bundesvereinigung Deutscher Musikverbände ist problematisch, dass bei der GEMA für die Mitglieder des Verbandes weitgehend die Veranstaltungstarife (U-VK, das heißt der Vergütungssatz für Unterhaltungs- und Tanzmusik mit Musikern) gelten, die auch für kommerzielle Konzertveranstalter herangezogen würden.

Aufsicht

Eine effektive und funktionierende Aufsicht ist aufgrund der faktischen Monopolstellung der Verwertungsgesellschaften notwendig und erforderlich. Der Gesetzgeber hielt die Zusammenfassung aller Rechte in der Hand einer Verwertungsgesellschaft in einem „Gesetz über die Wahrnehmung von Urheberrechten und verwandten Schutzrechten" zwar für „notwendig", „zweckmäßig und wünschenswert", weil sie gleichermaßen den Interessen der Urheber und der Verwerter diene, erkannte aber auch die Gefahren, die darin liegen.[325] Die Verwertungsgesellschaften können die ihnen

---

[325] Vgl. Entwurf eines Gesetzes über Verwertungsgesellschaften auf dem Gebiet des Urheberrechts (Verwertungsgesellschaftengesetz) vom 23. Mai 1962, S. 9f. (Bundestagsdrucksache 4/271)

gegebene Machtfülle im Innenverhältnis zum Wahrnehmungsberechtigten und im Außenverhältnis zum Nutzer unter Umständen missbrauchen.[326] Im Falle einer Verweigerung der Verwertungsgesellschaften, die Rechte einzelner Urheber oder Inhaber verwandter Schutzrechte wahrzunehmen, würden diese wirtschaftlich schwer geschädigt werden, da regelmäßig die individuelle Wahrnehmung nicht möglich oder im Bereich verwertungsgesellschaftspflichtiger Rechte rechtlich unzulässig ist.[327] Weitere Gefahren ergeben sich aus der Treuhandstellung der Verwertungsgesellschaften, da Urheber und Leistungsschutzberechtigte den Verwertungsgesellschaften häufig den wesentlichen Teil ihres Vermögens anvertrauen.[328] Insoweit muss sichergestellt sein, dass die Verwertungsgesellschaften mit den ihnen zur Wahrnehmung übertragenen Rechten ordnungsgemäß verfahren und die mit der Wahrnehmung dieser Rechte erzielten Einnahmen gerecht verteilen. Eine wirksame staatliche Aufsicht über die Verwertungsgesellschaften kann diesen Gefahren begegnen.[329]

Das Deutsche Patent- und Markenamt hat jedoch ein großes Spektrum an Aufgaben zu leisten, wodurch eine effiziente Aufsicht erschwert wird. Neben der Aufsicht über die Verwertungsgesellschaften ist es damit beauftragt, alle geistigen Schutzrechte zu betreuen (Patent-, Marken-, Gebrauchsmuster- und Geschmacksmusterrechte). Der wichtigste Bereich ist dabei das Patentrecht.[330]

Die Aufsicht über die Verwertungsgesellschaften nimmt im Vergleich zu den anderen Aufgaben einen zu geringen Stellenwert ein. Insgesamt hat das Deutsche Patent- und Markenamt etwas mehr als 2 600 Mitarbeiter. Das Referat für Urheberrecht besteht allerdings lediglich aus fünf Personen – drei Juristinnen und Juristen, einem Sachbearbeiter und einer Registratorin.[331]

In der Anhörung zum Thema „Kollektive Wahrnehmung von Urheberrechten und verwandten Schutzrechten" wurde von vielen Sachverständigen die Auffassung geäußert, dass die Aufsichtstätigkeit des Deutschen Patent- und Markenamtes nicht immer zufriedenstellend ist.[332] Aufgrund der fehlenden personellen Ressourcen zieht sich die Bearbeitung von Beschwerden über Verwertungsgesellschaften sehr lange hin.[333] Eine Aufstockung der Personalmittel und der Ausstattung sei deshalb dringend geboten. Darüber hinaus schreite das Deutsche Patent- und Markenamt nach Ansicht der befragten Sachverständigen als Aufsichtsbehörde nicht häufig genug ein.[334]

In den letzten zehn Jahren gab es bei drei der vier – im Rahmen der Anhörung – befragten Verwertungsgesellschaften[335] keine aufsichtsrechtliche Beanstandung von Bestimmungen der Satzung, des Berechtigungsvertrages oder des Verteilungsplans. Dies sei jedoch auch zum Teil der Tatsache ge-

---

[326] Vgl. Schriftliche Stellungnahme DPMA vom 15. Januar 2007. (Kommissionsdrucksache 16/244)
[327] Ebd.
[328] Ebd.
[329] Vgl. Entwurf eines Gesetzes über Verwertungsgesellschaften auf dem Gebiet des Urheberrechts (Verwertungsgesellschaftengesetz) vom 23. Mai 1962, S. 9f. (Bundestagsdrucksache 4/271)
[330] Vgl. Wortprotokoll der öffentlichen Anhörung vom 29. Januar 2007 zum Thema „Kollektive Wahrnehmung von Urheberrechten und verwandten Schutzrechten". (Protokoll-Nr. 16/21)
[331] Ebd.
[332] Vgl. schriftliche Stellungnahmen Prof. Dr. Hoeren (Westfälische Wilhelms-Universität Münster). (Kommissionsdrucksache 16/240), Prof. Dr. Gounalakis (Philipps-Universität Marburg). (Kommissionsdrucksache 16/243), Dr. Vogel (Europäisches Patentamt). (Kommissionsdrucksache 16/242)
[333] Vgl. Schriftliche Stellungnahme des DPMA. (Kommissionsdrucksache 16/244)
[334] Vgl. Auffassung der Sachverständigen Prof. Dr. Hoeren und Dr. Vogel im Wortprotokoll (Protokoll-Nr. 16/21), vgl. auch schriftliche Stellungnahme von Prof. Dr. Hoeren (Westfälische Wilhelms-Universität Münster) (Kommissionsdrucksache 16/240) und schriftliche Stellungnahme von Herrn. Dr. Martin Vogel (Europäisches Patentamt). (Kommissionsdrucksache 16/242) Die Beschwerde der Arbeitsgemeinschaft Dokumentarfilm (AGDOK) beim DPMA über die Zustände in der Verwertungsgesellschaft Film- und Fernsehproduzenten (VFF) Ende des Jahres 2004 hat zu keiner grundlegenden Veränderung der Situation geführt. Auch beschwerte sich die AGDOK erneut mit Schreiben vom 4. September 2007 über den Verteilungsplan.
[335] Vgl. schriftliche Stellungnahmen der GEMA. (Kommissionsdrucksache 16/245a), GVL (Kommissionsdrucksache 16/238), VG Bild-Kunst. (Kommissionsdrucksache 16/239)

schuldet, dass etwaige Konflikte bereits im Vorfeld vermieden werden konnten, da die Aufsichtsbehörde durch ihre Vertreter in den vorbereitenden Sitzungen präsent war und auf die jeweilige Ausgestaltung hat Einfluss nehmen können.[336] Nur die Verteilungspläne der VG Wort wurden durch das Deutsche Patent- und Markenamt nach Einführung des § 63a UrhG zweimal beanstandet.[337] Das Bundeskartellamt hingegen wurde in den letzten zehn Jahren gegenüber keiner befragten Verwertungsgesellschaft tätig.[338]

Ein Einschreiten aufseiten des Deutschen Patent- und Markenamtes soll auch daran scheitern, dass die für eine breit angelegte Überwachungstätigkeit erforderliche Ausstattung sowie Personalmittel fehlen.[339] Es ist jedoch gerade Aufgabe der staatlichen Aufsicht, die Gremien der Wahrnehmungsberechtigten innerhalb der Verwertungsgesellschaften genau zu beobachten und ihre Position falls erforderlich durch aufsichtsbehördliche Maßnahmen zu stärken. Nur so können die Belange der Wahrnehmungsberechtigten angemessen und effektiv gewahrt werden, wie es § 6 Abs. 2 UrhWG vorschreibt.

Auch vor dem Hintergrund der Internationalisierung und den aktuellen Entwicklungen auf europäischer Ebene, ebenso wie dem um ein Vielfaches gestiegenen Haushaltsvolumen der Verwertungsgesellschaften, ist eine Stärkung der Ausstattung und Finanzierung der staatlichen Aufsichtstätigkeit notwendig. Die Aufsicht über die Verwertungsgesellschaften verursacht pro Jahr beim Deutschen Patent- und Markenamt Kosten von weniger als 350 000 Euro. Diesen Kosten stehen Einnahmen der Verwertungsgesellschaften in Höhe von rund 1,25 Mrd. Euro gegenüber.[340] Bei ausreichender personeller und finanzieller Ausstattung könnte die Aufsichtsbehörde effektiver arbeiten. Ein Aufsichtskorrektiv mit hinreichender Kontrolldichte würde der großen wirtschaftlichen und kulturellen Bedeutung der Verwertungsgesellschaften entsprechen.

Die Aufsicht hat nach § 19 Abs. 1 UrhWG sämtliche aus dem Urheberrechtswahrnehmungsgesetz folgende Pflichten der Verwertungsgesellschaften zu überwachen. Das Deutsche Patent- und Markenamt sieht sich jedoch lediglich in der Pflicht, eine abstrakte Prüfung durchzuführen. Eine Eingriffsverpflichtung im konkreten Fall wird mit der Begründung abgelehnt, dass insoweit bereits ein Instrumentarium in Gestalt des Schiedsgerichtsverfahrens bestehen würde.[341]

Auch wegen § 19 Abs. 2 UrhWG könne nur eine Evidenzkontrolle vorgenommen werden, das heißt eine Überprüfung an den äußeren Rändern.[342]

Das nach §§ 14ff. Urheberrechtswahrnehmungsgesetz vorgesehene Schiedsstellenverfahren betrifft aber nur einen kleinen Ausschnitt des Tätigkeitsspektrums der Verwertungsgesellschaften. Die Schiedsstelle überprüft nur Tarife auf ihre Angemessenheit.

---

[336] Vgl. Schriftliche Stellungnahme GVL. (Kommissionsdrucksache 16/238)
[337] Erstmals im Mai 2003 wies das DPMA darauf hin, dass „die Notwendigkeit" besteht, „die Verteilungsquoten des Verteilungsplans Belletristik und der Verteilungspläne Wissenschaft zugunsten der Autoren zu ändern". Dies führte schließlich zur Änderung der Verteilungspläne Zeitschriften Wissenschaft im Januar 2004. Nachdem die VG WORT keine weiteren Änderungen der Verteilungspläne vornahm, beanstandete das DPMA im August 2005 die Verteilungspläne Buch Wissenschaft und Belletristik wegen Nicht-Berücksichtigung von § 63a UrhG. Dies führte zu dem jetzt vor dem LG München I schwebenden Prozess; vgl. schriftliche Stellungnahme der VG Wort vom 9. Januar 2007. (Kommissionsdrucksache 16/236)
[338] Vgl. schriftliche Stellungnahmen der VG Bild-Kunst (Kommissionsdrucksache 16/239), VG Wort (Kommissionsdrucksache 16/236), GVL (Kommissionsdrucksache 16/238), GEMA. (Kommissionsdrucksache 16/245a)
[339] Vgl. schriftliche Stellungnahme Prof. Dr. Hoeren, (Westfälische Wilhelms-Universität Münster) (Kommissionsdrucksache 16/240), schriftliche Stellungnahme Dr. Vogel (Europäisches Patenamt). (Kommissionsdrucksache 16/242)
[340] Vgl. DPMA-Jahresbericht 2006, www.dpma.de/veroeffentlichungen/jahresbericht06/dpma_jb_2006.pdf, (Stand: 17. Oktober 2007), S. 31.
[341] Vgl. schriftliche Stellungnahme DPMA (Kommissionsdrucksache 16/244), Prof. Dr. Gounalakis (Kommissionsdrucksache 16/243), Dr. Vogel (Europäisches Patenamt). (Kommissionsdrucksache 16/242)
[342] Vgl. schriftliche Stellungnahme Prof. Dr. Gounalakis. (Kommissionsdrucksache 16/243); schriftliche Stellungnahme Dr. Vogel (Europäisches Patentamt). (Kommissionsdrucksache 16/242)

Dies führt dazu, dass die praktisch für alle Rechteinhaber, Nutzer und Verbraucher wichtigste Funktion, nämlich die Angemessenheit von Wahrnehmungs- und Lizenzverträgen sowie die Verteilungspläne zu kontrollieren, nur eingeschränkt überprüft wird.[343]

Weder die Einhaltung des Trennungsgebots noch die Befolgung von Transparenzgeboten lassen sich auf diese Weise unabhängig durchsetzen.

So betreffen zum Beispiel Berechtigungsverträge, die für eine transparente und dem Trennungsgebot verpflichtete Rechtewahrnehmung von zentraler Bedeutung sind, als zweiseitiger Vertrag zunächst nur das Verhältnis zwischen Berechtigten und Verwertungsgesellschaft. Dabei sind sie indirekt auch für die Nutzer von großer Bedeutung, da die mit dem Berechtigungsvertrag übertragenen Rechte dem Kontrahierungszwang nach § 11 Abs. 1 UrhWG unterliegen.

Mängel des Berechtigungsvertrags können also nur im Wege der Aufsicht bewertet werden, sofern Unregelmäßigkeiten in diesem Bereich Drittwirkung auf die Nutzerseite entfalten.

Auch die Interessen derjenigen, denen möglicherweise gegenwärtig die unmittelbare Teilhabe an den Gremien der Verwertungsgesellschaften versagt ist, müssen in der Aufsichtsbehörde einen starken, mit umfassenden Befugnissen ausgestatteten Fürsprecher finden können.

Im Rahmen der Angemessenheit der Tarife beschränkt sich demnach die Aufsicht weitgehend auf die Prüfung der bei der Tarifgestaltung berücksichtigten Parameter und auf eine generelle Einhaltung des Gesetzes. Die Ermittlung der Angemessenheit einer urheberrechtlichen Vergütung ist deshalb nur äußerst eingeschränkt möglich, zumal sich die Angemessenheit bei den Tarifen der Verwertungsgesellschaften auf zwei Ebenen auswirke: Angemessenheit sowohl gegenüber den Lizenznehmern als auch gegenüber dem Urheber.[344]

Die Aufsichtsbehörde hat aber eine Fürsorgepflicht gegenüber den Berechtigten, damit diese in den Genuss der wirtschaftlichen Vorteile und auch der verfassungsrechtlich garantierten Rechte kommen, die faktisch oder von Gesetz wegen nur durch eine Verwertungsgesellschaft geltend gemacht werden können.[345]

Eine wesentlich genauere Prüfung der einzelnen Wahrnehmungsbedingungen ist deshalb wünschenswert. Dies betrifft neben dem institutionellen Bereich besonders die angemessene Ausgestaltung der Verteilungspläne und Tarife. Gerade weil Verwertungsgesellschaften nicht nur treuhänderisch tätig sind, sondern auch faktisch eine Monopolstellung einnehmen, ist in diesem Bereich eine dezidierte staatliche Aufsichtstätigkeit erforderlich.[346]

Auswirkungen der „Online-Empfehlung" der EU-Kommission

Die Aufsichtsbehörde wird durch die Empfehlungen der EU-Kommission zur länderübergreifenden Wahrnehmung vor ganz neue Aufgaben gestellt (siehe Abschnitt Europäische Perspektive). Eine Unterscheidung, welche Einnahmen die Verwertung in Bezug auf Deutschland und welche das Gebiet anderer Staaten betreffen, wird im Bereich der grenzüberschreitenden Verwertung über Mehrstaatenlizenzen regelmäßig überhaupt nicht mehr möglich sein.[347] Die Empfehlung der EU-Kommission vom 18. Oktober 2005 zielt nämlich nicht auf den Standort des Online-Nutzers (sogenanntes Territorialprinzip), sondern den Ort des Publikums ab (sogenanntes Bestimmungs-

---

[343] Vgl. schriftliche Stellungnahme Prof. Dr. Gounalakis (Kommissionsdrucksache 16/243)
[344] Vgl. schriftliche Stellungnahme Prof. Dr. Gounalakis. (Kommissionsdrucksache 16/243)
[345] Vgl. schriftliche Stellungnahme Dr. Vogel. (Kommissionsdrucksache 16/242).
[346] Vgl. schriftliche Stellungnahme Prof. Dr. Hoeren. (Kommissionsdrucksache 16/240)
[347] Vgl. schriftliche Stellungnahme Max-Planck-Institut. (Kommissionsdrucksache 16/237)

landprinzip).[348] Die Vorschriften über die staatliche Aufsicht nach dem Urheberrechtswahrnehmungsgesetz werden sich deshalb auch auf ausländische Unternehmen beziehen, die Lizenzen für das deutsche Staatsgebiet vergeben. Ob eine solche Aufsicht tatsächlich überhaupt noch durchführbar ist, ist zweifelhaft.[349] Nach § 4 Abs. 1 Nr. 2 UrhWG wäre letztlich einer ausländischen Verwertungsgesellschaft, die trotz Abmahnung ihre Pflichten wiederholt verletze und nach dem EU-Kommissionsmodell der grenzüberschreitenden Wahrnehmung diese überhaupt nicht wahrnehmen könne, die Erlaubnis wieder zu entziehen. Bislang ist jedoch nicht geklärt, ob die Anwendung des deutschen Urheberrechtswahrnehmungsgesetzes auf Verwertungsgesellschaften mit Sitz in anderen Mitgliedstaaten überhaupt im Lichte der Dienstleistungsfreiheit des EG-Vertrages gemeinschaftsrechtlich zulässig ist.[350] Selbst wenn dies rechtlich zulässig sein sollte, erscheint eine praktische Umsetzung kaum möglich.

Die grenzüberschreitende Vergabe von Online-Lizenzen ist laut Prof. Dr. Drexl demnach entweder nur mit Preisgabe einer notwendigen staatlichen Kontrolle der Tätigkeit der Verwertungsgesellschaften durch die Behörden der Mitgliedstaaten oder unter der Voraussetzung einer europäischen Regelung des Aufsichtsrechts zu haben.[351] Da die Empfehlung der EU-Kommission vom 18. Oktober 2005 auf eine solche Regelung verzichtet, gefährdet sie die Interessen vieler Wahrnehmungsberechtigter, die auf den Schutz der Aufsichtsbehörden angewiesen sind.

C) Handlungsempfehlungen

1. Die Enquete-Kommission empfiehlt dem Deutschen Bundestag und der Bundesregierung, das System der kollektiven Rechtewahrnehmung durch Verwertungsgesellschaften als wichtiges Element auch zur Sicherung der kulturellen Vielfalt aufrechtzuerhalten und zu verteidigen.

2. Die Enquete-Kommission empfiehlt der Bundesregierung, sich auf europäischer Ebene dafür einzusetzen, dass die Empfehlung der EU-Kommission vom 18. Oktober 2005 über „die länderübergreifende kollektive Wahrnehmung von Urheberrechten und verwandten Schutzrechten, die für Online-Musikdienste benötigt werden" nicht weiter verfolgt wird. Die Bundesregierung sollte dabei die besonderen sozialen und kulturellen Leistungen der Verwertungsgesellschaften in der Diskussion betonen. Dem anerkennenswerten Bedürfnis der Nutzerseite, an jedem Ort in Europa europaweite Lizenzen erwerben zu können, sollte durch eine Realisierung der „Option 2", also einem Geflecht von Gegenseitigkeitsverträgen, genügt werden.

3. Die Enquete-Kommission empfiehlt dem Deutschen Bundestag, den Verwertungsgesellschaften gesetzlich zu untersagen, als Inkassounternehmen für kommerzielle Unternehmen tätig zu werden, die auch als Berechtigte dieser Verwertungsgesellschaften qualifiziert wären. Damit wird verhindert, dass Berechtigte ihre Rechte der Tarifhoheit der Verwertungsgesellschaft, der Tarifüberprüfung durch die Schiedsstelle und dem Abschlusszwang entziehen, um sie anschließend Verwertungsgesellschaften lediglich zur Verwaltung und zum Inkasso nach Tarifvorgaben des jeweiligen Berechtigten zu übergeben.

---

[348] Vgl. Europäische Kommission, Empfehlung vom 18. Oktober 2005 für die länderübergreifende kollektive Wahrnehmung von Urheberrechten und verwandten Schutzrechten. (2005/737/EG)
[349] Vgl. schriftliche Stellungnahme Max-Planck-Institut. (Kommissionsdrucksache 16/237)
[350] Diese Frage wird bejaht von Prof. Dr. Drexl. Das Recht der Verwertungsgesellschaften in Deutschland nach Erlass der Kommissionsempfehlung über die kollektive Verwertung von Online-Musikrechten (Manuskript), S. 31. (Kommissionsmaterialie 16/096)
[351] Vgl. Schriftliche Stellungnahme Max-Planck-Institut. (Kommissionsdrucksache 16/237)

4. Die Enquete-Kommission empfiehlt dem Deutschen Bundestag, die Verwertungsgesellschaften gesetzlich zu verpflichten, Inhalt und Durchführung der Gegenseitigkeitsverträge der allgemeinen Öffentlichkeit zugänglich zu machen.

5. Die Enquete-Kommission empfiehlt den Verwertungsgesellschaften, ihren durch das Urheberrechtswahrnehmungsgesetz begründeten Verpflichtungen zur Transparenz stärker als bisher nachzukommen und dabei insbesondere auf die Erfüllung der sozialen und kulturellen Zwecke einzugehen.

6. Die Enquete-Kommission empfiehlt der Aufsichtsbehörde, die Höhe der Verwaltungskosten bei den Verwertungsgesellschaften regelmäßig zu prüfen.

7. Die Enquete-Kommission empfiehlt den Verwertungsgesellschaften, die umfassende Repräsentanz aller Wahrnehmungsberechtigten, die an der Wertschöpfung tatsächlich beteiligt sind, in den entscheidungserheblichen Gremien, besonders bei der Verteilung, sicherzustellen. Gegebenenfalls sollte der Deutsche Bundestag entsprechend gesetzgeberisch tätig werden.

8. Die Enquete-Kommission empfiehlt dem Deutschen Bundestag, § 52 Urhebergesetz so zu fassen, dass die Intention des Gesetzgebers, die Vergütungspflicht für Veranstaltungen der Jugendhilfe, der Sozialhilfe, der Alten- und Wohlfahrtspflege, der Gefangenenbetreuung sowie für Schulveranstaltungen, sofern sie nach ihrer sozialen oder erzieherischen Zweckbestimmung nur einem bestimmt abgegrenzten Kreis von Personen zugänglich sind, entfallen zu lassen, eine tatsächliche Umsetzung erfährt.

9. Die Enquete-Kommission empfiehlt der GEMA, bei ihren Abrechnungsmodellen die besondere Situation der gemeinnützigen Strukturen stärker zu berücksichtigen.

10. Die Enquete-Kommission empfiehlt der GEMA, in ihrer Satzungen festzulegen, wann und unter welchen Umständen Gesamtverträge abgeschlossen werden können.

11. Die Enquete-Kommission empfiehlt dem Deutschen Bundestag, die Hinterlegungspflicht des § 11 Abs. 2 Urheberrechtswahrnehmungsgesetz auf Tarifstreitigkeiten bezüglich gesetzlicher Vergütungsansprüche auszudehnen.

12. Die Enquete-Kommission empfiehlt dem Deutschen Bundestag und der Bundesregierung, die Aufsicht über die Verwertungsgesellschaften deutlich zu stärken.

13. Die Enquete-Kommission empfiehlt dem Deutschen Bundestag, die Aufsicht über die Verwertungsgesellschaften nach dem Urheberrechtswahrnehmungsgesetz bei einer Regulierungsbehörde des Bundes anzusiedeln und diese mit den erforderlichen personellen Ressourcen auszustatten.

14. Die Enquete-Kommission empfiehlt der Bundesregierung, die Aufsicht anzuhalten, sich nicht auf eine Evidenzkontrolle zu beschränken, sondern auch im Einzelfall zu kontrollieren, dass die Verwertungsgesellschaften ihren gesetzlichen Verpflichtungen ordnungsgemäß nachkommen.

4.4 Wirtschaftliche Situation der Künstler und Kulturberufe

Vorbemerkungen

Die Enquete-Kommission war laut Einsetzungsbeschluss aufgefordert, sich intensiv mit der wirtschaftlichen Situation von Künstlern und von in Kulturberufen Tätigen zu befassen und Vorschläge zur Verbesserung ihrer Situation zu unterbreiten. Die Kommission hat sich insbesondere auf die Darstellung und Problematisierung der wirtschaftlichen und sozialen Situation von selbstständig und freiberuflich arbeitenden Künstlern konzentriert[352], weil sich der gesellschaftliche Strukturwandel auf diese Personengruppe besonders stark auswirkt.

Im Rahmen ihrer Bestandsaufnahme hat die Enquete-Kommission ein Expertengespräch mit dem damaligen Leiter der Künstlersozialversicherung Harro Bruns geführt[353], eine öffentliche Anhörung zum Thema „Instrumente der mittelbaren Förderung von Künstlerinnen und Künstlern"[354] und eine Anhörung zur „Wirtschaftlichen und sozialen Absicherung für Künstlerinnen und Künstler"[355] durchgeführt. Des Weiteren wurde der Enquete-Kommission im Rahmen eines „Künstlergespräches"[356] die persönliche Sicht der eingeladenen Künstler auf die wirtschaftliche Lage der heutigen Künstlergenerationen vermittelt. Es wurde ein Gutachten zur „Existenzgründung und Existenzsicherung für selbstständig und freiberuflich arbeitende Künstlerinnen und Künstler"[357] vergeben. Einbezogen in die Bestandsaufnahme wurde auch die Umfrage „Administration und Organisation von Fonds in Deutschland".[358]

4.4.1 Arbeitsmarkt Kultur und Medien

A) Bestandsaufnahme

Kunst und Kultur haben volkswirtschaftliche Bedeutung. Dies wird seit Ende der 80er-Jahre in Deutschland durch Forschungsergebnisse belegt. Mit dem 1988 herausgegebenen Ifo-Gutachten[359] wurden erstmals valide Daten zur Zahl der Erwerbstätigen im Kulturbereich und zur Höhe der Bruttowertschöpfung vorgelegt. Dem Bericht lagen Zahlen sowohl zu den Ausgaben der öffentlichen und gemeinnützigen als auch Umsatzzahlen der privatwirtschaftlich organisierten Kulturbetriebe zugrunde. Auch die Untersuchung: „Der WDR als Kultur- und Wirtschaftsfaktor" (1989)[360] und der

---

[352] Selbstverständlich hat sich die Enquete-Kommission ebenso mit der wirtschaftlichen und sozialen Lage von abhängig Beschäftigten im Kulturbetrieb und anderen arbeitsrechtlichen Situationen, wie z. B. den unständig Beschäftigten und den auf Produktionsdauer Beschäftigten befasst. Bestandsaufnahmen, Problembeschreibungen und Handlungsempfehlungen dazu befinden sich in den Kap. 3.1.2.1, Theater, Kulturorchester, Opern (dabei auch Fragen von Tarifen etc.); Kap. 4.3, Rechtliche Situation der Künstler- und Kulturberufe; Kap. 4.3.1, Tarif- und arbeitsrechtliche Situation der Künstler- und Kulturberufe (hier auch Fragen zur „Hartz"-Gesetzgebung, zukünftige Aufgaben der Bundesagentur für Arbeit, Künstlerdienste, arbeitsmarktpolitische Probleme in den Bereichen der Medien-, Kultur- und Filmschaffenden); Kap. 4.5, Soziale Lage der Künstler, und Kulturberufe sowie Kap. 4.3.2 Steuerrechtliche Behandlung der Künstler- und Kulturberufe.
[353] Vgl. Expertengespräch mit Harro Bruns vom 26. Januar 2004 zum Thema „Künstlersozialkasse". (Kommissionsdrucksache 15/363)
[354] Vgl. Zusammenfassung der Anhörung vom 27. September 2004 zum Thema „Instrumente der mittelbaren Förderung von Künstlerinnen und Künstlern" (Zusammenfassung Anhörung Instrumente mittelbarer Förderung). Teilnehmer: Musik: Goebbels, Prof. Heiner, Bildende Kunst: Förster, Gunda, Literatur: Genazino, Wilhelm, Darstellende Kunst: Lilienthal, Matthias, Tanz: Waltz, Sasha, Neue Medien: Fleischmann, Monika, Vermittler und Verwerter: Arndt, Matthias (Galerist), Hartges, Marcel (Rowohlt Taschenbuch Verlag), Görnandt, Dr. Danuta (rbb), Rösener, Roman (Theaterhaus Jena), Weingarten, Dr. Elmar (Deutsche Ensemble Akademie e. V.). (Kommissionsdrucksache 15/514)
[355] Vgl. Auswertung der Anhörung vom 22. November 2004 „Wirtschaftliche und soziale Absicherung für Künstlerinnen und Künstler". (Arbeitsunterlage 15/079a)
[356] Vgl. Zusammenfassung und Auswertung des Künstlergesprächs vom 19. Juni 2006, Teilnehmer: Karrenberg, Katharina (bildende Künstlerin); Salomé (Maler, bürgerlicher Name: Cihlarz, Wolfgang); Bayer, Thommie (Maler, Musiker, Schriftsteller); Oppermann, Peter (Chefdramaturg Stadttheater Trier); Rohlf, Jan (Produzent, Kurator); Helmbold, Thomas (Maler); Biebuyck, Wolfgang (Sänger); Sabisch, Petra (Choreografin, Tänzerin); Grubinger, Eva (bildende Künstlerin); Oberst, Matthias (Schauspieler, Gastspielmanager). (Arbeitsunterlage 16/061)
[357] Vgl. Gutachten zum Thema „Existenzgründung und Existenzsicherung für selbstständig und freiberuflich arbeitende Künstlerinnen und Künstler" (Gutachten Existenzgründung). (Kommissionsdrucksache 16/399)
[358] Vgl. Administration und Organisation von Fonds. (Arbeitsunterlage 16/066)
[359] Vgl. Hummel/Berger (1988).
[360] Vgl. Fohrbeck/Wiesand (1989).

erste Kulturwirtschaftsbericht des Landes Nordrhein-Westfalen (1991/92)[361] belegten bereits damals die volkswirtschaftliche Bedeutung der Kultur.

Preisbildung kultureller Güter

Die Einnahmesituation von Künstlern hängt vom Ergebnis des Aushandlungsprozesses der Wertbestimmung und der Preisbildung kultureller Güter ab. Die an diesem Aushandlungsprozess Beteiligten – Künstler, Publikum, Kritiker, Galerien, Verlage, Tonträgerunternehmen usw. – haben durchaus unterschiedliche Vorstellungen vom Wert eines Kulturgutes und seinem angemessenen Preis.

Kunstwerke – vergegenständlicht in ihrer Warenform als zum Beispiel Tonträger, Fotografie, Buch – besitzen keinen stabilen, sondern einen auf Erwartungshaltungen basierenden Preis. In Bezug auf die jeweils wirksamen Wettbewerbskräfte muss im Kunst- und Kulturbetrieb zwischen industriell produzierten und vertriebenen Kulturgütern (zum Beispiel Tonträgern) einerseits und eher handwerklich hergestellten Produktionen (zum Beispiel Gemälden) andererseits unterschieden werden. Für Letztere gelten Wettbewerbskräfte wie Verhandlungsstärke der Abnehmer und Zulieferer nur bedingt, für industriell organisierte Bereiche wie den durch große Verlagskonzerne dominierten Buchmarkt jedoch sehr wohl. Alle Kulturgüter sind der Gefahr des Markteintritts neuer Anbieter ausgesetzt, so wie sie mit der Bedrohung durch Substitutionsprodukte oder durch marktinterne Rivalitäten anderer Wettbewerber rechnen müssen. Strategien wie die der Kostenführerschaft (Kostensenkung durch Massenproduktion, Verbundeffekte und Effizienzsteigerung) gelten für den handwerklich organisierten Bereich nicht, Differenzierung (Hervorheben der Exklusivität der Produkte) und Fokussierung (Konzentration auf bestimmte Schwerpunkte und Marktnischen) dagegen schon.[362]

Die Schwierigkeiten der Wertbestimmung künstlerischer Produkte stellen Künstler – auch vor dem Hintergrund der Geschichte des deutschen Kulturbetriebes[363] und des im Zuge der Verbürgerlichung entstandenen Künstlerbildes[364] – immer wieder vor neue Herausforderungen. Die oft von Künstlern, Kulturpolitikern und Mitarbeitern öffentlich finanzierter Kultureinrichtungen geäußerten Ohnmachtsgefühle und der Widerwille gegen alles, was mit Markt, Werbung oder Ware zu tun hat, rührt auch aus dieser spezifischen Situation.[365]

In öffentlich geförderten Kultureinrichtungen und Strukturen greift der Staat in das Verhältnis von Angebot und Nachfrage ein. Er interveniert im Sinne des jeweiligen kulturpolitischen Auftrages. In den öffentlich finanzierten Theatern und Orchestern sind Methoden der klassischen Preisbildung am Markt außer Kraft gesetzt. In Hessen betrug laut Theaterstatistik 2004/2005 des Deutschen Bühnenvereines der Betriebszuschuss pro Besucher beispielsweise 129,52 Euro, der durchschnittliche Erlös pro Besucher jedoch lediglich 18,20 Euro.[366] Ohne staatliche Preisstützung würde manches künstlerische Experiment unterbleiben und würden viele Angebote kaum ihr (zahlungsfähiges) Publikum finden. Kulturpolitik schafft Angebote und versucht Nachfrage zu initiieren, stellt kulturelle Öffentlichkeit her und regt Kulturprozesse an.

---

[361] Vgl. Ministerium für Wirtschaft, Mittelstand und Technologie des Landes Nordrhein-Westfalen. Kulturwirtschaftsbericht NRW für das Jahr 1991 bis 1992. (Kommissionsmaterialie 16/044)
[362] Vgl. zu den Wettbewerbsstrategien, Kostenführerschaft oder Differenzierungsstrategie: Porter (1980).
[363] Vgl. Heinrichs (1997), S. 4 bis 40.
[364] Vgl. Kap. 4.1, Künstlerbild und Kreativität im 21. Jahrhundert.
[365] Vgl. Thurn (1997), S. 103 bis 124.
[366] Vgl. Deutscher Bühnenverein, Theaterstatistik 2004/2005, S. 241, aus:www.buehnenverein.de/presse/pdfs/thstat/thstat2005.pdf, (Stand: 17. August 2007). Bei diesen Angaben handelt es sich um die durchschnittlichen Angaben aller öffentlich getragenen Theater und Orchester in Hessen.

Im öffentlichen Finanzierungszusammenhang stellt der Markt also lediglich einen allgemeinen Bedingungsrahmen dar.[367] Finanzielle staatliche Intervention ist erwünscht und gründet auf einem historisch gewachsenen Kultur- und Kunstförderverständnis – das in Deutschland Ende des 19./Anfang des 20. Jahrhunderts entstanden ist – und auf der Entwicklung entsprechender Infrastrukturen in den Kommunen, vor allem nach 1945. Daraus folgte aber auch eine Überlagerung der Nachfrage der Bürger nach Kultur durch das Angebot von Kulturschaffenden und Kulturpolitik.[368]

Einkommensentwicklung der Künstler

In der Anhörung zur „Wirtschaftlichen und sozialen Absicherung für Künstlerinnen und Künstler"[369] äußerten sich alle geladenen Experten besorgt über die Einkommensentwicklung der in der Künstlersozialversicherung versicherten selbstständigen Künstler. Zwar lasse sich die Einkommensentwicklung für die nächsten Jahre nicht vorhersagen, aber man wisse um die sehr geringen Einkommen und vor allem auch um die schwankende Einkommenssituation von Künstlern. Seit dem Jahr 2002 bis zum Jahr 2006 stagnierten die geschätzten durchschnittlichen Jahreseinkommen je Versicherten der Künstlersozialkasse (KSK).[370] Als Ursache wurde die stetig wachsende Zahl von freiberuflich bzw. selbstständig arbeitenden Künstlern benannt, der auf der Seite der Nachfrage keine Steigerung der Angaben gegenüberstehe.

Von den Experten wurde betont, dass die Einkommensentwicklung der Künstler mit den positiven Umsätzen und Gewinnen in den entsprechenden Branchen nur unzureichend Schritt halte.[371] Zwischen den einzelnen Branchen des Kunst- und Kulturbetriebes gebe es jedoch Unterschiede in der Umsatzentwicklung einerseits und der Einkommensentwicklung andererseits.[372]

Die wirtschaftliche Lage von Künstlern ist von vielen Faktoren abhängig: von der wirtschaftlichen Situation des öffentlichen Kulturbetriebes, den Erwerbsmöglichkeiten auf dem Markt, den Möglichkeiten des Agierens im sogenannten dritten, zivilgesellschaftlichen Sektor und von den Fördermöglichkeiten, die Bund, Länder, Kommunen, Stiftungen und Banken Künstlern einräumen.

Die Entwicklung der wirtschaftlichen Lage der Künstler gestaltet sich in den einzelnen Sparten unterschiedlich und wird auch unterschiedlich wahrgenommen. Die Anhörung „Instrumente der mittelbaren Förderung von Künstlerinnen und Künstlern"[373] zeigte entsprechende Trends auf. Der Arbeitsmarkt Kultur ist nach Ansicht der Experten in den vergangenen zehn Jahren in den jeweiligen

---

[367] Vgl. Bendixen (2001).
[368] Vgl. dazu Heinrichs (1997), S. 32. „Nicht die Frage ‚welche Kultur wollen unsere Bürger?' stand im Mittelpunkt, sondern allein das Ziel ‚welches Angebot ist für die Bürger die richtige Kultur?' Die Folge waren hervorragend und überzeugend begründete Angebote, über deren Nutzung durch die Bürger man sich aber nur wenig Rechenschaft ablegte."
[369] Vgl. Auswertung der Anhörung vom 22. November 2004 zum Thema „Wirtschaftliche und soziale Absicherung für Künstlerinnen und Künstler". (Arbeitsunterlage 15/079a)
[370] Stand KSK: 9/2006; vgl. dazu auch Gutachten Existenzgründung, S. 38. (Kommissionsdrucksache 16/399)
[371] Vgl. Bleicher-Nagelsmann in der Anhörung zum Thema „Wirtschaftliche und soziale Absicherung für Künstlerinnen und Künstler" vom 22. November 2004, vgl. Auswertung, S. 3. (Arbeitsunterlage 15/079a)
[372] Für den Bereich Konzertwirtschaft (Musik, Musical, Comedy) konnte im Jahr 2004 festgestellt werden, dass sich die Umsätze und die Einkommen gleichmäßig positiv entwickelt haben. (Vgl. Jens Michow (Präsident des Bundesverbandes der Veranstaltungswirtschaft und Mitglied des Beirates der Künstlersozialkasse KSK) in der Anhörung „Wirtschaftliche und soziale Absicherung für Künstlerinnen und Künstler" vom 22. November 2004, Auswertung Arbeitsunterlage 15/079a, S. 3.). Wohingegen im Bereich Wort (selbstständige Schriftsteller) zwar die Umsatzentwicklung positiv ist (1996 bis 2004). (Vgl. Gutachten Existenzgründung, Kommissionsdrucksache 16/399, S. 35.), die Einkommensentwicklung der Künstler jedoch eher stagniert bzw. rückläufig ist (1995 bis 2006). Vgl. Anhörung „Wirtschaftliche und soziale Absicherung für Künstlerinnen und Künstler" am 22. November 2004, S. 3., (Arbeitsunterlage 15/079a) Vgl. auch Gutachten Existenzgründung, S. 38 Tabelle 3. (Kommissionsdrucksache 16/399)
[373] Vgl. Zusammenfassung Anhörung zum Thema Instrumente mittelbarer Förderung vom 27. September 2004. (Kommissionsdrucksache 15/514)

Sparten vor allem dadurch geprägt, dass öffentliche Zuwendungen an Einrichtungen und Projekte rückläufig waren. Diese Entwicklung wird in den Sparten und abhängig davon, ob man Kunstschaffender, Verwerter oder Vermittler ist, unterschiedlich wahrgenommen.

Im Bereich Literatur bewertet die Künstlerseite den Rückgang der Förderung durch die öffentlich-rechtlichen Rundfunkanstalten in Deutschland als ursächlich für den „desaströsen Kulturabbau"[374]. Insbesondere Schriftsteller hätten so für sie wichtige Auftraggeber verloren. Eine regelmäßige freie Mitarbeit für einen Sender konnte vor allem Nachwuchsschriftstellern eine ökonomische Grundsicherung ermöglichen. Aus Sicht der Verleger habe sich durch den Druck auf den Buchmarkt zwar die Anzahl der Verlage verringert, die Situation der Schriftsteller aber nicht verbessert. Begehrte Autoren seien wie immer gut versorgt, alle anderen hätten mit erheblichen Schwierigkeiten zu kämpfen. Experten prognostizieren einen wachsenden Einfluss des Buchhandels auf den Buchmarkt, der zu einer weiteren Ökonomisierung und Trivialisierung des Literaturbetriebes führen könne, wenn nicht gar müsse.[375]

Auch im Bereich der bildenden Künste gibt es unterschiedliche Einschätzungen der Entwicklung des Arbeitsmarktes.[376] Kunstschaffende möchten vor allem mehr Gelegenheiten haben auszustellen. Die sich zunehmend schwieriger gestaltende Ausstellungssituation rührt aus ihrer Sicht aus dem Rückgang öffentlicher Zuwendungen an Museen und Kunstvereine her. Diese könnten kaum noch Mittel für die Anschaffung neuer zeitgenössischer Werke einsetzen. Häufig müssten sie ihre Ausstellungsräume der Präsentation von privaten Sammlungen zur Verfügung stellen.[377]

Der Kunstmarkt selbst hätte sich in den letzten Jahren wieder zunehmend für Malerei interessiert, weil es sich bei den entsprechenden Arbeiten aus Sicht der Käufer um Unikate und handwerklich professionell gestaltete Werke handle.[378] Der zeitgenössischen Fotografie eröffnen technologische Entwicklungen (Digitalisierung) neue Möglichkeiten, sie kann sich zunehmend besser am Markt durchsetzen. Weniger Spielraum biete der Kunstmarkt derzeit für künstlerische Konzepte, die interdisziplinär bzw. gattungsübergreifend angelegt sind.

Aus Sicht der Vermittler und Verwerter stellt sich der Kunstmarkt als stabil und prosperierend dar. In den letzten Jahren hätten insbesondere große Städte wie Köln oder Berlin einen starken Zuzug von Künstlern und Verwertern verzeichnen können. Auf diese Weise entstehe eine Infrastruktur (Galerien, Messen, Kunsthochschulen), die einen vitalen Wachstumssektor hervorbringe, der in erheblichem Umfang Arbeitsplätze und Einkommen für Künstler, Fördervereine, Galerien und Zulieferer sichere. Auch die staatlichen Museen und Institutionen profitierten von solchen „Standortfaktoren", sie sollten deshalb Sondermittel für den Erwerb und die Präsentation von Arbeiten junger Talente veranschlagen.[379]

---

[374] Wilhelm Genazino, schriftliche Stellungnahme zur Anhörung zum Thema „Instrumente der mittelbaren Förderung von Künstlerinnen und Künstlern" am 27. September 2004. (Kommissionsdrucksache 15/189)

[375] Vgl. Marcel Hartges, Beantwortung des Fragenkatalogs für die öffentliche Anhörung zum Thema „Instrumente der mittelbaren Förderung von Künstlerinnen und Künstlern" am 27. September 2004 vom Rowohlt Taschenbuchverlag, S. 1. (Kommissionsdrucksache 15/191)

[376] Vgl. Zusammenfassung Anhörung Instrumente mittelbarer Förderung vom 27. September 2004, S. 4. (Kommissionsdrucksache 15/514).

[377] Vgl. Eva Grubinger, Zusammenfassung und Auswertung des Künstlergesprächs am 19. Juni 2006. (Arbeitsunterlage 16/061) und Wortprotokoll des Künstlergesprächs am 19. Juni 2006. (Arbeitsunterlage 16/062)

[378] Vgl. Zusammenfassung Anhörung Instrumente mittelbarer Förderung vom 27. September 2004, S. 4. (Kommissionsdrucksache 15/514).

[379] Vgl. Matthias Arndt, Auswertung der Anhörung „Instrumente der mittelbaren Förderung von Künstlerinnen und Künstlern" (2004), S. 1ff. (Kommissionsdrucksache 15/197)

Im Bereich der darstellenden Kunst hätten – so die Experten – Schauspieler und Tänzer in den letzten zehn Jahren einen Einkommensverlust von ca. 30 bis 40 Prozent hinnehmen müssen. Die Arbeitsmarktsituation sei für alle angespannt, insbesondere aber für diejenigen, die an den „großen Häusern" des Theaterbetriebes nicht festangestellt arbeiteten. Die Einschätzungen der Entwicklungen in diesem Bereich reichten bis hin zur Charakterisierung als einen „verheerenden Kahlschlag"[380]. Viele Schauspielhäuser seien finanziell nicht mehr in der Lage, junge Schauspieler fest zu engagieren; bedingte und befristete Gastspielverträge würden zur Regel. Das Prinzip der befristeten Vertragsgestaltung für Intendanten und Regisseure hätte dazu geführt, dass regelmäßig ganze Ensembles ausgetauscht würden. Verständlicherweise würden sich Regisseure gerne mit Schauspielern, Dramaturgen, Kostümbildnern, Komponisten usw. umgeben, die ihrem ästhetischen Konzept nahestünden. Damit wäre erneut ein Zustand eingetreten, wie man ihn bis hinein in die Wilhelminische Zeit kannte, in der die Städte zwar die Theaterhäuser, nicht aber die Ensembles finanzierten.[381] Die sozialen Konsequenzen seien zu bedenken.

Neu entstehende und zu entwickelnde Ausdrucksformen könnten sich, insbesondere an den großen Häusern, kaum noch entfalten. Für Nachwuchsschauspieler entfielen damit wichtige professionelle Entwicklungsmöglichkeiten. Die Chancen der Betreffenden, sich auf dem „Arbeitsmarkt Theater" erfolgreich zu behaupten, verschlechterten sich.[382] Für viele Schauspieler gäbe es deshalb keine andere Möglichkeit, als in der sogenannten „Freien Szene" zu arbeiten bzw. dorthin abzuwandern. Hier sei man aber von chronisch unterfinanzierten Projektzusammenhängen abhängig. Diese würden ein erheblich größeres persönliches wirtschaftliches Risiko bergen. Die Entwicklung führe in der Theaterszene zu Verunsicherung, Konkurrenz und Differenzierung. Es wachse die Abhängigkeit von einzelnen Förderentscheidungen oder Festivalorganisatoren. Die Bindekraft der deutschen Theaterlandschaft, die sich aus kontinuierlicher Arbeit vor Ort ergebe, sei so nicht zu gewährleisten: „Jobben statt Proben. Dazuverdienen statt Fortbildung".[383]

Auch im Bereich Musik wird die Lage auf dem Arbeitsmarkt als ähnlich angespannt eingeschätzt. Es gebe 100 bis 200 Bewerber auf eine freie Orchesterstelle: „Die Zukunftsaussichten für Absolventen von Musikhochschulen gestalten sich düster".[384] Es wird bedauert, dass man sich in Zeiten ökonomischer Restriktionen insbesondere und immer zuerst von denjenigen Mitarbeitern und Projekten trenne, die eigentlich die flexibleren, kostengünstigeren und künstlerisch experimentierfreudigeren seien. Die Parallelen zur Beschäftigungspolitik der öffentlich-rechtlichen Rundfunkanstalten und zu der des öffentlich finanzierten Theater-, Opern- und Konzertbetriebs seien unübersehbar. Das deutsche Repertoiresystem[385] behindere die kreative Entwicklung künstlerischer Konzepte und verhindere notwendige beschäftigungspolitische Reformen. Weil es immer weniger feste Stellen an Orchestern und Opernhäusern gebe, veränderten sich die Anforderungen an das

---

[380] Vgl. Roman Rösener, Beantwortung des Fragenkatalogs für die öffentliche Anhörung zum Thema „Instrumente der mittelbaren Förderung von Künstlerinnen und Künstlern" am 27.9.2004 vom Theaterhaus Jena (schriftliche Stellungnahme Rösener, Theaterhaus Jena), S. 1. (Kommissionsdrucksache 15/195)

[381] Vgl. Heinrichs (1997), S. 18.

[382] Vgl. schriftliche Stellungnahme von Matthias Lilienthal zur Anhörung zum Thema „Instrumente der mittelbaren Förderung von Künstlerinnen und Künstlern" am 27. September 2004 (schriftliche Stellungnahme Lilienthal, Hebbel am Ufer), S. 1. (Kommissionsdrucksache 15/198)

[383] schriftliche Stellungnahme Rösener, Theaterhaus Jena, S. 1. (Kommissionsdrucksache 15/195)

[384] Vgl. Elmar Weingarten, Beantwortung des Fragenkatalogs für die öffentliche Anhörung zum Thema „Instrumente der mittelbaren Förderung von Künstlerinnen und Künstlern" am 27. September 2004 von der Deutschen Ensemble Akademie (schriftliche Stellungnahme Weingarten, Deutsche Ensemble Akademie), S. 1f. (Kommissionsdrucksache 15/193)

[385] Ungeachtet dessen schätzen die Experten das Repertoiresystem als ein hervorragendes Instrument der Pflege von musikalischer Tradition und Kultur. Vgl. Prof. Heiner Goebbels, Schriftliche Stellungnahme zur Anhörung zum Thema „Instrumente der mittelbaren Förderung von Künstlerinnen und Künstlern" (Schriftliche Stellungnahme Goebbels) am 27. September 2004, S. 1. (Kommissionsdrucksache 15/194) und Protokoll 15/20, S. 29.

Qualifikationsprofil[386] von Musikern immens. Dies betreffe insbesondere die Arbeit in privat organisierten Ensembles, die mit den festen Häusern und Institutionen um Projektgelder und Publikum konkurrieren müssten.[387]

Im Bereich der neuen Medien wurde die Entwicklung des Arbeitsmarktes von Künstlerseite positiv bewertet.[388] Hier profitiere man von der dynamischen Entwicklung digitaler Technologien und dem Internet als Vertriebsweg. Man treffe auf ein Publikum, das traditionellen Kunstformen nicht oder nicht mehr aufgeschlossen gegenüberstehe und auf der Suche sei nach neuen kulturellen und künstlerischen Identifikationsformen. Die hier agierenden Künstler verstünden sich nicht unbedingt als Medienkünstler, sondern auch als bildende Künstler, die mit neuen Medien arbeiten, indem sie Videos, interaktive Objekte, webbasierte Interventionen und anderes in ihre Arbeiten einbeziehen. Dass hier der Begriff des Originals im klassischen Sinne zunehmend verlorengehe und technische Produzierbarkeit und Reproduzierbarkeit im Mittelpunkt stehe, sei eine Besonderheit dieser künstlerischen Arbeit.[389] Die neuen Medien und die Medienkunst eröffneten insbesondere für junge Künstler neue Perspektiven. Dabei biete auch der Markt für Computerspiele ein neues und weites Betätigungsfeld.[390]

Daten zur Erwerbstätigkeit von Künstlern

Die Gesamtzahl der Erwerbstätigen mit Kulturberufen – Musiker, Sänger, Schauspieler, bildende Künstler, Film-/ TV-/Rundfunkkünstler, Designer, Architekten usw. – betrug im Jahr 2004 laut Gutachten „Existenzsicherung" rund 797 000 Personen, sie hat sich seit dem Vergleichsjahr 1995 mit 596 000 Personen um rund 200 000 Personen erhöht[391], also um 33 Prozent bzw. um 3,6 Prozent jährlich. Das Wachstum der gesamten erwerbstätigen Bevölkerung hingegen lag bei minus einem Prozent.[392]

Zu den Kulturberufen, die zwischen 1995 und 2004 die größten Wachstumsschübe erzielten, zählten die Designer und Grafiker mit einem Zuwachs von 93 Prozent, die Gruppe der Ton-/Bildingenieure, Bühnen-/Filmausstatter usw. mit einem Zuwachs von 73 Prozent und die Journalisten, Schriftsteller und Übersetzer mit einem Zuwachs von 53 bis 55 Prozent.

Die übrigen Kulturberufe erreichten im Vergleichszeitraum zwischen 1995 und 2004 zusammen ein Wachstum von rund 20 bis 40 Prozent. Die einzige Ausnahme bildeten die Fotografen, deren Anzahl zwischen 1995 und 2004 um vier Prozent schrumpfte.

In der Künstlersozialversicherung waren zum 31. Januar 2007 152 851 Künstler und Publizisten (ohne Architekten und Designer) registriert. 2004 waren es lediglich 133 970 Künstler. Das geschätzte Jahreseinkommen aller Künstler und Publizisten belief sich im Jahr 2004 auf 1,48 Mrd. Euro. Im Durchschnitt erreichte jeder Künstler/Publizist danach ein Jahreseinkommen von rund 11 100 Euro.[393]

---

[386] Vgl. Schriftliche Stellungnahme Goebbels, S. 2. (Kommissionsdrucksache 15/194)
[387] Vgl. Schriftliche Stellungnahme Weingarten, Deutsche Ensemble Akademie, S. 1. (Kommissionsdrucksache 15/193)
[388] Vgl. Harro Bruns im Expertengespräch zum Thema „Künstlersozialkasse" am 26. Januar 2004. (Kommissionsdrucksache 15/363)
[389] Vgl. Eva Grubinger, Wortprotokoll des Künstlergesprächs am 19. Juni 2006, S. 6. (Arbeitsunterlage 16/062)
[390] Vgl. Monika Fleischmann, Fraunhofer Institut Medienkommunikation, schriftliche Stellungnahme zur Anhörung zum Thema „Instrumente der mittelbaren Förderung von Künstlerinnen und Künstlern" am 27. September 2004 (schriftliche Stellungnahme Fleischmann, Fraunhofer Institut Medienkommunikation), S. 2. (Kommissionsdrucksache 15/196)
[391] Vgl. Gutachten Existenzgründung, S. 9. (Kommissionsdrucksache 16/399)
[392] Ebd., S. 9.
[393] Ebd., S. 46.

In der Gliederung nach den vier Kunstsparten „Wort, bildende Kunst, Musik und darstellende Kunst" ergaben sich für das Jahr 2004 folgende Einkommensgruppen: Die rund 33 000 Publizisten erzielten zusammen ein Jahreseinkommen von 456 Mio. Euro und erreichten ein Jahresdurchschnittseinkommen von 13 600 oder monatlich 1 140 Euro. Die Gruppe der rund 49 800 bildenden Künstler, der rund 35 600 Musiker und der rund 15 300 darstellenden Künstler erreichten 525 Mio., 344 Mio. und 161 Mio. Euro Gesamteinkommen mit Jahresdurchschnittswerten von ca. 9 500 bis 10 500 Euro oder Monatseinkommen von 800 bis knapp 900 Euro.

Auf der Basis des Mikrozensus kann festgestellt werden, dass im Jahr 2004 in Kulturberufen rund 337 000 Selbstständige tätig waren.[394] Der Mikrozensus nimmt unter den Kulturstatistiken eine eher „weiche" Definition darüber vor, wer in die Statistik einbezogen wird. Denn es werden all diejenigen aufgenommen, die mit mindestens einer Wochenstunde im Hauptberuf tätig sind. Aus diesem Grund kann es zu einer überhöhten Angabe über die Zahl der Selbstständigen kommen.[395]

Nach dem Mikrozensus haben alle in Kulturberufen Tätigen insgesamt im Jahr 2004 ein Jahresnettoeinkommen von 12,9 Mrd. Euro erzielt. Diesem Einkommen liegen Einkünfte von 689 000 Personen zugrunde.

Für die selbstständigen Kulturberufe ergeben sich aus dem Mikrozensus folgende Werte: Rund 310 000 Selbstständige (ohne die 27 000 Musiklehrer und Geisteswissenschaftler) erzielen schätzungsweise ein Jahresnettoeinkommen von insgesamt 5,8 Mrd. Euro. In der Aufteilung nach vier Einkommensgrößenklassen dürften die rund 68 000 Selbstständigen mit weniger als 900 Euro monatlichem Nettoeinkommen im Jahr 2004 ein geschätztes Gesamteinkommen von 1,3 Mrd. Euro, die rund 84 000 Selbstständigen mit einem Monatsnettoeinkommen von 900 bis 1 500 Euro ein geschätztes Gesamteinkommen von 1,6 Mrd. Euro, die rund 102 000 Selbstständigen mit einem Monatsnettoeinkommen von 1 500 bis 2 600 Euro ein geschätztes Gesamteinkommen von 1,9 Mrd. Euro sowie die rund 56 000 Selbstständigen mit einem Monatsnettoeinkommen von mehr als 2 600 Euro ein geschätztes Gesamteinkommen von einer Mrd. Euro erzielt haben.[396]

In der Umsatzsteuerstatistik des Statistischen Bundesamtes sind im Jahr 2004 lediglich 134 000 Selbstständige mit Kulturberufen verzeichnet.[397] Im Zeitvergleich wuchs die Zahl der Selbstständigen zwischen 1996 und 2004 insgesamt um 26 Prozent oder im jährlichen Durchschnitt kontinuierlich um drei Prozent an.[398] Das Umsatzvolumen der Kulturberufe hat sich jedoch deutlich schwächer entwickelt. Nach einem Höhepunkt im Jahr 2001 mit 18,4 Mrd. ging es bis auf 16,5 Mrd. Euro im Jahr 2003 zurück. Erst zum Jahr 2004 verbesserte sich die wirtschaftliche Entwicklung für die Kulturberufe mit einem kleinen Plus von einem Prozent und auf ein Umsatzvolumen von 16,7 Mrd. Euro.[399]

Unabhängig davon, welche statistische Quelle genutzt wird, ergeben sich im Zeitverlauf Zuwächse. Schon die Umsatzsteuerstatistik zeigt, dass die Zahl der Selbstständigen in der Gesamtwirtschaft zwischen 1996 und 2004 um sieben Prozent zugenommen hat, der Anteil der Selbstständigen in Kulturberufen wuchs wiederum um das Vierfache.[400]

Die Entwicklung der abhängig Beschäftigten in Kulturberufen hat sich von der Entwicklung der Selbstständigen abgekoppelt. Sowohl die „weichen" Zahlen des Mikrozensus als auch die „harten"

---

[394] Ebd., S. 11.
[395] Ebd.
[396] Ebd., S. 45.
[397] Ebd., S. 11.
[398] Ebd., S. 47.
[399] Ebd.
[400] Ebd., S. 11.

Daten aus der Beschäftigtenstatistik zeigen im Entwicklungsverlauf seit 2001/2002 einen stetigen Rückgang an abhängig Beschäftigten. Nach dem Mikrozensus lag ihre Zahl im Jahr 1995 bei rund 386 000 Personen, nach einem Höchststand von 471 000 Personen im Jahre 2002 ist sie auf einen Wert von 454 000 im Jahre 2004 gefallen.[401]

B) Problembeschreibung

Künstler als Selbstständige

Die meisten Künstler verfügen heute über einen Hochschulabschluss, sie sind hochqualifiziert. Sie haben spezifische künstlerische Fähigkeiten und Fertigkeiten erworben und damit die persönliche Grundlage für ein erfolgreiches Berufsleben gelegt.[402] Trotz ihrer hohen Qualifikation verfügen sie aber oft nur über ein relativ bescheidenes Einkommen und arbeiten unter risikoreichen Bedingungen.

Selbstständige oder befristet angestellte Künstler gelten seit Ende der 80er-Jahre auf den expandierenden Arbeitsmärkten von Dienstleistungen, Medien, Wissenschaft sowie Kultur und Kunst als Prototypen neuer Selbst- und Einzelunternehmer. Sie zeichnen sich durch Flexibilität, Mobilität, Parallelarbeit und ein hohes Maß an Risikobereitschaft aus und können sich aber nur behaupten, wenn sie über ihre berufliche Qualifikation hinaus Zusatzkompetenzen wie Selbstvermarktungs- und Selbstorganisationsfähigkeiten entwickeln.[403]

Es bleibt aber zu fragen, ob sich hierbei tatsächlich ein neuer Typus von professioneller Selbstständigkeit entwickelt oder ob eher schwierige, instabile berufliche Existenzen begründet werden.

Neben dem traditionell hohen Anteil von Hochschulabsolventen ist Selbstständigkeit in Kulturberufen von einer zunehmenden Feminisierung gekennzeichnet.[404] Insbesondere der wachsende Zustrom hochqualifizierter Künstlerinnen hat in entscheidendem Maße zu den Wachstumsraten von freiberuflichen bzw. selbstständig arbeitenden Künstlern beigetragen. Hieraus kann durchaus der Schluss gezogen werden, dass es vor allem Künstlerinnen sind, die in den öffentlich finanzierten Kulturbetrieben nicht mehr eingestellt werden.[405] Das entspräche dem typischen Muster der Geschlechterverhältnisse in den Künsten und stütze die Annahme, dass Frauen insbesondere dort erwerbstätig seien, wo flexible Arbeits- und Lebensformen potenziell besser aufeinander abgestimmt werden können. Für diese Gruppe von Erwerbstätigen trifft dann allerdings auch zu, dass sie mehrheitlich nur über ein niedriges und überdies stark schwankendes Einkommen verfügen.[406]

Die Einkommens- und Marktposition der Selbstständigen ist durch Konkurrenz mit anderen Berufsgruppen und durch hohen individuellen Einsatz gekennzeichnet. Für sie gibt es spezielle soziale Sicherungssysteme, wie insbesondere die Künstlersozialversicherung. Für die Verknüpfung von Erwerbsarbeit und privater Lebensführung lassen sich typische Lebenslaufmuster statistisch bisher nicht belegen.[407] Dies dürfte insbesondere deshalb (noch) nicht möglich sein, weil die Einkommen

---

[401] Ebd., S. 11f.
[402] Vgl. Ruppert (2000).
[403] Vgl. Sondervotum Prof. Dr. Dieter Kramer, Kap. 4.2.7, „Stärkung betriebswirtschaftlicher Ausbildungsinhalte", FN ## 27.
[404] Vgl. Wetterer (1995).
[405] Diese Fragestellung bzw. Behauptung konnte im Rahmen der Bestandsaufnahme nicht verifiziert werden.
[406] Vgl. Betzelt (2006), S. 13.
[407] Vgl. Betzelt/Gottschall (2003), S. 203–229.

der Selbstständigen extremen Schwankungen unterworfen sind. Maßnahmen zur Existenzförderung derartiger Haushalts-Unternehmens-Komplexe müssen diese Situation berücksichtigen.[408]

Wohl zu Recht wird angesichts der wirtschaftlichen und sozialen Lage vieler Künstler von sozialer Ausschließung und von Armut gesprochen. Die betroffenen Künstler verfügen allerdings oft über mehr Sicherheit und Erfahrungen im Umgang mit knappen Mitteln.[409]

Statistik

Zur Darlegung der wirtschaftlichen Situation von Kulturberufen werden im Wesentlichen folgende Datenquellen herangezogen, da sie eine eigene Klassifikation für Kulturberufe verwenden, die weitgehend alle denkbaren kulturrelevanten Berufsgruppen erfasst:[410]

– Mikrozensus (Statistisches Bundesamt),

– Umsatzsteuerstatistik (Statistisches Bundesamt),

– Beschäftigtenstatistik (Bundesagentur für Arbeit) und

– Statistik der Künstlersozialkasse.

Darüber hinaus liefern auch die Einkommensteuerstatistik, die Dienstleistungsstatistik sowie Daten der Verwertungsgesellschaften, der Wirtschaftsministerien der Länder und der Industrie- und Handelskammern wichtige Informationen.[411]

Insgesamt gilt: Die wirtschaftliche Situation der selbstständigen Kulturberufe ist mit statistischem Material derzeit nur unzureichend darstellbar.

Im Mikrozensus zählen zum Typ des Selbstständigen alle freiberuflichen und gewerblichen Tätigen, die sowohl als Einpersonenbüro ohne weiteren Arbeitsplatz oder als Unternehmen mit mehreren Arbeitsplätzen am Markt agieren können. Durch den Mikrozensus lassen sich jedoch nur grobe Anhaltswerte für die wirtschaftliche Situation aller erwerbstätigen Kulturberufe, also für Selbstständige einschließlich der abhängig Beschäftigten, angeben. Denn bei der Interpretation der wirtschaftlichen Daten ist zu berücksichtigen, dass der Mikrozensus auf einer freiwilligen Selbstauskunft der Befragten beruht. So fließt durch die „Offenheit" des Berufsbildes ein großes Spektrum von Erwerbstätigen ein, das vom erwerbslosen selbstständigen Künstler bis zum selbstständigen GmbH-Unternehmer reichen kann.[412]

Bisher waren die Daten der Künstlersozialkasse mit Vorsicht zu interpretieren. Viele selbstständige Künstler und Publizisten streben an, in die Künstlersozialversicherung aufgenommen zu werden, um ihre soziale Sicherung abzudecken. Dies setzt voraus, dass sie in einem Kalenderjahr aus selbst-

---

[408] „…es handelt sich hierbei um ein Modell, das insbesondere bei Existenzgründungsprozessen von einer engen Verwobenheit zwischen Unternehmen und dem Haushalt ausgeht. Personen, Ziele und Mittel von Privathaushalt und Unternehmung sind in Haushalts-Unternehmens-Komplexen eng miteinander verwoben, sie bilden eine sozioökonomische Einheit. So kommen als Arbeitskräfte Haushaltsangehörige infrage, Haushalts- und Unternehmensziele werden aufeinander abgestimmt. Außerdem werden Haushaltsgüter für das Unternehmen genutzt und umgekehrt." Vgl. Selbstständige Künstler und Publizisten. Eine empirische Untersuchung am Lehrstuhl für Haushalts- und Konsumökonomik der Universität Bonn von Caroline Dangel. S. 1. (Kommissionsdrucksache 15/373)
[409] Vgl. dazu Andreas Willisch im Gespräch mit Harald Jähner: Die Überflüssigen. Der Soziologe A. Willisch über Unterschichten, Prekariat und das Phänomen der sozialen Entbettung. Vgl. Willisch (2006).
[410] Vgl. Gutachten Existenzgründung, S. 13f. (Kommissionsdrucksache 16/399) mit der Begründung, warum die anderen Quellen nicht relevant sind. Vgl. auch Kap. 4.1, Künstlerbild und Kreativität Anfang des 21. Jahrhunderts und Kap. 5., Kultur- und Kreativwirtschaft, dort insb. Kap. 5.3, Kultur- und Kreativwirtschaft – statistische Erfassung.
[411] Ebd., S. 13.
[412] Ebd., S. 45.

ständiger künstlerischer und publizistischer Tätigkeit voraussichtlich ein Arbeitseinkommen erzielen, das 3 900 Euro im Jahr übersteigt. Die Künstler gaben dazu bisher lediglich jährlich eine Schätzung ihres Jahreseinkommens des Folgejahres ab, damit die Höhe der monatlichen Sozialabgaben bestimmt werden kann. Aus diesem Grund entsprachen die einzelnen Angaben nicht in jedem Fall der „Marktrealität", da sie in erster Linie zur Gestaltung der abzuführenden Sozialbeiträge dienten.[413] Die letzte Novelle des Künstlersozialversicherungsgesetzes 2007 nimmt sich dieser Problematik indirekt an. Zum Zweck der Stabilisierung der Finanzierung und damit der Stärkung der Künstlersozialversicherung werden die Versicherten nun in Stichproben von mindestens fünf Prozent der Gesamtversicherten hinsichtlich ihres tatsächlichen Einkommens in den vergangenen vier Jahren geprüft.[414] Dabei werden die tatsächlichen Arbeitseinkommen der letzten Jahre sowie mögliche Einkünfte aus nichtkünstlerischer bzw. nichtpublizistischer Tätigkeit unter Vorlage entsprechender Einkommensteuerbescheide oder Gewinn- und Verlustrechnungen erhoben.

Die Gruppe der durch die Umsatzsteuerstatistik[415] erfassten Selbstständigen reicht von freiberuflichen oder gewerblichen Einpersonenunternehmen (EPU) bis zur gewerblichen Gesellschaft mit beschränkter Haftung oder Aktiengesellschaften.

Für die Interpretation der Daten der Umsatzsteuerstatistik muss Folgendes bedacht werden: Erstens erfasst das Finanzamt zwar alle Künstler, die sich als Selbstständige dem Finanzamt gegenüber zu erkennen geben, die Umsatzsteuerstatistik dokumentiert jedoch nur diejenigen, die einen Jahresumsatz von derzeit mindestens 17 500 Euro erzielen. Die Selbstständigen mit geringeren Jahresumsätzen werden folglich statistisch nicht erfasst. Zweitens erfolgt die Zuordnung des Steuerpflichtigen zum jeweiligen Kulturberuf nicht durch den Steuerpflichtigen selbst, sondern durch den Finanzbeamten. Das heißt, Finanzbeamte benötigen eine große Kenntnis über die künstlerischen und kulturellen Aktivitätsformen, die im Markt realisiert werden. Hier können Zuordnungsprobleme auftreten, die auch die Statistik beeinflussen.[416]

Zwei zentrale Befunde lassen sich aus der Analyse der Umsatzsteuerstatistik ableiten.[417] Zum einen drängen die Angehörigen der Kulturberufe trotz der deutlichen Schwankungen in der Entwicklung der Umsatzvolumina weiter kontinuierlich auf den Markt. Sie sehen also offensichtlich wirtschaftliche Chancen. Zum anderen erscheint das Bild der wirtschaftlichen Leistungsfähigkeit der Kulturberufe deutlich unterzeichnet, wenn man lediglich auf die Daten und Befunde aus der Künstlersozialkasse zurückgreift. Eine Sonderauswertung aus der Umsatzsteuerstatistik ergibt für die Gruppe der Einpersonenunternehmen folgende Eckdaten für das Jahr 2004: Unter den 134 000 Selbstständigen mit Kulturberufen befinden sich rund 122 500 Einpersonenunternehmen, die zusammen ein Umsatzvolumen von 11,7 Mrd. Euro erreichen. Im Durchschnitt erzielt ein Einpersonenunternehmen einen Jahresumsatz von knapp 96 000 Euro, die abzüglich eines hypothetisch angesetzten Betriebskosten- und Steueranteils von 30 Prozent ein Jahreseinkommen von geschätzten 67 000 Euro ergeben.

Insgesamt kann festgehalten werden, dass eine Datenquelle allein kein vollständiges Bild der ökonomischen Lage der Künstler zeichnen kann. Erst aus der Zusammenschau der verschiedenen statistischen Quellen entsteht ein Gesamtbild der wirtschaftlichen Lage.[418] Die verschiedenen Datenquellen eignen sich kaum für Vergleiche.

---

[413] Ebd., S. 46.
[414] Vgl. Kap. 5.4.1, Kultur als Standortfaktor für die Kultur- und Kreativwirtschaft.
[415] Vgl. Gutachten Existenzgründung, S. 47. (Kommissionsdrucksache 16/399)
[416] Ebd., S. 48.
[417] Ebd., S. 47.
[418] Vgl. schriftliche Schriftliche Stellungnahme von Michael Söndermann zur Anhörung zum Thema „Kulturwirtschaft" vom 26. März 2007, S. 11. (Kommissionsdrucksache 16/385)

Die oben dargestellten Daten zur Entwicklung der Anzahl der Erwerbstätigen und zu den Umsatz- und Einkommenszahlen zeigen Folgendes: Erstens kommt es zu Veränderungen im Berufsfeld Kultur, die sich aus den technologischen Umbruchprozessen (Digitalisierung), der Mediatisierung des Kulturschaffens, der Kommerzialisierung des Kulturbetriebes (Event, Casting) und der Zunahme der Bedeutung erwerbswirtschaftlich organisierter Kulturunternehmen ergeben. Zweitens bekräftigen die Daten die ungebrochene Anziehungskraft künstlerischer und kultureller Berufsfelder in modernen Gesellschaften.[419]

Ähnlich wie in skandinavischen Ländern wird aber der selbstständige Künstlertypus in Deutschland zum Prototypen des erwerbstätigen Künstlers. Daraus müssen in noch stärkerem Maße als bisher Schlussfolgerungen für die sozialen Sicherungssysteme, Modelle wirtschaftlicher Künstlerförderung, Existenzgründung und Existenzsicherung und für die Aus-, Fort- und Weiterbildungssysteme gezogen werden.

C) Handlungsempfehlungen

1. Die Enquete-Kommission empfiehlt dem Bund und den Ländern, im Rahmen ihrer Kultur- und Kreativwirtschaftsberichte besonderes Augenmerk auf die in den jeweiligen Zweigen der Kultur- und Kreativwirtschaft tätigen freiberuflichen und selbstständigen Künstler zu richten und deren künstlerische wie auch wirtschaftliche Bedeutung, aber auch deren soziale und wirtschaftliche Lage darzustellen. Vor- und Nachteile der Selbstständigkeit und Freiberuflichkeit sollen umfassend in den Blick genommen werden.

2. Die Enquete-Kommission empfiehlt den Theatern, Orchestern und Opern, aber auch den öffentlich-rechtlichen Rundfunkanstalten, ihre Repertoire- und Programmpolitik für selbstständige Künstler und privatwirtschaftliche Ensembles zu öffnen.

3. Die Enquete-Kommission empfiehlt Bund, Ländern und Kommunen, für Museen und Ausstellungshäuser Sondermittel für den Erwerb und die Präsentation von zeitgenössischen Künstlern zu veranschlagen. Auch im Bereich der darstellenden Kunst und der Musik sind Strukturen zu entwickeln, die sowohl den abhängig beschäftigten Ensemblemitgliedern als auch den über Projektverträge engagierten Ensembles die Möglichkeit bieten, künstlerisch zu arbeiten. Dabei sind entsprechende Pilotprojekte zu initiieren.

4. Die Enquete-Kommission empfiehlt Bund, Ländern und Kommunen, die Künstler bei der Erschließung neuer Aufgabenfelder – wie Kunst im öffentlichen Raum, Künstler und Schule, Kultursozialarbeit – durch besondere Programme und infrastrukturelle Maßnahmen zu unterstützen und dafür zu werben, dass auch private Auftraggeber ähnliche Unterstützungen gewähren.

4.4.2 Existenzsicherung für selbstständig arbeitende Künstler

A) Bestandsaufnahme

Selbstständig arbeitende Künstler

Aufgrund der relativen Zunahme selbstständig arbeitender Künstler hat die Enquete-Kommission beschlossen, die wirtschaftliche Situation dieser Gruppe gesondert zu betrachten.

---

[419] Vgl. Thurn (1997), S. 108, 109. „Die von Max Weber diagnostizierte weitgehende ‚Entzauberung der Welt' schürte im 20. Jh. komplementäre Verzauberungsbedürfnisse, die auch die Künste gedeihen ließen und künstlerischen Berufen regen Zulauf bescherten."

„Selbstständig ist jede Berufstätigkeit, die nicht im Rahmen eines abhängigen Beschäftigungsverhältnisses ausgeübt wird. Von Erwerbsmäßigkeit spricht man dann, wenn die Tätigkeit nicht nur hobbymäßig bzw. aus Liebhaberei ausgeübt wird, sondern auf eine ernsthafte Beteiligung am Wirtschaftsleben und auf die Erzielung von Arbeitseinkommen ausgerichtet ist. Die Tätigkeit muss von vornherein auf Dauer angelegt sein."[420] Selbstständige erbringen ihre Leistungen persönlich, eigenverantwortlich und unabhängig. Das trifft vor allem auf die kreativen Berufe zu, bei denen die Leistung, das Werk, der Text usw. nicht von der Person des Selbstständigen zu trennen ist. Autoren, Bildhauer, Fotografen, Komponisten oder Übersetzer, Solisten und eine Reihe anderer Berufsgruppen gelten dann als selbstständig, wenn sie für verschiedene Produktionen – auch bei nur einem Auftraggeber – jeweils einzelne Verträge abschließen.[421]

Die wirtschaftliche Lage dieser Künstler wird sowohl durch die gesellschaftlichen Rahmenbedingungen bestimmt als auch durch die entsprechenden Marktverhältnisse.

In Deutschland existieren Instrumente und eine Infrastruktur der öffentlichen Künstlerförderung, die auch selbstständig arbeitenden Künstlern offenstehen. Hierbei sind die Infrastruktur der öffentlich finanzierten Hochschulen und Universitäten der Künste[422] sowie die unterschiedlichsten Einrichtungen und Initiativen der Fort- und Weiterbildung, die zum Teil auch von der Bundesagentur für Arbeit finanziert werden, zu nennen. Insbesondere das vielfältige und flächendeckend in Deutschland existierende System von Hochschulen und Universitäten der Künste stellt eine wichtige Voraussetzung für erfolgreiche Existenzgründung und -sicherung dar. Dort werden die Grundlagen der spezifischen künstlerischen Fähigkeiten und Fertigkeiten als Leistungspotenzial für die spätere Berufstätigkeit, das heißt für die Erwerbssicherung als Künstler, ausgebildet und professionalisiert.

Instrumente der öffentlichen Künstlerförderung sind des Weiteren Stipendien, Preise oder Honorare.[423] Es existieren auf Bundesebene spartenspezifische Fonds sowie die Kulturstiftung des Bundes oder die Kulturstiftungen und Förderfonds der Länder und Kommunen. Insbesondere Letztere schreiben eine Fülle von Stipendien in unterschiedlichsten Zusammenhängen – von Stadtschreibern bis zum Aufenthaltsstipendium in landeseigenen Künstlerhäusern[424] – aus. Eine wichtige Rolle spielt hier auch die Auswärtige Kulturförderung. Durch Einrichtungen wie die Goethe-Institute erhalten Künstler die Möglichkeit, ihre Arbeiten, Produktionen und Werke mit Honorarvergütung im Ausland zu präsentieren. Auch nichtstaatliche Einrichtungen – wie beispielsweise Kirchen[425], Verbände und Vereine – leisten einen maßgeblichen Beitrag zur Existenzsicherung von Künstlern, indem sie vor Ort Möglichkeiten der Präsentation eröffnen.

Die wirtschaftliche Lage von Künstlern ist darüber hinaus abhängig von den rechtlichen Rahmenbedingungen und Instrumenten der wirtschaftlichen Künstlerförderung. Hierzu zählen in entscheidendem Maße die Urheber- und Leistungsschutzrechte.[426] Daneben gewinnen angesichts der steigenden Zahl von selbstständig tätigen Künstlern die Instrumente der Existenzgründung und -sicherung an Bedeutung. Zu nennen sind auch die Steuergesetzgebung und die Kreditpolitik.

---

[420] Wissenschaftliche Dienste des Deutschen Bundestages (2005a), S. 4.
[421] Vgl. dazu Bundesministerium für Wirtschaft und Arbeit (2004), S. 9.
[422] Vgl. Kap. 4.2, Aus-, Fort- und Weiterbildung in den Künstler- und Kulturberufen.
[423] Vgl. Kap. 4.6, Künstlerförderung.
[424] Auf ihrer Delegationsreise nach Süddeutschland hat die Enquete-Kommission das Künstlerhaus Villa Concordia in Bamberg besucht und konnte vor Ort interessante Gespräche mit den „artists in residence" führen. Vgl. Bericht über die Delegationsreise der Enquete-Kommission nach Mittel- und Süddeutschland am 6. und 7. Juni 2005. (Arbeitsunterlage 15/131)
[425] Vgl. Kap. 3.2.1, Die kulturelle Tätigkeit der Kirchen.
[426] Vgl. Kap. 4.3.3, Urheber- und Leistungsschutzrechte.

Künstler als Existenzgründer

Die Beschäftigungsstruktur im Kultur- und Kunstbereich Deutschlands hat sich in den vergangenen Jahren erheblich verändert. Während bis zum Beginn der 90er-Jahre der öffentliche Kultur- und Medienbetrieb der wichtigste Arbeitgeber war – rund zwei Drittel der Berufsmusiker, der bildenden und darstellenden Künstler, der Schriftsteller/Autoren und Rundfunkredakteure waren Angestellte und hatten Arbeitsplätze im öffentlich getragenen oder gemeinnützigen Kulturbetrieb –, hat sich das Verhältnis gewandelt und tendiert in Richtung Privatwirtschaft und Selbstständigkeit.[427]

Für die einzelnen Sparten sind dabei Unterschiede zu berücksichtigen. Bildende Künstler, Schriftsteller, Architekten und Designer waren im Unterschied zu Musikern und Schauspielern verhältnismäßig weitaus häufiger selbstständig tätig. Die Veränderungen betreffen also insbesondere die künstlerischen Bereiche, in denen die öffentliche Kulturfinanzierung bis Anfang der 90er-Jahre besonders stark war: Orchester, Opernhäuser, Musikschulen, Theater oder Hörfunk. Der Anstieg der Freiberufler und Selbstständigen ist jedoch nicht allein mit dem Abbau staatlicher Förderung zu begründen. Auch dort, wo der Haushalt nicht überproportional reduziert wurde, ist ein relativer Zuwachs von Selbstständigen und Freiberuflern zu verzeichnen.

Die Heterogenität der Selbstständigkeit in den verschiedenen Sparten hinsichtlich Marktbedingungen und individueller Entscheidungsfreiheit ermöglicht keine klare Antwort auf die Frage, ob Selbstständigkeit bei Künstlern eher eine erzwungene Erwerbssituation oder Ergebnis einer freien Entscheidung ist.[428] Die Motive sind vielfältig: Verwirklichung einer Idee, Zwang zu besserer Vereinbarkeit mit der Familienarbeit, Ausweg aus beruflichem Frust, Spartenspezifik, Unabhängigkeit, befürchteter Arbeitsplatzverlust, Engagements, Ermutigung durch Dritte, Wunsch nach Bohème.[429] Sie schlagen in ihrer Gewichtung in den verschiedenen Sparten und für den einzelnen Künstler unterschiedlich zu Buche. Auch die Anhörung zum Thema „Instrumente der mittelbaren Förderung von Künstlerinnen und Künstlern"[430] zeichnete hier kein klares Bild. Im Bereich Musik ist einerseits von den erheblichen Engpässen und überproportional hohen Bewerberzahlen auf eine Stelle die Rede, andererseits aber auch von der inhaltlich motivierten Gründung freier privatwirtschaftlicher Ensembles, weil nur in diesen Strukturen die Auseinandersetzung und Präsentation von Repertoires möglich ist, die an den „großen Häusern" nicht gespielt werden.

Künstler und Publizisten geben folgende Gründe für den Schritt in die Selbstständigkeit an:
– Inhalte der Arbeit selbst bestimmen (57,8 Prozent),
– Arbeitszeit selbst bestimmen (57,6 Prozent),
– keine Anstellung (32,5 Prozent),
– keine berufsfremdem Tätigkeiten mehr ausüben (30,2 Prozent) und
– mehr Geld verdienen (15,4 Prozent).[431]

Künstler haben sich in den vergangenen Jahren Aufträge in den unterschiedlichsten Zusammenhängen des kulturellen Sektors erschlossen – im öffentlichen, im privaten und im sogenannten inter-

---

[427] Vgl. Gutachten zum Thema „Existenzgründung und Existenzsicherung für selbstständig und freiberufliche arbeitende Künstlerinnen und Künstler" (Gutachten Existenzgründung), S. 51. (Kommissionsdrucksache 16/399)
[428] Ebd., S. 52 sowie Betzelt (2006).
[429] Vgl. Zimmermann/Schulz (2007), S. 64 sowie Dangel/Piorkowsky (2006).
[430] Vgl. Zusammenfassung Anhörung Instrumente mittelbarer Förderung vom 27. September 2004. (Kommissionsdrucksache 15/514)
[431] Vgl. dazu Bundesministerium für Wirtschaft und Arbeit (2004), S. 4. Die Angaben basieren auf einer Untersuchung des Institutes für Medienforschung und Urbanistik.

mediären, dritten Sektor. Dabei entstehen vielfach projektorientierte Beschäftigungen, in nicht klar abgrenzbaren Formen.[432]

So kooperieren eigentlich miteinander konkurrierende Selbstständige in Gruppen und Netzwerken[433], um ihre Unabhängigkeit vom öffentlichen Medien- und Kulturbetrieb nicht nur zu bewältigen, sondern auch symbolisch zu inszenieren. Künstler als „Einzelkämpfer" wie auch als „Teamplayer" erschließen für sich das Prinzip des „Sowohl-als-auch" und verabschieden sich von dem des „Entweder-oder", um in den vielfältigen Kultur- und Kunstmärkten chancenreich zu sein.[434]

Künstler sind nicht mehr nur in den Kernbereichen von Kunst und Kultur tätig, sondern in zunehmendem Maße auch in Bereichen wie der Kultursozial- und Integrationsarbeit, im Gesundheitswesen (Künstler im Krankenhaus[435]), im Bereich der Beratung und des Managements. Das Kreativitäts-, Gestaltbildungs- und Innovationspotenzial von Künstlern wird hierbei sinnvollerweise in den Dienst „fremder" Zwecke gestellt. Diese Tätigkeiten sind keinesfalls mit denen des sogenannten „Moonlighting" (wie zum Beispiel Taxifahren und Cateringservices) gleichzusetzen. Sie basieren auf spezifischen künstlerischen Strategien. Gerade weil die Nachfrage im Kunst- und Kulturbetrieb aus den beschriebenen Gründen begrenzt ist, sind diese erwerbssichernden Bereiche von großer Bedeutung.

In diesen „neuen" Arbeitsfeldern wird deutlich, dass Künstler – wie alle anderen Selbstständigen auch – immer auch darüber nachdenken, ob es für ihre Werke einen Markt gibt. Wer den Schritt in die Selbstständigkeit geht, ist gezwungen, sich hiervon ein klares Bild zu machen. Während der Existenzgründung ergeben sich hier oft besondere Probleme, wie zum Beispiel Unkenntnis branchenüblicher Honorarsätze und die Schwierigkeiten bei der Einschätzung der eigenen Leistung. Als weitere Probleme gelten die nicht ausreichenden Informationen über geeignete Versicherungen (54,7 Prozent), fehlende Beratungsangebote (43,7 Prozent), Unkenntnis über existierende Beratungsangebote (35,7 Prozent) und schließlich Schwierigkeiten im Umgang mit den Behörden (18 Prozent).[436] Laut Bundesministerium für Wirtschaft und Arbeit stellen „keine oder zu wenig Informationen" bzw. „mangelnde Kommunikation zwischen Künstlern und Wirtschaftsfördereinrichtungen" die größten Probleme für angehende freischaffende Künstler dar. „Einerseits fühlen sich Künstler von den Beratungsangeboten offensichtlich nicht angesprochen, weil sie sich nicht als ‚Existenzgründer' betrachten. Andererseits stellen sich die Beratungseinrichtungen nicht unbedingt auf die besonderen Bedürfnisse dieser Gruppe ein und haben nicht selten Schwierigkeiten, im freischaffenden Künstler … den angehenden Kleinunternehmer zu sehen."[437]

Die klassischen Instrumente der Existenzgründung stehen auch Künstlern offen: Startgeld, Mikrodarlehen, ERP-Kapital, Unternehmerkredit der Kreditanstalt für Wiederaufbau (Mittelstandsbank für Existenzgründer). Allerdings gibt es weder im Rahmen von Gründerwettbewerben, Stipendienmodellen für die Entwicklung von Geschäftsplänen usw. noch in Hinsicht auf die Erleichterung des Zugangs zu Kleinkrediten und anderen Finanzierungsquellen spezielle Angebote für Künstler.[438]

---

[432] Vgl. Kap. 5., Kultur- und Kreativwirtschaft.
[433] Vgl. Lange (2006), S. 327–350; vgl. auch Matthiesen (2005), S. 374 bis 383
[434] Vgl. Gutachten Existenzgründung, S. 55. (Kommissionsdrucksache 16/399)
[435] Die Roten Nasen e. V. bringen z. B. unter dem Motto „Lachen hilft, Lachen bewegt und Lachen tut einfach gut" Frohsinn, Lebensfreude, Phantasie und Kreativität zu den Patienten in die Krankenhäuser. Durch ihre Kunst unterstützen sie seelische, körperliche und kommunikative Prozesse, die das Gesundwerden anstoßen. Siehe Gutachten Existenzgründung, S. 57. (Kommissionsdrucksache 16/399) sowie www.rotenasen.de/, (Stand: 22. Juni 2007).
[436] Vgl. Bundesministerium für Wirtschaft und Arbeit (2004), S. 5.
[437] Ebd.
[438] Vgl. Gutachten Existenzgründung, S. 62f. (Kommissionsdrucksache 16/399)

Als spezifische Instrumente der wirtschaftlichen Förderung von Künstlern wurden in den vergangenen Jahren vor allem folgende entwickelt[439]:
- Anlauf- und Informationsstellen[440],
- Informationsmaterialien[441],
- Transferstellen[442] und
- Beratungsangebote[443].

Gegenwärtig ist also insbesondere eine Zunahme von Beratungsangeboten zu verzeichnen. Diese mittelbaren Instrumente zur Förderung von Existenzgründungen bei Künstlern sind vielfach noch in der Experimentierphase. Bewertungen können daher noch nicht vorgenommen werden.[444]

In der Anhörung „Kulturwirtschaft"[445] wurde unter anderem betont, dass es neben der zielgenaueren Existenzgründung heute zunehmend auch darauf ankomme, existenzsichernde Maßnahmen in die Förder- und Beratungspolitik einzubeziehen.

Künstler und ihr Verständnis von künstlerischer Autonomie

Der Zulauf von Studierenden zu den Hochschulen der Künste und Universitäten ist ungebrochen. Obwohl bekannt ist, dass die Erwerbsaussichten eher schlecht sind, gibt es Jahr für Jahr mehr Studienanwärter als Studienplätze. Dieses Verhältnis gestaltet sich in den einzelnen Sparten der Künste jedoch unterschiedlich.

Spartenübergreifend ist davon auszugehen, dass eher Motive wie Selbstverwirklichung, künstlerische Freiheit und Streben nach gesellschaftlicher Anerkennung den Ausschlag für die Studienwahl geben. Offenkundig überblenden diese Faktoren das Bewusstsein für das Risiko des Scheiterns und erzeugen das tendenzielle Ausklammern von wirtschaftlichen Fragen bei der Studien- und Berufswahl.[446]

Angesichts dieser Motivlage erweist es sich einerseits als schwierig, staatliche Vorschläge, Regulierungen und Förderinstrumente punktgenau einzusetzen. Andererseits verfügen Künstler aufgrund der ihnen eigenen Vorstellungen von Kreativität, Flexibilität, ihres Unabhängigkeitsstrebens, widerständiger Potenziale und dem Wunsch nach Anerkennung durchaus über gute Voraussetzungen für unternehmerisches Handeln. Sie übernehmen dabei in erheblichem Maße Eigenverantwortung.

B) Problembeschreibung

Status der selbstständigen Künstler

Nicht jeder Künstler wird ökonomisch selbstständig arbeiten. Mit der traditionellen – sozialen und öffentlichen – Künstlerförderung übernimmt der Staat eine Fürsorgepflicht[447] gegenüber allen

---
[439] Ebd. Einzelne Angebote von Berufsverbänden, Arbeitsagenturen und Maßnahmen der Wirtschaftsförderung sind in die Darstellung nicht eingeflossen.
[440] So z. B. von ver.di – Mediafon.
[441] So z. B. die Broschüre des Bundesministeriums für Wirtschaft und Arbeit, Publikationen des Kulturrates insb. zur Künstlersozialversicherung.
[442] So z. B. Musikpark Mannheim, Gründerzentrum Kulturwirtschaft Aachen e. V., KulturOFEN NRW e. V., KulturGewerbeQuartier Schiffbauergasse Potsdam etc.
[443] So z. B. RuhrstART/NRW, Kompaktlehrgang der Bundesakademie Wolfenbüttel, Mentoringprojekte, vertikult – Vermittlung von Dienstleistungen und Transfer etc.
[444] Vgl. Gutachten Existenzgründung, S. 63. (Kommissionsdrucksache 16/399)
[445] Vgl. Wortprotokoll der Anhörung vom 26. März 2007 zum Thema Kulturwirtschaft. (Protokoll-Nr. 16/24)
[446] Vgl. Gutachten Existenzgründung, S. 4. (Kommissionsdrucksache 16/399)
[447] Vgl. BVerfGE 36, 321.

Künstlern. Dies wurde und wird nicht infrage gestellt. Dennoch kommt es angesichts des sozialen und ökonomischen Wandels in der Gesellschaft und des Kunst- und Kulturbetriebes darauf an, diejenigen, die nachhaltig wirtschaftlich selbstständig tätig sein wollen, entsprechend zu stärken. Im Gegensatz zur Förderung in anderen Branchen bedarf es im Kulturbereich keiner besonderen Programme zur Forcierung von Existenzgründungen. Auch ohne solche wächst die Zahl der Selbstständigen.

Das Einkommensniveau selbstständiger Künstler gestaltet sich höchst unterschiedlich, es liegt oft im Bereich des Existenzminimums, vereinzelt werden aber auch stark überdurchschnittliche Einkommen erzielt. Daher greifen Darstellungen und politische Forderungen bzw. Maßnahmen zu kurz, die Künstler entweder nur als „Kümmerexistenzen" disqualifizieren oder als „das" unternehmerische Erfolgsmodell propagieren.

In den Berufsbiografien selbstständiger Künstler treffen hohe Bildung, enorme künstlerisch-kreative Motivation und ein reflexives Berufsverständnis aufeinander. Daraus ergibt sich auf den Märkten der Kulturproduktion eine derzeit noch nicht präzise beschreibbare Mischung aus wirtschaftlichen Armutsrisiken und subjektiven Autonomiegewinnen. Aber es bleibt festzuhalten, dass für den Bereich der selbstständig arbeitenden Künstler Handlungsbedarf hinsichtlich einer spezifischen Absicherung sozialer Risiken bei Krankheit, im Alter und bei schlechter Auftragslage besteht.[448] Für diese neue Form der Erwerbstätigkeit müssen zum Beispiel Modelle der (privaten) Rentenversicherung unter Berücksichtigung schwankender Einkommen entwickelt werden.

Als widersprüchlich erweist sich für die größer werdende Gruppe selbstständiger Künstler die fehlende institutionelle Rahmung von Berufszugang, Qualifikationsstandards, Marktregulierung und sozialer Sicherung. Es überwiegen durchlässige Netzwerke und informelle Strukturen, die es jedoch schwer haben, den Maßgaben (Rechtsformen) wirtschaftlicher Förderung zu entsprechen.

Instrumente der Existenzgründung und -sicherung

Wirtschaftliche Förderinstrumente greifen kaum oder gar nicht für die im kulturellen Sektor typischen Einzel- oder Kleinstunternehmer. Die potenziellen Antragsteller sind zumeist nicht in der Lage, die geforderte kaufmännische Qualifikation formal bestätigt vorzuweisen.

Die „klassischen", eher auf Industrie- und Handwerksbetriebe ausgerichteten Instrumente der Existenzgründung, dienen häufig als Ausgangspunkt für die Entwicklung spezieller Instrumente für selbstständig arbeitende Künstler. Eine Eins-zu-eins-Adaption hat sich dabei bisher aber als wenig zielführend erwiesen. Ein großes Problem besteht zum Beispiel darin, dass Begrifflichkeiten der Wirtschaftsförderung im Rahmen kultur- oder kunstpolitischer Argumentationen anders verwendet werden bzw. nicht ins Vokabular gehören. Auch der Kapitalbedarf ist in Höhe und Zeithorizont bei selbstständigen Künstlern ein anderer. Als problematisch erweist sich zudem die mangelhafte Verzahnung von Wirtschaftsförderung und Kulturpolitik bzw. Kulturverwaltung.

Bei der Ausgestaltung von speziellen Programmen und Förderinstrumenten der Existenzsicherung sollte daher in Zukunft berücksichtigt werden, dass der Kapitalbedarf bei Gründungen im Bereich Kunst in der Regel geringer ausfällt[449] als bei Gründungen in anderen Branchen, dafür aber eine Förderung über einen längeren Zeitraum nötig sein kann.

---

[448] Vgl. Gutachten Existenzgründung, S. 98. (Kommissionsdrucksache 16/399)
[449] Vgl. dazu Kap. 5., Kultur- und Kreativwirtschaft.

Für Kleinstkredite sollte das Antragsverfahren vereinfacht werden. Die Gewährung solcher Kredite sollte aber dennoch weiterhin davon abhängig gemacht werden, dass der Antragsteller über hinreichende unternehmerische Sachkunde verfügt.

Instrumente der Innovationsförderung stehen Antragstellern aus dem Kulturbereich nur dann offen, wenn sie technologisch orientierte Gründungen vorhaben, also etwa den Einsatz neuer Medien. Eine Vielzahl künstlerischer Projekte befasst sich aber auch intensiv mit den Auswirkungen technologischer Entwicklungen auf Gesellschaft, Natur und Kultur.[450] Auch hierfür sollten Förderungen ermöglicht werden.

Als Legitimationsgrundlagen für qualitativ und quantitativ zu begründende Renditeerwartungen im Rahmen von Kreditantragsverfahren fehlen in Deutschland aussagekräftige Materialien, Statistiken und Begründungszusammenhänge, die die Besonderheiten kultureller Innovationen auch für Entscheider in Kreditinstituten nachvollziehbar machen.[451]

Aus-, Fort- und Weiterbildung

Volks- und betriebswirtschaftliche wie auch rechtswissenschaftliche Kurse an Musikhochschulen oder im Rahmen der Fort- und Weiterbildung können für eine Existenzgründung nur erste Grundlagen und Orientierungen liefern. Auch Lehrgänge in Kulturmanagement ersetzen keine Unternehmerausbildung.[452] Finanz- und Marketingkenntnisse für Künstler sollten im unmittelbaren Projekt- bzw. Arbeitszusammenhang (Coaching On The Job) vermittelt werden.[453] Dabei hilft kompetente Begleitung in speziellen Beratungsprogrammen meist mehr als allgemeine betriebs- und/oder steuerrechtliche Kenntnisse.

Das künstlerische Selbstbild, die persönliche Situation und die kreative Idee müssen Ausgangspunkt jeder Beratung zur Entwicklung einer Unternehmensidee sein.[454] Die Studiengänge Kulturmanagement, die sich in den letzten Jahren zahlreich etabliert haben, zielen auf die Ausbildung von Kulturvermittlern bzw. Kulturverwertern und eignen sich nur bedingt bis gar nicht für Künstler, die selbstständig tätig sein wollen. Eine verstärkte und verbesserte Qualifizierung angehender Künstler auch als Kulturunternehmer sowohl in der Ausbildung an den Hochschulen als auch später in den Angeboten der Fort- und Weiterbildung ist wünschenswert.

Das an den Hochschulen zumeist vermittelte Bild eines erfolgreichen Künstlers (oft getragen durch das Meister-Schüler-Verhältnis) bzw. die Erwartungshaltungen der Studierenden an die Hochschulen vertragen sich in den meisten Fällen nicht mit dem Berufsalltag, der dem Studium folgt. Nur wenige Künstler arbeiten nach dem Studium tatsächlich in dem Beruf, für den sie ausgebildet wurden.[455]

Infolge der angespannten Situation auf dem Arbeitsmarkt Kultur müssen immer mehr Künstler auch dazu übergehen, ihren Lebensunterhalt und auch die Voraussetzungen ihrer künstlerischen Arbeit und Produktion von Einnahmen aus kunstfremden oder künstlerischen Nebentätigkeiten zu be-

---

[450] Vgl. Gutachten Existenzgründung, S. 66. (Kommissionsdrucksache 16/399)
[451] Ebd., S. 66f., 102f.
[452] Ebd., S. 69.
[453] Ebd., S. 100.
[454] Ebd., S. 72.
[455] Ebd., S. 109f.

streiten.⁴⁵⁶ Die dafür aufzuwendende Zeit fehlt bei der Ausbildung und für die kontinuierliche Professionalisierung künstlerischer Fähigkeiten.⁴⁵⁷

Selbstständigkeit gewinnt für Künstler und den kulturellen Sektor wachsende Bedeutung und zunehmende gesellschaftliche Wertschätzung. Dem muss in der Ausbildung und Förderung von Künstlern viel stärker als bisher Rechnung getragen werden.

Für die Ausbildungsinhalte bedeutet dies beispielsweise, Vorlesungen zur Musik- oder Kunstgeschichte nicht mehr länger entlang von Künstlerheroen der normativ wirkenden klassisch-romantischen Werkästhetik zu konzipieren, sondern als Einblicke in historisch konkrete Kunst- bzw. Kulturprozesse. Auch Anregungen, sich mit den aktuellen gesellschaftlichen und sozialen Verhältnissen zu beschäftigen, gehören in diesem Sinne zur Ausbildung. Ökonomische Bildung wäre damit direkt am Gegenstand der Kunst orientiert und nicht als zusätzliches Angebot in Form von Betriebswirtschafts- oder Marketingseminaren separiert.

Die Tradition der künstlerischen Hochschulausbildung mit einer Ausbildungskonzeption, die den Studierenden einen Schutzraum bietet und die es erlaubt, frei von Marktzwängen künstlerische Ausdrucksformen zu erproben⁴⁵⁸, darf diesen Schutzraum nicht als „Elfenbeinturm" missverstehen, sondern muss ihn mit den realen Lebensbedingungen schon im Studium verknüpfen.⁴⁵⁹ Denn Freiheit ist weder mit Beliebigkeit noch mit Autonomie zu verwechseln.⁴⁶⁰

C) Handlungsempfehlungen

1. Die Enquete-Kommission empfiehlt den Ländern, spezielle Instrumente der wirtschaftlichen Künstlerförderung zu entwickeln und zu evaluieren. Die unternehmerische Kompetenz von Künstlern muss gestärkt werden.

2. Die Enquete-Kommission empfiehlt Bund, Ländern und Kommunen, existierende öffentlich unterstützte Beratungsangebote daraufhin zu evaluieren, inwiefern sie in der Lage sind, produktiv auf das komplexe Problemfeld von künstlerischem Eigensinn (künstlerischer Autonomie) und ökonomischen Herausforderungen einzugehen.

3. Die Enquete-Kommission empfiehlt dem Bund und Ländern die Weiterführung der Erforschung und Förderung „neuer Tätigkeitsfelder und Märkte" für Künstler.

4. Die Enquete-Kommission empfiehlt dem Bund, die Kreditanstalt für Wiederaufbau zu beauftragen, Kreditmöglichkeiten zu entwickeln, die sich an den speziellen Erfordernissen künstlerischer Selbstständigkeit orientieren.

5. Die Enquete-Kommission empfiehlt den künstlerischen Hochschulen und Universitäten, stärker als bisher ökonomische Prozesse des Kunst- und Kulturbetriebes in die Ausbildung zu integrieren und dieses Feld nicht nur den Einrichtungen der Fort- und Weiterbildung oder den privaten Beratungsangeboten zu überlassen.

---

[456] Vgl. Gunda Förster, schriftliche Stellungnahme zur Anhörung zum Thema „Instrumente der mittelbaren Förderung von Künstlerinnen und Künstlern" am 27. September 2004, S. 3. (Kommissionsdrucksache 15/190); vgl. schriftliche Stellungnahme Fleischmann, Fraunhofer Institut Medienkommunikation, S. 5. (Kommissionsdrucksache 15/196)
[457] Vgl. schriftliche Stellungnahme Lilienthal, S. 2. (Kommissionsdrucksache 15/198)
[458] Vgl. Zimmermann/Schulz (1999).
[459] Weiter dazu Kap. 4.2, Aus-, Fort- und Weiterbildung in den Künstler- und Kulturberufen.
[460] Vgl. Gutachten Existenzgründung, S. 127. (Kommissionsdrucksache 16/399)

4.5 Soziale Lage der Künstler und Kulturberufe

4.5.1 Künstlersozialversicherung

4.5.1.1 Hintergrund des Künstlersozialver-sicherungsgesetzes und Verweis auf das europäische Ausland

A) Bestandsaufnahme

Das Künstlersozialversicherungsgesetz[461] (KSVG) trat am 1. Januar 1983 in Kraft. Es wurde damit eine Lücke im sozialen Sicherungssystem in Deutschland geschlossen. Seit Inkrafttreten des Künstlersozialversicherungsgesetzes sind selbstständige Künstler und Publizisten im Rahmen des gesetzlichen Sozialversicherungssystems kranken- und rentenversichert und seit Bestehen der Pflegeversicherung auch pflegeversichert. Die Enquete-Kommission führte am 22. November 2004 eine Anhörung zu dem Thema „Wirtschaftliche und soziale Absicherung für Künstlerinnen und Künstler" durch, die schwerpunktmäßig dieses Sozialversicherungssystem behandelte.[462] Darüber hinaus hat die Enquete-Kommission zu diesem Thema das Gutachten „Rechtliche und strukturelle Rahmenbedingungen des Betriebs von Theatern, Kulturorchestern und Orchestern in Deutschland unter der Betrachtung des Spannungsfeldes von freiwilligen kulturellen Leistungen und Pflichtaufgaben der öffentlichen Hand" herangezogen.[463]

Vor der Schaffung der Künstlersozialversicherung hatten viele selbstständige Künstler und Publizisten keine Absicherung im Krankheitsfall bzw. im Alter. Ihre schwierige soziale Lage wurde im Jahr 1972 umfassend untersucht. Im Autorenreport[464] wird die wirtschaftliche und soziale Lage im Bereich Wort anschaulich dargestellt. Dem Bericht lagen eine quantitative Studie sowie qualitative Interviews zugrunde. Im Jahr 1975 erschien der sogenannte Künstlerreport.[465]

Darin wurde die soziale Lage von Musikschaffenden, Darstellern, Bildenden Künstlern und Designern untersucht. Zusammen mit dem drei Jahre zuvor erschienenen Autorenreport lag erstmals eine umfassende Gesamtschau zur sozialen Lage der Künstler und Publizisten vor. Sie bildete die Grundlage für eine Befassung des Parlaments anlässlich der Unterrichtung durch die Bundesregierung über die wirtschaftliche und soziale Lage der künstlerischen Berufe.[466] Mit dieser Untersuchung konnte die mangelnde soziale Absicherung der selbstständigen Künstler und Publizisten empirisch belegt werden.

Fraktionsübergreifend bestand seit dem Bericht der Bundesregierung 1975 Einigkeit darüber, die soziale Lage der Künstler durch entsprechende Anpassungen auf dem Gebiet des Arbeits- und So-

---

[461] Einen Überblick über die Geschichte und Praxis des Künstlersozialversicherungsgesetzes, einen Vergleich mit dem europäischen Ausland sowie eine Darstellung der Einkommen der in der Künstlersozialkasse Versicherten bietet: Zimmermann/Schulz (2007).

[462] Vgl. Zusammenfassung der Anhörung vom 22. November 2004 zum Thema „Wirtschaftliche und soziale Absicherung der Künstlerinnen und Künstler" (Anhörung wirtschaftliche und soziale Absicherung). Teilnehmer: Bleicher-Nagelsmann, Heinrich (ver.di Bundesverwaltung), Sotrop, Hans-Wilhelm (Bundesverband Bildender Künstlerinnen und Künstler), Michow, Jens (Bundesverband der Veranstaltungswirtschaft, Künstlersozialkasse), Sprang, Dr. Christian (Börsenverein des Deutschen Buchhandels), Haak, Carroll (Wissenschaftszentrum Berlin für Sozialforschung), Bruns, Harro (Künstlersozialkasse), Schwark, Peter (Gesamtverband der Versicherungswirtschaft), Fuchs, Dr. Rainer (Bundesministerium für Gesundheit und soziale Sicherung), Betzelt, Dr. Sigrid (Zentrum für Sozialpolitik, Universität Bremen). (Kommissionsdrucksache 15/498)

[463] Vgl. Gutachten vom 9. Dezember 2004 zum Thema „Rechtliche und strukturelle Rahmenbedingungen des Betriebes von Theatern, Kulturorchestern und Opern in Deutschland" (Raue-Gutachten). (Kommissionsdrucksache 15/285)

[464] Vgl. Fohrbeck/Wiesand (1972).

[465] Vgl. Fohrbeck/Wiesand (1975).

[466] Vgl. Bericht der Bundesregierung vom 13. Januar 1975, beruhend auf dem Beschluss des Deutschen Bundestages vom 30. April 1971. (Bundestagsdrucksache 7/3701)

zialversicherungsrechts zu verbessern und zwar insbesondere durch eine gesetzliche Sozialversicherung. Die zentrale Frage, die sich bereits vor der Verabschiedung des Gesetzes 1981 im Rahmen der Eingliederung der Künstler und Publizisten in das gesetzliche soziale Sicherungssystem stellte, war, wer den Arbeitgeberanteil zu den Sozialversicherungsbeiträgen übernehmen sollte.

Der vierte Entwurf eines Künstlersozialversicherungsgesetzes trat nach Expertenanhörungen des Deutschen Bundestages im Jahr 1981 am 1. Januar 1983 in Kraft.[467] Die versicherten Künstler und Publizisten zahlen bis heute 50 Prozent der Sozialversicherungsbeiträge, die restlichen 50 Prozent „Arbeitgeberanteil" werden durch einen Bundeszuschuss in Höhe von 20 Prozent und der Künstlersozialabgabe in Höhe von 30 Prozent aufgebracht. Die Künstlersozialabgabe muss von den Vermarktern künstlerischer und publizistischer Leistungen erbracht werden.

In seiner Entscheidung vom 8. April 1987 stellte das Bundesverfassungsgericht fest, dass das Künstlersozialversicherungsgesetz verfassungskonform ist. Gleichzeitig entwickelte es die Formel des symbiotischen Verhältnisses von Künstlern und Verwertern. Dieses stellt laut Bundesverfassungsgericht einen kulturgeschichtlichen Sonderbereich dar, aus dem eine besondere Verantwortung der Vermarkter für die soziale Sicherung der typischerweise wirtschaftlich schwächeren selbstständigen Künstler und Publizisten erwächst, ähnlich der der Arbeitgeber für ihre Arbeitnehmer.[468] Im Einzelnen wurde verdeutlicht:

- dass sich die Gesetzgebungskompetenz des Bundes daraus ergibt, dass das Gesetz dem Recht der Sozialversicherung zuzuordnen ist. Es handelt sich nicht um ein zustimmungspflichtiges Gesetz des Bundesrates,
- dass die Zahlungspflicht der Vermarktenden mit dem Grundgesetz vereinbar ist und die pauschale Festsetzung des Abgabesatzes nicht gegen die Grundrechte verstößt,
- dass die gesetzliche Abgrenzung der Abgabepflichtigen verfassungskonform ist. Der Gesetzgeber wurde allerdings aufgefordert zu prüfen, inwiefern die Eigenwerbung betreibende Wirtschaft nicht auch zur Abgabe herangezogen werden sollte.

Infolge des Urteils des Bundesverfassungsgerichts wurde das Künstlersozialversicherungsgesetz novelliert. Der Kreis der Abgabepflichtigen wurde auf die Eigenwerbung betreibende Wirtschaft sowie auf Unternehmen, die mehr als nur gelegentlich künstlerische oder publizistische Leistungen in Anspruch nehmen, ausgedehnt. Damit wurde der Kreis der Abgabepflichtigen erweitert. Der Bundeszuschuss wurde auf 25 Prozent erhöht und eine bereichsspezifische Künstlersozialabgabe – bildende Kunst, darstellende Kunst, Musik, Wort – eingeführt. Damit die Künstlersozialabgabe in einzelnen Sparten nicht zu hoch ausfiel, wurde eine Kappungsgrenze eingeführt. Sie lag für das Jahr 1989 bei sechs Prozent, für 1990 bei 6,5 Prozent und für 1991 bei sieben Prozent.

Zur besseren Regulierung der Beiträge und der Abgaben wurde im Jahr 1994 die sogenannte Beitragsüberwachungsverordnung[469] erlassen. Die Beitragsüberwachungsverordnung zielte darauf ab zu prüfen, ob die Abgabepflichtigen ihrer Verpflichtung zur Künstlersozialabgabe nachkommen und ob die Einkommensvorausschätzungen den tatsächlich erzielten Einkommen der Versicherten entsprechen. Im Jahr 1999 wurde die bereichsspezifische Künstlersozialabgabe wieder abgeschafft und ein einheitlicher Abgabesatz für alle Sparten eingeführt. Ebenso wurde der Bundeszuschuss von 25 auf 20 Prozent gesenkt. Im Nachgang zu diesen im Rahmen des Haushaltssanierungsgeset-

---

[467] Das KSVG fand auf Rentner sowie auf Künstler, die bei Inkrafttreten des Gesetzes und für eine Übergangszeit von fünf Jahren das 50. Lebensjahr vollendeten, keine Anwendung. Es war in diesem Zusammenhang von der sog. „Altlast" und der „Uraltlast" die Rede.
[468] Vgl. BVerfG, Beschluss vom 8. April 1987, AZ: 2 BvR 909/82.
[469] Vgl. Verordnung über die Überwachung der Entrichtung der Beitragsanteile und der Künstlersozialabgabe nach dem KSVG.

zes von 1999 beschlossenen Maßnahmen wurde das Künstlersozialversicherungsgesetz im Jahr 2001 reformiert. Der Berufsanfängerstatus wurde von fünf auf drei Jahre verkürzt, zugleich wurde die Möglichkeit geschaffen, dass das Mindesteinkommen zwei Mal in einem Zeitraum von sechs Jahren unterschritten werden kann, wenn in den anderen Jahren das Mindesteinkommen überschritten wird. Damit wird den Besonderheiten künstlerischer Arbeit Rechnung getragen. Das Einkommen von Künstlern unterliegt Schwankungen. Phasen einer künstlerischen Neuorientierung bedeuten oftmals, dass nur wenig Einkommen erwirtschaftet werden kann.

Im Jahr 2007 wurde das Künstlersozialversicherungsgesetz zuletzt novelliert. Dieser Novelle ging ein sprunghafter Anstieg der Künstlersozialabgabe[470] voraus, der zu Akzeptanzproblemen bei den Künstlersozialabgabe zahlenden Unternehmen führte. Ein Grund für den starken Anstieg ist darin zu sehen, dass die Zahl der abgabepflichtigen Unternehmen im Vergleich zur Zahl der Versicherten nur sehr langsam ansteigt. Es besteht die Vermutung, dass auch 25 Jahre nach Bestehen der Künstlersozialversicherung viele Unternehmen die Abgabepflicht nicht kennen und daher ihrer Verpflichtung nicht nachkommen. Mit Inkrafttreten des novellierten Künstlersozialversicherungsgesetzes am 15. Juni 2007 ist die Deutsche Rentenversicherung Bund für die Überprüfung der abgabepflichtigen Unternehmen zuständig. Im Rahmen der turnusmäßigen Überprüfung, ob die Sozialabgaben für die abhängig Beschäftigten ordnungsgemäß entrichtet wurden, wird nun auch geprüft, ob eine Abgabepflicht nach dem Künstlersozialversicherungsgesetz besteht und ob dieser nachgekommen wurde. Die Versicherten werden in Stichproben von mindestens fünf Prozent der Gesamtversicherten hinsichtlich ihres tatsächlichen Einkommens in den vergangenen vier Jahren geprüft. Die Reform des Künstlersozialversicherungsgesetzes im Jahr 2007 fand in großem Einvernehmen mit den Verbänden der Abgabepflichtigen und den Verbänden der Versicherten statt. Moderiert wurde dieser Prozess durch den gemeinsamen Runden Tisch des Bundesministeriums für Arbeit und Soziales und des Deutschen Kulturrates. Hier konnten bereits vor dem Referentenentwurf Positionen ausgetauscht und ausgelotet werden. Der Runde Tisch hat sich damit bewährt.

Das europäische Ausland

Die sozialen Sicherungssysteme in den Mitgliedsstaaten der Europäischen Union sind historisch gewachsen und unterscheiden sich stark voneinander. In der Mehrzahl der EU-Mitgliedsstaaten sind Selbstständige in das soziale Sicherungssystem integriert.[471] Es bestehen daher keine Sonderregelungen für Künstler und Publizisten. Die Krankenversicherung ist in einer Reihe von EU-Mitgliedsstaaten steuerfinanziert, sodass keine Sozialabgaben anfallen. In Kapitel 4.5.2. werden die unterschiedlichen sozialen Sicherungssysteme mit Blick auf die Alterssicherung systematisch dargestellt. Ebenso wird auf den österreichischen Künstlersozialversicherungsfonds eingegangen.

Im Ergebnis kann festgehalten werden, dass das deutsche System der sozialen Absicherung selbstständiger Künstler und Publizisten europaweit einmalig ist. Dieses ist allerdings vornehmlich darauf zurückzuführen, dass in Deutschland im Unterschied zu anderen europäischen Staaten Selbstständige in der Regel in das gesetzliche Sozialversicherungssystem nicht integriert sind, sodass für Künstler und Publizisten wie bei den Landwirten eine Sonderregelung geschaffen werden muss.

---

[470] Im Jahr 2000 betrug der Prozentsatz für die Berechnung der Künstlersozialabgabe 4,0 Prozent. Im Jahr 2004 stieg er auf 4,3 Prozent und im darauffolgenden Jahr um 1,5 Prozentpunkte auf 5,8 Prozent. Im Jahr 2007 sank der Abgabesatz leicht herab auf 5,1 Prozent.
[471] Vgl. zu sozialen Sicherungssystemen in den Mitgliedsstaaten der EU, Zimmermann/Schulz (2007).

B) Problembeschreibung

Der vorliegende Text ist nur ein Ausschnitt der sehr intensiv geführten Diskussion der Enquete-Kommission zum Künstlersozialversicherungsgesetz. Die Enquete-Kommission hat alle an sie – auch von außen – herangetragenen Forderungen und Vorschläge eingehend geprüft. Grundsätzlich finden sich im Folgenden nur die Problembeschreibungen wieder, die in eine Handlungsempfehlung münden. In einigen Fällen ist hiervon eine Ausnahme gemacht worden, sofern das zugrunde liegende Problem eine breitere Diskussion in der Öffentlichkeit erfahren hat oder erfährt.

Die Anhörung der Enquete-Kommission hat verdeutlicht, dass sich die wirtschaftliche Situation der Künstler im Durchschnitt nicht gebessert hat. Das Erfordernis einer besonderen sozialen Schutzbedürftigkeit der Künstler durch Erhalt und Stärkung einer eigenen sozialen Absicherung für Alter und Krankheit besteht damit fort.

Die Debatte zum „Dritten Änderungsgesetz des Künstlersozialversicherungsgesetzes" hat gezeigt, dass die Fraktionen im Grundsatz einig sind: Die Künstlersozialversicherung ist unverzichtbar. Sie ist eine Voraussetzung dafür, dass sich künstlerische Freiheit entfalten kann. Denn vor ihrer Einführung hatten selbstständige Künstler und Publizisten häufig keine soziale Absicherung. Heute soll das Künstlersozialversicherungsgesetz sie gegen die Risiken von Krankheit, Pflegebedürftigkeit und Alter schützen. Das Instrument hat sich bewährt. Aber auch eine erfolgreiche Sicherung braucht rechtzeitige Erneuerung, um leistungsfähig zu bleiben.

Der Deutsche Bundestag trägt diesem Erfordernis mit der Bereitstellung des jährlichen Bundeszuschusses Rechnung. Ein wichtiges Ziel der Novellierung des Künstlersozialversicherungsgesetzes im Jahr 2007 war, durch mehr Abgabepflichtige mittelfristig die Künstlersozialabgabe zu senken, da die Abgabe auf mehr Schultern verteilt wird. Die Künstlersozialabgabe steht aber auch in einem direkten Verhältnis zum Bundeszuschuss. Um weiterhin die Unternehmen hinsichtlich der Künstlersozialabgabe zu entlasten, ist es erforderlich, dass der Bundeszuschuss stabil bleibt. Eine Absenkung des Bundeszuschusses würde zwangsläufig zu einer Anhebung der Künstlersozialabgabe führen, was eine zusätzliche Belastung für die Unternehmen darstellen würde.

Mit der Novellierung des Künstlersozialversicherungsgesetzes ist mehr Beitragsgerechtigkeit hergestellt worden, indem alle abgabepflichtigen Verwerter tatsächlich zur Künstlersozialabgabe herangezogen werden. Dies entsprach auch einer Forderung der Verwerter, die darauf hingewiesen haben, dass nur bei einer vollständigen Heranziehung aller abgabepflichtigen Verwerter eine Wettbewerbsgleichheit besteht. Mit der jüngsten Umsetzung des Künstlersozialversicherungsgesetzes wurde einer Anzahl von Unternehmen und Kommunen erstmalig bewusst, dass sie abgabepflichtig sind. Einige der Betroffenen stellen deshalb, mit unterschiedlichen Argumenten, das Künstlersozialversicherungsgesetz in Gänze infrage.

Die Enquete-Kommission bekennt sich ausdrücklich zu dem Sondersicherungssystem für Künstler. Denn neben der besonderen Bedeutung der Künstler für die Gesellschaft ist ihre ökonomische Situation von einer überdurchschnittlichen Schwäche geprägt. Im Übrigen bekräftigt die Enquete-Kommission die grundsätzliche Feststellung des Bundesverfassungsgerichtes in seinem Beschluss vom 8. April 1987, dass die Eigenwerbung betreibende Wirtschaft in die Abgabepflicht miteinbezogen werden muss. Das Bundesverfassungsgericht führte des Weiteren dazu aus: „Die Belastung der Vermarkter mit der Künstlersozialabgabe zur Finanzierung eines Teils der Kosten der Sozialversicherung selbstständiger Künstler und Publizisten findet ihre Rechtfertigung in dem besonderen kulturgeschichtlich gewachsenen Verhältnis zwischen selbstständigen Künstlern und Publizisten auf der einen sowie den Vermarktern auf der anderen Seite. Dieses Verhältnis hat gewisse symbiotische Züge; es stellt einen kulturgeschichtlichen Sonderbereich dar, aus dem eine besondere Verantwortung der Vermarkter für die soziale Sicherung der typischerweise wirtschaftlich schwächeren selbstständigen Künstler und Publizisten erwächst, ähnlich der der Arbeitgeber für ihre Arbeitnehmer."[472]

C) Handlungsempfehlungen

1. Die Enquete-Kommission empfiehlt dem Deutschen Bundestag und der Bundesregierung, die Künstlersozialversicherung als wichtiges Element der sozialen und kulturellen Künstlerförderung weiterhin zu stärken.

2. Die Enquete-Kommission empfiehlt dem Deutschen Bundestag, den Bundeszuschuss zur Künstlersozialkasse bei 20 Prozent stabil zu halten.

3. Die Enquete-Kommission empfiehlt dem Deutschen Bundestag und der Bundesregierung, daran festzuhalten, dass die unter die Generalklausel fallenden sowie Eigenwerbung betreibenden Unternehmen auch weiterhin abgabepflichtig sind.

4.5.1.2 Versicherte

A) Bestandsaufnahme

In § 1 Künstlersozialversicherungsgesetz wird der Umfang der Versicherungspflicht definiert. Hier wird ausgeführt:

„Selbstständige Künstler und Publizisten werden in der allgemeinen Rentenversicherung, in der gesetzlichen Krankenversicherung und in der sozialen Pflegeversicherung versichert, wenn sie

1. die künstlerische oder publizistische Tätigkeit erwerbsmäßig und nicht nur vorübergehend ausüben und

2. im Zusammenhang mit der künstlerischen oder publizistischen Tätigkeit nicht mehr als nur einen Arbeitnehmer beschäftigen, es sei denn, die Beschäftigung erfolgt in der Berufsausbildung oder ist geringfügig im Sinne des § 8 des Vierten Sozialgesetzbuchs."

Als Künstler und Publizist im Sinne des Künstlersozialversicherungsgesetzes wird in § 2 KSVG definiert:

„Künstler im Sinne dieses Gesetzes ist, wer Musik, Darstellende oder Bildende Kunst schafft, ausübt oder lehrt. Publizist im Sinne dieses Gesetzes ist, wer als Schriftsteller, Journalist oder in anderer Weise publizistisch tätig ist oder Publizistik lehrt."

Das Künstlersozialversicherungsgesetz setzt an der erwerbsmäßigen Ausübung des Künstlerberufes und nicht an der Gestaltungshöhe des Werkes an. Ebenso wird im Gesetz nicht vorgegeben, welche Berufsgruppen zum Kreis der Versicherten gehören (Positivliste) oder nicht gehören (Negativliste). Vielmehr führt die Künstlersozialkasse (KSK) einen Beispielkatalog von inzwischen 113 Tätigkeitsfeldern[473], bei denen von einer Versicherungspflicht ausgegangen werden kann. Ein wesentliches Merkmal ist die eigenschöpferische Leistung der betreffenden Künstler und Publizisten.

---

[472] BVerfG Beschluss vom 8. April 1987, AZ: 2 BvR 909/82.
[473] Vgl. Informationsschrift Nr. 6 zur Künstlersozialabgabe (Künstlerkatalog und Abgabesätze). www.kuenstlersozialkasse.de/wDeutsch/download/daten/Verwerter/Info_06_-_Kuenstlerkatalog_und_Abgabesaetze.pdf, (Stand: 12. September 2007).

So können beispielsweise Kunsthandwerker nicht Mitglied der Künstlersozialkasse werden, da bei ihnen vorausgesetzt wird, dass der handwerkliche den eigenschöpferischen Aspekt überwiegt. Dieser Beispielkatalog erlaubt sowohl denjenigen, die eine Mitgliedschaft in der Künstlersozialkasse beantragen, als auch den Abgabepflichtigen zu überprüfen, ob eine Versicherungs- bzw. Abgabepflicht besteht. Der Beispielkatalog hat sich in den Jahren des Bestehens der Künstlersozialversicherung bewährt. Er gibt Hinweise für eine Versicherungspflicht. Dieser Katalog ist aber nicht abschließend. Denn die Berufe im Kunst- und Kulturbereich unterliegen einem stetigen Wandel.[474] Ein abschließender Katalog anerkannter Berufe oder Tätigkeitsfelder widerspräche dem.

Die Mitgliedschaft in der Künstlersozialversicherung muss bei der Künstlersozialkasse beantragt werden. Dem Antrag müssen folgende Unterlagen beigefügt werden:

- Unterlagen über die künstlerische Ausbildung,
- Aufträge,
- Werbematerial, wie zum Beispiel Visitenkarten, Briefpapier, Prospekte,
- Auftritte, Ausstellungen, Veröffentlichungen,
- Mitgliedschaft in Berufsverbänden oder Versorgungswerken,
- Stipendien und
- bei bildenden Künstlern Informationen über die Anerkennung in Fachkreisen.

Die Künstlersozialkasse prüft im Rahmen der Antragstellung, ob eine Versicherungspflicht nach dem Künstlersozialversicherungsgesetz vorliegt oder nicht. Antragssteller, die von der Künstlersozialkasse abgelehnt werden, haben die Möglichkeit, den ihrer Sparte zugeordneten Widerspruchsausschuss anzurufen. Diesen Widerspruchsausschüssen gehören Experten aus den Verbänden der Versicherten und den Verbänden der Abgabepflichtigen an. Sie verfügen über die entsprechenden Kenntnisse im jeweiligen Berufsfeld. Sollte der Widerspruchsausschuss eine Aufnahme in die Künstlersozialkasse ebenfalls ablehnen, muss der gerichtliche Weg über die Sozialgerichte gegangen werden. Letztinstanzlich entscheidet das Bundessozialgericht.

Im Bereich einiger Berufsgruppen bestehen hinsichtlich des Status als Selbstständiger oder abhängig Beschäftigter Unsicherheiten (zum Beispiel Synchronsprecher). In Zweifelsfällen besteht die Möglichkeit, im Rahmen eines speziellen Statusfeststellungsverfahrens nach dem SGB IV den Status als Selbstständiger oder Nichtselbstständiger feststellen zu lassen. Die Spitzenverbände der Sozialversicherungsträger haben sich zwischenzeitlich darauf geeinigt, dass die Deutsche Rentenversicherung Bund zuständig ist.

Während der ersten drei Jahre der Mitgliedschaft in der Künstlersozialversicherung (Berufsanfängerzeit) muss das Jahresmindesteinkommen in Höhe von 3 900 Euro nicht erreicht werden. Die Berufsanfängerzeit kann unterbrochen werden, ohne dass bei der Wiederaufnahme der künstlerischen Tätigkeit eine erneute Prüfung stattfindet. Als Berufsanfänger gelten auch jene Künstler und Publizisten, die zuvor abhängig beschäftigt waren und dann erst selbstständig tätig wurden. Der Berufsanfängerstatus ist also nicht an ein bestimmtes Alter gebunden.

152 851 Künstler und Publizisten waren zum 31. Januar 2007 Versicherte der Künstlersozialversicherung.[475] Die Mehrzahl der Versicherten ist in der Berufsgruppe bildende Kunst zu finden. Diese

---

[474] Vgl. Kap. 4.1, Künstlerbild und Kreativität Anfang des 21. Jahrhunderts.
[475] Im Vergleich zum 1. Januar 2007 ist dies ein Rückgang von ca. 3 400 Versicherten; vgl. www.kuenstlersozialkasse.de/wDeutsch/ksk_in_zahlen/statistik/versichertenbestandsentwicklung.php, (Stand: 22. August 2007).

Berufsgruppe stellt 36,26 Prozent der Versicherten. Sie wird von der Berufsgruppe Musik mit 26,58 Prozent und der Berufsgruppe Wort mit 25,11 Prozent der Versicherten gefolgt. In der Berufsgruppe darstellende Kunst finden sich nur 12,06 Prozent der Versicherten. Die Anteile der Versicherten in den verschiedenen Berufsgruppen spiegeln den Status der Beschäftigung in den verschiedenen Branchen wider. So sind bildende Künstler üblicherweise selbstständig. Im Bereich der darstellenden Kunst dominiert die abhängige Beschäftigung in Form der unständigen Beschäftigung.[476]

Die Zahl der Versicherten hat sich in den vergangenen 15 Jahren fast verdreifacht. Im Jahr 1992 waren 58 460 Künstler und Publizisten versichert. Der Anstieg der Zahl der Versicherten auf 152 851 ist vor allem auf eine Veränderung des Arbeitsmarktes zurückzuführen. Die Bundesregierungen der letzten Jahre haben vermehrt die Selbstständigkeit gefördert, zusammen mit einem Stellenabbau in öffentlichen Kultureinrichtungen sowie in Unternehmen der Kulturwirtschaft führt dies dazu, dass die Zahl der in der Künstlersozialkasse Versicherten ansteigt.

Die Einkommen der Mehrzahl der in der Künstlersozialkasse Versicherten sind sehr gering. Zum 1. Januar 2007 konnte aufgrund der Vorausschätzungen der Versicherten ein Durchschnittseinkommen von 11 094 Euro im Jahr errechnet werden. Das Einkommen der Künstlerinnen lag mit 9 483 Euro im Jahr unter dem der Künstler (Jahresdurchschnittseinkommen 12 452 Euro).[477] Ein solches Jahreseinkommen ist kaum geeignet, davon den Lebensunterhalt zu bestreiten.

Es ist den Versicherten möglich, einer anderen Tätigkeit nebenberuflich nachzugehen, ohne den Versicherungsschutz des Künstlersozialversicherungsgesetzes zu verlieren. Eine geringfügige Tätigkeit beeinflusst die Versicherung nach dem Künstlersozialversicherungsgesetz nicht. Auch kann es sich um eine abhängige Beschäftigung handeln. Bei einem Beschäftigungsverhältnis sind für die gesetzliche Sozialversicherung (Kranken-, Pflege-, Rentenversicherung) beide Arten der Erwerbstätigkeit von Bedeutung. Eine doppelte Beitragserhebung zu den Versicherungszweigen Kranken- und Pflegeversicherung findet dennoch nicht statt. Maßgebend ist die hauptberufliche Erwerbstätigkeit. Welche Erwerbsquelle die hauptberufliche ist, wird anhand der Gegenüberstellung der wirtschaftlichen Bedeutung (Arbeitszeit und Vergütung) bestimmt. Im Fall einer mehr als nur geringfügigen selbstständigen/nichtkünstlerischen Tätigkeit führt die Künstlersozialkasse keine Kranken- und Pflegeversicherung durch. Wesentlich ist also, dass nach wie vor die selbstständige künstlerische Tätigkeit im Vordergrund steht, zum Beispiel, weil das Einkommen dieser Tätigkeit mehr als 50 Prozent beträgt.[478]

B) Problembeschreibung

Die Offenheit des Künstler- und Publizistenbegriffs im Künstlersozialversicherungsgesetz kann zu Unsicherheiten führen. Der vorhandene Beispielkatalog dient lediglich der Orientierung. Vor diesem Hintergrund wird immer wieder eine abschließende gesetzliche Definition des Künstler- und Publizistenbegriffs oder ein abgeschlossener Katalog anerkannter oder nichtanerkannter Tätigkeitsfelder (Positiv-/Negativliste) gefordert. Die Verwendung des offenen Rechtsbegriffs in § 2 KSVG ist zwar mit Unsicherheiten verbunden, führt aber in der Regel zu sachgerechten Ergebnissen. Denn der Kulturbereich unterliegt einem stetigen Wandel. Es entstehen immer wieder neue Tätigkeitsfelder, deren Ausübende in Anspruch nehmen können, künstlersozialversichert zu sein (zum Beispiel Webdesigner).

---

[476] Vgl. Kap. 4.3.1, Tarif- und arbeitsrechtliche Situation der Künstler- und Kulturberufe.
[477] Vgl.www.kuenstlersozialkasse.de/wDeutsch/ksk_in_zahlen/statistik/durchschnittseinkommenversicherte.php, (Stand: 22. August 2007).
[478] Vgl.www.kuenstlersozialkasse.de/wDeutsch/download/informations-schriftenfuerversicherte.php, (Stand 16. Oktober 2007).

Das Votum für einen offenen Rechtsbegriff schließt nicht aus, dass die Politik die Verantwortung hat, auf Entwicklungen der Rechtsprechung durch „Schärfung" der Tatbestandsmerkmale zu reagieren. Die Rechtsprechung (zum Beispiel sogenanntes „Trauerredner-Urteil"), wonach eine „an die Öffentlichkeit gerichtete Aussage" ausreichend ist, wird von der Enquete-Kommission als zu weitgehend eingestuft, weil Personen in den Kreis der Berechtigten einbezogen werden, deren Tätigkeitsprofile sich kaum noch mit den genannten Leitberufen gleichsetzen lassen.

Mit der Veränderung des Arbeitsmarktes Kultur geht das Problem einher, dass Berufsgruppen, die traditionell abhängig tätig waren, in zunehmendem Maße selbstständig sind. Das ist unter anderem darauf zurückzuführen, dass in Kultureinrichtungen und Unternehmen der Kulturwirtschaft Personal abgebaut wurde bzw. freiwerdende Stellen nicht wieder besetzt wurden. Ein Beispiel hierfür sind Kunsthistoriker, die eine Ausstellung vorbereiten. Sie sind eine Berufsgruppe, die bis vor einigen Jahren üblicherweise im Museum angestellt waren, jetzt sind sie vielfach selbstständig tätig. In einem Urteil des Bundessozialgerichts[479] wurde die Mitgliedschaft in der Künstlersozialkasse abgelehnt, da die eigenschöpferische Leistung nicht gesehen wurde. Damit fallen zum Beispiel diese durch den „Rost der sozialen Sicherungssysteme".

Im Rahmen des Gutachtens „Rechtliche und strukturelle Rahmenbedingungen des Betriebs von Theatern, Kulturorchestern und Opern in Deutschland"[480] hat die Enquete-Kommission die Forderung diskutiert, im Bereich von Gast- und Stückverträgen ein Wahlrecht der Künstler zwischen Selbstständigkeit und der damit verbundenen Mitgliedschaft in der Künstlersozialversicherung und der Nichtselbstständigkeit einzuführen. Die Enquete-Kommission hat sich ausdrücklich gegen ein solches Wahlrecht entschieden, da die freie Wahl des Sozialversicherungsstatus einen Bruch mit den sonstigen sozialversicherungsrechtlichen Regelungen darstellen würde. Sie sieht aber den Vorteil, an den sozialversicherungsrechtlichen Status zum Beispiel die steuerrechtliche Behandlung zu knüpfen, sofern er durch Prüfung und nicht durch Wahlrecht festgestellt wird. Zurzeit stellt sich die Sachlage so dar, dass Sozialversicherungsträger, Finanzbehörden und die Agentur für Arbeit unabhängig voneinander prüfen, ob Selbstständigkeit oder Nichtselbstständigkeit vorliegt. Die jeweiligen Entscheidungen sind nicht bindend und können auch zu einem gegenteiligen Ergebnis führen. Die Enquete-Kommission sieht deshalb in dieser Hinsicht Handlungsbedarf.[481] In § 8 SGB IV ist geregelt, dass bei einem Einkommen von unter 400 Euro im Monat oder einer Befristung von zwei Monaten bzw. 50 Tagen und einem Einkommen unter 400 Euro/Monat von einer geringfügigen Beschäftigung ausgegangen wird. Mehrere geringfügige Beschäftigungen müssen zusammengerechnet werden.

Eine Versicherungspflicht entsteht, wenn das Einkommen über 400 Euro/Monat liegt, also über 4 800 Euro/Jahr. Bei der Künstlersozialversicherung entsteht eine Versicherungspflicht bereits bei einem Jahreseinkommen von 3 900 Euro.[482] Die Enquete-Kommission hat diskutiert, ob das bei der Künstlersozialversicherung erforderliche Mindesteinkommen der allgemeinen Regelung zur Sozialversicherungspflicht angepasst und damit auf 4 800 Euro/Jahr angehoben werden sollte.

Das Durchschnittseinkommen, insbesondere der in der Künstlersozialkasse versicherten Künstlerinnen und Publizistinnen, ist sehr gering. Künstlerinnen der Sparte Bildende Kunst erzielen im Durchschnitt ein Jahreseinkommen von 8 804 Euro, Künstlerinnen der Sparte Darstellende Kunst

---

[479] Vgl. BSG-Urteil vom 24. Juni 1998, AZ: B 3 KR 10/97 R.
[480] Vgl. Kurzprotokoll der 43. Sitzung der 15. Wahlperiode vom 9. Mai 2005, S. 31. (Protokoll 15/43)
[481] Diese Problematik wird bereits in den Kap. 3.1.2.1, Theater, Kulturorchester, Opern, 4.3.1, Tarif- und arbeitsrechtliche Situation der Künstler- und Kulturberufe und 4.3.2, Steuerrechtliche Behandlung der Künstler- und Kulturberufe mit entsprechenden Handlungsempfehlungen angesprochen.
[482] Die Summe ergibt sich aus der früheren Regelung, dass bei einem Verdienst über 630 DM/Monat bzw. 7 560 DM/Jahr eine sozialversicherungspflichtige Beschäftigung entsteht.

von 8 544 Euro und Künstlerinnen der Sparte Musik von 8 504 Euro[483]. Bei diesem Durchschnittseinkommen ist davon auszugehen, dass ein erheblicher Teil der Versicherten ein Einkommen aus künstlerischer Tätigkeit erwirtschaftet, das gerade über dem Mindesteinkommen liegt. Eine Anhebung des Mindesteinkommens hätte zur Folge, dass eine Reihe von Künstlern den Versicherungsschutz verlieren würde. Dieses würde zwar kurzfristig zu einem Sinken der Versichertenzahlen führen, langfristig hätte es zur Folge, dass die betreffenden Künstler im Alter in noch größerem Maße auf Transferleistungen angewiesen wären, da sie keine Anwartschaften in der Rentenversicherung erwerben würden. Um diese negativen Auswirkungen zu verhindern und dem Anliegen der Künstlersozialversicherung gerecht zu werden, gerade jenen Künstlern und Publizisten Sozialversicherungsschutz zu gewähren, die geringe Einkommen aus künstlerischer Tätigkeit erzielen, kommt die Enquete-Kommission zum Schluss, dass an der bestehenden Höhe des Mindesteinkommens festgehalten werden sollte.

C) Handlungsempfehlungen

1. Die Enquete-Kommission empfiehlt dem Deutschen Bundestag, an dem offenen Rechtsbegriff der Künstler und Publizisten festzuhalten.

2. Die Enquete-Kommission empfiehlt dem Deutschen Bundestag, § 2 Satz 2 Künstlersozialversicherungsgesetz wie folgt zu fassen: „Publizist im Sinne dieses Gesetzes ist, wer als Schriftsteller, Journalist oder in ähnlicher Weise publizistisch tätig ist oder Publizistik lehrt."[484]

3. Die Enquete-Kommission empfiehlt der Bundesregierung, Modelle zur sozialen Absicherung von in Kulturberufen selbstständig Tätigen, die früher üblicherweise abhängig beschäftigt waren und nicht Mitglied der Künstlersozialversicherung werden können – wie zum Beispiel Kunsthistorikern und Kulturmanagern – zu entwickeln.

4. Die Enquete-Kommission empfiehlt dem Deutschen Bundestag und der Bundesregierung, dass diejenigen Künstler und Publizisten, deren sozialversicherungsrechtlicher Status infrage steht, sich diesen abschließend durch die Deutsche Rentenversicherung Bund klären lassen können.

5. Die Enquete-Kommission empfiehlt dem Deutschen Bundestag, die bindende Wirkung der Feststellung des sozialen Status der Selbstständigkeit bzw. Nichtselbstständigkeit eines Künstlers durch die Künstlersozialversicherung für die Finanzverwaltung mittels einer Mitgliedschaft in der Künstlersozialkasse gesetzlich festzuschreiben.

4.5.1.3 Abgabepflichtige

A) Bestandsaufnahme

Das Künstlersozialversicherungsgesetz regelt neben dem Kreis der Versicherten auch den Kreis der Abgabepflichtigen.

In § 24 KSVG ist zuerst unter Absatz 1 der innere Kern der Unternehmen und Einrichtungen des Kultur- und Medienbetriebs genannt, die zur Künstlersozialabgabe verpflichtet sind:

---

[483] Das Einkommen der Künstler liegt in den genannten Sparten über dem der Künstlerinnen. Jahresdurchschnittseinkommen der bildenden Künstler 12 041 Euro, der darstellenden Künstler 12 656 Euro, der Musiker 10 378 Euro.
[484] Die Fraktion DIE LINKE. und SV Prof. Dr. Dieter Kramer haben gegen diese Handlungsempfehlung gestimmt und folgendes Sondervotum abgegeben: „Wir begrüßen ausdrücklich, dass die Enquete-Kommission am offenen Rechtsbegriff der Künstler und Publizisten festhalten will. Die Handlungsempfehlung 2 aber steht dazu im Gegensatz. Die vorgeschlagene Änderung im § 2 Satz 2 KSVG kann zur Ausgrenzung eines großen Teiles von Publizisten führen. Es würde damit ein konservatives Verständnis von Literatur und Publizistik festgeschrieben, das nicht mehr zeitgemäß ist."

„(1) Zur Künstlersozialabgabe ist ein Unternehmer verpflichtet, der eines der folgenden Unternehmen betreibt:

1. Buch-, Presse- und sonstige Verlage, Presseagenturen (einschließlich Bilderdienste),

2. Theater (ausgenommen Filmtheater), Orchester, Chöre und vergleichbare Unternehmen; Voraussetzung ist, dass ihr Zweck überwiegend darauf gerichtet ist, künstlerische oder publizistische Werke oder Leistungen öffentlich aufzuführen oder darzubieten; Absatz 2 bleibt unberührt,

3. Theater-, Konzert- und Gastspieldirektionen sowie sonstige Unternehmen, deren wesentlicher Zweck darauf gerichtet ist, für die Aufführung oder Darbietung künstlerischer oder publizistischer Werke oder Leistungen zu sorgen; Absatz 2 bleibt unberührt,

4. Rundfunk, Fernsehen,

5. Herstellung von bespielten Bild- und Tonträgern (ausschließlich alleiniger Vervielfältigung),

6. Galerien, Kunsthandel,

7. Werbung oder Öffentlichkeitsarbeit für Dritte,

8. Variete- und Zirkusunternehmen, Museen,

9. Aus- und Fortbildungseinrichtungen für künstlerische oder publizistische Tätigkeiten."

Darüber hinaus sind Unternehmen zur Künstlersozialabgabe verpflichtet, die für Unternehmen Werbung betreiben und dabei „nicht nur gelegentlich Aufträge an Künstler und Publizisten erteilen". Diese Gruppe an Abgabepflichtigen wird als sogenannte Eigenwerber bezeichnet. Zum Kreis dieser Abgabepflichtigen gehören auch Städte und Kommunen, die regelmäßig Aufträge an Künstler oder Publizisten erteilen, zum Beispiel zur Erstellung von Prospekten oder Broschüren.

Die dritte Gruppe an Abgabepflichtigen ist jene, die regelmäßig künstlerische oder publizistische Leistungen für irgendwelche Zwecke des Unternehmens in Anspruch nimmt und damit Einnahmen erzielt. Weiter fällt die Künstlersozialabgabe an, wenn mehr als drei öffentliche Veranstaltungen durchgeführt werden, an denen freiberufliche Künstler mitwirken. Speziell für Musikvereine wurden bei der Reform des Künstlersozialversicherungsgesetzes im Jahr 2001 Ausnahmen von dieser Abgabepflicht eingeführt.

B) Problembeschreibung

Nach wie vor ist einer großen Zahl von Kommunen und Unternehmen nicht bekannt, dass sie, wenn die Voraussetzungen vorliegen, künstlersozialabgabepflichtig sind. Auch herrscht bei einigen Unternehmen noch die Überzeugung vor, nur Einrichtungen und Unternehmen des Kulturbereiches seien abgabepflichtig. Unternehmen oder auch Vereine, bei denen festgestellt wird, dass sie abgabepflichtig waren und dieser Pflicht nicht nachgekommen sind, droht eine Nachzahlung für die letzten fünf Jahre. Eine solche Nachzahlung kann gerade für gemeinnützige Vereine zu einer Existenzgefährdung führen. Angesichts des in diesen Vereinen gelebten bürgerschaftlichen Engagements, das für das kulturelle Leben unverzichtbar ist, muss in begründeten Einzelfällen Handlungsspielraum für Sondervereinbarungen eröffnet sein.

Im Rahmen der von der Deutschen Rentenversicherung Bund begonnenen flächendeckenden Prüfung stellte sich unterdessen heraus, dass eine Anzahl von Kommunen und kommunalen Unternehmen der Künstlersozialabgabe nicht nachgekommen ist. Die damit drohende rückwirkende Beitragsnachzahlung für die Dauer von fünf Jahren schafft für die Kommunen haushaltsrechtliche

Probleme (Kameralistik). Angesichts des Vorbildcharakters, der gerade Einrichtungen der öffentlichen Hand zukommt und der Tatsache, dass diese über ausreichende rechtliche Expertise verfügen, sieht die Enquete-Kommission hier aber keinen Bedarf für Sonderregelungen.

Auch hat sich die Enquete-Kommission durch die flächendeckend begonnene Prüfung der Deutschen Rentenversicherung Bund erneut mit der Diskussion über die Einführung einer (wirtschaftlichen) „Bagatellgrenze" in § 24 Abs. 1 KSVG entsprechend der „Geringfügigkeitsgrenze im Versichertenbereich" gemäß § 8 SGB IV beschäftigt. Die Enquete-Kommission teilt zwar die Auffassung der Deutschen Rentenversicherung Bund, sich in einem ersten Anschreiben an alle infrage kommenden Unternehmen zu wenden. Der Zentralverband des Deutschen Handwerks hat aber bereits in seiner Stellungnahme zum Referentenentwurf eines „Dritten Gesetzes zur Änderung des Künstlersozialversicherungsgesetzes und anderer Gesetze" darauf aufmerksam gemacht, dass insbesondere für kleine Unternehmen mit einem geringen, jedoch eventuell regelmäßigen Werbeetat, die Abgabepflicht eine unzumutbare bürokratische Belastung bedeutet, deren Aufwand in keinem Verhältnis zu den Erträgen der Künstlersozialkasse stehe. Diese Unternehmen haben nunmehr den Verwaltungsaufwand durch den Prüfauftrag mitzutragen.

Das Bundessozialgericht weist in seinem Urteil vom 30. Januar 2001 ebenfalls auf die nicht eindeutige Regelung des § 24 Abs. 1 S. 2 KSVG hin, in der das Merkmal „nicht nur gelegentlich" nicht weiter definiert ist. Des Weiteren stellt das Bundessozialgericht klar, dass es nach Sinn und Zweck der Regelung genügen muss, wenn die in § 24 Abs. 1 KSVG genannten Leistungen mit einer gewissen Regelmäßigkeit oder Dauerhaftigkeit und in nicht unerheblichem wirtschaftlichem Ausmaß erfolgen. Eine Einführung einer Geringfügigkeitsgrenze zur Konkretisierung des wirtschaftlichen Ausmaßes würde auch zur Vereinfachung der Erfassung und zur Schwerpunktbildung des Prüfauftrages führen. Ein unerhebliches wirtschaftliches Ausmaß kann nach Auffassung der Enquete-Kommission gegeben sein, soweit die Grenze in Höhe von 300 Euro im Jahr nicht überschritten ist. Im Jahre 2006 haben 8 603 Unternehmen Künstlersozialabgabe auf eine Honorarsumme abgeführt, die weniger als 300 Euro im Jahr betrug. Die Anzahl der Unternehmen mit einer Honorarsumme von über 300 Euro jährlich belief sich auf 28 747.[485]

Die Enquete-Kommission hat darüber hinaus die Forderung geprüft, dass die Künstlersozialabgabepflicht nach § 24 Abs. 2 Satz 2 KSVG erst greifen solle, wenn sechs statt derzeit drei Veranstaltungen im Jahr durchgeführt werden. Die Enquete-Kommission lehnt diesen Vorschlag ab. Im Rahmen der zweiten Novelle des Künstlersozialversicherungsgesetzes im Jahr 2001 wurde die Zahl der erforderlichen Veranstaltungen zum Entstehen der Versicherungspflicht bereits von zwei auf drei angehoben. Bei sechs Veranstaltungen im Jahr kann davon ausgegangen werden, dass sich auch bei Laienorganisationen die Tätigkeit nicht allein auf den Aspekt der Geselligkeit begrenzt, sondern vielmehr mit der Tätigkeit auch ein Beitrag zum kulturellen Leben vor Ort intendiert ist. Tritt die Abgabepflicht erst bei mehr als sechs Veranstaltungen im Jahr ein, hätte dieses zur Folge, dass ein beträchtlicher Teil der Abgabepflichtigen, die zweifelsohne Kulturveranstalter sind, aus der Abgabepflicht herausfallen. Dieses könnte dazu führen, dass der Abgabesatz insgesamt wieder steigen müsste, statt, wie intendiert, auf viele Abgabepflichtige gerecht verteilt zu werden.

Nach der dritten Novellierung des Künstlersozialversicherungsgesetzes ist für die Entscheidung über Widersprüche die Künstlersozialkasse nur noch in Ausnahmefällen zuständig. Regelmäßig liegt die Zuständigkeit jetzt bei der Deutschen Rentenversicherung Bund. Bei den Angelegenheiten des Künstlersozialversicherungsgesetzes handelt es sich jedoch um eine Spezialmaterie, die nur Einzelfälle betrifft. Eine allgemeine Expertise kann deshalb nicht vorausgesetzt werden. Vor die-

---

[485] Vgl. schriftliche Auskunft des Bundesministeriums für Arbeit und Soziales, Referat IVa3 Koordinierung, Internationale Sozialversicherung, Künstlersozialversicherung. (Kommissionsmaterialie 16/177)

sem Hintergrund ist die Bildung von speziellen Widerspruchsausschüssen mit ausschließlicher Zuständigkeit nach dem Künstlersozialversicherungsgesetz erforderlich.

Gemäß § 25 Abs. 1 KSVG sind von der Abgabepflicht die Entgelte, die für urheberrechtliche Nutzungsrechte, sonstige Rechte des Urhebers oder der Leistungsschutzrechte an Verwertungsgesellschaften gezahlt werden, genauso ausgenommen wie steuerfreie Aufwandsentschädigungen sowie die in § 3 Nr. 26 EStG genannten steuerfreien Einnahmen.

Vonseiten der Künstlersozialkasse wurde im Laufe der öffentlichen Anhörung „Wirtschaftliche und soziale Absicherung für Künstlerinnen und Künstler" vom 22. November 2004 angeregt, die Anzahl der Abgabepflichtigen in der Künstlersozialversicherung durch eine Ausweitung auf Zahlungen an Verwertungsgesellschaften zu erhöhen.[486] Die bisherige Regelung führe laut Künstlersozialkasse zu einem Ungleichgewicht zwischen der Versicherten- und der Abgabeseite und sollte deshalb aufgehoben werden. Alternativ sei auch denkbar, die Verwertungsgesellschaften in den Kreis der abgabepflichtigen Unternehmer einzubeziehen, das heißt, dass Zahlungen der Verwertungsgesellschaften an Künstler bzw. Publizisten der Abgabepflicht unterliegen würden.

Der Bundesverband der Veranstaltungswirtschaft e. V. ist dagegen der Auffassung, dass die gesamten Zahlungen, die die Verwerter an die Verwertungsgesellschaften leisten und die von dort an die Autoren fließen, zu Recht nicht der Abgabepflicht unterliegen. Eine Änderung der bestehenden Regelung würde zu einer ungerechtfertigten Doppelbelastung der Verwerter führen.[487]

Darüber hinaus machen die Verwertungsgesellschaften geltend, dass sie aufgrund von § 8 UrhWG soziale Vorsorge- und Unterstützungseinrichtungen betreiben und dadurch bereits soziale Verantwortung übernehmen würden. Andererseits merkt der Bundesverband der Veranstaltungswirtschaft e. V. an, dass es sich bei den Entgeltzahlungen für urheberrechtliche Nutzungsrechte um dreistellige Millionenbeträge handele, „die wenn sie denn Berechnungsgrundlage der Künstlersozialabgabe wären, eine sofortige Reduktion des Abgabesatzes erlaubten."[488]

Weiter wurde die Forderung an die Enquete-Kommission herangetragen, dass für im Ausland ansässige Künstler keine Künstlersozialabgabe gezahlt werden muss, da diese nicht in der Künstlersozialkasse Mitglied werden können. Die Enquete-Kommission hat sich diese Forderung nicht zu eigen gemacht, da es von vornherein intendiert war, die Abgabepflicht nicht darauf abzustellen, dass die Künstler, die Honorare erhalten haben, tatsächlich Mitglied in der Künstlersozialkasse sind. Es sollte vermieden werden, dass eine Unterscheidung zwischen den Mitgliedern und den Nicht-Mitgliedern der Künstlersozialkasse getroffen und möglicherweise die Mitglieder, bei denen eine Abgabepflicht eintritt, benachteiligt werden. Die allein in Betracht kommende Alternative, die Honorare an ausländische Künstler von der Abgabepflicht zu befreien, würde laut Bundessozialgericht zu einer starken Wettbewerbsverzerrung führen. Sie beträfe unmittelbar den inländischen Verwerter und würde diesen veranlassen, verstärkt ausländische Künstler zu berücksichtigen.[489] Analog zu dieser Prämisse hält es die Enquete-Kommission für richtig, dass auch die Honorare, die an ausländische Künstler gezahlt werden, der Abgabepflicht unterliegen.

Zurzeit besteht keine Abgabepflicht in der Künstlersozialversicherung für die Verwerter, die ihren Sitz im Ausland haben. Nach Ansicht des Bundessozialgerichts entspricht die gesetzliche Rege-

---

[486] Vgl. Fragenkatalog zur Anhörung vom 22. November 2004 „Wirtschaftliche und soziale Absicherung für Künstlerinnen und Künstler" in der Enquete-Kommission „Kultur in Deutschland". (Kommissionsdrucksache 15/271)

[487] Vgl. Aussagen von Michow (Bundesverbandes der Veranstaltungswirtschaft e.V.) während der Anhörung vom 22. November 2004 zum Thema „Wirtschaftliche und soziale Absicherung für Künstlerinnen und Künstler". (Kommissionsdrucksache 15/498)

[488] Schreiben des Bundesverbandes der Veranstaltungswirtschaft e.V. vom 14. Mai 2007. (Kommissionsmaterialie 16/178)

[489] Vgl. BSG Urteil vom 20. Juli 1994, AZ: 3/12 RK 63/92.

lung, nach der nur die von deutschen Vermarktern an deutsche Künstler gezahlten Entgelte und nicht auch die von ausländischen Vermarktern an deutsche Künstler gezahlten Entgelte abgabepflichtig sind, dem Territorialitätsprinzip.[490] Diese Regelung führt zu Einnahmeausfällen bei den Künstlersozialabgaben und kann wettbewerbsverzerrend wirken.

C) Handlungsempfehlungen

1. Die Enquete-Kommission empfiehlt der Bundesregierung und der Künstlersozialkasse, intensiver als bisher über das Künstlersozialversicherungsgesetz zu informieren und so zur Akzeptanz des Gesetzes beizutragen.

2. Die Enquete-Kommission empfiehlt dem Deutschen Bundestag, das Künstlersozialversicherungsgesetz dahingehend zu ändern, dass die Künstlersozialkasse den gemeinnützig anerkannten Vereinen die Möglichkeit einräumen kann, Einzelvereinbarungen betreffend rückwirkender Vergütungsansprüche der Künstlersozialkasse abzuschließen.

3. Die Enquete-Kommission empfiehlt dem Deutschen Bundestag, das Tatbestandsmerkmal „nicht nur gelegentlich" in § 24 Absatz 1 Satz 2 Künstlersozialversicherungsgesetz in wirtschaftlicher Hinsicht durch Einfügung einer Geringfügigkeitsgrenze in Höhe von 300 Euro im Jahr zu konkretisieren.

4. Die Enquete-Kommission fordert die Deutsche Rentenversicherung Bund auf, in Angelegenheiten des Künstlersozialversicherungsgesetzes einen speziellen Schwerpunktausschuss als besonderen Ausschuss im Sinne von § 36a SGB IV zu bilden. Sollte die Deutsche Rentenversicherung Bund von diesem keinen Gebrauch machen, empfiehlt die Enquete-Kommission dem Deutschen Bundestag, diese dazu gesetzlich zu verpflichten.

5. Die Enquete-Kommission empfiehlt dem Deutschen Bundestag zu prüfen, ob die Sonderregelung für Verwertungsgesellschaften in § 25 Absatz 2 Satz 2 Nummer 1 Künstlersozialversicherungsgesetz, bestimmte Entgelte im Rahmen der Bemessung zur Künstlersozialabgabe nicht zu berücksichtigen, noch angemessen ist.

6. Die Enquete-Kommission empfiehlt der Bundesregierung zu prüfen, ob und wie Verwerter mit einem Sitz im Ausland, die Entgelte im Sinne des Künstlersozialversicherungsgesetzes an Künstler und Publizisten im Inland zahlen, zur Künstlersozialabgabe herangezogen werden können.

4.5.2 Alterssicherung

A) Bestandsaufnahme

Die Alterssicherung der Künstler erfolgt bei den abhängig beschäftigten Künstlern im Rahmen der für Arbeitnehmer üblichen gesetzlichen Sozialversicherung. Selbstständige Künstler sind im Rahmen des Künstlersozialversicherungsgesetzes (KSVG) sozialversichert, sie genießen hinsichtlich der Kranken-, der Pflege- und der Rentenversicherung denselben Schutz wie abhängig beschäftigte Künstler.

Mit Blick auf die Zusatzversorgung gibt es einige Unterschiede zwischen abhängig beschäftigten Künstlern und Selbstständigen.

---

[490] Ebd.

Abhängig beschäftigte Künstler

Abhängig beschäftigte Künstler sind wie andere Arbeitnehmer im Rahmen der gesetzlichen Sozialversicherung versichert. Sie zahlen wie Arbeitnehmer die Hälfte der Sozialversicherungsbeiträge. Die andere Hälfte zahlen die Arbeitgeber. Die Beiträge der Arbeitnehmer werden direkt vom Gehalt abgezogen und von den Arbeitgebern an die Krankenkassen abgeführt, die ihrerseits die Beiträge an die Deutsche Rentenversicherung weiterleiten. Unter den Künstlern im engeren Sinne sind in erster Linie Bühnenkünstler als abhängig Beschäftigte tätig, also Schauspieler, Orchestermusiker, Sänger oder Tänzer.

Über die Alterssicherung in der gesetzlichen Sozialversicherung hinaus sind Angehörige der Bühnenberufe in der „Versorgungsanstalt der Deutschen Bühnen" pflichtversichert, sofern sie bei einer Mitgliedsbühne beschäftigt sind. Die Mitgliedschaft ist an das Beschäftigungsverhältnis gebunden, das heißt, sie beginnt mit der Aufnahme der Beschäftigung und endet mit deren Ende. Die Zusatzversorgung beinhaltet ein Altersruhegeld, das heißt die Absicherung wegen Berufs- oder Erwerbsunfähigkeit. Darüber hinaus gibt es als freiwillige Leistungen Zuschüsse zu Heilbehandlungen wie zum Beispiel Zahnersatz. Finanziert wird die Zusatzversicherung aus Beiträgen der Versicherten sowie der Mitgliedsbühnen. Mitglieder der Versorgungsanstalt der Deutschen Bühnen sind die Rechtsträger eines Theaters. Die Mitgliedschaft besteht kraft Gesetz. Über die Pflichtmitglieder hinaus können Kabarettes und Puppentheater die Mitgliedschaft beantragen.

Die „Versorgungsanstalt der Deutschen Kulturorchester" bietet Orchestermusikern eine vergleichbare Absicherung. Pflichtmitglieder sind hier die Rechtsträger der Kulturorchester. Als Kulturorchester gelten Orchester, die überwiegend sogenannte Ernste Musik bzw. Opern spielen oder die von der öffentlichen Hand getragen werden. Darüber hinaus können andere Orchesterträger, Träger von Rundfunkchören sowie Schulen, die Orchestermitglieder ausbilden, die freiwillige Mitgliedschaft beantragen.

Für die Bühnenberufe ist typisch, dass Künstler zeitweise kein Engagement haben. Um dieser berufstypischen Situation entgegenzukommen, können sich Bühnenkünstler bzw. Orchestermusiker auch ohne Engagement in der Versorgungsanstalt der Deutschen Bühnen bzw. der Versorgungsanstalt der deutschen Kulturorchester freiwillig weiterversichern.

Selbstständige Künstler

Seit dem Jahr 1983 sind selbstständige Künstler im Rahmen des Künstlersozialversicherungsgesetzes sozialversichert. Voraussetzung für die Versicherung nach dem Künstlersozialversicherungsgesetz ist die erwerbsmäßige Ausübung einer künstlerischen oder publizistischen Tätigkeit und das Erreichen des Mindesteinkommens von derzeit 3 900 Euro im Jahr. Bei der Künstlersozialversicherung handelt es sich wie bei der Sozialversicherung für Arbeitnehmer um eine Pflichtversicherung. Ausgenommen von dieser Pflichtversicherung sind Künstler, die mehr als einen Mitarbeiter beschäftigen. Die Bestimmung des § 4 KSVG nimmt darüber hinaus den Personenkreis von der Rentenversicherung aus, der bereits anderweitig kraft Gesetzes für das Alter abgesichert und damit nicht als schutzbedürftig anzusehen ist. Für Tätige in Kulturorchestern oder Theatern bedeutet dies, dass sich die Mitgliedschaft in der Versorgungsanstalt der Deutschen Kulturorchester oder in der Versorgungsanstalt der Deutschen Bühnen und die Versicherungspflicht nach dem Künstlersozialversicherungsgesetz grundsätzlich ausschließen, da in die zuvor genannten Versorgungsanstalten nur abhängig Beschäftigte aufgenommen werden. Bezogen auf eine weitere selbstständige Tätigkeit führt eine derartige Mitgliedschaft jedoch nicht zu einem Befreiungstatbestand in der Künstlersozialversicherung.[491]

---

[491] Vgl. Fischer/Reich (2007), § 12, Rn. 16.

Die Versicherten zahlen ähnlich wie Arbeitnehmer 50 Prozent der Beiträge, die Verwerter künstlerischer Leistungen 30 Prozent durch die Künstlersozialabgabe und 20 Prozent der Bund über den Bundeszuschuss. Die Künstlersozialkasse fungiert als Einzugsstelle der Versichertenbeiträge, der Künstlersozialabgabe und des Bundeszuschusses. Sie leitet die Beiträge an die Sozialversicherungsträger weiter.

Die Enquete-Kommission hat sich im Rahmen der Anhörung „Wirtschaftliche und soziale Absicherung für Künstlerinnen und Künstler" am 22. November 2004 umfassend mit der Künstlersozialkasse befasst.[492] Alle geladenen Experten waren sich einig, dass die Künstlersozialkasse ein wichtiges Instrument der sozialen Absicherung ist.[493] Darüber hinaus wurde festgestellt, dass für Künstler aller Bereiche ein Einkommensrückgang bzw. eine Einkommensstagnation festzustellen ist.[494]

Als das Künstlersozialversicherungsgesetz verabschiedet wurde, wurde beschlossen, dass das Gesetz für bestimmte Altersgruppen keine Anwendung finden sollte. Es wurde unterschieden zwischen Künstlern, die vor dem Jahr 1928 geboren wurden und Künstlern, die zwischen 1928 und 1934 geboren würden. Angehörige dieser Altergruppen konnten nicht Mitglied in der Künstlersozialversicherung werden. Die erste Generation an Versicherten wurde also 1935 geboren. Sie erreichten das reguläre Rentenalter im Jahr 2000.

Die Enquete-Kommission hat im Zuge der Bestandsaufnahme die soziale Absicherung von Künstlern und Publizisten in Deutschland mit der in anderen Ländern verglichen. Hierzu wurde ein Gutachten[495] erstellt, in dem die soziale Absicherung von Selbstständigen in den „alten" EU-Mitgliedsstaaten dargestellt wurde. Eine Gegenüberstellung des deutschen Künstlersozialversicherungssystems mit dem in den anderen 24 EU-Mitgliedsstaaten[496] arbeitete heraus, dass das deutsche System einmalig ist. Die Besonderheit des deutschen Sozialversicherungssystems liegt einmal darin, dass Selbstständige in der Regel in die gesetzliche Rentenversicherung nicht einbezogen werden. Zwar werden in § 2 SGB VI einige Berufsgruppen von Selbstständigen aufgeführt, die im Rahmen der gesetzlichen Rentenversicherung versichert sind, doch handelt es sich hierbei um Ausnahmen vom allgemeinen Grundsatz der privaten Absicherung der Selbstständigen.

Demgegenüber sind in 17 EU-Mitgliedsstaaten Selbstständige in das soziale Sicherungssystem eingebunden. Dabei wird in zahlreichen Mitgliedsstaaten zwischen der Alterssicherung und der Krankenversicherung unterschieden. Die Krankenversicherung wird in einigen EU-Mitgliedsstaaten über Steuermittel und nicht aus Beiträgen finanziert. In einigen EU-Mitgliedsstaaten existieren Sondersysteme für alle Selbstständigen, in anderen beziehen sich die Sondersysteme auf ausgewählte Selbstständigengruppen. In das allgemeine soziale Sicherungssystem integriert sind Selbstständige in folgenden EU-Mitgliedsstaaten: Dänemark, Estland, Finnland, Irland, Lettland, Litauen, Luxemburg, Malta, Niederlande, Polen, Schweden, Slowakei, Slowenien, Tschechien, Ungarn, Vereinigtes Königreich und Zypern. Obligatorische Sondersysteme zur sozialen Absicherung von

---

[492] Teilnehmer: Bleicher-Nagelsmann (Bereichsleiter Kunst und Kultur der ver.di Bundesverwaltung), Sotrop (Sprecher des Bundesverbandes Bildender Künstlerinnen und Künstler), Michow (Präsident des Bundesverbandes der Veranstaltungswirtschaft, Mitglied des Beirates der Künstlersozialkasse KSK), Dr. Sprang (Justitiar des Börsenvereins/des Deutschen Buchhandels), Haak (Wissenschaftszentrum Berlin für Sozialforschung WZB, Abteilung Arbeitsmarktpolitik und Beschäftigung), Bruns (Leiter der Künstlersozialkasse KSK) und Schwark (Geschäftsführer des Gesamtverbandes der Versicherungswirtschaft GDV). (Kommissionsdrucksache 15/498)

[493] Vgl. Wortprotokoll der Anhörung vom 22. November 2004 zum Thema „Wirtschaftliche und soziale Absicherung für Künstlerinnen und Künstler" (Protokoll-Nr. 15/28) und Zusammenfassung der Anhörung. (Kommissionsdrucksache 15/498)

[494] Ebd.

[495] Vgl. Gutachten der ESCE GmbH Köln vom 8. November 2004 zum Thema „Weiterentwicklung der Alterssicherungssysteme für Künstler und Kulturberufler" (Gutachten Alterssysteme). (Kommissionsdrucksache 15/231b)

[496] In die Darstellung wurden die sozialen Sicherungssysteme in Bulgarien und Rumänien nicht einbezogen. Beide Länder traten zum 1. Januar 2007 der EU bei.

Selbstständigen existieren in Belgien, Österreich und Portugal. In Frankreich und Italien bestehen Mischsysteme der teilweisen Einbeziehung von Selbstständigen in das allgemeine Sozialversicherungssystem. Lediglich in Griechenland und Spanien gibt es zwar Sondersysteme zur sozialen Absicherung der Selbstständigen, diese gelten aber nicht für Künstler und Publizisten.

Eine Spezifik ist das österreichische System der sozialen Absicherung. Hier bezieht sich die beitragsbezogene gesetzliche Rentenversicherung primär auf abhängig Beschäftigte. Sie wurde jedoch in den letzten Jahren um Selbstständige – so auch Künstler und Publizisten – erweitert. Grundlage für die gesetzliche Rentenversicherung der Arbeitnehmer ist das „Allgemeine Sozialversicherungsgesetz" (ASVG). Demgegenüber ist die Sozialversicherung der sogenannten „alten Selbstständigen" im „Gewerblichen Sozialversicherungsgesetz" (GSVG) geregelt. Als Unterscheidung zwischen „alten" und „neuen" Selbstständigen dient dabei die Pflichtmitgliedschaft in einer Wirtschaftskammer, die bei den „alten" Selbstständigen zumeist gegeben ist. Die Wirtschaftskammer ist der Industrie- und Handelskammer in Deutschland vergleichbar. Die „neuen" Selbstständigen sind seit 1998 ebenfalls in der Gewerblichen Sozialversicherung erfasst.

Speziell für Künstler und Publizisten wurde zusätzlich der Künstlersozialversicherungsfonds eingerichtet. Aus diesem werden die Beiträge der versicherten Künstler und Publizisten zur Gewerblichen Sozialversicherung aufgestockt. Anspruch auf eine Unterstützung aus dem Künstlersozialversicherungsfonds zur gewerblichen Sozialversicherung hat, wer „in den Bereichen der Bildenden, der Darstellenden Kunst, der Musik, der Literatur oder in einer ihrer zeitgenössischen Ausformungen Werke der Kunst schafft". Damit Künstler und Publizisten diese Aufstockung erhalten, müssen zunächst ihre Werke von einem Gremium anerkannt werden, dem neben Künstlern und Publizisten Vertreter der Verwertungsgesellschaften angehören. Eine Bezuschussung der Beiträge zur Gewerblichen Sozialversicherung erfolgt, wenn die Anerkennung vorliegt und das Jahreseinkommen aus künstlerischer Tätigkeit nicht unter 3 712,56 Euro und nicht über 19 621,67 Euro liegt. Der Beitragszuschuss muss beantragt werden. Der Künstlersozialfonds wird zum einen aus einem Bundeszuschuss und zum anderen aus Abgaben nach dem Kunstförderungsbeitragsgesetz finanziert. Diese Abgaben setzen sich wie folgt zusammen:

- Abgaben der Rundfunkteilnehmer für Radio-Empfangseinrichtungen (0,48 Euro/Monat),

- Abgaben von gewerblichen Betreibern von Kabelrundfunkanlagen (für jeden Empfangsberechtigten von Rundfunksendungen 0,25 Euro/Monat) und

- Abgaben von Importeuren von Satellitenempfangsgeräten, die für den Empfang von Rundfunksendungen über Satellit bestimmt sind (einmalig 8,72 Euro/Gerät).

Speziell für Musiker gibt es noch eine weitere gesetzliche Möglichkeit, einen Zuschuss zur Gewerblichen Sozialversicherung zu erhalten. Zur Verwaltung des Aufkommens aus der Leerkassettenvergütung hat die Verwertungsgesellschaft „Austro-Mechana" (AUME), vergleichbar der deutschen GEMA, einen eigenen Rechnungskreis[497] eingerichtet, der einem Fonds zugute kommt. Aus diesem Fonds können auf Antrag Zuschüsse zur gewerblichen Sozialversicherung gewährt werden. Voraussetzung ist die Mitgliedschaft in der AUME und ein bestimmtes, jährlich neu ermitteltes Mindestaufkommen. Sollte ein Musiker zusätzlich Mittel aus dem Künstlersozialversicherungsfonds erhalten, so werden diese angerechnet.

Selbstständige Künstler und Publizisten, deren Werke nicht anerkannt werden oder die die genannten Jahreseinkommensgrenzen unter- bzw. überschreiten, sind zwar im Rahmen der gewerblichen Sozialversicherung pflichtversichert, müssen ihre Beiträge aber alleine aufbringen.

---

[497] Ein Rechnungskreis stellt eine in sich geschlossene Teilrechnung des Rechnungswesens dar, in der das Belegprinzip und die allgemeinen Regeln der doppelten Buchführung angewendet werden.

Das österreichische System befindet sich aktuell in der Kritik. In den letzten Jahren ergingen Rückforderungsbescheide an Künstler, die das erforderliche Mindesteinkommen von 3 712,56 Euro nicht erreicht haben. Gerade die Künstler, die sich in einer besonders prekären wirtschaftlichen Situation befinden, sind zusätzlich mit Rückforderungen konfrontiert. In Österreich wird zurzeit intensiv debattiert, inwiefern die deutsche Künstlersozialversicherung als Vorbild für ein österreichisches Gesetz dienen könnte. Als nachahmenswert angesehen wird dabei unter anderem, dass in Deutschland die Versicherung in der Künstlersozialversicherung nicht von der Gestaltungshöhe eines Werkes abhängig gemacht wird, sondern die erwerbsmäßige Ausübung einer künstlerischen bzw. publizistischen Tätigkeit zugrunde gelegt wird.

Die Besonderheit des deutschen Systems liegt darin, dass die Verwerter künstlerischer Leistungen einen Teil der Beiträge aufbringen. Begründet wird dieser Beitragsanteil der Verwerter mit dem symbiotischen Verhältnis zwischen Verwertern und Künstlern bzw. Publizisten.

Da freiberufliche Künstler sich vor dem Jahr 1983 nicht in der gesetzlichen Sozialversicherung versichern konnten, haben die Sozialwerke der Verwertungsgesellschaften zur Alterssicherung dieser Künstler einen besonders hohen Stellenwert. Laut § 8 Urheberrechtswahrnehmungsgesetz (UrhWG) sind die Verwertungsgesellschaften verpflichtet, Vorsorge- und Unterstützungseinrichtungen für die Wahrnehmungsberechtigten zu schaffen. Um diese gesetzliche Auflage zu erfüllen, wird ein Teil der Ausschüttungen für soziale Zwecke einbehalten. Neben der spezifischen Gruppe an Künstlern, die aus Altersgründen nicht Mitglied in der Künstlersozialkasse werden konnte und daher teilweise auf die Altersversorgung aus den Sozialwerken der Verwertungsgesellschaften angewiesen sind, haben die Sozialwerke der Verwertungsgesellschaften insgesamt einen hohen Stellenwert in der zusätzlichen Alterssicherung bzw. im Hinblick auf Hilfen in Notlagen.

Die Verwertungsgesellschaften sind Selbstverwaltungsorganisationen der Künstler und Publizisten. Sie haben zumeist die Rechtsform des wirtschaftlichen Vereins kraft staatlicher Verleihung. Der Rahmen für die Tätigkeit der Verwertungsgesellschaften wird vom „Gesetz über die Wahrnehmung von Urheberrechten und verwandten Schutzrechten" (Urheberrechtswahrnehmungsgesetz) gesteckt. Konkretisiert wird die Arbeit in den Satzungen der Verwertungsgesellschaften. Diese Satzungen haben sich die Mitglieder der Verwertungsgesellschaften selbst gegeben.[498] In den Satzungen ist auch festgelegt, wer Mitglied der Verwertungsgesellschaft werden kann. Einige Verwertungsgesellschaften unterscheiden zwischen ordentlichen Mitgliedern und außerordentlichen Mitgliedern. Teilweise wird die Möglichkeit, ordentliches Mitglied einer Verwertungsgesellschaft zu werden, von den Berechtigten nicht wahrgenommen. Einfluss auf die Verteilungspläne und die Arbeit der sozialen Einrichtungen der Verwertungsgesellschaften haben in erster Linie die ordentlichen Mitglieder.

Die Gesellschaft für musikalische Aufführungs- und mechanische Vervielfältigungsrechte (GEMA) ist die umsatzstärkste Verwertungsgesellschaft. Sie unterhält die GEMA-Sozialkasse. Die GEMA-Sozialkasse gewährt den ordentlichen Mitgliedern Leistungen im Alter, bei Krankheit, bei Unfällen und in sonstigen Fällen der Not. Angeschlossene und außerordentliche Mitglieder können ebenfalls Leistungen erhalten. Ordentliche Mitglieder, die das 60. Lebensjahr vollendet haben, erhalten unter bestimmten Voraussetzungen eine Alterssicherung. Diese Alterssicherung wird zum einen aus dem Abzug für soziale Zwecke finanziert und zum anderen aus Anteilen, auf die die ordentlichen Mitglieder bei der Ausschüttung verzichtet und die sie dem Alterssicherungsfonds zur Verfügung gestellt haben. Im Geschäftsjahr 2005 wurden 6,1 Mio. Euro der GEMA-Sozialkasse zugeführt. Insgesamt 49 Mio. Euro wurden für die Alterssicherung bereitgestellt. Die Gesamtsumme von 55,1 Mio. Euro, die für soziale und kulturelle Zwecke zur Verfügung standen, wurden zur

---

[498] Vgl. Kap. 4.3.3, Urheber- und Leistungsschutzrechte.

Hälfte aus dem Zehn-Prozent-Abzug und zur anderen Hälfte aus Zinserträgen, Verwaltungsgebühren sowie sonstigen unverteilbaren Erträgen des Geschäftsjahres 2004 erwirtschaftet.[499]

Die „Verwertungsgesellschaft (VG) WORT" unterhält ein Autorenversorgungswerk sowie einen Sozialfonds. Das Autorenversorgungswerk leistet Beiträge zur gesetzlichen oder privaten Altersabsicherung von Autoren. Es ist seit dem Jahr 1996 für Neuzugänge geschlossen, da inzwischen eine Altersabsicherung über das Künstlersozialversicherungsgesetz erfolgt. Im Jahr 2005 standen dem Autorenversorgungswerk 4,913 Mio. Euro zur Verfügung. Mitglied des Autorenversorgungswerks sind 3 283 Autoren. Der größte Teil der Einnahmen, nämlich 4,463 Mio. Euro, wurden als Zuschüsse zur Alterssicherung verwandt. Insgesamt 0,45 Mio. Euro entfielen auf die Zuschüsse zur Krankenversicherung.[500] Durch den Sozialfonds werden auf Antrag in Not geratene Wortautoren, Verleger oder deren Hinterbliebene unterstützt. Voraussetzung ist, dass die Personen bedürftig im Sinne des Steuerrechts sind. Bis zu zehn Prozent der Einnahmen der VG WORT werden für den Sozialfonds aufgewendet. Im Geschäftsjahr 2005 wurden 1,007 Mio. Euro dem Sozialfonds zugeführt. Davon wurden 396 Antragstellern 1,050 Mio. Euro an Zuwendungen und 51 000 Euro als Darlehen zur Verfügung gestellt, bei einer Gesamtzahl von über 300 000 wahrnehmungsberechtigten Autoren im Jahre 2005.[501] Darüber hinaus besteht eine finanzielle Reserve von 687 000 Euro.[502]

Die „Stiftung Sozialwerk" der „VG Bild-Kunst" gewährt in Not geratenen Künstlern eine Unterstützung bei Erwerbs- und Berufsunfähigkeit sowie im Alter. Es handelt sich bei den Unterstützungen teilweise um laufende Unterstützungen und teilweise um Einmalzahlungen bei besonderen Notlagen. Die Leistungen werden auf Antrag gewährt. In der Anhörung „Kollektive Wahrnehmung von Urheberrechten und verwandten Schutzrechten" der Enquete-Kommission am 29. Januar 2007 unterstrich der Geschäftsführer der Stiftung Sozialwerk, dass viele Künstler auf die Leistungen der Stiftung Sozialwerk angewiesen sind.

Im Jahr 2005 standen der Stiftung Sozialwerk der VG Bild-Kunst insgesamt 728 000 Euro zur Verteilung zur Verfügung. Davon wurden in der Berufsgruppe I (Bildende Künstler) 72 000 Euro als einmalige Unterstützungsleistung an 41 Künstler gewährt, 97 Künstler erhielten eine laufende Zuwendung zum Lebensunterhalt, die Gesamtsumme hierfür betrug 181 000 Euro. Zusätzlich erhielten 491 Künstler eine einmalige Weihnachtszuwendung. Dafür wurden 123 000 Euro verwandt. In der Berufsgruppe II (Design) wurden 308 000 Euro an 112 Antragsteller als laufende Unterstützung gezahlt. 15 Künstler erhielten einmalige Hilfen (Gesamtsumme 32 000 Euro). Insgesamt 134 000 Euro standen als Weihnachtsgeld für 537 Urheber zur Verfügung. Laufende Unterstützungsleistungen erhielten in der Berufsgruppe III (Film) 16 Antragsteller. Hierfür standen 54 000 Euro zur Verfügung. Zusätzlich wurden 6 000 Euro in drei Einzelentscheidungen zur Verfügung gestellt. An Weihnachtsgeld wurden 46 000 Euro an 184 Filmurheber ausbezahlt.[503]

Freie Mitarbeiter bei Rundfunkanstalten können sich in der „Pensionskasse für freie Mitarbeiter an Rundfunkanstalten" (Pensionskasse) freiwillig versichern. Die Pensionskasse ist ein Versicherungsverein auf Gegenseitigkeit. Voraussetzung für die Versicherung in der Pensionskasse ist die Vollendung des 18. Lebensjahres sowie die mindestens einjährige Tätigkeit für eine der öffentlich-rechtlichen Rundfunkanstalten, deren Tochterunternehmen oder Produktionsfirmen, sofern diese Anstaltsmitglieder sind. Zur Aufnahme ist ein Jahresdurchschnittseinkommen von 3 500 Euro erforderlich. Dieses muss auch in den Folgejahren erreicht werden. Freie Mitarbeiter, die älter als

---

[499] Vgl. GEMA (2006).
[500] Vgl. VG Wort – Geschäftsbericht (2005), S. 11.
[501] Vgl. Materialien der VG Wort (Wahrnehmungsvertrag, Mandatsvertrag, Satzung, Geschäftsbericht, Verteilungsplan). (Kommissionsmaterialie 16/102)
[502] Vgl. VG Wort – Geschäftsbericht (2005), S. 12.
[503] Vgl. VG Bild-Kunst – Geschäftsbericht (2005).

55 Jahre sind, können sich in der Pensionskasse nicht versichern. Versicherte in der Pensionskasse erhalten eine Altersrente sowie eine Hinterbliebenenversorgung. Die Pensionskasse finanziert sich aus Beiträgen der Versicherten sowie der Mitglieder. Die Mitglieder zahlen sieben Prozent der an die Versicherten gezahlten Honorarsumme. Mitglieder der Pensionskasse sind die öffentlich-rechtlichen Rundfunkanstalten, deren Tochterunternehmen sowie weitere Produktionsfirmen. Versicherte zahlen ebenfalls sieben Prozent der an sie gezahlten Honorarsumme. Bei Versicherten, die Mitglied der Künstlersozialkasse sind, ermäßigt sich der Beitrag auf vier Prozent der Honorarsumme. Auf freiwilliger Basis können allerdings sieben Prozent gezahlt werden.

Der „Bundesverband Regie" beklagt die Entwicklung der Pensionskasse für freie Mitarbeiter. Einerseits gäbe es die Tendenz, dass die Rundfunkanstalten den Produzenten nur noch teilweise die Arbeit- bzw. Auftraggeberanteile erstatten würden, andererseits würden sich die Rundfunkanstalten der Zahlungsverpflichtung zum Teil durch die Bildung von Tochtergesellschaften bei nicht reinen Auftragsproduktionen entziehen.[504]

Im „Versorgungswerk der Presse GmbH" können sich neben abhängig beschäftigten Redakteuren auch freie Mitarbeiter in Medienberufen (zum Beispiel Designer, Bildautoren, Lektoren, Kameraleute) versichern. Es handelt sich dabei um eine private Zusatzversicherung zur Alters-, Hinterbliebenen-, Berufs- bzw. Erwerbsunfähigkeitsvorsorge.

Die beim Bundespräsidenten angesiedelte „Deutsche Künstlerhilfe" unterstützt unter anderem im Alter in Not geratene Künstler. Im Jahr 2005 erhielten 450 Künstler eine laufende Unterstützung, weitere 200 Künstler einmalige Hilfen. Die Deutsche Künstlerhilfe wurde im Jahr 1953 von Bundespräsident Theodor Heuss ins Leben gerufen. Sie wird aus Bundesmitteln finanziert. Die Hilfen werden auf Vorschlag der Länder gewährt. Voraussetzung ist, dass es sich um verdiente Künstler handelt, die bedürftig sind.

Einige Länder gewähren verdienten Künstlern, die sich im Ruhestand befinden, sogenannte Ehrensolde. Andere unterstützen in Not geratene Künstler. In den neuen Ländern existieren solche Unterstützungen nicht. Hier wird auf die Deutsche Künstlerhilfe verwiesen.

Über die geschilderten Sozialwerke der Verwertungsgesellschaften, die Unterstützungsmaßnahmen der öffentlichen Hand sowie die Versicherungsvereine gibt es eine Reihe von Stiftungen, die mildtätigen Zwecken dienen und besonders alte, in Not geratene Künstler unterstützen.

Ein neues Modell sind die sogenannten „Artist Pension Trust" (APT). Hier stellen bildende Künstler ihre Werke einem Trust zur Verfügung, der diese Werke verwerten kann. Die Kunstwerke verbleiben allerdings im Eigentum der Künstler, sie sollen an Museen und Galerien ausgeliehen werden. Das APT-Modell soll jungen Künstlern offenstehen, deren Werke bereits einen Marktwert haben. Das Modell ist kaum auf andere künstlerische Sparten übertragbar, da die Werke dort anders verwertet werden. Werke der bildenden Kunst werden direkt an den Endverbraucher bzw. an Museen verkauft. Werke von Autoren oder von Komponisten werden hingegen von Verlagen verlegt und vermarktet. Der Marktwert entsteht erst mit der Einschaltung des professionellen Verwerters, der das Werk verlegt, verbreitet und damit zugänglich macht.

Anders hingegen ist die Entwicklung in Großbritannien mit der Schaffung des sogenannten „A-Day-Modells" zu beurteilen. Zwar wird hier eine private Altersvorsorge in klassischer Weise durch die Zahlung von Beiträgen erreicht. Der besonderen ökonomischen Situation der Künstler und Publizisten – höhere Erwerbseinkommen erst mit fortgeschrittenem Alter und Unstetigkeit der Erwerbsverläufe – wird jedoch Rechnung getragen. Den Künstlern und Publizisten wird ermöglicht,

---

[504] Vgl. Schreiben des Bundesverbandes Regie vom 23. Mai 2007. (Kommissionsmaterialie 16/159)

ihre Altersvorsorge erst mit dem 50. Lebensjahr zu beginnen und die Höhe der Beiträge in der Anwartschaftsphase dem jeweiligen Erwerbseinkommen flexibel anzupassen.

Ein solches System erscheint empfehlenswert, auch wenn sich die flankierenden steuerlichen Maßnahmen, die der britische Gesetzgeber vorsieht, in der Bundesrepublik nicht vollständig umsetzen lassen.[505]

Allgemeine Instrumente der Alterssicherung

Sowohl abhängig Beschäftigte als auch selbstständige Künstler können eine zusätzliche private Altersvorsorge im Rahmen der sogenannten „Riester-Rente" aufbauen. Hier ist darauf hinzuweisen, dass gerade bei einem geringen Einkommen die staatliche Förderung der „Riester-Rente" besonders vorteilhaft ist.

Wie allen Bürgern steht auch Künstlern, die über 65 Jahre alt oder dauerhaft voll erwerbsgemindert sind und nur eine geringe Rente beziehen, eine Grundsicherung zu. Die Grundsicherung muss beantragt werden. Die Leistung ist abhängig von der Bedürftigkeit. Das eigene Einkommen und das Vermögen werden angerechnet.

In der Politik und in der Wissenschaft werden derzeit verschiedene Modelle einer Grundrente diskutiert. Diese Modelle stehen zurzeit noch in der grundsätzlichen Diskussion.

Paradigmenwechsel bei der Bedeutung der Alters-sicherung durch die gesetzliche Rentenversicherung

Im Zuge der Bestrebungen zur Weiterentwicklung des Alterssicherungssystems in der Bundesrepublik lässt sich in den letzten Jahren ein Paradigmenwechsel im Hinblick auf die Bedeutung der Alterssicherung durch die gesetzliche Rentenversicherung ausmachen.[506] Dieser Wechsel wird durch das Schlagwort „Drei-Schichten-Modell" gekennzeichnet.

Ausgangspunkt ist dabei die Erkenntnis, dass die gesetzliche Rentenversicherung zukünftig nicht mehr das alleinige Instrument der Altersvorsorge sein kann. Ihr kann lediglich die Funktion einer Basisabsicherung zukommen. Dabei sind zwei unterschiedliche Ebenen der Altersvorsorge zu unterscheiden: Auf der einen Ebene geht es um die Problematik der Sicherung der Existenz im Alter und damit um die Vermeidung der Altersarmut. Auf der anderen Ebene werden die Möglichkeiten in den Blick genommen, den Lebensstandard im Alter zu erhalten – dies betrifft die zweite und dritte Schicht.[507]

Insgesamt ist festzustellen, dass der Paradigmenwechsel im Alterssicherungssystem der Bundesrepublik die Versicherten zu erhöhten Eigenleistungen über die Beiträge zur gesetzlichen Rentenversicherung hinaus zwingt, wenn eine Absicherung nicht nur der Existenz, sondern auch des Lebensstandards im Alter angestrebt wird. Dies wird insbesondere bei Gruppen mit niedrigem Arbeitseinkommen – zu der in ihrer Gesamtheit auch die Künstler und Publizisten zu rechnen sind – immer schwieriger.[508]

---

[505] Vgl. Gutachten der ECSE GmbH Köln vom 11. Dezember 2006 zum Thema „Modelle der selbstverwalteten Altersvorsorge für Künstlerinnen und Künstler" (Gutachten Altersvorsorge). (Kommissionsdrucksache 16/127b)
[506] Vgl. Gutachten Altersvorsorge, S. 23. (Kommissionsdrucksache 16/127b)
[507] Ebd., S. 24.
[508] Ebd., S. 26.

Abbildung 1

3-Schichten-Modell der Alterssicherung[509]

1. Schicht: Basisversorgung durch
- Gesetzliche Rente
- Berufständische Altersversorgung
- Kapitalgedeckte Rürup-Rente für Selbstständige außerhalb der Gesetzlichen Rentenversicherung

2. Schicht: Kapitalgedeckte Zusatzversorgung durch
- Betriebliche Altersvorsorge
- Riester-Rente als geförderte private Zusatzversorgung für Personen in der Gesetzlichen Rentenversicherung

3. Schicht: private Altersvorsorge durch
- Lebensversicherungen
- Rentenversicherungen
- Kapitalanlageprodukte

Die Organisation für wirtschaftliche Entwicklung und Zusammenarbeit (OECD) warnt in diesem Zusammenhang in ihrem jüngsten Bericht „Renten auf einen Blick" vor der Gefahr der Altersarmut in Deutschland. Deutschland wird angehalten, der Rentenentwicklung für Geringverdiener mehr Aufmerksamkeit zu schenken, um einem Anstieg der Altersarmut vorzubeugen. Dies sei besonders im Hinblick auf die ungünstige demografische Entwicklung notwendig.[510]

Es gibt auch politische Überlegungen zur Einführung eines Bürgergeldes. Dies wäre ein garantiertes, bedingungsloses Grundeinkommen, welches nach Abzug einer Gesundheits- und Pflegeprämie das soziokulturelle Existenzminimum abdecken soll. Erst ab einem Einkommen von 1 600 Euro würde, ebenfalls nach Abzug des Bürgergeldes, eine Steuerschuld entstehen. Wer dagegen ein halbiertes Bürgergeld in Höhe von 400 Euro beantragt, müsste nach diesem Modell sein Einkommen nur zu 25 Prozent versteuern.[511]

B) Problembeschreibung

Selbstständige Künstler und Publizisten

Das größte Problem der selbstständigen Künstler und Publizisten hinsichtlich der Alterssicherung sind ihre geringen Einkünfte, die systemimmanent auch geringe Renten nach sich ziehen. Auch abhängig beschäftigte Künstler verfügen zumeist über ein geringes Einkommen. Dieses liegt in der Regel jedoch über dem der Selbstständigen. Die Künstlersozialkasse hat im Auftrag der Enquete-Kommission im Jahr 2004 ihre Daten mit denen der Bundesversicherungsanstalt für Angestellte abgeglichen und die Rentenhöhe für 4 705 Versicherte, die bereits Altersrente beziehen, ermittelt.[512]

---

[509] Vgl. Gutachten Altersvorsorge, S. 25. (Kommissionsdrucksache 16/127b)
[510] Vgl. o.V. (2007c), S. 1 und S. 14.
[511] Vgl. Initiative Solidarisches Bürgergeld, www.buergergeldportal.de/sogehts.html#A02 (Stand: 25. Oktober 2007).
[512] Vgl. Antworten der Verwertungsgesellschaft Bild-Kunst zum Fragenkatalog zur Anhörung vom 8. Januar 2007 zum Thema „Kollektive Wahrnehmung von Urheberrechten und verwandten Schutzrechten". (Kommissionsdrucksache 15/239)

Durchschnittlich erhielten diese Rentner 785,12 Euro Rente. Die höchsten Renten erhielten Angehörige der Gruppe Wort mit 881,00 Euro, gefolgt von darstellenden Künstlern mit 718,00 Euro, Musikern mit 680,99 Euro und bildenden Künstlern mit 670,56 Euro. Der durchschnittliche Anteil aufgrund von Beiträgen nach dem KSVG an den Renten betrug 91,79 Euro. In der Berufsgruppe Wort betrug der Anteil 111,27 Euro, in der bildenden Kunst 86,27 Euro, in der darstellenden Kunst 82,36 Euro und in der Musik 79,30 Euro. Das heißt, dass die Rentner heute den größten Teil ihrer Alterssicherung durch eine vorherige abhängige Beschäftigung erreicht haben. Dies ist auch darauf zurückzuführen, dass das Künstlersozialversicherungsgesetz erst 1983 in Kraft trat und daher erst seit diesem Zeitpunkt Ansprüche in der Alterssicherung von selbstständigen Künstlern und Publizisten in der gesetzlichen Rentenversicherung erworben werden konnten. Die Generation der jetzigen Rentner kann de facto nur geringe Anwartschaften über die Künstlersozialversicherung erwerben.

Aber auch Künstler und Publizisten, die während ihres gesamten Berufslebens ausschließlich über die Künstlersozialversicherung versichert sind und lediglich das Jahresdurchschnittseinkommen von ca. 11 000 Euro (Stand 2006) erreichen, werden nur eine sehr kleine Altersrente beziehen.

Dieses Problem wird sich noch für jene Künstler verschärfen, die keine zusätzliche Altersversorgung im Sinne der „Riester-Rente" aufbauen. Bislang nutzen erst wenige Künstler dieses Instrument, das aufgrund der Steuerbegünstigung gerade für Geringverdiener besonders attraktiv ist. Bei vielen Künstlern bestehen Informationsmängel über die „Riester-Rente". Zudem ist das Problembewusstsein der Künstler gegenüber der Wichtigkeit der Altersvorsorge in den meisten Fällen nicht ausreichend ausgeprägt. Zwar fordern die Künstler mehr Beratungen zum Thema Altersvorsorge, doch noch nicht allen Künstlern ist die Notwendigkeit der Altersvorsorge bewusst.[513]

Das Modell des „Artist Pension Trust" befindet sich zurzeit noch in der Anfangsphase. Es können daher noch keine Schlüsse gezogen werden, ob das Modell tatsächlich eine tragfähige Ergänzung zur Künstlersozialversicherung für bildende Künstler ist. Es sei jedoch vermerkt, dass das Modell aus zweierlei Gründen als „elitär" anzusehen ist: Zum einen spricht es nur bildende Künstler an, für deren Werk seit langer Zeit ein eigenständiger Markt existiert. Zum anderen erhalten nicht alle bildenden Künstler Zugang zu dem Programm.[514] Mithin handelt es sich gerade nicht um eine „Solidargemeinschaft".

Die Enquete-Kommission führte am 29. Januar 2007 eine öffentliche Anhörung „Kollektive Wahrnehmung von Urheberrechten und verwandten Schutzrechten"[515] durch. Dabei wurden unter ande-

---

[513] Vgl. Zusammenfassung und Auswertung des Künstlergespräches vom 19. Juni 2006, Teilnehmer: Karrenberg, Katharina (bildende Künstlerin); Salomé (Maler, bürgerlicher Name: Cihlarz, Wolfgang); Bayer, Thommie (Maler, Musiker, Schriftsteller); Oppermann, Peter (Chefdramaturg Stadttheater Trier); Rohlf, Jan (Produzent, Kurator); Helmbold, Thomas (Maler); Biebuyck, Wolfgang (Sänger); Sabisch, Petra (Choreografin, Tänzerin); Grubinger, Eva (bildende Künstlerin); Oberst, Matthias (Schauspieler, Gastspielmanager). (Arbeitsunterlage 16/061); Wortprotokoll des Künstlergespräches vom 19. Juni 2006. (Arbeitsunterlage 16/062)
[514] Vgl. Gutachten Altersvorsorge, S. 49. (Kommissionsdrucksache 16/127b)
[515] Zu dieser Anhörung wurden von den 15 bestehenden Verwertungsgesellschaften (Gesellschaft für musikalische Aufführungs- und mechanische Vervielfältigungsrechte (GEMA), Verwertungsgesellschaft Wort (VG WORT), Verwertungsgesellschaft Bild-Kunst (VG Bild-Kunst), Gesellschaft zur Verwertung von Leistungsschutzrechten (GVL), Verwertungsgesellschaft zur Wahrnehmung von Nutzungsrechten an Editionen (Ausgaben) von Musikwerken (VH Musikedition), Gesellschaft zur Übernahme und Wahrnehmung von Filmaufführungsrechten (GÜFA), Verwertungsgesellschaft der Film- und Fernsehproduzenten (VFF), Verwertungsgesellschaft für Nutzungsrechte an Filmwerken (VGF), Gesellschaft zur Wahrnehmung von Film- und Fernsehrechten (GWFF), Urheberrechtsschutz-Gesellschaft (AFICOA), Zentralstelle für die Wiedergabe von Fernsehsendungen (ZWF), Zentralstelle für private Überspielungsrechte (ZPÜ), Zentralstelle für Videovermietung (ZVV), Arbeitsgemeinschaft DRAMA, Gesellschaft zur Verwertung von Urheber- und Leistungsschutzrechten on Medienunternehmen (VG Media) vier befragt. Es waren die GEMA, die GVL, die VG Bild-Kunst und die VG WORT.

rem auch die sozialen und kulturellen Zwecke der Verwertungsgesellschaften erörtert. Von den Verwertungsgesellschaften wurde darauf verwiesen, dass die Verteilungspläne von den Mitgliedern der Verwertungsgesellschaften im vom Urheberrechtswahrnehmungsgesetz aufgestellten Rahmen selbst aufgestellt werden. Die Sozialwerke der Verwertungsgesellschaften spielen bei der Unterstützung von Künstlern eine wichtige Rolle. Die Sozialwerke werden aus Einnahmen, die nicht an die Wahrnehmungsberechtigten ausgeschüttet werden, finanziert. Künstler finanzieren also durch einen Verzicht auf Ausschüttung die soziale Unterstützung ihrer in Not geratenen Kollegen. Diese von den Wahrnehmungsberechtigten selbstgeschaffenen Versorgungseinrichtungen müssen in ihrem Bestand gesichert werden. Da die Sozialwerke aus Mitteln der Mitglieder finanziert werden, sind die Verwertungsgesellschaften zu besonderer Transparenz verpflichtet. Die Enquete-Kommission hat anlässlich dieser Anhörung festgestellt, dass die Sozialwerke der Verwertungsgesellschaften die nötige Transparenz vermissen lassen. So wurde teilweise nicht deutlich, welche Mitglieder der Verwertungsgesellschaft unter welchen Bedingungen in den Genuss der sozialen Unterstützungsleistungen kommen können.

Ein besonderes Augenmerk der individuellen Künstlerförderung liegt auf der Förderung des künstlerischen Nachwuchses. Diese Förderung ist mit Blick auf die Weiterentwicklung der zeitgenössischen Kunst in allen künstlerischen Sparten von großer Bedeutung. Bei aller Wertschätzung der Förderung junger Künstler darf aber die soziale Künstlerförderung nicht vernachlässigt werden. Viele verdiente Künstler geraten im Alter in Not. Hier ist es speziell die Aufgabe der Länder, diese Künstler zu unterstützen. Die Enquete-Kommission regt daher an, die soziale Künstlerförderung in den Ländern zu evaluieren und gegebenenfalls zu verbessern.

C) Handlungsempfehlungen

1. Die Enquete-Kommission empfiehlt dem Deutschen Bundestag, sich grundsätzlich zur Künstlersozialversicherung als grundlegender Säule der Alterssicherung von selbstständigen Künstlern und Publizisten zu bekennen.

2. Die Enquete-Kommission empfiehlt Bund und Ländern, ein besonderes Augenmerk auf die Verbesserung der Einkommenssituation der Künstler und Publizisten zu richten, da diese Bemessungsgrundlage für die Höhe der Altersrente ist. Ansatzpunkte bietet hierfür auch das Urheberrecht.

3. Die Enquete-Kommission empfiehlt der Bundesregierung und der Künstlersozialkasse, die besonderen Chancen der „Riester-Rente" in größerem Umfang als bisher zu vermitteln. Ebenso sollten die Berufsverbände und Gewerkschaften ihre Mitglieder in größerem Umfang über die Vorteile der „Riester-Rente" informieren. Dabei ist auch der Aus-, Fort- und Weiterbildungsbereich der Künstler einzubeziehen.[516]

4. Die Enquete-Kommission empfiehlt dem Deutschen Bundestag, im Urheberrechtswahrnehmungsgesetz die Verwertungsgesellschaften zur Einrichtung von Vorsorge- und Unterstützungseinrichtungen zu verpflichten und diese Verpflichtung zu publizieren.

5. Die Enquete-Kommission empfiehlt der Bundesregierung, bei Veränderungen im Urheberrecht auf europäischer Ebene die sozialen Leistungen der Verwertungsgesellschaften mit Nachdruck hervorzuheben.

6. Die Enquete-Kommission empfiehlt den Ländern, ihre soziale Künstlerförderung zu evaluieren und gegebenenfalls auszubauen.

---

[516] Vgl. Kap. 4.2, Aus-, Fort- und Weiterbildung in den Künstler- und Kulturberufen.

4.5.3 Arbeitsmarkt der Künstler/Arbeitslosenversicherung

4.5.3.1 Beratung und Vermittlung durch die Bundesagentur für Arbeit/Vermittlung durch die Künstlerdienste

A) Bestandsaufnahme

Seit vielen Jahrzehnten gibt es die „Zentrale Bühnen-, Fernseh- und Filmvermittlung" (ZBF), die staatliche Agentur für Schauspieler, Sänger, Orchestermusiker und Balletttänzer. Sie ist die zuständige Fachvermittlung der Bundesagentur für Arbeit für Bühnenangehörige. Sie vermittelt an allen Standorten in Deutschland selbstständige und unselbstständige Künstler in Engagements.

Im Rahmen einer Prüfung im Jahre 2004 bemängelte der Bundesrechnungshof die Vermittlung der Bundesagentur für Arbeit.[517] Er stellte eine Vermittlung in selbstständige Tätigkeiten fest und sah darin eine Missachtung des gesetzlichen Vermittlungsverbotes nach § 36 Abs. 4 Drittes Sozialgesetzbuch – Arbeitsförderung (SGB III). Es fehle für die Vermittlung in selbstständige Tätigkeiten an einer gesetzlichen Grundlage. In der Tat wird im Kulturbereich zum Teil in nur sehr kurzfristige Engagements, auch in selbstständige Tätigkeiten, vermittelt. Zum anderen wurde die Organisationsstruktur (Standorte, Anzahl) der ZBF infrage gestellt.

Daraufhin erfolgten zwei Änderungen: Zum einen wurde durch das „Gesetz zur Verbesserung der Beschäftigungschancen älterer Menschen" die Regelung zur Unterstützung der Aufnahme selbstständiger Tätigkeiten durch die Bundesagentur für Arbeit erweitert und § 36 Abs. 4 SGB III wie folgt neu gefasst:

> „Die Bundesagentur für Arbeit ist bei der Vermittlung nicht verpflichtet zu prüfen, ob der vorgesehene Vertrag ein Arbeitsvertrag ist. Wenn ein Arbeitsverhältnis erkennbar nicht begründet werden soll, kann die Agentur für Arbeit auf Angebote zur Aufnahme einer selbstständigen Tätigkeit hinweisen."

Damit werden die Kompetenzen der Agenturen für Arbeit im Sinne des SGB III erweitert. Sie haben nun auch die Möglichkeit, einen Beitrag zur Zusammenführung von Anbietern selbstständiger Tätigkeit und Arbeitssuchenden zu leisten. In der Begründung wird klargestellt, dass weder die Arbeitssuchenden noch die Anbieter selbstständiger Tätigkeit einen Anspruch auf den Hinweis haben. Dies entspricht auch dem Regelungsziel des § 28a SGB III. Danach können Selbstständige und Existenzgründer sich wie Arbeitnehmer gegen den plötzlichen Wegfall ihrer – meist einzigen – Einkommensquelle versichern.[518]

Zum anderen wurde die Organisation der ZBF neu strukturiert. Zum 31. Dezember 2006 wurde das Personal von 120 Planstellen auf 58 Planstellen reduziert. Die Künstlerdienste wurden auf sieben Standorte (Berlin, Köln, München, Stuttgart, Hamburg, Hannover) verteilt.

B) Problembeschreibung

Die Künstlerdienste vermitteln Künstler aus den Bereichen Orchester, Bands, Musiker, Show, Artistik, Entertainment sowie Kleindarsteller, Statisten und Komparsen. Die Mitarbeiter der Künstlerdienste kommen oftmals selbst aus diesen Bereichen und sind daher mit den spezifischen Anforderungen dieses Kulturarbeitsmarktes bestens vertraut. Sie wissen um die Anforderungen der Veranstalter ihrer Region und kennen die Qualifikation der bei ihnen gemeldeten Künstler. Traditionell ist die unständige Beschäftigung in diesen Berufen der Normalfall, das heißt, die Angehöri-

---

[517] Diese erstreckte sich über neun Standorte mit über 120 Dienstposten.
[518] Vgl. Winkler (2006); http:///rsw.beck.de, (Stand 25. Oktober 2007).

gen dieser Berufe üben meist eine kurzfristige abhängige Beschäftigung aus, die teilweise nur einen Tag oder auch nur wenige Stunden umfasst.

In den letzten Jahren hat sich der Arbeitsmarkt sehr verändert. Die Zahl der Selbstständigen stieg und steigt weiterhin an. Diese Entwicklung hat auch zur Folge, dass in den Berufsfeldern, in denen bislang die unständige abhängige Beschäftigung typisch war, die Selbstständigkeit zunimmt. Das trifft insbesondere auch auf Berufsfelder in den Bereichen Bühne, Film und Fernsehen zu. Die Künstlerdienste der Agentur für Arbeit haben daher die Entwicklung des Arbeitsmarktes in ihrer Tätigkeit folgerichtig umgesetzt und auch Künstler vermittelt, bei denen ansonsten die selbstständige Tätigkeit überwiegt bzw. haben sie in selbstständige Tätigkeiten vermittelt. Nach § 36 Abs. 4 SGB III alter Fassung durfte die Bundesagentur für Arbeit nicht tätig werden, wenn bei unständig Beschäftigten die selbstständige Tätigkeit überwiegt. Die spezielle Arbeitsmarktsituation der Künstler stellt sich jedoch anders dar. Viele der Künstler bekommen keine (unständig) abhängige Beschäftigung mehr, sondern müssen selbstständig arbeiten. Bei den Künstlerdiensten geführte Künstler sind vor allem regional tätig. Sie haben in der Regel keinen so großen Bekanntheitsgrad, dass eine privatwirtschaftliche Künstleragentur für sie tätig wird. Gerade für Berufsanfänger, die in aller Regel noch nicht über eine Reputation verfügen, die sie für eine privatwirtschaftliche Künstleragentur attraktiv macht, wird der Berufseinstieg durch die Künstlerdienste der Bundesagentur für Arbeit erleichtert.

Hinsichtlich der neuen Organisationsstruktur der Künstlerdienste ist festzuhalten, dass kein Standort in den neuen Ländern besteht. Die Enquete-Kommission erkennt keine gleichmäßige Streuung der Künstlerdienste auf dem Gebiet der Bundesrepublik Deutschland.

C) Handlungsempfehlungen

1. Die Enquete-Kommission empfiehlt dem Deutschen Bundestag, § 36 Absatz 4 SGB III dahingehend zu ändern, dass die Bundesagentur für Arbeit auch dann vermittelnd tätig werden darf, wenn die Personen überwiegend selbstständig tätig sind.

2. Die Enquete-Kommission empfiehlt der Bundesagentur für Arbeit, ihre Organisationsstruktur so zu gestalten, dass bundesweit gut erreichbare Künstlerdienste vorhanden sind. Dabei sollte die Errichtung eines Standortes in den neuen Ländern geprüft werden.

4.5.3.2 Anspruchsvoraussetzungen abhängig beschäftigter Künstler im Rahmen der Arbeitslosenversicherung/Arbeitslosengeld I

A) Bestandsaufnahme

Sozialversicherungspflichtig beschäftigte Arbeitnehmer erwerben unter bestimmten Voraussetzungen einen Anspruch auf Arbeitslosengeld I. Zu den Voraussetzungen zählt unter anderem die Erfüllung einer Anwartschaftszeit.

Nach § 123 Abs. 1 S. 1 Drittes Sozialgesetzbuch – Arbeitsförderung (SGB III) erfüllt die Anwartschaft, wer in der Rahmenfrist mindestens zwölf Monate in einem Versicherungspflichtverhältnis stand. Diese Rahmenfrist betrug bislang drei Jahre. Seit dem 1. Februar 2006 gilt eine Verkürzung der Rahmenfrist auf zwei Jahre (§ 124 Abs. 1 SGB III).

Zu dem Thema „Auswirkungen der Hartzgesetzgebung auf den Kulturbereich" führte die Enquete-Kommission der 15. Wahlperiode eine öffentliche Anhörung durch.[519] Unter dem Themenblock

---

[519] Vgl. Zusammenfassung der Anhörung vom 30. Mai 2005 zum Thema „Auswirkungen der Hartz Gesetzgebung auf den Kulturbereich". (Kommissionsdrucksache 15/528)

„Fragen zum Bezug von Arbeitslosengeld für unselbstständig sozialversicherungspflichtig beschäftigte Schauspieler und Schauspielerinnen" behandelte die Kommission die Auswirkungen der Änderungen für den Bezug von Arbeitslosengeld I.

B) Problembeschreibung

Die Experten äußerten in der Anhörung einvernehmlich, dass die Änderungen der Rahmenfrist sich nachteilig auf den Bezug von Arbeitslosengeld der Künstler auswirken werde. Es wurde festgestellt, dass die Änderungen die Besonderheiten der Kulturberufe nicht berücksichtigen. Bei der Abfassung des Gesetzes sei ersichtlich ein „Normalarbeitsverhältnis" zugrunde gelegt worden. Kurzzeitige Beschäftigungsverhältnisse bei ständig wechselnden Einrichtungen blieben außer Betracht, obwohl sie im Kulturbereich den Regelfall bilden würden.

Auch der Vertreter der Bundesagentur für Arbeit räumte ein, dass es durch die Verkürzung der Rahmenfrist für Arbeitnehmer mit häufigen oder längeren Unterbrechungen der Zeiten mit Versicherungspflicht schwieriger würde, die Voraussetzung für einen Anspruch auf ein Arbeitslosengeld zu erfüllen. Die Verkürzung der Rahmenfrist werde sich auf Personen, deren Versicherungspflichtverhältnis häufigen oder langandauernden Unterbrechungen ausgesetzt sei, auswirken. Die Verkürzung der Rahmenfrist treffe die regelmäßig nur befristet beschäftigten Künstler als Berufsgruppe unverhältnismäßig. Die Prognose ging dahin, dass zukünftig nur noch in Festverträgen engagierte Künstler die Anwartschaftszeit überhaupt erfüllen könnten. Folglich würde ein großer Teil aller künstlerisch Tätigen in die Situation geraten, zwar Beiträge in eine Sozialversicherung einzahlen zu müssen, Lohnersatzleistungen aus dieser Versicherung im Rahmen der Ausübung eines künstlerischen Berufes jedoch nicht mehr zu erhalten. Beispielhaft genannt wurden der Theaterbereich, die Filmproduktion, aber auch Beschäftige im öffentlich-rechtlichen Rundfunk.

Eine weitere Folge für diese Berufsgruppe sei: Die von der Zentralen Bühnen-, Film- und Fernsehvermittlung (ZBF) sowie von den Künstleragenturen erbrachten Leistungen für Unterstützung, Beratung und Vermittlung sowie für Mobilitätskosten würden dadurch ebenfalls entfallen. Dies sei eine besondere Einschränkung für Berufseinsteiger.

Der Verwaltungsrat der Filmförderungsanstalt (FFA) hat in einem Appell vom 15. Februar 2006 darauf hingewiesen, dass die Verkürzung der Rahmenfrist für die Filmschaffenden geradezu existenzvernichtend sei. Die in der Branche Beschäftigten könnten trotz hoher Beitragszahlungen keinen Anspruch auf Arbeitslosengeld I erwerben, da ihre oft nur wenige Wochen andauernden Vertragsverhältnisse nicht die erforderliche zwölfmonatige Anwartschaftszeit erfüllen. Damit sei nicht nur die berufliche Existenzvernichtung zahlloser Filmschaffender zu befürchten, sondern auch ein Verlust der dringend benötigten qualifizierten Fachkräfte für die Theater- und Filmbranche, da diese sich zwangsläufig beruflich umorientieren müssten. Diese Einschätzung ist aktuell durch das Resolutionsschreiben des „Bundesverbandes der Film- und Fernsehschauspieler" (BFFS) bekräftigt worden. Danach ist es dieser Berufsgruppe nicht möglich, in dem erforderlichen Zweijahreszeitraum durch Engagements die Anspruchsvoraussetzungen (zwölf Monate in zwei Jahren) zu erfüllen.[520]

In einer zu der Anhörung vom 30. Mai 2005 aktualisierten Stellungnahme der Bundesagentur für Arbeit von März 2006[521] wird diese Annahme bekräftigt. Es heißt dort:

---

[520] Vgl. schriftliche Stellungnahme vom 21. Januar 2007 des Bundesverbandes der Film- und Fernsehschauspieler zur sozialen Lage der Film- und Fernsehschauspieler. (Kommissionsmaterialie 16/168) ebenso wird in der Freisinger Resolution der Arbeitsgemeinschaft der deutschen Filmschaffenden-Verbände vom Juni 2006 argumentiert. (Kommissionsmaterialie 16/169)
[521] Vgl. aktualisierte Stellungnahme der Bundesagentur für Arbeit von 3/2006 zur Anhörung vom 30.5.2005 zum Thema „Auswirkungen der Hartzgesetzgebung auf den Kulturbetrieb" (Kommissionsdrucksache 16/055)

„Wie bereits in der Stellungnahme vom Mai 2005[522] ausgeführt, kann die Verkürzung der Rahmenfrist für den Bezug von Arbeitslosengeld gerade bei der Berufsgruppe der Künstlerinnen und Künstler dazu führen, dass die Anspruchsvoraussetzungen nicht mehr erfüllt werden. … Es muss deshalb bei der pauschalen und durch ihre seit 1. Februar 2006 gemachten Erfahrungen offenbar bestätigten Annahme bleiben, dass diese Berufsgruppe in besonderem Maße von der genannten Rechtsänderung betroffen sein kann."

Das aufgezeigte Problem ist Ausdruck der Besonderheit der Kulturberufe. Kurzzeitige Beschäftigungsverhältnisse bei ständig wechselnden Einrichtungen sind nicht mit einem Normalarbeitsverhältnis zu vergleichen. Handlungsbedarf ist gegeben.

Denn es ist fraglich, ob die derzeitige Regelung im Kulturbereich nicht gegen die in Artikel 14 Grundgesetz verbürgte Eigentumsgarantie verstößt. Im Bereich der Sozialversicherung hat der Gesetzgeber zwar weite Gestaltungsmöglichkeiten, stößt aber auch auf Grenzen, insbesondere dort, wo „Ansprüche und Anwartschaften durch eigene Leistungen des Versicherten geprägt sind."[523] Dies hat das Bundesverfassungsgericht auch für den Fall einer übergangslosen Verdoppelung von Anwartschaftszeiten[524] sowie übermäßiger Belastung bei Meldeversäumnissen in der Arbeitslosenversicherung[525] entschieden. Zwar schließt Artikel 14 Abs. 1 Satz 2 GG die Befugnis des Gesetzgebers ein, Ansprüche auf ein Arbeitslosengeld zu beschränken. Sofern die Beschränkung einem Zweck des Gemeinwohls dient und dem Grundsatz der Verhältnismäßigkeit entspricht, ist es dem Gesetzgeber grundsätzlich nicht verwehrt, Ansprüche umzugestalten.[526] Der Gesetzgeber muss jedoch bei der Wahrnehmung seines Auftrages, Inhalt und Schranken des Eigentums zu bestimmen, sowohl die grundgesetzliche Anerkennung des Privateigentums durch Artikel 14 Abs. 1 Satz 1 GG – dies gilt auch für Ansprüche auf Arbeitslosengeld uneingeschränkt – beachten als sich auch in Einklang mit anderen Verfassungsnormen halten.

Insbesondere ist er an den verfassungsrechtlichen Grundsatz der Verhältnismäßigkeit und den Gleichheitssatz des Artikels 3 Abs. 1 GG gebunden. Nach dem Grundsatz der Verhältnismäßigkeit muss dabei die Einschränkung der Eigentümerbefugnisse zur Erreichung des angestrebten Zieles geeignet und notwendig sein; sie darf den Betroffenen nicht übermäßig belasten und muss ihm zumutbar sein. Der allgemeine Gleichheitssatz wird verletzt, wenn eine Gruppe von Normadressaten im Vergleich zu anderen Normadressaten anders behandelt wird, obwohl zwischen beiden Gruppen keine Unterschiede von solcher Art und solchem Gewicht bestehen, dass sie die ungleiche Behandlung rechtfertigen können.

Resümee: Die Verkürzung der Rahmenfrist nach § 124 Abs. 1 SGB III von drei auf zwei Jahren bei gleichzeitiger Aufrechterhaltung der Anwartschaftszeit von zwölf Monaten führt dazu, dass unselbstständig beschäftigte Kulturschaffende in den nachfolgend aufgezeigten Berufsfeldern die Anspruchsvoraussetzungen für das Arbeitslosengeld I nicht erfüllen und deshalb keine Leistungen beziehen können. Es ist zu befürchten, dass bei dieser Rechtslage für die Kulturschaffenden nur der Weg in die Selbstständigkeit bleibt. Daraus folgt eine finanzielle Mehrbelastung der Künstlersozialkasse und damit im Ergebnis eine Umverteilung der Lasten.

Rechtslage im Europäischen Ausland

Das Problem stellt sich in vergleichbarer Weise im europäischen Ausland. Etliche Staaten haben daher mit Sonderregelungen reagiert. Im Folgenden werden zwei Modelle vorgestellt.

---
[522] Ebd.
[523] BVerfGE 100, S. 1, 38.
[524] Vgl. BVerfGE 72, S. 9, 23ff.
[525] Vgl. BVerfGE 74, S. 203, 215ff.
[526] Ebd., S. 203, 214.

Das Schweizer Modell

Für den Leistungsbezug und für die Beitragszeiten gelten auch in der Schweiz grundsätzlich zweijährige Rahmenfristen (Artikel 9 des „Bundesgesetzes über die obligatorische Arbeitslosenversicherung und die Insolvenzschädigung – Arbeitslosenversicherungsgesetz", AVIG). Dies regelt Artikel 9 Abs. 1 AVIG. Für Versicherte, die im Anschluss an eine Tätigkeit in einem Beruf arbeitslos werden, in dem häufig wechselnde oder befristete Anstellungen üblich sind, kann der Bundesrat die Berechnungen und die Dauer der Beitragszeit unter Berücksichtigung der besonderen Gegebenheiten regeln (Artikel 13 Abs. 4 AVIG).

Daneben sind die Voraussetzungen – Wartezeiten auf Ansprüche einer Entschädigung – in Artikel 18 Abs. 3 AVIG geregelt: „Wird der Versicherte arbeitslos im Anschluss an eine Saisontätigkeit oder eine Tätigkeit in einem Beruf, in dem häufig wechselnde oder befristete Anstellungen üblich sind, so wird der Arbeitsausfall während einer vom Bundesrat bestimmten Wartezeit nicht angerechnet."

Die „Verordnung über die obligatorische Arbeitslosenversicherung und die Insolvenzentschädigung" (Arbeitslosenversicherungsverordnung, AVIV) nennt in Artikel 8 als übliche Berufe mit häufig wechselnden oder befristeten Anstellungen insbesondere Musiker, Schauspieler, Artisten, künstlerische Mitarbeiter bei Radio, Fernsehen oder Film, Filmtechniker und Journalisten. Artikel 12a der Verordnung regelt dann die Beitragszeiten in Berufen mit häufig wechselnden oder befristeten Anstellungen (Artikel 13 Abs. 4 und 5 AVIG). Danach werden den Versicherten die ermittelten Beitragszeiten nach Artikel 13 Abs. 1 AVIG in Berufen mit häufig wechselnden oder befristeten Anstellungen (Artikel 8) für die ersten 30 Kalendertage eines befristeten Arbeitsverhältnisses doppelt angerechnet.

Das Französische Modell

Bedingt vergleichbar ist das System der Arbeitslosenversicherung für Künstler und Techniker mit Zeitverträgen in Frankreich. Es trägt der Besonderheit der Beschäftigungsform in diesem Bereich Rechnung. Im Gegensatz zu Deutschland verfügen die französischen Theater kaum über feste Ensembles. Die spezielle staatliche Arbeitslosenversicherung für Künstler und Techniker mit Werkverträgen – also keine sozialversicherungspflichtig abhängige Beschäftigung – ist angegliedert an eine allgemeine Arbeitslosenversicherung (UNEDIC). Sie sieht ein Arbeitslosengeld für die Überbrückung zwischen zwei aufeinanderfolgenden Werkverträgen vor. Die Mindestanwartschaftszeit wird nicht in Tagen, sondern in Stunden berechnet. Dies betrifft die selbstständig tätigen Kulturschaffenden. Diese müssen in elf Monaten 507 Arbeitsstunden (Probestunden und Vorstellung) nachweisen, um Arbeitslosenunterstützung zu beziehen, die auf acht Monate begrenzt wurde (Stand: 1. Januar 2004).

Haltung der Bundesregierung

Die Bundesregierung hat im Juni 2006 mitgeteilt, dass sich nicht feststellen lässt, ob und inwieweit sich die Arbeitsmarktreformen, insbesondere die Verkürzung der Rahmenfrist in der Arbeitslosenversicherung, tatsächlich auf die soziale Sicherung der in der Kultur- und Filmbranche Tätigen auswirken oder die Rechtsänderungen lediglich Anlass für die Betroffenen und ihre Interessenvertreter sind, auf die besonders schwierige Situation in den Kulturberufen hinzuweisen. Grund sei die Vielschichtigkeit der Tätigkeiten dieses Personenkreises und der Mangel an Daten, die derartige konkrete Auswirkungen belegen könnten.[527]

---

[527] Vgl. Antwort der Bundesregierung auf die Kleine Anfrage der Fraktion BÜNDNIS 90/DIE GRÜNEN zum Thema Auswirkungen der Hartzgesetze auf Künstler und Kulturschaffende vom 1. Juni 2006. (Bundestagsdrucksache 16/1710)

Nach Ansicht der Bundesregierung erscheint es „allerdings naheliegend, dass die einjährige Vorversicherungszeit (‚Anwartschaftszeit'), die für einen Anspruch auf Arbeitslosengeld erforderlich ist, in einer zweijährigen Rahmenfrist schwerer zu realisieren ist als bei der bislang geltenden dreijährigen Rahmenfrist."

Sie führt weiter aus: „Darüber hinaus gehen die Probleme zu einem nicht genau quantifizierbaren Teil auch auf eine absichtliche Komprimierung von Beschäftigungszeiten (‚Anstellung nur für Drehtage') zurück, mit dem Ziel, möglichst wenig Sozialversicherungsbeiträge zu zahlen. Es werden an wenigen Tagen – häufig mit erheblichen Überstunden – relativ hohe Gagen erzielt, die jedoch nur zu einem kleineren Teil (unter Anwendung der täglichen Beitragsbemessungsgrenze) verbeitragt werden. Der ‚Preis' dieser Gestaltung liegt in der geringen Anzahl von ‚Sozialversicherungstagen' für die Beschäftigten. Sie fehlen den Betroffenen insbesondere bei den Leistungsansprüchen in der Arbeitslosenversicherung. Zwischenzeitliche Bemühungen der Tarifvertragsparteien im Filmbereich, dem Problem über Arbeitszeitkonten und ähnliche Maßnahmen zu begegnen, haben nur in sehr begrenztem Umfang Abhilfe schaffen können. … Die Bundesregierung beabsichtigt nicht, Sonderregelungen zugunsten des Personenkreises der Künstler und Kulturschaffenden in der Arbeitslosenversicherung einzuführen. Sie wird vielmehr im Rahmen der ihr zur Verfügung stehenden Möglichkeiten darauf hinwirken, dass eine Verstetigung der Beschäftigung von Künstlern und Kulturschaffenden derart erreicht wird, dass hierdurch in größerem Umfang als bislang Anwartschaften auf Ansprüche in der Arbeitslosenversicherung erworben werden können."[528]

Das Bundesministerium für Arbeit und Soziales hat gegenüber der Enquete-Kommission mit Schreiben vom 20. August 2007 unter Berufung auf die Ergebnisse der in Auftrag gegebenen wissenschaftlichen Auswertung des Institutes für Arbeitsmarkt und Berufsforschung der Bundesagentur für Arbeit Stellung genommen. Dort heißt es: „Auf der Grundlage dieser wissenschaftlichen Erkenntnisse sehe ich auch weiterhin keine Veranlassung dazu, für eine Sonderregelung für den Personenkreis der Künstler und Kulturschaffenden in der Arbeitslosenversicherung einzutreten. Vielmehr zeigt sich, dass der Ansatz der Bundesregierung richtig ist, durch Schaffung positiver Rahmenbedingungen die Beschäftigungsmöglichkeiten für Künstler und Kulturschaffende zu erhöhen. Insbesondere für den Bereich der häufig angesprochenen Filmwirtschaft sieht beispielsweise das neue Filmproduktionskosten-Erstattungsmodell zusätzlich für die Dauer der Legislaturperiode eine jährliche Unterstützung von 60 Mio. Euro vor."[529]

Haltung der Enquete-Kommission

Die Enquete-Kommission sieht Schwierigkeiten in der Datenerhebung, die auch mit der Analyse, die das Institut für Arbeitsmarkt und Berufsforschung der Bundesagentur für Arbeit auf Grundlage verschiedener statistischer Daten der Bundesagentur für Arbeit erstellt hat, nicht behoben zu sein scheinen. Ein Grund für die nicht ausreichende Datenlage könnte sein, dass die Kulturschaffenden insbesondere im Film- und Fernsehbereich in der Vergangenheit aus unterschiedlichen Gründen von einer Arbeitslosmeldung abgesehen haben.[530]

Die Enquete-Kommission hält an der Auffassung fest, dass die Verkürzung der Rahmenfrist aufgrund des Charakters der Beschäftigungsverhältnisse zu einer Benachteiligung von Kulturschaffenden führt. Sie fühlt sich durch Reaktionen aus dem Kulturbereich in ihrer Auffassung bestätigt. Zu-

---

[528] Antwort der Bundesregierung auf die Kleine Anfrage der Fraktion BÜNDNIS 90/DIE GRÜNEN zum Thema „Auswirkungen der Hartzgesetze auf Künstler und Kulturschaffende" vom 1. Juni 2006. (Bundestagsdrucksache 16/1710)
[529] Vgl. Antwort des Bundesministeriums für Arbeit und Soziales (Kommissionsdrucksache 16/491) auf die Stellungnahme zur Hartz Gesetzgebung der Enquete-Kommission 26. März 2007.
[530] Vgl. Schreiben der Bundesagentur für Arbeit zur Arbeitslosigkeit bei Filmschaffenden vom 12. Juni 2007. (Kommissionsmaterialie 16/167)

letzt sprach sich – wie erwähnt – der Bundesverband der Film- und Fernsehschauspieler für eine Änderung der Anspruchsvoraussetzungen aus, da die geänderte Rechtslage dazu führe, dass erwerbslose Film- und Fernsehschauspieler allenfalls einen Anspruch auf Arbeitslosengeld II geltend machen könnten.[531]

C) Handlungsempfehlung

1. Die Kommission empfiehlt dem Deutschen Bundestag, im Hinblick auf die Verkürzung der Rahmenfrist für den Bezug von Arbeitslosengeld I in §§ 124, 130 SGB III eine Ergänzung für Kulturberufe mit wechselnden und befristeten Anstellungen vorzusehen, durch die deren struktureller Benachteiligung entgegengetreten wird. In Anlehnung an das so genannte „Schweizer Modell" könnte die ermittelte Beitragszeit für die ersten dreißig Kalendertage eines befristeten Arbeitsverhältnisses verdoppelt werden. Diese Regelung sollte für Kulturberufe wie Musiker, Schauspieler, Tänzer, künstlerische Mitarbeiter bei Radio, Fernsehen oder Film, Film- und Tontechniker gelten, weil in diesen Bereichen wechselnde und befristete Anstellungen üblich sind.

4.5.3.3 Arbeitslosengeld II/Grundsicherung für Arbeitslose

A) Bestandsaufnahme

Erwerbsfähige Hilfsbedürftige erhalten als Arbeitslosengeld (ALG) II Leistungen zur Sicherung des Lebensunterhalts nach § 19 SGB II. Das ALG II stellt die Zusammenlegung von Arbeitslosen- und Sozialhilfe dar und ist der Kernpunkt des „Vierten Gesetzes für moderne Dienstleistungen am Arbeitsmarkt" (Hartz IV), das zum 1. Januar 2005 in Kraft getreten ist. Als Leistungen der Eingliederung sollen für erwerbsfähige Hilfsbedürftige, die keine Arbeit finden können, Arbeitsgelegenheiten geschaffen werden. Werden Gelegenheiten für im öffentlichen Interesse liegende, zusätzliche Arbeiten nicht als Arbeitsbeschaffungsmaßnahme gefördert, ist den erwerbsfähigen Hilfsbedürftigen zuzüglich zum ALG II eine angemessene Entschädigung für Mehraufwendungen zu zahlen; diese Arbeitsgelegenheiten begründen kein Arbeitsverhältnis im Sinne des Arbeitsrechts (§ 16 Abs. 3 SGB II). Aufgrund der genannten Entschädigung wird landläufig vom Begriff der „Ein-Euro-Jobs" gesprochen.

Im Rahmen der Grundsicherung für Arbeitsuchende sind bestimmte Vermögensgegenstände privilegiert mit der Folge, dass sie bei der Prüfung der Hilfebedürftigkeit nicht als Vermögen zu berücksichtigen sind. Neben den Vermögensgegenständen, die gemäß § 12 Abs. 3 SGB II privilegiert sind, sind dies auch Gegenstände, die für die Aufnahme oder Fortsetzung einer Berufsausbildung oder der Erwerbsfähigkeit unentbehrlich sind (§ 4 Abs. 1 Verordnung zur Berechnung von Einkommen sowie zur Nichtberücksichtigung von Einkommen und Vermögen beim Arbeitslosengeld II/Sozialgeld – Alg II-VO). Arbeits- und Produktionsmittel eines Künstlers sind damit grundsätzlich geschützt.

Allerdings kann der Träger zur Vermeidung von Missbrauchstendenzen bei mangelnder Tragfähigkeit der künstlerischen Tätigkeit vom Leistungsbezieher die Aufnahme einer anderweitigen Erwerbstätigkeit bzw. entsprechende Bemühungen verlangen. In diesem Fall sind auch die Arbeits- und Produktionsmittel von der Privilegierung ausgenommen und werden als Vermögen angerechnet.[532]

---

[531] Vgl. Angaben des Bundesverbandes der Film- und Fernsehschauspieler vom 19. November 2006. (Kommissionsmaterialie 16/168)
[532] Vgl. Antwort der Bundesregierung auf die Kleine Anfrage zum Thema „Auswirkungen der Hartz-Gesetze auf Künstler und Kulturschaffende" vom 1. Juni 2006. (Bundestagsdrucksache 16/1710)

Die Enquete-Kommission hat am 30. Mai 2005 eine Anhörung zu dem Thema „Auswirkungen der Hartzgesetzgebung auf den Kulturbereich" durchgeführt. Dort wurden Themenbereiche wie „Anrechnung von Arbeits- und Produktionsmitteln", „Anrechnung von selbst geschaffenen oder erworbenen Kunstwerken" sowie „Arbeitsgelegenheiten nach SGB II", „Ein-Euro-Jobs", behandelt.[533]

Arbeitsgelegenheiten und Annahme kurzer oder kurzfristiger Engagements

Arbeitsgelegenheiten mit Mehraufwandsentschädigung werden als Zusatzbeschäftigungen gesehen. Alle arbeitsmarktpolitischen Instrumente nach dem SGB II sollen dazu beitragen, dass erwerbsfähige Hilfebedürftige ihren Unterhalt unabhängig von der Grundsicherung bestreiten können. Die öffentlich geförderte Beschäftigung wie die Arbeitsgelegenheiten sind danach nur die letzte Alternative zur Überwindung von Arbeitslosigkeit und insbesondere nachrangig gegenüber Vermittlung in Arbeit oder Ausbildung, Qualifizierung und anderen Instrumenten zur Eingliederung.[534] Die Förderung durch eine Arbeitsgelegenheit ist also nur dann sinnvoll, wenn eine unmittelbar auf die Eingliederung in den Arbeitsmarkt ausgerichtete Fördermaßnahme nicht möglich ist. Valide Daten gibt es hierzu nach Auskunft der Bundesagentur für Arbeit nicht.[535] Nach Mitteilung der Bundesagentur für Arbeit liegen keine Angaben dazu vor, wie viele Künstler und Kulturschaffende in Arbeitsgelegenheiten tätig sind.

Die Experten der Anhörung beurteilten den Einsatz von Arbeitsgelegenheiten negativ, auch wenn diese zusätzlich und unter der Voraussetzung des öffentlichen Interesses zu bewilligen sind. Sie sahen kaum bis keine Möglichkeiten, durch dieses Instrument Arbeitskräfte in den ersten Arbeitsmarkt zu integrieren.

Anrechnung von Arbeits- und Produktionsmitteln auf das Vermögen eines Arbeitslosengeld II-Empfängers sowie von selbst geschaffenen oder erworbenen Kunstwerken

Die Bundesagentur für Arbeit berichtete in der Anhörung, die Arbeits- und Produktionsmittel der Künstler, die für die Ausübung der künstlerischen Tätigkeit erforderlich sind, stellten grundsätzlich kein anrechenbares Vermögen im Sinne des § 12 SGB II dar.

Zu der Anrechnung von selbst geschaffenen oder erworbenen Kunstwerken gab die Bundesagentur eine differenzierte Auskunft. Selbst geschaffene Kunstwerke würden grundsätzlich nicht als Vermögen angerechnet. Erst nach dem Kauf erfolge eine Berücksichtigung als Einkommen im Rahmen des § 11 SGB II. Erworbene Kunstwerke würden unter der Voraussetzung der Verwertbarkeit – wie bei allen Leistungsempfängern – grundsätzlich als anrechenbares Vermögen betrachtet.

B) Problembeschreibung

Künstler und Kulturschaffende können durch Arbeitsgelegenheiten gehindert werden, (kürzere) „Drehangebote" anzunehmen. Dies ist abhängig von der jeweiligen Sachbearbeitung der Bundesagentur für Arbeit. Die Enquete-Kommission ist mit der Bundesregierung der Auffassung, dass die Arbeitsgelegenheiten nur subsidiär zur Anwendung kommen und daher aufgrund von Arbeitsangeboten in der Berufsgruppe der Arbeitslosen im Einzelnen unterbrochen werden dürfen.

---

[533] Vgl. Zusammenfassung der Anhörung „Auswirkungen der Hartzgesetzgebung auf den Kulturbereich" am 30. Mai 2005. (Kommissionsdrucksache 15/528)
[534] Vgl. Antwort der Bundesregierung auf die Kleine Anfrage zum Thema: „Auswirkungen der Hartz-Gesetze auf Künstler und Kulturschaffende" vom 1. Juni 2006. (Bundestagsdrucksache 16/1710)
[535] Die Anfrage der Kommission vom 18. Juni 2007 bestätigt die Angaben der Bundestagsdrucksache 16/1710 vom 1. Juni 2006.

Die Anhörung der Enquete-Kommission hat ergeben, dass eine Klarstellung in dem Bereich der Arbeitsgelegenheiten erforderlich ist, um eine einheitliche Handlungsweise der Arbeitsagenturen sicherzustellen.

Ebenso ist die Enquete-Kommission der Auffassung, dass Unklarheiten im Bereich der §§ 11 und 12 SGB II hinsichtlich eines auf die Grundsicherung anzurechnenden Einkommens und Vermögens bei Kulturschaffenden bestehen.

C) Handlungsempfehlungen

1. Die Enquete-Kommission empfiehlt den jeweiligen Trägern von Leistungen nach dem SGB II, durch eine Anweisung an die Agenturen für Arbeit sicherzustellen, dass arbeitslose Künstler die Annahme auch kurzfristiger Tätigkeiten in ihren künstlerischen Berufen auch während der Ausübung einer Arbeitsgelegenheit ermöglicht wird.

2. Die Enquete-Kommission empfiehlt den jeweiligen Trägern von Leistungen nach dem SGB II, bei der Anrechnung von zu berücksichtigenden Einkommen und Vermögen sicherzustellen, dass selbst geschaffene Arbeits- und Produktionsmittel sowie geschaffene oder erworbene Kunstwerke nicht im Rahmen der Grundsicherung von Arbeitslosengeld II angerechnet werden.

4.5.4 Sondersituation Tanz

A) Bestandsaufnahme

Tanz war und ist unverzichtbarer Bestandteil unseres kulturellen Lebens, eine eigene Kunstform, ohne sprachliche oder nationale Barrieren. Ohne Tänzer gäbe es diese Kunstform nicht. Genau diese stehen aber vor einer besonderen beruflichen und sozialen Herausforderung, da ihre tänzerische Laufbahn naturgemäß vor Erreichung des 40. Lebensjahres endet, durchschnittlich mit 35 Jahren.

Jeder Tänzer wird daher früher oder später mit der Frage einer Umschulung oder beruflichen Weiterbildung konfrontiert. Im Gegensatz zu allen anderen Berufsgruppen in Kunst und Kultur ist also eine berufliche Neuorientierung, die sogenannte „Transition", zwingender Bestandteil des Berufslebens. Der Welt-Kongress der UNESCO 1997 in Paris hat durch Artikel 32 zum Status des Künstlers die Aufgabe der International Organisation for Transition of Professional Dancers (IOTPD) anerkannt und festgestellt, dass „…es in der Verantwortung der Regierungen liegt, die berufliche Neuorientierung der TänzerInnen zu unterstützen"[536].

Das Potenzial von Tänzern ist neben der persönlichen Betroffenheit zu groß, als dass es durch mangelnde Beschäftigungsmöglichkeiten verloren gehen dürfte.[537] In den USA, Kanada, Großbritannien und den Niederlanden führte diese Feststellung zur Schaffung spezieller Strukturen zur Unterstützung von Tänzern im Stadium des Berufswechsels. Dort widmen sich Organisationen ausschließlich der Umschulung und der beruflichen Neuorientierung von Tänzern:

- „The Dancer Transition Resource Centre" (DTRC), Kanada[538],
- „Dutch Retraining Program for Professional Dancers" (SOD), Niederlande[539],

---

[536] Vgl. Schriftlicher Beitrag vom 29. Mai 2007 von Sabrina Sadowska (SK-Tanz-AG). „Projekt Operative Stiftung Transition – für eine Karriere danach" (Projekt Operative Stiftung Transition), S. 1. (Kommissionsmaterialie 16/161)
[537] Ebd. S. 3.
[538] Vgl. www.dtrc.ca, (Stand: 15. Juni 2007).
[539] Vgl. www.kunstcultuur.nl, (Stand: 15. Juni 2007).

– „Dancers' Career Development" (DCD), Großbritannien[540] und
– „Career Transition for Dancers" (CTFD), USA.[541]

Die Arbeit dieser Organisationen überschneidet sich inhaltlich in ihren Kerndienstleistungen wie Beratung und finanzielle Unterstützung. Unterschiede bestehen in der Art ihrer Finanzierung.[542]

Stichting Omscholingsregeling Dansers (SOD) – Das Niederländische Weiterbildungsprogramm für professionelle Tänzer

Auf der Grundlage einer Untersuchung sozialer Probleme von Tänzern entstand bereits 1973 in den Niederlanden die Idee eines Weiterbildungsprogramms für Tänzer. 1979 wurde das „Soziale Institut für Tänzer" gegründet, das Tänzer während ihres Weiterbildungsprozesses beratend unterstützte. 1986 machte das niederländische Kultusministerium der Vereinigung der holländischen Tanzkompanien eine Schenkung von einer Million Gulden (rund 453 780 Euro). Damit konnte der Weiterbildungsfonds für Tänzer initiiert werden. Dem staatsfernen Fonds stehen Vertreter der Arbeitgebervereinigung und der Künstlergewerkschaft in einem unabhängigen Gremium vor. Seit einer Evaluation, derzufolge die Weiterbildungserfolge des Fonds weitaus höher lagen als bei staatlichen Weiterbildungsprogrammen der Arbeitsagenturen, erfolgte 2000 eine gesicherte Unterstützung des Ministeriums für Bildung, Kultur und Wissenschaft, des Sozialministeriums und einer Stiftung.

Das Institut finanziert seine Leistungen über ein Versicherungsmodell. Festangestellte Tänzer zahlen 1,5 Prozent ihres Gehaltes, der Arbeitgeber 2,5 Prozent des Arbeitnehmergehalts und freischaffende Tänzer vier Prozent ihres Einkommens als Beiträge.[543] Die Weiterbildungsprogramme sind ergänzend auf die Leistungsansprüche eines Arbeitslosengeldes zugeschnitten. Im Durchschnitt kostet eine Weiterbildung ca. 85 000 Euro, verteilt auf zwei bis vier Jahre. Studium bzw. Weiterbildung dauern durchschnittlich dreieinhalb Jahre. Die Zuwendungen zum Arbeitslosengeld werden alle drei Monate (bis zum Satz von 70 Prozent des bisherigen Gehalts) reduziert, beginnend für die ersten drei Monate bei 95 Prozent des bisherigen Gehalts.

Die Tänzer müssen mindestens zehn Jahre bei einer staatlich subventionierten, beitragsleistenden Kompanie gearbeitet und mindestens 72 Monatsbeiträge bezahlt haben. Im Übrigen erhalten sie Leistungen bei einem Karrierewechsel aus medizinischen Gründen nach acht Jahren Engagement und mindestens 60 eingezahlten Monatsprämien. Tänzer, die nach fünf Jahren Engagement mindestens 48 Beiträge bezahlt haben, können eine jährliche Unterstützung für Studiengebühren in Höhe von 2 500 Euro beantragen.

Dancers' Career Development (DCD) – Großbritannien

Seit dem Jahr 2000 besteht in Großbritannien die Organisation Dancers' Career Development. Sie fasste den Dancers' Resettlement Fund[544] und die Kompanien freier Tänzer zusammen. Diese Organisationen erhielten im Jahre 1974 ein Startkapital vom „Arts Council". Tanzkompanien zahlen jährlich für die festangestellten Tänzer in den Dancers' Resettlement Fund ein, wogegen der Dancers' Trust allein auf Spenden angewiesen ist. 2003 kam es zur Unterstützung durch Lottomittel.

---

[540] Vgl. www.thedcd.org.uk, (Stand: 15. Juni 2007).
[541] Vgl. www.careertransition.org, (Stand: 15. Juni 2007).
[542] Vgl. Schriftlicher Beitrag vom 29. Mai 2007 von Sabrina Sadowska (SK-Tanz-AG). „Transition Zentren und Stiftungen im Ausland" (Transition Zentren und Stiftungen im Ausland). (Kommissionsmaterialie 16/162)
[543] Daraus resultieren jährliche Einnahmen von derzeit ca. 340 000 Euro. Dies wird verbunden mit einer ministeriellen Unterstützung von jährlich 710 000 Euro. Dazu kam eine einmalige Zuwendung von 610 000 Euro im Jahre 2001 und eine jährliche Zuwendung der Artist's Early Retirement Scheme von ca. 175 000 Euro.
[544] Eine Organisation, unterstützt vom Arts Council of Great Britain und der British Actors Equity Association.

Das DCD leistet eine Beratung für alle professionellen Tänzer während und nach der aktiven Tänzerlaufbahn, unterstützt Bewerbungstests, erstattet Fahrtkosten, Kursgebühren, Studiengebühren, Wohngeld und unterstützt den Lebensunterhalt sowie die Kinderbetreuung. Es leistet Zuschüsse zur Beschaffung von Sachmitteln wie Kursmaterial, Lehrbücher, Computer und Büroausstattung und gibt eine Anschubfinanzierung für Unternehmensgründungen.[545]

Ein Anspruch besteht, wenn der Tänzer acht oder mehr Jahre gearbeitet hat, davon sechs Jahre bei einer beitragsleistenden Kompanie. Die Weiterbildung aus medizinischen Gründen setzt eine doppelte ärztliche Begutachtung voraus.

Career Transition For Dancers Inc. (CTFD) – USA

Im Jahr 1985 gründete sich in den USA der Career Transition for Dancers Inc., ausgestattet mit Geldern aus dem Medienbereich (Fernsehen und Radio) und dem künstlerischen Bereich. Die Organisation finanziert sich aus Fundraising, Spenden und Benefiz-Veranstaltungen. Sie leistet kostenfreien Beratungsservice, Fortbildung, Stipendien von 2 000 bis 5 000 Dollar, Stipendienberatungen und ein Informationssystem. Seit ihrer Gründung wurden 2 600 Tänzer in 47 Staaten der USA und Kanada mit ca. 35 000 Stunden Beratungsservice unterstützt.[546] Voraussetzungen für die Leistungsgewährung sind, 100 Wochen in den USA nachweislich getanzt und mindestens ein Bruttoeinkommen von 56 000 US-Dollar innerhalb von mindestens sieben Jahren erreicht zu haben.

Dancer Transition Resource Centre (DTRC) – Kanada

1985 wurde das Dancer Transition Resource Centre Canada ins Leben gerufen. Vorangegangen war eine Bestandsaufnahme, die den sozialen Status und die Anforderungen an Weiterbildungsmaßnahmen für Tänzer in Kanada erfasste. Eine Fundraising-Kampagne begleitete die Vorbereitungen.

Die Organisation finanziert sich zum einen durch Mitgliedsbeiträge der Tänzer. Zum anderen erfolgt eine finanzielle Unterstützung durch das „National Arts Training Contribution Program", das eine jährliche Finanzierung von 550 000 Dollar seit 2002 garantiert.[547] Eine Anschubfinanzierung erfolgte in Höhe von 500 000 Kan. Dollar für drei Jahre durch das „Canadian Department of Communications".

Festangestellte Tänzer zahlen ein Prozent ihres Bruttogehaltes; freischaffende Tänzer, die weniger als 7 500 Dollar brutto im Jahr verdienen, zahlen 75 Dollar Mitgliedschaftsbeitrag pro Jahr. Bei einem Bruttojahresverdienst über 7 500 Dollar sind ein Prozent, aber maximal 250 Dollar Mitgliedsbeitrag jährlich zu zahlen.

Die Organisation berät in wissenschaftlicher, berufsplanender, finanzierender und rechtlicher Hinsicht. Es werden Stipendien in Höhe von maximal 1 500 Dollar für Sprach- und Computerkurse sowie Vorbereitungskurse für Aufnahmenprüfungen während und nach der aktiven Laufbahn gewährt. Stipendien von 4 000 Dollar bis 7 500 Dollar bestehen für Weiterbildungsmaßnahmen während der aktiven Tänzerlaufbahn. 18 000 Dollar zahlt die Organisation für eine 18-monatige Weiterbildung oder innerhalb von 36 Monaten für eine Weiterbildung. Die Organisation veranstaltet Konferenzen und Seminare zu Transition und betreibt das Artist's Health Centre. Bis 2004 erhielten 352 Tänzer Stipendien für Weiterbildung und Unterstützung in Kanada, China, England, Frankreich, Deutschland, Italien, Schweden, Thailand und den USA.[548]

---

[545] Vgl. Transition Zentren und Stiftungen im Ausland, S. 2, (Kommissionsmaterialie 16/162) sowie www.thedcd.org.uk, (Stand: 15. Juni 2007).
[546] Ebd., S. 3, vgl. auch www.careertransition.org, (Stand: 15. Juni 2007).
[547] Ebd. S. 4 und Projekt Operative Stiftung Transition. (Kommissionsmaterialie 16/161)
[548] Vgl. Projekt: Operative Stiftung Transition. (Kommissionsmaterialie 16/161) und Transition Zentren und Stiftungen im Ausland, S. 5. (Kommissionsmaterialie 16/162)

Voraussetzungen für ein Stipendium sind, dass der Berufstänzer mindestens sechs von zehn Jahren aktiv war (davon vier von fünf in Kanada), mindestens 28 Jahre alt ist und mindestens drei von fünf Jahren durchgehend als festangestellter Tänzer vergütet wurde. Im Falle der freiberuflichen Tänzer müssen diese nachweisen, 36/42/60 Monate in einem Mindestzeitraum von sechs/sieben/zehn Jahren gearbeitet zu haben, davon vier in Kanada.[549]

Schweiz

In der Schweiz wurde das „Projekt Tanz – Wege zu einer umfassenden Tanzförderung in der Schweiz"[550] ins Leben gerufen. Auf der Grundlage des Zwischenberichtes 2006 will die Schweiz ein Konzept für ein nationales Netzwerk ermitteln.

Im Juni 2006 gründete sich daraufhin der Verein „Réseau Danse Suisse". Die Hauptaufgaben des Vereins sind der Aufbau und die Unterhaltung des Netzwerks, Initiierung und Koordination von nationalen Vermittlungs- und Austauschprojekten, Förderung des regelmäßigen Austausches und der Zusammenarbeit zwischen den einzelnen Mitgliedern, Mitarbeit bei kulturpolitischen Vorhaben von nationaler Bedeutung im Bereich Tanz, Beratung der Mitglieder und Vertretung ihrer Interessen auf nationaler Ebene sowie Beachtung und Analyse der Beschäftigungspraxis und der künstlerischen Entwicklungen im Tanzbereich. Städte, Kantone, das Bundesamt für Kultur und die Stiftung Pro Helvetia unterstützen gemeinsam den Betrieb dieses Vereins in der Aufbauphase bis Ende 2008 mit einem Gesamtbetrag von 520 000 Franken (rund 313 000 Euro).[551]

Tanzplan Deutschland

Auch in Deutschland sind die besonderen Herausforderungen für den Tanz erkannt worden durch die Schaffung des „Tanzplanes Deutschland" im Jahr 2006.

Der Tanzplan Deutschland soll das Engagement für den Tanz und die öffentliche Anerkennung seines künstlerischen Potenzials bundesweit stärken. Dafür hat die Kulturstiftung des Bundes 12,5 Mio. Euro für einen Zeitraum von fünf Jahren bereitgestellt. Mit dem „Tanzplan vor Ort", eines von mehreren Förderinstrumenten des „Tanzplan Deutschland", sind bundesweit Städte eingeladen, Konzepte zur Profilierung des Tanzes durch den Ausbau vorhandener Strukturen auszuarbeiten. Voraussetzung für eine Förderung ist eine Gegenfinanzierung der Kommunen in Höhe von 50 Prozent. Insgesamt konnten mit dem Finanzierungsanteil der Kommunen und weiteren Drittmitteln ca. 15,5 Mio. Euro für den Tanz mobilisiert werden. Angefangen bei Recherche und Forschung (Essen) wird der Bereich Ausbildung von der tänzerischen Breitenarbeit (Düsseldorf) über den Tanz in der Schule (München) bis hin zur professionellen Hochschulausbildung (Frankfurt und Berlin) ausgebaut.

Der neu gegründete „Bundesverband Tanz" engagiert sich stark in Schulen. Das Bundesministerium für Bildung und Forschung unterstützt über sein Referat Kulturelle Bildung die Gründungsphase des Bundesverbandes.[552]

---

[549] Ebd.
[550] Eine gemeinsame Initiative von Bundesamt für Kultur, Pro Helvetia, Kantonen, Städten, Tanzverbänden und der Tanzszene, Vgl. Schreiben des Bundesverbandes der Veranstaltungswirtschaft e. V. vom 14. Mai 2007. (Kommissionsmaterialie 16/165)
[551] Vgl. Zwischenbericht der AG Umschulung/Weiterbildung des Projektes Tanz beim schweizerischen Bundesamt für Kultur, Juni 2006. Vgl. Schreiben des Bundesverbandes der Veranstaltungswirtschaft e.V. vom 14. Mai 2007. (Kommissionsmaterialie 16/165)
[552] Vgl. schriftliche Stellungnahme des Tanzplanes Deutschland. (Kommissionsmaterialie 16/166)

Der Tanzplan Deutschland hat im Rahmen seiner Ausbildungsprojekte eine Zusammenarbeit der deutschen Ausbildungsinstitute für Tanz initiiert. Hinsichtlich der sozialen und finanziellen Sicherung von selbstständigen Künstlern liegt nach Informationen der Künstlersozialkasse vom 1. Januar 2006 das monatliche Durchschnittseinkommen der Versicherten im Bereich darstellende Kunst bei 871 Euro.

In diesem Zusammenhang sind Organisationen wie die „Bayerische Versicherung" bedeutsam. Bei der Bayerischen Versicherung für Bühnenangestellte handelt es sich um eine Pflichtversicherung, falls ein Arbeitsverhältnis mit dem Arbeitgeber einer deutschen Bühne besteht. Sie ist als zusätzliche Rentenversicherung gedacht. Bei Tänzern kann die Versicherungssumme vor dem 40. Lebensjahr ausgezahlt werden. Da viele Tänzer mit 35 den Beruf aufgeben, dient die ausgezahlte Rentenversicherung häufig der vorübergehenden Existenzsicherung.[553]

Das „Tänzerleben" wird durch die Reduzierung der Tänzerstellen in Deutschland zusätzlich erschwert. Für den Zeitraum von 1993 bis 2004 haben sich die Tänzerstellen um 589 Positionen (30,38 Prozent) reduziert. Der soziale Status des Tänzers ist weiter erheblich geschwächt. Viele Solisten werden bei mehr Arbeitsaufwand geringer vergütet. Ein großer Teil der Bewerber an berufsausbildenden Ballettschulen, Akademien und Hochschulen stammt aus dem Ausland. Die Anzahl deutscher Studenten ist im Sinken begriffen.[554]

B)   Problembeschreibung

Der Berufswechsel ist für Tänzer zwingender Bestandteil ihrer beruflichen Laufbahn. Der Tänzerberuf ist kein anerkannter Ausbildungsberuf. Der Tanzschaffende gilt für andere Berufe als ungelernt und damit bei den Arbeitsagenturen als schwer vermittelbar.[555] Weiterbildungsmaßnahmen sind deshalb nicht leicht zu erlangen.[556] Auch beklagen Tänzer, trotz bestehenden Anspruchs keine Finanzierung von Umschulungs- oder Weiterbildungsmaßnahmen durch die zuständige Arbeitsvermittlung zu erhalten. Sie wünschen sich eine stärkere inhaltliche Verbindung der zentralen Fachvermittlung mit den lokalen Arbeitsämtern.[557] Keinerlei Ansprüche haben die selbstständigen Tänzer, die keine Beiträge zur Arbeitslosenversicherung entrichten können. Erschwerend tritt hinzu, dass die örtlichen Arbeitsagenturen wenig oder keine Informationen zur speziellen Situation dieser Berufsgruppe haben. Das eröffnet nur wenige Perspektiven für die Aus- und Weiterbildung auf dem Arbeitsmarkt.[558] Schließlich sind viele Tanzschaffende für bestimmte Weiterbildungsangebote oder den Zugang zu Hochschulstudien formal nicht qualifiziert, da in der Regel infolge der früh erfolgten ausschließlichen Orientierung auf den Tanz der Schulbesuch auf das Minimum reduziert wurde. Schließlich fehlen auch belastbare empirische Daten.

Deshalb hat die „Arbeitsgemeinschaft Transition und soziale Aspekte" eine Recherche zur aktuellen Situation der Weiterbildung aller Tanzschaffenden in Deutschland beantragt, die der „Fonds

---

[553] Vgl. www.versorgungskammer.de/pls/portal/docs/page/bvk/vddb/index.html, (Stand: 19. Juni 2007).
[554] Vgl. schriftliche Stellungnahme des Tanzplanes Deutschland. (Kommissionsmaterialie 16/166)
[555] Vgl. Projekt Tanz Wege zu einer umfassenden Tanzförderung in der Schweiz, September 2006. (Kommissionsmaterialie 16/165)
[556] Vgl. schriftliche Stellungnahme des Tanzplanes Deutschland. (Kommissionsmaterialie 16/166) Als weiteres Einzelbeispiel ist zu nennen: Die Hinterlassenschaft der 1945 verstorbenen Tänzerin Antonietta Dell´Era-Marsop diente bereits der Unterstützung erkrankter oder arbeitsunfähig gewordener, bedürftiger Tänzer des Berliner Staatstheaters. Zur Verwirklichung ihres Wunsches gründete die Stiftung Oper in Berlin die Dell´Era-Gedächtnis-Stiftung, deren Zweck insbesondere in der Gewährung von Unterhaltsbeihilfen und Kostenzuschüssen für Umschulungen, Fortbildungsmaßnahmen, Existenzgründungen und medizinischer Versorgung. Vgl. www.staatsballett-berlin.de, (Stand 25. Oktober 2007).
[557] Vgl. weitere Nachweise in der schriftlichen Stellungnahme des Tanzplanes Deutschland. (Kommissionsmaterialie 16/166)
[558] Vgl. auch Antwort der Bundesregierung 2003 auf die Große Anfrage der Fraktion der CDU/CSU. (Bundestagsdrucksache 15/5910)

Darstellende Künste" bereits genehmigt hat. Danach wird die Arbeitsgemeinschaft bis Ende 2007 die Recherche zur aktuellen Weiterbildung aller Tanzschaffenden in Deutschland abschließen.[559] In der Recherchephase sollen die Tanzszene statistisch erfasst, ein Finanzierungsplan für eine mögliche Stiftung entwickelt und die juristische Prüfung des Modells sowie die Erarbeitung einer Organisationsstruktur der Stiftung abgeschlossen werden.

Ziel ist es, dem Berufsbild der Tanzschaffenden eine langfristige Perspektive zu geben. Im Optimalfall müssen Tanzschaffende bereits während ihrer Laufbahn die Möglichkeit haben, sich frühzeitig mit dem Gedanken der Transition auseinanderzusetzen. Kürzere Engagementzeiten und Berufszeiten vermehren den Bedarf an Übergangsleistungen. Als mögliche Berufsfelder bieten sich alle tanz- bzw. kunstverwandten Berufe an, wie zum Beispiel pädagogische und heilpädagogische Berufe.

Die Enquete-Kommission empfiehlt dem Fonds Darstellende Künste, im Rahmen der Recherche der „Arbeitsgemeinschaft Transition und soziale Aspekte" bei Fragen der möglichen Errichtung einer „Stiftung" für Transition insbesondere darauf zu achten, wie und dass der Gesamtfinanzvolumenbedarf pro Jahr pro Tänzer für eine Weiterbildung berechnet wird. Außerdem sollten die Weiterbildungsfinanzierung seitens der Bundesanstalt für Arbeit, der Deutschen Rentenversicherung und der Künstlersozialkasse sowie die Finanzierung im Falle eines Versicherungsmodells berücksichtigt werden. Daneben sollten Fundraising für freiberufliche, nicht sozialabgabenpflichtige Tänzer betrieben sowie Stipendien durch Fundraising aus der Wirtschaft und Akquirierung für eine Anschubfinanzierung bei Unternehmensgründungen eingebunden werden.

C) Handlungsempfehlungen

1. Die Enquete-Kommission empfiehlt Bund und Ländern, Tänzer während und nach der Tanzkarriere durch die Einrichtung einer entsprechenden Stiftung „Transition" auf der Grundlage der Ergebnisse der Arbeitsgruppe „Transition und soziale Aspekte" zu unterstützen.

2. Die Enquete-Kommission empfiehlt Bund und Ländern, Tanz als nachweisbaren Ausbildungsberuf anzuerkennen und das Berufsbild „Tanz- und Ballettpädagoge" durch Regelungen zur Ausbildung und Zertifizierung zu definieren.

3. Die Enquete-Kommission empfiehlt der Bundesagentur für Arbeit, neben einer zentralen Anlaufstelle für Tänzer spezielle Beratungsangebote zu erarbeiten, die zu einer weiteren beruflichen Qualifizierung führen.

4.6 Künstlerförderung

Vorbemerkungen

Laut Einsetzungsbeschluss[560] ist die Enquete-Kommission damit beauftragt, die wirtschaftliche und soziale Situation der Künstler zu untersuchen. Künstlerförderung ist eine wesentliche Komponente, die die wirtschaftliche und soziale Lage der Künstler betrifft. Aus diesem Grund setzte sich die Enquete-Kommission sowohl mit der unmittelbaren Förderung von Künstlern als auch mit den Maßnahmen auseinander, die der mittelbaren Förderung von Künstlern dienen: der Förderung der Freiberuflichkeit, der Vergütungssysteme (wirtschaftliche Förderung), der Förderung einer sozialen Absicherung wie durch das Künstlersozialversicherungsgesetz, Förderung eines angemessenen Verhältnisses von Ausbildungssituation und Angebot an Arbeitsplätzen. Da einige wichtige Instru-

---

[559] Vgl. Antrag beim Fonds Darstellende Künste für eine Recherche zur aktuellen Situation der Weiterbildung (Transistion) aller Tanzschaffenden in Deutschland. (Kommissionsmaterialie 16/160)
[560] Vgl. Antrag der Fraktionen SPD, CDU/CSU, BÜNDNIS 90/DIE GRÜNEN und FDP am 1. Juli 2003. (Bundestagsdrucksache 15/1308) und Antrag der Fraktionen CDU/CSU, SPD, FDP, Die LINKE. und BÜNDNIS 90/DIE GRÜNEN am 14. Dezember 2005. (Bundestagsdrucksache 16/196)

mente schon in den vorangegangenen Kapiteln thematisiert wurden, konzentrieren sich die folgenden Ausführungen auf die unmittelbare Künstlerförderung durch Preise, Stipendien und Ausstellungs- sowie Auftrittsmöglichkeiten im In- und Ausland.

Mit jährlich rund 9 000 Einzelvergaben und einer Gesamt-Fördersumme von gut 50 Mio. Euro jährlich hat sich in Deutschland, auch im internationalen Vergleich, eine vielseitige Förderlandschaft für Künstler entwickelt.[561]

Während die Gestaltung der rechtlichen, wirtschaftlichen und sozialen Rahmenbedingungen im Wesentlichen Aufgabe des Bundes ist, obliegt die unmittelbare Förderung einzelner Künstler grundsätzlich den Ländern und Kommunen. „Der Bund fördert hier nur in geringem Umfang und nur ausnahmsweise unter dem Gesichtspunkt der nationalen Repräsentanz im Wege der sogenannten Spitzenförderung."[562] Indirekte und direkte Fördermaßnahmen des Bundes lassen sich weder begrifflich noch haushaltstechnisch klar voneinander trennen. Einige Maßnahmen dienen unmittelbar der Künstlerförderung, wie Stipendien, Preise und Wettbewerbe; andere Maßnahmen und Programme wiederum dienen aber auch mittelbar der Förderung der Künstler.[563] Genannt sei beispielsweise die Hauptstadtkulturförderung mit „Kulturveranstaltungen des Bundes in Berlin GmbH" (Berliner Festspiele), die Förderung über die Kulturstiftungen der Länder und des Bundes, die Akademie der Künste.[564]

Der Anteil des Beauftragten für Kultur und Medien, der der unmittelbaren Künstlerförderung dient, beträgt lediglich knapp ein Prozent des Gesamtetats und damit 9,7 Mio. Euro von 1,1 Mrd. Euro.[565] Darüber hinaus werden von anderen Ressorts Programme und Projekte durchgeführt oder unterstützt, die als Künstlerförderung betrachtet werden können, so zum Beispiel der Bundeswettbewerb „Kunststudentinnen und Kunststudenten stellen aus" (Bundesministerium der Finanzen), der deutsche Wirtschaftsfilmpreis (vergeben vom Bundesministerium für Wirtschaft und Technologie), der Deutsche Kindertheaterpreis (ausgelobt durch das Bundesministerium für Familie, Senioren, Frauen und Jugend) sowie die Deutsche Künstlerhilfe des Bundespräsidenten.[566]

Für die Bestandsanalyse wurden folgende Instrumente genutzt: In einem Gespräch mit Künstlern am 19. Juni 2006[567] konnten Fragen der unmittelbaren und mittelbaren Künstlerförderung erörtert werden. Auch die Anhörung zum Thema „Instrumente der mittelbaren Förderung von Künstlerinnen und Künstlern" am 24. September 2004[568] brachte weitere Hinweise. Den Hauptteil der Be-

---

[561] Vgl. Zentrum für Kulturforschung, www.kulturforschung.de, (Stand: 13. Juni 2007). Dies sind neben Preisen auch Stipendien, regelmäßige Wettbewerbe, Projektförderungen und europäische Auszeichnungen.
[562] Antwort der Bundesregierung auf die Kleine Anfrage zum Thema „Instrumente der öffentlichen Künstlerförderung" (Instrumente der öffentlichen Künstlerförderung) am 13. April 2004, S. 2. (Bundestagsdrucksache 15/2919)
[563] Ebd.
[564] Ebd. S. 2.
[565] Vgl. internes Papier des BKM zum Haushalt 2007 sowie www.bundesregierung.de/nn_24668/Content/DE/Artikel/2006/11/2006-11-30-ausgaben-2007-bkm.html, (Stand 25. Oktober 2007). Zur unmittelbaren Künstlerförderung gehören bspw. die Ausgaben an die Junge Deutsche Philharmonie, den Bundeswettbewerb Gesang, das Nationale Performance Netz, die Villa Massimo Rom, die Villa Romana Florenz, die verschiedenen Fonds und die Ausgaben an die Drehbuchförderung.
[566] Vgl. Antwort der Bundesregierung auf eine Große Anfrage der Fraktionen der CDU/CSU und der FDP zum Thema „Wirtschaftliche und soziale Entwicklung der künstlerischen Berufe und des Kunstbetriebs in Deutschland" am 19. Dezember 2003, S. 20. (Bundestagsdrucksache 15/2275)
[567] Vgl. Wortprotokoll des Künstlergespräches vom 29. Juni 2006. (Arbeitsunterlage 16/062) sowie die Zusammenfassung und Auswertung des Künstlergespräches vom 19. Juni 2006. (Arbeitsunterlage 16/061)
[568] Vgl. Zusammenfassung der Anhörung vom 27. September 2004 zum Thema „Instrumente der mittelbaren Förderung von Künstlerinnen und Künstlern" (Zusammenfassung Anhörung Instrument mittelbarer Förderung). Teilnehmer: Musik: Goebbels, Prof. Heiner; Bildende Kunst: Förster, Gunda; Literatur: Genazino, Wilhelm; Darstellende Kunst: Lilienthal, Matthias; Tanz: Waltz, Sasha; Neue Medien: Fleischmann, Monika; Vermittler und Verwerter: Arndt, Matthias (Galerist); Hartges, Marcel (Rowohlt Taschenbuch Verlag); Görnandt, Dr. Danuta (Rundfunk Berlin Brandenburg); Rösener, Roman (Geschäftsführer Theaterhaus Jena); Weingarten, Dr. Elmar (Geschäftsführer der Deutschen Ensemble Akademie e. V.). (Kommissionsdrucksache 15/514)

standsanalyse zur unmittelbaren Förderung stellte die eigene Erhebung der Enquete-Kommission zum Thema „Administration und Organisation von Fonds in Deutschland" dar.[569] Von September 2006 bis Januar 2007 wurden die Kulturstiftung des Bundes, der Fonds Soziokultur e. V., der Fonds Darstellende Künste e. V., der Deutsche Literaturfonds e. V., der Deutsche Übersetzerfonds e. V., die Stiftung Kunstfonds, der Deutsche Musikrat e. V. und der Hauptstadtkulturfonds unter anderem zu ihrem Selbstverständnis, ihren Rechtsgrundlagen, den Fördersummen, der Frage nach Breiten- oder Spitzenförderung, der Qualität der beantragten Projekte, zur Antragstellung und Bearbeitung der Anträge, zur Transparenz der Mittelvergabe, zur Demografie und Struktur der Antragsteller, zu den Vergabeentscheidungen sowie zu Administration und den Finanzen der Institutionen und deren Stärken und Schwächen sowie zu Chancen und Risiken befragt.[570]

A) Bestandsaufnahme

4.6.1 Kulturstiftung des Bundes[571]

Die Kulturstiftung des Bundes fördert Kunst und Kultur im Zuständigkeitsbereich des Bundes. Dies unterscheidet sie von der Kulturstiftung der Länder. Der Schwerpunkt liegt auf innovativen Projekten im internationalen Kontext. Dabei investiert die Stiftung auch in die Entwicklung neuer Verfahren der Pflege des Kulturerbes und in die Erschließung kultureller und künstlerischer Wissenspotenziale für die Diskussion gesellschaftlicher Fragen. Die Kulturstiftung des Bundes setzt außerdem einen Schwerpunkt auf den kulturellen Austausch und eine grenzüberschreitende Zusammenarbeit. Sie initiiert selbst und fördert dazu Projekte auf Antrag ohne thematische Eingrenzung in allen Sparten. Außerdem fördert sie die deutschen Kulturförderfonds: die Stiftung Kunstfonds, den Fonds Darstellende Künste e. V., den Deutschen Literaturfonds e. V., den Deutschen Übersetzerfonds e. V. und den Fonds Soziokultur e. V.

Organisationsstruktur

Die Kulturstiftung des Bundes ist in folgende Gremien untergliedert: Der Stiftungsrat trifft die Leitentscheidungen zur inhaltlichen Ausrichtung und bestimmt insbesondere die Schwerpunkte der Förderung und die Struktur der Kulturstiftung. Der aus 14 Mitgliedern bestehende Stiftungsrat spiegelt die bei der Errichtung der Stiftung maßgebenden Ebenen der politischen Willensbildung wider: Die Mitglieder des Stiftungsrates werden durch die politischen Vertretungen bzw. Behörden oder Einrichtungen, für die sie stehen, entsandt (Bundesregierung, Deutscher Bundestag, zwei Länder, kommunale Spitzenverbände, Vorsitzender des Stiftungsrates der Kulturstiftung der Länder, freie Vertreter aus Kunst und Kultur). Die drei freien Vertreter aus Kunst und Kultur werden von der Bundesregierung berufen.[572]

Das Kuratorium wird vom Stiftungsrat für die Dauer von drei Jahren berufen und nach Ablauf dieser Zeit komplett ausgewechselt. Es ist aus Fachleuten der verschiedenen künstlerischen Sparten zusammengesetzt und befindet inhaltlich über Anträge aus der Allgemeinen Projektförderung.

---

[569] Vgl. Zusammenstellung der beantworteten Fragebögen zum Thema „Administration und Organisation von Fonds in Deutschland". (Arbeitsunterlage 16/065), basierend auf den Kommissionsdrucksachen 16/185 und 16/246–253.
[570] Vgl. außerdem die Antwort der Bundesregierung auf eine Große Anfrage der CDU/CSU-Fraktion in der 15. Wahlperiode zum Thema „Wirtschaftliche und soziale Entwicklung der künstlerischen Berufe und des Kunstbetriebes in Deutschland" (Bundestagsdrucksache 15/2275) sowie die Antwort der Bundesregierung auf die Kleine Anfrage der CDU/CSU-Fraktion zu den „Instrumenten der öffentlichen Künstlerförderung". (Bundestagsdrucksache 15/2919)
[571] Vgl. Fragebogen zur Administration und Organisation von Fonds in Deutschland. (Kommissionsdrucksache 16/246) sowie die dokumentarische Auswertung der Delegationsreise der Enquete-Kommission nach Weimar, Leipzig und Halle vom 21 bis 23. Febuar 2007, S. 26ff. (Arbeitsunterlage 16-084)
[572] Vgl. § 7 Abs. 1 der Satzung Kulturstiftung des Bundes.

Die Mitglieder des Stiftungsbeirates sind qua Amt berufen, sie stehen für kulturpolitische Interessenvertretungen, Institutionen und Kulturverbände (Goethe-Institut, Deutscher Kulturrat, Deutscher Musikrat e. V. etc.) und geben Empfehlungen zu den inhaltlichen Schwerpunkten der Stiftungstätigkeit ab.

Die Künstlerische Direktorin und der Verwaltungsdirektor bilden gemeinsam den Vorstand der Kulturstiftung des Bundes. Der Vorstand wird vom Stiftungsrat für die Dauer von fünf Jahren, im Fall der Künstlerischen Direktion, bzw. von acht Jahren im Fall der Verwaltungsdirektion, berufen.

Förderung

Die Kulturstiftung des Bundes kann an Institutionen im In- und Ausland Förderungen gewähren. Die Rechtsform einer antragstellenden Institution (zum Beispiel Stiftung, Verein, öffentlich-rechtliche oder privatrechtliche Körperschaft) ist für die Entscheidung über die Förderung unerheblich. Die Kulturstiftung des Bundes fördert in der Regel keine Projekte, die von Einzelpersonen bzw. nicht organisatorisch gefestigten Zusammenschlüssen einzelner Personen getragen werden. Im Bereich allgemeine Förderung kann jedermann finanzielle Förderung für Projekte beantragen, wenn diese mit der Zielsetzung der Stiftung im Einklang stehen. Die Projektförderung findet für folgende Kategorien statt: bildende Kunst, Theater, Literatur, Musik, Film, Fotografie, Architektur, neue Medien und spartenübergreifende Projekte.

Von ca. 500 Anträgen pro Halbjahr werden zwischen 50 bis 70 gefördert. Die Förderquote der Kulturstiftung des Bundes – bezogen auf die Anzahl der Anträge – beträgt also gut zehn Prozent.

Seit 2004 lag das Gesamtbudget bei rund 38 Mio. Euro pro Jahr. Für das Haushaltsjahr 2007 wurde eine Kürzung von 3 Mio. Euro vorgenommen.

Vergabeentscheidung

Bei Projekten aus der Allgemeinen Projektförderung entscheidet der Vorstand der Kulturstiftung des Bundes auf Empfehlung des Kuratoriums für die Allgemeine Projektförderung. Bei Projekten mit einem Fördervolumen über 250 000 Euro ist zusätzlich die Zustimmung des Stiftungsrates erforderlich. Bei Initiativprojekten und mehrjährigen Programmen entscheidet der Stiftungsrat auf Vorschlag des Vorstandes.

4.6.2 Fonds Soziokultur e. V.[573]

Das Thema Soziokultur wurde schon im Kapitel 3.1.2.5 „Rechtliche und strukturelle Rahmenbedingungen des Betriebs von soziokulturellen Zentren" behandelt. Es sei auf die schriftliche Umfrage bei den Landesverbänden für Soziokultur und den zuständigen Landesministerien sowie auf ein Expertengespräch mit Vertretern soziokultureller Zentren verwiesen.[574]

„Ein Wettbewerb um die besten Projektideen" – unter diesem Motto fördert der Fonds Soziokultur e. V. vielfältige Kulturprojekte in Deutschland. Seit seiner Gründung im Jahr 1987 durch bundesweite Verbände aus Soziokultur, der freien Kulturarbeit und der kulturellen Bildung unterstützt er

---

[573] Vgl. Fragebogen zur Administration und Organisation von Fonds in Deutschland. (Kommissionsdrucksache 16/247)
[574] Vgl. Fragenkatalog zum Thema „Rechtliche und strukturelle Rahmenbedingungen des Betriebs von soziokulturellen Zentren" vom 12. Juni 2006. (Kommissionsdrucksache 16/69) sowie die Auswertung des Gesprächs am 8. Mai 2006. (Arbeitsunterlage 16/035)

solche Vorhaben und Initiativen, die abseits der gesicherten Pfade im Kulturbetrieb etwas Neues, Ungewohntes und Überraschendes entwickeln wollen. Träger der Projekte sind soziokulturelle Zentren, freie Kulturgruppen, Kulturvereine, Künstlerprojekte und viele Vereine, die ihre künstlerische und kulturelle Arbeit in aktuellen gesellschaftlichen und sozialen Zusammenhängen verorten. Ganz in diesem Sinne versteht der Fonds seine Förderpraxis als Aufbau- und Strukturhilfe für ein kulturelles Praxisfeld, das seine institutionelle Infrastruktur noch nicht so gefestigt hat wie andere Kulturbereiche.

Organisationsstruktur

Der Fonds Soziokultur e. V. besteht, wie die meisten Bundeskulturfonds, in der Rechtsform eines Vereins. In seiner Satzung sind die Zielsetzungen und die Entscheidungs- und Auswahlverfahren festgelegt. Die Satzung ermöglicht die Einbindung von Fachverbänden und die Mitarbeit sachkundiger Künstler/Kulturschaffender und ist zudem offen für notwendige Änderungen bei den Förderschwerpunkten und -aufgaben. Der Vorstand setzt sich aus dem Vorsitzenden und den beiden stellvertretenden Vorsitzenden zusammen. Die sachkundigen Kulturschaffenden bilden das Kuratorium, sie werden durch die Mitgliedsverbände[575] unterstützt.

Förderung

Der Fonds Soziokultur e. V. fördert Projekte aus der soziokulturellen Praxis durch die Vergabe von Zuschüssen und die Gewährung von Ausfallgarantien. Gefördert werden zeitlich befristete Projekte; regelmäßige Förderungen sind nicht vorgesehen. Die Fördermittel sollen dabei so eingesetzt werden, dass weitere öffentliche und/oder private Finanzierungsquellen erschlossen werden. Die Förderung setzt in der Regel eine angemessene Eigenleistung voraus, die über Geld, Sachmittel und Arbeitsleistungen in die Finanzierung eingebracht werden kann.

Förderungsschwerpunkte des Fonds Soziokultur e. V. sind:

– innovative kulturelle Projekte, die beispielhaft die Bedeutung der Soziokultur für die Kulturentwicklung in Deutschland und Europa herausstellen (Innovationsförderung),

– modellhafte Vorhaben, die Impulse für die Entwicklung soziokultureller Konzepte geben, zum Beispiel im Bildungs- und Sozialbereich und/oder eine Reaktion auf aktuelle soziale und gesellschaftliche Problemlagen darstellen (Impulsförderung),

– Initiativen zur Schaffung von langfristig stabilen Strukturen in der Kulturarbeit durch Beratung, Qualifizierung, Dokumentation und Vernetzung, in der Regel auf überregionaler Ebene (Strukturförderung) und

– Maßnahmen zur Förderung der regionalen, bundes- und europaweiten Kooperation im Kulturbereich zum Zweck der Ressourcenbündelung und der Ermöglichung von Synergieeffekten (Kooperationsförderung).

Dem Fonds Soziokultur e. V. stehen für seine Aufgaben jährliche Haushaltsmittel von gegenwärtig einer Million Euro zur Verfügung, die von der Kulturstiftung des Bundes bereitgestellt werden.

---

[575] Mitgliederverbände: Bund Deutscher Kunsterzieher, Bundesarbeitsgemeinschaft der Kulturkooperativen und Freien Gruppen, Bundesverband der Jugendkunstschulen und kulturpädagogischen Einrichtungen, Bundesverband Studentische Kulturarbeit e.V., Bundesvereinigung Kulturelle Jugendbildung, Bundesvereinigung Soziokultureller Zentren, Gesellschaft für Medienpädagogik und Kommunikationskultur, Kulturpolitische Gesellschaft e. V.

Bezogen auf die eingereichten Anträge beträgt die Förderquote des Fonds ca. 16 Prozent. So konnten beispielsweise im Jahr 2006 von 792 Anträgen 17 Prozent bewilligt werden. Im Jahr 2005 waren es lediglich 15 Prozent.

Vergabeentscheidung

Vergabeentscheidungen dürfen laut Satzung des Fonds Soziokultur e. V. ausschließlich vom Kuratorium des Fonds oder von einer vom Kuratorium eingesetzten Kommission getroffen werden. Die Grundlage für diese Auswahlentscheidungen bilden die festgelegten Grundsätze der Förderung/ Vergaberichtlinien des Fonds.

4.6.3 Fonds Darstellende Künste e. V.[576]

Dieser Fonds ist auch Gegenstand des Kapitels 3.1.2.1 „Theater, Kulturorchester, Opern". Die Enquete-Kommission hat sich neben dieser hier zitierten Umfrage auch in dem Expertengespräch zur „Situation der Freien Theater in Deutschland"[577] mit dem Fonds beschäftigt.

Der Fonds hat sich zum Ziel gesetzt, allen Bereichen der darstellenden Künste mehr Geltung zu verschaffen und die Voraussetzungen für deren Entwicklung zu verbessern. Mit den ihm zur Verfügung stehenden Mitteln fördert der Fonds herausragende Projekte, die sich durch ihre außerordentliche Qualität auszeichnen, die von gesamtstaatlicher Bedeutung sind und beispielhaft zur Weiterentwicklung der darstellenden Künste beitragen. Des Weiteren unterstützt der Fonds das Bemühen, breiten Bevölkerungsschichten die Teilhabe an den vielfältigen Ausdrucksformen der darstellenden Künste zu ermöglichen.

Über die Förderung einzelner Projekte hinaus setzt sich der Fonds das Ziel, neue künstlerische Impulse zu geben, innovative Projekte zu begleiten, vorhandene Entwicklungen zu bündeln, weitergehende Kooperationen zu stiften, das Spektrum, aber auch einzelne herausragende Ansätze der darstellenden Künste in der Öffentlichkeit vorzustellen.

Organisationsstruktur

Der Vorsitzende des Vereins hat mit seinem Stellvertreter die organisatorische Leitung inne. Die inhaltliche Kontrolle der Mittelvergabe obliegt dem Kuratorium. Dies steht aus mindestens 13 Fachleuten, die durch die Mitgliederversammlung benannt und gewählt werden. Die Benennung und Wahl erfolgt für die Dauer von drei Jahren, wobei eine anschließende Wiederwahl einmalig zulässig ist.

Die Kulturstiftung des Bundes, der Beauftragte der Bundesregierung für Kultur und Medien und die kommunalen Spitzenverbände erhalten jeweils einen Sitz und können an den Kuratoriumssitzungen ohne Stimmrecht teilnehmen. Das gilt auch für die drei Mitglieder des Vorstands. Die Leitung der Geschäftsstelle wird durch einen Geschäftsführer wahrgenommen.

Förderung

Der Fonds unterstützt insbesondere anspruchsvolle und risikobehaftete Projekte, die ohne eine Förderung nicht realisierbar wären. Unterstützt werden Projekte sowohl von festen freien Gruppen, ei-

---

[576] Vgl. beantworteter Fragebogen zur Administration der Fonds in Deutschland des Fonds Darstellende Künste e. V. (Kommissionsdrucksache 16/252).
[577] Vgl. Zusammenfassung des Expertengesprächs am 30. Mai 2005 zum Thema „Freie Theater in Deutschland". Teilnehmer: Jeschonnek, Günter (Fonds Darstellende Künste), Tiedemann, Kathrin (Forum Freies Theater Düsseldorf), Rochholl, Andreas (Zeitgenössische Oper Berlin). (Kommissionsdrucksache 15/525).

gens dafür zusammengesetzten Ensembles, Institutionen und Organisationen als auch von einzelnen Künstlern. Ihnen wird der Vorrang vor öffentlichen Antragstellern (zum Beispiel kommunalen Einrichtungen) gegeben.

Die Antragsteller müssen in Deutschland leben und ihr Projekt in Deutschland realisieren. Auch Kooperationen mit internationalen Partnern und Gastspiele außerhalb Deutschlands können gefördert werden.

Die Fördermöglichkeiten des Fonds erstrecken sich auf alle Arbeitsfelder und Sparten der darstellenden Künste: Schauspiel, Musiktheater, Tanz und Tanztheater, Figurentheater, Kinder- und Jugendtheater, Performance, multimediale Projekte mit dem Schwerpunkt der darstellenden Künste, Kabarett, Zirkus und Artistik, Theater- und Tanzpädagogik, Dokumentations-, Informations- und Evaluationsvorhaben.

Die Förderungsschwerpunkte des Fonds Darstellende Künste e. V. sind:

– innovative und experimentelle Projekte der darstellenden Künste, die beispielhaft ihre Bedeutung für die Kulturentwicklung in Deutschland verstärken (Innovationsförderung),

– größere, auch längerfristige Modellvorhaben, die wesentliche Impulse für die künstlerische Weiterentwicklung und Verbreitung der darstellenden Künste geben (Modellförderung),

– Veranstaltungen und Projekte, die dem künstlerischen Austausch dienen und Begegnungen zwischen darstellenden Künstlern untereinander und mit Künstlern anderer Gattungen ermöglichen sowie das Verständnis für zeitgenössische Werke der darstellenden Künste wecken und fördern, zum Beispiel Festivals, Tagungen, Veröffentlichungen, Workshops und Produktionen (Austauschförderung),

– Vorhaben und Programme, die die Zusammenarbeit der darstellenden Künste mit anderen Institutionen, die Erweiterung künstlerischer Arbeitsfelder, die Verbreiterung der kulturellen Teilhabe und neue Wirkungsmöglichkeiten erschließen, zum Beispiel im Rahmen von Bildungseinrichtungen, Kulturzentren, Medien und Verlagen (Transferförderung),

– Initiativen zur Schaffung von langfristig stabilen Strukturen der regionalen, bundes- und europaweiten Kooperation in einzelnen Arbeitsfeldern und Sparten der darstellenden Künste sowie zur Zusammenarbeit zwischen deutschen und ausländischen Künstlern, zum Beispiel durch Informations-, Qualifizierungs-, Reflexions-, Dokumentations- und Koordinierungsmaßnahmen (Strukturförderung) und

– Maßnahmen zur Förderung der Kooperation zwischen dem Fonds Darstellende Künste e. V. und anderen Institutionen, Organisationen und Einzelvorhaben mit dem Ziel der Ressourcenbündelung und der Ermöglichung von Synergieeffekten (Kooperationsförderung).

– Die Zuwendungen in Höhe von einer Million Euro erhält der Fonds seit 2005 von der Kulturstiftung des Bundes.

Bei Zugrundelegung der Anzahl der beantragten Projekte können pro Jahr ca. 20 Prozent bis 24 Prozent gefördert werden.

Vergabeentscheidung

Eine Vorprüfungskommission prüft die Anträge auf ihre formalen Kriterien und unterbreitet anschließend in einer unverbindlichen Vorauslese dem Kuratorium Empfehlungen. Die Kommission besteht aus dem Geschäftsführer, einem Mitglied des Vorstandes, dem Vorsitzenden des Kuratoriums sowie drei Mitgliedern.[578]

Das Kuratorium (mindestens 13-köpfig, für drei Jahre gewählt) entscheidet dann nach fachlichen Kriterien über die Vergabe einer Förderung durch Mehrheitsentscheid. Stimmberechtigt sind hierbei nur Mitglieder des Kuratoriums, nicht jedoch der Geschäftsführer und der Vorstand. Um als beschlussfähig zu gelten, müssen zwei Drittel der Mitglieder bei der Abstimmung anwesend sein. Der Kuratoriumsvorsitzende informiert nach der Entscheidungsfindung über den Mehrheitsbeschluss des Kuratoriums. Projekte, die mit mehr als 50 000 Euro gefördert werden sollen, benötigen für eine Förderungsvergabe eine Zwei-Drittel-Mehrheit im Kuratorium und zusätzlich die Zustimmung des Vorstandes in letzter Instanz.[579]

4.6.4 Deutscher Literaturfonds e. V.[580]

Der Deutsche Literaturfonds e. V. fördert die deutschsprachige Gegenwartsliteratur überregional, marktunabhängig und jenseits politischer Vorgaben. Die Verantwortung für Aufgaben, Ziele und Entscheidungen tragen sieben literarische Verbände, die den Fonds 1980 gegründet haben. Die künstlerische Qualität eines Vorhabens steht bei der Arbeit des Deutschen Literaturfonds e. V. im Mittelpunkt.

Organisationsstruktur

Auch der Deutsche Literaturfonds besteht in der Rechtsform eines gemeinnützigen Vereins. Die Arbeit wird durch die Organe Mitgliederversammlung, Vorstand und Kuratorium bestimmt. Die Entscheidungen über die Vergabe der Mittel des Literaturfonds werden vom Kuratorium getroffen. Zweimal jährlich berät es über die eingereichten Anträge und beschließt die Verteilung der Fördermittel sowie neue Aktivitäten. Das Kuratorium besteht aus neun Mitgliedern. Sieben werden von der Mitgliederversammlung ernannt, je ein weiteres (beratendes) Mitglied entsenden der Bundesbeauftragte für Kultur und Medien sowie die Kulturstiftung des Bundes. Beratend nimmt außerdem das geschäftsführende Vorstandsmitglied an den Sitzungen teil.

Die Geschäftsstelle nimmt die Organisation und Verwaltung sowie die Projektierung und Ausführung der Aufgaben des Deutschen Literaturfonds e. V. wahr.

Förderung

Die Arbeitsschwerpunkte des Deutschen Literaturfonds e. V. liegen in der Autoren- und Vermittlungsförderung. Der Literaturfonds fördert junge Schriftsteller und angehende Literaturkritiker. Er unterstützt Literaturzeitschriften, literarische Arbeitsgemeinschaften an Schulen und Hochschulen oder Maßnahmen zur Sicherung wichtiger literarischer Traditionen für die Gegenwart.

Innerhalb der Vermittlungsförderung werden Projektzuschüsse für

– Publikationsvorhaben deutschsprachiger Gegenwartsliteratur,

– Übersetzungen von Gegenwartsliteratur,

– überregional erscheinende literarische Zeitschriften,

---

[578] Vgl. Geschäftsordnung des Fonds Darstellende Künste vom März 2007, www.fonds-daku.de/, (Stand: 6. Juni 2007).
[579] Ebd.
[580] Vgl. vom Deutschen Literaturfonds beantworteter Fragebogen zur Administration und Organisation von Fonds in Deutschland. (Kommissionsdrucksache 16/250)

- Symposien,
- überregionale Initiativen zur literarischen Rezeption und
- die Sicherung von wichtigen literarischen Traditionen für die Gegenwart

vergeben.

Derzeit werden beispielsweise folgende Initiativen (zum Teil in Zusammenarbeit mit Kooperationspartnern des Literaturfonds) angeboten:

- Werkstatttage in Form eines Theater-Workshops für junge Dramatiker und
- GANZ OHR Workshop für junge Hörspiel-Autoren (Auswahl).

Schriftsteller können im Rahmen der Autorenförderung für ein bestimmtes literarisches Projekt ein Stipendium in Höhe von 2 000 Euro monatlich für maximal ein Jahr beantragen.

Das Gesamtbudget des Literaturfonds wird von der Kulturstiftung des Bundes bereitgestellt und beträgt eine Million Euro.

Pro Halbjahr werden zwischen 140 und 200 Anträge gestellt, von denen zwischen sieben Prozent bis 14 Prozent bewilligt werden.

Vergabeentscheidung

Die Vergabeentscheidung trifft das Kuratorium auf der Grundlage der Satzung und der Förderrichtlinien sowie nach seiner Geschäftsordnung. Die Antragstellung des Künstlers muss dabei gewisse formale und inhaltliche Anforderungen erfüllen. Im Falle der Beantragung eines Stipendiums wird ein formloser Antrag mit einer Bio-Bibliografie, einem Exposé und 20 Seiten Textprobe des zu fördernden Buches erwartet. Im Falle eines Projektzuschusses wird ein formloser Antrag mit Projektbeschreibung und Kostenkalkulation erwartet.

4.6.5 Deutscher Übersetzerfonds e. V.[581]

Der Deutsche Übersetzerfonds e. V. wurde 1997 mit dem Ziel gegründet, eine qualitätsorientierte und bundesweit wirksame Übersetzerförderung aus öffentlichen und privaten Mitteln zu entwickeln. Der gemeinnützige Verein hat seinen Sitz im „Literarischen Colloquium Berlin", zu seinen Gründungsmitgliedern zählen acht in der Literaturförderung aktive Vereine und Institutionen:

- Deutsche Akademie für Sprache und Dichtung,
- Deutscher Literaturfonds e. V.,
- Europäisches Übersetzerkollegium Straelen,
- Freundeskreis zur internationalen Förderung literarischer und wissenschaftlicher Übersetzungen,
- Kulturwerk deutscher Schriftsteller,
- Literarisches Colloquium Berlin,

---

[581] Vgl. vom Deutschen Übersetzerfonds beantworteter Fragebogen zur Administration und Organisation von Fonds in Deutschland. (Kommissionsdrucksache 16/251)

- Verband deutschsprachiger Übersetzer literarischer und wissenschaftlicher Werke und
- Verwertungsgesellschaft (VG) WORT.

Der Deutsche Übersetzerfonds entwickelt darüber hinaus neue Formen des Erfahrungsaustausches und der Wissensvermittlung: Grundlagenseminare, thematische Workshops (unter anderem „Übersetzen von Dialogen", „Neuübersetzung von Klassikern", „Über den Umgang mit Umgangssprache") und im zunehmenden Maße auch dezentrale Modelle der Zusammenarbeit von Übersetzern. Zudem führt er Übersetzerwerkstätten durch, in denen Übersetzungen ins Englische, Italienische, Französische und Russische angefertigt werden.

Organisationsstruktur

Der ehrenamtliche Vorstand und der Geschäftsführer stehen für die organisatorische Leitung des Vereins.

Über die Anträge und inhaltliche Kontrolle der Vergabe befindet eine unabhängige Fachjury. Ihr gehören Experten aus verschiedenen Bereichen des Schreibens und der Literaturvermittlung an, die über eigene Übersetzungserfahrung verfügen.

Förderung

Seinen Zweck erfüllt der Deutsche Übersetzerfonds e. V. insbesondere durch die Vergabe von Stipendien an Übersetzer. Neben Arbeits- und Reisestipendien gehören dazu auch die Mentorenmodelle (das sogenannte „Bode-Stipendium") und Arbeitsaufenthalte in Übersetzerzentren wie Straelen und Visby.

Der Fonds wird von der Kulturstiftung des Bundes (derzeit 322 000 Euro) sowie der Kulturstiftung der Länder und dem Auswärtigen Amt gefördert. Er verfügt über ein Gesamtbudget von 360 000 Euro im Jahr.

Von ca. 180 Stipendienanträgen im Jahr 2005 konnten 80 bewilligt werden. Dieser hohe Anteil der Förderung ergibt sich aus der sogenannten Vertragsklausel, denn für die meisten Stipendien ist das Vorliegen eines Verlagsvertrages Voraussetzung.

Vergabeentscheidung

Über die Stipendien entscheidet eine unabhängige, übersetzungskundige Fachjury. Die Juroren werden von der Mitgliederversammlung berufen, auch die Jurystatuten wurden von der Mitgliederversammlung verabschiedet.

4.6.6   Stiftung Kunstfonds zur Förderung der zeitgenössischen bildenden Kunst[582]

Im Frühjahr 1980 beschloss der Deutsche Bundestag, fünf Millionen Deutsche Mark für die Förderung zeitgenössischer bildender Kunst zur Verfügung zu stellen. Der Kunstfonds konstituierte sich darauf als gemeinnütziger Verein und vergab 1981 erstmals Stipendien an bildende Künstler. Gründungsmitglieder des Kunstfonds waren der „Bundesverband Bildender Künstlerinnen und Künstler", der „Deutsche Künstlerbund", die „Gemeinschaft der Künstlerinnen und Kunstfreunde", der „Bundesverband Deutscher Galerien", die VG Bild-Kunst und die Künstlerin Rune Mields. Später kamen das „Internationale Künstlergremium" und die „Arbeitsgemeinschaft Deutscher Kunstver-

---

[582] Vgl. von der Stiftung Kunstfonds beantworteter Fragebogen zur Administration und Organisation von Fonds in Deutschland. (Kommissionsdrucksache 16/248)

eine" hinzu. Ende 2000 wurde der Verein in die „Stiftung Kunstfonds zur Förderung der zeitgenössischen bildenden Kunst" umgewandelt. Zusätzlich können nun Zustiftungen betreut und neue Aufgaben im Bereich der Nachlassverwaltung wahrgenommen werden.

Organisationsstruktur

Alle grundsätzlichen Fragen der Stiftung sowie Beschlüsse über Zustiftungen und die Betreuung von Künstlernachlässen werden vom Stiftungsrat entschieden. Weitere Gremien sind der Vorstand und das Kuratorium, das als Jury im Stipendien- und Projektzuschussprogramm für einzelne Künstlern fungiert. Alle genannten Gremien setzen sich durch Personenwahl zusammen. Die 24 Mitglieder des Kuratoriums werden für zwei bis drei Jahre gewählt und können nach Ablauf der Amtszeit wiedergewählt werden. Nach sechs Jahren muss jedes Mitglied unwiderruflich ausscheiden. Zu den Fachjuroren kommt noch je ein Vertreter des Beauftragten der Bundesregierung für Kultur und Medien und der Kulturstiftung des Bundes hinzu. Diese beiden Vertreter der öffentlichen Hand enthalten sich jedoch seit den Anfängen des Kunstfonds bei allen Förderentscheidungen ihrer Stimme, da die inhaltliche Qualität der Kunstwerke nur von kundigen Fachleuten beurteilt werden soll.

Förderung

Die Stiftung Kunstfonds richtet ihr Augenmerk auf Spitzenförderung und unterstützt sowohl Künstler individuell als auch Projekte. Gefördert werden dabei insbesondere der künstlerische Nachwuchs und die Mitfinanzierung innovativer Projekte, „die durch das Raster des zunehmend kommerzialisierten Kunstbetriebes zu fallen drohen"[583].

Künstler können ein Arbeitsstipendium in Gesamthöhe von 16 000 Euro erhalten. Dieses Stipendium wird für ein Jahr gewährt und monatlich anteilig ausgezahlt. Projektstipendiaten können sich nach Ablauf des Jahres für eine wiederholte Förderung bewerben.

Im Jahr 2005 hatte die Stiftung Kunstfonds ca. 1 650 Bewerbungen vorliegen. Davon konnten 65 Bewerbungen bewilligt werden. Dies entspricht einer Bewilligungsquote von vier Prozent.

Vergabeentscheidungen

Die Vergabeentscheidung trifft das hierfür berufene Kuratorium nach genau definierten Vergaberichtlinien. Die beantragten Projekte durchlaufen sowohl eine formale als auch eine inhaltliche Prüfung. Eine eigene Kommission, die nach den gleichen Kriterien arbeitet, trifft als Jury die Entscheidungen zu den Ausstellungs- und Publikationsförderungen für Künstlergruppen, Kunstvermittler und Verlage. Voraussetzung für eine Förderung ist, dass die künstlerische Arbeit der Stipendiaten und die Projekte einem bundesweiten Qualitätsmaßstab entsprechen.

4.6.7 Deutscher Musikrat e. V.[584]

Der Deutsche Musikrat e. V. repräsentiert mehr als acht Millionen musikbegeisterte Bürger, die aus beruflichen Gründen oder als Laien dem Deutschen Musikrat e. V. und seinen Mitgliedsorganisationen angeschlossen sind. Damit ist der Deutsche Musikrat e. V. der weltweit größte Spitzenverband des Musiklebens.

---

[583] Ebd.
[584] Vgl. vom Deutschen Musikrat beantworteter Fragebogen zur Administration und Organisation von Fonds in Deutschland. (Kommissionsdrucksache 16/253)

Organisationsstruktur

Die Organisationsstruktur ist zweigeteilt. Auf der einen Seite steht der „Deutsche Musikrat e. V." und auf der anderen Seite steht die „Deutscher Musikrat gemeinnützige Projektgesellschaft mbH". Der Musikrat e. V. setzt sich aus 91 länderübergreifenden, bundesweit agierenden Fachorganisationen, 16 Landesmusikräten sowie zahlreichen Ehrenmitgliedern und beratenden Mitgliedern zusammen. Die Organisation als Verein erfolgt durch das Präsidium und das Amt des Generalsekretärs.

Die gemeinnützige Projektgesellschaft mbH, bei der der Deutsche Musikrat e. V. Alleingesellschafter ist, organisiert sich in den typischen Formen einer Kapitalgesellschaft. Das heißt, der GmbH steht ein Aufsichtsrat und der Geschäftsführung stehen ein kaufmännischer und künstlerischer Leiter vor. Der Aufsichtsrat übernimmt hierbei die Aufgabe des Kuratoriums und entscheidet über die inhaltliche Vergabe von Fördersummen.

Abbildung 2

Organisation des Deutschen Musikrat e. V.[585]

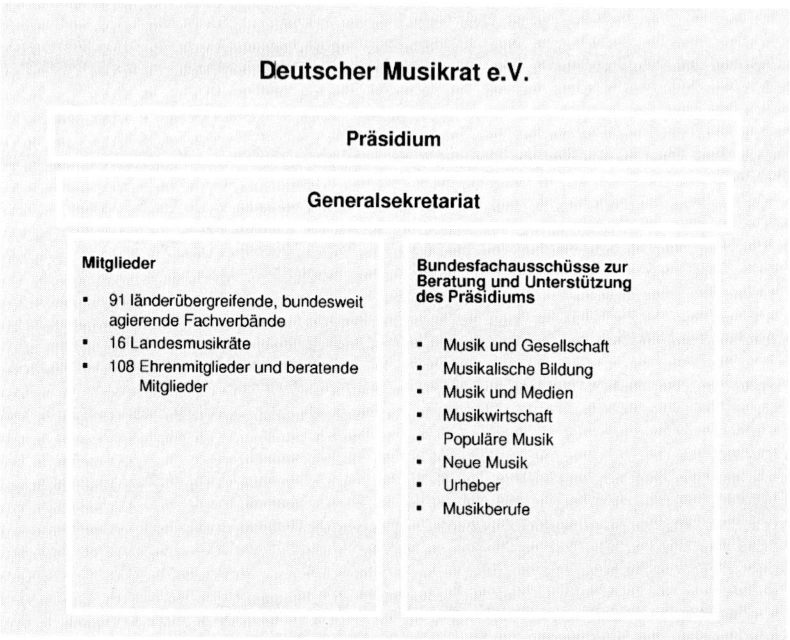

Deutscher Musikrat e.V.

Präsidium

Generalsekretariat

Mitglieder
- 91 länderübergreifende, bundesweit agierende Fachverbände
- 16 Landesmusikräte
- 108 Ehrenmitglieder und beratende Mitglieder

Bundesfachausschüsse zur Beratung und Unterstützung des Präsidiums
- Musik und Gesellschaft
- Musikalische Bildung
- Musik und Medien
- Musikwirtschaft
- Populäre Musik
- Neue Musik
- Urheber
- Musikberufe

---

[585] Vgl. www.deutscher-musikrat.de/index.php?id=408, (Stand: 24. Mai 2007).

Abbildung 3

Organisation der Deutscher Musikrat gemeinnützige Projektgesellschaft mbH[586]

Deutscher Musikrat gemeinnützige Projektgesellschaft mbH
(Alleingesellschafter: Deutscher Musikrat e.V.)

Aufsichtsrat

Kaufmännische und Künstlerische Geschäftsführung

Abteilungen und Projekte

- Deutsches Musikinformationszentrum
- Deutscher Musikwettbewerb
- Dirigentenforum
- Bundeswettbewerb „Jugend musiziert"
- Bundesjugendorchester
- Bundesjazzorchester
- Bundesbegegnung „Jugend jazzt"
- Deutscher Orchesterwettbewerb
- Deutscher Chorwettbewerb
- Edition Zeitgenössische Musik
- Konzert des Deutschen Musikrates
- Musik in Deutschland 1950-2000
- SchoolJam
- PopCamp
- Zentrale Verwaltung

Projektbeiräte

- Gestaltung der ihnen zugeordneten Projekte

Förderung

Der Deutsche Musikrat e. V. konzipiert und realisiert nachhaltige, langfristig angelegte und öffentlichkeitswirksame Maßnahmen und Förderprogramme mit dem Ziel der Weiterentwicklung der Musikkultur. Dazu gehören:

Projekte im Bereich Jugendorchester

– Bundesjugendorchester,

– Bundesjazzorchester,

---

[586] Ebd.

Projekte im Bereich Wettbewerb und Förderung

- Jugend musiziert,
- SchoolJam,
- Dirigentenforum,
- Deutscher Musikwettbewerb,
- Bundesauswahl „Konzerte Junger Künstler",
- Konzert des Deutschen Musikrates,
- Deutscher Chorwettbewerb,
- Deutscher Orchesterwettbewerb und

Projekte im Bereich Information und Dokumentation

- CD-Reihe Edition Zeitgenössische Musik,
- Dokumentation Musik in Deutschland 1950–2000,
- Deutsches Musikinformationszentrum und Musik-Almanach,
- Deutsch-Polnische Musikbörse.

Vergabeentscheidung

Die Vergabeentscheidung wird von unabhängigen Expertenjurys nach vorformulierten Kriterien, welche in der Ausschreibung genannt werden, getroffen. Bei Förderbeträgen oberhalb der üblichen Grenzen obliegt die endgültige unternehmerische Entscheidung der Geschäftsführung.

4.6.8 Hauptstadtkulturfonds[587]

Der Bund und das Land Berlin haben sich 1999 im Rahmen des Hauptstadtkulturvertrages darauf verständigt, einen Hauptstadtkulturfonds einzurichten. Dieser fördert für Berlin als Hauptstadt bedeutsame Einzelmaßnahmen und Veranstaltungen, die nationale oder internationale Ausstrahlung haben oder besonders innovativ sind.

Durch die Förderung aktueller kultureller und künstlerischer Projekte soll der Hauptstadtkulturfonds dazu beitragen, von Berlin aus den überregionalen und internationalen kulturellen Dialog aufzunehmen und zu festigen.

Der Hauptstadtkulturfonds ist – im Gegensatz zu anderen kulturellen Förderinstrumenten – nicht mit einer eigenen Rechtspersönlichkeit ausgestattet, sondern in die Senatsverwaltung für Wissenschaft, Forschung und Kultur (Referat für Stipendien und Projektförderungen) eingebunden. Für die Wahrnehmung der Aufgaben ist hier eine Geschäftsstelle für den Hauptstadtkulturfonds eingerichtet worden, die den Kurator bzw. die Kuratorin sowie den Gemeinsamen Ausschuss bei der Erfüllung ihrer Aufgaben unterstützt.

---

[587] Vgl. Fragebogen zur Administration und Organisation von Fonds in Deutschland. (Kommissionsdrucksache 16/249)

Organisationsstruktur

Die künstlerische Bewertung wird von der Jury vorgenommen, der sechs Mitglieder angehören, die auf Vorschlag der Akademie der Künste vom Gemeinsamen Ausschuss für jeweils zwei Jahre bestimmt werden. Die Mitglieder der Jury sollen mit dem kulturellen Leben Berlins vertraut und aufgrund beruflicher Qualifikation auch in der Lage sein, die Voraussetzungen und Ergebnisse kultureller Veranstaltungen zutreffend einzuschätzen.

Der Kurator wird vom Gemeinsamen Ausschuss für zwei Jahre bestellt, wobei eine einmalige Wiederbestellung möglich ist. Er bereitet die Entscheidungen des Gemeinsamen Ausschusses vor und führt den Vorsitz in der Jury. Er unterbreitet dem Gemeinsamen Ausschuss die Förderempfehlungen der Jury und trägt gegebenenfalls eigene vor.

Eine seiner Aufgaben ist es auch, Berlin und den Bund in Fragen Hauptstadtkultur zu beraten. Aus diesem Grund sitzen in den Gremien Vertreter des Bundes und des Landes Berlin.

Förderung

Im Rahmen des Hauptstadtkulturvertrages wurde dem Hauptstadtkulturfonds ermöglicht, für Berlin als Bundeshauptstadt bedeutsame Einzelprojekte und Veranstaltungen zu fördern, also Vorhaben, die für die Bundeshauptstadt Berlin bedeutsam sind, nationale und internationale Ausstrahlung haben bzw. besonders innovativ sind. Die Förderung kann für nahezu alle Sparten und Bereiche des Kulturschaffens gewährt werden: Architektur, Design, Ausstellungen, bildende Kunst, Filmreihen, Literatur, Musik, Musiktheater, Performance, Tanz, Theater, für spartenübergreifende, interdisziplinäre Vorhaben und Projekte, die dem Kulturaustausch dienen.

Innerhalb des Hauptstadtkulturfonds kann auch die Erarbeitung eines konkreten Projektes auf Grundlage einer innovativen künstlerischen Idee gefördert werden. Bei erfolgversprechender Entwicklung ist in diesem „Werkstattprogramm" auch eine anschließende Projektfinanzierung möglich.

Aus Mitteln des Beauftragten der Bundesregierung für Kultur und Medien stehen dem Hauptstadtkulturfonds jährlich bis zu 10,2 Mio. Euro zur Verfügung.

Vergabeentscheidung

Alle Förderentscheidungen werden auf der Grundlage eines Votums der Jury durch den Gemeinsamen Ausschuss, dem zwei Vertreter des Landes und zwei Vertreter des Bundes angehören, getroffen.

Grundlagen sind die Geschäftsordnungen des Hauptstadtkulturfonds sowie Verfahrensregelungen über die Beschlussfassungen über die Projektförderung aus Mitteln des Hauptstadtkulturfonds.

B) Problembeschreibung

Institutionen und Instrumente sowie Akteure der unmittelbaren Künstlerförderung

Die Organisation der Fonds und anderen Institutionen in Sparten wird von der Enquete-Kommission als vorteilhaft angesehen, weil die einzelnen Fonds damit selbstständig, zielorientiert und effizient arbeiten können. Auch die Förderung durch die Fonds ist positiv zu bewerten: Die Fonds fördern, je nach Sparte, auch über Jahre hinweg, wiederholte Beantragungen sind möglich. Die formalen und inhaltlichen Anforderungen an die Antragstellung werden durch die Fonds transparent gemacht.

Als problematisch ist zu bezeichnen, dass die Anzahl der Bewerbungen bei weitem die Möglichkeiten der Bewilligung übersteigt. Die Förderquote beträgt zwischen vier Prozent bei der Stiftung Kunstfonds und 24 Prozent beim Fonds Darstellende Künste e. V. oder sogar 50 Prozent beim Deutschen Übersetzerfonds e. V. Alle Fonds wünschen sich naturgemäß mehr finanzielle Mittel.

Die Zeit zwischen Projektbewilligung und Freistellung der bewilligten Mittel beträgt zwischen 14 Tagen und sechs Monaten, abhängig von den Projektplanungen. Diese zum Teil sehr lange Dauer kann bei den Zuwendungsempfängern Finanzierungsprobleme verursachen: Zur Begründung führen die Fonds in erster Linie ihre schwierige Personalsituation (Kulturstiftung des Bundes und Hauptstadtkulturfonds) sowie eine zu geringe Finanzausstattung (Fonds Soziokultur e. V., Deutscher Literaturfonds e. V., Deutscher Übersetzerfonds e. V.) an.[588] Dem Umstand, dass die Förderinstrumente des Bundes bei der Zielgruppe große Akzeptanz und hohen Bekanntheitsgrad genießen und die Zahl der Förderanträge die zur Verfügung stehenden Haushaltsmittel übersteigt, ist durch eine Erhöhung der Mittel in den letzten fünf Jahren Rechnung getragen worden.[589] Im Zusammenhang mit dem Ziel, die Kulturpolitik auch vor dem Hintergrund einer europäischen Dimension zu stärken, sind die Zuwendungen für die Fonds auf je eine Million Euro verdoppelt worden – mit Ausnahme des Deutschen Übersetzungsfonds e. V. Dieser Fonds konnte deshalb notwendige Anpassungen nicht durchführen.[590]

Als weiteres Problem stellt sich die „vorläufige Haushaltsführung" des Bundes dar. So wurden zum Beispiel dem Deutschen Musikrat e. V. in den ersten sieben Monaten des Jahres 2006 nur 40 Prozent der Jahresförderung zur Verfügung gestellt. Da zu Beginn des Jahres jedoch viele Wettbewerbe laufen, benötigte der Deutsche Musikrat e. V. 77 Prozent der vorgesehenen Mittel.[591]

Die Fonds bezeichnen die von ihnen gewählte Rechtsgrundlage als adäquat. Unter dem Dach der Kulturstiftung des Bundes sind die Gelder auch nicht länger der Kameralistik unterworfen. Allein der Deutsche Übersetzerfonds e. V. bemängelt die starren Regularien bei Zuschüssen des Auswärtigen Amtes.

Besonderen Wert legte die Enquete-Kommission bei der Umfrage unter den Fonds auf die Fragen der Transparenz der Fördermittelentscheidung. Im Ergebnis kann bei allen Fonds festgestellt werden, dass weder bei positiven noch bei negativen Bescheiden Begründungen gegeben werden. Lediglich beim Deutschen Musikrat e. V. wird durch die Jury die Entscheidung mündlich begründet. Die Fonds begründen dies primär damit, dass dies bei der Vielzahl der Anträge vom Aufwand her nicht zu leisten sei.[592] Auf Anfrage können aber potenzielle Antragsteller eine persönliche Beratung erhalten.[593] Die Übernahme des „Niederländischen Modells" wurde hingegen abgelehnt.[594] In den Niederlanden spricht der „Raad voor Cultuur" Empfehlungen für eine vierjährige Förderung aus.

---

[588] Als Folge der Unterbesetzung der Geschäftsstelle nennt die Kulturstiftung des Bundes, dass es im Bereich der Vertragserstellung und der Prüfung der Verwendungsnachweise immer wieder zu Verzögerungen komme. Der Fonds Soziokultur e. V. wünscht sich bspw. mehr Geld, um seine konzeptionellen Ideen (z. B. mehr Beratung der Antragstellung, kooperative Förderung, Evaluation der Projektarbeit etc.) noch besser umsetzen zu können. Der Fonds Darstellende Künste e. V. würde nach eigenen Angaben diese Mittel zur verstärkten Austausch- und Gastspielförderung verwenden und diese auf den Bereich Tanz ausdehnen. Eine bessere finanzielle Ausstattung des Deutschen Übersetzerfonds e. V. würde dringend notwendige Anpassungen (Erhöhung der Dotierung der einzelnen Stipendien, Erweiterung der „Akademie der Übersetzungskunst") ermöglichen. Dies würde auch die Europäische Kulturpolitik der Vielfalt in der Einheit wirksam unterstützen. Bei den anderen Fonds wurden die Zuwendungen verdoppelt (auf je eine Million Euro).
[589] Vgl. Kleine Anfrage vom 13. April 2004 der Fraktion der CDU/CSU zum Thema „Instrumente der öffentlichen Künstlerförderung", S. 11. (Bundestagsdrucksache 15/2919)
[590] Vgl. Antwort des Deutschen Übersetzungsfonds e.V. zu Frage 9. (Kommissionsdrucksache 16/251)
[591] Vgl. Antwort des Deutschen Musikrates e.V. zur Frage 8.1, S. 17. (Kommissionsdrucksache 16/253)
[592] Der Fonds Soziokultur e. V. hatte bspw. 792 Anträge im Jahr 2006 zu bearbeiten.
[593] Vgl. Antwort der Kulturstiftung des Bundes zu Frage 3.9 in der Zusammenstellung der beantworteten Fragebögen zum Thema: Administration und Organisation von Fonds in Deutschland. (Arbeitsunterlage 16/065)
[594] Vgl. Zusammenstellung der beantworteten Fragebögen zum Thema: „Administration und Organisation von Fonds in Deutschland". (Arbeitsunterlage 16/065). Vgl. auch Schreiben der Kulturstiftung vom 8. Mai 2007. (Kommissionsdrucksache 16/428)

Die Empfehlung erfolgt aufgrund von Evaluierungen durch die Fachausschüsse in Form von ausführlichen Gutachten über die Antragsteller. Alle Expertisen werden im Netz veröffentlicht.[595]

Zur Erhöhung der Transparenz sollen die Kulturstiftung des Bundes und die Fonds Protokolle der Jurysitzungen für den internen Gebrauch erstellen. Die hier dargestellten Begründungen für positive und negative Förderentscheidungen sind auf Bitte den Antragstellern zur Verfügung zu stellen. Sie erhalten einen Anspruch auf Beratung ihrer Anträge.

Die Enquete-Kommission stellt fest, dass es zwar eine Reihe von Nachwuchsförderpreisen und -stipendien gibt, spezifische Förderinstrumente für Ältere jedoch fehlen. Diese Fördersituation steht oftmals im Widerspruch zu den gegenwärtigen Marktgegebenheiten. So besteht zum Beispiel im Literaturbereich auf dem Markt gegenwärtig ein großes Interesse an „jungen" Autoren. Künstler über 40 Jahren fallen häufig aus den auf junge Künstler – statt auf „Junge Kunst" – konzentrierten Förderprogrammen.

Gerade bei älteren Künstlern stellt sich das als besonders gravierendes Problem dar. Ein bewährtes Beispiel, diesen Künstlern zu helfen und dabei auch ihre Arbeit zu honorieren, stellte die Berliner Soziale Künstlerförderung (1958 bis 2004) dar. Diese half in Armut geratenen Künstlern durch die Vergabe von Aufträgen. Die ausgegebenen Mittel wurden nicht als Sozialhilfe ausgezahlt, sondern waren an Aufträge gebunden. Positiver Nebeneffekt war, dass die Kunstwerke der Öffentlichkeit zum Beispiel durch Theater- und Musikaufführungen, unter anderem in sozialen Einrichtungen oder als Bilder in einer Artothek, zur Verfügung gestellt wurden.[596]

Eine Reihe von Stipendien wird ortsgebunden vergeben, vor allem im Literaturbereich. Langfristige Abwesenheit von zu Hause ist vor allem für Künstler, die Kinder erziehen, unmöglich. Wiederholt konnten aus diesem Grund vor allem Künstlerinnen die ihnen zuerkannten Stipendien nicht wahrnehmen.[597] Gerade bei Künstlern mit Kindern sollte vermehrt über ortsungebundene Förderung nachgedacht werden.

Als weiteres Problem zeigt sich die Phase der Konzeption und Vorproduktion bei Kunstprojekten, für die auch bereits Kosten anfallen (beispielsweise Reisetätigkeit bei internationalen Tanzprojekten, Architektenwettbewerbe, Materialkosten bei Kunstwerken). Eine Finanzierung dieser Kosten ist nur in wenigen Programmen vorgesehen.[598]

Des Weiteren ergab die Anhörung zum Thema „Instrumente der mittelbaren Förderung von Künstlerinnen und Künstlern" am 24. September 2004[599] ein sehr heterogenes Meinungsbild der Kulturschaffenden. Als problematisch benannt wird vor allem der Rückgang staatlicher Förderung aufgrund der angespannten Situation der öffentlichen Haushalte. Das Ausmaß der Finanzkürzungen ist je nach Kunstsparte verschieden, eine positive Entwicklung ist einzig im Bereich „neue Medien" zu verzeichnen. Die Situation von Nachwuchskünstlern und in Not geratener, meist älterer Künstler wird als besonders prekär beschrieben. Die individuelle Künstlerförderung mit Stipendien und Förderpreisen wird als sinnvoll betrachtet, der gewünschte, optimale Zeitpunkt des Beginns der individuellen Förderung unterscheidet sich je nach Sparte. Weiterhin lässt sich analog zum Rückgang des staatlichen Engagements eine Zunahme alternativer Organisationsformen über alle Kunstsparten

---

[595] Im Jahr 2004 hat der „Raad voor Cultuur" beispielsweise 833 Bewerbungen für eine vierjährige Förderung beurteilt. Davon wurden 450 Anträge bewilligt.
[596] Vgl. www.berlin.de/SenGesSozV/lageso/kf.html, (Stand: 6. Juli 2007).
[597] Vgl. Begründung der Absage zum Künstlergespräch am 19. Juni 2006 von Terézia Mora (Kommissionsmaterialie 16/030) und Julia Franck. (Kommissionsmaterialie 16/031)
[598] Vgl. Künstlergespräch in Zusammenstellung der beantworteten Fragebögen zum Thema: „Administration und Organisation von Fonds in Deutschland". (Arbeitsunterlage 16/065)
[599] Vgl. Zusammenfassung Anhörung Instrumente mittelbarer Förderung am 27. September 2004. (Kommissionsdrucksache 15/514)

hinweg feststellen. Grundsätzliche Interessenskonflikte zwischen Verwertern und Urhebern von Kunst sind eher selten.

Staatsferne und Staatsnähe

Die Fonds sind wichtige Instrumente zur staatsfernen Vergabe von Kulturfördermitteln. Sie werden aus Mitteln des Beauftragten der Bundesregierung für Kultur und Medien gefördert. Die Mittel werden durch Jurys mit Experten aus der jeweiligen künstlerischen Szene vergeben. Diese kennen die aktuellen künstlerischen Entwicklungen und haben zugleich ein Gespür für neue Strömungen.

Die bisherige Arbeit der Fonds zeigt, dass die staatsferne Vergabe der Mittel sinnvoll ist. Die Fonds entscheiden ausschließlich nach Qualitätskriterien. In jedem Jahr übersteigen die Zahl der eingereichten Anträge und die daraus entstehenden möglichen Fördersummen die zur Verfügung stehenden Mittel um ein Vielfaches. Unter der Wahrung der Qualitätsansprüche konnten dennoch gelegentlich die Fördergelder nicht voll ausgeschöpft werden. Es ist daher besonders bemerkenswert, dass die Vergabegremien dem Prinzip der Qualitätsorientierung dennoch den Vorzug vor der Verausgabung der Mittel einräumen.

Die Enquete-Kommission stellt fest, dass die Anwendung des § 15 Absatz 2 Bundeshaushaltsordnung (Selbstbewirtschaftungsmittel) bei den Fonds von Vorteil ist.[600] Es besteht vermehrter Bedarf an mittel- und langfristigen Projektfinanzierungen. Die Enquete-Kommission plädiert für die vollständige Zuweisung der Mittel bei den Fonds zur Selbstbewirtschaftung entsprechend § 15 Absatz 2 Bundeshaushaltsordnung, damit die gesamten nicht verwendeten Mittel in die Folgejahre übertragen werden können. Es bestünde damit die Möglichkeit, in Jahren, in denen besonders viele förderungswürdige Projekte eingereicht werden, die Fördersummen zu erhöhen. Ein solches Vorgehen würde die staatsferne Mittelvergabe stärken und verdeutlichen, dass es bei den Mitteln in den Fonds um eine ausschließlich an Qualitätskriterien orientierte Förderung von Künstlern bzw. künstlerischen Projekten geht.

Angelehnt an die Vorgehensweise des Fonds Darstellende Künste e. V. – der im Januar 2006 erstmals bundesweit ein Symposium zum Thema „Förderstrukturen des Freien Theaters in Deutschland" durchgeführt hat –, spricht sich die Enquete-Kommission dafür aus, dass alle Fonds regelmäßig eine Evaluierung durchführen. Diese sollte die in einer Selbstverpflichtung festgelegten Ziele überprüfen und hinterfragen.

Leitungsstrukturen

Nach eingehender Prüfung sieht die Enquete-Kommission die einzelnen Fonds mit ihren jeweiligen Geschäftsführern als funktionsfähig an. Die Aufgabenstellungen und jeweiligen Titel in den Leitungsgremien der Fonds sind sehr uneinheitlich, was in Einzelfällen (Kurator) zu Missverständnissen führen kann. Der Begriff Kurator impliziert (aus dem Ausstellungswesen kommend) eine inhaltliche Einflussnahme, die bei den Förderungen des Fonds so nicht gegeben ist. Wenn gesichert ist, dass diese inhaltliche Einflussnahme nicht gegeben ist, dann wäre als Leitungsstruktur auch ein Kuratorenmodell denkbar.

---

[600] Viele Fonds unterstreichen in der Umfrage der Enquete-Kommission den Vorteil, dass die Fonds jahresübergreifend fördern können. Siehe Fonds Soziokultur e.V., S. 2 (Kommissionsdrucksache 16/24), vgl. auch Deutscher Literaturfonds, S. 11. (Kommissionsdrucksache 16/250), siehe auch vom Deutschen Übersetzerfonds beantworteter Fragebogen, S. 2. (Kommissionsdrucksache 16/251), (der Fonds bemängelt jedoch, dass für die Zuschüsse aus dem Auswärtigen Amt die Beschränkungen der Kameralistik gelten), siehe auch Stiftung Kunstfonds, S. 2. (Kommissionsdrucksache 16/185)

Standards der Honorierung

Bei den bundesfinanzierten Fonds und auch anderen – zum Beispiel auf Länderebene angesiedelten Förderfonds – gibt es außer beim Deutschen Literaturfonds e. V. und dem Deutschen Übersetzerfonds e. V. keine Standards der Honorierung. Das gilt insbesondere für Honorarleistungen für Künstler im Rahmen der Projektförderung.

Die in der Praxis der Projektfinanzierung übliche Reduzierung der beantragten Mittel seitens der Zuwendungsgeber (Fonds, Ministerien etc.) führt vor allem zu Engpässen in der Finanzierung von Personalkosten, also auch der Künstlerhonorare.

Im Rahmen der künstlerischen Projektarbeit wird zudem nach branchen- und marktüblichen Preisen honoriert, das heißt, es gilt das Gesetz von Angebot und Nachfrage. Ein nachgefragter Künstler kann seine Honorarvorstellungen durchsetzen, ein „Newcomer" nicht.

C) Handlungsempfehlungen

1. Die Enquete-Kommission empfiehlt Bund, Ländern und Kommunen, die Arbeit ihrer Fonds zur Künstlerförderung transparenter zu gestalten und ihre Effizienz regelmäßig zu überprüfen.

2. Die Enquete-Kommission empfiehlt der Kulturstiftung des Bundes und den Fonds zur Künstlerförderung, ihre Förderentscheidungen in internen Protokollen zu begründen, diese Begründungen den jeweiligen Antragstellern auf Antrag zur Verfügung zu stellen und sie mit einem verstärkten Beratungsangebot für die Antragsteller zu verbinden.[601]

3. Die Enquete-Kommission empfiehlt der Bundesregierung, im Internet ein Informationsportal zu den Möglichkeiten der Künstlerförderung auf Bundesebene einzurichten und es mit den Informationsportalen von Ländern und Stiftungen zu vernetzen.

4. Die Enquete-Kommission empfiehlt der öffentlichen Hand, allen Fonds die ihnen zugeteilten Mittel vollständig zur Selbstbewirtschaftung nach § 15 Absatz 2 Bundeshaushaltsordnung zuzuweisen.

5. Die Enquete-Kommission empfiehlt Bund, Ländern und Kommunen, die Arbeit der Fonds zur Künstlerförderung unter deren Beteiligung regelmäßig zu evaluieren.

6. Die Enquete-Kommission empfiehlt den Fonds zur Künstlerförderung, ihre Jurys dem Rotationsprinzip zu unterwerfen, sofern dies noch nicht praktiziert wird. Zudem sollten die Jurys transparent arbeiten und die „Vielfalt der Akteure" widerspiegeln sowie die Künstler und Kulturschaffenden angemessen beteiligen.

7. Die Enquete-Kommission empfiehlt den Fonds zur Künstlerförderung, ihre Beratungstätigkeit für Antragsteller auszubauen und einen permanenten kulturpolitischen Diskurs über Förderpolitik und Fördermodalitäten mit Künstlern und Kulturschaffenden zu pflegen.

---

[601] Sondervotum FDP-Fraktion und SV Olaf Zimmermann: „Es gehört nicht zu den Aufgaben der Kulturstiftung des Bundes und der Fonds zur Künstlerförderung, die Begründungen für (negative) Förderentscheidungen den Antragstellern zur Verfügung zu stellen. Dies würde einen unverhältnismäßigen Mehraufwand für die Förderinstitutionen bedeuten und keinem der Beteiligten nützen. Wichtig ist ein transparentes und objektives Vergabeverfahren nach klar definierten Kriterien, welches ggf. von einem demokratisch legitimierten Gremium kontrolliert werden kann."

8. Die Enquete-Kommission empfiehlt den Fonds zur Künstlerförderung, bei der Förderung auch Kosten zu berücksichtigen, die den Künstlern im Rahmen der Antragstellung beziehungsweise der Vorproduktion entstehen.

9. Die Enquete-Kommission empfiehlt den Fonds zur Künstlerförderung, neben der Förderung junger Künstler spezifische Förderinstrumente für ältere Künstler aufzulegen. Ferner empfiehlt sie den Fonds, ihre Förderungen so zu gestalten, dass sie auch von Künstlern mit Kindern wahrgenommen werden können.

10. Die Enquete-Kommission empfiehlt dem Bund, den Deutschen Übersetzerfonds in der finanziellen Ausstattung den andern Fonds gleichzustellen.

5 Kultur- und Kreativwirtschaft[1]

Vorbemerkungen

Die ökonomische, arbeitsmarktpolitische, soziale, infrastrukturelle und städtebauliche Bedeutung von Kulturwirtschaft hat in den vergangenen 20 Jahren stark zugenommen. Bücher, Filme, Konzerte, Aufführungen, Tonträger, Software, Kunstwerke etc. sind Teil des kulturellen Lebens – und zwar unabhängig davon, ob sie von erwerbswirtschaftlich orientierten Kulturbetrieben, von öffentlich getragenen Kultureinrichtungen oder vom zivilgesellschaftlichen Sektor angeboten werden. Das Publikum erwartet, dass unterschiedliche kulturelle Bedürfnisse sowie generationsspezifische Ansprüche und Lebensstilorientierungen aufgegriffen und befriedigt werden.

Die Enquete-Kommission ist der Auffassung, dass mit dem Begriff der Kulturwirtschaft sowohl der Bereich Kulturwirtschaft mit den Wirtschaftszweigen Musik- und Theaterwirtschaft, Verlagswesen, Kunstmarkt, Filmwirtschaft, Rundfunkwirtschaft, Architektur und Designwirtschaft als auch der Bereich Kreativwirtschaft mit den Zweigen Werbung und Software/Games-Industrie zu erfassen sind. Aus diesem Grund nutzt die Enquete-Kommission den Begriff Kultur- und Kreativwirtschaft.

Betrachtungen zur Kultur- und Kreativwirtschaft konzentrieren sich im Folgenden auf den privatwirtschaftlichen Bereich. Dabei wird jedoch die öffentlich finanzierte Kultur nicht außer Acht gelassen. Die Interdependenzen zwischen öffentlichem, zivilgesellschaftlichem und privatwirtschaftlichem Kulturbetrieb sind zu berücksichtigen.[2]

Damit die Potenziale der Kultur- und Kreativwirtschaft zum Tragen kommen können, müssen geeignete Rahmenbedingungen geschaffen werden. Der Doppelcharakter kultureller Güter und Dienstleistungen – sowohl Träger von Ideen und Wertvorstellungen zu sein als auch auf Märkten gehandelt zu werden – stellt dabei eine besondere politische Herausforderung dar.

Die Enquete-Kommission hat auch aus diesem Grund dem Thema Kultur- und Kreativwirtschaft besonderes Augenmerk gewidmet. Bestandsaufnahme und Problembeschreibung stützen sich auf ein Gutachten zum Thema „Kulturwirtschaft in Deutschland – Grundlagen, Probleme, Perspektiven" der Firma ICG culturplan[3], eine Anhörung[4], eine Reihe von Expertenanfragen[5] sowie umfang-

---

[1] Vgl. Sondervotum SV Prof. Dr. Dieter Kramer, Kap. 9.8.
[2] Dies lässt sich an einem Beispiel deutlich machen: Musiker, die im Bereich Rock und Pop tätig sind, speisen einen großen Teil ihres Einkommens (80 Prozent) bspw. über ihre Tätigkeit in öffentlich finanzierte Musikschulen. Würden die Budgets der Musikschulen gekürzt werden, so würde der Bereich Rockmusik einen großen Schaden erleiden. Ein weiteres Beispiel der Verquickung von öffentlich finanzierter Kultur- und Kreativwirtschaft ist, dass sich viele Schriftsteller über Buchlesungen statt über Buchhonorare finanzieren. Eine Förderung der öffentlichen Hand im Bereich „Lesung" unterstützt folglich den Literaturmarkt.
[3] Vgl. Gutachten „Kulturwirtschaft in Deutschland – Grundlagen, Probleme, Perspektiven" (Gutachten Kulturwirtschaft) (Hrsg. ICG culturplan Unternehmensberatung GmbH in Kooperation mit STADTart Planungs- und Beratungsbüro). (Kommissionsdrucksache 16/192a)
[4] Vgl. Wortprotokoll der Anhörung vom 26. März 2007 zum Thema Kulturwirtschaft (Anhörung Kulturwirtschaft). (Protokoll-Nr. 16/24), Teilnehmer: Jahnke, Karsten (Verband der Deutschen Konzertdirektionen e. V.), Gorny, Prof. Dieter (Stellvertretender Vorsitzender des Phonoverbandes; Präsidiumsmitglied Deutscher Musikrat; Prof. für Kultur- und Medienwissenschaften an der FH Düsseldorf), Schultze, Bertram (Geschäftsführer der Leipziger Baumwollspinnerei), Hausmann, Prof. Dr. Andrea (Juniorprofessorin für Kulturmanagement an der Kulturwissenschaftlichen Fakultät der Europa-Universität Viadrina in Frankfurt/Oder; ArtRat Marketing- und Managementberatung, Düsseldorf), Kömpel, Florian (Justitiar British Music Rights, Großbritannien), Fesel, Bernd (Büro für Kulturpolitik und Kulturwirtschaft), Söndermann, Michael (Mitglied UNESCO Institute of Statistics Montreal), Schwalm-Schäfer, Katharina (Referatsleiterin Kreativwirtschaft im Ministerium für Wirtschaft, Mittelstand und Energie des Landes NRW).
[5] Vgl. schriftliche Stellungnahmen zur Anfrage der Enquete-Kommission zum Thema „Kulturmarketing" von: Armin Klein (Kommissionsdrucksache 16/261); Hubert Bratl (Kommissionsdrucksache 16/260); ICG culturplan (Kommissionsdrucksache 16/259); Andrea Hausmann. (Kommissionsdrucksache 16/262)

reiche Recherchen der Enquete-Kommission beim Bund, den Ländern, der Europäischen Kommission und ausgewählten Ländern, wie Großbritannien, Frankreich und Kanada sowie einigen Verbänden und den Industrie- und Handelskammern in Deutschland.[6]

5.1 Gesellschaftliche Bedeutung von Kultur- und Kreativwirtschaft

A) **Bestandsaufnahme und**
B) **Problembeschreibung**

5.1.1 Kultur und Ökonomie – historischer Abriss

Kultur und Wirtschaft stehen in einem spannungsreichen Verhältnis. Wenn wirtschaftliche Aspekte in den Vordergrund treten, können die kulturpolitischen Motive vernachlässigt werden, deretwegen Kunst und Kultur als öffentliche Güter gefördert werden. Andererseits können die wirtschaftlichen Aspekte aus dem Blick geraten, wenn ein zu enges Kulturverständnis vorliegt, nach dem Kunst und Kultur für sich in Anspruch nehmen, allein künstlerischen Werten bzw. ästhetischen Maßstäben zu folgen und ökonomische Aspekte ihnen fremd seien. Dieses Paradigma hat in Deutschland eine lange Geschichte.

Perspektive Kultur

Im Laufe des 18. Jahrhunderts hatte sich ein Kulturverständnis herausgebildet, das Kultur und Kunst als Gegenpole zu einer von rationalen Normen geprägten rein wirtschaftlichen Logik erscheinen ließen.

Nach diesem Kulturverständnis, das bis in die Romantik und weit darüber hinaus einflussreich war, galt der Künstler als „gottgleiches Genie". Im Reich der Freiheit schöpfe er seine Werke, wohingegen im Reich der Ökonomie das Prinzip der Notwendigkeiten herrsche. „Wenn der wirtschaftlich erfolgreiche Bürger sich den Genüssen der Kunst hingab, die er mit Kultur gleichsetzte, dann vergaß er die Logik des Kapitals – und wenn Kulturschaffende ihre Kreativität auslebten, dann schwebten sie hoch über den Niederungen des Monetären."[7] Vielfach lassen sich Argumentationen wider ökonomische Prinzipien nachweisen, die die nachhaltig wirkenden Ängste und Ressentiments[8] aufzeigen. Im Autonomiestreben und -bewusstsein der Künste konnten reale Entfremdungserfahrungen aufgehoben werden. Gleichwohl waren sich zum Beispiel die Exponenten der Klassik des Doppelcharakters kultureller Güter bewusst und vermarkteten ihre „Produkte". In ihren kulturphilosophischen Überlegungen trat dies jedoch in den Hintergrund. Goethe trennt beide Sphären im „Wilhelm Meister", damit Wilhelm seine Person unabhängig von dem Kaufmannsbetrieb seines Bruders entfalten kann.

Zur gleichen Zeit entwickelte und entfaltete sich der Kulturbetrieb mit seinen den jeweiligen Sparten der Künste eigenen Vermittlungs- und Verwertungsinstanzen (Verlage, Vereine, Konzerthäuser, Agenturen, Kritiker, Zeitschriften, Galerien, Urheber- und Verwertungsgesellschaften etc.). Sie agierten auf den schwierigen Märkten ohne konkrete Auftraggeber und für ein zunehmend unbestimmtes Publikum.

Die Hinwendung zu den Künsten gab dem erstarkenden Bürgertum Gelegenheit, durch kulturelle Aktivitäten den eigenen Stand und das eigene Selbstverständnis aufzuwerten. Die damals entstandenen Kunstvereine waren Zirkel, für deren Mitglieder die Förderung von Kunst nicht nur ein Maß-

---

[6] Vgl. zu den eigenen Untersuchungen Kap. 5.4, Förderung von Kultur- und Kreativwirtschaft.
[7] Tanner (2004), S. 6.
[8] Vgl. Schiller (1910), S. 46–53.

stab für ihre Stellung in der bürgerlichen Gesellschaft war, sondern auch ein Zeugnis ihrer kaufmännischen Seriosität.[9]

Als Anfang des 20. Jahrhunderts und vor allem nach dem Zweiten Weltkrieg die öffentliche Hand an die Stelle der bürgerlichen Stifter, Sammler und Gründer trat, wurde die stillschweigende Übereinkunft „Kunst habe nichts mit Ökonomie zu tun" institutionalisiert. Gleichzeitig entstanden im Zuge bahnbrechender Entwicklungen der Kommunikationstechnologien (Fotografie, Kinematografie, Phonographie) und später mit der Verbreitung von Rundfunk und Fernsehen die ersten großen Unternehmensstrukturen einer Kulturwirtschaft (Filmverlage, Tonträgerwirtschaft), die in den Augen vieler Künstler, Philosophen und Kunstliebhaber das Ende der Kunst einläuteten. Massenkulturelle Phänomene und Unterhaltungskultur prägten das Kulturleben des beginnenden 20. Jahrhunderts.

Den Kritikern dieser Entwicklung gaben die Propagandafilme und Wunschkonzerte der Nationalsozialisten Recht. Nach Adorno und Horkheimer – deren Kritik an der „Kulturindustrie" bis heute nachwirkt[10] – hat Kultur nur dann einen Wert, wenn sie kommerziell nicht verwertbar ist, wenn sie sich durchschnittlichem Denken verweigert und die Erwartungshaltungen des Publikums nicht erfüllt.

Kultur – verstanden als Lebensweise im Rahmen gesellschaftlicher Prozesse und als gemeinsames Denk- und Wertmuster – schließt Aspekte ökonomischer Betätigung jedoch nicht aus.

Perspektive Wirtschaft

Die Lehre der Nationalökonomie des 19. und frühen 20. Jahrhunderts beschäftigte sich nur selten mit Kultur. Wenn sie es doch tat, dann zum Beispiel in der Konsumforschung und in Bezug auf die intellektuellen und literarischen Berufe (Karl Bücher[11]); ein anderes wichtiges Thema, eng verbunden mit der Sozialreform, war die Heimarbeit und die hier stattfindende Produktion von Kunsthandwerk (zum Beispiel Gottlieb Schnapper-Arndt; Karl Bücher).

Die mittelbare Bedeutung des Kulturellen für die Wirtschaft wird zur gleichen Zeit thematisiert: Zwar behält die stillschweigende Übereinkunft, Kunst in ihrer eigentlichen Qualität habe nichts mit Ökonomie zu tun, noch Anfang des 20. Jahrhunderts und selbst in der Weimarer Republik vielfach ihre Geltung. Aber schon zur gleichen Zeit stellt Max Weber[12] den Zusammenhang zwischen Kultur, Religion und Wirtschaft her, indem er auf die unterschiedlichen Kulturstile aufmerksam macht, in die wirtschaftliches Handeln eingebettet ist. Sein Postulat einer engen Verbindung zwischen kapitalistischem Wirtschaftssystem und protestantischem (calvinistischem) Christentum, inzwischen vielfach kritisiert, ermöglichte es damals, Kultur und Wirtschaft in neuen Zusammenhängen zu denken.

Carl Kindermann[13] entdeckt den Zusammenhang von Kultur und Wirtschaft neu: Schöne Waren verkaufen sich besser, und Kulturwirtschaft ist Teil des wirtschaftlichen und politischen Prozesses.

Der Nationalstaat, so die Interpretation des Sozialwissenschaftlers Ernest Gellner, ist ohne allgemein akzeptierte kulturelle Codes wie Sprache, Werte und Bildungsideale nicht leistungsfähig.

---

[9] Vgl. Heinrichs (1997), S. 15.
[10] Vgl. Adorno/Horkheimer (1994).
[11] Vgl. Bücher (1913) zum Thema Zeitungswesen; vgl. auch Bücher (1925) zum Thema Buchbinderhandwerk, Reklame und Spielzeugmacher.
[12] Vgl. Weber (1965).
[13] Vgl. Kindermann (1903).

Ohne eine von allen geteilte kulturelle Grundlage sind Mobilität innerhalb des Nationalstaates und effizientes wirtschaftliches Handeln nicht möglich. Folgt man Gellner darin, so bildet Kultur die Voraussetzung für eine funktionierende Ökonomie der Industriegesellschaft.

Dass diese Einschätzung in Zeiten voranschreitender ökonomischer Globalisierungsprozesse und der Herausbildung der Informations- und Wissensgesellschaft des 21. Jahrhunderts ebenso eine Rolle spielt, zeigen jüngste Ansätze und Erkenntnisse wirtschaftswissenschaftlicher Untersuchungen. Dabei werden einerseits kulturelle Veränderungen innerhalb einer Gesellschaft aufgrund ökonomischer Einwirkungen untersucht und andererseits wird nach kulturspezifischen Faktoren für wirtschaftliche Entwicklungen geforscht.[14] Dabei wird davon ausgegangen, dass wirtschaftliche Entwicklung zu kulturellen Veränderungen führt und die Einführung demokratischer und rechtsstaatlicher Institutionen fördert, gleichzeitig werden aber auch Konflikte durch einen gesellschaftlichen Wertewandel forciert.[15] So geht zum Beispiel Robert Putnam davon aus, dass die Modernisierungsschübe der Globalisierung zu einer Pluralisierung der Lebensentwürfe führen und tradierte gesellschaftliche Wertorientierungen dadurch infrage gestellt werden. Mit Prozessen von Individualisierung und Diversifikation geht der Verlust sozialer Bindungen einher, die als Grundlage ökonomischer Entwicklung jedoch benötigt werden – insbesondere auch in Entwicklungsländern.[16]

Eine andere Betrachtungsweise identifiziert im Sinne Gellners Kultur als einen wesentlichen Faktor ökonomischen Wachstums. Zu den Vertretern dieser sogenannten substantivistischen Richtung zählt auch der Nobelpreisträger Amartya Sen.[17] Weil internationale Wachstumsunterschiede mit den Variablen der neoklassischen ökonomischen Wachstumsmodelle nicht mehr hinreichend erklärt werden können, stützt man sich zunehmend auch auf kulturelle Faktoren als Erklärungen.[18] Sie entziehen sich in hohem Maße der politischen Steuerung und zeichnen sich durch Konstanz und großes Beharrungsvermögen aus.

Diese spannungsreichen Zusammenhänge dürfen nicht vergessen werden, wenn heute kreativer Leistung eine zunehmend größere ökonomische Bedeutung beigemessen wird. Technologische Innovationen – die ihrerseits erhebliche Auswirkungen auf kulturelle Produktion, Vermittlung und auch auf kulturelle Praktiken haben – gelten als das ökonomische Potenzial der Wissensgesellschaft. Kunst und Kultur verfügen über erhebliche Innovationspotenziale, sie werden daher zunehmend als unmittelbare ökonomische Wachstumskraft verstanden.[19]

5.1.2 Kunst und Kultur als Wirtschaftsfaktor

Explizite ökonomische Wirkungen des kulturellen Sektors wurden erstmals Anfang der 90er-Jahre in Großbritannien untersucht. Justin O'Conner (Manchester Institute of Popular Culture) beschäftigte sich 1992 mit der Frage, welchen ökonomischen Wert die Herstellung, Distribution und Konsumtion von künstlerischen Produkten besitzt. Er bezeichnete diesen Wirtschaftszweig als „Cultural Industries".[20] Seit Mitte der 90er-Jahre wurde – aufbauend auf den Untersuchungen zu O'Conners – dem Thema in Großbritannien auch politisch viel Beachtung geschenkt und eine Konzeption für die „Creative Industries" entworfen.[21] Die „Creative Industries" machen heute sieben

---

[14] Vgl. Wissenschaftliche Dienste des Deutschen Bundestages (2006b), S. 6f.
[15] Ebd., S. 7f.
[16] Ebd.
[17] Vgl. Schönhuth (2005), S. 224ff.
[18] Vgl. Wissenschaftliche Dienste des Deutschen Bundestages (2006b), S. 8.
[19] Vgl. Wiesand (2006), S. 8–23.
[20] Vgl. Wissenschaftliche Dienste des Deutschen Bundestages (2006b), S. 19.
[21] Ebd.; O'Connor bezeichnet den Wirtschaftszweig als „Cultural Industries", die Politik als „Creative Industries". Nachfolgend wird bei Ausführungen zu Großbritannien der Begriff „Creative Industries" verwandt.

Prozent der gesamten Industrie des Vereinigten Königreichs aus.[22] Rund zwei Millionen Personen arbeiten in diesem Sektor. Das jährliche Wirtschaftswachstum liegt bei fünf Prozent und ist damit doppelt so hoch wie die übrige Wirtschaftsleistung.[23] Die britische Regierung vertritt die Auffassung, dass die „Creative Industries" angesichts einer zunehmend globalisierten Weltwirtschaft künftig eine der wenigen verbleibenden Wirtschaftsbranchen sein werden, die in den europäischen Industrienationen noch Wirtschaftswachstum generieren.[24]

Die britischen Aktivitäten stießen in anderen Ländern der Europäischen Union und auf der Ebene der Gemeinschaft selbst auf großes Interesse. Im Herbst 2006 stellte die Studie „The Economy of Culture in Europe, Study prepared for the European Commission (Directorate-General for Education and Culture)" (im Folgenden: EU-Studie)[25] vor. Die Studie ging den Beschäftigungspotenzialen und der ökonomischen Relevanz des kulturellen Sektors nach. Die Ergebnisse der Studie sind beeindruckend: 2003 waren in der Kultur- und Kreativwirtschaft europaweit ca. sechs Millionen Menschen beschäftigt, Tendenz steigend. Der Umsatz betrug im gleichen Jahr rund 654 Mrd. Euro, das entspricht 2,6 Prozent des Bruttoinlandsprodukts.[26] Im Gegensatz dazu erwirtschafteten traditionelle europäische Industriebranchen wie die Autoherstellung lediglich 271 Mrd. Euro (2001).[27]

In Deutschland wurden erstmals in den 80er-Jahren Berechnungen zur Umwegrentabilität von Kulturausgaben angestellt, die die ökonomische Bedeutung von Kultur verdeutlichen sollten. Danach induzierte eine Deutsche Mark öffentlicher Kulturausgaben etwa zwei Deutsche Mark in den unmittelbar verbundenen Branchen (Druckgewerbe, Gastronomie etc.).[28] Denn: Kulturelle Angebote wie Festivals steigern die Übernachtungszahlen bei Hotels und die Besuche in Restaurants sowie die Verkaufszahlen der ortsansässigen Einzelhändler. Mit diesen Berechnungen wurde staatliche Kulturförderung auch ökonomisch gerechtfertigt.[29]

Einige Länder haben die Bedeutung der Kulturwirtschaft frühzeitig erkannt. So wurden in Nordrhein-Westfalen Kultur- und Medienwirtschaft als Wachstumsbranchen identifiziert, die den Umbau der Industriegesellschaft (Bergbau- und Stahlindustrie) zur Informations- und Wissensgesellschaft unterstützen sollte. Als erstes deutsches Land erstellte Nordrhein-Westfalen bereits 1991 einen Kulturwirtschaftsbericht, der die Situation und das wirtschaftliche Potenzial von Kunst und Kultur darstellte.

Mittlerweile haben neun weitere deutsche Länder Kulturwirtschaftsberichte erstellt. Diese dokumentieren die Bedeutung von Kulturwirtschaft als Wirtschaftsfaktor und die zunehmende Wertschätzung seitens der politisch-administrativen Ebenen.[30] Auch einzelne Städte wie Aachen oder

---

[22] Vgl. schriftliche Stellungnahme von Florian Kömpel zur Anhörung Kulturwirtschaft, S. 1. (Kommissionsdrucksache 16/384). Die britische Regierung rechnet den „Creative Industries" folgende Branchen zu: Architektur, darstellende Kunst, Design, Designmode, Film und Video, interaktive Unterhaltungssoftware, Kunst und Antiquitäten, Kunsthandwerk, Musik, Software und Computer Services, TV und Radio, Verlagswesen, Werbung; vgl. auch Gutachten Kulturwirtschaft, S. 35 (Kommissionsdrucksache 16/192a); vgl. auch schriftliche Stellungnahme von Shaun Woodward zur Anhörung Kulturwirtschaft. (Kommissionsdrucksache 16/387, Frage 1)

[23] Vgl. schriftliche Stellungnahme von Florian Kömpel zur Anhörung Kulturwirtschaft, S. 1. (Kommissionsdrucksache 16/384)

[24] Vgl. Tari (2006).

[25] Vgl. EU-Bericht „The Economy of Culture in Europe, Study prepared for the European Commission, Directorate-General for Education and Culture", (EU-Bericht: Economy of Culture in Europe) (2006) (Kommissionsmaterialie 16/088 Anlage) sowie die deutsche Übersetzung. (Kommissionsmaterialie 16/120)

[26] Vgl. EU-Bericht „Economy of Culture in Europe" (2006); sowie die deutsche Zusammenfassung, S. 6. (Kommissionsmaterialie 16/088)

[27] Ebd.

[28] Vgl. Kultur-, Medien- und Freizeitwirtschaft im Raum der Gemeinsamen Landesplanung Bremen/Niedersachsen, Niedersächsisches Innenministerium, (1999), S. 8f. (Kommissionsmaterialie 16/084)

[29] Vgl. Wissenschaftliche Dienste des Deutschen Bundestages (2006b), S. 11f.

[30] Vgl. Synopse der deutschsprachigen Kulturwirtschaftsberichte (Arbeitsunterlage 16/042a) sowie deren Kurzfassung (Arbeitsunterlage 16/044a). Bisher haben die Länder Berlin, Bremen, Hessen, Mecklenburg-Vorpommern, Niedersachsen, Nordrhein-Westfalen, Sachsen-Anhalt, Schleswig-Holstein und Hamburg einen Kulturwirtschaftsbericht erstellt. Die Länder betrachten dabei zumindest die erwerbsorientierte Kulturwirtschaft, fassen in einigen Fällen aber auch die öffentlich finanzierte Kultur und/oder die Kreativwirtschaft darunter.

Köln haben Kulturwirtschaftsberichte erarbeitet.[31] Insgesamt liegen in der Bundesrepublik bislang 25 Kulturwirtschaftsberichte vor. Neben der wirtschaftlichen Bedeutung werden aber auch politische Fragestellungen thematisiert: So ging es etwa in Nordrhein-Westfalen um die Begründung einer neuen Strukturpolitik, in Schleswig-Holstein um die Möglichkeiten der Kultur- und Kreativwirtschaft im Hinblick auf die wirtschaftliche Hoffnungsbranche Tourismus und in Berlin auch um den Vergleich mit anderen europäischen Metropolen. Gemeinsam ist allen Berichten, dass Kultur- und Kreativwirtschaft als Zukunftsbranche gesehen wird.

Bruttowertschöpfung der Kultur- und Kreativwirtschaft

Die Kulturwirtschaft[32] braucht den Vergleich mit anderen Branchen nicht zu scheuen. Laut Schätzungen des Arbeitskreises Kulturstatistik e. V. erreichte die Kulturwirtschaft in Deutschland im Jahr 2004 einen Beitrag zur Bruttowertschöpfung von insgesamt 36 Mrd. Euro, das entspricht einem Anteil von 1,6 Prozent. Damit liegt die Kulturwirtschaft zwischen der Chemischen Industrie (46 Mrd. Euro und 2,1 Prozent Anteil am BIP) und der Energiewirtschaft (33 Mrd. Euro und 1,5 Prozent Anteil am BIP), siehe Abbildung 1.

Abbildung 1

Bruttowertschöpfung Kultur- und Kreativwirtschaft 2004[33]

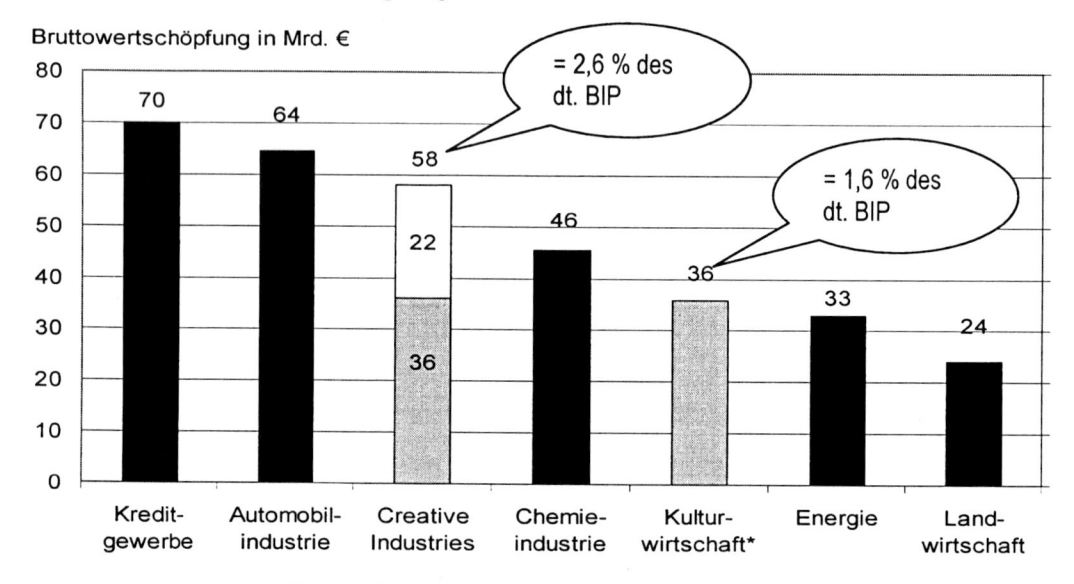

*ohne öffentlichen Kulturbetrieb (= 6 Mrd. EUR)

---

[31] Vgl. Kulturwirtschaftsbericht Aachen (2005). (Kommissionsmaterialie 16/050), Vgl. Kulturwirtschaftsbericht Köln (2000). (Kommissionsmaterialie 16/051); vgl. Söndermann (2007a), S. 4.
[32] Soweit nicht deutlich gemacht, beziehen sich die Angaben im Folgenden ausschließlich auf die Kulturwirtschaft und nicht auf den Bereich Kreativwirtschaft. Das heißt, die Betrachtungen werden ohne die Branchen Werbung und Software/Games-Industrie vorgenommen.
[33] Die Schätzungen für die Kulturwirtschaft und Creative Industries basieren auf den Angaben im Rahmen der Volkswirtschaftlichen Gesamtrechnungen. Vgl. Destatis, Schätzung Michael Söndermann/Arbeitskreis Kulturstatistik e. V. (2006) www.berndfesel.de, (Stand: 8. Januar 2007).

Unter Einbeziehung der Kreativwirtschaft erreicht die Bruttowertschöpfung 58 Mrd. Euro (ohne die der Kreativwirtschaft 36 Mrd. Euro). Im Vergleich zu anderen Wirtschaftsbranchen liegt die Kreativwirtschaft mit einem Anteil von 2,6 Prozent zwischen der Chemischen Industrie und der Automobilindustrie, siehe Abbildung 2. Die Kreativwirtschaft wuchs von 2003 auf 2004 um 2,2 Prozent, die Gesamtwirtschaft um 2,3 Prozent.

Diese Daten zeigen jedoch nur die unmittelbaren Effekte auf. Die indirekten Wirkungen – insbesondere die Auswirkungen auf die Kreativität und Innovationsfähigkeit der Gesamtgesellschaft – lassen sich nicht messen.

Umsätze der Kultur- und Kreativwirtschaft

Seit den ersten Untersuchungen Ende der 80er-Jahre gilt Kulturwirtschaft als einer der dynamischsten Wirtschaftsbereiche überhaupt, dies sowohl hinsichtlich der Umsatzentwicklung als auch hinsichtlich des Beschäftigungspotenzials. So stellt der 1. Kulturwirtschaftsbericht des Landes Nordrhein-Westfalen einen Umsatzzuwachs von 75 Prozent zwischen 1980 bis 1988 fest. Die Wachstumsrate lag deutlich über den Wachstumsraten der Gesamtwirtschaft im Vergleichszeitraum.[34]

Die Umsätze in der Kulturwirtschaft[35] haben jedoch in den letzten Jahren einen deutlichen Einbruch erlitten. Sie sanken zwischen 2000 und 2004 um 11,8 Prozent von 92,8 auf 81,5 Mrd. Euro. Die Filmwirtschaft/TV-Produktion ist mit einem extrem hohen Rückgang von zehn Mrd. Euro auf 6,9 Mrd. Euro (minus 31 Prozent) am stärksten betroffen. Das Verlagsgewerbe und die Tonträgerindustrie sowie Architekturbüros mussten ebenfalls Umsatzrückgänge von zehn bis 18 Prozent hinnehmen.[36] Als Gründe des Rückgangs gelten die Ereignisse des 11. Septembers 2001 und das Ende der sogenannten New Economy. Viele große Unternehmen der Kulturwirtschaft haben in der ersten Hälfte des neuen Jahrzehnts Arbeitsplätze abgebaut bzw. ausgelagert und lokale Niederlassungen geschlossen bzw. neu ausgerichtet. Ein weiteres Problem stellt – insbesondere für die Rechte-Industrien wie die Musik- und Filmwirtschaft – die fortwährende dynamische Entwicklung technischer Aufnahme-, Bearbeitungs- und Wiedergabeverfahren (Streaming- und Downloadverfahren) verbunden mit dem Markteintritt von Substitutionsprodukten dar. Das Konsumverhalten der Käufer insbesondere in Bezug auf Medien hat sich in den letzten Jahren verändert. Erhebliche wirtschaftliche Schwierigkeiten insbesondere für den traditionellen Tonträgermarkt waren die Folge. Der Computer mit seinen (unbegrenzten) Zugriffs- und Speichermöglichkeiten ist zum Leitmedium avanciert. Das erfordert Anpassungsleistungen seitens der Unternehmen. Die Umsatzrückgänge in der Filmwirtschaft wiederum werden auf den Zusammenbruch des Kirch-Konzerns und die Sparmaßnahmen der TV-Sender infolge der Krise des Werbemarktes zurückgeführt.[37]

Seit 2005 steigt der Umsatz wieder deutlich an. Nahezu alle Bereiche verzeichneten Umsatzzuwächse. So konnte das Verlagswesen um 2,1 Prozent zulegen, die Unternehmen der Rundfunkwirtschaft steuerten einen Zuwachs von 4,4 Prozent bei und die Museumsshops steigerten ihren Umsatz um 10,5 Prozent. Lediglich die Filmwirtschaft stagniert mit 0,2 Prozent und der Einzelhandel verbuchte einen leichten Umsatzrückgang um 0,5 Prozent. Ingesamt gesehen steigerte sich der Umsatz der Kulturwirtschaft um 4,6 Prozent auf 89,5 Mrd. Euro und erreicht damit nahezu die Werte vor dem Konjunktureinbruch im Jahr 2000 (Vgl. Abbildung 2).[38]

---

[34] Vgl. Gutachten Kulturwirtschaft, S. 78. (Kommissionsdrucksache 16/192a)
[35] Sofern nicht anders bezeichnet, ist im Folgenden lediglich die Kulturwirtschaft (ohne den Bereich Kreativwirtschaft) gemeint.
[36] Vgl. Söndermann auf der „3. Jahrestagung Kulturwirtschaft" am 26. Oktober 2006.
[37] Vgl. Gutachten Kulturwirtschaft, S. 79. (Kommissionsdrucksache 16/192a); vgl. Söndermann (2006a), S. 27.
[38] Vgl. Söndermann (2007a), S. 14.

Abbildung 2

Umsätze in der Kultur- und Kreativwirtschaft 2000 bis 2005[39]

Wirtschaftsgliederung	Umsatz				Veränd. 2005/04
	2000 in Mio. €	2004 in Mio. €	2005 in Mio. €	2006* in Mio. €	in %
I. Kulturwirtschaft					
Verlagsgewerbe, Tonträgerindustrie	40.918	36.851	37.635	–	2,1
Filmwirtschaft/TV-Produktion	10.000	6.897	6.911	–	0,2
Rundfunk-/TV-Unternehmen	8.614	7.880	8.225	–	4,4
Darstellende/bildende Künste, Literatur, Musik	5.678	5.759	6.308	–	9,5
Journalisten-/Nachrichtenbüros	1.667	1.808	1.878	–	3,9
Museumsshops, Kunstausstellungen, etc.	432	542	599	–	10,5
Einzelhandel, Bücher, Zeitschriften (50 %)	3.980	3.815	3.796	–	– 0,5
Architekturbüros	8.275	6.734	6.934	–	3,0
Design (Industrie-, Grafik-, Kommunikation)	13.239	11.563	13.316	–	15,2
Kulturwirtschaft insgesamt	**92.804**	**81.849**	**85.602**	**89.526**	**4,6**
II. plus Kreativbranchen					
Werbung	16.491	13.771	12.838	–	– 6,8
Software/Games	17.675	21.485	23.028	–	7,2
I.+II. Creative Industries insgesamt	**126.970**	**117.105**	**121.468**	**125.993**	**3,7**
Alle Wirtschaftszweige (A.-O.)	4.152.927	4.347.506	4.567.397	–	5,1
Anteil Kulturwirtschaft an Gesamtwirtschaft	2,2 %	1,9 %	1,9 %	–	–
Anteil Creative Industries an Gesamtwirtschaft	3,1 %	2,7 %	2,7 %	–	–

* Schätzung für 2006

---

[39] Wirtschaftsgliederung nach statistischer Zuordnung (2006), Schätzung. Vgl. Destatis, Berechnung Michael Söndermann/ Arbeitskreis Kulturstatistik e. V.; vgl. auch Söndermann (2007a), S. 14.

Die Kreativwirtschaft kann ebenfalls auf positive Wachstumszahlen verweisen. Der Umsatz in der Werbung ging zwar insgesamt um 6,8 Prozent zurück, allerdings wuchs dafür der Bereich Software/Computerspiele um 7,2 Prozent.[40]

Designwirtschaft und Software/Computerspiele sind derzeit die Wachstumsmotoren der Kultur- und Kreativwirtschaft. Die Designwirtschaft wuchs um 15,2 Prozent und damit doppelt so stark wie Software/Computerspiele.[41] In den Jahren 2006 und 2007 wird damit gerechnet, dass sich die positive Entwicklung fortsetzt.[42] Dennoch haben insbesondere die Jahre zwischen 2000 und 2004 deutlich gemacht, dass die Kultur- und Kreativwirtschaft einen höchst dynamischen und zugleich sensiblen wirtschaftlichen Sektor darstellen. Sie ist nicht nur abhängig von rasanten technologischen Entwicklungen, sondern vor allem von dem sich verändernden kulturellen Verhalten und gesellschaftlichen Transformationsprozessen (Mediengebrauch, Medienbudgets, demografische Veränderungen etc.).

5.1.3 Beschäftigungspolitische Bedeutung

Die Gesamtzahl der Erwerbstätigen im Kultursektor in Deutschland betrug im Jahr 2003 rund 800 000 Personen. Zusätzlich arbeiteten noch weitere 150 000 Beschäftigte in Kulturberufen in sonstigen Produktions-, Handels-, Dienstleistungs- und öffentlichen Bereichen. Damit liegt der Anteil der Erwerbstätigen im Kultursektor bei 2,7 Prozent der erwerbstätigen Bevölkerung.[43] Diese Zahl entspricht etwa jener der bundesweit im Kreditgewerbe Beschäftigten.[44]

Diese Daten betreffen den gesamten kulturellen Sektor unabhängig von der Trägerschaft. Die genannten Zahlen der in der Kulturwirtschaft Beschäftigten variieren je nachdem, welchen Begriff von Kulturwirtschaft man zugrunde legt.[45] Allerdings machen die Zahlen des Kultursektors deutlich, dass dieser insgesamt für die Schaffung und Erhaltung von Arbeitsplätzen eine große Bedeutung hat.

Rund ein Viertel der im Kultursektor insgesamt Erwerbstätigen ist selbstständig, im Vergleich zu zehn Prozent in der Gesamtwirtschaft. Im Kernbereich der künstlerischen Berufe trifft dies sogar für fast die Hälfte der Erwerbstätigen zu. Im Gegensatz zu den deutlichen Rückgängen der Umsätze und der Zahl der abhängig Beschäftigten nimmt die Zahl der Selbstständigen nach wie vor zu.[46]

In der erwerbswirtschaftlichen Kultur- und Kreativwirtschaft agieren unterschiedliche Akteurstypen, die sich nach Betriebsgröße und Rechtsform unterscheiden und zuordnen lassen[47]:

– selbstständige Künstler und Kleinstunternehmen (zum Beispiel Einzelunternehmen, GbR),

– klein- und mittelständische Unternehmen (zum Beispiel GmbH),

– Großunternehmen/„Majors" (zum Beispiel Aktiengesellschaften).

---

[40] Ebd.
[41] Ebd.
[42] Ebd.
[43] Vgl. Söndermann (2005), S. 459-475.
[44] Vgl. Gutachten Kulturwirtschaft, S. 83. (Kommissionsdrucksache 16/192a)
[45] Vgl. Kap. 5.2, Kultur- und Kreativwirtschaft: Begriff und Abgrenzung.
[46] Vgl. Gutachten Kulturwirtschaft, S. 92. (Kommissionsdrucksache 16/192a); vgl. auch Gutachten „Existenzgründung und Existenzsicherung für selbstständig und freiberuflich arbeitende Künstlerinnen und Künstler" (Gutachten Existenzgründung), Hrsg. GründerZentrum Kulturwirtschaft Aachen e.V. (Kommissionsdrucksache 16/399)
[47] Vgl. Söndermann (2007a), S. 11.

Der überwiegende Teil der Kultur- und Kreativwirtschaft ist sehr kleinteilig organisiert (knapp 80 Prozent[48]). Sie wird von Einzelunternehmern der Kultur- und Kreativszenen bestimmt.[49] Ursache ist der große Anteil von selbständig Erwerbstätigen, die in der Mehrzahl keine Arbeitnehmer beschäftigen. Die durchschnittliche Betriebsgröße aller Unternehmen und Freiberufler, die mindestens einen Jahresumsatz von 17 500 Euro erzielen, liegt deutlich unter zehn Beschäftigten je Unternehmen.[50] Obwohl in der Umsatzsteuerstatistik auch die großen Kulturwirtschaftsunternehmen wie Rundfunkanstalten erfasst werden, liegen die Beschäftigtenzahlen bei den meisten Unternehmen weit unter zehn, im Durchschnitt bei fünf Personen.[51]

Das Phänomen der „neuen Selbstständigkeit" ist bei den Akteuren der Kultur- und Kreativwirtschaft weit verbreitet und ausgeprägt. Diese betreiben ihre Kleinst- und Kleinunternehmen[52] meist ohne oder mit sehr geringen Eigenkapitalwerten. Das wird insbesondere bei den steuerbaren Umsätzen je Steuerpflichtigem in Deutschland deutlich. Generell gilt, dass die Umsätze in der Kulturwirtschaft je Steuerpflichtigem (Unternehmen und Selbstständige) deutlich geringer ausfallen als für den Durchschnitt der Gesamtwirtschaft.[53]

Die Zahl der Unternehmen in der Kultur- und Kreativwirtschaft stieg in 2004 von ca. 191 000 auf 200 000 und damit um 4,2 Prozent. Im Vergleich zur Umsatzsteigerung (auch hier inklusive Kreativwirtschaft) stieg die Anzahl der Unternehmen damit fast doppel so stark. Dies bedeutet jedoch auch, dass die durchschnittlichen Einkommen in diesem Wirtschaftsbereich sinken.[54]

Qualifikations- und Bildungsstand

Der Qualifikations- und Bildungsstand ist im Kultursektor deutlich höher als in anderen Sektoren. Der Anteil an Erwerbstätigen mit Hochschul- oder Fachhochschulabschluss beträgt im Kultursektor ein Mehrfaches des entsprechenden Anteils in der Erwerbsbevölkerung insgesamt. Nach Angaben der EU-Studie waren 2002 39 Prozent der Erwerbstätigen im Kulturbereich Akademiker, während der Anteil in der Gesamtwirtschaft nur bei 24 Prozent lag.[55] Dabei muss beachtet werden, dass im Bereich der Kultur- und Kreativwirtschaft nicht nur Absolventen von kunst-, kultur-, geistes- und sozialwissenschaftlichen Studiengängen arbeiten, sondern ebenso Betriebs- und Volkswirte, Juristen usw. Der Bereich der Kultur- und Kreativwirtschaft gilt als klassischer Sektor für Quereinsteiger. „Learning by Doing" gilt für viele auch deshalb, weil es wenige einschlägige Ausbildungszusammenhänge (zum Beispiel Kulturmanagement) gibt.[56]

Soziale Bedeutung und Probleme von Akteuren der Kultur- und Kreativwirtschaft

Die Wirtschaftszweige der Kultur- und Kreativwirtschaft sind in den vergangenen Jahren für immer mehr Menschen in Deutschland zur Erwerbsquelle geworden. Die Arbeit in der Kultur- und Kreativwirtschaft ermöglicht ein erhebliches Maß an Selbstbestimmung.[57] Die modernen Technologien

---

[48] Ebd., S. 18.
[49] Ebd.
[50] Vgl. Gutachten Kulturwirtschaft, S. 93. (Kommissionsdrucksache 16/192a)
[51] Vgl. Söndermann (2007b), Hintergrundmaterial zur Anhörung Kulturwirtschaft, S. 15.
[52] Hier liegt die Definition der EU-Kommission zugrunde, nach der Kleinstunternehmen bis zu 10, Kleinunternehmen bis zu 50 Beschäftigte haben.
[53] Für 2003 betrug der durchschnittliche steuerbare Umsatz je Steuerpflichtigem in Deutschland über alle Wirtschaftszweige 1,46 Mio. Euro, für die Kulturwirtschaft in Abgrenzung des niedersächsischen Kulturwirtschaftsberichtes dagegen lediglich 0,68 Mio. Euro. Dabei ist zu bedenken, dass in einzelnen Ländern durchaus umsatzstarke Unternehmen zur Kulturwirtschaft gehören (z. B. die Bertelsmann Aktiengesellschaft). Vgl. Ertel (2006), S. 23, Fußnote 21 in Ertel.
[54] Vgl. www.kulturpolitik-kulturwirtschaft.de, (Stand: 8. Januar 2007).
[55] Vgl. Gutachten Kulturwirtschaft, S. 97. (Kommissionsdrucksache 16/192a)
[56] Vgl. Kap. 4.4, Wirtschaftliche Situation der Künstler- und Kulturberufe.
[57] Vgl. Kap. 4.4, Wirtschaftliche Situation der Künstler- und Kulturberufe; dort wird die wirtschaftliche Situation von Freiberuflern in Hinsicht auf Existenzgründung und Existenzsicherung dargestellt.

erlauben schnelles, bedarfsgerechtes und pro-aktives Arbeiten. Für viele junge Leute – insbesondere in den urbanen Zentren – gehört die Arbeit in einem Designbüro, bei einem Label oder einem Verlag, einer Galerie oder einem Club zu den Traumberufen. Der Ansturm auf entsprechende Ausbildungseinrichtungen und Städte, in denen viele Kultur- und Kreativwirtschaftsunternehmen niedergelassen sind, lässt nicht nach. Die Akteure der Kultur- und Kreativwirtschaft siedeln sich einerseits für eine gewisse Zeit in bestimmten Bezirken und Quartieren großer Städte an und schaffen eine Art Selbstverwirklichungsmilieu.[58] Kreativität, Erwerbsarbeit und Generationengemeinschaft bilden dort eine Einheit. Andererseits sind die Erwerbsbiografien selbstständiger bzw. freiberuflicher Künstler oder von in Kulturberufen Tätigen von Brüchen und insbesondere auch von erheblichen Schwankungen ihres Einkommens gekennzeichnet. Ökonomische und soziale Ansprüche scheinen zunächst versöhnt, stoßen aber häufig auch an Grenzen. Steigende Mieten, zunehmendes Alter, die Erfüllung eines Kinderwunsches, Kreativpausen – diese Aspekte erzeugen einen hohen Innovations- und Mobilitätsdruck, der bei der Sicht auf das Potenzial von Kultur- und Kreativwirtschaft noch zu sehr ausgeblendet wird. Das Gros der Einzelunternehmer in der Kultur- und Kreativwirtschaft kann beispielsweise nicht in die Künstlersozialkasse aufgenommen werden, weil diese nur für Künstler und Publizisten geöffnet ist, jedoch nicht für die Vermittler von Kunst und Kultur.[59]

5.1.4 Fazit zur wirtschafts- und beschäf-tigungspolitischen Bedeutung

Kultur- und Kreativwirtschaft sind ein bedeutender Wirtschaftsfaktor. Sie haben ein großes wirtschaftliches und kreatives Potenzial. Insbesondere mit der Erweiterung um den Kreativwirtschaftsbereich kann die Branche als eine wissensintensive Zukunftsbranche mit deutlichen Innovations-, Wachstums- und Beschäftigungspotenzialen angesehen werden. Darüber hinaus ist die Kulturwirtschaft wichtiger Impulsgeber für Innovationen in anderen Wirtschaftsbranchen.

Als Probleme erweisen sich die geringe Kapitalausstattung der selbstständigen Künstler, der Einzel- und Kleinstunternehmen und der klein- und mittelständischen Unternehmen sowie die Tatsache, dass diese Unternehmenstypen vergleichsweise wenig Umsatz erwirtschaften und sozialpolitisch bisher kaum Beachtung finden. Hier sind Handlungsfelder für die Politik.

5.1.5 Kultur- und Kreativwirtschaft und Kulturpolitik

Die politische Auseinandersetzung mit Kultur- und Kreativwirtschaft kann zu einer wirtschaftspolitischen Sensibilisierung führen, die den Einsatz wirtschaftspolitischer Förderinstrumente für die unterschiedlichen Kunst- und Kulturbetriebe ermöglicht. Das Phänomen Kultur- und Kreativwirtschaft bietet aber auch die Möglichkeit einer neuen kulturpolitischen Betrachtungsweise.

Die wachsende Bedeutung der Kultur- und Kreativwirtschaft macht deutlich, dass eine strikte Trennung von Kunst und Kultur von anderen gesellschaftlichen Bereichen problematisch ist. Die Anerkennung von kreativer Leistung als Netzwerkleistung unterschiedlicher „Autoren", die in der Gestaltung der künstlerischen Arbeit von unterschiedlichen ökonomischen Motiven getrieben werden, könnte die kulturpolitische Perspektive erweitern. Insbesondere in den neuen Medien (webbasierte Produktion und Kommunikation) ist eine Netzwerkstruktur zu erkennen. Die gesellschaftliche Anerkennung des einzelnen Künstlers muss um die Anerkennung vielfältiger Interaktionsformen und Netzwerke ergänzt werden. Neue kulturelle Praktiken und Produkte entwickeln sich heute im Zusammenwirken von originär künstlerisch-kreativ Tätigen mit kulturvermittelnden Akteuren. Kunst entsteht in der Gesellschaft und nicht im Atelier.[60] Künstler, Vermittler und Publikum bilden ein aufeinander bezogenes System.

---

[58] Vgl. auch Kap. 5.4.1, Kultur als Standortfaktor für die Kultur- und Kreativwirtschaft.
[59] Damit treten hier ähnliche Probleme auf, wie die bei der Alterssicherung von Künstlern erläutert wurde. Vgl. Kap. 4.5.2, Alterssicherung.
[60] Vgl. Nake (2007).

Kulturpolitik muss die Wechselwirkungen zwischen verschiedenen Akteuren im kulturellen Sektor und deren Interdependenzen ernst nehmen.[61] Kultur- und Kreativwirtschaft, öffentliche Hand[62] und Zivilgesellschaft[63] bilden einen Handlungsraum. Es gilt deren jeweilige Bedeutung in Abhängigkeit zu anderen Akteuren zu erkennen, „natürliche" Ansprechpartner der Förderung (Kultur, Wirtschaft, Stadtentwicklung, Jugend) zu identifizieren, aber auch Verantwortungspartnerschaften zu stiften und Förderinstrumente aufeinander abzustimmen. Historisch gewachsene Ressentiments und Ressortegoismen müssen dazu überwunden werden. Für eine zielgerichtete Förderung von Akteuren der Kultur- und Kreativwirtschaft ist es erforderlich, die bisherigen Förderpraktiken kritisch zu überprüfen. Kulturpolitik muss dabei zu einem neuen Selbstverständnis finden, das eine enge Abstimmung mit der Wirtschaftspolitik und der Stadtentwicklungspolitik einschließt.

Dabei kann es nicht allein um Strategien verbesserter Gewinnerzielung oder die ökonomische Optimierung öffentlicher Kultureinrichtungen gehen. Vielmehr muss den wechselseitigen wirtschaftlichen und sozialen Einflüssen und Abhängigkeiten innerhalb der Gesellschaft besser Rechnung getragen werden. Kulturpolitik muss stärker als bisher in den Dialog mit allen Kulturakteuren eintreten, auch mit denjenigen, die Kultur aus erwerbswirtschaftlicher Perspektive schaffen und vermitteln.

Auch wenn zwischen den Akteuren Abhängigkeiten und Interdependenzen festgestellt wurden, bedarf es der Klärung des Begriffes Kultur- und Kreativwirtschaft.

5.2 Kultur- und Kreativwirtschaft: Begriff und Abgrenzung

A) Bestandsaufnahme

Begriffsbestimmungen in Deutschland und international

Im allgemeinen Gebrauch des Begriffs Kulturwirtschaft respektive Kreativwirtschaft werden in Deutschland diejenigen Kultur- bzw. Kreativunternehmen erfasst, „... welche überwiegend erwerbswirtschaftlich orientiert sind und sich mit der Schaffung, Produktion, Verteilung und/oder medialen Verbreitung von kulturellen/kreativen Gütern und Dienstleistungen befassen."[64]

Die eigenen Umfragen der Enquete-Kommission bestätigten diese Begriffsverwendung. Im Rahmen einer Anfrage der Enquete-Kommission an alle Wirtschaftministerien sowie an die Kunst-, Kultur- bzw. Kultusministerien der Länder (im Folgenden: Kulturministerien) im Herbst 2006 haben die Ministerien den Begriff Kulturwirtschaft[65] zwar sehr uneinheitlich definiert[66], mehrheitlich

---

[61] Vgl. Stüdemann (2006). Er plädiert für eine Kulturpolitik der zweiten Moderne.
[62] Die Hochschulen der Künste bilden bspw. eine wichtige (öffentlich finanzierte) Voraussetzung der Entwicklung von künstlerischer Kreativität. Der (öffentlich-rechtliche) Rundfunk bildet eine wesentliche infrastrukturelle Grundlage der Vermittlung und damit auch Verwertung (z. B. über Vergütung von Urheberrechten). Öffentlich und privat getragene Musikschulen steigern die Nachfrage nach Musikinstrumenten und damit die Umsätze von Musikinstrumentenherstellern.
[63] Kunst- und Musikvereine etwa stärken in ganz erheblichem Maße die Nachfrage von bildender Kunst, Musik etc.
[64] Söndermann (2007a), S. 9. Zur begrifflichen Klärung vgl. Wissenschaftliche Dienste des Deutschen Bundestages (2006b), S. 19ff.
[65] Gefragt wurde lediglich nach der Definition des Begriffs „Kulturwirtschaft".
[66] Vgl. Zusammenstellung der beantworteten Fragebögen der Kulturministerien der Länder zum Thema Kulturwirtschaft (Arbeitsunterlage 16/071a), vgl. auch Kurzauswertung der beantworteten Fragebögen. (Arbeitsunterlage 16/070a), (Erhebungszeitraum: 9/2006 bis 1/2007), 15 Länder antworteten, davon waren 14 Fragebögen auswertbar. Vgl. auch Zusammenstellung der Antworten der Ministerien für Wirtschaft der Länder. (Arbeitsunterlage 16/073a) sowie deren Kurzauswertung (Arbeitsunterlage 16/072a), 16 Länder antworteten, 15 Fragebögen lagen in auswertbarer Form vor. So definiert bspw. Mecklenburg-Vorpommern (Wirtschaftsministerium) Kulturwirtschaft als einen Wirtschaftsbereich, der sich aus privatrechtlichen Unternehmern und Künstlern zusammensetzt, auf Gewinnerzielung abzielt und nicht unter öffentlicher Trägerschaft steht. Das Kulturministerium in Bayern definiert Kulturwirtschaft als privatwirtschaftliche Aktivitäten, die für die Vorbereitung, Schaffung, Erhaltung und Sicherung von künstlerischer Produktion, Kulturvermittlung und/oder medialer Verbreitung Leistungen erbringen oder Produkte herstellen bzw. veräußern.

orientierten sie sich aber am erwerbswirtschaftlichen Kulturwirtschaftsbegriff.[67] Drei Länder weichen vom erwerbswirtschaftlich orientierten Kulturwirtschaftsbegriff ab: Rheinland-Pfalz will den Begriff der Kulturwirtschaft nicht auf eine erwerbswirtschaftliche Betrachtung verengen; Hessen erfasst zusätzlich zum marktorientierten Bereich auch den öffentlichen Kulturbetrieb und die freie Kulturszene; Hamburg untersucht in seinem ersten Kulturwirtschaftsbericht den erwerbswirtschaftlichen, den gemeinnützigen und den öffentlichen Bereich.[68]

Auch die Ergebnisse einer Umfrage bei allen Industrie- und Handelskammern unterstrichen die vorherrschende Begriffsauffassung.[69] Zwar definiert die überwiegende Mehrheit der befragten Kammern den Begriff der Kulturwirtschaft[70] nicht eindeutig, der Großteil nennt aber als taugliches Abgrenzungskriterium den erwerbswirtschaftlichen Charakter der Unternehmen bzw. der Selbstständigen.[71]

Dieser erwerbswirtschaftlich definierte Kulturwirtschaftsbegriff wird heute überwiegend in zwei Bereiche unterteilt, den der – originären – „Kulturwirtschaft" und den der „Kreativwirtschaft". Der entscheidende Schlüssel für das Verständnis des ersten Bereiches – der Kulturwirtschaft – ist nach Meinung von Experten der Begriff der künstlerischen und kulturellen Produktion.[72] Im erweiterten Bereich der Kreativwirtschaft wird „Kreativität" als zentraler Ausgangspunkt von branchenspezifischen Produktionen und Dienstleistungen betrachtet. Hier verbänden sich künstlerische Ideen mit technologischer, innovativer und wissenschaftlicher Kreativität. Die kulturwirtschaftlichen Branchen werden Teil einer marktwirtschaftlich orientierten Kreativwirtschaft. Entscheidendes Merkmal für die Abgrenzung der Kreativwirtschaft ist die Copyright-Basis aller Produkte und Dienstleistungen. Das Modell „Creative Industries" hat, an das britische Vorbild[73] angelehnt, international weite Verbreitung gefunden. In diesem bildet die erwerbswirtschaftliche Kulturwirtschaft den Kern der Kreativwirtschaft.

Auch die USA, Kanada und Australien messen der Kreativwirtschaft eine große Bedeutung für die gesamtwirtschaftliche Entwicklung bei.[74] Hier werden allerdings der Kreativwirtschaft alle als kulturell eingeschätzten Aktivitäten zugerechnet, unabhängig davon, ob und in welchem Maße sie privat oder öffentlich finanziert werden. So sind Archive und Bibliotheken, Museen und Sammlungen,

---

[67] Vgl. Zusammenstellung der Antworten der Kulturministerien der Länder (Arbeitsunterlage 16/071a), vgl. auch Zusammenstellung der Antworten der Ministerien für Wirtschaft der Länder. (Arbeitsunterlage 16/073a); Drei Wirtschafts- bzw. Kulturministerien nannten lediglich die von ihnen erfassten Wirtschaftszweige der Kulturwirtschaft wie Musik, Literatur, Film, Design, Architektur, Kunstmarkt. Auch dieser Nennung liegt vermutlich der erwerbswirtschaftliche Kulturwirtschaftsbegriff zugrunde.

[68] Vgl. Hamburger Kulturwirtschaftsbericht (2006), S. 13. (Kommissionsmaterialie 16/085), vgl. auch Antwort der Kulturbehörde Hamburg auf den Fragebogen der Enquete-Kommission, S. 1. (Kommissionsdrucksache 16/278); Hamburg bemerkt zu Recht, dass es zu berücksichtigen gelte, dass nur der privat-erwerbswirtschaftliche Bereich statistisch abzubilden sei, für die anderen Bereiche muss auf uneinheitliche Sekundärquellen zurückgegriffen werden (z. B. Quellen der Verbände).

[69] Vgl. Zusammenstellung der Antworten der IHKs. (Arbeitsunter-lage 16/075a); Von 81 angeschriebenen IHK antworteten 56. Davon antworteten 48 auf den Fragebogen, fünf verfassten einen formlosen Brief, zwei teilten ihre Nichtteilnahme an der Umfrage mit und eine übersandte eine Broschüre. Einige der IHK antworteten im Verbund. So antwortete bspw. die IHK Stuttgart für insgesamt zehn IHK, die ihr untergeordnet sind.

[70] Gefragt wurde lediglich nach dem Begriff „Kulturwirtschaft", nicht „Kultur- und Kreativwirtschaft".

[71] Vgl. Zusammenstellung der Antworten der IHKs. (Arbeitsunterlage 16/075a); Von den 34 antwortenden IHKs zu Frage 1, grenzten 22 IHK den Begriff der Kulturwirtschaft nach erwerbswirtschaftlichen Kriterien ab.

[72] Vgl. Söndermann (2007a), S. 9.

[73] Vgl. Kap. 5.1, Gesellschaftliche Bedeutung von Kultur- und Kreativwirtschaft; vgl. auch Gutachten Kulturwirtschaft, S. 34f. (Kommissionsdrucksache 16/192a); EU-Bericht „Economy of Culture in Europe", S. 46 (Kommissionsmaterialie 16/088 Anlage) sowie die Deutsche Übersetzung, S. 46. (Kommissionsmaterialie 16/120); vgl. auch die Darstellung der nationalen Definitionen von Großbritannien, Frankreich, Skandinavien sowie der internationalen Definitionen der UNESCO, der EUROSTAT Task Force Leadership Group on Cultural Statistics (LEG Culture) sowie der Weltorganisation für geistiges Eigentum (WIPO) und der OECD. (Kommissionsmaterialie 16/088 Anlage), EU Bericht „Economy of Culture in Europe" S. 46 ff. sowie die deutsche Übersetzung, S. 46ff. (Kommissionsmaterialie 16/120)

[74] Vgl. Gutachten Kulturwirtschaft, S. 36 sowie die Tabelle S. 37. (Kommissionsdrucksache 16/192a)

aber auch die kulturelle Bildung einbezogen, die nach europäischem Verständnis nicht oder nur eingeschränkt Bestandteil der erwerbswirtschaftlichen Kultur- und Kreativwirtschaft sind.[75]

Nach den Branchenabgrenzungen der deutschen Kulturwirtschaftsberichte und der wissenschaftlichen Literatur zählen zur Kulturwirtschaft die Teilbranchen: Musikwirtschaft, Literatur-, Buch- und Pressemarkt, Kunstmarkt, Film-/Video-/Rundfunkwirtschaft, Design- und Architekturmarkt, Markt für kulturelles Erbe. Der heute als Kreativwirtschaft (siehe Abbildung 2 in Kapitel 5.1.2) bezeichnete Wirtschaftsbereich umfasst zusätzlich die Werbung und die Software/Games-Industrie.[76] Um dies auch statistisch darzustellen, werden diejenigen Branchen aus der allgemeinen Klassifikation der Wirtschaftszweige[77] gefiltert, die der Kulturwirtschaft entsprechen.

Abbildung 3

NACE-Code und Wirtschaftsgruppe[78]

Zu den Kernbranchen der Kulturwirtschaft werden in der Wirtschaftsstatistik die folgenden Bereiche gezählt:
1. Verlagsgewerbe (Buchverlage, Presseverlage, Tonträger- und Musikverlage)
2. Filmwirtschaft (Film-, TV-Film-, Video-Produktion, Verleih, Vertrieb, Filmtheater),
3. Rundfunkwirtschaft (privater Hörfunk/Fernsehen)
4. Musik, visuelle und darstellende Kunst (freiberufliche Künstler, private Kleinkunstszene, Theater-/Konzertdirektionen, bühnentechnische Betriebe),
5. Journalisten-/Nachrichtenbüros,
6. Museumsshops, Kunstausstellungen (kommerzielle Museumsaktivitäten und Kunstausstellungen),
7. Einzelhandel mit Kulturgütern (Musikfachhandel, Buchhandel, Galerien, Kunsthandel),
8. Architekturbüros (Innen-, Garten-/Gestaltungs-, Hoch-/ Tiefbauarchitekten),
9. Designwirtschaft (Industrie-, Produktdesign einschließlich Mode- und Textildesign, Kommunikationsdesign/Werbegestaltung, jedoch ohne Fotografisches Gewerbe).
Als im eigentlichen Sinne Kreativbranchen werden angesehen:[79]
10. Werbung (Werbevermittlung etc. ohne Werbedesign)
11. Software/Games (Software- und Spielentwicklung und -beratung, ohne Hardware und Datenverarbeitungsdienste).

---

[75] Ebd., S. 36f.
[76] Vgl. Söndermann (2006b), S. 8–21; vgl. Söndermann (2007b), Hintergrundmaterial zur Anhörung Kulturwirtschaft, S. 8.; vgl. Söndermann (2007a), S. 9.
[77] Vgl. Kap. 5.3, Kultur- und Kreativwirtschaft: statistische Erfassung.
[78] NACE = Nomenclature statistique des Activitées économiques dans la Communauté Européenne. Es ist die statistische Systematik der Wirtschaftszweige in den Europäischen Gemeinschaften zur Wirtschafts- und Beschäftigungsstatistik. Vgl. dazu EU-Bericht „The Economy of Culture in Europe", S. 316. (Kommissionsmaterialie 16/088 Anlage)
[79] Diese Branchen wurden 2006 aufgenommen, da der aus Großbritannien stammende und inzwischen geläufige Begriff „Creative Industries" diese Branchen mit aufnimmt.

Auf europäischer Ebene hat die EU-Kommission ein Gutachten in Auftrag gegeben, das einen anderen Ansatz für die Definition wählt.

Die Studie „The Economy of Culture in Europe, Study prepared for the European Commission"

In der EU-Studie wird ein Definitionsvorschlag zur Bestimmung des „Kultur- und Kreativsektors"[80] unterbreitet, der zwischen einem „kulturellen Sektor" und einem „kreativen Sektor" unterscheidet.[81] Der Kultur- und Kreativsektor wird in der Studie in vier Kreise untergliedert:[82] Die ersten zwei Kreise sind die „Kerngebiete der Kunst/Core Arts Field" (Kreis: Kerngebiete der Kunst) und die „Kulturbranchen/Cultural Industries" (Kreis 1). Dies ist der „kulturelle Sektor", der also aus den traditionellen Kunstbereichen (zum Beispiel bildende Kunst, darstellende Kunst, kulturelles Erbe einschließlich Museen, Büchereien und Archive etc.[83]) und der Kulturindustrie (zum Beispiel Buch, Film und Tonaufnahmen) besteht. Der „kreative Sektor" umfasst die übrigen Branchen und Aktivitäten, die Kultur als Mittel zur Wertschöpfung für die Produktion von nichtkulturellen Produkten einsetzen. Dazu gehören Aktivitäten wie Produktgestaltung (Modedesign, Innenarchitektur, Produktdesign), Architektur und Werbung.[84] Zu diesem Sektor zählen die kreativen Branchen, das heißt „Aktivitäten/Creative Industries und Activities" (Kreis 2) sowie die „verwandten Industrien/Related Industries" (Kreis 3).

Nach Ansicht der Verfasser der EU-Studie ermöglicht dieser Ansatz eine genauere Messung der direkten und indirekten wirtschaftlichen und sozialen Auswirkungen von Kultur und Kreativität.

Die vier Kreise werden wiederum in zwölf Bereiche/Sectors unterteilt: bildende Kunst (1), darstellende Kunst (2), kulturelles Erbe (3), Film/Video (4), Rundfunk (5), Videospiele (6), Musik (7), Bücher und Presse (8), Gestaltung (9), Architektur (10), Werbung (11), PC-/MP3-/Mobiltelefonhersteller (12).[85] Zehn von zwölf Bereichen wurden statistische Wirtschaftszweige zugeordnet, die aus dem europäischen Klassifikationsschema der Wirtschaftszweige abgeleitet wurden.

B) Problembeschreibung

Gründe für die Uneinheitlichkeit des Begriffes

Begriffsbestimmungen erscheinen zunächst als sehr akademische Fragestellungen. Das ist hier jedoch nicht der Fall. Im Gegenteil, die Bestimmung der Wirtschaftszweige und Branchen der Kultur- und Kreativwirtschaft definiert die ökonomische Bedeutung des Bereiches. Sie steckt sowohl den Handlungsrahmen der Politik im Hinblick auf die Gestaltung der Rahmenbedingungen der Kul-

---

[80] Vgl. EU Bericht „Economy of Culture in Europe", S. 54. (Kommissionsmaterialie 16/088 Anlage); vgl. auch die deutsche Übersetzung, S. 54. (Kommissionsmaterialie 16/120)
[81] Ebd., S. 53.
[82] Vgl. schriftliche Stellungnahme Söndermann zur Anhörung 26. März 2007, S. 5. (Kommissionsdrucksache 16/385)
[83] Vgl. Deutsche Zusammenfassung der Studie „Economy of Culture in Europe", S. 2. (Kommissionsmaterialie 16/088)
[84] Ebd.
[85] Vgl. EU-Bericht „Economy of Culture in Europe", S. 62. (Kommissionsmaterialie 16/088 Anlage) sowie die Deutsche Zusammenfassung S. 3. (Kommissionsmaterialie 16/088), Vgl. dazu Kap. 5. Kultur- und Kreativwirtschaft, Anhang 1. Zum Vergleich des Ansatzes des EU-Berichtes mit den Ansätzen der EUROSTAT-LEG, der WIPO und des „Kreativindustrien Ansatzes" des dcms vgl. EU-Bericht „Economy of Culture in Europe", S. 59. (Kommissionsmaterialie 16/088 Anlage); Zur Erläuterung der Aufnahme bzw. der Ausschluss strittiger Sektoren (z. B. Videospiele, Design, Werbung oder Sport und Softwaredatenbanken) vgl. EU-Bericht „Economy of Culture in Europe", S. 55f. (Kommissionsmaterialie 16/088 Anlage)

tur- und Kreativwirtschaft als auch den Adressatenkreis von Programmen zur Förderung der Kultur- und Kreativwirtschaft ab.

Ein zentrales Problem aller Untersuchungen zum Thema Kulturwirtschaft[86] ist, dass es bisher keine einheitliche Begrifflichkeit im Hinblick auf Kulturwirtschaft gibt. Fast jede Publikation zu diesem Thema bedient sich einer eigenen Definition. Damit sind die Aussagen der Kulturwirtschaftsberichte insgesamt kaum vergleichbar.[87] Zudem ist der Vergleich mit dem Ausland erschwert. Auch die EU-Studie bemängelt dies.[88]

Das Gutachten Kulturwirtschaft[89] unterscheidet zwei Problemebenen: Erstens die statistisch-quantitative Uneinheitlichkeit und zweitens die inhaltlich-qualitative Uneinheitlichkeit des Kulturwirtschaftsbegriffes.

Die statistisch-quantitative Uneinheitlichkeit des Begriffes Kulturwirtschaft ergibt sich aus der begrenzten Eignung des verfügbaren statistischen Materials.[90] Dieses wird bisher im Hinblick auf den Produktionssektor und auf langfristige Vollzeit-Beschäftigungsverhältnisse erhoben. Immaterielle Wirtschaftsbereiche, wie die Dienstleistungswirtschaft und Bereiche, in denen Mehrfach- und Teilzeitbeschäftigungsverhältnisse dominieren, können mit diesem Datenmaterial nur unzureichend erfasst und abgebildet werden.[91] Mit dem verfügbaren statistischen Ausgangsmaterial kann nach Auffassung der Gutachter die Grundgesamtheit an Unternehmen bzw. Erwerbstätigen der Kulturwirtschaft nicht vollständig erfasst bzw. nicht in ausreichendem Maße abgebildet werden. Die Zuordnung zu selbstständiger und unselbstständiger Erwerbstätigkeit variiere von Statistik zu Statistik.[92]

Als Datenquellen der Kulturstatistik werden der Mikrozensus des Statistischen Bundesamtes, die Beschäftigtenstatistik der Bundesagentur für Arbeit (oft um die Daten der Künstlersozialkasse ergänzt) sowie die Umsatzsteuerstatistik des Statistischen Bundesamtes genutzt. Diese amtlichen Statistiken haben mehrere Schwächen, die unter Kapitel 5.3 ausführlicher dargelegt werden.[93] Um die Lücken in der statistischen Erfassung zu schließen, werden oft ergänzende – nichtamtliche Statistiken – von Fachverbänden und Interessenverbänden herangezogen.

Es ist offensichtlich, dass die quantitativen Aussagen der Kulturwirtschaftsberichte davon abhängen, in welchem Maße und auf welche Weise die statistischen Quellen genutzt und miteinander kombiniert wurden.[94] Zudem müssen Schätzungen vorgenommen werden. Dies betrifft beispielsweise die Abgrenzung der kulturellen Tätigkeiten einiger Unternehmen von deren nichtkulturellen Tätigkeiten. Dies ist etwa bei Architekturbüros notwendig, die neben künstlerisch-kreativen Tätigkeiten auch Ingenieurleistungen erbringen.[95]

---

[86] Im Folgenden wird, wenn nicht anders benannt, von „Kulturwirtschaft" ausgegangen, da der Begriff der „Kreativwirtschaft" erst in den letzten Jahren in die Diskussion aufgenommen wurde. Hier soll jedoch auch die Entstehung des Begriffes aufgezeigt werden.
[87] Vgl. Gutachten Kulturwirtschaft, S. 17. (Kommissionsdrucksache 16/192a)
[88] Vgl. EU-Bericht „Economy of Culture in Europe", S. 44ff. (Kommissionsmaterialie 16/088 Anlage)
[89] Vgl. Gutachten Kulturwirtschaft. (Kommissionsdrucksache 16/192a)
[90] Vgl. Kap. 5.3, Kultur- und Kreativwirtschaft: Statistische Erfassung
[91] Vgl. Gutachten Kulturwirtschaft, S. 19. (Kommissionsdrucksache 16/192a)
[92] Ebd., S. 20.
[93] Zu den Vor- und Nachteilen dieser Datenquellen vgl. Gutachten Kulturwirtschaft, S. 20ff. (Kommissionsdrucksache 16/192a); vgl. auch Gutachten Existenzgründung, S. 9ff. (Kommissionsdrucksache 16/399)
[94] Vgl. Gutachten Kulturwirtschaft, S. 21. (Kommissionsdrucksache 16/192a)
[95] Ebd., S. 21f.

Die inhaltlich-qualitative Uneinheitlichkeit liegt in den unterschiedlichen Sichtweisen begründet, welche Trägerschaft (öffentliche versus private), welche Wirtschaftszweige und Teilbranchen und welche Untersuchungsebenen (Kulturwirtschaft als Ganzes oder Sektoren) den Erhebungen zugrunde gelegt werden sollen.[96]

Hinsichtlich der Trägerschaft gibt es unterschiedliche Auffassungen darüber, ob die staatlich geförderte Kultur von der privat finanzierten Kultur strikt abzugrenzen ist. Die meisten Untersuchungen nehmen hier eine Trennung vor. Die komplizierten und komplexen Beziehungen und Abhängigkeiten beider bleiben damit ungeklärt. Der Kulturwirtschaftsbericht Berlins aus dem Jahr 2005 etwa definierte Kulturwirtschaft als: „... alle Selbstständigen und erwerbswirtschaftlich ausgerichteten Unternehmen, die kulturelle Güter und Dienstleistungen erstellen, vermarkten, verbreiten, damit handeln sowie Kulturgüter verwahren ... Des Weiteren zählen auch gewerbliche Betriebsteile öffentlich-getragener Kulturinstitutionen ... zum erwerbswirtschaftlichen Sektor."[97] Diese Trennung wird in der internationalen Diskussion überwiegend als kontraproduktiv abgelehnt.[98]

Das sogenannte Drei-Sektoren-Modell, das zum ersten Mal im 1. Schweizer Kulturwirtschaftsbericht (2003) vorgestellt wurde, versucht die Unterschiede und Interdependenzen der Sektoren Staat, Wirtschaft und Zivilgesellschaft zu erfassen (Abbildung 4).[99] Diese Unterscheidung kann nahezu überall in Europa angewendet werden, da diese Dreiteilung praktisch für alle Kultursektoren Europas nachvollziehbar ist.[100]

Mit dem Modell wird die Absicht verfolgt, „die kapillaren Austauschbeziehungen zwischen den Sektoren zu thematisieren und bis dahin unbetretene Handlungsfelder zwischen Kultur- und Wirtschaftspolitik abzustecken".[101] Schließlich erweise sich, „dass die Chancen des kulturellen Sektors von den wechselseitigen Bezügen der drei Teilsektoren abhängen".[102] Folgerichtig werden die drei Sektoren als Segmente eines Kreises gesehen, in dessen Zentrum die selbstständigen Künstler und Kulturschaffenden stehen.

Wurde anfänglich versucht, die drei Sektoren trennscharf voneinander abzugrenzen, werden die Sektorengrenzen mittlerweile durchlässiger gefasst.[103] Das hängt auch damit zusammen, dass es auf europäischer Ebene immer stärkere Bemühungen gibt, den Abhängigkeiten und wechselseitigen Einflüssen zwischen den drei Sektoren Rechnung zu tragen.[104] Auch nach Meinung der Enquete-Kommission stehen öffentliche Kultur und Kulturwirtschaft in einem engen Wechselverhältnis. Das gilt insbesondere für den Innenkreis – den Sektor des Künstlers (der künstlerisch-kreativen Arbeit), denn Künstler werden – wenn auch in den einzelnen Sparten unterschiedlich stark ausgeprägt – zunehmend in allen drei Sektoren tätig.

---

[96] Ebd., S. 26.
[97] Kulturwirtschaftsbericht Berlin (2005), S. 8. (Kommissionsmaterialie 16/053)
[98] Vgl. Gutachten Kulturwirtschaft, S. 37. (Kommissionsdrucksache 16/192a); USA, Kanada und Australien messen den „Cultural Industries" traditionell eine hohe Bedeutung für die wirtschaftliche Entwicklung bei. Im Gegensatz zum europäischen Ansatz werden den „Cultural Industries" alle als kulturell eingeschätzten Aktivitäten zugerechnet, unabhängig davon, in welchem Maße sie privat oder öffentlich finanziert werden.
[99] Vgl. Erster Kulturwirtschaftsbericht Schweiz (Erster Kulturwirtschaftsbericht Schweiz) (2003) Hochschule für Gestaltung und Kunst Zürich. (Kommissionsmaterialie 15/046)
Vgl. Gutachten Kulturwirtschaft, S. 28. (Kommissionsdrucksache 16/192a)
[100] Vgl. Söndermann (2007a), S. 7.
[101] Erster Kulturwirtschaftsbericht Schweiz, S. 6. (Kommissionsmaterialie 15/046)
[102] Ebd.
[103] Vgl. Gutachten Kulturwirtschaft, S. 28. (Kommissionsdrucksache 16/192a)
[104] Ebd., S. 28f.

Abbildung 4

Das Drei-Sektoren-Modell des 1. Schweizer Kulturwirtschaftsberichtes[105]

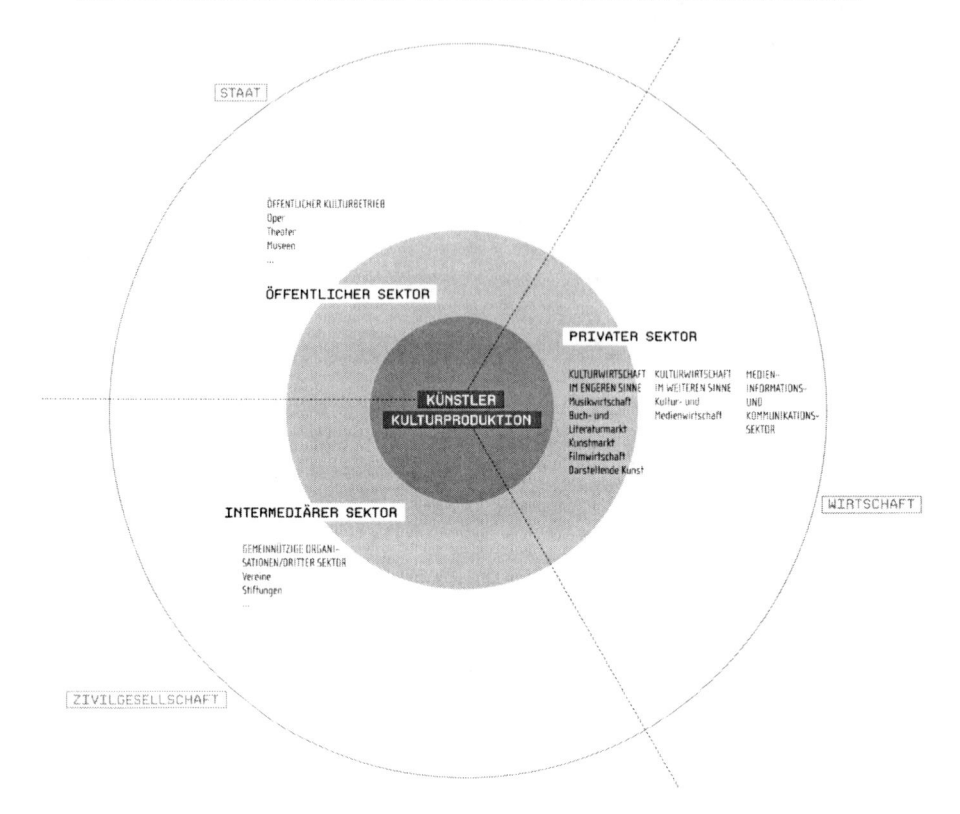

Das Drei-Sektoren-Modell ist hilfreich, weil der kulturelle Bereich als Ganzes betrachtet wird, zugleich aber wichtige Unterscheidungen, Abhängigkeiten und Wechselwirkungen darstellbar werden. Mit dem Modell wird auch der Gefahr vorgebeugt, die Politik könne durch ein unterschiedsloses Zusammenwerfen aller Kulturbereiche in den einen Begriff „Kulturwirtschaft" letztlich Argumente dafür erhalten, sich sukzessive aus der öffentlichen Finanzierung der Kultur zurückzuziehen und bisher öffentlich wahrgenommene Aufgaben an „die" Kulturwirtschaft zu delegieren.[106]

In einer von den Gutachtern entwickelten Matrix (Abbildung 5) wird die Durchlässigkeit der drei Sektoren (staatlich, zivilgesellschaftlich und privatwirtschaftlich) hervorgehoben.[107]

---

[105] Vgl. Erster Kulturwirtschaftsbericht Schweiz, S. 7. (Kommissionsmaterialie 15/046)
[106] Demgegenüber subsumiert die Mehrzahl der Kulturwirtschaftsberichte lediglich die Unternehmen unter die Kulturwirtschaft, die marktwirtschaftlich agieren (NRW, Bremen, Sachsen-Anhalt, Schweiz 2003, Zürich, Berlin, Köln, um nur einige zu nennen). Lediglich Hessen und Hamburg nutzen einen Begriff, der sowohl den privatwirtschaftlichen als auch den intermediären und den öffentlichen Kulturbetrieb umfasst. Kritisch muss jedoch eingeräumt werden, dass Letzteren jedoch auch keine umfassende Darstellung der gesamten Bereiche gelingt; vgl. auch schriftliche Stellungnahme Söndermann zur Anhörung Kulturwirtschaft zur Frage 45.1. (Kommissionsdrucksache 16/385)
[107] Vgl. Gutachten Kulturwirtschaft, S. 68. (Kommissionsdrucksache 16/192a)

Abbildung 5

Matrix kulturwirtschaftlicher Tätigkeitsarten[108]

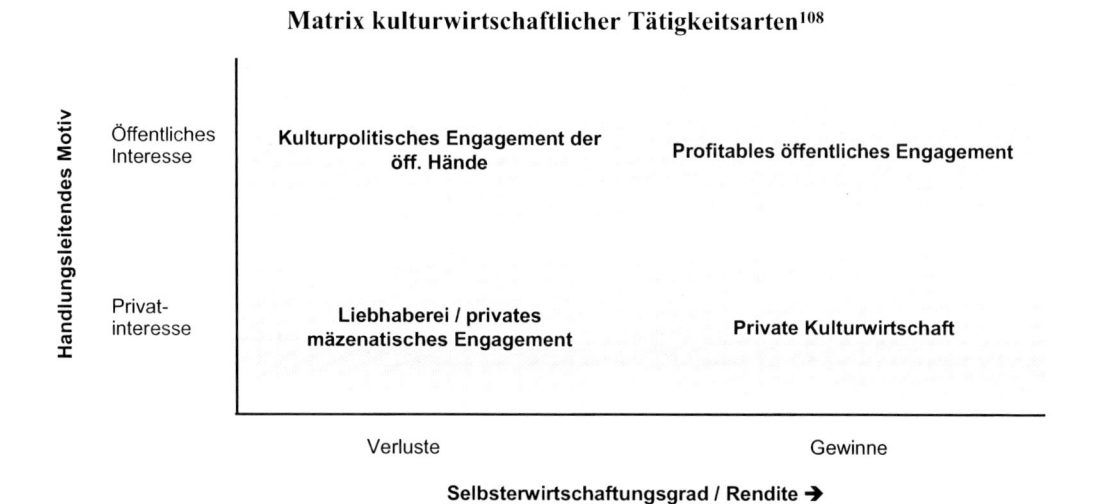

	Verluste ← Selbsterwirtschaftungsgrad / Rendite → Gewinne
Handlungsleitendes Motiv — Öffentliches Interesse	Kulturpolitisches Engagement der öff. Hände / Profitables öffentliches Engagement
Privatinteresse	Liebhaberei / privates mäzenatisches Engagement / Private Kulturwirtschaft

Auf der senkrechten Achse wird abgetragen, an welcher Stelle des Kontinuums zwischen öffentlich und privat motivierter Leistungserbringung das jeweilige Tätigkeitsfeld lokalisiert ist. Waagerecht wird abgetragen, in welchem Umfang Tätigkeitsfelder marktgängig sind. In dieser Betrachtung wird deutlich, dass in beiden Dimensionen keine scharfen Unterscheidungen möglich sind, sondern dass es sanfte Übergänge, ein Kontinuum gibt.

Entsprechend lassen sich in der Aufbereitung statistischer Daten auch keine harten Zuordnungen treffen, sondern in der Kulturwirtschaft gibt es Grade von erwerbswirtschaftlicher Orientierung, Grade der Staatsnähe oder -ferne. Die Grafik zeigt so, dass in der Kulturwirtschaft eine zu strikte Abgrenzung, etwa auf der Linie erwerbswirtschaftlich gegen staatlich, immer zu einer willkürlichen Abgrenzung relevanter Informationen führt und damit Ausgrenzungen vorgenommen werden.[109] Vor allem wird in der kulturwirtschaftlichen Matrix sinnfällig, dass ein kulturpolitisches und kulturwirtschaftspolitisches Handlungsfeld sich auch auf den staatlichen und den zivilgesellschaftlichen Bereich bezieht (siehe Abbildung 6).

Einen weiteren Faktor der inhaltlich-qualitativen Uneinheitlichkeit[110] bildet das Einbeziehen unterschiedlicher Branchen in die Kulturwirtschaftsberichte. Die Entscheidung darüber, welche Teilbranchen zur Kulturwirtschaft gerechnet werden und welche nicht, ergibt sich zum einen pragmatisch aus der Verfügbarkeit der relevanten Daten[111] und zum anderen aus der politischen Intention und der strategischen Zielsetzung der jeweiligen Untersuchung. Basisdaten werden auf den jeweiligen Erkenntniszweck zugeschnitten interpretiert.[112] Zum Beispiel wird der Bereich Medienwirt-

---

[108] Vgl. Gutachten Kulturwirtschaft, S. 70. (Kommissionsdrucksache 16/192a)
[109] Ebd., S. 69.
[110] Vgl. schriftliche Stellungnahme Söndermann zur Anhörung Kulturwirtschaft zur Frage 45.1. (Kommissionsdrucksache 16/385)
[111] Vgl. Gutachten Kulturwirtschaft, S. 33. (Kommissionsdrucksache 16/192a)
[112] Ebd., S. 19.

schaft im Falle des Kulturwirtschaftsberichtes Köln 2000 mit in die Untersuchung aufgenommen, im Falle des Kulturwirtschaftsberichtes Hamburg 2006 wird darauf bewusst verzichtet.[113]

Doch oft scheint es nur so, dass Branchen, die in einem Bericht untersucht werden, in einem anderen Bericht nicht enthalten sind. Bei einem Vergleich von sieben deutschsprachigen Kulturwirtschaftsberichten aus den Jahren 2001 bis 2005 scheint der Bereich „Werbung" nur einmal einbezogen zu sein.[114] Bei genauerer Betrachtung findet sich diese Teilbranche jedoch unter einer anderen Kategorie wieder. So fehlt im 4. Kulturwirtschaftsbericht des Landes Nordrhein-Westfalen scheinbar die Branche „Architektur", sie taucht dann jedoch im Teilbereich „Kunst- und Designmarkt mit ergänzenden Branchen Architektur und Werbung" auf.[115]

Abbildung 6

Matrix kulturwirtschaftlicher Betriebsformen mit Beispielbetrieben[116]

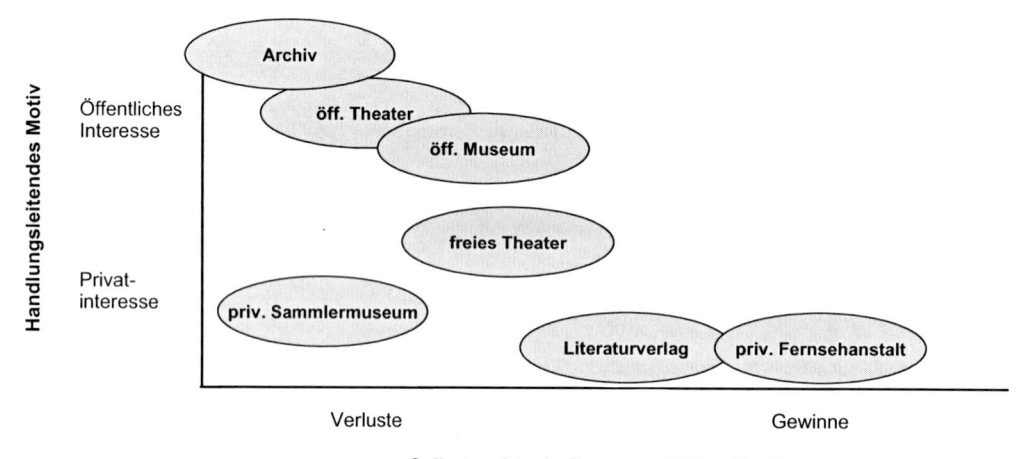

Hinsichtlich der Zuordnung von Tätigkeitsfeldern zur Kulturwirtschaft besteht – so das Gutachten „Kulturwirtschaft" – eine weitgehende Einigkeit. Die beträchtlichen Unterschiede in der qualitativen und quantitativen Erfassung von Tätigkeitsfeldern der Kulturwirtschaft ergeben sich erst auf der Ebene der Zuordnung der verfügbaren statistischen Daten.[117] Als problematisch erweisen sich hier die

---

[113] Vgl. Kulturwirtschaftsbericht Köln (2000), S. 10. (Kommissionsmaterialie 16/051) Im Falle des Kulturwirtschaftsberichtes in Köln war sicherlich intendiert, die wirtschaftliche Stärke des Bereiches Medien für die Stadt nachzuweisen. Vgl. auch http://kulturmanagement–hamburg.de/aktuell/sprech/spre_001, (Stand: 16. April 2007). Im Falle Hamburgs soll dieser umsatzstarke Bereich ausgeklammert werden, um die anderen Kulturbereiche nicht in den Schatten zu stellen, denn der Bereich Medien ist nach einer Untersuchung der Hamburger Wirtschaftsbehörde aus dem Jahr 2005 dreimal so umsatzstark wie die restliche Kulturwirtschaft. Die Hamburger Kulturbehörde und das Institut Kultur- und Medienmanagement der Hamburger Musikhochschule sprachen sich bewusst gegen eine Zusammenlegung von Kultur- und Medienwirtschaft aus. Zum Hamburger Kulturwirtschaftsbericht siehe: Kulturwirtschaftsbericht Hamburg (2006) (Kommissionsmaterialie 16/085)
[114] Vgl. Gutachten Kulturwirtschaft, S. 39. (Kommissionsdrucksache 16/192a)
[115] Ebd., Tabelle.
[116] Ebd., S. 71.
[117] Ebd., S. 41; so auch „Die anscheinend relativ problemlose Benennung von kulturwirtschaftlichen Tätigkeitsfeldern darf nämlich nicht darüber hinwegtäuschen, dass die Statistik nur in sehr eingeschränktem Maße Daten liefert, die dieser Benennung entsprechen." Ebd., S. 42. (Kommissionsdrucksache 16/192a)

Schwächen der amtlichen Statistik und die oftmals vorzunehmenden Schätzungen. Laut Gutachten entstehen die Unschärfen vor allem auf der Ebene der statistischen Klassen und Unterklassen (der sogenannten „5-Steller") der Wirtschaftszweigklassifikation. Diese wurden mal ganz, mal teilweise und mal gar nicht den Teilmärkten und -branchen der Kulturwirtschaft zugerechnet.[118] Hierauf wird in dem Kapitel 5.3, Kultur- und Kreativwirtschaft: statistische Erfassung näher eingegangen.

Die inhaltlich-qualitative Uneinheitlichkeit ergibt sich nach Darlegung der Gutachter zudem aus der Festlegung unterschiedlicher Beobachtungsebenen. Die Frage ist stets, ob ganze Branchen oder Sektoren der Kulturwirtschaft auf hohem Aggregationsniveau oder ob branchen-interne und branchenübergreifende Netzwerke in den Mittelpunkt der Betrachtungen gestellt werden.

Eine in den Kulturwirtschaftsberichten anzutreffende Unterscheidung ist die Einteilung in eine „Kulturwirtschaft im engeren Sinne" und eine „Kulturwirtschaft im weiteren Sinne".[119] Diese zielt auf eine Systematisierung der Kulturwirtschaft unter qualitativen Gesichtspunkten. Es geht dabei um die Trennung des kulturwirtschaftlichen Kernbereiches (und der unmittelbar mit ihm in Verbindung stehenden Tätigkeitsfelder) von jenen Bereichen der Kulturwirtschaft, die nur in mittelbarer Beziehung zum Kernbereich stehen. Diese Unterteilung in einen engen Sektor und einen weiten Sektor soll dazu beitragen, das Gesamtgebilde „Kulturwirtschaft" transparenter zu machen und den Blick dafür zu schärfen, welche Branchen und Sektoren unmittelbar mit der kreativen Tätigkeit von Künstlern verbunden sind und welche dieser Tätigkeit ferner stehen.[120] Die Zuordnungen erfolgen in den Kulturwirtschaftsberichten jedoch nicht einheitlich.

Das Ziel größerer Transparenz wird nach Auffassung der Enquete-Kommission mit dieser Unterscheidung verfehlt, weil eine eindeutige Trennung von enger und weiter Kulturwirtschaft nicht möglich ist. Die Enquete-Kommission plädiert daher stattdessen für eine klare Definition von Kulturwirtschaft entlang der Wertschöpfungskette.

Die Wertschöpfungskette

In der internationalen Diskussion gewinnt das Konzept der „kulturellen Wertschöpfungsketten" („Cultural Value Chain", „Creative Value Chain") zunehmend an Bedeutung. Der Ansatz zeichnet die Wertschöpfung kultureller Aktivitäten vom kreativen Akt (oder diesem vorgelagerte Aktivitäten) bis zur Aufnahme durch Publikum und Kritik nach (siehe Abbildung 7).[121]

Die Wertschöpfungskette erlaubt eine eindeutige Zuordnung von Tätigkeiten und Berufen, die in allen Stufen der Wertschöpfungskette auf den kulturellen Inhalt des in Herstellung befindlichen Produktes bezogen ist.

Der Vorteil des Wertschöpfungsmodells besteht darin, dass es eine Zerlegung des Wertschöpfungsprozesses in seine einzelnen Stufen ermöglicht und damit eine tiefergehende Betrachtung der Art und Weise, wie unterschiedliche Personen und/oder Unternehmen in die Entstehung eines kulturellen Gutes einbezogen werden.[122] Eine differenzierte Analyse der Beziehungen zwischen allen Akteuren wird möglich. Statt wenig aussagefähiger Globalgrößen sind detaillierte Erkenntnisse über den gesamten Entstehungs- und Verwertungsprozess von kulturellen Gütern und über einzelne Schritte dieses Prozesses möglich.[123]

---

[118] Ebd., S. 60.
[119] Ebd., S. 50.
[120] Ebd., S. 54. Im Ersten Kulturwirtschaftsbericht der Schweiz wird bspw. zur Kulturwirtschaft im engeren Sinne die Musikwirtschaft subsumiert, zur Kulturwirtschaft im weiteren Sinne der Phonomarkt, Vgl. dazu Erster Kulturwirtschaftsbericht Schweiz, S. 10. (Kommissionsmaterialie 15/046)
[121] Vgl. Gutachten Kulturwirtschaft, S. 54. (Kommissionsdrucksache 16/192a)
[122] Ebd., S. 56.
[123] Ebd., S. 56f.

Abbildung 7

Die kulturelle Wertschöpfungskette[124]

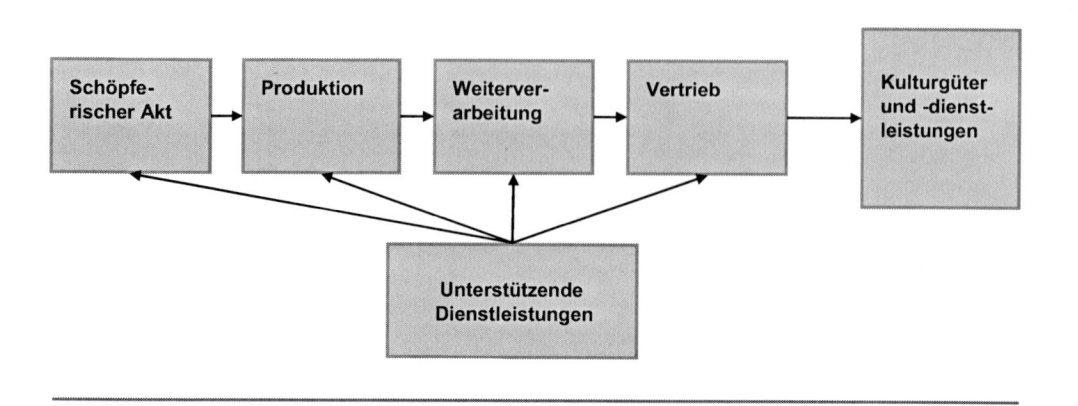

```
┌─────────────┐   ┌─────────────┐   ┌─────────────┐   ┌─────────────┐   ┌─────────────┐
│ Schöpfe-    │──▶│ Produktion  │──▶│ Weiterver-  │──▶│ Vertrieb    │──▶│ Kulturgüter │
│ rischer Akt │   │             │   │ arbeitung   │   │             │   │ und -dienst-│
│             │   │             │   │             │   │             │   │ leistungen  │
└─────────────┘   └─────────────┘   └─────────────┘   └─────────────┘   └─────────────┘
       ▲                ▲                  ▲                ▲
       │                │                  │                │
                        ┌─────────────────────┐
                        │   Unterstützende    │
                        │   Dienstleistungen  │
                        └─────────────────────┘
```

Ein weiterer Vorteil besteht darin, dass sich das Modell auf den gesamten Kulturbereich bezieht. Es ist nicht auf die erwerbswirtschaftlich tätige Kulturwirtschaft beschränkt. Öffentlich finanzierte Aktivitäten lassen sich mit dem Modell eindeutig von privatwirtschaftlich organisierten Aktivitäten trennen bzw. es lässt sich deren Ineinandergreifen konkret beschreiben, da eine detaillierte Betrachtung der einzelnen Wertschöpfungsstufen und der diesen vor- bzw. nachgelagerten Tätigkeiten und Stufen möglich ist.[125] In den einzelnen Wirtschaftszweigen und auch zwischen ihnen können die Interdependenzen somit präziser abgebildet werden.

Von Vorteil ist auch, dass das Modell der kulturellen Wertschöpfungsketten den inhaltlichen Überlegungen der Europäischen Union zur Kulturstatistik[126] entgegenkommt. Es könnte daher die konzeptionelle Grundlage einer europäischen Kulturstatistik sein.[127]

Als Nachteil benannten Experten, dass sich Abhängigkeiten nur linear definieren ließen.[128] Die Wertschöpfung vollziehe sich bei der Kulturwirtschaft aber auch in branchenübergreifenden Netzwerken, die allerdings statistisch außerordentlich schwer erfassbar seien. Dies müsse dann im Rahmen von ergänzenden qualitativen Analysen und Fallstudien dargestellt werden.

Als weiterer Nachteil wurde gesehen, dass die Kulturwirtschaft – sowie Teile der öffentlich finanzierten und bürgerschaftlich organisierten Kultur – in eine ökonomisch definierte Wertschöpfungskette eingeordnet und der Eigenwert der Kultur negiert werde.[129] Aus Sicht der Enquete-Kommission greift dieses Argument nicht, denn Kulturwirtschaftsberichte sollen gerade die wirtschaftlichen

---

[124] Vgl. Gutachten Kulturwirtschaft, S. 55. (Kommissionsdrucksache 16/192a)
[125] Ebd., S. 57.
[126] Vgl. Kap. 5.3, Kultur- und Kreativwirtschaft: Statistische Erfassung, insbesondere zu den Ausführungen zur Leadership Group (LEG) on cultural statistics.
[127] Vgl. Gutachten Kulturwirtschaft, S. 57. (Kommissionsdrucksache 16/192a)
[128] Vgl. schriftliche Stellungnahmen von Söndermann zur Anhörung Kulturwirtschaft. (Kommissionsdrucksache 16/385)
[129] Vgl. schriftliche Stellungnahme von Schwalm-Schäfer zur Anhörung zum Thema Kulturwirtschaft. (Kommissionsdrucksache 16/383); vgl. auch das Wortprotokoll der Anhörung. (Protokoll-Nr. 16/24)

Potenziale der Kulturwirtschaft erfassen und nicht die Bedeutung von Kunst und Kultur für Individuum und Gesellschaft begründen.

Insgesamt befürwortet die Enquete-Kommission die Anwendung des Modells der Wertschöpfungskette – ergänzt um qualitative Fallstudien zu den Wechselwirkungen der Teilbereiche –, da Analysen auf dieser konzeptionellen Grundlage aussagefähiger sind. Es wird möglich, Teileinheiten von Märkten, Branchen und Sektoren zu betrachten statt nur ein homogenes Ganzes. Das Modell erlaubt zudem, über den Ansatz der Wertschöpfungsketten konkrete wachstumsfördernde Interventionspunkte für die Kultur- und Wirtschaftspolitik zu identifizieren.[130]

Die Gutachter machen allerdings auch deutlich, dass die Anwendung der kulturellen Wertschöpfungskette zum einen eine tiefergehende Detailanalyse der zugrunde liegenden statistischen Daten erfordert. Zum anderen sind profunde Kenntnisse der volks- und betriebswirtschaftlichen Grundlagen und Zusammenhänge und der Beziehungsgeflechte im Kultursektor nötig. Dem schließt sich die Enquete-Kommission an.

Für Kulturwirtschaftsberichte, die in der Logik der kulturellen Wertschöpfungskette verfasst werden, schlägt die Enquete-Kommission vor, sie in zwei Teilberichte zu untergliedern:

Der erste Teil sollte – wie bisher – eine globale Darstellung der Kulturwirtschaft enthalten und den Entscheidungsträgern weiterhin die wirtschaftliche Bedeutung der Kulturwirtschaft vor Augen führen. Dieser Globalbericht sollte einen bundeseinheitlich abgestimmten Kernbereich kulturwirtschaftlicher Tätigkeitsfelder abbilden. Zusätzliche Untersuchungen könnten modulartig darauf aufbauen.

Der zweite Teil sollte differenzierte, kleinräumige Untersuchungsergebnisse darstellen. Er sollte Erkenntnisse über die inneren Zusammenhänge einzelner – für die Region/das Land bedeutsamer – Branchen und zwischen einzelnen Branchen sowie entsprechende Handlungsempfehlungen liefern. Vor allem diese Detailbetrachtungen können konkrete Ansatzpunkte für politisches Handeln aufzeigen.[131]

Der Wunsch nach einer bundeseinheitlichen Abstimmung der kulturwirtschaftlichen Tätigkeitsfelder legt nahe, dass der Bund sich hier engagiert und einen Bericht vorlegt.

Kultur- und Kreativwirtschaft begrifflich neu fassen

Das Gutachten „Kulturwirtschaft" stellt den künstlerischen Beruf (die künstlerisch-kreative Arbeit) – die als Kern der Kulturwirtschaft angesehen wird – in das Zentrum seiner Betrachtungen zum Begriff der Kulturwirtschaft.[132] Künstlerische Berufe sollten pragmatisch nach der Berufsstatistik erfasst werden. Stehe der künstlerische Beruf im Zentrum der Kulturwirtschaft, „... erspart man sich alle Argumentationsschleifen darüber, welcher Kulturbegriff und welches Verhältnis von Kultur und Wirtschaft für die Begriffsbestimmung zentral sein soll ...".[133] Von Vorteil sei, dass damit jeder Künstler, ob im privaten und/oder im öffentlichen Sektor tätig, einbezogen werde.

Die Enquete-Kommission kann dieser pragmatischen Herangehensweise an die inhaltliche Bestimmung von Kulturwirtschaft nur zum Teil folgen. Es bleibt zu betonen, dass im Mittelpunkt der Kulturwirtschaft nicht der Beruf, sondern dessen Ausübung steht, also der schöpferische Akt der künstlerisch und kreativ Tätigen – und zwar unabhängig davon, ob diese Tätigkeit beruflich, neben-

---

[130] Vgl. Gutachten Kulturwirtschaft, S. 58. (Kommissionsdrucksache 16/192a); zur Auswirkung der Digitalisierung auf die kulturwirtschaftliche Wertschöpfungskette vgl. Mayer (2007).
[131] Vgl. Gutachten Kulturwirtschaft, S. 58. (Kommissionsdrucksache 16/192a)
[132] Ebd., S. 61.
[133] Ebd.

beruflich oder ehrenamtlich ausgeführt wird. Die Laienkultur stellt zum Beispiel im Bereich Musik einen erheblichen Nachfragefaktor dar: direkt durch die Umsatzimpulse in der Musikinstrumentenproduktion und dem Musikinstrumentenhandel sowie der Kostümherstellung, aber auch bei Druckerzeugnissen und Medien. Indirekte Impulse werden durch die Umwegrentabilität gemessen. Mit dieser inhaltlichen Begriffsbestimmung erkennt die Enquete-Kommission den Wert jedes einzelnen Künstlers und Kreativen an, unabhängig davon, ob seine Leistung – im Sinne eines Kulturwirtschaftsberichtes – messbar ist oder nicht.

Die Enquete-Kommission spricht sich dafür aus, aufbauend auf dem Drei-Sektoren-Modell und dem Gedankengerüst der Wertschöpfungskette, den Begriff Kulturwirtschaft für den erwerbswirtschaftlichen Sektor zu verwenden und dabei die Bereiche der Kreativwirtschaft mit einzubeziehen. Die Enquete-Kommission entscheidet sich für den Begriff Kultur- und Kreativwirtschaft und meint damit die zuvor genannten elf Wirtschaftszweige.[134] Die Sektoren Staat und Zivilgesellschaft sollen in ihrer Bedeutung und den Interdependenzen zum erwerbswirtschaftlichen Sektor berücksichtigt, jedoch nicht unter den Begriff der Kultur- und Kreativwirtschaft subsumiert werden.

Die Enquete-Kommission unterstreicht, dass es notwendig ist, zu einer Vereinheitlichung und Harmonisierung des Begriffes Kultur- und Kreativwirtschaft in Deutschland und in der Europäischen Union zu kommen. Hierzu ist das Zusammenwirken von Wissenschaft, Politik und Kultur- und Kreativwirtschaft unabdingbar.

C) Handlungsempfehlungen

1. Die Enquete-Kommission empfiehlt Bund, Ländern und Kommunen, den in diesem Bericht entwickelten Begriff der Kultur- und Kreativwirtschaft für den erwerbswirtschaftlichen Sektor zu verwenden. Unter Beachtung der Interdependenzen zu Staat und Zivilgesellschaft soll dabei von dem Drei-Sektoren-Modell und dem Modell der kulturellen Wertschöpfungskette ausgegangen werden.

2. Die Enquete-Kommission empfiehlt der Bundesregierung, einen Bundes-Kultur- und Kreativwirtschaftsbericht zeitnah vorzulegen.

3. Die Enquete-Kommission empfiehlt Bund, Ländern und Kommunen, in Kultur- und Kreativwirtschaftsberichten globale Darstellungen um differenzierte Detailbetrachtungen der Kultur- und Kreativwirtschaftszweige zu ergänzen.

4. Die Enquete-Kommission empfiehlt Bund, Ländern und Kommunen, für ihre Kultur- und Kreativwirtschaftsberichte das Modell der kulturellen Wertschöpfungskette anzuwenden und dabei den Zusammenhang zwischen künstlerischem und schöpferischem Akt der Wertschöpfung und der Vermittlung und Verwertung künstlerischer Leistung darzustellen.

5.3 Kultur- und Kreativwirtschaft: Statistische Erfassung

A) Bestandsaufnahme

Die in Kapitel 5.2 dargelegten Probleme der inhaltlichen Abgrenzung der Kultur- und Kreativwirtschaft hängen auch mit den Problemen der statistischen Erfassung zusammen. Aus diesem Grund gilt die dort gegebene Bestandsanalyse auch für dieses Kapitel.[135]

Statistische Erhebungen zur Kultur- und Kreativwirtschaft weisen regelmäßig zwei Problembereiche auf, für die sich verschiedene Lösungsmöglichkeiten anbieten und die verschiedene Ergebnisse haben.

---

[134] Damit meint die Enquete-Kommission den künstlerischen Teil der Kreativwirtschaft.
[135] Vgl. Kap. 8., Kulturstatistik in der Bundesrepublik Deutschland und in der Europäischen Union.

1. Als Datenquelle wird in erster Linie die amtliche Statistik genutzt, die allerdings den kulturwirtschaftlichen Bereich nicht hinreichend aussagekräftig abbildet.[136]
2. Abhängig von der politischen Intention und der strategischen Zielsetzung der jeweiligen Untersuchung werden hier unterschiedliche Branchen einbezogen.[137]

Die folgenden Ausführungen konzentrieren sich zunächst auf das Problem der Datenquellen. Danach wird das Problem der Erfassung kulturwirtschaftlicher Daten dargestellt.

B) Problembeschreibung

Datenquellen – die amtliche und die nichtamtliche Statistik

Die Kulturwirtschaftsberichte ziehen in der Regel das Datenmaterial der amtlichen Statistik heran. Wirtschafts-, Beschäftigungs-, Export- und Investitionsdaten sind jedoch sensibler Natur und werden schon aus Konkurrenzgründen meist nicht über Branchenumfragen erhoben.[138] Die amtliche Statistik hat sich in der Vergangenheit auf die Erfassung des Produktionssektors konzentriert, der Dienstleistungssektor (dazu gehört die Kulturwirtschaft) wird erst seit einiger Zeit erfasst.[139]

Die Datenquellen der Kulturstatistik sind im Einzelnen:

– der Mikrozensus des Statistischen Bundesamtes,

– die Beschäftigtenstatistik der Bundesagentur für Arbeit (oft um die Daten der Künstlersozialkasse ergänzt) und

– die Umsatzsteuerstatistik des Statistischen Bundesamtes (auf der Basis der Daten der Steuerbehörden).

Der Mikrozensus basiert auf einer jährlich erhobenen Stichprobe, in der ein Prozent der Bevölkerung berücksichtigt wird. Er ordnet Kulturberufe nach der Selbsteinschätzung der Befragten zu. Bestimmte kulturspezifische Berufe werden jedoch nicht erfasst.[140] Erwerbstätige werden bereits als berufstätig gezählt, wenn sie regelmäßig mindestens eine Stunde pro Woche in ihrem Hauptberuf tätig sind.[141] Insgesamt ist das Spektrum der im Mikrozensus erfassten Künstler und Kulturberufe sehr weit.[142]

Die Beschäftigtenstatistik erfasst nach der jeweils gültigen Wirtschaftszweigsystematik abhängig beschäftigte Personen, die als Arbeiter, Angestellte oder Auszubildende in sozialversicherungspflichtigen Arbeitsverhältnissen stehen.[143] Dabei gehen lediglich diejenigen Personen in die Statistik ein, die mindestens 15 Stunden pro Woche arbeiten bzw. mindestens 400 Euro pro Monat verdienen. Die Beschäftigtenstatistik erfasst daher weder Beamte noch Selbstständige noch mithelfende Familienmitglieder oder ehrenamtlich Tätige. Geringfügig Beschäftigte (sogenannte Mini-Jobber) fließen nur dann in die Statistik ein, wenn aufgrund mehrerer geringfügiger Beschäftigungen Versicherungspflicht eintritt. Die regionale und wirtschaftssystematische Erfassung der Beschäftigten richtet sich nach dem Betrieb, in dem sie beschäftigt sind.[144]

---

[136] Vgl. Kap. 4.4, Wirtschaftliche Situation der Künstler- und Kulturberufe.
[137] Vgl. Kap. 5.2, Kultur- und Kreativwirtschaft: Begriff und Abgrenzung.
[138] Vgl. schriftliche Stellungnahme von Söndermann zur Anhörung Kulturwirtschaft, S. 3. (Kommissionsdrucksache 16/385)
[139] Ebd.
[140] So auch handwerklich geprägte Kulturberufe wie Keramik- und Porzellanmaler sowie marktwirtschaftlich geprägte Kulturberufe wie Kunsthändler und Galeristen, vgl. Krüger-Leißner, MdB zu „Die soziale Lage von Künstlerinnen und Künstlern". (Kommissionsdrucksache 15/338a)
[141] Vgl. Gutachten Kulturwirtschaft, S. 20. (Kommissionsdrucksache 16/192a)
[142] Vgl. Gutachten Existenzgründung, S. 14. (Kommissionsdrucksache 16/399)
[143] Vgl. Gutachten Kulturwirtschaft, S. 20. (Kommissionsdrucksache 16/192a)
[144] Ebd.

Um auch die in der Kultur- und Kreativwirtschaft selbstständig Erwerbstätigen möglichst vollständig zu erfassen, wird die Beschäftigtenstatistik oft um die Daten der Künstlersozialkasse ergänzt. Sie sollen Aufschluss über selbstständig erwerbstätige Künstler und Publizisten geben.

Die Umsatzsteuerstatistik erfasst – nach der jeweils geltenden Wirtschaftszweigsystematik – die Unternehmen, die der Umsatzsteuerpflicht unterliegen und im jeweiligen Wirtschaftsjahr einen steuerbaren Umsatz von mehr als 17 500 Euro erzielt haben.[145] Selbstständige Künstler oder andere selbstständige Akteure der Kultur- und Kreativwirtschaft mit weniger als 17 500 Euro Jahresumsatz werden nicht erfasst. Alle Umsätze – also auch solche, die in anderen Betriebsstätten des Unternehmens an anderen Orten erzielt werden – werden nur am Hauptsitz des Unternehmens und nicht am Ort anderer Betriebsstätten erfasst. Gemeinnützige Wirtschaftsunternehmen ohne Umsatzsteuerpflicht gehen mangels Steuerpflicht nicht in die Statistik ein.

Das Gutachten „Kulturwirtschaft" benennt die Mängel der Statistiken so: „Der Mikrozensus überzeichnet in der Tendenz die Zahl der in Kulturberufen Tätigen, da er auch geringfügig Beschäftigte und selbst nach der Beschäftigtenstatistik als arbeitslos geltende Personen einbezieht. Die Umsatzsteuerstatistik tendiert zu einem zu geringen Ausweis von in Kulturberufen (selbstständig) Tätigen, da sie nur diejenigen erfasst, die damit Umsätze von mehr als 17 500 Euro im Jahr erzielen. Auch die Beschäftigtenstatistik liefert in der Tendenz zu geringe Zahlen von in Kulturberufen abhängig Beschäftigten, da sie nur sozialversicherungspflichtige Beschäftigungsverhältnisse berücksichtigt."[146]

Nur Umsatzsteuerstatistik und Beschäftigungsstatistik können bis in die feinste Gliederungsebene der Wirtschaftszweigsystematik – dem sogenannten „5-Steller" – ausgewertet werden.[147] Dies ist für die empirische Erfassung der Kultur- und Kreativwirtschaft von großer Bedeutung. So wird der Buchmarkt beispielsweise in der Regel in die Wirtschaftszweige Buchverlage und Buchhandel untergliedert. Unter der Wirtschaftsabteilung „22 Verlagsgewerbe, Druckgewerbe, Vervielfältigung von bespielten Ton-, Bild- und Datenträgern" und unter der Wirtschaftsklasse „22.11 Verlegen von Büchern" liegen zum Beispiel die Wirtschaftsunterklasse „22.14.1 Verlegen von bespielten Tonträgern" und „22.14.2 Verlegen von Musikalien".[148] Diese filigrane Aufgliederung in „5-Steller" verbessert die statistische Darstellung der Kultur- und Kreativwirtschaft.

Problematisch für die statistische Erfassung der Kultur- und Kreativwirtschaft ist deren Kleinteiligkeit. Viele kultur- und kreativwirtschaftliche Unternehmen werden wegen der gesetzten Untergrenzen von der amtlichen Statistik nicht oder nur unvollständig erfasst.[149]

Um die Lücken der hier beschriebenen amtlichen Statistik zu schließen, werden oft ergänzende, nichtamtliche Statistiken von Fachverbänden und Interessenvertretungen herangezogen (zum Beispiel Theaterstatistik des Deutschen Bühnenvereins). Beim Rückgriff auf diese Statistiken ist jedoch zu berücksichtigen, dass sie im Kontext von Verbandszwecken und -interessen erhoben wurden und nicht durchgängig auf die Zwecke zugeschnitten sind, die von einer allgemeinen Kulturwirtschaftsstatistik verfolgt werden.[150]

Die Enquete-Kommission stellt fest, dass es bei der statistischen Erfassung der Kultur- und Kreativwirtschaft Einigungsbedarf gibt – sowohl hinsichtlich der zu verwendenden Daten als auch hinsichtlich der Kombination dieser Daten. Eine Einigung würde die Erhebungen aussagekräftiger und

---

[145] Ebd., S. 20f. Vgl. auch Gutachten Existenzgründung, S. 15f. (Kommissionsdrucksache 16/399)
[146] Gutachten Kulturwirtschaft, S. 21. (Kommissionsdrucksache 16/192a); Unterstreichung übernommen aus Original.
[147] Vgl. schriftliche Stellungnahme von Söndermann zur Anhörung Kulturwirtschaft, S. 4. (Kommissionsdrucksache 16/385)
[148] Vgl. Klassifikation der Wirtschaftszweige, Ausgabe 2003, Statistisches Bundesamt (Hrsg.) (2003), www.statistik-portal.de/Statistik-Portal/klassiWZ03.pdf, (Stand: 9.7.2007).
[149] Vgl. schriftliche Stellungnahme von Söndermann zur Anhörung Kulturwirtschaft, S. 4. (Kommissionsdrucksache 16/385)
[150] Vgl. Gutachten Kulturwirtschaft, S. 21. (Kommissionsdrucksache 16/192a)

vergleichbarer machen. Dabei sollte auch den Bedürfnissen der Kultur- und Kreativwirtschaft und den Anforderungen politischer Planungen Rechnung getragen werden.

Die Erfassung kultur- und kreativwirtschaftlicher Daten in Deutschland gemäß der Wirtschaftszweigsystematik

In der Regel greifen die Kulturwirtschaftsberichte in Deutschland auf die Grunddaten aus den amtlichen Statistiken der jeweiligen Länder zurück. Eher selten werden Direktumfragen wie zur Lage der Designwirtschaft, die das Ziel haben, Lücken der amtlichen Statistik zu schließen, durchgeführt.

Die statistische Definition der Kultur- und Kreativwirtschaft erfolgt üblicherweise in der Abgrenzung nach Branchen wie Musikwirtschaft, Buchmarkt, Filmwirtschaft etc.[151] Diese Kulturbranchen werden in Wirtschaftszweige untergliedert und mit statistischen Klassifikationen verknüpft. Interessant sind dann die bereits erwähnten „5-Steller".[152] Die so erfassten Wirtschaftszweige werden derzeit noch nicht im Ordnungsschema „Kultur- und Kreativwirtschaft" zusammengetragen, wie es beispielsweise für die Landwirtschaft der Fall ist. Die kulturrelevanten Wirtschaftszweige werden mühsam aus dem Gesamtsystem der Klassifikation der Wirtschaftszweige ausgewählt und zu einem neuen Branchenkomplex zusammengefasst (Reklassifikation). Dies wurde für jeden Kulturwirtschaftsbericht individuell durchgeführt.

Die Auswahl der Branchen für die Kulturwirtschaftsberichte erfolgt also nicht einheitlich. Gleiches gilt demzufolge für die Einbeziehung der „5-Steller". Dabei liegen die eigentlichen Probleme nicht bei der Auswahl der Branchen, sondern auf der Ebene der statistischen Wirtschaftsklassen und Wirtschaftsunterklassen (also der „4-Steller" und „5-Steller").[153] Innerhalb der Teilbereiche werden Wirtschaftsklassen und -unterklassen der amtlichen Statistik mal ganz, mal teilweise und mal gar nicht den Teilmärkten und -branchen der Kultur- und Kreativwirtschaft zugerechnet.[154] Eine Gegenüberstellung der Umsatzanteile der Kulturwirtschaftsberichte der Länder Hessen und Sachsen-Anhalt zeigt, wie die der Kultur- und Kreativwirtschaft beigemessenen Volumina in Abhängigkeit von der Erfassung oder Nichterfassung von Teilbereichen variieren. Hessen ermittelt in der Kulturwirtschaft einen Umsatz von 18,8 Mrd. Euro und damit einen Anteil von 4,9 Prozent am Gesamtumsatz des Landes, Sachsen-Anhalt nur eine Mrd. Euro und damit einen Anteil von 2,5 Pro-

---

[151] Vgl. schriftliche Stellungnahme von Söndermann zur Anhörung Kulturwirtschaft, S. 2. (Kommissionsdrucksache 16/385)
[152] Vgl. Klassifikation der Wirtschaftszweige, Ausgabe 2003, Statistisches Bundesamt (Hrsg.), Hier liegen bspw. unter „92 Kultur, Sport und Unterhaltung" die Bereiche „92.31.1 Theaterensembles"; „92.31.2 Ballettgruppen, Orchester, Kappellen und Chöre", „92.31.3 Selbständig bildende Künstlerinnen und Künstler" sowie „92.31.5 Selbständige Komponistinnen, Komponisten, Musikbearbeiterinnen und Musikbearbeiter", www.statistik-portal.de/Statistik-Portal/klassiWZ03.pdf, (Stand: 9. Juli 2007).
[153] Vgl. Kap. 5.2, Kultur- und Kreativwirtschaft: Begriff und Abgrenzung.
[154] Vgl. Gutachten Kulturwirtschaft, S. 60. (Kommissionsdrucksache 16/192a); vgl. auch zur Verdeutlichung die Ausführungen zum Kunstmarkt Ebd., S. 42ff. (Kommissionsdrucksache 16/192a); vgl. Klassifikation der Wirtschaftszweige (2003). Danach zählen zum Kunstmarkt unter der Wirtschaftsabteilung „52 Einzelhandel, Reparatur von Gebrauchsgegenständen" die Wirtschaftsgruppe „52.4. Sonstiger Facheinzelhandel (in Verkaufsräumen)" darunter die Wirtschaftsklasse „52.48. Einzelhandel mit Tapeten, Bodenbelägen, Kunstgegenständen, Briefmarken, Münzen, Geschenkartikeln, Uhren, Schmuck und Spielwaren" und dann schließlich in der Wirtschaftsunterklasse „52.48.2 Einzelhandel mit Kunstgegenständen, Bildern, kunstgewerblichen Erzeugnissen, Briefmarken, Münzen und Geschenkartikeln". Nun ist fraglich, welche Unterkategorien in die Analyse einbezogen werden. Diejenigen Länder – Hessen, Schleswig-Holstein, Berlin –, die den Kunstmarkt in den Bericht einfließen lassen, gehen hier unterschiedlich vor. Dementsprechend unterschiedlich ist die Größe der Branchen. Michael Söndermann berücksichtigt die in der Statistik für die Unterklassen 52.48.2 gelieferten Zahlen anteilig mit 10 % des in der Statistik ausgewiesenen Wertes. Nach Auffassung der Enquete-Kommission ein richtiges Vorgehen, problematisch ist nur, dass sich auf ein solches Vorgehen national geeinigt werden müsste. Siehe zur statistischen Abgrenzung der Kernbranchen der Kulturwirtschaft nach der offiziellen Klassifikation der Wirtschaftszweige (2003); vgl. dazu Kap. 5 Kultur- und Kreativwirtschaft, Anhang 2.

zent.[155] Hessen nimmt eine sehr großzügige Zuordnung von Teilbereichen zur Kulturwirtschaft vor, Sachsen-Anhalt bevorzugt eine eher enge und konservative Definition.[156]

Eine Verständigung über die auszuwählenden Branchen und über die unter den Branchen liegenden „5-Steller" ist vor diesem Hintergrund dringend erforderlich.

Eine verbindliche Festlegung der Tätigkeitsfelder, die der Kultur- und Kreativwirtschaft zuzurechnen sind, hat zunächst die unbestrittenen Branchen und Tätigkeitsfelder umfasst: Literatur, darstellende Kunst, bildende Kunst, Musik, Film, Rundfunk und Design. Modulartig können Bereiche wie Architektur und Softwareentwicklung hinzugenommen werden. Eine Einigung müsste auch darüber erfolgen, wie gegebenenfalls Schätzungen über die kulturwirtschaftlichen und die nichtkulturwirtschaftlichen Anteile bestimmter Teilbereiche vorgenommen werden sollten.[157] Schließlich wäre zu klären, welche Teilbereiche, Klassen und Unterklassen der amtlichen Statistik einbezogen werden und wie mit nichtamtlichen Daten umzugehen ist.[158]

Solche verbindlichen Festlegungen lösen jedoch nicht das Grundproblem: Die Klassifizierung ist aus erwerbswirtschaftlicher Perspektive aufgebaut, der öffentliche oder zivilgesellschaftliche Bereich ist nicht erfasst. Eine Lösung dieses Problems steht aus. Die betreffenden Verbände sollten sich in ihren Statistiken auch an den Bedürfnissen der amtlichen Statistik orientieren.

Anstrengungen auf nationaler und europäischer Ebene zur Erfassung kultur- und kreativwirtschaftlicher Daten

Im Jahre 2005 beschloss die Wirtschaftsministerkonferenz der Länder, „… erstmals für Deutschland eine gemeinsame Abgrenzung der Kulturwirtschaft auf der Basis der amtlichen Statistik vorzunehmen und Bund, Ländern und Unternehmen ein Planungs- und Analyseinstrument zur Verfügung zu stellen. Die Analyse soll sich am Schweizer Drei-Sektoren-Modell und der europäischen Fachdebatte orientieren."[159] Die Bundesregierung wurde gebeten, Mittel zur Durchführung des Forschungsprojektes „Statistische Daten zu Beschäftigung und Umsatz in kulturrelevanten Wirtschaftszweigen in der Bundesrepublik Deutschland und den einzelnen Bundesländern" der Statistischen Ämter des Bundes und der Länder (im Folgenden: „Projekt DESTATIS") bereitzustellen. Es hat zum Ziel, statistische Daten zu Beschäftigung und Umsatz im öffentlichen, gemeinnützigen und erwerbswirtschaftlichen Sektor bereitzustellen. Um international anschlussfähig zu sein, orientiert sich das „Projekt DESTATIS" an der Gliederung der Kulturbereiche in der EU-Kulturstatistik. Experten konstatierten jedoch, dass die Pläne der Europäischen Union nicht mit dem „Projekt DESTATIS" kompatibel seien, es gäbe allerdings gemeinsame Schnittmengen.[160] Die Bundesregierung hat eine finanzielle Unterstützung abgelehnt, weil die aus der neuen Statistik zu generierenden Daten mit der europäischen Ebene nicht vergleichbar seien.

---

[155] Vgl. Gutachten Kulturwirtschaft, S. 45. (Kommissionsdrucksache 16/192a)

[156] Ebd., S. 44. Wirtschaftliche Anteile von Hörfunk und Fernsehen werden bspw. in Hessen wegen ihrer unklaren Abgrenzung zu öffentlich-rechtlich bedingten Ausgaben nicht erfasst.

[157] z. B. im zuvor schon genannten Architekturbereich. Vgl. Gutachten Kulturwirtschaft, S. 64, (Kommissionsdrucksache 16/192a); vgl. auch Erster Kulturwirtschaftsbericht Schweiz, (Kommissionsmaterialie 15/046). Dieser kommt diesen Vorstellungen der Gutachter am nächsten.

[158] Vgl. Gutachten Kulturwirtschaft, S. 62ff. (Kommissionsdrucksache 16/192a); Dies geht mit Söndermann konform, der meint, dass in einem gemeinsamen statistisch-quantitativen Kulturwirtschaftsbegriff diejenigen Kernbereiche erfasst werden sollten, die von den meisten Akteuren in Wirtschaft, Politik und Forschung als minimaler Konsens der Wirtschaftszweige akzeptiert werden können. In einem iterativen Prozess könnten dann die zusätzlichen Bereiche einbezogen werden. Vgl. Schriftliche Stellungnahme von Söndermann zur Anhörung Kulturwirtschaft, S. 3. (Kommissionsdrucksache 16/385)

[159] Vgl. Beschluss der Wirtschaftsministerkonferenz am 13./14. Dezember 2005 in Stuttgart, zum Punkt 14 der Tagesordnung. (Kommissionsmaterialie 16/180)

[160] Vgl. schriftliche Stellungnahme von Schwalm-Schäfer zur Anhörung Kulturwirtschaft (Kommissionsdrucksache16/383) und vgl. schriftliche Stellungnahme von Söndermann zur Anhörung Kulturwirtschaft. (Kommissionsdrucksache 16/385)

Die EU-Kulturminister haben sich auf ihrer Tagung im Herbst 2006 in Auswertung der EU-Studie der Empfehlung angeschlossen, den Kulturwirtschaftsbegriff und die Kulturwirtschaftsstatistik zu harmonisieren.

Das in Europa bestehende Klassifikationsschema der Wirtschaftszweige (NACE[161]) kennt den Begriff der Kultur- und Kreativwirtschaft nicht. Auch auf europäischer Ebene müssen deshalb die kulturrelevanten Wirtschaftszweige erst aus dem Gesamtsystem NACE ausgewählt werden.

Sowohl die Diskussionen zur Revision der NACE-Wirtschaftszweigklassifikation der Europäischen Union als auch die jahrelangen Beratungen der beim Europäischen Statistikamt (EUROSTAT) eingerichteten „Leadership Group on cultural statistics" (im Folgenden: LEG-Group) der Europäischen Union haben zu ersten vorzeigbaren Resultaten geführt.[162] Es wurden dringend erforderliche Modifikationen der Datenbasis vorgenommen und Schritte zur Erhöhung der Kompatibilität der nationalen Statistiken mit der EU-Statistik eingeleitet.[163] Dabei ging es der Europäischen Union nicht darum, eine neue Wirtschaftsstatistik nach den Anforderungen des kulturellen Sektors zu schaffen. Vielmehr handelte es sich um den Versuch, „... einen thematisch wünschenswerten Katalog (Was gehört zu einer zukunftsfähigen Definition der Kulturwirtschaft?) zu kombinieren mit der derzeit vorliegenden empirisch-statistischen Gliederung (Welche relevanten Daten werden bereits erfasst?)."[164]

Die LEG-Group wurde im Jahr 2000 in die Arbeitsgruppe Kulturstatistik unter der Leitung von EUROSTAT transformiert, die bis zum Jahr 2002 arbeitete.[165] Ziel war es, die Aktivitäten der LEG-Group in enger Zusammenarbeit mit den Mitgliedsstaaten weiterzuführen. In vier Arbeitsgruppen sollten Methoden und Standards zur Erfassung und Bewertung von Daten entwickelt werden. Hauptziele der LEG-Group waren: die vorhandenen Statistiken zu strukturieren, die nationalen und internationalen Klassifikationen an die spezifischen Gegebenheiten der Kulturstatistik anzupassen, existierende Datenquellen zu untersuchen und weiterzuentwickeln sowie neue Datenquellen zu erarbeiten.[166] Ein Abschlussbericht konnte nicht vorgelegt werden, da die Arbeitsgruppe ihre Arbeit nicht beenden konnte.[167] Einige Zwischenergebnisse sind aus deutscher Sicht dennoch wertvoll.[168]

Dies betrifft zum Beispiel die Arbeitsgruppe Methodik: Ziel der Arbeitsgruppe war es, ein statistisches Gesamtsystem für die Kultur in Europa zu entwerfen. Sie hat einen thematischen Gliederungsrahmen für den gesamten Kultursektor erstellt. Die weitere Arbeit, diese Gliederung mit den

---

[161] NACE = **N**omenclature statistique des **A**ctivitées économiques dans la **C**ommunauté **E**uropéenne. Es ist die statistische Systematik der Wirtschaftszweige in den Europäischen Gemeinschaften zur Wirtschafts- und Beschäftigungsstatistik. In Deutschland ist dies die „Klassifikation der Wirtschaftszweige (2003)", in Großbritannien entsprechend „SIC 2003", in der Schweiz „NOGA 2003" und in Österreich „ÖNACE2"; vgl. auch Söndermann (2007a), S. 30 sowie Erster Kulturwirtschaftsbericht der Schweiz (2003), S. 44, zur Erläuterung der Abhängigkeiten zwischen NACE (Europa) und WZ (Deutschland). (Kommissionsmaterialie 15/046)
[162] Vgl. Gutachten Kulturwirtschaft, S. 47. (Kommissionsdrucksache 16/192a). Die LEG-Group wurde 1997 gegründet.
[163] Vgl. Gutachten Kulturwirtschaft, S. 47. (Kommissionsdrucksache 16/192a)
[164] Ebd., S. 47f.; vgl. auch Erster Kulturwirtschaftsbericht der Schweiz (2003), S. 42f., insbesondere die Abbildung S. 43. (Kommissionsmaterialie 15/046)
[165] Vgl. J. Geppert: Cultural Statistics – the EU level and experience with Leadership Groups (LEG), (2006), S. 1 und S. 8, www.cultural-economy.eu/sg.php?lang=de, (Stand: 9. Juli 2007).
[166] Ebd.
[167] Vgl. schriftliche Stellungnahme von Söndermann zur Anhörung Kulturwirtschaft, S. 10. (Kommissionsdrucksache 16/385); vgl. auch J. Geppert: Cultural Statistics – the EU level and experience with Leadership Groups (LEG), (2006), S. 9, www.cultural-economy.eu/sg.php?lang=de, (Stand: 9.7.2007). Der Rat der Europäischen Kommission hat in den „Schlussfolgerungen des Rates zum Beitrag des Kultur- und Kreativbereichs zur Verwirklichung der Ziele der Lissabon-Strategie" vom 8. Mai 2007, S. 5. (Kommissionsmaterialie 16/179) die EU-Kommission ersucht, die Förderung einer faktengestützten Politikgestaltung zu verstärken und dabei auf den Arbeiten von EUROSTAT aufzubauen.
[168] Ebd., S. 9.

einzelnen Feldern der Klassifikation der Wirtschaftszweige und der Klassifikation der Berufe zu verknüpfen, konnte jedoch nicht beendet werden.[169] Die Weiterentwicklung zu einem statistischen Standardmodell bedarf daher noch erheblicher Anstrengungen. Nach Auffassung von Experten wird der Entwicklung einer einheitlichen europäischen Kulturstatistik derzeit aber nicht das erforderliche Augenmerk geschenkt.[170]

Die Zukunft auf europäischer und deutscher Ebene

Eine verbesserte Kulturwirtschaftsstatistik wird es nur geben, wenn sich alle Akteure – von der Europäischen Union über den Bund bis zu den Ländern – dieser Aufgabe verschreiben.

Die Gutachter „Kulturwirtschaft" schlagen vor, sich bei der Verbesserung der deutschen Statistik eng an einer noch zu erarbeitenden europäischen Lösung zu orientieren.[171] Diese Auffassung teilt die Enquete-Kommission. Die Erarbeitung einer deutschen Kultur- und Kulturwirtschaftsstatistik, abgekoppelt von der europäischen Entwicklung, wäre kontraproduktiv, zumal es auf europäischer Ebene Bestrebungen gibt, bei der Erhebung wirtschaftlicher Daten die Abgrenzung des privatwirtschaftlichen vom öffentlichen und intermediären Bereich zu überwinden.[172] Damit würde der „kulturelle Sektor" als (gegliedertes) Ganzes in den Mittelpunkt der Statistik rücken. Das vorhandene Instrumentarium der deutschen Statistik sollte so verbessert und verfeinert werden, dass es kompatibel zur europäischen Statistik ist. Darüber hinaus sollten Detailuntersuchungen forciert werden.[173]

Derzeit lässt die auf der Wirtschaftszweigklassifikation NACE aufbauende Statistik es nicht zu, auch den öffentlichen und zivilgesellschaftlichen Sektor – in ihrer wirtschaftlichen Bedeutung – abzubilden. Auch die EU-Studie konnte dieses Problem noch nicht lösen. Dort wurde der Kultur- und Kreativsektor in vier Kreise untergliedert:[174] Die „Kerngebiete der Kunst/Core Arts Field" (Kreis: Kerngebiete der Kunst), die „Kulturbranchen/Cultural Industries" (Kreis 1) sowie die kreativen Branchen und Aktivitäten/Creative Industries und Activities" (Kreis 2) und die „verwandten Industrien/related Industries" (Kreis 3).[175]

Diese Gliederung birgt viele Unsicherheiten. Experten weisen darauf hin, dass der Vergleich der in Anführungszeichen gesetzten deutschen wie englischen Originalbegriffe die Schwierigkeiten in der Verwendung von Grundbegriffen zeige. Unklar bleibt, ob es sich um „Gebiete", um „Aktivitäten" oder um „Industrien" handele.[176] Dabei betrifft dies keineswegs Übersetzungsprobleme, vielmehr ist die Unklarheit Ausdruck der noch gering entwickelten theoretischen Durchdringung, die es zu beheben gilt.

Auch die vorgenommene Zuordnung der Wirtschaftszweige zu den Bereichen kann aus Sicht der Enquete-Kommission nicht überzeugen. Die Anzahl von Wirtschaftszweigen, die den Bereichen jeweils zugeordnet werden, ergibt ein verzerrtes Bild.[177] Dem Bereich Design werden etwa 25 Wirtschaftszweige zugeordnet, darunter der Groß- und Einzelhandel und die Textil- und Bekleidungsindustrie.[178] Dem Bereich darstellende Kunst hingegen werden nur zwei Wirtschaftszweige zuge-

---

[169] Ebd.
[170] Ebd. S. 10.
[171] Vgl. Gutachten Kulturwirtschaft, S. 48. (Kommissionsdrucksache 16/192a)
[172] Ebd.
[173] Ebd.; vgl. Kap. 5.2, Kultur- und Kreativwirtschaft: Begriff und Abgrenzung.
[174] Vgl. schriftliche Stellungnahme von Söndermann zur Anhörung Kulturwirtschaft, S. 5. (Kommissionsdrucksache 16/385)
[175] Vgl. Kap. 5., Kultur- und Kreativwirtschaft, Anhang 1, Abb. 10.
[176] Vgl. schriftliche Stellungnahme von Söndermann zur Anhörung Kulturwirtschaft, S. 5. (Kommissionsdrucksache 16/385)
[177] Ebd., S. 7.
[178] Die Designverbände in Deutschland ordnen lediglich drei bis fünf Wirtschaftszweige dem Designbereich zu.

ordnet. Damit wird eines der bedeutendsten Felder des europäischen Kultursektors empirisch marginalisiert.[179]

Die Enquete-Kommission kann nur bedingt der in der EU-Studie vorgeschlagenen Definition der Kultur- und Kreativwirtschaft folgen. Sie plädiert dafür, eine neue Kulturwirtschaftsstatistik auf der Grundlage der europäischen Wirtschaftszweigklassifikation zu entwickeln, die dann auch auf nationaler Ebene in Deutschland Anwendung finden sollte.[180]

C) Handlungsempfehlungen

1. Die Enquete-Kommission empfiehlt Bund und Ländern, sich mithilfe von Experten aus Wissenschaft, Kultur- und Kreativwirtschaft sowie Politik auf eine statistische Darstellung von Kultur- und Kreativwirtschaft zu verständigen. Zu klären ist unter anderem, welche Wirtschaftsklassen und Wirtschaftsunterklassen der amtlichen Statistiken und welche Bereiche nichtamtlicher Statistiken bei der Erfassung der Kultur- und Kreativwirtschaft Berücksichtigung finden sollten. Dabei ist darauf zu achten, dass diese statistische Darstellung mit europäischen Ansätzen weitgehend kompatibel ist. Geprüft werden muss zudem, wie eine statistische Einbeziehung der wirtschaftlichen Dimensionen des zivilgesellschaftlichen und des öffentlichen Sektors ermöglicht werden kann.

2. Die Enquete-Kommission empfiehlt der Bundesregierung, wissenschaftliche Analysen zur Verbesserung der amtlichen und nichtamtlichen Statistik intensiver zu fördern.

5.4 Förderung von Kultur- und Kreativ-wirtschaft

5.4.1 Kultur als Standortfaktor für die Kultur- und Kreativwirtschaft

A) Bestandsaufnahme und
B) Problembeschreibung

Der Erfolg kultur- und kreativwirtschaftlicher Unternehmen wird maßgeblich durch die Kräfte des Marktes definiert. Der Staat ist durch ordnungspolitische Maßnahmen an der Gestaltung von Märkten beteiligt. Er organisiert die Rahmenbedingungen für Wettbewerb, Erfolg und Risiken von Akteuren der Kultur- und Kreativwirtschaft. Aus förderpolitischer Sicht lenkt dies den Blick auf Fragen von strukturellen Voraussetzungen wie innerstädtische Standortbedingungen, regionale und kommunale Kultur-, Wirtschafts- und Stadtentwicklungspolitik.

Kultur ist nicht nur bedeutsam im Hinblick auf die gesamtwirtschaftliche Entwicklung; für Städte und Regionen ist Kultur auch ein beachtlicher Standortfaktor.[181] Harte Standortfaktoren (zum Beispiel Mieten, die Höhe der Steuern, Abgaben und Arbeitskosten oder direkte Subventionen) können mittels konkreter Zahlen abgebildet werden und fließen so direkt in die Wirtschaftlichkeitsberechnung eines Unternehmens zur Wahl eines Standortes ein. Weiche Standortfaktoren (wie zum Beispiel Bildungsangebote, kulturelle, soziale und sportliche Infrastruktur) sind besonders für das Ma-

---

[179] Vgl. schriftliche Stellungnahme von Söndermann zur Anhörung Kulturwirtschaft, S. 7. (Kommissionsdrucksache 16/385). Söndermann führt aus, dass sich die EU-Studie lediglich auf 1,5 Seiten dem Kapitel „Performing Arts" zuwendet. In der Kulturforschung gehe man davon aus, dass der öffentliche Theatersektor in den deutschsprachigen Ländern bereits 50 Prozent des gesamten weltweiten Theatersektors ausmacht. In dem Fachkapitel wird jedoch weder auf die deutsche, österreichische noch schweizerische Theaterlandschaft eingegangen.

[180] Nur an einer Stelle der Studie (Kapitel III „Cultural Employment") wird die Wirtschaftszweigklassifikation NACE genutzt, vgl. schriftliche Stellungnahme von Söndermann zur Anhörung Kulturwirtschaft, S. 7f. (Kommissionsdrucksache 16/385)

[181] Vgl. Hoffmann (1986), der vom Nebennutzen der Kultur spricht.

nagement und die Beschäftigten sowie deren Familien interessant und tragen so zur Attraktivität eines Standorts bei.[182]

Damit sind sowohl ein vielfältiges kulturelles Angebot als auch das kulturelle Umfeld wichtige Argumente bei der Entscheidung über eine Unternehmensansiedelung. Weiche Standortfaktoren sind im Gegensatz zu harten Standortfaktoren nur schwer zu quantifizieren. Sie unterliegen im Wesentlichen subjektiver Beurteilung. Inwiefern kulturelle Faktoren für eine Unternehmensansiedelung den Ausschlag geben, „ist [...] im Einzelnen nicht messbar."[183] Gleichwohl ist allgemein bekannt, dass sich hochqualifiziertes Personal wesentlich leichter anwerben lässt, wenn ein entsprechendes kulturelles Angebot und Umfeld vorhanden sind.[184]

Wissenschaftliche Untersuchungen widmeten sich der Frage, ob und in welchem Umfang Ansiedelungen von Unternehmen aus der Industrie- und Dienstleistungsbranche durch weiche Standortfaktoren beeinflusst werden.[185] Ferner wurde die ökonomische Bedeutung kultureller Angebote untersucht und die sogenannte Umwegrentabilität[186] analysiert.

Im Ergebnis bleibt festzuhalten, dass im Wettbewerb um Unternehmensansiedelungen weiche Standortfaktoren die Standortentscheidungen der Industrie- und Dienstleistungsbranche, aber auch das Tourismusaufkommen nicht unwesentlich beeinflussen. Deshalb sollten Regionen und Kommunen auch im Interesse ihres Standortmarketings die kulturellen Potenziale nutzen, sie weiterentwickeln und auch offensiv vermarkten.[187]

Welche Bedeutung kulturelle Angebote als Standortfaktor für die Kultur- und Kreativwirtschaft haben, ist bisher wenig erforscht.[188]

Für Kultur- und Kreativwirtschaftsunternehmen ist das kulturelle Angebot einer Stadt eine wesentliche Voraussetzung ihrer originären unternehmerischen Tätigkeit. Die kulturelle Vielfalt von Angeboten und Veranstaltungen (Theater, Opern, Museen, soziokulturelle Zentren, Literatur- und Künstlerhäuser etc.) wirkt „szenebildend". Diese bringt kultur- und kreativwirtschaftliche Unternehmen hervor oder verstärkt deren Ansiedelung.[189] Kleinst- und Kleinunternehmen der Kultur- und Kreativwirtschaft arbeiten zwischen künstlerischer und kreativwirtschaftlicher Produktion. Künstlerisch Kreative treten bei der Vermarktung der eigenen Kunst als Unternehmer auf und/oder arbeiten in teilweise künstlerisch-kreativen Berufen (sowohl freiberuflich als auch abhängig beschäftigt), die wiederum als Grunderwerbsquelle dienen. So studieren Künstler an einer Hochschule, sind Publikum, verkaufen ihre künstlerischen Arbeiten an Dritte und treten so selbst als Unternehmer auf. Einige beziehen ihren Verdienst aus einer freiberuflichen Tätigkeit, etwa als Designer in einer Werbeagentur und engagieren sich zum Beispiel als Künstler ehrenamtlich. Das Wirken der Kleinst- und Kleinunternehmer ist durch direkte Wechselbeziehungen zwischen unmittelbarer künstlerischer Produktion und Erwerbsarbeit gekennzeichnet. Aber auch mittlere Unter-

---

[182] Vgl. Wissenschaftliche Dienste des Deutschen Bundestages (2006a), S. 4ff.
[183] Wissenschaftliche Dienste des Deutschen Bundestages (2006a), S. 5.
[184] Vgl. Gottschalk (2006), S. 81f.
[185] Vgl. Hummel/Brodbeck (1991).
[186] Berechnungen zur Umwegrentabilität bringen zum Ausdruck, dass öffentliche Investitionen in kulturelle Angebote Einnahmen in privaten Wirtschaftsbereichen, insbesondere in Gastronomie und Hotels, nach sich ziehen. Vgl. Kap. 5.1, Gesellschaftliche Bedeutung von Kultur- und Kreativwirtschaft; vgl. Wissenschaftliche Dienste des Deutschen Bundestages (2006a), S. 11f.
[187] Vgl. auch Kap. 5.4.2, Kulturtouristisches Marketing/Kulturcluster.
[188] Vgl. Kunzmann (2006), S. 4. Vgl. aber auch Wiener Kulturwirtschaftsbericht. Zu Wien wurde festgestellt, dass zwischen öffentlich geförderter und erwerbswirtschaftlicher Kultur vielfältige Abhängigkeiten bestehen. Der Kulturbereich ist eine Mischung aus den kulturell-kreativen Akteuren (Künstler, Autoren etc.), den kulturellen zivilgesellschaftlichen Kooperationen und Initiativen sowie den öffentlichen Einrichtungen und erwerbswirtschaftlichen Kulturwirtschaftsunternehmen, vgl. dazu Häfele/Lehner/Ratzenböck (2005), S. 35ff.
[189] Vgl. Gutachten Kulturwirtschaft, S. 151. (Kommissionsdrucksache 16/192a)

nehmen[190] sind auf die kulturellen Milieus angewiesen. In der Musikwirtschaft zum Beispiel lassen sich aus diesen schon im frühen Stadium Trends ablesen oder Kontakte zu Künstlern knüpfen.[191] Ebenso profitieren Werbeagenturen vom kulturellen Umfeld, weil sie von diesem Impulse erfahren. Das kulturelle Angebot und die kulturelle Szene sind somit maßgebliche Erfolgsfaktoren für den Betrieb und die Entwicklung von Kultur- und Kreativwirtschaftsunternehmen.[192]

Neue künstlerisch-kreative Ideen entstehen in kulturellen Kontexten. Eine Region ist umso anziehender für die kulturell-kreativen Akteure, je ausgeprägter das städtische oder regionale kulturelle Umfeld ist und Diskurse über die kulturelle Identität einer Stadt oder Region möglich sind.[193] Insofern ist die kulturelle Attraktivität einer Region oder Stadt für die Kultur- und Kreativwirtschaft neben den räumlichen Verhältnissen[194] ein entscheidendes Ansiedelungsargument. Öffentlich geförderte Kultur, das kulturell-kreative Milieu sowie zivilgesellschaftliche Initiativen und die Kultur- und Kreativwirtschaft sind daher als Ganzes zu betrachten. Sie beeinflussen sich wechselseitig, trotz aller Unterschiede, wie sie vornehmlich in den Zielsetzungen zu sehen sind.[195]

Künstler und künstlerisch Kreative agieren häufig in Feldern, die einer eigenen „Logik" folgen und für planerische Instrumente allenfalls bedingt zugänglich sind. Die Aktivitäten von Künstlern und künstlerisch Kreativen sind durch informelle Strukturen und Netzwerke geprägt und können nur bedingt „gesteuert" werden. Aufgabe einer regionalen Kulturpolitik sollte es daher sein, die Akteure selbst in politische Gestaltungsprozesse einzubeziehen. Politik und Verwaltung sollten anstreben, gemeinsam mit den Akteuren aus den künstlerischen Szenen und den kulturellen Milieus, aus „etablierten Kultureinrichtungen" sowie Kultur- und Kreativwirtschaftsunternehmern deren Interessen und Probleme zu diskutieren, Potenziale auszuloten und Ziele für die weitere Entwicklung zu definieren. Dabei sollten bereits bestehende kultur- und kreativwirtschaftliche Strukturen und Netzwerke nicht vernachlässigt werden und in diese Prozessorganisation einbezogen werden (Bestandsschutz).[196]

C) Handlungsempfehlungen

1. Die Enquete-Kommission empfiehlt den Kommunen, im Rahmen ihrer Kultur- und Kreativwirtschaftsförderung den bereits bestehenden kultur- und kreativwirtschaftlichen Strukturen ein besonderes Augenmerk zu widmen, gewachsene Strukturen und Potenziale zu identifizieren und gezielt zu fördern. Hierbei sind die Akteure aus der künstlerischen Szene, dem kulturellen Milieu, den Kultureinrichtungen und der Kultur- und Kreativwirtschaft einzubeziehen.

2. Die Enquete-Kommission empfiehlt Bund und Ländern, die wissenschaftliche Forschung zu den Interdependenzen zwischen kulturellem Angebot und Ansiedelung von Unternehmen der Kultur- und Kreativwirtschaft zu intensivieren und die Bedeutung der Kultur als Standortfaktor für die Kultur- und Kreativwirtschaft weiter zu untersuchen.

3. Die Enquete-Kommission empfiehlt Bund und Ländern, wissenschaftliche Forschung zu den Auswirkungen der Ansiedelung von Kultur- und Kreativwirtschaftsunternehmen auf den Standort zu fördern.

---

[190] Hier liegt die Definition der EU-Kommission zugrunde, nach der Kleinstunternehmen bis zu 10, Kleinunternehmen bis zu 50 Beschäftigte und mittlere Unternehmen bis 250 Beschäftigte haben.
[191] Vgl. Gutachten Kulturwirtschaft, S. 150. (Kommissionsdrucksache 16/192a)
[192] Ebd.
[193] Vgl. Mundelius (2006), S. 203.
[194] Vgl. Kap. 5.4.3, Förderung durch Raumerschließung.
[195] Vgl. Gutachten Kulturwirtschaft, S. 150. (Kommissionsdrucksache 16/192a)
[196] Vgl. Kunzmann (2006), S. 4.

5.4.2 Kulturtouristisches Marketing/Kulturcluster

A) Bestandsaufnahme

Kulturtouristisches Marketing

Kulturtouristisches Marketing bedeutet in der Regel die Gewinnung von Besuchern und Gästen für das Kultur- und Kunstleben einer Stadt, eines Landes oder eines größeren Kulturereignisses, von dem angenommen wird, dass es auch für ein nationales oder internationales Publikum interessant ist.[197] Themenjahre (Schillerjahr 2005), Großausstellungen (MoMA in Berlin), Festivals (Schleswig-Holstein Musik Festival, Händelfest in Halle etc.), Kulturhauptstädte (RUHR.2010) sind praktische Beispiele dafür.

Entscheidet sich ein Ort, eine Region oder eine Kultureinrichtung dafür, einen Entwicklungsschwerpunkt im Kulturtourismus zu setzen, muss ein kulturtouristisches Marketingkonzept erarbeitet und umgesetzt werden.[198] Die Festlegung von Zielen und Strategien auf der Grundlage einer ausführlichen Bestandsanalyse zu den internen und externen Rahmenbedingungen der Organisation ist dabei die Voraussetzung für Entwicklung und Implementierung der einzelnen Marketinginstrumente.

Die Verbindung von Kultur und Tourismus erhält in den Städten und Regionen Deutschlands immer mehr Bedeutung. Besonders strukturschwache Städte und Regionen versuchen, die touristische Nachfrage durch zusätzliche kulturelle Angebote zu steigern. Die Vermarktung einer Stadt oder Region kann mithilfe der Kultur verbessert werden, da der Kultur ein hoher Freizeitwert[199] für eine breitere Zielgruppe attestiert wird.[200] Kulturangebote oder Kulturlandschaften mit Alleinstellungsmerkmalen sind Standortbedingungen, die bei geeignetem Marketing dazu führen können, dass eine Stadt oder Region eine gesteigerte Anziehungskraft gewinnt und so für eine große Anzahl von Besuchern attraktiv wird. Dies kann zu einer Steigerung des wirtschaftlichen und touristischen Potenzials einer Stadt oder Region führen.

Städtereisen haben in Deutschland in den letzten Jahren einen überproportionalen Aufschwung erlebt. Oft wird der klassische Erholungsurlaub mit Kulturangeboten verknüpft.[201] Die Fülle möglicher kultureller Angebote stellt gerade im internationalen Vergleich einen Faktor dar, der die Vergabe von Messen, Tagungen oder anderen Veranstaltungen an eine bestimmte Stadt oder Region entscheidend mitbestimmt. Attraktive Kulturangebote sind deswegen auch ein Mittel zur Sicherung der Wettbewerbsfähigkeit Deutschlands.[202]

Die größte Wirkung des kulturtouristischen Marketings wird erzielt, wenn Städte und Regionen eine gemeinsame Marketingstrategie über die Fläche ihrer eigenen Verwaltungseinheiten hinaus

---

[197] Vgl. Antworten auf den Fragebogen der Enquete-Kommission „Kulturtouristisches Marketing" (Kommissionsdrucksache 16/225), von Bratl, Hubert (Kommissionsdrucksache 16/260), ICG culturplan (Kommissionsdrucksache 16/259), Hausmann, Andrea. (Kommissionsdrucksache 16/262)
[198] Vgl. Antwort auf den Fragebogen der Enquete-Kommission „Kulturtouristisches Marketing" (16/225), von Klein, Armin. (Kommissionsdrucksache 16/261)
[199] Sondervotum SV Prof. Dr. Dieter Kramer: „Damit wird bestätigt, dass kulturelle Betätigungen hohen Freizeitwert haben, wie auch umgekehrt Freizeitangebote kulturelle Entwicklung und Entfaltung beinhalten können. In der Alltagspraxis der Zielgruppen der ‚Erlebnisgesellschaft' hat sich das längst durchgesetzt, aber im Bericht der EK wird das nicht thematisiert. Die Bedeutung der Handlungsempfehlung 2 in 3.3.5 wird dadurch unterstrichen."
[200] Vgl. Wissenschaftliche Dienste des Deutschen Bundestages (2007c), S. 4. Zu den Zielgruppen genauer vgl. schriftliche Stellungnahme auf den Fragebogen der Enquete-Kommission „Kulturtouristisches Marketing" (16/225), Klein, Armin (Kommissionsdrucksache 16/291), Bratl, Hubert, (Kommissionsdrucksache 16/260), ICG culturplan, (Kommissionsdrucksache 167259), Hausmann, Andrea. (Kommissionsdrucksache 16/262)
[201] Vgl. Wissenschaftliche Dienste des Deutschen Bundestages (2007c).
[202] Vgl. Deutscher Tourismusverband (2006). Die Studie liefert detaillierte Marktdaten und gibt ausführliche Hinweise zur erfolgreichen Angebotsgestaltung sowie zu effizienten Marketingstrategien und Vertriebswegen.

entwickeln. Dieses kulturtouristische Regionalmarketing stellt eines der wichtigsten markt- und wettbewerbsorientierten Steuerungskonzepte zur Entwicklung einer Region dar.[203]

In Deutschland findet sich eine Fülle von kulturellen Einrichtungen respektive Veranstaltungen, darunter allein 32 UNESCO-Weltkulturerbestätten, 6 000 Museen, 360 öffentliche und private Bühnen und ca. 12 000 Kultur- und Volksfeste.[204] Dies ist ein großer Reichtum, der auch für die Umsetzung eines auf kulturellen Angeboten basierenden Marketingkonzeptes genutzt werden kann.

Einige Regionen Deutschlands haben Kulturmarketingkonzepte entwickelt. Besonders in Mittel- und Ostdeutschland lassen sich Beispiele für gelungenes Kulturmarketing finden. Die Landesmarketinggesellschaften von Sachsen (Musiklandschaft) und Brandenburg (KulturReiseLand) verfolgen eine sogenannte Dachmarkenstrategie.[205] Dabei bilden „Kultur" oder bestimmte Untergruppen wie „Musik" Sammelbegriffe, die als Reisethemen ausschlaggebend für das regionale kulturtouristische Reiseziel sein können. In Brandenburg werden so unter einem „Markennamen" eine kleine Anzahl hochrangiger Kulturevents nach festen Qualitätskriterien ausgewählt, komplette Reisepakete geschnürt und vertraglich für zwei Jahre festgelegt.[206] Viele Länder und Städte haben die Bedeutung des strategischen kulturtouristischen Themenmarketings erkannt und nutzen dieses für eine stärkere Profilierung ihres Kulturangebotes.[207] So beispielsweise die Stadt Leipzig, die mit dem jährlich stattfindenden Bachfest eine thematische Positionierung als Musik- und auch Kulturstadt erreichen möchte.[208] Wichtig ist, dass dabei Marketingziele, die Strategie und die entsprechenden Marketinginstrumente klar definiert und herausgestellt werden.

Kulturcluster

Ein Cluster[209] ist aus ökonomischer Sicht eine signifikante Anballung von Unternehmen einer Branche in einer Region.[210] Der Begriff Cluster steht für ein enges Netzwerk aus Produzenten, Zulieferern, Forschungseinrichtungen und Kunden.[211] Die Vernetzung einzelner Einheiten aus verschiedenen Bereichen steht bei der Clusterbildung im Vordergrund. Finanzielle Einsparungen im Rahmen von Synergieeffekten stehen zunächst nicht an vorderster Stelle, ergeben sich aber oft als Nebeneffekt. Unverzichtbarer Bestandteil einer Clusterstrategie ist es, gemeinsame Austauschbeziehungen entlang der Wertschöpfungskette zu erzielen. Der Austausch von Wissen und die Zusammenarbeit innerhalb eines Clusters führen dazu, dass alle beteiligten Institutionen von einer Wissenssteigerung profitieren und diese zu einem Wettbewerbsvorteil ausbauen können. In der ersten Stufe entsteht eine Innenvernetzung zwischen den einzelnen Partnern. In der zweiten Stufe entsteht durch die Zusammenarbeit innerhalb des Clusters ein Mehrwert für alle Partner durch Bündelung von Ressourcen und unterschiedlichen Kompetenzen. Ziel ist es, durch die Vernetzung von Unternehmen die wirtschaftlichen Stärken einer Region weiter zu fördern.

Wesentliche Voraussetzung einer Clusterbildung ist die sorgfältige Analyse unter Beachtung der vor Ort gegebenen wirtschaftlichen, kulturellen und gesellschaftlichen Umstände. Clusterförderung

---

[203] Vgl. Wissenschaftliche Dienste des Deutschen Bundestages (2007c), S. 5 mit weiteren Nachweisen.
[204] Ebd., S. 6.
[205] Die zukünftige Kulturhauptstadt Region RUHR.2010 verfolgt ebenso eine Dachmarkenstrategie.
[206] Vgl. Wissenschaftliche Dienste des Deutschen Bundestages (2007c), S. 21.
[207] Ebd.
[208] Vgl. Bericht der Delegationsreise der Enquete-Kommission „Kultur in Deutschland" im Februar 2007 nach Weimar, Leipzig und Halle (Bericht Delegationsreise neue Länder). (Arbeitsunterlage 16/084)
[209] cluster (englisch) = Ballung, Haufen.
[210] Vgl. Wissenschaftliche Dienste des Deutschen Bundestages (2006b), S. 3. Ein typisches Beispiel ist das kalifornische Silicon Valley.
[211] Vgl. zum Begriff Cluster: Schriftliche Stellungnahme auf den Fragebogen der Enquete-Kommission „Kulturtouristisches Marketing" (16/225), von Bratl, Hubert (Kommissionsdrucksache 16/260). Bartel macht auf den Unterschied zwischen Kultur- und Kulturwirtschaftsclustern aufmerksam. Erstere seien nicht einem ökonomischen Verwertungszwang ausgesetzt, wie dies bei Wirtschaftsclustern der Fall sei.

ist das Gegenteil der sogenannten „Gießkannen-Förderung". In einer clustergeförderten Region erhalten nicht mehr alle Akteure einen gleich hohen Anteil der Förderung. Es werden insbesondere die Bereiche gefördert, die das höchste Potenzial und die besten Wachstumsaussichten vorweisen können. Die Gründung eines erfolgreichen Clusters benötigt also ein geeignetes Potenzial in der Region. Eine zentrale Empfehlung der Enquete-Kommission „Eine Zukunft für Berlin" war, nur Bereiche zu unterstützen, die in der Stadt Berlin über eine feste Basis verfügen: das Gesundheitswesen, den Verkehrssektor und die Kreativwirtschaft mit den Untergruppen Kommunikation, Medien und Kultur.[212]

Das Prinzip der Clusterbildung lässt sich auch auf den Sektor der Kultur und Kultur- und Kreativwirtschaft übertragen. Wichtig ist, dass das Prinzip der Wertschöpfungskette als „kulturelle" Wertschöpfungskette verfolgt wird und das Produkt bzw. die Produktion entlang dieser kulturellen Wertschöpfungskette entsteht.[213] In Berlin hat sich die Auffassung durchgesetzt, dass größere Effekte zu erzielen sind, wenn die einzelnen Cluster möglichst groß angelegt sind und nicht in zu kleine Untergruppen zerteilt werden. Die räumliche Nähe und Dichte der Produktions- und Kreativpartner ermöglicht dabei Synergieeffekte und Kreativitätsgewinne, welche an anderen, weniger konzentriert gestalteten Standorten nicht erzielbar sind.

Die Dachstruktur eines Clusters muss unabhängig handeln können und darf nicht der Verwaltung einer Kommune oder eines Landes angegliedert sein. Die Dachorganisation wird von den Akteuren und nicht vom Staat getragen und kann in verschiedenen Rechtsformen organisiert sein. Die staatliche Seite ist in der Regel jedoch Impulsgeber. Möglich ist die Clusterbildung zum Beispiel in der Organisationsform einer GmbH.[214]

Für den Kultursektor Deutschlands ist die Clusterbildung ein weithin ungenutztes Werkzeug.

B) Problembeschreibung

Kulturtouristisches Marketing

In Deutschland gibt es kein einheitliches Kulturtourismuskonzept. Einzelne Regionen betreiben zwar erfolgreiche Projekte. Ein koordinierter Auftritt des Kulturstandortes Deutschland nach außen findet jedoch nicht statt. Deutschland hat es bislang nicht wahrnehmbar geschafft, einheitliche Kulturmarken oder kulturtouristische Plattformen zu etablieren, unter der sich die einzelnen Städte und Regionen vorstellen und vermarkten können. Allerdings unterstützt die Deutsche Zentrale für Tourismus (DZT) das Auslandsmarketing der Länder und der Tourismuswirtschaft.[215]

International gibt es einige Modelle strategischen Kulturmarketings, wie zum Beispiel die österreichische Initiative „Culture Tour Austria". Mit ihr wurde das Kulturtourismusprogramm Österreichs entwickelt.[216] Dazu wurde im Mai 2006 die „ARGE Culture Tour Austria" gegründet, in der die wichtigsten Kultur- und Tourismuseinrichtungen der Kulturtourismusregionen Vorarlberg, Salzburg, Linz/Oberösterreich, Graz/Steier-mark und Wien in Partnerschaft mit der „Österreich Werbung" zusammengeschlossen sind. Zuvor wurde die Koordination, Organisation und Finanzierung der wichtigsten gemeinsamen Entwicklungs- und Vermarktungsprojekte mit einer abgestimmten Zukunftsstrategie vorbereitet. Kern dieser Zukunftsstrategie ist das Programm „Kulturtourismus Austria 2010+". Sechs Schlüsselprojekte werden hier zur Entwicklung und internationalen Vermarktung zur Umsetzung empfohlen. Das Kulturkonzept Österreichs sieht Angebote für verschie-

---

[212] Vgl. Schlussbericht der Enquete-Kommission „Eine Zukunft für Berlin", Abgeordnetenhaus Berlin. (Drucksache 15/4000).
[213] Vgl. Heller, Volker, Kurzprotokoll des Experteninterviews am 27.3.2007 zum Thema Kulturwirtschaft – Politik, S. 5. (Arbeitsunterlage 16/090), Teilnehmer: Heller, Volker (Senatskanzlei Berlin) und Eschenbruch, Eva (Senatskanzlei Berlin).
[214] Kurzprotokoll des Experteninterviews am 27. März 2007 zum Thema Kulturwirtschaft-Politik, S. 5. (Arbeitsunterlage 16/090)
[215] Beispiele hierfür sind die Vermarktung des Bachjahres 2000 oder des Schillerjahres 2005.
[216] Vgl. www.culturetour.at, (Stand: 10/2007).

dene nationale und besonders internationale Zielgruppen vor. Vor allem die Überprüfung des Ist-Zustandes und die Anpassung an zeitgemäße Formen des Kulturtourismus stehen im Vordergrund. Diskutiert wurden die Stärken und Schwächen von Österreichs Kulturtourismus, die besonderen Chancen und Risiken, ein strategischer Paradigmenwechsel im Verhältnis von Kultur und Tourismus, Markenkern- und Differenzierungsstrategien für den Kulturtourismus in der Zukunft, Zukunftsstrategien und sich abzeichnende Schlüsselprojekte für eine optimale Positionierung des Kulturtourismus. Insbesondere die Schaffung einer Premiummarkenstrategie für das Kultur- und Tourismusland Österreich, aber auch die Optimierung bestehender Auslandsnetzwerke für hochwertige Kultur- und Kulturtourismuskommunikation standen im Mittelpunkt.[217] Ein Beispiel für ein bereits angestoßenes Projekt ist das Projekt „Imperial Austria", das für die bessere Vermarktung der historischen Bauten in Österreich auf den internationalen Tourismusmärkten gegründet wurde.[218]

Ähnliche Plattformen ließen sich auch für deutsche Bedürfnisse in den Ländern oder Regionen schaffen. Jedoch hätte gerade ein einheitliches Portal für Deutschland für den internationalen Markt eine enorme Bedeutung. Kulturinteressierten würde unter Einsatz (möglicherweise) zielgruppenspezifischer Marken das vernetzte kulturtouristische Angebot Deutschlands präsentiert.

Tourismussektor und Kulturlandschaft müssen in Deutschland enger zusammenarbeiten. Es mangelt aufseiten der politischen Entscheidungsträger bislang an Planungen und Förderungen des Tourismussektors und der Kulturlandschaft über Zuständigkeitsgrenzen hinweg. Eine einheitliche, das Gesamtbild beachtende Förderung von Kultur und Tourismus steckt in Deutschland in den Kinderschuhen und erfolgt nur in regional verorteten Einzelfällen. Kooperationen über Stadt- und Regionengrenzen hinweg sind notwendig. Sie stärken die Gesamtregion und führen zu Synergieeffekten. Durch ein Ensemble von kulturellen Einrichtungen in einer Region steigt die Attraktivität und Vermarktungsfähigkeit auch im touristischen Bereich. Gemeinsame Öffentlichkeitsarbeit verstärkt die Wahrnehmung.

Folgende Gruppen und Institutionen sind notwendig, um ein kulturtouristisches Marketing zu installieren: Es sind die Kulturveranstalter einzubeziehen, Tourismusorganisationen und Reiseveranstalter mit kulturellem Profil, weitere unterstützende Organisationen, wie kommunale Einrichtungen, Verkehrsbetriebe, spezialisierte Hotels, Kulturmedien etc. sowie überregionale und nationale Marketingorganisationen als Partner für die internationale Bewerbung des Angebotes und international tätige Kultureinrichtungen, welche anspruchsvolle Kulturangebote international kommunizieren können und wollen: zum Beispiel Auslandskultureinrichtungen, international präsente Medien, international tätige Konzerne.[219]

Erfolgsfaktoren für das kulturtouristische Marketing sind eine sorgfältige Abstimmung mit dem touristischen Gesamtkonzept der jeweiligen Region sowie die Herstellung von Querverbindungen zu anderen kulturellen und touristischen Angeboten der beteiligten Regionen.[220]

Damit Kultur ein tourismusmarketingrelevanter Standortfaktor wird, müssen Städte und Regionen ihr kulturelles Alleinstellungsmerkmal (sogenannte Unique Selling Proposition) erkennen und vermarkten. Städte, die dies nutzen, sind beispielsweise Berlin mit der Museumsinsel, Dresden mit der Frauenkirche oder Weimar als Klassikerstadt. Die Entwicklung eines Alleinstellungsmerkmals ist der zentrale Faktor, um erfolgreiches kulturtouristisches Marketing zu betreiben.[221]

---

[217] Vgl. Culture Tour Austria (2005), Bericht zum Thema „Kulturtourismus Austria 2010". www.culturetour.at/de/Termine-News-Downloads/texte-news/Vollversion.pdf, (Stand: 10/2007), S. 2.
[218] Vgl. Culture Tour Austria, www.culturetour.at/de/Programmergebnisse/ImperialAustria.htm, (Stand: 10/2007).
[219] Vgl. Antwort von Hubert Bratl auf den Fragebogen der Enquete-Kommission „Kulturtouristisches Marketing". (Kommissionsdrucksache 16/260)
[220] Vgl. Antwort von ICG culturplan auf den Fragebogen der Enquete-Kommission „Kulturtouristisches Marketing". (Kommissionsdrucksache 16/259)
[221] Vgl. Antwort von Andrea Hausmann auf den Fragebogen der Enquete-Kommission „Kulturtouristisches Marketing". (Kommissionsdrucksache 16/262)

Eine gemeinsame Vermarktungsstrategie von Kulturbranche und Tourismusbranche erhöht die Wahrnehmbarkeit beider Sektoren. Der Veränderung in der Gesellschaft muss Rechnung getragen werden. Die klassische Bildungsreise muss um Freizeitelemente ergänzt werden. Ziel muss sein, dem Bürger ein Mixprodukt aus unterschiedlichen Angeboten anzubieten. Langfristige Kooperationen zwischen Tourismus und Kultur schaffen Planungssicherheit.

Kulturclusterbildung

In Deutschland gibt es vereinzelte Ansätze, ein Clustermanagement im Bereich Kultur- und Kreativwirtschaft zu installieren. In Berlin, Brandenburg und Nordrhein-Westfalen beispielsweise existieren schon ein Clustermanagement bzw. Intentionen, ein solches aufzubauen.[222] Ein sinnvolles Clustermanagement im Bereich Kultur- und Kreativwirtschaft kann in der Regel von anderen Bereichen „lernen". In Berlin beispielsweise orientieren sich die Planungen am Clustermanagement im Bereich Gesundheitswirtschaft.[223]

Generell werden in Deutschland Einzelprojekte des Kultursektors gefördert. Diese Zersplitterung verhindert jedoch eine höhere Außenwahrnehmung dieser Projekte. Zu viele Ressourcen werden parallel verbraucht. Das Nebeneinander verhindert Synergieeffekte und verlangsamt den Aufbau eines sich durch Wissensvorsprung von anderen Regionen absetzenden Kultursektors.

Der Einsatz der Gießkannen-Förderung hat nicht nur im Kulturbereich in der Vergangenheit dazu geführt, dass viele Fördermittel – ohne erkennbaren Effekt für die einzelnen Regionen – versickert sind. Förderung von nicht zukunftsweisenden Branchen verhindert die schnelle Umstellung auf alternative Branchen gerade in den Regionen, die den strukturellen Umbruch benötigen. Berlin, das nach der Wiedervereinigung viele industrielle Arbeitsplätze verlor, hat erkannt, dass gerade die Besinnung auf die Stärken neues Wachstum schaffen kann. Berlin ist ein starker Kultur- und Kreativstandort, bei dem eine Kultur- und Kreativclusterbildung besonders effektiv sein kann. Cluster können nur dann erfolgreich agieren, wenn Aufgaben und Wissen aufgeteilt sind und alle Partner den von ihnen erbringbaren Anteil zum Erfolg beisteuern.

C)   Handlungsempfehlungen

1. Die Enquete-Kommission empfiehlt den Ländern, gemeinsam mit dem Bund eine Plattform für strategisches kulturtouristisches Marketing zu schaffen, mittels derer die Akteure aus Kultur und Tourismus auf freiwilliger Basis Ziele, Zielgruppen sowie Maßnahmen zur Zielerreichung bestimmen.

2. Die Enquete-Kommission empfiehlt Ländern und Kommunen, darauf hinzuwirken, dass Städte und Regionen Kultur als Alleinstellungsmerkmal für ihr Tourismusmarketing nutzen.

3. Die Enquete-Kommission empfiehlt Ländern und Kommunen, auf stärkere Kooperationen von Städten und Regionen im kulturtouristischen Bereich hinzuwirken.

4. Die Enquete-Kommission empfiehlt Bund, Ländern und Kommunen, auf eine stärkere Kooperation zwischen der Kulturbranche und der Tourismusbranche hinzuwirken und diese bei ihren gemeinsamen Marketing-Vorhaben zu unterstützen.

---

[222] Vgl. Antwort der Senatsverwaltung für Wirtschaft, Technologie und Frauen Berlin auf den Fragebogen der Enquete-Kommission, (Kommissionsdrucksache 16/291), Frage 13 sowie die Antwort des Ministeriums für Wirtschaft des Landes Brandenburg auf den Fragebogen der Enquete-Kommission, (Kommissionsdrucksache 16/290), Frage 18 sowie die Antwort des Ministeriums für Wirtschaft, Mittelstand und Energie des Landes Nordrhein-Westfalen, (Kommissionsdrucksache 16/267), Frage 19. Siehe auch Heller im Kurzprotokoll des Experteninterviews am 27. März 2007 zum Thema Kulturwirtschaft – Politik, S. 5. (Arbeitsunterlage 16/090)

[223] Vgl. Heller, Volker, Kurzprotokoll des Experteninterviews am 27. März 2007 zum Thema Kulturwirtschaft – Politik, S. 5. (Arbeitsunterlage 16/090)

5. Die Enquete-Kommission empfiehlt der Bundesregierung, gemeinsam mit der Kultusministerkonferenz einen Wettbewerb auszuloben, mit dem das besondere Engagement von Städten und Regionen für ein vielfältiges kulturelles Angebot gewürdigt und ein weiteres Engagement gefördert werden soll. Das könnte in Form einer Ausschreibung für eine „Kulturstadt Deutschland" in einem vierjährigen Rhythmus geschehen.

6. Die Enquete-Kommission empfiehlt Bund, Ländern und Kommunen, Kulturcluster als Mittel zur Bündelung von Ressourcen im kulturellen Sektor und zur Steigerung der Wertschöpfung zu fördern und zu unterstützen sowie Ansprechpartner für die Akteure eines Clusters in Verwaltung und Politik zu benennen.

5.4.3 Förderung durch Raumerschließung

A) Bestandsaufnahme

In den europäischen Städten sind Stadtzentren und Innenstädte traditionell die Standorte für große, öffentlich geförderte Kultureinrichtungen wie Museen, Schauspiel- und Opernhäuser, von zivilgesellschaftlichen Gruppen wie Kunstvereinen sowie einzelnen privaten Kultureinrichtungen, insbesondere Kinos, Privattheater und Diskotheken.[224] In den letzten 15 Jahren lässt sich in innerstädtischen Kerngebieten und in Innenstadtrandlagen eine neue Entwicklung beobachten. Dort haben sich zunehmend kleinteilig strukturierte erwerbswirtschaftliche Kultur- und Freizeitangebote (Kino, Musikclubs, Musik- und Malschulen), häufig kombiniert mit gastronomischen Angeboten, etabliert. Hier sind Produktionsorte für die kleinteilige Kultur- und Kreativwirtschaft entstanden.[225]

Neben dem vorhandenen öffentlichen kulturellen Angebot und den bestehenden Kulturwirtschaftsunternehmen einer Region sind preiswerte Wohn-, Arbeits- und Ausstellungsräume ein wesentlicher kultur- und kreativwirtschaftlicher Entwicklungs- und Ansiedelungsfaktor. Stadträume und Quartiere, die in der Regel von Bevölkerungsschichten mit geringem Einkommen bewohnt werden, ziehen aufgrund des preiswerten Wohn- und Arbeitsstandortes Künstler und künstlerisch Kreative an und prägen so das künstlerisch-kreative Milieu. Zudem brauchen auch Künstler und Kulturschaffende öffentliche Räume und Experimentierflächen für soziale und kulturelle Initiativen.[226]

Potenziale kultur- und kreativwirtschaftlicher Unternehmen gedeihen dort, wo Netzwerke zwischen verschiedenen Akteuren entstehen. Umgenutzte Büroräume sind in besonderer Weise Orte solcher Vernetzung. Sie sind Arbeitsplatz, Ausstellungsfläche und Veranstaltungsraum in einem. Hier werden Kontakte geknüpft, kreative Ideen entwickelt, Projekte angestoßen, aber auch Freizeit verbracht. Diese oftmals hybriden Räume verdeutlichen den Werkstattcharakter vieler kultur- und kreativwirtschaftlicher Unternehmen.[227]

Wie Künstler (insbesondere der freien Szene, der Soziokultur und der Subkultur) erschließen auch kulturwirtschaftliche Akteure Stadtgebiete und Stadtteile, die häufig aus der traditionellen städtischen Nutzungslogik herausfallen.[228] Alte Industrieflächen, vernachlässigte Wohngebiete, Eisenbahn- oder Hafenanlagen eignen sich besonders als multifunktionale Räumlichkeiten. Diese „Übergangsräume" („Transition Spaces") werden als Experimentierflächen entdeckt. Sie bieten den benötigten Freiraum für ungewöhnliche Projekte.[229] „Fläche macht kreativ"[230]: In Großstädten wie

---

[224] Vgl. Gutachten Kulturwirtschaft, S. 157f. (Kommissionsdrucksache 16/192a)
[225] Ebd., S. 158.
[226] Vgl. Kunzmann (2006), S. 6.
[227] Vgl. Lange (2005).
[228] Ebd.
[229] Vgl. Gutachten Kulturwirtschaft, S. 172. Kommissionsdrucksache (16/192a)
[230] Bertram Schulze im Wortprotokoll der Anhörung zum Thema Kulturwirtschaft, S. 15. (Protokoll-Nr. 16/24).

Berlin, London oder Paris wurden ganze Stadtteile auf diese Weise erschlossen und entwickeln sich so zu attraktiven städtischen Quartieren.

Im Idealfall füllen kleine Kultur- und Kreativwirtschaftsunternehmen die Lücken, die durch die Verlagerung der Industrie oder des Einzelhandels in städtisches Umland hinterlassen werden. Damit erneuern sie die Attraktivität der Quartiere und werten insgesamt das Image der Stadt auf. Dies wiederum kann sich positiv auf andere Wirtschaftszweige (wie Gastronomie und Tourismus) und auf das Wohnumfeld auswirken. In Amsterdam alimentiert die Stadt durch das „Broedplaatsen Programm" künstlerisch Kreative und schafft ihnen in innovativen, urbanen Räumen Entwicklungsmöglichkeiten.[231] In Berlin gab es mit dem Projekt „Werkstart" eine Agentur, die sich um die Zwischennutzung von Räumen in einem Berliner Bezirksquartier gekümmert hat. Das Projekt war sehr erfolgreich. Es wurden alle verfügbaren Räume vermittelt, sodass die Arbeit der Agentur eingestellt werden konnte.[232]

B) **Problembeschreibung**

Oftmals haben sich im künstlerisch-kreativen Milieu durch Eigeninitiative Strukturen entwickelt, die durch eine geplante Ansiedelungspolitik nicht erreichbar gewesen wären. Häufig bedarf es keiner direkten Förderung von bestehenden subkulturellen und unkonventionellen Kulturangeboten, sondern vielmehr der Anerkennung und Akzeptanz insbesondere seitens der Verwaltung.[233]

Es stellt sich die Frage, ob und wie bestimmte Objekte kultur- und kreativwirtschaftlich gezielt aktiviert werden können. Hierfür kommen vornehmlich solche Liegenschaften wie zum Beispiel alte Industrieflächen, vernachlässigte Wohngebiete, Eisenbahn- oder Hafenanlagen („Transition Spaces") infrage, die aus verschiedenen Gründen (Baurecht[234], beabsichtigter, aber kurzfristig nicht zu realisierender Verkauf, Investitionsaufwand) oftmals zumindest vorübergehend brachliegen.

Ein gezieltes Angebot für Kulturschaffende kann nicht nur kulturelle Akteure fördern und unterstützen, sondern auch positive Impulse für die Stadtentwicklung setzen. Sogenannte Zwischennutzungskonzepte haben in einigen Städten beachtliche Erfolge bei der Ansiedelung und Förderung der Kultur- und Kreativwirtschaft sowie bei der Aufwertung einzelner Quartiere erzielt.[235] Bei der Erschließung dieser Räume ist allerdings eine Reihe von Faktoren zu berücksichtigen.

Zunächst muss Ansiedelung von Kultur- und Kreativwirtschaftsunternehmen in diesen Räumen grundsätzlich mit den generellen Zielen der Stadtentwicklung vereinbar sein. „Transition Spaces" müssen auf ihre rechtlichen und tatsächlichen Nutzungsmöglichkeiten überprüft werden. Planungs- oder baurechtliche Vorgaben dürfen einer Nutzung nicht entgegenstehen.

Sind diese Kriterien erfüllt und befindet sich die Liegenschaft in öffentlichem Besitz (somit in der tatsächlichen Verfügungsgewalt der öffentlichen Hand), könnte sie zumindest temporär Akteuren der Kulturwirtschaft zugänglich gemacht werden. Leerstehende Räumlichkeiten können auf diese Weise zu neuem Leben erweckt werden. In Anlehnung an das Amsterdamer Modell könnte die öffentliche Hand in deutschen Städten und Regionen den Zugang zu solchen Freiräumen und Experimentierflächen zumindest vorübergehend offenhalten und in dieser Zeit für Zwischennutzungskonzepte zugänglich machen. Bei Liegenschaften in privatem Besitz können, sofern der Eigentümer an

---

[231] Vgl. Mundelius (2006), S. 202.
[232] Ebd., S. 201.
[233] Ebd., S. 196.
[234] Vgl. Bertram Schulze im Wortprotokoll der Anhörung zum Thema Kulturwirtschaft, S. 3. (Protokoll-Nr. 16/24)
[235] Vgl. Gutachten Kulturwirtschaft, S. 163. (Kommissionsdrucksache 16/192a)

einer kultur- und kreativwirtschaftlichen Nutzung interessiert ist, ÖPP-Projekte eine vorübergehende Nutzung ermöglichen.

Sowohl bei Liegenschaften in privatem als auch in öffentlichem Besitz stellt sich die Frage nach der Finanzierung dieser Räumlichkeiten durch ihre Mieter oder Zwischenmieter. Viele Kleinst- und Kleinunternehmen der Kultur- und Kreativwirtschaft, insbesondere Existenzgründer, befinden sich in wirtschaftlich schwieriger Lage und sind zumeist nicht imstande, hohe Mieten zu bezahlen. Preisgünstige Räumlichkeiten sind daher eine Voraussetzung für unternehmerisches Handeln dieser Akteure.

Eine Finanzierung der Räume für Akteure der Kultur- und Kreativwirtschaft durch die öffentliche Hand steht grundsätzlich unter einem Legitimationsvorbehalt. Kleinst- und Kleinbetriebe nichtkulturwirtschaftlicher Branchen, die nicht in den Genuss einer solchen Förderung kommen, wären benachteiligt. Der Verweis, dass es für die Kultur- und Kreativwirtschaft auch um die Erschließung von Förderungsmöglichkeiten geht, die andere Branchen nicht nutzen würden („Transition Spaces"), oder darum, den künstlerisch Kreativen Förderprogramme zugänglich zu machen, die andere Unternehmen bereits lange nutzen (Instrumente der Wirtschaftsförderung), kann den berechtigten Einwand nur zum Teil aufwiegen.

Eine direkte (Teil-)Finanzierung von Mietkosten kann daher nur in begrenztem Maß und nur für einen überschaubaren Zeitraum gewährt werden. Unter diesen Umständen muss in Kauf genommen werden, dass das „Vagabundieren" kultureller und kultur- und kreativwirtschaftlicher Einrichtungen auch ein Hinderungsgrund für kultur- und kreativwirtschaftliche Entwicklung sein kann.[236] Liegenschaften in öffentlichem Besitz können gegebenenfalls nur für eine gewisse Zeit kostengünstig für Kultur- und Kreativwirtschaftsunternehmen angeboten werden. Wenn möglich, sollte eine Mischkalkulation angestrebt werden. Bei der Vermietung könnten den Akteuren Modalitäten eingeräumt werden, die ihrer wirtschaftlichen Lage entsprechen. „Etablierte" Einrichtungen tragen einen größeren Beitrag zur Finanzierung bei und profitieren dabei von den entstehenden Strukturen. Ferner ist zu überlegen, ob in diesen Räumen künstlerisch-kreative Angebote von den geförderten Einrichtungen angeboten werden könnten, um den Mietzins zu reduzieren. Die Betreiber eines Tonstudios zum Beispiel könnten neben der erwerbswirtschaftlichen Nutzung des Raumes auch Nachwuchsbands Aufnahmen zu günstigen Konditionen anbieten.

Bei Liegenschaften in privatem Besitz könnte die öffentliche Hand, analog zur Atelierförderung, bei einer temporären Überlassung Miet- bzw. Betriebskostenzuschüsse gewähren. Längerfristige Programme müssten auf eine vollständige Eigenfinanzierung ohne Zuschuss der öffentlichen Hand ausgerichtet sein.

Sehr hilfreich für die Vermittlung und Verwaltung von Räumen in Zwischennutzungskonzepten kann eine spezielle Institution[237] sein, die sowohl für die Liegenschaften in öffentlichem als auch in privatem Besitz tätig werden kann. Diese könnte im Auftrag der öffentlichen Hand Konzepte für die Nutzung von „Transition Spaces" entwickeln, private Liegenschaften akquirieren und sowohl Liegenschaften in öffentlichem als auch in privatem Besitz verwalten und vermieten. Das hätte für die Akteure der Kultur- und Kreativwirtschaft und für die Eigentümer den Vorteil, dass es einen Ansprechpartner gibt, der das Projekt betreut und an den man sich wenden kann. Ferner schafft die Tätigkeit einer solchen Institution Anreize für private Eigentümer, ihre Räume eine gewisse Zeit bereitzustellen, da sie von administrativen Aufgaben weitestgehend befreit wären. Dies zusammen-

---

[236] Vgl. Bertram Schulze im Wortprotokoll der Anhörung zum Thema Kulturwirtschaft, S. 3. (Protokoll-Nr. 16/24)
[237] Dies können bestehende Institutionen der Wirtschaftsförderung oder der kommunalen Wohnungsgesellschaft sein.

genommen wären im besten Sinne Maßnahmen der Strukturförderung, die dem Aufbau bzw. Erhalt kultureller Infrastruktur vor Ort dienen.

C) Handlungsempfehlungen

1. Die Enquete-Kommission empfiehlt den Kommunen, Konzepte für die kulturelle und kultur- und kreativwirtschaftliche Nutzung von Übergangsräumen – „Transition Spaces" – von entsprechenden Institutionen zu entwickeln. Bereits bestehende oder neu zu schaffende Institutionen könnten ferner private Liegenschaften für eine entsprechende Nutzung akquirieren und sowohl Liegenschaften in privatem als auch in öffentlichem Besitz verwalten und vermieten sowie als Ansprechpartner für Akteure der Kultur- und Kreativwirtschaft und der Eigentümer fungieren.

2. Die Enquete-Kommission empfiehlt den Kommunen, ihre Liegenschaften einer Zwischennutzung für Künstler und künstlerisch-kreative Akteure zugänglich zu machen, sofern eine andere Verwertung entsprechend den Zielen der Kommunalentwicklungsplanung zumindest vorübergehend nicht möglich ist.

5.4.4 Förderinstrumente und ordnungs-politische Maßnahmen

Zum Thema Förderung der Kultur- und Kreativwirtschaft[238] in Deutschland – hier speziell Förderinstrumente und ordnungspolitische Maßnahmen – wurden von der Enquete-Kommission auf den Ebenen des Bundes, der Länder, der Europäischen Union sowie der Industrie- und Handelskammern Umfragen durchgeführt.[239] Zudem wurden Verbände danach befragt, welche Erfahrungen ihre Mitglieder mit den Förderinstrumenten gesammelt haben.[240] Das Gutachten „Kulturwirtschaft" sowie die Anhörung „Kulturwirtschaft" erbrachten weitere wichtige Informationen.

---

[238] Obwohl in den Umfragen nach „Kulturwirtschaft" gefragt wurde, wird hier aus Gründen der Einheitlichkeit der Begriff „Kultur- und Kreativwirtschaft" genutzt.

[239] Alle Umfragen wurden von 9/2006 bis 5/2007 durchgeführt. Siehe zu den Fragebögen an die Ministerien Kommissionsdrucksache 16/177 sowie 16/178. Siehe zur Auswertung die Zusammenstellung der beantworteten Fragebögen bei den Kulturministerien in Arbeitsunterlage 16/071a, die sich aus den beantworteten Fragebögen in den Kommissionsdrucksachen 16/274 bis 16/287 ergeben, sowie die Kurzauswertung in Arbeitsunterlage 16/070a. Siehe zur Auswertung im Falle der Anfrage an die Wirtschaftsministerien die Zusammenstellung der beantworteten Fragebögen in Arbeitsunterlage 16/073a auf der Grundlage der Kommissionsdrucksachen 16/263 bis 16/273 und 16/290 bis 16/292 sowie die Kurzauswertung der beantworteten Fragebögen in Arbeitsunterlage 16/072a. Mit dieser ausführlichen Umfrage an die Ministerien wurden die Umfragen aus dem Jahr 2004 aktualisiert. Alle Kulturministerien reagierten auf den Fragebogen. Insgesamt liegen jedoch nur 14 auswertbare Fragebögen vor, da ein Land auf die Anfrage aus dem Jahr 2004 verwies und zudem deutlich machte, dass es nicht Aufgabe dieses Ministeriums sei, sich um die Kulturwirtschaft zu kümmern; ein Land antwortete zusammen mit dem Wirtschaftsministerium. Auch die Wirtschaftsministerien der Länder reagierten allesamt auf die Anfrage. Da ein Land jedoch den Fragebogen nicht beantwortete, gehen insgesamt 15 Fragebögen in die Auswertung ein. Siehe zum Fragenbogen an den Beauftragten der Bundesregierung für Kultur und Medien in Kommissionsdrucksache 16/179 und an das Bundesministerium für Wirtschaft und Technologie in Kommissionsdrucksache 16/180. Das BKM antwortete ausführlich in Kommissionsdrucksache 16/257. Siehe zum Fragebogen an die Generaldirektion Bildung und Kultur der Europäischen Kommission in Kommissionsdrucksache 16/181 sowie deren Antwort in Kommissionsdrucksache 16/355. Die Generaldirektion Wirtschaft und Finanzen der Europäischen Kommission beantwortete den Fragebogen (Kommissionsdrucksache 16/182) nicht, verwies jedoch auf die Antwort des Kulturbereiches. Siehe zum Fragebogen an die Industrie- und Handelskammern Kommissionsdrucksache 16/184 sowie die Zusammenstellung der beantworteten Fragebögen (Arbeitsunterlage 16/075a). Von 81 angeschriebenen Industrie- und Handelskammern antworteten 56. Da einige IHK im Verbund antworteten, lagen der Enquete-Kommission insgesamt 34 auswertbare Fragebögen vor. Siehe zur Kurzauswertung der Umfrage an die Industrie- und Handelskammern. (Arbeitsunterlage 16/075a)

[240] Vgl. zum Fragebogen Kommissionsdrucksache 16/183, Arbeitsunterlage 16/091 zur Kurzauswertung und Arbeitsunterlage 16/074a zur Zusammenstellung der Antworten auf der Grundlage der Kommissionsdrucksachen 16/293 bis 16/304. Von 31 angeschriebenen Verbänden antworteten 15 Verbände auf den Fragebogen der Enquete-Kommission.

A) Bestandsaufnahme
Staatliche Förderinstrumente und -maßnahmen

Die Förderpolitik des Beauftragten der Bundesregierung für Kultur und Medien (BKM) ist primär auf die Entwicklung der Kunst und Kultur und vor allem ihrer Rahmenbedingungen gerichtet und nicht auf die unmittelbare Förderung von Unternehmen der Kultur- und Kreativwirtschaft.[241] Besondere Instrumente der Unternehmensförderung bestehen daher – nach Aussagen des Beauftragten der Bundesregierung für Kultur und Medien – nicht. Die allgemeine Kultur- und Kunstförderung in den Sparten Musik, Theater, Tanz, bildende Kunst und Literatur nimmt jedoch Einfluss auf den kulturwirtschaftlichen Bereich, da verschiedene Antragsteller von Projekten bzw. geförderten Institutionen als selbstständige Kulturunternehmer oder -unternehmen agieren.[242] Besondere Unterstützung vom Bund erhält der Bereich Film. Dies geschieht im Wesentlichen über Auszeichnungen (Deutscher Filmpreis, Deutscher Drehbuchpreis, Kinoprogrammpreis) und über Projektfilmförderungen. Insgesamt stehen dafür im Jahr etwa 32 Mio. Euro zur Verfügung.

Darüber hinaus unterstützt der Bund die Filmwirtschaft – gestützt auf Artikel 74 Nr. 11 GG (Recht der Wirtschaft) – mit Hilfe des Filmfördergesetzes.[243] Die Fördermaßnahmen nach diesem Gesetz zielen auf die Verbesserung der Qualität des deutschen Films sowie auf die Verbesserung der Struktur der deutschen Filmwirtschaft.

Im Jahr 2007 hat die Bundesregierung im Filmbereich ein neues Finanzierungsinstrument aufgelegt: Das sogenannte „Produktionskostenerstattungsmodell" sieht eine Erstattung von zwischen 16 und 20 Prozent der in Deutschland ausgegebenen Produktionskosten vor.[244] Erstattungsfähig sind Spielfilme mit einem Mindestproduktionsbudget von einer Million Euro sowie Dokumentar- und Animationsfilme, die für das Kino bestimmt sind.[245] Von 2007 bis 2009 werden jährlich 60 Mio. Euro für Filmfinanzierung zur Verfügung gestellt.

Auch im Bereich Musik verstärkt der Beauftragte der Bundesregierung für Kultur und Medien derzeit seine Anstrengungen mit der „Initiative Musik". Das Vorhaben setzt auf die drei Schwerpunkte Nachwuchs, Export und kulturelle Integration und ist als Öffentlich-Private-Partnerschaft von Musikwirtschaft und Kulturwirtschaft angelegt. Dafür ist im Haushalt des Kulturstaatsministers im Jahr 2007 eine Million Euro eingestellt.[246]

Im Bundesministerium für Wirtschaft und Technologie können – nach eigenen Angaben – die Unternehmen und freiberuflich Tätigen aus dem Kulturbereich die bestehenden allgemeinen Fördermaßnahmen in Anspruch nehmen, soweit sie die dort jeweils genannten Bedingungen erfüllen.[247]

Von den befragten Wirtschaftsministerien der Länder gab der überwiegende Teil an, keine speziellen Instrumente zur Förderung der Kultur- und Kreativwirtschaft entwickelt zu haben. Alle Ministerien haben jedoch die Instrumente der allgemeinen Wirtschaftsförderung für die Kultur- und Kreativwirtschaft geöffnet.[248] Dazu zählen die Beratung und Förderung von Existenzgründungen,

---

[241] Vgl. Antwort des BKM auf den Fragebogen zum Thema „Kulturwirtschaft", Frage 3. (Kommissionsdrucksache 16/257)
[242] Ebd.
[243] Ebd.
[244] Ebd., Frage 9.
[245] Vgl. Antwort des BKM auf den Fragebogen zum Thema „Kulturwirtschaft". (Kommissionsdrucksache 16/257)
[246] Die Daten sind auf der Homepage der Bundesregierung abrufbar.
[247] Instrumente der Wirtschaftsförderung sind bspw. die Beratung und Förderung bei Existenzgründungen, siehe z. B. ein Softwarepaket für Gründer und junge Unternehmen (www.softwarepaket.de) und die sogen. „GründerZeiten – Informationen zur Existenzgründung und -sicherung", Nr. 51, Existenzgründung für Künstler und Publizisten (Ausgabe 6/2007), siehe auch allgemein: www.bmwi.de/, (Stand: 3. September 2007).
[248] Vgl. dazu die Zusammenstellung der Fragebögen der Wirtschaftsministerien. (Arbeitsunterlage 16/073a)

Bürgschaften, Darlehen[249], Messeförderungsprogramme und Investitionskostenzuschüsse[250]. Im Vordergrund der von den Wirtschaftsministerien genannten Fördermaßnahmen stehen die Schaffung von Informations- und Präsentationsportalen und die Förderung von Netzwerkbildungen.[251] Die Mehrheit der Ministerien bescheinigte der allgemeinen Wirtschaftsförderung eine ausreichende Anwendbarkeit auf die Unternehmen der Kultur- und Kreativwirtschaft.

Neben der allgemeinen Wirtschaftsförderung haben neun von 15 Ländern auch spezielle Förderprogramme für die Kultur- und Kreativwirtschaft aufgelegt, insbesondere für die Branchen Design und Film.[252] Fünf von 15 antwortenden Ländern haben Förderprogramme für die Film- und Fernsehwirtschaft installiert.[253]

Die Förderinstrumente der Kulturministerien der Länder betreffen primär den öffentlichen Bereich.[254] Die Mehrheit dieser Ministerien gab an, dass die Instrumente der öffentlichen Kulturförderung von den Unternehmen der Kultur- und Kreativwirtschaft nicht oder nur vereinzelt nutzbar seien. Begründet wird dies vorrangig mit dem fehlenden Status der Gemeinnützigkeit aufseiten der zu fördernden Unternehmen. Spezielle Instrumente für die Förderung von Akteuren der Kultur- und Kreativwirtschaft gibt es zumeist nicht. Eine Zusammenarbeit mit den jeweiligen Wirtschaftsministerien findet nicht oder nur projektbezogen statt.

Den Schwerpunkt der Fördermaßnahmen der Kulturministerien bildet die Verbesserung der Kommunikation unter den Akteuren der Kultur- und Kreativwirtschaft einerseits und zwischen den Akteuren der Kultur- und Kreativwirtschaft und denen anderer Wirtschaftsbereiche andererseits. Die Maßnahmenkataloge der einzelnen Länder gehen hier aber deutlich auseinander.

Je nachdem welches Potenzial die Kulturministerien der Kultur- und Kreativwirtschaft zuordnen, variieren auch deren Pläne, die Kultur- und Kreativwirtschaft zu stärken.[255] Einige Länder haben nicht die Absicht, die Kultur- und Kreativwirtschaft in Zukunft in besonderer Weise zu fördern, andere Länder wollen den Bereich zukünftig ausbauen. Einige Beispiele geplanter Förderungen könnten Vorbildfunktion haben und werden deshalb hier kurz aufgeführt:

Berlin strebt die Schaffung eines übergeordneten Clustermanagements zur Abstimmung der Aktivitäten zwischen den verschiedenen Akteuren an und möchte die Analyse der Wechselwirkung zwischen Kulturförderung und Kulturwirtschaftsmarkt vertiefen. Auch die Stärkung der Nachfrage nach Kulturwirtschaftsprodukten und -dienstleistungen mit dem Ziel der Einkommenssteigerung auf Seiten der Akteure wird genannt.

Brandenburg beabsichtigt den Aufbau einer Kulturmarketinggesellschaft (als Öffentlich-Private-Partnerschaft) zur Verbesserung der kulturwirtschaftlichen Infrastruktur und kündigt die Errichtung einer Bank (Fonds) für Kulturwirtschaft an. Letzteres meint die Einrichtung eines privatwirtschaftlichen Kreditsystems für Kulturprojekte und -investitionen, also zinsgünstige Darlehen auf der Grundlage überzeugender Businesspläne. Des Weiteren ist in Brandenburg die Einrichtung eines Existenzgründerforums und einer Kompetenzagentur Kultur geplant.

---

[249] Diese wurden acht- bis zehnmal von den 15 antwortenden Ministerien genannt.
[250] Diese wurden sechs- bis siebenmal von den 15 antwortenden Ministerien genannt.
[251] Vgl. Zusammenstellung der Fragebögen der Kulturministerien der Länder. (Arbeitsunterlage 16/071a)
[252] Vgl. für weitere Informationen zu den Branchen, in denen Förderprogramme aufgelegt werden und zur Höhe der Fördermittel die Frage 6 in der Zusammenstellung der beantworteten Fragebögen, S. 49ff. (Arbeitsunterlage 16/073a)
[253] Vgl. Zusammenstellung der Fragebögen der Wirtschaftsministerien der Länder. (Arbeitsunterlage 16/073a)
[254] Vgl. Zusammenstellung der Fragebögen der Kulturministerien der Länder. (Arbeitsunterlage 16/071a)
[255] Ebd.

Staatliche Förderinstrumente und -maßnahmen aus Sicht der Kultur- und Kreativwirtschaft

Zahlreiche Verbände[256] bemängeln, dass die Instrumente der öffentlichen Wirtschaftsförderung für die Kleinst- und Kleinunternehmen der Kultur- und Kreativwirtschaft nicht greifen oder nur unzureichend anwendbar seien.[257] Dies lässt sich nach Ansicht der Verbände in mehrfacher Hinsicht belegen:

Insbesondere für die Kleinst- und Kleinunternehmen ist der mangelnde Zuschnitt der Fördermaßnahmen auf die besonderen Verhältnisse der einzelnen Kulturbereiche hinderlich. Die Verbände weisen darauf hin, dass die Fördermaßnahmen und Instrumente der öffentlichen Wirtschaftsförderung für Künstler ungeeignet seien oder dass deren spezielle freiberufliche Tätigkeit und Einkommenssituation nicht berücksichtigt werde.[258] Die Förderung ziele auf (reine) Wirtschaftsunternehmen und gehe folglich an der tatsächlichen Situation der Kulturbetriebe vorbei.[259] In diesem Zusammenhang wurde von einigen Verbänden auch eine mangelnde Flexibilität angesprochen, die eine Anpassung der Fördermaßnahmen häufig nicht zulasse.

Weiterhin sind die kulturwirtschaftlichen Unternehmen in der Förderung nicht eindeutig dem kulturellen oder wirtschaftlichen Ressort zugeordnet. Dies führt dazu, dass viele Unternehmen von vornherein keinen Anspruch auf Förderung erheben können.[260] Dieses Problem stelle sich unabhängig von der Größe bzw. der volkswirtschaftlichen Bedeutung des jeweiligen Unternehmens.[261] Nach Auffassung dieser Verbände verhindere oder erschwere die fehlende eindeutige Zuordnung der Kultur- und Kreativwirtschaft zum Wirtschafts- oder Kulturbereich teilweise die Förderung der in dieser „Grauzone" tätigen Unternehmen.[262]

Die Mitglieder des Bundesverbandes Regie e. V. haben wiederum dem Grunde nach gute Erfahrungen mit der Filmförderung als spezielle Wirtschaftsförderung für die Filmbranche gemacht.[263] Gleichzeitig bedauerten es die Mitglieder des Verbandes jedoch, dass sie aufgrund der strukturellen Rahmenbedingungen zum überwiegenden Teil auf staatliche Förderung angewiesen sind.[264] Die Enquete-Kommission stellt fest, dass gerade im Bereich der Filmwirtschaft Programme der öffentlichen Förderung existieren, die gezielt und auf die Branche zugeschnitten agieren. Einige Verbände der Filmwirtschaft[265] bemängelten jedoch, dass das Nebeneinander der verschiedenen Filmfördereinrichtungen von Bund und Ländern zu erheblichem bürokratischen Aufwand führe.

---

[256] Vgl. Fragebogen zum Thema „Kulturwirtschaft". (Kommissionsdrucksache 16/183); zur Zusammenstellung der Fragebögen Arbeitsunter-lage 16/074a auf Grundlage der Kommissionsdrucksachen 16/293 bis 16/304 sowie die Zusammenfassung der Antworten auf den Fragebogen „Kulturwirtschaft" (Zusammenfassung Fragebogen Kulturwirtschaft). (Arbeitsunterlage 16/091)
[257] So das Ergebnis aus acht von 15 auswertbaren Antworten der Verbände zum Fragebogen der Enquete-Kommission.
[258] So äußerten sich acht der 15 antwortenden Verbände.
[259] Bsp. Musikwirtschaft: Musiktypische Investitionen wie PR- und Marketingkampagnen oder die Präsentation von Künstlern auf Messen sind bisher von der Förderung nicht erfasst. Vorbildcharakter könnte der Förderung in der Filmbranche zukommen.
[260] Vgl. Antwort des Bundesverbandes deutscher Galerien auf den Fragebogen zum Thema „Kulturwirtschaft". (Kommissionsdrucksache 16/300)
[261] Dies zeigt das Beispiel der großen Open-Air-Veranstaltung „Sound of Frankfurt" mit Besucherzahlen von durchschnittlich 500 000 an einem Tag. Die Veranstalter kämpfen seit Jahren darum, als Wirtschafts- und Tourismusfaktor bei der Wirtschaftsförderung Frankfurt anerkannt zu werden. Vgl. Antwort des Verbandes Unabhängiger Tonträgerunternehmen, S. 5. (Kommissionsdrucksache 16/303)
[262] Ebd.
[263] Vgl. Antwort vom Bundesverband Regie auf die Frage 2.1. (Kommissionsdrucksache 16/422)
[264] Ebd.
[265] Ebd. sowie die Antwort auf die Frage 2.1 der AG DOK. (Kommissionsdrucksache 16/419)

Weiterer Kritikpunkt vieler Verbände ist das ungelöste Problem der nicht ausreichenden Kapitalbeschaffung bzw. -deckung der kultur- und kreativwirtschaftlichen Unternehmen.[266] Der Großteil der in kleingewerblichen Betrieben arbeitenden Künstler ist selbstständig und dementsprechend häufig mit geringen Eigenkapitalmitteln ausgestattet. Entsprechend wichtig ist für diese Unternehmen die flexible Vergabe von Krediten oder Darlehen durch die Kreditinstitute. Eine Kreditvergabe durch die Banken fände jedoch selten statt.[267] Sicherheiten in Form von Rechten oder Lizenzen würden kaum akzeptiert.[268] Es ist daher aus Sicht vieler Verbände festzuhalten:

Zum einen fehlt es bei den Kredit- und Förderinstitutionen an Fachleuten für den Bereich der Kultur- und Kreativwirtschaft.[269] Zudem besteht kein ausreichendes Bewusstsein für die wirtschaftlichen Chancen der Kulturbetriebe; das Wirtschaftspotenzial wird nicht hinreichend erkannt.[270] Zum anderen fehle es gerade für Kleinkulturtreibende an unbürokratisch auszureichenden Kleinstkrediten. Die Umsetzung der Projekte und Ideen der Künstler setzt eine zügige und flexible Versorgung mit Finanzmitteln voraus, häufig geht es um geringe Summen. Trotzdem ist der zu erbringende Aufwand für den Erhalt der Fördermittel teilweise zu zeitraubend[271], in anderen Fällen nur durch fachmännischen bzw. juristischen Beistand zu leisten[272]. Auch der oft erhebliche Begründungsaufwand überfordere zahlreiche Betriebe.[273]

Auch die Eigenkapitalregelungen für Banken (BASEL II[274]) würden die Kreditvergabe für die Klein- und Kleinstbetriebe erschweren. So habe BASEL II beispielsweise die Produzenten massiv getroffen. Mit Eigenkapital mäßig ausgestattete Unternehmen seien kaum in der Lage, die BASEL II-Kriterien angemessen zu erfüllen.[275] Für kleine und mittelständige Produzenten sei es zum Beispiel oftmals gänzlich unmöglich, an Kredite privater Banken zu gelangen.[276]

---

[266] So antworteten acht von 15 Verbänden, die auswertbare Fragebögen zur Verfügung stellten.

[267] Vgl. Antwort der Bundesarchitektenkammer e. V. auf Frage 2.8. (Kommissionsdrucksache 16/294); vgl. Antwort vom Deutschen Rock & Pop Musikverband e. V. (Kommissionsdrucksache 16//302) sowie vom Bundesverband der Veranstaltungswirtschaft (idkv) e. V. (Kommissionsdrucksache 16/304)

[268] Vgl. Antwort vom Verband Unabhängiger Tonträgerunternehmen auf den Fragebogen zum Thema „Kulturwirtschaft" auf die Fragen 2.8 und 2.9. (Kommissionsdrucksache 16/303)

[269] Ebd., Frage 2.3.

[270] Vgl. Antwort vom Bundesverband der Veranstaltungswirtschaft auf die Frage 2 des Fragebogens Kulturwirtschaft. (Kommissionsdrucksache 16/304)

[271] Vgl. Antwort des Fachverbandes Deutsche Klavierindustrie auf Frage 2 des Fragebogens Kulturwirtschaft. (Kommissionsdrucksache 16/298)

[272] Vgl. Antwort des Bundesverbandes der Veranstaltungswirtschaft auf Frage 5 des Fragebogens Kulturwirtschaft. (Kommissionsdrucksache 16/304)

[273] Ähnlich insgesamt auch die Erfahrungen des Landes Berlin, die aus vielen Gesprächen mit den Akteuren gezogen wurden. Siehe Antwort des Landes Berlin auf die Frage nach den Schlussfolgerungen, die aus der Evaluation gezogen wurden. Zusammenstellung der beantworteten Fragebögen der Wirtschaftsministerien in Arbeitsunterlage 16/073a, Frage 11, S. 65. Konkret führt das Land Berlin aus: Es beständen zu hohe Anforderungen an die einzureichenden Unterlagen. Den Einpersonenunternehmen fehle es an Mitarbeitern, um die aufwändigen Anträge auf Zuschüsse und Darlehen zu stellen. Des Weiteren hätten die Unternehmen keine Sicherheiten, die sie als Eigenleistung bieten können. Zudem bestände bei den Banken keine ausreichende Branchenerfahrung, dadurch sei die Risikobewertung der Projekte schwierig.

[274] Basel II bezeichnet die Gesamtheit der Eigenkapitalvorschriften, die vom Basler Ausschuss für Bankenaufsicht in den letzten Jahren vorgeschlagen wurden. Die Regeln müssen gemäß den EU-Richtlinien 2006/48/EG und 2006/49/EG seit dem 1. Januar 2007 in den Mitgliedsstaaten der EU für alle Kreditinstitute und Finanzdienstleistungsinstitute angewendet werden. Basel II besteht aus drei sich gegenseitig ergänzenden Säulen: 1) Mindesteigenkapitalanforderungen; 2) Bankaufsichtlicher Überprüfungsprozess; 3) Erweiterte Offenlegung.

[275] Vgl. Antwort film20 auf den Fragebogen Kulturwirtschaft, Frage 2.9. (Kommissionsdrucksache 16/363) Kritisch äußerten sich auch die Arbeitsgemeinschaft Dokumentarfilm, die Bundesarchitektenkammer, der Bundesverband Deutscher Kunstverleger e.V., der Fachverband Deutsche Klavierindustrie e.V., der Verband unabhängiger Tonträgerunternehmen, Musikverlage und Musikproduzenten e.V., der Bundesverband der Veranstaltungswirtschaft (idkv) e.V. und der Verband der Deutschen Konzertdirektionen.

[276] Vgl. Antwort des Bundesverbandes Regie auf Frage 2.9 des Fragebogens Kulturwirtschaft. (Kommissionsdrucksache 16/422)

Einige Verbände kritisierten auch die mangelnde Kommunikation zwischen den Förderinstanzen und den Kulturbetrieben bzw. die mangelhafte Informationspolitik der zuständigen Institutionen.[277] Es bestehe zwar ein breites Angebot allgemeiner Förderung, dieses werde jedoch aufgrund seiner fehlenden Transparenz und seines mangelhaften Zuschnitts auf die einzelnen Branchen von vielen Verbänden nicht mehr durchschaut. Folglich könnten viele Verbände ihre Mitglieder auch über grundlegende Fragen der öffentlichen Förderung nur unzureichend unterrichten. Hieraus folge, dass die Instrumente der öffentlichen Förderung mangels effizienter Kommunikation oft ungenutzt blieben.

Als unzureichend bewerteten viele Verbände außerdem das Angebot an Informationen und Fortbildungsmöglichkeiten zur Existenzgründung und -förderung.[278] Der große Bedarf hierfür wird mit dem derzeitigen Angebot nicht abgedeckt bzw. geht nur unzureichend auf die spezifischen künstlerischen Arbeitsbedingungen des Kleinst- und Kleinunternehmers ein.

Auch der Mangel an geeigneten und geförderten Weiterbildungsmaßnahmen wurde von vielen Verbänden beanstandet. Entweder werden solche Maßnahmen gar nicht angeboten oder sie sind zwar vorhanden, nehmen aber zu wenig Bezug auf die besonderen wirtschaftlichen und sozialen Verhältnisse der Künstler. Teilweise wurden auch die mangelnden Ausbildungsmöglichkeiten für die einzelnen künstlerischen Bereiche kritisiert. So existiert zum Beispiel im Bereich der Veranstaltungswirtschaft mit der Ausbildung zum Veranstaltungskaufmann erst seit kurzem nur ein einziger Ausbildungsweg.[279] Ebenfalls wiederholt kritisiert wurde der hohe bürokratische Aufwand für die Beantragung von Beratungsleistungen.[280]

Zum Thema Wettbewerbsverzerrungen wurde insbesondere von Verbänden der Veranstaltungswirtschaft angeführt, dass Veranstaltungen – zum Beispiel der Kommunen – verstärkt zu einem Wettbewerb zwischen der öffentlichen Hand und privatwirtschaftlichen Unternehmen führen würden.[281] Da sich das öffentliche Angebot dabei nicht auf die Sicherung der Vielfalt des Kulturangebots beschränke, sind Wettbewerbsnachteile die Folge.

Im Bereich der Filmwirtschaft bemängeln die Verbände die gegenwärtige 100-Prozent-Zuteilung der Rechte an die Sender. Diese werde in Zeiten digitaler Weiterverwertungsmöglichkeiten dem dadurch veränderten Wert dieser Rechte nicht mehr gerecht. Die Produzenten fordern eine verstärkte Beteiligung der Produzenten an den Rechten der jeweiligen Produktionen.[282]

Weiterhin wird von der Filmwirtschaft kritisiert, dass sich die öffentliche Wirtschaftsförderung an den Bedürfnissen der Filmindustrie (Kino, Verleih, Produktion) orientiere, nicht jedoch an den Interessen der Filmkünstler.[283] So sei zum Beispiel nur bei den künstlerischen Filmförderungen wie dem „Kuratorium junger deutscher Film" oder der „Hessischen Filmförderung" die Beantragung durch den Regisseur als Künstler möglich.

---

[277] Vgl. Antwort Fachverbandes Deutsche Klavierindustrie e.V. auf den Fragebogen Kulturwirtschaft. (Kommissionsdrucksache 16/298)
[278] So sieben von 15 auswertbaren Antworten der Verbände auf den Fragebogen Kulturwirtschaft.
[279] Vgl. Antwort des Bundesverbandes der Veranstaltungswirtschaft e.V. auf den Fragebogen Kulturwirtschaft. (Kommissionsdrucksache 16/304)
[280] Vgl. Antwort der Bundesarchitektenkammer e.V. auf den Fragebogen Kulturwirtschaft. (Kommissionsdrucksache 16/294)
[281] Vgl. Antwort des Verbandes der Deutschen Konzertdirektionen e.V. zu Frage 2.7 des Fragebogens Kulturwirtschaft (Kommissionsdrucksache 16/305) sowie Jahnke in der Anhörung Kulturwirtschaft. (Kommissionsdrucksache 16/384)
[282] Vgl. Antwort von film20 auf den Fragebogen Kulturwirtschaft, Fra-ge 2.1. (Kommissionsdrucksache 16/363)
[283] Vgl. Antwort des Bundesverband Regie auf den Fragebogen Kulturwirtschaft, Frage 2.6. (Kommissionsdrucksache 16/422)

Die Verbände der Musikwirtschaft bemängeln, dass es kaum branchenspezifische Wirtschaftsförderungsprogramme für die Unternehmen der Musikwirtschaft gebe.[284] Der Bundesverband der Veranstaltungswirtschaft (idkv) e. V. merkt an, dass der Schwerpunkt bisheriger öffentlicher Förderung im Bereich der klassischen Musik läge.[285] Im Bereich der populären Musik gäbe es so gut wie keinerlei öffentliche Förderung.[286]

Unterstützungen durch die Industrie- und Handelskammern

Die Industrie- und Handelskammern (IHK)[287] unterstützen die Unternehmen der Kultur- und Kreativwirtschaft über Informations-, Beratungs- und Serviceangebote (Existenzgründung, Finanzierungsberatung, Unterstützung der Aus- und Fortbildung), durch die Organisation von Arbeitskreisen (zum Beispiel der AK „Kulturwirtschaft") sowie durch die Auslobung von Kunst-, Medien- und von Marketingpreisen.[288]

Daneben benennen die Industrie- und Handelskammern in der Umfrage auch allgemeine Maßnahmen, die sie für kleine und mittelständische Unternehmen ergriffen haben.[289] Dazu zählen die Förderung des Erfahrungsaustausches und von Geschäftsanbahnungen sowie die Unterstützung bei der Vermarktung von Unternehmen. Einige Industrie- und Handelskammern betonen ausdrücklich, andere nur implizit, dass ihr Serviceangebot/Informationsangebot branchenunabhängig angelegt, also auch für Unternehmen der Kultur- und Kreativwirtschaft offen, aber nicht speziell auf diese zugeschnitten ist.[290] Andere Kammern[291] haben keine eigenen Aktivitäten für kleine und mittelständische Unternehmen der Kultur- und Kreativwirtschaft initiiert.[292]

Die Industrie- und Handelskammern fordern, dass die Synergieeffekte von Wirtschaft und Kultur besser genutzt werden. Erst durch die Beförderung des Dialogs zwischen Wirtschaft, Politik und Kultur können angemessene Rahmenbedingungen für eine funktionierende Kultur- und Kreativwirtschaft geschaffen werden.

Die Industrie- und Handelskammer Berlin führte aus, dass die Unternehmen der Kultur- und Kreativwirtschaft – wie auch andere Kreativbranchen – darunter leiden würden, dass selbstgeschaffene immaterielle Wirtschaftsgüter in der Bilanz nicht aktiviert werden können.[293] Aus diesem Grund fordert die Industrie- und Handelskammer Berlin ein Bilanzierungswahlrecht bzw. eine Bilanzierungshilfe für immaterielle Wirtschaftsgüter. Dies bedeutet, dass das handelsrechtliche Bilanzie-

---

[284] Vgl. Deutscher Musikverlegerverband e.V. (Kommissionsdrucksache 16/296). Vgl. auch Antwort des Bundesverbandes der Phonographischen Wirtschaft e.V. und der Deutschen Landesgruppe der IFPI e.V., (Kommissionsdrucksache 16/297) sowie die Antwort des Deutschen Rock & Pop Musikverband e.V., (Kommissionsdrucksache 16/302). Kritisch äußert sich auch der Verband Unabhängiger Tonträgerunternehmen, Frage 2.6. (Kommissionsdrucksache 16/303)

[285] Vgl. Bundesverband der Veranstaltungswirtschaft (idkv) e.V. auf den Fragebogen Kulturwirtschaft. (Kommissionsdrucksache 16/304)

[286] Ebd.

[287] Vgl. Kurzauswertung der Antworten zum Fragebogen Kulturwirtschaft (Kurzauswertung Kulturwirtschaft). (Arbeitsunterlage 16/085); Hauptfinanzierungsquelle der IHK sind die Beiträge entsprechend der Beitragsordnung. Da diese aber den Bedarf allein nicht decken, nutzen die IHK weitere Möglichkeiten der Finanzierung, wie aus Finanzanlagen, Beteiligungen oder Anteilen an verbundenen Unternehmen.

[288] Vgl. Kurzauswertung Kulturwirtschaft zu Frage 2. (Arbeitsunterlage 16/085)

[289] Ebd., Frage 5.

[290] So äußerten sich die IHK Bielefeld, IHK Chemnitz, IHK Emden, IHK Köln, IHK Ludwigshafen, IHK Neubrandenburg, IHK Region Stuttgart.

[291] Dies sind Braunschweig und Leipzig.

[292] Vgl. Kurzauswertung Kulturwirtschaft. (Arbeitsunterlage 16/085)

[293] Immaterielle Wirtschaftsgüter sind: Nutzungsrechte, Lizenzen, Patente, Kundenstamm und Geschäftswert. Entgegen den materiellen Wirtschaftsgütern sind immaterielle Wirtschaftsgüter körperlich nicht fassbar. Sie stellen jedoch einen wirtschaftlichen Wert dar, der selbstständig bewertbar ist. Selbst hergestellte oder unentgeltlich erworbene immaterielle Wirtschaftsgüter dürfen nicht aktiviert werden. Werden diese Wirtschaftsgüter entgeltlich erworben, besteht eine Aktivierungspflicht.

rungsverbot für immaterielle Vermögensgegenstände des Anlagevermögens, die nicht entgeltlich, also selbst hergestellt oder unentgeltlich erworben wurden (siehe § 248 Abs. 2 Handelsgesetzbuch), aufzuheben ist. Die Enquete-Kommission kann einem solchen Vorschlag nicht folgen, da eine Abgrenzung – nur für den kultur- und kreativwirtschaftlichen Bereich – nicht möglich ist.

Die Industrie- und Handelskammern betonten auch, dass der Verwaltungsaufwand für kleine und mittelständische Unternehmen zu groß sei. Immer wieder müssten Unternehmen vor der Bürokratie kapitulieren.[294]

B) Problembeschreibung

Wertschöpfungskette

Das Modell der kulturellen Wertschöpfungskette[295] sollte nach Auffassung der Enquete-Kommission hinsichtlich der Ausgestaltung und Abstimmung von Förderinstrumenten und -maßnahmen im Bereich der Kultur- und Kreativwirtschaft zugrunde gelegt werden. Anhand der Wertschöpfungskette lassen sich Möglichkeiten für wirtschafts- und/oder kulturpolitische Maßnahmen zur Unterstützung und Förderung der Kultur- und Kreativwirtschaft demonstrieren. Die Analyse der Wertschöpfungsketten kann Anhaltspunkte dafür liefern, wo und wie politische Steuerung chancenreich und kulturpolitisch sinnvoll ist.[296] Das Gutachten „Kulturwirtschaft" zeigt dies anhand des Buchmarktes auf, siehe Abbildung 8.

Abbildung 8

Schematische Darstellung politischer Eingriffsmöglichkeiten in die kulturelle Wertschöpfungskette[297]

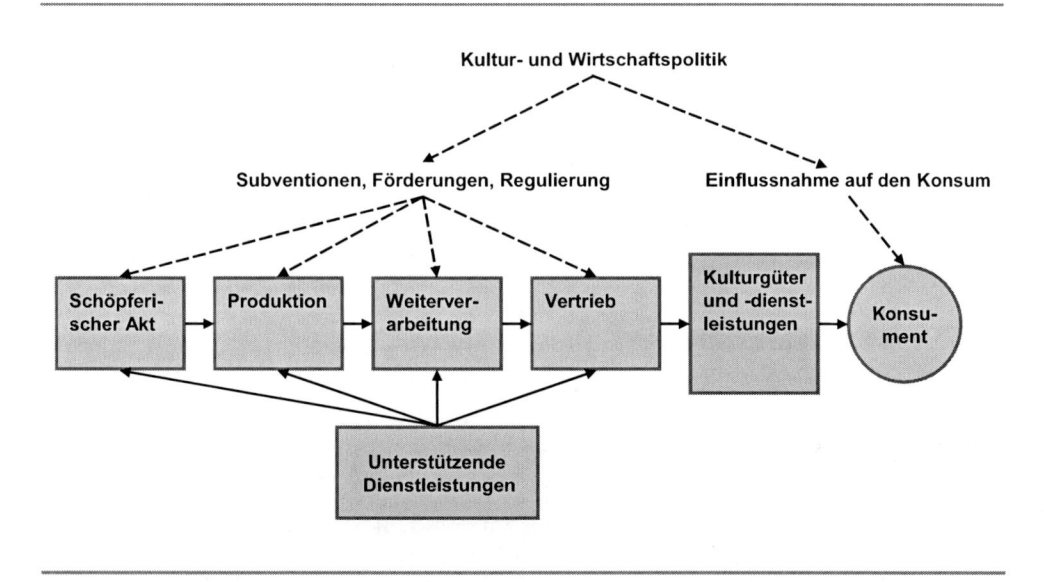

---

[294] Vgl. Kurzauswertung Kulturwirtschaft, S, 11. (Arbeitsunterlage 16/085)
[295] Vgl. Kap. 5.2, Kultur- und Kreativwirtschaft: Begriff und Abgrenzung.
[296] Vgl. Gutachten Kulturwirtschaft, S. 117. (Kommissionsdrucksache 16/192a)
[297] Vgl. Gutachten Kulturwirtschaft. (Kommissionsdrucksache 16/192a)

Am Beispiel des Buchmarktes wird im Folgenden exemplarisch aufgezeigt, wie wirtschafts- und kulturpolitische Maßnahmen koordiniert werden können, vor allem an welcher Stelle der Wertschöpfungskette welche Maßnahmen sinnvoll anzusetzen sind:

Die Wertschöpfungskette ist ein geeignetes Modell, um nachvollziehbare und detaillierte Analysen darüber anzustellen, in welcher Weise sich eine Fördermaßnahme auswirkt.[298]

Die Enquete-Kommission konzentriert sich bei der kritischen Betrachtung der Förderinstrumente auf diejenigen, die nahe am schöpferischen Akt liegen, da sich hier eine große branchenübergreifende Schnittmenge ergibt. Weitere Förderinstrumente müssen branchen- und akteursspezifisch anhand der jeweiligen Wertschöpfungskette eruiert werden.

Staatliche Förderinstrumente

Die Bestandsanalyse ergab, dass die Wirtschaftsministerien in der Regel die allgemeinen Instrumente der Wirtschaftsförderung auch für die Kultur- und Kreativwirtschaft geöffnet haben. Auf die speziellen Anforderungen der Kultur- und Kreativwirtschaft (drei Akteurstypen, Kleinteiligkeit der Branche, Besonderheit des Produktes/Unikat) sind diese Instrumente nicht ausgerichtet. Soweit überhaupt spezielle Förderprogramme für die Kultur- und Kreativwirtschaft existieren, richten sich diese primär an die Branchen Design und Film. Damit werden die Möglichkeiten, die Erschließung des Potenzials der Kultur- und Kreativwirtschaft wirtschaftspolitisch zu unterstützen, nicht ausgeschöpft.

Auch die Förderung der Unternehmen der Kultur- und Kreativwirtschaft durch die Kulturministerien offenbart Defizite.[299] Die Instrumente der öffentlichen Kulturförderung sind von den erwerbswirtschaftlichen Unternehmen nicht oder nur im Einzelfall nutzbar. Zudem wurden keine speziellen Instrumente für die Förderung von Akteuren der Kultur- und Kreativwirtschaft entwickelt. Hieraus ergeben sich Benachteiligungen in der Förderung der erwerbswirtschaftlich agierenden Kulturunternehmen. Dies gilt insbesondere für die Kleinst- und Kleinunternehmer und die klein- und mittelständischen Unternehmen. Hinzu kommt, dass eine Zusammenarbeit zwischen den Kulturministerien der Länder und dem jeweiligen Wirtschaftsministerium kaum bzw. nur projektbezogen stattfindet.

Die von den Ministerien festgelegten Zugangsvoraussetzungen für Förderungen[300] – wie bei der Produktionsförderung, der Verleihförderung oder der Stoffentwicklung bei den Filmförderprogrammen – sind aus der Sicht der Enquete-Kommission angemessen. Zugangsvoraussetzungen sind beispielsweise bei der Produktionsförderung die Vorlage eines Verleihvertrages – der die wirtschaftliche Auswertung des Films gewährleistet und Regionaleffekte verspricht – oder bei der Stoffentwicklung das Vorliegen eines präsentablen und verwertbaren Drehbuchs.[301] Vereinzelt wird vorausgesetzt, dass es sich um ein kleines und/oder mittelständisches Unternehmen der gewerblichen Wirtschaft handelt.[302] Acht von 15 antwortenden Wirtschaftsministerien der Länder nennen solche Voraussetzungen. In den meisten Fällen betreffen diese den Bereich Filmförderung.[303]

---

[298] Ebd., S. 119.
[299] Die folgenden Probleme ergeben sich aus der Umfrage der Enquete-Kommission bei den Kulturministerien. (Arbeitsunterlage 16/071a)
[300] Vgl. Zusammenstellung der beantworteten Fragebögen der Wirtschaftsministerien zum Thema „Kulturwirtschaft", Frage 7, S. 54. (Arbeitsunterlage 16/073a)
[301] Vgl. Antwort des Ministeriums für Wirtschaft des Landes Brandenburg auf Frage 7 des Fragebogens zum Thema „Kulturwirtschaft". (Kommissionsdrucksache 16/290)
[302] Vgl. Antwort des Ministeriums für Wirtschaft, Tourismus und Arbeit Mecklenburg-Vorpommern auf Frage 7 des Fragebogens zum Thema „Kulturwirtschaft". (Kommissionsdrucksache 16/292)
[303] So werden von den Ländern Berlin, Brandenburg, Hamburg, Rheinland-Pfalz Voraussetzungen für den Bereich Film- und Fernsehwirtschaft genannt; vgl. Zusammenstellung der beantworteten Fragebögen der Wirtschaftsministerien zum Thema „Kulturwirtschaft". (Arbeitsunterlage 16/073a)

Abbildung 9

Steuernde und regulierende Eingriffe der öffentlichen Hand in den Buchmarkt[304]

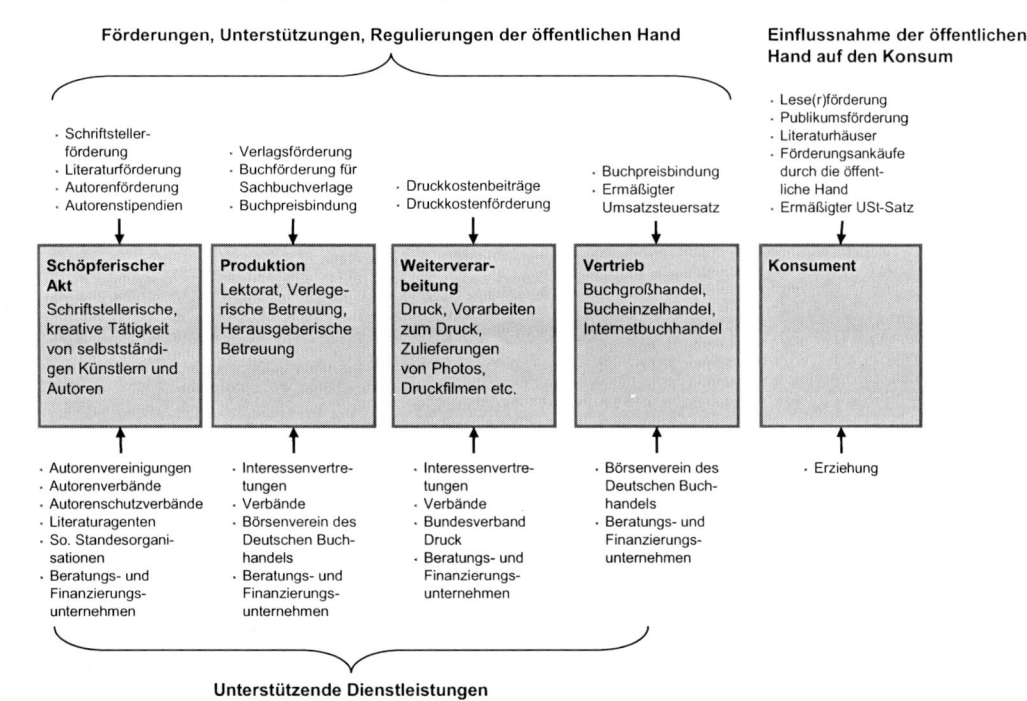

Förderungen, Unterstützungen, Regulierungen der öffentlichen Hand | Einflussnahme der öffentlichen Hand auf den Konsum

- Schriftstellerförderung
- Literaturförderung
- Autorenförderung
- Autorenstipendien

- Verlagsförderung
- Buchförderung für Sachbuchverlage
- Buchpreisbindung

- Druckkostenbeiträge
- Druckkostenförderung

- Buchpreisbindung
- Ermäßigter Umsatzsteuersatz

- Lese(r)förderung
- Publikumsförderung
- Literaturhäuser
- Förderungsankäufe durch die öffentliche Hand
- Ermäßigter USt-Satz

Schöpferischer Akt	Produktion	Weiterverarbeitung	Vertrieb	Konsument
Schriftstellerische, kreative Tätigkeit von selbstständigen Künstlern und Autoren	Lektorat, Verlegerische Betreuung, Herausgeberische Betreuung	Druck, Vorarbeiten zum Druck, Zulieferungen von Photos, Druckfilmen etc.	Buchgroßhandel, Bucheinzelhandel, Internetbuchhandel	

- Autorenvereinigungen
- Autorenverbände
- Autorenschutzverbände
- Literaturagenten
- So. Standesorganisationen
- Beratungs- und Finanzierungsunternehmen

- Interessenvertretungen
- Verbände
- Börsenverein des Deutschen Buchhandels
- Beratungs- und Finanzierungsunternehmen

- Interessenvertretungen
- Verbände
- Bundesverband Druck
- Beratungs- und Finanzierungsunternehmen

- Börsenverein des Deutschen Buchhandels
- Beratungs- und Finanzierungsunternehmen

- Erziehung

Unterstützende Dienstleistungen

Die Festlegung von Mindestfördersummen durch zwei Ministerien (50 000 Euro pro TV-Auftragsproduktion in Berlin und 2 000 Euro als Bagatellgrenze in Nordrhein-Westfalen) hält die Enquete-Kommission für unproblematisch.[305]

Problematisch dagegen erscheint es der Enquete-Kommission, dass nur in sechs von 15 Ländern die Bewerbung von Einzelkünstlern möglich ist.[306]

Benachteiligungen erkennt die Enquete-Kommission auch beim Zugang von Kleinst- und Kleinunternehmen zu Darlehen und Bürgschaften. Zwar machte die Mehrheit der befragten Wirtschaftsministerien darauf aufmerksam, dass die allgemeine Wirtschaftsförderung in Form von Darlehen und Bürgschaften auf die Kultur- und Kreativwirtschaft anwendbar sei. Jedoch stellen der erhebliche bürokratische Aufwand und der Mangel an hinterlegbaren Sicherheiten regelmäßig zu große Hürden für kleine Kulturbetriebe dar, sodass die allgemeine Wirtschaftsförderung letztlich doch nicht in Anspruch genommen werden kann.[307] Finanzielle Förderungsinstrumente, die speziell für Unternehmen der Kultur- und Kreativwirtschaft entwickelt wurden, bieten lediglich zwei Länder

---

[304] Vgl. Gutachten Kulturwirtschaft, S. 118. (Kommissionsdrucksache 16/192a)
[305] Ebd.
[306] Ebd.
[307] Vgl. die Antwort des Landes Berlin auf die Frage nach den Schlussfolgerungen, die aus der Evaluation gezogen wurden; vgl. auch die Zusammenstellung der Antworten der Wirtschaftsministerien der Länder, Frage 11, S. 65. (Arbeitsunterlage 16/073a)

an. Der Mangel an spezifischen Förderungen ist offensichtlich. Die Möglichkeit, gezielt Unternehmen der Kultur- und Kreativwirtschaft zu fördern, muss stärker genutzt werden.

Die Bestandsanalyse zum Thema Förderung von Infrastrukturmaßnahmen – zum Beispiel Bereitstellung von Informations- und Präsentationsportalen, Förderung von Netzwerkbildungen – ergab große Unterschiede zwischen den Ländern. Problematisch ist es aus Sicht der Enquete-Kommission, dass in einigen Ländern ein nur aus der allgemeinen Wirtschaftsförderung bestehender Maßnahmenkatalog zur Verbesserung der Infrastruktur vorhanden ist. Insbesondere im Hinblick auf die häufig fehlenden betriebswirtschaftlichen Kenntnisse vieler Akteure der Kultur- und Kreativwirtschaft sind aber gerade spezielle Maßnahmen zur Unterstützung dieses erhöhten Koordinations- und Unterstützungsbedarfs nötig. Aus- und Weiterbildungsmöglichkeiten werden jedoch nur von wenigen Ländern angeboten.

Umsatzsteuerbefreiung

Das Gutachten „Kulturwirtschaft" stellt dar, welche Vorteile die Ablösung der Umsatzsteuerbefreiung für bestimmte Kulturbetriebe durch die Einführung eines Optionsrechtes haben kann.[308]

Nach § 4 Nr. 20a Umsatzsteuergesetz (UStG) sind „die Umsätze folgender Einrichtungen des Bundes, der Länder, der Gemeinden oder der Gemeindeverbände" von der Umsatzsteuer befreit: „Theater, Orchester, Kammermusikensembles, Chöre, Museen, botanische Gärten, zoologische Gärten, Tierparks, Archive, Büchereien sowie Denkmäler der Bau- und Gartenbaukunst. Das gleiche gilt für die Umsätze gleichartiger Einrichtungen anderer Unternehmer, wenn die zuständige Landesbehörde bescheinigt, dass sie die gleichen kulturellen Aufgaben wie die in Satz 1 bezeichneten Einrichtungen erfüllen. Museen im Sinne dieser Vorschrift sind wissenschaftliche Sammlungen und Kunstsammlungen." § 4 Nr. 20b USEG legt fest, dass „die Veranstaltung von Theatervorführungen und Konzerten durch andere Unternehmer" ebenso von der Steuer befreit sind, „wenn die Darbietungen von den unter Buchstabe a bezeichneten Theatern, Orchestern, Kammermusikensembles oder Chören erbracht werden".

Die Umsatzsteuerbefreiung hat zur Folge:

1. Für Lieferungen und Leistungen an die betroffenen Unternehmen kann die im Einkaufspreis enthaltene Umsatzsteuer nicht als Vorsteuer abgezogen werden (§ 15 Abs. 2 Nr. 1 UStG). Dies erhöht im Vergleich zu nicht befreiten Betrieben den Preis der bezogenen Lieferungen und Leistungen um den Umsatzsteuersatz.

2. Die befreiten Betriebe erheben von ihren Kunden keine Umsatzsteuer. Erträge, in Kulturbetrieben in der Regel aus dem Kartenverkauf, bleiben in voller Höhe beim Kulturbetrieb. Allerdings wird dieser Vorteil der Umsatzsteuerfreiheit dadurch relativiert, dass die kulturellen Leistungen nur dem verminderten siebenprozentigen Umsatzsteuersatz unterliegen (§ 12 Abs. 2 Nr. 7a UStG).

Die Gutachter stellen die Auswirkungen der Umsatzsteuerbefreiung anhand von drei Modellbetrieben dar.[309] Das Ergebnis lässt sich wie folgt zusammenfassen: Je höher diejenigen Kosten sind, die Vorsteuer enthalten (zum Beispiel Sachkosten), und je höher die öffentlichen Betriebskostenzuschüsse sind (nicht steuerbar), desto größer ist die wirtschaftliche Wirkung einer Aufhebung der Steuerbefreiung. Denn: Ist der öffentliche Zuschuss (nicht steuerbar) hoch, so sind die steuerbaren Anteile des Umsatzes gering. Ist der Anteil der vorsteuerhaltigen Kosten hoch, so kommt es auch

---

[308] Vgl. Gutachten Kulturwirtschaft, S. 122ff. (Kommissionsdrucksache 16/192a)
[309] Vgl. dazu die Modellrechnung für ein B-Orchester ohne eigene Spielstätte, einen mittelgroßen Zoo und ein Stadttheater im Gutachten Kulturwirtschaft, S. 123ff. (Kommissionsdrucksache 16/192a)

zu hohen Vorsteuererstattungen. Da die Vorsteuer in der Regel bei 19 Prozent liegt und die zu entrichtende Umsatzsteuer dem verminderten Satz unterliegt, ist der wirtschaftliche Effekt eines den Betrieb entlastenden Vorsteuerabzugs größer als der den Betrieb belastenden Besteuerung von Beträgen aus Eintrittskarten.[310] Allein Betriebe, die kaum Sachkosten haben, hohe Personaletats und keine eigenen Immobilien bespielen, müssen von einer Aufhebung der Steuerbefreiung eine Verschlechterung erwarten, alle anderen Betriebe können mit einer – teils deutlichen – wirtschaftlichen Verbesserung rechnen.[311]

Die Veränderung der betriebswirtschaftlichen Parameter durch eine Aufhebung der Steuerbefreiung ist im Übrigen aus Sicht der öffentlichen Hände insgesamt ein Nullsummenspiel.[312] Öffentliche Zuschüsse werden in der Regel an die veränderten wirtschaftlichen Bedingungen angepasst. Auch für die Zuschauer bleiben die Veränderungen ohne Auswirkungen: Zumindest die Modellrechnung der Gutachter geht von unveränderten Eintrittsentgelten aus[313], was im Übrigen auch den ursprünglichen Absichten des Gesetzgebers entspricht, die Umsätze der Kulturbetriebe und damit die Kunden von der Umsatzsteuer zu befreien.

Öffentliche umsatzsteuerbefreite Kulturbetriebe sind im Übrigen gegenüber voll umsatzsteuerpflichtigen privaten Betrieben durch die Besteuerung benachteiligt. Dies kann zwar durch die öffentlichen Zuschüsse kompensiert werden. Gleichwohl kaufen öffentliche Betriebe ihre Leistungen dort zu einem höheren Preis als private Betriebe ein, soweit die ihnen gestellten Rechnungen Vorsteuern enthalten. Dies blieb in der Finanzverwaltung nicht unbemerkt. In jüngster Zeit ist jedenfalls eine verstärkte Tendenz der Finanzämter festzustellen, die kulturellen Leistungen privater Kulturbetriebe ebenfalls umsatzsteuerfrei zu behandeln.[314] Das ist aber nicht das Ziel der privaten Kulturbetriebe, da sie weiterhin umsatzsteuerpflichtig sein wollen, um zum Vorsteuerabzug berechtigt zu bleiben.

Aus der vorstehenden Problemanalyse ergeben sich zwei Lösungsvorschläge: Die Steuerbefreiung des § 4 Nr. 20a UStG entweder generell abzuschaffen oder aber den kulturellen Einrichtungen durch entsprechende Ergänzung des § 9 UStG das Optionsrecht einzuräumen, auf die Steuerbefreiung zu verzichten. Die Kulturbetriebe wären hinsichtlich der ihnen in Rechnung gestellten Umsatzsteuern optional zum Vorsteuerabzug berechtigt.[315]

Die Enquete-Kommission gibt der Einräumung einer Option gegenüber der generellen Abschaffung den Vorzug. Die wenigen Einrichtungen und Betriebe, die durch die bisherige Steuerbefreiung einen wirtschaftlichen Vorteil haben, wären durch eine generelle Abschaffung benachteiligt. Zudem würde eine generelle Abschaffung der Steuerbefreiung von kulturellen Leistungen gegen geltendes Europarecht verstoßen (vgl. EG-Mehrwertsteuersystemrichtlinie Artikel 132 Abs. 1 Buchstabe n).[316]

Vor diesem Hintergrund ist das Einräumen der Option, auf die Steuerbefreiung zu verzichten, die bessere Lösung.[317] Zwar wäre auch hier eine Initiative auf Ebene der Europäischen Union notwendig, weil das geltende Europarecht die Möglichkeit der Einräumung von Optionen bei kulturellen Dienstleistungen grundsätzlich nicht vorsieht (vgl. Artikel 137 Abs. 1 Mehrwertsteuersystemricht-

---

[310] Vgl. Gutachten Kulturwirtschaft, S. 128. (Kommissionsdrucksache 16/192a)
[311] Ebd., S. 129.
[312] Ebd.
[313] Selbstverständlich bliebe jedoch die Gestaltung der Eintrittsgelder im Ermessen der einzelnen Einrichtung.
[314] Vgl. Gutachten Kulturwirtschaft, S. 129. (Kommissionsdrucksache 16/192a)
[315] Vgl. dazu Jahnke und Gorny in der Anhörung Kulturwirtschaft für die Einführung eines Optionsrechtes; vgl. Wortprotokoll der Anhörung. (Protokoll-Nr. 16/24)
[316] Vgl. Gutachten Kulturwirtschaft, S. 131, (Kommissionsdrucksache 16/192a); Richtlinienangabe aktualisiert.
[317] Ebd., S. 132.

linie). Eine solche Initiative dürfte aber Chancen auf Erfolg haben. Dem europäischen Umsatzsteuerrecht ist die Möglichkeit der Einräumung einer Option bei kulturellen Dienstleistungen nicht fremd. Ausnahmsweise ist Mitgliedsstaaten, die kulturelle Dienstleistungen vor dem 1. Januar 1989 umsatzsteuerpflichtig behandelt haben, unter bestimmten Voraussetzungen die Einräumung eines Optionsrechts weiterhin gestattet (vgl. EG-Mehrwert-steuerrichtlinie Artikel 391 i. V. m. Artikel 371 i. V. m. Anhang X Teil B Nr. 2). Mögliche Nachteile einer generellen Umsatzsteuerpflicht, die insbesondere in Mitgliedsstaaten gegeben sein dürften, in denen die öffentlichen Betriebskostenzuschüsse im Verhältnis zu den Eigeneinnahmen aus Eintrittskarten eher gering sind, können mit der Einräumung einer Option ausgeschlossen werden, die Kulturbetriebe müssten auf die Ausübung der Option lediglich verzichten. Das heißt, für Mitgliedsstaaten, in denen die Kulturbetriebe – anders als deutsche Kulturbetriebe – mit der Steuerbefreiung bislang gute Erfahrungen machen, bestehen keine Gründe, sich der Einräumung einer Option zu verschließen.

Kreditgewährung

Die Umfrage bei den Verbänden hat ergeben, dass für die kultur- und kreativwirtschaftlichen Unternehmen und Akteure ein erheblicher Bedarf für Minikredite (Mikrokredite) bzw. für einen erleichterten Zugang zu diesen besteht.[318] Kreditinstitute sind aber an risikoarmen Geschäften interessiert, für die der Kreditnehmer ausreichend Sicherheiten bietet. Dies ist bei kultur- und kreativwirtschaftlichen Kleinst- und Kleinunternehmern meist nicht der Fall. Gerade auf der ersten Wertschöpfungsstufe gibt es einen hohen Anteil von Selbstständigen und Unternehmen mit geringen Einkünften und ohne große finanzielle Reserven.[319]

Private Kreditinstitute haben kein Interesse, ihnen Minikredite anzubieten. Daher schlägt die Enquete-Kommission die Einrichtung eines Kreditgarantiefonds nach französischem Vorbild (der IFCIC[320]) vor.[321] Die Bedingungen des Fonds sollen es kultur- und kreativwirtschaftlichen Unternehmen ermöglichen, auch das Scheitern eines Projekts, auf dem ein Kredit liegt, wirtschaftlich zu überleben. Das heißt nicht, das Risiko des Scheiterns auf die öffentliche Hand abzuschieben. Vielmehr ist der Fonds so zu konstruieren, dass eine längerfristige Kreditgewährung ermöglicht wird und zugleich ein Ausgleich von Verlusten aus einem gescheiterten Vorhaben oder Projekt durch Überschüsse aus einem erfolgreichen Vorhaben stattfinden kann. Der Fonds soll also auf der einen Seite Kredite ermöglichen und garantieren, indem er das Risiko der Gläubiger minimiert, aber auf der anderen Seite den Schuldner nicht völlig des Risikos entheben.

Ein solcher Fonds sollte im Wesentlichen folgende Leistungen erbringen:

- Bereitstellung von Garantien für Kredite von Banken an kleine kultur- und kreativwirtschaftliche Unternehmen,
- Anpassung der Laufzeit der Garantien an die risikobedingten längeren Rückzahlungsfristen kultur- und kreativwirtschaftlicher Unternehmen,
- Reduktion der von den Kreditnehmern beizubringenden Sicherheiten und
- Beratung und Unterstützung der Kreditnehmer bei ihren Verhandlungen mit den Banken.[322]

---

[318] Vgl. Zusammenfassung Fragebogen Kulturwirtschaft. (Arbeitsunterlage 16/091)
[319] Vgl. Gutachten Kulturwirtschaft, S. 142. (Kommissionsdruck-sache 16/192a)
[320] Das 1993 gegründete Institut zur Finanzierung der Filmwirtschaft und der Kulturwirtschaft (IFCIC) verwaltet u. a. einen Garantiefonds, der sich speziell an sehr kleine kulturwirtschaftliche Unternehmen richtet. Der Fonds soll die Kreditfinanzierung von kleinen kulturwirtschaftlichen Unternehmen und unabhängigen Filmproduzenten und -verleihern durch die Übernahme von Kreditgarantien gegenüber den Banken erleichtern.
[321] Vgl. Gutachten Kulturwirtschaft, S. 142f. (Kommissionsdrucksache 16/192a); vgl. zum französischen Modell ebd., S. 140.
[322] Ebd., S. 143.

Bei der Einrichtung des Fonds sind auch die Vorgaben zu berücksichtigen, die sich aus der Einführung von BASEL II für die Kleinst- und Kleinunternehmer der Kultur- und Kreativwirtschaft ergeben.[323] Über den Kreditgarantiefonds sollte es für die Unternehmen und Akteure der Kultur- und Kreativwirtschaft leichter sein, auch bei geringer Eigenkapitalausstattung Kredite zu erhalten.

Zudem schlägt die Enquete-Kommission vor, dass die Länder ihre Banken anregen, Kleinstkredite einzurichten und dass die Länder und Kommunen den Zugang zu Darlehen und Bürgschaften erleichtern.

Betriebsführung

Kulturwirtschaftliche Kleinunternehmer, seien sie Freiberufler oder Leiter kleiner Unternehmen mit wenigen Beschäftigten, haben oft nicht die Kapazitäten (und teilweise auch nicht die Fähigkeit), sich neben den künstlerischen und/oder kulturellen Aspekten ihrer Tätigkeit mit ähnlicher Kraft der kaufmännischen Belange ihres Unternehmens anzunehmen. Gleichzeitig können sich diese Unternehmen meist keinen entsprechend qualifizierten Mitarbeiter leisten, der den kaufmännisch-betriebswirtschaftlichen Bereich abdeckt. Die üblicherweise für Existenzgründer angebotenen Qualifizierungsmaßnahmen zur Professionalisierung der Betriebsführung greifen bei kultur- und kreativwirtschaftlichen Kleinst- und Kleinunternehmen daher nur eingeschränkt.

Abhilfe könnten kultur- und kreativwirtschaftliche Kompetenzagenturen schaffen, die fehlendes Managementwissen als externe Leistung in die betroffenen Unternehmen einbringen. Kompetenzagenturen würden Unterstützung in allen für die erfolgreiche Führung eines kleinen kultur- und kreativwirtschaftlichen Unternehmens wesentlichen Managementbereichen anbieten. Darüber hinaus können sie die Rolle von Maklern für verschiedene Bedarfe kleiner kultur- und kreativwirtschaftlicher Betriebe übernehmen. Sie können Kontakte mit potenziellen Kunden und zu Lieferanten herstellen und umgekehrt mögliche Kunden und Lieferanten von sich aus auf das Angebot der von ihnen betreuten Unternehmen hinweisen. Sie können temporäre Mitarbeiter für zeitlich befristete Projekte finden, aber auch EDV-Spezialisten, Webdesigner und andere Dienstleister.[324]

Mit sogenannten Management-Sharing-Programmen kann die Mitarbeit erfahrener Führungskräfte auf Teilzeitbasis angeboten werden. Die Überlegung dahinter ist einfach: Kultur- und kreativwirtschaftliche Kleinunternehmen benötigen zwar exzellenten Managementsachverstand, können sich aber teure Manager nicht leisten, denn der Umfang kleiner kultur- und kreativwirtschaftlicher Unternehmen ist in der Regel zu gering, um die Vollzeitanstellung eines Managers zu rechtfertigen.[325]

Es bietet sich daher an, kultur- und kreativwirtschaftlichen Unternehmen erfahrene Teilzeit-Manager zu vermitteln, die eine bestimmte Zahl von Wochen- oder Monatsstunden für das jeweilige Unternehmen zur Verfügung stehen und im Umfang der verbleibenden Stundenzahl Teilzeitmanagementfunktionen in anderen kultur- und kreativwirtschaftlichen Unternehmen wahrnehmen. Dieses Modell ist sowohl für Allgemeinmanager denkbar als auch für Manager in Spezialfunktionen, wie zum Beispiel im Bereich Werbung.

Für den Erfolg eines solchen Angebotes ist es wichtig, dass vor allem (ehemalige) Führungskräfte mit Erfahrungen in vergleichbaren (wenn auch vielleicht teilweise größeren) Unternehmen zum Einsatz kommen. Unmittelbar relevantes, auf breiter und langjähriger persönlicher Erfahrung basierendes Wissen ist gefragt.

---

[323] Vgl. Zusammenfassung Fragebögen Kulturwirtschaft. (Arbeitsunterlage 16/091)
[324] Vgl. Gutachten Kulturwirtschaft, S. 144. (Kommissionsdrucksache 16/192a)
[325] Ebd., S. 145.

Was für die Leitung kleiner kultur- und kreativwirtschaftlicher Unternehmen gilt, hat noch mehr Gültigkeit für viele Hilfstätigkeiten im Bereich der Unternehmensführung, wie zum Beispiel die Buchhaltung, Lohnverrechnung, laufende Steuerberatung, EDV-Betreuung, Beantragung und Abrechnung öffentlicher Förderungen etc.[326]

Hier bietet es sich an, Pools externer Dienstleister (externe Serviceleistungen) zu schaffen, die ihre auf kultur- und kreativwirtschaftliche Unternehmen spezialisierten Leistungen jeweils für mehrere Unternehmen erbringen. Der Vorteil für die Unternehmen liegt im Zugang zu hochspezialisierten Leistungen, die entsprechend der tatsächlichen zeitlichen Inanspruchnahme des jeweiligen Dienstleisters bezahlt werden.

Die Vorteile für die Dienstleister bestehen in der Chance einer hohen Auslastung bei Erbringung speziell auf kleine kultur- und kreativwirtschaftliche Unternehmen zugeschnittener Leistungen, die sich diese nicht in Form einer Vollzeitanstellung für solche Mitarbeiter leisten können.

Die vorgeschlagenen Empfehlungen zur Förderung von Kultur- und Kreativwirtschaft stellen auf einen Unterstützungsbedarf ab, der vielen kleinen Betrieben auf den ersten Stufen der kulturellen Wertschöpfungskette gemeinsam ist, unabhängig davon, ob sie nun in dem einen oder anderen kulturellen Teilmarkt tätig sind.

Nachfrageförderung

Für die Enquete-Kommission ist die Stärkung der Nachfrage nach kulturwirtschaftlichen Produkten ein wichtiger Ansatz der Förderung der Kultur- und Kreativwirtschaft. Dies bestätigte auch die Anhörung „Kulturwirtschaft". Am Beispiel des Projektes „Musikmanifesto" in Großbritannien erörterten die Experten eine Möglichkeit, wie die Nachfrage erhöht werden kann.[327] Das Projekt fördert auf der einen Seite die Weckung musikalischer Interessen in der Schule und vermittelt auf der anderen Seite Kenntnisse über die wirtschaftlichen Grundlagen der Musikindustrie und geht vor allem auf den Schutz und die Verwertung von geistigem Eigentum ein. Dadurch wird eine enge Zusammenarbeit zwischen Politik, Verwaltung und Wirtschaft realisiert.

Akteursbezogene Ausführungsagenturen

Die Enquete-Kommission ist der Ansicht, dass die Akteure der Kultur- und Kreativwirtschaft in die Planung und Realisierung von Maßnahmen ihrer Förderung stärker eingebunden werden müssen. Die Experten der Anhörung empfehlen die Einrichtung von auf Zeit befristeten Ausführungsagenturen, an denen sich die Akteure der Kultur- und Kreativwirtschaft wie auch unterschiedliche Ressorts verschiedener politischer Ebenen (Bund, Land, Kommune) beteiligen.[328] So kann die Maßnahme eines Landes nicht nur verschiedene Ressorts derselben Landesregierungen betreffen, sondern auch mehrere Kommunen. Nach Aussagen der Experten ist die Filmwirtschaft ein positives Beispiel dafür, dass in den Gremien der handelnden Stiftungen oder Verwaltungen ein hoher Anteil von Akteuren vertreten ist.[329]

---

[326] Ebd., S. 145f.
[327] Vgl. schriftliche Stellungnahme von Florian Kömpel zur Anhörung Kulturwirtschaft. (Kommissionsdrucksache 16/384); vgl. auch das Wortprotokoll der Anhörung (Protokoll-Nr. 16/24); vgl. zur Nachfrageförderung auch Fesel. (Protokoll-Nr. 16/24.
[328] Vgl. schriftliche Stellungnahme von Bernd Fesel zur Anhörung Kulturwirtschaft zu Frage 24. (Kommissionsdrucksache 16/380); vgl. auch das Wortprotokoll der Anhörung (Protokoll-Nr. 16/24, S. 46.), Fesel nennt das Beispiel Tanzplan, bei dem staatliche Akteure (Kulturstiftung des Bundes, Länder) und nichtstaatliche Akteure (Kreative) organisiert sind.
[329] Vgl. schriftliche Stellungnahme von Bernd Fesel zur Anhörung Kulturwirtschaft zu Frage 23.1. (Kommissionsdrucksache 16/380); vgl. auch das Wortprotokoll der Anhörung. (Protokoll-Nr. 16/24)

C) Handlungsempfehlungen

1. Die Enquete-Kommission empfiehlt Bund, Ländern und Kommunen, spezifische Instrumente zur Förderung der Kultur- und Kreativwirtschaft zu entwickeln und dabei stärker als bisher den unterschiedlichen Betriebsgrößen Rechnung zu tragen. Die Enquete-Kommission empfiehlt Bund, Ländern und Kommunen, ihre Aufmerksamkeit insbesondere auf die Kleinst- und Kleinunternehmen zu richten.

2. Die Enquete-Kommission empfiehlt Bund, Ländern und Kommunen, in der allgemeinen Wirtschaftsförderung die besonderen Belange der Kultur- und Kreativwirtschaft stärker zu berücksichtigen. Dazu sollten Instrumente der Wirtschaftsförderung, Infrastrukturfördermaßnahmen und Förderprogramme installiert werden. Neben den Bedürfnissen der unterschiedlichen Betriebsgrößen müssen die konkreten Wettbewerbsbedingungen der einzelnen Branchen der Kultur- und Kreativwirtschaft mehr Beachtung finden.

3. Die Enquete-Kommission empfiehlt Bund, Ländern und Kommunen, die Wirtschaftsförderinstrumente für die Kultur- und Kreativwirtschaft nicht nur auf ausgewählte Wirtschaftszweige wie Film und Design zu beschränken.

4. Die Enquete-Kommission empfiehlt Bund, Ländern und Kommunen, Wirtschaftsförderung auch für Einzelkünstler zu ermöglichen.

5. Die Enquete-Kommission empfiehlt dem Bund die Ablösung der Umsatzsteuerbefreiung für bestimmte Kulturbetriebe durch ein Optionsrecht.

6. Die Enquete-Kommission empfiehlt Bund, Ländern und Kommunen, den Zugang insbesondere von Kleinst-, Klein- und mittelständischen Kultur- und Kreativwirtschaftsunternehmen zu öffentlichen Förderungen zu vereinfachen.

7. Die Enquete-Kommission empfiehlt der Bundesregierung die Auflage eines Kreditgarantiefonds für die Kultur- und Kreativwirtschaft.

8. Die Enquete-Kommission empfiehlt den Ländern, die Vergabe von Kleinstkrediten für die Kleinst- und Kleinunternehmen der Kultur- und Kreativwirtschaft zu ermöglichen.

9. Die Enquete-Kommission empfiehlt den Ländern und Kommunen, den Zugang zu Darlehen durch Bereitstellung von Bürgschaften für die Kultur- und Kreativwirtschaft zu ermöglichen und zu erleichtern.

10. Die Enquete-Kommission empfiehlt Ländern und Kommunen zur Verbesserung der Betriebsführung in Kleinst-, Klein- und mittelständischen Kultur- und Kreativwirtschaftsunternehmen:

    – die Schaffung von kultur- und kreativwirtschaftlichen Kompetenzagenturen,

    – die Förderung von Management-Sharing-Programmen,

    – die Förderung von externen Serviceleistungen und

    – die Förderung von Fortbildungsmaßnahmen.

11. Die Enquete-Kommission empfiehlt den Ländern, über eine Stärkung der kulturellen Bildung auch die Nachfrage nach Produkten der Kultur- und Kreativwirtschaft zu fördern.

12. Die Enquete-Kommission empfiehlt Bund, Ländern und Kommunen, zeitlich befristete Ausführungsagenturen für Maßnahmen und Projekte eines Wirtschaftszweiges bzw. einer Branche zu installieren, in denen insbesondere die Akteure einbezogen werden.

5.5 Politisch-administrative Institutionalisierung von Kultur- und Kreativwirtschaft

A) Bestandsaufnahme

Ob und in welchem Umfang die Akteure der Kultur- und Kreativwirtschaft ihr Potenzial entfalten können, hängt auch von den (wirtschafts- und kultur-)politischen Rahmenbedingungen ab. Deshalb ist es von großer Bedeutung, dass und wie das Handlungsfeld Kultur- und Kreativwirtschaft im politisch-administrativen System verankert ist. Die Enquete-Kommission hat die Wirtschafts- und Kulturministerien von Frankreich, Großbritannien, Italien, der Schweiz, Österreichs und Kanadas nach der Ressortzuordnung von Kultur- und Kreativwirtschaft gefragt.[330] Mit Ausnahme der Schweiz, in der das Bundesamt Kultur in der Verantwortung des Departements des Inneren angesiedelt ist, und Kanada, das sich nicht zur Zuständigkeit äußerte,[331] verorten alle anderen Länder die Zuständigkeit für Kultur- und Kreativwirtschaft im Ministerium für kulturelle Angelegenheiten.[332]

Großbritannien gehört zu den ersten Nationalstaaten, die Kultur- und Kreativwirtschaft im politisch-administrativen System institutionalisiert haben. Seit 1997 beschäftigt sich die britische Regierung mit dem Thema und verfügt damit innerhalb der Europäischen Union über die größten Erfahrungen in diesem Bereich. Dort trägt das Department for Culture Media and Sport (dcms) die politische Verantwortung für die „Creative Industries".[333] Das dcms koordiniert die kultur- und kreativwirtschaftlichen Maßnahmen und arbeitet eng mit dem Wirtschafts-, Finanz- und dem Bildungsministerium zusammen.[334] Mit dieser Querschnittspolitik sind die Briten sehr erfolgreich. Sie trägt dazu bei, dass die „Creative Industries" jährlich um ca. fünf Prozent und damit doppelt so schnell wie die Gesamtwirtschaft wachsen.[335] „Ziel des derzeitigen ‚Creative Economy Programme' ist es, den bestmöglichen Rahmen zur Unterstützung von Innovation, Wachstum und Produktivität der ‚Creative Industries' zu schaffen, um Kohärenz zu diesen öffentlichen Projekten zu erreichen, die diese unterstützen, damit Großbritannien eines der kreativen Zentren der Welt bleibt."[336]

---

[330] Vgl. schriftlichen Stellungnahmen der Ministerien zur Anhörung Kulturwirtschaft. (Kommissionsdrucksachen 16/420, 16/421, 16/379, 16/389, 16/390)

[331] Im Internet unterhält das kanadische Ministerium für Auswärtiges und internationaler Handel ein umfangsreiches Informations- und Förderungsangebot für die „Cultural Industries". Vgl. Department of Foreign Affairs and International Trade: Arts and Cultural Industries. www.international.gc.ca/arts/menu-en.asp, (Stand: 20.6.2007).

[332] Vgl. schriftlichen Stellungnahmen der Ministerien Kulturwirtschaft. (Kommissionsdrucksachen 16/379; 16/389/ 16/390, 16/420, 16/421)

[333] Im Jahr 2006 wurde im Department for Culture Media and Sport der Minister for Creative Industries and Tourism, Mr. Shaun Woodward, ernannt; vgl. zur Begründung einer engen Verbindung von Creative Industries und Tourismus sowie zum Organigramm die Antwort von Shaun Woodward auf den Fragebogen zur Anhörung Kulturwirtschaft, S. 5f. (Kommissionsdrucksache 16/387)

[334] Dabei kümmert sich das Kulturministerium z. B. um eine generelle Musikförderung wie Live-Auftrittsmöglichkeiten für Künstler. Das Wirtschaftsministerium sorgt für die Umsetzung von Urheberrechtsrichtlinien und stellt Beratungsleistungen für Kreativwirtschaftsunternehmen zur Verfügung. Das Finanzministerium nimmt bei steuerlichen Fragen besondere Rücksicht auf den kreativen Bereich und das Bildungsministerium verankert in den Lehrplänen frühkindliche kulturelle Bildung und vermittelt die Bedeutung von geistigem Eigentum. Vgl. schriftliche Stellungnahme von Florian Kömpel (Kommissionsdrucksache 16/384) sowie die schriftliche Stellungnahme von Shaun Woodward auf den Fragebogen Kulturwirtschaft, Frage 4.2. (Kommissionsdrucksache 16/387)

[335] Vgl. schriftliche Stellungnahme von Florian Kömpel auf den Fragebogen Kulturwirtschaft. (Kommissionsdrucksache 16/384)

[336] schriftliche Stellungnahme von Shaun Woodward auf den Fragebogen Kulturwirtschaft, Frage 8. (Kommissionsdrucksache 16/387)

Dagegen kam der politischen Gestaltung von Kultur- und Kreativwirtschaft[337] in Deutschland vergleichsweise wenig Aufmerksamkeit zu. Das liegt nicht zuletzt daran, dass im politisch-administrativen System die Zuständigkeiten für Kultur- und Kreativwirtschaft unklar sind.

Die Umfrage der Enquete-Kommission unter Wirtschafts- und Kulturministerien hat ergeben[338], dass aufseiten der Länder die politische Ressortverantwortung sowohl in den Wirtschafts- als auch in den Kulturministerien liegt. Manche Länder sehen die Zuständigkeit nur bei den Wirtschaftsministerien, andere ausschließlich bei den Kulturministerien.

In sechs Ländern existiert in den Wirtschaftsministerien ein eigenes Referat zur Kultur- und Kreativwirtschaft mit einem oder mehreren Mitarbeitern, die sich allerdings nicht ausschließlich der Kultur- und Kreativwirtschaft widmen, sondern denen auch andere Aufgaben zugewiesen wurden. In fünf Wirtschaftsministerien fungiert eine Person als Ansprechpartner für Kultur- und Kreativwirtschaft. Allerdings verfügen vier Länder in ihren Wirtschaftsministerien weder über ein Referat noch über einen speziellen Mitarbeiter für Kultur- und Kreativwirtschaft.

In den Kulturressorts weisen zehn Länder in ihren Ministerien einen zuständigen Ansprechpartner für Kultur- und Kreativwirtschaft aus. Vier sehen die Zuständigkeit ausschließlich im Wirtschaftsministerium oder haben bisher weder im Wirtschafts- noch im Kulturressort einen gesonderten Mitarbeiter für Kultur- und Kreativwirtschaft auf Regierungsseite eingesetzt. Ein eigenes Referat plant keines der antwortenden Kulturministerien.[339]

Auf Bundesebene ist der Beauftragte für Kultur und Medien für Kulturwirtschaft zuständig. Ein eigenes Referat existiert derzeit noch nicht. Fragen der Kultur- und Kreativwirtschaft werden in der Gruppe K3 „Medien; Internationale Angelegenheiten im Kultur und Medienbereich", in der Gruppe K2 „Grundsatzfragen der Kulturpolitik; Rechtliche Rahmenbedingungen der Kultur" und in der Gruppe K2 „Kunst und Kulturförderung, Schwerpunkt Neue Länder" behandelt. Das Bundesministerium für Wirtschaft und Technologie hat Anfang 2007 eine Arbeitsgruppe zur Kulturwirtschaft eingerichtet.[340] Die Arbeitsgruppe soll in einem ersten Ansatz den Begriff Kulturwirtschaft sowie Struktur und Entwicklung der Kulturwirtschaft in Deutschland klären. Außerdem soll der Handlungsbedarf für eine Unterstützung und Begleitung des Wirtschaftszweiges durch die Bundesregierung untersucht werden.[341]

Die uneinheitlichen Zuständigkeiten resultieren hauptsächlich aus den vielfältigen thematischen Schwerpunkten von Kultur- und Kreativwirtschaft, die sowohl die Kultur- als auch die Wirtschaftspolitik betreffen. Allerdings haben diese Politikbereiche in der Praxis nur wenige Berührungspunkte. Ressortübergreifende Initiativen haben nur sieben und damit weniger als die Hälfte der

---

[337] Obwohl in den Umfragen nach „Kulturwirtschaft" gefragt wurde, wird hier aus Gründen der Einheitlichkeit der Begriff „Kultur- und Kreativwirtschaft" genutzt.

[338] Bei der Anfrage handelte es sich um einen Fragebogen an alle Kultur- und Wirtschaftsministerien der Länder. Die Antwort des Wirtschaftsministeriums von Bayern erfolgte in kurzer Briefform und konnte nicht in die Auswertung übernommen werden. Gleiches gilt für das Ministerium für Bildung, Kultur und Wissenschaft des Saarlandes. Die Antwort des Kulturministeriums von Sachsen-Anhalt geht in die Analyse des Wirtschaftsministeriums ein, sodass aufseiten der Wirtschaftsministerien 15 auswertbare Fragebögen zur Verfügung standen und auf Seiten der Kulturministerien 14. (Kommissionsdrucksachen 16/274–16/287 sowie Kommissionsdrucksachen 16/263–16/273, 16/290–16/292)

[339] Vgl. Zusammenstellung der Antworten der Kulturministerien der Länder (Arbeitsunterlage 16/071a) sowie Zusammenstellung der Antworten der Ministerien für Wirtschaft der Länder. (Arbeitsunterlage 16/073a)

[340] Vgl. Wöhrl (2007). Der AG „Kulturwirtschaft" gehören Mitarbeiter der folgenden Fachbereiche an: IT- und Medienwirtschaft, Grundsatzfragen und Informationsgesellschaft; freie Berufe; Konsumgüterindustrie; Spezielle Fragen der Handelspolitik, Dienstleistungen, geistiges Eigentum sowie Außenwirtschaftsförderung, Standortwerbung. Vgl. Antwort des Staatssekretärs Dr. Joachim Wuermeling vom 29. Juni 2007 auf die Frage der Abg. Katrin Göring-Eckhardt (BÜNDNIS 90/DIE GRÜNEN), Schriftliche Fragen mit in der Zeit vom 2. bis 13. Juli 2007 eingegangenen Antworten der Bundesregierung, S. 64. (Bundestagsdrucksache 16/6079)

[341] Ebd.

deutschen Länder ins Leben gerufen. Lediglich das Land Berlin verfügt über eine ständige Arbeitsgruppe, in der sowohl Mitarbeiter der Senatsverwaltung für Wirtschaft, Technologie und Frauen als auch der Senatskanzlei – dort ressortiert die Kultur – zusammenarbeiten.[342]

B) Problembeschreibung

Kulturpolitik richtet ihren Fokus primär auf die öffentliche Kulturförderung und sieht den erwerbswirtschaftlich orientierten Kulturbetrieb als Wirtschaftsunternehmen mit entsprechender Zuständigkeit in der Wirtschaftspolitik. Dagegen konzentriert sich die Wirtschaftspolitik eher auf traditionelle Industrie- und Dienstleistungsbranchen und verortet kulturelle Unternehmungen im Bereich der Kulturpolitik. Zudem erschwert die kleinteilige, branchenübergreifende Struktur der Unternehmen der Kultur- und Kreativwirtschaft die Ressortverantwortung im Bereich der Wirtschaftsförderung.[343]

Eine absolut trennscharfe Ressortdefinition für Kultur- und Kreativwirtschaft ist aufgrund der unterschiedlichen Ansätze der Kultur- und Wirtschaftsförderung äußerst schwierig.

Eine ausschließliche Orientierung an der Kulturförderung einerseits oder nur an der Wirtschaftsförderung andererseits wird den Prozessen der künstlerisch-kreativen Wertschöpfung nicht gerecht.

Ressortverantwortung nach politischen Zielen

Welches Ressort für die grundsätzliche Verantwortung von Kultur- und Kreativwirtschaft zuständig sein sollte, hängt von den politischen Zielen und von den strukturellen Bedingungen ab. Wird Kultur- und Kreativwirtschaft nach dem Vorbild Kanadas primär als ökonomischer Wachstumsmarkt betrachtet[344], so spricht vieles für eine Verortung im Wirtschaftsressort. Wird Kreativität wie zum Beispiel in Großbritannien als wesentliches gesellschaftliches Element und als Quelle ökonomischen Wachstums betrachtet, so liegt eine Verortung in der Kulturpolitik nahe.

Kultur- und Kreativwirtschaft im Wirtschaftsressort

Wirtschaftsministerien können in der Regel auf große finanzielle Ressourcen zugreifen und besitzen administrative Erfahrungen mit der Durchführung von wirtschaftlichen Förderprogrammen. Insbesondere für große und mittelständische Unternehmen der Kultur- und Kreativwirtschaft könnte es von Vorteil sein, wenn die politische Gestaltung von Kultur- und Kreativwirtschaft im Wirtschaftsressort angesiedelt wird.

Kultur- und kreativwirtschaftliche Unternehmen, die sich in Größe und Struktur großen Unternehmen anderer Brachen ähneln[345], agieren in der Regel nicht am „Ursprung" der kreativen Leistung, sondern wirtschaften in „weiter entfernten" Wertschöpfungsstufen wie zum Beispiel im Vertrieb. Diese Unternehmen folgen in der Regel den gleichen Prinzipien wie Unternehmen anderer Wirtschaftsbranchen. Ihre förderpolitischen Anforderungen unterscheiden sich nicht. Dennoch wird ihnen der Zugang zu den existierenden Förderinstrumenten aufgrund der Besonderheit des kulturellen Kerns ihrer Produkte häufig erschwert.[346]

---

[342] Vgl. Kurzauswertung der beantworteten Fragebögen zum Thema: Kulturwirtschaft der Ministerien für Kunst/Kultur/Kultus der Länder (Arbeitsunterlage 16/070a) sowie Kurzauswertung der beantworteten Fragebögen zum Thema: Kulturwirtschaft der Ministerien für Wirtschaft der Länder. (Arbeitsunterlage 16/072a)
[343] Vgl. Gutachten Kulturwirtschaft, S. 115. (Kommissionsdrucksache 16/192a)
[344] Ebd., S. 114.
[345] „Große Kulturwirtschaft" ist das Gegenteil der „kleinen Kulturwirtschaft", die sich u. a. durch die Betriebsgröße (Klein- und Kleinstunternehmen) auszeichnet. Vgl. Gutachten Kulturwirtschaft, S. 113. (Kommissionsdrucksache 16/192a)
[346] Vgl. Kap. 5.4.4, Förderinstrumente und ordnungspolitische Maßnahmen; vgl. auch Gutachten Kulturwirtschaft, S. 141. (Kommissionsdrucksache 16/192a)

Für eine Verortung im Wirtschaftsressort spricht ferner die strukturell bessere Ausstattung von Wirtschaftsministerien. Sowohl personell als auch finanziell sind die Wirtschaftsressorts im Vergleich zu den Kulturressorts stärker aufgestellt. Nüchtern betrachtet, besitzen wirtschaftspolitische Argumente in der Regel auch mehr Gewicht.

Als Nachteil bei einer wirtschaftspolitischen Verortung ist der begrenzte Zugang zu den Quellen kreativer Leistungen anzuführen. Wirtschaftspolitische Steuerung (Förderinstrumente) kann in der kulturellen Wertschöpfungskette erst in einem fortgeschrittenen Stadium ansetzen. Die Förderung der kreativen Leistung als Kern von Wertschöpfung bleibt wirtschaftpolitischen Instrumenten in der Regel unzugänglich.[347] Dies könnte dazu führen, dass bei einer wirtschaftspolitischen Steuerung die Förderung quantitativer Merkmale dominiert und nur die Unternehmen gezielt unterstützt werden könnten, die weiter vom kreativen Kern entfernt sind. Inwiefern Kleinst- und Kleinunternehmen von einer Ressortverantwortung im Wirtschaftsministerium profitieren würden, ist unklar. Ihr Förderungsbedarf stellt sich grundsätzlich anders dar, weil sie näher an der kreativen „Schöpfung" agieren. Die üblichen wirtschaftspolitischen Maßnahmen der Förderung von Existenzgründung greifen für Einzelunternehmen und kleine Kultur- und Kreativwirtschaftsunternehmen nur bedingt.[348] Möglicherweise könnten die qualitativen Merkmale freiberuflich-kreativer Tätigkeiten bei einer wirtschaftspolitischen Ressortverantwortung nicht ausreichend berücksichtigt werden.

Kultur- und Kreativwirtschaft im Kulturressort

Kulturpolitik hingegen agiert nahe am schöpferischen Kern kreativer Leistungen und kann auf die Erfahrungen mit bestehenden Künstlerförderprogrammen und Programmen zur Förderung kulturell-künstlerischer Projekte zurückgreifen. Kulturpolitik begleitet die kulturelle Wertschöpfungskette mit der Künstlerförderung bereits in deren Anfangsstadium. Die Erfahrungen aus der Künstlersozialkasse und die Probleme in der Aus- und Weiterbildung von Künstlern im Hinblick auf erwerbswirtschaftliche Aspekte sind bekannt. Das „Problembewusstsein" für Ein-Personen-Selbstständige ist in der Kulturpolitik hoch. Kulturpolitik könnte kultur- und kreativwirtschaftliche Unternehmen vom kreativen Schaffensprozess bis zur wirtschaftlichen Betätigung umfassend und effektiv betreuen. Damit würde die kulturpolitische Steuerung den kultur- und kreativwirtschaftlichen Unternehmen besonders gerecht, weil diese mehrheitlich aus Kleinst- und Kleinbetrieben besteht. Große Unternehmen sind in der Kultur- und Kreativwirtschaft eher die Ausnahme.[349]

Eine Ressortverantwortung in der Kulturpolitik ermöglicht eine qualitative Fokussierung kulturwirtschaftlicher Prozesse. So ist zum Beispiel bei der Buchpreisbindung nicht nur die Quantität des Verlags- und Buchhandels entscheidend. Einerseits wird mit der Buchpreisbindung die Existenz kleiner und mittlerer Kultur- und Kreativwirtschaftsunternehmen – wie kleiner Verlage und Buchhandlungen – gesichert.[350] Andererseits trägt die Buchpreisbindung zu einer qualitativen Vielfalt auf dem Buchmarkt bei.

Eine kulturpolitische Ressortverantwortung bietet ferner den Vorteil einer ausgewogenen Angebots- und Nachfragepolitik. Mit einer gezielten Förderung von Kultur- und Kreativwirtschaftsunternehmen wird die Angebotsseite der Kultur- und Kreativwirtschaft gestärkt. Erfolgreiche Förderung ermöglicht eine größere Anzahl kultureller Produkte und Angebote. Allerdings lässt sich auch schon jetzt beobachten, dass die Zahl kultur- und kreativwirtschaftlicher Unternehmen wächst. Der Umsatz hingegen steigt nicht im gleichen Umfang. Damit bemühen sich immer mehr kultur- und

---

[347] Vgl. Kap. 4.4, Wirtschaftliche Situation der Künstler- und Kulturberufe.
[348] Vgl. Gutachten Kulturwirtschaft, S. 142. (Kommissionsdrucksache 16/192a)
[349] Ebd., S. 92ff.
[350] Ebd., S. 120.

kreativwirtschaftliche Unternehmer und Künstler um ihren Anteil am nicht proportional steigenden Gesamtumsatz.[351] Das hat zur Folge, dass zunächst die Einkommen sinken. Langfristig ist zu befürchten, dass viele kulturwirtschaftliche Angebote wieder eingestellt werden müssen. Eine nachhaltige Förderung kann die politische Steuerung nicht auf die Angebotsförderung beschränken. Um den Gesamtumsatz zu steigern, muss auch die Nachfrageseite berücksichtigt werden.[352] Gerade hier liegt die Stärke der Kulturpolitik. Mit der Intensivierung von kultureller Bildung würden nicht nur Rezeptionsfähigkeiten, kulturell-künstlerische Traditionen und moderne kulturelle Praktiken gestärkt, sondern auch die Nachfragesituation in ihrer ökonomischen Dimension.

Eine Zusammenführung von Angebots- und Nachfrageförderung im Kulturressort würde die Bedeutung kreativer Leistungen in den gesamtgesellschaftlichen Fokus rücken. Kultur- und Kreativwirtschaftspolitik wäre dann nicht ausschließlich an wirtschaftlicher Wachstumsförderung orientiert. Vielmehr wäre sie in eine politikfeldübergreifende strategische Politik eingebunden, welche die kreativen Potenziale der Gesellschaft und die Teilhabe an gesellschaftlichen, politischen und ökonomischen Prozessen fördert.

Gegen die Institutionalisierung der Kultur- und Kreativwirtschaft im Kulturressort sprechen primär strukturelle Gründe. In der Regel verfügen Kulturministerien im Vergleich zu den Wirtschaftsministerien über geringere Ressourcen. Die finanziell besser ausgestatteten Förderinstrumente liegen meist bei den Wirtschaftsressorts und müssten erst für das Kulturressort erstritten werden. Auf Bundesebene und in einigen Ländern ist das Kulturressort kein eigenständiges Ministerium. Ferner könnte die bislang geringe wirtschaftspolitische Kompetenz in den Kulturressorts nachteilig wirken.

Aus den oben genannten Gründen muss eine effektive politische Gestaltung interministeriell angelegt sein. Um diese zu gewährleisten, könnte die Stelle eines Koordinators eingerichtet werden, der aus den einzelnen Ressorts Kompetenzen zusammenführt und diese für die Akteure der Kultur- und Kreativwirtschaft zugänglich macht. Vorbild kann dabei der von der Bundesregierung eingesetzte „Maritime Koordinator" sein, dessen Aufgabe es ist, die Maßnahmen der Bundesregierung zur Stärkung des Schiffbaus, der Seeschifffahrt, der Hafenwirtschaft und der Meerestechnik zu bündeln und zu koordinieren.[353] Aufgabe eines Kultur- und Kreativwirtschaftskoordinators wäre unter anderem eine Optimierung wirtschaftspolitischer Förderinstrumente für die Belange der Kultur sowie die Schaffung neuer Programme zur Förderung der unterschiedlichen Unternehmensstrukturen im Kulturbereich.

C) Handlungsempfehlungen

1. Die Enquete-Kommission empfiehlt Bund und Ländern, Kultur- und Kreativwirtschaft als politische Querschnittsaufgabe im politisch-administrativen System zu verankern.

2. Die Enquete-Kommission empfiehlt Bund und Ländern, einen Koordinator für Kultur- und Kreativwirtschaft als Leiter einer interministeriellen Arbeitsgruppe einzusetzen, der die kultur- und kreativwirtschaftlichen Kompetenzen ressortübergreifend bündelt.

---

[351] Vgl. schriftliche Stellungnahme von Bernd Fesel zur Anhörung Kulturwirtschaft. (Kommissionsdrucksache 16/380)
[352] Ebd.
[353] Vgl. Bundesministerium für Wirtschaft und Technologie, www.bmwi.de/BMWi/Navigation/Ministerium/beauftragte, did=173146. html, (Stand 6/2007).

Anhang 1 zu Kapitel 5.2.

Abbildung 10

Umschreibung des kulturellen und kreativen Sektors[354]

Kreise	Bereiche	Unterbereiche	Merkmale
Kerngebiete der Kunst	Bildende Künste	Handwerk Malerei – Skulpturen – Fotografie	– Nicht-industrielle Aktivitäten. – Diese Leistungen sind Prototypen und „potenziell urheberrechtlich geschützte Produkte", d. h. ein Großteil dieser Produkte sind kreative Neuschöpfungen, die urheberrechtlich geschützt werden könnten. Wie auch bei den meisten handwerklichen Arbeiten und einigen Produktionen der darstellenden bzw. bildenden Künste etc. wird dieser urheberrechtliche Schutz jedoch nicht systematisch umgesetzt.
	Darstellende Künste	Theater – Tanz – Zirkus – Festivals	
	Kulturelles Erbe	Museen – Büchereien – Archäologische Stätten – Archive	
Kreis 1: KulturBranchen	Film und Video		– Industrielle Aktivitäten für die Massenproduktion. – Ergebnisse beruhen auf urheberrechtlichem Schutz.
	Fernsehen und Rundfunk		
	Videospiele		
	Musik	Musikaufnahmen – Livemusikveranstaltungen – Einnahmen der Verwertungsgesellschaften in der Musikbranche	
	Bücher und Presse	Bücherveröffentlichung – Zeitschriften und Presseerzeugnisse	

---

[354] Vgl. EU-Bericht: Economy of Culture in Europe, S. 3. (Kommissionsmaterialie 16/088 Anlage)

noch Abbildung 10

Kreise	Bereiche	Unterbereiche	Merkmale
Kreis 2: Kreative Branchen und Aktivitäten	Gestaltung	Modedesign, grafische Gestaltung, Innenarchitektur, Produktentwicklung	– Die Aktivitäten müssen nicht unbedingt industrieller Art sein. Es kann sich um Prototypen handeln.
	Architektur		– Obwohl die Ergebnisse auf dem urheberrechtlichen Schutz beruhen, können andere durch geistiges Eigentum geschützte Produkte (z. B. Handelsmarken) einbezogen sein.
	Werbung		– Der Einsatz von Kreativität (kreative Fähigkeiten und kreative Personen aus den Bereichen Kunst und Kulturindustrie) ist eine wesentliche Grundlage für die Leistungen dieser nicht kulturellen Sektoren.
Kreis 3: verwandte Industrien	Hersteller von PC, MP3-Playern, Mobiltelefonen usw.		– Diese Kategorie lässt sich nicht eingliedern oder mit klaren Kriterien definieren.
			Zu ihr gehören viele andere Wirtschaftsbereiche, die von den vorherigen „Kreisen" wie z. B. dem IKT-Bereich abhängen.

: „der kulturelle Sektor"

: „der kreative Sektor"

Anhang 2 zu Kapitel 5.3.

Statistische Abgrenzung der Kernbranchen der Kulturwirtschaft/Creative Industries
Abgrenzung des Arbeitskreises Kulturstatistik e. V. nach offizieller
Wirtschaftszweigklassifikation WZ

Abbildung 11

Statistische Abgrenzung der Kernbranchen der Kulturwirtschaft[355]

NACE-CODE 2-stellig	NACE/WZ WZ-Nr. 3-stellig	NACE/WZ WZ-Nr. 4-stellig (teilweise 5-stellig)
22 – Publishing, printing an reproduction of recorded media	22.1 – Verlagsgewerbe	22.11 – Verlegen von Büchern 22.12 – Verlegen von Zeitungen 22.13 – Verlegen von Zeitschriften 22.14 – Verlegen von bespielten Tonträgern u. Musikalien 22.15 – Sonstiges Verlagsgewerbe
92 – Recreational, cultural an sporting activities	92.1 – Film- u. Videofilmherstellung, -verleih, -vertrieb; Kinos	92.11 – Film- und Videofilmherstellung 92.12 – Filmverleih und Videoprogrammanbieter 92.13 – Kinos
	92.2 – Rundfunkveranstalter, Herstellung von Hörfunk-, Fernsehprog.	92.20 – Rundfunkveranstalter, Herstellung v. Hörfunk-, Fernsehprogrammen
	92.3 – Erbringung von sonstigen kulturellen und unterhaltenden Leistungen	92.31 – Künstler. U. schriftstellerische Tätigkeiten bzw. Darbietungen 92.32 – Theater-, Opern-Musicalbetrieb, Hilfsdienste für kulturelle u. ä. Leistungen 92.34 – Erbringung von kulturell. U. unterhalt. Leistungen
	92.4 – Korrespondenz-, Nachrichtenbüros, selbst. Journalisten	92.40 – Korrespondenz-, Nachrichtenbüros, selbständige Journalisten
	92.5 – Bibliotheken, Archive, Museen, botanische u. zool. Gärten	92.51 – Bibliotheken und Archiv 92.52 – Museen und Denkmalschutzeinrichtungen

---

[355] Abgrenzung des Arbeitskreises Kulturstatistik e.V. nach offizieller Wirtschaftszweigklassifikation WZ.

noch Abbildung 11

NACE-CODE 2-stellig	NACE/WZ WZ-Nr. 3-stellig	NACE/WZ WZ-Nr. 4-stellig (teilweise 5-stellig)
52- Retail Trade	52.4 – Sonstiger Facheinzelhandel	52.47 – Einzelhandel mit Büchern etc. 52.45.3 – Einzelhandel mit Musikinstrumenten, Musikalien 52.47.2 – Einzelhandel mit Büchern und Fachzeitschriften 52.48.2 – Einzelhandel mit Kunstgegenständen (ohne Antiquität, Teppich, Briefmarke, Münze, Geschenkartikel)
74 – Other business activities	74.2 – Architektur- und Ingenieurbüros	74.2x – Architekturaktivitäten 74.20.1 – Architekturbüros für Hochbau und Innenausbau (ohne Ingenieurbüros) 74.20.2 – Architekturbüros für Orts- und Landesplanung 74.20.3 – Architekturbüros Garten-, Landschaftsgestaltung
	74.8 – Sonstige Unternehmensaktivitäten	74.8x – Designaktivitäten 74.20.6 – Industriedesign 74.40.1 – Kommunikationsdesign/Werbegestaltung 74.87.4 – Mode-, Grafikdesign, sonstiges Design
	74.4 – Werbung	74.20.2 – Werbevermittlung (Werbeberatung in Design enthalten)
72 – Computer and related Activity	72.2 – Software/Games	72.2 – Entwicklung und verlegen von Software/Games

Hinweis: Deutsche Kultursektorabgrenzung ohne WZ-Nr. 36.3 Herstellung von Musikinstrumenten, WZ-Nr. 22.3 Vervielfältigung von Musik-, Video und Datenträger. WZ 2003 = Deutsche Klassifikation der Wirtschaftszweige, Basiert auf europäischer NACE Rev.1 = „Nomenclature statistique des Activites economicus dans la Communaute Europeenne" – Statistische Systematik der Wirtschaftszweige in der Europäischen Gemeinschaft
Quelle: Arbeitskreis Kulturstatistik e.V.

6 Kulturelle Bildung

6.1 Bedeutung und Wirkung von kultureller Bildung in der Lebensperspektive

Das Konzept lebenslangen Lernens

Das Konzept lebenslangen Lernens will die bisher stark segmentierten Bildungsbereiche verzahnen und Vorschulbildung, schulische Bildung, Berufsbildung, Hochschulbildung sowie allgemeine und berufliche Weiterbildung zu einem kohärenten, das heißt aufeinander aufbauenden und vor allem durchlässigen Gesamtsystem zusammenführen (Bundesministerium für Bildung und Forschung[1]). Zu übergreifenden Konzepten fehlt es aber bislang an einer etablierten Struktur. In Deutschland bedarf es hier noch immer einer quantitativ wie qualitativ nachhaltigen Verbesserung. Als Problem stellt sich dabei insbesondere die rigide Abgrenzung der verschiedenen Ressorts – Kulturpolitik, Bildungspolitik, Jugendpolitik – sowohl auf kommunaler als auch auf Landes- und Bundesebene dar. Erfreulicherweise wird diese vorherige strikte Trennung zurzeit im Zuge der Entwicklung der Ganztagsschule teilweise überwunden.

Es besteht zwar eine ausgebaute Infrastruktur kultureller Bildung. Angefangen von den Musikschulen, den Jugendkunstschulen, den Medienwerkstätten, museums- und theaterpädagogischen Angeboten, Musikvereinen, Theatergruppen, Kinder- und Jugendmuseen bis hin zu den Angeboten an Volkshochschulen, Familienbildungsstätten usw. Diese Infrastruktur wird vornehmlich von den Kommunen, teilweise von den Ländern und zu einem kleinen Teil vom Bund finanziert. In der Bundesvereinigung Kulturelle Kinder- und Jugendbildung sind 50 bundesweit agierende Fachverbände, Institutionen und Landesvereinigungen Kultureller Jugendbildung aus den Bereichen Musik, Spiel, Theater, Tanz, Rhythmik, bildnerisches Gestalten, Literatur, Fotografie, Film und Video, neue Medien und kulturpädagogische Fortbildung zusammengeschlossen.

Dennoch klaffen Sonntagsreden und Alltagshandeln dabei fast nirgendwo so eklatant auseinander wie in der kulturellen Bildung[2]. Führende Akteure aus allen Gesellschaftsbereichen zögern nicht, sich immer wieder zu der Bedeutung der kulturellen Bildung für den Einzelnen und die Gesellschaft insgesamt zu bekennen, konkrete Folgen für die Praxis der kulturellen Bildung bleiben hingegen immer noch zu häufig aus.

Es besteht ein Missverhältnis von Theorie und Praxis: Die Akteure der kulturellen Bildung (zum Beispiel „Bundesvereinigung Kulturelle Kinder- und Jugendbildung e. V." – BKJ, „Deutscher Kulturrat e. V.", „Kulturpolitische Gesellschaft e. V.", „Deutscher Städtetag", die „Bundesakademien für Kulturelle Bildung e. V.", „Bund-Länder-Kommission für Bildungsplanung und Forschungsförderung" – BLK) haben sich seit mehreren Jahrzehnten auf theoretischer Ebene und in Modellversuchen eingehend mit dem Thema befasst und fundierte Konzepte vorgelegt. Von Ausnahmen abgesehen scheint es dennoch so, dass der Alltag der meisten Schulen und vieler Kulturinstitutionen noch

---

[1] Vgl. Bundesministerium für Bildung und Forschung (BMBF), www.bmbf.de/de/411.php, (Stand: 9. Juli 2007).
[2] Zur Bezeichnung des in diesem Kapitel zu behandelnden Gegenstandes sind unterschiedliche Termini gebräuchlich. Friedrich Schiller wirkte Ende des 18. Jahrhunderts begriffsprägend mit seinen Briefen „Über die ästhetische Erziehung des Menschen". Daneben wurden und werden „Kulturelle Bildung", „musische Bildung", „musisch-kulturelle Bildung", „ästhetische Bildung" oder „künstlerische Bildung" verwendet. Zudem gibt es spartenspezifische Begriffe (wie musikalische, theatrale oder Medienbildung). Im Folgenden wird ausschließlich von „Kultureller Bildung" gesprochen, weil sich dieser Begriff seit den 70er-Jahren des letzten Jahrhunderts weitgehend durchgesetzt hat. Kulturelle Bildung wird zumeist als Allgemeinbildung verstanden, die mit kulturpädagogischen Methoden (also etwa mittels Tanz, Musik, Theater, Bildender Kunst, Rhythmik, aber auch mit Hilfe der neuen elektronischen Medien) vermittelt wird. Vgl. Fuchs (2005), S. 2. Für eine ausführliche Darstellung der gesamten Begrifflichkeit vgl. Gutachten zum Thema „Bestandsaufnahme und Sekundäranalyse aktueller Materialien zur kulturellen Bildung im Kontext kulturpolitischer Anforderungen", (Gutachten Kulturelle Bildung), S. 11. (Kommissionsdrucksache 15/495a)

nicht durch eine verbreitete Praxis kultureller Bildung bestimmt ist. Exemplarisch sei der häufige Unterrichtsausfall vor allem bei den Schulfächern Musik und Kunst genannt.³ Es ist allerdings anzuerkennen, dass im Zuge der Entwicklung der Ganztagsschule die kulturelle Bildung an Bedeutung gewonnen hat. In der Mehrzahl der Länder wurden Kooperationsvereinbarungen mit den Trägern der kulturellen Bildung geschlossen. Da die Infrastruktur der musikalischen Bildung durch ein sehr umfassendes Netz an Musikschulen im Vergleich zu den anderen künstlerischen Sparten besonders gut ausgebaut ist, wurden besonders viele Kooperationsvereinbarungen im Bereich der musikalischen Bildung geschlossen.

Diese Defizite sind keine Petitesse, denn Kultur vermittelt sich nicht von selbst. Dafür sind die Formen und Zusammenhänge, die sich in der Kunst zum Teil in Jahrhunderten entwickelt haben, zu komplex: „Kinder müssen Kultur trainieren und auf der spannenden Entdeckungsreise zu Kunst und Kultur an die Hand genommen werden."⁴ Daher ist es wichtig, junge Menschen nicht nur als das „Kulturpublikum von morgen" zu begreifen. Sie sind auch das Publikum und die Partner von heute. Diese Aufgabe stellt sich neben den Eltern, die in erster Verantwortung für den Lernprozess ihrer Kinder stehen, allen, den Kulturinstitutionen, den Einrichtungen der kulturellen Bildung, der Schule und den staatlichen Ebenen. Das Elternhaus hat im Prinzip die beste Möglichkeit, die erforderliche Voraussetzung zu schaffen. Diese ist bei jedem Erwachsenen die Eigenverantwortung für und die Bereitschaft zum lebenslangen Lernen, das heißt das formale, nichtformale und informelle Lernen an verschiedenen Lernorten. Bund und Länder haben in der Bund-Länder-Kommission für Bildungsplanung und Forschungsförderung 2004 eine „Strategie für Lebenslanges Lernen in der Bundesrepublik Deutschland" beschlossen, um das Lernen aller Bürger in allen Lebensphasen und Lebensbereichen, an verschiedenen Lernorten und in vielfältigen Lernformen anzuregen und zu unterstützen.⁵

Die Teilnahme am „Lebenslangen Lernen" ist jedoch in Deutschland noch in zu großem Umfang vom Bildungsmilieu und der familiären Prägung mitbestimmt und die Teilhabe in unserer Gesellschaft dadurch nach wie vor ungleich.⁶ Hier liegen nicht nur aus gesamtwirtschaftlicher Sicht unausgeschöpfte Wachstumspotenziale brach. Lebenslanges Lernen ist auch die Voraussetzung für gesellschaftliche Partizipation und kulturelle Teilhabe, das heißt für eine aktive Rolle bei der Mitgestaltung unserer Gesellschaft.⁷ Allgemeines, politisches und kulturelles Lernen vermittelt den Menschen Grundorientierungen und Kompetenzen, damit sie den gesellschaftlichen Wandel auch in der privaten Lebenswelt konstruktiv mitgestalten können. Daraus erwachsen Interesse und Befähigung zu bürgerschaftlichem Engagement. In der Bürgergesellschaft müssen, worauf die unabhängige Kommission zur „Finanzierung Lebenslangen Lernens"⁸ zu Recht hingewiesen hat, diese zivilgesellschaftlichen Tugenden eingeübt und erlernt werden und in diesem Sinne bürgerschaftliches Engagement zu einem besonderen Lernfeld werden.⁹ „Es sind nicht nur die tiefgreifenden Neuerungen in der Arbeitswelt, die regelmäßig nach neuen und Anpassung der vorhandenen Qualifikationen verlangen. Auch im lebensweltlichen Raum vollziehen sich Entwicklungen, deren Aneignung und Bewältigung neue Kenntnisse und Kompetenzen voraussetzen. Zu nennen sind die

---

3   Vgl. Gutachten Kulturelle Bildung, S. 112 (Kommissionsdrucksache 15/495a); Zacharias (2005), S. 56.
4   Pfeiffer-Poensgen (2006), S. 6.
5   Vgl. Schlussbericht der Kommission „Finanzierung Lebenslangen Lernens". (Bundestagsdrucksache 15/3636)
6   Ebd.
7   Ebd.
8   Ebd.
9   Die Ergebnisse der Enquete-Kommission „Zukunft des Bürgerschaftlichen Engagements" zeigen zudem, dass Qualifizierungsmaßnahmen in der Weiterbildung eine moderne, immaterielle, zum Teil auch geldwerte Form der Anerkennung des Engagements darstellt, die direkt an das Bedürfnis nach Selbstentfaltung, Persönlichkeitsentwicklung und Mitgestaltung anknüpft.

Technisierung des Alltags, die Fülle der auf das Individuum zuströmenden Informationen und neuen Möglichkeiten der Informationsverarbeitung und Bildaufbereitung, die Pluralisierung von Lebensweisen, das Zusammenleben in einer multikulturellen Gesellschaft bis hin zu den Anforderungen im Umgang mit Institutionen und die Wahrnehmung von Ehrenämtern und anderen Formen des bürgerschaftlichen Engagements. Zu nennen ist ebenso die wachsende Bedeutung der Sprachen und der Länderkunde im Hinblick auf Geschichte, Kunst, Kultur, Wirtschaft und Politik in einem zusammenwachsenden Europa, denn die Akzeptanz der kulturellen Pluralität in Europa gedeiht nur auf der Basis des Wissens darum."[10] Letzteres lässt sich auch auf die globale Zusammenarbeit ausweiten.

Die Anforderungen der Wissensgesellschaft und die geschilderten gesellschaftspolitischen Herausforderungen – zusätzlich erweitert um die Bedeutung des demografischen Wandels – erfordern, neben der arbeitsmarkt- und berufsbezogenen Bildung die Dimensionen einer Kultur- und Bildungsgesellschaft in den Blick zu nehmen.

Die Praxis der schulischen und außerschulischen kulturellen Bildung hängt auch von politischen Weichenstellungen ab. Insofern ist das neu aufgekommene Interesse der (Kultur-)Politik an der kulturellen Bildung eine erfreuliche Entwicklung, die Hoffnung für die Zukunft macht, dass das konstatierte Umsetzungsdefizit nun behoben werden kann. Das tut Not, denn: „In Deutschland werden die Chancen ästhetischer Bildung bisher nicht ausreichend genutzt!"[11]

6.1.1 Bedeutung und Wirkung kultureller Bildung

Die Wirkungsforschung zur kulturellen Bildung hat vor allem in den zurückliegenden Jahren auf dem Gebiet der Neurowissenschaften große Fortschritte erzielt. Jedoch wurden auch schon in den 70er-Jahren zentrale Effekte der kulturellen Bildung auf den Menschen betont. Damals definierte die Bund-Länder-Kommission für Bildungsplanung und Forschungsförderung im Ergänzungsplan „Musisch-kulturelle Bildung" zum Bildungsgesamtplan von 1973 Kulturelle Bildung wie folgt:

„Musisch-kulturelle Bildung weckt schöpferische Fähigkeiten und Kräfte des Menschen im intellektuellen und emotionalen Bereich und stellt Wechselbeziehungen zwischen diesen Fähigkeiten und Kräften her. Sie spricht alle Menschen, in jedem Alter, in jeder Schicht, gesund, behindert oder krank, an. Sie ist selbst da noch wirksam, wo menschliche Sprache versagt. Insbesondere will musisch-kulturelle Bildung den Einzelnen und den Einzelnen in der Gemeinschaft

- zu einer differenzierten Wahrnehmung der Umwelt anregen und sein Beurteilungsvermögen für künstlerische oder andere ästhetische Erscheinungsformen des Alltags fördern. Dies gilt sowohl gegenüber Kunstwerken wie auch gegenüber Formen der Werbung, der Industrieproduktion, der Mode, der Unterhaltungsmusik, der Trivialliteratur und der Medienprogramme, deren spezifischer Eigenwert zu erkennen ist.

- zu eigen- und nachschöpferischen Tätigkeiten hinführen. Diese Tätigkeiten tragen zur Entfaltung von Begabungen, Neigungen und Fähigkeiten bei und vermitteln Befriedigung und Freude am Tun, fördern kommunikative Verhaltensweisen und erleichtern soziale Bindungen. Voraussetzung hierfür ist das Erlernen künstlerischen Ausdrucks durch Stimme, Mimik und Gestik des Menschen sowie durch Instrumente und Materialien.

---

[10] Unterrichtung durch die Bundesregierung vom 3. August 2004: Bericht der unabhängigen Expertenkommission „Finanzierung Lebenslangen Lernens" – Der Weg in die Zukunft. (Bundestagsdrucksache 15/3636)
[11] „Hamburger Erklärung" des 2. Kongresses der Initiative „Kinder zum Olymp" der Kulturstiftung der Länder und der PwC-Stiftung, S. 1, www.lab-concepts.de/pdf/HHErklärungZeitung.pdf, (Stand: 14. November 2007) Vgl. auch Zacharias (2005), S. 57.

– in seiner intellektuellen Bildung vervollständigen. Die Angebote musisch-kultureller Bildung ergänzen einander. So setzt musisch-kulturelle Tätigkeit Einüben und Können von Techniken voraus; intellektuelle Bildung wird durch musisch-kulturelle Inhalte und Methoden vertieft.

– in seiner Persönlichkeitsbildung und -entfaltung fördern, ihn harmonisieren und zur Selbstverwirklichung führen."[12]

Diese Erkenntnisse haben bis heute Gültigkeit. Neuere Erkenntnisse der Neurowissenschaften legen nahe, dass Emotionalität und nicht die Kognition das zentrale Steuerungsmedium des Menschen zu sein scheint. Lernen erfolgt lustbetont, das Denken kommt erst durch die Schulung der Sinne in Gang.

Zahlreiche wissenschaftliche Forschungen der Neurobiologie, der Psychologie und Pädagogik haben seit den 80er-Jahren nachgewiesen, dass die passive wie die aktive Beschäftigung mit Musik, bildender Kunst und Tanz zu einer höheren Strukturierung des Gehirns und damit zu einer differenzierteren Wahrnehmung und Verarbeitung von Informationen führt. Kunst hat als kulturelle Fertigkeit zumeist eine derart hohe Komplexität, dass sie die Möglichkeiten des Gehirns nach heutigen Erkenntnissen am weitestgehenden beansprucht. Beschäftigung mit Kunst führt zu einer Stimulierung der Neuroplastizität. Eine hohe Neuroplastizität ist Voraussetzung für eine hohe Kreativität.

Eine ganzheitliche Bildung, die Musik, Bewegung und Kunst einbezieht, führt, wenn diese Komponenten im richtigen Verhältnis stehen, im Vergleich zu anderen Lernsystemen bei gleicher Informationsdichte des Unterrichts für den Lernenden zu höherer Allgemeinbildung. Gleichzeitig werden höhere Kreativität, bessere soziale Ausgeglichenheit, höhere soziale Kommunikationsfähigkeit, höhere Lernleistungen in den nichtkünstlerischen Fächern (Mathematik, Informatik), bessere Beherrschung der Muttersprache und allgemein bessere Gesundheit erreicht.

Durch kulturelle Bildung werden grundlegende Fähigkeiten und Fertigkeiten erworben, die für die Persönlichkeitsentwicklung des jungen Menschen, die emotionale Stabilität, Selbstverwirklichung und Identitätsfindung von zentraler Bedeutung sind: Entwicklung der Lesekompetenz, Kompetenz im Umgang mit Bildsprache, Körpergefühl, Integrations- und Partizipationskompetenz und auch Disziplin, Flexibilität, Teamfähigkeit. Mit kultureller Bildung werden Bewertungs- und Beurteilungskriterien für das eigene und das Leben Anderer sowie für die Relevanz des erworbenen Wissens gewonnen. Es geht darum, „Wissen in werte- und handlungsorientiertes Verstehen zu überführen"[13]. Kulturelle Bildung erschöpft sich nicht in der Wissensvermittlung, sondern sie ist vor allem auch Selbstbildung in kulturellen Lernprozessen.

Sie fördert soziale Handlungskompetenz und Teilhabe und qualifiziert den Menschen für neue gesellschaftliche Herausforderungen: Indem kulturelle Bildung die Möglichkeit bietet, sich interkulturelle Kompetenzen anzueignen, fördert sie die Verständigung zwischen Kulturen im In- und Ausland, baut Vorbehalte von Kindern und Jugendlichen vor dem „Fremden" ab und verbessert die gegenseitige Akzeptanz in hohem Maße. Da die demografischen Entwicklungen verlässliche Bedingungen für soziale Biografien nicht mehr in gleichem Maß wie früher formulierbar erscheinen lassen, kommt der Stärkung individueller Kompetenz für gelingende Lebensentwürfe erhöhte Bedeutung zu. Kulturelle Bildung liefert einen grundlegenden Beitrag hierzu.[14]

---

[12] Scheuerer (2003), S. 24f.
[13] Vgl. dazu das Projekt „Schlüsselkompetenzen durch Kulturelle Bildung" der Bundesvereinigung Kulturelle Kinder- und Jugendbildung e.V. (BKJ), www.bkj-remscheid.de/index.php?id=146, (Stand: 27. Juli 2007).
[14] Vgl. schriftliche Stellungnahme des Deutschen Kulturrates zum Thema „Kulturelle Bildung – eine Herausforderung durch den demografischen Wandel" vom 4. Oktober 2006. (Kommissionsdrucksache 16/199)

Neben diesen Wirkungen auf die Persönlichkeit des Einzelnen hat kulturelle Bildung auch einen Effekt für die Kultur selbst, insbesondere für die Künstler sowie die Kultureinrichtungen: Sie sorgt für die Nachwuchsbildung sowohl auf der Publikumsseite als auch unter den Kulturschaffenden.

Ungeachtet dieser Erkenntnisse der Wirkungsforschung bleibt die Herausforderung, das Handlungsfeld „Kulturelle Bildung" stärker in Wissenschaft und Forschung zu verankern. Die Evaluation und Erforschung kultureller Bildung wird in der Regel von den Praktikern selbst geleistet. Es mangelt im Übrigen an validen Daten der Kulturstatistik. Abgesehen von der Musikschulstatistik fehlen fundierte Statistiken zur Kulturellen Bildung. Weder die kulturellen Bildungsaktivitäten noch die staatlichen Ausgaben für kulturelle Bildung können vollständig dargestellt werden.[15]

6.1.2 Die rechtlichen Rahmenbedingungen kultureller Bildung in Deutschland

Die Zuständigkeit für die kulturelle Bildung liegt bei den Ländern. Sie haben die Verantwortung für das allgemeine Schulwesen und zusammen mit den Kommunen für die Ausgestaltung der Infrastruktur von Musikschulen, Jugendkunstschulen und Bibliotheken.

Die Förderung der kulturellen Kinder- und Jugendbildung ist gesetzlich in den Jugendfördergesetzen verankert. Sie beziehen sich auf das gesamte Feld der Kinder- und Jugendförderung und damit auf alle künstlerischen Sparten. Die meisten Länder haben bisher keine gesetzlichen Regelungen zu den Einrichtungen der außerschulischen kulturellen Bildung erlassen, sondern fördern diese mithilfe von Richtlinien. Ausnahmen bilden die Musikschulgesetze in Brandenburg und Sachsen-Anhalt. Einfachgesetzliche Regelungen zu den Musikschulen existieren außerdem in Bayern und Baden-Württemberg.[16]

Die Regelungen zu den Jugendkunstschulen in Nordrhein-Westfalen finden sich in § 10 Kinder- und Jugendfördergesetz. Darin wird die kulturelle Jugendarbeit als einer von neun Schwerpunkten der Kinder- und Jugendarbeit herausgestellt.

Auf Bundesebene stellt das Kinder- und Jugendhilfegesetz (KJHG) die gesetzliche Grundlage für die Kompetenz des Bundes für die kulturelle Bildung dar. Es handelt sich dabei um eine Rahmengesetzgebung des Bundes, die durch die Länder mittels eigener Landesgesetze ausgefüllt, ergänzt und erweitert wird. Diese Regelungen finden sich im Achten Buch des Sozialgesetzbuches (SGB VIII). Der Regelungsbereich des Kinder- und Jugendhilfegesetzes im SGB VIII erstreckt sich auch auf die politische und kulturelle Jugendbildung. In § 1 SGB VIII ist das Bildungsziel formuliert, Kinder und Jugendliche zur Teilhabe am gesellschaftlichen Leben zu befähigen. § 11 SGB VIII verankert die kulturelle Bildung als Element der außerschulischen Jugendbildung.

Auf der Grundlage von § 83 SGB VIII fördert das Bundesministerium für Familie, Senioren, Frauen und Jugend (BMFSFJ) im Rahmen des sogenannten Kinder- und Jugendplan des Bundes (KJP) länderübergreifende Aktivitäten in der Jugendhilfe sowie bundeszentrale Träger, Initiativen und Projekte.[17] Im Rahmen des Kinder- und Jugendplans des Bundes fließen rund 7 Mio. Euro an die Träger der Kulturellen Jugendbildung. Im Übrigen kommt den Ländern gemäß § 82 SGB VIII die Verpflichtung zu, die Tätigkeit der Träger der öffentlichen und freien Jugendhilfe und die Weiterentwicklung der Jugendhilfe anzuregen und zu fördern.[18]

---

[15] Vgl. Wissenschaftliche Dienste des Deutschen Bundestages (2005b), S. 6.
[16] Vgl. Scheytt (2005), S. 203 und vgl. die Ausführungen unter dem Unterkapitel „Außerschulische Kulturelle Bildung".
[17] z. B. auf dem Gebiet der Medienpädagogik und der kulturellen Jugendarbeit.
[18] Vgl. Wissenschaftlichee Dienste des Deutschen Bundestages (2004a), S. 6f.

Diese Regelungen tragen den Forderungen in Artikel 31 der UN-Kinderrechtskonvention Rechnung, die die kulturelle Förderung von Kindern festschreibt. Die UN-Kinderrechtskonvention hat keine unmittelbaren rechtlichen Wirkungen. Sie verpflichtet lediglich den Gesetzgeber, das Recht entsprechend den Forderungen des UN-Übereinkommens anzupassen.

Der Bund hat in der Vergangenheit auf der Grundlage von Artikel 91b Grundgesetz an Modellversuchen mitgewirkt.[19] Im Zuge der ersten Stufe der Föderalismusreform ist Artikel 91b Grundgesetz verändert worden, sodass auf dieser Rechtsgrundlage nun keine gemeinsamen Bund-Länder-Modellprojekte mehr möglich sind.[20] Es gibt jedoch Stimmen, die dem Bund auch weiterhin das Recht auf Modellversuche in der außerschulischen kulturellen Bildung zugestehen, da die Bildungsberichterstattung als gemeinsame Aufgabe von Bund und Ländern festgeschrieben bleibe (im „Nationalen Bildungsbericht"). Die weitere Entwicklung der politischen Praxis kann derzeit noch nicht abschließend beurteilt werden.

Auf politischer Ebene ist die kulturelle Bildung unterschiedlichen Ressorts zugeordnet:

– der Jugendpolitik – § 11 des Kinder- und Jugendhilfegesetzes (KJHG) benennt „Kulturelle Bildung" explizit als ihre Aufgabe. Dazu gehören Jugendkunst- und Musikschulen sowie andere außerschulische Ansätze.
– der Bildungspolitik (Schulen und Hochschulen, Weiterbildungseinrichtungen) und
– der Kulturpolitik (Kultureinrichtungen wie Theater und Museum).[21]

Ob bei dieser Zuständigkeit mehrerer Ressorts für die kulturelle Bildung die Vor- oder die Nachteile überwiegen, ist unter den Akteuren umstritten. „Reibungsverlusten" bei einer nicht immer optimalen Abstimmung zwischen verschiedenen Ressorts stehen mitunter mehrere vorhandene Fördermöglichkeiten gegenüber.

6.1.3 Akteure und Angebote der kulturellen Bildung

Über die kulturelle Bildung im Allgemeinen zu sprechen, ist kaum möglich. Denn Deutschland weist eine große Angebotsdifferenzierung auf. Durch die Dualität von Schule und Jugendarbeit und durch den Kulturföderalismus hat die Bundesrepublik Deutschland im europäischen Vergleich eines der vielfältigsten Instrumentarien kultureller Bildung entwickelt.

Die Inhalte der Angebote unterscheiden sich genauso wie die Organisationsformen der Einrichtungen. „Die Angebote reichen von traditionellen Spartenangeboten wie Theater und Kunst bis zu neuen Praxisformen, etwa im Tanz, im Rahmen von Soziokulturellen Zentren oder Schulen, lokalen Geschichtswerkstätten oder Jugendkunstschulen, die zahlreiche Angebote ‚unter einem Dach' versammeln und sich damit deutlich von den Musikschulen traditioneller Prägung unterscheiden."[22] Die Organisationsformen der Einrichtungen umfassen öffentliche Trägerschaft als Verwaltungseinheit, Regie- oder Eigenbetrieb genauso wie den privat geführten Verein oder die gemeinnützige GmbH. Darüber hinaus gibt es eine Reihe an gewerblichen Trägern. Allerdings ist zu hinterfragen, ob die angebotenen Inhalte den Interessen und Bedürfnissen von Personen mit Migrationshintergrund und Kindern aus bildungsfernen bzw. sozial schwachen Schichten ausreichend gerecht werden. Die kulturelle und ethnische Vielfalt spiegelt sich bislang nicht in den Angeboten kultureller Bildung wider. Auch besteht ein erheblicher Forschungsbedarf über die kulturellen Interessen, das

---

[19] Zuletzt z. B. an „Kulturelle Bildung im Medienzeitalter (KuBiM)", einem Programm der Bund-Länder-Kommission.
[20] Vgl. Wanka (2006), S. 6.
[21] Vgl. Gutachten Kulturelle Bildung, S. 124. (Kommissionsdrucksache 15/495a)
[22] Ebd.

Sprech- und Leseverhalten sowie die Medienkompetenz speziell von Kindern mit Migrationshintergrund.[23]

6.1.4 Infrastruktur der kulturellen Bildung

Wie in Kapitel 2.5 ausgeführt, sieht die Enquete-Kommission in der Gewährleistung der kulturellen Infrastruktur eine wesentliche Aufgabe von Staat und Kommunen. Kultur ist als ein „öffentliches Gut" anzusehen, für das eine öffentliche Verantwortung besteht. Dies gilt in besonderer Weise für die Infrastruktur der kulturellen Bildung. Der öffentliche Auftrag zum Aufbau und Erhalt einer Infrastruktur der kulturellen Bildung bedarf aktiven staatlichen und kommunalen Handelns. Förderleistungen in diesem Bereich liegen im „öffentlichen Interesse".

Staat und Kommunen unterhalten im Bereich der kulturellen Bildung nicht nur selbst Einrichtungen, sondern befinden sich in einem Wechselspiel mit anderen Trägern wie Kirchen, privaten Vereinen und Förderern. Wesentliche Einrichtungen der kulturellen Bildung, die ganz überwiegend vom Staat unterhalten und gefördert werden, sind: Musikschulen, Volkshochschulen, Jugendkunstschulen und Bibliotheken.

Grundständige Aufgaben im Bereich der kulturellen Bildung nehmen die allgemeinen und berufsbildenden Schulen wahr. Sie sind entscheidende Faktoren, werden dort doch alle Kinder und Jugendlichen erreicht.[24]

Während das allgemeine Schulwesen weitgehend rechtlich geregelt und gesichert ist, wird die außerschulische kulturelle Bildung von den Ländern nur teilweise gesetzlich gesichert.[25]

Insbesondere für die Kooperation zwischen Kultureinrichtungen und Schule bietet es sich an, in stärkerem Maße Rahmenregelungen zu erlassen. Klare Rahmenbedingungen können zu einer höheren Verlässlichkeit und Kontinuität sowohl in der Kooperation als auch im Einsatz von entsprechenden Lehrkräften und Pädagogen führen.

In den letzten Jahren ist die Ganztagsschule als Angebotsform erheblich verstärkt worden. Dazu hat die Bundesförderung in Höhe von ca. vier Mrd. Euro entscheidend beigetragen. Durch den weiteren Ausbau ganztägiger Bildung und Erziehung lassen sich einerseits neue Ressourcen im Schulsystem erschließen, andererseits verändert sich aber auch das Zusammenspiel der Systeme von Schule und außerschulischen Trägern kultureller Bildung, indem etwa Musikschulen, Kunstschulen, Bibliotheken, freie und kirchliche Träger als Partner in die Realisierung des Ganztagsangebotes einbezogen werden. Dabei ist eine flexible Handhabung des ganztägigen Unterrichtsangebots zu gewährleisten.

Ein wesentlicher Regelungsbedarf besteht darin, die Förderung und Unterhaltung von Einrichtungen der kulturellen Bildung auf kommunaler Ebene aus dem Bereich der „freiwilligen Leistung" herauszuführen. Die bisher überwiegend vertretene Auffassung, dass kulturelle Bildung durch Musikschulen, Jugendkunstschulen, Volkshochschulen und Bibliotheken eine „freiwillige Leistung" der Kommunen sei, führt dazu, dass solche Aktivitäten bei Finanzknappheit nicht mehr gefördert werden (dürfen), Aufsichtsbehörden sogar Kommunen aufgeben, entsprechende Angebote zu reduzieren. Entsprechende landesrechtliche Regelungen könnten daher zu einer Sicherung der Infrastruktur kultureller Bildung insoweit beitragen, als entsprechende Aktivitäten der Kommunen nicht

---

[23] Vgl. Zusammenfassung der Anhörung vom 8. März 2004 zum Thema „Kulturelle Bildung in Deutschland" (Anhörung Kulturelle Bildung), S. 19. (Kommissionsdrucksache 15/502)
[24] Vgl. dazu im Einzelnen die Ausführungen insbes. unter Kap. 6.2, Kulturelle Bildung für Kinder und Jugendliche.
[25] Vgl. Kap. 2.4, Staatsziel Kultur.

mehr lediglich als freiwillige Leistung, sondern als Pflichtaufgabe eingeordnet werden.[26] Projektförderung sollte hier nur im Einzelfall mit Blick auf Modellversuche vorgesehen werden.

Sämtliche Aufgaben in der kulturellen Bildung sind auf Langfristigkeit angelegt. Auch dann, wenn freie Träger und Partner der öffentlichen Hand Verantwortung für derartige Aufgaben (mit) übernehmen, bedarf es langfristiger institutioneller Förderung.

Auf einigen Feldern der kulturellen Bildung ist die Infrastruktur noch nicht hinreichend ausgebaut. Dies wird in den Abschnitten 6.2, 6.3 und 6.4 im Einzelnen ausgeführt. Dort, wo noch Defizite bestehen, geht es daher nicht nur um eine Sicherung der kulturellen Infrastruktur, sondern zunächst um einen Aufbau und Ausbau entsprechender Einrichtungen und Angebote, wie zum Beispiel Jugendkunstschulen, Einrichtungen der interkulturellen Bildung, Singen an Schulen etc. Auf der Basis einer Analyse der vorhandenen kulturellen Infrastruktur vor Ort in den Kommunen und Ländern lässt sich die Infrastruktur für die kulturelle Bildung jeweils gesondert aufbauen und sichern. Angesichts des Umstandes, dass Bildungsaufgaben in Deutschland vorrangig auf Länderebene wahrgenommen werden, stehen die Länder insoweit in einer besonderen Verantwortung.

Da kulturelle Bildung im Wechselspiel von schulischen, kulturellen und jugendbildenden Einrichtungen wahrgenommen wird, sind die unterschiedlichen Handlungsfelder Schule, Bildung, Jugend und Kultur angesprochen. Alle Bereiche stehen in einer Verantwortungsgemeinschaft für ein integrales Gesamtangebot kultureller Bildung. Die Sicherung der Infrastruktur ist daher als eine Gemeinschaftsaufgabe zu verstehen, in die die jeweiligen Beteiligten und politisch Verantwortlichen ihre spezifischen Kompetenzen und Ressourcen einbringen sollten. Auf kommunaler Ebene gibt es für diese Formen des Zusammenspiels bereits sehr unterschiedliche Lösungsansätze, wie zum Beispiel kulturpädagogische Dienste.

Entscheidend ist weniger, hierfür generell gleichlautende Bezeichnungen oder gleichartige Organisationsstrukturen zu finden. Entscheidend ist, dass alle (potenziell) Beteiligten ein gemeinsames Grundverständnis für die Sicherung der Infrastruktur der kulturellen Bildung entwickeln und diese Aufgabe nicht von einer Ressortzuständigkeit zur anderen schieben.

6.1.5 Zur Bestandsaufnahme der Enquete-Kommission

Gemäß Einsetzungsauftrag sollte die Enquete-Kommission die Probleme und Entwicklungsmöglichkeiten der musisch-kulturellen Bildung im schulischen, außerschulischen und universitären Bereich untersuchen. Dazu gehörten die Musik- und Kunstschulen sowie der freie Tanz- und Theaterunterricht. Außerdem sollte die Enquete-Kommission die musisch-kulturelle Bildung im Ganztagsangebot öffentlicher Schulen und Kooperationen zwischen Schulen und außerschulischen Anbietern einbeziehen.

Dafür führte die Enquete-Kommission vier öffentliche Anhörungen und Expertengespräche zur kulturellen Kinder- und Jugendbildung durch. Die erste Anhörung „Kulturelle Bildung in Deutschland" von Repräsentanten der wichtigsten Verbände diente dazu, einen allgemeinen Überblick über das gesamte Feld der kulturellen Bildung zu erzielen. In einem zweiten Schritt erfolgte eine vertiefende Beschäftigung mit Einzelfragen. Es wurden Vertreter von „Beispielen kultureller Bildung in Europa" und aus der „Praxis der kulturellen Bildung in Deutschland" gehört. In einem offenen Podiumsgespräch „Kulturelle Bildung im Museum" wurden die Erkenntnisse spartenbezogen vertieft. Auch in der Anhörung „Bibliotheken" spielte die kulturelle Bildung eine große Rolle. Hinzu

---

[26] Vgl. Kap. 2.6, Verhältnis von freiwilligen Leistungen und Pflichtaufgaben.

kamen nicht öffentliche Expertengespräche zu den Themen „Sprache/Sprachkultur", „Singen" und „Auswirkungen von kultureller Bildung auf neurobiologische Prozesse".

Zwei Gutachtenaufträge vergab die Enquete-Kommission zu den Themen „Bestandsaufnahme und Sekundäranalyse aktueller Materialien zur kulturellen Bildung im Kontext kulturpolitischer Anforderungen" und „Angebot, Perspektive und rechtliche Rahmenbedingungen der Kulturellen Erwachsenenbildung in Deutschland". Der Aufgabenstellung „Kulturelle Medienbildung" wurde eine schriftliche Umfrage (mit einem Schwerpunkt auf den neuen Medien) gewidmet. Schließlich fand eine Exkursion zu fünf ausgewählten Stätten der kulturellen Bildung in Berlin statt, um die Erkenntnisse der theoretischen Auseinandersetzungen mit Eindrücken aus der Praxis zu vertiefen.

6.2 Kulturelle Bildung für Kinder und Jugendliche[27]

A) Bestandsaufnahme und
B) Problembeschreibung

6.2.1 Kulturelle Bildung in der Früherziehung

Die Bedeutung der frühkindlichen kulturellen Bildung ist in den letzten Jahren verstärkt hervorgehoben worden. Kulturelle Bildung als lebenslange Bildung richtig zu verstehen bedeutet, sie nicht nur zu einem wesentlichen Bestandteil des Alters zu machen, sondern sie auch so früh wie möglich beginnen zu lassen.

Ästhetische Erfahrungen, die spielerische Schulung der Sinne und die künstlerisch-kreative Praxis sind Ausgangspunkte aller Selbst- und Welterfahrung. Die moderne Hirnforschung bestätigt, dass entscheidende Grundlagen für die Strukturierung des Gehirns etwa zwischen dem vierten und achten Lebensjahr gelegt werden. Die Sprach-entwicklung beispielsweise ist im Alter von acht bis neun Jahren neurophysiologisch bereits abgeschlossen, 80 Prozent der Lese-, Sprach- und verwandter Kompetenzen werden außerhalb der Schule erworben. Ebenso wie um die Grundlegung von Kompetenzen geht es um die Etablierung von Kulturinteressen. Je früher Kinder mit Kunst und Kultur in Berührung kommen, desto positiver wirkt sich dies auf ihre späteren Kulturinteressen aus.[28]

Insbesondere die Jahre vor dem Schulbesuch beeinflussen die Entwicklung der Kinder. Frühkindliche kulturelle Bildung ist damit an erster Stelle unverändert eine Aufgabe der Familien. In den Familien, in denen Erwachsene – welcher Generation auch immer – dem Kleinkind Zeit und Zuwendung widmen und ihm vorlesen, mit ihm singen, es zum Malen oder zur Bewegung motivieren, sind dafür weit bessere Grundlagen vorhanden als im bildungsarmen Milieu.[29] Informelles Lernen in der Familie, aber auch mit Freunden, im sozialen Umfeld oder durch die Medien ist von kaum zu überschätzender Bedeutung.

Jedoch gelingt dies in vielen Familien nicht hinreichend. Die frühzeitige Förderung der Sprach- und Lesekompetenz nimmt in einigen Familien deutlich ab; die PISA-Studie hat gezeigt, dass die schlechten Ergebnisse 15-jähriger Schüler in Deutschland oft verknüpft sind mit einem anregungsarmen Elternhaus.[30] Nicht zuletzt bei Schülern mit Migrationshintergrund sind ausreichende Grundlagen für den sicheren Umgang mit zwei Sprachen in den Familien vielfach nicht gelegt worden.

---

[27] Vgl. Sondervotum SV Prof. Dr. Wolfgang Schneider, Kap. 9.9.
[28] Vgl. Zentrum für Kulturforschung (2006), S. 4, www.kulturforschung.de/, (Stand: 6. August 2007).
[29] Vgl. Büchner/Brake (2007).
[30] Vgl. Kurzprotokoll der Anhörung Kulturelle Bildung in Deutschland vom 8. März 2004, S. 11. (Protokoll-Nr. 15/10)

Daher sind die Anforderungen an Kindertagesstätten, also die Einrichtungen, wo die Früherziehung professionell gestaltet wird, gestiegen. Kindertageseinrichtungen sind als Bildungs- und nicht nur als Betreuungseinrichtungen zu begreifen. Die Enquete-Kommission begrüßt, dass die Jugendministerkonferenz und die Kultusministerkonferenz im Mai bzw. Juni 2004 den „Gemeinsamen Rahmen der Länder für die frühkindliche Bildung in Kindertagesstätten" beschlossen haben. Darin werden die Grundsätze der Bildungsarbeit in Kindertageseinrichtungen beschrieben. Als bedeutsam wird die Anschlussfähigkeit der Elementarerziehung an die Grundschule angesehen. Die Konkretisierung der Grundsätze der Bildungsarbeit soll durch die Bildungspläne der Länder und die Institutionen vor Ort erfolgen.[31]

Gegenwärtig fehlt es in den Kindertagesstätten in der Breite an entsprechend qualifizierten Fachkräften. Die Mitarbeiter sind häufig nicht umfassend für die Vermittlung kultureller Bildung ausgebildet. Derzeit werden sie durch eine Fachschulausbildung für ihren Beruf qualifiziert. Im europäischen Vergleich ist die deutsche Ausbildung der Erzieher auf formal niedrigerem Qualifikationsniveau.[32] Im Zuge der „Post-PISA-Debatte" mehren sich die Stimmen, die eine Anhebung der Ausbildung auf Fachhochschulniveau fordern, da der Bildungsfunktion in der Elementarerziehung ein höherer Stellenwert beigemessen wird. Das ist selbstverständlich mit erheblichen Kosten sowohl für die Ausbildungsangebote als auch für eine höhere Bezahlung des dann besser qualifizierten Personals verbunden. Eine Verbesserung der Ausbildung zumindest durch Fort- und Weiterbildungen ist unerlässlich. Es fehlen in vielen Kindertageseinrichtungen Erzieher, die eine Zusatzqualifikation zum Beispiel im Bereich Musik und/oder Theater haben.[33] Wenn sich Kulturinstitutionen für die Ausbildungsbelange öffnen, können sie eine bedeutende Rückwirkung erwarten, von der auch ihre eigene Vermittlungsarbeit profitieren würde.

Von großer Bedeutung ist die Kooperation von Kindertagesstätten mit Kultur- und Bildungseinrichtungen auch für die Vermittlung der frühkindlichen Bildung. Wichtig ist hierbei, dass diese Zusammenarbeit langfristig stattfindet.

Zu den Aktivitäten der Kultur- und Bildungseinrichtungen in der kulturellen Früherziehung zählen die Angebote der öffentlichen Musikschulen für Kindergarten- und Grundschulkinder: „Musikalische Früherziehung" (MFE); „Musikalische Grundausbildung" (MGA) und „Schnupperstunden", bei denen die Kinder verschiedene musikalische Ausdrucksformen und Instrumente kennenlernen können. In vielen Bereichen ist die Kooperation zwischen öffentlichen Kultureinrichtungen und Kindertageseinrichtungen jedoch verbesserungswürdig. Im Vergleich zu anderen Staaten steckt zum Beispiel das Theater für die Kleinsten in Deutschland noch in den Kinderschuhen.[34]

Vorteile einer engeren Zusammenarbeit sind eine niedrige Einstiegsschwelle für die Kinder und, wenn zum Beispiel Musikunterricht in Gruppen erteilt wird, geringere Kosten. Zusätzliche Kosten

---

[31] Vgl. Deutscher Kulturrat (2005), S. 47.
[32] So Arbeitsgemeinschaft Jugendhilfe, Vgl. Deutscher Kulturrat (2005), S. 123.
[33] Gemeinsam mit dem Hessischen Kultusministerium hat die Bertelsmann Stiftung im Schuljahr 2005/2006 das Projekt „Musikalische Grundschule" gestartet, bei dem über 20 Schulen einen langfristigen Schulentwicklungsprozess in Gang setzen, in den Kollegium, Schüler und die Elternschaft eingebunden sind. Siehe Beispiele der Zusammenarbeit von Musikschulen mit Kindergärten/Kindertagesstätten im Prospekt „Musikalische Bildung von Anfang an" des Verbands deutscher Musikschulen (2005).
[34] Die 1976 in Bologna gegründete Theatergruppe „La Baracca" um den Schauspieler, Autor und Regisseur Roberto Frabetti machte in diesem Bereich den Anfang. In Frankreich und Skandinavien sind theaterbezogene Angebote für Kinder ab dem 2. Lebensjahr üblich. Es ist daher erfreulich, dass 4 Theater in Deutschland bis zum Sommer 2008 Stücke für Kinder im Alter zwischen 3 und 5 Jahren entwickeln wollen, die als Anregungen für Kindergärten im ganzen Land gedacht sind. An dem Projekt mit dem Titel „Theater von Anfang an" sind die Theater Junge Generation in Dresden, Siebenschuh (Berlin), Helios (Hamm) und Schnawwl (Mannheim) beteiligt. Die Projektleitung obliegt dem deutschen Kinder- und Jugendtheaterzentrum in der BRD, Frankfurt/M. Siehe dazu www.theatervonanfangan.de, (Stand: 9. Juli 2007).

können sich aber zu einem Problem entwickeln, wenn Eltern aus oftmals bildungsfernen Schichten keine Notwendigkeit sehen, ihre Kinder an kulturellen Bildungsangeboten, die in Zusammenarbeit mit Kultur- oder Bildungsinstitutionen realisiert werden, teilnehmen zu lassen und daher kein Geld in die kulturelle Bildung der Kinder investieren. Das gilt gleichfalls für Eltern, die sich dies aus finanziellen Gründen nicht leisten können.

Daher muss die Kontaktaufnahme zu der gesamten Kindergartengruppe gewährleistet sein. Der Zugang zur Kultur gerade für Angehörige bildungsferner Schichten kann unter anderem durch einen kostenfreien Eintritt zu öffentlich geförderten Kulturinstitutionen an einem Tag der Woche erleichtert werden. Vorbilder für solchen kostenfreien Eintritt gibt es in den meisten europäischen Ländern (zum Beispiel Frankreich oder Spanien).[35] „Niederschwellige" kulturelle Angebote in den Kindergärten und auch Grundschulen, zum Beispiel ein Besuch des städtischen Orchesters oder gemeinsame Eltern- und Kinderkonzerte fernab eines „steifen bürgerlichen Kulturhabitus", können neue Generationen und soziale Schichten für die kulturelle Bildung erschließen.[36]

Auch für die Erzieher bringt die Kooperation mit Kultureinrichtungen Vorteile mit sich: Sie können Projekte der Zusammenarbeit auch als persönliche Fortbildung begreifen und neue Ansätze für ihre eigene Arbeit aufgreifen.

6.2.2 Kulturelle Bildung in der Schule

Die allgemeinbildende Schule (Primarstufe, Sekundarstufe I) ist die einzige Einrichtung, die allen Kindern den Zugang zu kultureller Bildung eröffnen kann. Sie ist der Ort, wo aufgrund der gesetzlichen Schulpflicht alle jungen Menschen bis mindestens zum 16. Lebensjahr unabhängig von sozialer Herkunft und Schulart erreicht werden.

Die damit verbundenen Chancen sind im Bildungsauftrag der allgemeinbildenden Schule fixiert. Die Praxis wird diesem Auftrag jedoch oft nicht gerecht. Insbesondere ist immer wieder zu beklagen, dass die künstlerisch-musischen Unterrichtsstunden überproportional häufig ausfallen, dass sie allzu oft fachfremd unterrichtet werden[37] und dass sich die Schüler in mehreren Klassenstufen zwischen dem Kunst- und dem Musikunterricht zu entscheiden haben. Die Schüler müssen so „,– ästhetisch gesehen – wählen zwischen einem Jahr ‚Taubheit' und einem Jahr ‚Blindheit'".[38] Die vorhandenen Defizite in der schulischen kulturellen Bildung sind daher nicht in den bestehenden Gesetzen, Richtlinien oder Empfehlungen zu suchen. Kulturelle Bildung hat ein Umsetzungsproblem. Gerade dann, wenn die Schulzeit verkürzt wird (zum Beispiel auf zwölf Jahre in Gymnasien), darf dies nicht erneut zulasten von Angeboten kultureller Bildung gehen.

Zwar kann die Schule als alleiniger Vermittler in den seltensten Fällen erfolgreich sein. Empirische Studien belegen, dass das Elternhaus und das soziale Umfeld junger Menschen stärker über den Zugang zu kulturellen Angeboten entscheiden. Eine Mehrzahl derer, die künstlerischen Hobbyaktivitäten nachgehen, folgt hier der Tradition ihrer Eltern, die ebenfalls solche Hobbys pflegen oder pflegten. Hinzu kommen Anregungen aus dem Freundeskreis.[39] Gleichwohl zeigt dieser Befund,

---

[35] Vgl. schriftliche Stellungnahme zum Fragenkatalog zur Anhörung „Kulturelle Bildung in Deutschland II" von Serexhe, Bernhard, S. 5. (Kommissionsdrucksache 15/349)
[36] Vgl. Kurzprotokoll der Anhörung Kulturelle Bildung, S. 24. (Protokoll-Nr. 15/10)
[37] Lt. Deutschem Musikrat fielen 80 Prozent des Musikunterrichts aus oder würden von ungenügend qualifizierten Lehrern unterrichtet. Vgl. o.V. (2007b), S. 30.
[38] Vgl. schriftliche Stellungnahme von Bastian, Prof. Dr. Hans-Günther (Goethe-Universität Frankfurt), zur Anhörung kultureller Bildung, S. 3 (Kommissionsdrucksache 15/045); vgl. auch Gutachten Kulturelle Bildung, S. 115. (Kommissionsdrucksache 15/495a)
[39] Vgl. Zentrum für Kulturforschung (2006), S. 2.

dass in der Schule die Chancen der Vermittlung prägender künstlerisch-kultureller Erfahrungen nicht hinreichend genutzt werden.

Inhalte der Vermittlung von kultureller Bildung

Idealerweise sollten Kinder im Verlauf von Kindergarten und obligatorischer Schulzeit alle Facetten kultureller Bildung kennenlernen. Wichtig ist dabei die gleichermaßen aktive wie rezeptive Beschäftigung mit den Künsten, denn der Nutzen ist wechselseitig. Die Aneignung kultureller Traditionen ist eine wesentliche Voraussetzung für künstlerisches Schaffen und kulturelle Teilhabe gleichermaßen. Junge Menschen, die beispielsweise singen oder musizieren, haben auch einen besseren Zugang zu klassischer Musik. Dieser Nutzen ist ebenso für die darstellenden Künste zu betonen, denn auch zu den in manchen Schulen angebotenen Fächern oder Arbeitsgemeinschaften „Darstellendes Spiel" sollten rezeptive Elemente gehören. In allen Sparten sollte darauf geachtet werden, dass auch Werke der zeitgenössischen Kunst eine angemessene Behandlung erfahren.

Charakteristisch für die kulturelle Bildung in der Schule ist der unterschiedliche Institutionalisierungsgrad der einzelnen Sparten. Ist der Musik und den bildenden Künsten jeweils ein eigenes Fach gewidmet, finden Literatur und Theater im Deutschunterricht und im vereinzelt und nicht in allen Ländern angebotenen Fach „Darstellendes Spiel" statt.[40] Im Lehrplan des Faches Sport sind in der Regel künstlerische Bewegungsformen (Tanz) vorgesehen. Andere künstlerische Ausdrucksformen wie Film, Architektur, Design oder Neue Medien werden nicht in einem eigenständigen Schulfach unterrichtet.

Die Enquete-Kommission hat sich mit einigen Aspekten der kulturellen Bildung vertieft befasst.

Das Singen hatte über mehrere Jahrzehnte, diskreditiert durch die emotionale Instrumentalisierung durch die Nationalsozialisten, in Deutschland erheblich an Boden verloren.[41] Die Skepsis gegenüber dem Singen war aber ein Generationenphänomen, denn inzwischen wollen Kinder und Eltern wieder in großer Zahl singen lernen. Vor allem der jungen Generation fehlt es aber an Anleitung. Die Defizite liegen daher nicht auf der Nachfrage-, sondern auf der Angebotsseite, nicht bei der Jugend, sondern bei der Generation, die die Aufgabe der Gesangsvermittlung zu erfüllen hätte. „Uns fehlen die charismatischen Chorleiter im schulischen Bereich, im kirchlichen Bereich, aber auch in der freien Szene."[42] Das liegt auch an deren Ausbildung. Es wäre wünschenswert, dass die Studiengänge an den Musikhochschulen zur Gesangsanleitung nicht nur für Erwachsene, sondern insbesondere für Kinder ausbilden.[43]

Mit Sorge betrachtet die Enquete-Kommission die Entwicklung der Sprachkultur in Deutschland, die von einem Verlust an Sprachniveau, schrumpfendem Wortschatz und einer generellen Unlust an

---

[40] Im Herbst 2006 hat die Amtschefkonferenz der KMK die Einheitlichen Prüfungsanforderungen für die Abiturprüfung (EPA) im Fach Darstellendes Spiel beschlossen. Damit haben die Länder sich selbst verpflichtet, auf dieser Basis Darstellendes Spiel als Abiturprüfungsfach anzuerkennen. Vgl. Darstellendes Spiel die Aktivitäten des Bundesverbandes Darstellendes Spiel e. V.

[41] Vgl. Zur Bedeutung des „Singens" von Ulrich Rademacher (2005), S. 1. (Kommissionsdrucksache 15/454)

[42] Zeljo Davutovic in der Zusammenfassung des Expertengesprächs vom 30. Mai 2005 der AG III zum Thema „Singen", S. 4. (Kommissionsdrucksache 15/521)

[43] Beispiele für eine lebendige, praxisnahe Vermittlung des Singens sind z. B. die „Singende Grundschule" in Münster, realisiert von der Westfälischen Schule für Musik, die Initiative „Klasse – wir singen" in Braunschweig und Umland – organisiert von einem Verein – und die Chorakademie am Konzerthaus Dortmund e. V. Die „Singende Grundschule" beweist, dass Schule und Musikschule gemeinsam die Lust am Singen systematisch entwickeln können. Die Chorakademie Dortmund verfolgt das innovative Konzept, vormittags bei freier Schulwahl die herkömmliche Schulbildung durchzuführen und dann eine Spezialschule für Musik als Ganztagsangebot anzuschließen. Das bietet die Chance, am Nachmittag Kinder aus unterschiedlichen Schulformen zusammenzubringen.

der deutschen Sprache gekennzeichnet ist. Dies führt zu einem Verlust geistiger Substanz und kultureller Identität. Dieser Entwicklung wird in vielen elektronischen Medien Vorschub geleistet.

Die poetisch-emotionale Qualität von Sprache kommt in der Schule gegenüber dem informativen Aspekt zu kurz. Im Schulunterricht lässt sich Sprache auch auf spielerisch-kreative Weise vermitteln, um die Freude an der Sprache zu erhalten und zu erweitern. Zwar sind die Schulen in Programmen wie „Schulen ans Netz" flächendeckend mit Computern ausgestattet worden, für den kompetenten Umgang mit Computer und Internet stellt jedoch eine gut ausgebildete Lesefähigkeit die Grundlage dar.[44]

Die sprachlichen Fähigkeiten müssen indes so früh wie möglich, das heißt bereits vor dem Schuleintritt, gefördert werden. Damit kommt den Eltern und den Kindergärten eine wichtige Rolle zu. Bereits vor der Einschulung müssen Deutschkenntnisse gefordert und gefördert werden, um damit die Integration und den schulischen Erfolg zu unterstützen.[45] In nahezu allen Ländern finden inzwischen vor der Einschulung Sprachtests statt, damit durch eine gezielte vorschulische Förderung die Sprachkenntnisse verbessert werden können.

In den letzten Jahren hat eine Debatte über die zu vermittelnden Inhalte kultureller Bildung begonnen, mit der die Forderung nach Einführung eines verbindlichen Bildungskanons einherging. So setzte die Bundeszentrale für politische Bildung 2003 eine Expertenkommission ein, um einen Katalog von 35 Filmen aus mehr als 100 Jahren Filmgeschichte zusammenzustellen. Ziel war es, Filmkompetenz an Schulen zu fördern. Die Konrad-Adenauer-Stiftung begründete im Jahr 2000 ihre Initiative „Bildung der Persönlichkeit", als deren Ergebnis 2006 konkrete Vorschläge für Kerncurricula im Bereich der kulturellen Bildung für den Deutsch-, Geschichts- und Musikunterricht vorgelegt wurden. Dänemark führte 2006 einen Kulturkanon ein, der umfassend und kontrovers diskutiert wurde.

Die Befürworter argumentieren, dass Bildung ohne (Fakten-)Wissen leerlaufe und mit einem Kanon dem eklatanten Bildungsverlust entgegengewirkt werden könne. Ein Kanon bewahre vor Beliebigkeit und erhalte eine lebendige pädagogische Diskussion am Leben. Eine Gesellschaft müsse sich fragen, welche Geschichten, Wertvorstellungen und Sinnfiguren sie der jeweils nachrückenden Generation weitergeben wolle. Ein Kanon habe durchaus eine intergenerationelle und milieuübergreifende Ausrichtung. Ein Kanon sei kein starres System, sondern Gegenstand ständiger Auseinandersetzungen und Diskussionen über das eigene kulturelle Selbstverständnis und daher flexibel. Die Aneignung kultureller Traditionen sei eine wesentliche Voraussetzung für künstlerisches Schaffen und kulturelle Teilhabe gleichermaßen.

Kritiker wenden ein, die Bewertung von Kunstwerken in der Vergangenheit habe gezeigt, dass die entsprechende Beurteilung und die mit ihr verbundenen Argumente häufig zeitgebunden waren. Ein Kanon versuche, ein einheitliches und universelles Bild von Kunst zu entwerfen, das dieser nicht gerecht werde. Eine Steuerung von Unterricht könne nicht allein von seinen Stoffen her geleistet

---

[44] Wie Lesefähigkeit in der Schule erreicht werden kann, hat der britische Jugendbuchautor Aidan Chambers unter dem Begriff „The Reading Environment" skizziert: Er entwirft das Konzept einer Leseumgebung, das über das bloße Angebot von Büchern, etwa in Form einer Schulbibliothek, weit hinausgeht. Zu einer schülergerechten Leseumgebung gehören für ihn die motivierende Präsentation von Büchern, die Bereitstellung fester Lesezeiten und die Kontinuität des Umgangs mit Literatur, aber auch didaktische Vielfalt, die Vorlesen, Zuhören, Erzählen und verschiedene Möglichkeiten der Reaktion auf einen Text einschließt.

[45] Vgl. Zusammenfassung des Expertengesprächs vom 13. Dezember 2004 zum Thema „Sprache/Sprachkultur". (Kommissionsdrucksache 15/507)

werden. Zudem wird die Sorge geäußert, dass von staatlicher Seite eine Auf- bzw. Abwertung einzelner Kunstwerke gegenüber anderen unternommen werde.[46]

Auch in Zukunft wird eine permanente Diskussion über die Fortentwicklung der verbindlichen Elemente kultureller Bildung an den Schulen erforderlich sein, gerade auch mit Blick auf die Auseinandersetzung mit immer wieder neuen Formen zeitgenössischer Kunst.

Kooperationen von Bildungs- und Kultureinrichtungen

Mehr und mehr wird seit einigen Jahren die Chance ergriffen, die in der Kooperation der Schule mit außerschulischen Kulturinstitutionen liegt. Gegenwärtig gibt es eine Fülle von Programmen und Modellversuchen, die vor allem darauf abzielen, Künstler in den Schulalltag zu integrieren, Schülern den Besuch von Kultureinrichtungen zu ermöglichen, konkrete kulturelle Projekte zu initiieren oder über Möglichkeiten der kulturellen Bildung zu informieren. Die Verbindung von schulischer und außerschulischer kultureller Bildung im Rahmen ganztägiger schulischer Arbeit spielt dabei eine besondere Rolle.[47] Allerdings hat die Verbindung von Schulen und kulturellen Einrichtungen durchaus bereits eine lange Tradition und war ein zentraler Gegenstand der „Neuen Kulturpolitik der 70er- und 80er-Jahre".[48]

Die Kultureinrichtungen öffnen sich für die Zusammenarbeit mit Schulen in zunehmendem Maße. Feste Schulpaten oder -partnerschaften sind für viele Museen, Theater, Orchester und Opernhäuser sowie Laienkulturvereine längst selbstverständlich. In Letzteren besteht für Kinder und Jugendliche die Möglichkeit, kostenfrei kulturelle Bildungsangebote wahrzunehmen. Auf der Ebene der Länder „scheint sich die Tendenz abzuzeichnen, dass kulturelle Bildung im Zusammenwirken von Bildungs- und Jugendpolitik in förderungspolitischer Hinsicht systematischer angegangen werden soll. Ungeachtet dieser positiven Ansätze ist die Alltagswirklichkeit aber auch heute noch vielfach durch eher fragile Strukturen (zeitlich befristete Projekte und Modellversuche) gekennzeichnet."[49] So innovativ und gelungen diese Projekte im Einzelfall sein mögen, haben sie doch in vielen Fällen den großen Nachteil, dass ihnen die Breitenwirksamkeit und die Kontinuität fehlen, da nur eine eher kleine Zahl von Schülern in ihren Genuss kommt und es nach Ablauf der Projektphase keine anschließenden Angebote gibt. Eine gelingende Zusammenarbeit von Schule und Kultureinrichtungen zur Vermittlung kultureller Bildung beruht oftmals stärker auf dem individuellen Engagement von Lehrkräften als auf einer zielgerichteten und koordinierten Zusammenarbeit. Strukturelle Defizite in der Zusammenarbeit von Bildungs- und Kultureinrichtungen entstehen immer dann, wenn kein ausreichendes Personal vorhanden ist, um die Zusammenarbeit mit Leben zu erfüllen. Mitunter sind gerade kleinere Kultureinrichtungen mit den Kooperationswünschen der Schulen überfordert, weil sie gar nicht über die personellen Kapazitäten verfügen, sodass ein Missverhältnis von Angebot und Nachfrage entstehen kann. Auch die eng strukturierten Stunden- und Unterrichtspläne und der knappe Zeitrhythmus des 45-Minuten-Taktes sind einer Zusammenarbeit hinderlich, denn sie machen es Lehrern oftmals unmöglich, mit ihren Schulklassen bestehende schulexterne Angebote kultureller Bildung wahrzunehmen. Schließlich gelingt die Zusammenarbeit zwischen Bil-

---

[46] Vgl. Gutachten Kulturelle Bildung, S. 118 (Kommissionsdrucksache 15/495a); vgl. auch Lammert (2006), S. 7, sowie Kaiser (2006).
[47] Im Modellprojekt der BKJ „Kultur macht Schule – Netzwerke für Kooperationen" befasste man sich 3 Jahre lang intensiv mit Fragen der Qualitäts- und Struktursicherung von Kooperationen zwischen kulturellen Trägern und Ganztagsschulen. Vgl. dazu die „Qualitätsstandards für eine gelingende Zusammenarbeit". Siehe auch den vom BKJ ausgerichteten und vom BMFSFJ geförderten Wettbewerb MIXED UP, der nach innovativen Kooperationen zwischen Kultur und Schule sucht, die ganzheitliche und künstlerisch ausgerichtete Bildungsangebote für Kinder und Jugendliche, vielfältige Lern- und Lehrformen anbieten sowie Angebote machen, die zu Chancengleichheit, kultureller Teilhabe und individueller Förderung beitragen. Im September 2006 setzte der Rat der Künste in Berlin die kulturelle Bildung nach ganz oben auf der Prioritätenliste mit dem Ziel, den Nachwuchs stärker als bisher mit Künstlern schulen zu wollen. Vgl. o. V. (2006c).
[48] z. B. wurde damals in Frankfurt/M. das Konzept entwickelt und teilweise realisiert, Stadtteil- und Schulbüchereien zu verbinden.
[49] Vgl. Gutachten Kulturelle Bildung, S. 107. (Kommissionsdrucksache 15/495a)

dungs- und Kultureinrichtung noch nicht in jedem Fall „auf gleicher Augenhöhe", ein Umstand, der für viele Kulturschaffende von großer Bedeutung ist. Dafür ist eine gegenseitige Anerkennung der verschiedenen pädagogischen Professionen und Professionalitäten notwendig.

Positive Beispiele für eine kontinuierliche und strukturell abgesicherte Zusammenarbeit gibt es im Inland, vor allem aber im europäischen Ausland in großer Zahl.[50]

In den Niederlanden sind kulturelle Bildungsangebote spartenübergreifend in den schulischen Fächerkanon integriert. Im Mittelpunkt des seit 1999 angebotenen Schulfachs „Kulturelle und musische Bildung" stehen der Besuch kultureller Aktivitäten (Theater- und Konzertbesuche, Museumsbesuche, Stadtbesichtigungen, Besichtigung von architektonischen oder historischen Denkmälern etc.) sowie die Reflexion der dabei gemachten ästhetischen Erfahrungen. Die Kooperation zwischen Schule und Kultureinrichtungen wurde institutionalisiert, indem ein Netzwerk zwischen den Lehrern und den kulturellen Einrichtungen aufgebaut und die finanziellen Voraussetzungen geschaffen wurden: Jeder Schüler erhält dazu einen Vorschuss in Form eines Gutscheines in Höhe von 23 Euro zur Finanzierung der Besuche und einen Pass, mit dem Preisnachlässe bei den Kulturinstitutionen gewährt werden.[51] Das britische Programm „Theatre in Education" (TiE) umfasst eine Theaterinszenierung zur Aufführung in der Schule mit gesellschaftspolitisch und sozial oder fachlich relevanten Themen, Workshops mit den Schülern vor bzw. nach der Aufführung und didaktisch aufbereitetes Begleitmaterial. Den hohen Stellenwert des seit Mitte der 60er-Jahre des 20. Jahrhunderts existierenden „Theatre in Education" zeigt auch die Tatsache, dass die Schauspieler dafür an den Hochschulen ausgebildet werden.

Der norwegische Staat rüstet seine Schüler mit „Dee kulturelle Skolesekken" (dem „Kulturellen Schulrucksack") aus. Dadurch sorgt er für die Mittel und die Rahmenbedingungen einer Kooperation Schule – Kultur. Für den Inhalt des Rucksacks sind hingegen die Künstler und Kunstinstitutionen, Schulen und kommunalen Verwaltungen selbst verantwortlich. Mit diesem Programm soll allen Schulkindern vom ersten bis zum zehnten Schuljahr, unabhängig von sozialer Schicht und geografischer Lage, der Zugang zu professioneller Kunst und Kultur im Schulzusammenhang gesichert werden. Das Programm umfasst alle Kunstgattungen. Zu den Zielen zählt auch, künstlerische und kulturelle Ausdrucksformen in die Realisierung der schulischen Lernziele zu integrieren. Ein ähnliches Angebot gibt es in Israel: Ein sogenannter „Basket of Culture", eine „Zehnerkarte" für Schüler zur Teilnahme an Konzerten, Kunstausstellungen und Theateraufführungen, ermöglicht den Zugang zur Kultur und fördert in einem jährlichen Rahmenplan gezielt künstlerische Produktionen. In Dänemark ermöglicht eine gesetzliche Regelung im Schulgesetz jedem Schüler, zweimal im Jahr eine Theatervorstellung zu besuchen.

Persönliche Begegnungen und gemeinsame Schaffensprozesse mit professionellen Künstlern können für Kinder und junge Menschen zu Schlüsselerlebnissen werden, die auch das Interesse am „klassischen Kulturbetrieb" wecken können.[52]

---

[50] Der JugendKulturService, eine gemeinnützige GmbH des Berliner Jugendclubs, ermöglicht Kindern, Jugendlichen und Familien ermäßigten Eintritt zu Kultur- und sonstigen Angeboten. In Kooperation mit Institutionen und Veranstaltern aller kulturellen Sparten bietet er z. B. Ferien- und Familienpässe an. Er wird gefördert vom Senat Berlin und der Medienboard Berlin-Brandenburg GmbH. Auf einem ähnlichen Prinzip basiert das Anrechtssystem für die darstellende Kunst in Dresden. Das Projekt „Schule und Kultur" des Landes Nord-rhein Westfalen fördert seit 2006 700 Projekte der Zusammenarbeit mit Künstlerinnen und Künstlern im Rahmen des Kunst- und Musikunterrichts. Wegen des außerordentlichen Erfolgs sind die Mittel in 2007 deutlich erhöht worden.
[51] Vgl. Anhörung Kulturelle Bildung, S. 9f. (Kommissionsdrucksache 15/502)
[52] Vgl. Zentrum für Kulturforschung (2006), S. 12.

Weitere Institutionen mit Vorbildcharakter stellen diese direkten Kontakte in den Mittelpunkt ihrer Arbeit.[53] Neben der Begegnung mit Künstlern ist auf die aneignende Begegnung mit Kunstwerken und Zeugnissen der Geschichte Wert zu legen.

Eine weitere Voraussetzung für das Gelingen der Zusammenarbeit von Schule und Kultureinrichtungen bzw. Kulturschaffenden ist neben der Kontinuität und der Breitenwirksamkeit ihre professionelle Organisation. Dazu gehört eine beidseitige Verständigung über die Kompetenzen, Rechte und Pflichten der Künstler und Kulturpädagogen sowie die Fortbildung von Lehrern zur Einbeziehung außerschulischer Kulturangebote in den Unterricht. Ohne diese Schulungen können entsprechende Vorgaben in den Lehrplänen zur Kooperation nicht in vollem Umfang wirksam werden. Auch Kultureinrichtungen sind aufgerufen, sich zu überlegen, welchen Beitrag sie dazu leisten können.

Um diese Professionalisierung zu erreichen, haben verschiedene Länder und Kommunen ein Netzwerk zur Kooperation von Schule und Kultureinrichtungen aufgebaut. Vorbilder dafür finden sich in Hessen und Nordrhein-Westfalen. Auch im Ausland gibt es hierfür Modelle, so zum Beispiel in Zürich. Der Sektor „schule&kultur" des Volksschulamtes des Kantons Zürich versteht sich als Dienstleistungsabteilung, die Kulturangebote für alle Schulstufen macht. Seine Aufgabe ist es, aus dem breiten Kulturangebot gehaltvolle, schulgerechte Projekte auszuwählen und sie in Zusammenarbeit mit den Künstlern und Veranstaltern für die Schule zu attraktiven finanziellen Bedingungen aufzubereiten.

Kulturschaffende und Akteure der kulturellen Bildung setzen besonders große Hoffnungen auf die vermehrt im Aufbau begriffenen Ganztagsschulen. Die Möglichkeiten für kulturelle Bildung in der neuen Ganztagsschule sind in der Tat beträchtlich. Ihre Umsetzung setzt jedoch voraus, dass Kunst und Kultur im Wertekanon schulischer Bildungsinhalte ihren angemessenen Platz erhalten und zu konstituierenden Elementen dieser neuen Schulen werden. Das bedeutet eine adäquate personelle, fachliche, strukturelle, räumliche und finanzielle Ausstattung.[54] Im Nachmittagsbereich – und bei einer umfassenden Reform auch in der „Kernzeit" – können neue Räume für Kunst und Kultur entstehen.

Hier bleibt abzuwarten, welches der verschiedenen Modelle der Ganztagsbetreuung, die zurzeit in der Diskussion bzw. in der Erprobungsphase sind, sich durchsetzen wird. Die Bandbreite reicht von grundsätzlicher Aufhebung der 45-Minuten-Stundentafel mit Verankerung neuer Bildungsformen und -inhalte bis hin zu einem additiven Modell, in dem am Nachmittag lediglich eine verlässliche Aufsicht organisiert wird. Gerade für die kulturelle Bildung ist es wünschenswert, dass Ganztagsschule nicht nur eine Ausdehnung der Halbtagsschule in den Nachmittag bedeutet.

Notwendig ist es, schrittweise zu einer Institutionalisierung der Zusammenarbeit in neuen Strukturen zu kommen. Dazu bedarf es fördernder und unterstützender Rahmenbedingungen (Finanzen, Recht, Organisationsstrukturen). Wenn im Jahr 2004 bereits 70 Prozent der 400 Jugendkunstschulen mit Schulen zusammenarbeiteten, kann von einem Experimentierstadium keine Rede mehr sein.[55]

---

[53] Das Kunstzentrum Annantalo, eine Abteilung des Kulturbüros der Stadt Helsinki, hat das Ziel, allen Kindern in Helsinki zumindest einmal während der Schulzeit einen professionellen Arbeitsprozess mit einem Künstler, der dafür angemessen bezahlt wird, zu ermöglichen und sie selbst zu künstlerischer Aktivität zu animieren. Maxime ist es, dass die Kinder den bestmöglichen Künstler und Experten erhalten. Auch das Kinderkulturzentrum Poznan verfolgt durchgängig das Prinzip, professionelle Kulturschaffende einzusetzen, nicht nur im direkten Kontakt mit den Kindern, sondern auch für die Weiterbildung der Lehrer. Es wird Wert darauf gelegt, dass dieser Kontakt mit Künstlern außerhalb der Schule stattfindet, damit die Kinder das Treffen mit der Kunst als etwas Bedeutsames begreifen.
[54] Vgl. Anhörung Kulturelle Bildung, S. 12. (Kommissionsdrucksache 15/502)
[55] Vgl. Gutachten Kulturelle Bildung, S. 108. (Kommissionsdrucksache 15/495a)

Aus- und Fortbildung von Pädagogen

Große Bedeutung misst die Enquete-Kommission den Pädagogen als Vermittlungspersönlichkeiten bei. Ihnen kommt eine große Verantwortung dabei zu, die Schüler an die Kulturfächer heranzuführen und sie dafür zu begeistern. Dafür müssen sie jedoch entsprechend ausgebildet sein. Eine qualitative und quantitative Verbesserung der Lehreraus- und fortbildung in allen Kulturfächern ist daher notwendig.

Die lehramtsorientierte Ausbildung in künstlerischen Fächern zielt primär auf die Unterrichtsfächer Kunst und Musik und wird an vielen Hochschulen zunehmend praxisorientiert ausgerichtet. Andere Sparten (Theater, Tanz, Medien, Baukultur oder Design) werden gegenwärtig nur selten in die Ausbildung integriert, obwohl ihre Bedeutung in der schulischen Praxis, nicht nur durch die Ganztagsschulentwicklung zunimmt. In der Ausbildung an künstlerischen Hochschulen ist insbesondere die Ausbildung von Musikschullehrern auf die berufliche Praxis im Bereich der Kulturvermittlung ausgerichtet. Auch an Kunsthochschulen gibt es seit Jahrzehnten vermittlungsbezogene Studiengänge. Im Bereich der Theaterpädagogik hat sich in den letzten Jahren eine akademische Ausbildung etabliert und auch in der Lehreraus- und fortbildung gewinnen Elemente der kulturellen Bildung an Bedeutung.[56] Zurzeit werden die meisten Studiengänge im Zuge des sogenannten Bologna-Prozesses verändert. Das bietet (noch) die Möglichkeit, in der Lehreraus- und -fortbildung sowie den künstlerischen Studienrichtungen eine verstärkte Kooperation mit außerschulischen Partnern in den Studienordnungen zu verankern. Die Entwicklung geht jedoch immer weiter. Deshalb muss die Möglichkeit der regelmäßigen Fortbildung für alle Lehrer sichergestellt sein.

6.2.3 Außerschulische Kulturelle Bildung

Der Klage über eine „kulturresistente" Jugend fehlt in dieser Allgemeinheit jede sachliche Begründung. Angebote der Kinder- und Jugendkulturarbeit verzeichnen kaum Akzeptanzprobleme. Der Vielfalt der Angebote stehen ein ungebrochenes Interesse ihrer Rezipienten und ebenfalls eine Ausdifferenzierung des Nutzerverhaltens gegenüber. Der Anteil junger Menschen, die künstlerischen Hobbys nachgehen oder Ausstellungen mit zeitgenössischer Kunst besuchen, nimmt zu. Das Interesse an künstlerischer Aktivität ist insgesamt vielfältiger geworden. Musik- und Jugendkunstschulen verzeichnen lange Wartezeiten, die aufgrund finanzieller Restriktionen auch nicht kurzfristig abgebaut werden können. Außerschulisches Lernen ist schwer in den schulischen Tagesablauf integrierbar. Im Vergleich zu anderen Ländern, die traditionell ein Ganztagsschulsystem haben, ist die Infrastruktur der außerschulischen Kinder- und Jugendbildung in Deutschland besonders gut ausgebaut. Ein Grund hierfür ist, dass in Deutschland Kinder und Jugendliche an Nachmittagen Zeit haben, solche Angebote aufzusuchen. Trotzdem ist festzustellen, dass es Zugangsbarrieren zur kulturellen Bildung gibt und Teilhabegerechtigkeit zum großen Teil nicht besteht. Die Ergebnisse der Studie „Jugendkulturbarometer" zeigen eindrucksvoll, dass insbesondere für Kinder und Jugendliche aus bildungsfernen Schichten Zugangsbarrieren bestehen. Die Musikschulen beobachten trotzdem, dass zunehmend Schüler aus Bevölkerungsschichten zu ihnen kommen, die nicht zum traditionellen Bildungsbürgertum zu zählen sind. Grundsätzlich sind sie verpflichtet, durch Sozialermäßigungen allen den Zugang zu ermöglichen. Unter dem Diktat der Kostendeckung wird aber gerade in jüngster Zeit an der Gebührenschraube gedreht. Trotz der Eigenbeteiligung in Form der Unterrichtsgebühren ist eine Förderung des Unterrichts durch Landes- und kommunale Mittel un-

---

[56] Das Kunstzentrum Annantalo in Helsinki bspw. hat die Fortbildung der Lehrer in Zusammenarbeit mit den Schulen selbst in die Hand genommen. In speziellen Kulturkursen werden die Lehrer auf die Einbeziehung der Angebote des Kunstzentrums in den schulischen Unterricht vorbereitet. In Frankfurt/M. hat das Schultheaterstudio ein Curriculum entwickelt, das die Fort- und Weiterbildung der Pädagogen in Hessen für Darstellendes Spiel ermöglicht.

umgänglich, um nichtelitäre musikalische Bildung möglichst vielen Kindern und Jugendlichen zu ermöglichen. Schon heute ist der Zugang zu kultureller Bildung zu sehr vom allgemeinen Bildungsniveau abhängig; je höher das Bildungsniveau, desto intensiver werden auch kulturelle Bildungsangebote wahrgenommen.

Im Gegensatz zur Schule ist der Grundgedanke außerschulischer kulturpädagogischer Arbeit die Freiwilligkeit der Teilnahme ohne Zwang zur Leistungsbeurteilung. Ihr Merkmal ist, dass dabei Werke speziell für und von Kindern und Jugendlichen entstehen, mit einer eigenständigen Ästhetik, die nicht abgekoppelt von der allgemeinen ästhetischen Entwicklung ist, aber spezialisiert auf die besonderen Kommunikationsfähigkeiten und -erwartungen von Kindern und Jugendlichen. Ähnliches gilt für die Prozesse der Aneignung kultureller Überlieferung, bei denen Kinder und Jugendliche begreifen, dass Werke der Vergangenheit durchaus etwas mit ihrem eigenen Leben zu tun haben.

Ein freiwilliges Angebot, das sich an diejenigen Jugendlichen richtet, die sich in Einrichtungen und Projekten wie Jugendkunst- und Musikschulen, Theater- und Tanzwerkstätten, Literaturbüros oder Medienzentren, im Kindermuseum oder im Jugendzirkus engagieren, ist der „Kompetenznachweis Kultur" der Bundesvereinigung Kulturelle Kinder- und Jugendbildung.[57] Als ein Bildungspass für Jugendliche entsteht er im Dialog zwischen den Jugendlichen und den Fachkräften der kulturellen Jugendbildung, die sich hierfür qualifiziert haben.[58] Jugendliche lernen ihre eigenen Stärken und Schwächen besser kennen. Sie werden selbstbewusster, entwickeln ein realistischeres Selbstbild und ihre Fähigkeit zur Reflexion wird gestärkt. Bei einer Untersuchung im Auftrag der projektentwickelnden Bundesvereinigung Kulturelle Kinder- und Jugendbildung konnte festgestellt werden, dass Jugendliche, die einen Kompetenznachweis Kultur besitzen, einen größeren Nutzen aus ihrem kulturellen Hobby ziehen als Jugendliche, die das Nachweisverfahren nicht durchlaufen haben.[59] Unternehmer loben die brauchbaren Zusatzinformationen für die Personalauswahl bei Bewerbungen auf Ausbildungsplätze oder andere Stellen, die im Lebenslauf und in Zeugnissen nicht enthalten sind.

Seit einigen Jahren haben Kultureinrichtungen und die Verbände das Thema kulturelle Bildung wieder neu entdeckt, nachdem die enge Verbindung von „Bildung" und „Kultur" bereits in den 70er-Jahren Konjunktur hatte. Die in Deutschland entwickelte Infrastruktur von Jugendkultureinrichtungen ist insgesamt zwar gut, das Angebot jedoch nach Sparten und regional nicht ausgewogen.

Musik

Die Musik verfügt über die umfänglichste und im Bereich der kulturellen Bildung differenzierteste Angebotsstruktur. Nach dem Zweiten Weltkrieg hat sich eine fast flächendeckende kulturelle Infrastruktur in Form der öffentlichen Musikschulen entwickelt. Die Hauptverantwortung haben dabei die Kommunen übernommen, sind doch von den fast 1 000 Musikschulen, die im Verband deutscher Musikschulen organisiert sind, rund zwei Drittel kommunal getragen und ein Drittel durch eingetragene Vereine, die in der Regel auch maßgeblich von den Kommunen finanziert und mitgestaltet werden. Allein an den öffentlichen im Verband der deutschen Musikschulen organisierten Musikschulen werden inzwischen eine Million Schüler unterrichtet, davon sind rund zehn Prozent

---

[57] Vgl. Netzwerk für den Kompetenznachweis Kultur, www.kompetenznachweiskultur.de, (Stand: 9. Juli 2007).
[58] Seit dem Wintersemester 2006/2007 bietet die Universität Hildesheim als erste deutsche Hochschule den Studierenden der kulturwissenschaftlichen Fakultäten an, sich für den Kompetenznachweis Kultur als studienbegleitende Qualifizierung ausbilden zu lassen.
[59] Vgl. Bundesvereinigung Kulturelle Kinder- und Jugendbildung (2007).

Erwachsene. Daneben gibt es eine Vielzahl privater Musiklehrer und auch privater Musikschulen, deren Angebotsbreite und Qualität indes variiert.

Die Musikschulen haben gegenüber den allgemeinbildenden Schulen eine eigenständige pädagogische und kulturelle Aufgabe. Über eine Grundausbildung sowie durch einen qualifizierten und breit gefächerten Instrumental- bzw. Gesangsunterricht werden die Grundlagen für ein lebenslanges Musizieren gelegt. Ergänzt wird der Fachunterricht durch vielfältige Angebote des Ensemblespiels sowie die Kooperation mit allgemeinbildenden Schulen, Kindergärten, Vereinen und Musikgruppen.

Die Bildungseinrichtung Musikschule wird ihrer Aufgabe durch ein umfassendes, abgestimmtes Konzept gerecht. Es ist im Strukturplan und in den Rahmenlehrplänen für die Unterrichtsfächer durch den Verband deutscher Musikschulen festgelegt. Dieses Konzept sichert die Kontinuität und Qualität der Ausbildung an Musikschulen und umfasst Grundstufen (musikalische Früherziehung und/oder musikalische Grundausbildung), die die Voraussetzung für den weiterführenden Unterricht in der Unter-, Mittel- und Oberstufe im Instrumental- bzw. Vokalunterricht sowie in Ensemblefächern legen, die integraler Bestandteil der Ausbildung sind. Ergänzungsfächer, Veranstaltungen und Projekte sind wichtige pädagogische und inhaltliche Elemente des Musikschulkonzepts.

Musikschulen bieten die Möglichkeit, besondere Zielgruppen (Menschen mit Behinderungen, sozial Benachteiligte, Personen mit Migrationshintergrund) durch gemeinsames Musizieren besser in die Mehrheitsgesellschaft zu integrieren. Die intensive Auseinandersetzung mit Musik und das Musizieren sind ein Gegengewicht gegen die oft unterschwellige musikalische Reizüberflutung. Musizieren ermöglicht Menschen aller Altersstufen eine sinnhafte Tätigkeit angesichts zunehmender Freizeit.

Bisher gibt es in Deutschland nur in sechs Ländern spezielle gesetzliche Regelungen zum Musikschulwesen: in Baden-Württemberg, Bayern, Berlin, Brandenburg, Bremen und Sachsen-Anhalt. Die anderen Länder fördern die Musikschulen lediglich aufgrund von Richtlinien (Erlassen, Verordnungen). Auch aus der unterschiedlichen Herangehensweise der gesetzlichen Regelungen zeigt sich der Status der Musikschule als Bildungseinrichtung eigener Art, die sowohl Elemente des Schulwesens, der Jugendbildung und der außerschulischen kulturellen Bildung vereint. So gibt es lediglich in Brandenburg ein eigenes Musikschulgesetz, während in Baden-Württemberg die Aufgaben und Ziele der Musikschulen in den §§ 9 ff. des Jugendbildungsgesetzes geregelt sind und Bayern, Berlin sowie Sachsen-Anhalt Regelungen zur Musikschule in ihren Schulgesetzen aufgenommen haben.[60]

Als Fazit ist festzuhalten: In der Bundesrepublik Deutschland gibt es keine einheitlichen gesetzlichen Regelungen zu den Musikschulen. Ziel der wenigen vorhandenen Regelungen ist es, wesentliche Qualitäts- und Strukturmerkmale für die öffentliche Musikschulförderung festzulegen, wobei in Sachsen-Anhalt und Bayern auch der Name „Musikschule" durch die gesetzlichen Regelungen geschützt wird, indem Qualitätsstandards verlangt werden, die nicht ohne Weiteres von jedem Anbieter zu gewährleisten sind. Alle vorhandenen Regelungen zeigen aber auf, dass die Musikschule eine große Nähe zum Schulwesen aufweist und als öffentliche Aufgabe anzusehen ist.

Die Qualitätssicherung der öffentlichen Musikschulen ist eine wesentliche Aufgabe für Länder und Kommunen. Durch die Anwendung von Methoden des Qualitätsmanagements haben viele öffentliche Musikschulen Eigeninitiative ergriffen, die von den Trägern unterstützt werden sollten.

Die Bundesrepublik Deutschland hat in der musikalischen Bildung eine bedeutsame kulturelle Infrastruktur, an der neben öffentlichen Musikschulen und Laienkulturvereinen auch private Anbieter

---

[60] Vgl. dazu im Einzelnen Scheytt (2005), Rz. 567ff.

beteiligt sind. Die Länder sollten ihren Bildungsauftrag durch Vorgaben in Form gesetzlicher Regelungen, Förderrichtlinien und bei der Einbeziehung dieser Infrastruktur in die musikalische Bildungsarbeit an Schulen auf der Basis entsprechender Qualitätsanforderungen einlösen.

Besonders positiv ist die gezielte Förderung des musikalischen Nachwuchses durch das ausgebaute Wettbewerbswesen (Jugend musiziert) zu beurteilen, welches nach der Auffassung der Enquete-Kommission ein Vorbild auch für andere künstlerische Sparten sein sollte.

Die Enquete-Kommission weist auch auf die Bedeutung des breiten Netzes an Vereinen sowohl der instrumentalen als auch der vokalen Laienmusik für die musikalische Bildung hin.[61] Oft leiden die Kontinuität der Angebote und die Entwicklung der Organisation darunter, dass es keine gesicherte Finanzierung für dieses bedeutende Feld kultureller Bildung gibt.

Bildende Kunst

Kinder und Jugendliche brauchen vielfältige Zugänge zur Welt der Farben und Formen, der gestalteten Räume, der bewegten Bilder. In allen Phasen der institutionellen frühkindlichen und schulischen Bildung sind es gerade die unmittelbaren Begegnungen mit Kunstwerken und bildenden Künstlern, die die Wahrnehmung differenzieren und junge Menschen zu eigenem Ausdruck, eigener Gestaltung ermutigen. Das Gespür für künstlerische Qualität, der Mut zu eigenem künstlerischen Ausdruck und die Resistenz gegenüber manipulativ benutzten Bilderwelten können nur in einem lebendigen Dialog entstehen, der einerseits historische Entwicklungslinien aufnimmt und andererseits Offenheit für alle Facetten experimenteller künstlerischer Gestaltung fördert.

Die überwiegend kommunal getragenen, häufig in die Musikschulen integrierten öffentlichen Kunstschulen ermöglichen in ihren sowohl spartenbezogen als auch spartenübergreifend angelegten Angeboten vielfältige Formen eigener künstlerischer Tätigkeit. Das Erforschen unterschiedlicher Materialien, das Entdecken der Wirkungszusammenhänge von Farbe und Form, das Erkennen der Balance von Gegenstand und Raum und vieles mehr sind Gegenstand dieser Arbeit, die auch unter dem Diktat knapper öffentlicher Kassen nicht zur Disposition gestellt werden darf. Kommunale Kunstschulen sind durch ihren inhaltlichen Kern inspirierte öffentliche Räume, in denen unterschiedlichste Zugänge zu Bildender Kunst betrachtend, reflektierend und vor allen Dingen selbsttätig handelnd eröffnet werden. Diese aktive Auseinandersetzung mit bildender Kunst ist häufig in einem Grenzraum zwischen Jugend-, Bildungs- und Kulturarbeit angesiedelt. Das Methodenrepertoire der Vermittlung bildender Kunst hat sich gerade im außerschulischen Bereich beständig erweitert und professionalisiert. Die Interessenlagen der Kinder und Jugendlichen, ihre symbolischen, sinnlichen, medialen Wahrnehmungs- und Ausdrucksformen werden zunehmend stärker aufgenommen und als Brücke zu einer kreativen Auseinandersetzung mit allen Formen zeitgenössischer Bildender Kunst genutzt.

Eine Stadt oder Region, die bildende Kunst und künstlerische Tätigkeit fördert, bietet eine wirksame Basis für außerschulische kulturelle Bildung im Bereich der bildenden Kunst. Kunst im öffentlichen Raum ist ebenso wie performative Kunst und Stadtarchitektur für Kinder und Jugendliche nur zu erschließen, wenn adäquate Vermittlungswege gesucht und genutzt werden. Kulturgeschichte liegt bisweilen unter den eigenen Füßen verborgen. Bildende Kunst befindet sich hinter der nächsten Hausecke – der kulturelle Wert bleibt unerkannt, wenn der Blick nicht von denjenigen geöffnet wird, deren Zusammenhangswissen auch unbewegte Bilder und Strukturen lebendig werden lässt. Bildende Künstler können, wenn sie ihre Ateliers, ihre Produktionsstätten öffnen, Kinder und Jugendliche an ihrem Schaffensprozess teilhaben lassen und zu eigener Gestaltung, eigenem Aus-

---

[61] Vgl. Kap. 3.4, Laienkultur und Brauchtum.

druck ermutigen. Alle privaten und öffentlichen Institutionen, die unmittelbar oder vermittelt mit Bildender Kunst zu tun haben, sind ebenso wie die Künstler selbst gefordert, Kinder und Jugendliche bewusst an ihren Prozessen, ihrem Wissen und ihren „Schätzen" teilhaben zu lassen.

Theater

Die Veröffentlichung der PISA-Studie und das schlechte Abschneiden deutscher Schüler im internationalen Vergleich zeigen, dass es nicht genügt, Kindern und Jugendlichen den „Kinderteller" an Bildung und Kultur zu reichen. Sie brauchen ein ernsthaftes, komplexes Angebot dessen, was der Bildungs-„Warenkorb" bietet, wie die Verantwortlichen des Kinder- und Jugendtheaters der Stadt München zu Recht fordern: „Wer Kinder und Jugendliche an den Katzentisch setzt, bekommt durch PISA die Quittung."[62]

Im Theater treten die Künste in Wechselwirkung. Die Theaterkunst bietet dem Rezipienten vielschichtige Wahrnehmungsreize und komplexe Angebote zum Interpretieren und Entschlüsseln von körperlichen Gesten, sprachlichen Symbolen und szenischen Zeichen. Es knüpft damit an das natürliche Interesse von Kindern und Jugendlichen am Entschlüsseln und Enträtseln an und aktiviert den Zuschauer geistig. Die so geübte Zuschaukunst ist eine besondere Form des kritischen und analytischen Denkens, eine Fähigkeit, die Kinder und Jugendliche heute in Bildung und Ausbildung und später im Beruf und im Leben benötigen.

Es sind insbesondere die Kinder- und Jugendtheater, die als integraler Bestandteil der kulturellen Bildung in Deutschland diesen Bildungsauftrag wahrnehmen und als außerschulische Lernorte in enger Vernetzung mit Schulen agieren. Es sollte zur Normalität werden, dass die Angebote der Theater von den Lehrern verantwortungsvoll wahrgenommen und produktiv zum integralen Bestandteil des Curriculums gemacht werden. Außerdem erreicht das Kinder- und Jugendtheater mit Schulaufführungen alle sozialen Schichten einer Altersgruppe und ermöglicht auf diesem Wege den chancengleichen Zugang zu kulturellen Angeboten. Doch die Kunsteinrichtungen sollten auch den individuellen Theaterbesuch von Kindern und Jugendlichen mit Eltern oder Freunden fördern, denn Kinder- und Jugendtheater ist ein Theater der Generationen und das Theater als eine soziale Kunst ist auch ein Ort der menschlichen Begegnung und des Austausches über die Gesellschaft.

Tanz

Tanz findet nicht nur im Theater, im Ballett oder in Diskotheken statt, sondern auch in der Kinder- und Jugendkulturarbeit. Tanz pflegt das rhythmische Bewegen zur Musik. Spielen und Tanzen sind dabei miteinander verbunden und greifen die Lust junger Menschen an der Bewegung auf und unterstützen diese. „Gerade weil die städtische Umgebung der Kinder wenig Platz für die Erfahrung des Körpers als Anstrengung, als lustvolle Bewegung bietet, kann Tanz mit Kindern solche Erfahrungen zwar nicht ersetzen, dennoch aber ein Gegengewicht setzen gegen Bewegungsmangel und Eintönigkeit der Bewegung."[63] Kinder und Jugendliche sollen im Tanz einen Zuwachs an Ausdruckssicherheit und eine positive Interaktion mit Gleichaltrigen und über die Generation hinweg erfahren. Die Angebote der Tanzpädagogik reichen vom Streetdance bis Folklore, vom elementaren Kindertanz über Ballett bis hin zum modernen Ausdruckstanz, vom Disco-Dancing und B-Boying bis zum Tanztheater. Der „Bundesverband Tanz in Schulen e. V." verfolgt als oberstes Ziel, zeitgenössische Tanzkunst und Tanzkultur in der schulischen kulturellen Bildung zu etablieren.[64] Im Pro-

---

[62] Vgl. Schauburg – Theater der Jugend, www.schauburg.net/php/ueberdastheater02.php, (Stand: 9. Juli 2007).
[63] Vgl. Deutscher Bundesverband Tanz, www.dbt-remscheid.de, (Stand: 9. Juli 2007).
[64] Vgl. Gesellschaft für Zeitgenössischen Tanz NRW e. V., www.dance-germany.org, www.tanzinschulen.de, (Stand: 9. Juli 2007); vgl. dazu Müller/Schneeweis (2006).

jekt „Tanzzeit. Zeit für Tanz in den Schulen" erhalten Kinder Tanzunterricht durch professionelle Künstler, gehen Schüler im Klassenverband ins Theater, um Tanzstücke anzuschauen, stehen bei Aufführungen selbst auf der Bühne und sammeln erste Bühnenerfahrungen. Für ein Unterrichtsfach Tanz plädiert unter anderem auch „Access to Dance", ein Projekt von „Tanzbasis e. V.", einem Zusammenschluss von verschiedenen Münchner Tanzorganisationen und Fachleuten des Tanzes, der neue Strukturen für tänzerische Aus- bzw. Fortbildung im schulischen, universitären und künstlerischen Bereich initiiert. „Take off: Junger Tanz" ist ein Gesamtkonzept zur Erforschung und Entwicklung der künstlerisch qualifizierten Vermittlung von Tanzkunst an Kinder und Jugendliche in Düsseldorf für Nordrhein-Westfalen. Durch eine aktive Teilhabe und Lehre sollen Kinder und Jugendliche für Tanz sensibilisiert und mögliche Wege zum Beruf als Tänzer und/oder Choreograf gesucht werden. Unterschiedliche Modelle von Tanzförderung werden durch die Bundeskulturstiftung mit ihrem „Tanzplan Deutschland" unterstützt. 12,5 Mio. Euro stehen zwischen 2005 und 2010 zur Verfügung. Die Hälfte davon fließt in das Programm „Tanzplan vor Ort", womit bundesweit Städte eingeladen werden, um Konzepte zur Profilierung des Tanzes auszuarbeiten. Menschen, die tanzen oder verstehen, was Tanz ist, haben ein privilegiertes Wahrnehmungsvermögen: „Sie wissen immer, wo sie stehen oder nicht stehen."[65]

Museen[66]

Museen können einen großen Beitrag in der Früherziehung leisten, denn Kinder können hier einen Teil der Welt sinnlich entdecken: „Das Museum ist wahrscheinlich – wie kaum eine andere Kultureinrichtung – ein besonders wirkungsvolles Umfeld für informelles, ganzheitliches und individuelles Lernen, ein Lernumfeld, das die Sinne anspricht und die Verbindung von begrifflichem und bildlich-symbolischem Denken fördert"[67]. Museumspädagogik ist eine Pädagogik, die sich in der Begegnung mit dem originalen Objekt (Sachzeugen, Kunstwerke usw.) auf partizipatorische Prinzipien und interaktive Prozesse gründet und die individuellen Erfahrungshorizonte und Fähigkeiten der Beteiligten in ein auf Gemeinsamkeit ausgerichtetes und prozessorientiertes Lernen mit einbezieht. Das Museum wirkt daher als offener „Lernort" umso stärker, wenn es Anstöße zur Kommunikation und den Schülern Raum gibt, sich über ihre Erlebnisse und Erfahrungen auszutauschen. Museumspädagogik bedeutet auch, die Beteiligten in den Stand zu versetzen, sich in zukünftigen Situationen selbstständig und aus eigener Kraft der vorhandenen Potenziale zu bedienen, kurz: Museen können nicht nur Bildungsinhalte, sondern auch den Umgang mit Bildungsangeboten vermitteln. Speziell entwickelte Vermittlungsangebote sind notwendig, um Gruppen aus eher museumsfernen gesellschaftlichen Schichten aktiv anzusprechen. Wichtig ist dabei, nicht allein die Kinder und Jugendlichen im Blick zu haben, sondern auch deren eigene Ansprechpartner einzubeziehen.

In den Schulen ist die Tendenz in Richtung Museum noch deutlich zu forcieren. Bisher ist das Engagement des einzelnen Lehrers ganz wesentlich. Neben den üblichen oft einmaligen Besuchen von Schulklassen bedarf es aber neuer Modelle der Kooperation und längerfristigen Auseinandersetzung.

Besucherorientierung ist heute ein Leit- und Hauptmotiv musealer Arbeit. Sie erstreckt sich auf die Ausstellungskonzeption, architektonische Gestaltung, Bildungs- und Vermittlungsangebote sowie die Rahmenbedingungen von besucherfreundlichen Öffnungszeiten bis hin zu leicht verständlichen und lesbaren Objekt- und Informationstexten.

---

[65] William Forsythe im Vorwort zu Welk (2004).
[66] Vgl. Zusammenfassung der Podiumsdiskussion zum Thema „Kulturelle Bildung im Museum/Museumspädagogik" am 21. Februar 2005. (Kommissionsdrucksache 15/516)
[67] John/Thinesse-Demel (2004), S.10.

Positiv ist dabei die starke Tendenz dahingehend, dass sich die ursprünglich rein fachwissenschaftlich orientierten Mitarbeiter in Museen der Museumskommunikation öffnen. Jeder wissenschaftliche Mitarbeiter muss heute die Pädagogik und die Didaktik mitdenken. Die Entwicklung geht zugleich immer mehr in Richtung einer Fusion museumspädagogischer Arbeitsfelder mit denen der Public Relations, des Marketings oder/und der Öffentlichkeitsarbeit. Zwar ist die konzeptionelle Einbindung der Museumspädagogik in die Strukturen der Museumsorganisation wichtig, es empfiehlt sich aber, dass Fachkräfte aus den Bereichen Museumspädagogik, Bildung und Kommunikation von Anfang an vor allem in die Ausstellungsprojekte mit einbezogen werden.

Politisch-historische Bildung für Kinder und Jugendliche

Kulturelle Bildung ist immer auch politisch-historische Bildung im Sinne eines Verständnisses von Kultur als Interpretation gesellschaftlicher Entwicklung mit Mitteln der Kunst und Kultur. Politisch-historische Bildung ihrerseits vermittelt sich über die lebendige Auseinandersetzung mit kulturhistorischen Überlieferungen, über die reale Begegnung mit Zeitzeugen, über die kulturelle Aneignung historisch authentischer Orte.

Kinder und Jugendliche erfahren politisch-historische Bildung nicht nur in den Begegnungs- und Lernorten der Erinnerungskultur von Geschichte, sondern überall dort, wo sie herausgefordert werden, sich mit der historischen Gewachsenheit heutiger Strukturen auseinanderzusetzen. Sprache, Literatur und Schrift, Baukultur und Musikgeschichte, Mode und Design – dieses und vieles mehr ist erst in politisch-historischem Kontext zu entschlüsseln. Politisch-historische Entwicklungen hinterlassen kulturelle Spuren, durch deren Entdeckung Zusammenhangswissen erschlossen werden kann.

Es bedarf einer intensiven Kooperation von politisch-historischer und kultureller Bildung, um durch zielgruppenspezifische Bildungsangebote und situationsbezogene Bildungsarrangements Kinder und Jugendliche dabei zu begleiten, ihren jeweils besonderen Platz in der Geschichte zu finden. Besondere Wirksamkeit liegt hierbei in einem mehrdimensionalen Austausch zwischen dem Erfahrungswissen älterer und der Zukunftsoffenheit junger Menschen, der kulturpädagogische Methoden zur Vermittlung nutzt.

Ein besonderer Schwerpunkt liegt in den Erinnerungs- und Forschungsstätten von Diktatur und Gewaltherrschaft, die mit dem Tod von Zeitzeugen, Tätern und Opfern, vor immensen Problemen der Überarbeitung bzw. Neukonzeptionierung ihrer Vermittlungsarbeit stehen. Kinder und Jugendliche sind eine besonders wichtige, gleichzeitig aber auch besonders kritische und empfindliche Zielgruppe, die hohe Anforderungen an die Professionalität der Vermittlung stellt. Der gesellschaftliche Umgang mit negativen Erinnerungen erfordert ein hohes Maß an Reflexion. Weil bestimmte Stereotype über Generationen hinweg fortleben und sich in historischem Rückgriff regenerieren (zum Beispiel Hooligans, nationalistische Jugendkulturen), muss in besonderer Weise nach jugendkulturell angepassten Vermittlungswegen gesucht werden, die es nachwachsenden Generationen ermöglichen, eigene Fragen an die Geschichte zu stellen und ihren Aneignungsprozess mit eigenen mehrperspektivischen Ausdrucksformen zu begleiten.

In letzter Zeit wurde der Begriff „Geschichtsort" geprägt für authentische Orte, an denen Geschichte aus verschiedenen Perspektiven und mit Methoden kulturpädagogischer Arbeit erfahrbar gemacht wird.

An fünf Beispielen soll, stellvertretend für eine Vielzahl anderer aktueller Ansätze, dargestellt werden, dass kulturelle Aktivität integraler Bestandteil einer aktiven und mehrdimensionalen Aneignung politisch-historischer Zusammenhänge sein kann:

– der Geschichtswettbewerb des Bundespräsidenten, in dem Jugendliche mit Unterstützung der Körber-Stiftung herausgefordert werden, immer wieder neuen historischen Fragestellungen unter Einschluss vielfältiger kultureller Mittel nachzugehen. Seit 1973 haben daran in 19 Ausschreibungen insgesamt über 110 000 Jugendliche aller Schulformen teilgenommen.

– das Projekt „Stolpersteine", mit dem der Kölner Bildhauer Gunter Demnig an die Opfer der NS-Zeit erinnert, indem er vor ihrer letzen Wohnung mit Unterstützung durch Projektpaten aus der Bürgerschaft kleine Gedenktafeln aus Messing in den Gehweg eingelassen hat. Bis Oktober 2006 wurden über 9 000 Steine in 186 Städten und Gemeinden verlegt, an einigen Orten verbunden mit einer „Spurensuche" unter Beteiligung von Schulklassen, die die Erinnerung an einzelne Menschen, die Opfer der Diktatur wurden, in „Gedenkblättern" dokumentierten.

– der „Geschichtskoffer Jüdische Kindheit", mit dem Grundschülern ein erster Zugang zu jüdischer Kultur und Geschichte ermöglicht wird. Dieses kulturhistorisch und kulturpädagogisch konzipierte mobile Medium enthält sakrale und rituelle Gegenstände, Spielzeug, Fotos, ein Erinnerungsbuch, Haushaltsgegenstände, Dokumente, Gemäldereproduktionen, Kinderbücher und Sachtexte und eröffnet differenzierte und mehrdimensionale Zugänge zur jüdischen Geschichte „vor der eigenen Haustür".

– das „Lehrhaus für Kinder" der alten Synagoge Essen, das Schüler der ersten bis siebten Klasse zu einer Begegnung mit jüdischer Kultur einlädt. Dabei erkunden die Kinder an einem authentischen Ort das Gebäude der ehemaligen Essener Synagoge, erhalten zum Beispiel Einblicke in Riten und Feste, in Lieder und den Jahreskalender. So lernen sie nicht nur religiöse Aspekte, sondern auch alltägliches jüdisches Leben kennen. Geschichte und Gegenwart werden über den kulturellen Zugang behutsam miteinander verbunden.

– das Projekt „DDR – das Leben der Anderen", das von dem „Geschichtsort Villa ten Hompel" in Kooperation mit der Katholisch-Sozialen Akademie in Münster konzipiert wurde. In diesem Projekt werden westdeutschen Schülern über Besuche, Rollenspiele, Zeitzeugengespräche und mit literarischen und filmischen Mitteln Kenntnisse der deutschen Nachkriegsgeschichte und des sozialistischen Staates vermittelt.

Literatur und Bibliotheken[68]

Bund, Länder und vor allem die Kommunen unterhalten mehr als 20 000 Bibliotheken. Dahinter steckt die Einsicht: Wenn sich unsere Gesellschaft durch ihre Kultur definiert, dann muss das „Land der Dichter und Denker" auch eine Politik für die Literatur und das Lesen pflegen. Rund 50 Mio. Euro werden jährlich vom Bund und von den Ländern der Literatur- und Leseförderung, zum Beispiel für Literaturhäuser, Autorenpreise und Leseförderung, zur Verfügung gestellt.

Bibliotheken sind als Kultur- und als Bildungseinrichtungen hierbei wichtige Akteure. Sie bieten Orientierung in der Informationsflut und sichern die Qualität der Information durch eine breit gefächerte Sichtung der Informationen, die benutzer- und fachspezifische Vorauswahl und formale und sachliche Erschließung sowie Aufbereitung der „Metainformationen" in Datenbanken oder Informationsportalen. Bibliotheken stehen damit als Bildungspartner bei der Beratung in Beruf und Weiterbildung, bei der Integration von Migranten und bei der Leseförderung zur Verfügung. Sie sind aber auch Orte des Genießens, des schöpferischen Denkens und der Welterkenntnis.

Diese Aufgaben finden jedoch bei der finanziellen Ausstattung von Bibliotheken nicht nur keine ausreichende Berücksichtigung, vielmehr kommt es zur Beschneidung der Bibliotheksetats und zur

---

[68] Vgl. Zusammenfassung der Anhörung vom 14. März 2005 zum Thema „Rechtliche und strukturelle Rahmenbedingungen des Betriebs von Bibliotheken". (Kommissionsdrucksache 15/517)

Schließung von Ausleihstellen durch die Kommunen. Modellprojekten fehlt es an Personal und finanzieller Unterstützung. Der kulturelle Bildungsauftrag von Bibliotheken konnte also trotz guter Ansätze durch den Abbau von Personal in den letzten 20 Jahren nie umfassend wahrgenommen werden. Er wird im ländlichen Raum ohnehin häufig im Rahmen des Ehrenamtes geleistet.

Dagegen bedarf es zur Förderung von Lesekompetenz gerade des weiteren Ausbaus der Kooperationsaktivitäten zwischen Schulen und Kindertagesstätten mit Bibliotheken und anderen Einrichtungen wie der Stiftung Lesen als nationaler Leseförderungseinrichtung. Angesichts der großen gesellschaftlichen und bildungspolitischen Bedeutung der Bibliotheksarbeit für Kinder und Jugendliche bedarf es einer besonderen Beachtung der Schulbüchereien, ihrer Ausstattung und ihrer fachlichen Betreuung. Die Schulbibliothek ist eine wichtige Quelle für den Erwerb und Erhalt der Fähigkeit des Lesens. Moderne Schulbibliotheken sollten Informations- und Wissenszentren sein, die ein breit gefächertes Angebot an Büchern und anderen Medien bereithalten. Hier müssen die Techniken der Informationsbeschaffung und der kritische Umgang mit Informationen eingeübt werden. Die Realität sieht von den Hauptschulen bis zum Gymnasium zu oft anders aus. Ein Ziel von Bibliotheksprogrammen im Angebot der Ganztagsschule muss es daher zukünftig sein, jedem Schulkind den regelmäßigen Besuch einer Bibliothek zu ermöglichen. Ein Vorbild kann hier das Schweizer „Projekt Rucksackbücherei" sein, in dem Schüler eine Auswahl von Kinder- bzw. Jugendbüchern in Rucksäcken zu einer Klasse in einer anderen Stadt transportieren, um die Bücher dort vorzustellen und für eine Phase freien Lesens zu übergeben.[69]

Kirchen

Die Kirchen sind als Träger von Einrichtungen und Angeboten (zum Beispiel der Jugendarbeit, der Kindertagesstätten oder zum Teil auch der Schulen) räumlich, regional und fachlich ein unverzichtbarer Baustein im System kultureller Bildungsangebote. Sie spielen aufgrund der Trägerschaft und ihrer vor allem im ländlichen Raum weiten Verbreitung eine Sonderrolle. Unter den freien Bildungsträgern haben die katholische und evangelische Kirche besonderes Gewicht. Ca. 90 Prozent der Kindergärten in freier Trägerschaft und ca. 75 Prozent der Schulen in freier Trägerschaft sind kirchliche Einrichtungen.[70] Das Finanzproblem der Kirchen wird sich jedoch in den nächsten Jahren mit noch unabsehbaren Folgen auch für die kulturelle Bildungsarbeit erheblich verschärfen. Zudem zeigt die Expertise zum Jugendkulturbericht Nord-rhein-Westfalen, dass die weitgehend ehrenamtliche Angebotsinfrastruktur nur begrenzt in der Lage ist, Breite und Tiefe eines eigenständigen kulturellen Bildungsangebots zu gewährleisten.

6.2.4 Aus-, Fort- und Weiterbildung

Nach wie vor muss ein besonderes Augenmerk auf die Ausbildung von hauptamtlichen Kulturvermittlern gelegt werden. Fort- und Weiterbildung sind unter anderem Aufgabe der vier Bundesakademien für kulturelle Bildung in Remscheid, Trossingen, Wolfenbüttel und Rheinsberg. In privaten und staatlichen Ausbildungsinstituten bedarf es noch klarer Regelungen zum Beispiel zum Berufsbild eines Tanz- und Ballettpädagogen und der Vereinheitlichung der Studienabschlüsse. Die Bezeichnung „Tanzpädagoge" ist bislang nicht geschützt. Es gibt in Deutschland auch keine grundständige Ausbildung im Fach Museumspädagogik. Bedenklich stimmt, dass mehr als 50 Prozent der Museen angeben, keine pädagogischen Schulungen oder Qualifizierungsmöglichkeiten anzu-

---

[69] Modellprojekte haben u. a. auch Bibliotheken mit sogen. „Thementaschen" (Münster), Bücherkisten (Essen) und Klassensätzen von Kinderbüchern (Rüsselsheim) entwickelt sowie das Kinderliteraturzentrum „LesArt" in Berlin mit literarischen Stadtrundgängen, Lesenächten und Autorenworkshops.
[70] Ca. 1 400 katholische und ca. 1 150 evangelische Schulen.

bieten, obwohl in Hinsicht auf den Bildungsbereich die ständige Weiterbildung eine unbedingte Grundvoraussetzung für wirksame Kulturvermittlung ist. Gerade das Ehrenamt macht es notwendig, dass im Museum ein kompetenter Ansprechpartner für die Vermittlung vorhanden ist, um gemeinsame Ziele und Qualität mit „freien" Mitarbeitern oder Agenturen zu sichern. Seit Gründung der Bundesakademie für Kulturelle Bildung in Wolfenbüttel besteht bundesweit die Möglichkeit, sich im Bereich der Museumskommunikation und Museumspädagogik zu qualifizieren.[71] Außerdem bieten die jeweiligen Fachverbände (nationale und regionale Museumsverbände, die länderbezogenen Arbeitskreise Museumspädagogik sowie der Bundesverband Museumspädagogik) entsprechende Weiterbildungen an. Allerdings ist hier ein Informationsdefizit über diese Weiterbildungsmaßnahmen zu konstatieren. Zertifizierung der Fort- und Weiterbildungsmaßnahmen im Sinne etwa des anerkannten EFQM-Modells[72] oder ähnlicher Qualitätssicherungsmaßnahmen sind zu überlegen.

Ganztagsschulen und die außerschulische kulturelle Bildung

Im Rahmen der Ganztagsschuleangebote hat eine große Zahl von Bildungsträgern und Kultureinrichtungen bereits Konzepte der Zusammenarbeit entwickelt. Für die Einrichtungen der außerschulischen kulturellen Bildung liegen darin Chancen, aber auch Gefahren.[73] Es stellt sich hier die wechselseitige Aufgabe, institutionelle Strukturen und inhaltlich-konzeptionelle Ansätze in das System des Schulablaufs zu integrieren.[74] An der außerschulischen musikalischen Bildung lässt sich dies exemplarisch aufzeigen: Einerseits sehen die öffentlichen Musikschulen in Ganztagsschulen die Chance, auch Kinder und Jugendliche musikalisch zu fördern, die aufgrund ihres sozialen oder familiären Hintergrundes andernfalls keinen Zugang dazu hätten. Mit der Ganztagsschule ist damit also die Chance zu kultureller Bildung für die größtmögliche Zahl von Kindern und Jugendlichen gegeben. Andererseits fürchten freie Chor- oder Musikträger, dass Ganztagsschulen für sie das „Todesurteil" bedeuten könnten, weil schulunabhängige Musikangebote zeitlich verdrängt würden. Auch soziokulturelle Zentren können seit Einführung der Ganztagsschulen keine Verbesserung erkennen. Sie sehen vielmehr in doppelter Hinsicht eine Verschlechterung der Lage. Zum einen zeige die bisherige Praxis, dass Lehrer eher nachmittags selbst weiter unterrichten oder zu „Dumpingpreisen" Künstler einkaufen würden, als mit außerschulischen Trägern zu kooperieren, die seit Jahren in diesem Bereich qualifiziert arbeiten würden. Zum anderen würden Fördertöpfe soziokultureller Projekte zurückgenommen mit der Begründung, dass diese sich nun Gelder über die Kooperationen mit den Ganztagsschulen holen müssten.[75] Um dies zu vermeiden, fordern diese Stimmen Durchlässigkeit im System, das heißt, einem Kind, das zum Beispiel im Chor der Kirchengemeinde engagiert sei, müsse erlaubt sein, Teile des Nachmittagsangebots in der Schule nicht wahrzunehmen.[76]

Das Freiwillige Soziale Jahr Kultur

Das Freiwillige Soziale Jahr (FSJ) Kultur, bei dem nur jeder zehnte Bewerber einen Platz erhält, ist ein eindrucksvoller Beleg für das kulturelle Interesse Jugendlicher. Es hat sich seit dem Start 2001

---

[71] Vgl. zu den Weiterbildungsangeboten Museumskommunikation: QuamPlusPerfekt. Übersicht und Basisinformationen zum berufsbegleitenden Lehrgang Museumskommunikation 1999–2001. (Kommissionsmaterialie 15/155)
[72] European Foundation for Quality Management.
[73] Vgl. Kap. 3. 3.4, Laienkultur und Brauchtum.
[74] Vgl. Gutachten Kulturelle Bildung, S. 107. (Kommissionsdrucksache 15/495a)
[75] Vgl. das Protokoll zum Expertengespräch vom 8. Mai 2006 zum Thema zu „Rechtliche und strukturelle Rahmenbedingungen Soziokultureller Zentren". (Arbeitsunterlage 16/035)
[76] Vgl. Anhörung Kulturelle Bildung, S. 12 (Kommissionsdrucksache 15/502) sowie die Zusammenfassung der Anhörung vom 21. Februar 2005 zum Thema „Praxis der kulturellen Bildung in Deutschland", S. 5. (Kommissionsdrucksache 15/505)

unter dem Motto „Rein ins Leben!" binnen kurzem vom „Modellprojekt zum Markenzeichen"[77] entwickelt. Initiator des zunächst dreijährigen Bundesmodellprojekts war die Bundesvereinigung Kulturelle Kinder- und Jugendbildung gemeinsam mit den Landesvereinigungen Kulturelle Jugendbildung e. V.; unterstützt vom Bundesministerium für Familie, Senioren, Frauen und Jugend und privaten Förderern. Am 1. September 2006 begannen 500 Freiwillige ihr FSJ Kultur in Deutschland. Über die Hälfte der Freiwilligen ist nach dem FSJ Kultur weiterhin ehrenamtlich in unterschiedlichen gesellschaftlichen Feldern engagiert, fast ein Drittel bringt sich weiterhin ehrenamtlich in der ehemaligen Einsatzstelle oder überhaupt in der Kulturarbeit ein.[78]

Von der Vielfalt kultureller Arbeitsfelder und den Chancen, Kulturprojekte eigenverantwortlich zu realisieren, profitieren Jugendliche, Einrichtungen und die Gesellschaft gleichermaßen. Das FSJ Kultur motiviert einerseits kulturelle Einrichtungen, für freiwilliges Engagement junger Menschen aktiv zu werden. Es bietet andererseits die Chance, schon junge Menschen an kulturellen Prozessen vor Ort teilhaben zu lassen. Ebenso dient es der Verstärkung des generationenübergreifenden Dialogs zu politisch-historischen Themen durch gemeinsame kulturelle Praxis. Diese frühe Heranführung an die Kultur und der Einblick in die Möglichkeiten kreativer Arbeit im Kulturbereich schaffen langfristige Bindungen. Eigene Erfahrungen sensibilisieren für die Probleme der Kulturschaffenden und vermitteln ein Gespür für den marktwirtschaftlich-finanziellen Druck und auch für die leider mancherorts vorhandene kommunale Infragestellung von Kultureinrichtungen. Das FSJ Kultur unterstützt junge Menschen nachhaltig bei der Suche nach Perspektiven, persönlicher Identität und beruflicher Orientierung. Das gemeinsame Lernen mit Anderen und die Arbeit im Team einer kulturellen Einrichtung ist für alle Beteiligten eine Herausforderung. Es fördert soziale Schlüsselkompetenzen wie Eigenverantwortung, Kommunikationsfähigkeit, Durchhaltevermögen, Verantwortungsbewusstsein, Belastbarkeit, Teamfähigkeit, Kreativität, Leistungsbereitschaft.

Die zeitliche Begrenzung, Vollzeittätigkeit und vor allem Einbindung in die Sozialversicherung unterscheidet das FSJ Kultur zwar vom klassischen Ehrenamt, es ist aber trotzdem ein wichtiger Baustein im staatlichen Engagement zur Förderung bürgerschaftlichen Engagements.

Als Problem zeichnet sich für viele Kultureinrichtungen die Finanzierung des FSJ Kultur ab, weil die Kulturinstitutionen einen Großteil der Finanzierung für die Absolventen selbst aufbringen müssen. Ein FSJ Kultur-Platz kostet derzeit monatlich durchschnittlich 650 Euro. Die Kultureinrichtungen beteiligen sich – abhängig vom Bundesland – mit bis zu 450 Euro. Kosten entstehen unter anderem für Taschengeld und Sozialversicherungsleistungen sowie die pädagogische Begleitung. Dies überfordert jedoch gerade viele kleinere Einrichtungen finanziell, zumal der kulturelle Bereich – entgegen der Struktur des sozialen Bereichs im FSJ – nicht refinanziert ist. Auch die kulturellen Trägerorganisationen, die unter anderem für die Qualifizierung der beteiligten Einrichtungen und die pädagogische Begleitung der Freiwilligen verantwortlich sind, müssen in öffentlicher Verantwortung durch Bund und Länder in die Lage versetzt werden, ausreichend Plätze anbieten zu können.

Förderung

Die Unterstützung außerschulischer kultureller Bildung erfolgt über die kulturpolitische Förderung, in der Regel als freiwillige Leistung der Kommunen und der Länder. Sie vollzieht sich zudem über jugendpolitische Instrumente wie das Kinder- und Jugendhilfegesetz (§ 11 KJHG). Ein Problem ist dabei, dass selbst das Kinder- und Jugendhilfegesetz keine verbindlichen Aussagen über Umfang

---

[77] Unter diesem Motto beging die BKJ am 1. Oktober 2004 in Berlin den Abschluss der Modellphase des FSJ in der Kultur.
[78] Vgl. dazu die positive Gesamtbeurteilung des FSJ Kultur im Abschlussbericht des Instituts für Sozialforschung und Gesellschaftspolitik und die Stellungnahmen der Bundesregierung und des Trägerverbandes FSJ Kultur dazu.

und Qualität der Förderung von Jugendkultureinrichtungen macht. Dagegen hat der Kinder- und Jugendplan des Bundes, der auf dem Kinder- und Jugendhilfegesetz beruht und der immer wieder von Kürzungen bedroht ist, eine große Wirksamkeit.[79]

Bezogen auf den prozentualen Anteil von Kindern und Jugendlichen an der Gesamtbevölkerung hat die Förderung von Einrichtungen der kulturellen Kinder- und Jugendarbeit Nachholbedarf. Eine Kulturförderpraxis, die tendenziell Projektförderung priorisiert, gefährdet eine Organisations- und Personalentwicklung über einen längeren Zeitraum. Innovationen durch Modellversuche und Projekte mögen zwar zur Weiterentwicklung der kulturellen Bildungslandschaft beitragen, gewähren aber kaum Planungssicherheit und Kontinuität, die gerade in der kulturellen Bildung gebraucht werden. Neben den Modellversuchen und Projektförderungen bedarf es daher im Sinne einer nachhaltigen Qualitätssicherung des Ausbaus der Infrastruktur insbesondere bei den Trägern der kulturellen Bildung.

Die tatkräftige Unterstützung des pädagogischen Engagements durch die Leitung der Kultureinrichtungen ist erforderlich. Erst, wenn sich ein Theaterintendant, ein Museumsdirektor oder ein Generalmusikdirektor einer Sache ernsthaft annimmt, sie in überzeugender Weise zu seiner eigenen macht und sie auch gegenüber den Geldgebern in Politik und Verwaltung nachdrücklich vertritt, kann es zum notwendigen Rückenwind für die kulturelle Bildung kommen.[80] Deren Bedeutung für die Arbeit einer Kultureinrichtung muss sich nach Meinung der Enquete-Kommission auch institutionell niederschlagen. Die Förderung von Kultureinrichtungen ist bislang nicht an die Verpflichtung zur Jugendarbeit gebunden. „Hochqualifizierte, intelligente und auch praktikable Projekte und Strukturen in verschiedenen europäischen Ländern sind dort deshalb möglich geworden, weil die öffentliche Kunst- und Kulturförderung mit ihrer Unterstützung von Kultureinrichtungen eine finanzielle Quote für Kulturvermittlung/kulturelle Bildung verbunden hat und die Öffnung gegenüber Kindern und Jugendlichen verpflichtend vorsah."[81] Schwedische Kultureinrichtungen haben die Verpflichtung, am Jahresende über ihre jugendbezogenen Aktivitäten Rechenschaft abzulegen. Im niederländischen System der an Schüler ausgegebenen Kulturgutscheine hat die Anzahl der von den Kultureinrichtungen gesammelten Gutscheine Einfluss auf die Höhe ihrer Förderung. Die Stadt und der Kanton Zürich haben mit den großen Kulturinstituten (Schauspielhaus, Tonhalle, Kunsthaus und Opernhaus) Vereinbarungen getroffen, welche die Leistungen für die Schule regeln. Diese Vereinbarungen sind Bestandteil der Förderrichtlinien.

Kriterien der Qualität und Nachhaltigkeit von Vermittlungsarbeit öffentlich geförderter Kultureinrichtungen können dabei nicht allein die Teilnehmer-, Besucher- und Zuschauerzahlen der angebotenen Veranstaltungen sein, denn Besucherzahlen sind nur begrenzt aussagekräftig hinsichtlich der Qualität und Nachhaltigkeit der Vermittlung kultureller Bildung. Die in Rede stehende Auflage, einen Teil der Mittel für kulturelle Bildung zu verwenden, könnte nach einer Studie der Wissenschaftlichen Dienste des Deutschen Bundestages durch den Gesetzgeber im jährlichen Haushaltsgesetz erteilt werden, wenn der Bund Kulturinstitutionen auf freiwilliger Basis durch Zuwendungen (das heißt ohne Rechtsanspruch des Zuwendungsempfängers) fördert und entsprechende Mittel im Bundeshaushalt veranschlagt sind. Der Adressat der Verwendungsauflage wäre in diesem Falle die Bundesregierung. Das jährliche Haushaltsgesetz als Regelungsort hätte allerdings den Nachteil, dass die Verwendungsauflage wegen der zeitlich begrenzten Geltungsdauer dieses Gesetzes jedes Jahr neu erteilt werden müsste. Das Haushaltsgrundsätzegesetz und die Bundeshaushaltsordnung sind wegen der sie bestimmenden haushaltswirtschaftlichen Ordnungsfunktion und der Einheitlichkeit des Haushaltsrechts von Bund und Ländern kein geeigneter Ort für eine gesetzliche Veranke-

---

[79] Vgl. Anhörung Kulturelle Bildung, S. 21. (Kommissionsdrucksache 15/502)
[80] Vgl. Pfeiffer-Poensgen (2006), S. 8.
[81] Zacharias (2005), S. 57.

rung einer Auflage hinsichtlich der Verwendung von Bundesmitteln zugunsten der kulturellen Bildung durch vom Bund geförderte Kulturinstitutionen. Eine solche Auflage könnte in den jährlichen Haushaltsgesetzen durch den Haushaltsgesetzgeber erteilt werden, sofern der Bund die Kultureinrichtungen durch Zuwendungen fördert.[82]

6.2.5 Kulturelle Medienbildung

Audiovisuelle und neue Medien haben heute fast jeden Lebensbereich moderner Gesellschaften durchdrungen. Über 36 Millionen Fernsehgeräte sind allein in Deutschland registriert.[83] Mit einem Onlinezugang von fast zwei Dritteln aller Haushalte liegt Deutschland deutlich über dem EU-Durchschnitt.[84] Inzwischen ist der Fernseher in der persönlichen Präferenz bei Jugendlichen durch den Computer ersetzt worden.[85]

Eine zunehmend wichtiger werdende Facette der kulturellen Bildung ist daher die kulturelle Medienbildung. Traditionelle Medien wie das Fernsehen haben zu einem verstärkten Wandel von der Schrift- zur Bildkultur beigetragen, gerade die Neuen Medien rufen nun tiefgreifende Veränderungen in der Gesellschaft hervor.

Neue Medien schaffen die Möglichkeit, Schrift, Bild und Ton auf völlig neuartige Weise zu kombinieren und zu verwenden. Das Internet als ein Medium, das sehr viel Text transportiert, hat die traditionelle Schriftkultur aufgenommen und weiterentwickelt. Neue Formen der Bildkultur werden durch grafisch immer perfektere Computerspiele ausgeprägt. Durch die als „Konvergenz der Medien" bezeichnete Entwicklung verlieren die einzelnen Medien ihre klaren Funktionszuweisungen: Radio und Fernsehen senden im Internet, Mobiltelefone sind gleichzeitig Fotoapparate und von Büchern werden mehr und mehr Audiofassungen auf CD/DVD abgesetzt. Der souveräne und kompetente Umgang mit diesen Medien, vor allem die kritische Nutzung neuer Medien, ist heute eine unverzichtbare Schlüsselkompetenz. Medienkompetenz umfasst das Wissen über und von Medien, die Nutzung und eigene Gestaltung von Medien, wie auch die Eigenschaft, sich kritisch und reflektiert mit ihnen auseinanderzusetzen.[86] Die Eigenschaften und Anwendungsfelder sind vielfältig und machen Medienkompetenz zunehmend zur kulturellen und beruflichen Basisqualifikation in allen Schichten der Gesellschaft.[87] Neue Medien haben die Eigenschaft, dass sie sowohl Kompetenzen erfordern als auch Kompetenzen vermitteln. Dazu gehören unter anderem Symbol- und Bildsprachenkompetenz, Wahrnehmungs- und Ausdrucksfähigkeit sowie Text- und Sprachkompetenz, des Weiteren die Fähigkeit, mit neuen Medien sowohl rezeptiv und produktiv als auch kritisch und reflektiert umzugehen. Nur wer in der Lage ist, Medienangebote kritisch zu rezipieren, kann sich auch produktiv mit ihnen auseinandersetzen.[88] Insbesondere Kinder und Jugendliche müssen kompetent darin unterstützt und begleitet werden, die kreativen Wahrnehmungs- und Ausdrucksmöglichkeiten neuer Medien zu erschließen und gleichzeitig die mit unkritischem Medienkonsum einhergehenden Gefährdungen abwehren zu können. „Eingeschränkte finanzielle Ressourcen der Familien befördern eine Lebens- und Wohnsituation, in der oftmals das Fernsehprogramm die gemeinsam verbrachte Zeit im Familienalltag dominiert und dabei auf das Alter der Kinder kaum aus-

---

[82] Vgl. Wissenschaftliche Dienste des Deutschen Bundestages (2005b), S. 14.
[83] Vgl. Reitze (Hrsg.) (2006), S. 9.
[84] Vgl. Unterrichtung durch die Bundesregierung vom 10. Januar 2007: Nationaler Bildungsbericht 2006 – Bildung in Deutschland und Stellungnahme der Bundesregierung, S. 60. (Bundestagsdrucksache 16/4100)
[85] Vgl. Medienpädagogischer Forschungsverbund Südwest (2006).
[86] Baacke (1998), www.uni-bielefeld.de/paedagogik/agn/ag9/Texte/MKompetenz1.htm, (Stand: 9. Juli 2007).
[87] Vgl. Stellenwert der Medien für die Bildung vor der Schule Vorlage für den Zwölften Kinder- und Jugendbericht (2006), S. 6. (Kommissionsdrucksache 16/402)
[88] Vgl. Anfrage von der Gesellschaft für Medienpädagogik und Kommunikationskultur (GMK) vom 26. Oktober 2006 zur Umfrage zum Thema Medienkompetenz, kulturelle Medienbildung, S. 2, (Anfrage GMK). (Kommissionsdrucksache 16/405)

reichend Rücksicht genommen werden kann."[89] Je jünger die Kinder sind, desto schutzloser sind sie einem unkritischen Medienkonsum ausgesetzt. Bei keiner anderen kulturellen Ausdrucksform können in dieser Weise Negativentwicklungen bis hin zur Suchtgefährdung ausgelöst werden. Bei der Vermittlung von Medienkompetenz bedarf es der Unterscheidung zwischen Kinder- und Jugendlichen- sowie Erwachsenenmilieus. Während Erwachsene sich (neue) Medienkompetenzen im fortgeschrittenen Alter aneignen müssen, wachsen Kinder und Jugendliche von klein auf in bereits existierenden Medienwelten auf.

Die Auseinandersetzung mit den neuen Medien ist ein noch recht junges Phänomen, das die Forschung erst seit kürzerer Zeit für sich zu erschließen begonnen hat. Jedoch wird die Relevanz dieses Themengebietes bereits heute durch eine beachtliche Anzahl von Studien und Aufsätzen belegt.[90] Pionierarbeit leistete das Modellvorhaben „Kulturelle Bildung im Medienzeitalter" (KuBiM) der Bund-Länder-Kommission unter der Programmträgerschaft des Zentrums für Kulturforschung Bonn (2000 bis 2005). 23 Einzelprojekte waren der Erforschung, Erprobung und Erlernung neuer Techniken für die kulturelle Bildung in den unterschiedlichen Institutionen gewidmet.[91]

Neben der Vermittlung des richtigen Umgangs mit neuen Medien geht es in der kulturellen Medienkompetenz auch um die Nutzung neuer Medien für die Beschäftigung mit Kultur im engeren Sinne. Schon heute werden Computer und Internet zu Bildungs-, Vermittlungs- und Lernzwecken genutzt.[92] Literaturdatenbanken, Archive jeglicher Art und Musikbibliotheken schaffen die Möglichkeit, von beinahe jedem Ort der Welt aus einfach auf eine große Fülle von Wissen zuzugreifen. Ein Beispiel dafür ist das Projekt LeMO (Lebendiges virtuelles Museum Online), welches im Internet deutsche Geschichte von der Gründung des Deutschen Reichs im 19. Jahrhundert bis zur Gegenwart präsentiert. Das Fraunhofer Institut für Software- und Systemtechnik (ISST), das Deutsche Historische Museum (DHM) und das Haus der Geschichte der Bundesrepublik Deutschland (HdG) bieten einen virtuellen Gang durch 150 Jahre Zeitgeschichte, in dem Informationstexte sowie Film- und Tondokumente mit den musealen Objektbeständen verknüpft werden. Auch als virtueller Kunstmarkt wird das Internet von Künstlern, Galeristen, Museen, Händlern und Sammlern für Eigenpräsentation, Kontakte, Kommunikation und sogar Verkauf von Kunstwerken bereits genutzt.[93]

Neue Medien können jedoch auch in Zeiten knapper Ressourcen die Vermittlung kultureller Kompetenzen nicht vollständig übernehmen. Kunst lebt gerade von der persönlichen Interaktion zwischen den Menschen.[94] Deshalb sollten Neue Medien in der kulturellen Bildung sinnvoller Weise ergänzend zum Einsatz kommen. Um dieses Potenzial zu nutzen, ist es notwendig, besonders Kindern und Jugendlichen frühzeitig Medienkompetenzen durch kompetente Lehrkräfte, Fachpersonal

---

[89] Vgl. Stellenwert der Medien für die Bildung vor der Schule Vorlage für den Zwölften Kinder- und Jugendbericht (2006), S. 9. (Kommissionsdrucksache 16/402)
[90] So führt der Medienpädagogische Forschungsverbund Südwest seit 1998 bzw. 1999 kontinuierlich Langzeitstudien durch, in denen die Rolle und der Stellenwert wie auch der Umgang von Kindern und Jugendlichen mit den Medien im Alltag abgebildet wird, vgl. www.mpfs.de, (Stand 9. Juli 2007). Inwiefern Medien einen Platz im Kontext des kulturellen und sozialen Umfeldes von Familien, besonders aber Jugendlichen einnehmen, wird seit einigen Jahren durch die Ravensburger Stiftung untersucht; vgl. www.stiftung.ravensburger.de/web/index.jsp?path=20.web.ag.stiftung (Stand: 9. Juli 2007). In einem Positionspapier hat die BKJ die Bedeutung und Entwicklung der Kulturellen Medienbildung aufgezeigt, vgl. www.bkj-remscheid.de/index.php?id=146, (Stand: 9. Juli 2007).
[91] Vgl. Wiesand (2005), S. 333–340.
[92] Vgl. Unterrichtung durch die Bundesregierung vom 10. Januar 2007: Nationaler Bildungsbericht 2006 – Bildung in Deutschland und Stellungnahme der Bundesregierung, S. 60. (Bundestagsdrucksache 16/4100)
[93] Vgl. z. B. in dem Portal www.saatchi-gallery.co.uk, (Stand: 9. Juli 2007), das in 4/2007 rd. 15 Mio. Zugriffe täglich verzeichnete; vgl. auch Karich (2007).
[94] Vgl. Antworten des Kinder- und Jugendfilmzentrums in Deutschland (KJF) auf die Umfrage „Neue Medienkompetenz/ kulturelle Medienbildung" (Antwort KJF), S. 3. (Kommissionsdrucksache 16/404)

und Pädagogen zu vermitteln. Es gibt dazu kein Patentrezept, Medienkompetenzen müssen zielgruppenspezifisch und auf verschiedenen Ebenen vermittelt werden.[95]

Die Vermittlung von Medienkompetenz muss zuerst in der Familie als erste Bildungswelt für Kinder und Jugendliche stattfinden.[96] Doch die Familie kann nur das an Wissen und Möglichkeiten bereitstellen, was auch vorhanden ist. Erwachsene haben angesichts der rasanten Entwicklung des Informationszeitalters oftmals Nachholbedarf gegenüber der in einer Medienwelt aufwachsenden Kinder- und Jugendgeneration. Um diese „Generationslücke" zu beheben, ist eine kontinuierliche Weiterbildung für die erwachsene Generation vonnöten.

Der Kindergarten und der Hort sind wichtige Orte für die Aufarbeitung der kindlichen Medienerfahrungen und Medienerziehung sollte schon hier als Bildungsaufgabe wahrgenommen werden. Die Hälfte der Fünf- bis Sechsjährigen in Deutschland geht bereits mit Computern um.[97] Der Verein für Medien- und Kulturpädagogik „Blickwechsel e. V."[98] setzt zum Beispiel mit seinen Fortbildungsangeboten genau an diesem Punkt an. Kindertageseinrichtungen sind ein wichtiger Ort, Medienerfahrungen der Kinder aktiv aufzugreifen und ihre konstruktive Bearbeitung im gemeinsamen Spiel der Kindergruppe zu fördern. In den Ausdrucksformen der Kinder beim Spiel lassen sich immer Spuren von Medienerlebnissen bzw. Medienerfahrungen finden. Im (freien) Spiel mit anderen Kindern in der Gruppe ergeben sich zahlreiche Gelegenheiten, Medienerfahrungen fantasievoll einzubeziehen, Medieneindrücke nachzuspielen oder in die Rolle von Medien-„Helden" zu schlüpfen. Im Alter von zwei bis vier Jahren lernen Kinder bei entsprechender Anregung und Förderung überdies leicht Zweitsprachen bzw. Mehrsprachen. Hierbei können Kinderfilme von Bedeutung sein, insbesondere für die Kinder mit Migrationshintergrund.

Die Schule ist ein zentraler Bildungsort für kulturelle Medienbildung. Auf Initiative des Bundesministeriums für Bildung und Forschung und der Deutschen Telekom AG wurden Mitte der 90er-Jahre mehrere tausend Schulen mit Computern ausgestattet. Informatikunterricht hat schon lange flächendeckend Eingang in den Lehrplan gefunden. Unterrichtseinheiten werden vielerorts durch die Verwendung neuer Medien ergänzt. Oftmals mangelt es jedoch den Schulen an der technischen Ausstattung und den Lehrkräften an den notwendigen Kompetenzen, diese zu nutzen. Große Herausforderungen bestehen durch den anhaltenden Aufrüstungsbedarf technischer Geräte und dem Bedarf an kontinuierlicher Weiterbildung der Multiplikatoren.

Ein großes Betätigungsfeld gibt es vor allem bei der Vermittlung des (richtigen) Umgangs mit den Inhalten der neuen Medien. Derzeit erlernen Kinder und Jugendliche vor allem außerhalb der Schule auf informellem Wege den Umgang mit dem Computer. Im OECD-Vergleich haben in Deutschland nur halb so viele Kinder und Jugendliche ihre Computerkenntnisse in der Schule erlernt.[99] Der Lernort Schule ist dadurch aber nicht weniger wichtig. So nutzen vor allem Schüler aus Elternhäusern mit geringerem Sozialstatus die Schule in diesem Bereich. Die Schule kann hier gezielt einer Spaltung der Gesellschaft in „information rich" und „information poor" entgegenwirken.[100]

---

[95] Vgl. Anfrage GMK, S. 2. (Kommissionsdrucksache 16/405)
[96] Vgl. Stellenwert der Medien für die Bildung vor der Schule Vorlage für den Zwölften Kinder- und Jugendbericht (2006), S. 12. (Kommissionsdrucksache 16/402)
[97] Vgl. Ravensburger Stiftung. Mediennutzung im Kindergarten: Medien sind mehr als Zeitstaubsauger, www.ravensburger.de/web/Mediennutzung-im-Kiga__3245371-3245411-3288159-3288186.html, (Stand: 9. Juli 2007).
[98] Vgl. Verein für Medien- und Kulturpädagogik, www.blickwechsel.org/, (Stand: 9. Juli 2007).
[99] Vgl. Unterrichtung durch die Bundesregierung vom 10. Januar 2007: Nationaler Bildungsbericht 2006 – Bildung in Deutschland und Stellungnahme der Bundesregierung, S. 61ff. (Bundestagsdrucksache 16/4100)
[100] Vgl. Anfrage GMK, S. 5. (Kommissionsdrucksache 16/405)

Außerschulische Institutionen haben oft bereits jahrzehntelange Erfahrungen in der Vermittlung von Medienkompetenzen gesammelt und sind näher an den medialen Erlebniswelten von Kindern und Jugendlichen als die Schule.[101] Die Schule sollte diese weitreichenden Erfahrungen nutzen und mit außerschulischen Partnern kooperieren, zum Beispiel mit der Gesellschaft für Medienpädagogik und Kommunikationskultur (GMK).[102]

Ein wichtiger Bestandteil von kultureller Medienbildung ist die Filmbildung. Filme sind Kunstform, kulturelles Bildungsgut, Kommunikationsmedium oder Unterhaltungsware. Neben anderen audiovisuellen Medien haben sie maßgeblichen Einfluss auf unsere Wahrnehmung der Realität und unser kulturelles Verständnis. Filmbildung vermittelt Kenntnisse über die Sprache der Bilder, über Bedingungen und Wirkungen von Filmen und befähigt zugleich zur kritischen Auseinandersetzung mit anderen medialen Formen.

Das Medium Film wird von Menschen jeden Alters genutzt. Insofern eignet sich dieses Medium für den Einsatz in der kulturellen Erwachsenenbildung ebenso wie in der Schule. Der Integration von Medien in Lernprozesse haben sich Institutionen wie das Kinder- und Jugendfilmzentrum in Deutschland, gefördert durch das Bundesministerium für Familie, Senioren, Frauen und Jugend, und die im Jahre 2005 ins Leben gerufene „VISION KINO gGmbH", ein Netzwerk für Film- und Medienkompetenzen als bundesweite Initiative des Beauftragten für Kultur und Medien, der Filmförderungsanstalt, der Stiftung Deutsche Kinemathek und der „Kino macht Schule GbR" unter der Schirmherrschaft des Bundespräsidenten verschrieben. Diese hat sich zum Ziel gesetzt, die Filmarbeit nachhaltig in Bildungskontexte und Lernprozesse einzubinden und bestehende Angebote filmschulischer Projekte zu unterstützen.[103] Auf die Filmbildung an Schulen zielte auch die Erstellung eines Filmkanons durch die Bundeszentrale für politische Bildung im Jahr 2003. Kritiker bemängeln, die Idee eines Schulfilmkanons gehe von einer Vermittlungsdidaktik aus, der zufolge ein kultureller (Film-)Schatz vorhanden sei, der an die nächste Generation weitergegeben werden sollte. Demgegenüber favorisieren sie die Vorstellung einer Aneignungsdidaktik, die nicht das Lehren, sondern das Lernen betont.[104] Aus Sicht der Enquete-Kommission ist es in jedem Fall wichtig und sinnvoll, mit Filmen zu arbeiten, die an den Lebenswelten und Interessen der Kinder anknüpfen, um deren Bewusstsein für Qualität zu schärfen.

C) Handlungsempfehlungen

Kulturelle Bildung als gesellschaftlicher Auftrag

1. Die Enquete-Kommission empfiehlt Bund, Ländern und Kommunen, in die kulturelle Bildung zu investieren; insbesondere in der Früherziehung, in der Schule, aber auch in den außerschulischen Angeboten für Kinder und Jugendliche sollte kulturelle Bildung gestärkt und schwerpunktmäßig gefördert werden. Kulturelle Bildung ist unverzichtbarer, integraler Bestandteil von Bildung wie von Kultur und eine Querschnittsaufgabe verschiedener Politikfelder.

2. Die Enquete-Kommission empfiehlt dem Deutschen Bundestag und der Bundesregierung, für die Entwicklung innovativer Konzepte, zur Vernetzung der Akteure und zur Fortbildung von Multiplikatoren die Einrichtung einer Bundeszentrale für kulturelle Bildung. Die Bundeszentrale für kulturelle Bildung soll unter anderem die Forschung zu den Wirkungen und Methoden

---

[101] Vgl. Antwort KJF, S. 3. (Kommissionsdrucksache 16/404)
[102] Vgl. Gesellschaft für Medienpädagogik und Kommunikationskultur, www.gmk-net.de/, (Stand: 9. Juli 2007).
[103] Vgl. VISION KINO gGmbH, www.visionkino.de/, (Stand: 9. Juli 2007).
[104] Vgl. Antwort KJF, S. 2. (Kommissionsdrucksache 16/404)

kultureller Bildung in Modellversuchen fördern. Eine Bundeszentrale darf die bestehenden Bundesakademien für kulturelle Bildung nicht ersetzen.[105]

3. Die Enquete-Kommission empfiehlt dem Deutschen Bundestag und der Bundesregierung, bundesweite Wettbewerbe für alle Sparten der kulturellen Bildung einzuführen, stärker miteinander zu vernetzen und öffentlichkeitswirksamer zu präsentieren.

4. Die Enquete-Kommission empfiehlt der Bundesregierung, die Zahl der Plätze im Freiwilligen Sozialen Jahr Kultur um ein Vielfaches zu erhöhen und die Förderpauschale entsprechend des Freiwilligen ökologischen Jahres anzuheben.

5. Die Enquete-Kommission empfiehlt Bund und Ländern, zur Verbesserung der Rahmenbedingungen und zur Institutionalisierung eines Freiwilligen Sozialen Jahres Kultur im Ausland auch im Kontext mit dem Ausbau des Freiwilligendienstes in der Entwicklungszusammenarbeit mit den Ländern über eine langfristige Finanzierung zu verhandeln.

6. Die Enquete-Kommission empfiehlt dem Deutschen Bundestag und der Bundesregierung, die Mittel zur Förderung der kulturellen Bildung im Kinder- und Jugendplan des Bundes aufzustocken.

7. Die Enquete-Kommission empfiehlt der Bundesregierung, den Bereichen Kultur und (Neue) Medien in ihren Kinder- und Jugendberichten mehr Raum zu geben.

Kulturelle Bildung in der Früherziehung

1. Die Enquete-Kommission empfiehlt Ländern und Kommunen, Eltern stärker als bisher zu befähigen und zu ermutigen, die kulturellen Ausdrucksmöglichkeiten ihres Kindes von Anfang an zu fördern.

2. Die Enquete-Kommission empfiehlt Bund und Ländern, die Früherziehung in Kultureinrichtungen zu fördern.

3. Die Enquete-Kommission empfiehlt den jeweilgen Trägern, die Voraussetzungen für eine langfristige Zusammenarbeit von Kindertagesstätten und Kultur- und Bildungseinrichtungen zu verbessern sowie den Zugang für Kinder zu Kultur, unter anderem durch einen kostenfreien Eintritt zu öffentlich geförderten Kulturinstitutionen, zu erleichtern.

Schulische Kulturelle Bildung

1. Die Enquete-Kommission empfiehlt den Ländern, die Fächer der kulturellen Bildung wie Kunst, Musik, Tanz und Darstellendes Spiel zu stärken und qualitativ auszuweiten. Dafür ist zunächst sicherzustellen, dass der vorgesehene Unterricht durch qualifizierte Lehrkräfte tatsächlich erteilt wird.

2. Die Enquete-Kommission empfiehlt den Ländern und Kommunen, dafür Sorge zu tragen, dass im Rahmen ganztägiger Bildung und Erziehung auch Angebote von Kultureinrichtungen und Kulturvereinen außerhalb der Schule wahrgenommen werden können.

---

[105] Sondervotum Dorothee Bär, MdB und SV Staatsminister a. D. Dr. h. c. mult. Hans Zehetmair: „Die Handlungsempfehlung Nr. 2 wird aus verfassungsrechtlichen Gründen nicht mitgetragen. Die Zuständigkeit im Bereich der kulturellen Bildung liegt bei den Ländern. Für die Bereiche Bildung und Kultur normiert das GG weder eine ausschließliche noch eine konkurrierende Gesetzgebungskompetenz des Bundes. Dem Bund fehlt es für die Einrichtung einer ‚Bundeszentrale für kulturelle Bildung' an einer verfassungsrechtlichen Kompetenzgrundlage."

3. Die Enquete-Kommission empfiehlt den Ländern, dafür Sorge zu tragen, dass in der Grundschule die kulturelle Bildung ein pädagogischer Leitfaden ist.

4. Die Enquete-Kommission empfiehlt den Ländern mit Zentralabitur sicherzustellen, dass ein Fach der kulturellen Bildung zum verpflichtenden Fächerkanon gehört.

5. Die Enquete-Kommission empfiehlt den Ländern, den Neuaufbau von Schulchören und -orchestern zu fördern und das Singen als täglichen Bestandteil des Schulunterrichts zu verankern sowie jedem Kind die Möglichkeit zu geben, ein ensemblefähiges Musikinstrument zu erlernen.

6. Die Enquete-Kommission empfiehlt den Ländern und Kommunen, die Voraussetzungen für Kooperationen mit Kinder- Jugendtheatern im Rahmen von Schulaufführungen und Schultheatertagen zu verbessern sowie Kinder- und Jugendtheaterfestivals zur Begegnung mit Künstlern und Kulturen zu stärken.

7. Die Enquete-Kommission empfiehlt Bund, Ländern und Kommunen, Leseförderung als Querschnittsaufgabe in der Jugend-, Bildungs- und Kulturpolitik zu verankern. Dazu bieten sich Zielvereinbarungen im Rahmen der Förderung von Verbänden und Einrichtungen der Literatur- und Leseförderung an.

8. Die Enquete-Kommission empfiehlt den Kommunen, die Kooperation von öffentlichen und nichtstaatlichen Bibliotheken mit Schulbüchereien zu institutionalisieren sowie Anschaffungsetats und Mittel für Autorenlesungen zu sichern.

9. Die Enquete-Kommission empfiehlt den Ländern, Baukultur in den Fächern Kunst, Geografie und Sozialwissenschaft verstärkt zu berücksichtigen. Die Einbeziehung von Schülern in die architektonische Gestaltung der Schulbauten ist dabei ein besonders geeignetes Lernfeld.

10. Die Enquete-Kommission empfiehlt den Ländern, Mediennutzung und Medienkompetenz als Erziehungs- und Bildungsauftrag der Schule zu verstehen. Filmkunst sollte curricular verankert werden.

11. Die Enquete-Kommission empfiehlt den Ländern, auch für die kulturelle Bildung bundesweite Bildungsstandards zu entwickeln.

12. Die Enquete-Kommission empfiehlt den Ländern, die OECD aufzufordern, für kulturelle Bildung Standards zu entwickeln und diese analog des PISA-Prozesses regelmäßig zu evaluieren.

13. Die Enquete-Kommission empfiehlt den Ländern und Kommunen, den Aufbau von Netzwerken der Kooperation von Schulen und Kultureinrichtungen zu fördern und allen Kindern während der Schulzeit die Begegnung mit Künstlern zu ermöglichen.

Außerschulische Kulturelle Bildung

1. Die Enquete-Kommission empfiehlt Bund, Ländern und Kommunen, öffentlich geförderte Kultureinrichtungen in den Bewilligungsbestimmungen zu verpflichten, kulturelle Bildungsangebote für Kinder und Jugendliche zu entwickeln und nachzuweisen.

2. Die Enquete-Kommission empfiehlt Ländern und Kommunen, Aufgaben der kulturellen Bildung insbesondere für Kinder und Jugendliche zum Bestandteil der Arbeitsverträge von Leitern der Kultureinrichtungen zu machen.

3. Die Enquete-Kommission empfiehlt den Ländern, die Förderung von kulturellen Bildungsangeboten zu verstetigen und neben befristeten Projekten und Modellversuchen auch längerfristige Maßnahmen zu finanzieren.

4. Die Enquete-Kommission empfiehlt den Ländern und Kommunen, Kindern und Jugendlichen den Zugang zu den Kultureinrichtungen zu erleichtern, unter anderem durch Kulturgutscheine.

5. Die Enquete-Kommission empfiehlt den Ländern, Programme zu entwickeln, in denen Kinder und Jugendliche als aktive Vermittler, zum Beispiel als Mentoren oder Multiplikatoren, in die außerschulische kulturelle Kinder- und Jugendbildung einbezogen werden.

6. Die Enquete-Kommission empfiehlt den Ländern, durch gesetzliche Regelungen die kulturelle Infrastruktur im Bereich der außerschulischen kulturellen Bildung in ihrem Bestand auch qualitativ zu garantieren. Dies gilt insbesondere für das Musik- und Jugendkunstschulwesen. Angebote der kulturellen Bildung aus dem rechtlichen Status der „freiwilligen Leistung" herauszuführen, soll auch mit Blick auf die Gestaltungsfreiheit der Kommunen entscheidendes Element gesetzlicher Regelungen sein. Denn gerade bei knappen Kassen sollen die Kommunen ihrer Verantwortung für die kulturelle Bildung als pflichtige Selbstverwaltungsaufgabe nachkommen können.[106]

7. Die Enquete-Kommission empfiehlt den Ländern, denjenigen Kommunen, die sich in der Haushaltssicherung befinden, auch dann Finanzierungswege zu ermöglichen, die bedarfsgerechte Angebote der kulturellen Bildung zulassen.

8. Die Enquete-Kommission empfiehlt den Ländern, sich angemessen an der Finanzierung der außerschulischen kulturellen Bildung als öffentlicher Gemeinschaftsaufgabe zu beteiligen. Dazu gehört ein Konzept, dass auch ein ausgewogenes Verhältnis zwischen haupt- und nebenberuflichem Personal sowie ehrenamtlich Tätigen vorsieht.

9. Die Enquete-Kommission empfiehlt den Ländern, unter Mitwirkung der Beteiligten, Regelungen zu erarbeiten, die außerschulischen kulturellen Einrichtungen ein Zusammenwirken auf Augenhöhe mit den allgemein bildenden Schulen ermöglichen.

10. Die Enquete-Kommission empfiehlt der Bundesregierung, die Bundeszentrale für politische Bildung zu beauftragen, in Zusammenarbeit mit der neu einzurichtenden Bundeszentrale für kulturelle Bildung eine exemplarische Dokumentation von Methoden des generationenübergreifenden Dialogs zu politisch-historischen Themen in die Wege zu leiten. Weiterhin sollten geeignete und altersspezifische mediale und perspektivische Aktions- und Präsentationsformen zur Aneignung authentischer Geschichtsorte durch Kinder und Jugendliche entwickelt und eingesetzt werden.[107]

Aus- und Fortbildung für kulturelle Bildung

1. Die Enquete-Kommission empfiehlt Bund und Ländern, die Erzieherausbildung im Bereich kultureller Bildung unter Einbeziehung der Kulturinstitutionen zu verbessern und zu intensivieren. Die Kulturinstitutionen müssen dafür personell und finanziell besser ausgestattet werden. Zukünftige Ausbildungsgänge sollten an Fachhochschulen etabliert werden. Die gesamte Bandbreite kultureller Ausdrucksformen sollte als integraler Bestandteil der Erzieheraus- und -fortbildung verstärkt werden.

---

[106] Sondervotum Fraktion DIE LINKE. und SV Prof. Dr. Dieter Kramer: „Wir begrüßen die Empfehlung der Kommission, die kulturelle Infrastruktur im Bereich der außerschulischen Bildung durch gesetzliche Regelungen, insbesondere für Musik- und Jugendkunstschulen, in ihrem Bestand qualitativ zu sichern. In diesem Zusammenhang plädieren wir dafür, dass auch der Name ‚Musikschule' gesetzlich geschützt wird – wie in Sachsen-Anhalt und Bayern schon geschehen."
[107] Sondervotum Dorothee Bär, MdB und SV Staatsminister a. D. Dr. h. c. mult. Hans Zehetmair: „Die Handlungsempfehlung Nr. 10 wird analog dem Sondervotum zur Handlungsempfehlung Nr. 2 bei Abschnitt ‚Kulturelle Bildung als gesellschaftlicher Auftrag' aus verfassungsrechtlichen Gründen nicht mitgetragen."

2. Die Enquete-Kommission empfiehlt den Ländern, Berufsbilder sozialer Berufe so weiterzuentwickeln, dass zum Beispiel Alteneinrichtungen kulturelle Bildungsangebote unterbreiten können.

3. Die Enquete-Kommission empfiehlt den Ländern, Kulturinstitutionen in die Lehreraus- und fortbildung einzubeziehen sowie die Möglichkeit der regelmäßigen Fortbildung in kultureller Bildung für Lehrkräfte sicherzustellen.

4. Die Enquete-Kommission empfiehlt den Ländern und Hochschulen, kulturvermittelnde Ausbildungsgänge stärker auf die berufliche Praxis auszurichten. In künstlerischen Ausbildungsgängen sollen Elemente der Kulturvermittlung sowie künstlerische Praktiken für alle Altersstufen obligatorische Bestandteile werden.

5. Die Enquete-Kommission empfiehlt den Ländern die kontinuierliche Qualifizierung, Weiterbildung und Vernetzung von Lehrkräften und Multiplikatoren zum Thema kulturelle Medien- und Filmbildung sowie die Förderung der Zusammenarbeit von Lehrkräften mit Medienpädagogen.

6. Die Enquete-Kommission empfiehlt Bund, Ländern und Kommunen die Förderung von Aus- und Fortbildung sowie Zertifizierung des pädagogischen Personals als Beitrag zur Professionsentwicklung, um die Qualität kultureller Erwachsenenbildung langfristig zu sichern. Neben der „Berufspädagogik" muss „Kulturpädagogik für Erwachsene" an den Hochschulen wahrgenommen werden.

6.3 Kulturelle Erwachsenenbildung

Die Enquete-Kommission betont ausdrücklich den Stellenwert kultureller Bildung in der Lebensperspektive. Gerade die sozialen, kreativen und kommunikativen Potenziale der kulturellen Erwachsenenbildung sind perspektivisch von großer und wachsender Bedeutung. Entsprechende Entwicklungsmöglichkeiten sind daher durch Politik und Gesellschaft mit gleicher Anstrengung zu verfolgen wie die kulturellen Bildungsangebote für Kinder und Jugendliche. Zu Angebot, Perspektive und rechtlichen Rahmenbedingungen der kulturellen Erwachsenenbildung in Deutschland erstellte das Deutsche Institut für Erwachsenenbildung im Auftrag des Deutschen Bundestages ein Gutachten, auf dessen maßgebender Grundlage die Enquete-Kommission zu folgender Bestands- und Problembeschreibung kommt.[108]

A) **Bestandsaufnahme und**
B) **Problembeschreibung**

6.3.1 Individuelle und gesellschaftliche Bedeutung kultureller Erwachsenenbildung: Anspruch und Realität

Das „Memorandum über Lebenslanges Lernen" der Europäischen Union beschreibt lebenslanges Lernen nicht mehr bloß als einen Aspekt von Bildung und Berufsbildung, sondern vielmehr als ein Grundprinzip, an dem sich Angebot und Nachfrage in sämtlichen Lernkontexten ausrichten sollen.[109] Die deutsche Politik zeigt dagegen bundesweit eine Tendenz, insbesondere arbeitsmarkt- und berufsbezogene Bildung zu fördern. Auch in anderen Ländern leidet die kulturelle Erwachsenenbildung unter dieser Ausrichtung der jeweils nationalen Bildungsstrategie.[110]

---

[108] Vgl. Gutachten Kulturelle Erwachsenenbildung. (Kommissionsdrucksache 15/494a)
[109] Vgl. Kommission der Europäischen Gemeinschaft (2000), S. 3.
[110] Vgl. Gutachten Kulturelle Erwachsenenbildung, S. 30 und S. 33ff. (Kommissionsdrucksache 15/494a)

Die Enquete-Kommission ist davon überzeugt, dass kulturelle Erwachsenenbildung entscheidend zur Entwicklung von Kompetenzen in der Breite der Bevölkerung beitragen kann, die für die Bewältigung der Herausforderungen in der Wissensgesellschaft mit ihren veränderten arbeitsweltbezogenen Kontexten notwendig sind. Sie fördert Schlüsselkompetenzen wie zum Beispiel Kreativität, Flexibilität, Kommunikationsfähigkeit und Innovationsfähigkeit, also Fähigkeiten, die zum einen Lern- und Problemlösungsstrategien ermöglichen, aber auch unter der Perspektive der sozialen und ökonomischen Entwicklung eines Landes unverzichtbar sind. Denn diese Schlüsselqualifikationen dürfen nicht ausschließlich unter der Perspektive der „Beschäftigungsfähigkeit" betrachtet werden, sondern sind auch wesentlich als Voraussetzung für die „Gesellschaftsfähigkeit" anzusehen. In ihrer sozialen Dimension schafft die kulturelle Erwachsenenbildung kulturelle Handlungs- und biografische Gestaltungskompetenz, die unabhängig von Funktionskontexten der Arbeitswelt die Bewältigung des Alltags ermöglicht und Lebensqualität bedeutet. In lokalen und regionalen Transformationsprozessen ist die Kulturelle Erwachsenenbildung inzwischen ein wichtiger Faktor der Re-Vitalisierung durch bürgerschaftliches Engagement und gesellschaftliche Teilhabe geworden. Daher betont die Enquete-Kommission den Bedarf nach einer ganzheitlichen, kulturellen Sichtweise bei der Gestaltung gesellschaftlicher Zukunftsfähigkeit, zumal langfristig auch der Wirtschaftsstandort Deutschland Nachteile in Kauf zu nehmen haben wird, wenn man die Potenziale der kulturellen Erwachsenenbildung zur Bewältigung gesellschaftlicher, ökonomischer und persönlicher Anforderungen nicht nutzt. Denn die kulturelle Sensibilisierung der Wirtschaft ist unter dem Vorzeichen der Globalisierung wichtiger denn je.

Auf bildungspolitischer Ebene bedarf es also einer Neujustierung der Strategie des lebenslangen Lernens. Hier sind die Träger gefordert. Es ist aber gleichfalls eine zentrale Aufgabe von Einrichtungen der kulturellen Bildung, einerseits die spezifische Qualität ihrer Angebote für den Berufsalltag herauszuheben und andererseits zugleich deutlich zu machen, dass die vermittelten Kompetenzen eine wichtige Grundlage für die Persönlichkeitsentwicklung insgesamt sind.

Die Enquete-Kommission sieht die Notwendigkeit zum Perspektivwechsel, damit alle Bevölkerungsschichten in diesem Entwicklungsprozess erreicht werden, auch diejenigen, die nicht über einen Arbeitsplatz verfügen, wie Arbeitslose oder die Generation der Rentner. Die kulturelle Erwachsenenbildung kann überdies bei der Integration von Menschen mit anderem kulturellen Hintergrund eine zentrale Rolle spielen und vielfältige Impulse setzen, die dazu beitragen, dass potenzielle gesellschaftliche Friktionen durch kulturellen Dialog nicht zum Tragen kommen.[111] Für die gesellschaftliche Zukunftsfähigkeit und die Entwicklung einer Zivilgesellschaft, deren Basis eben nicht nur die Ökonomie, sondern auch das soziale Miteinander ist, sind deshalb gerade kulturelle Weiterbildungsangebote für Ältere und Bürger mit Migrationshintergrund von eminenter Bedeutung.[112]

6.3.2 Die rechtlichen, finanziellen und personellen Rahmenbedingungen kultureller Erwachsenenbildung in Deutschland

Rechtliche Rahmenbedingungen

Der Europäische Rat hat die Bedeutung von Bildung für den europäischen Wirtschaftsraum besonders hervorgehoben.[113] Für die konkreten rechtlichen Rahmenbedingungen und die Gesetzge-

---

[111] Vgl. Gutachten Kulturelle Erwachsenenbildung, S. 57. (Kommissionsdrucksache 15/494a) Dass die interkulturelle Dimension zumindest ein wichtiger Aspekt zukünftiger Förderung von Bildung sein wird, wird zumindest im Nordrhein-Westfälischen Weiterbildungsgesetz deutlich, das Bildungsangebote mit interkultureller Ausrichtung zur Grundversorgung zählt.
[112] Vgl. Kommission der Europäischen Gemeinschaft (2000), S. 6.
[113] Vgl. Kommission der Europäischen Gemeinschaft (2001).

bung im Bildungsbereich sind die Mitgliedsstaaten jedoch selbst verantwortlich. Nach dem Grundgesetz liegt die Zuständigkeit für die Gestaltung des Bildungssystems in der Bundesrepublik Deutschland weitgehend bei den Ländern. Sie sind zuständig für die allgemeine und kulturelle sowie für Teile der beruflichen Weiterbildung. Bis auf Hamburg und Schleswig-Holstein verfügen alle Länder über Weiterbildungsgesetze. Das Gutachten „Angebot, Perspektive und rechtliche Rahmenbedingungen der kulturellen Erwachsenenbildung in Deutschland" führt zum Stellenwert der kulturellen Bildung darin aus: „Die kulturelle Bildung findet in sechs Weiterbildungsgesetzen (Brandenburg, Hessen, Niedersachsen, Nordrhein-Westfalen, Sachsen und Thüringen) und in einem Schulgesetz (Berlin), das die Volkshochschulen berücksichtigt, explizit als Bestandteil der Weiterbildung Erwähnung. In anderen Gesetzen und Verordnungen werden die allgemeine Weiterbildung genannt und teilweise Aufgaben im kulturellen Kontext aufgeführt (Baden-Württemberg, Bayern, Bremen, Mecklenburg-Vorpommern, Rheinland-Pfalz, Saarland und Sachsen-Anhalt). In Thüringen ist die kulturelle Erwachsenenbildung am exponiertesten aufgeführt. Überhaupt wird sie in drei neuen Ländern und Berlin explizit genannt und nur in drei alten Ländern."[114] Die kulturelle Erwachsenenbildung findet also in den Weiterbildungsgesetzen überwiegend Berücksichtigung. Die Rahmenbedingungen haben sich jedoch in den letzten Jahren verschlechtert. Denn während die Bedeutung insbesondere der beruflichen, aber auch der politischen Bildung hervorgehoben wird, zeigt sich in den konkreten Formulierungen der Weiterbildungsgesetze und den dazugehörigen Verordnungen eine deutliche Tendenz, die kulturelle Bildung insgesamt bzw. Teilbereiche, aber auch kulturelle Institutionen, die keine Weiterbildungseinrichtungen sind, von der Förderung auszuschließen.

Abzuwarten bleiben überdies die Auswirkungen der Föderalismusreform auf die kulturelle Erwachsenenbildung. Anders als bei der danach weiterbestehenden bildungspolitischen Kernkompetenz des Bundes, zu der im Rahmen seiner Zuständigkeit für Wirtschafts- und Arbeitsrecht die berufliche Bildung, die berufliche Weiterbildung und die Ausbildungsförderung zählen, werden mit Abschaffung der gemeinsamen Bildungsplanung impulsgebende gemeinsame Modellvorhaben von Bund und Ländern im Bereich der kulturellen Bildung künftig schwieriger sein. Um länderübergreifende Initiativen weiter zu ermöglichen, bedarf es neuer organisatorischer Anstrengungen. Beispielhaft sei hier auf das in Auftrag gegebene Projekt „Weiterbildungspass mit Zertifizierung informellen Lernens" verwiesen, das unter anderem mit Mitteln des Bundesministeriums für Bildung und Forschung sowie dem Europäischen Sozialfonds finanziert wird.[115] Im Zentrum des sogenannten „ProfilPASS" steht die Sichtbarmachung auch informell erworbener Kompetenzen. Dabei geht es um eine biografische Selbsterkundung und Bilanzierung dieser Kompetenzen. In dem ProfilPASS gibt es die Möglichkeit, unter anderem Hobbys und besondere Interessen zu dokumentieren. Hier können Aktivitäten zur Erlangung von Kompetenzen wie Kreativität zum Beispiel im Rahmen von kultureller Erwachsenenbildung benannt sowie bewertet und damit dokumentiert werden.[116]

---

[114] Gutachten Kulturelle Erwachsenenbildung, S. 44. (Kommissionsdrucksache 15/494a), Vgl. zur unterschiedlichen gesetzlichen Verankerung der kulturellen Erwachsenenbildung in den Ländern das Gutachten Kulturelle Erwachsenenbildung, S. 37–42 (Kommissionsdrucksache 15/494a). Im Weiterbildungsgesetz von Nordrhein-Westfalen (WbG NW) ist die Kulturelle Bildung seit Einführung des Gesetzes 1975 unter den Bereichen der Erwachsenenbildung genannt. Im Gefolge der Novellierung dieses Gesetzes von 2000 wurde der Katalog der förderbaren Bereiche so gefasst, dass zum 1. Januar 2006 die Kulturelle Erwachsenenbildung nicht mehr berücksichtigt werden konnte. Inzwischen wurde diese Regelung wieder rückgängig gemacht.

[115] Vgl. Informationen zum Projekt; Deutsches Institut für Erwachsenenbildung (DIE) e. V., www.die-bonn.de/projekte/beendet/projekte.asp?projektid=151, (Stand: 9. Juli 2007); vgl. Schlussbericht der Kommission zur „Finanzierung Lebenslangen Lernens". (Bundestagsdrucksache 15/3636)

[116] Vgl. Gutachten Kulturelle Erwachsenenbildung, S. 47. (Kommissionsdrucksache 15/494a)

Finanzierungsstrukturen und Personalsituation kultureller Erwachsenenbildung

Die Finanzierung von Angeboten der kulturellen Erwachsenbildung unterliegt der Mischfinanzierungsstruktur der allgemeinen Weiterbildung.[117] Die Förderbedingungen sind stark abhängig von den jeweiligen Landesgesetzen und den daraus folgenden Förderstrukturen sowie von der kommunalen bzw. regionalen Unterstützung.

Die kulturelle Erwachsenenbildung erfuhr in Deutschland bis Anfang der 90er-Jahre einen kontinuierlichen Ausbau. Laut einer Statistik der Kultusministerkonferenz (KMK) bleiben die Zuschüsse von Bund, Ländern und Gemeinden für die Weiterbildung in Deutschland seit 1993 fast gleich. Dabei liegt der Bundesanteil bei zwei Prozent, die Kommunen tragen 37 Prozent der Mittel, die Länder 61 Prozent. Statistisch systematisch und regelmäßig werden im Bereich der allgemeinen, politischen und kulturellen Weiterbildung jedoch nur die Einnahmen und Ausgaben der Volkshochschulen erfasst.[118]

Die Krise der öffentlichen Haushalte und der damit verbundene Wirtschaftlichkeitsdruck haben negative Auswirkungen auf die kulturelle Erwachsenenbildung.[119] Sie wird nicht selten als „Luxusangebot" klassifiziert. Insgesamt lässt sich festhalten, dass eine Verlagerung der Finanzierungsanteile stattgefunden hat. Der Reduzierung der öffentlichen Förderung steht die Tendenz zu kontinuierlich und teilweise drastisch erhöhten Teilnahmeentgelten gegenüber, zum Teil bis zu 80 Prozent in den letzten zehn Jahren.[120] Die Teilnehmer an Angeboten der Volkshochschulen finanzierten 2001 durch ihre Gebühren mit 353 Mio. Euro fast 40 Prozent der Einnahmen.[121] Dies ist zwar regional unterschiedlich, aber in der Tendenz zumindest für Weiterbildungseinrichtungen durchgängig festzustellen. Im Volkshochschulbereich werden derzeit vor allem jüngere und ältere Erwachsene erreicht. Wie sich angesichts der Entgelterhöhungen und des Rückgangs der öffentlichen Förderung die Teilnehmerstruktur in Zukunft entwickeln wird, ist unabsehbar. Mit besonderer Sorge beobachtet die Enquete-Kommission, wenn Ermäßigungen für sozial schwächere Bevölkerungsgruppen zurückgenommen werden und damit die Angebote der kulturellen Erwachsenenbildung nur noch von denen wahrgenommen werden, die sie sich auch leisten können.

Die unabhängige Expertenkommission „Finanzierung Lebenslangen Lernens" verwies 2004 darauf, dass die öffentlichen Zuschüsse sowie die institutionellen Ausgaben insgesamt je Einwohner zwischen den Ländern bei Volkshochschulen in „dramatischer Weise" differierten. So hätten sich im Jahr 2001 die institutionellen Ausgaben je Einwohner nach Ländern zwischen 4,03 Euro in Brandenburg und 19,33 Euro in Bremen bewegt. Die öffentlichen Zuschüsse je Einwohner lagen damit zwischen 2,35 Euro in Brandenburg und 8,32 Euro in Bremen. Die Enquete-Kommission betrachtet die sich daraus entwickelnde eklatante Ungleichheit des regionalen Angebots an allgemeinbildenden, politischen und kulturellen Inhalten mit Sorge.[122]

Die Enquete-Kommission schließt sich dabei der Mehrheitsmeinung der unabhängigen Expertenkommission „Finanzierung Lebenslangen Lernens" an. Länder und Kommunen sollten sich auf einen bestimmten Prozentsatz ihres Haushalts festlegen, der jährlich für die Förderung der allgemeinen politischen und kulturellen Weiterbildung zur Verfügung steht. Angesichts der Einschränkung,

---

[117] Vgl. Schlussbericht der Kommission „Finanzierung Lebenslangen Lernens" (Schlussbericht Finanzierung Lebenslangen Lernens), (Bundestagsdrucksache 15/3636); vgl. dazu auch Balzer/Nuissl (2000).
[118] Vgl. Schlussbericht der Kommission „Finanzierung Lebenslangen Lernens". (Bundestagsdrucksache 15/3636)
[119] Vgl. Dohmen (2005): Ökonomisierung und Angebotsentwicklung in der (öffentlichen) Weiterbildung, Bonn, www.die-bonn.de/esprid/dokumente/doc-2005/dohmen05_01.pdf, (Stand: 9. Juli 2007).
[120] Vgl. Gutachten Kulturelle Erwachsenenbildung, S. 5f. (Kommissionsdrucksache 15/494a), Vgl. Wolf (2002), S. 314.
[121] Vgl. Schlussbericht Finanzierung lebenslangen Lernens. (Bundestagsdrucksache 15/3636)
[122] Ebd., S. 85.

dass sich die öffentliche Förderung im Bereich der allgemeinen Weiterbildung auf solche Angebote beschränken bzw. konzentrieren solle, die in einem öffentlichen Interesse liegen, steht für die Enquete-Kommission außer Frage, dass kulturelle Bildungsangebote zu den Angeboten von öffentlichem Interesse zu zählen und öffentlich zu fördern sind.

Die ökonomischen Bedingungen haben gravierende Auswirkungen auf die Beschäftigungssituation des Personals. Hier zeigt sich – unter anderem durch Nichtverlängerung von befristeten Beschäftigungsverhältnissen – seit 2003 ein Rückgang sowohl insgesamt bei den hauptberuflich in der Weiterbildung Mitarbeitenden als auch speziell beim pädagogischen Personal sowie bei den nebenberuflichen und freiberuflichen Honorarkräften. Der zugespitzte Wirtschaftlichkeitsdruck führt in Teilbereichen der Weiterbildung zu Honorarhöhen, die Professionalität und Qualität der pädagogischen Arbeit infrage stellen.[123] Honorare wurden teilweise um ein Fünftel gekürzt.

Dass trotzdem und auch angesichts der wachsenden Teilnahmeentgelte die Nachfrage nach kultureller Erwachsenenbildung keine dramatischen Einbrüche erfahren hat, ist sicherlich auch auf die Einrichtungs-, Programm- und Durchführungsqualität zurückzuführen. Denn während sich auf der einen Seite die ökonomischen Rahmenbedingungen verschlechtern, gibt es auf der anderen Seite verstärkte Aktivitäten bei der Qualitätsentwicklung. Während die kulturelle Erwachsenenbildung an den deutschen Hochschulen noch immer kaum eine Rolle spielt und die Etablierung einer „Kulturpädagogik für Erwachsene" im Gegensatz zum Beispiel zur „Berufspädagogik" in Deutschland aussteht, machen Einrichtungen wie die Bundesakademie für kulturelle Bildung in Wolfenbüttel oder die Landesverbände der Volkshochschulen Fortbildungsangebote. Die Situation der Kursleitenden hat sich dabei tendenziell verschlechtert. Zwar werden heute meistens höhere Honorare als noch vor zehn Jahren bezahlt, doch ist die Absicherung über die Künstlersozialkasse (KSK) durch einen veränderten Aufnahmemodus erschwert worden.[124]

6.3.3 Infrastruktur der kulturellen Erwachsenenbildung: Angebotsvielfalt und „Lernorte"

In Deutschland ist eine flächendeckende Infrastruktur allgemeiner Weiterbildung gegeben. Die kulturelle Erwachsenenbildung findet als Bestandteil der allgemeinen Erwachsenenbildung in den unterschiedlichsten institutionellen Kontexten statt. Ein zukunftsorientiertes Angebot kultureller Erwachsenenbildung sucht die verschiedenen Aktivitäten zu vernetzen und damit eine effektivere Infrastruktur für das lebenslange Lernen zu schaffen.[125]

Zu den klassischen Weiterbildungseinrichtungen, in denen die kulturelle Bildung einen festen Stellenwert besitzt, zählen die Volkshochschulen, gewerkschaftlichen, freien und kirchlichen Bildungseinrichtungen sowie die Landes- und Bundesakademien.[126]

Verglichen mit dem Angebot vor 20 Jahren haben sich die Anteile am Gesamtangebot der Volkshochschulen als wichtigstem Anbieter – nach einem zwischenzeitlich kontinuierlichen Ausbau bis

---

[123] Vgl. dazu Kraft (2006), www.die-bonn.de/esprid/dokumente/doc-2006/kraft06_01.pdf, (Stand: 9. Juli 2007).
[124] Vgl. Gutachten Kulturelle Erwachsenenbildung, S. 19. (Kommissionsdrucksache 15/494a), vgl. zur KSK Kap. 4.1, Künstlerbild und Kreativität Anfang des 21. Jahrhunderts, und Kap. 4.5, Soziale Lage der Künstler- und Kulturberufe.
[125] Eine konzeptionell ambitionierte Umsetzung findet sich derzeit in Unna. Die kulturelle Erwachsenenbildung ist hier sowohl in – vor allem öffentlich geförderten – Weiterbildungseinrichtungen, als auch in Kultureinrichtungen institutionell verankert. Beim Zentrum für Information und Bildung (ZIB) in Unna wurden verschiedene Institutionen in einem Gebäude integriert und konzeptionell verbunden. Volkshochschule, Bibliothek, Kulturamt, i-Punkt und Archiv wurden hier zusammengeführt, um einen verbesserten Bildungs- und Lernservice für die Bevölkerung zu schaffen.
[126] Vgl. Gieseke (2003), S. 26.

Anfang der 90er-Jahre – inzwischen deutlich zuungunsten der kulturellen Bildung verschoben. Die Unterrichtsstunden pro Kurs sind einem allgemeinen Trend folgend verkürzt worden.

Im quartären Bildungssektor sind die Kirchen der zweitgrößte Träger nach dem Staat. Im Bereich „Kultur – Gestalten" zählt die kirchliche Erwachsenenbildung in ihren 1 209 Einrichtungen (632 katholisch und 577 evangelisch) jährlich knapp zwei Millionen Teilnehmer (970 000 katholisch und ca. 950 000 evangelisch), das heißt, ca. 20 Prozent aller kirchlichen Erwachsenenbildungs-Veranstaltungen sind der kulturellen Bildung gewidmet. Dieser Anteil liegt damit höher als bei staatlichen oder sonstigen Weiterbildungsangeboten.[127] Die kulturelle Erwachsenenbildung der Kirchen umfasst alle Formen der freiwilligen Fortsetzung oder Wiederaufnahme organisierten Lernens nach Abschluss einer ersten Bildungsphase. Zu ihren Lehrmethoden gehören neben Abendvorträgen, Kursen, Seminaren und Tagungen auch neue Formen aufsuchender Bildungsarbeit, Selbstlerngruppen, E-Learning, Lernen im Baukastensystem oder Exkursionen. Neben den haupt- und nebenberuflichen Mitarbeitern ist die Mitwirkung von Ehrenamtlichen wesentlicher Bestandteil kirchlicher kultureller Erwachsenenbildung. Durch sie wird ein größerer Reichtum unterschiedlicher Kompetenzen erschlossen und zugleich Bürgernähe erreicht.[128]

Neben diesen traditionellen Erwachsenenbildungseinrichtungen profilieren sich in Deutschland Bibliotheken, Museen, Theater und andere Kultureinrichtungen sowie Soziokulturelle Zentren, Kulturvereine und private Initiativen als Orte der kulturellen Erwachsenenbildung.[129]

Im Rahmen der allgemeinen Erwachsenenbildung hat vor allem auch die politische Bildung in den letzten Jahren die Bedeutung kultureller, künstlerischer und ästhetischer Mittel erkannt und verstärkt kulturelle Bezüge in die eigene Arbeit integriert. Politisch-historische Bildung gilt zu Recht als Querschnittsaufgabe von Kultur- und Bildungseinrichtungen. Im Geschichtsbewusstsein eines jeden Bürgers fließen Momente der Vergangenheitsdeutung und Ziele der Gegenwartsgestaltung mit möglichen Zukunftserwartungen zusammen. Politisch-historische Bildung ist daher in vielen Facetten Gegenstand öffentlicher Kultur- und Bildungsarbeit. Sie bildet den Kernbestand der Tätigkeit von Museen, Archiven, Sammlungen und ist zentraler Gegenstandsbereich der Arbeit von Dokumentationszentren und Gedenkstätten. Sie wird getragen von unterschiedlichsten Verbänden und Organisationen, Stiftungen und Akademien und öffnet sich bürgerschaftlichem Engagement in vielfältigen kontinuierlichen oder temporär-projektgebundenen Organisationsformen.

Im Feld der politisch-historischen Bildung begegnet die Professionalität von Kulturpädagogik und Geschichtswissenschaft der Bereitschaft des Einzelnen zur unvoreingenommenen und kritisch überprüften Erinnerung. Es bedarf immer wieder neuer kommunikativer Strategien und unterschiedlicher medialer Angebote, um lebensbegleitend eine kritische und reflektierte Orientierung in der Zeit wach zu halten. Neue Konzepte der Profilierung von „Geschichtsorten" betonen hierbei die Bedeutung vielfältiger kultureller Tätigkeit an authentischem Ort. An Orten also, wo Geschichte stattfand und deshalb konkret anschaulich und explizit bewusst gemacht werden kann. Ziel dieser Arbeit ist es, Geschichte ins Gespräch zu bringen, zu einem reflektierten Geschichtsverständnis beizutragen und zu aktiver gesellschaftlicher Teilhabe hinzuführen.

---

[127] Vgl. Anhörung Kulturelle Bildung, S. 21. (Kommissionsdrucksache 15/502)
[128] Ebd., S. 22.
[129] Vgl. Stang/Puhl (2002), vgl. auch Stang/Irschlinger (2005), www.die-bonn.de/esprid/dokumente/doc-2005/05_02.pdf, (Stand: 9. Juli 2007); Thinesse-Demel (1999). Hartmut John und Jutta Thinesse-Demel führen zum Lernort Museum kritisch aus, dass museumsbezogene Vermittlungs- und Bildungsarbeit in Deutschland anders als andernorts überwiegend als Museumspädagogik verstanden und organisiert worden sei. Dementsprechend hätten v. a. Kinder und Jugendliche – vornehmlich im schulischen Kontext – im Fokus der personalen Vermittlungsbemühungen gestanden. Demgegenüber sei die professionelle, fachlich fundierte Erwachsenenbildung im Museum bis heute ein weithin eher unbestelltes Feld. Deutschland vermittle hier, gemessen an europäischen Maßstäben, immer noch den Eindruck eines unterentwickelten Landes; vgl. John/Thinesse-Demel (Hrsg.) (2004), S. 9f.; vgl. Behrens (2002).

Bürgerschaftliches Engagement ist gerade im Bereich der stadt- und regionalgeschichtlichen Bildung und der politisch-historischen Bildung häufig Triebfeder für innovative Vermittlungskonzepte. Der Dialog zwischen den Generationen, insbesondere die Brücke von der Enkel- zur Großelterngeneration, besitzt in diesem Kontext eine besondere Bedeutung.

Unter dem Aspekt des lebensbegleitenden Lernens ist politisch-historische Bildung auch für berufstätige Erwachsene zu erschließen, indem berufliche Tätigkeiten in historischem Kontext erfahrbar gemacht werden. Hierzu müssen sich die Kultur- und Geschichtsorte mit geeigneten Methoden einer historisch-kritischen Reflexion beruflicher Tätigkeiten öffnen und einen Dialog zur Ethik beruflichen Handelns anregen.

Die wachsende Anzahl älterer Menschen erfordert eine größere methodische Vielfalt unter Einschluss vielfältiger Methoden kultureller Praxis („oral history" zur Sicherung von Erinnerungsbeständen, gleichberechtigte Erzählpatenschaften von älteren Menschen mit Schulklassen, mehrmediale Zugänge an Geschichtsorten für hör- und sehbehinderte Menschen, mobile Angebote), um auch in dieser Lebensphase eine aktive Auseinandersetzung mit der eigenen Geschichte zu ermöglichen.

Der Deutsche Kulturrat hat zu Recht darauf verwiesen, dass informellem Lernen etwa in der Familie, mit Freunden und durch die Medien verstärkt Aufmerksamkeit zu schenken ist und in diesem Zusammenhang auf den Bildungs- und Kulturauftrag der öffentlich-rechtlichen Rundfunkanstalten verwiesen.[130] Kunst und Kultur-Angebote für alle Altersgruppen im Hörfunk und im Fernsehen sollte aber auch der privat-kommerzielle Rundfunk gewährleisten.[131]

Der Werkstattcharakter der kulturellen Erwachsenenbildung mit Möglichkeiten zum Experiment und zur Improvisation ermöglicht es, die unterschiedlichsten Orte wie leerstehende Fabrikhallen oder den öffentlichen Raum zu Lernorten zu machen. Die institutionelle Anbietervielfalt spiegelt sich in den Angeboten wider. War kulturelle Erwachsenenbildung bis in die 70er-Jahre vor allem auf ein bildungsbürgerliches Verständnis von Kultur hin orientiert, so veränderten sich – insbesondere in den 80er-Jahren – ihre Angebotsformen, thematische Schwerpunkte und nicht zuletzt die institutionelle Angebotsstruktur durch das kulturpolitische Programm „Kultur für alle" mit der Intention einer „soziokulturellen Wende".[132] Heute ist ein großes Interesse an nachholendem Lernen zu konstatieren, dem die Anbieter kultureller Erwachsenenbildung gerecht werden müssen. Neben Kunst und Kultur reflektierenden Angeboten, unter anderem in den Bereichen Literatur, Theater, Bildende Kunst, Musik und Kulturgeschichte, sind es vor allem Angebote im Bereich künstlerisch-kreatives Gestalten, wie zum Beispiel Malen, Zeichnen, Plastisches Gestalten, Theaterarbeit, musikalische Praxis, Medienpraxis und Tanz, die das Bild der kulturellen Erwachsenenbildung prägen. Die Angebote lassen sich nur bedingt standardisieren. Gleichwohl haben die Anbieter kultureller Erwachsenenbildung die Diskussion über Qualität in den letzten Jahren intensiviert und insgesamt die Qualität der Angebote deutlich verbessert.

Gleichzeitig lassen sich Unterschiede durch die regionale Verortung von kultureller Erwachsenenbildung feststellen, je nachdem, wie sie im städtischen oder ländlichen Umfeld realisiert wird.[133]

Der Bedarf an kultureller Erwachsenenbildung übersteigt bei Weitem das vorhandene Angebot. In einer langfristigen Betrachtung hat sich bei der Teilnahme an der allgemeinen Weiterbildung der Abstand zwischen den alten und neuen Ländern seit 1994 erkennbar verringert.[134] Die kulturelle

---

[130] Vgl. schriftliche Stellungnahme des Deutschen Kulturrates. Kulturelle Bildung eine Herausforderung durch den demografischen Wandel vom 20. September 2006, www.kulturrat.de/pdf/845.pdf, (Stand: 9. Juli 2007).
[131] Vgl. Kap. 3.2.2, Kulturauftrag und kulturelle Tätigkeit des Rundfunks.
[132] Vgl. Gutachten Kulturelle Erwachsenenbildung, S. 15f. (Kommissionsdrucksache 15/494a)
[133] Vgl. Gieseke/Opelt (2005); vgl. auch Kap. 3.6, Kulturelle Auswirkungen des demografischen Wandels.
[134] Vgl. zu Partizipationsstrukturen in der allgemeinen Weiterbildung den Schlussbericht Finanzierung lebenslangen Lernens.

Vitalität von benachteiligten Gruppen und Regionen hängt entscheidend von kulturellen Bildungsangeboten ab und erfordert niederschwellige kulturelle Angebote und Möglichkeiten zum Lernen im sozialen und regionalen Umfeld. Die Förderung der allgemeinen Weiterbildung und damit der kulturellen Erwachsenenbildung bietet einen Ansatz, das Bildungsniveau in allen Bevölkerungsschichten zu verbessern.[135] Denn die allgemeine Weiterbildung erreicht tendenziell mehr ältere Personen (ein Trend, der sich angesichts des demografischen Wandels noch verstärken wird), aber auch mehr Frauen, mehr Nichterwerbstätige und mehr Ausländer als die berufliche Weiterbildung. Auffallend ist auch, dass die Zahl der Jüngeren unter 18 Jahren entgegen ihres abnehmenden Teilnahmeanteils am Gesamtangebot der Volkshochschulen in den letzten zwei Jahrzehnten bei „Kultur – Gestalten" deutlich zugenommen hat. Dagegen ist der Anteil der 18- bis 24-Jährigen und der 25- bis 34-Jährigen in den letzten Jahren zurückgegangen. Hier liegt die Vermutung nahe, dass Berufseinsteiger und Personen, die am Beginn der Berufskarriere stehen, eher weniger Kurse bei einem Anbieter der allgemeinen Erwachsenenbildung besuchen, sondern sich spezialisiert berufsbezogen weiterbilden.[136]

Die geschilderte institutionelle Heterogenität sowie die länderspezifischen und kommunal unterschiedlichen Förderstrukturen erschweren die Beschreibung der ökonomischen Bedeutung der kulturellen Erwachsenenbildung. Verstärkt wird diese Problematik dadurch, dass es mit Ausnahme der Volkshochschulstatistik an umfassenden Daten zum Marktvolumen, zu den Anbietern inklusive privater Initiativen, zum Teilnehmerkreis und zu den Beschäftigten fehlt. Immerhin konnte neben dem vom Bundesministerium für Bildung und Forschung herausgegebenen „Berichtssystem Weiterbildung" seit 2002 eine vom Bundesministerium für Bildung und Forschung geförderte Verbundstatistik realisiert werden, die neben den Daten des Deutschen Volkshochschul-Verbandes (DVV) auch die von vier weiteren bundesweit arbeitenden Weiterbildungsorganisationen – Arbeitskreis deutscher Bildungsstätten (AdB), Bundesarbeitskreis Arbeit und Leben (BAK AL), Deutsche Evangelische Arbeitsgemeinschaft für Erwachsenenbildung (DEAE) und Katholische Bundesarbeitsgemeinschaft für Erwachsenenbildung (KBE) – integriert und die rund ein Fünftel der organisierten Weiterbildung einschließlich der betrieblichen Bildung in Deutschland abdeckt.[137]

C) Handlungsempfehlungen

1. Die Enquete-Kommission empfiehlt Bund, Ländern und Kommunen, flächendeckende, auch innovative Angebote kultureller Erwachsenenbildung sicherzustellen und zu unterbreiten sowie Weiterbildung nicht auf einen verengten Begriff beruflicher Weiterbildung zu reduzieren.

2. Die Enquete-Kommission empfiehlt Bund und Ländern, einen Weiterbildungspass mit Zertifizierung informellen Lernens einzuführen.

---

[135] Vgl. Anhörung Kulturelle Bildung, S. 21. (Kommissionsdrucksache 15/502)
[136] Klaus Pehl hat eine Langzeitanalyse zur Entwicklung der Teilnehmerschaft an Weiterbildungsveranstaltungen auf der Basis der im Rahmen der Volkshochschulstatistik seit 1963 ermittelten Altersstrukturdaten erstellt. Daneben zeichnet er die Bevölkerungsentwicklung Deutschlands im selben Zeitraum nach und beleuchtet den Zusammenhang zwischen Weiterbildungsteilnahme und demografischer Entwicklung; vgl. Pehl (2006), www.die-bonn.de/esprid/dokumente/doc-2005/pehl05_02.pdf, (Stand: 9. Juli 2007).
[137] Vgl. Ioannidou (2004). Weiterbildungsstatistik im Verbund 2002, www.die-bonn.de/esprid/dokumente/doc-2004/ioannidou04_01.pdf, (Stand: 9. Juli 2007); Pehl (2006). Volkshochschul-Statistik 2005, (www.die-bonn.de/esprid/dokumente/doc-2006/pehl06_01.pdf, Stand: 9. Juli 2007); Kuwan/Thebis (2005): Berichtssystem Weiterbildung IX, herausgegeben vom BMBF, Bonn/Berlin, (www.bmbf.de/pub/berichtssystem_weiterbildung_9.pdf, (Stand: 9. Juli 2007); Reitz/Reichart (2006). Weiterbildungsstatistik im Verbund 2004 – Kompakt, www.die-bonn.de/esprid/dokumente/doc-2006/reitz06_01.pdf, (Stand: 9. Juli 2007). Siehe dazu Dollhausen (2005). Statistische Informationen als Hilfen zur Einschätzung der Ökonomisierung des Weiterbildungsbereichs. Deutsches Institut für Erwachsenenbildung Bonn 2005, www.die-bonn.de/esprid/dokumente/doc-2005/dollhau-sen05_01.pdf, (Stand: 9. Juli 2007).

3. Die Enquete-Kommission empfiehlt dem Deutschen Bundestag und der Bundesregierung, den Bundesaltenplan als bundesweites Förderinstrument stärker auch für die kulturelle Bildung von älteren Menschen zu nutzen.

4. Die Enquete-Kommission empfiehlt der Bundesregierung, die Bundeszentrale für politische Bildung in Zusammenarbeit mit der neu einzurichtenden Bundeszentrale für kulturelle Bildung zu beauftragen, ein Netzwerk zum Austausch über Methoden kultureller Bildung für Erwachsene an authentischen Geschichtsorten aufzubauen sowie die Förderung politisch-historischer Bildung in kulturellem Kontext als Bestandteil beruflicher Weiterbildung zu begreifen.[138]

5. Die Enquete-Kommission empfiehlt den Ländern, die Förderung kultureller Erwachsenenbildung in Erwachsenenbildungsgesetzen und den dazugehörigen Verordnungen zu verankern sowie die Förderung kultureller Erwachsenenbildung durch eine institutionelle Sockelfinanzierung zu sichern.

6. Die Enquete-Kommission empfiehlt Ländern und Kommunen, kulturelle Erwachsenenbildung gleichwertig mit arbeitsmarkt- und berufsbezogener Weiterbildung sowie der kulturellen Bildung für Kinder und Jugendliche zu fördern.

7. Die Enquete-Kommission empfiehlt Bund, Ländern und Kommunen, allen Bevölkerungsschichten den Zugang zu kultureller Erwachsenenbildung durch an die kulturellen und sozialen Bedürfnisse angepasste Angebote zu eröffnen und auf stärkere Kooperation von Kultureinrichtungen mit Weiterbildungseinrichtungen zu drängen, um so zur Schaffung einer besseren Infrastruktur kultureller Erwachsenenbildung beizutragen.

8. Die Enquete-Kommission empfiehlt den Akteuren der kulturellen Erwachsenenbildung, das Profil der Erwachsenenbildung zu schärfen, neue Angebotsformen wie zum Beispiel solche für und mit Familien und mit älteren Menschen zu entwickeln und Angebote zur Entwicklung kreative Medienkompetenz zu etablieren.

6.4 Interkulturelle Bildung

Vorbemerkung

Kulturelle Bildung leistet einen zentralen Beitrag, um den Zusammenhalt der Gesellschaft über alle Schichten, Generationen und Herkunftskulturen hinweg zu stärken und zu fördern. Ein besonderes Augenmerk sollte dabei auf der Verknüpfung kultureller Bildung mit der Erziehung zu Demokratie und interkulturellem Respekt liegen. Denn gerade dort, wo Erwachsene, Kinder und Jugendliche ihre eigenen Bildungs- und Entwicklungschancen als schwierig erleben müssen, fehlen ihnen oft auch der Zugang und die Möglichkeit zu künstlerisch-kulturellen Erfahrungen und damit auch zu einem wesentlichen Instrument demokratischen und interkulturellen Dialogs. Für Menschen mit Zuwanderungsgeschichte gilt dies in verstärktem Maße.

Ein besonderer, immer wichtiger werdender Bestandteil der kulturellen Bildung ist die interkulturelle Bildung. Nach dem Verständnis der Enquete-Kommission beinhaltet interkulturelle Bildung Bildungsansätze für den pädagogischen Umgang mit der Vielfalt der Kulturen und der Praxis der Vermittlung kulturspezifischer Kenntnisse und der Verständigung darüber.[139] Sie gehört damit zum

---

[138] Sondervotum Dorothee Bär, MdB und SV Staatsminister a. D. Dr. h. c. mult. Hans Zehetmair: „Die Handlungsempfehlung Nr. 4. wird analog dem Sondervotum zur Handlungsempfehlung Nr. 2 bei Abschnitt ‚Kulturelle Bildung als gesellschaftlicher Auftrag' aus verfassungsrechtlichen Gründen nicht mitgetragen."
[139] Vgl. Kap. 3.5.5, Migrantenkulturen/Interkultur.

notwendigen Rüstzeug aller Bürger, ob mit oder ohne Migrationshintergrund. Für einen gelingenden interkulturellen Austausch ist sie gleichermaßen Voraussetzung wie Folge davon.

Unter interkultureller Kompetenz wird die Fähigkeit verstanden, sensibel und respektvoll mit fremden Kulturen umzugehen, die Bereitschaft, diese auf sich wirken zu lassen, und die Akzeptanz, dass die eigene Kultur eine unter vielen ist. Sie schließt Kommunikations- und Dialogfähigkeit ein sowie die Bereitschaft, sowohl kulturelle Gemeinsamkeiten als auch kulturelle Unterschiede zu erkennen, zu akzeptieren und damit kulturelle Übersetzungen der Unterschiede zu ermöglichen.[140] Die dabei verlangte Toleranz ist keine „Einbahnstraßentoleranz": Sie verleugnet nicht die eigenen Werte und Standards, sondern ermöglicht es, sich der eigenen Identität immer wieder neu bewusst zu werden und gleichzeitig einen ergebnisoffenen Austausch über die Fragen zu führen, wie gemeinsame Verantwortung wahrgenommen werden kann.

Interkultureller Austausch findet nicht nur innerhalb einer Gesellschaft, sondern auch international statt, zum Beispiel in sozialen und wirtschaftlichen Beziehungen. Deutschland ist international verflochten wie kaum eine andere Volkswirtschaft dieser Größenordnung. Deutsche Unternehmen erzielen mittlerweile etwa ein Drittel ihrer Umsätze im Handel mit dem Ausland. Jeder fünfte Arbeitsplatz in Deutschland hängt direkt oder indirekt vom Export ab; in der Industrie sogar jeder dritte.[141] In einer zunehmend verflochtenen Welt sind interkulturelle Kompetenz und Bildung daher zu Schlüsselkompetenzen für soziale und ökonomische Prozesse geworden.

Interkulturelle Kompetenz bedeutet für Unternehmen einen handfesten Wettbewerbsvorteil, ob es um binationale Teams geht oder um Verhandlungen mit ausländischen Geschäftspartnern. Interkulturelle Kompetenzen sind nicht nur im diplomatischen Dienst gefragt, sondern auch bei den im Ausland eingesetzten Soldaten oder Bundespolizisten innerhalb der internationalen zivilen Konfliktprävention und bei UN-Missionen sowie in der entwicklungspolitischen Zusammenarbeit. Dass die Zusammenarbeit innerhalb der Europäischen Union nicht ohne interkulturelle Sensibilität erfolgreich verlaufen kann, versteht sich von selbst.

Interkulturelle Kompetenz und Bildung müssen wegen ihrer zunehmenden Bedeutung so früh wie möglich vermittelt werden und schon in der vorschulischen Bildung eine Rolle spielen. Wie kaum eine andere Methode eignet sich der Schüleraustausch zur effizienten Vermittlung der Erfahrung, dass die eigene Kultur und Lebensweise eine unter vielen ist. Hierbei bietet der Aufenthalt in einer Gastfamilie nicht nur intensive Einblicke in die jeweils andere Kultur, sondern fördert auch das gegenseitige Verständnis. Den Blick für kulturelle Unterschiede zu schärfen und die eigene Kultur wertschätzen zu lernen, ist die Basis für das Erlangen interkultureller Kompetenz.

A) Bestandsaufnahme und
B) Problembeschreibung

Die Länder stellen im Bereich der kulturellen Bildung einen großen Teil des Angebots bereit. Die Bildungspläne und -konzepte der Länder für Kindertagesstätten beschäftigen sich dabei intensiv mit der interkulturellen Bildung. Der bereits 2003 erarbeitete Bayerische Bildungsplan beispielsweise nennt viele Möglichkeiten zur Herausbildung interkultureller Kompetenz.[142]

---

[140] Vgl. Gün (2006), www.getabstract.com/ShowAbstract.do;jsessionid=45LX1I0OYF-5u7nJ?dataId=6195, (Stand: 29. Oktober 2007).
[141] Vgl. Schintke/Stäglin (2003); vgl. auch Henkel (2001), www.wgl.de:8080/wgl/Object/Object-13/Inhalt-17/Henkel-Rede.pdf, (Stand: 30. Oktober 2007).
[142] Vgl. Bayerisches Staatsministerium (2003), S.141ff, www.opus-nrw.de/kitas/praxis/pdf/bayern.pdf, (Stand: 30. Oktober 2007).

Kulturelle Bildung bietet die Möglichkeit, sich interkulturelle Kompetenzen anzueignen. Durch gemeinsames Musizieren, Theaterspielen, Bewegung und Tanz wird die Verständigung zwischen Kulturen im In- und Ausland gefördert, Vorbehalte von Kindern und Jugendlichen vor dem „Fremden" werden abgebaut, die gegenseitige Akzeptanz wird in hohem Maße verbessert. Hier ist neben der eigenen künstlerischen Betätigung auch der rezeptive Aspekt zu betonen: Die eigene künstlerische Tätigkeit und die reflektierende Rezeption von Kunst ermöglichen neue Ein- und Ansichten und machen mit ungewohnten Kommunikations- und Ausdrucksformen bekannt. Interkulturelle Begegnungen mit Künstlern aus anderen Kulturkreisen schaffen Akzeptanz für kulturelle Vielfalt. Das gilt nicht nur für Kinder und Jugendliche, sondern auch für Erwachsene.

Die Grundschule spielt beim interkulturellen Dialog eine besonders wichtige Rolle. Gerade die sprachliche Förderung muss spätestens hier einsetzen. Was in diesem Bereich an Austausch und Verständnis versäumt wird, ist später schwer aufzuholen.[143] Das Theaterspielen kann bereits in der Grundschule, aber auch in weiterführenden Schulen als Mittel zum interkulturellen Austausch und zum Erlernen der deutschen Sprache sehr hilfreich sein.[144]

Bibliotheken, Kulturämtern oder Volkshochschulen kommt bei der Integration und mit ihrem Angebot für Migranten eine besondere Bedeutung zu. Sie werden von Menschen mit Migrationshintergrund häufiger genutzt als andere kulturelle Angebote. Viele Bibliotheken bemühen sich intensiv um Kinder mit Migrationshintergrund und deren Eltern; sie haben modellhafte Förderprogramme entwickelt, die Eltern einbeziehen und differenzierte Angebote vom Kindergarten bis zum Ende der Grundschulzeit beinhalten, die weit über Lesungen, Treffen und Führungen hinausgehen.[145]

Ein interessantes Beispiel ist die Praxis der Kunsthalle Emden, die für Kinder aus Einwandererfamilien spezielle Angebote zur Förderung der Kommunikations- und Ausdrucksfähigkeit macht. Die Kinder setzen sich in Workshops mit der eigenen und der fremden Kultur auseinander.

Zu konstatieren ist jedoch, dass die angebotenen Inhalte anderer Bereiche der kulturellen Bildung den Interessen und Bedürfnissen von Migranten oft nicht entsprechen. Dies liegt offenbar auch an fehlendem methodischem Wissen. Für Migranten geeignete Projekte, zum Beispiel der Leseförderung zu entwickeln, ist besonders schwierig, da über das Sprech- und Leseverhalten sowie die Medienkompetenz von Migrantenkindern und -jugendlichen zu wenig bekannt ist.[146] Hier besteht ein erheblicher Forschungsbedarf.

Insbesondere Kinder und Jugendliche müssen befähigt werden, sich mit der Herkunftskultur ihrer Eltern auseinanderzusetzen und Verständnis für fremde Ausdrucksformen und fremde Kulturen aufzubringen. Aneignung, aber auch bewusst kritische Abgrenzung von Kultur und Kulturen tragen zur Identitätsfindung und zur Entwicklung einer eigenständigen Persönlichkeit bei. Die Verbesserung der eigenen Ausdrucksmöglichkeiten sorgt für mehr Verständnis und Respekt vor dem Fremden. Dies gilt gleichermaßen für Kinder und Jugendliche mit Migrationshintergrund wie für andere Kinder und Jugendliche. Der Prozess der sozialen Integration erhält daher durch kulturelle Bildung eine dauerhafte Grundlage. Gleichzeitig ist kulturelle Bildung eine wichtige Säule bei der Förderung von Sprachfähigkeit im umfassendsten Sinne.

---

[143] Vgl. Protokoll des Expertengesprächs vom 23. Oktober 2006 zum Thema „Interkultur, Migrantenkulturen". (Expertengespräch Interkultur) (Arbeitsunterlage 16/122)Teilnehmer: Prof. Dr. Spuler-Stegemann, Ursula (Philipps-Universität Marburg), Dr. Kolland, Dorothea (Kulturamt Berlin-Neukölln), Dr. Pazarkaya, Yüksel, Dr. Knopp, Hans-Georg (Goethe-Institut e.V.), Prof. Dr. Oberndörfer, Dieter (Arnold-Bergsträßer-Institut Freiburg), John, Barbara (Senat von Berlin).
[144] Ebd.
[145] Vgl. Expertengespräch Interkultur. (Arbeitsunterlage 16/122)
[146] Vgl. Kurzprotokoll der Anhörung Kulturelle Bildung. (Protokoll-Nr. 15/10)

Erziehung zu Humanität und Demokratie wird wesentlich in dem Maße gestärkt, wie es gelingt, kulturelle Bildung und interkulturelle Bildung miteinander zu verknüpfen. Kulturelle Bildung erfüllt ihre Aufgabe erst dann, wenn sie humane und demokratische Werte fördert. Künstlerisch-kulturelles Schaffen sollte daher in allen Bereichen wie Theater, Tanz, Musik oder Literatur ein Angebot an möglichst alle Menschen in unserer Gesellschaft sein, auch und gerade an diejenigen mit Zuwanderungsgeschichte und an die, die als Zuwanderer zu uns gekommen sind.

C) Handlungsempfehlungen

1. Die Enquete-Kommission empfiehlt den Ländern, die Angebote der interkulturellen Bildung, ihre Qualität und die Resultate zu evaluieren und die Bildungsforschung zu Fragen der Integration zu intensivieren.

2. Die Enquete-Kommission empfiehlt den Ländern dafür Sorge zu tragen, dass alle Kinder mit den erforderlichen Deutschkenntnissen eingeschult werden. In diesem Zusammenhang sollte eine Sprachstandserhebung für alle drei- bis fünfjährigen Kinder durchgeführt werden, um Sprachdefiziten rechtzeitig begegnen zu können.

3. Die Enquete-Kommission empfiehlt den Ländern, die Ganztagsschule als Chance für den interkulturellen Austausch zu begreifen und interkulturelle Bildung in die Lehrangebote, wie zum Beispiel Theaterprojekte, zu integrieren. Der Schüleraustausch sollte stärker gefördert werden.

4. Die Enquete-Kommission empfiehlt den Ländern, bei den Schulen darauf hinzuwirken, die Zusammenarbeit zwischen Schulen und Eltern mit Migrationshintergrund in möglichst vielen Formen zu intensivieren.

5. Die Enquete-Kommission empfiehlt den Ländern, für den Beruf des Lehrers und den des Sozialpädagogen mehr Menschen mit Migrationshintergrund zu gewinnen.

6.5 Erhalt und Förderung der deutschen Sprache

A) Bestandsaufnahme und
B) Problembeschreibung

Bedeutung von Sprache für Individuum und Gesellschaft

Bekannte Zitate wie „Die Grenzen meiner Sprache bedeuten die Grenzen meiner Welt"[147] oder „Erst mit der Sprache geht die Welt auf"[148] zeigen in einem Satz die überragende Bedeutung von Sprache für das Verhältnis von Menschen zu ihrer Welt, zur eigenen Herkunft, zur eigenen Umwelt. Ohne das Mittel der Sprache könnte diese Welt kaum erfasst und noch weniger beschrieben werden. Daher kann die Bedeutung der frühkindlichen Sprachentwicklung nicht hoch genug eingeschätzt werden und muss so umfassend wie möglich durch die Familie und die öffentlichen Bildungseinrichtungen gefördert werden.[149]

Mit Sprache treten Menschen in eine Form des kommunikativen Austausches miteinander, wird die demokratische Willensbildung organisiert und artikuliert. Sich in der eigenen Sprache verständigen zu können, ist essenzielle Voraussetzung für die Wahrnehmung zahlreicher Grundrechte, vor allem des Rechts der freien Meinungsäußerung und der Informationsfreiheit.[150] Die Beherrschung einer Sprache entscheidet wesentlich darüber, ob individuelle und kollektive Teilhabe an gesellschaftli-

---
[147] Wittgenstein (2003), Satz 5.6.
[148] Zitat Hans-Georg Gadamer.
[149] Vgl. Kap. 6., Kulturelle Bildung.
[150] Vgl. Wissenschaftliche Dienste des Deutschen Bundestages (2006c), S. 3.

chen, politischen und kulturellen Entwicklungen überhaupt möglich ist und in welcher Weise sie stattfindet. Für die Rezeption von Kunst und Kultur ist die Beherrschung der Sprache nicht die einzige, aber eine grundlegende Voraussetzung. Sprache ist Grundlage der individuellen Freiheit eines jeden Menschen.

Der Staat findet in der Gemeinsamkeit der Sprache eine wichtige Grundlage für Einheit und Zusammenhalt und das Instrument, Gesetze in einer Sprache zu erlassen, die alle Adressaten verstehen können oder zumindest verstehen sollten.[151]

Bedeutung der deutschen Sprache für die Kultur in Deutschland

Deutsch ist eine der großen Kultursprachen der Welt. 100 Millionen Menschen sprechen Deutsch als Muttersprache, 20 Millionen lernen weltweit Deutsch als Fremdsprache. Deutsch ist die meistgesprochene Sprache in der Europäischen Union.

Die deutsche Sprache ist die gemeinsame Grundlage für das Leben in Deutschland. Sie ist das prägende Element der deutschen Identität. Nicht alle Menschen in Deutschland beherrschen die deutsche Sprache hinreichend. In Deutschland waren 2004 schätzungsweise 0,6 Prozent der Erwachsenen totale sowie zwischen 6,3 und 11,2 Prozent funktionale Analphabeten.[152] Für diese Menschen ist der Zugang zur Kultur in unserem Land erheblich erschwert, denn geschriebene wie gesprochene Sprache ist auch in emotionaler Hinsicht Grundlage sowohl für die Verwirklichung von Individualität als auch Voraussetzung für Gemeinsamkeit und Zusammengehörigkeit.

Für viele Menschen mit Migrationshintergrund stellt die deutsche Sprache eine Barriere für die Teilnahme am kulturellen Leben dar.[153] Eine entsprechende Förderung von Projekten des Spracherlernens ist deshalb erforderlich. Spracherwerb wird nicht nur durch Sprachunterricht in der hergebrachten Form, sondern beispielsweise auch durch Theaterspielen oder Singen unterstützt. Entsprechende Projekte innerhalb von Schulen, Volkshochschulen oder auch in der Jugendarbeit sollten stärker unterstützt werden.[154] Projekte wie „Deutsch auf dem Schulhof" als freiwillige Verabredung der Schule zeigen die Bedeutung der deutschen Sprache auf, weil sie eine positive emotionale Beziehung zur Gemeinschaft erzeugen und sozial befriedend wirken.

Jede Sprache schafft Kultur und prägt Identität. Wer die deutsche Sprache erlernt, erwirbt damit immer auch deutsches Kulturgut. Wer Deutsch lernt und sich im Deutschen artikuliert, trägt dazu bei, gemeinsame Lebenswelten zu schaffen und zu gestalten.

Das Bewusstsein dafür, wie wichtig die Beherrschung der deutschen Sprache für die gesellschaftliche Teilhabe in Deutschland ist, muss geschärft werden.

Verbreitung der deutschen Sprache und Sprachenregime der Europäischen Gemeinschaft

Die Vielfalt der Sprachen in der Europäischen Gemeinschaft berücksichtigt der EG-Vertrag in Artikel 21. Danach kann sich jeder Unionsbürger in jeder Vertragssprache an Einrichtungen der Union wenden und hat einen Anspruch darauf, eine Antwort in derselben Sprache zu erhalten.

Deutsch ist mit einem Anteil von 18 Prozent die meistgesprochene Muttersprache in der Europäischen Union. Bei den Fremdsprachen wird im Vergleich zu 2001 eine allmähliche Verschiebung des Kräfteverhältnisses vom Französischen zum Deutschen verzeichnet. Insbesondere aufgrund der

---

[151] Vgl. Kirchhof/Isensee(2004), § 20, Rn. 2.
[152] Schätzungen der Deutschen UNESCO-Kommission; vgl. Neu (2004).
[153] Vgl. Kap. 3.5.5, Migrantenkulturen/Interkultur.
[154] Vgl. Kap. 6., Kulturelle Bildung.

Verbreitung in den neuen Mitgliedsstaaten liegt Deutsch als erste Fremdsprache im Unterricht mit 14 Prozent (rund 63 Millionen Europäer) nunmehr hinter dem Englischen und gleichauf mit dem Französischen an zweiter Stelle. EU-weit spricht somit jeder dritte Bürger (32 Prozent) Deutsch. Während Deutsch als Fremdsprache in Mittel- und Osteuropa eine starke Stellung hat, ist sie als Fremdsprache in West- und Südeuropa weiterhin gering vertreten. 2001 sprachen dort nur acht Prozent Deutsch als Fremdsprache.[155]

Gemäß der Verordnung Nummer 1 von 1958 ist Deutsch eine von 22 gleichberechtigten Amtssprachen der Europäischen Gemeinschaft. Artikel 6 der Verordnung 1 erlaubt den Organen der Gemeinschaft, in ihren Geschäftsordnungen die Anwendung der Sprachenregelung (Arbeitssprachen) festzulegen. Auf dieser Grundlage wurde ein Dreisprachenregime (Deutsch, Englisch, Französisch) eingeführt, das rechtlich bindend ist. Faktisch verhält es sich jedoch so, als habe es eine Vereinbarung auf zwei statt drei Sprachen gegeben. Zahlreiche beratungs- und entscheidungsrelevante EU-Dokumente werden überhaupt nicht oder nicht vollständig in deutscher Sprache vorgelegt.[156]

Die vollständige Übersetzung aller politisch relevanten EU-Dokumente in die deutsche Sprache ist aber Grundvoraussetzung für eine effektive Wahrnehmung der Mitwirkungsrechte des Deutschen Bundestages in EU-Angelegenheiten, einschließlich der Kulturpolitik. Die in zunehmendem Maße von der Kommission verfolgte Praxis, wichtige EU-Dokumente ganz oder teilweise als „Arbeitsdokumente" oder „Anhänge" einzustufen, um sich damit der bindenden Verpflichtung auf vollständige Übersetzungen zu entziehen, behindert diese Mitwirkungs- und Kontrollfunktion des nationalen Parlaments.

Zustand der deutschen Sprache

In einem Expertengespräch der Enquete-Kommission in der 15. Wahlperiode bestand Einigkeit darüber, dass innerhalb des deutschen Bildungswesens und der medialen Öffentlichkeit ein Verlust an Sprachbewusstsein, ein schrumpfender Wortschatz und eine abnehmende Bereitschaft zu verzeichnen seien, die deutsche Sprache zu fördern, sie fortzuentwickeln und ihr die ihr zukommende Bedeutung beizumessen.[157] Eine wachsende Zahl von Kindern und Jugendlichen, die im Übermaß Fernsehen und andere elektronische Medien nutzen, hat erhebliche Sprachdefizite. Folge sind verminderte Chancen auf schulischen Erfolg, berufliche Ausbildung und gesellschaftliche Teilhabe. Deshalb müssen eine sinnvolle Mediennutzung und ein damit verbundener, bewusster Gebrauch der deutschen Sprache Bestandteil der kulturellen Bildung sein.[158]

Inzwischen haben sich unterschiedliche Initiativen zur Förderung der deutschen Sprache entwickelt.[159] Ihre Maßnahmen und Forderungen reichen von einer Stärkung der kulturellen Bildung bis hin zur Forderung nach einem Sprachenschutzgesetz entsprechend französischem bzw. polnischem Vorbild.

---

[155] Vgl. Wissenschaftliche Dienste des Deutschen Bundestages (2006c).
[156] Vgl. Beschlussempfehlung und Bericht des Haushaltsausschusses vom 20. Juni 2007. (Bundestagsdrucksache 16/5766)
[157] Vgl. Zusammenfassung des Expertengesprächs vom 13. Dezember 2004 zum Thema „Sprache/Sprachkultur. (Kommissionsdrucksache15/507)
[158] Vgl. Kap. 3.2.2, Kulturauftrag und kulturelle Tätigkeit des Rundfunks.
[159] So haben das Goethe-Institut und die gemeinnützige Hertie-Stiftung 2004 die „Initiative Deutsche Sprache" ins Leben gerufen. Ihr Ziel ist, die deutsche Sprache, ihre Geschichte, ihr kulturelles Erbe, ihre Ausdrucksvielfalt und ihre Verbreitung zu fördern und verstärkt in das öffentliche Bewusstsein zu rücken. Dafür strebt die Initiative Partnerschaften mit Medien, Verlagen, Unternehmen, Verbänden, Einrichtungen des kulturellen Lebens, Stiftungen und engagierten Bürgern an.

Anlass für die Bildung dieser Initiativen war der Befund, dass sich im Prozess der europäischen Einigung das Verhältnis der drei großen Sprachen zugunsten des Englischen verschoben hat. Darüber hinaus tritt das Englische aber auch im Alltag in der Informationstechnologie und in der Wissenschaft verstärkt an die Stelle des Deutschen.

Der Einfluss von Anglizismen zeigt sich neben den Medien und der Werbung auch und gerade im „öffentlichen Raum", etwa bei Hinweisen in Bahnhöfen und an Flughäfen.

Derzeit ersetzen rund 7 000 angelsächsische Ausdrücke die entsprechenden deutschen Begriffe. In Forschung und Lehre, Wissenschaft und Technik, aber auch in der Wirtschaft wird die deutsche Sprache in vielen Bereichen durch die englische ersetzt. Vor dem Hintergrund der Tatsache, dass sich Englisch insbesondere als internationale Wissenschaftssprache zunehmend durchsetzt, ist es von besonderer Bedeutung, Deutsch als international gesprochene und genutzte Sprache zu fördern. Dies gilt in besonderem Maße für die Wissenschaftssprache Deutsch, denn wenn sie weiter an Bedeutung verliert, dann geraten auch wichtige Beiträge deutschsprachiger Wissenschaftler aus dem Blick.

Neben einer größeren Aufmerksamkeit für die deutsche Sprache erleichtert und fördert das Erlernen und Beherrschen anderer Sprachen das Verständnis anderer Kulturen und den Austausch mit diesen. Vor allem das Englische, das Französische und das Spanische sind für das internationale Miteinander unerlässlich. Eine Ersetzung und Verdrängung von Teilen des deutschen Wortschatzes durch Anglizismen, Kunstwörter und Slang hinterlassen jedoch verstärkt Spuren in der deutschen Sprache, die zu der Befürchtung Anlass geben, dies führe zu einer Schwächung des Kulturgutes deutsche Sprache. Jahr für Jahr werden Begriffe aus den Rechtschreibwörterbüchern gestrichen, die im Alltag nicht mehr gesprochen werden.

Jugendsprachen, Slangs und auch die durch den Siegeszug der SMS-Kommunikation neu entstandene Abkürzungs- bzw. Kurzsprache sind – genauso wie die Vielzahl an Dialekten – kulturelle Ausdrucksformen von Teilgruppen der Gesellschaft, die sich zum Beispiel durch soziale, regionale oder altersmäßige Merkmale von der übrigen Gesellschaft unterscheiden. Jugendliche wollen sich durch eine Sprache, die nur sie verstehen, von anderen, vor allem den Erwachsenen, abgrenzen. Diese Ausdrucksformen sind trotz ihres permanenten und raschen Wandels kulturell bedeutsam und sollten daher nicht geringgeschätzt werden. Als Mittel der Kommunikation und Verständigung für alle Mitglieder der Gesellschaft können sie aber nicht dienen.

Das Bewusstsein dafür, dass es wichtig ist, sowohl im Inneren wie nach Außen sprachpflegerisch zugunsten der deutschen Sprache einzutreten, muss wach gehalten werden. Sonst ist zu befürchten, dass die deutsche Sprache an Bindungs- und Integrationskraft verliert. Eine mögliche Folge wäre das Entstehen von Parallelgesellschaften, die sich sprachlich und kulturell abkapseln. Chancengleichheit herzustellen würde dadurch erschwert. Bei allen Bestrebungen der Politik zum Erhalt, zur Förderung und zur Pflege der deutschen Sprache muss jedoch beachtet werden, dass diese sich schon immer durch ihren Gebrauch und Einflüsse anderer Sprachen oder historischer Ereignisse selbstständig weiterentwickelt und verändert hat. Das Regelwerk einer Sprache unterliegt ebenso den Veränderungen wie die Sprache selbst.[160]

---

[160] Sondervotum FDP-Fraktion und SV Olaf Zimmermann: „Die Verunsicherung und der Unfrieden, die durch die Rechtschreibreform und die diesbezüglichen Beschlüsse der Kulturministerkonferenz entstanden sind, belegen auf nachdrückliche Weise, dass der Staat und die Politik in die Sprache und die Rechtschreibung nicht lenkend eingreifen dürfen und sich künftig jeglicher Versuche, die Sprache und die Rechtschreibung fortzubilden, enthalten müssen."

Einfachgesetzliche Regelungen

In einfachgesetzlicher Ausgestaltung bestehen in Deutschland für das gerichtliche Verfahren und für das Verwaltungsverfahren gesetzliche Regelungen. So bestimmt § 23 Abs. 1 Verwaltungsverfahrensgesetz: „Die Amtssprache ist deutsch."

Es existieren Regelungen für Gebrauchsanleitungen, Lebensmittel und Medizinprodukte. So schreibt die Europäische Produktsicherheitsrichtlinie für Produkte, von denen Gefahren ausgehen können, in Artikel 8b vor: „Warnhinweise müssen klar und leicht verständlich in den Amtssprachen des Mitgliedsstaats abgefasst sein, in dem das Produkt in Verkehr gebracht wird." § 4 Geräte- und Produktsicherheitsgesetz übernimmt diese Vorschrift als Forderung einer Anleitung in deutscher Sprache.

Schließlich regelt § 11 Abs. 2 Medizinproduktegesetz: „Medizinprodukte dürfen nur an den Anwender abgegeben werden, wenn die für ihn bestimmten Informationen in deutscher Sprache abgefasst sind. […]" Von Verbraucherschutzverbänden wird die fehlende Durchsetzung dieser Regelungen beklagt.[161]

Verfassungsrechtliche Situation

Trotz ihrer skizzierten Bedeutung ist die deutsche Sprache nicht im Grundgesetz der Bundesrepublik Deutschland erwähnt. Auch in den Kompetenznormen für die Gesetzgebung (Artikel 70 ff. GG) und für die Verwaltung (Artikel 84 ff. GG) ist die Sprache nicht aufgeführt.

Der allgemeine Begriff „Sprache" findet sich lediglich im Diskriminierungsverbot des Artikels 3 Abs. 3 S. 1 GG, nach dem niemand „wegen seines Geschlechts, seiner Abstammung, seiner Rasse, seiner Sprache … benachteiligt oder bevorzugt werden darf".

Dennoch geht die überwiegende Auffassung der Kommentatoren des Grundgesetzes davon aus, dass die deutsche Sprache als Staatssprache Verfassungsrang hat.[162] Dies wird damit begründet, dass sich das Grundgesetz durch das „deutsche Volk" legitimiere, eine „Bundesrepublik Deutschland" statuiere und die „deutsche Staatsangehörigkeit" sichere. Nicht zuletzt sei die Sprache, in der das Grundgesetz selbst geschrieben ist, die deutsche Sprache. Aus diesen Gründen wird teilweise davon ausgegangen, dass damit das Grundgesetz die deutsche Staatssprache vorgebe. Eine ausdrückliche grundgesetzliche Regelung zur deutschen Sprache als Staatssprache erübrige sich.

In vielen Verfassungen europäischer Staaten (zum Beispiel Frankreich, Spanien, Portugal, Österreich, Schweiz, Polen, Rumänien, Lettland, Litauen, Irland) sowie in Kanada, Russland und der Türkei existieren demgegenüber explizite verfassungsrechtliche Regelungen, in denen die Nationalsprache(n) festgelegt ist (sind).[163] Nach Ansicht der von der Enquete-Kommission befragten Staatsrechtler bedarf es jedoch aus den vorgenannten Gründen keiner entsprechenden verfassungsrechtlichen Regelung in Deutschland.[164]

---

[161] Vgl. Verbraucherzentrale Bundesverband e. V., Pressemitteilung vom 22. März 2007, www.vzbv.de/go/presse/858/index.html, (Stand: 31. Oktober 2007).
[162] Vgl. Kirchhof/Isensee (2004), §20, Rn 100ff.
[163] Vgl. Wissenschaftliche Dienste des Deutschen Bundestages (2006c).
[164] Vgl. schriftliche Stellungnahmen zum Thema „Erhalt und Förderung der deutschen Sprache" von Prof. Hufen, Friedhelm (Johannes Gutenberg-Universität Mainz), Prof. Karpen, Ulrich (Universität Hamburg), Prof. Badura, Peter (Ludwig-Maximilians-Universität München), Prof. Geis, Max-Emanuel (Friedrich-Alexander-Universität). (Kommissionsdrucksachen 16/487–490)

Aufgabe der Kulturpolitik muss es sein, die Wahrung des Bestandes und die Sicherung der Entfaltungsmöglichkeiten der deutschen Sprache zu gewährleisten. Denn die deutsche Sprache ist wesentlich für die Kultur und das kulturelle Leben in Deutschland.

C) Handlungsempfehlungen

1. Die Enquete-Kommission empfiehlt der Bundesregierung, die Initiative dafür zu ergreifen, die Bedeutung der deutschen Sprache im öffentlichen Bewusstsein zu heben und Initiativen zur Förderung der deutschen Sprache, vor allem im Bereich Erziehung und Ausbildung Heranwachsender, aber auch der Integration von Migranten, stärker zu fördern.

2. Die Enquete-Kommission empfiehlt den öffentlich-rechtlichen und den privaten Rundfunkanstalten, sich ihrer sprachlichen Vorbildfunktion noch stärker bewusst zu sein.

3. Die Enquete-Kommission empfiehlt Bund, Ländern und Kommunen, Gesetzestexte, Verlautbarungen, eigene Werbekampagnen, Veröffentlichungen aller Art und die weitergehende Kommunikation in verständlicher deutscher Sprache abzufassen.

4. Die Enquete-Kommission empfiehlt Bund, Ländern und Kommunen, im Falle eines Tätigwerdens als Anteilseigner, Genehmigungsbehörde oder als Fiskus eine durchgängige Verwendung der deutschen Sprache etwa in Beschilderungen, Leitsystemen, Beschriftungen in öffentlichen Gebäuden, Bahnhöfen und Flughäfen usw. zu gewährleisten. Das schließt nicht die Möglichkeit aus, zusätzlich internationale Sprachen wie das Englische und das Französische oder Minderheitensprachen zu verwenden.

5. Die Enquete-Kommission empfiehlt der Bundesregierung, sich gegenüber dem Rat der Europäischen Union und den europäischen Institutionen für die vollständige und ausnahmslose Gleichberechtigung des Deutschen als Arbeitssprache sowie dafür einzusetzen, dass bei allen Veröffentlichungen, Datenbankstandards, Konferenzen und Ausschreibungen Deutsch den anderen dabei verwendeten Sprachen gleichgestellt wird.

7   Kultur in Europa – Kultur im Kontext der Globalisierung

Vorbemerkung

Europa hat in einem Jahrhunderte währenden zivilisatorischen Prozess, in friedlicher Entwicklung und kriegerischer Zerstörung, seinen Kanon moderner humaner und kultureller Ideale erstritten und akkumuliert. Die inhaltlichen Quellen dieses Kanons basieren vor allem auf der griechischen Antike, dem christlichen Glauben mit seinen jüdischen Wurzeln, dem römischen Staats- und Rechtsverständnis sowie der Renaissance und dem Geist der Aufklärung. Europa hat aber auch in den zwei Weltkriegen und der Shoa die Außerkraftsetzung des humanistischen Wertekanons erfahren. Dies sind die beiden existenziellen kulturellen Bedingungen für den Beginn und Verlauf der europäischen Integration. Sie ermöglichten und veranlassten die Gründung des Europarates sowie der Montanunion und nachfolgend der Europäischen Wirtschaftsgemeinschaft/Europäischen Gemeinschaft/Europäischen Union.

Im Verlauf des europäischen Integrationsprozesses ist das Bewusstsein über die Bedeutung seiner kulturellen Grundlagen gewachsen. Mit dem Vertrag von Maastricht wurde Kultur zum rechtlich verankerten Handlungsfeld der Politik der Europäischen Union. Er symbolisiert gleichzeitig den gemeinsamen Willen zur Weiterentwicklung von einer Wirtschaftsgemeinschaft zu einer auch politischen Union und Wertegemeinschaft. Die Charakteristika dieser Wertegemeinschaft herauszuarbeiten ist Aufgabe europäischer Politik, an der Deutschland sich aktiv beteiligt. Bezogen auf die gemeinsame Art zu leben und politisch zu handeln, braucht Europa ein anspruchsvolles kulturelles Programm und eine aktive europäische Kulturpolitik.

Eine Studie[1] über die Europäer, ihre Kultur und kulturellen Werte bestätigt, dass die europäische Bevölkerung im Bewusstsein einer kulturellen Gemeinschaft und einer gemeinsamen Wertegrundlage innerhalb der europäischen Länder lebt. Hierzu gehören unter anderem gemeinsame historische Wurzeln und Entwicklungen, das reiche kulturelle Erbe und kulturelle Vielfalt. Zugleich haben derzeit Umfragen ergeben, dass vier von zehn Deutschen ihre nationale Eigenheit durch Europa beeinträchtigt sehen. 2005 haben lediglich 53 Prozent der Deutschen Europa für eine „gute Sache" gehalten.[2]

Europa muss nicht nur seine eigene Kultur im Widerstreit mit den ökonomischen Prinzipien verteidigen, es trägt auch Verantwortung für die kulturelle Vielfalt außerhalb des Kontinents und dafür, dass kulturelle Vielfalt in anderen Teilen der Welt geschützt wird (auch vor den Beeinträchtigungen, die sie durch europäische Interessen erfahren könnte).

„Identität" als Herstellung und Bestätigung eines spezifischen Bildes von Europa bedeutet nicht nur Integration nach innen. Genauso wichtig ist es, Europa nach außen angemessen zu positionieren.

Die Europäische Union muss sich den aus ihrer eigenen Entwicklung und aus der Globalisierung rührenden Herausforderungen stellen, um ihren Weg weiter erfolgreich fortsetzen zu können.

Die Aufgabenstellung ist komplex. Sie reicht von der Entwicklung von Bürgernähe, Effektivität und Handlungsfähigkeit der Institutionen der Europäischen Union über die gemeinsame Lösung der

---

[1] Vgl. EU-Bericht „The Economy of Culture in Europe, Study prepared for the European Commission, Directorate-General for Education and Culture", (EU-Bericht: Economy of Culture in Europe) (2006) (Kommissionsmaterialie 16/088 Anlage) sowie die deutsche Übersetzung. (Kommissionsmaterialie 16/120)
[2] Vgl. Eurostat, http://europa.eu/abc/keyfigures/livingtogether/supporters/index_de.htm, (Stand: 10. Juli 2007)

dringlichen Fragen von Nachhaltigkeit, Interkulturalität, Arbeit, Bildung und sozialer Sicherheit bis zum europäischen Beitrag zur Schaffung der Voraussetzungen für globale Sicherheit und Frieden.[3]

Die dafür erforderlichen Entwicklungsschübe in Richtung europäischer und weltbewusster Denk-, Lebens- und Arbeitsmuster müssen in der Zivil- bzw. Bürgergesellschaft stattfinden. Am Beispiel des Verfassungsentwurfs für Europa war zu erleben, dass politische Initiativen und Aktivitäten ohne Erfolg bleiben, solange sie bloß in Teilen, aber nicht in der gesamten Gesellschaft verwurzelt sind und dort keinen Rückhalt finden.

Europäische Gesetzgebung und die Kulturförderprogramme der Europäischen Union haben für die Kultur in Deutschland unmittelbare Bedeutung. Die Enquete-Kommission hat deshalb mit ihrer Neueinsetzung beschlossen, der Kultur in Europa wegen ihrer zunehmenden Bedeutung für den europäischen Integrationsprozess ein eigenes Kapitel zu widmen.

Unter der Voraussetzung des auch in Europa geltenden Subsidiaritätsprinzips hat deutsche Kulturpolitik zwei grundsätzliche Möglichkeiten, den Herausforderungen des europäischen Integrationsprozesses und der Globalisierung Rechnung zu tragen: erstens durch die Ausgestaltung der kommunalen, regionalen, Landes- und Bundespolitik und zweitens durch Beiträge zur Entwicklung europäischer Kulturpolitik.

Vor diesem Hintergrund beschäftigte sich die Enquete-Kommission einerseits mit den Auswirkungen von europäischer Gesetzgebung und Förderprogrammen sowie internationaler Abkommen und Übereinkünfte auf die Kultur in Deutschland. Andererseits wurde die Frage diskutiert, welchen kulturellen Beitrag Deutschland zur Förderung des europäischen Integrationsprozesses und für die Stärkung einer europäischen Identität leisten kann und welche Positionen Deutschland bei der Entwicklung einer europäischen Kulturpolitik einnehmen könnte. Zu diesem Zweck führte die Enquete-Kommission eine schriftliche Umfrage unter Vertretern der Zivilgesellschaft, mehrere Expertengespräche mit Fachleuten und eine Anhörung durch.

7.1   Grundlagen

7.1.1   Entwicklung eines europäischen Kulturverständnisses

A)   Bestandsaufnahme und
B)   Problembeschreibung

Europäische Kulturpolitik hat sich im Dialog verschiedener Akteure, vor allem des Europarates und der Institutionen der sich entwickelnden Europäischen Union, herausgebildet. Den Anfang einer Kulturpolitik in und für Europa hat der 1949 gegründete Europarat gesetzt. In seiner Gründungsurkunde werden Aufgaben und Ziele für die Wahrung der Menschenrechte in Europa und der Sicherung des gemeinsamen kulturellen Erbes hervorgehoben. Den gesellschaftlichen Wirkungsfeldern der Geltung des Rechts und der Bewahrung und des Schutzes der Kultur galten seine bedeutsamsten Konventionen: die zum Schutz der Menschenrechte und Grundfreiheiten von 1950 sowie die Kulturkonvention von 1954[4], in deren Zentrum die wechselseitige Öffnung des gemeinsamen kulturellen Erbes sowie die wechselseitige Förderung der Sprachen, der Geschichte und der Zivilisation der Unterzeichnerstaaten stand.

---

[3] Sondervotum Prof. Dr. Dieter Kramer: „Europa soll gemäß seiner Wertegrundlagen ein besonderes Gewicht auf die Erarbeitung von Methoden der gewaltarmen Regelung von Konflikten legen und auf erkennbare Weise für den internationalen Raum solche Praktiken entwickeln und propagieren. Dadurch kann es sein besonderes Profil in den globalen Verhältnissen herausarbeiten. Militärische Interventionen sollen dem nachgeordnet bleiben."
[4] Vgl. Schwencke (2006), S. 33, 38f.

In den 1957 abgeschlossenen Römischen Verträgen, die die Europäische Union vorbereiteten, fanden Bildung, Wissenschaft und Kultur nur geringen und nur auf ökonomische Effekte bezogenen Niederschlag. Bildung wurde nur gesehen als „berufliche Aus- und Fortbildung" (Artikel 118 und 128 EWG-Vertrag). Kultur wurde erwähnt als Ausnahmefall des freien Warenverkehrs (Artikel 36 EWG-Vertrag: „Einfuhr-, Ausfuhr- und Durchführungsverbote [...] zum Schutz [...] des nationalen Kulturguts von künstlerischem, geschichtlichem oder archäologischem Wert [...]").

Jahrzehntelang wollte man wegen der Subsidiarität gerade auch von deutscher Seite den europäischen Institutionen keine Kulturzuständigkeit zugestehen. Das erst später Jean Monet zugeschriebene Wort, dass er, wenn er die Europäische Union noch einmal begründet hätte, mit der Kultur beginnen würde, zeigt den späten Wandel des Kulturverständnisses.

Das in den 50er-Jahren vorherrschende Verständnis von Kultur wurde durch die Entwicklungen und Konflikte der 60er- und 70er-Jahre (zum Beispiel das Wirtschaftswunder, die Entwicklung des Ost-West-Konflikts, die Studentenbewegung) infrage gestellt. Mit der Abschlusserklärung „Zukunft und kulturelle Entwicklung" von Arc et Senans (1972) eröffnete zuerst der Europarat neue Perspektiven: „Zentrale Aufgabe jeder Kulturpolitik muss es sein, die Bedingungen für Ausdrucksvielfalt und ihre freizügige Nutzung zu garantieren und weiter zu entwickeln [...] Es sind alle Umstände zu fördern, die Kreativität und soziokulturelle Fantasie begünstigen; kulturelle Unterschiede müssen anerkannt und unterstützt werden."[5] Zwischen den normativen Grundlagen der europäischen Gesellschaften und der Kultur wird ein zentraler Zusammenhang herausgehoben: „Kulturpolitik kommt ohne ethische Begründung nicht aus."

Kreativität und sozialkulturelle Fantasie waren auch die Stichworte für eine breite, große Teile auch der jüngeren Bevölkerung einbeziehende kulturelle Bewegung der 70er- und frühen 80er-Jahre.

In der Bundesrepublik Deutschland haben Akteure wie der Deutsche Städtetag, Akademien und die Kulturpolitische Gesellschaft den Anstoß von Arc et Senans aufgenommen und die „Neue Kulturpolitik" konzipiert. Im Konzept der „Wege zu einer menschlichen Stadt" und im Beschluss zu „Bildung und Kultur als Element der Stadtentwicklung" formulierten sie neue Positionen (Dortmunder Tagung, 1973), die an das erweiterte europäische Kulturverständnis anschlossen und die subsidiäre Dimension stärkten.[6]

Parallel wurden auch in der Europäischen Wirtschaftsgemeinschaft Fragen der Bildung und Kultur stärker beachtet. Sie richtete eine Generaldirektion für Forschung, Wissenschaft und Bildung unter der Regie von Ralf Dahrendorf ein. Mit Blick auf die Bedeutung von Kultur- und Wertefragen entstanden Programme wie Cedefop (Berufsbildung), Erasmus und Sokrates (Studentenaustausch). Die Kommission führte „Aktionen der Gemeinschaft im kulturellen Sektor" durch. Das Parlament begleitete sie durch Berichte seines Politischen Ausschusses (Lady-Elles-Bericht, 1973).[7]

Die engen Begriffsbestimmungen von Kultur und kulturpolitischem Handeln wurden europaweit überschritten; der erweiterte Kulturbegriff, wie er seitens des Europarats und der UNESCO bereits verwandt wurde, setzte sich auch in der Europäischen Wirtschaftsgemeinschaft durch. Das gesellschaftspolitisch gefasste Kulturverständnis, das sich nicht mehr primär am „kulturellen Erbe" orientierte, wuchs mit der Erkenntnis, dass der Unions-Gedanke einer stabileren Basis als der einer puren Wirtschaftsgemeinschaft bedurfte. Die „Verbundenheit der europäischen Völker", wie sie zur „Bildung eines gemeinsamen Paktes" notwendig war, wurde auch als Frage nach der Identität der Europäer verstanden und thematisiert. In den Jahren 1969, 1972 und 1973 befassten sich die Staats-

---

[5] Schwencke (2007), S. 20.
[6] Vgl. Schwencke (2007), S. 21.
[7] Vgl. Schwencke (2006).

und Regierungschefs der Europäischen Wirtschaftsgemeinschaft mit dem Thema. Bürgerbewusstsein wurde als Voraussetzung für die Bildung einer Europäischen Gemeinschaft begriffen (Haager Gipfel, 1969).[8]

Die kurz nach der ersten Direktwahl des Europäischen Parlaments 1979 konstituierte Kommission für Jugend, Kultur, Information, Bildung und Sport verfolgte von Beginn an das Ziel, Kultur zum rechtlich verankerten Handlungsfeld zu machen.

Seit Mitte der 80er-Jahre hat das Europäische Parlament immer wieder kultur- und bildungspolitische Initiativen unternommen, um die Europäische Gemeinschaft aktiver und umfassender in diesem Bereich zu engagieren. Im Barzanti-Bericht (1992)[9] hebt das Europäische Parlament einerseits Kultur und Bildung als einen „außerordentlich wichtigen Wirtschaftsfaktor" der Gemeinschaft hervor und andererseits die „kulturelle Dimension" als „immer wichtiger" für die Entwicklung der „großen Vielfalt von Charakteristiken und Identitätsmerkmalen". „Dialoge" bzw. die „Beziehung zwischen unterschiedlichen Kulturen" werden als primäre Aufgabe der Gemeinschaft gesehen. Die Kommission reagierte mit „Neuen Impulsen für die Aktion … im kulturellen Bereich".

Die Debatten um das Kulturverständnis respektive um die Erweiterung des Kulturbegriffs wurden im Umfeld von Europarat und UNESCO geführt.

1976 beschloss die erste Kulturministerkonferenz in Oslo „Prinzipien der Kulturpolitik"[10]:

„1. Die Gesellschaftspolitik als Ganzes sollte eine kulturelle Dimension beinhalten, die sich an der Entwicklung menschlicher Werte, an der Gleichheit, Demokratie und der Verbesserung der Lebensbedingungen der Menschen orientiert.

2. Die Kulturpolitik sollte als unerlässlicher Bestandteil der Regierungsverantwortung angesehen werden.

3. Die Kulturpolitik kann sich nicht mehr […] auf die (Künste) beschränken; […] erforderlich ist nun eine weitere Dimension: die Anerkennung der Pluralität unserer Gesellschaft."

Mit der Internationalen Konferenz über Kulturpolitik in Europa (Helsinki, 1972) und der Erklärung der Weltkonferenz über Kulturpolitik (Mexiko-City, 1982) setzte die UNESCO neue Maßstäbe zur Entwicklung eines universellen Kulturbegriffs. Er beruht auf Artikel 27 der Allgemeinen Erklärung der Menschenrechte der Vereinten Nationen von 1948, dem „Recht auf Kultur" und dem Ansatz „Kultur ist Menschenrecht"[11]:

„Kultur (wird) in ihrem weitesten Sinne als die Gesamtheit der einzigartigen geistigen, materiellen, intellektuellen und emotionalen Aspekte angesehen […] Dies schließt nicht nur Kunst und Literatur, sondern auch Lebensformen, Grundrechte der Menschen, Wertesysteme, Traditionen und Glaubensrichtungen (ein)." „Erst durch die Kultur werden wir zu menschlichen, rational handelnden Wesen […] Erst durch die Kultur drückt sich der Mensch aus, wird sich seiner selbst bewusst, erkennt seine Unvollkommenheit […], sucht nach neuen Sinngehalten und schafft Werke, durch die er seine Begrenztheit überschreitet." Weiterhin erklärt die UNESCO, dass „alle Kulturen Teil des gemeinsamen Erbes der Menschheit sind" und damit „die Gleichheit und Würde aller Kulturen anerkannt werden."[12]

---

[8] Vgl. Schwencke (2006).
[9] Ebd., S. 183–185.
[10] Schwencke (2006), S. 106.
[11] Artikel 27 der Allgemeinen Erklärung der Menschenrechte der UNO, 1948.
[12] UNESCO (1972), Übereinkommen zum Schutz des Kultur- und Naturerbes der Welt.

In der Erklärung von Mexiko-City wird Kultur erstmals als „Hauptelement des Entwicklungsprozesses" verstanden. Dieser Gedanke, der in späteren Texten weiterentwickelt wurde, gipfelte in der Devise, „dass der Mensch Ursprung und Endziel der Entwicklung" sei. Diese Hypothese wird danach noch mehrfach aufgegriffen und schließlich in dem „Aktionsplan über Kultur und Entwicklung" (Stockholm, 1998)[13] mit der Nachhaltigkeitsforderung verknüpft: „Nachhaltige Entwicklung und kulturelle Entfaltung bilden ein miteinander verknüpftes Ganzes." Damit gelingt es der UNESCO, den Diskurs über die Relevanz von Nachhaltigkeit auch für Kultur und Bildung zu eröffnen.

Zur Vorbereitung des Maastrichter Vertrages hat die Europäische Kommission eine Expertengruppe unter dem damaligen Kommissionspräsidenten Jacques Delors berufen. Diese greift das durch den Europarat und die UNESCO entwickelte neue Kulturverständnis auf: „Kultur ist kein abstrakter Begriff: Kultur ist die Gesamtheit der zahlreichen Sitten und Gebräuche, die in allen Bereichen des täglichen Lebens ihren Ausdruck finden. In der Kultur spiegeln sich unser jeweiliger Lebensstil, unsere Traditionen und Ideale wider. In ihr wurzeln unsere Dialekte und unser Liedgut. Sie ist bestimmend dafür, wie wir eine Liebeserklärung machen oder wie wir unsere Toten beerdigen. Kultur ist somit das bedeutsamste und stärkste Charakteristikum der menschlichen Gemeinschaft." Und weiter wird argumentiert: „Kultur steht in engem Zusammenhang mit den direkten und indirekten Lernprozessen und der menschlichen Entwicklung schlechthin. Als dynamisches, in ständiger Wandlung befindliches Element stellt sie eine Verbindung zwischen der Vergangenheit und der Gegenwart dar."[14]

Dieses Verständnis von Kultur als integraler gesellschaftlicher Entwicklungsvoraussetzung hat sich in der Politik der Europäischen Union bis in die Gegenwart nicht genügend durchgesetzt.

Im Mai 2007 hat die Europäische Kommission eine „Mitteilung über eine europäische Kulturagenda im Zeichen der Globalisierung" herausgegeben. Sie trägt damit der Tatsache Rechnung, dass die Bedeutung der Kultur für den europäischen Integrationsprozess wächst. Sie strebt deshalb an, die Regierungen der Mitgliedsstaaten und den Europäischen Rat zu gewinnen, denn die Entwicklung einer gemeinsamen Identität ist eine wichtige Bedingung für die weitere Entwicklung der Europäischen Union.

Gleichzeitig wird am Beispiel dieser Mitteilung offenbar, dass es divergierende Vorstellungen über die Bedeutung, die Zuständigkeit und die potenzielle Wirkungsmacht von Kultur gibt, zwischen denen die Europäische Kommission zu vermitteln sucht. Zentrale Bezugspunkte der Mitteilung sind unter anderem das gemeinsame kulturelle Erbe Europas sowie seine sprachliche und kulturelle Vielfalt und die Erkenntnis, dass mittels Kultur die wirtschaftliche Entwicklung belebt und Arbeitsplätze gewonnen werden können. Es wird von der Überzeugung ausgegangen, dass Kreativität, Innovation, interkulturelle Kompetenzen und die stetige Entwicklung der Wertegrundlagen in der Europäischen Union und die europäische Integration unter anderem mit dem Grad und der Qualität des gemeinsamen kulturellen Engagements zusammenhängen. Diese Ansicht teilt die Enquete-Kommission. Allerdings übersieht sie nicht, dass das UNESCO-Übereinkommen zum Schutz und zur Wahrung der kulturellen Vielfalt zwar zitiert und herangezogen, jedoch in seiner nachhaltigen Dimension nicht ausreichend verarbeitet wird und dass das durch die Europäische Kommission für eine Europäische Kulturagenda zugrunde gelegte Kulturverständnis den Zukunftsherausforderungen nicht ausreicht. Weitergehende Ansätze dazu finden sich in den UNESCO-Debatten um die Vielfaltskonvention und beim Wettbewerb um den Titel „Kulturhauptstadt Europas 2010". Dabei

---

[13] Vgl. Schwencke (2006), S. 307–311.
[14] Schwencke (2004), S. 21.

wurden vorbildhafte neue europäische Kulturkompetenzen und Positionen für die kommunale, regionale, nationale und europäische Ebene im Sinne subsidiärer Zusammenarbeit erarbeitet.

Deutschland verfügt zum Beispiel mit „RUHR.2010", mit der Deutschen UNESCO-Kommission, der Kulturpolitischen Gesellschaft und der Deutschen Vereinigung der Europäischen Kulturstiftung, mit der Initiative „Europa eine Seele geben", mit dem Deutschen Städtetag und mit dem Deutschen Kulturrat über eine Vielfalt kulturpolitischer Akteure, die im Rahmen der Erarbeitung einer Europäischen Kulturagenda qualifizierte Beiträge zur Entwicklung eines praxiswirksamen neuen europäischen Kulturverständnisses leisten können. Das sollte eingebracht werden.

Es gehört zur Grundüberzeugung auch der Enquete-Kommission, dass Kultur entscheidend ist für die Freisetzung sozialer Energien bei der Lösung von Zukunftsaufgaben, dass Kultur nicht nur eine wirtschaftliche, sondern auch eine gesellschaftliche Produktivkraft ist und dass Kultur und Kunst im Zeitalter der Globalisierung und der neuen Kommunikationstechnologien über die Entwicklungschancen der Menschen und Gesellschaften wesentlich mitentscheiden. Es geht hier nicht nur, wie in der Mitteilung der Europäischen Kommission, um Austausch, Dialog und gegenseitigen Respekt, es geht vor allem um die Erarbeitung von Best Practices. Eine Europäische Kulturagenda hat dem Kulturbereich diese Leistungen abzufordern. Dies geschieht nicht im Widerspruch zur gerade im Kulturbereich zu beachtenden Subsidiarität, sondern auf ihrer Grundlage.

C) Handlungsempfehlungen

1. Die Enquete-Kommission empfiehlt Bund und Ländern, sich unter Einbeziehung der im Bericht genannten zivilgesellschaftlichen Akteure aktiv in die Erarbeitung einer Europäischen Kulturagenda einzubringen.

2. Die Enquete-Kommission empfiehlt Bund und Ländern, den für die europäische Kulturpolitik vorgeschlagenen Prozess der offenen Koordinierung unter Wahrung des Prinzips der Subsidiarität zu unterstützen und aktiv mitzugestalten.[15]

3. Die Enquete-Kommission empfiehlt der Bundesregierung, sich im Europäischen Rat dafür einzusetzen, dass die Europäische Union ihrer Verantwortung für den europäischen Kulturaustausch in höherem Maße als bisher gerecht werden kann und dafür einen angemessenen Budget-Anteil von mindestens einem Prozent zur Verfügung stellt.

4. Die Enquete-Kommission empfiehlt der Bundesregierung, die in der Mitteilung der Europäischen Kommission über eine Europäische Kulturagenda im Zeichen der Globalisierung formulierte Absicht zum Aufbau kreativer Partnerschaften zwischen dem Kultursektor und anderen Sektoren aufzugreifen und zu verstärken, um die gemeinsamen europäischen Grundwerte zu betonen.

5. Die Enquete-Kommission empfiehlt der Bundesregierung, sich in den internen Gremien der Europäischen Union dafür einzusetzen, dass auch der Erinnerungsarbeit und der Menschenrechtsbildung ein angemessener Stellenwert eingeräumt wird. Die Erfahrungen aus der Aufarbeitung des nationalsozialistischen Gewaltregimes und des SED-Unrechtsregimes in Deutschland, aber auch Erfahrungen aus anderen Staaten, sollen fruchtbar gemacht werden für die Aufarbeitung neuerer Menschenrechtsverletzungen in Europa und auf anderen Kontinenten. Auf

---

[15] Sondervotum FDP-Fraktion und SV Olaf Zimmermann: „Die offene Methode der Koordinierung ist kein geeignetes Instrument europäischer Kulturpolitik. Die offene Methode der Koordinierung ermöglicht keine ausreichende demokratisch legitimierte Diskussion über die von der Europäischen Kommission vorgeschlagenen Maßnahmen. Darüber hinaus gilt gerade für den Kulturbereich in besonderem Maße das Subsidiaritätsprinzip, welches mit der Methode der offenen Koordinierung unterlaufen wird."

der Grundlage der internationalen Menschenrechte sollen Standards, Methoden und Prozessformen für die soziale und kulturelle Aufarbeitung und Bewältigung von Verbrechen in Bürgerkriegen und in Diktaturen entwickelt werden.

6. Die Enquete-Kommission empfiehlt der Bundesregierung, die beabsichtigte Einrichtung eines Kulturfonds der Europäischen Union und der Gruppe der afrikanischen, karibischen und pazifischen Staaten (EU-AKP-Kulturfonds)[16] zu unterstützen. Ergänzend dazu sollten in anderen Regionen der Welt, in denen noch keine oder nur wenige Vertretungen der Auswärtigen Kulturpolitik existieren, gemeinsam mit europäischen Partnern offizielle Vertretungen gegründet oder die Arbeit transnationaler Stiftungen europäischer Institutionen des Kulturaustauschs unterstützt werden.

7.1.2 Die Verträge von Maastricht/Amsterdam und der europäische Verfassungsprozess – Rechtsgrundlagen europäischer Kulturpolitik

In Artikel 128 des Vertrages von Maastricht[17] von 1993 (heute Artikel 151 EG-Vertrag – EGV) wurde keine Begriffsdefinition von Kultur aufgenommen, um den kulturpolitischen Handlungsspielraum nicht durch einen bestimmten vertraglich fixierten Kulturbegriff zu begrenzen. Die Europäische Union arbeitet mit einem offenen Kulturverständnis, dass sich in ihren Förderprogrammen niederschlägt.

Der Kulturartikel 151 ermöglicht eine europäische Kulturpolitik, die das Bewusstsein für die kulturelle Vielfalt einerseits und für die Einheit Europas andererseits vertieft. Dieser Artikel ist in engem Zusammenhang mit Artikel 5 EGV, dem Artikel über die Subsidiarität, zu sehen. Das heißt, dass die europäische Ebene grundsätzlich nur das regelt, was auf nationaler oder anderer Ebene nicht geregelt wird. Für Kulturpolitik gilt demnach, dass die europäische Ebene nur komplementär tätig werden kann. Beides zusammen ist der Handlungsrahmen für kulturelle Zusammenarbeit zwischen den Mitgliedsländern und für eine Kooperation mit internationalen Organisationen sowie dem Kulturaustausch mit sogenannten Drittländern. Dem Europarat kommt darin nach wie vor besondere Bedeutung zu.

Das Europäische Parlament, dem bis dahin nur bei der Binnenmarktsregelung ein Mitwirkungsrecht zustand, hat mit dem Maastrichter Vertrag unter anderem im Kulturbereich wie auch im Bildungsbereich ein Mitentscheidungsrecht erhalten, das heißt, europäische Kulturpolitik, die unter Artikel 151 fällt, kann nur mit dem Europäischen Parlament gestaltet werden.

Artikel 151 legt Handlungsgrenzen und Möglichkeiten der Europäischen Union fest und stellt die rechtliche Grundlage für kulturelle Belange dar:

„(1) Die Gemeinschaft leistet einen Beitrag zur Entfaltung der Kulturen der Mitgliedsstaaten unter Wahrung ihrer nationalen und regionalen Vielfalt sowie gleichzeitiger Hervorhebung des gemeinsamen kulturellen Erbes."

Die nationale und regionale Vielfalt und das gemeinsame kulturelle Erbe sind die Merkmale der EU-Kulturpolitik. In dieser gegensätzlichen Konstellation soll einerseits die Vielfalt bewahrt und gefördert, andererseits die ein gemeinsames kulturelles Erbe bildende Kultur stark unterstützt werden. Das Gemeinsame und die Vielfalt bedingen sich wechselseitig.

---

[16] Vgl. Mitteilung der Europäischen Kommission, http://eur-lex.europa.eu/LexUriServ/site/de/com/2007/com2007_0242 de01.pdf, (Stand: 1. November 2007), S. 15.
[17] Vgl. Schwencke (2006), S. 261–271.

Die eigenständige Kulturpolitik der Mitgliedsstaaten hat gegenüber gemeinsamen Aktivitäten den Vorrang. Dafür stehen auch die Pluralform „Kulturen" und die Formulierung „einen Beitrag leisten". Zur besonderen Bedeutung und zum besonderen Charakter europäischer Kulturpolitik als einem Identitätsmodell, das aus dem Zusammenwirken der Unterschiede entsteht, äußert sich ausführlich der Ruffolo-Bericht des Europäischen Parlaments (2001).

„(2) Die Gemeinschaft fördert durch ihre Tätigkeit die Zusammenarbeit zwischen den Mitgliedsstaaten und unterstützt und ergänzt erforderlichenfalls deren Tätigkeit in folgenden Bereichen:

– Verbesserung der Kenntnis und Verbreitung der Kultur und Geschichte der europäischen Völker,
– Erhaltung und Schutz des kulturellen Erbes von europäischer Bedeutung,
– nichtkommerzieller Kulturaustausch,
– künstlerisches und literarisches Schaffen, einschließlich im audiovisuellen Bereich."

Mit Absatz 2 des Artikels 151 EG-Vertrag verpflichtet sich die Gemeinschaft, die Verbreitung der jeweiligen Kultur der einzelnen Mitgliedsstaaten durch Austausch-, Kooperations- und Informationsprogramme zu unterstützen und bewahrt gleichzeitig den positiven Gehalt der Europäischen Kulturkonvention von 1954. Dieser Tätigkeitsbereich zielt hauptsächlich auf das materielle Kulturerbe von europäischer Bedeutung, jedoch sollen auch die nichtmateriellen Hinterlassenschaften wie Dialekte, Sprachen und Traditionen mit diesem Passus geschützt werden.

„(3) Die Gemeinschaft und die Mitgliedsstaaten fördern die Zusammenarbeit mit dritten Ländern und den für den Kulturbereich zuständigen internationalen Organisationen, insbesondere mit dem Europarat."

Damit wird der Europäischen Union die Möglichkeit einer gemeinsamen auswärtigen Kulturpolitik eröffnet. Sie entwickelt sich damit zum internationalen Akteur bei kulturpolitischen Fragen.

„(4) Die Gemeinschaft trägt bei ihrer Tätigkeit aufgrund anderer Bestimmungen dieses Vertrages den kulturellen Aspekten Rechnung, insbesondere zur Wahrung und Förderung der Vielfalt der Kulturen."

Mit der sogenannten Kulturverträglichkeitsklausel ist der Europäischen Union aufgegeben, kulturelle Belange bei der Gestaltung ihrer Politik stets zu berücksichtigen. So wird eine bessere Balance zwischen Kultur und Wirtschaft hergestellt. Juristisch gesehen legitimiert und sanktioniert die Kulturverträglichkeitsklausel die bisher praktizierte Berücksichtigung der kulturellen Aspekte im Rahmen der Gemeinschaftsaktionen. Sie ist eine ausdrückliche Verpflichtung, kulturellen Aspekten in allen Tätigkeitsbereichen Rechnung zu tragen und verschafft diesen damit ein verstärktes Gewicht. Ungeachtet dessen, dass der Europäische Gerichtshof dennoch fast immer zugunsten der Kultur entschieden hat, war dies kein vollständiger Schutz. Diese Situation der Unsicherheit hat sich erst mit der Ratifizierung des Maastrichter Vertrages und der damit erfolgten expliziten Festlegung des Stellenwerts der Kultur im Gemeinschaftsrecht geändert.

Dies eröffnet der Gemeinschaft einen erheblichen Spielraum hinsichtlich der Frage, was Kultur eigentlich sei. Die Kultur gilt als besonderer Wert, der nicht durch Geldwert ersetzbar ist und daher nicht den Gesetzen des freien Marktes unterworfen werden soll. Also werden für Kultur Ausnahmeregelungen geschaffen, die im Sinne der französischen „exception culturelle" – wie später im „Übereinkommen zum Schutz und zur Förderung der kulturellen Vielfalt" der UNESCO (2005) – gesichert sind. Der freie Warenverkehr kann eingeschränkt werden, um die Vielfalt der Kulturen zu schützen. Das setzt allerdings voraus, dass das mitgliedstaatliche Interesse am Schutz nationaler

Kulturgüter von künstlerischem Wert und kultureller Institutionen und Prozesse das Interesse der Gemeinschaft an einem freien Warenverkehr überwiegt. Kein Kulturgut soll allein Objekt des Warenverkehrs werden und diese Begrenzung soll nicht als Diskriminierung gelten. Ferner besteht nach Artikel 87 Abs. 3 Buchstabe d EGV die Möglichkeit, dass Beihilfen zur Förderung der Kultur und der Erhaltung des kulturellen Erbes ausnahmsweise durch die Europäische Kommission genehmigt werden, obwohl der Tatbestand des Beihilfenverbots nach Artikel 87 Abs. 1 EGV erfüllt ist. Nach Auffassung der Kommission umfasst der Kulturbegriff nach Artikel 87 Abs. 3 Buchstabe d EGV denjenigen Bereich, der „nach allgemeiner Auffassung der Kultur zugeordnet" wird.[18] Das lässt an die klassischen Kultursparten wie Literatur, Musik, bildende und darstellende Kunst, aber auch an die Kulturvermittlung im Ausland denken.[19] Die Genehmigungsfähigkeit von Beihilfen nach Artikel 87 Abs. 3 Buchstabe d EGV setzt jedoch voraus, dass die Beihilfen eine klare kulturelle Zwecksetzung haben; die Wirtschaftsförderung darf nicht im Vordergrund stehen.[20] Außerdem müssen die kulturellen Interessen des Mitgliedsstaates an einer Beihilfe gegenüber dem gemeinschaftlichen Interesse an möglichst unverfälschten Handels- und Wettbewerbsbedingungen überwiegen (Verhältnismäßigkeitsgrundsatz).[21]

„(5) Als Beitrag zur Verwirklichung der Ziele dieses Artikels erlässt der Rat gemäß dem Verfahren des Artikels 251 und nach Anhörung des Ausschusses der Regionen Fördermaßnahmen unter Ausschluss jeglicher Harmonisierung der Rechts- und Verwaltungsvorschriften der Mitgliedstaaten [...]."

Damit wird die „Kulturhoheit" der Mitgliedsstaaten akzentuiert. Das Prinzip der Subsidiarität wird erneut als verbindlich betont. Beschlüsse im Bereich Kultur müssen einstimmig gefällt werden, nach einer Ratifizierung der Verfassung für Europa wird sich dies durch Einführung des Mehrheitsbeschlusses ändern. Allerdings darf auch dann das Subsidiaritätsprinzip nicht verletzt werden.

Der Entwurf für eine Verfassung für Europa betont dieses Prinzip erneut. In den Kompetenzzuweisungen wird Kultur in Artikel I-17 (Unterstützungs-, Koordinierungs- und Ergänzungsmaßnahmen) geführt. Da die Kulturpolitiken der Länder damit ihre Autonomie und ihren Vorrang behalten, soll das Prinzip der Einstimmigkeit für Entscheidungen über diese Maßnahmen mit europäischer Zielsetzung aufgehoben werden.

Die gewachsene Bedeutung der Kultur für den Fortgang des europäischen Integrationsprozesses kommt darin zum Ausdruck, dass die Präambel, die formulierten Werte und Ziele sowie die übernommene Grundrechts-Charta deutliche Kultur-Bezüge enthalten und Perspektiven eröffnen, die bereits mit dem Ruffolo-Bericht[22] avisiert wurden.

Mit dem Verfassungsentwurf kündigt sich eine neue Werteorientierung der Europäischen Union an. War in der Grundrechts-Charta noch pauschal vom „geistigen" Erbe die Rede, so heißt es nun einleitend, „dass der Kontinent Europa [...] seit Anfängen der Menschheit [...] im Laufe der Jahrhunderte die Werte ... Gleichheit der Menschen, Freiheit, Geltung der Vernunft [entwickelte] [...] schöpfend aus den kulturellen, religiösen und humanistischen Überlieferungen Europas." Das „weitere Voranschreiten" auf diesem Wege wird gebunden an seine Offenheit für „Kultur, Wissen und sozialen Fortschritt".

---

[18] Vgl. Entscheidung der Europäischen Kommission vom 24. Februar 1999, Staatliche Beihilfe Nr. NN 70/98 Tz. 6.2. – Deutschland (Kinderkanal und Phoenix).
[19] Vgl. Koenig/Kühling (2000), S. 197, 201.
[20] Ebd.
[21] Ebd.
[22] Vgl. Koenig/Kühling (2000), S. 350.

Weit über traditionelle Zielbestimmungen hinaus, wie sie in den nationalen Verfassungen der Mitgliedsländer formuliert sind, ist das EU-Verfassungswerk auf eine Politik der Nachhaltigkeit fokussiert. „Die Union trägt bei zu Frieden, Sicherheit, nachhaltiger Entwicklung der Erde, Solidarität und gegenseitiger Achtung unter den Völkern." Erst in diesem Kontext von Nachhaltigkeit erhält die Kulturverträglichkeitsklausel, die bereits im Maastricht-Vertrag vorkommt, ihre gesellschaftspolitische Relevanz. Es wird nahegelegt, dass ohne die Potenziale von Kunst und Kultur künftig kaum nachhaltige Entwicklung möglich sein wird. Im Beziehungsgeflecht von Nachhaltigkeit und Kulturverträglichkeit ergeben sich viele Möglichkeiten erst in der Praxis. Der Verfassungsentwurf bietet Voraussetzungen und Eckpunkte.

7.1.3 Europäische Normsetzung und ihr Einfluss auf Kultur in Deutschland

A) Bestandsaufnahme

Die Europäische Union ist als Wirtschaftsunion entstanden – auch wenn der Beitrag der Kultur zum Zusammenwachsen Europas von allen Entscheidungsträgern stets betont wird. Die Kulturpolitik der Europäischen Union bezieht sich, nicht zuletzt aufgrund des gerade in Fragen der Kulturförderung strikten Subsidiaritätsprinzips, vor allem auf die Setzung von Rahmenbedingungen von Kunst und Kultur. Sie ähnelt in dieser Hinsicht der Bundeskulturpolitik. Bereits seit dem Vertrag von Maastricht und bekräftigt durch den Amsterdamer Vertrag ist eine sogenannte Kulturverträglichkeitsklausel in den Europäischen Verträgen verankert, die sicherstellen soll, dass die Kultur durch die Politiken in den anderen Politikfeldern keinen Schaden nehmen soll. Vor kurzer Zeit begann die Debatte über den Beitrag des Kulturbereichs zum Lissabon-Prozess. In der Lissabon-Strategie haben sich die Staats- und Regierungschefs darauf verständigt, die Europäische Union bis zum Jahr 2010 zum stärksten wissensbasierten Wirtschaftsraum zu entwickeln. Der mögliche Beitrag des Kulturbereiches zur Erreichung dieses Ziels wird erst seit dem Herbst 2006 debattiert, als der erste Kreativwirtschaftsbericht der Europäischen Union das wirtschaftliche Potenzial dieses Sektors belegte.

Der erste Vorschlag zu einer kohärenten Kulturpolitik auf europäischer Ebene ist der Vorschlag der Europäischen Kommission für eine Kulturagenda von Mai 2007.

Als Rechtsetzungsinstrumente zur Gestaltung der Rahmenbedingungen stehen der Europäischen Union Verordnungen, Richtlinien, Entscheidungen, Empfehlungen und Stellungnahmen zur Verfügung:

Verordnungen gelten für alle Mitgliedsstaaten. Sie werden vom Rat gemeinsam mit dem Parlament oder von der Europäischen Kommission allein erlassen. Sie haben allgemeine Geltung und sind in allen Teilen verbindlich.

Europäische und internationale Vorschriften haben einen immer stärker werdenden Einfluss auf die rechtliche und tatsächliche Gestaltung der Lebensbedingungen in den Mitgliedsstaaten. Dies gilt auch für das kulturelle Leben und seine Rahmenbedingungen. Es besteht ein wechselseitiges Verhältnis der Beeinflussung und Befruchtung – verbunden allerdings auch mit der Gefahr der Beeinträchtigung nationaler kultureller Belange. Sie richten sich an die Mitgliedsstaaten und werden als Richtlinien vom Rat gemeinsam mit dem Parlament oder von der Kommission allein angenommen. Mittels Richtlinien sollen die Rechtsvorschriften der EU-Mitgliedsstaaten angeglichen werden. EU-Richtlinien müssen anschließend von den Mitgliedsstaaten in nationales Recht umgesetzt werden. In der Regel existieren Fristen zur Umsetzung. Ein Beispiel für Richtlinien aus dem Kulturbereich ist die Richtlinie „Urheberrecht in der Informationsgesellschaft", die teilweise bereits in deutsches Recht umgesetzt ist. Ein weiteres Beispiel ist die sogenannte Enforcement-Richtlinie, die sich ebenfalls zurzeit in den parlamentarischen Beratungen befindet (Richtlinie über die Maßnahmen und Verfahren zum Schutz der Rechte des geistigen Eigentums). Aktuell debattiert wird ferner die sogenannte Fernsehrichtlinie, die teilweise zu einer Content-Richtlinie ausgebaut werden soll. Der Anhang H der Umsatzsteuerrichtlinie ist maßgeblich für den ermäßigten Umsatzsteuersatz in den Mitgliedsstaaten.[23]

Intensiv debattiert wurde in den vergangenen Jahren die sogenannte Dienstleistungsrichtlinie, die grenzüberschreitende Dienstleistungen erleichtern sollte. Unter die EU-Dienstleistungen sollten alle Dienstleistungen fallen, bei denen ein Entgelt gezahlt werden muss, auch wenn diese Einrichtungen keine Gewinnerzielungsabsicht verfolgen – wie zum Beispiel öffentliche Bibliotheken, die eine Jahresgebühr verlangen, oder Musikschulen, bei denen Gebühren anfallen. Weiter sollte mit der EU-Dienstleistungsrichtlinie unter anderem das sogenannte Herkunftslandsprinzip eingeführt werden, das heißt die Bedingungen des Landes, aus dem der Dienstleistungserbringer kommt, sollten gelten. Gegen die Dienstleistungsrichtlinie wurde starker Protest auch aus dem Kulturbereich laut. Es bestand insbesondere bei den Beschäftigten in den Theatern und Orchestern die Befürchtung, dass Musiker und Schauspieler aus anderen EU-Mitgliedsstaaten zu deren Löhnen und Sozialleistungen in deutschen Theatern und Orchestern beschäftigt werden. Die nunmehr verabschiedete EU-Dienstleistungsrichtlinie soll in der Regel keine Anwendung auf den nichtkommerziellen Kulturbereich finden.

Im Gegensatz zu Verordnungen und Richtlinien betreffen Entscheidungen Einzelfälle. Die Adressaten der Entscheidung müssen explizit genannt werden. Entscheidungen werden vom Rat, vom Rat gemeinsam mit dem Parlament oder von der Kommission getroffen.

Sowohl Empfehlungen als auch Stellungnahmen zeichnen sich durch eine geringere Verbindlichkeit aus. Bei Empfehlungen entstehen keine rechtlichen Verpflichtungen für die Adressaten. Stellungnahmen dienen dazu, den Standpunkt eines Organs (Rat, Parlament oder Kommission) festzulegen. Sie haben ebenfalls keine Verbindlichkeit.

Neben den direkten Rechtsakten spielen folgende Instrumente in der Europäischen Kulturpolitik eine wichtige Rolle: Mitteilungen der Kommission, Weißbücher der Kommission und Grünbücher der Kommission.

In Mitteilungen skizziert die Kommission ihre Sichtweise eines bestimmten Sektors oder Politikfeldes. Ein Beispiel für Mitteilungen, die den Kulturbereich betreffen, ist die Mitteilung „Die Wahrnehmung von Urheberrecht und verwandten Schutzrechten im Binnenmarkt" aus dem Jahr 2004, in der die Verwertungsgesellschaften unter rein wirtschaftlichen Gesichtspunkten betrachtet werden und die in Deutschland im Urheberrechtswahrnehmungsgesetz festgelegten sozialen und kulturellen Aufgaben keinerlei Berücksichtigung finden.

In Weißbüchern finden sich konkrete Vorschläge für Maßnahmen der Gemeinschaft in bestimmten Bereichen. Weißbücher können in Aktionsprogramme der Europäischen Union münden.

Grünbücher spiegeln den Diskussionsstand zu einem bestimmten Thema wider. Ihre vornehmliche Aufgabe ist es, Debatten anzuregen. Ein Beispiel für ein Grünbuch, das auch für kulturpolitische Fragen relevant ist, ist das Grünbuch „Angesichts des demografischen Wandels – eine neue Solidarität zwischen den Generationen" aus dem Jahr 2004.

Neben der Rechtsetzung sind insbesondere die Entscheidungen des Europäischen Gerichtshofes für die deutsche Kulturpolitik relevant. Der Europäische Gerichtshof kann angerufen werden, wenn EU-Bürger oder Unternehmen die Meinung vertreten, dass nationale Gesetze europarechtswidrig seien. In seinen Entscheidungen gibt der Europäische Gerichtshof auch Hinweise, ob und gegebe-

---

[23] Vgl. Kap. 4.3.2, Steuerrechtliche Behandlung der Künstler- und Kulturberufe.

nenfalls wie das nationale Recht geändert werden muss. Ein aktuelles Beispiel ist die Besteuerung ausländischer Künstler in Deutschland. Hier wird Deutschland nach dem Gerritse-Urteil (2003) sowie dem Scorpio-Urteil (2006) aufgefordert, seine Vorschriften zur Besteuerung ausländischer Künstler zu verändern.[24]

B) Problembeschreibung

Von besonderer Bedeutung ist die Frage, ob die öffentliche Kultursubventionierung mit dem Beihilferecht im europäischen Recht vereinbar ist. Nach der Grundnorm des Artikels 87 Abs. 1 EGV sind staatliche Beihilfen mit dem gemeinsamen Markt prinzipiell unvereinbar und deshalb unzulässig, soweit sie den Handel zwischen den Mitgliedsstaaten beeinträchtigen. Dabei ist der Begriff der Beihilfe weit auszulegen: Er umfasst neben den klassischen Subventionen in Form unmittelbarer finanzieller Zuwendungen auch Steuerbefreiungen, Bürgschaften, Überlassung von Gebäuden und andere Formen von Begünstigungen. Bei Vorliegen einer Beihilfe ist der Tatbestand des Beihilfenverbots dann erfüllt, wenn der Wettbewerb verfälscht wird oder zu verfälschen droht und den Handel zwischen den Mitgliedsstaaten beeinträchtigt.

Die Erfordernisse einer Wettbewerbsverfälschung und einer Handelsbeeinträchtigung sind nach der Rechtsprechung des Europäischen Gerichtshofes relativ leicht erfüllt. Die Europäische Kommission (als zuständiges Organ der Beihilfenkontrolle) muss danach zwar den Nachweis einer zumindest drohenden Wettbewerbsverfälschung erbringen, sie kann sich dabei jedoch auf eine summarische Darlegung der Wettbewerbsverhältnisse und eine plausible Begründung beschränken.

Ausnahmsweise können allerdings an sich verbotene Beihilfen genehmigt werden, wenn sie „zur Förderung der Kultur und der Erhaltung des kulturellen Erbes …" dienen (Artikel 87 Abs. 3 EGV). Hierbei handelt es sich allerdings nicht um eine sogenannte Bereichsausnahme in dem Sinne, dass Ausnahmen zur Kulturförderung von vornherein der Beihilfenkontrolle entzogen wären. Vielmehr bedarf es hier stets einer Einzel- oder Gruppenfreistellungsentscheidung der Kommission. Dabei hat diese einen weiteren Ermessensspielraum, der gerichtlich nur eingeschränkt überprüfbar ist. Um ihre Ermessensausübung für die Mitgliedsstaaten und die betroffenen Unternehmen transparenter und voraussehbarer zu machen, erlässt die Kommission konkretisierende Leitlinien. Solche Leitlinien bestehen im Rahmen des Artikels 97 Abs. 3 Buchstabe d EGV bislang jedoch nur für den Bereich der Filmförderung. Pläne der Kommission, Leitlinien auch für andere Bereiche der Kulturförderung zu erlassen, sind bislang leider nicht verwirklicht worden.

Der Europäische Gerichtshof hat sich zum Begriff der Kultur in Artikel 87 Abs. 3 Buchstabe d EGV – soweit ersichtlich – bislang noch nicht geäußert. Es ist aber davon auszugehen, dass der Begriff der Kultur mindestens die klassischen Kultursparten wie Literatur, Schauspiel, Musiktheater und Konzerte umfasst.

Gemäß Artikel 86 Abs. 2 EGV können Unternehmen, die mit Dienstleistungen von allgemeinem wirtschaftlichem Interesse betraut sind, von den Wettbewerbsregeln des Vertrages, zu denen auch die Vorschriften zum Beihilfenrecht zählen, ausgenommen werden. Die Vorschrift umfasst öffentlich-rechtlich wie privatrechtlich geführte Unternehmen gleichermaßen. In der Praxis hat sie erhebliche Bedeutung für die beihilfenrechtliche Würdigung der öffentlichen Finanzierung der öffentlich-rechtlichen Rundfunkanstalten. Voraussetzung für eine Freistellung gemäß Artikel 86 Abs. 2 EGV ist ein staatlicher Betrauungsakt. Danach muss das Unternehmen kraft Gesetzes oder eines sonstigen Aktes öffentlicher Gewalt mit der Erbringung der Dienststellung betraut worden sein. Weitere Voraussetzung ist, dass die Anwendung des Beihilfenrechts die Erfüllung der dem Unternehmen übertragenen besonderen Aufgabe „rechtlich oder tatsächlich verhindert". Ferner darf

---

[24] Vgl. Kap. 4.3.2, Steuerrechtliche Behandlung der Künstler- und Kulturberufe.

durch die Freistellung die „Entwicklung des Handelsverkehrs nicht in einem Ausmaß beeinträchtigt werden, das dem Interesse der Gemeinschaft zuwiderläuft"[25].

Die Europäische Kommission – als das für die Anwendung des Artikels 86 Abs. 2 EGV zuständige Organ[26] – hat bislang nicht zu der Frage Stellung genommen, ob und inwieweit die staatliche Förderung von Kultureinrichtungen die Erbringung von kulturellen Leistungen durch den Staat selbst als „Dienstleistung von allgemeinem wirtschaftlichem Interesse" anzusehen ist und unter die Ausnahmebestimmung des Artikels 86 Abs. 2 EGV subsumiert werden kann. In ihrem Weißbuch zu Dienstleistungen von allgemeinem Interesse vom 12. Mai 2004[27] fasst die Kommission die bisherige Gemeinschaftspraxis zu den Dienstleistungen von allgemeinem Interesse dahingehend zusammen, dass sich Artikel 86 Abs. 2 EGV auf „wirtschaftliche Tätigkeiten bezieht, die von den Mitgliedsstaaten oder der Gemeinschaft mit besonderen Gemeinwohlverpflichtungen verbunden werden und für die das Kriterium gilt, dass sie im Interesse der Allgemeinheit erbracht werden". Beispielhaft hebt die Kommission das Verkehrswesen, die Postdienste, den Energiesektor und die Telekommunikation als mögliche Dienstleistungen von allgemeinem wirtschaftlichem Interesse hervor. Die Kulturförderung wird nicht erwähnt.

Zusammengefasst lässt sich feststellen, dass die beihilferechtliche Vereinbarkeit der staatlichen kulturellen Förderung etwa von Theatern, Orchestern und Opern durch ein erhebliches Maß an Rechtsunsicherheit gekennzeichnet ist.[28] Die Praxis auf EU-Ebene ist bislang ungeklärt. Wie die weitere Entwicklung in diesem Bereich verläuft, ist durchaus ungewiss.

Obwohl in den Europäischen Verträgen mit der Kulturverträglichkeitsprüfung ein starkes Instrument zur europäischen Kulturpolitik vorhanden ist, ist dies bislang noch nicht wirkungsvoll genug eingesetzt worden, zum Beispiel beim Entwurf der EU-Dienstleistungsrichtlinie. Ebenso wurde gerade im Kulturbereich über lange Zeit hinweg verkannt, dass die ökonomische Betrachtungsweise der Europäischen Union auch auf den Kulturbereich Anwendung findet. Dieses betrifft insbesondere jene Teile des Kulturbereiches, die sich in Trägerschaft der öffentlichen Hand befinden oder aber vornehmlich durch die öffentliche Hand finanziert werden. Letztgenannte Einrichtungen werden nach EU-Terminologie als Dienstleistungserbringer betrachtet, besonders dann, wenn sie Entgelte für ihre Dienstleistungen verlangen. In besonderem Maße gilt dieses für Kultureinrichtungen, die in private Rechtsformen wie zum Beispiel eine GmbH überführt wurden. Diese GmbH unterscheidet sich nach europäischem Verständnis nicht von anderen Unternehmen. Das heißt, Vorschriften, die eigentlich für gewinnorientierte Unternehmen entwickelt wurden, müssen auch hier bei nicht gewinnorientierten Kultureinrichtungen Anwendung finden. Hieraus können Probleme entstehen, die bei einer rein nationalen Betrachtung der Rechtsformänderung teilweise nicht beachtet wurden.

Konsultationsprozesse zur Vorbereitung von Grünbüchern, Weißbüchern oder auch zu Richtlinien finden teilweise in Internetforen statt. Jeder EU-Bürger kann seine Position mitteilen. Einzelmeinungen stehen unvermittelt neben Verbandspositionen, die in einem Abstimmungsprozess unter verschiedenen Beteiligten erarbeitet wurden. Das führt dazu, dass zwar zahlreiche Meinungen eingeholt werden, dabei aber kaum unterschieden wird zwischen privater Meinung, Expertenwissen eines Wissenschaftlers und Verbandspositionen, die von vielen geteilt werden. Darüber hinaus sind die Verbände des Kulturbereiches auf der europäischen Ebene noch unzureichend organisiert. Zwar

---

[25] Artikel 86 Abs. 2 S. 2 EGV.
[26] Vgl. Artikel 86 Abs. 3 EGV.
[27] Mitteilung der Europäischen Kommission an das europäische Parlament, den Rat, den europäischen Wirtschafts- und Sozialausschuss und den Ausschuss der Regionen: Weißbuch zu Dienstleistungen von allgemeinem Interesse (2004), http://eur-lex.europa.eu/LexUriServ/site/de/com/ 2004/com2004_0374de01.pdf.
[28] Vgl. Gutachten zum Thema „Rechtliche und strukturelle Rahmenbedingungen des Betriebes von Theatern, Kulturorchestern und Opern in Deutschland" (Raue-Gutachten). (Kommissionsdrucksache 15/285)

gibt es eine Reihe von Branchenverbänden bzw. Verbänden von speziellen Kultureinrichtungen sowie von Künstlern – wie zum Beispiel Europäischer Verlegerverband, IFPI (International Federation of the Phonographic Industry e. V.), Zusammenschluss der Soziokulturellen Zentren, Zusammenschluss der Theater und Orchester, Zusammenschluss der Musikveranstalter, Zusammenschluss Bildender Künstler, Zusammenschluss der Schriftsteller (European Writers Congress), Zusammenschluss der Bibliotheken (EBLIDA) – einen bereichs- und branchenübergreifenden Zusammenschluss gibt es nicht. EFAH (European Forum of the Arts and the Heritage) kann und will aufgrund seiner heterogenen Zusammensetzung ein solcher Zusammenschluss nicht sein. Die Einflussnahme der Bundeskulturverbände auf europäische Einigungsprozesse ist daher eher gering. Die Vermittlungsarbeit, die der Deutsche Kulturrat als Zusammenschluss von Verbänden der verschiedenen künstlerischen Sparten und der unterschiedlichen Bereiche des kulturellen Lebens in Deutschland leistet, findet auf europäischer Ebene nicht statt. Vor Ort wird bislang zu wenig sparten- und bereichsübergreifend die europäische Politik beobachtet und zu wenig über europäische Entscheidungsprozesse informiert. Dieses hat zur Folge, dass in Deutschland in Teilbereichen erst mit Verspätung Debatten zur europäischen Kulturpolitik einsetzen.

C) Handlungsempfehlungen

1. Die Enquete-Kommission empfiehlt Bund und Ländern, den Konsens in der Europäischen Union darüber zu erhalten, dass die Nationalstaaten und ihre Gebietskörperschaften in ihrer Entscheidung, was sie in der Kultur fördern, autonom bleiben.

2. Die Enquete-Kommission empfiehlt Bund, Ländern und Kommunen, bei Privatisierungen im Kulturbereich dafür Sorge zu tragen, dass diese Privatisierungen nicht zu einer rein wirtschaftlichen Betrachtung der Kultureinrichtung führen. Bei diesen Entscheidungen sollen mögliche europarechtliche Implikationen bereits im Vorfeld beachtet werden.

3. Die Enquete-Kommission empfiehlt Bund und Ländern, sich für eine kohärente europäische Kulturpolitik bei gleichzeitiger Wahrung der Subsidiarität einzusetzen und bei der Europäischen Kommission darauf hinzuwirken, dass die Kulturverträglichkeitsklausel des Amsterdamer Vertrags mit Leben erfüllt wird.

4. Die Enquete-Kommission empfiehlt der Bundesregierung und der Europäischen Kommission, dass besser über europäische Entscheidungsprozesse informiert und eine nationale Positionsfindung erleichtert wird. Zugleich sollen die Partner im europäischen Dialog auch mit Blick auf die Zahl der Menschen bzw. Institutionen, die sie vertreten, stärker berücksichtigt und einbezogen werden. Das gilt insbesondere auch für den Dialog mit den in der Zivilgesellschaft verankerten Organisationen der Nationalstaaten.

5. Die Enquete-Kommission empfiehlt der Bundesregierung und der Europäischen Kommission, die Zivilgesellschaft und ihre Organisationen in die Lage zu versetzen, die europäische Kulturpolitik sparten- und bereichsübergreifend zu begleiten, nationale Diskussionsprozesse zu europäischen Diskussionen zu fördern und den Kontakt zu ähnlichen Zusammenschlüssen aus anderen EU-Mitgliedsstaaten zu fördern.

7.1.4 Vertretung deutscher Kulturpolitik in der Europäischen Union

A) Bestandsaufnahme und
B) Problembeschreibung

Die erste Stufe der Föderalismusreform, die am 1. September 2006 in Kraft getreten ist, zielte darauf ab, demokratie- und effizienzhinderliche Verflechtungen zwischen Bund und Ländern abzubauen und wieder klare Verantwortlichkeiten zwischen beiden Ebenen zu schaffen.

Nach der Neuformulierung lautet Artikel 23 Abs. 6 Grundgesetz (GG) wie folgt:

„Wenn im Schwerpunkt ausschließliche Gesetzgebungsbefugnisse der Länder auf den Gebieten der schulischen Bildung, der Kultur und des Rundfunks betroffen sind, wird die Wahrnehmung der Rechte, die der Bundesrepublik Deutschland als Mitgliedsstaat der Europäischen Union zustehen, vom Bund auf einen vom Bundesrat benannten Vertreter der Länder übertragen. Die Wahrnehmung der Rechte erfolgt unter Beteiligung und in Abstimmung mit der Bundesregierung; dabei ist die gesamtstaatliche Verantwortung des Bundes zu wahren."

Hiernach überträgt der Bund künftig die Verhandlungsführung bei der Europäischen Union an einen Ländervertreter, allerdings nur, wenn im Schwerpunkt ausschließliche Gesetzgebungsbefugnisse der Länder auf den Gebieten schulische Bildung, Kultur und Rundfunk betroffen sind.

Der bisherige Artikel 23 Abs. 6 GG wurde 1992 in das Grundgesetz im Zuge der Verabschiedung des Vertrages von Maastricht eingefügt. Mit Artikel 23 Abs. 6 GG sicherten sich die Länder das Recht, die Bundesrepublik Deutschland auf der europäischen Ebene zu vertreten, sofern ihre Kompetenzen betroffen sind. Dieses betraf alle Kompetenzen der Länder und war nicht allein auf Schule, Kultur und Rundfunk begrenzt. In den meisten Politikbereichen haben die Länder ihr Vertretungsrecht nicht in Anspruch genommen.

Für den EU-Kulturministerrat hieß dies jedoch, dass bis zum Jahr 1998 ein Vertreter der Länder gemeinsam mit einem Vertreter des Bundes (Bundesaußenminister bzw. Vertreter des Kanzleramtes) die deutschen kulturpolitischen Interessen im EU-Kulturministerrat vertreten hat. Seit dem Amtsantritt des ersten Beauftragten der Bundesregierung für Kultur und Medien im Ministerrang im Oktober 1998 wurde diese Vertretung vom Bund verstärkt wahrgenommen, wobei daneben der Ländervertreter im EU-Kulturministerrat aufgrund seiner Bundesratsbeauftragung die Interessen der deutschen Länder vertreten hat.

Nach der bisherigen Regelung des Artikels 23 GG sollte der Bund den Ländern die Verhandlungsführung in Vorhaben der Europäischen Union überlassen, die im Schwerpunkt Materien betreffen, die in ausschließlicher Gesetzgebungskompetenz der Länder liegen (zum Beispiel Rundfunkrecht). Durch die Föderalismusreform wird der Kreis möglicher EU-Vorhaben, die so zu qualifizieren sind, auf die Bereiche „Rundfunk", „Bildung" und „Kultur" eingegrenzt.

Die Kulturhoheit der Länder ist unbestritten. Daneben bestehen aber weitgehende Gesetzgebungsbefugnisse des Bundes im Kulturbereich. Die Rahmenbedingungen für Kunst und Kultur, das heißt für die Künstler, die Kultureinrichtungen, die Kulturvereine und die Kulturwirtschaft, werden in erster Linie vom Bund gestaltet. Exemplarisch stehen hierfür die folgenden Rechtsgebiete:

– Urheberrecht,

– Steuerrecht inklusive Gemeinnützigkeitsrecht,

– Arbeits- und Sozialrecht,

– Handelsrecht sowie

– Stiftungsrecht.

Dem Bund obliegt also im Wesentlichen die ordnungspolitische Gestaltung der Rahmenbedingungen für Kunst und Kultur. Demgegenüber erschöpft sich die Gesetzgebungskompetenz der Länder in Kulturfragen vornehmlich in der Haushaltsgesetzgebung für die Kulturförderung der Länder.

Daraus folgt, dass ein Ländervertreter die Bundesrepublik Deutschland nur dann im EU-Kulturministerrat vertreten kann, wenn es um Fragen der Kulturförderung geht. In allen anderen Fragen muss ein Vertreter des Bundes für die Bundesrepublik Deutschland sprechen.

Da im EU-Kulturministerrat vornehmlich Fragen der Rahmenbedingungen verhandelt werden und nur teilweise auf die Kulturförderung eingegangen wird, hat die Grundgesetzänderung aus Sicht der Enquete-Kommission zu einer nicht sachgerechten Verflechtung geführt. Diese läuft der Intention der Föderalismusreform entgegen. Außerdem besteht die Gefahr, dass die Wahrnehmung nationaler Kulturinteressen gegenüber den anderen EU-Mitgliedsstaaten dadurch geschwächt werden könnte.

Da in einem Europa mit 27 Mitgliedsstaaten die Entscheidungsprozesse beschleunigt werden müssen und künftig Paketverhandlungen anstehen, ist es sachgerecht, dass die Bundesrepublik Deutschland in diesen Paketverhandlungen durch einen Bundesvertreter sprachfähig ist. Dieses gilt auch mit Blick darauf, dass in der EU-Verfassung abweichend vom jetzigen EU-Vertragswerk Mehrheits- statt Einstimmigkeitsentscheidungen im Kulturbereich geplant sind.

Wenn nach dem Inkrafttreten der EU-Verfassung auch im Kulturbereich Mehrheitsentscheidungen gefasst werden können, würde eine Vertretung der Bundesrepublik Deutschland durch einen Ländervertreter aufgrund der erforderlichen Abstimmungen unter den Ländern sowie zwischen Bund und Ländern die Bundesrepublik bei Entscheidungen gegenüber anderen EU-Mitgliedsstaaten benachteiligen. Diese Benachteiligung kann nicht im gesamtstaatlichen Interesse sein.

C) Handlungsempfehlung

1. Die Enquete-Kommission empfiehlt Bund und Ländern, dass sie im Rahmen von Artikel 23 Absatz 6 GG ihr Vorgehen eng koordinieren und eine gegenseitige Information und Abstimmung erfolgt. Es ist dafür Sorge zu tragen, dass Deutschland in EU-Verhandlungsprozessen für die anderen Mitgliedsstaaten einen Ansprechpartner mit hinreichender Verhandlungsvollmacht von Bund und Ländern hat. Deutschland braucht auf EU-Ebene eine gemeinsame, starke Vertretung.[29]

7.2 Instrumente europäischer Kulturpolitik und ihre Wirkungen auf Kultur in Deutschland

7.2.1 Programme und Fonds

A) Bestandsaufnahme und
B) Problembeschreibung

Europäische Kulturpolitik lebt vom Prinzip der Subsidiarität und der Vielfalt der Kulturen. Sie kann einen unterstützenden und ergänzenden Beitrag zu den Kulturpolitiken der Länder leisten. Dazu legt sie Förder- und Aktionsprogramme auf. Wo die Zuständigkeit bei den Mitgliedsstaaten liegt, stehen der Union als zusätzliche Instrumente Entschließungen, Empfehlungen und weitere nicht zwingende Rechtsakte zur Verfügung. Ein indirektes Instrument ist die Kulturverträglichkeitsprüfung.

Als Aktionsbereiche hat die Europäische Union definiert: Verbesserung der Kenntnis und Verbreitung der Kultur und Geschichte der europäischen Völker, Erhalt und Schutz des Kulturerbes von europäischer Bedeutung, Förderung nichtkommerziellen Kulturaustausches, Anregung des künstlerischen und literarischen Schaffens einschließlich des audiovisuellen Bereichs, Förderung der kulturellen Zusammenarbeit mit Drittländern und mit den für Kultur zuständigen internationalen Organisationen, insbesondere mit dem Europarat.[30]

---

[29] Vgl. Kap. 2.2, Kompetenzverteilung Europa, Bund, Länder, Kommunen.
[30] Vgl. Beschluss des Europäischen Parlaments und des Rates über das Programm „Kultur 2007", in Schwencke (2006), S. 357–373.

Mit dem Programm „Kultur 2007–2013" sind im Januar 2007 wesentliche Neuregelungen in Kraft getreten. Das betrifft die Unterstützung von Organisationen, die durch Vernetzung von Kultureinrichtungen oder durch Ausübung der Funktion von Kulturbotschaftern von besonderem europäischem kulturellem Interesse sind. Analysen und Studien im Bereich der kulturellen Zusammenarbeit werden ebenso verstärkt unterstützt.

Die Enquete-Kommission begrüßt, dass die grenzüberschreitende kulturelle Zusammenarbeit in der EU-Kulturpolitik zunehmend breiteren Raum einnimmt. Neben der Mobilität der Kulturschaffenden und der internationalen Verbreitung von Kunstwerken gewinnt der interkulturelle Dialog als Programmziel Bedeutung. Das „Europäische Jahr des interkulturellen Dialogs 2008" soll dazu beitragen, eine aktive und weltoffene Unionsbürgerschaft zu entwickeln.

Das erste Programm der Gemeinschaft „Bürgerbeteiligung" wird durch das neue Programm „Bürger für Europa" (2007) abgelöst. Damit sollen gegenseitiges Verständnis und das Bewusstsein für eine gemeinsame europäische Identität befördert werden.

Über die Kulturprogramme hinaus hält die Europäische Union Fonds vor, die auch direkt und indirekt der Kultur in Deutschland zugute kommen.

Eine Vielzahl von Investitionen, vor allem in die Gebäude und Infrastruktur von Kulturinstitutionen und -einrichtungen der Länder mit zum Teil beträchtlichem Finanzvolumen, wurden und werden zum Beispiel aus dem Kulturinvestitionsprogramm (KIP) des Europäischen Fonds für regionale Entwicklung (EFRE) finanziert. Wie bereits der Ruffolo-Bericht ausdrücklich konstatierte, wird sogar der überwiegende Teil der Kulturförderung der Gemeinschaft über die Strukturfonds bereitgestellt. Im Zeitraum 1989 bis 1993 wurden 80 Prozent aller Kulturausgaben durch Strukturfonds geleistet. Im Zeitraum 1994 bis 1999 flossen allein in den deutschen Kulturbereich 185 Mio. Euro. Diese Mittel werden 2007 bis 2013 noch erheblich aufgestockt werden, insbesondere durch Mittel aus dem EFRE und dem Europäischen Sozialfonds (ESF). Zunehmend werden auch aus dem für die ländliche Entwicklung bestimmten Europäischen Ausrichtungs- und Garantiefonds für Landwirtschaft (EAGFL-Fonds, jetzt ELER – Europäischer Landwirtschaftsfonds für die Entwicklung des ländlichen Raums) Projekte aus dem Kulturbereich gefördert. Dorfgemeinschaftshäuser und museale Einrichtungen in Dörfern bzw. unter Denkmalschutz stehende Häuser, Klöster und Kirchen werden saniert und kulturellen Nutzungen zugeführt. In manchen Ländern wird rund ein Fünftel der Fonds-Mittel im kulturellen Bereich verausgabt.[31] Auch EURegio- bzw. INTERREGIONES-Mittel werden in den grenznahen Bereichen für Kulturprojekte eingesetzt, da sie die Integration in besonderer Weise fördern und helfen, eine grenzübergreifende, gemeinsame Identität zu entwickeln. Außer den genannten Quellen werden Kulturprojekte durch die Europäische Union auch im Rahmen der EU-Gemeinschaftsinitiative INTERREGIONES unterstützt. Damit spricht die Europäische Union der Kultur einen hohen Stellenwert als ideelle Lebensgrundlage und nachhaltige Ressource zur Erschließung gesellschaftlicher Energien zu. Der Ansatz, Kultur nicht als enges Ressort zu betrachten, ist einer der bleibenden Ansprüche für die Union. Entscheidend ist dabei, dass die beantragenden nationalen und regionalen Gremien entsprechende Kulturfördermaßnahmen im Sinne dieses erweiterten Kulturbegriffs definieren und bei der Kommission beantragen.

Ein Problem ist der Umstand, dass in den meisten Ländern die Verwaltung der EU-Mittel nicht in den Verantwortungsbereich der Kulturministerien fällt. Die jeweiligen anderen Ressorts lassen sich oft nur schwer für Kulturprojekte begeistern.

Eine Herausforderung stellt sich hierbei für die Kulturförderung: Die Mitgliedsstaaten sind selbst für die Verteilung der eingeworbenen Mittel aus Europa verantwortlich.

---

[31] So z. B. die Situation in Brandenburg in den Haushaltsjahren 2005 und 2006.

Anders als in südeuropäischen EU-Ländern fehlen in Deutschland auch noch gezielte Hinweise auf Förderungschancen für den kulturellen Sektor aus Struktur- und Landwirtschaftsfonds, die dazu beitragen könnten, den Kultur-Anteil zu vergrößern. Ein Strategiepapier der Europäischen Union aus dem Jahr 2006 formuliert dazu drei Prioritäten: Stärkung der Anziehungskraft Europas und seiner Regionen, Förderung von Wissen und Innovation für wirtschaftliches Wachstum, Schaffung neuer Arbeitsplätze.[32]

Beispiele wie die Weimarer Herbstakademie 2006 „Fundraising – EU-Förderprogramme und Stiftungsmittel richtig nutzen" beweisen, dass es durchaus möglich ist, Mittel aus dem europäischen Struktur- und Sozialfonds für Kultur zu akquirieren. Sie zeugen aber auch davon, dass dazu ein eigens für diesen Zweck entwickeltes Spezialistentum vonnöten ist. Dies bestätigten alle von der Enquete-Kommission befragten Experten nachdrücklich. Sie machten darüber hinaus deutlich, dass viele potenzielle Antragsteller für Mittel der Europäischen Union von den Antragsformalitäten und Berichtspflichten abgeschreckt werden und nicht in der Lage sind, diesen entsprechend nachzukommen.[33]

Die angehörten Experten sahen in dem Vorschlag, die Mittel der Struktur- und Sozialfonds den Kulturministerien der Länder direkt zuzuweisen, keine Lösung. Vor allem kleinere kulturelle Institutionen scheitern laut Schilderung der Experten[34] an der notwendigen Zwischenfinanzierung: Wie andere fördernde Institutionen auch behält die Europäische Union im Moment noch bis zu 20 Prozent der Fördersumme ein, die erst nach erfolgreichem Abschluss und Abrechnung des Projektes ausgezahlt werden. Die Experten berichteten, dass die Europäische Union plane, zukünftig bis zu 50 Prozent der Mittel einzubehalten. Für die Projektträger bedeutet das, die Gelder vorschießen zu müssen, weil sie Teil des Gesamtbudgets sind. Kleinen Institutionen ist es aber in der Regel nicht möglich, finanziell in Vorleistung zu gehen.[35]

Generell beobachten die Experten die Tendenz, dass Kulturförderung durch die Programme der Europäischen Union immer dieselben großen Namen und Institutionen bedient, während „junge Generationen, neue Ideen, aktuelle Szenen"[36] dabei kaum Beachtung finden. Es kann jedoch andererseits auch nicht darum gehen, dass die Europäische Union ihr gesamtes Fördervolumen auf Klein- und Kleinstprojekte aufsplittert. Der dann nötige" Verwaltungsaufwand würde zu größerer Undurchsichtigkeit, Bürokratie und Bürgerferne führen, also zum genauen Gegenteil dessen, was alle Beteiligten wollen.

Landes- und Europaanträge laufen oft zeitlich parallel, und „letters of intent" (Absichtserklärungen zur Übernahme von Komplementärfinanzierungen, die an Voraussetzungen wie zum Beispiel die Projektbewilligung durch die Europäische Union geknüpft sind) werden von den Landesregierungen und anderen staatlichen Institutionen immer seltener gegeben.

Mit den an die Europäische Union adressierten Vorwürfen muss differenziert umgegangen werden: Sie wird aus der Sicht einiger Antragsteller wegen unnötiger Bürokratie und gelegentlich ungenügender Verlässlichkeit hinsichtlich getroffener Vereinbarungen kritisiert. Kritische Situationen ent-

---

[32] Vgl. das Strategiepapier der Europäischen Union, http://ec.europa.eu/sustainable/docs/renewed_eu_sds_de.pdf, (Stand: 10. Juli 2007).
[33] Vgl. Anhörung vom 16. Oktober 2006 zum Thema „Kultur in Europa" (Anhörung Kultur in Europa). Teilnehmer: Dr. Bernecker, Roland (Generalsekretär der deutschen UNESCO-Kommission), Dr. Blinn, Hans-Jürgen (Beobachter der GATS-Verhandlungen im Auftrag des Bundesrates), Dr. Breier, Zsuzsa (Initiatorin und Leiterin des Kulturjahres der Zehn), Dr. Hassemer, Volker (Initiative „Europa eine Seele geben"), Gessler, Barbara (Vertretung der Europäischen Kommission in Bonn), Prof. Krajewski, Markus (Universität Potsdam). (Wortprotokoll 16/15)
[34] Ebd.
[35] Ebd.; vgl. Bornemann (2002).
[36] Vgl. Wortprotokoll der Anhörung Kultur in Europa. (Protokoll-Nr. 16/15)

stehen aber auch, weil viele kleine Akteure sich wegen mangelnder nationaler Finanzierungsquellen für ihre Projekte an die Europäische Union wenden.

C) Handlungsempfehlungen

1. Die Enquete-Kommission empfiehlt der Bundesregierung, einen regionalen Ausbau der Strukturen des Cultural Contact Point mit dezentralen Ansprechpartnern, sodass kleineren Kulturinstitutionen und Künstlerinitiativen mehr Informationen und Hilfestellungen zuteil werden können.

2. Die Enquete-Kommission empfiehlt dem deutschen Cultural Contact Point, ein Erfolgscontrolling einzuführen und mehr öffentlichkeitswirksame Seminare zur Kulturförderung in Europa durchzuführen.

3. Die Enquete-Kommission empfiehlt Bund und Ländern die Einrichtung von Fonds, um die finanziellen Hürden zu überbrücken, die kleinere Kulturinstitutionen und Künstler von der Antragstellung bei der Europäischen Union abhalten. Diese sollen der Überbrückung der fehlenden Finanzierungsanteile dienen, die aus der Einbehaltung der bewilligten Mittel bis zur Beendigung des Projekts entstehen.

4. Die Enquete-Kommission empfiehlt den Ländern, gemeinsam mit den Kommunen eine stärkere koordinierende Rolle zu übernehmen und nach dem Vorbild des „Leader+-Programms" der Europäischen Union temporär regionale Dachvereinigungen zu bilden, in denen gemeinsame Anträge gestellt werden. Sie empfiehlt dem Bund und den Ländern, sich auch für eine Vereinfachung der Antragsmodalitäten auf der EU-Ebene und praktikablere Abrechnungsmechanismen einzusetzen.

7.2.2 Kulturhauptstädte Europas und europäische Kulturprojekte

A) Bestandsaufnahme und
B) Problembeschreibung

Beim Projekt der Kulturhauptstädte Europas handelt es sich um ein Instrument, das es ermöglicht, die Werte und Ziele der Europäischen Union, gesellschaftlichen Fortschritt und die Alltagserfahrung und -praxis der Menschen vor Ort in nachhaltiger und ausstrahlender Weise miteinander zu verbinden.

Das seit 1985 praktizierte Modell ist das derzeit erfolgreichste europäische Kulturprojekt. In Deutschland haben bislang (West-)Berlin 1988 und Weimar 1999 den Titel einer Europäischen Kulturhauptstadt getragen und sowohl Impulse zu dessen Entwicklung gegeben als auch selbst von dem Kulturhauptstadt-Ereignis profitiert. Weit mehr als 100 Millionen Interessierte haben die Kulturhauptstädte aufgesucht und ihre Veranstaltungen verfolgt.[37] Sie waren und sind Impuls zur Mobilisierung breiter gesellschaftlicher Kräfte für europäische Kultur auf der kommunalen, regionalen und Länderebene in den Mitgliedsstaaten. Weltweit werden Glamour und Prestige mit dem Projekt verbunden; in Russland und den USA gibt es inzwischen analoge Ereignisse; auch eine islamische und eine arabische Kulturhauptstadt werden benannt.

Mit den Fortschritten der europäischen Integration und der wachsenden Sensibilität kultureller Akteure für gesamtgesellschaftliche Belange hat auch das Kulturhauptstädte-Projekt eine Entwicklung durchlaufen. Ursprünglich hauptsächlich auf die wechselseitige Information der europäischen Bür-

---

[37] Vgl. Palmer/Rae Associates (2004), Studie zum Thema European Cities and Capitals of Culture im Auftrag der Europäischen Kommission (Palmer-Report), http://ec.europa.eu/culture/eac/sources_info/studies/capitals_en.html, (Stand: 10. Juli .2007).

ger und Mitgliedsstaaten über die jeweiligen Kulturen und das gemeinsame kulturelle Erbe gerichtet, wurde das Projekt seit Mitte der 90er-Jahre zunehmend mit Forderungen wie zum Beispiel nach Nachhaltigkeit, Partizipation und Zukunftsfähigkeit verbunden. Dem wurden manche der Kulturhauptstädte in ihrer Konzeption und Durchführung noch nicht gerecht. Mancherorts war das Kulturhauptstadtjahr zu stark auf Events beschränkt. Gelegentlich besteht seine einzige Nachhaltigkeit in einer erneuerten städtischen Infrastruktur.

Aus diesen Gründen haben Kulturakteure und Publizisten das Projekt seit den ausgehenden 90er-Jahren mit zunehmenden, zum Teil massiven Vorbehalten begleitet.[38] Sie bezogen sich im Kern auf teils überteuerte Eventkultur ohne nachhaltige Wirkungen. Mit der Aufnahme des Kriteriums der Nachhaltigkeit in den Evaluierungskatalog haben die Gremien der Europäischen Union 1999 auf diese Kritik reagiert.

Diese neue Voraussetzung führte zu nachhaltigen Effekten des europäischen Programms auf das kulturelle Leben in Deutschland. Alle 18 deutschen Städte, die sich ursprünglich um den Titel für 2010 beworben hatten, erarbeiteten ihre Konzepte mit modernem, nachhaltigem und partizipatorischem Anspruch. Sie haben unter Nutzung der Möglichkeiten dieses europäisch orientierten Wettbewerbs erfahren und bewiesen, dass es mittels kultureller Instrumentarien möglich ist, anderweitig nicht zu erschließende gesellschaftliche Energien zu wecken. Diese Energien waren darauf gerichtet, mittels kultureller Instrumentarien einen Beitrag zur Lösung gesellschaftlicher Herausforderungen zu leisten. So wandte sich Halle dem Problem schrumpfender Städte zu, Augsburg dem interreligiösen Dialog, Karlsruhe dem Zusammenhang von Kultur und Recht, Görlitz der grenzüberschreitenden Kommunikation und Kooperation, Bremen dem tiefgreifenden Wandel von Problemquartieren. Der neue Anspruch der deutschen und ungarischen Bewerberstädte für das Jahr 2010 ist als Ergebnis eines langen Diskussionsprozesses in der „Budapester Erklärung" festgehalten. Die Autoren der „Budapester Erklärung" der beiden Länder verstehen das als Maßstab für künftige Auswahlprozesse.

Die Zahl der Titelbewerber innerhalb der Mitgliedsländer und die Nachhaltigkeit der Kulturhauptstadtbewegung nehmen gegenwärtig europaweit zu. Mehrere Indizien lassen erwarten, dass das Kulturhauptstadtjahr 2010 sich zu einem neuen Maßstab für die europäische Kultur und Kulturpolitik und zu einer spürbaren Beförderung des europäischen Integrationsprozesses entwickelt.

Mit der Vergabe des Titels an Essen und damit an die Region Ruhr 2010 fiel die Entscheidung für das innovative und ehrgeizige Konzept „Wandel durch Kultur – Kultur durch Wandel". Der Ballungsraum umfasst fünf Millionen Menschen unterschiedlichster Herkunft in 53 Städten und ist geprägt durch Strukturbrüche, durch die Hinterlassenschaft des industriellen und die Chancen des nachindustriellen Zeitalters. Das Ruhrgebiet kann auf gebündelte und in europäische Kontexte verwobene kulturelle Kompetenz bauen und zugreifen. Insgesamt stellt dies ein Potenzial dar, von dem die Region, Deutschland und Europa profitieren können.[39]

„RUHR.2010" spielt eine besondere Rolle, weil hier im Kleinen das Ganze abgebildet wird. Die strukturelle Analogie zur Europäischen Union war ein wichtiger Grund für die getroffene Auswahlentscheidung. Paradigmatisch wird hier der durch Kultur katalysierte Wandel eines durch die Montanindustrie geprägten Ballungsgebiets zur Dienstleistungsgesellschaft gezeigt. Die Kulturhauptstadt als polyzentrische Stadtregion präsentiert das Ergebnis eines mehrjährigen Wandlungsprozesses. Sie zeigt 2010 den erreichten Stand und ist ein Höhepunkt andauernder nachhaltiger Entwicklung. Zugleich wird hiermit der durch Partizipation der Bürger ermöglichte und begleitete Verschmelzungsprozess verschiedener Städte zu einer Region vorgestellt. Das was in den Regionen Europas stattfindet und sich vollziehen muss, wird hier exemplarisch vorgedacht und ist zugleich Vorbild für das, was sich in der „EU der 27" vollziehen wird – die schrittweise Integration der Re-

---

[38] Vgl. Arnold (2003), vgl. auch www.dw-world.de/dw/article/0,2144,1058975, 00.html, (Stand: 10. Juli 2007).
[39] Vgl. Schwencke/Rydzy (2006).

gionen, die getrennt durch unterschiedliche Geschichte und verschiedene Kultur im Sinne des europäischen Ganzen immer stärker ihre Gemeinsamkeiten entdecken und voranbringen.

Das Ereignis Kulturhauptstadt 2010 wird zum ersten und einzigen Mal trilateral in drei Städten gleichzeitig begangen – in Essen, einer Stadt eines alten EU-Landes, in Pécs, einer Stadt eines neuen Mitgliedsstaates und in Istanbul, einer Stadt aus einem Staat der Europäischen Nachbarschaftspolitik.

„RUHR.2010" arbeitet an Schwerpunktthemen von globaler Relevanz – produktive Bewältigung des Übergangs aus dem Industriezeitalter, Migration und Interkulturalität, Demokratieentwicklung, Behebung von Umweltsünden, kulturelle Bildung, Entwicklung der Kulturwirtschaft und Schaffung von Arbeitsplätzen.

Mehr als 20 ungarische und deutsche Städte arbeiten in einem Netzwerk gleichzeitig am Erfolg der Kulturhauptstädte 2010 mit und entwickeln in ihrer internationalen kulturellen Kooperation für sich selbst effiziente Methoden zur wechselseitigen Übernahme von Best-Practice-Beispielen, die zur unmittelbaren Erhöhung der Lebensqualität in den Städten führten. Es hat in der Vergangenheit kein vergleichbar dichtes Netz europäischer Kooperationsbeziehungen an der Schnittstelle von Zivilgesellschaften und politischen Institutionen gegeben.[40]

Solche Prozesse sollten mehr als bisher und über das Kulturhauptstadtprogramm hinaus erfolgen. Ein weiteres positives Beispiel ist die grenzüberschreitende Zusammenarbeit für Kulturprojekte, wie sie im Rahmen der EU-Gemeinschaftsinitiative INTERREGIONES praktiziert wird: „Seit mehr als 27 Jahren hat sich auf der Basis des gemeinsamen Willens eine regionale grenzüberschreitende Zusammenarbeit entwickelt, die zur Lösung von zahlreichen nachbarschaftlichen Fragen, meist aus dem Bereich der jeweiligen juristischen, administrativen und politischen Systeme, beiträgt. Auch auf kulturellem Gebiet werden gemeinsame Lösungsansätze gesucht. Wobei es nicht selten zu ‚top-down' Initiativen kommt und zu wenige ‚bottom-up' Projekte unterstützt werden. Mit anderen Worten: Viele kleinere, bürgernahe Projekte (zum Beispiel Ausstellungen, Musikveranstaltungen, Festivals) scheitern daran, dass die Höhe der geforderten Mittel und der Verwaltungsaufwand in keinem vernünftigen Verhältnis zueinander stehen."[41]

Die Enquete-Kommission betont, dass europäische Kultur in den Kulturen der Länder, Regionen und Kommunen der europäischen Staaten entsteht und sichtbar wird. Die Experten forderten in den Gesprächen mit der Enquete-Kommission, mehr als bisher das Europäische der Kultur in den Städten und Regionen Europas zu beschreiben und davon die europäische Verantwortung der zuständigen Kulturpolitiker abzuleiten.[42] Sie konstatierten die innenpolitische Notwendigkeit, spezifische Kompetenzen bei den verantwortlichen Akteuren auf kommunalen und Landesebenen aufzubauen und koordinierende Instanzen einzuführen.

Mehrfach diskutierte die Enquete-Kommission mit den Experten über Vorschläge, die „europäische Idee" durch Kulturprojekte stärker in den Köpfen der Europäer zu verankern und dafür – auch nach Vorbild des erfolgreichen Kulturhauptstadt-Programms – neue Initiativen anzustoßen, die zu einer verbesserten Wahrnehmung der gemeinsamen europäischen Geschichte[43] führen und die Europäer für die europäische Dimension von Kultur sensibilisieren könnten.

---

[40] Vgl. „Budapester Erklärung" vom 2. Mai 2005, zitiert nach Schwencke (2005), S. 37f.
[41] Wortprotokoll der Anhörung Kultur in Europa. (Protokoll-Nr. 16/15)
[42] Vgl. Dr. Hassemer, Volker. Antwort auf Fragenkatalog zur Anhörung „Kultur in Europa" am 16. Oktober 2006 (Antwort Hassemer). (Kommissionsdrucksache 16/175), Dr. Bernecker, Roland. Antwort auf Fragenkatalog „Kultur in Europa – Kultur im Kontext der Globalisierung" (Antwort Bernecker) (Kommissionsdrucksache 16/105) und Dr. Breier, schriftliche Stellungnahme zur Anhörung „Kultur in Europa" am 16. Oktober 2006 (schriftliche Stellungnahme Breier). (Kommissionsdrucksache 16/209).
[43] Vgl. Wortprotokoll der Anhörung Kultur in Europa. (Protokoll-Nr. 16/15)

C) **Handlungsempfehlungen**

1. Die Enquete-Kommission empfiehlt der Bundesregierung, die Idee der Kulturhauptstädte auf der Grundlage der „Budapester Erklärung" fortzuentwickeln und sich auf europäischer Ebene dafür einzusetzen, dass den mit dem europäischen Kulturhauptstadtprojekt verbundenen nachhaltigen Innovationspotenzialen größere Aufmerksamkeit gewidmet wird.

2. Die Enquete-Kommission empfiehlt der Bundesregierung, „RUHR.2010" weiterhin bei der Vorbereitung und Durchführung des Kulturhauptstadt-Jahres zu unterstützen, um eine breite Öffentlichkeit für den innovativen Charakter der durch „RUHR.2010" entwickelten und realisierten Konzepte zu gewinnen.

3. Die Enquete-Kommission empfiehlt der Bundesregierung, sich für die Etablierung eines europäischen Labels nach dem Beispiel von „Lieux de mémoire" sowie zur Auswahl und Auszeichnung europäischer Kulturstätten einzusetzen. Das ist nicht als Konkurrenz zu UNESCO-Welterbestätten gedacht, sondern als Hervorhebung von besonders bedeutsamen Orten der Kultur und Geschichte Europas. Die Enquete-Kommission empfiehlt dabei eine enge Zusammenarbeit mit der UNESCO, da die UNESCO-Welterbestätten in den EU-Mitgliedsstaaten Grundlage bzw. wesentlicher Teil jener kulturellen Topografie sein könnten.

4. Die Enquete-Kommission empfiehlt der Bundesregierung, sich dafür einzusetzen, dass Formen der Deklaration und Würdigung zeitgenössischer Europäischer Kunst entwickelt werden. Jurys europäischer Künstler sollten jährlich oder in der Art einer Biennale Kunstwerke in den verschiedenen Genres als „Kunst in Europa – Europäische Kunst" auszeichnen.

5. Die Enquete-Kommission empfiehlt der Bundesregierung, das Gespräch mit den Akademien der Künste in der Bundesrepublik Deutschland, insbesondere mit der vom Bund finanzierten Akademie der Künste zu Berlin, zu suchen, um die Arbeit an einem europäischen Netzwerk von Akademien der Künste der Nationalstaaten der Europäische Union zu fördern und gemeinsame Überlegungen der Akademien für einen institutionellen Rahmen wie zum Beispiel eine europäische Akademie der Künste zu entwickeln. So wie nationale Akademien der Künste die Entwicklungen von Nationalkulturen dargestellt und gefördert haben, so könnte auch eine europäische Akademie ihren Beitrag zur Entwicklung und Präsentation europäischer Künstler leisten.

6. Die Enquete-Kommission empfiehlt der Bundesregierung, sich dafür einzusetzen, dass eine Initiative zur Schaffung einer Europäischen Kulturstiftung ergriffen wird, die in Anlehnung an das Modell der Kulturstiftung des Bundes staatenübergreifende Kulturprojekte initiiert und das Forum für einen paneuropäischen Kulturdialog darstellt.

7. Die Enquete-Kommission empfiehlt der Bundesregierung, das EU-Jugendprogramm „Jugend in Aktion" und den Europäischen Freiwilligendienst zum Erwerb interkultureller Kompetenzen aktiv dadurch zu fördern, dass die Programme in der Bundesrepublik Deutschland beworben und die Antragsverfahren vereinfacht werden.

7.2.3 Formen des europäischen Kulturaustauschs und kultureller Kooperation

A) **Bestandsaufnahme und**
B) **Problembeschreibung**

Die Impulsgeber der europäischen Integration waren sich bewusst, dass es zur Entwicklung eines einigen und friedlichen Europa nicht genügen würde, wenn Regierungen und Parlamente bzw. deren Beauftragte in gemeinsamen europäischen Institutionen und Gremien wirkten. Treibendes kulturelles Motiv vor allem des Europarates war es, die Fremdheit zwischen den Völkern abzubauen. Die Substanz seiner Europäischen Kulturkonvention von 1954 und der Berliner Kulturdeklaration von 1984 konzentriert sich in dem Anliegen, den Völkern Europas das kulturelle Erbe sowohl innerhalb ihrer Staaten als auch gegenseitig zugänglich zu machen, damit sie sich als „Verwandte" verstehen können.

Verbunden mit dem europäischen Wirtschaftsaufschwung und zunehmender Durchlässigkeit der (west)europäischen Grenzen wurde damit eine sowohl im wörtlichen wie im übertragenen Sinn bis dahin undenkbare kulturelle Mobilität initialisiert und ermöglicht.

Der umfangreichste Kulturaustausch findet über Tourismus und europäische Wanderungsbewegungen statt, der intensivste dort, wo Menschen die Mittelpunkte ihres Arbeitslebens in multinationalen Firmen, Wissenschafts-, Forschungs-, Kultur- und Bildungsprojekten bzw. -institutionen oder in europäischen politischen Institutionen haben. Der Kulturaustausch wird jedoch nur dann nachhaltig und effektiv sein, wenn auch die Anstrengungen zur Vermittlung von Sprachkenntnissen in Kindergärten, Schulen und beruflicher Ausbildung weiter forciert werden. Der interkulturelle Austausch unter Kindern und Jugendlichen ist die weitergehende Basis dafür, dass über die Anbahnung persönlicher Kontakte hinaus eine Auseinandersetzung über die gemeinsame europäische Geschichte und Zukunft möglich wird.

Mit dem Paradigmenwechsel der Integration von einer wesentlich wirtschaftlich determinierten zu einer auch politisch und durch gemeinsame Werte bestimmten wurde evident, dass erstens die weiteren Entwicklungsschritte nur unter zivilgesellschaftlichem Rückhalt in den Mitgliedsländern möglich waren und dass zweitens der Erfolg der politischen Institutionen der Europäischen Union von der Qualität ihrer Rückkopplung zu den politischen Systemen der Mitgliedsstaaten abhängt. Es ging um Austausch auf allen Ebenen, und es war klar, dass es sich hierbei um eine kulturelle Aufgabe handelte. Dem tragen der Entwurf für einen Verfassungsvertrag für Europa und auch schon der Maastrichter Vertrag Rechnung (vgl. Artikel 151 Abs. 2 EGV).

Der selbsterteilte Auftrag erwies sich als schwierig zu realisieren, da die Voraussetzungen für die innereuropäische Kommunikation nicht hinreichten. Es zeigte sich, dass das an unterschiedlichen Orten in Europa akkumulierte Wissen, die unterschiedlichen Erfahrungen, Projekte, Entscheidungsfindungen wechselseitig oft undurchschaubar und nicht kompatibel waren.

Im Ruffolo-Bericht (2001)[44] forderte das Europäische Parlament deshalb die Kommission auf, einen Vorschlag zur Einrichtung einer Beobachtungsstelle für die kulturelle Zusammenarbeit vorzulegen, die den Informationsaustausch und die Verknüpfungen zwischen den Mitgliedsstaaten untereinander sowie mit der Union vereinfachen sollte. Bestmögliche Praktiken unter anderem im Hinblick auf Sponsoring und Öffentlich-Private-Partnerschaft zugunsten des kulturellen Erbes, des künstlerischen Schaffens und des Zugangs der Bürger zur Kultur sollten ermittelt und breit nutzbar gemacht werden.

Die „European Cultural Foundation" (Amsterdam) hat die Überlegung des Ruffolo-Berichts zur Einrichtung eines „European Cultural Observatory" aufgegriffen und mit Unterstützung anderer privater Stiftungen, mit europäischen Fördermitteln und auch mit Mitteln der Kulturstiftung des Bundes in einem „Lab for Culture" umgesetzt. Es zielt darauf, für das von unten gewachsene, aber noch fragmentarische Netz kultureller Kooperationen in Europa eine zentrale verständliche Quelle verlässlicher Informationen zur Verfügung zu stellen, zu der alle leichten Zugang haben.[45]

Der europäische Kulturaustausch hat während der vergangenen fünf Jahre eine spürbare Dynamik gewonnen, die ihre Energie aus einem Kaleidoskop des Engagements unterschiedlicher Akteure bezieht: den Anstrengungen des Europäischen Parlaments, in enger Kommunikation mit den Zivilge-

---

[44] Vgl. Schwencke (2006), S. 350–356.
[45] Vgl. www.labforculture.org, (Stand: 10. Juli 2007).

sellschaften der Mitgliedsländer zu arbeiten, den auf Austausch konzentrierten Fördermaßnahmen der Kommission, dem Wirken internationaler Kulturinstitute und Stiftungen, der Arbeit internationaler Vereinigungen wie zum Beispiel „les rencontres"[46], der Hinwendung nationaler Kulturinstitutionen und Akteure zu europäischen Themen und Herausforderungen – in Deutschland unter anderem der Kulturpolitischen Gesellschaft, des Deutschen Kulturrates und der Kulturstiftung des Bundes, aber auch der Bundesvereinigung Soziokultureller Zentren, der Bosch-Stiftung und der ZEIT-Stiftung. Die Anzahl der täglich stattfindenden internationalen Kulturveranstaltungen, Konferenzen, Kolloquien, Seminare, Workshops ist nicht mehr zu messen.

Nach Recherchen des „Cultural Contact Point Deutschlands" werden neben dem Programm „Kultur 2007–2013" ca. 70 weitere kulturrelevante Förderprogramme der Europäischen Union durchgeführt.[47]

Das Programm „Kultur 2007–2013" hat die Schaffung eines gemeinsamen europäischen Kulturraumes unter Wahrung der nationalen Unterschiede zum Ziel. Förderziele sind: transnationale Mobilität von Künstlern bzw. Kulturschaffenden, transnationale Zirkulation von kulturellen und künstlerischen Werken/Co-Produktionen/Objekten und interkultureller Dialog. Es gliedert sich in drei Förderbereiche:

– Förderbereich 1: Europäische Kooperationsprojekte (mehrjährige Kooperationsprojekte, drei bis fünf Jahre, mindestens sechs Länder; Kooperationsmaßnahmen, bis zu 24 Monate, mindestens drei Länder; literarische Übersetzungen für Verlage, vier bis zehn Werke, Sondermaßnahmen, Kulturhauptstädte Europas, Preisverleihungen, herausragende Aktionen zu Jubiläen, Kooperationen mit Drittländern und internationalen Organisationen, gegebenenfalls weitere),

– Förderbereich 2: Betriebskostenzuschüsse für europaweit tätige Kulturorganisationen,

– Förderbereich 3: Studien und Analysen zu kulturrelevanten Themen von europäischem Interesse.

Das außerhalb des unmittelbaren Wirkungsbereiches von „Kultur 2007–2013" bedeutsamste kulturrelevante Förderprogramm der Europäischen Union ist „Europa für Bürgerinnen und Bürger" (2007 bis 2013) mit folgenden Schwerpunkten:

– „Aktive Bürger für Europa" (direkte Einbeziehung der Menschen im Rahmen von Städtepartnerschaften oder durch andere Bürgerprojekte),

– „Aktive Zivilgesellschaft in Europa" (zivilgesellschaftliche Organisationen auf europäischer Ebene können auf Grundlage ihres Arbeitsprogramms Betriebskostenzuschüsse oder Finanzhilfen für länderübergreifende Projekte erhalten),

– „Gemeinsam für Europa" (Veranstaltungen mit großer Öffentlichkeitswirkung, die die Europäische Union zu besonderen Anlässen gemeinsam mit den Mitgliedsstaaten selbst durchführt; auch Studien und Befragungen sowie ein Internet-Portal und weitere Informationsarbeit über Programme, Projekte und Initiativen zum Thema der aktiven Bürgerschaft auf europäischer Ebene werden gefördert),

– „Aktive europäische Erinnerung" (Förderung der wichtigsten mit Massendeportationen in Verbindung stehenden Stätten und Archive bzw. Maßnahmen zum Gedenken an die Opfer von Nationalsozialismus und Stalinismus).

---

[46] Netzwerk mehrerer hundert europäischer Städte, gewählter Kulturpolitiker und kultureller Akteure für europäischen Kulturaustausch, vgl. www.lesrencontres.org, (Stand: 10. Juli 2007).
[47] Vgl. Bornemann (2002). Förderprogramme. www.ccp-deutschland.de/ccp-foerder.htm, (Stand: 10. Juli 2007); vgl. auch Bornemann (2000), S. 42f. sowie Bornemann (2004), S. 9.

Experten stellen kritisch fest, dass es zwischen den zahlreichen Akteuren europäischer Kulturpolitik zu wenig Abstimmung gibt. So passiert es zu häufig, dass die aufgewandten Energien verpuffen oder die verschiedenen Projekte, Maßnahmen und Veranstaltungen sich gegenseitig die Wirkung nehmen. Deshalb sollten Möglichkeiten zur gegenseitigen Abstimmung und zur Koordinierung gesucht und gefördert werden.[48]

Eine neue Herausforderung besteht in einer Art von Kulturaustausch, die weniger als wechselseitige Information, sondern viel mehr als Kooperation in der Alltagspraxis zu beschreiben ist. Da in den europäischen Kommunen die Begegnung der verschiedenen Kulturen mit der Kultur der europäischen und universalen Werte stattfindet, da die Städte und Regionen die Schnittstelle zwischen der Alltagspraxis der Menschen, den Zivilgesellschaften und den politischen Systemen sind, kommt ihnen in mehrfacher Hinsicht zentrale Bedeutung für den Fortgang der europäischen Integration zu. Der Ausbau von Städtepartnerschaften sollte deshalb innerhalb des Ziels der Vervielfachung und Stärkung europäisch arbeitender Netzwerke eine besondere Rolle spielen.

Gesamteuropäische Berichterstattung findet in den Medien zu wenig statt. Da sie der Hauptzugangspunkt der Bürger zu Ereignissen außerhalb ihres unmittelbaren Alltags ist, findet sich hier ein zentraler Mangel des europäischen Kulturaustauschs. Besondere Bedeutung liegt bei den elektronischen Medien. In möglichst kurzer Zeit ist die doppelte Aufgabe zu lösen, einerseits für die Europäisierung der Berichterstattungen der nationalen Medien zu wirken, andererseits ein originär europäisches Medium mit großer Reichweite auch in die nichteuropäische Welt zu schaffen.

C) Handlungsempfehlungen

1. Die Enquete-Kommission empfiehlt der Bundesregierung, sich auf europäischer Ebene für die stärkere Förderung des europäischen Filmes, des Europäischen Filmpreises „Felix" und der Europäischen Filmakademie einzusetzen. Der europäische Film soll durch eine konzertierte Aktion der Mitgliedsstaaten und der Europäischen Kommission stärker gefördert werden, um den Unionsbürgern in einer Welt der Bilder durch die Bilder einer gemeinsamen europäischen Identität Identifikation zu ermöglichen. Diese Initiative soll aber auch den europäischen Film langfristig in die Lage versetzen, neben den Bilderfabrikaten von Hollywood, Bollywood und der erstarkenden chinesischen Filmindustrie Europa ein Gesicht in der Welt zu geben.

2. Die Enquete-Kommission empfiehlt der Bundesregierung, sich auf europäischer Ebene für ein weltweit wahrnehmbares europäisches Medium, wie Rundfunk oder Fernsehen einzusetzen, eine „Stimme Europas", die mit erkennbarem europäischen Profil die globalen Entwicklungen begleitet und in der die Vielfalt der kulturellen Sphären Europas zum Ausdruck kommt. Dieses Medium kann zum Beispiel ausgehend von Programmfenstern im deutsch-französischen Gemeinschaftsprogramm von arte oder als Kooperation von Deutscher Welle, BBC und RF entwickelt werden. Es soll die europäische Einheit in der Vielfalt der nationalen Medien außerhalb Europas erlebbar machen und zugleich europäische Werthaltungen, Entwicklungen und Interessen neben CNN oder Al Dschasira weltweit zu Gehör bringen.

3. Die Enquete-Kommission empfiehlt der Bundesregierung, die Deutsche Welle im Hinblick auf die Entwicklung einer „gemeinsamen Stimme Europas" zu unterstützen. Die Enquete-Kommission begrüßt, dass die Deutsche Welle ihren europäischen Partnern Angebote zur Zusammenarbeit macht und sie einlädt, um Wege zur Entwicklung europäischer Medien zu finden.

---

[48] Vgl. Wortprotokoll der Anhörung Kultur in Europa. (Protokoll-Nr. 16/15)

7.3 Globalisierung und ihr Einfluss auf Kultur in Deutschland
7.3.1 Der Prozess globaler Normentwicklung durch die UNESCO-Konventionen
A) Bestandsaufnahme

Die UNESCO (United Nations Educational, Scientific and Cultural Organization Organisation der Vereinten Nationen für Bildung, Wissenschaft, Kultur) wurde am 16. November 1945 in London gegründet. Ziel war es, nach den Zerstörungen des Zweiten Weltkriegs eine internationale Organisation aufzubauen, die durch Zusammenarbeit der Völker auf den Gebieten von Kultur und Bildung zum Frieden beiträgt. Die Bundesrepublik Deutschland trat der UNESCO im Jahr 1951 bei. Die Deutsche Demokratische Republik wurde im Jahr 1972 Mitglied der UNESCO. Ihr gehören heute 192 Mitgliedsstaaten an. Sie ist eine rechtlich eigenständige Sonderorganisation der Vereinten Nationen mit Sitz in Paris.

Die UNESCO befasst sich mit folgenden Themen:

– Bildung, hier besonders Bildung als Schlüssel für Entwicklung,

– Wissenschaft,

– Kultur, hier speziell Schutz und Erhalt des kulturellen Erbes, Bewahrung und Förderung der kulturellen Vielfalt, Dialog der Kulturen sowie

– Kommunikation, hier besonders das Eintreten für Meinungsfreiheit und Zugang zu Information.

Die UNESCO ist in erster Linie eine Denkfabrik und eine Ebene internationaler Zusammenarbeit. Hier treffen sich Wissenschaftler und Experten aus den UNESCO-Mitgliedsstaaten und erarbeiten Stellungnahmen und Positionen. Von besonderer Bedeutung sind dabei die nationalen UNESCO-Kommissionen. Sie bilden ein Bindeglied zwischen der internationalen Debatte im UNESCO-Kontext und den nationalen Diskussionen. Die Deutsche UNESCO-Kommission (DUK) wurde bereits vor dem Beitritt der Bundesrepublik zur UNESCO im Jahr 1950 gegründet. Sie ist eine Organisation der Auswärtigen Kulturpolitik. Es ist ihre Aufgabe, die Bundesregierung und weitere Stellen in UNESCO-Fragen zu beraten, an der Verwirklichung der UNESCO-Programme in Deutschland mitzuarbeiten und die Öffentlichkeit über die Arbeit der UNESCO zu informieren.

Von herausragender Bedeutung für die Kulturpolitik war die UNESCO-Weltkonferenz zur Kulturpolitik in Mexiko im Jahr 1982. Hier wurde der sogenannte weite Kulturbe-griff weltweit etabliert und festgelegt, dass Kultur umfassender als Kunst zu verstehen sei. Wesentlich in den Debatten der UNESCO ist stets, dass es gerade nicht um ein eurozentristisches Kulturverständnis geht, sondern um die weltweite Vielfalt kultureller Ausdrucksformen. In diesem Kontext besonders erwähnenswert ist der Bericht des ehemaligen UN-Generalsekretärs Javier Pérez de Cuéllar „Unsere kreative Vielfalt", der im Jahr 1995 den Vereinten Nationen vorgelegt wurde. Dieser setzt sich mit dem Verhältnis von Entwicklungspolitik und Kulturpolitik auseinander und lotet aus, wie eine neue Kulturpolitik aussehen könnte, die Kultur für die globale Entwicklung nutzt. Im Jahr 1998 wurde bei der UNESCO-Weltkonferenz in Stockholm der de Cuéllar-Bericht debattiert. Hier wurde unter anderem intensiv diskutiert, wie die nationale Kulturwirtschaft zum Erhalt der kulturellen Vielfalt gestärkt werden kann, welche Rolle kulturelle Bildung im Dialog der Kulturen spielt und wie Rechte der Urheber gewahrt werden können.

Eine konsequente Fortsetzung fanden diese Diskussionen im „UNESCO-Übereinkommen zum Schutz und zur Förderung der Vielfalt kultureller Ausdrucksformen" („Konvention Kulturelle Vielfalt"). Im Oktober 2003 wurde bei der UNESCO-Tagung in Paris der Beschluss gefasst, eine solche Konvention zu erarbeiten. Dieser Beschluss ist im Kontext der GATS-Verhandlungen in Canún (Mexiko) im September 2003 zu sehen, bei denen deutlich wurde, dass der Kulturbereich, speziell der audiovisuelle Sektor, ein wachsender Markt ist und hier von einigen WTO-Mitgliedsstaaten Liberalisierungen eingefordert werden.

In nur zwei Jahren wurde die Konvention Kulturelle Vielfalt als völkerrechtliches Instrument in den Gremien der UNESCO erarbeitet. In den UNESCO-Mitgliedsstaaten wurde der Diskussionsprozess durch die jeweiligen „Nationalen Koalitionen" begleitet. Diese Nationalen Koalitionen wurden von den jeweiligen nationalen UNESCO-Kommissionen betreut. In Deutschland oblag diese Aufgabe der Deutschen UNESCO-Kommission. Es wurden fünf Konsultationen durchgeführt, in denen jeweils über die Debatten in den anderen UNESCO-Mitgliedsstaaten sowie den UNESCO-Gremien berichtet wurde. Die Deutsche UNESCO-Kommission hat damit eine wichtige intermediäre Funktion zwischen der internationalen und der nationalen Debatte wahrgenommen.

Die Europäische Union hat sich bei der Erarbeitung der Konvention Kulturelle Vielfalt erstmals an der Erstellung einer UNESCO-Konvention beteiligt. Diese Rolle war zunächst umstritten, da die UNESCO-Mitgliedsstaaten das Verhandlungsmandat bei sich sahen. Da die Europäische Union aber wie bei den GATS-Verhandlungen deutlich herausgestellt hat, dass Kulturgüter Waren besonderer Art sind, die einen Doppelcharakter als Kulturträger und als Wirtschaftsgut haben, wurde die Rückendeckung durch die Europäische Union schließlich als Rückenwind gesehen, der sich bei den letztendlichen Schlussabstimmungen im Oktober 2005 positiv ausgewirkt hat.

Im Kern zielt das Übereinkommen zur Kulturellen Vielfalt darauf ab, „die Vielfalt kultureller Ausdrucksformen zu fördern und zu schützen". Um dieses Ziel zu erreichen, können die Staaten Maßnahmen beibehalten und ergreifen, um die kulturelle Vielfalt in ihrem Hoheitsgebiet besonders zu fördern. Weiter wird bekräftigt, den interkulturellen Dialog fördern zu wollen. In der Konvention Kulturelle Vielfalt wird differenziert dargelegt, was unter kultureller Vielfalt zu verstehen ist und wie Maßnahmen zum Schutz der kulturellen Vielfalt aussehen können.

Im März 2007 ratifizierte die Bundesrepublik Deutschland das Übereinkommen zur kulturellen Vielfalt. Am 18. März trat die Konvention Kulturelle Vielfalt in Kraft. Insgesamt 52 Staaten hatten zu diesem Zeitpunkt das Abkommen ratifiziert, 30 waren für das Inkrafttreten erforderlich. Neben Deutschland und anderen Mitgliedsstaaten der Europäischen Union hat auch die Europäische Union selbst das Abkommen ratifiziert. Alle Staaten, die die Konvention Kulturelle Vielfalt ratifiziert haben, sind verpflichtet, alle vier Jahre der UNESCO einen Bericht vorzulegen, in dem sie über ihre Maßnahmen zum Schutz der kulturellen Vielfalt auf nationaler und internationaler Ebene Auskunft geben.

Nach der Erarbeitung und Verabschiedung der Konvention Kulturelle Vielfalt auf internationaler Ebene beginnt nun die Arbeit auf der nationalen und der europäischen Ebene. Konkret bedeutet dies, dass Deutschland für sich klären muss, was kulturelle Vielfalt heißt, ob sie bereits gewährleistet ist und welche Maßnahmen gegebenenfalls ergriffen werden müssen, um die kulturelle Vielfalt zu unterstützen. Gleiches gilt für die Ebene der Europäischen Union, wobei hier die starke Verankerung des Subsidiaritätsprinzips für den Kulturbereich in den EU-Verträgen zu berücksichtigen ist. So ist bis heute eine Kulturpolitik der Europäischen Union, die die verschiedenen Bereiche des kulturellen Lebens von den Künstlern über die Kulturwirtschaft, die Kultureinrichtungen bis hin zum intermediären Sektor im Sinne des Artikels 151 EGV und unter Beachtung des Subsidiaritätsprinzips umfasst, noch nicht zu erkennen.

Einen besonderen Stellenwert im Rahmen der UNESCO hat der Schutz des kulturellen Erbes.[49] Neben dem materiellen Kulturerbe fühlt sich die UNESCO auch dem immateriellen Kulturerbe verpflichtet. Im Jahr 2003 wurde das „Übereinkommen zur Bewahrung des immateriellen Kultur-

---

[49] Vgl. Kap. 3.5.3, Situation und Förderung der UNESCO-Welterbestätten in Deutschland.

erbes" verabschiedet. Es trat im April 2006 in Kraft, nachdem es von 30 Staaten ratifiziert worden war. Dieses Übereinkommen zielt darauf ab, die Inventarisierung, Sammlung und Pflege kultureller Traditionen, Fertigkeiten und vom Aussterben bedrohter Sprachen in einem völkerrechtlich verbindlichen Rahmen fortzusetzen. Deutschland hat dieses Abkommen noch nicht ratifiziert.

Für den Bereich der Kulturellen Bildung ist die „UNESCO-Konferenz zur kulturellen Bildung" vom März 2006 zu erwähnen. Hier wurde sich über nationale und internationale Maßnahmen zur Stärkung der kulturellen Bildung verständigt.[50]

Bezüglich des immateriellen Kulturerbes sind besondere Probleme zu berücksichtigen. Moderne, hochkomplexe Gesellschaften europäisch-atlantischer Tradition mit vorwiegend schriftlicher und institutionalisierter Tradierung von Wissen, Werten und Standards haben ein anderes Verhältnis zum immateriellen Kulturerbe als das in vielen anderen Teilen der Welt der Fall ist.

„Unter Schutz sind Maßnahmen zu verstehen, die auf die Sicherung der Lebensfähigkeit des immateriellen Kulturerbes gerichtet sind ...", sagt Artikel 2 Abs. 3 der Konvention zum Schutz des immateriellen Kulturerbes. Ein lebendiges kulturelles Milieu ist der Nährboden für das Leben und die Überlieferung des immateriellen Kulturerbes. Es sollte deshalb zentraler Bezugspunkt für die Pflege und den Schutz dieses Erbes sein.

Solche Milieus, in denen sich Tradition und Aktualität verbinden, sind auch im europäischen Alltagsleben in zahlreichen Facetten, zum Beispiel der Laienkultur, und vielen Regionen mit besonders intensiv ausgeübten Gemeinschaftsriten existent. Aufwertung bzw. Inwertsetzung der kulturellen Infrastruktur gehen aus von vorhandenen Traditionen, Aktivitäten und dem entwickelten Niveau der Nutzer und Bürger und schafft die Voraussetzungen und Grundlagen für ein entwicklungsfähiges, entwicklungsbereites Milieu, in dem die Nutzer als handelnde Subjekte (und nicht nur als Konsumenten) auftreten.

Wenn immaterielle Kultur geschützt werden soll, dann müssen jene Milieus gepflegt werden, in denen aktuelle und tätige Auseinandersetzung mit den Herausforderungen in den regionalen und lokalen Lebenswelten des Alltags stattfindet.

B) Problembeschreibung

Das Selbstverständnis der UNESCO als Denkfabrik für bildungs- und kulturpolitische Fragen führt dazu, dass ihre Diskussionen und Positionen in Fachkreisen wahrgenommen und intensiv reflektiert werden, die politische Umsetzung aber hinterherhinkt. Das liegt zum Teil daran, dass die Arbeit der UNESCO sich im Spannungsfeld von internationalen Diskursen – und hier speziell dem Nord-Süd-Dialog – sowie den konkreten kulturpolitischen Entscheidungen vor Ort befindet. In Deutschland verstärkt die Verortung der Deutschen UNESCO-Kommission als Mittlerorganisation der Auswärtigen Kulturpolitik die Ausrichtung auf die internationale Politik.

Es ist daher erforderlich, dass der internationale kulturpolitische Diskurs stärker in den nationalen Debatten wahrgenommen und für die nationale Politik fruchtbar gemacht wird. Verschiedene Akteure setzen sich seit einigen Jahren dafür ein und haben sich daher intensiv an der Erarbeitung der Konvention Kulturelle Vielfalt beteiligt. Damit diese Konvention, die sowohl Verpflichtungen im internationalen als auch im nationalen Kontext enthält, tatsächlich wirksam wird, muss die Debatte in Deutschland um die Wirkungen und möglichen Schlussfolgerungen der Konvention Kulturelle Vielfalt verstärkt werden.

---

[50] Vgl. Kap. 6.3, Kulturelle Erwachsenenbildung.

Die Fortsetzung der Zusammenarbeit in der „Bundesweiten Koalition Kulturelle Vielfalt" soll unter dem Dach der Deutschen UNESCO-Kommission weiterhin gefördert werden.

C) Handlungsempfehlungen

1. Die Enquete-Kommission empfiehlt der Deutschen UNESCO-Kommission, weiterhin ihre intermediäre Funktion zwischen der nationalen und der internationalen Debatte wahrzunehmen.

2. Die Enquete-Kommission empfiehlt Bund und Ländern, ein besonderes Augenmerk auf die Umsetzung des Übereinkommens zur kulturellen Vielfalt zu legen. Hierfür sollte unter Einbeziehung der Bundeskulturverbände evaluiert werden, inwieweit die Anforderungen an kulturelle Vielfalt bereits erfüllt werden und welche Maßnahmen zur Erfüllung der Konvention ergriffen werden müssen.

3. Die Enquete-Kommission empfiehlt der Bundesregierung, die Initiative zur Ratifizierung des Abkommens zum immateriellen Kulturerbe zu ergreifen und entsprechende Maßnahmen vorzubereiten.[51]

4. Die Enquete-Kommission empfiehlt die Bundesregierung, die Möglichkeiten zu prüfen, im Rahmen der deutschen Entwicklungszusammenarbeit einen Schwerpunkt auf die Förderung und den Schutz des materiellen und immateriellen Kulturerbes von Entwicklungsländern zu legen.

7.3.2 WTO/GATS

A) Bestandsaufnahme

Kulturgüter und Kulturdienstleistungen haben einen Doppelcharakter: Sie sind zum einen Träger von Werten, Ideen und Normen, zum anderen sind sie Waren. Dieser Doppelcharakter von Kultur legitimiert für sie im nationalen Kontext Ausnahmetatbestände wie zum Beispiel den ermäßigten Umsatzsteuersatz auf Kulturgüter.

Im internationalen Zusammenhang ist der Doppelcharakter von Kulturgütern und -dienstleistungen vor allem mit Blick auf die laufenden GATS-Verhandlungen (General Agreement on Trade in Services) der Welthandelsorganisation (World Trade Organisation – WTO) von Bedeutung.

Die Welthandelsorganisation wurde am 15. April 1994 in Marrakesch (Marokko) gegründet. Der Vorläufer der Welthandelsorganisation war das GATT (General Agreement on Tariffs and Trade), das darauf abzielt, den internationalen Handel mit Waren zu fördern und insbesondere durch den Abbau von Handelshemmnissen (Zölle) zu liberalisieren.

Die GATS-Verhandlungen sollen nun dazu dienen, dies auch auf den Handel mit Dienstleistungen auszudehnen. Die Besonderheit der Liberalisierungsvereinbarungen im Rahmen der Welthandelsorganisation bestehen darin, dass sie kaum revidiert werden können. Einmal eingegangene Zusagen können nur zurückgeholt werden, wenn den Vertragspartnern in anderen Sektoren Zugeständnisse angeboten werden. Grundprinzip der GATS-Verhandlungen ist der Austausch von Angeboten (offers) und Forderungen (requests).

---

[51] Sondervotum FDP-Fraktion: „Wir teilen im Grundsatz die Ziele des Übereinkommens und erkennen die Bedeutung des immateriellen Kulturerbes und dessen Bewahrung ausdrücklich an. Die vorgeschlagenen Institutionen und Maßnahmen (Zwischenstaatliches Komitee, Liste des immateriellen Kulturerbes der Menschheit, Fonds für das immaterielle Kulturerbe etc.) stellen jedoch eine unnötige Bürokratisierung und Konservierung des kulturellen Lebens dar, der wir eine lebendige Weiterentwicklung des immateriellen Kulturerbes vorziehen."

Deutschland führt – wie die anderen EU-Mitgliedsstaaten – keine eigenständigen Verhandlungen in der Welthandelsorganisation, sondern wird durch die Europäische Union vertreten. Das bedeutet, dass die deutschen Interessen zunächst in die europäischen Gremien eingebracht und hier durchgesetzt werden müssen. Dabei ist zu berücksichtigen, dass einige Mitgliedsstaaten der Europäischen Union eine starke Liberalisierung des Handels mit Dienstleistungen wünschen und hier auch Optionen im Kulturbereich, speziell im Bereich der audiovisuellen Medien, sehen.

Die GATS-Verhandlungen haben im Jahr 2000 begonnen und sollten eigentlich im Jahr 2006 abgeschlossen sein. Sie sind allerdings in der Vergangenheit immer wieder ins Stocken geraten und wurden im Juli 2006 bis auf Weiteres ausgesetzt. Grund dafür war die mangelnde Bereitschaft der westlichen Industriestaaten, insbesondere der USA, ihre Agrarsubventionen abzubauen und so den Entwicklungsländern einen besseren Zutritt zu ihren Märkten zu ermöglichen. Es wurden zugleich aber immer wieder Anläufe unternommen, um den stockenden Prozess wieder in Gang zu setzen. Nicht zuletzt die Europäische Union hat aufgrund ihrer expansiven Interessen in einigen Dienstleistungsbereichen wie zum Beispiel dem Seehandel ein fundamentales Interesse daran, dass die Verhandlungen fortgeführt werden.

Innerhalb des GATS wurden zwölf verschiedene Dienstleistungsbereiche klassifiziert:

1. Unternehmerische und berufsbezogene Dienstleistungen,
2. Kommunikationsdienstleistungen,
3. Bau- und Montagedienstleistungen,
4. Vertriebsdienstleistungen,
5. Bildungsdienstleistungen,
6. Umweltdienstleistungen,
7. Finanzdienstleistungen,
8. Medizinische und soziale Dienstleistungen,
9. Tourismus und Reisedienstleistungen,
10. Erholung, Kultur und Sport,
11. Transportdienstleistungen sowie
12. sonstige nicht aufgeführte Dienstleistungen.

Kulturelle Dienstleistungen sind in folgenden Kategorien zu finden:

- Kommunikationsdienstleistungen, hier werden audiovisuelle Dienstleistungen wie Hörfunk, Fernsehen, Film-, Video- und Musikproduktion aufgeführt,
- Baudienstleistungen, sofern Architekten davon betroffen sind,
- Bildungsdienstleistungen, hier werden Bildungseinrichtungen von dem Kindergarten und der Grundschule über die Schulbildung, die Berufs- bzw. Universitätsausbildung, Erwachsenenbildung sowie andere Bildungseinrichtungen genannt,
- Erholung, Kultur und Sport mit den Unterkategorien Unterhaltungsdienstleistungen (inklusive Theater, Live-Bands und Zirkus), Nachrichtenagenturen, Büchereien, Archive, Museen und sonstigen kulturellen Dienstleistungen.[52]

---

[52] Vgl. Zimmermann (2003).

Besonderes Interesse besteht von einigen Mitgliedsstaaten der Welthandelsorganisation an einer Liberalisierung von Kommunikationsdienstleistungen und hier unter anderem von audiovisuellen Dienstleistungen. Ein Prinzip der GATS-Verhandlungen ist, dass sich Staaten zusammenschließen (sogenannte Freundesgruppen), um gemeinsame Forderungen gegenüber anderen zu erheben. So fordert die Gruppe „Freunde des audiovisuellen Sektors" (Friends of Audiovisual), der unter anderem die USA, China, Japan, Mexiko, Singapur und Taiwan angehören, Liberalisierungen von mehreren Untersektoren der audiovisuellen Medien, und zwar für Film- und Fernsehaufnahmen, Videoproduktionen, Film- und Videoverleih, Filmvorführungen und Musikaufnahmen.[53]

Darüber hinaus fordert eine andere Ländergruppe (Chile, China, Hongkong, Indonesien, Japan, Korea, Mexiko, Pakistan, Schweiz, Taiwan und Thailand) von der Europäischen Union eine Reduzierung der Meistbegünstigungsausnahmen im audiovisuellen Sektor. Derzeit bevorzugt die Europäische Union einige ausgewählte Drittstaaten im Rahmen des MEDIA-Programms und anderen Filmförderungsprogrammen. Solche ausgewählten Begünstigungen einzelner Staaten sollen abgeschafft werden.

Bislang hat die Europäische Union den Forderungen nicht nachgegeben, sondern hält an der Haltung fest, keine Angebote im Kultur- und Medienbereich zu machen. Zu berücksichtigen ist jedoch, dass innerhalb der Europäischen Union Dänemark den Vorstoß unternommen hat, dass die Europäische Union Angebote im Bereich von Musikdienstleistungen macht. Großbritannien hat diesen Vorschlag unterstützt[54], der unter anderem auch von der IFPI, dem internationalen Zusammenschluss der Tonträgerhersteller, getragen und vorangetrieben wird.

Im Rahmen der GATS-Verhandlungen werden darüber hinaus ergänzende Regeln zum Dienstleistungssektor verhandelt. Hier geht es neben dem öffentlichen Auftragswesen auch um Subventionen explizit in den Bereichen Kultur und Medien sowie um die Daseinsvorsorge und öffentliche Dienstleistungen. Diese Verhandlungen stagnieren zwar, dürfen aber nicht unbeachtet bleiben.

Weiter fordern einige Mitgliedsstaaten der Welthandelsorganisation wie zum Beispiel die USA, dass im Bereich der öffentlichen Dienstleistungen, die in Ausübung hoheitlicher Gewalt erbracht werden (Artikel 1 Abs. 3b GATS), abschließende Listen erstellt werden, in denen die Institutionen und Einrichtungen aufgenommen werden, die von der Liberalisierung ausgenommen werden sollen.

Nach der Aussetzung der WTO-Verhandlungen im Jahr 2006 vermuten Experten, dass sich die Aushandlungsprozesse des Welthandelssystems zunehmend auf bilaterale und regionale Beziehungen verlagern würden. Schon existierende bilaterale oder regionale Handelsabkommen (zum Beispiel der Europäischen Union) enthalten zum Teil ähnliche Verpflichtungen wie das GATS.[55]

B) Problembeschreibung

Der Kultur- und Medienbereich ist für das kulturelle Selbstverständnis Deutschlands und Europas von herausragender Bedeutung. Eine Liberalisierung der Kultur- und Mediendienstleistungen birgt die Gefahr, dass die bestehende kulturelle Vielfalt nicht erhalten werden kann, wenn internationale Kultur- und Medienunternehmen die hiesigen Märkte dominieren. Die derzeitige, zum Teil in kleinen Unternehmen organisierte Kulturwirtschaft, die die in Deutschland lebenden Künstler und Pu-

---

[53] Vgl. Matjunke (2006), S. 10f.
[54] Vgl. Schulz (2005), S. 25.
[55] Vgl. schriftliche Stellungnahme von Krajewski zur Anhörung Kultur in Europa (Stellungnahme Krajewski), S. 3f. (Kommissionsdrucksache 16/195)

blizisten fördert, ihre Werke vermarktet und so dem Publikum zugänglich macht, wäre in einem vollständig liberalisierten Markt durch global agierende Kulturwirtschaftsunternehmen gefährdet.

Die europäische Film- und Fernsehwirtschaft spiegelt das gesellschaftliche Leben in Europa wider. Sie wird daher durch europäische und nationale Förderprogramme unterstützt. Eine Liberalisierung im Rahmen des GATS würde dazu führen, dass ausländische Anbieter denselben Anspruch auf öffentliche Unterstützung hätten und dann den europäischen Markt dominieren könnten.

Öffentliche Kultureinrichtungen wurden in den letzten Jahren vermehrt in privatwirtschaftliche Rechtsformen überführt. Sie gehören damit nicht mehr dem hoheitlichen Bereich an. Sollte in den GATS-Verhandlungen der Dienstleistungsbereich Erholung, Kultur und Sport liberalisiert werden, hätte dieses zur Folge, dass ausländische Anbieter dieselben Forderungen an öffentliche Förderung stellen könnten wie die bisherigen inländischen Kultureinrichtungen. Die Spezifik der deutschen Kulturförderung, die ein breites und vielfältiges Angebot gewährleistet, wäre dadurch gefährdet.

Abschließende Listen, in denen Kultureinrichtungen aufgeführt werden, die nicht in die Verhandlungen einbezogen werden, sind nicht geeignet, um die kulturelle Vielfalt sicherzustellen. In Deutschland obliegt es dem Bund, den Ländern und Kommunen selbst zu entscheiden, welche Einrichtungen sie fördern und welche nicht. In diese Entscheidungskompetenz darf nicht eingegriffen werden. Darüber hinaus würden neu entstehende Einrichtungsformen, da sie auf der Liste nicht stehen können, automatisch unter das GATS-Regime fallen.

Deutschland hat – wie alle EU-Mitgliedsstaaten – sein Verhandlungsmandat an die Europäische Union abgegeben. Es muss daher zunächst in den jeweiligen Fachgremien der Europäischen Union dafür werben, dass seine das Recht auf eigenen Gestaltung der Politik betonende Haltung im Kultur- und Medienbereich eine Mehrheit findet.

Vor allem, um die Interessen der Kultur und der kulturellen Vielfalt in den GATS-Verhandlungen zu stärken, wurde das UNESCO-Übereinkommen zur kulturellen Vielfalt entwickelt und verabschiedet. Für den Fall eines Normenkonflikts zwischen dem UNESCO-Übereinkommen und einem anderen völkerrechtlichen Vertrag, wie dem GATS-Abkommen, fehlt es jedoch an einer Kollisionsregel. Artikel 20 Abs. 1 des UNESCO-Übereinkommens bestimmt, dass die Vertragsstaaten das Übereinkommen berücksichtigen sollen, wenn sie andere internationale Verträge interpretieren oder anwenden. Dies stellt ein völkerrechtliches Novum dar. Hingegen ergibt sich aus Artikel 20 Abs. 2 des Übereinkommens ausdrücklich, dass in formal-rechtlicher Hinsicht das Übereinkommen die WTO- und GATS-rechtlichen Verpflichtungen der Staaten nicht einschränken kann. Völkerrechtsexperten sind sich daher über die formal-rechtlichen Wirkungen des UNESCO-Übereinkommens zur kulturellen Vielfalt noch nicht einig.[56] Einigkeit besteht aber über die große politische Bedeutung des Übereinkommens. Auch wenn es keine generelle Ausnahmeklausel für Kultur im WTO-Vertrag enthält, schafft es dennoch eine „Berufungsgrundlage für nationale Kulturpolitik, deren Anrufung durchaus dazu führen kann, dass für einzelne kulturrelevante Bereiche künftig keine neuen Liberalisierungszusagen gemacht werden. Damit ist nicht weniger gelungen, als die Schaffung eines Referenzrahmens für ein international verbindliches Kulturrecht und die Anerkennung der Legitimität von die kulturelle Vielfalt schützender Kulturpolitik."[57]

---

[56] Vgl. Stellungnahme Krajewski, S. 4. (Kommissionsdrucksache 16/195) und schriftliche Stellungnahme Blinn zur Anhörung Kultur in Europa am 16. Oktober 2006 (Stellungnahme Blinn), S. 10, der sich auf Sabine von Schorlemmer, ad personam gewähltes Mitglied der Deutschen UNESCO-Kommission, beruft. (Kommissionsdrucksache 16/198)
[57] Stellungnahme Blinn, S. 11. (Kommissionsdrucksache 16/198), vgl. auch Stellungnahme Krajewski. (Kommissionsdrucksache 16/195)

C) Handlungsempfehlungen

1. Die Enquete-Kommission empfiehlt der Bundesregierung, dass von der Europäischen Union keine Liberalisierungsangebote für den Kultur- und Medienbereich und auch im Falle von Handelszugeständnissen in anderen Dienstleistungsbereichen keine Zugeständnisse bei Kultur- und Mediendienstleistungen gemacht werden.

2. Die Enquete-Kommission empfiehlt der Bundesregierung, sich in den europäischen Gremien dafür einzusetzen, dass an andere Staaten keine Forderungen betreffend der Kultur- und Mediendienstleistungen gerichtet und keine abschließenden Listen von Kulturinstitutionen und -einrichtungen zur Einbeziehung in die GATS-Verhandlungen erstellt werden.

3. Die Enquete-Kommission empfiehlt den Ländern, sich im sogenannten Besonderen Ausschuss nach Artikel 133 EG-Vertrag ebenfalls dafür einsetzen, dass von europäischer Seite in den GATS-Verhandlungen für den Kultur- und Medienbereich keine Angebote gemacht werden.

8 Kulturstatistik in der Bundesrepublik Deutschland und in der Europäischen Union

Statistische Daten zum kulturellen Leben in Deutschland stellen eine unverzichtbare Grundlage für kulturpolitische Entscheidungen dar. Dies gilt nicht zuletzt für die Ausrichtung der Kulturförderung öffentlicher wie privater Träger, die in Zeiten knapper Mittel im Fokus finanzpolitischer Erwägungen steht.[1] Die Herausforderungen an Evaluation und Kosten-Nutzen-Analysen machen es zur Darstellung der kulturellen Infrastruktur wie auch im Hinblick auf die Rolle der Kultur als Standortfaktor erforderlich, kulturspezifische Daten auf einheitlicher methodischer Grundlage zu erheben bzw. die vorhandenen Datenbasen im Rahmen von Metamodellen zusammenzuführen. Neben einem statistischen Gesamtüberblick über die Kultur in Deutschland würden so auch Rückschlüsse auf spezifische Felder der Kulturarbeit ermöglicht. Gleichzeitig sind verlässliche Daten auch für die Kulturschaffenden selbst – etwa zur Ermittlung der Rezeption des eigenen kulturellen Angebotes – erforderlich. Der Deutsche Bundestag hat daher die Enquete-Kommission im Einsetzungsbeschluss beauftragt, im Sinne „verbesserter Rahmenbedingungen für eine nachhaltige Entwicklung von Kunst und Kultur"[2] eine Bestandsaufnahme auch für den Bereich Kulturstatistik vorzunehmen. Darüber hinaus sollte „das Problem der nicht vereinheitlichten Kulturstatistiken in der Bundesrepublik Deutschland" erörtert und „ein Anforderungsprofil an eine aussagekräftige Statistik" entworfen werden.

A) Bestandsaufnahme und
B) Problembeschreibung

Bereits in der 15. Wahlperiode des Deutschen Bundestages hat die Enquete-Kommission die wesentlichen Fragestellungen zum Thema Kulturstatistik diskutiert. Im Zentrum standen dabei eine Analyse des Umfangs und des Aussagewertes der bereits vorhandenen kulturspezifischen Datenbasen und die daraus abzuleitenden Anforderungen an eine bundeseinheitliche Kulturstatistik. Aufgrund der Komplexität der Materie wurde auf eine eigenständige Erhebung von Daten durch die Kommission verzichtet und eine externe Begutachtung präferiert. Im Vorfeld der Vergabe wurde im Dezember 2003 ein öffentliches Expertengespräch zum Thema „Leistungsprofil und Leistungsdefizite der Kulturstatistik" durchgeführt[3] und die Kriterien der Begutachtung definiert. Mit der Begutachtung wurde das Statistische Bundesamt beauftragt, dessen Studie[4] im Dezember 2004 der Kommission vorgelegt wurde.

Die Begutachtung durch das Statistische Bundesamt ergab, dass Deutschland im Vergleich zu anderen europäischen Staaten über vergleichsweise differenzierte kulturstatistische Daten verfügt. Es existieren dezentrale Fachstatistiken mit kulturrelevanten Merkmalen bzw. Verbändestatistiken, jedoch keine bundeseinheitliche zentrale Kulturstatistik. Die erhobenen Daten folgen zudem weder einer einheitlichen Terminologie noch liegt ihnen eine gemeinsame Methodologie zugrunde. Die empirischen Befunde sind aus diesem Grund nicht kongruent, wissenschaftlich nur begrenzt aussagefähig und damit politisch nur partiell nutzbar. Insbesondere die von Verbänden erhobenen Daten

---

[1] Dies kommt z. B. im sinkenden Anteil der Ausgaben der öffentlichen Hand für den Kultursektor zum Ausdruck. Vgl. Pressemitteilung des Statistischen Bundesamtes vom 20. Juli 2006, www.destatis.de/presse/deutsch/pm2006/p2960061.htm.
[2] Einsetzungsbeschluss der Enquete-Kommission „Kultur in Deutschland" (2003). (Bundestagsdrucksache 15/1308)
[3] Vgl. Wortprotokoll der Anhörung vom 8. Dezember 2003 (Protokoll-Nr. 15/05), Teilnehmer: Bartella, Raimund (Hauptreferent im Dezernat für Bildung, Sport und Kultur des Deutschen Städtetages); Krüger-Hemmer, Christiane (RD) (Leiterin des Referates „Querschnittsaufgaben der Bildungs- und Kulturstatistik" im Statistischen Bundesamt; Söndermann, Michael (Vorsitzender des Arbeitskreises Kulturstatistik e. V.).
[4] Vgl. Gutachten des Statistischen Bundesamtes „Methodenkritische Analyse von Basisstatistiken zum Kulturbereich und Fragen zu einem Anforderungsprofil an eine bundeseinheitliche Kulturstatistik für die Bundesrepublik Deutschland." (Langfassung Gutachten Kulturstatistik) vom 26. November 2004. (Kommissionsdrucksache 15/247a)

dienen in erster Linie dem internen Gebrauch und werden nach einer darauf ausgerichteten Methodik erhoben. Ihre unmittelbare Nutzung für allgemeine kulturstatistische und kulturpolitische Zwecke ist daher weder intendiert noch möglich.[5]

Obwohl sich der Kultursektor – und damit auch seine statistische Erfassung – in hohem Maße heterogen darstellt, ließen sich nach Meinung der Gutachter die vorhandenen Daten im Rahmen von Metaanalysen nutzbar machen. Ferner sind, bedingt durch die großen Interdependenzen im Kulturbereich, viele statistische Daten einzelner Bereiche für andere Themenfelder nutzbar. Aus einer Integration der Daten ergäben sich somit kulturstatistische Synergieeffekte.[6]

8.1 Datenbasis einzelner Kulturbereiche

Das Statistische Bundesamt hat sich zur Abgrenzung des Kulturbereiches an die Definition der Eurostat-Arbeitsgruppe „Kulturstatistik" angelehnt.[7] Diese differenziert den Kulturbereich in die Unterkategorien Kulturgüter (zum Beispiel Archive oder Bibliotheken), Künste (zum Beispiel bildende und darstellende Kunst oder Musik), Medien (zum Beispiel Film, Fernsehen oder Literatur), andere kulturelle Aktivitäten (zum Beispiel soziokulturelle Aktivitäten, Kultur im Ausland oder Kulturverwaltung) und Querschnittsdarstellungen (zum Beispiel Kulturwirtschaft, Aus- und Weiterbildung).[8] Für die genannten Bereiche sind die verfügbaren Daten hinsichtlich ihrer Quantität und Qualität außerordentlich unterschiedlich. Zu den regelmäßig erhobenen Statistiken, die aussagefähig für kulturpolitische und kulturwirtschaftliche Fragestellungen sind, zählen „... der Mikrozensus, die Statistik der sozialversicherungspflichtig Beschäftigten, das Unternehmensregister, die Vierteljährliche Produktionserhebung, die Binnen- und Außenhandelsstatistiken, die Umsatzsteuerstatistik sowie die Einkommens- und Verbrauchsstichprobe."[9] Die hieraus zu gewinnenden Daten können nach Meinung der Gutachter durch definitorische Modifikationen in Teilbereichen erheblich an Aussagekraft hinsichtlich ihrer kulturrelevanten Merkmale gewinnen.

Neben den genannten Erhebungen enthalten weitere amtliche Statistiken Informationen mit kulturrelevanten Indikatoren. So ermöglichen die Jahresrechnungsstatistiken der öffentlichen Haushalte Rückschlüsse auf das finanzielle Engagement der öffentlichen Hand im Bereich des Denkmalschutzes. Für diesen Bereich ergeben sich zwangsläufig Überschneidungen zur statistischen Erfassung der Sparte Architektur. Diese ist jedoch nach Auffassung der Gutachter definitorisch schwer fassbar und wird aus diesem Grund auch auf europäischer Ebene nicht statistisch erfasst.

Zu den Gebieten, für die zumindest statistisches Basismaterial von den kulturellen Fachverbänden und -organisationen zur Verfügung gestellt wird, zählen die Museen und Ausstellungshäuser durch die Museumsstatistik des „Instituts für Museumskunde" sowie die Bibliotheken mit den Daten des „Hochschulbibliothekszentrums Nordrhein-Westfalen". Ähnlich wie bei den Archiven, über die Informationen durch die Archivstatistik des Bundesarchivs verfügbar sind, gibt es hier jedoch hinsichtlich der Erfassung der Rezeption des bereitgestellten Angebotes Verbesserungsbedarf.

Die Theaterstatistik des Deutschen Bühnenvereins liefert für die Bereiche Tanz und Theater aussagekräftige Daten. Die Verfügbarkeit von Datenmaterial aus dem Bereich der bildenden Kunst wird als stark verbesserungsbedürftig beschrieben.

---

[5] Vgl. Protokoll des Expertengespräches zum Thema „Leistungsprofil und Leistungsdefizite der Kulturstatistik" am 8. Dezember 2003, S. 23. (Protokoll-Nr. 15/5)
[6] Ebd., S. 8.
[7] Vgl. für alle folgenden Ausführungen die Kurzfassung des Gutachtens Kulturstatistik (Kurzfassung Gutachten Kulturstatistik) vom 26. November 2004, S. 5–14. (Kommissionsdrucksache 15/248a)
[8] Ebd., S. 1f.
[9] Ebd., S. 5.

Die statistische Erfassung des Sektors Musik ist ebenfalls unzureichend. Zwar sind hier eine Reihe von Daten zugänglich, diese sind jedoch aufgrund der Vielschichtigkeit musikalischer Darbietungs- und Angebotsformen bisher nicht zusammengeführt worden. Hier ist es angeraten, eine Konzeption zur Bündelung des heterogenen Datenmaterials zu entwickeln.

Erfreulich ist die Datenlage nach Aussage des Gutachtens für die Bereiche Buch, Presse und Literatur. Das zur Verfügung stehende Material erlaubt hier – anders als in vielen anderen Bereichen des Untersuchungsgegenstandes – auch Aussagen über die Rezeption des Angebotes.

Für die audiovisuellen Medien sind ebenfalls aussagekräftige Erhebungen vorhanden. Im Fernseh- und Hörfunksektor können die öffentlich-rechtlichen Rundfunkanstalten und die Landesmedienanstalten die relevanten Daten liefern. Wie im Filmbereich ließen sich jedoch durch die Veränderung und Ergänzung der Erhebungsmodi Verbesserungen erzielen. Gleiches gilt für den Bereich der Bild- und Tonträger. Auch hier gibt es eine gute statistische Ausgangslage in Form amtlicher Erhebungen sowie durch die Informationen, die sich aus Medienanalysen bzw. der Konsumforschung gewinnen lassen. Vor methodischen Problemen steht die statistische Erfassung des Bereiches Multimedia. Die definitorische Abgrenzung zu anderen Bereichen ist bisher nicht abschließend gelungen. Dieser Umstand steht einer Erhebung zur Nutzung der Informations- und Kommunikationstechnologie durch private Haushalte im Rahmen einer internationalen Pilotstudie, wie sie die Gutachter vorschlagen, derzeit noch im Weg.

Das Wirken soziokultureller Zentren ist statistisch vergleichsweise gut belegt. Jedoch mangelt es auch hier an Datenmaterial über die Rezeption des Angebotes. Ein Desiderat ist hingegen die statistische Erfassung der Brauchtumspflege. Im Vorfeld einer Erhebung von Basisdaten muss zunächst eine Darstellungsweise entwickelt werden, die in der Lage ist, die Heterogenität des Bereiches abzubilden.[10]

Die Jahresrechnungsstatistiken der öffentlichen Haushalte stellen valides Material über kulturelle Aktivitäten im Ausland und die Kulturverwaltung und -pflege zur Verfügung. Für den letztgenannten Bereich sind Verbesserungen möglich, die sich durch eine übergreifende Erfassung aller Verwaltungs- und Serviceleistungen ergeben würden, die für den Kulturbereich erbracht werden. Im Gegensatz hierzu wären für den Bereich der kulturellen Bildung, Aus- und Weiterbildung, für den mit Ausnahme der Musikschulen keine extrapolierten Daten vorliegen, zunächst Daten aus Bildungsstatistiken heranzuziehen.

Im Hinblick auf einen für den kulturpolitischen Diskurs erforderlichen Überblick über die externen Effekte, die der Kultursektor in Deutschland erzielt (hierzu zählen Beschäftigung und wirtschaftliche Auswirkungen), müssten die vorhandenen Erhebungen, zum Beispiel Mikrozensus oder Statistik der Künstlersozialkasse, regelmäßig herangezogen werden. Auf Einzelheiten im Zusammenhang mit der statistischen Erfassung des Bereiches der Kulturwirtschaft, zum Beispiel durch Kulturwirtschaftsberichte, wird an anderer Stelle des Schlussberichts ausführlich eingegangen.[11]

8.2 Anforderungen für den Aufbau einer bundeseinheitlichen Kulturstatistik

Das kulturelle Leben in Deutschland ist vielfältig und in seiner Gänze hinsichtlich seiner politischen, gesellschaftlichen und wirtschaftlichen Bedeutung statistisch nur schwer darstellbar. Für eine Kulturpolitik, die sich im Spannungsfeld konkurrierender politischer Interessen und haushalterischer Erwägungen behaupten muss, sind valide Daten, die zu übergreifenden Informationspaketen verdichtet werden können, jedoch eine wichtige Basis.

---

[10] Vgl. Langfassung Gutachten Kulturstatistik, S. 118. (Kommissionsdrucksache 15/247a)
[11] Vgl. Kap. 5., Kultur- und Kreativwirtschaft.

Eine gesetzliche Verpflichtung der Verbände oder der Wirtschaft zur Abgabe kulturspezifischer Daten würde die genannten Probleme nicht lösen. Die Einbindung der einzelnen kulturellen Fachverbände, die den Hauptteil der relevanten Daten generieren, muss auf freiwilliger Basis erfolgen. Das Statistische Bundesamt weist in diesem Zusammenhang zudem darauf hin, dass sich durch die Anwendung von § 7 Bundesstatistikgesetz[12] – „Erhebungen für besondere Zwecke" – bzw. von Schätzmethoden Lücken in der statistischen Erfassung der kulturellen Versorgung und Rezeption schließen ließen. Für eine hohe Qualität der Rücklaufquote und der Antwortqualität sei nach bisherigen Erfahrungen Freiwilligkeit die beste Voraussetzung. Der Gesetzgeber sollte daher schon aus grundsätzlichen Erwägungen davon absehen, statistische Daten nach festgelegten Kriterien abzufragen, die in der gewünschten Form für den jeweiligen Verband keinen oder nur geringen Nutzen hätten. Für die Einbindung der vorhandenen Fachstatistiken wird daher eine zentrale Zusammenführung der Daten und deren Auswertung im Rahmen statistischer Metamodelle gegenüber der Erhebung neuer empirischer Befunde empfohlen.

Nach intensiver Diskussion hat die Enquete-Kommission festgestellt, dass eine vereinheitlichte Kulturstatistik durch das Statistische Bundesamt geplant und geführt werden sollte. Es kann auf einen umfassenden eigenen Datenpool zurückgreifen und verfügt neben dem methodischen Fachwissen auch über die nötige Erfahrung in der Kooperation mit den Ländern, den Verbänden und der Eurostat-Arbeitsgruppe der Europäischen Union. Bei der Etablierung einer bundeseinheitlichen Kulturstatistik durch das Statistische Bundesamt ist in Absprache mit den Ländern eine fachliche Begleitung durch ein sachverständiges Gremium, zum Beispiel den Fachgesprächskreis Kulturstatistik der Kultusministerkonferenz, anzustreben.

Es müssen noch notwendige Vorarbeiten geleistet werden, um die Entwicklung des Kultursektors im Überblick verfolgen zu können und aus den gewonnenen Daten Entwicklungslinien abzuleiten. Nur so können langfristige und perspektivische Aussagen über Stand und Potenziale des kulturellen Lebens getroffen werden. Hierzu schlägt das Statistische Bundesamt die Anwendung eines Indikatorenmodells vor, das, kulturbereichsübergreifend konzipiert, neben der Vergleichbarkeit in temporärer auch eine in regionaler Perspektive zulassen soll. Hiermit ließe sich ein lange bekanntes Desiderat beseitigen. Im Bereich der Bildungsberichterstattung finden Indikatorenmodelle bereits Anwendung.

Eine vereinheitlichte Kulturstatistik soll folgende Gesichtspunkte erfassen:

— Darstellung der öffentlichen und privaten kulturellen Infrastruktur,

— Darstellung der kulturellen Aktivitäten der Bevölkerung[13],

— Darstellung der Finanzierung – insbesondere der Förderung – von Kultur,

— Darstellung der Möglichkeiten der Teilhabe an Kultur,

— Bereitstellung von Informationen in bereichsspezifischer und regionaler Gliederung,

— Darstellung von Strukturveränderungen und

— Beachtung internationaler Anforderungen zur Bereitstellung von Kulturdaten.

Die genannten Anforderungen an eine bundeseinheitliche Kulturstatistik erfordern die Bereitstellung personeller und materieller Ressourcen.

---

[12] Vgl. § 7 Abs. 1 Bundesstatistikgesetz: „Zur Erfüllung eines kurzfristig auftretenden Datenbedarfs für Zwecke der Vorbereitung und Begründung anstehender Entscheidungen oberster Bundesbehörden dürfen Bundesstatistiken ohne Auskunftspflicht durchgeführt werden, wenn eine oberste Bundesbehörde eine solche Bundesstatistik fordert." Eine Wiederholung der Befragung ist frühestens nach Ablauf von fünf Jahren möglich.

[13] Vgl. Langfassung Gutachten Kulturstatistik, S. 28f. (Kommissionsdrucksache 15/247a)

C) Handlungsempfehlungen

1. Die Enquete-Kommission empfiehlt der Bundesregierung, eine bundeseinheitliche Kulturstatistik zu entwickeln. Mit den konzeptionellen Vorarbeiten soll das Statistische Bundesamt beauftragt werden. Als Grundlage hierfür sollen die Ergebnisse des Gutachtens des Statistischen Bundesamtes vom 26. November 2004 und die Ergebnisse des Abstimmungsprozesses des Statistischen Bundesamtes mit den Fachgremien der Kulturstatistik der Länder, Kommunen und Kulturverbände, insbesondere mit der Stellungnahme des Deutschen Städtetages, dienen.

2. Die Enquete-Kommission empfiehlt der Bundesregierung, das Statistische Bundesamt zu beauftragen, für die im Gutachten des Statistischen Bundesamtes identifizierten Bereiche Erhebungen nach § 7 Bundesstatistikgesetz durchzuführen, um in Vorbereitung einer einheitlichen Kulturstatistik kurzfristig statistische Desiderate zu beseitigen.

3. Die Enquete-Kommission empfiehlt der Bundesregierung, dafür Sorge zu tragen, dass auf Ebene der Europäischen Union die Verhandlungen zur Etablierung einer europäischen Kulturstatistik zum Abschluss gebracht werden. Inhaltlich und methodisch müssen eine europäische und eine vereinheitlichte deutsche Kulturstatistik kompatibel sein.

9 Sondervoten

9.1 Sondervotum Fraktion DIE LINKE. und SV Prof. Dr. Dieter Kramer „Soziale Dimension: Armut, Arbeitslosigkeit und Kultur"

Vorbemerkung

So wie demografische Veränderungen nicht ohne Auswirkungen auf das kulturelle Leben sind, so haben auch die sozialen Veränderungen und die Verwerfungen auf dem Arbeitsmarkt kulturelle Folgen. Sie werden in den Texten der Enquete-Kommission nicht ausreichend thematisiert.

Problembeschreibung

Auffallend ist das Fehlen einer kulturellen Komponente in der aktuellen Armutsdiskussion, wie sie von Kirchen, Parteien, Gewerkschaften und Medien geführt wird. Nur der Zusammenhang von Bildung und Armut wird häufiger thematisiert.

Die Kluft zwischen Arm und Reich wächst und verstetigt sich in Deutschland ebenso wie die Armut selbst.[1] In der heutigen Form ist die Armut in Deutschland daher etwas Neues, nicht vergleichbar mit früheren Notlagen, etwa nach dem Zweiten Weltkrieg.

Armut bedeutet systemische Ausgrenzung. 17,3 Prozent der Bundesbevölkerung gelten als arm, weil sie über weniger als 60 Prozent des durchschnittlichen Haushaltseinkommens verfügen. Es geht bei Armut nicht nur um finanzielle Armut. Sie hat Anderes zur Folge. Männer mit niedrigem Einkommen haben eine um zehn Jahre geringere Lebenserwartung als gut verdienende Männer. Bei Frauen liegt dieser Unterschied bei fünf Jahren. Dass Arme häufiger erkranken und früher sterben, hat auch sozialkulturelle Ursachen. Menschen aus sozial schwächeren Schichten berücksichtigen weniger ihre Gesundheit, sie rauchen häufiger und trinken mehr Alkohol, sie nehmen seltener an Vorsorgeuntersuchungen teil und achten weniger auf die Ernährung. Heutige Armutsforschung nimmt nicht die statistische relative Armut (in Bezug zu den anderen Segmenten der Gesellschaft), sondern „die komplexen Lebenslagen der Menschen in den Blick: Arbeit, Einkommen, Wohnen, Ernährung, Gesundheit, Kultur"[2].

Finanzielle, soziale und kulturelle Armut für etwa drei Millionen Kinder in Deutschland (zwei Millionen aus den Statistiken zum Arbeitslosengeld II und eine weitere Million von Flüchtlingskindern, aus Familien von irregulären Migranten und solchen, die ihnen zustehende Unterstützungen nicht in Anspruch nehmen) bedeutet „eine dramatische Minderung ihrer Chancen auf einen guten Schulabschluss" (a. a. O.). Die Zahl der Betroffenen steigt, die Quote der armutsgefährdeten Personen in Deutschland ebenfalls.[3]

Bildung und Armutsrisiko sind eng gekoppelt. Die Lebensperspektive der Kinder wird bestimmt durch den sozialen Status und den Bildungsstand der Eltern. Schulen gleichen die unterschiedlichen Chancen nicht aus, sondern verstärken die Nachteile. Die Debatten über die Mängel des Bildungssystems haben in den letzten Jahren auf die gesellschaftlichen (ökonomischen) Folgen dieses Zustandes aufmerksam gemacht; die kulturellen Folgen sind nicht weniger gravierend.

Sozialkulturelle Strukturen und Armut

Wegen dieser Komplexität der Lebenslagen und der in verstetigter Armut entwickelten Lebensformen sind die Mängel nicht einfach mit der Verbesserung der Einkommenssituation zu beheben.

---

[1] Vgl. Deutsches Institut für Wirtschaftsforschung (2007), S. 1.
[2] Klinger/König (2006), S. 6f.
[3] Meyer-Timpe (2007), S. 17f.

Mehr Geld für die Eltern hilft den Kindern nicht immer. Wichtiger ist es, die sozialkulturellen Strukturen zu verändern, konkret: Anregungsreiche und Partizipation erleichternde kulturelle Milieus für die Kinder, aber auch für die Eltern zu entwickeln (im Kapitel Kulturelle Bildung wird dies angedeutet; in den Kapiteln zu Laien- und Breitenkultur, zur Interkultur und zur Soziokultur wird ebenfalls Wert auf allen zugängliche kulturelle Bildung gelegt wird, aber der Zusammenhang mit der sozialen Lage wird nicht hergestellt).

Unter den Bedingungen der neuen Armut hat sich eine Sozialkultur der Prekarität entwickelt. Ein Blick in die zahlreichen Obdachlosenzeitungen und in die aktuelle Sozialarbeitsdiskussion zeigt, wie eine kreative Sozialkultur entstanden ist, die Lebensqualität auf ihre Weise zu generieren versucht. Sie vermag die subjektiven Folgen der Verarmung zu mildern, freilich kaum zu dem beizutragen, was Adorno als „Möglichkeit differenzierter und fortgeschrittener geistiger Erfahrung" bezeichnet hat und was nach wie vor weitgehend Privileg von Bildung und Besitz bleibt.

Vor allem werden dadurch die gesellschaftlichen Folgen der neuen Armut nicht relativiert. Bei diesen Folgen geht es um die Wahrnehmung der wachsenden und sich verstetigenden Armut als gesellschaftlicher Erscheinung und deren Bedeutung für die Kultur als ideeller Lebensgrundlage. Der soziale Zusammenhalt der Gesellschaft kann auch dadurch verlorengehen, dass die auseinanderdriftenden Milieus sich gegenseitig nicht mehr wahrnehmen. Der immer wieder betonte Beitrag der Kultur zur Integration der Gesellschaft bezieht sich auch darauf.

Die Werte der Solidargemeinschaft sind integraler Teil des kulturellen Selbstverständnisses in Deutschland. Der Diskurs darüber, ob „Solidarische Eigenverantwortung" gegenüber „demokratischer Solidarität" als nachrangig betrachtet werden kann, ist auch einer über die Wertegrundlagen. Diese stellen kein starres System dar, sondern müssen immer wieder im kulturellen Milieu an den empirischen Befunden überprüft, bestätigt und neu ausgehandelt werden, so wie der „Warenkorb" der Statistik die Grundbedürfnisse immer wieder neu definiert. Welche Formen von Armut, Verelendung und Ausschließung in einer Gesellschaft toleriert werden, ist auch eine Frage der Kultur. Auch im Zusammenhang mit Europa werden von der Enquete-Kommission die Werte des „sozialen Europa" – eine kulturelle Grundlage ähnlich wie das europäische kulturelle Erbe – zwar beschworen, auch wird ein Sozialprotokoll gefordert, aber dass diese Werte eng mit dem kulturellen Selbstverständnis zusammenhängen, wird nur unzureichend thematisiert.

Was die kulturellen Folgen der Armut anbetrifft, so geht es nicht allein um die materiellen Schranken des Zuganges zum kulturellen Leben. Denen zu begegnen, empfiehlt auch die Enquete-Kommission eine ganze Anzahl von Maßnahmen. Aber es ist nicht entscheidend, ob ein Armer eine Eintrittskarte fürs Theater bezahlen kann (in dem er, wie Besucherforschung bestätigt, sich oft genug auch nicht wohl fühlt), sondern darum, ob er sich einbezogen fühlt in den sozialkulturellen Zusammenhang.

Die kulturelle Antwort auf die Ausgrenzung von Randgruppen und sozial Benachteiligten war in den 70er-Jahren die Kultursozialarbeit (Sozialkulturarbeit), wie sie in der Bewegung der Soziokultur nachklingt. Ihre Formen sind in vielen Fällen zum Standard geworden, haben aber an sozialkultureller Dynamik verloren. In den neuen Ländern leben sie dort besonders, wo im „Kampf gegen Rechts" neue Bündnisse unterschiedlichster Akteure hergestellt werden.

Für den heutigen Umgang mit den sozialkulturellen Folgen der neuen Armut sind im Kontext von bürgerschaftlichem Engagement Reaktionsformen mit möglichst vielen Akteuren von Kirchen, Unternehmen, Gewerkschaften und freien Vereinigungen besonders wichtig, wenn es um die kulturellen Folgen von Armut, insbesondere auch bei Kindern und Jugendlichen, geht. Die Auseinandersetzung mit rassistischen, fremdenfeindlichen und gewaltbereiten Subkulturen bedarf dieser Bündelung der Kräfte unterschiedlichster Akteure.

Sonderfall Arbeitslosigkeit

Wenn es um Arbeitslosigkeit geht, so ist die dadurch bewirkte Armut nur ein Teilaspekt des Problems: Was über Armut allgemein gesagt wurde, gilt auch für die durch Arbeitslosigkeit verursachte Armut. Aber bezogen auf Arbeit und Nichtarbeit gibt es noch andere kulturelle Aspekte zu berücksichtigen.

Vollbeschäftigung mit Lohnarbeit wird es, sagen viele Experten, in absehbarer Zeit nicht mehr geben. Ein lebendiges kulturelles Milieu (das Ziel der Verpflichtung des Staates, das „kulturelle Leben zu fördern") ist auch die Voraussetzung dafür, dass unfreiwillig Arbeitslose ebenso wie freiwillig auf Erwerbsarbeit verzichtende Menschen Chancen zu Persönlichkeitsentwicklung und Lebensqualität finden.

Trotz einer gewissen aktuellen Entspannung auf dem Arbeitsmarkt (die freilich an manchen Gruppen, zum Beispiel älteren Langzeitarbeitslosen, unzureichend ausgebildeten Jugendlichen usf. weitgehend vorbeigeht) bleibt die Frage latent, wie zu reagieren ist, wenn der Arbeitsgesellschaft die Arbeit ausgeht. Es ist eine für das kulturelle Leben einer Gemeinschaft äußerst wichtige Frage: Welche Kultur und Lebensweise entwickelt sich, wenn vermehrter gesellschaftlicher Reichtum und verbesserte Produktionstechniken die (theoretisch) verfügbare „arbeitsfreie Zeit" vergrößern? Diskutiert wird in diesem Zusammenhang über eine neue Verteilung der Arbeitsvolumina, über das Prinzip „Jeder, der arbeiten will, soll Arbeit bekommen, aber niemand soll zur Arbeit gezwungen werden". In allen Parteien wird diskutiert über ein „bedingungsloses Grundeinkommen" oder eine „repressionsfreie Grundsicherung". Lösungen dieser Art werden auch das kulturelle Leben nachdrücklich beeinflussen und die Kulturpolitik vor neue Aufgaben stellen.

Für das kulturelle Leben geht es nicht um Beschäftigungstherapie für Menschen, die nicht in den gesellschaftlichen Arbeitsprozess eingegliedert sind, sondern darum, zu realisieren, dass der wahre menschliche Reichtum freie (disponible) Zeit ist. Berührt ist damit die in allen Kulturen seit der Antike relevante Frage nach der Stellung des Menschen, dem Sinn seiner Existenz im sozialen Kontext und um das Verhältnis von Leben und Arbeit. Erwerbsarbeit im herkömmlichen Sinne ist nicht die einzige Form der Sinngebung des individuellen Lebens. Es gibt in der europäisch-abendländischen Tradition auch die Möglichkeit, „Muße" als Raum der Persönlichkeitsentfaltung, der Herstellung von Beziehungsreichtum (der kulturellen Betätigung) oder der der Kontemplation als eigenständige Sphäre neben Arbeit und Wirtschaft zu sehen. Darauf ist im Zusammenhang von Kultur und Arbeitslosigkeit hinzuweisen. Ferner ist in Erinnerung zu rufen, dass eine Vielzahl von kreativen Milieus in Vergangenheit und Gegenwart davon leben, dass Menschen sich entweder freiwillig aus den gesellschaftlichen Arbeitszusammenhang ausgliedern (aus religiösen oder sonstigen Gründen) oder dass Arbeitslose sich in Feldern außerhalb der Erwerbsarbeit engagieren.

9.2 Sondervotum Fraktion BÜNDNIS 90/DIE GRÜNEN und SV Helga Boldt

Die Einsetzung der Enquete-Kommission „Kultur in Deutschland" des Deutschen Bundestages geht maßgeblich auf eine Initiative der Fraktion BÜNDNIS 90/DIE GRÜNEN zurück. Die Arbeit ist nun erfolgreich abgeschlossen. Die ernsthafte und engagierte Arbeit aller Fraktionen und Sachverständigen hat zu einer beeindruckenden Bestandsaufnahme und wertvollen Handlungsempfehlungen geführt.

Die zurückliegende Arbeit war ein großer gemeinsamer Lernprozess, in dem alle Mitwirkenden zugunsten des gemeinsamen Anliegens, die reiche Kulturlandschaft Deutschlands und die Vielfalt des kulturellen Lebens zu erhalten und zu verteidigen, zusammenarbeiteten – und das mit großem Gewinn für die Sache.

Die Arbeit an diesem Bericht dauerte länger als erwartet und der Bericht wurde umfangreicher als zunächst gedacht. Das Ergebnis steht für diesen Aufwand. Zu bedenken ist auch, dass die letzte großangelegte Untersuchung des Deutschen Bundestages zum Thema Kultur in Deutschland dreißig Jahre zurücklag und die Bestandsaufnahme daher umfangreicher ausfallen musste, ohne jedoch abschließend sein zu können.

Wir sehen uns im Ergebnis der konsensualen Zusammenarbeit in der Enquete-Kommission und durch das mutige Übertreten mancher parteipolitisch definierter Grenzen in vielen gemeinsam verabschiedeten Handlungsempfehlungen zu keinem Sondervotum im üblichen Sinne des Wortes veranlasst. Es ist hier nicht der Ort und die Zeit, Differenzen zu betonen. Das würde den Bericht insgesamt entwerten und der Sache nicht dienen. Es geht nun darum, in den eigenen Fraktionen für die Umsetzung der Handlungsempfehlungen zu werben und gemeinsame Initiativen im Deutschen Bundestag zur Förderung von Kunst und Kultur zu starten.

Folgende Erkenntnisse wollen wir herausstellen:

1. Kunst und Kultur müssen eine verpflichtende Aufgabe des Staates werden.

    Die einzigartige Dichte an Theatern, Orchestern, Bibliotheken, Ausstellungshäusern, soziokulturellen Zentren, Kunst-, Musik- und Volkshochschulen, Vereinen und Stiftungen und vielem anderen mehr, muss erhalten werden. Dabei besteht eine gemeinsame Verantwortung von Bund, Ländern und Kommunen. Dem Staat kommt für die Sicherung eines vielfältigen kulturellen Lebens und dem Erhalt und Ausbau einer leistungsfähigen kulturellen Infrastruktur entscheidende Bedeutung zu.

    Mit der Forderung nach der Einführung eines Staatsziels Kultur im Grundgesetz bekennen wir uns zur Verantwortung des Staates für Schutz und Förderung von Kunst und Kultur.

2. Kulturpolitik muss als den anderen Politikfeldern gleichgestellter Bereich anerkannt werden.

    Grundsätzliche Reformen der Gemeinde- und Umlandfinanzierung und der Haushaltsgesetze sowie Verbesserungen im Sozialwesen und in der Sozialge-setzgebung sind Voraussetzung dafür, dass Kunst und Kultur stark und selbstbewusst bleiben. Kulturpolitik ist Gesellschaftspolitik und muss im politisch-administrativen Bereich gestärkt werden.

3. Die Einkommenssituation der Künstlerinnen und Künstler muss verbessert werden.

    Ohne Künstlerinnen und Künstler gibt es keine Kunst und Kultur, keine kulturelle Vielfalt. Viele von ihnen leben jedoch in prekären finanziellen Verhältnissen, ihr Durchschnittseinkommen ist in Deutschland oft genug beschämend niedrig. Die besondere soziale Lage der Künstlerinnen und Künstler muss in der Kultur- und Arbeitsmarktpolitik eine größere Rolle spielen als bisher.

4. Angesichts der kulturellen Vielfalt müssen wir in unserer Gesellschaft einen ernsthaften Diskurs über Interkultur und Migrantenkulturen führen.

    Die Debatte zeigt, dass hier noch immer nicht der Anschluss an den gesellschaftlichen Ist-Zustand gefunden worden ist. Den öffentlich-rechtlichen Medien kommt dabei eine große Verantwortung zu.

5. Die Politik muss mit den Künstlerinnen und Künstlern, mit den Kulturschaffenden, den Vermittlern und Verwertern weiterhin das Gespräch suchen und intensivieren.

    Die Enquete-Kommission hatte Künstler, Kulturmanager, Vertreter der Kulturwissenschaft und der kommunalen Kulturverwaltung als Sachverständige und Berater in ihren Reihen. Sie hat in Anhörungen und durch schriftliche Befragungen zahlreiche Künstlerinnen und Künstler, Publizisten, Kulturschaffende, Vermittler und Verwerter gehört. Dieser Dialog der Politik mit der Kultur muss aufrechterhalten und intensiviert werden; wir werden unseren Beitrag dazu leisten.

6. Die Förderung von Sozio- und Laienkultur muss gestärkt werden.

   Sozio- und Laienkultur sind ein Garant kultureller Teilhabe. Sie fördern kreative Eigentätigkeit und kulturelle Kompetenz. Ihre Stärkung in der Kulturlandschaft liegt uns daher besonders am Herzen. Der Schaffung guter Rahmenbedingungen unter anderem durch das Gemeinnützigkeits- und das Urheberrecht muss daher unsere ganze Aufmerksamkeit gehören.

7. Das Potenzial der Kultur- und Kreativwirtschaft in Deutschland muss besser ausgeschöpft werden.

   Die Kultur- und Kreativwirtschaft trägt zur Sicherung eines vielfältigen kulturellen Lebens in Deutschland bei. Hier entstehen Arbeitsplätze und Wertschöpfung. Neben dem privatwirtschaftlichen Bereich muss dessen Interdependenz mit dem öffentlichen und zivilgesellschaftlichen Kulturbetrieb genauer erfasst werden. Die Rahmenbedingungen vor allem für die in diesem Bereich vorherrschenden Kleinst- und Kleinunternehmen müssen verbessert werden. Die Instrumente der Förderung und Beratung müssen weiterentwickelt und an die spezifischen Belange angepasst werden.

8. Für den Denkmalschutz und den Schutz der UNESCO-Welterbestätten muss mehr Unterstützung gewährt und mehr rechtliche Verbindlichkeit geschaffen werden.

   Das deutsche Welterbe muss durch eine Verankerung der UNESCO-Welterbekonvention vor allem im Bau- und Raumordnungsrecht rechtlich besser geschützt werden. Es bedarf eines Ausführungsgesetzes um künftig auszuschließen, dass die innerstaatlich verpflichtende Bindungswirkung des Welterbeschutzes in Frage gestellt werden kann. Der Denkmalschutz muss finanziell gesichert und die Deutsche Stiftung Denkmalschutz besser ausgestattet werden.

9. Öffentliche Bibliotheken dürfen keine freiwillige Aufgabe sein, sondern müssen eine Pflichtaufgabe werden.

   Bibliotheken sind ein unverzichtbarer Teil unserer Kulturgeschichte und von überragender Bedeutung für die kulturelle Bildung. Sie müssen aus dem Status der „freiwilligen Leistung" herausgeführt werden. In Bibliotheksgesetzen der Länder und gegebenenfalls des Bundes sind Standards zu formulieren und finanzielle Förderungen festzuschreiben.

10. Kulturelle Bildung stärken und gesellschaftliche Teilhabe sichern.

    Kulturelle Bildung ist ein Schlüssel zu gesellschaftlicher Teilhabe und Chancengerechtigkeit. Insbesondere Kindern und Jugendlichen ist der Zugang zu Kunst und Kultur zu erleichtern. Notwendig ist eine enge Verzahnung der kulturellen Bildung mit allen Bereichen öffentlicher Bildung und Erziehung. Kulturelle Bildung muss elementarer Bestandteil lebensbegleitender Bildung werden auch im Hinblick auf den demografischen Wandel. Eine Bundeszentrale für kulturelle Bildung kann das Anliegen unterstützen, allen Menschen den aktiven Umgang mit Kunst und Kultur zu ermöglichen.

11. Die Kommunen als Orte der Vielfalt kulturellen Lebens stärken.

    Kommunen müssen in die Lage versetzt werden, eigene Verantwortung wahrnehmen und Kunst und Kultur fördern zu können. Dafür bedarf es einer angemessenen finanziellen Ausstattung. Zugleich dürfen die Kommunen Kunst und Kultur nicht nur als Finanzierungslast begreifen, sondern als eine öffentliche Pflichtaufgabe und einen wichtigen Standortfaktor. Insbesondere Einrichtungen der kulturellen Bildung von Kindern und Jugendlichen (Musikschulen,

Kunstschulen usw.), aber auch der Erwachsenenbildung und in der Lebensperspektive müssen gesichert werden.

12. Kultur als gemeinsamen europäischen Wert entwickeln.

Kunst und Kultur sind geeignet, die europäische Identität zu stärken und gemeinsame Grundwerte zu betonen. Mitgliedsstaaten übergreifende Kulturprojekte müssen finanziell besser gefördert werden. Kulturstätten von besonderer Bedeutung für die Geschichte und Identität Europas müssen stärker in das Bewusstsein der Bürgerinnen und Bürger gerufen werden. Europäische Kunstwettbewerbe können die wechselseitige Wahrnehmung zeitgenössischer Kunst in Europa befördern.

Der Deutsche Bundestag als Förderer der Künste

Wir wollen dem Bundestag auch einen konkreten Vorschlag zur Förderung von Kunst und Kultur unterbreiten:

Wir empfehlen dem Deutschen Bundestag, ein Stipendium für Künstlerinnen und Künstler einzurichten, das jeweils befristet für ein Jahr die Stelle eines Parlaments-Schreibers, eines Parlaments-Malers und eines Parlaments-Komponisten mit Arbeitszimmer bzw. Atelier im Bundestag finanziert. Diese Stipendiaten müssten, wie das auch bei Stadtschreibern und anderen Stipendiaten üblich ist, zum Abschluss ihres Aufenthalts eine Publikums-Veranstaltung organisieren und ihre Arbeiten dem Haus und seiner Öffentlichkeit präsentieren.

Wir bedanken uns bei allen Mitgliedern der Enquete-Kommission „Kultur in Deutschland", bei den Mitarbeiterinnen und Mitarbeitern des Sekretariats und denen der Fraktionen für die gute Zusammenarbeit und für die zahlreichen Denkanstöße, die wir empfangen haben.

9.3　Sondervotum Fraktion DIE LINKE. und SV Prof. Dr. Dieter Kramer zu 1:　„Zu kulturellen Nachwirkungen der deutschen Teilung"

Vorbemerkung

Wir begrüßen, dass es nach langen Debatten doch noch gelungen ist, einen Unterabschnitt zu den kulturellen Nachwirkungen der deutschen Teilung in das Kapitel 1 aufzunehmen. Die Einigung dazu erwies sich als außerordentlich schwierig und das Ergebnis entspricht nur noch wenig den ursprünglichen Intentionen.

Anliegen war, die Folgen der deutschen Teilung in kultureller Hinsicht zu beschreiben – in Bezug auf die Infrastruktur und auch heute noch zu beobachtende Unterschiede in den Wertorientierungen, den Erwartungen an Kunst und Kultur wie auch im Kulturverständnis. Diese Erläuterungen sind weitgehend entfernt. Dafür wurden Bewertungen der Kulturpolitik und des kulturellen Lebens der DDR aufgenommen, die durch ihren einseitigen Blickwinkel der Vielfalt und Differenziertheit des kulturellen Alltags wie des künstlerischen Schaffens in keiner Weise gerecht werden. Im Raster der Betrachtung von „SED-Diktatur" auf der einen und „Widerständlern" auf der anderen Seite allein lässt sich die kulturelle Leistung der vielen Künstler und Kulturschaffenden, auch die von vielen Kulturpolitikern, die unter diesen Bedingungen versucht haben, künstlerische Freiräume zu schaffen, nicht beurteilen. Einer solchen einseitigen Bewertung können wir nicht zustimmen.

Wir bringen deshalb den Abschnitt in der letzten Fassung mit den von uns im Plenum am 22. Oktober 2007 beantragten Änderungen als Sondervotum ein.

Zu kulturellen Nachwirkungen der deutschen Teilung

Wie andere moderne Gesellschaften auch, ist die Bundesrepublik in sich kulturell stark ausdifferenziert. Ihre Kultur ist ein dynamisches Ensemble von Regional-, Teil- und Subkulturen, von denen jeweils wichtige Impulse auf das Ganze ausgehen.

Eine Besonderheit stellt in diesem Zusammenhang die vierzigjährige Geschichte der deutschen Teilung von 1949 bis 1989 dar. In beiden Gesellschaften entwickelten sich ein eigenes Kulturleben und eine eigene kulturelle Infrastruktur.[4] Bald zwei Jahrzehnte nach dem Ende der deutschen Teilung sind daraus resultierende Unterschiede der ostdeutschen Länder im Vergleich zu den westdeutschen feststellbar, wie auch kulturelle Eigenheiten ihrer Bürger.[5]

Beides, das kulturelle Erleben wie die kulturelle Infrastruktur, war in der DDR von fehlender Freiheit der Kunst gekennzeichnet. In allen künstlerischen Sparten fand formelle und informelle Zensur statt. Diese schränkte die Möglichkeit der freien Meinungsäußerung und künstlerischen Entäußerung und ihrer Rezeption ein. Viele nichtkonforme und andersdenkende Künstler wurden aus der DDR ausgewiesen oder verließen zermürbt das Land. Dennoch hat das künstlerische Schaffen in der DDR Vielfalt und hohe Qualität hervorgebracht und zwar auch durch jene Künstler, die sich nicht in Opposition befanden und die bewusst im Lande blieben. Die Systemkritischen, die blieben, konnten gemeinsam mit Bürgerrechtlern, Umweltschützern und anderen – mehr oder weniger stark den Kirchen verbundenen – Gesellschaftsgruppen eine nonkonformistische Szene herausbilden, die schließlich den Boden für die Wende vorbereiten half.

Die außerordentlich dichte und reiche Kulturlandschaft in den ostdeutschen Ländern ist ein Erbe der deutschen Geschichte und Kulturgeschichte vor Gründung der DDR, aber auch einer eigenen Tradition der Kulturorganisation und -beteiligung in der DDR, deren nahezu flächendeckendes Netz kultureller Institutionen vom Staat, den Betrieben und Massenorganisationen getragen war.[6] Diese Kulturlandschaft hat einen tiefgreifenden Wandel durchgemacht, der auch mit schmerzhaften Verlusten verbunden war.

---

[4] Vgl. zur Rolle von Kunst und Kultur in der DDR und zur Bewertung der Kulturpolitik der SED den Schlussbericht der Enquete-Kommission „Überwindung der Folgen der SED-Diktatur im Prozess der deutschen Einheit". (Bundestagsdrucksache 13/11000), S. 178–193; vgl. auch zur Entwicklung von Kultur und Kulturpolitik in der DDR und der Bundesrepublik Deutschland Gerd Dietrich: Rolle und Entwicklung der Kultur, Deutsche Zeitgeschichte von 1945 bis 2000. Gesellschaft – Staat – Politik (Kommissionsmaterialie 16/009); vgl. auch Burrichter (2006); Thomas (1999), S. 510–522, Langenbucher/Rytlewski/Weigraf (1983); Glaser (1990); Glaser (1997).

[5] Vgl. dazu Dietrich Mühlberg Antworten auf die Fragen der Berichterstattergruppe Kap. 1. Die Bedeutung von Kunst und Kultur für Individuum und Gesellschaft (verhandelt im Expertengespräch vom 11. Dezember 2006) (Kommissionsdrucksache 16/407) und den Beitrag von Dietrich Mühlberg im Wortprotokoll des Expertengespräch vom 11. Dezember 2006 „Bedeutung von Kunst und Kultur für Individuum und Gesellschaft" (Arbeitsunterlage 16/120). Ostdeutschland und Ostdeutsche waren nach 1990 bevorzugte Untersuchungsgegenstände der Markt-, Medien-, Politik-, Sozial-, Mentalitäts- und Kulturforschung. Fast alle übergreifenden Studien haben Eigenheiten der neuen Länder ausgewiesen. Die Beilage der Zeitschrift Das Parlament, Aus Politik und Zeitgeschichte, hat solche Forschungsergebnisse kontinuierlich vorgestellt, allein in den Jahrgängen 2000 bis 2007 sind 12 Ausgaben speziell diesem Thema gewidmet gewesen. Die Archive aller Stiftungen zur politischen Bildung weisen Forschungen zur Situation in den neuen Ländern aus. Eine aktuelle Übersicht bietet die „Forschungsinformation" des Innovationsverbundes Ostdeutschlandforschung am Zentrum Technik und Gesellschaft der TU Berlin. www2.tu-berlin.de/ztg/innovationsverbund-ostdeutschlandforschung/forschungsinformation.html, (Stand: 9. November 2007).

[6] Zum Zeitpunkt der Vereinigung gab es in den neuen Ländern einschließlich Ostberlins 217 Theater und Spielstätten, 87 Orchester, 955 Museen und 9 Künstlergedenkstätten, 112 Musikschulen und 99 Musikunterrichtskabinette und 9 349 Bibliotheken. Nicht mitgezählt sind dabei die zahlreichen Kunst- und Bildungsangebote von Betrieben, Gewerkschaften und Massenorganisationen, die es neben den staatlichen und städtischen Einrichtungen gab. So existierten Ende der 80er-Jahre 1 100 Kulturhäuser, die teils staatlich, teils von Betrieben, Genossenschaften des Handwerks und der landwirtschaftlichen Produktion geleitet und finanziert wurden und fast 10 000 Jugendklubs mit differenzierten Veranstaltungsprofilen und Aufgaben im breitenkulturellen Bereich und der Künstlerförderung. vgl. dazu Bauer-Volke, Dietzsch (2003), S. 40f; vgl. auch Strittmatter (1987) und Statistisches Amt der DDR (1990).

Viele Einrichtungen haben den Strukturwandel von ehemals zentralstaatlich organisierten hin zu föderalen und marktwirtschaftlich geprägten Strukturen nicht überstanden. Komplett weggefallen ist das von Betrieben und Massenorganisationen getragene Kulturangebot. Zugleich entstanden vielfältige neue Einrichtungen und Projekte freier Träger, sodass trotz der Verluste heute eine reich gegliederte Kulturlandschaft vorhanden ist.

Als Folge des reichen Erbes und des neu Entstandenen sind die Kulturausgaben in den ostdeutschen Ländern nach wie vor überdurchschnittlich hoch.

In diesem Kontext ist auch zu beachten, dass in der Folge sozialer Umgestaltungen in den letzten fünf Jahrzehnten die „kulturtragende" Mittelschicht in den ostdeutschen Ländern nur schwach ausgebildet ist und Veränderungen nicht erwartet werden. Zugleich haben viele Menschen mit höherem Bildungsabschluss ihren Status verloren, sind sozial abgestiegen und können sich die gewohnte Teilnahme am kulturellen Leben finanziell nicht mehr leisten.

In der fachwissenschaftlichen Debatte wird auf mentale Besonderheiten der Ostdeutschen hingewiesen. Bei genereller Annäherung an den „Lebensstil" des Westens stabilisierten sich in einigen Verhaltensbereichen Eigenheiten – so zum Beispiel in der überwiegenden Distanz zu Religion und Kirche (70 Prozent), in den Vorstellungen von Demokratie und von Freiheit, von der Rolle des Staates und in der gesellschaftlichen Selbstverortung. Unbestritten sind unterschiedliche geschichtliche Erfahrungen und Traditionsbezüge. Empirisch auszumachen sind hohe Erwartungen an den Staat und die öffentlichen Träger zur Sicherung der kulturellen Infrastruktur, oftmals verbunden mit einer kritischen Position zur Rolle des Marktes im Kulturbetrieb, wie auch andere Ansprüche gegenüber den Künsten und den Künstlern.

Bis heute wirkt zudem ein Kulturverständnis nach, in dem die Künste eine wichtige Rolle haben, das aber im Alltag stärker geprägt ist von der Überzeugung: „Kultur ist, wie der ganze Mensch lebt".[7]

Die bis heute zu konstatierenden mentalen Unterschiede zwischen Ost und West sind eine Herausforderung an Kulturpolitik, wobei es nicht darum geht, sie zu überwinden. Vielmehr gilt es, sie als Chance zu nutzen. „Die innere Einheit Deutschlands ist ein langwieriger Prozess, der nur gelingen kann, wenn Menschen aus allen Regionen und Landesteilen die gleichen Chancen haben, mit ihren kulturellen Werten und Erfahrungen gleichberechtigt die Kultur unseres Landes mitzugestalten."[8] Sie bleibt deshalb ein Auftrag an die Bundespolitik, dem hohe Priorität beizumessen ist.

9.4 Sondervotum SV Prof. Dr. Dieter Kramer zu 2.4: „Staatsziel Kultur"

In der vergangenen Legislaturperiode bekannte sich die Enquete-Kommission einstimmig zu der Empfehlung, Kultur als Staatsziel in das Grundgesetz aufzunehmen. Die dafür gewählte und von allen Fraktionen akzeptierte Formulierung *„Der Staat schützt und fördert die Kultur"* kann ich nicht mittragen. Dies gilt auch für die inzwischen andernorts als neuer Bestandteil der Verfassung vorgeschlagene Formulierung „Der Staat schützt und fördert die Kultur. Sport ist als förderungswürdiger Teil des Lebens zu schützen".

Der soziale und demokratische Rechtsstaat ist mit seinen Werten so deutlich definiert, dass es keines Artikels bedarf, der die Bundesrepublik Deutschland noch einmal als Kulturstaat definiert – sie hat kraft ihrer festgeschriebenen Wertegrundlage ein Selbstverständnis, das bereits im vorpolitischen Raum die Pflege der Kultur als ideeller Lebensgrundlage bestätigt. Man kann zudem nicht

---

[7] Vgl. Mühlberg (1968), S. 3ff.
[8] Vgl. Antwort der Bundesregierung auf die Große Anfrage der Fraktion DIE LINKE. zum Stand der Deutschen Einheit und der perspektivischen Entwicklung bis zum Jahr 2020 (Bundestagsdrucksache 16/5418), S. 66.

die Kultur fördern, wenn man, wie in den UNESCO-Dokumenten, Kultur versteht als die Gesamtheit der unverwechselbaren geistigen, materiellen, intellektuellen und emotionalen Eigenschaften, die eine Gesellschaft oder eine soziale Gruppe kennzeichnen und von anderen unterscheiden, und die über Kunst und Literatur hinaus auch Lebensformen, Formen des Zusammenlebens, Wertesysteme, Traditionen und Überzeugungen umfasst. Wenn man eine Verpflichtung zur Kulturförderung in das Grundgesetz aufnehmen will, dann könnte eine angemessene Formulierung lauten: „Der Staat fördert das kulturelle Leben und schützt das kulturelle Erbe."

9.5 Sondervotum Lydia Westrich, MdB zu 3.1.2.1: „Theater, Kulturorchester, Opern", Handlungsempfehlungen 2, 4 und 18 sowie zu 4.3.1: „Tarif- und arbeitsrechtliche Situation der Künstler und Kulturberufe"

Unter dem Oberbegriff Zukunftssicherung der Theaterlandschaft in Deutschland schlägt die Enquete-Kommission den Trägern von Theatern, Opern und Orchestern unter anderem eine Öffnung für rechtliche Verselbstständigungen vor. Eine solche Verselbstständigung aber ist nicht immer entscheidend für den Erfolg eines Theaterbetriebs. So ist das Staatstheater Stuttgart als Eigenbetrieb organisiert und war dreimal hintereinander Oper des Jahres. Wenn die vorhandenen haushaltsrechtlichen Spielräume ausgeschöpft werden, etwa die Abkehr vom Jährlichkeitsprinzip und längerfristige Planungen, dann kann ein Haus auch in der Struktur der öffentlichen Verwaltung zukünftig ein attraktives Programm bieten. Die feste Bindung an die Kommunen und die Bürgerinnen und Bürger ist eine Chance, das Stadttheater als selbstverständlichen Ort des Gemeinwesens zu stärken. Auch attraktive kommerzielle Kulturangebote des Boulevards werden nicht in der Lage sein, den gesellschaftlich-seismografischen Blick des Theaters zu ersetzen. Eine Kultur der kurzen Wege ist Grundlage für die Arbeit mit Schulen und jungen Erwachsenen und das Selbstverständnis der Bürger, dass es sich nicht um ein, sondern um ihr Theater handelt.

Auch hat die Erfahrung der letzten Jahre gezeigt, dass mehrere Theater nach der Umwandlung in eine GmbH insolvent wurden oder einer drohenden Insolvenz nur durch nachträgliche Anpassung der Tarifverträge entgehen konnten. Die zu erwartenden Risiken durch die zukünftige europa- und weltweite Deregulierung des Dienstleistungssektors sind noch nicht annähernd ausgelotet. Die finanzielle Notlage vieler Kommunen, der Länder und des Bundes erzwingen sparsames und effektives Handeln. Trotzdem soll das System der von der öffentlichen Hand getragenen Theaterszene erhalten bleiben. Die Verselbstständigung der Rechtsform ist kein Heilmittel, sie beinhaltet Risiken für die Betriebe selbst und für ein Theaternetz als staatsbürgerliche Selbstverständlichkeit unseres Gemeinwesens.

Zur Forderung nach bühnengerechten Arbeitsbedingungen für alle Beschäftigten in den Theatern, Opern und Orchestern ist festzuhalten, dass die Flächentarifverträge der Länder und Kommunen sowie der Normalvertrag Bühne in den letzten Jahren an die Erfordernisse der Theaterbetriebe angepasst worden sind. Darüber hinaus gibt es eine ganze Reihe von Haustarifverträgen, die in der Regel für die Theatermitarbeiter herbe Einschnitte in punkto Einkommen und Arbeitszeit gebracht haben, um den Erhalt des Theaters zu sichern: Die grundsätzlichen Neuregelungen des TVöD zum Beispiel haben betriebliche Öffnungsklauseln, Arbeitszeitkorridore, Erhöhung der wöchentlichen Arbeitszeit und leistungsorientierte Vergütungselemente eingeführt. Dass in Deutschland auf einem hohen künstlerischen Niveau Theater gespielt wird, ist ein Erfolg, der auch auf das Zusammenwirken zwischen Kunstschaffenden (Komponisten, Regisseuren, Choreografen) und Kunstausführenden (künstlerisch und technisch Theaterbeschäftigten) zurückgeführt werden kann.

Die Erweiterung des Arbeitszeitgesetzes um eine allgemeine Öffnungsklausel, welche es den Tarifvertragsparteien ermöglicht, von den bestehenden Regelungen im jeweils zu verhandelnden Fall abzuweichen, ist gleichbedeutend mit der völligen Freigabe des Arbeitszeitgesetzes und der Wiedereinführung der 48-Stunden-Woche mit höchstens acht freien Tagen pro Jahr. Schon jetzt ermöglichen die geltenden tarifvertraglichen Regelungen Abweichungen, wenn die Art der Arbeit dies erfordert. Also auch für den Bühnenbereich. So kann die Zahl der beschäftigungsfreien Sonntage – grundsätzlich 15 Sonntage – in Theaterbetrieben und Orchestern auf acht Sonntage reduziert werden. Gerade hinsichtlich der Gestaltung von familienfreundlichen Bedingungen am Arbeitsplatz kommt eine solche Freigabe einer Missachtung von Arbeitnehmerrechten gleich und erschwert die Situation für junge Familien. Auch sehe ich eine Unvereinbarkeit mit dem Gleichheitsgrundsatz, der allen Arbeitnehmern, auch Teilzeitbeschäftigten, grundsätzlich einen Ruhetag pro Woche gewähren muss – diese Empfehlung läuft der Verbesserung der sozialen Lage der Arbeitnehmer an Bühnen zuwider und zieht Verschlechterungen für andere Arbeitnehmer nach sich. Bezüglich des Arbeitsschutzes ist Deutschland ohnehin nicht an vorderster Front. Nach den Richtlinien des Europäischen Parlamentes und des Rates zu bestimmten Aspekten der Arbeitszeitgestaltung hat der deutsche Gesetzgeber die Mindestnormen schon unter Ausschöpfung des maximalen Abweichungsrahmens umgesetzt. In der Schweiz gibt es ausdrücklich für Arbeitnehmer des Theater- und Bühnenbereichs deutlich bessere Schutzregelungen: zum Beispiel mehr Urlaub und mehr freie Sonntage. Die Spar- und Rationalisierungsmaßnahmen der letzten Jahre wurden schon über das erträgliche Maß hinaus auf Kosten der Beschäftigten durchgeführt. Diese haben ihren Beitrag zum Erhalt der Theaterbetriebe wirklich geleistet. Ich kann daher einer zusätzlichen Ausweitung des Arbeitszeitgesetzes einseitig zulasten der Arbeitnehmer nicht zustimmen.

Die Enquete-Kommission empfiehlt dem Bund und den Ländern, den Tendenzschutz im Betriebsverfassungsgesetz und in den Personalvertretungsgesetzen auszuweiten, zu konkretisieren und insbesondere die Dienstplanung in Tendenzbetrieben der Mitbestimmung zu entziehen. Dies läuft auf die völlige Abschaffung der Mitbestimmung an Theatern hinaus. Eine vertrauensvolle Mitbestimmung aber ist Bestandteil des Betriebsfriedens. Sie fördert das gemeinsame Ziel aller Bühnenangehöriger, vom Intendanten bis zur Reinigungskraft, nämlich die Erschaffung von Kunst. Die vorliegende Handlungsempfehlung aber grenzt die Betriebsangehörigen aus, statt alle Bühnenangehörigen in den Prozess der Schaffung von Kunst einzubinden. Eine Identifikation und Bindung an das Theater wird dadurch erschwert und die vertrauensvolle Zusammenarbeit, die letztlich zum Gelingen des Kunstwerks beiträgt, wird unterbunden.

Die Zukunft der deutschen Theater- und Orchesterlandschaft kann nur mit allen Beteiligten gesichert werden. Der Spielbetrieb an den deutschen Bühnen wird von einer Vielzahl hoch motivierter künstlerischer und nichtkünstlerischer Arbeitnehmer gesichert. Das Produkt und „Lebensmittel" Kunst, um dessen hohes künstlerisches Niveau Deutschland beneidet wird, darf nicht durch die existenzielle Verunsicherung und Demotivierung derer, die es schaffen, gefährdet werden: Die für das Theater unentbehrlichen Mitarbeiter müssen in den Arbeits- und Entscheidungsprozess eingebunden werden.

9.6 Sondervotum SV Prof. Dr. Wolfgang Schneider zu 3.5.2: „Kulturförderung in der Bundeshauptstadt"

Die Verantwortung des Bundes in Berlin für Kinder- und Jugendkultur

Kultur als Zukunftsressource wirklich ernst zu nehmen, verlangt nach einem Umdenken in den Inhalten und Konzeptionen des Bundes auch für die Kulturpolitik in der Hauptstadt. Derzeit besteht ein deutliches Defizit an kulturpolitischen Strategien für den Bereich der Kinder- und Jugendkultur in Berlin, Kunst für ein junges Publikum kommt kulturpolitisch nicht vor. Im Rahmen einer engagierten Hauptstadtkulturpolitik müsste diesem Kulturpolitikfeld jedoch eine zentrale Rolle zukommen, denn nur durch die Möglichkeit zur Partizipation an Kultureller Bildung ist gewährt, dass sowohl ein kreatives Potenzial als auch ein kritisches Publikum überhaupt nachwachsen kann und Kultur zukünftig lebendig gehalten wird. Das derzeitige Defizit an einer bundespolitischen Strategie für Kinder- und Jugendkulturpolitik begründet sich zum einen mit der föderalen Struktur

Deutschlands und der bildungspolitischen Zuordnung, wodurch die hauptsächliche Verantwortung für Kinder- und Jugendkulturpolitik allein bei den Ländern und Kommunen liegt. Zum anderen erschwert die unsystematische Zuordnung dieses Politikbereichs auf die verschiedenen Verwaltungsfelder Bildung, Jugend und Kultur, die sowohl auf Landes- als auch auf Bundesebene praktiziert wird, die notwendige ressortübergreifende Kooperation und Zusammenarbeit der betroffenen Verantwortlichen.

In der Debatte um die bundespolitische Verantwortung für Kultur von gesamtstaatlicher Bedeutung findet Kinder- und Jugendkultur bisher keine Erwähnung und ist im Hauptstadtkulturvertrag nicht berücksichtigt. Ein Engagement des Bundes, eventuell mit einer eigenen (ausschließlich bundesgeförderten) Institution bestehende professionelle Kinder- und Jugendkultur in der Hauptstadt zu bündeln und darüber neue Impulse zu geben, ist zwischen Bund und dem Land Berlin bisher nicht diskutiert worden. Bei einer sich stetig erweiternden Bundeskulturpolitik ist vom Bund aber gerade im Bezug auf die Ausgestaltung der Kultur in der Hauptstadt mehr Engagement in diesem Politikfeld zu erwarten. Mit einer Akzentuierung der Kinder- und Jugendkulturpolitik in der deutschen Hauptstadt besteht langfristig die Chance, dass der Bund der Nachwuchspflege des Kulturstaates Deutschland gewahr wird und die Kulturvermittlung in Deutschland nicht nur die Strategien im Ausland wahrnimmt, sondern eigene Ansätze ebenfalls als Referenz gelten. Der Bund muss sich daher langfristig eine Kompetenz im Bereich der Kinder- und Jugendkultur aneignen, die ihn auch in diesem Kulturpolitikfeld zu einem verlässlichen Partner in der Hauptstadt Berlin werden lässt. Der Bereich Kinder- und Jugendkultur sollte daher nicht nur in der theoretischen Diskussion über Kulturelle Bildung mehr Aufmerksamkeit erfahren, sondern endlich auch in der Umsetzung kulturpolitischer Strategien Berücksichtigung finden. Es geht also nicht nur um die Aufstockung der Ressourcen für den Bereich der Kinder- und Jugendkultur, sondern um eine generelle Umorientierung der Proportionen von öffentlicher Kulturförderung für Kulturvermittlung.

Aus den gesetzlich festgelegten Handlungsmöglichkeiten des Bundes in der Hauptstadt Berlin lässt sich eine Verantwortungsübernahme für den institutionellen und nichtinstitutionellen Bereich der Kinder- und Jugendkultur ableiten. So besteht zum Beispiel eine bundespolitische Verantwortung für solche Kultureinrichtungen, die in einzigartiger Weise Aspekte des gegenwärtigen Selbstverständnisses Deutschlands ausdrücken. Durch die Konzentration von Qualität und Sachwissen im Bereich der Kinder- und Jugendkultur in der Hauptstadt könnte der Bund nachhaltig zu einer Katalysatorenfunktion in diesem Kulturpolitikfeld beitragen und damit gesamtstaatliche und international bedeutsame Impulse von der Hauptstadt aus in die Länder hinein geben.

Handlungsempfehlungen

Der Bund sollte seinen Gestaltungsspielraum im Bereich der hauptstädtischen Kinder- und Jugendkultur stärker nutzen und seine Potenziale ausbauen. Der Ausbau des Bundesengagements in diesem Politikfeld sollte in der Hauptstadt Berlin folgende Ansatzpunkte berücksichtigen:

- Im Sinne einer Leuchtturmförderung für den Bereich Kinder- und Jugendkultur wird die Bundesübernahme für das deutschlandweit einzigartige Zentrum für Kinder- und Jugendliteratur „LesArt" vorgeschlagen, für das durch die Einmaligkeit der Institution eine Berechtigung zur Aufnahme in den Hauptstadtkulturvertrag begründet ist.

- Empfohlen wird zudem eine Bundesförderung für das Kinder- und Jugendtheater „Theater an der Parkaue". Die Förderung wird mit der Auflage verbunden, als gesamtstaatlich bedeutsames Kinder- und Jugendtheater die Theaterarbeit der übrigen Länder in der künstlerischen Planung des Hauses zu berücksichtigen. Das Ausrichten bundesweiter und internationaler Festivals, Kongresse und Werkstätten, die sich der Reflexion und Evaluation der Kinder- und Jugendtheaterpraxis widmen, sollte konstituierender Bestandteil der Programmarbeit sein.

− Die bundesgeförderten Kultureinrichtungen werden im Sinne einer Selbstverpflichtung aufgefordert, im Rahmen des eigenen Kulturprogramms gezielte Vermittlungsstrategien insbesondere für Kinder und Jugendliche anzubieten. Die „Museumsbauhütte" der „Kulturprojekte Berlin GmbH", eine Werkstatt für innovative Museumskommunikation könnte dabei als Modell dienen und sollte deshalb auch Bestandteil des Hauptstadtkulturvertrages werden.

− Zur Akzentuierung der Kinder- und Jugendkultur in der Hauptstadt Berlin bedarf es ähnlich des Hauptstadtkulturfonds eines kooperativen Projektfonds, der von einer unabhängigen Jury betreut wird und über den ausschließlich Kinder- und Jugendprojekte gefördert werden. Partner einer kooperativen Kulturförderung wären der Bund, das Land Berlin und private Unterstützer. Eine Auflage zur Kooperation von einem Berliner Partner mit mindestens einem weiteren Partner aus einer anderen deutschen Stadt würde die Zentralisierung auf die Hauptstadt vermeiden und Kinder- und Jugendkultur in der gesamten Bundesrepublik stärken.

− Es wird empfohlen, die Akademie der Künste um den Bereich Kinder- und Jugendkultur gleichbedeutend neben den seit Jahrzehnten etablierten Sektionen der klassischen Künste zu erweitern.

9.7 Sondervotum Fraktion DIE LINKE. und SV Prof. Dr. Dieter Kramer zu 3.5.4: „Kulturförderung nach § 96 Bundesvertriebenengesetz"

1. Europa ist aufgrund historischer Bevölkerungsverschiebungen ein Kontinent ethnisch-kultureller Vielfalt

In der europäischen Geschichte spielen Vertreibungen, Fluchtbewegungen, Völkermorde, „ethnische Säuberungen" und vergebliche Versuche, durch Zwangsumsiedlungen „endgültige" Regelungen für Territorialstreitigkeiten zwischen einzelnen Staaten zu finden, eine verhängnisvolle Rolle. Sie sind ein Schreckenspanorama, an das zu erinnern eine ständige Mahnung ist. Nicht zuletzt die von Deutschland ausgegangenen Verbrechen des Nationalsozialismus verpflichten dazu.

Die Geschichte Europas ist auch gekennzeichnet durch Wanderungsbewegungen, hervorgerufen durch Bevölkerungsdruck in stark bevölkerten Gebieten, durch „kolonisierende" Expansion oder durch den Wunsch, Gebiete neu oder durch andere zu besiedeln.

Eine umfassende und gesamteuropäische Betrachtungsweise der Geschichte und Kultur Mittel- und Osteuropas lässt erkennen, wie solche freiwilligen und unfreiwilligen, oft mit großem Leid und Opfern verbundenen Bevölkerungsbewegungen das Gesicht Europas nachdrücklich geprägt haben und eine Grundlage des heutigen Zustands von Europa sind.

Heute erinnern Migrationen in der Globalisierung daran, dass dieser Prozess keinesfalls an ein Ende gelangt ist. Auch das Europa der Zukunft wird eines sein, für das große Bevölkerungsverschiebungen Normalität sind. Dass Europa in seiner Geschichte nie gekennzeichnet war durch ethnisch-kulturelle Homogenität, sondern durch Vielfalt – daran zu erinnern, ist wichtiger Bestandteil einer europäischen Kulturpolitik.

Von einer deutschen Kultur und Geschichte im östlichen Europa zu sprechen (wie noch die Neukonzeption der Kulturförderung nach § 96 BVFG von 2000) lässt außer Acht, dass es um eine Geschichte ethnisch-kultureller Vielfalt in diesen Regionen geht, in der deutschsprachige Bevölkerung (längst nicht alle Flüchtlinge und Vertriebenen waren vor 1937 deutsche Staatsbürger) eine wichtige Rolle spielt. Während des Nationalsozialismus und in der unmittelbaren Nachkriegszeit waren exkludierende und inkludierende Konstrukte wie „deutsche Volkszugehörigkeit" oder „deutsche Kultur" Auslöser für humanitäre Katastrophen riesigen Ausmaßes. Wenn in manchen Teilen Osteuropas und Südosteuropas in jüngerer Zeit wieder mit ethnisch-kulturellen Konstrukten Zugehörigkeit und Ausschluss begründet werden, so steht es in der sich herausbildenden Wertegemeinschaft Europas gerade der deutschen Kulturpolitik an, zur Überwindung solchen „völkischen" Denkens beizutragen. Die Erinnerung an Umsiedlungen, Vertreibungen und Völkermorde während des Nationalsozialismus und den Flucht- und Vertreibungsaktionen der unmittelbaren Nachkriegszeit ist dafür ein wichtiger Anlass.

Für ein Europa, das sich Vielfalt in der Einheit auch kulturell zum Programm gesetzt hat, sind die Geschichte der Ostmigration deutschsprachiger Menschen seit dem späten Mittelalter, die machtpolitische Instrumentalisierung von Minderheiten im Nationalismus, die völkische Expansions- und „Säuberungs"-Politik der Nationalsozialisten und das Schicksal der deutschsprachigen Minderheiten während und nach dem Nationalsozialismus ein Kapitel reich an Lehren. Minderheiten im Rahmen nationaler Großmachtpolitik zu instrumentalisieren ist genauso verwerflich wie sie im Rahmen einer kollektiven Schuldzuweisung oder als Maßnahme der „endgültigen" Regelung von Grenzfragen umzusiedeln oder auszuweisen.

2. Kulturelle Wechselbeziehungen und Wanderungsbewegungen

Anzustreben ist eine Darstellung und Erforschung des sozialen und kulturellen Miteinanders sowie seiner Zerstörung durch rassistische und völkische Politik in Nationalismus, Imperialismus und Nationalsozialismus in jenen Gebieten Mittelost-, Ost- und Südosteuropas, in denen Menschen unterschiedlicher kultureller Tradition und Sprache lebten. Es kann für diese Gebiete keine ethnisch separierte Regionalforschung in Sinne von „deutscher", „slawischer" oder sonstiger Kultur und Geschichte geben. Konzeptionell ist wegen der wechselseitigen Durchdringung eine Regionalforschung im Sinne von „area studies" angemessen, bei der das Miteinander und die gegenseitige Beeinflussung unterschiedlicher sprachlich-kultureller und ethnisch-kultureller Gemeinschaften im Zentrum stehen. Die Erforschung der gemeinsamen Kultur von deutschsprachigen und anderen Gemeinschaften im östlichen Europa sowie die Popularisierung der Ergebnisse dieser Forschung sensibilisiert für die schlimmen Folgen der Exklusion von Menschen wegen ihrer Herkunft, Sprache oder Religion. Es liegt im Interesse der Festigung der europäischen Wertegemeinschaft, das Interesse auf das Miteinander und die schlimmen Folgen seiner Zerstörung durch völkische und nationalistische Politik einer angestrebten „ethnisch-kulturellen Homogenität" zu lenken.

Ethnische Gruppen können verstanden werden als „ein offenes System kultureller Überlieferungen und sozialer Handlungen."[9] Im dynamischen Prozess der kulturellen Entwicklung entscheiden die Gemeinschaften selbst, was für sie eine gelungene Integration ist, und als dynamische Bestandteile eines interkulturellen Gewebes leisteten und leisten sie ihren Beitrag zur Entwicklung der mit anderen geteilten Heimat.

Es gehört zu den großen Leistungen der deutschen Nachkriegsgesellschaft, dass sie Millionen von Flüchtlingen und Vertriebenen, von Aussiedlern und Arbeitsmigranten so integriert hat, dass gravierende Spannungen weitgehend vermieden oder abgebaut wurden. Durch diese Integration hat die Kultur in Deutschland sich bis in die Sprache hinein verändert. Prozesse, die sonst nur in Jahrhunderten ablaufen, spielten sich in wenigen Jahrzehnten ab, und wir sind heute noch Zeuge weiterer Veränderungen.

Der Wegfall vieler Binnengrenzen in Europa und die zu erwartenden EU-Erweiterungen werden die Fragen des Umganges mit deutschsprachigen und anderen Minderheiten und des Rechtes auf eigene Sprache, Bildung und Kultur auf regionale bzw. europäische Ebenen verlagern.

---

[9] Weber-Kellermann (1984), S. VIII.

3. Eine zeitgerechte, dem heutigen Europa angemessene Interpretation des § 96 BVFG

Nach der Überwindung der Extremsituation der Nachkriegszeit ist durch die Integration von Flüchtlingen, Vertriebenen und Spätaussiedlern ein Normalzustand erreicht, bei dem eine Privilegierung einzelner Gruppen nur mit besonderer Begründung zu rechtfertigen ist.

Jürgen Habermas formulierte 1993 im Kontext der Multikulturalitäts-Diskussion: „Kulturelle Überlieferungen und die in ihnen artikulierten Lebensformen reproduzieren sich normalerweise dadurch, dass sie diejenigen, die sie ergreifen und in ihren Persönlichkeitsstrukturen prägen, von sich überzeugen, das heißt zur produktiven Aneignung und Fortführung motivieren."[10] Wenn und solange sie dies tun, wird niemand sie daran hindern, sofern sie kulturelle Standards und Freiheiten anderer nicht tangieren oder zu Störungen des Zusammenlebens und des Friedens führen. In den Fällen, in denen besondere Integrationsprobleme oder Benachteiligungen beobachtet werden, sind, wie auch bei der Kultur der Migranten der heutigen Einwanderungsgesellschaft, besondere Förderungen (positive Diskriminierung) legitim.

In diesem Sinne kann heute die den besonderen Zeitumständen der Entstehung des Bundesvertriebenengesetzes 1953 verpflichtete Fassung des § 96 neu interpretiert werden. Flucht, Vertreibung, Aussiedlung und aktuelle Migrationen bedeuten gewaltige kulturelle Umbrüche für die Individuen wie für die Gesellschaft; damit diese Veränderungen in sozialkulturellen Prozessen verarbeitet werden können, verpflichten sich Bund und Länder, im Rahmen ihrer Möglichkeiten zweckdienliche kulturelle Aktivitäten und Institutionen, wie sie in bürgerschaftlicher Eigeninitiative der Betroffenen entstanden sind, zu fördern.

Das kulturelle Erbe der deutschsprachigen Flüchtlinge, Vertriebenen, Aussiedler und Spätaussiedler wird als Teil der europäischen kulturellen Vielfalt zur Aneignung und Auseinandersetzung vorgehalten; es bedeutet sowohl Erinnerung an ein fruchtbares Miteinander wie auch Mahnung, Menschen und ihre Kultur nicht als Geisel von Macht- und Interessenpolitik zu missbrauchen. In vielen Fällen vertraut gewordene, aufgrund des Bundesvertriebenengesetzes gegründete und geförderte Stiftungen und Institutionen werden weiterhin gefördert, wenn sie von ihrem Publikum getragen werden und dem kulturellen Dialog mit den Nachbarn und mit den Herkunftsländern des genannten Personenkreises dienen. In die Brauchtumspflege gehen Elemente und Traditionen des kulturellen Lebens der Flüchtlinge und Vertriebenen im Rahmen der allgemeinen Förderung von Breiten- und Laienkultur ein.

Anzustreben ist für viele der nach § 96 BVFG geförderten besonderen Einrichtungen eine Integration in vorhandene Institutionen. Das bedeutet, dass die Berücksichtigung dieses Teils der europäischen Geschichte und Kultur selbstverständlicher Teil der allgemeinen Arbeit dieser vorhandenen Institutionen wird. Die allmähliche Integration von bisher gesondert geführten Einrichtungen nach § 96 BVFG ist kein Sparprogramm; sie darf vor allem nicht zulasten der Mitarbeiter gehen. Angesichts der besonderen Wichtigkeit der Zuwendung Europas nach Ost- und Südosteuropa ist eine entsprechende Gewichtung der Forschung und Kulturarbeit legitim.

Bei Bibliotheken und Archiven ist die Angliederung an bestehende regionale oder epochenspezifische Forschungs- und Sammelschwerpunkte von Archiven oder Hochschul- und Universitätsbibliotheken zu bevorzugen. Die Reduktion des Materials durch Kassation ist dabei weitgehend zu vermeiden, denn die vorhandenen Bestände sind als Zeugnis einer historischen Epoche zu betrachten.

Für die 1989 gegründete, seit 2000 „Bundesinstitut für Kultur und Geschichte der Deutschen im östlichen Europa" genannte Einrichtung, in deren heutiger Bezeichnung immer noch die „völki-

---

[10] Habermas (1993), S. 173.

sche" Zuordnung mitschwingt (geht es doch konkret um die deutschsprachige Bevölkerung in diesen Regionen), ist die inhaltliche Eingliederung in die osteuropäische Regionalforschung innerhalb des Wissenschaftsbetriebs in Deutschland anzustreben (oder die Überleitung in eine multinationale Stiftung, siehe unten).

4.   Empfehlung zur Gründung multi-nationaler Stiftungen zur Förderung von Kultur und Wissenschaft in multiethnischen Regionen Europas

Um einem zukünftigen Europa der Vielfalt Rechnung zu tragen, sind als ein schrittweise zu verwirklichendes Programm mit einer Langzeitperspektive aus den Mitteln von § 96 BVFG multi-nationale Kulturstiftungen des Bundes und der Länder anzustreben, bei denen osteuropäische Staaten gleichberechtigte Mitglieder sind und die auch offen wären zum Beispiel für Zustiftungen aus Fonds für Zwangsarbeiter aus Osteuropa oder für osteuropäische jüdische Opfer des Nationalsozialismus. Sie könnte nicht nur in multi- und bilateralen Projekten das sozialkulturelle Zusammenleben der deutschsprachigen Bewohner Osteuropas mit denen anderer Kultur und Sprache erforschen und im Kontext heutiger Probleme in Erinnerung halten, sondern auch die Betreuung von Gedenkstätten wie ehemaligen Konzentrationslagern in osteuropäischen Staaten übernehmen oder Fragen der „Beutekunst" durch Stiftungsmuseen für diese Kunstschätze regeln.

Bei einzelnen Kulturwerken und bestehenden Stiftungen ist zu überlegen, inwieweit sie in naher oder fernerer Zukunft gemeinsam mit Nachbarstaaten weiter betrieben werden können: Adalbert Stifter zum Beispiel ist vornehmlich österreichisches und tschechisches deutschsprachiges Erbe. In anderen Fällen wären Polen, Slowakei oder baltische Staaten als Partner zu gewinnen.

Praktiken und Institutionen dieser Art decken die aus § 96 BVFG resultierenden gesellschaftlichen und verfassungsmäßigen Verpflichtungen der Bevölkerungsgruppe der Flüchtlinge und Vertriebenen gegenüber ab. Sie erhalten, sichern und erforschen Kulturgut, knüpfen an jene Maßnahmen an, die mit der „Eingliederung der Vertriebenen und Flüchtlinge" verbunden sind und haben die „Kulturleistungen der Vertriebenen und Flüchtlinge" zum Bestandteil der Kultur im gegenwärtigen Deutschland gemacht. Die kulturellen Beziehungen zu den ehemaligen Siedlungsgebieten und Bezugsregionen werden durch die vorgeschlagenen Stiftungen gefördert; die Einbindung in die wissenschaftliche Forschung und die allgemeine Kulturarbeit wird hergestellt durch die Verbindung mit den bestehenden allgemeinen Einrichtungen. Besonders hervorzuheben ist, dass mit einer solchen Konzeption auch der Anschluss an die aktuellen Probleme der Einwanderungsgesellschaft hergestellt wird.

9.8   Sondervotum SV Prof. Dr. Dieter Kramer zu 5: „Kultur- und Kreativwirtschaft"

Kulturwirtschaft und Verständnis von Kulturpolitik

Problematische Folgen des Wachstums der Kreativwirtschaft

Kultur erschöpft sich nicht in dem, was für Kulturwirtschaft interessant ist. Bedeutende Teile des kulturellen Lebens spielen sich außerhalb davon ab. Das muss auch beim Thema Kultur- und Kreativwirtschaft deutlich zum Ausdruck gebracht werden. Die Engführung des Denkens am Modell der „Wertschöpfungsketten" darf weder dazu verführen, öffentliche finanzielle Intervention als Verzerrungen des Wettbewerbs zu betrachten, noch dazu, Künstler als „modellhafte Figur des Wirtschaftslebens" zu verstehen. Je mehr Kunst und Kultur primär als Wirtschaftsfaktor betrachtet werden, desto größer wird die Wahrscheinlichkeit, dass sich irgendwann eine Opposition im Kulturbereich entwickelt, von der die „Autonomie" der Künste als Freiheit von wirtschaftlichen Zwängen intensiv eingeklagt wird.

In Kapitel 5.1.5 wird hingewiesen auf den notwendigen Dialog der Kulturpolitik mit allen Akteuren der Kulturwirtschaft. Dieser Dialog ist besonders wichtig angesichts des bedeutenden Wachstums der Kultur- und Kreativwirtschaft, wie es u. a. hervorgerufen wird durch ihren Produkten zugeschriebene Bedeutung für Distinktionsbedürfnisse in der Pluralität von Lebensstilorientierungen und für das gestiegene Streben nach „Erlebnissen". Die Kulturpolitik muss die gesellschaftlichen Folgen der gewachsenen Dynamik der Kulturwirtschaft reflektieren. Nüchtern sind die ökologischen Folgen der Beschleunigung des modischen Verschleißes zur Kenntnis zu nehmen, sind die problematischen Zusammenhänge zwischen aufwendigen Konsumstilen und nachhaltiger Entwicklung, die sozialen Folgen der Intensivierung des Strebens nach Distinktionsgewinnen zu thematisieren. Insbesondere sind die Folgen auch im globalen Kontext von Klimawandel, internationaler Gerechtigkeit und Entwicklung zu diskutieren. Traditionelle Kulturkritik reicht dazu nicht aus, vielmehr sind Instrumente der Politik zu entwickeln, die das Streben nach Lebensqualität und Nachhaltigkeit mit Zukunftsfähigkeit verbinden können.

Die Grenzen des Modells der Wertschöpfungskette

Einige für die Kulturpolitik wichtige Bereiche werden im Modell der Wertschöpfungskette ausgeklammert: Kulturwirtschaft bezieht sich in diesem Modell ähnlich wie das Kulturmanagement nur auf jene Bereiche der Kultur, in denen Mittel fließen. Nicht berücksichtigt werden „Commons", Formen des Gemeinbesitzes wie die Sprache (deren Bedeutung in einem eigenen Kapitel der Enquete-Kommission hervorgehoben wird) oder kulturelle Selbstverständlichkeiten des Alltags (selbstverständliche Umgangsformen, vorbewusste Regeln der Selbstbegrenzung, Standards des „guten und richtigen Lebens"), bei denen kein Geld fließt und die nicht monetär bewertet werden können, die aber gleichwohl für die Kulturpolitik besonders wichtig sind.

Ausgeklammert ist auch die Frage nach der Entwicklung von Qualität bei kulturellen Produkten und Ereignissen, und zwar sowohl die der sozialen (gesellschaftlichen) Qualität wie auch die der ästhetischen Qualität und Qualitätsentwicklung (als „Möglichkeit differenzierter und fortgeschrittener geistiger Erfahrung", Adorno). Die Position, wirkliche Qualität könne am Markt keinen Erfolg haben, ist dabei genauso zu verwerfen wie die Behauptung, Markterfolg und Qualität hingen zusammen.

Nachfrage-Probleme

Die Dimension der Nachfrage in einem Wirtschaftsbereich, der in hohem Maße Käufermarkt ist und in dem Erfolg und Misserfolg in starkem Maße von den Konsumenten abhängen, ist auch kulturpolitisch bedeutend. Wegen der fast unendlichen Nachfrage nach mehr Lebensqualität werden Kultur- und „Freizeitwirtschaft" (deren Verhältnis zueinander nicht geklärt wird) von Manchen als die Leitökonomie der Zukunft und „Lokomotive" der Weltwirtschaft betrachtet. Nachfrage ist allerdings nicht gleich Nachfrage, darauf hat die Debatte um die Games-Industrie aufmerksam gemacht: Genauso wenig wie die Nachfrage nach Porno-Produkten, die legitim auch als Teil der Kreativwirtschaft betrachtet werden können, ist auch die nach Gewalt verherrlichenden Videospielen, sosehr sie auch der Kreativwirtschaft nutzen, förderswert.

Mit der Dimension der Nachfrage wird auch die aktive Rolle der Nutzer/des Publikums angesprochen. Statt Kulturpolitik nur oder in erster Linie als Angebotspolitik zu betrachten, sind die Nutzer (das Publikum) nicht nur dort, wo es um Kaufkraft tragende Nachfrage geht, als auswählende, aneignende und umgestaltende Subjekte wahrzunehmen.

Nachfrageförderung muss sich auf die Pflege und Förderung relevanter kultureller Milieus beziehen. Viele Handlungsempfehlungen der Enquete-Kommission an anderer Stelle beziehen sich auf

Nachfrageförderung, z. B. im Falle der Interkultur, der Laienkultur, der ländlichen Kultur und überall dort, wo Zielvereinbarungen vorgeschlagen werden. Nachfrageförderung steht weder in Widerspruch zur Marktwirtschaft, noch bedeutet sie Eingriffe in die Autonomie der Künste. Sie trägt dem Umstand Rechnung, dass Künste und Kultureinrichtungen enge Beziehungen zu ihrem Publikum entwickeln, die nicht ohne Einfluss auf den Charakter und die Ausprägung der Produkte sind. Kunst entsteht in einem Prozess innerhalb der Gesellschaft und unter Mitwirkung der Nutzer und nicht allein im Atelier, und in diesem Feld entsteht auch Qualität als differenzierte ästhetische und geistige Erfahrung. Das kulturelle Feld ist in unterschiedlichste Milieus aufgefächert, in denen Kulturprozesse stattfinden und die nicht immer gleichgerichtet auf sie einwirken. In manchen Fällen entwickelt sich ein „selbstreferentielles System" des Kulturlebens mit einer Tendenz zur sozialen Abkapselung, derzeit z. B. über Sponsoring (einer spezifischen Form der Beziehung zwischen Künsten und ihrem Publikum) sich intensiv verknüpfend mit Bildungs- und Besitzeliten. Umgekehrt ist ein möglichst viele beteiligendes lebendiges kulturelles Milieu (das Ergebnis der Verpflichtung des Staates, das „kulturelle Leben zu fördern") auch die Voraussetzung dafür, dass Kunst und Kultur jene gesellschaftspolitische Wirkung ausüben können, die in der Präambel umrissen ist.

9.9 Sondervotum SV Prof. Dr. Wolfgang Schneider zu 6.2: „Kulturelle Bildung für Kinder und Jugendliche"

„Kulturelle Bildung" für alle Kinder und Jugendlichen

Die heutigen gesellschaftlichen Rahmenbedingungen stellen unter dem Einfluss des demografischen Wandels und den Auswirkungen der Globalisierung komplexe Anforderungen an jeden Menschen. Insbesondere für junge Menschen hat das zur Folge, sich von früh an immer wieder mit der eigenen Entwicklung und Zukunftsperspektive kritisch auseinanderzusetzen, immer wieder Entscheidungen treffen zu müssen, gegebenenfalls neue Wege zu gehen und selbst organisiert zu handeln. Für diesen Prozess brauchen junge Menschen eine starke Persönlichkeit. Diese können sie an verschiedenen Orten entwickeln: in der Familie, in der Schule, aber auch bei allen anderen Aktivitäten im Bildungssektor. Die Kulturelle Kinder- und Jugendbildung ist ein solcher unverzichtbarer Bildungsort. Sie vermittelt Kunst und Kultur und durch sie werden grundlegende Fähigkeiten und Fertigkeiten erworben: Entwicklung von Lesekompetenz, Kompetenz im Umgang mit Bildsprache, aber auch Disziplin, Flexibilität und Teamfähigkeit. Mit Kultureller Bildung werden Bewertungs- und Beurteilungskriterien für das eigene und das Leben anderer sowie für die Relevanz des erworbenen Wissens erlangt. Kulturelle Bildung geht nicht in Wissensvermittlung auf, sondern ist vor allem auch Selbstbildung. Neben diesen Effekten für die Persönlichkeit des Einzelnen hat Kulturelle Bildung auch eine Wirkung für die Kultur selbst: sie sorgt für die Nachwuchsbildung, sowohl auf der Seite der Kulturschaffenden als auch auf der Seite der Kulturnutzer. Kulturelle Bildung trägt nicht zuletzt zur Wahrung und Auseinandersetzung mit dem kulturellen Erbe in Deutschland bei. Kulturelle Eigenaktivität und Beteiligung sind somit entscheidende sozialisierende Instanzen und bedürfen des Schutzes und der Förderung durch nationale wie internationale Politik. Die UN-Kinderrechtskonvention formuliert zur Teilhabe am kulturellen und künstlerischen Leben im Artikel 31 der UN-Kinderrechtskonvention Folgendes: „(1) Die Vertragsstaaten erkennen das Recht des Kindes auf Ruhe und Freizeit an, auf Spiel und altersgemäße aktive Erholung sowie auf freie Teilhabe am kulturellen und künstlerischen Leben. (2) Die Vertragsstaaten achten und fördern das Recht des Kindes auf volle Beteiligung am kulturellen und künstlerischen Leben und fördern die Bereitstellung geeigneter und gleicher Möglichkeiten für die kulturelle und künstlerische Betätigung sowie für aktive Erholung und Freizeitbeschäftigung." Deutschland hat diese Konvention ratifiziert und sich aufgrund seines Verständnisses als Kulturstaat zur Aufgabe gemacht, Kulturelle Bildung unter den besonderen Schutz und die kontinuierliche Förderung des Staates sowohl auf Bundes- wie Länderebene zu stellen. Die Rahmenbedingungen sind geschaffen, aber die Umsetzung ist problematisch: Kulturelle Partizipation, ob produktiv oder rezeptiv, ist nicht für alle jungen Menschen gleichermaßen zugänglich. Hier gilt es, mehr zu tun!

Das vorliegende Sondervotum setzt bei der Frage an, wie es gelingen kann, Chancengerechtigkeit für alle Kinder und Jugendlichen auch im Sinne des „Bürgerrechts Kultur" stärker umzusetzen. Die allgemeinbildende Schule (Primarstufe und Sekundarstufe I) ist die einzige Einrichtung im Bildungswesen, die alle jungen Menschen erreichen kann. Sie ist diejenige Institution, die einen für alle verbindlichen und verlässlichen Grundstein Kultureller Bildung für junge Menschen legen kann. Aus diesem Grund wird hier für die Einführung eines Lernbereichs „Kulturelle Bildung" votiert.

Plädoyer für einen Lernbereich „Kulturelle Bildung"

Der Lernbereich „Kulturelle Bildung" soll aus bildungs- und kulturpolitischer Perspektive mit dem Ziel eingeführt werden, die Idee einer „Kultur für alle" in der allgemeinbildenden Schule als zweiter Sozialisationsinstanz verbindlich umzusetzen. Er soll ein Gleichgewicht zu den sogenannten PISA-Fächern bilden und Kultur als gleichwertigen Part in der Schule verankern. Er versteht sich explizit nicht als Gegenmodell zur außerschulischen Kulturellen Bildung, sondern als Erweiterung und Unterstützung der gleichen Anliegen und Ziele. Durch die Einführung dieses neuen Lernbereichs soll zum einen die Bedeutung der Künste für die allgemeine Bildung des Menschen unterstrichen und zum anderen der Konzentration auf einzelne Kunstsparten entgegengewirkt werden. Durch den Lernbereich „Kulturelle Bildung" erhalten alle Kinder und Jugendlichen gleichermaßen einen Zugang zu Kunst und Kultur. Sie bekommen einen spartenübergreifenden Einblick in deren Produktion und Rezeption. Sie lernen das kulturelle Erbe Deutschlands in allen seinen Facetten auch im Zuge der Entwicklungen der Globalisierung kennen und reflektieren. Der Lernbereich „Kulturelle Bildung" trägt dazu bei, dass die jungen Menschen bereits von früh an eigene künstlerische Interessen und Stärken entdecken und ausbilden können. Die langjährigen Erfahrungen kultureller Bildungsarbeit zeigen, dass sich die Beschäftigung mit Kunst und Kultur auf die Persönlichkeitsentwicklung von jungen Menschen insgesamt auswirkt: Ihre Eigentätigkeit wird angeregt, ihre Wahrnehmungsfähigkeit geschult und wichtige Schlüsselkompetenzen gefördert. Künstlerische und kulturelle Prozesse reflektieren zu lernen bedeutet auch, sich und seine Umwelt, seine Zukunft und Vergangenheit bewusst und kritisch in den Blick zu nehmen. In diesem Sinne ist der Lernbereich „Kulturelle Bildung" ein wichtiger und unverzichtbarer Teil allgemeiner Bildung.

Die Konzeption eines Lernbereichs „Kulturelle Bildung"

Der Lernbereich „Kulturelle Bildung" vermittelt Kunst und Kultur in Produktion, Rezeption und Reflexion. Er gibt den Schülern einen theoretischen Einstieg in die verschiedenen Kunstsparten (Baukultur, Bildende Kunst, Film, Fotografie, Literatur, Musik, Medienpädagogik, Tanz, Theater und Zirkus, vergleiche Deutscher Kulturrat, 2005), deren Geschichte und ihre Bedeutung für das kulturelle Erbe in Deutschland. Die Fächer Musik und Kunsterziehung bzw. Darstellendes Spiel werden zum integralen Bestandteil des neuen Lernbereichs „Kulturelle Bildung". Es wird darauf Wert gelegt, die jeweilige Spezifik und Fachlichkeit der einzelnen Kunstsparten ebenso wie ihre Gemeinsamkeiten herauszustellen und zu erhalten. Zugleich qualifizieren sich die Schüler praktisch für eine von ihnen freiwillig ausgewählte Kunstsparte. Für die Einsetzung dieses neuen Lernbereichs wird ein pädagogisch tragfähiges und hinsichtlich der Umsetzung realistisches Konzept zugrunde gelegt. Seine Inhalte werden curricular verankert, eine fachspezifische Methodik und Didaktik erarbeitet und geeignete Lehr- und Lernmittel entwickelt. Der Lernbereich „Kulturelle Bildung" wird von Fachkräften vermittelt, die für einzelne Kunstsparten qualifiziert sind und sich für die „Kulturelle Bildung" weitergebildet haben und permanent weiterbilden. Diese „Kulturlehrer" arbeiten nach den Prinzipien kultureller Bildungsarbeit: Freiwilligkeit, Stärken- und Prozessorientierung, wobei sie eng mit den Fachkräften, Einrichtungen und Trägern außerschulischer kultureller Kinder- und Jugendbildung kooperieren. Es bietet sich an, „Kulturelle Bildung" mit anderen Lernbereichen zu verzahnen, sie soll aber einen vergleichbaren Umfang wie Deutsch, Mathematik und Fremdsprachen einnehmen. „Kulturelle Bildung" findet daher auch an mehreren Schultagen und nicht nur am Nachmittag statt. Im Rahmen von Ganztagsschulen kann das Angebot entsprechend ausgeweitet werden.

Handlungsempfehlungen

Bildung und Kultur sind zwei Seiten der gleichen Medaille und bedürfen neben der Förderung durch die einzelnen Länder der Förderung durch den Bund.

- Durch die Einrichtungen des Lernbereichs „Kulturelle Bildung" kann die bereits im Nationalen Aktionsplan „Für ein kindgerechtes Deutschland 2005 bis 2010" des Bundesjugendministeriums geforderte Chancengerechtigkeit durch Bildung und Zugang zu Kultur für alle jungen Menschen in Deutschland aktiv unterstützen.
- Zu diesem Zwecke sollte der Bund die Länder durch ein „Impulsprogramm für Kulturelle Bildung in der Schule" sowie bundesweite Rahmenlehrpläne begleiten und unterstützen.
- Voraussetzungen für einen regulären Lernbereich sind: Vertretung in den Stundentafeln aller Schularten und Schulstufen, die Existenz von Lehrplänen bzw. Rahmenrichtlinien, eine institutionalisierte Lehreraus-, -fort- und -weiterbildung, ein fachkompetent besetztes Referat in der Schulverwaltung und eine ausreichende Ausstattung der Schulen mit Fachräumen und fachgerechter Technik. Die Länder sollen hierfür eine interdisziplinär zusammengesetzte Expertengruppe einrichten, die die fachliche und strukturelle Entwicklung dieses neuen Lernbereichs entwickelt.

10 Anhang

10.1 Einsetzungsbeschlüsse

10.1.1 Anträge und Beschlüsse über die Einsetzung der Enquete-Kommission „Kultur in Deutschland" in der 15. Wahlperiode – Bundestagsdrucksache 15/1308

Deutscher Bundestag — Drucksache 15/1308
15. Wahlperiode — 01. 07. 2003

Antrag

der Fraktionen SPD, CDU/CSU, BÜNDNIS 90/DIE GRÜNEN und FDP

Einsetzung einer Enquete-Kommission „Kultur in Deutschland"

Der Bundestag wolle beschließen:

Der Deutsche Bundestag setzt eine Enquete-Kommission „Kultur in Deutschland" ein.

I. Allgemeine Aufgabenstellung

Die deutsche Geschichte mit all ihren Wechselfällen hat eine einzigartige, schützenswerte Kulturlandschaft hervorgebracht. Kaum ein anderes Land der Erde verfügt über eine vergleichbare Dichte von Theatern und Museen, von Chören und Orchestern. In Deutschland befinden sich zahlreiche Stätten des Weltkulturerbes. Es gibt eine breite und sehr aktive soziokulturelle Szene. Eine lebendige Migrantenkultur ist unverzichtbarer Bestandteil des kulturellen Lebens der Bundesrepublik. Der künstlerische und kulturelle Austausch mit Europa und der Welt ist so intensiv wie nie zuvor. Die Enquete-Kommission soll zeigen, was „Kultur in Deutschland" heute ausmacht und worin der zu schützende und weiter zu entfaltende Reichtum unserer Kultur besteht.

Die Kulturpolitik hat mit der Deutschen Einheit an Bedeutung gewonnen und wird vor dem Hintergrund eines zusammenwachsenden Europas und der fortschreitenden Globalisierung vor immer neue Herausforderungen gestellt.

Die Förderung und Pflege von Kunst und Kultur ist in der Bundesrepublik Deutschland vorrangig eine Aufgabe von Ländern und Kommunen. Der Bund hat nicht zuletzt aufgrund seiner Gesetzgebungszuständigkeiten und seiner Förderkompetenzen für gesamtstaatlich bedeutsame Kultureinrichtungen eine große Verantwortung für Kunst und Kultur und für die Kultur in der Hauptstadt.

Verbesserte Rahmenbedingungen für eine nachhaltige Entwicklung von Kunst und Kultur kann der Bund nur schaffen, wenn entsprechend aktuelles Basismaterial verfügbar ist. Die letzte umfassende Analyse liegt 28 Jahre zurück (Bericht der Bundesregierung über die wirtschaftliche und soziale Lage der künstlerischen Berufe auf Bundestagsdrucksache 7/3071 vom 13. Januar 1975).

Eine erneute Bestandsaufnahme soll der Enquete-Kommission ermöglichen, Empfehlungen zum Schutz und zur Ausgestaltung unserer Kulturlandschaft sowie zur weiteren Verbesserung der Situation der Kulturschaffenden zu erarbeiten; soweit Bedarf besteht, sind Vorschläge für gesetzgeberisches oder administratives Handeln des Bundes vorzulegen.

Die thematische Begrenzung des Arbeitsauftrags ist auf die zweijährige Arbeitszeit der Enquete-Kommission abgestimmt.

II. Bestandsaufnahme

In einer Bestandsaufnahme soll die Kommission die gegenwärtige Situation von Kunst und Kultur in Deutschland erfassen und unter Berücksichtigung folgender Aspekte analysieren und bewerten:

1. Die öffentliche und private Förderung von Kunst und Kultur – Strukturwandel

Die Enquete-Kommission soll die Situation der öffentlichen und privaten Kulturförderung in Deutschland untersuchen. Erforderlich ist die Aufarbeitung und Auswertung des vorhandenen bzw. für die Zwecke der Enquete noch zu gewinnenden Datenmaterials für beide Bereiche.

Vor dem Hintergrund der bedrohlichen finanziellen Lage der Kommunen und des sich verstärkenden Drucks auf ihre Kulturhaushalte soll die Enquete-Kommission die Situation der öffentlichen und freien Kultureinrichtungen in Deutschland (Theater, Orchester, Museen, Bibliotheken, Gedenkstätten, Ausstellungshäuser, soziokulturelle Zentren etc.) analysieren. Sie soll einen Beitrag leisten zur Erarbeitung einer detaillierten, einheitlichen und vergleichbaren Darstellung der finanziellen Situation besonders der Kommunen im kulturellen Bereich und dabei auch einen Überblick geben über die Anzahl und Qualität und das Besucherinteresse, das den jeweiligen Kultureinrichtungen entgegengebracht wird. Auch das Verhältnis von freiwilligen Aufgaben und von Pflichtaufgaben soll Thema sein. In diesem Zusammenhang muss die Kommission auch näher bestimmen, was legitimerweise zur kulturellen Grundversorgung gezählt werden muss und wie diese sich sichern lässt.

Die Kommission soll sich eingehend mit den für die Kultur und ihre Institutionen wichtigen Strukturfragen sowie den unterschiedlichen Verantwortlichkeiten von Bund, Ländern und Gemeinden beschäftigen. Sie soll geeignete Rechtsformen für Kultureinrichtungen beschreiben und auf Möglichkeiten und Notwendigkeiten von Strukturreformen hinweisen. Auch die Optimierung von Leitungs- und Entscheidungsstrukturen (Intendantenmodelle, Vier-Augen-Prinzip, Trennung von künstlerischer und kaufmännischer Verantwortung) soll dabei Thema sein. Sie soll darüber hinaus den Problemen der Beschäftigungsverhältnisse im Kulturbereich nachgehen und dabei auch die Fragen der Tarifbindung und des Arbeits- und Mitbestimmungsrechts berücksichtigen. Insgesamt muss es darum gehen, die Auswirkungen des öffentlichen Dienstrechts für Kultureinrichtungen zu beschreiben und alternative Möglichkeiten auszuarbeiten. Sie soll schließlich das Problem der Umlandfinanzierung erörtern und die Möglichkeiten ausloten, die sich aus der Definition von regionalen Kulturräumen ergeben.

Eine besondere Zukunftsressource für die Kultur in Deutschland liegt in der weiteren Stärkung des privaten und bürgerschaftlichen Engagements. Anknüpfend an die Ergebnisse der Enquete-Kommission zur „Zukunft des Bürgerschaftlichen Engagements" gilt es, die Bedeutung des Engagements der Bürgerinnen und Bürger im Kulturbereich näher herauszuarbeiten. Dabei soll insbesondere die Rolle von Mäzenen, Stiftungen, Kunst- und Kulturvereinen, aber auch die des Sponsorings und der indirekten Förderung durch Ankauf künstlerischer Werke oder Inanspruchnahme künstlerischer Leistungen gewürdigt und in ihren Entwicklungsperspektiven dargestellt werden. Die von der öffentlichen Hand zur Verfügung zu stellende „Infrastruktur", um privates Engagement zu fördern und einzubeziehen, ist dabei ebenfalls zu berücksichtigen.

2. Die wirtschaftliche und soziale Lage der Künstlerinnen und Künstler

Kunst und Kultur werden von kreativen Menschen gestaltet, insbesondere von Künstlern und Künstlerinnen, die einen großen Teil ihrer Lebenszeit dem künstlerischen Schaffen widmen. Die Kommission soll Erkenntnisse gewinnen zum Personenkreis der künstlerisch Tätigen in Deutschland und ihrer Arbeits- und Auftragsmarktlage, zu ihren Aus- und Weiterbildungsmöglichkeiten, ihrer Einkommenssituation und ihrer Alters- und Krankheitsvorsorge. Auch die rechtlichen Rahmenbedingungen, insbesondere die steuer- und urheberrechtlichen Regelungen für Künstlerinnen und Künstler sind einzubeziehen. Die Instrumente der Künstlerförderung – Preise, Stipendien und Ausstellungs- bzw. Auftrittsmöglichkeiten im In- und Ausland – sind zu beleuchten. Mit Blick auf das hier benötigte Datenmaterial ist das Problem der nicht vereinheitlichten Kulturstatistiken in der Bundesrepublik Deutschland zu erörtern und ein Anforderungsprofil an eine aussagekräftige Statistik zu entwerfen.

3. Kulturlandschaft Deutschland – Kultur als Standortfaktor

Kultur ist auch ein entscheidender ökonomischer Standortfaktor. Kulturelle Angebote wirken sich auf die Standort- und Arbeitsplatzentscheidungen von Unternehmen bzw. Arbeitskräften aus. Kulturelle Vielfalt und Reichhaltigkeit in den Regionen ermöglicht zudem ein niveauvolles Tourismusangebot. Die Kommission soll untersuchen, welchen Einfluss kulturelle Angebote hier im Einzelnen haben. Zu untersuchen ist weiterhin, wie sich bisherige Strukturen verändern und wie die Kommunen in die Lage versetzt werden können, weiterhin eine kulturelle Grundversorgung zu leisten. Es ist zu prüfen, in welcher Form der Bund seine Verantwortung für die Kultur in der Hauptstadt wahrnehmen kann. Es gilt, die Kulturlandschaft in ihrer ganzen Breite, von den Theatern, Orchestern, Museen, Gedenkstätten und Bibliotheken über die Soziokultur bis hin zur Migrantenkultur zu verteidigen und zu stärken. Dazu gehört eine vielfältige musisch-kulturelle Bildung für Kinder und Jugendliche aber auch für Erwachsene.

Die Enquete-Kommission soll die Probleme und Entwicklungsmöglichkeiten der musisch-kulturellen Bildung im schulischen, außerschulischen und universitären Bereich untersuchen. Dazu gehören die gefährdeten Musik- und Kunstschulen, aber auch der freie Tanz- und Theaterunterricht. Einzubeziehen sind die musisch-kulturelle Bildung im Ganztagsangebot öffentlicher Schulen sowie Kooperationen zwischen Schulen und außerschulischen Anbietern.

III. Handlungsempfehlungen

Auf der Grundlage der Bestandsaufnahme soll die Enquete-Kommission politische Handlungsempfehlungen erarbeiten, die der weiteren Verbesserung der Rahmenbedingungen für Kunst und Kultur – auch unter Beachtung der Entwicklung der Informationsgesellschaft – in Deutschland dienen.

IV. Zusammensetzung

Der Enquete-Kommission gehören elf Mitglieder des Bundestages und elf Sachverständige an. Die Fraktion der SPD benennt fünf Mitglieder, die Fraktion der CDU/CSU vier Mitglieder, die Fraktionen BÜNDNIS 90/DIE GRÜNEN und FDP benennen je ein Mitglied. Für jedes Mitglied des Bundestages kann ein stellvertretendes Mitglied benannt werden. Die Sachverständigen werden im Einvernehmen der Fraktionen benannt. Kann ein Einvernehmen nicht hergestellt werden, so benennen sie die Fraktionen nach dem vorgenannten Schlüssel.

V. Zeitplan

Die Enquete-Kommission soll sich im Herbst 2003 konstituieren und im Herbst 2005 ihre Ergebnisse und Handlungsempfehlungen vorlegen, damit noch in der 15. Legislaturperiode erste Umsetzungsschritte erfolgen können.

Berlin, den 1. Juli 2003

Franz Müntefering und Fraktion
Dr. Angela Merkel, Michael Glos und Fraktion
Katrin Göring-Eckardt, Krista Sager und Fraktion
Dr. Wolfgang Gerhardt und Fraktion

10.1.2 Anträge und Beschlüsse über die Einsetzung der Enquete-Kommission „Kultur in Deutschland" in der 16. Wahlperiode – Bundestagsdrucksache 16/196

Deutscher Bundestag
16. Wahlperiode

Drucksache 16/196
14. 12. 2005

Antrag

der Fraktionen CDU/CSU, SPD, FDP, DIE LINKE. und BÜNDNIS 90/DIE GRÜNEN

Einsetzung einer Enquete-Kommission „Kultur in Deutschland"

Der Bundestag wolle beschließen:

Zur Fortsetzung der in der 15. Wahlperiode begonnenen Arbeiten wird gemäß § 56 der Geschäftsordnung des Deutschen Bundestages die Enquete-Kommission „Kultur in Deutschland" eingesetzt.

I. Aufgabenstellungen

Die Enquete-Kommission hat die Aufgaben:

- die Bestandsaufnahmen gemäß des Antrags zur Einsetzung einer Enquete-Kommission „Kultur in Deutschland" vom 1. Juli 2003 (Bundestagsdrucksache 15/1308) auf der Basis des vorliegenden Tätigkeitsberichtes fortzusetzen, zu vervollständigen und abzuschließen,
- die Fortsetzung ihrer Arbeit unter Berücksichtigung nachstehender Schwerpunktthemen vorzunehmen:
  - Infrastruktur, Kompetenzen und rechtliche Rahmenbedingungen für Kunst und Kultur in Staat und Zivilgesellschaft,
  - die öffentliche und private Förderung und Finanzierung von Kunst und Kultur – Strukturwandel,
  - die wirtschaftliche und soziale Lage der Künstlerinnen und Künstler,
  - Kulturwirtschaft – Kulturlandschaft und Kulturstandort,
  - kulturelle Bildung, Kultur in der Informations- und Mediengesellschaft – Vermittlung und Vermarktung,
  - Kultur in Europa (u. a. EU-Dienstleistungsrichtlinie), Kultur im Kontext der Globalisierung (u. a. UNESCO-Übereinkommen Kulturelle Vielfalt, GATS),
  - Kulturstatistik in der Bundesrepublik Deutschland und in der Europäischen Union.
- auf der Grundlage der Bestandsaufnahmen und Bewertungen Handlungsempfehlungen für administratives und legislatives Handeln des Bundes vorzulegen.

II. Zusammensetzung

Die Enquete-Kommission setzt sich aus elf Abgeordneten des Deutschen Bundestages und elf Sachverständigen zusammen. Die Fraktionen CDU/CSU und SPD benennen jeweils vier Mitglieder, die Fraktionen FDP, DIE LINKE. und BÜNDNIS 90/DIE GRÜNEN je ein Mitglied. Für jedes Mitglied des Bundestages kann ein stellvertretendes Mitglied benannt werden. Die Sachverständigen werden im Einvernehmen der Fraktionen benannt. Kann ein Einvernehmen nicht hergestellt werden, so benennen sie die Fraktionen nach dem vorgenannten Schlüssel.

III. Zeitplan

Die Enquete-Kommission soll sich im Januar 2006 konstituieren und bis 2007 Ergebnisse und Handlungsempfehlungen vorlegen, damit noch in der 16. Legislaturperiode erste Umsetzungsschritte erfolgen können.

Berlin, den 13. Dezember 2005

Volker Kauder, Dr. Peter Ramsauer und Fraktion
Dr. Peter Struck und Fraktion
Dr. Wolfgang Gerhardt und Fraktion
Dr. Gregor Gysi, Oskar Lafontaine und Fraktion
Renate Künast, Fritz Kuhn und Fraktion

Begründung

Wegen des vorzeitigen Endes der 15. Legislaturperiode aufgrund der Auflösung des Deutschen Bundestages durch den Bundespräsidenten am 21. Juli 2005 konnte die Arbeit der am 3. Juli 2003 vom Deutschen Bundestag eingesetzten und am 13. Oktober 2003 konstituierten Enquete-Kommission „Kultur in Deutschland" nicht beendet werden.

Entsprechend konnte dem Deutschen Bundestag kein Bericht gemäß § 56 Abs. 4 der Geschäftsordnung des Deutschen Bundestages vorgelegt werden. Um die bis dahin geleistete Arbeit der Kommission systematisch zu dokumentieren und für die Öffentlichkeit transparent zu machen, wurden durch das Kommissionssekretariat ein Tätigkeitsbericht sowie vier Materialbände erstellt, die sich in Aufbau und Umfang an die übliche Schlussberichtsform anlehnen.

Die Kommission selbst hat sich einstimmig dafür ausgesprochen, dem 16. Deutschen Bundestag zu empfehlen, diese Enquete-Kommission erneut einzusetzen, um die Bestandsaufnahme sachgerecht und zeitnah abzuschließen sowie die gewonnenen Erkenntnisse für politische Handlungsempfehlungen auswerten zu können.

10.2 Literaturverzeichnisse

10.2.1 Verzeichnis der zitierten Literatur

Adloff, Frank; Rembardz, Agnieszka; Strachwitz, Rupert Graf (2000). Unselbständige Stiftungen in kommunaler Trägerschaft. Berlin: Maecenata-Institut.

Adorno, Theodor W.; Horkheimer, Max (1994). Dialektik der Aufklärung. Frankfurt/Main: Fischer Verlag.

Allen, Heribert (2002). Vokales Laienmusizieren. In Andreas Eckhardt, Richard Jakoby und Eckart Rohls (Hrsg.) (2002). Musik-Almanach 2003/2004. Daten und Fakten zum Musikleben in Deutschland (21–35). Regensburg: ConBrio Verlagsgesellschaft.

Allgemeine Erklärung der Menschenrechte, UNO, 1948.

ARD-Filmbuch (2007). www.daserste.de/service/filmbuch.asp, (Stand 12. November 2007).

Arnold, Ingun (2003). Erbauung in Europas „Event Cities" (15. Dezember 2003). www.dw-world.de/dw/article/0,2144,1058975,00.html, (Stand: 3. August 2007).

Ausschuss für Tourismus, Ausschussdrucksache 15(19)48, 5. März 2003.

Auswärtiges Amt (2004). Sachstandsbericht Kulturförderung in den USA. Berlin.

Baacke, Dieter (1998). Zum Konzept und zur Operationalisierung von Medienkompetenz. Bielefeld. www.uni-bielefeld.de/paedagogik/agn/ag9/Texte/MKompetenz1.htm, (Stand: 27. Juli 2007).

Bagusat, Ariane; Hermanns, Arnold (2006). Management-Handbuch Bildungssponsoring: Grundlagen, Ansätze und Fallbeispiele für Sponsoren und Gesponserte. Berlin: Erich Schmidt.

Bahr, Petra; Kaiser, Klaus-Dieter (2004). Protestantismus und Kultur. Einsichten eines Konsultationsprozesses (2004). Gütersloh: Gütersloher Verlagshaus.

Balzer, Carolin; Nuissl, Ekkehard (Hrsg.) (2000). Finanzierung lebenslangen Lernens. Bielefeld: Verlag Bertelsmann Stiftung.

Bassand, Michel (1993). Culture and Regions of Europe. Strasbourg: Council of Europe Press.

Battke, Jörg-Dieter; Voigt, Enrico (2006). Zur Zulässigkeit von gesellschaftsvertraglichen Auskunftsrechten des fakultativen Aufsichtsrates kommunaler Eigengesellschaften gegenüber dem Gemeinderat. Sächsische Verwaltungsblätter, Heft 12 (12/2006), 273–278.

Bauer-Volke, Kristina; Dietzsch, Ina (Hrsg.) (2003). Labor Ostdeutschland – Kulturelle Praxis im gesellschaftlichen Wandel. Berlin: Kulturstiftung des Bundes.

Bayerisches Staatsministerium für Arbeit und Sozialordnung, Familie und Frauen (2003). Der Bayerische Bildungs- und Erziehungsplan für Kinder in Tageseinrichtungen bis zur Einschulung. www.opus-nrw.de/kitas/praxis/pdf/bayern.pdf, (Stand: 30. Oktober 2007).

Bayerisches Staatsministerium der Finanzen (2006). Steuertipps für Künstler. www2.stmf.bayern.de/imperia/md/content/stmf/broschueren/st_kuenstler.pdf, (Stand: 2. Juli 2007).

Behrens, Heidi (2002). Neue Lernarrangements in Kultureinrichtungen. Essen: Bildungswerk der Humanistischen Union.

Bellezza, Enrico; Kilian, Michael; Vogel, Klaus (2003). Der Staat als Stifter. Stiftungen als Public-Private-Partnerships im Kulturbereich. Gütersloh: Verlag Bertelsmann Stiftung.

Bendixen, Peter (2001). Einführung in die Kultur- und Kunstökonomie. Wiesbaden: Westdeutscher Verlag.

Benz, Arthur (2004). Governance – Modebegriff oder nützliches sozialwissenschaftliches Konzept? In Arthur Benz (Hrsg.) (2004). Governance – Regieren in komplexen Regelsystemen (11–28). Wiesbaden: Verlag für Sozialwissenschaften.

Beratungsstelle für Handwerk und Denkmalpflege (Hrsg.) (2005). Die wirtschaftliche Bedeutung der Denkmalpflege für das Handwerk. Studie auf der Grundlage einer bundesweiten Befragung von „Restauratoren im Handwerk". Fulda.

Bertelsmann Stiftung (Hrsg.) (2006). Wegweiser demografischer Wandel 2020. Analysen und Handlungskonzepte für Städte und Gemeinden. Gütersloh: Verlag Bertelsmann Stiftung.

Bertelsmann Stiftung, Maecenata Institut (Hrsg.) (2001/2002). Expertenkommission zur Reform des Stiftungs- und Gemeinnützigkeitsrechts: Materialien. Gütersloh: Expertenkommission zur Reform des Stiftungs- und Gemeinnützigkeitsrechts.

Betzelt, Sigrid (2006). Flexible Wissensarbeit: AlleindienstleisterInnen zwischen Privileg und Prekariat. Zentrum für Sozialpolitik der Universität Bremen, Arbeitspapier Nr. 3/2006.

Betzelt, Sigrid; Gottschall, Karin (2003). Zur Regulation neuer Arbeits- und Lebensformen. Eine erwerbssoziologische Analyse am Beispiel von Alleindienstleistern in Kulturberufen. In Karin Gottschall und Gerd Günter Voß (Hrsg.). Entgrenzung von Arbeit und Leben. Zum Wandel der Beziehung von Erwerbsarbeit und Privatsphäre im Alltag (203–229). München: Mering Hampp.

Binas-Preisendörfer, Susanne. sounds like berlin. www2.hu-berlin.de/fpm/popscrip/themen/pst04/, (Stand: 3. Juli 2007).

Bloemberg, Wim (2004). Die Verselbständigung der staatlichen Museen in den Niederlanden. In Rupert Graf Strachwitz und Volker Then (Hrsg.) (2004). Kultureinrichtungen in Stiftungsform (92–96). Gütersloh: Verlag Bertelsmann Stiftung.

Bock, Teresa (2002). Vom Laienhelfer zum Freiwilligen Experten. In Doris Rosenkranz und Angelika Weber (Hrsg.) (2002). Freiwilligenarbeit (11–20). Weinheim: Juventa Verlag.

Bogumil, Jörg; Grohs, Stephan; Kuhlmann, Sabine (2006). Ergebnisse und Wirkungen kommunaler Verwaltungsmodernisierung in Deutschland – Eine Evaluation nach 10 Jahren Praxiserfahrung. In Jörg Bogumil, Werner Jann und Frank Nullmeier (Hrsg.) (2006). Politik und Verwaltung. Sonderband 37 der Politischen Vierteljahresschrift (151–184). Wiesbaden: Verlag für Sozialwissenschaften.

Bogumil, Jörg; Holtkamp, Lars (2004). Local Governance und gesellschaftliche Integration. In Stefan Lange und Uwe Schimak (Hrsg.) (2004). Governance und gesellschaftliche Integration (147–169). Wiesbaden: Verlag für Sozialwissenschaften.

Bornemann, Sabine (2000), Die Cultural Contact Points in Europa. Kulturpolitische Mitteilungen, Heft 88 (1/2000), 42–43.

Bornemann, Sabine (2002). Europa fördert Kultur. Ein Handbuch zur Kulturförderung der Europäischen Union. Aktionen – Programme – Kontakte. Essen: Klartext Verlag.

Bornemann, Sabine (2004). Europa wächst – und damit auch europäische Kooperationen. Kulturpolitische Mitteilungen, Heft 104 (1/2004), 9.

Bücher, Karl (1913). Die Entstehung der Volkswirtschaft. 9. Aufl. Tübingen: Laupp.

Bücher, Karl (1925). Ein Ausschnitt aus der Gewerbegeschichte. Tübingen: Laupp.

Budäus, Dietrich (2004). Verwaltungsreformen: Aktuelle Situation – Reformparadoxien – notwendige Maßnahmen. In Ullrich Heilemann und Klaus-Dirk Henke (Hrsg.) (2004). Was ist zu tun? Wirtschaftspolitische Agenda für die Legislaturperiode 2002 bis 2006 (167–183). Berlin: Duncker & Humblot.

Bullinger, Winfried; Wandtke, Artur-Axel (2006). Praxiskommentar zum Urheberrecht (2. Auflage). München: Beck.

Bundesminister des Innern; Bundesminister der Justiz (1983). (Sachverständigenkommission). Staatszielbestimmungen, Gesetzgebungsaufträge. Bericht der Sachverständigenkommission, Bonn.

Bundesministerium für Familie, Senioren, Frauen und Jugend (Hrsg.) (2001). Freiwilliges Engagement in Deutschland. Ergebnisse der Repräsentativerhebung zu Ehrenamt, Freiwilligenarbeit und bürgerschaftlichem Engagement. Band 1: Gesamtbericht (2. Auflage). Stuttgart/Berlin/Köln.

Bundesministerium für Familie, Senioren, Frauen und Jugend (Hrsg.) (2005). Freiwilliges Engagement in Deutschland 1999–2004. Ergebnisse der Repräsentativerhebung zu Ehrenamt, Freiwilligenarbeit und bürgerschaftlichem Engagement. Gesamtbericht. München. www.bmfsfj.de/RedaktionBMFSFJ/Arbeitsgruppen/Pdf-Anlagen/freiwilligen-survey-langfassung,property=pdf,bereich=, rwb=true.pdf, (Stand: 7. November 2007).

Bundesministerium für Wirtschaft und Arbeit (2004): Wirtschaftspolitik für Kunst und Kultur. Tipps zur Existenzgründung für Künstler und Publizisten. Berlin.

Bundesratsdrucksache 582/07 vom 21. September 2007: Beschluss des Bundesrates „Zweites Gesetz zur Regelung des Urheberrechts in der Informationsgesellschaft".

Bundesregierung (2006). www.bundesregierung.de/Content/ DE/Artikel/2006/07/__Anlagen/2006-07-14-gutes-zusammenleben-klare-regeln,property=publicationFile.pdf, (Stand: 12. Juni 2007).

Bundesregierung (2007). Der Nationale Integrationsplan, Neue Wege – Neue Chancen. www.bundesregierung.de/Content/DE/Artikel/2007/07/Anlage/2007-10-18-nationaler-integrationsplan,property=publicationFile.pdf, (Stand: 2. No-vember 2007).

Bundestagsdrucksache 4/271 vom 23. Mai 1962: Entwurf eines Gesetzes über Verwertungsgesellschaften auf dem Gebiet des Urheberrechts (Verwertungsgesellschaftengesetz), 9f.

Bundestagsdrucksache 7/3071 vom 13. Januar 1975: Bericht der Bundesregierung über die wirtschaftliche und soziale Lage der künstlerischen Berufe (Künstlerbericht).

Bundestagsdrucksache 12/6000 vom 5. November 1993: Bericht der Gemeinsamen Verfassungskommission gemäß Beschluß des Deutschen Bundestages (Bundestagsdrucksache 12/1590) und Beschluß des Bundesrates (Bundesratsdrucksache 741/91).

Bundestagsdrucksache 13/5897 vom 25. Oktober 1996: Schriftliche Fragen mit den in der Woche vom 21. Oktober 1996 eingegangenen Antworten der Bundesregierung.

Bundestagsdrucksache 13/10811 vom 27. Mai 1998: Antwort der Bundesregierung auf die Große Anfrage der Abgeordneten Thomas Krüger, Otto Schily, Klaus Barthel, weiterer Abgeordneter und der Fraktion der SPD zur finanziellen Förderung von Kunst und Kultur.

Bundestagsdrucksache 13/11000 vom 10. Juni 2006. Schlussbericht der Enquete-Kommission „Überwindung der Folgen der SED-Diktatur im Prozess der deutschen Einheit".

Bundestagsdrucksache 14/2905 vom 14. März 2000: Antrag der Abgeordneten Stephan Hilsberg, Brigitte Wimmer, Klaus Barthel, weiterer Abgeordneter und der Fraktion BÜNDNIS 90/DIE GRÜNEN für eine Modernisierung der Ausbildungsförderung für Studierende.

Bundestagsdrucksache 14/3894 vom 14. Juli 2000: Antwort der Bundesregierung auf die Kleine Anfrage der Abgeordneten Norbert Lammert, Bernd Neumann, Renate Blank, weiterer Abgeordneter und der Fraktion der CDU/CSU zu rechtlichen Rahmenbedingungen für Theater und Orchester.

Bundestagsdrucksache 14/8800 vom 28. März 2002: Schlussbericht der Enquete-Kommission „Demographischer Wandel – Herausforderungen unserer älter werdenden Gesellschaft an den Einzelnen und die Politik".

Bundestagsdrucksache 14/8900 vom 3. Juni 2002: Bericht der Enquete-Kommission „Zukunft des Bürgerschaftlichen Engagements": Bürgerschaftliches Engagement: Auf dem Weg in eine zukunftsfähige Bürgergesellschaft.

Bundestagsdrucksache 15/38 vom 6. November 2002: Gesetzentwurf der Bundesregierung zur Regelung des Urheberrechts in der Informationsgesellschaft, 71.

Bundestagsdrucksache 15/1308 vom 1. Juli 2003: Antrag der Fraktionen SPD, CDU/CSU, BÜNDNIS 90/DIE GRÜNEN und FDP zur Einsetzung eine Enquete-Kommission „Kultur in Deutschland".

Bundestagsdrucksache 15/2275 vom 19. Dezember 2003: Antwort der Bundesregierung auf eine Große Anfrage der Fraktionen der CDU/CSU und der FDP zum Thema „Wirtschaftliche und soziale Entwicklung der künstlerischen Berufe und des Kunstbetriebs in Deutschland".

Bundestagsdrucksache 15/2919 vom 13. April 2004: Kleine Anfrage der Fraktion der CDU/CSU zum Thema „Instrumente der öffentlichen Künstlerförderung".

Bundestagsdrucksache 15/3636 vom 3. August 2004: Unterrichtung durch die Bundesregierung: Bericht der unabhängigen Expertenkommission „Finanzierung Lebenslangen Lernens" – Der Weg in die Zukunft.

Bundestagsdrucksache 15/5560 vom 1. Juni 2005: Zwischenbericht der Enquete-Kommission „Kultur in Deutschland" – Kultur als Staatsziel.

Bundestagsdrucksache 15/5910 vom 14. Juli 2005: Antwort der Bundesregierung auf die Große Anfrage der Abgeordneten Gitta Connemann: Situation der Breitenkultur in Deutschland.

Bundestagsdrucksache 16/196 vom 14. Dezember 2005: Antrag der Fraktionen der CDU/CSU, SPD, FDP, DIE LINKE. und BÜNDNIS 90/DIE GRÜNEN zur Einsetzung einer Enquete-Kommission „Kultur in Deutschland".

Bundestagsdrucksache 16/387 vom 18. Januar 2006: Entwurf eines Gesetzes zu Änderung des Grundgesetzes.

Bundestagsdrucksache 16/813 vom 7. März 2006: Entwurf eines Gesetzes zur Grundgesetzänderung.

Bundestagsdrucksache 16/815 vom 7. März 2003: Antwort der Bundesregierung auf die Kleine Anfrage der Abgeordneten Christoph Waitz, Hans-Joachim Otto (Frankfurt), Jens Ackermann, weiterer Abgeordneter und der Fraktion der FDP.

Bundestagsdrucksache 16/1710 vom 1. Juni 2006: Antwort der Bundesregierung auf die Kleine Anfrage der Fraktion BÜNDNIS 90/DIE GRÜNEN zum Thema „Auswirkungen der Hartzgesetze auf Künstler und Kulturschaffende" vom 1. Juni 2006.

Bundestagsdrucksache 16/1828 vom 15. Juni 2006: Gesetzentwurf der Bundesregierung: „Entwurf eines Zweiten Gesetzes zur Regelung des Urheberrechts in der Informationsgesellschaft".

Bundestagsdrucksache 16/4100 vom 10. Januar 2007: Unterrichtung durch die Bundesregierung: Nationaler Bildungsbericht 2006 – Bildung in Deutschland und Stellungnahme der Bundesregierung.

Bundestagsdrucksache 16/5048 vom 20. April 2007: Gesetzentwurf der Bundesregierung: Entwurf eines Gesetzes zur Verbesserung der Durchsetzung von Rechten des geistigen Eigentums.

Bundestagsdrucksache 16/5200 vom 3. Mai 2007: Gesetzentwurf der Bundesregierung: Entwurf eines Gesetzes zur weiteren Stärkung des bürgerschaftlichen Engagements.

Bundestagsdrucksache 16/5418 vom 23. Mai 2007: Antwort der Bundesregierung auf die Große Anfrage der Abgeordneten Dr. Dagmar Enkelmann, Ulrich Maurer, Hüseyin-Kenan Aydin, weiterer Abgeordneter und der Fraktion DIE LINKE. zum Stand der Deutschen Einheit und der perspektivischen Entwicklung bis zum Jahr 2020.

Bundestagsdrucksache 16/5766 vom 20. Juni 2007: Beschlussempfehlung und Bericht des Haushaltsausschusses (8. Ausschuss).

Bundestagsdrucksache 16/5939 vom 4. Juli 2007: Beschlussempfehlung und Bericht des Rechtsausschusses (6. Ausschuss) „Die Modernisierung des Urheberrechts muss fortgesetzt werden".

Bundestagsdrucksache 16/6079: Schriftliche Fragen mit in der Zeit vom 2. bis 13. Juli 2007 eingegangenen Antworten der Bundesregierung.

Bundestagsplenarprotokoll 16/108 vom 5. Juli 2007: Stenografischer Bericht der 108. Sitzung des Deutschen Bundestages.

Bundesverband Deutscher Stiftungen (2005). Zahlen, Daten, Fakten zum Stiftungswesen. Berlin. www.stiftungen.org/index.php?strg=87_106_226&BaseID=611, (Stand: 10. Oktober 2007).

Bundesverband Deutscher Stiftungen (2006). Stiftungen in Zahlen, Errichtungen und Bestand rechtsfähiger Stiftungen des bürgerlichen Rechts in Deutschland im Jahr 2005. Berlin.

Bundesverband Deutscher Stiftungen (2007). Stiftungen in Zahlen. Errichtungen und Bestand rechtsfähiger Stiftungen des bürgerlichen Rechts in Deutschland im Jahr 2006. www.stiftungen.org/statistik, (Stand: 10. Juli 2007).

Bundesverband Deutscher Zeitungsverleger (2006). Erklärung und Presse-Grosso zur Studie „Initiative Marktausschöpfung". www.vdz.de/54.html, (Stand: 27. Juli 2007).

Bundesvereinigung Kulturelle Kinder- und Jugendbildung (2007). Bericht über die Evaluation des Kompetenznachweises Kultur. www.dji.de/dasdji/gespraeche/0704/Evaluationsergebnisse_Zusammenfassung.pdf, (Stand: 27. Juli 2007).

Bundesvereinigung Kulturelle Kinder- und Jugendbildung e. V. (2007). Netzwerk für den Kompetenznachweis Kultur. www.kompetenznachweiskultur.de, (Stand: 9. Juli 2007).

Bundesvereinigung Kulturelle Kinder- und Jugendbildung e. V. Medienpolitisches Positionspapier des BKJ. Schlüsselkompetenzen durch Kulturelle Bildung. www.bkj-remscheid.de/index.php?id=146, (Stand: 27. Juli 2007).

Bund-Länder-Kommission für Bildungsplanung und Forschungsförderung (Hrsg.) (2004). Heft 115: Strategie für Lebenslanges Lernen in der Bundesrepublik Deutschland. Bonn. www.bmbf.de/pub/strategie_lebenslanges_lernen_blk_heft115.pdf, (Stand: 27. Juli 2007).

Burrichter, Clemens (Hrsg.) (2006). Deutsche Zeitgeschichte von 1945 bis 2000. Gesellschaft – Staat – Politik; ein Handbuch. Berlin: Dietz.

Büchner, Peter; Brake, Anna (2007). Die Familie als Bildungsort: Strategien der Weitergabe und Aneignung von Bildung und Kultur im Alltag von Mehrgenerationenfamilien. Zeitschrift für Soziologie und Sozialisation, Heft 27 (2007), 197–213.

Culture Tour Austria (2005). Zukunftsstrategie Kulturtourismus Austria 2010+. www.culture-tour.at/de/Termine- News-Downloads/texte-news/Vollversion.pdf, (Stand: 10. Oktober 2007).

Dangel, Caroline; Piorkowsky, Michael-Burkhard (2006). Selbstständige Künstlerinnen und Künstler – zwischen brotloser Kunst und freiem Unternehmertum. Berlin: Deutscher Kulturrat.

David, Klaus (2004). Verfassung der Freien und Hansestadt Hamburg, Kommentar (2. Auflage). Stuttgart: Boorberg.

Denninger, Franz (2001). In Josef Isensee und Paul Kirchhof (Hrsg.) (2001). Handbuch des Staatsrechts der Bundesrepublik Deutschland, Band VI. Heidelberg: Müller.

Department for Culture, Media and Sport/Museums and Cultural Property Division (2005). Understanding the Future: Museums and 21st Century Life. The Value of Museums. www.culture.gov.uk/NR/rdonlyres/31419198-35C1-4A00-8C12-CB0572EC9B57/0/UnderstandingtheFuture.pdf, (Stand: 27. Juli 2007).

Deutsche UNESCO-Kommission (2006). Ergebnisse der 66. Hauptversammlung am 28. und 29. Juni 2006. www.unesco.de/ua29-2006.html?&L=0, (Stand: 2. Novem-ber 2007).

Deutscher Bühnenverein (2004). Theaterstatistik 2002/2003. In Bundesverband der Theater und Orchester (Hrsg.) (2004). Köln: Verlag Deutscher Bühnenverein/Bundesverband der Theater und Orchester.

Deutscher Bühnenverein (2006). Theaterstatistik 2004/2005. In Bundesverband der Theater und Orchester (Hrsg.) (2006). Köln: Verlag Deutscher Bühnenverein/Bundesverband der Theater und Orchester.

Deutscher Bundesrat (1993). Drucksache 800/93 (Gemeinsame Verfassungskommission).

Deutscher Bundestag (2002). Bericht Bürgerschaftliches Engagement: auf dem Weg in eine zukunftsfähige Bürgergesellschaft. Enquete-Kommission „Zukunft des Bürgerschaftlichen Engagements", Schriftenreihe Zukunft des bürgerlichen Engagements, Verlag für Sozialwissenschaften, Bd. 4. Opladen: Leske und Budrich.

Deutscher Bundesverband Tanz e. V. www.dbt-remscheid.de, (Stand: 9. Juli 2007).

Deutscher Industrie- und Handelskammertag (2007). Öffentliches Auftragswesen. www.dihk.de/eic/auftragswesen, (Stand: 3. August 2007).

Deutscher Kulturrat (2001). Deutscher Kulturrat fordert Artikelgesetz, Steuerliche Behandlung von Kunst und Kultur sowie entsprechende Änderungen sonstiger steuerlicher Vorschriften. www.kulturrat.de/detail.php?detail= 196&rubrik=4, (Stand: 25. April 2007).

Deutscher Kulturrat (2003). Bürgerschaftliches Engagement in der Kultur stärken! – Rahmenbedingungen für bürgerschaftlich Engagierte verbessern. Stellungnahme des Deutschen Kulturrates. www.kulturrat.de/detail. php?detail=208&rubrik=4, (Stand: 30. Juli 2007).

Deutscher Kulturrat (Hrsg.) (2005). Kulturelle Bildung in der Bildungsreformdiskussion. Konzeption Kulturelle Bildung III. Berlin: Verlag Deutscher Kulturrat.

Deutscher Kulturrat (2006). Schriftliche Stellungnahme des Deutschen Kulturrates. Kulturelle Bildung eine Herausforderung durch den demographischen Wandel vom 20. September 2006. www.kulturrat.de/pdf/845.pdf, (Stand: 9. Juli 2007).

Deutscher Museumsbund (2006). Museen gestalten Zukunft – Perspektiven im 21. Jahrhundert. Museumskunde, Heft 71 (2/2006).

Deutscher Museumsbund und ICOM Deutschland (2006). Standards für Museen. Berlin. www.icom-deutschland.de/docs/Standards_fuer_Museen_2006.pdf, (Stand: 27. Juli 2007).

Deutscher Musikrat, Datenbank „Deutsches Musikinformationszentrum". www.miz.org/index.php, (Stand: 27. Juli 2007).

Deutscher Sparkassen- und Giroverband (2006). Fakten, Analysen, Positionen: Kunst- und Kulturförderung der Sparkassen erhöht die Lebensqualität der Menschen. Berlin. www.gut-fuer-deutschland.de/download/sparkasse/FAP_22_KuK_reg_neu_2006.pdf, (Stand: 27. Juli 2007).

Deutscher Städtetag (2006). Für ein starkes Deutschland. Arbeitsplätze und Wachstum in der Fläche. Dokumentation Nr. 59. Berlin. www.dstgb.de, (Stand: 2. Juli 2007).

Deutscher Tourismusverband (Hrsg.) (2006). Städte- und Kulturtourismus in Deutschland. www.deutschertourismus verband.de/print.php?pageId=247, (Stand: 14. November 2007).

Deutsches Institut für Erwachsenenbildung (DIE) e. V. (2007) www.die-bonn.de/projekte/beendet/projekte.asp?projekteid=151, (Stand: 9. Juli 2007).

Deutsches Institut für Erwachsenenbildung u. a. (Hrsg.) (2004) Kurzfassung der Machbarkeitsstudie des BLK-Verbundprojektes „Weiterbildungspass mit Zertifizierung informellen Lernens" (BLK = Bund-Länder-Kommission für Bildungsplanung und Forschungsförderung). www.die-bonn.de/esprid/dokumente/doc-2004/die04_01.pdf, (Stand: 9. Juli 2007).

Deutsches Institut für Wirtschaftsforschung (2007). Wochenbericht, Ausgabe 12/2007, 1.

Deutsches Patent- und Markenamt (2006). Jahresbericht 2006. www.dpma.de/veroeffentlichungen/jahresbericht06/dpma_jb_2006.pdf, (Stand: 2. November 2007).

Deutsches Zentrum für Handwerk und Denkmalpflege (1997). Die wirtschaftlichen Auswirkungen der Denkmalpflege. Studie im Auftrag des hessischen Ministeriums für Wissenschaft und Kunst. Fulda.

Dittrich, Robert (1993). „Domaine public payant". Österreichische Schriftenreihe zum gewerblichen Rechtsschutz, Urheber- und Medienrecht, Bd. 13, Wien.

Dohmen, Dieter (2005). Ökonomisierung und Angebotsentwicklung in der (öffentlichen) Weiterbildung. www.die-bonn.de/esprid/dokumente/doc-2005/dohmen05_01.pdf, (Stand: 27. Juli 2007).

Dollhausen, Karin (2005). Statistische Informationen als Hilfen zur Einschätzung der Ökonomisierung des Weiterbildungsbereichs. Deutsches Institut für Erwachsenenbildung. www.die-bonn.de/esprid/dokumente/doc-2005/dollhausen05_01.pdf, (Stand: 27. Juli 2007).

Donner, Helmut (1996). Kirche und Kultur der Gegenwart. Beiträge aus der Evangelischen Kirche im Auftrag des Kirchenamtes der Evangelischen Kirche Deutschlands. Hannover: GEP-Buch.

DPMA-Jahresbericht 2006, www.dpma.de/veroeffentlichungen/hahrebericht06/dpma_jb_2006.pdf, (Stand: 17. Ok-tober 2007).

Dreier, Thomas; Schulze, Gernot (2006). Kommentar Urheberrechtsgesetz. München: Beck.

Elitz, Ernst (2006). Programmliche Selbstverpflichtungen und Medienqualität: Ein Projekt zur Sicherung der Qualität in den elektronischen Medien. Köln: Institut für Rundfunkökonomie.

Erichsen, Hans-Uwe (1997). Kommunalrecht des Landes Nordrhein-Westfalen. Siegburg: Reckinger.

Ermert, Karl (1999). Ehrenamt in der Musikkultur. Ergebnisse einer empirischen Untersuchung zu Motiven, Bedingungen und Perspektiven freiwillig gemeinnütziger Tätigkeit im Laienmusikwesen Niedersachsens. Hannover: Institut für Musikpädagogische Forschung.

Ermert, Karl (2000). Ehrenamt und Vereinswesen als Träger von Kulturarbeit. Am Beispiel des Laienmusikwesens in Niedersachsen. In Bernd Wagner (Hrsg.) (2000). Ehrenamt, Freiwilligenarbeit und bürgerschaftliches Engagement in der Kultur (168–198). Bonn/Essen: Klartext-Verlagsgesellschaft.

Ertel, Rainer (2006). Daten und Fakten zur Kulturwirtschaft. Aus Politik und Zeitgeschichte, 21. August 2006, 17–23.

Europäische Kommission (2004). Mitteilung der Kommission an das Europäische Parlament, den Rat, den Europäischen Wirtschafts- und Sozialausschuss und den Ausschuss der Regionen: Weißbuch zu Dienstleistungen von allgemeinem Interesse vom 12. Mai 2004, KOM 2004, 374. http://eur-lex.europa.eu/LexUriServ/site/de/com/2004/ com2004_0374de01.pdf, (Stand: 31. Juli 2007).

Europäische Kommission (2006). The Europeans, Culture and Cultural Values. Qualitative Study in 27 European Countries. Summary Report. European Commission, Directorate-General for Education and Culture, June 2006. http://ec.europa.eu/culture/eac/sources_info/studies/pdf_word/report_synth_Cult_06_en.pdf, (Stand: 31. Juli 2007).

Europäische Kommission (2007). Mitteilung der Kommission an das Europäische Parlament, den Rat, den Europäischen Wirtschafts- und Sozialausschuss und den Ausschuss der Regionen über eine europäische Kulturagenda im Zeichen der Globalisierung. http://eur-lex.europa.eu/LexUriServ/site/de/com/2007/com2007_0242de01.pdf, (Stand: 31. Juli 2007).

Europäische Kommission. GRÜNBUCH: Angesichts des demografischen Wandels – eine neue Solidarität zwischen den Generationen. KOM (2005)94, 16. März 2005. http://eur-lex.europa.eu/smartapi/cgi/sga_doc?smartapi!celexplus!prod!DocNumber&lg=de&type_doc=COMfinal&an_doc=2005&nu_doc=94, (Stand: 30. Juli 2007).

Europäisches Parlament (2001). Bericht über die kulturelle Zusammenarbeit in der Europäischen Union (Ruffolo-Bericht vom 16. Juli 2001, A5-0281/2001). www.ccp-deutschland.de/down/down-ccp/Europarl-Ruffolo2001.doc, (Stand: 30. Juli 2007).

Europäisches Parlament (2004). Entschließung des Europäischen Parlaments zu einem Gemeinschaftsrahmen für Verwertungsgesellschaften im Bereich des Urheberrechts und der verwandten Schutzrechte (2002/2274(INI)). http://merlin.obs.coe.int/iris/2004/3/article4. de.html, (Stand: 31. Juli 2007).

Feige, Gerhard (Hrsg.) (1998). Christentum und Kultur – ein gestörtes Verhältnis? Erfurter Theologische Schriften 23. Leipzig: Benno-Verlag.

Finke, Hugo; Brachmann, Wolfgang; Nordhausen, Willi (2004). Künstlersozialversicherungsgesetz: KSVG. Gesetz über die Sozialversicherung der selbständigen Künstler und Publizisten. Kommentar. München: Beck.

Finke, Renate (2005). Erbschaftsvolumen bei 1 Billionen EUR bis 2010. Wirtschaft & Märkte, 8/2005, 26–33.

Fischer, Christian (2007). Ressentiments gegenüber dem Bolognaprozess. politik und kultur, Heft 1/2007, 17.

Fischer, Hermann Josef; Reich, Steven A. (Hrsg.) (2007). Der Künstler und sein Recht. München: Beck.

Fitzsch, Michael; Stützer, Michael (2006). Die Geographie der Kreativen Klasse in Deutschland. Freiburger Arbeitspapiere. Technische Bergakademie Freiberg, Fakultät für Wirtschaftswissenschaften. www.wiwi.uni-jena.de/Mikro/pdf/DieGeografiederKreativenKlasseinDeutschland.pdf, (Stand: 8. Mai 2007).

Flinders, Matthew (2002). Governance in Whitehall. Public Administration, Heft 80, 51–75.

Florida, Richard (2004). The Rise of the Creative Class: And How It's Transforming Work, Leisure, Community and Everyday Life. New York: B&T.

Fohrbeck, Karla; Wiesand, Andreas Joachim (1972). Der Autorenreport. Reinbeck bei Hamburg: Rowohlt.

Fohrbeck, Karla; Wiesand, Andreas Joachim (1975). Der Künstlerreport. Musikschaffende, Darsteller/Realisatoren, Bildende Künstler/Designer. München, Wien: Hanser.

Fohrbeck, Karla; Wiesand, Andreas Joachim (1989). Der WDR als Kultur- und Wirtschaftsfaktor. Köln: Kohlhammer.

Förder- und Freundeskreise der Kultur in Deutschland (2007). Ergebnisse einer umfassenden Untersuchung des Kulturkreises der deutschen Wirtschaft im Bundesverband der Deutschen Industrie. www.kulturkreis.org/steckbriefdownload.shtml?dbAlias=kulturkreis&identifier=397&version=2&content=file.pdf, (Stand: 30. Juli 2007).

Forschungszentrum für Populäre Musik der Humboldt Universität Berlin. Schriftenreihe Popscriptum. www2.hu-berlin.de/fpm/popscrip/themen/pst04/, (Stand: 19. Juni 2007).

Fraunhofer-Institut (2006). Bestandsaufnahme zur Digitalisierung von Kulturgut und Handlungsfelder. www.iais.fraunhofer.de/bkm_studie.html, (Stand: 12. November 2007).

Frey, Bruno S.; Götte, Lorenz (2003). Ohne Preis keinen Fleiß? VM – Fachzeitschrift für Verbands- und Nonprofit-Management, 1/2003, 24–25.

Friedrich, Peter (2005). Die Besteuerung gemeinnütziger Organisationen im internationalen Vergleich. Forschungsvorhaben des Bundesministeriums der Finanzen. Ifo-Institut fur Wirtschaftsforschung an der Universität München, Bereich: Öffentlicher Sektor. Ifo-Forschungsbericht 24. München: Ifo-Institut für Wirtschaftsforschung.

Fuchs, Max (2007). Als Tiger gesprungen – Zur Konsultation über die Auswärtige Kultur- und Bildungspolitik. politik und kultur, Heft 1/2007, 19.

Fuchs, Max; Schulz, Gabriele; Zimmermann, Olaf (2005). Kulturelle Bildung in der Bildungsreformdiskussion. Konzeption Kulturelle Bildung III. Berlin: Verlag Deutscher Kulturrat.

Gärtner, Rudolf (2002). Versicherungsfragen im Museumsbereich. Opladen: Leske und Budrich.

Geis, Max-Emanuel (1992). Ergänzung des Grundgesetzes um eine „Kulturklausel"? Zeitschrift für Gesetzgebung, Heft 7, 30–50.

Gellner, Ernest (1991). Nationalismus und Moderne. Berlin: Rotbuch Verlag.

GEMA (2006). GEMA-Jahrbuch 2006/2007. Baden-Baden: Nomos.

GEMA-Geschäftsbericht 2006, www.gema.de/uploads/tx_mmsdownloads/gema_geschaeftsbericht2006.pdf, (Stand: 29. Oktober 2007).

Geppert, Joachim (2006). Cultural Statistics – the EU level and experience with Leadership Groups (LEG). www.cultural-economy.eu/sg.php?lang=de, (Stand: 9. Juli 2007).

Gern, Alfons (2003). Deutsches Kommunalrecht. Baden-Baden: Nomos.

Geschäftsbericht der Verwertungsgesellschaft Bild-Kunst (2005). www.bildkunst.de/index.html, (Stand: 4. Juni 2007).

Gestrich, Helmut (1984). Kulturarbeit in den Kreisen. Freiwillige Aufgabe oder Pflichtaufgabe der Selbstverwaltung? Der Landkreis, 1984, 366ff.

Gieseke, Wiltrud (Hrsg.) (2003). Institutionelle Innensichten der Weiterbildung. Bielefeld: Verlag Bertelsmann Stiftung.

Gieseke, Wiltrud; Opelt, Karin (2005). Orte und Räume kultureller Bildung. In Wiltrud Gieseke (Hrsg.) (2005). Kulturelle Erwachsenenbildung in Deutschland: exemplarische Analyse Berlin-Brandenburg (376–380). Münster: Waxmann.

Glaser, Hermann (1990). Kulturgeschichte der Bundesrepublik Deutschland, Bd. 1. Zwischen Kapitulation und Währungsreform 1945-1948; Bd. 2: Zwischen Grundgesetz und Großer Koalition 1949–1967; Bd. 3: Zwischen Protest und Anpassung 1968–1989. Frankfurt/Main und Wien: Büchergilde Gutenberg.

Glaser, Hermann (1997). Deutsche Kultur. Ein historischer Überblick von 1945 bis zur Gegenwart. Bonn: Bundeszentrale für politische Bildung.

Göschel, Albrecht (1997). Kulturpolitik im sozialen Wandel. In Rainer Silkenbeumer (Hrsg.) (1997) Kultur in der Region (171–190). Homburg: Edition Karlsberg.

Gottschalk, Ingrid (2006). Kulturökonomik. Probleme, Fragestellung und Antworten. Wiesbaden: Verlag für Sozialwissenschaften.

Grasskamp, Walter (1996). Schwindsüchtige Kulturetats und die Macht der Sponsoren. Die ZEIT, 11/1996.

Grasskamp, Walter (2000). Konsumglück. Die Ware Erlösung. München: Beck.

Grimm, Dieter (1984). Kulturauftrag im staatlichen Gemeinwesen. Veröffentlichungen der Vereinigung der Deutschen Staatsrechtslehrer, Heft 42, 47–79.

Guet, Ingrid-Helene (2002). Monitoring Fundraising. A Comparative Survey of ICFO Members and their Countries. Berlin: ICFO.

Gün, Tatlican (2006). Business mit der Türkei. Ein Ratgeber für Einsteiger. www.getabstract.com/ShowAbstract. do?dataId=6195, (Stand: 29. Oktober 2007).

Häberle, Peter (1979). Kulturpolitik in der Stadt – ein Verfassungsauftrag. Heidelberg: Müller.

Habermas, Jürgen (1997). Anerkennungskämpfe im demokratischen Rechtsstaat. In Charles Taylor (Hrsg.) (1997). Multikulturalismus und die Politik der Anerkennung (148–196). Frankfurt am Main: S. Fischer.

Habisch, André; Wegner, Martina (2004). Gesetze und Anreizstrukturen für CSR in Deutschland. Praxisexpertise erstellt im Auftrag der Bertelsmann Stiftung, Projektmanagement CSR. Gütersloh: Bertelsmann Stiftung.

Hadamczik, Dieter (2005). 25 Jahre INTHEGA, Interessengemeinschaft der Städte mit Theatergastspielen: 1980–2005. Bensheim: Mykenae-Verlag.

Häfele, Eva; Lehner, Andrea; Ratzenböck, Veronika (2005). Die wirtschaftliche Bedeutung von Kultur und Creative Industries: Wien im Städtevergleich mit Barcelona, Berlin, London, Mailand und Paris, erstellt im Auftrag von: Stadt Wien, Magistratsabteilung 27 EU-Strategie und Wirtschaftsentwicklung. www.kulturdokumentation.org/download/ci_vergleich_wien.pdf, (Stand: 20. Juli 2007).

Hartmann, Manfred; Nickel, Susanne (2003). Inventarisierung, Dokumentation, Bestandsbewahrung. Münster: Westfälisches Museumsamt.

Heinrichs, Werner (1997). Kulturpolitik und Kulturfinanzierung. Strategien und Modelle für eine politische Neuorientierung der Kulturfinanzierung. München: Beck.

Heinrichs, Werner (1999). Kulturmanagement. Eine praxisorientierte Einführung. Darmstadt: Primus.

Heller, Robert (1998). Haushaltsgrundsätze für Bund, Länder und Gemeinden. Systematische Gesamtdarstellung. Heidelberg: R. v. Decker.

Henkel, Hans-Olaf (2001). Wissenschaft ist Not! Jahrestagung der Leibniz-Gemeinschaft. www.wgl.de:8080/wgl/Object/Object-13/Inhalt-17/Henkel-Rede.pdf, (Stand: 2. November 2007).

Hentschel, Beate; Hutter, Michael (2004). Corporate Cultural Responsibility: Zur Pflege der Ressource Kultur (Gemeinschaftsprojekt des Siemens Arts Program mit der Universität Witten/Herdecke). http://ccr.uni-wh.de/download/Einleitung.pdf, (Stand: 30. Juli 2007).

Heusser, Hans-Jörg; Wittig, Martin; Stahl, Barbara (2004). Kulturengagement von Unternehmen – integrierter Teil der Strategie? Ergebnisse einer Umfrage bei kulturell engagierten Unternehmen in Deutschland, Österreich und der Schweiz. München: Roland Berger Strategy Consultants.

Hoelscher, Philipp; Casadei, Bernardino (2006). Le fondazioni comunitarie in Italia e Germania/Bürgerstiftungen in Italien und Deutschland. Schriftenreihe der Carl-Konrad-und-Ria-Groeben-Stiftung. Berlin: Maecenata Verlag.

Hoffmann, Hilmar (1986). Kultur für morgen. Ein Beitrag zur Lösung der Zukunftsprobleme. Frankfurt am Main: Fischer Verlag.

Hopt, Klaus J.; Walz, Rainer; Hippel, Thomas v.; Then, Volker (2006). The European Foundation – a New European Legal Approach. Gütersloh: Verlag Bertelsmann Stiftung.

Hucko, Elmar (2002). Das neue Urhebervertragsrecht. Halle (Saale): Mitteldeutscher Verlag.

Hummel, Marlies; Berger, Manfred (1988). Die volkswirtschaftliche Bedeutung von Kunst und Kultur. Gutachten im Auftrag des Bundesministeriums des Innern. Schriftenreihe des Ifo-Instituts für Wirtschaftsforschung, Nr. 122. Berlin, München: Duncker & Humblot.

Hummel, Marlies; Brodbeck, Karl-Heinz (1991). Längerfristige Wechselwirkungen zwischen kultureller und wirtschaftlicher Entwicklung, Schriftenreihe des ifo Instituts für Wirtschaftsforschung 128. Berlin, München: Duncker & Humblot.

Hummel, Siegfried (2006). Kulturpolitik für die alternde Gesellschaft. In Institut für Kulturpolitik der kulturpolitischen Gesellschaft (Hrsg.) (2006). Jahrbuch für Kulturpolitik 6 (377–384). Essen: Klartext-Verlagsgesellschaft.

Hüttemann, Rainer; Rawert, Peter (2002). Der Modellentwurf eines Landesstiftungsgesetzes. Zeitschrift für Wirtschaftsrecht, Heft 45/2002, 2019–2028.

ICOM-Deutschland, -Österreich und -Schweiz (2003). Ethische Richtlinien für Museen (Code of Ethics for Museums, 1986/2001). www.icom-deutschland.de/docs/D-ICOM.pdf, (Stand: 31. Juli 2007).

Initiative Solidarisches Bürgergeld. www.buergergeldportal.de/sogehts.html#A02, (Stand: 25. Oktober 2007).

Innenministerium des Landes Nordrhein-Westfalen. Grundsätze für Sponsoring, Werbung, Spenden und mäzenatische Schenkungen zur Finanzierung öffentlicher Aufgaben, Abschnitt III.8. www.im.nrw.de/inn/doks/rl_sponsoring.pdf, (Stand: 30. Juli 2007).

Institut für Demoskopie Allensbach (1991). Kulturelles Interesse und Kulturpolitik. Eine Repräsentativumfrage über die kulturelle Partizipation, den Kulturbegriff der deutschen Bevölkerung und die Bewertung der Kulturpolitik. Allensbach.

Institut für Kulturpolitik (Hrsg.) (2005). Kulturorte als Lernorte interkultureller Kompetenz. Stand, Aufgaben und Perspektiven interkultureller Arbeit in der kulturellen Bildung. Bonn.

Institut für Landes- und Stadtentwicklungsforschung und Bauwesen des Landes Nordrhein-Westfalen, Fachbereich Stadtentwicklung und Wohnungswesen (Hrsg.), Meyer, Christian (Bearb.) (2005). Fachgesprächsreihe Demografischer Wandel – Konsequenzen für die kulturelle Infrastruktur. www.ils-shop.nrw.de/down/kultur-demogr.pdf, (Stand: 26. Juni 2007).

Institut für Museumsforschung (Hrsg.) (2005). Museumsbericht 2004. Berlin/Wiesbaden.

Institut für Museumsforschung (Hrsg.) (2006). Statistische Gesamterhebung an den Museen der Bundesrepublik Deutschland für das Jahr 2005. Including an English Summary. (= Materialien aus dem Institut für Museumskunde, Heft 60). museum.zib.de/ifm/mat60.pdf, (Stand: 31. Juli 2007).

INTHEGA (2003). Aufruf zum Erhalt der von Ländern und Kommunen unterhaltenen selbstständigen Kulturarbeit in Städten mit Theatergastspielen. www.inthega.de/publikat/schriftenreihe/php, (Stand: 7. November 2007).

Ioannidou, Alexandra (2004). Weiterbildungsstatistik im Verbund 2002. www.die-bonn.de/esprid/dokumente/doc-2004/ioannidou04_01.pdf, (Stand: 31. Juli 2007).

Jann, Werner; Wegrich, Kai (2004). Governance und Verwaltungspolitik. In Arthur Benz (Hrsg.) (2004). Governance – Regieren in komplexen Regelsystemen (193–214). Wiesbaden: Verlag für Sozialwissenschaften.

Janowski, Bernd (2006). Perspektiven und Lösungsansätze. Möglichkeiten bürgerschaftlichen Engagements. In Konrad-Adenauer-Stiftung (Hrsg.) (2006). 3. Denkmalpflege-Forum 2006: Die Vertreibung aus dem Tempel. Über die Umwidmung der Kirchenbauten. www.kas.de/db_files/dokumente/veranstaltungsbeitraege/7_dokument_dok_pdf_9067_1.pdf, (Stand: 2. Juli 2007).

John, Hartmut; Kopp-Sievers, Susanne (2003). Stiftungen und Museen. Innovative Formen und zukunftsorientierte Modelle. Bielefeld: transcript Verlag.

John, Hartmut; Thinesse-Demel, Jutta (2004). Lernort Museum – neu verortet! Ressourcen für soziale Integration und individuelle Entwicklung. Ein europäisches Praxishandbuch. Bielefeld: transcript Verlag.

Jürgensen, Andri (2007). Praxishandbuch Künstlersozialabgabe. München: Beck.

Kaiser, Herrmann J. u. a. (2006). Bildungsoffensive Musikunterricht? Das Grundsatzpapier der Konrad-Adenauer-Stiftung in der Diskussion. Regensburg: ConBrio Verlagsgesellschaft.

Kalupner, Sibylle (2000). Das Stiftungswesen im politischen Diskurs 1983–2000. Berlin: Maecenata Verlag.

Karich, Swantje (2007). Die Macht im Cyberspace. Frankfurter Allgemeine Zeitung, 12. April 2007.

Katzenberger, Paul (1982). Die Diskussion um das „domaine public payant" in Deutschland. In Wilhelm Herschel, Heinrich Hubmann und Manfred Rehbinder (Hrsg.) (1982). Festschrift für Georg Roeber. Freiburg.

Keim, Helmut (2003). Nothelfer oder Mäzen? Aufgabe, Wirkweise und Bedeutung von Museums-Fördervereinen. Großweil: Freundeskreis Freilichtmuseum Südbayern.

Kilian, Michael (2003). Stiftungserrichtung durch die öffentliche Hand. In Enrico Bellezza, Michael Kilian und Klaus Vogel (Hrsg.) (2003). Der Staat als Stifter. Stiftungen als Public-Private-Partnerships im Kulturbereich (= Konzepte Stiftungen 5) (11–134). Gütersloh: Verlag Bertelsmann Stiftung.

Klinger, Nadia; König, Jens (2006). Das Wichtigste ist – Respekt. Die Tageszeitung vom 20. September 2006, 6–7.

Kimmel, Adolf (1991). Verfassungsrechtliche Rahmenbedingungen. In Oscar Gabriel (Hrsg.) (1992). Die EG – Staaten im Vergleich: Strukturen, Prozesse, Politikinhalte (23–49). Opladen: Westdeutscher Verlag.

Kinder- und Jugendtheaterzentrum in der Bundesrepublik Deutschland. Projekt: Theater von Anfang an. Frankfurt am Main 2007. www.theatervonanfangan.de, (Stand: 9. Juli 2007).

Kindermann, Carl (1903). Volkswirtschaft und Kunst. Jena: G. Fischer.

Kirchenamt der EKD (2002). Räume der Begegnung. Religion und Kultur in evangelischer Perspektive. Eine Denkschrift der Evangelischen Kirche in Deutschland und der Vereinigung Evangelischer Freikirchen. Gütersloh: Gütersloher Verlagshaus.

Kirchhof, Paul; Isensee, Josef (2004). Handbuch des Staatsrechts. Heidelberg: Müller.

Klempin, Hannelore (1998). Artotheken. In Verband Deutscher Städtestatistiker (Hrsg.) (1998). Städte in Zahlen, Bd. 8, (124–136). Oberhausen: Verband Deutscher Städtestatistiker.

Klingholz, Reiner (2006). Neues Deutschland. Wie die Demografie unser Leben nachhaltig verändert. Kultur Kompetenz Bildung. Beilage zur Zeitschrift politik und kultur, Heft 2/2006, 1ff.

Koenig, Christian; Kühling, Jürgen (2000). Mitgliedstaatliche Kulturförderung und gemeinschaftliche Beihilfenkontrolle durch die EG-Kommission. Europäische Zeitschrift für Wirtschaftsrecht 2000, 197–202.

Kommission der Europäischen Gemeinschaft (2000) (jetzt: Europäische Kommission). Memorandum über Lebenslanges Lernen. Brüssel. http://ec.europa.eu/education/policies/lll/life/memode.pdf, (Stand: 7. November 2007).

Kommission der Europäischen Gemeinschaft (2001) (jetzt: Europäische Kommission). Die konkreten zukünftigen Ziele der Bildungssysteme. Bericht der Kommission. Brüssel. http://ec.europa.eu/education/policies/2010/doc/concrete-future-objectives_de.pdf, (Stand: 7. November 2007).

Kommunale Gemeinschaftsstelle für Verwaltungsvereinfachung (KGST) (1993). Das Neue Steuerungsmodell, KGST-Bericht 5/1993. Köln: KGST.

König, Dominik Freiherr von (2003). Drei Paradigmenwechsel. In Christoph Mecking und Martin Schulte (Hrsg.) (2003). Grenzen der Instrumentalisierung von Stiftungen. Tübingen: Mohr Siebeck.

König, Dominik Freiherr von (2004). Kulturstiftungen in Deutschland. Aus Politik und Zeitgeschichte, Heft 49/2004, 13–18.

Kraft, Susanne (2006). Umbrüche in der Weiterbildung – dramatische Konsequenzen für das Weiterbildungspersonal. www.die-bonn.de/esprid/dokumente/doc-2006/kraft06_01.pdf, (Stand: 31. Juli 2007).

Krajewski, Markus (2005). Auswirkungen des GATS auf Instrumente der Kulturpolitik und Kulturförderung in Deutschland. Rechtsgutachten erstellt im Auftrag der deutschen UNESCO-Kommission. Potsdam.

Krips, Maximilian; Fesel, Bernd (2001). Galerien in Deutschland. Schnittstelle Kunst+Markt. Köln: Verlag NCC Cultur Concept.

Kröhnert, Steffen; Medicus, Franziska; Klingholz, Rainer (2006). Die demografische Lage der Nation. Wie zukunftsfähig sind Deutschlands Regionen? München: dtv.

Kuhlmann, Sabine (2003). Kommunale Verwaltungsmodernisierung in Deutschland: Konzept und Umsetzung des „Neuen Steuerungsmodells". www.uni-konstanz.de/bogumil/ kuhlmann/download/Paper.Moskau1.pdf, (Stand: 31. Juli 2007).

Kulturforum der Sozialdemokratie (2006). Neue Kreativität für Wirtschaft und Gesellschaft? Kulturnotizen, Heft 10 (2006), 8–9.

Kulturpolitische Gesellschaft (1998). Programm. www.kupoge.de/pdf/kupo/programm_kupoge.pdf, (Stand: 24. Oktober 2007).

Kulturpolitische Mitteilungen (2004). Was ist „kulturelle Grundversorgung"?, Heft 106 (III/2004), 22–44.

Kulturstiftung der Länder (Hrsg.) (2004). Bündnis für Theater. Berlin: agit-Druck GmbH.

Kultusministerkonferenz (2002). Stellungnahme der KMK zur Verbesserung der Rahmenbedingungen im Bereich des Kultursponsorings (Beschluss der Kultusministerkonferenz vom 7. November 2002). www.kmk.org/doc/beschl/sponsor.pdf, (Stand: 31. Juli 2007).

Kultusministerkonferenz (2004). Auswirkungen des demografischen Wandels auf die Kultur. Empfehlung der KMK vom 16. September 2004. www.sachsen-anhalt.de/LPSA/fileadmin/Elementbibliothek/Bibliothek_Kultur_ und_Medien/PDF/Kultur/dokumente/KMK-Empfehlung-demograf-Entwicklung.pdf, (Stand: 31. Juli 2007).

Künstlersozialkasse, Informationsschrift Nr. 6, 12/2004. www.kuenstlersozialkasse.de/wDeutsch/download/daten/Verwerter/Info_06_-_Kuenstlerkatalog_und_Abgabe-saetze.pdf, (Stand: 12. September 2007).

Kunzmann, Klaus R. (2006). Kulturwirtschaft und Raumentwicklung. Aus Politik und Zeitgeschichte, Heft 34–35/2006, 3–7.

Kurz , Hanns (1999). Praxishandbuch Theaterrecht. München: Beck.

Kuwan, Helmut; Thebis, Frauke (2005). Berichtssystem Weiterbildung IX, hrsg. vom BMBF. Bonn/Berlin. www.bmbf.de/pub/berichtssystem_weiterbildung_9.pdf, (Stand: 31. Juli 2007).

Ladwig, Bernd; Jugov, Tamara; Schmelzle, Cord (2007). Governance, Normativität und begrenzte Staatlichkeit. Sonderforschungsbereich 700 Governance in Räumen begrenzter Staatlichkeit, Working Paper Nr. 4. www.sfb-governance.de/publikationen/sfbgov_wp/wp4/sfbgov_ wp4.pdf, (Stand: 31. Juli 2007).

Lammert, Norbert (2006). Fünf Bemerkungen zum Thema Leitkultur. politik und kultur, Heft 6 (2006), 7.

Landesstelle für die Nichtstaatlichen Museen in Bayern (Hrsg.) (1998). Das Museumsdepot. Grundlagen, Erfahrungen, Beispiele. München: Hirmer.

Landesverband Freier Theater in Niedersachsen (Hrsg.) (2005). So gesehen. Freie Theater in Niedersachsen. Hannover.

Landtag Brandenburg. Drucksache. 3/4506 vom 18. Juni 2002. Bestandsaufnahme Kultur im Land Brandenburg. Vorschlag für Prioritäten (Kulturentwicklungskonzeption).

Lange, Bastian (2005). Culturepreneurs in Berlin: Orts- und Raumproduzenten von Szenen. Berliner Blätter. Zeitschrift für Ethnographie, Heft 37 (2005), 53–66.

Lange, Bastian (2006). Raumaneignungen und Vergemeinschaftungsformen von Culturepreneurs in der kreativen Wissensökonomie Berlins. Umweltpsychologie, Special Edition „Stadtpsychologie", 55–69.

Lange, Bastian (2007). Die Räume der Kreativszenen – Culturepreneurs und ihre Orte in Berlin. Bielefeld: Transcript-Verlag.

Langenbucher, Wolfgang, R.; Rytlewski, Ralf; Weiergraf, Bernd (1983). Kulturpolitisches Wörterbuch Bundesrepublik Deutschland, Deutsche Demokratische Republik im Vergleich. Stuttgart: Metzler.

Lehmann, Klaus-Dieter (2005). Die Kunst braucht Mäzene. Die Welt vom 24. Januar 2005, 25.

Liebelt, Udo (2005). Bürgerschaftliches Engagement im Museum. Vortrag anlässlich des 15. Bayerischen Museumstags. Amberg. www.museen-in-bayern.de/landesstelle/pdf/39847Blick_nach_vorn.pdf, (Stand: 6. November 2007).

Lochmann, Hans (2007). Das Pilotprojekt Museumsregistrierung Niedersachsen und Bremen – ein Zwischenbericht. Mitteilungsblatt des Museumsverbands für Niedersachsen und Bremen, Heft 68 (2007), 30–33.

Losch, Bernhard (1985). Weiterbildung als kommunale Aufgabe. Köln: Deutscher Gemeindeverlag.

Lynen, Peter (2007). Kunst à la bolognese. politik und kultur, Heft 1 (2007), 16–17.

Maecenata Institut (2005). Bürgerengagement und Zivilgesellschaft in Deutschland: Stand und Perspektiven. Berlin. www.maecenata.eu/media/pdf/public/Institut%20 Archiv/3Sektor_Report.pdf, (Stand: 31. Juli 2007).

Maier, Gerald (Hrsg.) (2004). Kulturgut aus Archiven, Bibliotheken und Museen im Internet: neue Ansätze und Techniken (Expertentagung 15./16. November 2001). Stuttgart: Kohlhammer.

Matjunke, Eva (2007). Neue Liberalisierungsforderungen im audiovisuellen Sektor: USA und Verbündete erhöhen Druck auf die Europäische Union. politik und kultur, Heft 3 (2007), 10–11.

Matthiesen, Ulf (2005). Raumpioniere – Konzeption, Prozesse, Netzstrukturen. In Philip Oswalt (Hrsg.) (2005). Schrumpfende Städte. Handlungskonzepte, Band 2. (374–383). Ostfildern: Hatje Cantz Verlag.

Mayntz, Renate (2004). Governance im modernen Staat. In Arthur Benz (Hrsg.) (2004). Governance – Regieren in komplexen Regelsystemen (65–76). Wiesbaden: Verlag für Sozialforschung.

Medienpädagogischer Forschungsverbund Südwest (Hrsg.) (2006). Jugend, Information, (Multi-) Media. JIM-Studie 2006. www.mpfs.de/fileadmin/JIM-pdf06/JIM-Studie_ 2006.pdf, (Stand: 31. Juli 2007).

Mercker, Florian; Mues, Gabor (2002). Ist zweierlei Maß denn gerecht? – Mehrwertsteuer für Fotografie. Frankfurter Allgemeine Zeitung vom 28. Dezember 2002, 41.

Metzen, Heinz (1994). Schlankheitskur für den Staat. Lean Management in der öffentlichen Verwaltung. Frankfurt/Main, New York: Campus.

Meyer, Bernd (1996). Rettungsanker Kulturgesetze? Zeitschrift für Gesetzgebung, (1996), 343ff.

Meyer-Timpe, Ulrike (2007). Verlierer von Geburt. DIE ZEIT vom 9. August 2007, 17f.

Mittelstädt, Eckhard (2006). Grimm & Grips 20. Jahrbuch für Kinder- und Jugendtheater. Frankfurt/Main: ASSITEJ.

Molenaar, Dick; Grams, Harald (2007). Gravierende Folgen für die deutsche Ausländersteuer – Das EuGH-Verfahren in Sachen ‚FKP Scorpio Konzertproduktionen GmbH'. politik und kultur, Heft 2 (2007), 27.

Möller, Johann Michael (2004). Triumph der Moderne. Die Welt vom 19. Oktober 2004, 27.

Mühlberg, Dietrich. (1968). Was ist Kultur? Neue Wirklichkeit und Veränderung eines Begriffs. Sonntag. Die kulturpolitische Wochenzeitung. 25. August 1968, 3–5.

Müller, Linda; Schneeweis, Katharina (Hrsg.) (2006). Tanz in den Schulen. Stand und Perspektiven. Dokumentation der „Bundesinitiative Tanz in Schulen". München: K. Kieser Verlag.

Mundelius, Marco (2006). Die Bedeutung der Kulturwirtschaft für den Wirtschaftsstandort Pankow, Forschungsprojekt des Deutschen Instituts für Wirtschaft Berlin im Auftrag des Bezirks Pankow, Berlin. www.businesslocationcenter.de/imperia/md/content/blc/kommunikation/diwkompakt_2006_021pankow.pdf, (Stand: 25. Juli 2007).

Münz, Rudolf (1979). Das „andere" Theater. Berlin: Henschelverlag.

Muscheler, Karl-Heinz (2003). Stiftung und Gemeinwohlgefährdung. Neue Juristische Wochenschrift, Heft 56 (2003), 3161–3166.

Mussmann, Olaf (2006). Genossenschaft – Ein neues Modell zur Zukunftssicherung kommunaler Museen. Museum Aktuell, Heft 3 (2006), 28–30.

Nake, Frieder (2007). Öffentlicher Vortrag am 5. Juli 2007 zum Thema „Das Berechenbare und das Ästhetische" im Medienkunsthaus Edith-Russ-Haus für Medienkunst, Oldenburg. www.edith-russhaus.de/german/nake.html, (Stand: 10. August 2007).

Narr, Roland (1974). Kinderfest. Eine pädagogische und gemeindesoziologische Studie. Darmstadt: Luchterhand.

Nauck, Gisela (2006). Bequemlichkeit tötet … Hörereignisse müssen her. Skizze eines neuen Zeitalters der musikalischen Moderne. In Was JETZT. Komponieren nach 2000, Bremen. Festival.

Neu, Margret (2004). Analphabetismus – Ursachen und Hintergründe. www.schwarz-auf-weiss.org/analphabetismus-neu.html, (Stand: 5. November 2007).

o. V. (1995). Erhebliche Lücken. Der Spiegel 30/1995, 45.

o. V. (2006a). Stuttgarter Museumsgewitter. Frankfurter Allgemeine Zeitung vom 29. Juli 2006.

o. V. (2006b). Verbummelte Bilder. Die Welt vom 26. Juni 2006.

o. V. (2006c). Kunst im Klassenzimmer. Tageszeitung vom 22. September 2006, 22.

o. V. (2007a). Resolution: Arbeit und Künstlerdienste der Bundesagentur für Arbeit stärken. politik und kultur, Ausgabe Mai/Juni, Heft 3 (2007), 26.

o. V. (2007b). Ab in die Blaskapelle. Berliner Zeitung vom 4. Januar 2007, 30.

o. V. (2007c). OECD warnt vor Altersarmut in Deutschland. Frankfurter Allgemeine Zeitung vom 8. Juni 2007, 1 und 14.

Oertel, Martina; Röbke, Thomas (1999). Reform kommunaler Kulturverwaltungen. Materialien des Instituts für Kulturpolitik der Kulturpolitischen Gesellschaft, Heft 5, (1999).

Osborne, David; Gaebler, Ted (1992). Reinventing Government. How the entrepreneurial spirit is transforming the public sector. New York: Perseus.

Ossenbühl, Fritz (1993). Kommunale Kulturpflege und legislative Organisationshoheit. Zur Verfassungsmäßigkeit der Bildung von Kulturräumen im Freistaat Sachsen. Rechtsgutachten, erstellt im Auftrag des Sächsischen Staatsministers für Wissenschaft und Kunst im Juni 1993.

Ostfriesland-Stiftung der Ostfriesischen Landschaft (2006). Jahresbericht 2006. www.organeum-orgelakademie.de/ol/templates/101.jsp?id=106&thema=67, (Stand: 24. Okto-ber 2007).

Palmer/Rae Associates (Hrsg.) (2004). European Cities and Capitals of Culture. Study Prepared for the European Commission (Palmer-Report). http://ec.europa.eu/culture/eac/sources_info/studies/capitals_en.html, (Stand: 31. Juli 2007).

Pappermann, Ernst (1980). Grundzüge eines kommunalen Kulturverfassungsrechts. Deutsches Verwaltungsblatt (1980), 701ff.

Pehl, Klaus (2005). Altersstruktur bei VHS-Teilnehmenden und demographische Entwicklung. Bonn. www.die-bonn. de/esprid/dokumente/doc-2005/pehl05_02.pdf, (Stand: 31. Ju-li 2007).

Pehl, Klaus u. a. (2006). Volkshochschul-Statistik 2005. www.die-bonn.de/esprid/dokumente/doc-2006/pehl06_01.pdf, (Stand: 31. Juli 2007).

Pfeiffer-Poensgen, Isabel (2006). Startkapital für alle Sinne. arsprototo, Heft 4 (2006), 8.

Piduch, Erwin Adolf (2005). Bundeshaushaltsrecht. Stuttgart: W. Kohlhammer Verlag.

Pieroth, Bodo; Siegert, Anja (1984). Kulturelle Staatszielbestimmungen, Analyse der Beratungen der Gemeinsamen Verfassungskommission. Recht der Jugend und des Bildungswesens: Zeitschrift für Schule, Berufsbildung und Jugenderziehung, Heft 42 (1984), 438–456.

Porter, Michael (1980): Competitive Strategy. New York: Free Press.

Raabe, Paul (2002). Kulturelle Leuchttürme: Brandenburg, Mecklenburg-Vorpommern, Sachsen, Sachsen-Anhalt, Thüringen; ein Blaubuch nationaler Kultureinrichtungen in der Bundesrepublik Deutschland. Leipzig: Ed. Leipzig.

Rat der europäischen Kulturminister (2006). Entschließung vom 13. November 1986 über die Förderung des Kulturschaffens durch Unternehmen, Amtsblatt C 320 vom 13. Dezember 1986. http://eur-lex.europa.eu/LexUriServ/ LexUriServ.do?uri=CELEX:41986X1213(01):DE:HTML, (Stand: 31. Juli 2007).

Rat der Europäischen Union (2006). Die erneuerte EU-Strategie für nachhaltige Entwicklung. Beschluss des Rates vom 15./16. Juni 2006. http://ec.europa.eu/sustainable/docs/renewed_eu_sds_de.pdf, (Stand: 30. Juli 2007).

Rat der Kulturminister (1992). Schlussfolgerungen der im Rat vereinigten Minister für Kulturfragen vom 12. November 1992 zu Leitlinien für ein Kulturkonzept der Gemeinschaft. Amtsblatt der Europäischen Gemeinschaften, 19. Dezember 1992, C 336, 1–2.

Rautenberg, Hanno (2004). Die Boom-Krise, Die ZEIT, Nummer 44/2004, 52.

Ravensburger Stiftung (2006). Mediennutzung im Kindergarten: Medien sind mehr als Zeitstaubsauger. www.ravensburger.de/web/Mediennutzung-im-Kiga__3245371-3245411-3288159-3288186.html, (Stand: 31. Juli 2007).

Reding, Viviane (2002). Presseerklärung IP 02/508. Brüssel, 6. April 2002.

Reichstagsdrucksache Nr. 30 vom 28. November 1905: Entwurf eines Gesetzes betreffend das Urheberrecht an Werken der Bildenden Künste und der Photographie. www.fotorecht.de/publikationen/kug-e.html, (Stand: 6. No-vember 2007).

Reimers, Astrid (2006). Laienmusizieren. In Deutscher Musikrat (Hrsg.) (2006). Musikalmanach 2007/2008. Daten und Fakten zum Musikleben in Deutschland. S. 38ff. Regensburg: ConBrio Verlagsgesellschaft.

Reitz, Gerhard; Reichart, Elisabeth (2006). Weiterbildungsstatistik im Verbund 2004 – Kompakt. www.die-bonn.de/esprid/dokumente/doc-2006/reitz06_01.pdf, (Stand: 31. Juli 2007).

Reitze, Helmut (Hrsg.) (2006). Media Perspektiven Basisdaten – Daten zur Mediensituation in Deutschland 2006. Frankfurt/Main.

Réunion des Musées Nationaux Etablissement Public à caractère industriel et commercial (EPIC) France in collaboration with Staatliche Museen zu Berlin. Preußischer Kulturbesitz. Berlin, Germany. (2004). An inventory of national systems of public guarantees in 31 European countries. http://ec.europa.eu/culture/eac/sources_info/studies/pdf_word/study_garanti_en.pdf, (Stand: 12. November 2007).

Richardi, Reinhard; Thüsing, Gregor (2006). Betriebsverfassungsgesetz, 10. Auflage. München: Beck.

Richter, Andreas (2005). Aktuelle Änderungen in den Landesstiftungsgesetzen, Zeitschrift für Erbrecht und Vermögensnachfolge, Heft 12 (2005), 517–520.

Rietschel, Thomas (2007). Bolognaprozess: Segen oder Fluch. politik und kultur, Heft 1 (2007), 19.

Roth, Martin; Richter, Ulrike (2006). Was haben Kultur und Demografie miteinander zu tun? Anmerkungen zu einem bislang wenig reflektierten Verhältnis. In Stiftung Niedersachen (Hrsg.) (2006). „älter – bunter – weniger". Die demografische Herausforderung an die Kultur (13–30). Bielefeld: transcript Verlag.

Ruppert, Wolfgang (2000). Der moderne Künstler. Zur Sozial- und Kulturgeschichte der kreativen Individualität in der kulturellen Moderne. Frankfurt/Main: Suhrkamp.

Sander, Helmut (2004). Kosten der Umwandlung einer Kultureinrichtung in eine Stiftung am Beispiel der Hamburger Museen. In Rupert Graf Strachwitz und Volker Then (Hrsg.) (2004). Kultureinrichtungen in Stiftungsform (241–244). Gütersloh: Verlag Bertelsmann Stiftung.

Schauburg – Kinder und Jugendttheater der Stadt München. www.schauburg.net/php/ueberdastheater02.php, (Stand: 9. Juli 2007).

Scheytt, Oliver (2004). Kulturverfassungsrecht – Kulturverwaltungsrecht. In Armin Klein (2004). Kompendium Kulturmanagement – Handbuch für Studium und Praxis (141–158). München: Vahlen.

Scheytt, Oliver (2005). Kommunales Kulturrecht. Kultureinrichtungen, Kulturförderung und Kulturveranstaltungen. München: Beck.

Scheytt, Oliver; Zimmermann, Michael (Hrsg.) (2001). Was bleibt? Kulturpolitik in persönlicher Bilanz. Bonn: Klartext Verlag.

Schiller, Friedrich (1910). Die Schaubühne als moralische Anstalt betrachtet. In Schillers sämtliche Werke, Bd. 10. Leipzig.

Schintke, Joachim; Stäglin, Rainer (2003). Export stützt Beschäftigung. Jeder fünfte Arbeitsplatz in Deutschland von der Ausfuhr abhängig. Wochenbericht: Deutsches Institut für Wirtschaftsforschung (DIW), Nr. 9/2003, S. 139–147.

Schlussbericht der Enquete-Kommission „Eine Zukunft für Berlin", Abgeordnetenhaus Berlin, Drucksache 15/4000.

Schneidewind, Petra (2004). Die Rechtsform. In Armin Klein (Hrsg.) (2004). Kompendium Kulturmanagement. Handbuch für Studium und Praxis (159–179). München: Vahlen.

Schnell, Ralf (Hrsg.) (2000). Metzler-Lexikon Kultur der Gegenwart. Themen und Theorien, Formen und Institutionen seit 1945. Stuttgart und Weimar: Metzler.

Schöffmann, Dieter (Hrsg.) (2001). Wenn alle gewinnen. Bürgerschaftliches Engagement von Unternehmen. Hamburg: edition Körber-Stiftung.

Scholz, Rupert (2004). Kommentar zum Grundgesetz. In Theodor Maunz und Günter Dürig (Hrsg.). Band 1, München: Beck.

Schönhuth, Michael (2005). Glossar Kultur und Entwicklung. Trier.

Schubert, Renate; Littman-Wernli, Sabina; Tingler, Philipp (Hrsg.) (2002). Corporate Volunteering. Unternehmen entdecken die Freiwilligenarbeit. Bern: Haupt Verlag.

Schuler, Heinz (2006). Mythen und Möglichkeiten. Kreativität aus der Sicht der Organisationspsychologie. Forschung & Lehre, Heft 12 (2006), 683–685.

Schulz, Gabriele (2005). Kultur und Medien bislang noch außen vor. GATS-Verhandlungen gewinnen an Dynamik. politik und kultur, Heft 4 (2005), 25.

Schuppert, Gunnar Folke (2005). Governance im Spiegel der Wissenschaftsdisziplinen. In Gunnar Folke Schuppert (Hrsg.) (2005). Governance-Forschung. Vergewisserung über Stand und Entwicklungslinien (371–469). Baden-Baden: Nomos.

Schwencke, Olaf (2004). Europa fördert Kultur. ApuZ, Heft 49 (2004), 19–25.

Schwencke, Olaf (2005). Kulturhauptstädte Europas. Kulturpolitische Mitteilungen, Heft 111 (4/2005), 36–38.

Schwencke, Olaf (2006). Das Europa der Kulturen – Kulturpolitik in Europa. Bonn: Kulturpolitische Gesellschaft.

Schwencke, Olaf (2007). Zur Einführung: Kleine Geschichte der Kulturpolitik in Europa. In Bernd Wagner und Norbert Sievers (Hrsg.) (2007). Europäische Kulturpolitik. Jahrbuch für Kulturpolitik, Bd. 7 (17–31). Essen: Klartext-Verlag.

Schwencke, Olaf; Rydzy, Edda (2006). Kulturelle Viel-falt – Agens europäischer Entwicklung und Herausforderung deutscher Kulturpolitik. In Norbert Sievers (Hrsg.) (2006). Diskurs Kulturpolitik. Jahrbuch für Kulturpolitik, Bd. 6 (85–95). Essen: Klartext-Verlag.

Schwintowski, Hans-Peter (1990). Verschwiegenheitspflichten für politisch legitimierte Mitglieder des Aufsichtsrats. Neue Juristische Wochenschrift, Heft 43 (1990), 1009.

Smudits, Alfred (2002). Mediamorphosen des Kulturschaffens. Kunst und Kommunikationstechnologien im Wandel. Wien: Braumüller.

Sölch, Otto; Ringleb, Karl (2007). Kommentar zum Umsatzsteuergesetz. http://rsw.beck.de/bib/default.asp?vpath=%2Fbibdata%2Fkomm%2FSoeRiKoUStG%2FBuch%2Fcont%2FSoeRiKoUStG%2EBuch%2ETitel%2Ehtm, (Stand: 31. Juli 2007).

Söndermann, Michael (2004). Statistisches Kurzportrait zu den erwerbstätigen Künstlern, Publizisten, Designern, Architekten und verwandten Berufen im Kulturberufemarkt in Deutschland 1995-2003. Im Auftrag der Beauftragten der Bundesregierung für Kultur und Medien (BKM). www.kulturmanagement.net/downloads/Studie-Kulturberufe.pdf, (Stand: 31. Juli 2007).

Söndermann, Michael (2005). Beschäftigung im Kultursektor in Deutschland 2003/2004. Ergebnisse aus der Kulturstatistik, In Institut für Kulturpolitik (Hrsg.) (2005). Jahrbuch für Kulturpolitik (459–475). Essen: Klartext-Verlag.

Söndermann, Michael (2006a): Kulturwirtschaft. Das unentdeckte Kapital der Kommunen und Regionen. In Konrad Adenauer Stiftung (Hrsg.). Kulturwirtschaft, Nr. 32.

Söndermann, Michael (2006b). Kulturwirtschaft: Was ist das? In Jahrbuch Kulturwirtschaft 2006, Kultur und Kreativität als neue Wirtschaftsfaktoren (8-21), Berlin: COMDOK GmbH.

Söndermann, Michael (2007a). Gutachten, Bündnis 90/ Die Grünen: Kulturwirtschaft und Creative Industries 2007. Aktuelle Trends unter besonderer Berücksichtigung der Mikrounternehmen. www.gruene-bundestag.de/cms/ publikationen/dokbin/185/185891.pdf, (Stand: 15. August 2007).

Söndermann, Michael (2007b). Kulturwirtschaft. Internes Papier.

Sommermann, Karl-Peter (1995). Staatsziele und Staatszielbestimmungen. Tübingen: Mohr Siebeck.

Spieckermann, Gerd (2004). Soziokulturelle Zentren im Jahr 2002. Ergebnisse der Umfrage der Bundesvereinigung Soziokultureller Zentren. In Institut für Kulturpolitik der Kulturpolitischen Gesellschaft (Hrsg.) (2004). Soziokultur und ihre Förderung durch die Länder (44–68). Bonn/Essen: Kulturpolitische Gesellschaft.

Stang, Richard; Puhl, Achim (2002). Bibliotheken und lebenslanges Lernen. Lernarrangements in Bildungs- und Kultureinrichtungen. Bielefeld: Verlag Bertelsmann Stiftung.

Stang, Richard; Irschlinger, Alexandra (2005). Bibliotheken und lebenslanges Lernen. Kooperationen, Netzwerke und neue Institutionalformen zur Unterstützung Lebenslangen Lernens. Expertise zum aktuellen Stand. Bonn: Deutsches Institut für Erwachsenenbildung, Juli 2005. www.die-bonn.de/esprid/dokumente/doc-2005/stang05_ 02.pdf, (Stand: 31. Juli 2007).

Statistische Ämter des Bundes und der Länder (Hrsg.) (2006). Kulturfinanzbericht. Wiesbaden: Verlag Statistisches Bundesamt.

Statistisches Amt der DDR (Hrsg.) (1990). Statistisches Jahrbuch der Deutschen Demokratischen Republik. Berlin: Haufe.

Statistisches Bundesamt (2003). Klassifikation der Wirtschaftszweige mit Erläuterungen. Ausgabe 2003. www.statistik-portal.de/Statistik-Portal/klassiWZ03.pdf, (Stand: 30. Oktober 2007).

Statistisches Bundesamt (Hrsg.) (2006) Statistisches Jahrbuch 2006 für die Bundesrepublik Deutschland. Wiesbaden: Verlag Statistisches Bundesamt.

Steiner, Udo (1984). Kulturauftrag im staatlichen Gemeinwesen. Veröffentlichungen der Vereinigung der Deutschen Staatsrechtslehrer, Heft 42 (1984), 7–45.

Stempel, Karin (2007). Zum Stand der Dinge. politik und kultur, Heft 1 (2007), 15–16.

Stenographischer Bericht der Gemeinsamen Verfassungskommission (1992). 2. Öffentliche Anhörung Staatsziele und Grundrechte vom 16. Juni 1992, Bonn.

Stober, Rolf (1992). Kommunalrecht in der Bundesrepublik Deutschland. Köln: Kohlhammer.

Strachwitz, Rupert Graf (2004). Stiftungen als Träger von Kultureinrichtungen. In Rupert Graf Strachwitz und Volker Then (Hrsg.) (2004). Kultureinrichtungen in Stiftungsform (47–51). Gütersloh: Verlag Bertelsmann Stiftung.

Strittmatter, Thomas. (1987). Standortverteilung und territoriale Struktur staatlich geleiteter Kultureinrichtungen als Bestandteil der kulturellen Infrastruktur der DDR. Berlin: Humboldt-Universität.

Stüdemann, Jörg (2006). Für eine Kulturpolitik der Zweiten Moderne. In Institut für Kulturpolitik (Hrsg.) (2006). Jahrbuch für Kulturpolitik 2006 (17–27). Essen: Klartext-Verlag.

Tanner, Jakob (2004). Kultur am Point of Sale – Wirtschaft im Cultural Turn. Kulturstiftung des Bundes, Heft 4/2004, 6.

Tari, Manfred (2006). Rede an die Mitglieder des Landesmusikrates. www.lmr-nrw.de/uploads/pics/Vortrag_Tari_ MV_2006.pdf, (Stand: 19. Juli 2007).

Thieme, Werner (1994). Kulturverwaltungsrecht. In Hermann Rauhe und Christine Demmer (Hrsg.) (1994). Kulturmanagement. Theorie und Praxis einer professionellen Kunst (493 ff.). Berlin/New York: Gruyter.

Thinesse-Demel, Jutta (1999). Erwachsenenbildung und Museum. Frankfurt/Main: Institut für Erwachsenenbildung.

Thomas, Karin (1999). Kultur. In Werner Weidenfeld und Karl Rudolf Korte (Hrsg.) Handbuch zur deutschen Einheit 1949–1989–1999, Neuausgabe 1999. Bonn: Bundeszentrale für politische Bildung.

Thurn, Hans Peter (1997): Kunst als Beruf. In Jürgen Gerhards (Hrsg.) (1997). Soziologie der Kunst. Produzenten, Vermittler und Rezipienten (103–124). Opladen: Westdeutscher Verlag.

TNS Infratest Sozialforschung (Hrsg.) (2005). Freiwilliges Engagement in Deutschland: 1999–2004; Ergebnisse der repräsentativen Trenderhebung zu Ehrenamt, Freiwilligenarbeit und bürgerschaftlichem Engagement. Durchgeführt im Auftrag des Bundesministeriums für Familie, Senioren, Frauen und Jugend. Berlin.

UNESCO (1972). Übereinkommen zum Schutz des Kultur- und Naturerbes der Welt vom 16. November 1972. www.unesco.de/welterbekonvention.html?&L=0, (Stand: 2. November 2007).

UNESCO (1982). Die Erklärung von Mexico City über Kulturpolitik, Weltkonferenz über Kulturpolitik in Mexico City vom 26. Juli – 6. August 1982. Informationsdienst der Deutschen UNESCO-Kommission, Bonn.

Verband deutscher Musikschulen (Hrsg.) (2005). Statistisches Jahrbuch der Musikschulen in Deutschland 2004. Bonn: VdM Verlag.

Verbraucherzentrale Bundesverband e. V., Pressemitteilung vom 22. März 2007. www.vzbv.de/go/presse/858/index.html, (Stand: 31. Oktober 2007).

Verwertungsgesellschaft Bild-Kunst – Geschäftsbericht (2005). www.bildkunst.de, (Stand: 2. November 2007).

Verwertungsgesellschaft Wort – Geschäftsbericht (2006). www.vgwort.de/files/geschaeftsbericht_2006.pdf, (Stand: 29. Oktober 2007).

Vitzthum, Wolfgang Graf von (1995). Staatszielbestimmungen und Grundgesetzreform: Eine Stellungnahme für die Gemeinsame Verfassungskommission. In Albrecht Randelzhofer (Hrsg.). Gedächtnisschrift für Eberhard Grabnitz (820–849). München: Beck.

Vogel, Klaus (2004). Das letzte Wort: Warnung und Ermutigung. In Rupert Graf Strachwitz und Volker Then (Hrsg.) (2004). Kultureinrichtungen in Stiftungsform (257–260). Gütersloh: Verlag Bertelsmann Stiftung.

Vogt, Matthias. (Hrsg.) (1996). Kulturräume in Sachsen. Eine Dokumentation. Mit einer photographischen Annäherung von Bertram Kober und dem Rechtsgutachten von Fritz Ossenbühl. Leipzig: Universitätsverlag.

Walz, Rainer W.; Aucher, Ludwig von; Hippel, Thomas von (Hrsg.) (2007). Spenden und Gemeinnützigkeitsrecht in Europa. Tübingen: Mohr Siebeck.

Wanka, Johanna (2006). Die Kulturpolitik der Länder nach der Föderalismusreform. Kulturpolitische Mitteilungen, Heft 115 (IV/2006), 6.

Weber, Max (1965). Die protestantische Ethik: Eine Aufsatzsammlung. München: Siebenstern Taschenbuch Verlag.

Weber-Kellermann, Ingeborg (1984). Studia Transsylvanica. In Annemarie Schenk (1984). Familie und Wohnen in Stolzenburg, Bd. 10, S. VIII. Köln: Böhlau.

Welck, Karin (Hrsg.) (2004). Kinder zum Olymp. Köln: Wienand.

Welter, Hilarius (1980). Kulturelle Aufgaben im Kreisbereich. Der Landkreis, (1980), 523ff.

Wendt, Rudolf (2000). Grundgesetz – Kommentar. In Ingo von Münich und Philip Kunig (Hrsg.) (2000). Band 1 (383–478). Frankfurt/Main: Athenaum-Fischer-Taschenbuch-Verlag.

Werding, Martin; Kaltschütz, Anita (2004). Modellrechnungen zur langfristigen Tragfähigkeit der öffentlichen Finanzen. Studie im Auftrag des Bundesministeriums der Finanzen, IFO Institut für Wirtschaftsforschung an der Universität München.

Wetterer, Angelika (1995). Die soziale Konstruktion von Geschlecht in Professionalisierungsprozessen. Frankfurt/Main, New York: Campus.

Wiesand, Andreas Johannes (2005). Kulturelle Bildung im Medienzeitalter. Das BLK-Projekt kubim unterstützt den Dialog der Künste mit den Neuen Technologien. In Deutscher Kulturrat (Hrsg.) (2005). Kulturelle Bildung in der Bildungsreformdiskussion. Konzeption Kulturelle Bildung (333–340). Berlin: Verlag Deutscher Kulturrat.

Wiesand, Andreas Johannes (2006). Kultur- oder Kreativwirtschaft: Was ist das eigentlich? Aus Politik und Zeitgeschichte, 21. August 2006, 8–23.

Willert, Birthe (2003). Verselbständigung öffentlicher Museen in Stiftungen. Eine Studie am Beispiel der Hamburger Museumsstrukturreform. Frankfurt/Main: Peter Lang.

Willert, Birthe (2004). Kultureinrichtungen in Stiftungsträgerschaft – ein empirischer Überblick. In Rupert Graf Strachwitz und Volker Then (Hrsg.) (2004). Kultureinrichtungen in Stiftungsform (245–256). Gütersloh: Verlag Bertelsmann Stiftung.

Willisch, Andreas (2006). Die Überflüssigen. Berliner Zeitung vom 21. Oktober 2006, 2.

Winands, Günter (2003). Mit Kunst Erbschaftssteuern tilgen. politik und kultur, Heft 2 (2003), 19.

Winands, Günter (2004a). Die Technik der Umwandlung einer Kultureinrichtung aus dem öffentlichen Bereich in eine Stiftung. In Rupert Graf Strachwitz und Volker Then (Hrsg.) (2004). Kultureinrichtungen in Stiftungsform (225–234). Gütersloh: Verlag Bertelsmann Stiftung.

Winands, Günter (2004b). Der Staat als Stifter: Notwendigkeit, Möglichkeiten und Grenzen des staatlichen Einflusses. In Rupert Graf Strachwitz und Volker Then (Hrsg.) (2004). Kultureinrichtungen in Stiftungsform (67–76). Gütersloh: Verlag Bertelsmann Stiftung.

Winkler, Ute (2006). Das SGB III im Jahre 2006. Informationen zum Arbeitslosenrecht und Sozialhilferecht. Heft 1 (2006), 3ff.

Wissenschaftliche Dienste des Deutschen Bundestages (2003), Müller, Lorenz; Singer, Otto. Rechtliche und institutionelle Rahmenbedingungen der Kultur in Deutschland. Bestandsaufnahme und Einordnung in die kulturpolitische Praxis von Bund und Ländern. WF X – 106/03. Berlin.

Wissenschaftliche Dienste des Deutschen Bundestages (2004a), Keuter, Christof; u. a. Rechtliche Rahmenbedingungen der Kultur in Deutschland. WF III – 048/04. WF VII – 029/04. Berlin.

Wissenschaftliche Dienste des Deutschen Bundestages (2004b), Kultursponsoring. Der aktuelle Begriff, Nr. 07/2004. Berlin.

Wissenschaftliche Dienste des Deutschen Bundestages (2004c), Schlichting, Jan Muck. Der Richtlinienvorschlag über Dienstleistungen im Binnenmarkt – sog. Dienstleistungsrichtlinie. WF XII – 017/05, Berlin.

Wissenschaftliche Dienste des Deutschen Bundestages (2005a), Lohmann, Anja. Der Begriff des Künstlers in der sozialen Sicherung. WF VI 034/05. Berlin.

Wissenschaftliche Dienste des Deutschen Bundestages (2005b), Singer, Otto; Böger, Sabine; Kluczycki, Magdalena. Kulturelle Bildung: Überblick der Regelungsbereiche und Überprüfung spezifischer Förderformen unter Berücksichtigung internationaler Erfahrungen. WF X – 006/05. Berlin.

Wissenschaftliche Dienste des Deutschen Bundestages (2006a), Singer, Otto. Kultur als Standortfaktor. WD 10-071/06. Berlin.

Wissenschaftliche Dienste des Deutschen Bundestages (2006b), Singer, Otto. Kulturwirtschaft als Standortfaktor. WD 20 – 072/06. Berlin.

Wissenschaftliche Dienste des Deutschen Bundestages (2006c), Sierck, Gabriela; Menzenbach, Steffi. Sprache im Grundgesetz. WD 3 – 064/06. Berlin.

Wissenschaftliche Dienste des Deutschen Bundestages (2006d), Singer, Otto. Demografischer Wandel und Kultur: Thematischer Überblick und kulturpolitische Schlussfolgerungen. WF X 016/06. Berlin.

Wissenschaftliche Dienste des Deutschen Bundestages (2006e), Fell, Gwendolyn. Der Kultur- und Bildungsauftrag der öffentlich-rechtlichen und privaten Rundfunkanstalten. WD 10 – 051/06. Berlin.

Wissenschaftliche Dienste des Deutschen Bundestages (2007a), Herting, Julia; North, Simone. Künstlergemeinschaftsrecht (KGR) in der BRD und im internationalen Vergleich. WD 7 – 078/07. Berlin.

Wissenschaftliche Dienste des Deutschen Bundestages (2007b), Robbe, Patrizia. Verfassungsrechtliche Bewertung der Urhebernachfolgevergütung im Hinblick auf Artikel 14 Grundgesetz. WD 3 – 203/07. Berlin.

Wissenschaftliche Dienste des Deutschen Bundestages (2007c), Singer, Otto. Kulturtouristisches Marketing, WD 10 – 073/06. Berlin.

Wittgenstein, Ludwig; McGuiness, Brian; Schulte, Joachim (Hrsg.) (1998). Logisch-philosophische Abhandlung. Tractatus logico-philosophicus. Frankfurt/Main: Suhrkamp.

Wöhrl, Dagmar (2007). Die Kulturwirtschaft ist eine Zukunftsbranche. Rede zur Kulturwirtschaft im Deutschen Bundestag am 26. April 2007. Plenarprotokoll 16/94.

Wolf, Bernhard (2002). Kulturelle Bildung. Trends und Projekte. Hessische Blätter für Volksbildung, Heft 4 (2002), 314.

Zacharias, Wolfgang (2005). Kinder zum Olymp! die Zweite. Kulturpolitische Mitteilungen, Heft 111 (2005), 56.

Zentralkomitee der deutschen Katholiken (Hrsg.) (1999). Kultur als Aufgabe für Staat und Kirche. Zur Förderung der dezentralen und pluralen Kultur in Deutschland. Eine Erklärung des Zentralkomitees der deutschen Katholiken. Bonn. www.zdk.de/data/erklaerungen/pdf/Kultur_als_Aufgabe_fuer_Staat_und_Kirche_pdf.pdf, (Stand: 31. Ju-li 2007).

Zentrum für Kulturforschung (2006). Hintergrundinformationen und zusammenfassende Schlussfolgerung zur Vorstellung der Publikation: Das 1. Jugend-Kulturbarometer: „Zwischen Eminem und Picasso ..." www.kulturforschung.de, (Stand: 6. August 2007).

Zimmermann, Olaf (2003). Wie geht es nach dem Scheitern weiter? Canún nur ein Mosaikstein in der Liberalisierungsbestrebung der WTO. neue musikzeitung, Heft 11 (Teil I) 15 und Heft 12 (Teil II), 15. www.nmz.de/nmz/2003/11/dkr.shtml und www.nmz.de/nmz/2003/12/dkr-cancun.shtml, (Stand: 6. November 2007).

Zimmermann, Olaf; Schulz, Gabriele u. a. (1999). Weiterbildung in künstlerischen Berufen. Bonn: Verlag Deutscher Kulturrat.

Zimmermann, Olaf; Schulz, Gabriele (Hrsg.) (2002). Kulturelle Bildung in der Wissensgesellschaft – Zukunft der Kulturberufe. Bonn/Berlin: Deutscher Kulturrat.

Zimmermann, Olaf; Schulz, Gabriele (2007). Künstlersozialversicherungsgesetz – Hintergründe und aktuelle Herausforderungen, Hrsg. vom Bundesministerium für Arbeit und Soziales, Bonn. www.kulturrat.de/dokumente/Dokumente/ksvg-hintergrund.pdf, (Stand: 2. Juli 2007).

Zwicker, Stefan (2004). Besondere Regeln des Fusionsgesetzes für Stiftungen, Vorsorgeeinrichtungen und Institute des öffentlichen Rechts. ZSR, Heft 123 (2004), 183ff.

10.2.2 Verzeichnis der zitierten Gerichtsentscheidungen und Verwaltungsanweisungen

BFH (1981): Urteil vom 2. Dezember 1980. In Bundessteuerblatt II/1981, 170ff.

BGH Entscheidungssammlung BGHZ 59, 286.

BGH GRUR 1986, 376ff.

BGH GRUR 2002, 332ff.

BGH Urteil vom 19.05.2005 zum PRO-Verfahren der GEMA AZ: I ZR 299/02. http://juris.bundesgerichtshof.de/cgi-bin/rechtsprechung/document.py?Gericht=bgh&az=I_ZR_299_02.

BMF, Schreiben vom 5. Oktober 1990, IV B 6-S 2332-73/90.

BMF (1998). Sponsoringerlass zur Ertragssteuerlichen Behandlung des Sponsorings vom 18. Februar 1998. www.pinkernell.de/spornela.htm, (Stand: 31. Juli 2007)

BMF, Schreiben vom 31. Juli 2002, IV C 5 – S 23 69 – 5/02.

BMF, Schreiben vom 31. Juli 2003, In Bundessteuerblatt 1/2003, 424.

BMF, Schreiben vom 3. November 2003, IV A 5 – S 2411 – 26/03.

BMF (Hrsg.). (2005). Lohnsteuerrichtlinien (LStR) 2005. www.parmentier.de/steuer/LStR2005.htm.

Bundessozialgericht Kassel, Urteil vom 16. Februar 1983, AZ: 12 RK 23/81.

Bundessozialgericht Kassel, Urteil vom 20. Juli 1994, AZ: 3/12 RK 63/92.

Bundessozialgericht Kassel, Urteil vom 24. Juni 1998, AZ: B 3 KR 10/97 R.

Bundessozialgericht Kassel, Urteil vom 7. Juli 2005, AZ: B 3 KR 37/04.

Bundesgesetzblatt, Band 1, 1994, S. 3146ff. (Gesetz zur Änderung des Grundgesetzes (Artikel 3, 20a, 28, 29, 72, 74, 75, 76, 77, 80, 87, 93, 118a und 125a)).

Bundesgesetzblatt, Band 1, 2001, S. 1027ff. (Zweites Gesetz zur Änderung des Künstlersozialversicherungsgesetzes und andere Gesetze vom 13. Juni 2001).

Bundesgesetzblatt, Band 1, 2002, S. 2862ff. (Gesetz zur Änderung des Grundgesetzes (Staatsziel Tierschutz)).

Bundesgesetzblatt, Band 1, 2003, S. 1774ff. (Gesetz zur Regelung des Urheberrechts in der Informationsgesellschaft).

Bundesgesetzblatt, Band 1, 2004, S. 312ff. (Berichtigung des Gesetzes zur Regelung des Urheberrechts in der Informationsgesellschaft).

Bundesgesetzblatt, Band 1, 2007, S. 1034ff. (Drittes Gesetz zur Änderung des Künstlersozialversicherungsgesetzes und andere Gesetze vom 12. Juni 2007).

BVerfG (1987) Beschluss vom 8. April 1987, AZ: 2 BvR 909/82.

BVerfG (1997) Beschluss des Bundesverfassungsgerichts vom 10. Oktober 1997 (erste Kammer des ersten Senats), Neue Juristische Wochenschrift, 1998, 367–369.

BVerfG (2007). Entscheidung des Bundesverfassungsgerichts vom 11. September 2007. AZ: 1 BvR 2270/05; 1 BvR 809/06; 1 BvR 830/06.

BVerfG 12: Entscheidungen des Bundesverfassungsgerichts, Amtliche Entscheidungssammlung Band 12, 205, 219 ff.

BVerfG 30: Entscheidungen des Bundesverfassungsgerichts, Amtliche Entscheidungssammlung Band 30, 173 ff.

BVerfG 33: Entscheidungen des Bundesverfassungsgerichts, Amtliche Entscheidungssammlung Band 33, 303 ff.

BVerfG 35: Entscheidungen des Bundesverfassungsgerichts, Amtliche Entscheidungssammlung Band 35, 79 ff.

BVerfG 36: Entscheidungen des Bundesverfassungsgerichts, Amtliche Entscheidungssammlung Band 36, 321, 331 ff.

BVerfG 40: Entscheidungen des Bundesverfassungsgerichts, Amtliche Entscheidungssammlung Band 40, 121 ff.

BVerfG 45: Entscheidungen des Bundesverfassungsgerichts, Amtliche Entscheidungssammlung Band 45, 376 ff.

BVerfG 59: Entscheidungen des Bundesverfassungsgerichts, Amtliche Entscheidungssammlung Band 59, 231 ff.

BVerfG 73: Entscheidungen des Bundesverfassungsgerichts, Amtliche Entscheidungssammlung Band 73, 118, 155.

BVerfG 75: Entscheidungen des Bundesverfassungsgerichts, Amtliche Entscheidungssammlung Band 75, 360 ff.

BVerfG 81: Entscheidungen des Bundesverfassungsgerichts, Amtliche Entscheidungssammlung Band 81, 108 ff.

BVerfG 81: Entscheidungen des Bundesverfassungsgerichts, Amtliche Entscheidungssammlung Band 81, 278, 291.

BVerfG 82: Entscheidungen des Bundesverfassungsgerichts, Amtliche Entscheidungssammlung Band 82, 60 ff.

BVerfG 90: Entscheidungen des Bundesverfassungsgerichts, Amtliche Entscheidungssammlung Band 90, 60, 87 ff.

BVerfG 100: Entscheidungen des Bundesverfassungsgerichts, Amtliche Entscheidungssammlung Band 100, 38ff.

BVerfG GRUR 1997, 123ff.

EuGH: Urteil vom 12. Juni 2003 in der Rechtssache „Gerritse", AZ: C-234/01.

EuGH: Urteil vom 3. April 2003 in der Rechtssache „Hoffmann", AZ: C-144/00.

EuGH: Urteil vom 3. Oktober 2006 in der Rechtssache „FKPScorpio Konzertproduktion GmbH", AZ: C-290/04.

Europäische Kommission. Empfehlung vom 18. Oktober 2005 für die länderübergreifende kollektive Wahrnehmung von Urheberrechten und verwandten Schutzrechten 2005/737/EG. http://eurlex.europa.eu/LexUriServ/site/de/oj/2005/l_276/l_27620051021de00540057.pdf, (Stand: 16. Oktober 2007).

Europäische Kommission. Entscheidung vom 24.02.1999 über Staatliche Beihilfe Nr. NN 70/98 Tz. 6.2. – Deutschland (Kinderkanal und Phoenix).

Europäische Kommission: Mitteilung der Europäischen Kommission an den Rat, das europäische Parlament und den europäischen Wirtschafts- und Sozialausschuss vom 16.04.2004. Die Wahrnehmung von Urheberrechten und verwandten Schutzrechten im Binnenmarkt KOM (2004) 261 endgültig. http://eur-lex.europa.eu/LexUriServ/site/de/com/2004/com2004_0261de01.pdf, (Stand: 16. Oktober 2007).

Europäische Kommission: Schreiben vom 24. April 2007 bzgl. der Finanzierung der öffentlich-rechtlichen Rundfunkanstalten in Deutschland (AZ: K(2007)1761 endg.).

Europäischer Rat (1977). Sechste Richtlinie 77/388/EWG zur Harmonisierung der Rechtsvorschriften der Mitgliedsstaaten über die Umsatzsteuern. http://eur-lex.europa.eu/LexUriServ/LexUriServ.do?uri=CELEX:31977L0388: DE:HTML, (Stand: 31. Juli 2007).

Europäischer Rat (1989). Richtlinie vom 3. Oktober 1989 zur Koordinierung bestimmter Rechts- und Verwaltungsvorschriften der Mitgliedsstaaten über die Ausübung der Fernsehtätigkeit, Amtsblatt der Europäischen Gemeinschaften L 298 vom 17. Oktober 1989, geändert durch die Richtlinie 97/36/EG des Europäischen Parlaments und des Rates vom 30. Juni 1997. http://eur-lex.europa.eu/LexUriServ/site/de/consleg/1989/L/01989L0552-199707 30-de.pdf, (Stand: 31. Juli 2007).

Europäischer Rat (1993): Richtlinie 93/98/EWG des Rates vom 29. Oktober 1993 zur Harmonisierung der Schutzdauer des Urheberrechts und bestimmter verwandter Schutzrechte.

Europäischer Rat (1993): Richtlinie des europäischen Rates vom 27. September 1993 zur Koordinierung bestimmter urheber- und leistungsschutzrechtlicher Vorschriften betreffend Satellitenrundfunk und Kabelweiterleitung. http://eur-lex.europa.eu/smartapi/cgi/sga_doc?smartapi!celexapi!prod!CELEXnumdoc&numdoc=31993L0083& model=guichett&lg=de, (Stand: 7. November 2007).

Europäischer Rat (2006). Richtlinie 2006/112/EG vom 28. November 2006 über das gemeinsame Mehrwertsteuersystem. http://eur-lex.europa.eu/LexUriServ/site/de/oj/2006/l_347/l_34720061211 de00010118.pdf, (Stand: 31. Juli 2007).

Europäisches Parlament: Entschließung des Europäischen Parlaments vom 13. März 2007 zu der Empfehlung 2005/737/EG der Kommission vom 18. Oktober 2005 für die länderübergreifende kollektive Wahrnehmung von Urheberrechten und verwandten Schutzrechten, die für legale Online-Musikdienste benötigt werden (2006/2008(INI)). www.europarl.europa.eu/sides/getDoc.do?type= TA& reference=P6-TA-2007-0064&language=DE, (Stand: 7. No-vember 2007).

Europäisches Parlament: Entschließung des Parlaments zu einem Gemeinschaftsrahmen für Verwertungsgesellschaften im Bereich des Urheberrechts und der verwandten Schutzrechte P5_TA (2004) 0036. www.europarl.europa. eu/sides/getDoc.do?pubRef=-//EP//TEXT+TA+P5-TA- 2004-0036+0+DOC+XML+V0//DE, (Stand: 16. Oktober 2007).

Europäisches Parlament und Europäischer Rat (2001). Richtlinie 2001/29/EG vom 22. Mai 2001 zur Harmonisierung bestimmter Aspekte des Urheberrechts und der verwandten Schutzrechte in der Informationsgesellschaft, Berichtigung dieser Richtlinie vom 10. Januar 2002, Amtsblatt der Europäischen Gemeinschaften L 167 vom 22. Mai 2001.

Richtlinie 2006/123/EG des Europäischen Parlaments und des Rates vom 12. Dezember 2006 (Dienstleistungsrichtlinie), veröffentlicht im Amtsblatt der Europäischen Union Nr. L 376/36 vom 27. Dezember 2006.

Finanzgericht Köln 6. Senat: Urteil vom 29. Januar 2002, AZ: 6 K 1849/97.

Landgericht München I vom 26. September 2001, AZ: 21 O 24574/00.

10.3 Abkürzungsverzeichnis und Gesetzesregister

A

ADKV	Arbeitsgemeinschaft Deutscher Kunstvereine
AKP-Staaten	Gruppe der afrikanischen, karibischen und pazifischen Staaten
ALG	Arbeitsgemeinschaft Literarischer Gesellschaften
ALG I	Arbeitslosengeld I
ALG II	Arbeitslosengeld II
ALG II-VO	Arbeitslosengeld II-Verordnung
AlVG	Arbeitslosenversicherungsgesetz
AMJ	Arbeitskreis Musik in der Jugend
AO	Abgabenordnung
APT	Artist Pension Trust Künstlerrentenfonds
ArbZG	Arbeitszeitgesetz
ARD	Arbeitsgemeinschaft der öffentlich-rechtlichen Rundfunkanstalten der Bundesrepublik Deutschland
ASSITEJ	Association International du Théâtre pour l'Enfance et la Jeunesse Internationale Vereinigung des Theaters für Kinder und Jugendliche

B

BA	Bundesagentur für Arbeit
BallrG	„Gesetz zur Stärkung der kommunalen Zusammenarbeit im Ballungsraum Frankfurt/Rhein-Main"
BauGB	Baugesetzbuch
BayVerf	Verfassung des Freistaates Bayern
BBC	British Broadcasting Corporation
BDAT	Bund Deutscher Amateurtheater e. V.
BDI	Bundesverband der Deutschen Industrie e. V.
BDMV	Bundesvereinigung Deutscher Musikverbände e. V.
BetrVG	Betriebsverfassungsgesetz
BFFS	Bundesverband der Film- und Fernsehschauspieler
BGH	Bundesgerichtshof
BKGE	Bundesinstitut für Kultur und Geschichte der Deutschen im östlichen Europa
BKJ	Bundesvereinigung Kulturelle Kinder- und Jugendbildung e. V.
BKM	Beauftragter der Bundesregierung für Kultur und Medien
BMBF	Bundesministerium für Bildung und Forschung
BMF	Bundesministerium der Finanzen
BMFSFJ	Bundesministerium für Familie, Senioren, Frauen und Jugend

BMVBS	Bundesministerium für Verkehr, Bau und Stadtentwicklung
BNatSchG	Bundesnaturschutzgesetz
BR	Bayerischer Rundfunk
BSG	Bundessozialgericht
BStatG	Bundesstatistikgesetz
BTU Cottbus	Brandenburgische Technische Universität Cottbus
BuchPrG	Buchpreisbindungsgesetz
BVerfG	Bundesverfassungsgericht
BVFG	Bundesvertriebenengesetz
BWaldG	Bundeswaldgesetz

C

CCP	Cultural Contact Point Kulturelle Kontaktstelle
Cedefop	European Centre for the Development of Vocational Training Europäisches Zentrum für die Förderung der Berufsbildung
CELAS	Central European Licensing and Administration Service Zentraler europäischer Lizensierungs- und Verwaltungsdienst
CNN	Cable News Network
CSR	Corporate Social Responsibility gesellschaftliche Verantwortung von Unternehmen
CTFD	Career Transition for Dancers

D

DBJ	Deutsche Bläserjugend
DCD	Dancers' Career Development Programm zur Umschulung und beruflichen Neuorientierung von Tänzern, Großbritannien
dcms	Department for Culture Media and Sport Abteilung für Kultur, Medien und Sport
DDR	Deutsche Demokratische Republik
DKF	Deutsches Kulturforum östliches Europa
DLR	Europäische Dienstleistungsrichtlinie Richtlinie 2006/123/EG des Europäischen Parlaments und des Rates über Dienstleistungen im Binnenmarkt vom 12. Dezember 2006
DPMA	Deutsches Patent- und Markenamt
DRM	Digital-Rights-Management
DRM-Systeme	Digital-Rights-Management-Systeme
DTRC	Dancer Transition Resource Centre Tänzerschulungszentrum, Kanada
DUK	Deutsche UNESCO-Kommission
DZT	Deutsche Zentrale für Tourismus e. V.

E

EAGFL	Europäischer Ausrichtungs- und Garantiefonds für Landwirtschaft
EBLIDA	European Bureau of Library, Information and Documentation Europäischer Dachverband der Bibliotheken
ECF	European Cultural Foundation Europäische Kulturstiftung
EFAH	European Forum for the Arts and Heritage Europäisches Forum für die Künste und das Erbe
EFD	Europäischer Freiwilligendienst
EFRE	Europäischer Fonds für regionale Entwicklung
EG	Europäische Gemeinschaft
EGV	Vertrag zur Gründung der Europäischen Gemeinschaft
EinigVtr	Einigungsvertrag
ELER	Europäischer Landwirtschaftsfonds für die Entwicklung des ländlichen Raums
EMI	Electric and Music Industries Ltd.
ENCC	European Network of Cultural Centres Europäisches Netzwerk der Kulturzentren
EPU	Einpersonenunternehmen
ESF	European Social Fund Europäischer Sozialfonds
EStG	Einkommenssteuergesetz
EU	Europäische Union
EuGH	Europäischer Gerichtshof
EU-Lärm-richtlinie	Richtlinie 2003/10/EG des Europäischen Parlaments und des Rates vom 6. Februar 2003 über Mindestvorschriften zum Schutz von Sicherheit und Gesundheit der Arbeitnehmer vor der Gefährdung durch physikalische Einwirkungen (Lärm)

F

Felix	Europäischer Filmpreis
FFA	Filmförderungsanstalt
FFG	Filmfördergesetz
FlurbG	Flurbereinigungsgesetz
FriesischG	Friesisch Gesetz – Gesetz zur Förderung des Friesischen im öffentlichen Raum
FSJ	Freiwilliges Soziales Jahr
FStrG	Bundesfernstraßengesetz

G

GATS	General Agreement on Trade in Services
GATT	General Agreement on Tariffs and Trade

GbR	Gesellschaft bürgerlichen Rechts
GDBA	Genossenschaft Deutscher Bühnenangehöriger
GEMA	Gesellschaft für musikalische Aufführungs- und mechanische Vervielfältigungsrechte
GesBl	Gesetz zur Förderung der Weiterbildung und des Bibliothekswesens
GG	Grundgesetz
GO	Gemeindeordnung
GPSG	Geräte- und Produktsicherheitsgesetz
GRUR	Gewerblicher Rechtsschutz und Urheberrecht
GÜFA	Gesellschaft zur Übernahme und Wahrnehmung von Filmaufführungsrechten mbH
GVL	Gesellschaft zur Verwertung von Leistungsschutzrechten mbH
GWB	Gesetz gegen Wettbewerbsbeschränkungen
GWFF	Gesellschaft zur Wahrnehmung von Film- und Fernsehrechten mbH

H

Hartz 4	Viertes Gesetz für moderne Dienstleistungen am Arbeitsmarkt
HG	Haushaltsgesetz
HmbMuStG	Gesetz über die Errichtung von Museumsstiftungen der Freien und Hansestadt Hamburg
hr	Hessischer Rundfunk

I

ICOM	International Council of Museums; Internationaler Museumsrat
ICOM-Codex	International Council of Museums-Codex Ethische Richtlinien des Internationalen Museumsrates
ICOMOS	International Council on Monuments and Sites Internationaler Rat für Denkmalpflege
IFCIC	Institut pour le Financement du Cinéma et des Industries Culturelles
ICFO	International Committee on Fundraising Organisations Internationales Komitee zu Spendenorganisationen
Ifo	Institut für Wirtschaftsforschung
IKGN	Institut für Kultur und Geschichte der Deutschen in Nordosteuropa e. V.
IKGS	Institut für deutsche Kultur und Geschichte Südeuropas e. V.
INTHEGA	Interessengemeinschaft der Städte mit Theatergastspielen e. V.
IOTPD	International Organisation for the Transition of Professional Dancers

K

KfW	Kreditanstalt für Wiederaufbau
KiKa	Kinderkanal

KJHG	Kinder- und Jugendhilfegesetz
KJP	Kinder- und Jugendplan
KMK	Ständige Konferenz der Kultusminister der Länder in der Bundesrepublik Deutschland
KNB	Kompetenznetzwerk für Bibliotheken
köb	katholische öffentliche Büchereien
Korb1	Gesetz zur Regelung des Urheberrechts in der Informationsgesellschaft
Korb2	Zweites Gesetz zur Regelung des Urheberrechts in der Informationsgesellschaft
KSK	Künstlersozialkasse
KSVG	Künstlersozialversicherungsgesetz
KUG	Kunsturheberrechtsgesetz

L

LSB	Landessportbund e. V.
Lärmrichtlinie	Richtlinie 2003/10/EG des Europäischen Parlaments und des Rates vom 6. Februar 2003 über Mindestvorschriften zum Schutz von Sicherheit und Gesundheit der Arbeitnehmer vor der Gefährdung durch physikalische Einwirkungen (Lärm)

M

MGA	Musikalische Grundausbildung
MCPS-PRS	Zusammenschluss der Mechanical Copyright Protection Society und der Performing Rights Society
mdr	Mitteldeutscher Rundfunk
MFE	Musikalische Früherziehung
MPG	Medizinproduktegesetz
MTV	Music TeleVision
MUTHEA	Bundesvereinigung deutscher Musik- und Theater-Fördergesellschaften e. V.

N

NACE	Nomenclature générale des activités économiquesdans les Communautés Européennes
NDR	Norddeutscher Rundfunk
NTB	Niedersächsischer Turner-Bund e. V.

O/Ö

ÖPP	Öffentlich-Private-Partnerschaften
ORF	Österreichischer Rundfunk
OSZE	Organisation für Sicherheit und Zusammenarbeit in Europa

P

PPP — Public Private Partnership

R

rbb — Rundfunk Berlin Brandenburg
RGZM — Römisch-Germanisches Zentralmuseum Mainz
ROG — Raumordnungsgesetz
RStV — Rundfunkstaatsvertrag

S

SächsKRG — Sächsisches Kulturraumgesetz
SGB II — Sozialgesetzbuch, 2.Buch
SGB III — Sozialgesetzbuch, 3.Buch
SOD — Stichting Omscholingsregeling Dansers Weiterbildungsprogramm für Tänzer, Niederlande
SR — Saarländischer Rundfunk
SWR — Südwestrundfunk

T

TKG — Telekommunikationsgesetz
TVK — Tarifvertrag für Musiker in Kulturorchestern

U

UNESCO — United Nations Educational, Scientific and Cultural Organization
UrhG — Urheberrechtsgesetz
UrhWG — Urheberrechtswahrnehmungsgesetz
UStG — Umsatzsteuergesetz
UVPG — Umweltverträglichkeitsprüfung
UWG — Gesetz gegen den unlauteren Wettbewerb

V

VEF — Vereinigung evangelischer Freikirchen
Ver.di — Vereinigte Dienstleistungsgewerkschaft
VG — Verwertungsgesellschaft
VGF — Verwertungsgesellschaft für Nutzungsrechte an Filmwerken
VIVA — Jugend- und Musiksender für Pop und Fun
VwVG — Verwaltungsvollstreckungsgesetz

W
WDR   Westdeutscher Rundfunk
WTO   Welthandelsorganisation

Z
ZBF   Zentrale Bühnen-, Film- und Fernsehvermittlung
ZDF   Zweites Deutsches Fernsehen

10.4 Übersicht der von der Enquete-Kommission „Kultur in Deutschland" in der 15. und 16. Wahlperiode in Auftrag gegebenen Gutachten

Thema des Gutachtens:	Auftragnehmer:	Datum der Abnahme:
Weiterentwicklung von Alterssicherungssystemen für Künstler und Kulturberufler – **Gutachten Alterssysteme**	ESCE GmbH, Köln	8.11.2004
Methodenkritische Analyse von Basisstatistiken zum Kulturbereich und Fragen zu einem Anforderungsprofil an eine bundeseinheitliche Kulturstatistik für die Bundesrepublik Deutschland – **Gutachten Kulturstatistik**	Statistisches Bundesamt, Bonn	9.12.2004
Förderung und Finanzierung der UNESCO-Welterbestätten in Deutschland – **Gutachten UNESCO-Welterbestätten**	Prof. Dr. Ernst-Rainer Hönes, Mainz	9.12.2004
Rechtliche und strukturelle Rahmenbedingungen des Betriebes von Theatern, Kulturorchestern und Opern in Deutschland – **Raue-Gutachten**	Kanzlei Hogan Hartson Raue L.L.P., Berlin	9.12.2004
Kulturförderung als Pflichtaufgabe oder als freiwillige staatliche Leistung – **Raue-Gutachtennachtrag**	Kanzlei Hogan Hartson Raue L.L.P., Berlin	
Objektive und transparente Förderkriterien staatlicher Kulturfinanzierung – Vergleiche mit dem Ausland – **Gutachten Kulturfinanzierung**	Prof. Dr. Andreas Joh. Wiesand, Dr. Norbert Sievers, Bernd Wagner, Bonn	9.12.2004
Bestandsaufnahme und Sekundäranalyse aktueller Materialien zur kulturellen Bildung im Kontext kulturpolitischer Anforderungen – **Gutachten Kulturelle Bildung**	Bernd Wagner, Bonn	26.09.2005
Angebot, Perspektive und rechtliche Rahmenbedingungen der kulturellen Erwachsenenbildung in Deutschland – **Gutachten Kulturelle Erwachsenenbildung**	Deutsches Institut für Erwachsenenbildung (DIE), Bonn	26.09.2005
Beitrag der Kirchen und Religionsgemeinschaften zum kulturellen Leben in Deutschland – **Kirchengutachten**	Institut für kulturelle Infrastruktur Sachsen, Görlitz	30.09.2005

Thema des Gutachtens:	Auftragnehmer:	Datum der Abnahme:
Private Spenden für Kultur in Deutschland, Bestandsaufnahme, Analyse und Perspektiven privater Spenden für Kultur in Deutschland – **Spendengutachten**	Maecenata Institut für Philanthropie und Zivilgesellschaft an der Humboldt-Universität zu Berlin, Berlin	25.09.2006
Kulturwirtschaft in Deutschland – Grundlagen, Probleme, Perspektiven – **Gutachten Kulturwirtschaft**	ICG culturplan Unternehmensberatung GmbH, Berlin/Fa. STADTart, Dortmund	23.10.2006
Modelle der selbstverwalteten Altersvorsorge für Künstlerinnen und Künstler – **Gutachten Altersvorsorge**	ESCE Wirtschafts- und Sozialwissenschaftliche Forschung GmbH, Köln/Wien	11.12.2006
Existenzgründung und Existenzsicherung für selbständig und freiberuflich arbeitende Künstlerinnen und Künstler – **Gutachten Existenzgründung**	GründerZentrum Kulturwirtschaft, Aachen	11.12.2006

10.5 Verzeichnisse zu den öffentlichen Anhörungen und Expertengesprächen der 15. und 16. Wahlperiode)

10.5.1 Verzeichnis der in der 15. und 16. Wahlperiode durchgeführten öffentlichen Anhörungen (sortiert nach dem Datum der Veranstaltung)

Datum	Thema	gehörte Experten
26.03.2007	Öffentliche Anhörung „Kulturwirtschaft"	– Jahnke, Karsten, Verband der Deutschen Konzertdirektionen e. V., München
		– Gorny, Prof. Dieter, Bundesverband der Phonografischen Wirtschaft e. V. Berlin; Deutscher Musikrat, Bonn; Fachhochschule Düsseldorf
		– Schultze, Bertram, Leipziger Baumwollspinnerei, Leipzig
		– Hausmann, Professor Dr. Andrea, Europa-Universität Viadrina in Frankfurt/Oder; ArtRat Marketing- und Managementberatung, Düsseldorf
		– Kömpel, Florian, British Music Rights, Großbritannien
		– Fesel, Bernd, Büro für Kulturpolitik und Kulturwirtschaft, Bonn
		– Söndermann, Michael, UNESCO Institute of Statistics Montreal; Büro Michael Söndermann Kultur Wirtschaft Forschung, Köln
		– Schwalm-Schäfer, Katharina, Ministerium für Wirtschaft, Mittelstand und Energie des Landes NRW, Düsseldorf
29.01.2007	Öffentliche Anhörung „Kollektive Wahrnehmung von Urheberrechten und verwandten Schutzrechten"	Verwertungsgesellschaften
		– Becker, Prof. Dr. Jürgen, GEMA, Gesellschaft für musikalische Aufführungs- und mechanische Vervielfältigungsrechte, München
		– Gerlach, Dr. Tilo, Gesellschaft zur Verwertung von Leistungsschutzrechten mbH, Berlin
		– Melichar, Prof. Dr. Ferdinand, Verwertungsgesellschaft Wort, München
		– Pfennig, Prof. Dr. Gerhard, Verwertungsgesellschaft BildKunst, Bonn

Datum	Thema	gehörte Experten
noch 29.01.2007	noch Öffentliche Anhörung „Kollektive Wahrnehmung von Urheberrechten und verwandten Schutzrechten"	Anwendungspraxis und Europäische Perspektiven – Drexl, Prof. Dr. Josef, Max-Planck-Institut für Geistiges Eigentum, Wettbewerbs und Steuerrecht, München – Gounalakis, Prof. Dr. Georgios, Phillips-Universität Marburg – Hoeren, Prof. Dr. Thomas, Westfälische Wilhelms-Universität Münster – Vogel, Dr. Martin, Beschwerdekammer und Große Beschwerdekammer des Europäischen Patentamtes, München – Weschler, Emil, Bundesvereinigung Deutscher Orchesterverbände, Leimersheim/Pfalz Aufsichtsbehörde – Schade, Dr. Jürgen, Deutsches Patent- und Markenamt, München
6.11.2006	Öffentliche Anhörung „Auswirkungen der demografischen Veränderungen"	– Cornel, Hajo, Abteilung Kultur im Ministerium für Wissenschaft, Forschung und Kultur (in Vertretung für: Prof. Dr. Johanna Wanka, Ministerin für Wissenschaft, Forschung und Kultur des Landes Brandenburg), Brandenburg – Frese, Kathrin, Multikulturelles Zentrum Templin e. V., Templin – Hermann, Lutz, Stadt Schwedt (in Vertretung für: Jürgen Polzehl, Bürgermeister der Stadt Schwedt) – Neubert, Pfr. Christhard-Georg, Kulturstiftung St. Matthäus, Evangelischen Kirche Berlin-Brandenburg-schlesische Oberlausitz, Initiative Dorfkirchensommer, Berlin – Schubert, Armin, Kinder- und Jugend-Kunstgalerie Sonnensegel e. V., Brandenburg – Schubert, Olivia, Kunstwerk Uckermark, Prenzlau – Simon, Reinhard, Uckermärkische Bühnen Schwedt – Wichtmann, Christoph, Uckermärkische Musikwochen e. V., Potsdam

Datum	Thema	gehörte Experten
16.10.2006	Öffentliche Anhörung „Kultur in Europa"	– Bernecker, Dr. Roland, Deutsche UNESCO-Kommission, Bonn – Blinn, Dr. Hans-Jürgen, Beobachter der GATS-Verhandlungen im Auftrag des Bundesrates, Mainz – Breier, Dr. Zsuzsa, Kulturjahr der Zehn, Berlin – Hassemer, Dr. Volker, Initiative „Europa eine Seele geben", Berlin – Gessler, Barbara, Vertretung der Europäischen Kommission in Bonn – Krajewski, Prof. Dr. Markus, Universität Potsdam
19.06.2006	Öffentliche Anhörung „Museen und Ausstellungshäuser"	– Eissenhauer, Dr. Michael, Deutscher Museumsbund, Kassel – Förster, Dr. Cornelia, Historisches Museum Bielefeld – Guratzsch, Prof. Dr. Herwig, Stiftung Schleswig-Holsteinische Landesmuseen, Schleswig – Heisig, Dirk, Ostfriesland-Stiftung der Ostfriesischen Landschaft, Aurich – Hinz, Dr. Hans-Martin, Deutsch Historisches Museum, Weltmuseumsverband ICOM, Berlin – Köhler, Dr. Thomas, Kunstmuseum Wolfsburg – Mössinger, Ingrid, Kunsthalle Chemnitz – Müller, Thomas T., Mühlhäuser Museen – Rommé, Dr. Barbara, Stadtmuseum Münster
29.05.2006	Öffentliche Anhörung „Laienkultur und Brauchtumspflege"	– Liebing, Stefan, Bundesvereinigung Deutscher Musikverbände, Stuttgart – Scherf, Dr. Henning, Bürgermeister a. D., Deutscher Chorverband, Köln – Hornung, Dieter, Bund Heimat und Umwelt in Deutschland, Bonn – Radermacher, Norbert, Bund Deutscher Amateur-Theater e. V., Heidenheim – Kramer, Prof. Dr. Klaus, Deutscher Bundesverband Tanz e. V., Kirchzarten – Goltz, Dr. Reinhard, Bundesrat für Niederdeutsch, Institut für niederdeutsche Sprache, Bremen – Bahr, Dr. Petra, Evangelische Kirche in Deutschland (EKD), Berlin

Datum	Thema	gehörte Experten
30.05.2005	Öffentliche Anhörung „Auswirkungen der Hartzgesetzgebung auf den Kulturbereich"	– Eissenhauer, Dr. Michael, Deutscher Museumsbund, Kassel
		– Fesel, Bernd, Büro für Kulturpolitik und Kulturwirtschaft, Düsseldorf
		– Füting, Hansjörg, Interessengemeinschaft Filmproduktion „Film 20", Unterföhring
		– Haß, Kirsten, Bundesverband Freier Theater e. V., Hannover
		– Herdlein, Hans, Genossenschaft deutscher Bühnenangehöriger, Hamburg
		– Kiepe, Folkert, Bundesvereinigung der kommunalen Spitzenverbände, Köln
		– Kuhlmann, Marcus, Bundesverband der Freien Berufe, Berlin
		– Schimmel, Wolfgang, ver.di, Stuttgart
		– Schmidt-Hug, Steffen, Bundesverband Regie, München
		– Schwalm-Schäfer, Katharina, Ministerium für Wirtschaft und Arbeit des Landes Nordrhein-Westfalen, Düsseldorf
		– Senius, Kay, Bundesagentur für Arbeit, Nürnberg
		– Zehelein, Prof. Klaus, Deutscher Bühnenverein, Köln
		– Ziller, Christiane, Bundesvereinigung Soziokulturelle Zentren e. V., Berlin
18.04.2005	Öffentliche Anhörung „Rolle der öffentlich-rechtlichen Medien für die Kultur"	– Bellut, Dr. Thomas, Zweites Deutsches Fernsehen (ZDF), Mainz
		– Elitz, Ernst, Deutschlandradio, Köln
		– Frickel, Thomas, Produzent, Regisseur; Arbeitsgemeinschaft Dokumentarfilm, Rüsselsheim
		– Fuchs, Prof. Dr. Gerhard, Bayerischer Rundfunk, München
		– Grotzky, Dr. Johannes, Bayerischer Rundfunk, München
		– Knauer, Wolfgang, Norddeutscher Rundfunk (NDR), Hamburg
		– Stock, Prof. Dr. Wolfgang, Justus-Liebig-Universität Gießen, Bonn

Datum	Thema	gehörte Experten
14.03.2005	Öffentliche Anhörung „Rechtliche und strukturelle Rahmenbedingungen des Betriebs von Bibliotheken"	– Bürger, Dr. Thomas, Sächsische Landesbibliothek, Staats- und Universitätsbibliothek Dresden – Eichert, Dr. Christof, Bertelsmann-Stiftung, Gütersloh – Kaltofen, Dr. Andrea, Kulturamt Landkreis Emsland – Lux, Dr. Claudia, Deutscher Bibliotheksverband, Stiftung Zentral- und Landesbibliothek Berlin – Melka, Hannelore, Regionalbibliothek Neubrandenburg – Pitsch, Rolf, kirchliche Bücherverbände Deutschland, Bonn – Ruppelt, Dr. Georg, Bundesvereinigung Deutscher Bibliotheks- und Informationsverbände e. V., Hannover – Schwens, Ute, Deutsche Bibliothek Frankfurt am Main – Wolf-Hauschild, Regine, Stadtbücherei Heidelberg
21.02.2005	Öffentliche Anhörung „Praxis der kulturellen Bildung in Deutschland"	– Nannen, Eske, Kunsthalle in Emden – Münden, Gerd-Peter, Braunschweiger Domsingschule – Serexhe, Bernhard, Zentrum für Kunst und Medientechnologie Karlsruhe (ZKM) – Seyffert, Gregor, Tänzer, Staatliche Ballettschule Berlin, Gregor Seyffert Compagnie Dessau/Anhaltisches Theater, Nationales Komitee des Conseil International de la Danse-UNESCO
21.02.2005	Öffentliche Anhörung „Beispiele kultureller Bildung in Europa"	– Lindstedt, Johanna, Finnland, Annantalo Arts Centre Helsinki – Moszkowicz, Jerzy, Polen, Centrum Sztuki Dziecka w Poznaniu, Kinderkulturzentrum Posen – Sonanini, Franco, Schweiz, Bildungsdirektion des Kantons Zürich

Datum	Thema	gehörte Experten
21.02.2005	Öffentliche Anhörung „Kulturelle Bildung im Museum/Museumspädagogik"	– Grünewald-Steiger, Dr. Andreas, Bundesakademie für Kulturelle Bildung, Wolfenbüttel – Schäfer, Prof. Dr. Hermann, Stiftung Haus der Geschichte der Bundesrepublik Deutschland, Bonn – Schneider, Marc, Ursula Lübbe Stiftung, Bergisch-Gladbach – Schulz-Hoffmann, Prof. Dr. Carla, Pinakothek der Moderne, München
29.11.2004	Öffentliche Anhörung „Kulturförderung auf der Grundlage von § 96 BVFG: Wandel und Stellenwert"	– Hriberski, Michaela, Bund der Vertriebenen, Bonn – Kabus, Dr. Ronny, Ostpreußisches Landesmuseum Lüneburg – Lorenz, Dr. Ulrike, Ostdeutsche Galerie Regensburg – Posselt, Dr. Martin, Isergebirgs-Museum Neugablonz
22.11.2004	Öffentliche Anhörung „Wirtschaftliche und soziale Absicherung für Künstlerinnen und Künstler"	– Bleicher-Nagelsmann, Heinrich, ver.di Bundesverwaltung, Berlin – Sotrop, Hans-Wilhelm, Bundesverband Bildender Künstlerinnen und Künstler, Bonn – Michow, Jens, Bundesverband der Veranstaltungswirtschaft, Künstlersozialkasse (KSK), Hamburg – Sprang, Dr. Christian, Börsenverein des Deutschen Buchhandels, Frankfurt/Main – Haak, Carroll, Wissenschaftszentrum Berlin für Sozialforschung WZB, Abteilung Arbeitsmarktpolitik und Beschäftigung, Berlin – Bruns, Harro, Künstlersozialkasse (KSK), Wilhelmshaven – Schwark, Peter, Gesamtverband der Versicherungswirtschaft (GDV), Berlin – Fuchs, Dr. Rainer, Bundesministerium für Gesundheit und soziale Sicherung, Bonn – Betzelt, Dr. Sigrid, Zentrum für Sozialpolitik, Universität Bremen

Datum	Thema	gehörte Experten
3.11.2004	Öffentliche Anhörung „Situation der UNESCO-Welterbestätten in Deutschland"	– Dümcke, Dr. Cornelia, Kulturmanagerin, culture concepts, Berlin – Kiesow, Prof. Dr. Gottfried, Stiftung Denkmalschutz, Bonn
3.11.2004	Öffentliche Anhörung „Public Private Partnership im Kulturbereich"	– Bretz, Alexander, Kulturanwalt, Verein der Zeitungsverleger in Berlin und Brandenburg e.V., Berlin – Grosse-Brockhoff, Hans-Heinrich, Stadtverwaltung Düsseldorf – Kiel, Prof. Dr. Hermann-Josef, Fachhochschule Heilbronn, Studiengang Betriebswirtschaft, Kultur- und Freizeitmanagement, – Küppers, Dr. Hans-Georg, Deutscher Städtetag, Köln – Loock, Prof. Dr. Friedrich, Hochschule für Musik und Theater, Hamburg – Neumann, Dr. Dieter, Freshfields Bruckhaus Deringer, Berlin – Wechsler, Dr. Ulrich, Stiftung Buch-, Medien- und Literaturhaus München
2.11.2004	Öffentliche Anhörung „Stiftungswesen/ Stiftungsrecht"	– Göring, Prof. Dr. Michael, ZEIT-Stiftung, Ebelin und Gerd Bucerius, Hamburg – Freiherr von König, Dr. Dominik, Bundesverband Deutscher Stiftungen, Stiftung Niedersachsen, Hannover – Rawert, Prof. Dr. Peter LL. M, Notar, Hamburg – Reuter, Prof. Dr. Dieter, Universität Kiel – Strachwitz, Rupert Graf, Maecenata Institut für Philanthropie und Zivilgesellschaft, Berlin – Turner, Nikolaus, Arbeitskreis „Bürgerstiftungen" im Bundesverband Deutscher Stiftungen, Kester-Haeusler-Stiftung, Fürstenfeldbruck – Walz, Prof. Dr. W. Rainer, LL.M., Bucerius Law School, Hamburg

Datum	Thema	gehörte Experten
29.09.2004	Öffentliche Anhörung „Eine Quote für Musik in Deutschland?"	– Dahmen, Prof. Udo, Popakademie Baden-Württemberg GmbH, Mannheim – Gebhardt, Gerd, Bundesverband der Phonographischen Wirtschaft e.V., Berlin – Gundel, PD Dr. Jörg, Freie Universität Berlin – Humpe, Inga, Musikerin und Produzentin, Berlin – Kratz, Hans-Jürgen, Verband Privater Rundfunk und Telekommunikation e.V., Weimar – Rakete, Jim, Musikproduzent und Fotograf, Berlin – Romann, Gernot, Norddeutscher Rundfunk (NDR), Arbeitsgemeinschaft der öffentlich-rechtlichen Rundfunkanstalten der Bundesrepublik Deutschland (ARD)-Hörfunkkommission, Hamburg – Toubon, Jacques, Französischer Kulturminister a. D., Paris (Frankreich)
27.09.2004	Öffentliche Anhörung „Instrumente der mittelbaren Förderung von Künstlerinnen und Künstlern"	Künstlerinnen und Künstler: Musik – Goebbels, Prof. Heiner, Frankfurt/Main Bildende Kunst – Förster, Gunda, Berlin Literatur – Genazino, Wilhelm, Frankfurt/Main Darstellende Kunst – Lilienthal, Matthias, Berlin Tanz – Waltz, Sasha, Berlin Neue Medien – Fleischmann, Monika, Sankt Augustin Vermittler und Verwerter – Arndt, Matthias, Galerist, Arndt & Partner, Berlin – Hartges, Marcel, Rowohlt Taschenbuch Verlag, Reinbek – Görnandt, Dr. Danuta, Rundfunk Berlin Brandenburg (rbb), Berlin, Potsdam

Datum	Thema	gehörte Experten
noch 27.09.2004	noch Öffentliche Anhörung „Instrumente der mittelbaren Förderung von Künstlerinnen und Künstlern"	noch Vermittler und Verwerter – Rösener, Roman, Theaterhaus Jena – Weingarten, Dr. Elmar, Deutschen Ensemble Akademie e. V. (Dachverband der Jungen Deutschen Philharmonie, des Ensemble Modern und der Deutschen Kammerphilharmonie), Frankfurt/Main
20.09.2004	Öffentliche Anhörung „Kulturelle Staatszielbestimmungen"	– Badura, Prof. Dr. Peter, Ludwig-Maximilians-Universität München – Geis, Prof. Dr. Max-Emanuel, – Friedrich-Alexander-Universität Erlangen-Nürnberg – Hufen, Prof. Dr. Friedhelm, Johannes Gutenberg Universität Mainz – Karpen, Prof. Dr. Ulrich, Universität Hamburg – Pieroth, Prof. Dr. Bodo, Westfälische Wilhelms Universität Münster
24.05.2004	Öffentliche Anhörung „Umlandfinanzierung/inter-kommunale Zusammenarbeit"	– Martin, Olaf, Landschaftsverband Südniedersachsen e. V., Northeim – Hanika, Karin, KulturRegion Stuttgart – Budzinski, Gisela, Nordharzer Städtebundtheater, Halberstadt – Vogt, Prof. Dr. Matthias Theodor, Institut für kulturelle Infrastruktur Sachsen, Görlitz
3.05.2004	Öffentliche Anhörung „Urhebervertragsrecht"	– Braun, Dr. Thorsten, Bundesverband der Phonographischen Wirtschaft e. V., Berlin – Doldinger, Klaus, Musiker und Komponist, Köln – Michel, Eva Maria, Arbeitsgemeinschaft der öffentlich-rechtlichen Rundfunkanstalten der Bundesrepublik Deutschland (ARD)/Westdeutscher Rundfunk (WDR), Köln – Nordemann, Prof. Dr. Wilhelm, Deutscher Komponistenverband, Potsdam – Pfetsch, Helga, Übersetzerin, Heidelberg – Sprang, Dr. Christian, Börsenverein des Deutschen Buchhandels, Frankfurt/Main – Schimmel, Wolfgang, Bundesverband ver.di, Stuttgart

Datum	Thema	gehörte Experten
8.03.2004	Öffentliche Anhörung „Kulturelle Bildung in Deutschland"	– Bastian, Prof. Dr. Hans Günther, Institut für Musikpädagogik Frankfurt/Main
		– Eicker, Dr. Gerd, Verband Deutscher Musikschulen e. V., Bonn
		– Fuchs, Prof. Dr. Max, Bundesvereinigung Kulturelle Jugendbildung e. V., Deutscher Kulturrat e. V., Remscheid
		– Kamp, Peter, Bundesverbandes der Jugendkunstschulen und kulturpädagogischen Einrichtungen, Unna
		– Koch, Dr. Jakob Johannes, Sekretariat der Deutschen Bischofskonferenz, Bonn
		– Ring, Prof. Dr. Klaus, Stiftung Lesen, Mainz
		– Taube, Dr. Gerd, Kinder- und Jugendtheaterzentrum in der Bundesrepublik Deutschland der ASSITEJ (Internationale Vereinigung des Theaters für Kinder und Jugendliche, Sektion Bundesrepublik Deutschland e. V.), Frankfurt/Main
8.12.2003	Öffentliche Anhörung „Leistungsprofil und Leistungsdefizite der Kulturstatistik"	– Bartella, Raimund, Deutscher Städtetag, Köln
		– Krüger-Hemmer, Christiane, Statistisches Bundesamt, Wiesbaden
		– Söndermann, Michael, Arbeitskreis Kulturstatistik e. V., Köln

10.5.2 Verzeichnis der in der 15. und 16. Wahlperiode durchgeführten Expertengespräche (sortiert nach Datum der Veranstaltung)

Datum	Thema	gehörte Experten
5.03.2007	Gespräch der Berichterstattergruppe „Sponsoring und Spenden" mit Experten zum Thema „Kultursponsoring"	– Girst, Thomas, BMW Group, München – Eckel, Andreas, Stiftung Schleswig-Holstein Musik Festival, Lübeck – Walter, Hans-Conrad, Causales – Agentur für Marketing & Kommunikation Walter & Neumann GbR, Berlin – Lausberg, Maurice, Bayerische Staatsoper, München – Kramer, Dr. Heike, Kulturförderung Deutscher Sparkassen- und Giroverband, Berlin – Roßnagl, Michael, Arbeitskreis Kultursponsoring, Siemens Art Programm, München
15.01.2007	Gespräch der Berichterstattergruppe „UNESCO-Welterbestätten in Deutschland" mit Experten zum Thema „Situation der UNESCO-Welterbestätten in Deutschland"	– Bernecker, Dr. Roland, Deutsche UNESCO-Kommission, Bonn – Kirschbaum, Dr. Juliane, Der Beauftragte der Bundesregierung für Kultur und Medien, Referat 24, Berlin – Ringbeck, Dr. Birgitta, Ministerium für Bauen und Verkehr des Landes Nordrhein-Westfalen, Düsseldorf
11.12.2006	Gespräch der Berichterstattergruppe „Bedeutung von Kunst und Kultur für Individuum und Gesellschaft" mit Experten zum Thema „Bedeutung von Kunst und Kultur für Individuum und Gesellschaft"	– Brock, Prof. Dr. Bazon, Bergische Universität Wuppertal – Goehler, Dr. Adrienne, Publizistin und Kuratorin, Berlin – Mühlberg, Prof. Dr. Dietrich, Kulturhistoriker, Berlin – Muschg, Prof. Dr. Adolf, Schriftsteller und Literaturwissenschaftler, Mönnedorf (Schweiz) – Schmidt-Glintzer, Prof. Dr. Helwig, Herzog August Bibliothek, Wolfenbüttel

Datum	Thema	gehörte Experten
23.10.2006	Gespräch der Berichterstattergruppe „Interkultur/Migrantenkulturen" mit Experten zum Thema „Interkultur"	– Haase, Prof. Dr. Claus-Peter, Museum für Islamische Kunst, Berlin – Kolland, Dr. Dorothea, Kulturamt Berlin-Neukölln – Oberndörfer, Prof. Dr. Dieter, Albert-Ludwig-Universität Freiburg, Arno-Berstraesser-Institut – Pazarkaya, Dr. Yüksel, Schriftsteller, Bergisch-Gladbach – Ruckteschell, Dr. Katharina von, Goethe-Institut e. V., Abteilung Sprache, München – Terkessidis, Mark, Schriftsteller, Köln
25.09.2006	Gespräch der Berichterstattergruppe „Kultur in Europa im Kontext der Globalisierung" mit Experten zum Thema „Kultur in Europa"	– Schnelle, Rolf-Dieter, Auswärtiges Amt, Berlin
26.06.2006	Gespräch der Berichterstattergruppe „Auswirkungen der demografischen Veränderungen auf die Kultur" mit Experten zum Thema „Auswirkungen der demografischen Veränderungen"	– Göschel, Dr. Albrecht, Deutsches Institut für Urbanistik, Berlin
26.06.2006	Gespräch der Berichterstattergruppe „Vermittlung von Kultur in den Medien" mit Experten zum Thema „Vermittlung von Kultur in den Medien"	– Porombka, Prof. Dr. Stephan, Universität Hildesheim – Sommer, Tim, Redaktion ART, Hamburg – Wichmann, Dominik, Süddeutsche Zeitung GmbH, München

Datum	Thema	gehörte Experten
19.06.2006	Gespräch der Berichterstattergruppe „Wirtschaftliche und soziale Lage der Künstlerinnen und Künstler" mit Experten zum Thema „Wirtschaftliche und soziale Lage der Künstlerinnen und Künstler"	– Rohlf, Jan, Mediengestalter, Kurator, Berlin – Salomé (mit dem bürgerlichen Namen: Cihlarz, Wolfgang), Maler, Berlin – Karrenberg, Katharina, Bildende Künstlerin, Berlin – Sabisch, Petra, Tänzerin/Choreographin, Berlin – Helmbold, Thomas, Maler, Hannover – Oberst, Matthias, Schauspieler, Gastspielmanager, Magdeburg – Biebuyck, Wolfgang, Sänger, Berlin – Grubinger, Eva, Bildende Künstlerin, Berlin – Bayer, Thommie, Schriftsteller, Musiker, Maler, Staufen/Breisgau – Oppermann, Peter, Dramaturg, Trier
29.05.2006	Gespräch der Berichterstattergruppe „Theater, Kulturorchester, Opern" mit Experten zum Thema „Freie Theater in Deutschland"	– Völckers, Hortensia, Kulturstiftung des Bundes, Halle/Saale – Haß, Kirsten, Landesverband Freier Theater Niedersachsen, Hannover – Jeschonnek, Günter, Fonds Darstellende Künste e. V., Bonn – Schröder, Zeha, (mit dem bürgerlichen Namen: Blöbaum, Christoph Henrik), Künstlerischer Leiter, Operninszenierungen, freischaffender Regisseur u. a., Münster
8.05.2006	Gespräch der Berichterstattergruppe „Rechtliche und strukturelle Rahmenbedingungen soziokultureller Zentren" mit Experten zum Thema „Soziokultur"	– Bode, Rainer, Landesarbeitsgemeinschaft Soziokultureller Zentren Nordrhein Westfalen, Münster – Kämpf, Andreas, Kulturzentrum GEMS, Singen – Knoblich, Dr. Tobias, Landesverband Soziokultur Sachsen e. V., Dresden – Ziller, Christiane, Bundesvereinigung Soziokulturelle Zentren e. V., Berlin – Dallmann, Gerd, LAG Soziokultur Niedersachsen, Hannover
8.05.2006	Gespräch der Berichterstattergruppe „Kultur in Europa im Kontext der Globalisierung" mit Experten zum Thema „Kultur in Europa"	– Schwencke, Prof. Dr. Olaf, Präsident der Deutschen Vereinigung der Europäischen Kulturstiftung (ECF) für kulturelle Zusammenarbeit in Europa, Berlin

Datum	Thema	gehörte Experten
3.04.2006	Gespräch der Berichterstattergruppe „Theater, Kulturorchester, Opern" mit Experten zum Thema „Theater, Kulturorchester, Opern"	– Bolwin, Rolf, Deutscher Bühnenverein, Köln – Herdlein, Hans, Bundesverband Deutscher Bühnenangehöriger, Hamburg – Strulick, Claus, Deutsche Orchestervereinigung e. V., Berlin – Paul, Wolfgang, ver.di, Berlin
30.05.2005	Gespräch der Arbeitsgruppe III „Kulturlandschaft und Kulturstandort Deutschland – kulturelle Grundversorgung" mit Experten zum Thema „Singen"	– Zeljo Davutovic, Chorakademie am Konzerthaus Dortmund e. V. – Lars Kersting, Chorakademie am Konzerthaus Dortmund e. V. – Ulrich Rademacher, Westfälische Schule für Musik in Münster
30.05.2005	Gespräch der Arbeitsgruppe I „Die öffentliche und private Förderung von Kunst und Kultur – Strukturwandel" mit Experten zum Thema „Freie Theater in Deutschland"	– Günter Jeschonnek, Fonds Darstellende Künste e. V., Berlin – Kathrin Tiedemann, Forum Freies Theater Düsseldorf – Andreas Rochholl, Zeitgenössische Oper Berlin
9.05.2005	Gespräch der Arbeitsgruppe II „Die wirtschaftliche und soziale Lage der Künstlerinnen und Künstler" mit Prof. Dr. Wolfgang Ruppert (UdK Berlin) zum Thema „Kulturhistorischer Überblick über die Wandlungen des Künstlerbildes"	– Prof. Dr. Wolfgang Ruppert, Universität der Künste Berlin
9.05.2005	Gespräch der Arbeitsgruppe III „Kulturlandschaft und Kulturstandort Deutschland – kulturelle Grundversorgung" mit Experten zum Thema „Rolle der privaten Medien für die Kultur"	– Jürgen Doetz, Verband Privater Rundfunk und Telekommunikation e. V., VPRT, Berlin – Gernot Schumann, Unabhängige Landesanstalt für Rundfunk und neue Medien Schleswig-Holstein, ULR, Kiel
11.04.2005	Gespräch der Arbeitsgruppe III „Auswirkungen von kultureller Bildung auf neurobiologische Prozesse beim Menschen"	– Prof. Dr. Hans-Ullrich Balzer, Universität Mozarteum Salzburg – Vera Brandes, Paracelsus Medizinische Privatuniversität Salzburg – Dr. Roland Haas, Universität Mozarteum Salzburg

Datum	Thema	gehörte Experten
7.03.2005	Gespräch der Arbeitsgruppe I „Die öffentliche und private Förderung von Kunst und Kultur – Strukturwandel" mit Experten zum Thema „Objektive und transparente Förderkriterien staatlicher Kulturfinanzierung – Vergleiche mit dem Ausland"	– Dr. Norbert Sievers, Institut für Kulturpolitik der Kulturpolitischen Gesellschaft und Geschäftsführer für den Fonds Soziokultur, Bonn – Bernd Wagner, Institut für Kulturpolitik der Kulturpolitischen Gesellschaft, Bonn – Prof. Dr. Andreas Wiesand, Europäisches Institut für vergleichende Kulturforschung, Bonn
14.02.2005	Gespräch der Arbeitsgruppe II „Die wirtschaftliche und soziale Lage der Künstlerinnen und Künstler" mit Experten zum Thema „Arbeitsmarktsituation von Künstlerinnen und Künstlern"	– Johannes Klapper, Bundesagentur für Arbeit, Köln – Steffen Schmid-Hug, Bundesverband Regie, München
13.12.2004	Gespräch der Arbeitsgruppe III: „Kulturlandschaft und Kulturstandort Deutschland – kulturelle Grundversorgung" mit Experten zum Thema „Sprache/Sprachkultur"	– Dr. Konrad Adam, DIE WELT, Berlin – Prof. Dr. Adolf Muschg, Akademie der Künste, Berlin
8.11.2004	Gespräch der Arbeitsgruppe III „Kulturlandschaft und Kulturstandort Deutschland – kulturelle Grundversorgung" mit Karsten Witt zum Thema „Kulturstandort Deutschland"	– Karsten Witt, Musikmanagement GmbH, Berlin

10.5.3 **Verzeichnis der im Rahmen von Anhörungen (A) und Expertengesprächen (E) in der 15. und 16. Wahlperiode angehörten Personen (alphabetisch geordnet)**

Name:	Organisation/Funktion:	
Adam, Dr. Konrad	Tageszeitung „DIE WELT", Berlin, Journalist und Publizist	E
Arndt, Matthias	Arndt & Partner, Berlin, Galerist	A
Badura, Prof. Dr. Peter	Ludwig-Maximilians-Universität München, Institut für Politik und Öffentliches Recht	A
Bahr, Dr. Petra	Evangelische Kirche in Deutschland (EKD), Berlin, Kulturbeauftragte	A
Bartella, Raimund	Deutscher Städtetag, Hauptreferent im Dezernat für Bildung, Sport und Kultur, Köln	A
Bastian, Prof. Dr. Hans Günther	Institut für Musikpädagogik Frankfurt/Main, Gründungsdirektor	A
Bayer, Thommie	Schriftsteller, Musiker, Maler, Staufen/Breisgau	E
Becker, Prof. Dr. Jürgen	Gesellschaft für musikalische Aufführungs- und mechanische Vervielfältigungsrechte (GEMA), München, Stellvertretender Vorstandsvorsitzender und Sprecher des Vorstands	A
Bellut, Dr. Thomas	Zweites Deutsches Fernsehen (ZDF), Mainz, Programmdirektor	A
Bernecker, Dr. Roland	Deutsche UNESCO-Kommission, Bonn, Generalsekretär	A
Betzelt, Dr. Sigrid	Universität Bremen, Zentrum für Sozialpolitik	A
Biebuyck, Wolfgang	Sänger, Berlin	E
Bleicher-Nagelsmann, Heinrich	ver.di Bundesverwaltung, Berlin, Bereichsleiter Kunst und Kultur	A
Blinn, Dr. Hans-Jürgen	EU-Bildungsausschuss und Besonderer Ausschuss nach Artikel 133 EG-Vertrag zu den GATS-Verhandlungen, Mainz, Bundesratsbeauftragter	A
Bode, Rainer	Landesarbeitsgemeinschaft (LAG) Soziokultureller Zentren Nordrhein-Westfalen, Münster, Geschäftsführer	E
Bolwin, Rolf	Deutscher Bühnenverein, Köln, Geschäftsführender Direktor	E
Braun, Dr. Thorsten	Bundesverband der Phonographischen Wirtschaft e. V., Berlin, Syndicus	A

Name:	Organisation/Funktion:	
Breier, Dr. Zsuzsa	Kulturjahr der Zehn, Berlin, Initiatorin und Leiterin	A
Bretz, Alexander	Verein der Zeitungsverleger in Berlin und Brandenburg e. V., Berlin, Kulturanwalt, Geschäftsführer	A
Brock, Prof. Dr. Bazon	Universität Wuppertal, Kulturwissenschaftler, Professor	E
Bruns, Harro	Künstlersozialkasse (KSK), Wilhelmshaven, Leiter	A
Budzinski, Gisela	Nordharzer Städtebundtheaters Halberstadt, Verwaltungsleiterin	A
Bürger, Dr. Thomas	Sächsische Landesbibliothek Staats- und Universitätsbibliothek Dresden, Generaldirektor	A
Cornel, Hajo	Ministerium für Wissenschaft, Forschung und Kultur des Landes Brandenburg, Leiter der Abteilung Kultur	A
Dahmen, Prof. Udo	Popakademie Baden-Württemberg GmbH, Mannheim, Direktor und Geschäftsführer	A
Dallmann, Gerd	Landesarbeitsgemeinschaft (LAG) Soziokultur Niedersachsen, Hannover, Kuratoriumsvorsitzender	E
Davutovic, Zeljo	Konzerthaus Dortmund e. V., Künstlerischer Leiter Chorakademie	E
Doetz, Jürgen	Verband Privater Rundfunk und Telekommunikation e. V. (VPRT), Berlin, Präsident	E
Doldinger, Klaus	Musiker und Komponist, Köln	A
Drexl, Prof. Dr. Josef	Max Planck-Institut für Geistiges Eigentum, Wettbewerbs und Steuerrecht, München	A
Dürncke, Dr. Cornelia	culture concepts, Berlin, Kulturmanagerin	A
Eckel, Andreas	Sponsorengesellschaft Stiftung Schleswig-Holstein Musik Festival, Geschäftsführer	E
Eichert, Dr. Christof	Bertelsmann-Stiftung, Gütersloh, Leiter des Themenfeldes Bildung	A
Eicker, Dr. Gerd	Verband Deutscher Musikschulen e. V., Bonn, Vorsitzender	A
Eissenhauer, Dr. Michael	Deutscher Museumsbund, Kassel, Präsident	A
Elitz, Ernst	Deutschlandradio, Köln, Intendant	A
Fesel, Bernd	Büro für Kulturpolitik und Kulturwirtschaft, Bonn, Gründer	A

Name:	Organisation/Funktion:	
Fleischmann, Monika	Medienkünstlerin und -wissenschaftlerin, Regisseurin und Kuratorin für mediale Inszenierung, Bonn/Sankt Augustin	A
Förster, Dr. Cornelia	Historisches Museum Bielefeld, Direktor	A
Frese, Kathrin	Multikulturelles Zentrum Templin e. V., Geschäftsführerin	A
Frickel, Thomas	Arbeitsgemeinschaft Dokumentarfilm, Rüsselsheim, Produzent, Regisseur, Vorsitzender	A
Fuchs, Dr. Rainer	Bundesministerium für Gesundheit und soziale Sicherung, Bonn, Leiter des Referates Sozialversicherung, Künstlersozialversicherung, europäische und internationale Angelegenheiten	A
Fuchs, Prof. Dr. Gerhard	Bayerischer Rundfunk, München, Fernsehdirektor	A
Fuchs, Prof. Dr. Max	Bundesvereinigung Kulturelle Jugendbildung e. V., Vorsitzender, Deutscher Kulturrat e. V., Vorsitzender, Remscheid	A
Füting, Hansjörg	Interessengemeinschaft Filmproduktion Film 20, Unterföhring	A
Gebhardt, Gerd	Bundesverband der Phonographischen Wirtschaft e. V., Berlin, Präsident	A
Geis, Prof. Dr. Max-Emanuel	Friedrich-Alexander-Universität Erlangen-Nürnberg, Institut für Staats- und Verwaltungsrecht	A
Genazino, Wilhelm	Schriftsteller, Frankfurt/Main	A
Gerlach, Dr. Tilo	Gesellschaft zur Verwertung von Leistungsschutzrechten mbH, Berlin, Geschäftsführer	A
Gessler, Barbara	Vertretung der Europäischen Kommission in Bonn, Leiterin	A
Girst, Thomas	BMW Group, München, Leiter Kulturkommunikation	E
Goebbels, Prof. Heiner	Universität Giessen, Professor am Institut für Angewandte Theaterwissenschaft; Komponist, Regisseur, Theatermacher	A
Goehler, Dr. Adrienne	Kulturwissenschaftlerin, ehemalige Berliner Senatorin für Wissenschaft, Forschung und Kultur	E
Goltz, Dr. Reinhard	Bundesrat für Niederdeutsch, Bremen, Sprecher; Institut für niederdeutsche Sprache, Geschäftsführer	A
Göring, Prof. Dr. Michael	ZEIT-Stiftung; Ebelin und Gerd Bucerius, Hamburg, Geschäftsführendes Vorstandsmitglied	A

Name:	Organisation/Funktion:	
Görnandt, Dr. Danuta	Radio Berlin-Brandenburg (rbb) Berlin, Potsdam, Moderatorin	A
Gorny, Prof. Dieter	Phonoverband, Stellvertretender Vorsitzender; Deutscher Musikrat, Präsidiumsmitglied; Fachhochschule Düsseldorf, Prof. für Kultur – und Medienwissenschaften	A
Göschel, Dr. Albrecht	Deutsches Institut für Urbanistik, Berlin, Projektleiter und Wissenschaftler	E
Gounalakis, Prof. Dr. Georgios	Philips-Universität Marburg, Institut für Privatrechtsvergleichung, Allgemeine Abteilung,	A
Grosse-Brockhoff, Hans-Heinrich	Stadtverwaltung Düsseldorf, Stadtdirektor	A
Grotzky, Dr. Johannes	Bayerischer Rundfunk, München, Hörfunkdirektor	A
Grubinger, Eva	Bildende Künstlerin, Berlin	E
Grünewald-Steiger, Dr. Andreas	Bundesakademie für Kulturelle Bildung Wolfenbüttel, Fachbereichsleiter Museum	A
Gundel, PD Dr. Jörg	Freie Universität Berlin, Privatdozent mit den Forschungsschwerpunkten Öffentliches Recht, Europarecht und Medienrecht	A
Guratzsch, Prof. Dr.Herwig,	Stiftung Schleswig-Holsteinische Landesmuseen, Schleswig, Leitender Direktor	A
Haak, Carroll	Wissenschaftszentrum Berlin für Sozialforschung (WZB), Abteilung Arbeitsmarktpolitik und Beschäftigung	A
Haase, Prof. Dr. Claus-Peter	Museum für Islamische Kunst, Berlin, Direktor	E
Häberle, Prof. Dr. Dr. h.c. mult. Peter	Universität Bayreuth, Geschäftsführender Direktor des Bayreuther Institutes für Europäisches Recht und Rechtskultur sowie der Forschungsstelle für Europäisches Verfassungsrecht	A
Hanika, Karin	KulturRegion Stuttgart, Geschäftsführerin	A
Hartges, Marcel	Rowohlt Taschenbuch Verlag, Reinbek, Verlagsleiter	A
Haß, Kirsten	Landesverband Freier Theater Niedersachsen, Hannover, Vorsitzende; Bundesverband Freier Theater e. V., Hannover, Vertretungsberechtigtes Vorstandsmitglied	E A
Hassemer, Dr. Volker	Senator für Kultur in Berlin a. D., Initiative „Europa eine Seele geben", Berlin, Sprecher	A

Name:	Organisation/Funktion:	
Hausmann, Prof. Dr. Andrea	Europa-Universität Viadrina in Frankfurt/Oder (Kulturwissenschaftliche Fakultät), Juniorprofessorin für Kulturmanagement; ArtRat Marketing- und Managementberatung, Düsseldorf	A
Heisig, Dirk	Ostfriesland-Stiftung der Ostfriesischen Landschaft – Projekt SAMMELN!, Aurich, Projektleiter	A
Helmbold, Thomas	Maler, Hannover	E
Herdlein, Hans	Genossenschaft Deutscher Bühnenangehöriger, Hamburg, Präsident	E A
Hermann, Lutz	Erster Beigeordneter des Bürgermeister der Stadt Schwedt	A
Hinz, Dr. Hans-Martin	Deutsch Historisches Museum, Berlin, Mitglied der Geschäftsführung Executive Council des Weltmuseumsverbandes ICOM	A
Hoeren, Prof. Dr. Thomas	Westfälische Wilhelms-Universität Münster, Institut für Informations-, Telekommunikations- und Medienrecht – Zivilrechtliche Abteilung	A
Hornung, Dieter	Bund Heimat und Umwelt in Deutschland, Bonn, Bundesgeschäftsführer	A
Hriberski, Michaela	Bund der Vertriebenen, Bonn, Generalsekretärin	A
Hufen, Prof. Dr. Friedhelm	Johannes Gutenberg Universität Mainz, Fachbereich Rechtswissenschaften	A
Humpe, Inga	Musikerin und Produzentin, Berlin	A
Jahnke, Karsten	Verband der Deutschen Konzertdirektionen e. V., München, Stellvertretender Präsident	A
Jeschonnek, Günter	Fond Darstellende Künste e. V., Bonn, Geschäftsführer	E
Kabus, Dr. Ronny	Ostpreußisches Landesmuseum Lüneburg, Direktor	A
Kaltofen, Dr. Andrea	Kulturamt Emsland, Leiterin	A
Kamp, Peter	Bundesverband der Jugendkunstschulen und kulturpädagogischen Einrichtungen, Unna, Vorsitzender	A
Kämpf, Andreas	Kulturzentrum GEMS, Singen	E
Karpen, Prof. Dr. Ulrich	Universität Hamburg, Fachbereich Rechtswissenschaft	A
Karrenberg, Katharina	Bildende Künstlerin, Berlin	E
Kersting, Lars	Konzerthaus Dortmund e. V., Geschäftsführer der Chorakademie	E

Name:	Organisation/Funktion:	
Kiel, Prof. Dr. Hermann-Josef	Fachhochschule Heilbronn, Studiengang Betriebswirtschaft, Kultur- und Freizeitmanagement	A
Kiepe, Folkert	Bundesvereinigung der kommunalen Spitzenverbände, Köln; Deutscher Städtetag, Köln, Beigeordneter	A
Kiesow, Prof. Dr. Gottfried	Stiftung Denkmalschutz, Bonn, Vorstandsvorsitzender	A
Kirschbaum, Dr. Juliane	Beauftragter der Bundesregierung für Kultur und Medien, Bonn, Stellvertretende Leiterin des Referates K24	E
Klapper, Johannes	Bundesagentur für Arbeit, Köln, Leiter der Künstlervermittlung	E
Knauer, Wolfgang	NDR-Kultur, Hamburg, ehemaliger Wellenchef	A
Knoblich, Dr. Tobias	Landesverband Soziokultur Sachsen e. V., Dresden, Geschäftsführer	E
Koch, Dr. Jakob Johannes	Deutsche Bischofskonferenz, Bonn, Referent für Kunst und Kultur des Sekretariats	A
Köhler, Dr. Thomas	Kunstmuseum Wolfsburg, Leiter Kommunikation	A
Kolland, Dr. Dorothea	Kulturamt Berlin-Neukölln, Leiterin	E
Kömpel, Florian	British Music Rights, Großbritannien, Justiziar	A
Krajewski, Prof. Dr. Markus	Universität Potsdam, Juniorprofessor für Öffentliches und Europäisches Wirtschaftsrecht und Wirtschaftsvölkerrecht	A
Kramer, Dr. Heike	Deutscher Sparkassen- und Giroverband, Berlin, Leiterin Gesellschaftliches Engagement und Veranstaltungsmanagement/Kulturförderung	E
Kramer, Prof. Dr. Klaus	Deutscher Bundesverband Tanz e. V., Kirchzarten, Vorsitzender	A
Kratz, Hans-Jürgen	Verband Privater Rundfunk und Telekommunikation e. V. (VPRT), Berlin, Vorsitzender des Fachbereichs Hörfunk	A
Krüger-Hemmer, Christiane	Statistisches Bundesamt, Wiesbaden, Leiterin des Referates „Querschnittsaufgaben der Bildungs- und Kulturstatistik"	A
Kuhlmann, Marcus	Bundesverband der Freien Berufe, Berlin, Geschäftsführer	A
Küppers, Dr. Hans-Georg	Deutscher Städtetag, Köln, Vorsitzender des Kulturausschusses	A

Name:	Organisation/Funktion:	
Lausberg, Maurice	Bayerische Staatsoper, München, Vorsitzender des Kulturausschusses	E
Liebing, Stefan	Bundesvereinigung Deutscher Musikverbände, Stuttgart, Generalsekretär	A
Lilienthal, Matthias	Dramaturg, Berlin	A
Lindstedt, Johanna	Annantalo Arts Centre Helsinki, Finnland, Direktorin	A
Loock, Prof. Dr. Friedrich	Institut für Kultur- und Medienmanagement der Hochschule für Musik und Theater Hamburg, Studiengang- und Institutsleiter	A
Lorenz, Dr. Ulrike	Ostdeutsche Galerie Regensburg, Direktorin	A
Lux, Dr. Claudia	Deutscher Bibliotheksverband, Vorsitzende; Berlin, Stiftung Zentral- und Landesbibliothek Berlin, Generaldirektorin	A
Martin, Olaf	Landschaftsverband Südniedersachsen e. V., Northeim, Geschäftsführer	A
Melichar, Prof. Dr. Ferdinand	Verwertungsgesellschaft WORT, München, Geschäftsführendes Vorstandsmitglied	A
Melka, Hannelore	Regionalbibliothek Neubrandenburg, Direktorin	A
Michel, Eva Maria	ARD/WDR, Köln, Justiziarin	A
Michow, Jens	Bundesverband der Veranstaltungswirtschaft, Hamburg, Präsident; Beirat der Künstlersozialkasse (KSK)	A
Mössinger, Dr. Ingrid	Kunsthalle Chemnitz, Direktorin	A
Moszkowicz, Jerzy	Centrum Sztuki Dziecke w Poznaniu, Kinderkulturzentrum Posen, Polen, Direktor	A
Mühlberg, Prof. Dr. Dietrich	Kulturhistoriker, Berlin	E
Müller, Thomas T.	Mühlhäuser Museen, Direktor	A
Münden, Gerd-Peter	Braunschweiger Domsingschule, Domkantor und Leiter	A
Muschg, Prof. Dr. Adolf	Akademie der Künste, Berlin, Mitglied; Schriftsteller	E
Nannen, Eske	Kunsthalle in Emden, Geschäftsführerin	A
Neubert, Pfr. Christhard-Georg	Kulturstiftung St. Matthäus, Direktor; Evangelische Kirche Berlin-Brandenburg-schlesische Oberlausitz, Kunstdirektor; Initiative Dorfkirchensommer	A
Neumann, Dr. Dieter	Kanzlei Freshfields Bruckhaus Deringer, Berlin	A

Name:	Organisation/Funktion:	
Nordemann, Prof. Dr. Wilhelm	Deutscher Komponistenverband, Potsdam, Justiziar	A
Oberndörfer, Prof. Dr. Dieter	Albert-Ludwig Universität Freiburg, Arno-Berstraesser-Institut	E
Oberst, Matthias	Schauspieler, Gastspielmanager, Magdeburg	E
Oppermann, Peter	Dramaturg, Trier	E
Paul, Wolfgang	ver.di, Berlin, Bundesvorstand	E
Pazarkaya, Dr. Yüksel	Schriftsteller, Bergisch-Gladbach	E
Pfennig, Prof. Dr. Gerhard	Verwertungsgesellschaft VG BILD-KUNST, Bonn, Geschäftsführendes Vorstandsmitglied	A
Pfetsch, Helga	Übersetzerin; Verband deutscher Schriftsteller, Heidelberg, Mitglied der Verhandlungskommission für den Bereich Übersetzer	A
Pieroth, Prof. Dr. Bodo	Westfälische Wilhelm-Universität Münster, Institut für Öffentliches Recht	A
Pitsch, Rolf	Arbeitsgemeinschaft der kirchlichen Bücherverbände Deutschland, Bonn, Sprecher	A
Porombka, Prof. Dr. Stephan	Universität Hildesheim, Vizepräsident für Lehre	E
Posselt, Dr. Martin	Isergebirgs Museum Neugablonz, Direktor	A
Rademacher, Ulrich	Westfälische Schule für Musik in Münster, Direktor	E
Radermacher, Norbert	Bund deutscher Amateur-Theater e. V., Heidenheim, Präsident	A
Rakete, Jim	Musikproduzent und Fotograf, Berlin	A
Reuter, Prof. Dr. Dieter	Universität Kiel, Lehrstuhl für Bürgerliches Recht und Arbeitsrecht	A
Ring, Prof. Dr. Klaus	Stiftung Lesen, Mainz, Wissenschaftlicher Direktor	A
Ringbeck, Dr. Brigitta	Ministerium für Bauen und Verkehr des Landes Nordrhein-Westfalen, Düsseldorf	E
Rochholl, Andreas	Zeitgenössische Oper Berlin, künstlerische Leitung	E
Rohlf, Jan	Mediengestalter, Kurator, Berlin	E
Romann, Gernot	NDR, Hörfunkdirektor; ARD-Hörfunkkommission, Hamburg, Vorsitzender	A
Rommé, Dr. Barbara	Stadtmuseum Münster, Direktorin	A
Rösener, Roman	Theaterhaus Jena, Geschäftsführer	A

Name:	Organisation/Funktion:	
Roßnagl, Michael	Siemens Arts Programm, München, Vorstandssprecher des Arbeitskreises Kultursponsoring und Leiter	E
Ruckteschell, Dr. Katharina von	Goethe-Institut, München, Leiterin der Abteilung Sprache	E
Ruppelt, Dr. Georg	Bundesvereinigung Deutscher Bibliotheks- und Informationsverbände e. V., Hannover, Sprecher Bibliothek und Information	A
Ruppert, Prof. Dr. Wolfgang	Universität der Künste Berlin, Institut für Theorie und Praxis der Kommunikation, Direktor	E
Sabisch, Petra	Tänzerin, Choreographin, Berlin	E
Salomé (Cihlarz, Wolfgang)	Maler, Berlin	E
Schade, Dr. Jürgen	Deutsches Patent- und Markenamt, München, Präsident	A
Schäfer, Prof. Dr. Hermann	Stiftung Haus der Geschichte der Bundesrepublik Deutschland, Bonn, Präsident	A
Scherf, Dr. Henning	Bürgermeister a. D., Deutscher Chorverband, Köln, Präsident	A
Schimmel, Wolfgang	ver.di, Stuttgart, Sekretär im Fachbereich Medien, Kunst und Industrie	A
Schmid-Hug, Steffen	Bundesverband Regie, München, Geschäftsführer	E
Schmidt-Glintzer, Prof. Dr. Helwig	Herzog August Bibliothek, Wolfenbüttel, Direktor	E
Schneider, Marc	Ursula Lübbe Stiftung, Bergisch-Gladbach, Vorstand	A
Schnelle, Rolf-Dieter	Auswärtiges Amt, Berlin, Abteilung für Auswärtige Kultur- und Bildungspolitik, Stellvertretender Leiter	E
Schröder, Zeha (mit bürgerlichem Namen: Blöbaum, Christoph Henrik)	freier Regisseur, Münster	E
Schubert, Armin	Kinder- und Jugend-Kunstgalerie Sonnensegel e. V., Brandenburg, Geschäftsführer	A
Schubert, Olivia	Kunstwerk Uckermark, Prenzlau, Mitgründerin	A
Schultze, Bertram	Leipziger Baumwollspinnerei, Geschäftsführer	A
Schulz-Hoffmann, Prof. Dr. Carla	Pinakothek der Moderne, München, Direktorin	A
Schumann, Gernot	Direktor der Unabhängige Landesanstalt für Rundfunk und neue Medien Schleswig-Holstein (ULR), Kiel, Direktor	E

Name:	Organisation/Funktion:	
Schwalm-Schäfer, Katharina	Ministerium für Wirtschaft und Arbeit des Landes Nordrhein-Westfalen, Düsseldorf, Referat Tourismus, Kulturwirtschaft und Design, Leiterin	A
Schwark, Peter	Gesamtverband der Versicherungswirtschaft (GDV), Berlin, Geschäftsführer	A
Schwens, Ute	Deutsche Bibliothek, Frankfurt/Main, Direktorin	A
Schwencke, Prof. Dr. Olaf	Deutsche Vereinigung der Europäischen Kulturstiftung (ECF) für kulturelle Zusammenarbeit in Europa, Berlin, Präsident	E
Senius, Kay	Bundesagentur für Arbeit, Nürnberg, Zentralbereichsleiter SGB II	A
Serexhe, Bernhard	Zentrum für Kunst und Medientechnologie, Karlsruhe (ZKM), Leiter Museumskommunikation	A
Seyffert, Gregor	Tänzer; Staatliche Ballettschule Berlin, künstlerischer Leiter; Gregor Seyffert Compagnie Dessau/Anhaltisches Theater; künstlerischer Leiter; Nationales Komitee des Conseil International de la Danse-UNESCO, Vizepräsident	A
Sievers, Norbert	Institut für Kulturpolitik der Kulturpolitischen Gesellschaft, Bonn, Geschäftsführer; Fonds Soziokultur, Bonn, Geschäftsführer	E
Simon, Reinhard	Uckermärkische Bühnen Schwedt, Intendant	A
Sommer, Tim	Redaktion ART, Hamburg, Chefredakteur	E
Sonanini, Franco	Bildungsdirektion des Kantons Zürich, Schweiz, Leiter der Fachstelle „Schule & Kultur"	A
Söndermann, Michael	UNESCO Institute of Statistics, Montreal (Büro Michael Söndermann Kultur Wirtschaft Forschung), Mitglied	A
Sotrop, Hans-Wilhelm	Bundesverband Bildende Künstlerinnen und Künstler, Bonn, Sprecher; Arbeitskreis Kulturstatistik e. V., Vorsitzender	A
Sprang, Dr. Christian	Börsenverein des Deutschen Buchhandels, Frankfurt/Main, Justiziar	A
Stock, Prof. Dr. Wolfgang	Justus-Liebig-Universität Gießen, Bonn, Medienanalyst	A
Strachwitz, Rupert Graf	Maecenata Institut für Philanthropie und Zivilgesellschaft, Berlin, Direktor	A

Name:	Organisation/Funktion:	
Strulick, Claus	Deutsche Orchestervereinigung e. V., Berlin, stellvertretender Geschäftsführer	E
Taube, Dr. Gerd	Kinder- und Jugendtheaterzentrum in der Bundesrepublik Deutschland der Internationalen Vereinigung des Theaters für Kinder und Jugendliche (ASSITEJ), Frankfurt/Main, Sektion Bundesrepublik Deutschland, Leiter	A
Terkessidis, Mark	Schriftsteller, Köln	E
Tiedemann, Kathrin	Forum Freies Theater Düsseldorf, Künstlerische Leitung und Geschäftsführung	E
Toubon, Jacques	Französischer Kulturminister a. D., Paris	A
Turner, Nikolaus	Bundesverband Deutscher Stiftungen, Leiter des Arbeitskreises „Bürgerstiftungen"; Kester-Haeusler-Stiftung, Fürstenfeldbruck, Geschäftsführer	A
Vogel, Dr. Martin	Mitglied der Beschwerdekammern und der Großen Beschwerdekammer des Europäischen Patentamtes, München	A
Vogt, Prof. Dr. Matthias Theodor	Institut für kulturelle Infrastruktur Sachsen, Görlitz, Gründungsdirektor	A
Völckers, Hortensia	Kulturstiftung des Bundes, Halle/Saale, Vorstand und Künstlerische Direktorin	E
Wagner, Bernd	Institut für Kulturpolitik der Kulturpolitischen Gesellschaft, Bonn, Wissenschaftlicher Leiter	E
Walter, Hans-Conrad	Causales – Agentur für Marketing & Kommunikation Walter & Neumann GbR; Internetportal „Kulturmarken", Berlin, Betreiber	E
Waltz, Sasha	Choreographin und Tänzerin, Berlin	A
Walz, Prof. Dr. W. Rainer, LLM	Bucerius Law School Hamburg, Lehrstuhl für Steuerrecht, Institut für Stiftungsrecht und das Recht der Non-Profit-Organisationen	A
Weingarten, Dr. Elmar	Deutsche Ensemble Akademie e. V. (Dachverband der Jungen Deutschen Philharmonie, des Ensemble Modern und der Deutschen Kammerphilharmonie), Frankfurt/Main, Geschäftsführer	A
Weschler, Emil	Bundesvereinigung Deutscher Orchesterverbände, Leimersheim/Pfalz, Stellvertretender Präsident	A
Wichmann, Dominik	Süddeutsche Zeitung mbH, München, Chefredakteur „SZ-Magazin"	E

Name:	Organisation/Funktion:	
Wichtmann, Christoph	Uckermärkische Musikwochen e. V., Potsdam, Geschäftsführer	A
Wiesand, Prof. Dr. Andreas	Europäisches Institut für vergleichende Kulturforschung, Bonn, Executive Director	E
Witt, Karsten	Karsten Witt Musikmanagement GmbH, Berlin, Gründer	E
Wolf-Hauschild, Regine	Stadtbücherei Heidelberg, Büchereidirektorin	A
Zehelein, Prof. Klaus	Deutscher Bühnenverein, Köln, Präsident	A
Ziller, Christiane	Bundesvereinigung Soziokultureller Zentren e. V., Berlin, Geschäftsführerin	A

10.5.4 Verzeichnis der in der 15. und 16. Wahlperiode zu öffentlichen Anhörungen und Expertengespräche eingeladenen Vereine, Verbände und Organisationen (alphabetisch sortiert)

Abteilung Arbeitsmarktpolitik und Beschäftigung, Berlin

Akademie der Künste, Berlin

Albert-Ludwig-Universität Freiburg, Arno-Berstraesser-Institut

Annantalo Arts Centre Helsinki, Finnland

Arbeitsgemeinschaft der öffentlich-rechtlichen Rundfunkanstalten der Bundesrepublik Deutschland (ARD)-Hörfunkkommission, Hamburg

Arbeitsgemeinschaft der öffentlich-rechtlichen Rundfunkanstalten der Bundesrepublik Deutschland (ARD)/ Westdeutscher Rundfunk (WDR), Köln

Arbeitsgemeinschaft Dokumentarfilm, Rüsselsheim

Arbeitskreis „Bürgerstiftungen" im Bundesverband Deutscher Stiftungen, Kester-Haeusler-Stiftung, Fürstenfeldbruck

Arbeitskreis Kultursponsoring, München

Arbeitskreis Kulturstatistik e.V., Köln

Arndt & Partner, Berlin

ArtRat Marketing- und Managementberatung, Düsseldorf

Auswärtiges Amt, Berlin

Bayerische Staatsoper, München

Bayerischer Rundfunk, München

Bergische Universität Wuppertal

Bertelsmann-Stiftung, Gütersloh

Beschwerdekammer und Große Beschwerdekammer des Europäischen Patentamtes, München

Bildungsdirektion des Kantons Zürich, Schweiz

BMW Group, München

Börsenverein des Deutschen Buchhandels, Frankfurt/Main

Braunschweiger Domsingschule

British Music Rights, Großbritannien

Bucerius Law School, Hamburg

Bund der Vertriebenen, Bonn

Bund deutscher Amateur-Theater e. V., Heidenheim

Bund Heimat und Umwelt in Deutschland, Bonn

Bundesagentur für Arbeit, Köln

Bundesagentur für Arbeit, Nürnberg

Bundesakademie für Kulturelle Bildung, Wolfenbüttel

Bundesministerium für Gesundheit und soziale Sicherung, Bonn

Bundesrat für Niederdeutsch, Institut für niederdeutsche Sprache, Bremen

Bundesregierung für Kultur und Medien, Bonn

Bundesverband Bildender Künstlerinnen und Künstler, Bonn

Bundesverband der Freien Berufe, Berlin

Bundesverband der Phonographischen Wirtschaft e. V., Berlin

Bundesverband der Veranstaltungswirtschaft, Künstlersozialkasse (KSK), Hamburg

Bundesverband Deutscher Bühnenangehöriger, Hamburg

Bundesverband Deutscher Stiftungen, Stiftung Niedersachsen, Hannover

Bundesverband Freier Theater e. V., Hannover

Bundesverband Regie, München

Bundesverband ver.di, Stuttgart

Bundesverbandes der Jugendkunstschulen und kulturpädagogischen Einrichtungen, Unna

Bundesvereinigung der kommunalen Spitzenverbände, Köln

Bundesvereinigung Deutscher Bibliotheks- und Informationsverbände e. V., Hannover

Bundesvereinigung Deutscher Musikverbände, Stuttgart

Bundesvereinigung Deutscher Orchesterverbände, Leimersheim/Pfalz

Bundesvereinigung Kulturelle Jugendbildung e. V., Remscheid

Bundesvereinigung Soziokulturelle Zentren e. V., Berlin

Büro für Kulturpolitik und Kulturwirtschaft, Bonn

Causales – Agentur für Marketing & Kommunikation Walter & Neumann GbR, Berlin

Centrum Sztuki Dziecka w Poznaniu, Polen

Chorakademie am Konzerthaus Dortmund e. V.

culture concepts, Berlin

Deutsch Historisches Museum, Weltmuseumsverband ICOM, Berlin

Deutsche Bibliothek, Frankfurt/Main

Deutsche Bischofskonferenz, Bonn

Deutsche Orchestervereinigung e. V., Berlin

Deutsche UNESCO-Kommission, Bonn

Deutsche Vereinigung der Europäischen Kulturstiftung (ECF) für kulturelle Zusammenarbeit in Europa, Berlin

Deutsche Ensemble Akademie e. V., Frankfurt/Main

Deutscher Bibliotheksverband, Stiftung Zentral- und Landesbibliothek, Berlin

Deutscher Bühnenverein, Köln

Deutscher Bundesverband Tanz e. V., Kirchzarten

Deutscher Chorverband, Köln

Deutscher Komponistenverband, Potsdam

Deutscher Kulturrat e. V., Berlin

Deutscher Museumsbund, Kassel

Deutscher Musikrat, Bonn

Deutscher Städtetag, Köln

Deutsches Institut für Urbanistik, Berlin

Deutsches Patent- und Markenamt, München

Deutschlandradio, Köln

Development Sponsoring Bayerische Staatsoper

DIE WELT, Berlin

Europäische Kommission, Bonn

Europäisches Instituts für vergleichende Kulturforschung, Bonn

Europa-Universität Viadrina in Frankfurt/Oder

Evangelische Kirche in Deutschland (EKD), Berlin

Fachhochschule Heilbronn, Studiengang Betriebswirtschaft, Kultur- und Freizeitmanagement

Fonds Soziokultur, Bonn

Fonds Darstellende Künste e. V., Bonn

Forum Freies Theater, Düsseldorf

Freie Universität, Berlin

Freshfields Bruckhaus Deringer, Berlin

Friedrich-Alexander-Universität Erlangen-Nürnberg

Gesellschaft für musikalische Aufführungs- und mechanische Vervielfältigungsrechte (GEMA), München

Genossenschaft deutscher Bühnenangehöriger, Hamburg

Gesamtverband der Versicherungswirtschaft (GDV), Berlin

Gesellschaft für musikalische Aufführungs- und mechanische Vervielfältigungsrechte, München

Gesellschaft zur Verwertung von Leistungsschutzrechten mbH, Berlin

Gesellschaftliches Engagement und Veranstaltungsmanagement/Kulturförderung Deutscher Sparkassen- und Giroverband, Berlin

Goethe-Institut e. V., Abteilung Sprache, München

Gregor Seyffert Compagnie Dessau/Anhaltisches Theater

Herzog August Bibliothek, Wolfenbüttel

Historisches Museum Bielefeld

Hochschule für Musik und Theater, Hamburg

Initiative „Europa eine Seele geben", Berlin

Institut für kulturelle Infrastruktur Sachsen, Görlitz

Institut für Kulturpolitik der Kulturpolitischen Gesellschaft, Bonn

Institut für Musikpädagogik, Frankfurt/Main

Interessengemeinschaft Filmproduktion „Film 20", Unterföhring

Isergebirgs-Museum, Neugablonz

Johannes Gutenberg Universität Mainz

Justus-Liebig-Universität Gießen, Bonn

Kinder- und Jugend-Kunstgalerie Sonnensegel e. V., Brandenburg

Kinder- und Jugendtheaterzentrum in der Bundesrepublik Deutschland der ASSITEJ, Frankfurt/Main

Kirchliche Bücherverbände Deutschland, Bonn

Konzerthaus Dortmund e. V.

Kultur im Ministerium für Wissenschaft, Forschung und Kultur Brandenburg

Kultur Wirtschaft Forschung, Köln

Kulturamt Berlin-Neukölln

Kulturamt Landkreis Emsland

Kulturjahr der Zehn, Berlin

Kulturpolitik und Kulturwirtschaft, Düsseldorf

KulturRegion Stuttgart

Kulturstiftung des Bundes, Halle/Saale

Kulturstiftung St. Matthäus, Evangelischen Kirche Berlin-Brandenburg-schlesische Oberlausitz, Initiative Dorfkirchensommer, Berlin

Kulturzentrum GEMS, Singen

Kunsthalle Chemnitz

Kunsthalle Emden

Künstlersozialkasse (KSK), Wilhelmshaven

Kunstmuseum Wolfsburg

Kunstwerk Uckermark, Prenzlau

Landesarbeitsgemeinschaft Soziokultur Niedersachsen, Hannover

Landesarbeitsgemeinschaft Soziokultureller Zentren Nordrhein Westfalen, Münster

Landesverband Freier Theater Niedersachsen, Hannover

Landesverband Soziokultur Sachsen e. V., Dresden

Landschaftsverband Südniedersachsen e. V., Northeim

Leipziger Baumwollspinnerei, Leipzig

Ludwig-Maximilians-Universität, München

Maecenata Institut für Philanthropie und Zivilgesellschaft, Berlin

Max-Planck-Institut für Geistiges Eigentum, Wettbewerbs- und Steuerrecht, München

Ministerium für Bauen und Verkehr des Landes Nordrhein-Westfalen, Düsseldorf

Ministerium für Wirtschaft und Arbeit des Landes Nordrhein-Westfalen, Düsseldorf

Ministerium für Wirtschaft, Mittelstand und Energie des Landes Nordrhein-Westfalen, Düsseldorf

Ministerium für Wissenschaft, Forschung und Kultur des Landes Brandenburg

Mühlhäuser Museen, Mühlhausen

Multikulturelles Zentrum Templin e. V., Templin

Museum für Islamische Kunst, Berlin

Musikmanagement GmbH, Berlin

Norddeutscher Rundfunk (NDR), Hamburg

Nordharzer Städtebundtheater, Halberstadt

Ostdeutsche Galerie, Regensburg

Ostfriesland-Stiftung der Ostfriesischen Landschaft, Aurich

Ostpreußisches Landesmuseum, Lüneburg

Phillips-Universität, Marburg

Pinakothek der Moderne, München

Popakademie Baden-Württemberg GmbH, Mannheim

Rundfunk Berlin Brandenburg (rbb), Berlin, Potsdam

Redaktion ART, Hamburg

Regionalbibliothek Neubrandenburg

Rowohlt Taschenbuch Verlag, Reinbek

Sächsische Landesbibliothek, Staats- und Universitätsbibliothek Dresden

Sekretariat der Deutschen Bischofskonferenz, Bonn

Siemens AG, Siemens Art Programm, München

Sponsorengesellschaft Stiftung Schleswig-Holstein Musik Festival

Staatliche Ballettschule Berlin

Stadtbücherei Heidelberg

Stadtmuseum Münster

Statistisches Bundesamt, Wiesbaden

Stiftung Buch-, Medien- und Literaturhaus, München

Stiftung Denkmalschutz, Bonn

Stiftung Haus der Geschichte der Bundesrepublik Deutschland, Bonn

Stiftung Lesen, Mainz

Stiftung Schleswig-Holstein Musik Festival, Lübeck

Stiftung Schleswig-Holsteinische Landesmuseen, Schleswig

Süddeutsche Zeitung GmbH, München

Theaterhaus Jena

Uckermärkische Bühnen Schwedt

Uckermärkische Musikwochen e. V., Potsdam

Unabhängige Landesanstalt für Rundfunk und neue Medien Schleswig-Holstein, (ULR), Kiel

UNESCO Institute of Statistics Montreal

Universität der Künste, Berlin

Universität Hamburg

Universität Hildesheim

Universität Kiel

Universität Potsdam

Ursula Lübbe Stiftung, Bergisch-Gladbach

ver.di Bundesverwaltung, Berlin

Verband der Deutschen Konzertdirektionen e. V., München

Verband Deutscher Musikschulen e.V., Bonn

Verband deutscher Schriftsteller, Heidelberg

Verband Privater Rundfunk und Telekommunikation e. V. (VPRT), Berlin

Verband Privater Rundfunk und Telekommunikation e. V., Weimar

Verein der Zeitungsverleger in Berlin und Brandenburg e. V., Berlin

Vertretung der Europäischen Kommission, Bonn

Verwertungsgesellschaft Bild-Kunst, Bonn

Verwertungsgesellschaft Wort, München

Weltmuseumsverband ICOM, Berlin

Westfälische Schule für Musik in Münster

Westfälische Wilhelms-Universität Münster

Wissenschaftszentrum Berlin für Sozialforschung (WZB)
Zeitgenössische Oper Berlin
ZEIT-Stiftung, Ebelin und Gerd Bucerius, Hamburg
Zentrum für Kunst und Medientechnologie (ZKM), Karlsruhe
Zentrum für Sozialpolitik, Universität Bremen
Zentrum für Zeithistorische Forschung, Berlin
Zweites Deutsches Fernsehen (ZDF), Mainz

10.6 Allgemeine Ausführungen zum Zuwendungsrecht

Unter dem Begriff „Zuwendungen des Bundes" versteht man im Haushaltsrecht Leistungen des Bundes an Stellen außerhalb der Bundesverwaltung zur Erfüllung bestimmter Zwecke. Sie umfassen zum einen zweckgebundene Zuschüsse und Zuweisungen sowie andere nicht rückzahlbare Leistungen. Es kann sich auch um zweckgebundene Darlehen und andere bedingt oder unbedingt rückzahlbare Leistungen handeln. Die Rechtsgrundlagen für die Vergabe von Zuwendungen des Bundes finden sich in der Bundeshaushaltsordnung und den entsprechenden Ausführungs- und Verwaltungsvorschriften. Im Zuwendungsrecht gelten bestimmte Prinzipien, die im Haushaltsrecht verankert sind. Zu nennen sind das Subsidiaritätsprinzip, das Gebot der Wirtschaftlichkeit und Sparsamkeit und das Besserstellungsverbot. Das Subsidiaritätsprinzip stellt die Selbstverantwortung vor staatliches Handeln. Hiernach sind bei einer staatlich zu lösenden Aufgabe zuerst die nachgeordneten Bereiche wie Städte, Gemeinden oder Kommunen für die Umsetzung verantwortlich, während übergeordnete Glieder wie die Länder oder der Bund erst dann tätig werden, wenn die Aufgaben nicht eigenständig gelöst werden können. Das sogenannte Besserstellungsverbot schreibt vor, dass Empfänger von institutionellen Zuwendungen ihre Mitarbeiter nicht besser vergüten dürfen als vergleichbare Bundesbedienstete.

Keine Zuwendungen im Sinne des Haushaltsrechtes sind vor allen Dingen Sachleistungen, Leistungen aufgrund von Rechtsvorschriften oder auch der Ersatz von Aufwendungen.

Zuwendungsarten

Im Zuwendungsrecht wird zwischen der institutionellen Förderung und der Projektförderung unterschieden. Bei der institutionellen Förderung handelt es sich um Zuwendungen zur Deckung der gesamten Ausgaben oder eines nicht abgegrenzten Teils der Ausgaben des Zuwendungsempfängers. Die Förderung muss von dem Zuwendungsempfänger jährlich zwar neu beantragt und vom jeweiligen Zuwendungsgeber neu bewilligt werden. In der Praxis hat sich diese Förderungsart jedoch zu einer Art Dauerverpflichtung der öffentlichen Hand entwickelt.

Im Rahmen der Projektförderung werden Zuwendungen zur Deckung von Ausgaben des Zuwendungsempfängers für einzelne Vorhaben, die fachlich, inhaltlich und finanziell eindeutig abgegrenzt werden können, geleistet. Der Zuwendungsgeber kann hierbei stärker als bei der institutionellen Förderung Einfluss auf den Inhalt der Arbeit des Empfängers nehmen.

Finanzierungsarten

Unterschieden wird im Zuwendungsrecht zwischen der Anteilsfinanzierung, der Fehlbedarfsfinanzierung, der Festbetragsfinanzierung und der Vollfinanzierung.

Bei der Anteilsfinanzierung errechnet sich die Zuwendung als Anteil bzw. Prozentsatz der anerkannten zuwendungsfähigen Ausgaben. Hierbei ist jedoch darauf zu achten, dass ein festgelegter Höchstbetrag nicht überschritten werden darf. Einsparungen oder Mehreinnahmen des Zuwendungsempfängers führen bei dieser Finanzierungsart zu einer Rückzahlungsverpflichtung.

Bei der Fehlbedarfsfinanzierung werden die Mittel zur Verfügung gestellt, die die Differenz zwischen den anerkannten zuwendungsfähigen Ausgaben und den Eigenmitteln und sonstigen Einnahmen des Zuwendungsempfängers bilden. Auch hier wird ein Festbetrag festgelegt. Einsparungen oder Mehreinnahmen des Zuwendungsempfängers führen bei dieser Finanzierungsart ebenfalls zu einer Rückzahlungsverpflichtung.

Im Rahmen der Festbetragsfinanzierung erfolgt die Zuwendung in Form eines festen Betrages. Dieser Betrag ändert sich in der Regel auch bei Einsparungen und höheren Einnahmen nicht. Eine Ausnahme hierzu liegt dann vor, wenn die Gesamtausgaben des Zuwendungsempfängers unter dem Zuwendungsbetrag liegen.

Bei der Vollfinanzierung werden alle Ausgaben des Zuwendungsempfängers finanziert, wobei auch hier ein festgelegter Höchstbetrag nicht überschritten werden darf. Jede Einnahmeerhöhung oder Einsparung führt konsequenterweise zu einer Minderung der Zuwendung in gleicher Höhe.

10.7 Sachregister

A

Abzugssteuer 375ff.

Agenturen für Arbeit 366, 450, 466f., 474

Akademie der Künste 480, 493, 638, 668

Allgemeine Erklärung der Menschenrechte 620

Alterssicherung 11, 81, 403, 445, 455ff., 509

Amsterdamer Protokoll 218

Amsterdamer Vertrag 623ff., 626, 630

Arbeitsbeschaffungsmaßnahme 194, 472

Arbeitsförderung 82, 466f.

Arbeitsgelegenheit 368ff., 472ff.

Arbeitsgemeinschaft Deutscher Kunstvereine 391, 488, 710

Arbeitsgemeinschaft Literarischer Gesellschaften 235, 710

Arbeitsgemeinschaft Transition und soziale Aspekte 478f.

Arbeitskreis Kirche und Theater 237

Arbeitskreis Kulturstatistik 504, 506, 564

Arbeitskreis Musik in der Jugend 280, 710

Arbeitslosengeld I 12, 365f., 369, 467ff., 472, 710

Arbeitslosengeld II 472ff., 657, 710

Arbeitslosenversicherung 81, 364f., 466ff., 478

Arbeitsmarkt 11, 170, 193, 286, 304, 311, 324, 335, 337, 357, 359f., 362f., 365ff., 425ff., 441, 449f., 457, 466f., 470ff., 478, 499, 657, 659f.

ARD (Arbeitsgemeinschaft der öffentlich-rechtlichen Rundfunkanstalten der Bundesrepublik Deutschland) 217ff., 710

ARTE 217ff., 641

Artist Pension Trust 461, 464, 710

Arts Council of England 68

Association International du Théâtre pour l'Enfance et la Jeunesse 149, 710

Ausländersteuer 78

Ausschuss für Kultur und Medien des Deutschen Bundestages 6, 215, 382

Ausstellungshäuser 142, 166ff., 232, 236, 240, 363, 435, 652, 660, 678

Ausstellungsvergütung (für bildende Künstler) 390ff., 395

Autorenreport 443

Autorenversorgungswerk 403, 416, 460

B

Bagatellgrenze   453, 549

Bamberger Symphoniker   148

Basel II ==> Eigenkapitalregelung für Banken   544, 553

Bayerische Staatsbibliothek   185, 187

Bayerische Staatsoper   152, 259, 267, 357

BBC (British Broadcasting Corporation)   225, 641, 710

Beauftragter der Bundesregierung für Kultur und Medien   70, 144f., 173ff., 295, 299, 301f., 480, 489, 493, 496, 540f., 631, 710

Beitragsbemessungsgrenze   471

Beitragserhebung   449

Bericht über die kulturelle Zusammenarbeit in der Europäischen Union (Ruffolo-Bericht)   267, 624f., 633, 639

Berliner Institut für vergleichende Sozialforschung   315

Bertelsmann Stiftung   42, 184, 187, 251f., 272, 323, 574

Beschäftigte, abhängig   346ff., 361, 363, 365f., 425, 431ff., 435, 445, 448, 455f., 458, 461ff., 467, 507, 523f.

Beschäftigte, geringfügig   193, 369, 447, 449f., 423f.

Beschäftigte, unständig   81, 361f., 364, 366, 425, 449, 466f.

Beschäftigtenstatistik   347, 432f. 514, 523f.

Besserstellungsverbot   243, 249, 753

Bestseller-Paragraph   388

Betriebsform   131, 133ff., 145, 151ff., 159, 162, 164, 518

Bibliotheken   Kapitel 3.1.2.3; 9, 72, 84, 86f., 95, 97, 109, 116ff., 142, 144, 146, 158, 172f., 181, 183ff., 206, 208, 210, 226, 232, 235ff., 240, 279, 281, 288, 293, 306, 313, 326, 329, 361, 363, 368f., 384, 511, 563, 569, 571f., 588f., 594, 598, 605, 610, 630, 652, 660f., 663, 670, 678f.

Bibliotheksgesetz   87, 117, 186, 188, 661

Bibliotheksindex   187

Bibliotheksstatistik   184, 187

Bibliotheksverordnung   186

Bildung, musikalische   209f., 220f., 237, 327, 354ff., 565ff., 582ff., 590f., 606

Bildung, politisch-historische   587f., 605f.

Bildungsauftrag   154, 186, 216ff., 305, 330, 575, 584f., 589, 598

Bistum Münster   321

Blaubuch   145, 293, 295

Blaue Liste (jetzt: Wissenschaftsgemeinschaft Gottfried Wilhelm Leibniz)   169, 176

Bologna-Prozess   356, 360, 581

Börsenverein des Deutschen Buchhandels   390, 443, 549

Brandenburgische Technische Universität   301, 711

Brandenburgisches Staatsorchester Frankfurt   152

Brauchtum   Kapitel 3.3.4; 47, 110, 206, 208, 211, 213, 240, 246f., 276ff., 280ff., 307, 314, 584, 590, 653, 670

Breitenkultur   13f., 191, 213, 247, 276f., 279ff., 419, 658, 663

Bremer Kinder- und Jugendtheater MOKS   148

Bucerius Law School   253

Buchpreisbindung   83f., 549, 559, 711

Budgetierung   127, 132, 177

Bühnenarbeitsrecht   163, 367

Bühnenkünstler   347, 456

Bund Deutscher Amateurtheater   149, 236f., 246, 280, 710

Bundesagentur für Arbeit   194, 347, 362, 364ff., 369f., 374, 425, 433, 436, 466ff., 471, 473, 479, 514, 523, 710

Bundeshauptstadt, Kulturförderung   Kapitel 3.5.2; Sondervotum 4.4.3 und 296ff.

Bundesinstitut für Kultur und Geschichte der Deutschen im östlichen Europa   307, 670, 710

Bundeskartellamt   412, 421

Bundesrechnungshof   69, 242f., 249, 366, 466

Bundesverband Bildender Künstlerinnen und Künstler   391, 443, 457, 488

Bundesverband der Film- und Fernsehschauspieler   468, 472, 710

Bundesverband der Museumsfördervereine   236

Bundesverband der Veranstaltungswirtschaft   427, 443, 454, 457, 477, 544, 546, 545

Bundesverband Deutscher Stiftungen   213, 230f., 239, 250ff., 253ff.

Bundesverband Regie   362f., 461, 543ff.

Bundesverband Tanz   206, 237, 240, 276, 283, 477, 585

Bundesvereinigung deutscher Musik- und Theater-Fördergesellschaften   237, 714

Bundesvereinigung Deutscher Musikverbände   206, 240, 247, 276, 279, 283, 419, 710

Bundesvereinigung Deutscher Orchesterverbände   247f., 396, 408, 418

Bundesvereinigung Kulturelle Jugendbildung   215, 238, 332, 483, 710

Bundesvereinigung Soziokultureller Zentren   143, 189, 193f., 196, 238, 280, 323, 363, 369, 483, 640

Bundesverfassungsgericht   67, 75, 82ff., 92, 14, 216, 218, 221, 286, 304, 373, 394, 444, 446, 469, 711

Bund-Länder-Kommission für Bildungsplanung und Forschungsförderung   565ff., 602

Bündnis für Theater   150

Bürgerschaftliches Engagement   Kapitel 3.3.1; 13f., 54f., 64, 78f., 115, 117, 139, 149, 170, 179, 189, 194, 197f., 229, 233ff., 236f., 238ff., 240, 243, 245f., 248f., 254, 260, 270ff., 277, 279, 283ff., 295, 303, 314, 326, 332, 334f., 409, 452, 566f., 5091, 601, 606, 678

Bürgerstiftungen   Kapitel 3.3.2; 143, 229, 239f., 250ff., 254, 265

C

Career Transition for Dancers Inc.   475f., 711

Central European Licensing and Administration Service   399, 414, 711

Clustermanagement   536, 542

CNN (Cable News Network)   641, 711

Creative Class   338, 350

Creative Industries   350, 502ff., 506, 511ff., 528, 556, 563

Cultural Contact Point   635, 640, 711

D

Dancer Transition Ressource Centre   475, 711

Dancers' Career Development   475, 711

Dänen   317, 319f.

Demografischer Wandel   Kapitel 3.6; 60, 190, 192, 206, 213, 238, 266, 277, 281, 322ff., 481, 567f., 606f., 627, 661, 673

Denkmalschutz   71, 86, 88, 116f., 144, 211f., 239, 294f., 299, 302f., 305, 332, 563, 633, 652, 661

Denkmalschutzprogramm Dach und Fach   294f., 332

Department for Culture Media and Sport   167, 556

Deutsche Bischofskonferenz   206, 215

Deutsche Bläserjugend   279, 711

Deutsche Bühnengenossenschaft   148

Deutsche Bundesstiftung Umwelt   303

Deutsche Kinderphilharmonie   148

Deutsche Künstlerhilfe   372, 461, 480

Deutsche Nationalbibliothek   184

Deutsche Nationalstiftung   229

Deutsche Orchestervereinigung   148, 156

Deutsche Rentenversicherung Bund   364, 445, 448, 451ff., 455

Deutsche Staatsangehörigkeit   615

Deutsche Stiftung Denkmalschutz   239, 302f., 305, 661

Deutsche Stiftung Welterbe   303

Deutsche UNESCO-Kommission   299f., 301, 304f., 612, 622, 634, 642ff., 648, 688, 696, 711

Deutsche Welle   218, 641

Deutsche Zentrale für Tourismus   303, 305, 534, 711

Deutscher Bibliotheksverband   184, 187

Deutscher Bühnenverein   135, 139f., 148f., 151, 154, 156, 162f., 362, 367, 426, 524, 652

Deutscher Kulturrat   42, 46, 215, 283, 323, 328, 372, 445, 482, 565, 568, 574, 606, 622, 630, 640, 674

Deutscher Literaturfonds   229, 481, 486f., 494, 496f.

Deutscher Museumsbund   167f., 170, 173f., 175f., 180, 183, 323, 362, 391

Deutscher Musikrat   152, 229, 237, 280, 407, 481f., 489f., 492, 494, 499

Deutscher Stiftungstag   254

Deutscher Übersetzerfonds   229, 481, 487f., 494, 496ff.

Deutscher Verband Evangelischer Büchereien   210, 235

Deutsches Bibliotheksinstitut   187

Deutsches Historisches Museum   169, 594

Deutsches Kulturforum östliches Europa   307, 711

Deutsches Nationalkomitee für Denkmalschutz   302f.

Deutsches Patent- und Markenamt   396f., 411ff., 420f., 711

Deutschlandradio (Kultur)   218f., 222, 224

Dienstleistungsfreiheit   74, 375, 423

Digitalisierung   52, 59, 174f., 181, 185, 224f., 337, 348, 352, 428, 435, 521

Digital-Rights-Management-System (Digitale Rechte Verwaltung)   80, 711

Doppelbesteuerungsabkommen   32, 376f., 381

Drei-Sektoren-Modell   287, 515f., 522, 526

E

EG-Vertrag   65ff., 91, 99, 110, 375, 423, 612, 623f., 649

Eigenkapitalregelungen für Banken (BASEL II)   544

Ein-Euro-Job   170, 193, 472f.

Einigungsvertrag   68, 93, 202, 292ff., 712

Enforcement-Richtlinie   385, 626

Enquete-Kommission „Zukunft des Bürgerschaftlichen Engagements"   234, 243, 245, 260, 270, 285, 566, 678

Erwachsenenbildung   Kapitel 6; 87, 109, 209, 573, 596, 600ff., 646, 662

EU-Jugendprogramm „Jugend in Aktion"   638

Europäische Charta der Regional- oder Minderheitensprachen   318

Europäische Dienstleistungsrichtlinie   14, 44, 74, 115, 627, 629, 681, 711

Europäische Kulturagenda   621f.

Europäische Kulturkonvention von 1954   618, 624, 638

Europäische Union   10, 14, 44, 53, 65ff., 69f. 73f., 76, 78, 90, 94, 99f., 106, 110, 182f., 194f., 203, 253, 260, 296, 305, 308, 318, 379, 399, 409, 445, 503, 520, 522, 526ff., 540, 551, 556, 600, 609, 612, 616ff., 621ff., 629ff., 638ff., 643, 646ff., 651, 654f., 681, 712

Europäische Weltkulturerbe-Stiftung   305

Europäischer Filmpreis   641, 712

Europäischer Fonds für regionale Entwicklung   328, 633, 712

Europäischer Freiwilligendienst   638, 712

Europäischer Gerichtshof   66, 75, 84, 371, 375f., 380, 627f., 712

Europäischer Landwirtschaftsfonds für die Entwicklung des ländlichen Raums   633f., 712

Europäischer Sozialfonds   195, 602, 633f., 712

Europäischer Verlegerverband   630

Europäisches Jahr des interkulturellen Dialogs 2008   633

Europarat   110, 196, 303, 318f., 617ff., 623f., 632, 638

European Cultural Foundation (Amsterdam)   639, 712

European Cultural Observatory   639

European Foundation Center   253

European Network of Cultural Centres   195, 712

Evangelische Kirche Deutschlands   206f., 209, 212f., 240, 276, 283, 299

Existenzgründung   Kapitel 4.3–4.5; 48, 351, 353, 356ff., 361, 425, 427, 430, 433f., 435f., 437ff., 441f., 478, 507f., 514, 523f., 541, 545f., 559

Existenzsicherung   Kapitel 4.3–4.5; 48, 351, 356, 358, 361, 425, 430, 435ff., 440, 478, 507f.

F

Filmförderung   221, 365, 468, 541, 543, 545, 548, 596, 628, 647, 712

Finanzierung von Kunst und Kultur   Kapitel 3; 10, 44, 125ff., 681

Fonds Darstellende Künste   155, 158, 165, 229, 479, 481, 484ff., 494, 496

Fonds Soziokultur   194ff., 229, 481ff., 484, 494, 496

Fonds zur Stärkung des bürgerschaftlichen Engagements für die Kultur in den neuen Ländern   229

Förderprogramm Kultur in den neuen Ländern   294ff.

Förderung von Kunst und Kultur   Kapitel 3; 9, 11, 43, 54, 76, 84, 95, 121, 227, 371, 379, 660, 662, 678

Förderung, institutionelle   77, 196, 241f., 288

Freie Theater   47, 148f., 155ff., 158, 166, 484

Freiwilligen-Survey   234f., 240f., 262f., 279

Freiwilliges Soziales Jahr Kultur   238, 301, 590f., 712

Friesen   317, 319, 321, 712

Früherziehung, musikalische   574, 583, 714

Fundraising   180, 267, 271, 276, 476, 479, 634, 713

G

Ganztagsschule   191, 196, 281, 565f., 571, 578, 580f., 589f., 611, 675

Gastspielvertrag   163f., 166, 364, 367f., 370, 429

GEMA (Gesellschaft für musikalische Aufführungs- und mechanische Vervielfältigungsrechte)   Kapitel 4.3.4; 13, 210, 213, 246f., 396ff., 414, 417ff., 424, 458ff., 464, 713

Gemeinnützigkeit   Kapitel 3; 9, 13, 79, 139, 214, 240, 243, 246, 251f., 254, 258, 267, 272, 282ff., 542, 631, 661

General Agreement on Tariffs and Trade (GATT)   645, 712

General Agreement on Trade in Services (GATS)   66, 645ff., 681, 712

Geringfügigkeitsgrenze   453, 455

Gesellschaft zur Verwertung von Leistungsschutzrechten   396f., 405ff., 420f., 464, 713

Gesellschaft zur Wahrnehmung von Film- und Fernsehrechten   397, 464, 713

Gewandhausorchester Leipzig   152f.

Gewerbesteuer   79, 282, 373

Globalisierung   8, 10, 44, 51ff., 60, 72, 118, 150, 311, 502, 601, 617f., 621f., 637, 642f., 668, 673f., 677, 681

Goethe-Gesellschaft in Weimar   235

Goethegroschen   387

Governance   125ff., 128f. 132f., 146f.

Grimme-Institut   225

Grünbuch der EU-Kommission   324, 627

Grundsicherung für Arbeitslose   428, 462, 472ff., 659

Grundversorgung, kulturelle   43, 105f., 114f., 224f., 601, 678f.

H

Haager Konvention zum Schutz von Kulturgut bei bewaffneten Konflikten   72, 300

Hamburger Kunsthalle   168

Hartz-Gesetzgebung   81, 362ff., 467, 472f. , 713

Hauptstadtkulturfonds   229, 299, 481, 492ff., 668

Hauptstadtkulturvertrag   229, 297ff., 492f., 667f.

Haushaltsrecht   Kapitel 3; 76f., 104, 123, 134ff., 137, 156f., 160, 164, 166, 212, 230f., 243, 452, 592, 665, 753

Haustarifvertrag   163

Hildesheimer Modell (Modellversuch am Stadttheater Hildesheim)   148

I

Ifo-Institut   425

Infrastruktur, kulturelle   Kapitel 2.5; 9, 13, 60, 85, 87, 114ff., 117f., 120, 122ff., 189, 192, 197, 201, 207, 209f., 233, 269, 277, 281, 286ff., 289, 293, 295, 320, 322, 327f., 334, 338, 571f., 582f., 599, 644, 651, 654, 660, 663f.

Initiative Deutsche Sprache   613

Initiative Musik   242, 541

Institut für deutsche Kultur und Geschichte Südeuropas   307, 713

Institut für Kultur und Geschichte der Deutschen in Nordosteuropa   307, 713

Institut für Museumskunde   141, 168, 652

Institut pour le Financement du Cinéma et des Industries Culturelles   552, 713

Interessengemeinschaft der Städte mit Theatergastspielen   149, 154, 158, 713

Interkultur   Kapitel 3.5.5; 47, 53, 167, 189, 191f., 195f., 207, 212, 221, 279, 281, 297, 300, 308ff., 323, 568, 572, 601, 608ff., 612, 618, 621, 633, 637ff., 640, 643, 658, 660, 669, 673

Interkulturelle Bildung   Kapitel 6.4; 207, 308f., 312, 316f., 572, 608ff.

International Committee on Fundraising Organisations   271, 713

International Council of Museums-Codex   167, 183, 713

International Council on Monuments and Sites   301, 713

J

Jährlichkeitsprinzip   156, 158, 242, 288, 665

Jugendkulturbarometer   581

Jugendkunstschulen   Kapitel 6; 114, 116f., 143, 146, 200, 215, 238, 280, 361, 483, 565, 569ff., 580f., 599

K

Karneval der Kulturen 279

KiKa (Kinderkanal) 219, 625, 708, 713

Kinder- und Jugendbildung, kulturelle 143, 154, 191, 238, 301, 565, 568f., 572, 581f., 591, 599, 673, 675, 710

Kinder- und Jugendhilfegesetz 71, 82, 157, 569f., 591f. , 714

Kinder- und Jugendplan des Bundes 117, 157, 327, 569, 592, 597, 714

Kinder- und Jugendtheaterzentrum in der Bundesrepublik Deutschland 215, 574

Kirchen, kulturelle Tätigkeit Kapitel 3.2.1

Kleinstkredite 441, 544, 553, 555

Kollektive Rechtewahrnehmung 10, 80, 396, 409, 411, 415f., 423

Kommunalrecht 85, 118f., 135, 137f.

Kompetenz, interkulturelle 192, 317, 568, 609f., 621, 638

Kompetenzagenturen, kultur- und kreativwirtschaftliche 542, 553, 555

Kompetenznetzwerk Bibliotheken 187, 714

Kompetenzverteilung Europa, Bund, Länder, Kommunen 65f., 68, 70, 72, 86, 100, 102f., 113, 362, 632

Konferenz „Zukunft und kulturelle Entwicklung" von Arc et Senans (1972) 619

Koordinator für Kultur- und Kreativwirtschaft 36, 560

Koordinierungsstelle für Kulturgutverluste 174, 188

Korb 2 384

Körperschaftssteuer 79, 250, 254, 272ff., 282

Kreditanstalt für Wiederaufbau 33, 438, 442, 713

Kreditgarantiefonds 552f., 555

Kultur als öffentliche und gesellschaftliche Aufgabe Kapitel 2

Kultur als Pflichtaufgabe 122

Kultur in ländlichen Regionen Kapitel 3.1.3

Kultur- und Kreativwirtschaft Kapitel 5; 11, 287f., 298, 347, 351, 433f., 435, 438, 440, 499ff., 653, 661, 671f.

Kultur- und Kreativwirtschaftsbericht 435, 522

Kulturauftrag Kapitel 2.4 und 3.2.2; 69, 71, 73, 82, 90, 94, 102, 105f., 118, 120, 122ff., 137, 214ff., 232, 290, 606, 613

Kulturbegriff 9, 57, 63, 101, 192, 211, 216ff., 223, 225, 260, 265, 294f., 521, 619f., 623, 625, 633, 694

Kulturberufe   Kapitel 4; 78f., 81f., 115, 244, 338, 346f., 351ff., 361ff., 424ff., 443ff., 507ff., 523f., 559, 604, 627f., 665

Kulturelle Bildung   Kapitel 6; 10, 12f., 44, 47, 53f., 58, 63, 68f., 74, 87, 114ff., 139, 143, 146, 149, 154, 157, 168, 175, 184, 186, 189, 197, 206f., 210, 214f., 220f., 237f., 240, 243, 281, 300, 305, 308f., 312f., 316f., 323, 326ff., 334, 349, 352, 355, 363, 368, 417, 477, 482, 512, 555f., 560, 565ff., 637, 642, 644, 653, 658, 661, 666f., 673ff., 679, 681

Kulturelles Erbe   58f., 63, 65, 73, 96, 99f., 104, 108, 110, 113, 116f., 143f., 167ff., 171, 173, 177, 179, 184, 186, 226, 287, 292, 294f., 297, 306, 314, 326, 329, 331f., 335, 383, 512f., 561, 613, 617ff., 621, 623ff., 628, 636, 639, 642f., 658, 665, 670, 673f.

Kulturentwicklungsplan   123, 128, 130, 146, 326, 328ff., 334f.

Kulturfonds der Deutschen Demokratischen Republik   228, 293

Kulturförderprogramme der Europäischen Union   618

Kulturförderung, mittelbar-öffentliche   146, 227ff.

Kulturförderung, öffentlich-nichtstaatliche   Kapitel 3.2

Kulturförderung, private   252, 269, 286

Kulturförderungsgesetz, niederösterreichisches   131ff.

Kulturgroschen   197

Kulturgüterschutz, völkerrechtlicher   72, 300

Kulturhauptstadt Europa   60, 533, 621, 635ff., 638

Kulturhoheit der Länder   7, 67, 69, 71, 94, 103, 625, 631

Kulturkreis der deutschen Wirtschaft im Bundesverband der Deutschen Industrie   42, 180, 236, 265, 271

Kulturorchester   Kapitel 3.1.2.1; 47, 66, 73, 77, 81, 95, 133, 141, 147ff., 160, 240, 361ff., 371, 374, 376, 378, 425, 443, 450, 456, 484, 629, 665, 715

Kulturpolitik der Europäischen Union   65, 99, 626, 643

Kulturraum   85f., 116, 120, 122f., 131, 136, 146, 187, 202f., 306, 358, 640, 715

Kulturstaat   7, 14, 51f., 54f., 57f., 63f., 75, 90, 93f., 100ff., 113, 115, 293, 298f., 541, 664, 667, 673

Kulturstatistik   Kapitel 8; 10, 44, 213, 260, 273, 275, 279, 431, 504, 506, 514, 520, 522f., 526ff., 563f., 569, 651ff., 679, 681, 702

Kulturstiftung der Länder   150, 229, 293, 481, 488, 567

Kulturstiftung des Bundes   102, 158, 166, 195, 205, 229, 231, 242f., 323, 436, 477, 481ff., 494f., 497, 554, 638ff., 484ff., 487ff.

Kulturtourismuskonzept   534

Kulturverständnis, europäisches   618f., 622

Kulturwerk GmbH   407

Kulturwirtschaft   Kapitel 5; 8, 10f., 14f., 44, 48, 52, 64, 71, 73, 76, 115, 131ff., 142, 261f., 287ff., 351, 353, 362, 378, 388, 393f., 426, 434, 439, 449f., 499ff., 631, 637, 642f., 647f., 652f., 671f., 681

Kulturwirtschaftsberichte   289, 503f., 508, 512, 514, 516ff., 653

Kulturwirtschaftsstatistik   524, 527ff.

Kultusministerkonferenz ==> Ständige Konferenz der Kultusminister der Länder in der Bundesrepublik Deutschland (KMK)   179, 187, 209, 267, 273, 276, 296, 299, 303, 323, 328f., 537, 574, 576, 603, 654, 714

Kunsthalle Emden   610

Künstler, Aus-, Fort- und Weiterbildung   Kapitel 4.2; 465

Künstler, nicht darbietende   377f., 381

Künstler, rechtliche Situation   Kapitel 4.3; 78, 81f., 361ff., 425, 449, 665

Künstler, selbstständiger   81, 346, 372f., 433, 435, 440, 443, 445ff., 449, 455f., 458, 462f., 466, 507, 524

Künstler, soziale Lage   Kapitel 4; 10, 43f., 47, 81, 168, 244, 337ff., 523, 604, 658, 660, 666, 677, 679, 681, 685,

Künstler, wirtschaftliche Lage   Kapitel 4

Künstleragentur   467f.

Künstlerbild   Kapitel 4.1; 337ff., 358, 426, 433, 448, 604

Künstlerdienste   366, 369, 425, 466f.

Künstlerförderung   Kapitel 4.6; 116f., 158, 204, 229, 288, 349, 354, 435f., 439, 442, 447, 465, 479ff., 559, 663, 679

Künstlergemeinschaftsrecht   381, 387, 392ff., 395

Künstlergespräch   338, 351, 357, 362, 366, 425, 428, 430, 464, 480, 495

Künstlerreport   7, 443

Künstlersozialabgabe   81, 244, 444ff., 451ff., 455ff.

Künstlersozialkasse   12, 79, 244, 249, 338, 345ff., 351ff., 366, 372, 378, 380, 416, 425, 427, 430, 433f., 443, 447ff., 455, 457, 459, 461, 463, 465, 478ff., 509, 514, 523f., 559, 604, 653, 714

Künstlersozialversicherung   Kapitel 4.5.1; 12, 71, 81, 244, 249, 337, 345f., 348, 367, 370, 372, 374, 380, 394, 402f., 425, 427, 430, 432ff., 439, 443ff., 455ff., 479, 714

L

Laienkultur   Kapitel 3.3.4; 47, 206, 235, 240, 246f., 276ff., 283, 312, 522, 578, 583f., 590, 644, 661, 670, 673

Leipziger Gewandhausorchester   152f.

Leistungsschutzberechtigter   383, 389f., 393f., 397, 420

Lernen, lebenslanges   13, 186, 565ff., 600f., 602ff., 606

Leseförderung   588f., 598, 610

Lesekompetenz   568, 573, 589, 673

M

Maecenata-Institut   228, 251, 259f., 265, 283

Mainfranken Theater Würzburg   201f.

Matching Fund   268, 275, 286, 291

Max-Planck-Institut   323, 381, 394, 396, 410f., 422f

Mediatisierung   338, 348f., 352, 435

Medienbildung, kulturelle   Kapitel 6.2.5; 573, 593ff.

Medienkompetenz   63, 184, 571, 593ff., 598, 608, 610

Medienrecht   76, 82f.

Mehrspartentheater   152, 330

Migrantenkultur   Kapitel 3.5.5; 167, 207, 308ff., 323, 608, 610, 612, 660, 677, 679

Migration   53, 59, 189, 192, 195, 281, 308ff., 325, 570f., 573, 583, 595, 601, 609ff. 637, 668ff.

Mikrozensus   346f., 353, 431ff., 514, 423f., 652f.

Minderheit, autochthone   Kapitel 3.5.6; 278, 317ff.

Minderheitensprachen ==> Regional- und Minderheitensprachen   276, 278, 282, 318f., 616

Minikredit   552

MTV (Music TeleVision)   222, 714

Münchener Kammerorchester   152

Münchner Philharmoniker   152

Museen   Kapitel 3.1.2.2; 7, 47, 60, 68, 72, 84, 87, 95, 97, 109, 116f., 119, 139, 141f., 144, 146, 166ff., 197f., 200, 205, 208, 210, 226, 232, 236f., 240, 279, 281, 288, 290, 293, 306ff., 312f., 361, 363, 368, 370, 377, 390f., 393, 428, 435, 452, 461, 511, 513, 530, 533, 537, 550, 561, 563, 565, 578, 586f., 589, 594, 605, 646, 652, 663, 671, 677ff.

Museum Kunstpalast Düsseldorf   180, 290

Musikalische Grundausbildung   574, 583, 714

Musikschule   9, 86, 88f., 114ff., 119, 143, 146, 191, 197, 215, 237f., 244, 326f., 331, 347, 361, 363, 368, 437, 499, 510, 565f., 569ff., 574, 576, 581ff., 590, 599, 627, 653, 661, 633

Musikvereine   237, 244, 279, 453, 510, 565

Musikwirtschaft   512, 519, 525, 531, 541, 543, 546

N

Nationalkomitee der regierungsunabhängigen Organisationen   301

NDR Sinfonierorchester Hamburg   153

neue Länder, Kulturförderung   557

Neues Steuerungsmodell   Kapitel 3.1.1.1.1; 125ff., 144ff., 233

New Public Management   Kapitel 3.1.1.1; 125f., 133

Nordostoberfränkisches Städtebundtheater Hof   201

NS-verfolgsbedingt entzogenes Kulturgut   174, 183

Nutzungsrechte   389, 396ff., 401f., 407ff., 419, 454, 464, 546, 715

O

Öffentlich-Private-Partnerschaft   29, 142, 180, 195, 289, 541f., 639, 714

Öffentlich-rechtliche Rundfunkanstalt   73, 114, 116, 153, 209, 214ff., 218ff., 230, 286, 314, 316f., 364, 387, 390, 428f., 435, 460f., 468, 510, 606, 616, 628, 653, 660

Online-Musikdienste   396, 411, 423

Oper   Kapitel 3.1.2.1; 7, 10, 47, 66, 72f., 77, 95, 133, 141, 147ff., 151ff., 160, 164f., 191, 197, 226, 232, 237, 240, 259, 266f., 313f., 317, 320, 326, 348, 355, 357, 361ff., 371, 374, 378, 425, 429, 435, 437, 443, 450, 456, 478, 484, 530, 537, 563, 578, 592, 629, 665

Orchester der Staatsoper Berlin   152

Orchester der Staatsoper Stuttgart   148, 152

Orchester des Theaters Magdeburg   152

Ordnungspolitik   65, 68f., 115, 529, 540f., 558, 631

ORF (Österreichischer Rundfunk)   215, 224, 714

Organisation für Sicherheit und Zusammenarbeit in Europa (OSZE)   318, 714

Ostfriesische Landschaft   199

P

Pensionskasse für freie Mitarbeiter an Rundfunkanstalten   460f.

Pflichtaufgabe   Kapitel 2.6; 9, 66, 74, 78, 85f., 95, 106, 114, 118ff., 131, 156, 175, 185, 188, 202, 362, 371, 443, 572, 661, 678

Philharmonie Magdeburg   152

Philharmonisches Orchester Bremen   153

Phoenix   219, 223, 625

Projektförderung   77, 130, 157, 166, 186, 188, 205, 241f., 248f., 288, 480ff., 492f., 497, 572, 753

Provenienzforschung   174, 183

Public-Private-Partnership ==> Öffentlich-Private-Partnerschaft   29, 142, 180, 195, 289, 541f., 639, 714

Q

Qualitätsstandards   68, 176, 187f., 199, 578, 583

R

Raad voor Cultuur   68, 158, 205, 494, 495

Radio Bremen   218

Rahmenfrist   12, 365f., 369, 467ff.

Rechenschaftsfähigkeit   409

Rechteverwaltung, digitale   ==> Digital-Rights-Management-System

Rechtliche Rahmenbedingungen für Kultur   Kapitel 2.3, 3.1.2; 7, 10, 13, 15, 44, 55, 59ff., 64, 66, 68ff., 76ff., 91, 95, 115, 117ff., 129, 133, 135, 147ff., 198, 204, 234f., 248, 250, 267f., 273, 276, 282, 286f., 292f., 305, 316, 322, 326, 337f., 348f., 351, 361ff., 367, 369, 371, 374, 378, 381, 395, 436, 443, 450, 471, 480, 482, 499, 513, 529, 541, 543, 546, 557, 569f., 571, 573, 579f., 586, 588, 590, 597, 600ff., 626, 629, 631, 651, 661, 673, 677, 679, 681

Rechtsausschuss des Deutschen Bundestages   11, 70, 90, 255, 384

Regensburger Domspatzen   210

Regiebetrieb   134ff., 141, 143, 159ff.

Regional- und Minderheitensprachen   278, 318f., 616, 276, 282

Regionalmarketing, kulturtouristisches   533

Regulierungsbehörde   424

Riester-Rente   462ff.

Rockstiftung Baden-Württemberg   279

Roma   318f., 322

Römisch-Germanisches Zentralmuseum Mainz   169, 715

Ruffolo-Bericht ==> Bericht über die kulturelle Zusammenarbeit in der Europäischen Union

RUHR. 2010   46, 60, 532f., 622, 636ff.

Rundfunkrat   217

Rundfunkstaatsvertrag   83, 216f., 221, 224, 227, 715

S

Sächsisches Kulturraumgesetz   85f., 116, 120, 122f., 131, 136, 146, 187, 202f., 715

Sächsische Staatskapelle Dresden   152

Sankt Michaelsbund   188

Schleswig-Holstein Musik-Festival   267, 532

Schleswig-Holsteinisches Landestheater   202

Schutz nationaler Minderheiten   318f., 468f.

Schwerpunktausschuss zur Künstlersozialversicherung   34, 455

Selbstverwaltungsaufgabe   85, 106, 118f., 124, 599

Sinti   317ff.

Solidarpakt II   294, 296

Sondervoten   Kapitel 9; 23, 49, 57, 60, 64f., 69f., 89, 117, 146, 164ff., 188, 230, 251f., 269, 274, 285, 291, 296, 299, 305, 309, 322, 358, 360, 370, 395, 432, 451, 497, 499, 532, 573, 597, 599, 608, 614, 618, 622, 645, 657ff.

Sorben   317, 319f.

Sozialgesetzbuch   78, 82, 447, 466f., 569, 715

Sozialversicherungssystem   77, 365f., 443ff., 455f., 457f.

Sozialwerk der Verwertungsgesellschaften   398, 402f., 459ff., 465

Soziokultur   47, 143f., 146, 189, 191f., 194ff., 229, 237, 280, 481ff., 494, 496, 537, 658, 679

Soziokulturelle Zentren   Kapitel 3.1.2.4; 143, 146, 189ff., 211, 237f., 240, 280, 312, 323, 329, 349, 361ff, 369, 376, 482f., 530, 570, 590, 605, 630, 640, 653, 660, 678

Spende   Kapitel 3.3.3; 7, 9, 48, 77ff., 179f., 240f., 250f., 252ff., 257f.. 259ff., 282ff., 289, 292, 301, 303, 475f.

Spitzenverbände der Sozialversicherungsträger   81, 363f., 448

Sponsoring   Kapitel 3.3.3; 77, 180, 194f., 240f., 259ff., 289, 639, 673, 678

Sprache, deutsche   Kapitel 6.5; 7, 311f., 316, 321, 577, 610ff.

Staats- und Rechtsverständnis, römisches   53, 617

Staatsaufgabe   85, 92, 101, 119

Staatsbibliothek zu Berlin (Preußischer Kulturbesitz)   185, 293, 297

Staatsoper Stuttgart   148, 152

Staatsziel   Kapitel 2.4; 11, 75, 84f., 89ff., 111, 121, 186, 287, 571, 660, 664

Staatsziel Kultur   Kapitel 2.4; 11, 75, 84, 89ff., 571, 660, 664f.

Städtebaulicher Denkmalschutz in den neuen Ländern   88, 294f. 302, 305

Städtebundorchester   152

Stadtmuseum Münster   168

Stadtteilentwicklung   189, 192, 238

Stadttheater Hildesheim   148

Standards für die kulturelle Infrastruktur   52, 68, 114f., 116ff., 123, 127, 176, 186ff., 197, 199, 302, 314, 318, 578, 583, 598, 609, 644, 658, 661, 670

Ständige Konferenz der Kultusminister der Länder in der Bundesrepublik Deutschland   179, 187, 267, 273, 276, 296, 303, 323, 328f., 537, 574, 603, 614, 654, 714

Standortfaktor   Kapitel 5.4.1; 151, 289, 428, 434, 509, 529ff., 535, 651, 661, 679

Statistisches Amt der Europäischen Gemeinschaften (EUROSTAT)   511, 513, 527, 617, 652, 654

Statistisches Bundesamt (DESTATIS)   54, 143, 247, 260, 262f., 353, 419, 431, 433, 514, 523ff., 526, 623, 651, 655

Statusfeststellungsverfahren   81, 364, 448

Stichting Omscholingsregeling Dansers   475, 715

Stiftung Berliner Philharmoniker   232

Stiftung für das sorbische Volk   320

Stiftung Kulturfonds der neuen Länder   228f.

Stiftung Kunstfonds zur Förderung der zeitgenössischen bildenden Kunst   229, 481, 488f., 484, 496

Stiftung Preußischer Kulturbesitz   168f., 232, 293, 297

Stiftung Pro Helvetia   228, 477

Stiftung Rheinland-Pfalz für Kultur   228

Stiftung Württembergische Philharmonie Reutlingen   232

Stiftungen   Kapitel 3.2–3.4; 13, 54, 60, 64, 77, 137, 141ff., 146, 172, 177f., 192, 194, 200, 203, 299, 301, 303, 349, 352, 427, 436, 461, 475f., 480, 497, 554, 605, 613, 623, 639f., 660, 663, 670f., 678

Stiftungsaufsicht   251, 255f., 258

Stiftungsrecht   9, 69, 137, 213, 233, 250, 252ff., 255f., 295, 631

Stiftungsregister   255, 257f.

Strukturwandel   10, 43f., 77, 125ff., 206ff., 233ff., 337, 348, 359, 425, 664, 678, 681

Stuttgarter Kammerorchester   152

Subsidiaritätsprinzip   65, 99, 114, 283, 286, 618, 622, 625f., 643, 753

Substanzerhaltungsprogramm Kultur   68, 182, 294, 296

Südschleswigscher Verein   321

Südschleswigscher Wählerverband   321

SWR Radio-Sinfonieorchester Stuttgart   153

Synchronsprecher   81, 364, 448

T

Tanz   Kapitel 4.5.4; 148ff., 152, 155, 166, 203, 206, 224, 237, 240, 247, 276f., 281, 283, 313, 330, 355, 382, 419, 424, 474ff., 485, 493ff., 541, 554, 561, 565, 568, 570, 572, 581f., 585f., 589, 597, 606, 610f., 652, 674, 679

Tanzplan Deutschland   477f., 554, 586

Tarifvertrag   82, 152f., 163, 166, 244, 361, 370, 390, 471, 665f., 715

Tendenzschutz   163, 166, 367, 370, 666

Theater   Kapitel 3.1.2; 7, 9, 14, 47, 68, 72f., 81, 84, 87, 95, 109, 116f., 121, 135, 141, 144, 146ff., 192, 200ff., 208, 220, 226, 232, 236ff., 240, 276f., 280ff., 285, 291, 312ff., 317, 320, 326, 328, 330f., 347f., 352, 357ff., 361ff., 367, 369ff., 373f., 376ff., 417, 426, 429, 435, 437, 443, 450, 452, 456, 468, 470, 480, 482, 484f., 487, 493, 495f., 499, 512, 518, 524, 530, 537, 541, 550, 561, 563, 565, 570, 572, 574, 576, 578f., 581f., 585f., 592, 598, 605f., 610ff., 627ff., 646, 652, 658, 660, 665ff., 674, 677ff.

Theaterpädagogisches Zentrum der Emsländischen Landschaft Lingen   148

Transition   10, 474ff., 479, 537ff., 711, 713

Transition Spaces 537ff.

Transparenz 76, 80f., 128f., 133, 138, 146f., 203, 205, 230, 232, 247, 254f., 258, 271, 299, 308, 400, 409f., 413, 416, 418, 422, 424, 465, 481, 494f., 519, 545

U

Uckermärkische Bühnen Schwedt 206, 323, 330f.

Umlandfinanzierung 71, 130f., 136, 200ff., 328, 660, 678

Umsatzsteuer Kapitel 4.3 und 4.4, Kapitel 5.2–5.4; 7, 9, 74f., 78f., 214, 274, 282, 285, 346f., 508, 652, 715

Umwegrentabilität 201, 281, 503, 522, 530

UNESCO-Konvention zu Maßnahmen zum Verbot und zur Verhütung der unzulässigen Einfuhr/ Ausfuhr und Übereignung von Kulturgut 72

UNESCO-Konvention zum Schutz der kulturellen Vielfalt 72, 278, 322, 643

UNESCO-Welterbestätten 47, 72, 212, 299ff., 638, 643, 661

UNESCO-Weltkulturerbe 206, 213, 295, 301ff., 305, 533, 677

Urheber- und Leistungsschutzrechte Kapitel 4.3.3; 75, 79f., 247, 344, 360, 371, 381ff., 396f., 405, 407, 436, 457, 459, 464, 713

Urheberrechtswahrnehmung Kapitel 4.3.4; 14, 80, 210, 229, 246, 395ff., 459, 465, 627, 715

V

ver.di 148, 390f., 715

Verband Deutscher Schriftsteller 389f., 393

Vereinsrecht 6, 68f., 77f., 140, 245, 249, 404f.

Vergaberecht 9, 76f.

Vermarkter 444, 446f., 455

Versorgungsanstalt Deutscher Bühnen 456

Versorgungswerk der Presse GmbH 461

Vertrag von Maastricht 65, 99, 617, 626

Verwerter 80f., 224, 351, 381, 383, 385, 388ff., 393ff., 406f., 414f., 417ff., 425, 428, 441, 444, 446f., 454f., 457, 459, 461, 480, 496, 660f.

Verwertungsgesellschaft 10, 14 80f., 210, 213, 229, 246f., 386f., 390f., 394, 396ff., 404ff., 433, 454f., 458ff., 463ff., 488, 500, 561, 627, 715

Verwertungsgesellschaft Bild-Kunst 229, 397, 400, 403f., 460, 463f., 488

Verwertungsgesellschaft Wort 210, 247, 386, 397, 400ff., 403, 405ff., 421, 460, 464, 488

VIVA 222, 715

Vorsorge- und Unterstützungseinrichtungen, soziale 402, 407, 416, 454, 459, 465

W

Washingtoner Konferenz in Bezug auf NS-verfolgungsbedingt entzogenes Kulturgut   174, 183

WDR Sinfonieorchester Köln   153

Weimarer Klassik   58

Weimarer Modell   148, 153

Weißbuch der EU-Kommission   73, 627, 629

Welthandelsorganisation (World Trade Organisation)   66f., 71f., 643, 645ff., 716

Wertschöpfungskette, kulturelle   11, 351, 519ff., 533f., 547f., 554, 559, 671f.

Wettbewerbsrecht   6, 76, 397

Wirtschaftsfaktor   Kapitel 5.1.2; 146, 281, 425, 502ff., 509, 620, 671

Wirtschaftsförderung   335, 439f., 531, 539, 541ff., 545f., 548ff., 555, 557f., 625

Wirtschaftsklassen   524f., 529

Wirtschaftszweig   11, 395, 499, 502, 506, 508, 511ff., 515, 519f., 522ff., 538, 555ff., 563f.

Wirtschaftszweigsystematik   523ff.

Württembergisches Staatsorchester Stuttgart   152

Z

ZDF (Zweites Deutsches Fernsehen)   217ff., 222ff., 716

Zeche-Zollverein Essen   299

Zeitspende   7, 117, 252, 259ff., 268, 270f.

ZEIT-Stiftung   213, 250, 640

Zentrale Bühnen-, Fernseh- und Filmvermittlung der Bundesagentur für Arbeit   366, 466, 469, 716

Zentralinstitut Islam-Archiv-Deutschland   207

Zentralrat der Juden   207

Zusatzversorgung   455ff., 463

Zuwendungsrecht   13, 50, 77, 85, 233, 243, 282, 288f., 753

Zweckbetrieb   284

Andere

3sat   219, 222ff.

DVD-ROM

I. Die von der Enquete-Kommission in der 15. und 16. Wahlperiode in Auftrag gegebenen Gutachten

Alterssysteme
Weiterentwicklung von Alterssicherungssystemen für Künstler und Kulturberufler –
Erstellt von: ESCE GmbH, Köln, 8.11.2004

Kulturstatistik
Methodenkritische Analyse von Basisstatistiken zum Kulturbereich und Fragen zu einem Anforderungsprofil an eine bundeseinheitliche Kulturstatistik für die Bundesrepublik Deutschland
Erstellt von: Statistisches Bundesamt, Bonn, 9.12.2004

UNESCO-Welterbestätten
Förderung und Finanzierung der UNESCO-Welterbestätten in Deutschland
Erstellt von: Prof. Dr. Ernst-Rainer Hönes, Mainz, 9.12.2004

Raue-Gutachten
Rechtliche und strukturelle Rahmenbedingungen des Betriebes von Theatern, Kulturorchestern und Opern in Deutschland
Erstellt von: Kanzlei Hogan Hartson, Raue L.L.P., Berlin, 9.12.2004

Raue-Gutachtennachtrag
Kulturförderung als Pflichtaufgabe oder als freiwillige staatliche Leistung
Erstellt von: Kanzlei Hogan Hartson, Raue L.L.P., Berlin

Kulturfinanzierung
Objektive und transparente Förderkriterien staatlicher Kulturfinanzierung – Vergleiche mit dem Ausland
Erstellt von: Prof. Dr. Andreas Joh. Wiesand, Dr. Norbert Sievers, Bernd Wagner, Bonn, 9.12.2004

Kulturelle Bildung
Bestandsaufnahme und Sekundäranalyse aktueller Materialien zur kulturellen Bildung im Kontext kulturpolitischer Anforderungen
Erstellt von: Bernd Wagner, Bonn 26.9.2005

Kulturelle Erwachsenenbildung
Angebot, Perspektive und rechtliche Rahmenbedingungen der kulturellen Erwachsenenbildung in Deutschland
Erstellt von: Deutsches Institut für Erwachsenenbildung (DIE), Bonn, 26.9.2005

Kirchengutachten
Beitrag der Kirchen und Religionsgemeinschaften zur Kultur in Deutschland
Erstellt von: Institut für kulturelle Infrastruktur Sachsen, Görlitz, 30.9.2005

Spendengutachten
Private Spenden für Kultur in Deutschland, Bestandsaufnahme, Analyse und Perspektiven privater Spenden für Kultur in Deutschland
Erstellt von: Maecenata Institut für Philanthropie und Zivilgesellschaft an der Humboldt-Universität zu Berlin, Berlin, 25.9.2006

Kulturwirtschaft
Kulturwirtschaft in Deutschland – Grundlagen, Probleme, Perspektiven
Erstellt von: ICG culturplan Unternehmensberatung GmbH, Berlin/ Fa. STADTart, Dortmund, 23.10.2006

Altersvorsorge
Modelle der selbstverwalteten Altersvorsorge für Künstlerinnen und Künstler
Erstellt von: ESCE Wirtschafts- und Sozialwissenschaftliche Forschung GmbH, Köln/Wien, 11.12.2006

Existenzgründung
Existenzgründung und Existenzsicherung für selbständig und freiberuflich arbeitende Künstlerinnen und Künstler
Erstellt von: GründerZentrum Kulturwirtschaft, Aachen, 11.12.2006

II.   Video

Bundestagsdebatte zum Schlussbericht der Enquete-Kommission „Kultur in Deutschland" vom 13.12.2007